CB062819

TEOLOGIA DO NOVO TESTAMENTO

UDO SCHNELLE

TEOLOGIA DO NOVO TESTAMENTO

Tradutora:
Monika Ottermann

Santo André
2017

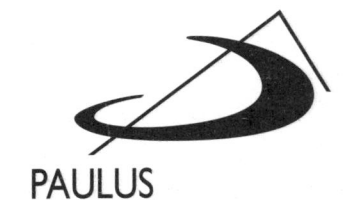

ACADEMIA CRISTÃ

PAULUS

© by Udo Schnelle
© by Vandenhoeck & Ruprecht GmbH & Co. KG, Göttingen

Título original:
Theologie des Neuen Testaments

Diagramação:
Dálet - Diagramações - (11) 6382-0697 / 8471-5554

Tradução:
Monika Ottermann

Revisão:
Juliano Borges de Melo

Capa:
Magno Paganelli

Assessoria para assuntos relacionados a Biblioteconomia:
Rafael Neves – CRB 8/8237

Dados Internacionais de Catalogação na Publicação (CIP)
(Câmara Brasileira do Livro, SP, Brasil)

Schnelle, Udo
   Teologia do Novo Testamento / Udo Schnelle; tradução Monika Ottermann. – Santo André (SP): Academia Cristã; São Paulo: Paulus, 2017.

   Título original: Theologie des Neuen Testaments

   ISBN 978-85-98481-43-2

   1. Bíblia N. T. – Teologia 2. Novo Testamento – Teologia I. Título.

CDD-230.0415

Índices para catálogo sistemático:

1. Bíblia N. T. – Teologia – 230.0415

Editora Academia Cristã
Rua Vitória Régia, 1301 - Campestre
09080-320 - Santo André - SP
Tels./Fax: (11) 4424-1204 - Vendas: (11) 4421-8170
E-mail: academiacrista@globo.com
Site: www.editoraacademiacrista.com.br

Paulus Editora
Rua Francisco Cruz, 229
04117-091 - São Paulo - SP
Tels.: (11) 5087-3700 - Fax: (11) 5579-3627
E-mail: editorial@paulus.com.br
Site: www.paulus.com.br

SUMÁRIO

PREFÁCIO 21

Capítulo 1 – A APROXIMAÇÃO: A TEOLOGIA DO
NOVO TESTAMENTO COMO CRIAÇÃO DE SENTIDO 23
   Teologias do Novo Testamento 23
      1.1 A formação de história 26
         Interesse e conhecimento...27
         O preestabelecido 30
         Língua e realidade 31
         Fatos e ficção 32
      1.2 História como criação de sentido 34
         Sentido e identidade..35
      1.3 Compreensão por meio de narração 37
         Funções da narração..38
         Narração e narrativas no cristianismo primitivo 40
         Posterioridade temporal como prae..41
         Resultado 42

Capítulo 2 – A ESTRUTURA: HISTÓRIA E SENTIDO....................44
   2.1 O fenômeno do início 44
      O modelo da descontinuidade...45
      O modelo da continuidade...46
   2.2 Teologia e Ciências da Religião 49
   2.3 Diversidade e unidade 55
      Canonização como testemunho de diversidade e
      delimitação..59
   2.4 Teologia neotestamentária como criação de sentido 61
      O conceito metodológico 62
      A estrutura 64

CAPÍTULO 3 – JESUS DE NAZARÉ: O DEUS QUE ESTÁ PRÓXIMO 68
  3.1 A pergunta por Jesus 69
    Etapas da pesquisa 70
      3.1.1 *Jesus em suas interpretações* 75
        Consequências 77
      3.1.2 *Critérios da pergunta por Jesus* 79
        Critérios básicos 79
        Critérios materiais 81
        Critérios básicos 84
  3.2 O início: João Batista 84
      3.2.1 *João Batista como figura histórica* 85
        Elementos biográficos e geográficos 85
        A ira e o juízo de fogo que estão por vir 87
        O mais forte que está vindo 90
      3.2.2 *Jesus e João Batista* 92
        Contatos biográficos 92
        Continuidade e descontinuidade no ensinamento 93
        Contatos nas histórias da recepção 94
        A autonomia de Jesus 95
  3.3 O ponto de partida: a vinda do Deus uno em seu Reino 95
      3.3.1 *O Deus uno no anúncio de Jesus* 96
        O Deus uno na tradição de Jesus 97
        Deus como "Pai/Abba" 98
      3.3.2 *A nova imagem de Deus* 101
  3.4 O centro: a proclamação do Reino de Deus 103
      3.4.1 *Pressupostos histórico-religiosos e políticos* 104
        Dimensões religiosas 105
        Dimensões políticas 107
        A desfamiliarização 110
      3.4.2 *As perspectivas temporais do Reino de Deus* 110
        João Batista e o Reino de Deus 111
        O futuro Reino de Deus 112
        O Reino de Deus presente 114
        O Reino de Deus presentemente futuro 118
      3.4.3 *O Reino de Deus em parábolas* 119
        Parábolas como textos interpretadores 119
      3.4.4 *O Reino de Deus e as pessoas perdidas* 122
        Palavra e ato 126
      3.4.5 *O Reino de Deus e as comunhões de mesa* 128

O Reino de Deus como a nova realidade de Deus 130
3.5 Ética no horizonte do Reino de Deus 134
   3.5.1 *Criação, escatologia e ética* 135
      A vontade do criador 135
   3.5.2 *Os radicalismos éticos de Jesus* 138
   3.5.3 *A exigência do amor como centro da ética de Jesus* 144
      O duplo mandamento do amor 144
      Ética do amor 147
3.6 Jesus como curador: as forças maravilhosas de Deus 148
   3.6.1 *O ambiente histórico-cultural* 149
   3.6.2 *A diversidade da atuação curadora de Jesus* 152
   3.6.3 *Jesus de Nazaré como curador* 156
3.7 O juízo iminente: nada fica sem consequências 158
   3.7.1 *Jesus como representante do juízo de Deus* 159
      A condenação de Israel 159
      A condenação da pessoa individual 161
      Jesus como representante do juízo de Deus 163
3.8 Jesus e a lei: a vontade para o Bem 164
   3.8.1 *Teologias da lei no judaísmo antigo* 165
   3.8.2 *O posicionamento de Jesus em relação à Torá* 170
      Puro e impuro 172
      O sábado 174
      Descentração da Torá 176
   3.8.3 *Jesus, Israel e os gentios* 177
      O círculo dos Doze 178
      Israel e os gentios 179
3.9 A autocompreensão de Jesus: mais do que um
     profeta 181
   3.9.1 *Jesus como profeta escatológico* 182
   3.9.2 *Jesus como Filho do Homem* 184
      O Filho do Homem que atua no tempo presente 187
      O Filho do Homem sofredor 189
      O Filho do Homem que está vindo 189
   3.9.3 *Jesus como Messias* 191
3.10 O destino de Jesus em Jerusalém: fim e início 194
   3.10.1 *Prisão, processo e crucificação* 194
      A purificação do Templo 195
      Prisão e interrogatório 196
      O processo e a crucificação 197

3.10.2 *A compreensão que Jesus tinha de sua morte* 199
   A última ceia..200

Capítulo 4 – A PRIMEIRA TRANSFORMAÇÃO: A FORMAÇÃO
DA CRISTOLOGIA 205
  4.1. A pretensão pré-pascal de Jesus 208
  4.2 As aparições do Ressuscitado 210
  4.3 Experiências do espírito..214
  4.4 A leitura cristológica das Escrituras...215
  4.5 Contextos histórico-religiosos...219
  4.6 Linguagem e forma da cristologia primitiva: mitos, títulos,
    fórmulas e tradições 227
    Mito..227
    Cristologia primitiva 230
    Títulos cristológicos...231
    Tradições de fórmulas...234
    Textos hínicos...236
    Outras tradições 240
    A formação da cristologia...241

Capítulo 5 – A segunda transformação: os inícios da missão livre
da circuncisão 243
  5.1 Os helenistas 244
  5.2 Antioquia 246
    A importância de Antioquia 248
  5.3. A posição de Paulo 249

Capítulo 6 – PAULO: MISSIONÁRIO E PENSADOR.......................255
  A presença da salvação como o centro da teologia paulina 257
  6.1 Teologia 259
    6.1.1 *O Deus criador uno e verdadeiro*..260
    6.1.2 *O Pai de Jesus Cristo* 262
      A intermediação..263
    6.1.3 *A atuação de Deus em sua eleição e rejeição*......................268
    6.1.4 *A revelação de Deus no evangelho*......................................271
    6.1.5 *A nova imagem de Deus* 275
  6.2 Cristologia...280
    6.2.1 *Transformação e participação* 281
      O hino de Fl 2,6-11 como história modelar 282

6.2.2 *Cruz e ressurreição* 286
  Ressurreição 287
  I. A realidade da ressurreição para Paulo 288
  O conceito dos coríntios e o conceito paulino 290
  II. Entender a ressurreição 293
  III. Ressurreição como um evento transcendental 300
  A aparição perto de Damasco 306
  A cruz 307
6.2.3 *Salvação e libertação por Jesus Cristo* 314
6.2.4 *A morte vicária de Jesus Cristo "por nós"* 317
6.2.5 *Expiação* 321
6.2.6 *Reconciliação* 324
6.2.7 *Justiça* 328
  O ambiente histórico-cultural 328
  A gênese da doutrina paulina da justificação 333
  A justiça de Deus 337
  O conteúdo teológico da doutrina da justificação 341
6.3 Pneumatologia 343
  6.3.1 *O espírito e a estrutura do pensamento paulino* 344
  6.3.2 *Os dons do espírito* 348
  6.3.3 *Pai, Filho e espírito* 350
6.4 Soteriologia 352
  6.4.1 *A nova existência "com Cristo"/"em Cristo"* 353
    Com Cristo 353
    Em Cristo 354
  6.4.2 *Graça e salvação* 356
    Graça 357
    Salvação 360
6.5 Antropologia 362
  6.5.1 *O corpo e a carne* 363
    Corpo / corporeidade 363
    Carne/carnalidade 365
  6.5.2 *O pecado e a morte* 367
    A origem do mal no discurso antigo 372
  6.5.3 *A Lei* 375
    Pressupostos histórico-culturais 376
    A análise diacrônica 378
    A análise sincrônica 387
    A solução 392

6.5.4 *A fé* 393
6.5.5 *A liberdade* 397
6.5.6 *Outros termos antropológicos* 402
    Antropologia autônoma e heterônoma 410
6.6 Ética 411
6.6.1 *Participação e correspondência* 412
6.6.2 *O novo agir* 415
6.7 Eclesiologia 422
6.7.1 *Termos fundamentais da eclesiologia* 423
    Metáforas básicas 425
6.7.2 *Estruturas e tarefas* 430
    Ser imitadores 431
    Carisma e ministério 432
    Ministérios 434
6.7.3 *A comunidade como espaço livre do pecado* 438
6.8 Escatologia 441
6.8.1 *Participar do Ressuscitado* 442
    Existência escatológica 445
6.8.2 *Os eventos escatológicos* 446
    Mudanças 447
    Corporeidade e existência pós-mortal 451
6.8.3 *O juízo* 452
    O juízo segundo as obras 453
6.8.4 *Israel* 455
6.8.5 *Morte e nova vida* 461
    Antigas teorias acerca da morte 462
6.9 Posição na história da teologia 464

Capítulo 7 – A TERCEIRA TRANSFORMAÇÃO: REDAÇÃO DE EVANGELHOS COMO RESOLUÇÃO INOVADORA DE UMA CRISE 467

7.1 A morte das figuras fundadoras 467
    Pedro e Paulo 468
    Tiago 470
7.2 O atraso da parusia 471
7.3 A destruição do Templo e da comunidade primitiva 474
7.4 A ascensão dos flavianos 476
7.5 A redação de Evangelhos como resolução inovadora de uma crise 479

Capítulo 8 – A FONTE DOS DITOS, OS EVANGELHOS SINÓTICOS E OS ATOS DOS APÓSTOLOS: SENTIDO POR MEIO DE NARRAÇÃO 484
Estruturas de narrativas..................484
8.1 A Fonte dos Ditos (Q) como protoevangelho 487
   8.1.1 *Teologia*..................489
   8.1.2 *Cristologia*..................491
      Títulos..................491
      Cristologia narrativa e funcional..................496
   8.1.3 *Pneumatologia*..................500
   8.1.4 *Soteriologia*..................501
   8.1.5 *Antropologia*..................503
   8.1.6 *Ética*..................505
   8.1.7 *Eclesiologia*..................507
   8.1.8 *Escatologia*..................510
   8.1.9 *Posição na história da teologia*..................511
8.2 Marcos: o caminho de Jesus..................513
   8.2.1 *Teologia*..................515
      O prólogo como fundamentação teocêntrica..................515
      A autorização pelo Deus único de Israel..................517
      O Reino de Deus e o domínio de Deus..................519
      O evangelho de Deus..................520
      A vontade de Deus..................521
   8.2.2 *Cristologia*..................523
      Títulos cristológicos..................524
      O mistério da pessoa..................528
      A autoridade de Jesus..................532
      Milagres e cristologia..................534
      Cristologia como narrativa..................537
   8.2.3 *Pneumatologia*..................541
   8.2.4 *Soteriologia*..................542
   8.2.5 *Antropologia*..................544
      A Lei..................545
      A fé..................546
   8.2.6 *Ética*..................547
   8.2.7 *Eclesiologia*..................550
   8.2.8 *Escatologia*..................551
   8.2.9 *Posição na história da teologia*..................553
8.3 Mateus: a justiça nova e melhor..................555

8.3.1 *Teologia* 556
   Deus como Pai 556
8.3.2 *Cristologia* 558
   Cristologia na narração 559
   De Israel para as nações 563
   Jesus como mestre 566
   Títulos cristológicos 568
8.3.3 *Pneumatologia* 571
8.3.4 *Soteriologia* 572
8.3.5 *Antropologia* 574
   A Lei em Mateus 574
8.3.6 *Ética* 577
   Justiça 578
   Recompensa e castigo 580
8.3.7 *Eclesiologia* 582
   Os discípulos 582
   Pedro 583
   Estruturas 585
   Perigos internos 586
8.3.8 *Escatologia* 592
   O cumprimento da vontade de Deus 593
   O Reino dos Céus 594
   O Juízo Final 595
8.3.9 *Posição na história da teologia* 596
8.4 Lucas: salvação e história 599
   8.4.1 *Teologia* 603
      Deus como o Senhor da história 604
      Deus, Israel e as nações 610
      Deus como pai e defensor dos pobres 618
      Deus e os deuses 619
      Mensageiros de Deus: os anjos 621
      A palavra de Deus: a Escritura 621
   8.4.2 *Cristologia* 624
      A origem de Jesus 624
      O centro do tempo 626
      Paixão, cruz, ressurreição e ascensão 629
      Títulos cristológicos 631
      Traços particulares da imagem lucana de Jesus 633
      A cristologia dos Atos dos Apóstolos 636

8.4.3 *Pneumatologia* 639
8.4.4. *Soteriologia* 643
8.4.5 *Antropologia* 646
    Termos antropológicos 647
    Pecado e perdão dos pecados 648
    A Lei 650
    Parentesco com Deus 652
8.4.6 *Ética* 653
    Riqueza e pobreza na comunidade 654
    A relação dos cristãos com o Estado 658
    Vida exemplar 662
8.4.7 *Eclesiologia* 663
    A Igreja como o Povo de Deus 665
    Pentecostes 665
    Os Doze Apóstolos 667
    Paulo em Lucas 668
    A natureza do ministério 670
    A Palavra de Deus 671
    Mulheres como testemunhas 671
8.4.8 *Escatologia* 672
    Momento e natureza da parusia 673
    O Reino de Deus 676
    Escatologia individual 678
8.4.9 *Posição na história da teologia* 679

CAPÍTULO 9 – A QUARTA TRANSFORMAÇÃO: O EVANGELHO NO MUNDO 682
    9.1 O desenvolvimento social, religioso e político 682
        Estrutura social nas comunidades 683
        Processos de esclarecimentos teológicos 685
        A relação com o Estado religioso 687
        Conflitos 689
        Estratégias de resolução 693
    9.2 Pseudepigrafia/deuteronímia como fenômeno histórico, literário e teológico 694
        Aspectos terminológicos 695
        A situação histórica 695
        A construção literária 697
        A problemática teológica 699

Capítulo 10 – AS CARTAS DEUTEROPAULINAS: RELER E REPENSAR PAULO 701
10.1 A Carta aos Colossenses: Paulo num tempo que mudou 702
10.1.1 *Teologia* 703
10.1.2 *Cristologia* 705
Cristologia cósmica 705
O hino 707
10.1.3 *Pneumatologia* 711
10.1.4 *Soteriologia* 712
O batismo 713
10.1.5 *Antropologia* 714
10.1.6 *Ética* 715
10.1.7 *Eclesiologia* 718
Jesus como governante do universo 718
O apóstolo Paulo e a fundamentação da Igreja 720
10.1.8 *Escatologia* 721
10.1.9 *Posição na história da teologia* 723
10.2 A Carta aos Efésios: espaço e tempo 725
10.2.1 *Teologia* 726
10.2.2 *Cristologia* 727
Exaltação e domínio 728
Cristo como mediador da salvação 729
10.2.3 *Pneumatologia* 730
10.2.4 *Soteriologia* 731
10.2.5 *Antropologia* 733
O novo ser humano 733
10.2.6 *Ética* 734
10.2.7 *Eclesiologia* 737
A Igreja como o corpo de Cristo 737
A unidade da Igreja 739
Ministérios 740
Paulo como apóstolo da Igreja 741
Eclesiologia e cristologia/soteriologia 742
10.2.8 *Escatologia* 743
10.2.9 *Posição na história da teologia* 746
10.3 A Segunda Carta aos Tessalonicenses: um problema
de prazo 747
Teologia 748
Cristologia / Escatologia 748

Ética 752
A imagem de Paulo 753
10.4 As Cartas Pastorais: a bondade de Deus para com os seres
humanos 753
10.4.1 *Teologia* 755
10.4.2 *Cristologia* 759
   O salvador 759
   A aparição / aquisição de forma de Jesus Cristo 760
   Tradições cristológicas 761
   A bondade de Deus para com a humanidade em Jesus Cristo .763
10.4.3 *Pneumatologia* 763
10.4.4 *Soteriologia* 764
10.4.5 *Antropologia* 765
   A fé 766
10.4.6 *Ética* 768
10.4.7 *Eclesiologia* 772
   A estrutura social das comunidades 773
   A falsa doutrina 773
   A comunidade como casa de Deus e seus ministérios 776
   Paulo como modelo 779
10.4.8 *Escatologia* 781
10.4.9 *Posição na história da teologia* 782

Capítulo 11 – AS CARTAS ECLESIÁSTICAS: VOZES NUM TEMPO
AMEAÇADO 784
11.1 A Primeira Carta de Pedro: comprovação por meio do
sofrimento 784
11.1.1 *Teologia* 785
11.1.2 *Cristologia* 787
11.1.3 *Pneumatologia* 790
11.1.4 *Soteriologia* 791
11.1.5 *Antropologia* 793
11.1.6 *Ética* 795
11.1.7 *Eclesiologia* 798
11.1.8 *Escatologia* 800
11.1.9 *Posição na história da teologia* 802
11.2 A Carta de Tiago: agir e ser 804
11.2.1 *Teologia* 805
11.2.2 *Cristologia* 807

11.2.3 *Pneumatologia* 809
11.2.4 *Soteriologia* 810
11.2.5 *Antropologia* 812
   Fé e obras/atos 813
11.2.6 *Ética* 817
11.2.7 *Eclesiologia* 821
11.2.8 *Escatologia* 822
11.2.9 *Posição na história da teologia* 823
11.3 A Carta aos Hebreus: assim fala Deus 824
11.3.1 *Teologia* 826
11.3.2 *Cristologia* 828
11.3.3 *Pneumatologia* 834
11.3.4 *Soteriologia* 835
11.3.5 *Antropologia* 836
   O pecado 837
   A fé 838
   A consciência e a alma 840
11.3.6 *Ética* 841
11.3.7 *Eclesiologia* 843
   A nova aliança 844
   O Povo de Deus a caminho 845
11.3.8 *Escatologia* 847
   Ressurreição e parusia 847
   Realidades celestiais 848
   O lugar de repouso escatológico 849
11.3.9 *A posição da história da teologia* 851
11.4 A Carta de Judas e a Segunda Carta de Pedro: identidade
   por meio da tradição e da polêmica contra os adversários 853
   O conceito teológico da Carta de Judas 853
   O conceito teológico da Segunda Carta de Pedro 856

Capítulo 12 – A TEOLOGIA JOANINA: INTRODUÇÃO AO CRISTIANISMO 860
12.1 Teologia 862
   12.1.1 *Deus como Pai* 863
      O conflito em torno do verdadeiro Pai 864
   12.1.2 *A atuação de Deus no Filho* 866
      A revelação do Pai no amor 867
      Imanência mútua 868

Conhecer a Deus 869
As obras do Pai no Filho 870
12.1.3 *Deus como luz, amor e espírito* 871
A teologia como a base do pensamento joanino 873
12.2 Cristologia 874
12.2.1 *Preexistência e encarnação* 875
O prólogo como a história de Deus dirigindo-se aos seres humanos 877
A revelação da glória e da verdade 882
Milagres como um evento em que Deus se volta para os seres humanos 884
O homem Jesus 885
A encarnação permanente 886
O cisma cristológico 887
12.2.2 *O envio do Filho* 890
As testemunhas do envio 892
Dualizações 893
12.2.3 *As "palavras de Eu Sou"* 896
Cristologia das imagens 898
12.2.4 *Títulos cristológicos* 900
Logos 900
Filho de Deus 901
Cristo 902
Rei de Israel/dos judeus 903
Kyrios 903
Filho do Homem 904
Salvador do mundo 905
O santo de Deus 906
Cordeiro de Deus 906
Jesus como Deus 907
12.2.5 *Teologia da cruz* 908
A perspectiva da cruz na composição do evangelho 910
Interpretações conceituais do evento da cruz 914
Cruz e ressurreição 918
12.2.6 *A unidade da cristologia joanina* 920
12.3 Pneumatologia 921
12.3.1 *Jesus Cristo e os crentes como portadores do espírito* ...922
O dom do espírito no batismo 922
12.3.2 *O Espírito Santo como paráclito* 924

Os discursos de despedida 926
12.3.3 *Pensamento trinitário no Evangelho de João* 928
12.4 Soteriologia 932
   12.4.1 *Aspectos terminológicos* 933
   12.4.2 *Predestinação* 934
      Determinismo 935
      A liberdade da decisão 936
      Uma tensão que subsiste 937
12.5 Antropologia 938
   12.5.1 *A fé* 939
      Fé e milagres 940
      Crer e conhecer/ver 942
      A falta de fé 944
      A fé como evento salvífico 945
   12.5.2 *A vida eterna* 945
   12.5.3 *O pecado* 948
12.6 Ética 951
      A relevância ética do gênero literário "evangelho" 952
      Pensamento em princípios 952
   12.6.1 *O mandamento do amor* 953
      O lava-pés como lugar do amor 954
      Dar fruto 956
   12.6.2 *Ética narrativa* 958
   12.6.3 *A ética da Primeira Carta de João* 960
      Unidade em palavra e ação 962
12.7 Eclesiologia 963
   12.7.1 *Pontos de referência: o paráclito e o discípulo amado* ... 964
      O paráclito 964
      O discípulo amado 965
   12.7.2 *Os sacramentos* 967
   12.7.3 *Os discípulos* 968
   12.7.4 *Envio e missão* 970
12.8 Escatologia 973
   12.8.1 *O tempo presente* 974
      Escatologia preséntica 975
   12.8.2 *O futuro* 975
      Escatologia futúrica 976
      A unidade da escatologia joanina 978
12.9 Posição na história da teologia 979

Introdução ao cristianismo 980
Capacidade de conclusão e conexão 984

CAPÍTULO 13 – O APOCALIPSE DE JOÃO: VER E ENTENDER 986
13.1 Teologia 988
13.2 Cristologia 991
   Títulos cristológicos 994
   Cristologia na narração 996
13.3 Pneumatologia 998
   Soteriologia 999
13.5 Antropologia 1001
13.6 Ética 1002
13.7 Eclesiologia 1006
   A Igreja como lugar da autoridade de Cristo 1007
   A Igreja como lugar de santidade 1008
   A Igreja como cidade ideal 1010
13.8 Escatologia 1011
   Escatologia preséntica e futúrica 1011
   O juízo 1013
13.9 Posição na história da teologia 1015

ÍNDICE DE AUTORES 1017

ÍNDICE DAS PASSAGENS BÍBLICAS 1035

PREFÁCIO

O objetivo desta Teologia do Novo Testamento é apresentar abrangentemente a grande diversidade e riqueza do mundo do pensamento neotestamentário. Cada escrito/autor do Novo Testamento olha a partir de sua própria perspectiva para o centro comum, Jesus Cristo, e é justamente essa multiperspectividade que abre novos mundos de fé e possibilita novos pensamentos e atuações.

Sou grato ao Prof. Dr. Friedrich Wilhelm Horn (Mainz) que leu alguns capítulos deste livro e me deu sugestões preciosas; sou grato também ao senhor Markus Göring (assistente científico em Halle) e ao senhor Martin Söffing (estudante de teologia em Halle) pela ajuda nas revisões.

Halle, agosto de 2007
Udo Schnelle

Observações sobre os dados bibliográficos

Quando uma obra é documentada de forma abreviada, os dados completos encontram-se sempre no bloco de bibliografia da respectiva seção ou nas notas da mesma subseção. Nos demais casos, os dados estão completos ou há uma referência à seção da primeira menção completa (com "cf. acima" ou "cf. abaixo"). Teologias do Novo Testamento são mencionadas completamente apenas na Seção 1 e ficam sem referência posterior. As abreviações correspondem às listas da TRE (Theologische Realenzyklopädie), do EWNT (Exegetisches Wörterbuch zum Neuen Testament) e do Neuer Wettstein (O Novo Wettstein, compêndio de textos da grecidade e do helenismo).

Capítulo 1
A APROXIMAÇÃO: A TEOLOGIA DO NOVO TESTAMENTO COMO CRIAÇÃO DE SENTIDO

Teologias do Novo Testamento

HOLTZMANN, H. J. *Lehrbuch der neutestamentlichen Theologie I. II*, 2ª ed., Tübingen, 1911 (Org. por JÜLICHER, A.; BAUER, W.); BULTMANN, R. *Theologie des Neuen Testaments*, 9ª ed. Tübingen, 1984 (Org. por MERK, O.) Em Port: *Teologia do Novo Testamento*, Ed. Academia Cristã, 2008; CONZELMANN, H. *Grundriss der Theologie des Neuen Testaments*, 4ª ed. Tübingen, 1987 (Org. por LINDEMANN, A.); SCHELKLE, K. H. *Theologie des Neuen Testaments I-IV*. Düsseldorf, 1968-1976; KÜMMEL, W. G. *Die Theologie des Neuen Testaments nach seinen Hauptzeugen*, 3ª ed. Göttingen, 1976; L. GOPPELT, *Theologie des Neuen Testaments*, 3ª ed. Göttingen, 1978 (Org. por ROLOFF, J.); JEREMIAS, J. *Neutestamentliche Theologie I: Die Verkündigung Jesu*, 3ª ed. Gütersloh, 1979; THÜSING, W. *Die neutestamentlichen Theologien und Jesus Christus I.II.III*. Münster, 1981.1998.1999; HÜBNER, H. *Biblische Theologie des Neuen Testaments I.II.III*. Göttingen, 1990.1993.1995; STUHLMACHER, P. *Biblische Theologie des Neuen Testaments I.II*. Göttingen, 1992.1999; WEISER, A. *Theologie des Neuen Testaments II: Die Theologie der Evangelien*. Stuttgart, 1993; J. GNILKA, *Theologie des Neuen Testaments*. HThK.S 5. Freiburg, 1994; BERGER, K. *Theologiegeschichte des Urchristentums*, 2ª ed. Tübingen, 1996; CHILDS, B. S. *Die Theologie der einen Bibel I.II*. Friburgo, 1994.1996; STRECKER, G. *Theologie des Neuen Testaments*. Berlim, 1996 (Org. por HORN, F. W.); THEISSEN, G. *Die Religion der ersten Christen. Eine Theorie des Urchristentums*. Gütersloh, 2000; VOUGA, F. *Une théologie du Nouveau Testament*. Genebra, 2001; HAHN, F. *Theologie des Neuen Testaments I.II*. Tübingen, 2002; WILCKENS, U. *Theologie des Neuen Testaments I.II.III.IV*. Neukirchen, 2002.2003.2005; NIEDERWIMMER, K. *Theologie des Neuen Testaments*. Viena, 2003; MARSHALL, H. *New Testament Theology*.

Downers Grove, 2004; ESLER, PH. F. *New Testament Theology. Communion and Community*. Minneapolis, 2005.

Uma teologia do Novo Testamento precisa realizar duas tarefas: 1) levantar o mundo de pensamento dos escritos neotestamentários e 2) fazê-lo falar no contexto da compreensão atual da realidade. Ela participa de forma igual de diferentes níveis temporais; aquilo que é passado deve ser transformado em presente, explicitado e dotado de um *status* relevante para o futuro. Por isso, a teologia do Novo Testamento está inserida na pergunta pelo significado permanente de acontecimentos passados e, dessa maneira, é sempre uma parte das ciências históricas. Ela participa do debate teórico-histórico e precisa perguntar pela natureza e o alcance do conhecimento histórico. Ao fazer isto, ela já se encontra no âmbito de considerações teórico-científicas sobre a pergunta de como surge o passado/a história e, com ela, também a realidade, e quais as categorias que desempenham um papel central nesse contexto. A realidade não pode ser captada fora de atos interpretativos humanos que canalizam o acontecido dentro de mundos de experiências e lhe atribuem, de várias maneiras, sentido e significado. Estes processos de atribuição são também criações de sentido, pois, como verificação, ampliação ou novo início, eles visam sempre uma orientação válida. Realizam-se sempre como um processo que *cria sentido* e que deve atribuir *sentido*, ou seja, *força interpretativa para a orientação dentro dos contextos da vida*, tanto ao passado como ao presente[1]. O sentido está gravado na existência humana e nasce de eventos, experiências, intelecções, processos intelectuais e atos interpretativos e condensa-se em conceituações que oferecem em seus conteúdos uma perspectiva supratemporal a questões centrais da vida, que podem ser apresentadas narrativamente e que estão em condições de formular afirmativas normativas e desenvolver características

---

[1] Para o conceito teórico-histórico de sentido, cf. J. RÜSEN, "Historische Methode und religiöser Sinn", in IDEM, *Geschichte im Kulturprozeß* (Colônia: 2002), pp. 9-41, aqui: p. 11; para o conceito e termo complexo de sentido em geral, cf. E. LIST, Verbete "Sinn", in *HRWG* 5 (Stuttgart: 2001), pp. 62-71.

culturais². A categoria de sentido³ é especialmente adequada para criar uma relação entre o mundo do Novo Testamento e o tempo presente. A realidade foi e está sendo marcada em todos os tempos por constantes processos de criação de sentido, sendo que a criação de sentido religiosa enquanto um elemento central da criação de sentido cultural participa também sempre de processos paralelos de criação de sentido (na política, filosofia, arte, poesia, estrutura econômica e estrutura social). Na Antiguidade greco-romana realizaram-se atos de criação de sentido nas áreas da religião, filosofia, arte, política e ciências naturais da mesma maneira como no tempo presente. A vida é sempre uma realização de sentido, de modo que não se trata da pergunta se seres humanos realizam criações de sentido, mas quais recursos, estruturas, qualidade e força argumentativa estas apresentam.

O conceito de sentido é de grande importância para uma teologia do Novo Testamento, pois consegue relacionar coisas divinas e coisas humanas ao *captar tanto a criação de sentido por Deus em Jesus Cristo como sua atestação nos escritos do Novo Testamento*. O Novo Testamento como documento-base do cristianismo é uma criação de sentido com uma história de recepção extraordinária. O cristianismo primitivo desenvolveu-se num ambiente multicultural dotado de numerosos sistemas religiosos e filosóficos concorrentes e atrativos⁴. Ele conseguiu

---

[2] Cf. J. RÜSEN, K.-J. HÖLKESKAMP, "Einleitung: Warum es sich lohnt, mit der Sinnfrage die Antike zu interpretieren", in K.-J. HÖLKESKAMP, J. RÜSEN, E. STEIN-HÖLKESKAMP, H. TH. GRÜTTER, *Sinn (in) der Antike* (Mainz: 2003), pp. 1-15, aqui: p. 3: "Um conceito de sentido pode ser definido como segue: é uma relação de significado, refletido e plausível e confiavelmente atestada, a respeito do mundo das experiências e da vida, e serve para explicar o mundo, para preestabelecer orientações, formar identidades e conduzir a atuação de maneira orientada num objetivo".
[3] A palavra alemã *Sinn* (sentido) é derivada do tronco indogermânico *sent-*: *tomar um rumo, fazer um caminho*; no sentido figurado está relacionada às palavras latinas *sentio* (sentir, perceber), *sensus* ("sentimento, sensação, atitude, opinião"), *sententia* (opinião); antigo alto-alemão: *sin* (sentido), *sinnan* (buscar, desejar); cf. a respeito P. POKORNY, *Indogermanisches Ethymologisches Wörterbuch I* (Berna/Munique: 1959), p. 908.
[4] Cf. a respeito a antologia de textos em M. HOSSENFELDER, *Antike Glückslehren* (Stuttgart: 1996).

esboçar, habitar e ampliar constantemente um edifício de sentido no fundamento da história-de-Jesus-Cristo, narrada no Novo Testamento de múltiplas maneiras, e conseguiu fundar, consolidar e estruturar a vida humana em sua totalidade. Esse edifício de sentido dispunha aparentemente de uma grande força interpretativa, e o objetivo de uma teologia do Novo Testamento deve ser verificar e descrever os elementos básicos dessa força interpretativa. Nesse contexto, a categoria de sentido como constante hermenêutica impede uma redução a perguntas por fatos históricos, pois o crucial é verificar como as tradições neotestamentárias podem ser historicamente apropriadas e teologicamente interpretadas sem destruir seu conteúdo religioso e sua força que cria sentido. Aqui não se renuncia à pergunta pela verdade, pois a *verdade é sentido normativo*. O objetivo não é uma casa cristã sem cerne, mas a compreensão de sua arquitetura, dos tetos e paredes que sustentam os pesos, das portas e escadas que criam conexões e das janelas que permitem vistas e perspectivas. Ao mesmo tempo, a categoria do sentido abre à teologia, que é uma ciência-líder de sentido, a possibilidade de entrar num discurso crítico com outras ciências de sentido, na base de suas tradições relevantes e normativas.

1.1 A formação de história

Jesus de Nazaré é uma figura da história, e o Novo Testamento é um testemunho da história de recepção dessa pessoa. Quando se escreve nessa base e com uma distância de dois mil anos uma teologia do Novo Testamento, manifestam-se inevitavelmente os problemas fundamentais da busca e do conhecimento históricos. Como se forma a história [5]? O que acontece quando, no tempo presente, um documento

---

[5] Sobre a terminologia: entendo por *Geschichte/geschichtlich* (história/histórico) o que aconteceu, por *Historie / historisch* (em português, igualmente história/histórico ou, melhor, ciência histórica e historiografia / histórico-científico) a maneira como se pergunta pelo mesmo. A *Historik* (em português, igualmente ciência histórica) é a teoria científica da história; cf. a respeito H.-W. HEDINGER, Verbete "Historik", in *HWP 3* (Darmstadt: 1974) pp. 1132-1137. A história (*Geschichte*) existe sempre só

do passado é interpretado com uma pretensão acerca do futuro? Qual a relação entre notícias históricas e sua integração ao contexto atual da compreensão do historiador/exegeta[6]?

Interesse e conhecimento

O ideal clássico do humanismo, de apenas mostrar algo como realmente[7] aconteceu, comprovou-se em vários aspectos um postulado ideológico[8]. Com sua passagem para o passado, o tempo presente perde irrevogavelmente seu caráter de realidade. Já por isso não é possível tornar o passado integralmente presente. A distância temporal significa distanciamento em todos os sentidos, ela impede o conhecimento histórico no sentido de uma construção abrangente daquilo que ocorreu[9]. Antes, é apenas possível manifestar no tempo presente sua própria compreensão acerca do passado. O passado apresenta-se a nós exclusivamente no modo do presente, e aqui, por sua vez, sob uma forma interpretada e seletiva. Relevante do passado é somente o que já não é passado, mas aflui à plasmação e interpretação atuais do mundo[10]. O

---

como historiografia (*Historie*), mas, ao mesmo tempo, é preciso distinguir entre os dois termos, pois as questões científico-teóricas da historiografia (*Historie*) não são simplesmente idênticas àquilo que pessoas no passado entenderam por "acontecido" ou "acontecimento".

[6] Cf. a respeito J. RÜSEN, *Historische Vernunft* (Göttingen: 1983); IDEM, *Rekonstruktion der Vergangenheit* (Göttingen: 1986); IDEM, *Lebendige Geschichte* (Göttingen: 1989); H.-J. GOERTZ, *Umgang mit Geschichte* (Reinbek: 1995); CHR. CONRAD, M. KESSEL (org.), *Geschichte schreiben in der Postmoderne. Beiträge zur aktuellen Diskussion* (Stuttgart: 1994).

[7] L. V. RANKE, "Geschichten der romanischen und germanischen Völker von 1494-1514", 2ª ed. (Leipzig: 1874), in *L. v. Ranke's Sämtliche Werke. Zweite Gesamtausgabe*, vol. 33/34 (Leipzig: 1877), p. VII: "Foi atribuído à historiografia o ministério de julgar o passado, de ensinar o mundo atual para o proveito dos anos futuros; a presente tentativa não tem a pretensão de ministérios tão altos: ela apenas quer mostrar como foi realmente".

[8] Cf. a respeito H.-J. GOERTZ, *Umgang mit Geschichte*, p. 1301.

[9] Cf. U. SCHNELLE, "Der historische Abstand und der heilige Geist" in: IDEM (org.), *Reformation und Neuzeit. 300 Jahre Theologie in Halle* (Berlim: 1994), pp. 87-103.

[10] Cf. J. G. DROYSEN, Historik (= reedição 1857/1882, org. por LEYH, P. [Stuttgart/Bad Cannstatt: 1977]), p. 422: "O material preestabelecido para a pesquisa histórica não são os passados, pois estes já passaram, mas aquilo deles que no Agora e

verdadeiro plano temporal do historiador/exegeta é sempre o tempo presente[11] dentro da qual ele está inevitavelmente emaranhado e cujos padrões culturais determinam decisivamente a compreensão daquilo que atualmente é passado. A socialização do historiador/exegeta, suas tradições, seu lugar de vida, suas atitudes e valores políticos e religiosos marcam necessariamente aquilo que ele diz no presente sobre o passado[12]. Cada ser humano tem e cultiva crenças relacionadas a seus pensamentos. Além disso, também as próprias condições da compreensão, em especial a razão e o respectivo contexto, estão sujeitos a um processo de transformação, na medida em que o conhecimento histórico é determinado pela respectiva época intelectual e pelos interesses que orientam a intelecção e que estão necessariamente em constante transformação. Por isso, a historiografia nunca é uma imagem pura daquilo que foi, mas ela mesma tem uma história, a saber, a história de quem escreve. A intelecção na historicidade do sujeito do conhecimento exige uma reflexão sobre seu papel no processo do conhecimento, pois o sujeito não está acima da história, mas inteira e totalmente inserido dentro da mesma. Por isso, "objetividade" como termo de contraste a "subjetividade" é totalmente inadequado para descrever a compreensão histórica[13]. Antes, esse termo serve

---

Aqui ainda é não passado, quer memórias daquilo que foi e ocorreu, quer resquícios daquilo que existiu e ocorreu".

[11] Cf. P. RICOEUR, *Zeit und Erzählung*, III (Munique: 1991), p. 225: "A primeira maneira de pensar o ser-passado do passado consiste em privá-lo do ferrão da distância temporal". É claro que tais tipos de pensamento não são novos; cf. um dito de Aristipo (425-355 a.C), discípulo de Sócrates, transmitido em CLÁUDIO ACLIANO, Variae Historiae 14,6: "Pois, como ele dizia, somente o momento presente nos pertence; nem aquilo que se faz antes nem aquilo que se espera. Pois o primeiro é passado, e do segundo é incerto se ocorrerá".

[12] Cf. J. STRAUB, "Über das Bilden von Vergangenheit", in J. RÜSEN (org.), *Geschichtsbewusstsein* (Colônia/Weimar: 2001), pp. 45-113, aqui: p. 45: "Representações de acontecimentos e desenvolvimentos não fornecem cópias miméticas de eventos passados, mas compreensões de um acontecimento que estão vinculadas a atos de interpretação e entendimento. Tais compreensões são formadas por determinadas pessoas a partir da perspectiva de um tempo presente, portanto, dependem imediatamente das experiências e expectativas, orientações e interesses dessas pessoas."

[13] Cf. a respeito H.-J. GOERTZ, *Umgang mit Geschichte*, pp. 130-146.

apenas como uma estratégia literária para declarar a própria posição como positiva e neutra em relação a valores, para assim desacreditar outras opiniões e compreensões como subjetivas e ideológicas. O objeto do (re)conhecimento não pode ser separado do sujeito do (re)conhecimento, pois o re(conhecimento) muda sempre o objeto. A consciência acerca da realidade, apurada no processo do (re)conhecimento, e a realidade não estão como o original para a cópia[14]. Por isso não se deveria falar de "objetividade", mas de "adequacidade" ou "plausibilidade" de argumentos históricos[15]. Afinal das contas, aquelas notícias que confluem a toda argumentação histórica como "fatos" históricos já são, por via de regra, interpretações de ocorrências passadas. Algo a que já foi atribuído sentido é necessariamente submetido a uma nova criação de sentido, para assim continuar a ser história. Não o acontecimento realmente ocorrido nos é acessível, mas apenas as interpretações de acontecimentos passados, interpretações que variam segundo a perspectiva e o lugar do intérprete. Somente por meio de nossas atribuições, as coisas tornam-se aquilo que são para nós. A história não é reconstruída, mas inevitável e necessariamente *construída*. A compreensão muito difundida de apenas "descrever" ou "reconstruir" as coisas sugere um conhecimento das coisas originais, que na forma e no modo pressupostos não existe. Além disso, a história também não é simplesmente idêntica ao passado; ao contrário, ela é sempre apenas uma tomada de posição atual acerca da questão de como se poderia ver algo passado. Por isso, não há "fatos" no sentido "objetivo", mas, dentro das construções históricas, interpretações constroem-se sobre interpretações. Aplica-se: "História chega a ser, mas história não é".[16]

---

[14] Cf. H.-J. GOERTZ, *Unsichere Geschichte* (Stuttgart: 2001), p. 29.
[15] Cf. a respeito J. KOCKA, "Angemessenheitskriterien historischer Argumente", in W. J. MOMMSEN, J. RÜSEN (org.), *Objektivität und Parteilichkeit* (Munique: 1977), pp. 469-475.
[10] J. G. DROYSEN, *Historik*, p. 69. DROYSEN, ibidem, avalia acertadamente situações e fatores históricos: "São históricos apenas porque nós os entendemos como históricos, não em si e por si mesmos, mas somente em nossa contemplação e por meio dela. Por assim dizer, precisamos transpô-los".

O preestabelecido

Ao mesmo tempo, porém, aplica-se: com isso não se abandona absolutamente a relação com o acontecido, mas se reflete as condições de sua realização. "Construção" não significa algo aleatório ou algo que pudesse ser justificado a partir de si mesmo, mas atrelado a métodos e elementos reais preestabelecidos. Os conteúdos materiais de fontes precisam ser inseridos numa relação que tenha sentido e significado, e eles precisam permanecer disponíveis à discussão e recepção dentro do discurso científico[17]. Todas as afirmações humanas estão sempre inseridas em compreensões gerais preestabelecidas acerca da realidade e do tempo[18], sem as quais a construção e a comunicação não são possíveis. Cada ser humano é geneticamente pré-construído e constantemente socioculturalmente co-construído. A reflexão e a construção são sempre atos posteriores que se referem a algo preestabelecido, de modo que cada forma de autocerteza não repousa em si mesma, mas precisa sempre da relação com algo ocorrido anteriormente que a fundamenta e possibilita. O mero fato de que a pergunta por sentido

---

[17] Com estas reflexões rejeitam-se, apesar do caráter construcional inevitável da formação de história, as autoautorizações frequentemente observáveis da pesquisa histórica em relação aos objetos a serem pesquisados. Para a crítica a teorias pós-modernas radicalmente construtivistas de aleatoriedade, cf. J. RÜSEN, "Narrativität und Objektivität", in IDEM, *Geschichte im Kulturprozess* (Colônia / Weimar: 2002), pp. 99-124; IDEM, *Kann gestern besser werden?* (Berlim: 2003), pp. 11s: "Quando, no tempo agitado de nosso presente, a história está constantemente à disposição, então nós, os interpretadores, somos já sempre dispostos por ela. Nós, que a 'construímos', fomos sempre de antemão já construídos por ela como esses construtores"; G. DUX, *Historisch-genetische Theorie der Kultur* (Weilerswist: 2000), p. 160: "A mancha branca no absolutismo lógico, assim como o ficamos conhecendo na compreensão pós-moderna da construtividade e da teoria sistêmica que lhe é afim, consiste em não ter submetido a própria construtividade a uma relação sistêmica de significado".

[18] Este aspecto é enfatizado por L. HÖLSCHER, *Neue Annalistik. Umrisse einer Theorie der Geschichte* (Göttingen: 2003), p. 44: "Se não houvesse a estabilidade relativa do aparato categorial de padrões básicos temporais, diferentes imagens da história não poderiam ser colocadas historicamente numa relação umas com as outras. Apenas a constância relativa da categorias temporais possibilita a comparação histórica de imagens da história que diferem em seus conteúdos".

é possível e que sentido pode ser apurado remete a uma "realidade intransponível pelo pensamento"[19] que antecede toda existência e lhe confere o *status* de realidade. Aplica-se fundamentalmente: história surge apenas depois que ocorreu o acontecimento que está em sua base e depois que foi elevado ao *status* de passado relevante para o presente, de modo que a história necessariamente não pode levantar a mesma pretensão de realidade como o acontecimento que está em sua base.

Língua e realidade

A estas intelecções noéticas somam-se *considerações filosófico-filológicas*. História é sempre uma mediação filologicamente moldada: história existe somente na medida em que é verbalizada. Notícias históricas tornam-se história somente através da construção semanticamente organizada do historiador/exegeta. Nesse contexto, a língua tem a função não só de designar o que foi refletido e, dessa maneira, elevado à realidade, mas a língua determina e marca aquelas percepções que são organizadas para formar história. Para os seres humanos não existe um caminho que parte da língua para uma realidade extralinguística independente, pois, para nós, a realidade está presente somente na língua e através da mesma. Portanto, a história é acessível somente como memória linguisticamente transmitida e moldada. A língua, por sua vez, é culturalmente determinada e está submetida

---

[19] Cf. J. RÜSEN, "Faktizität und Fiktionalität der Geschichte – Was ist Wirklichkeit im historischen Denken?" in J. SCHRÖTER, A. EDDELBÜTTEL, *Konstruktion von Wirklichkeit* (Berlim: 2004), pp. 19-32, aqui: p. 31: "O que torna o sentido efetivo? Já a gravação da realidade dentro do pensamento histórico é um ato de sentido, um ato no qual se gera sentido histórico. Sem esta sua realidade primordial e intransponível pelo pensamento, ele não poderia determinar o pensamento histórico nas operações mentais de tal modo que é necessário para a realização de sua função orientadora cultural. [...] O caráter intransponível pelo pensamento, ou seja, primordial, com o qual o sentido é dotado como elemento da realidade do mundo de vida do sofrer e agir humanos – é ele que une antecipadamente o pensamento secular e o pensamento religioso. A religião confere a essa intransponibilidade uma qualidade própria de sentido. Em comparação, o pensamento histórico secular é menos incisivo, mas, em última análise, nutre-se de fontes de sentido semelhantes."

a uma constante transformação social, de modo que não surpreende quando eventos históricos são diferentemente construídos e valorados em tempos e em círculos de culturas e de valores diferentes. A língua é muito mais do que um mero retrato da realidade, porque regula e marca o acesso à realidade e, desse modo, também nossa imagem dela. Ao mesmo tempo, porém, a língua também não é *a* realidade *em si*, pois, assim como acontece no decorrer da história da humanidade em sua totalidade, ela apenas se forma novamente em cada ser humano no âmbito de seu desenvolvimento biológico e histórico-cultural, e é determinada por esse processo de modo decisivo e sempre diferente. A constante modificação da língua não pode ser explicada sem os distintos contextos que a condicionam[20]; isto é, a relação entre sinais e assinalado precisa ser conservada se não queremos abrir mão da realidade.

Fatos e ficção

Dessa forma, a história é sempre um sistema seletivo com o qual os interpretadores ordenam e interpretam não simplesmente algo passado, mas sobretudo seu próprio mundo[21]. Por isso, a construção linguística da história se dá também sempre como um processo que cria sentido e que visa conferir sentido tanto ao passado como ao presente. Interpretação histórica significa criar um contexto/relação coerente de sentido; apenas por meio da produção de contextos narrativos históricos, os fatos chegam a ser aquilo que são para nós[22]. Nesse contexto, notícias históricas precisam ser analisadas e verbalizadas no presente, de modo que se relacionam, na descrição/narração, necessariamente "fatos" e "ficção"[23], elementos preestabelecidos e trabalho

---

[20] Cf. H.-J. GOERTZ, *Unsichere Geschichte*, p. 501.
[21] Cf. E. CASSIRER, *Versuch über den Menschen* (Hamburgo: 1996), p. 291: "A ciência histórica não é intelecção de fatos ou eventos exteriores; ela é uma forma do autoconhecimento".
[22] Cf. CHR. LORENZ, *Konstruktion der Vergangenheit*, pp. 17ss.
[23] "Ficção" não designa simplesmente, no sentido da linguagem coloquial, a negação da realidade, mas tem aqui um sentido funcional-comunicativo e se aproxima,

redacional-fictivo. Quando se precisa combinar notícias históricas e preencher lacunas históricas, notícias do passado e sua interpretação no presente confluem para formar algo novo[24]. Por meio da interpretação confere-se ao ocorrido uma nova estrutura que ele antes não tinha[25]. Existem apenas fatos potenciais, pois precisamos da experiência e da interpretação para captar o potencial de sentido de um acontecimento[26]. É preciso atribuir a fatos um significado, e a estrutura desse processo interpretativo constitui a compreensão dos fatos[27]. Somente o elemento ficcional abre um acesso ao passado, possibilita a releitura

---

portanto, do significado original de *"fictio"*: formação, moldação, plasmação. Cf. W. ISER, *Der Akt des Lesens*, 3ª ed. (Munique: 1990) p. 88: "Quando a ficção não é realidade, não é porque lhe faltariam os predicados necessários de realidade, mas antes porque ela consegue organizar a realidade de tal forma que esta se torna comunicável, motivo pelo qual ela não pode ser aquilo que organiza. Quando se compreende a ficção como uma estrutura de comunicação, então é preciso substituir no âmbito de sua contemplação a pergunta que lhe é dirigida por uma outra: trata-se de enfocar não o que ela significa, mas o que ela produz. Somente disso surge um acesso à função da ficção que se cumpre na mediação entre o sujeito e a realidade."

[24] CÍCERO, *Orator* 2, 54 (o historiador Antípater é destacado com louvor, "os outros se comprovam como gente que não conseguiu plasmar a história de modo impressionante, mas apenas narrá-la"); Lc 1,1-4; PLUTARCO, *Alexander* 1,1 (οὔτε γὰρ ἱστορίας γράφομεν ἀλλὰ βίους = "pois não escrevo história, mas desenho imagens de vida") mostram claramente que também autores da Antiguidade tinham uma clara consciência acerca dessas relações (além disso, cf. TUCÍDIDES, *Historiae* I 22,1; LUCIANO, *Historia* 51; QUINTILIANO, *Institutio Oratoria* VIII 3,70).

[25] Cf. as considerações orientadas no problema e na história da pesquisa em H.-J. GOERTZ, *Unsichere Geschichte*, pp. 16ss; além disso, M. MOXTER, "Erzählung und Ereignis", in: J. SCHRÖTER, R. BRUCKER (org.). *Der historische Jesus*. BZNW 114 (Berlim: 2002), pp. 67-88, aqui: p. 80: "Já devido a sua distância temporal, a narração possui algo a mais em relação ao evento".

[26] Este traço construtivo do conhecimento diz também respeito às ciências naturais. Construtividade e contextualidade determinam a elaboração de conhecimento; as ciências naturais são sempre uma racionalidade interpretada que é submetida, em medida crescente, ao impacto de interesses políticos e econômicos externos; cf. a respeito K. KNORR-CETINA, *Die Fabrikation von Erkenntnis. Zur Anthropologie der Naturwissenschaft* (Frankfurt: 1991).

[27] Cf. H.-J. GOERTZ, *Umgang mit Geschichte*, p. 87: "Portanto, não é a pura facticidade que constitui um 'fato histórico', mas seu sentido e significado que surgem apenas aos poucos e que conferem uma qualidade especial a um evento que, de outra forma, teria se perdido sem grande alarde no passado. Não em seu próprio tempo, mas somente depois de seu tempo, um mero fato torna-se um fato histórico".

inevitável dos eventos pressupostos. O nível figurado é indispensável para o trabalho histórico, pois ele desenvolve o plano prefigurativo da interpretação que determina a compreensão presente do passado. Com isto chegamos à segunda parte das reflexões: o caráter necessário e inevitavelmente construtivo da história é sempre uma parte da criação de sentido.

1.2 História como criação de sentido

A existência e atuação humana caracterizam-se por sentido[28]. Não é possível determinar uma forma de vida humana "sem recorrer a sentido. Faz sentido entender o sentido como a forma fundamental da existência humana"[29]. Já a inegabilidade antropológico-cultural de processos transcendentais do ser humano consigo mesmo e com seu mundo vivencial sociocultural tem necessariamente a consequência de criações de sentido[30]. A criação de sentido não é algo aleatório, mas ela é inevitável, necessária e natural. Além disso, o ser humano sempre nasce dentro de mundos de sentido[31], o sentido é irrepelível, o mundo vivencial humano precisa ser pensado e interpretado com sentido, pois apenas assim é possível viver e agir nele[32]. *Como forma de*

---

[28] Cf. a respeito fundamentalmente A. SCHÜTZ, *Der sinnhafte Aufbau der sozialen Welt* (Tübingen: 1974).
[29] G. DUX, "Wie der Sinn in die Welt kam und was aus ihm wurde", in K. E. MÜLLER, J. RÜSEN (org.), *Historische Sinnbildung* (Reinbek: 1997), pp. 195-217, aqui: p. 195.
[30] Cf. A. SCHÜTZ, TH. LUCKMANN, *Strukturen der Lebenswelt II*, 3ª ed. (Frankfurt: 1994), pp. 139-200. Eles partem da experiência cotidiana inegável de que o mundo sempre ultrapassa necessariamente qualquer existência individual e que, por isso, a existência, por sua vez, não pode ser vivida sem transcendência: vivemos num mundo que era antes de nós e que será depois de nós. Em sua maior parte, a realidade foge de nosso alcance, e a existência do outro com seu caráter permanente de alteridade provoca a pergunta por nosso *self*.
[31] Cf. TH. LUCKMANN, "Religion – Gesellschaft – Transzendenz", in H.-J. HÖHN (org.), *Krise der Immanenz* (Frankfurt: 1996), pp. 112-127, aqui: p. 114: "Tradições de sentido transcendem o caráter somente-natural dos seres que nascem".
[32] Cf. J. RÜSEN, "Was heißt: Sinn der Geschichte", in K. E. MÜLLER, J. RÜSEN (org.), *Historische Sinnbildung* (Reinbek: 1997), pp. 17-47, p. 38.

sentido, cada religião é um tal processo de interpretação, portanto, também o cristianismo primitivo e as teologias nele desenvolvidas. Esse processo de interpretação realiza-se concretamente como criação histórica de sentido. O sentido histórico constitui-se a partir de "três componentes: experiência, interpretação e orientação"[33]. A mera facticidade de um evento ainda não permite deduzir que ele é dotado de sentido; precisamos de nossa experiência própria que mostra que um evento contém um potencial de sentido.

Sentido e identidade

A criação de sentido está sempre vinculada a *ofertas de identidade*[34]; a criação de sentido pode ser bem-sucedida somente quando apresenta ofertas convincentes de identidade. Seres humanos ganham identidade sobretudo ao dar a sua vida uma orientação duradoura que coloca os múltiplos desejos e intenções atuais numa relação estável, coerente e intersubjetivamente aceitável. A identidade forma-se num processo constante, no permanente vai e vem entre determinação positiva do *self* e experiências de diferença[35]. Identidades não se formam dentro de vácuos, mas identidades existentes são adotadas, transformadas e conduzidas a algo novo que é sentido enquanto ampliação e melhoramento da identidade. Por isso não é possível compreender a identidade como algo estático; ela é uma parte de um constante processo de transformação; "como unidade e mesmidade do sujeito", a identidade "pode ser pensada somente como síntese e relacionamento do diferente e heterogêneo"[36]. A diferenciação em relação ao ambiente,

---

[33] Cf. *op. cit.*, p. 36.
[34] Cf. TH. LUCKMANN, *Die unsichtbare Religion* (Frankfurt: 1991), p. 93, segundo o qual a visão de mundo como matriz de sentido constitui o quadro dentro do qual organismos humanos formam identidade e transcendem nesse processo sua natureza biológica.
[35] Para o conceito da identidade, cf. B. ESTEL, Verbete "Identität", in *HRWG* III (Stuttgart: 1993), pp. 193-210; J. STRAUB (org.), *Erzählung, Identität und historisches Bewusstsein* (Frankfurt: 1998); A. ASSMANN, H. FRIESE (org.), *Identitäten*, 2ª ed. (Frankfurt: 1999).
[36] J. STRAUB, "Temporale Orientierung und narrative Kompetenz", in J. RÜSEN (org.), *Geschichtsbewusstsein* (Colônia/Weimar: 2001), pp. 15-44, aqui: p. 39s.

a experiência de chegar aos limites próprios e alheios, bem como a autopercepção positiva determinam igualmente os processos de formação de identidade. Também identidades coletivas formam-se a partir do processamento de experiências de diferenças e sentimento de pertença. Nesse processo cabe um papel crucial a símbolos, pois somente com sua ajuda é possível produzir e preservar identidades coletivas. Mundos de sentido precisam ser capazes de verbalizar-se no âmbito da realidade secular e de manter seus conteúdos comunicáveis. Isto se dá numa parte considerável por meio de *símbolos*, cuja função dentro do mundo vivencial consiste em construir uma ponte "de um âmbito da realidade para outro"[37]. Especialmente no processamento das "grandes transcendências"[38] como doenças, crises e morte, símbolos têm uma função fundamental, pois pertencem a um nível de realidade diferente da de seus portadores e podem operar a relação com esse nível. Símbolos são uma categoria central da transmissão de sentido religioso. Dessa maneira, a criação de sentido está sempre inserida num complexo processo de interação entre o sujeito individual e/ou coletivo, suas experiências de diferença e limites, suas autoatribuições positivas e sua autopercepção e percepção alheia.

As respectivas definições de identidade ocorrem necessariamente por meio de *mundos de sentido* que, em seu caráter de construções sociais, fornecem padrões de interpretação para experimentar a realidade como dotada de sentido[39]. Mundos de sentido são ideias da realidade objetivadas e, dessa maneira, comunicáveis. Mundos de sentido legitimam estruturas, instituições, papéis sociais etc., isto é, explicam e justificam situações e fatos[40]. Além disso, mundos de sentido integram aqueles papéis nos quais indivíduos ou grupos agem num conjunto dotado de sentido. Criam coerência sincrônica e fornecem simultaneamente uma localização diacrônica, ao inserir a pessoa individual

---

[37] A. SCHÜTZ, TH. LUCKMANN, *Strukturen der Lebenswelt II*, p. 195.
[38] Cf. *op. cit.*, pp. 161-177.
[39] Para o termo e conceito de "mundos de sentido", cf. P. L. BERGER, TH. LUCKMANN, *Die gesellschaftliche Konstruktion der Wirklichkeit*, 17ª ed. (Frankfurt: 2000), pp. 98ss.
[40] Cf. *op. cit.*, p. 66.

e/ou o grupo em contexto maior de história e, com isso, de sentido. A religião forma o mundo de sentido simbólico por excelência[41], pois em medida muito maior do que o direito, esboços filosóficos ou ideologias políticas, ela tem a pretensão de representar uma realidade que transcende todas as outras realidades: Deus e o Sagrado, respectivamente. Como realidade abrangente e sempre preestabelecida ao ser humano, a religião consegue oferecer um mundo de sentido que insere, principalmente com a ajuda de símbolos, a pessoa individual bem como o grupo na totalidade do cosmos, que interpreta os fenômenos da vida, oferece instruções de atuação e que finalmente abre perspectivas para além da morte[42]. Quando a história se estabelece como uma criação de sentido e de identidade, levanta-se a pergunta pelo modo desse processo.

1.3 Compreensão por meio de narração

Um evento histórico em si ainda não é dotado de sentido e não é formador de identidade; primeiro, seu potencial de sentido precisa ser explorado e sustentado. A contingência desregrada precisa ser transformada em "uma contingência regrada, significativa e inteligível"[43]. Isto é oferecido pela narração/narrativa como um ato de criação de sentido narrativo fundamental[44], pois ela constrói aquela estrutura de

---

[41] Cf. TH. LUCKMANN, *Die unsichtbare Religion*, p. 108.
[42] Cf. P. L. BERGER, *Zur Dialektik von Religion und Gesellschaft* (Frankfurt: 1988), p. 32: "Ela (isto é, a religião) fornece às realidades frágeis do mundo social o fundamento de um *realissimum* sagrado que se encontra *per definitionem* além das casualidades do desejar e planejar humano".
[43] P. RICOEUR, *Zufall und Vernunft in der Geschichte* (Tübingen: 1985), p. 14.
[44] Aqui se pressupõe um termo/conceito amplo de narração que não está fixado em determinados gêneros literários. Partindo da intelecção fundamental de que a experiência do tempo precisa ser trabalhada narrativamente, recomenda-se "entender a narração como uma forma linguística dotada de significado ou de sentido, ou, respectivamente, como criadora de significado e sentido. Isto quer dizer: já a forma narrativa da autotematização e da tematização do mundo pelo ser humano confere sentido e significado a eventos e atos – independentemente do respectivo conteúdo da apresentação narrativa" (J. STRAUB, *Über das Bilden von Vergangenheit*

sentido que possibilita a lida com a contingência histórica[45]. *Ela é a forma dentro da qual o mais interior pode se verbalizar e na qual simultaneamente o mais exterior encontra uma forma.* A narração/narrativa constitui tempo e confere duração ao singular, algo que é a condição básica para que sejam possíveis a recepção e a formação de tradições. A narração/narrativa relaciona em termos materiais, temporais e espaciais, "torna plausível *ex post facto* o que necessariamente ou provavelmente tinha que acontecer assim"[46]. Ela cria intelecção, ao construir novos contextos e relações e ao realçar o sentido do ocorrido. O processamento de experiências religiosas dá-se em duas maneiras, a saber, em/por meio de narrações e de rituais[47]. Experiências religiosas de grupos ou de pessoas individuais geram processos de criação de sentido que são transformados em narrativas e rituais[48] e, dessa forma, também em formações de textos, para serem comunicáveis. Diante de cruz e ressurreição, atos de criação de sentido foram inevitáveis. Todos os autores cristão-primitivos estavam diante da tarefa de transformar, através da narração, a contingência desregrada de cruz e ressurreição em um edifício de sentido teológico.

Funções da narração

Uma primeira e fundamental função da narração consiste em constituir realidade através da *temporalização*[49]. Narrativas conferem

---

[cf. acima, 1.1], pp. 51s); para um termo/conceito amplo de narração, cf. também R. BARTHES, *Das semiologische Abenteuer* (Frankfurt: 1988), pp. 102ss.
[45] Cf. J. STRAUB, *Temporale Orientierung und narrative Kompetenz* (cf. acima, 1.2), pp. 26s; D. FULDA, "Sinn und Erzählung – Narrative Kohärenzansprüche der Kulturen", in F. JAEGER, B. LIEBSCH (org.), *Handbuch der Kulturwissenschaften I* (Stuttgart: 2004), pp. 251-265.
[46] J. STRAUB, *Temporale Orientierung und narrative Kompetenz* (cf. acima, 1.2), p. 30.
[47] Cf. TH. LUCKMANN, *Religion – Gesellschaft – Transzendenz* (cf. acima, 1.2), p. 120.
[48] Cf. A. ASSMANN, *Zeit und Tradition. Kulturelle Strategien der Dauer* (Colônia/Weimer: 1999), p. 15: "Como atos concebidos para serem repetidos, ritos constituem duração ao realçar o que é idêntico dentro da transformação. Eles não eliminam o tempo, mas o constituem ao criar continuidades".
[49] Cf. A. ASSMANN, *Zeit und Tradition*, p. 4: "Por meio de construções temporais esboçam-se horizontes de sentido".

à realidade uma ordem qualificada especial, ao ser o fator que é indispensável para que possa haver uma comunicação dessas realidades[50]. Outra função de narrativas consiste na *criação de conhecimento e transmissão de conhecimento*. Narrativas relatam, descrevem e explicam acontecimentos, aumentam o conhecimento e formam uma imagem de mundo pela qual pessoas podem se orientar. Ao relacionar elementos, narrativas constroem relações e conexões causais que permitem a compreensão[51]. Oposições são desfeitas e relações são redefinidas entre o absoluto e finito, o temporal e o eterno, a vida e a morte.

Uma característica especial do desempenho de narrativas é a formação, apresentação e estabilização de *identidade*. Narrativas criam e garantem um contexto e uma relação de sentido que leva, por meio de identificações, à formação de identidade. Narrativas evocam e transportam memórias, sem as quais não pode haver identidade duradoura. Especialmente experiências coletivas trabalhadas em narrativas evocam no sujeito identificações que se transformam em orientações de atuação e de vida. A *criação de orientação* é uma das funções práticas fundamentais de narrativas. Por meio de narrativas abrem-se ou fecham-se possibilidades de atuação, elas estruturam o espaço da atuação humana. Por isso, narrativas têm sempre também uma dimensão normativa, elas fornecem atos de orientação ética. *A transmissão de valores e normas*, a oferta ou a revisão de pontos de vista estão entre as demais funções de narrativas. Através da transmissão de experiências e expectativas, de valores e orientações por meio de narrativas forma-se uma consciência ética e pedagógica. Quando as ofertas de narrativas são aceitas e partilhadas, elas criam a base para juízos convergentes e para um mundo comum que é formado por meio da atuação social. Narrativas cumprem funções socioculturais de relacionamento

---

[50] Cf. J. STRAUB, "Geschichten erzählen. Geschichte bilden. Grundzüge einer narrativen Psychologie einer historischer Sinnbildung", in IDEM (org.), *Erzählung. Identität und historisches Bewußtsein* (Frankfurt: 1998), pp. 81-169, aqui: pp. 124ss.
[51] Cf. a respeito. K. J. GERGEN, "Erzählung, moralische Identität und historisches Bewußtsein", in J. STRAUB (org.), *Erzählung. Identität und historisches Bewußtsein*, op. cit., pp. 170-202.

e colocam a base para uma atuação comum no presente e para uma perspectiva comparável do futuro.

Ao mesmo tempo, ao produzir continuidade e garantir que informações, interpretações, modos de conduta e valores sejam transmitidos através dos tempos, narrativas fornecem a *base* para *formações traditivas* cuja parte elas mesmas são.

Narração e narrativas no cristianismo primitivo

O caráter fundamentalmente construtivo da criação de sentido histórico é óbvio nos autores neotestamentários: eles erguem mundos de sentido que inserem tanto o indivíduo como o grupo na totalidade do cosmos, interpretam os fenômenos da vida, oferecem instrução de atuação e finalmente abrem perspectivas para além da morte, principalmente com a ajuda de unidades narrativas, termos-chave e símbolos. Narrar está sempre relacionado a memórias, para interpretar experiências de tempo. A memória é a referência decisiva à experiência de tempo. As próprias narrativas-de-Jesus-Cristo dos escritos neotestamentários são a expressão de um processo de memória e formam uma consciência histórica ao proclamar que a atuação de Deus com Jesus de Nazaré está dotada de sentido para o passado, presente e futuro. Por meio da narração cria-se em todos os autores uma relação interna entre interpretação do passado, compreensão do presente e perspectivas para o futuro, de modo que o acontecido pode ser preservado na recepção. Eventos são apresentados e moldados e tornam-se assim atos de criação de sentido. A construção de relações de tempo e conteúdo está indissoluvelmente vinculada a atos narrativos.

Todas essas funções da narração deixam claro que uma distinção entre a narração ficcional e a narração não ficcional não faz sentido. Já que a narração que faz memória se orienta sempre pela compreensão e atuação de pessoas no tempo presente, confluem necessariamente em cada narrativa elementos ficcionais e não ficcionais. *Por isso, a alternativa "Jesus histórico" versus "Cristo da fé" impede-se já por motivos da teoria narrativa, pois uma aproximação a Jesus de Nazaré não pode existir fora de seu significado para o tempo presente.* Apenas a narração/narrativa abre espaços para a recepção e interpretação e possibilita atos de transformação como os que encontramos em todos os escritos neotestamentários.

Isto se aplica tanto à narração oral como à escrita que, no âmbito do cristianismo primitivo, não devem ser entendidas como opostos, mas que existiam ao logo de muito tempo lado a lado e se inspiraram mutuamente. Ao mesmo tempo é comprovado que *a fixação por escrito da narração*, que começou com Paulo e se aperfeiçoou cada vez mais com os Evangelhos, pôs novos acentos. O meio da escrita alivia a imediatez (emocional) da comunicação e cria, dessa maneira, uma distância entre os conteúdos da história e a comunicação de e por meio da história. Essa distância possibilita atos de reflexão, interpretação e transformação, e permite efeitos de desfamiliarização que são indispensáveis para cada descrição, transmissão e recepção de eventos. O registro por escrito alivia a memória, fixa eventos e os livra de processos imediatos de atuação, algo que cria o espaço e a liberdade necessárias para atos de objetivação e interpretação. Quando narradores se tornam autores e os leitores/ouvintes têm a possibilidade da recepção crítica, abre-se a possibilidade de estabelecer interpretações normativas por meio de arranjos explicativos, fixações terminológicas e apelos morais.

Posterioridade temporal como *prae*

Não possuímos anotações do próprio Jesus ou de testemunhas imediatas de sua atuação, mas somente testemunhos de um tempo um pouco posterior[52]. Isso não é, contudo, uma falta, pois a posterioridade temporal[53] da memória não significa uma perda de conhecimento,

---

[52] Nesse aspecto, Jesus de Nazaré está em boa companhia, pois também de Sócrates não existem tradições escritas; para Dio Crisóstomo, Or 55,81, esta não é uma falta, mas a confirmação de que Sócrates foi um personagem extraordinário.
[53] E. REINMUTH, "Neutestamentliche Historik", in *ThLZ.F* 8 (Leipzig: 2003), pp. 47-55, aplica o termo *"Nachträglichkeit"*. [N. da Trad.: neologismo alemão criado a partir do adjetivo *nachträglich* = ulterior, posterior; o termo *Nachzeitigkeit*, usado pelo autor, é o termo técnico linguístico mais comum.]

já que o significado de um acontecimento sempre se revela completamente apenas na retrospectiva. O que é passado existe somente como apropriação presente e, no contexto da identidade presente, sempre é percebido e interpretado. Somente dentro de um processo contínuo dessa espécie existe o conhecimento do passado relevante, e somente assim, algo passado torna-se comunicável e revela-se em seu significado. A distância da posterioridade temporal cria o espaço para novos atos de reflexão e transformação, para formar a imagem que porta o conteúdo de um evento e possibilita a compreensão. Nisso vai se mostrar quão criativo e diversificado, acertado e permanente são as narrativas posteriores da história-de-Jesus-Cristo no Novo Testamento.

Resultado

O que essas reflexões fundamentais acerca da formação de história, do conhecimento histórico como ato de criação de sentido e sobre a narração como forma primária de captação, apresentação e comunicação de eventos históricos significam para uma teologia do Novo Testamento?

1) A teologia em sua totalidade, portanto, também a teologia do Novo Testamento, não se encontra absolutamente num déficit noético, mas, ao contrário, todo (re)conhecimento é uma construção perspectívica e atrelada ao lugar social. Cada ciência tem seu próprio objeto; na teologia em sua totalidade, esse objeto é Deus como o fundamento básico e último de toda existência; na teologia do Novo Testamento, esse objeto são as testemunhas do Novo Testamento sobre a atuação desse Deus em Jesus Cristo.

2) Como todas as outras ciências, a teologia do Novo Testamento participa do caráter específico de toda existência, a saber, o caráter de estar antecipadamente dotada de sentido. Este caráter é a condição indispensável sem a qual perguntas e conhecimentos científicos enquanto atos de criação de sentido não seriam possíveis.

3) A categoria de sentido é especialmente adequada para captar e interpretar o trabalho dos autores neotestamentários e para apresentar seu significado atual.

4) Diante da cruz e ressurreição, atos de criação de sentido eram indispensáveis; eles foram realizados pelos autores neotestamentários de maneiras variadas ao narrar a história-de-Jesus-Cristo nas suas próprias perspectivas e nas suas próprias maneiras.

5) É a tarefa da teologia do Novo Testamento captar esses atos de criação de sentido e apresentá-los em suas dimensões teológicas, literárias e histórico-religiosas, para assim possibilitar uma recepção adequada no tempo presente.

CAPÍTULO 2
A ESTRUTURA: HISTÓRIA E SENTIDO

STRECKER, G. (org.). *Das Problem der Theologie des Neuen Testaments*. Darmstadt, 1975 (importante coletânea de ensaios); GOPPELT, L. *Theologie*, pp. 52-62; THÜSING, W. *Die neutestamentlichen Theologien und Jesus Christus I*, pp. 21-53; HÜBNER, H. *Biblische Theologie* I, pp. 13-36; STUHLMACHER, P. *Biblische Theologie I*, pp. 1-39; WILCKENS, U. *Theologie I*, pp. 1-66; HAHN, F. *Theologie I*, pp. 1-28; BREYTENBACH, C.; FREY, J. (org.). *Aufgabe und Durchführung einer Theologie des Neuen Testaments*. WUNT 205. Tübingen, 2007.

A determinação da tarefa de uma teologia do Novo Testamento está vinculada à pergunta por sua realização: qual ponto de partida deve-se escolher? Qual é a relação entre a perspectiva da Teologia e a das Ciências da Religião? Uma limitação ao cânon é possível e adequada? De que maneira acolhe-se a pergunta pela diversidade e unidade da teologia neotestamentária? Estas perguntas necessárias acerca da estrutura interna de uma teologia do Novo Testamento serão abordadas a seguir e desembocarão num conceito próprio: *teologia neotestamentária como criação de sentido*.

2.1 O fenômeno do início

Aproximar-se de um tema é sempre um ato e determinação heurística; cada início abarca a promessa de definir o caminho que é indicado aos ouvintes e leitores. Isto se aplica tanto aos escritos neotestamentários como às teologias do Novo Testamento.

O modelo da descontinuidade

RUDOLF BULTMANN (1884-1976) começa sua teologia com uma sentença programática: "O anúncio de Jesus pertence aos pressupostos da teologia do NT e não é uma parte dela mesma. Pois a teologia do NT consiste no desdobramento dos pensamentos nos quais a fé cristã afirma para si mesma seu objeto, seu fundamento e suas consequências"[1]. Com essas palavras, BULTMANN tira a consequência da pesquisa sobre a vida de Jesus do século XIX, cujos resultados contraditórios MARTIN KÄHLER (1835-1912) já procurava superar com a distinção entre o " assim chamado Jesus histórico e o Cristo histórico e bíblico". KÄHLER distingue, por um lado, entre "Jesus" e "Cristo" e, por outro, entre *"historisch"* (histórico, palavra alemã de origem latina) e *"geschichtlich"* (em português, igualmente histórico, palavra alemã de origem germânica). Por "Jesus", ele entende o homem de Nazaré, por "Cristo", o salvador anunciado pela Igreja. Com *historisch*, ele designa os meros fatos do passado, com *geschichtlich*, aquilo que possui significado duradouro. Sua tese básica afirma: para nós, Jesus Cristo é captável apenas assim como os Evangelhos o descrevem, mas não assim como as reconstruções científicas o apresentam. KÄHLER considera historicamente impossível e dogmaticamente errado tornar o Jesus histórico o ponto de partida da fé. "Certamente, a fé não depende de um dogma cristológico. Ora, tampouco deve-se tornar a fé dependente das afirmações inseguras acerca de uma imagem de Jesus supostamente confiável que é artificialmente forjada pelos meios da pesquisa histórica (*geschichtlich*) tardiamente desenvolvida."[2] BULTMANN conseguiu combinar essa posição, que é tanto exegética como dogmática e noética, perfeitamente com o ceticismo histórico da pesquisa sobre a história das formas que era essencialmente determinada por ele mesmo. Não temos nenhuma anotação da própria mão de Jesus, antes, nós o conhecemos somente pelos Evangelhos que não são biografias, mas testemunhos de fé. Eles

---

[1] R. BULTMANN, *Theologie*, pp. 1s.
[2] M. KÄHLER, *Der sogenannte historische Jesus und der geschichtliche, biblische Christus*, 3ª ed. (Munique: 1961 [= 1892]), p. 49.

contêm muito material secundário e transformado que se formou em boa parte somente depois da Páscoa nas comunidades. É preciso tirar radicalmente a consequência do fato de que conhecemos Jesus somente numa roupagem mítica; não é possível chegar realmente além do querigma pós-pascal. "Pois decerto é minha opinião que já não podemos mais saber praticamente nada da vida e da figura de Jesus, já que as fontes cristãs não se interessaram por isto e, além do mais, são muito fragmentárias e cobertas por um crescimento absurdo de lendas, e já que não existem outras fontes sobre Jesus."[3] Dessa maneira, o anúncio de Jesus é *um* dos pressupostos da teologia neotestamentária ao lado de outros. Outros fatores podem ter a mesma importância, por exemplo, as experiências pascais dos discípulos, a fé messiânica do judaísmo e os mitos do inframundo provenientes do ambiente gentio.

Como Kähler, Bultmann também vê na busca do Jesus histórico um empreendimento insolúvel e infértil; ambos são da opinião de que a fé não pode ser fundada sobre suposições históricas inseguras. Por isso, a teologia neotestamentária deve se orientar pela distinção, já feita em Paulo e João, entre o Jesus histórico e o anúncio pós-pascal do Cristo, o querigma[4].

O modelo da continuidade

Embora não seja possível escrever uma biografia de Jesus no sentido moderno, há motivos que obrigam a começar uma teologia do Novo Testamento com uma apresentação do anúncio do Jesus de Nazaré pré-pascal:

---

[3] R. BULTMANN, *Jesus*, 4ª ed. (Hamburgo: 1970 [= 1926]), p. 10. Pode surpreender que Bultmann fosse capaz de escrever, não obstante, um livro sobre Jesus. Seu ponto de partida foi: o que se pode averiguar sobre o Jesus histórico não tem importância para a fé, porque esse Jesus de Nazaré foi um profeta judaico. Um profeta que se situa com suas exigências e opiniões no âmbito do judaísmo. Por isso, para Bultmann, a história de Jesus pertence à história do judaísmo e não do cristianismo; cf. R. BULTMANN, *Das Urchristentum*, 4ª ed. (Munique: 1976 [= 1949]), onde se aborda o anúncio de Jesus sob a rubrica "judaísmo".

[4] H. CONZELMANN, *Theologie*, pp. 1-8; G. STRECKER, *Theologie*, pp. 1-9, sentem-se especialmente comprometidos com o conceito de Bultmann.

1) Em primeiríssimo lugar são as próprias *fontes* que impedem uma limitação ao anúncio pós-pascal. Cada versículo dos Evangelhos mostra que os autores veem a origem do cristianismo não no querigma, mas na atuação do Jesus de Nazaré. Em comparação com outros movimentos chama a atenção a constante referência à pessoa "Jesus"; numa grande medida, a tradição sobre Jesus serve exclusivamente para destacar a pessoa de Jesus. Do mesmo modo, em cada versículo, o anúncio pós-pascal do Cristo remete de volta, para além de si. Ele se refere constantemente a um evento histórico e é em seu cerne (1Cor 15, 3b.4a: "morreu [...] e sepultado") a interpretação de um evento histórico.

2) Igualmente, no ponto de vista da *teoria da narração*, uma separação entre o Jesus histórico e o querigma é inviável (cf. acima, 1.3). R. BULTMANN também não conseguiu negar totalmente uma ligação entre os dois, mas reduziu a importância de Jesus de Nazaré para o querigma ao mero "que" (isto é, ao mero fato) de sua vinda[5]. Uma minimização desse tipo para um cerne totalmente abstrato torna uma recepção impossível[6]. O mero "que" de ter-vindo não pode ser transmitido nem recebido, devido a sua falta de concretude; ele não pode ser narrado, apenas – no melhor dos casos – constatado! A diversidade das narrativas-de-Jesus-Cristo pós-pascais não pode ser explicada sem um vínculo com a riqueza do mundo narrativo pré-pascal.

3) Finalmente, na perspectiva da *teoria de sentido* podemos afirmar que uma alternativa ao "Jesus histórico *versus* querigma" não

---

[5] Cf. R. BULTMANN, *Theologie*, p. 419, em relação ao Evangelho de João: "Portanto, João apresenta em seu Evangelho somente o Que da revelação, sem descrever seu O-Que". Na prática, BULTMANN defende com isto uma teoria de substituição; cf. IDEM, "Das Verhältnis der urchristlichen Christusbotschaft zum historischen Jesus", in IDEM, *Exegetica* (org. por E. DINKLER) (Tübingen: 1967), pp. 445-469, aqui: p. 468: "Portanto, quando é assim que o querigma anuncia Jesus como o Cristo, como o evento escatológico, quando tem a pretensão de afirmar que Cristo está presente nele, então ele se colocou no lugar do Jesus histórico; ele o substitui."

[6] Cf. H. BLUMENBERG, *Matthäuspassion*, 4ª ed. (Frankfurt: 1993), p. 22, que formula em relação ao querigma: "A redução a seu cerne inarticulado e extremo destrói a possibilidade de sua recepção".

é possível e, consequentemente, deveria ser abandonada. Já o anúncio de Jesus de Nazaré pode ser entendido de um modo abrangente como criação de sentido. Jesus interpretou a atuação salvífica e julgadora de Deus de uma maneira qualitativamente nova e a colocou numa relação singular com sua pessoa. A autocompreensão de Jesus não pode ser entendida em dependência do uso ou não uso de determinados títulos, mas sua atuação e sua pretensão permitem em sua totalidade unicamente a conclusão de que ele mesmo atribuiu a sua pessoa uma dignidade singular na atuação escatológica de Deus. A criação de sentido realizada por Jesus representa o ponto de partida e o fundamento daquelas criações de sentido que provavelmente já começaram antes da Páscoa e que continuaram depois da Páscoa sob condições modificadas de compreensão[7]. Nunca houve uma ruptura histórica e teologicamente profunda entre uma autocompreensão supostamente não messiânica de Jesus e o querigma cristologicamente preenchido![8]

Comprometidos com o modelo da continuidade são principalmente J. JEREMIAS, L. GOPPELT, W. THÜSING, P. STUHLMACHER, U. WILCKENS e F. HAHN. JEREMIAS

---

[7] Essa dinâmica criadora de sentido do início é um argumento contra a tese de J. SCHRÜTER, "Die Bedeutung des Kanons für eine Theologie des Neuen Testaments", in C. BREYTENBACH, J. FREY (org.), *Aufgabe und Durchführung einer Theologie des Neuen Testaments* (cf. acima, 2), p. 155, de que um esboço da atuação de Jesus não poderia ser a base de uma teologia neotestamentária, já que Jesus dentro de uma teologia do Novo Testamento possuiria um significado somente na perspectiva do testemunho da fé, mas não independentemente do mesmo.

[8] A tese de tal ruptura é o fundamento verdadeiro das teses de BULTMANN; cf. IDEM, *Theologie*, p. 33: "Que a vida de Jesus foi uma não messiânica tornou-se logo incompreensível – pelo menos nos círculos do cristianismo helenista onde os Sinóticos encontraram sua forma". O defensor decisivo de uma vida não messiânica de Jesus na virada entre os séculos XIX e XX foi W. WREDE (cf. IDEM, Das *Messiasgeheimnis* [cf. abaixo, 8.2, p. 227 etc.]), embora ele tivesse posteriormente revisado sua opinião pelo menos parcialmente. Numa carta a Adolf v. Harnack, escrita no ano 1905, ele diz: "Estou mais disposto do que antigamente a acreditar que Jesus se considerou destinado a ser o Messias" ("Unveröffentlichte Briefe William WREDES zur Problematisierung des messianischen Selbstverständnisses Jesu [org. por H. ROLLMANN, W. ZAGER], in *ZNThG* 8 (2001): 274-322, aqui: 317.

trabalha com o modelo "chamado de Jesus – resposta da comunidade"; GOPPELT escolhe o termo do "evento cumpridor" neotestamentário como seu ponto de partida hermenêutico; THÜSING desenvolve um sistema altamente complexo da "pergunta por Jesus" que vê no teocêntrismo de Jesus o ponto de partida e o cerne mais íntimo de toda teologia neotestamentária; STUHLMACHER elabora no quadro de uma "teologia bíblica" a continuidade traditiva e confessionária entre o Antigo Testamento e o Novo Testamento; WILCKENS vê na realidade do Deus uno a unidade da teologia (bíblica), e HAHN, finalmente, opta pelo termo da revelação para caracterizar a continuidade da atuação de Deus (cf. abaixo, 2.3).

A Páscoa não marca nem o início nem uma qualidade *totalmente* nova da criação de sentido dentro da nova história de Deus que inicia com Jesus de Nazaré, porque, tanto antes como depois da Páscoa, o relacionamento singular de Jesus com Deus é a base de todas as afirmações (cf. abaixo, 4)[9]. Indubitavelmente, uma distinção entre pré e pós-pascal é adequada quando se procura expressar por meio dela os distintos planos temporais, exigências materiais e conceitos teológicos. No entanto, elas não justificam a suposição de uma descontinuidade fundamental, pois a atuação e os efeitos de Jesus estão no início da teologia do Novo Testamento e são, ao mesmo tempo, seu contínuo.

2.2 Teologia e Ciências da Religião

WREDE, W. "Über Aufgabe und Methode der sogenannten Neutestamentlichen Theologie". In *Das Problem der Theologie des Neuen Testaments*, editado por G. STRECKER (cf. acima, 2.1), pp. 81-154; SCHRÖTER, J. "Religionsgeschichte des Urchristentums statt Theologie des Neuen Testaments?". In *BThZ* 16 (1999): 3-20; RÄISÄNEN, H. *Neutestamentliche Theologie? Eine religionswissenschaftliche Alternative*. SBS 189. Stuttgart, 2000; THEISSEN, G. *Die Religion der ersten Christen* (cf. acima, 1), pp. 17-44; DALFERTH. I. U. "Theologie im Kontext der Religionswissenschaft". In

---

[9] Bem acertado F. HAHN, *Theologie* I, p. 20: "O ponto de partida na pergunta pela unidade da tradição pré-pascal e do querigma pós-pascal deve ser que o domínio de Deus já começa com a atuação de Jesus. Por isso, trata-se já no tempo pré-pascal da presença da salvação e de seu futuro definitivo".

ThLZ 126 (2001): 4-20; FELDT-KELLER, A. *Theologie und Religion*. Leipzig, 2002; BENDEMANN, R. V. "'Theologie des Neuen Testaments' oder 'Religionsgeschichte des Frühchristentums'?". In *VuF* 48 (2003): 3-28.

WILLIAM WREDE (1859-1906) definiu em seu escrito programático de 1897 a tarefa do exegeta como segue: "Deve guiá-lo um interesse de (re)conhecimento desinteressado, puro, que aceita cada resultado que se manifeste realmente com grande evidência"[10]. Ele não deve se orientar nem pelo conceito do cânon nem por alguma outra construção dogmática. O objeto de seu trabalho deve ser toda a literatura cristão-primitiva que precisa ser lida como testemunha de uma religião vivida. Por isso, o nome adequado do assunto é: "história da religião cristão-primitiva, ou história da religião e teologia cristão-primitivas, respectivamente"[11]. Na discussão atual, a posição de WREDE ganha importância no contexto da crítica à teologia, da consciência de tolerância e do pluralismo metodológico modernos[12]. H. RÄISÄNEN segue WREDE explicitamente e, abandonando os limites do cânon, postula uma história da teologia científico-religiosa do cristianismo primitivo que deve fornecer "informações objetivas sobre o caráter, o pano de fundo e a formação da história primitiva do cristianismo"[13]. Trata-se aqui de um trabalho exclusivamente histórico; questões filosófico-teológicas são explicitamente comentadas apenas numa segunda fase do trabalho. Como objetivo superior de tais abordagens considera-se a *fairness* (justeza), tanto em relação aos autores neotestamentários como aos sistemas religiosos concorrentes (judaísmo, estoicismo, cultos do mundo helenista, religiões de mistérios). Conscientemente procura-se a aproximação ao cristianismo primitivo não pela perspectiva interna eclesial, mas por uma perspectiva externa científica, para levantar seu mundo intelectual e seus interesses. O exegeta não deve assumir o ponto de vista religioso de seu objeto, porque, dessa forma,

---

[10] W. WREDE, *Aufgabe und Methode*, p. 84.
[11] W. WREDE, *op. cit.*, p. 153s.
[12] Cf. a respeito as resenhas das obras de Räisänen und THEISSEN em A. LINDEMANN, "Zur Religion des Urchristentums", in *ThR* 67 (2002): 238-261.
[13] H. RÄISÄNEN, Neutestamentliche Theologie?, p. 75.

ele atuaria como pregador e não como cientista¹⁴. Também G. THEISSEN orienta-se explicitamente pelo programa de W. WREDE que apresenta seis vantagens¹⁵:

1) o distanciamento em relação à pretensão normativa de textos religiosos;
2) a transposição dos limites do cânon;
3) a emancipação de categorias como "ortodoxia" e "heresia";
4) o reconhecimento da pluralidade e contraditoriedade de esboços e conceitos teológicos no cristianismo primitivo;
5) a explicação de pensamentos teológicos a partir de seu contexto de vida real;
6) a abertura em relação à história da religião.

THEISSEN defende explicitamente uma perspectiva externa, ele deseja manter o acesso ao Novo Testamento aberto para seus contemporâneos secularizados. Por isso, ele não escreve uma teologia no sentido confessionário, mas uma teoria da religião cristão-primitiva baseada em categorias científico-religiosas. Aqui, o ponto de partida é a tese: "Religião é um sistema cultural de sinais que promete um ganho de vida através da correspondência a uma realidade última"¹⁶. Esse conceito semiótico considera a religião como um sistema cultural de sinais que se expressa em mito, rito e etos. Mitos elucidam em forma narrativa o que determina fundamentalmente o mundo e a vida (cf. abaixo, 4.6). Ritos são padrões de comportamento, por meio dos quais seres humanos transcendem suas atuações cotidianas para representar a realidade diferente afirmada no mito. Finalmente, o etos pertence a cada linguagem simbólica religiosa; tanto no judaísmo como no cristianismo, toda a conduta organiza-se através de sua relação com os mandamentos de Deus. Nesta base, THEISSEN delineia o processo transformador do cristianismo primitivo desde um

---

¹⁴ Cf. H. RÄISÄNEN, op. cit., pp. 72ss.
¹⁵ Cf. G. THEISSEN, Die Religion der ersten Christen, pp. 17-19.
¹⁶ G. THEISSEN, op. cit., p. 19.

movimento intrajudaico para um movimento autônomo que se deu em continuidade e descontinuidade em relação ao sistema judaico.

Será que um modo de contemplação científico-religioso oferece uma perspectiva externa neutra, que analisa seus objetos sem ser partidário e sem amarras ideológicas? Por várias razões, essa pergunta precisa ser respondida claramente de forma negativa:

1) As considerações no âmbito das teorias da história e da identidade mostraram que não é possível assumir uma posição "neutra" que dispensa a própria biografia (cf. acima, 1.1). O postulado de neutralidade e isenção de valores que é alegado, por exemplo, por cientistas da religião contra teólogos, é um instrumento ideológico para colocar outras posições sob suspeita. *Não existe uma terra de ninguém posicional*; não é possível, nem biográfica nem metodologicamente, eclipsar a própria história com todas as suas valorações.
2) Um elemento central da própria biografia é a pergunta por Deus e a relação com ele. *Tanto quem crê como quem não crê em Deus insere necessária e naturalmente esse pressuposto em seu trabalho.* A exigência de explicar o mundo a partir do mundo sem Deus não é absolutamente um "critério de objetividade", mas, segundo sua natureza, um querer biograficamente condicionado, um ato de vontade, um estabelecimento deliberado[17]. *A não existência de Deus é uma suposição tanto como sua existência!* O querer e os estabelecimentos deliberados por outros não são uma razão suficiente para que o teólogo eclipse em seu trabalho teológico e histórico-religioso a ideia de Deus. Todo trabalho histórico é inevitavelmente inserido em um contexto abrangente superior, de modo que a pergunta por objetividade e partidariedade não

---

[17] Bem acertado A. SCHLATTER, "Atheistische Methoden in der Theologie", in IDEM, *Die Bibel verstehen* (Giessen: 2002) (org. por W. Neuer), pp. 1131-148, aqui: p. 137: "Todo pensamento abarca dentro de si um querer, de modo que aparece em nossa ciência aquilo 'que queremos'. É claro que ninguém de nós diz com isto que nos atribuímos a capacidade soberana de um estabelecimento deliberado, isenta de qualquer argumentação e justificativa."

deve ser entendida como contradição. "Partidariedade e objetividade entrelaçam-se [...] no campo de tensão da formação de teoria e exegese de fontes. Para a pesquisa, um sem o outro é em vão."[18] Para poder escrever história, o teólogo/cientista da religião precisa de uma teoria de história que não deve nem pode excluir valorações religiosas, culturais e políticas biograficamente adquiridas.

3) Movimentos religiosos e seus textos podem ser captados adequadamente apenas quando se *entra em relação com eles*. Cada intérprete encontra-se numa tal relação que não pode ser captada pela alegação ideológica acerca da perspectiva interna e da perspectiva externa. Antes, essa relação deve-se tanto à respectiva biografia do intérprete como às decisões prévias e questões metodológicas com as quais ele se aproxima dos textos. Não se trata de uma neutralidade que um reivindica e outro supostamente não é capaz de realizar, mas unicamente de uma *questão e metodologia adequada aos textos*. Quando textos religiosos tematizam a pergunta pela verdade, então a fuga disso como sinal de uma pretensa neutralidade nem sequer é possível, porque cada intérprete encontra-se desde sempre em uma relação com os textos e com as posições neles formuladas.

4) A formação do cânon e a seleção a ela vinculada é frequentemente tida como uma prova do caráter ideológico do cristianismo primitivo. No entanto, em termos históricos e teológicos, um cânon não é um ato arbitrário, mas um fator natural dentro da formação da identidade e da autodefinição de um movimento religioso e, como fenômeno cultural, é de modo algum limitado ao cristianismo primitivo[19]. Já que o registro por escrito é a condição para a sobrevivência de um movimento,

---

[18] R. KOSELLECK, "Standortbindung und Zeitlichkeit", in R. KOSELLECK, W. J. MOMMSEN, J. RÜSEN (org.), *Theorie der Geschichte I* (Munique: 1977), pp. 17-46, aqui: p. 46.
[19] Cf. a respeito as reflexões em J. ASSMANN, "Fünf Stufen auf dem Weg zum Kanon. Tradition und Schriftkultur im alten Israel und frühen Judentum", in IDEM, *Religion und kulturelles Gedächtnis* (Munique: 2000), pp. 81-100.

uma formação de cânon não pode ser entendida como um ato repressivo, mas representa um processo totalmente natural. Não decisões externas (eclesiásticas), mas primeiramente impulsos internos levaram à formação do cânon[20]. Além disso, a exigência da abolição dos limites do cânon deixa de reconhecer a função normativa e criadora de sentido que o cânon desempenha enquanto espaço de memória, no qual os membros de um grupo podem entrar para alcançar reconfirmação e orientação. A fixação num cânon como dado histórico e grandeza constitutiva de um movimento religioso não significa que o conceito do cânon se torne a chave de uma teologia neotestamentária ou que escritos extracanônicos e questões científico-religiosas fossem eclipsadas; mas elas não são a grandeza relacional primária da interpretação e também não determinam sua abrangência[21].

Já que não existe perspectiva externa e/ou perspectiva interna e o abandono do conceito de Deus não é um ganho de neutralidade ou cientificidade, mas nada mais do que um estabelecimento deliberado e/ou a adaptação à ideologia de outros, o modo teológico de reflexão não precisa, não pode e não deve ser substituído por uma questão científico-religiosa. A Teologia e as Ciências da Religião não são melhores ou piores nem mais neutras ou mais ideológicas, mas *elas perguntam e trabalham de modos diferentes*. Esse caráter diferente deve-se a seu objeto, pois as Ciências da Religião tratam das formas em que

---

[20] Cf. a respeito U. SCHNELLE, *Einleitung in das Neue Testament*, 6ª ed. (Göttingen: 2007), pp. 388-403.
[21] Uma delimitação do volume do material precisaria ser realizada por motivos práticos também por aqueles que exigem a abolição dos limites do cânon. Não é fácil encontrar os critérios para isto, pois, em termos científico-religiosos e científico-culturais, uma delimitação da literatura para o âmbito cristão não pode ser justificada. É preciso incluir também todo o âmbito judaico e greco-romano. Por isso, cada autor/leitor/exegeta precisa necessariamente delinear para si mesmo os limites do cânon. Também a seleção estritamente segundo a história das formas, realizada por PH. VIELHAUER, *Geschichte der urchristlichen Literatur* (Berlim: 1975), pp. 1-8, está marcada por algo artificialmente forjado! [Em português, *História da Literatura Cristã Primitiva*, Ed. Academia Cristã, São Paulo, 2008].

religiões aparecem, a teologia cristã trata do Deus que se revelou na história de Israel e em Jesus Cristo[22].

2.3 Diversidade e unidade

BULTMANN, R. *Theologie*, pp. 585-599; SCHLIER, H. "Über Sinn und Aufgabe einer neutestamentlichen Theologie". In *Das Problem der Theologie des Neuen Testaments*, editado por G. STRECKER (cf. acima, 2), pp. 323-344; STRECKER, G. "Das Problem der Theologie des Neuen Testaments". In *Das Problem der Theologie des Neuen Testaments*, editado por IDEM (cf. acima, 2), pp. 1-31; LUZ, U. "Einheit und Vielfalt neutestamentlicher Theologie", in: *Die Mitte des Neuen Testaments* (FS E. Schweizer), editado por U. LUZ, H. WEDER. Göttingen, 1983, pp. 142-161; STUHLMACHER, P. *Biblische Theologie II*, pp. 304-321; HAHN, F. "Das Zeugnis des Neuen Testaments in seiner Vielfalt und Einheit". In *KuD* 48 (2002): 240-260; SÖDING, TH. *Einheit der Schrift? Zur Theologie des biblischen Kanons*. QD 211. Freiburg, 2005.

Entre os problemas centrais da apresentação de uma teologia do Novo Testamento está a pergunta pela diversidade e unidade. Não há dúvida de que os distintos escritos neotestamentários consistem de múltiplas camadas históricas e teológicas. A pergunta material que segue disso é: existe uma unidade que vai, além disso, e como ela pode ser justificada/apresentada? Uma resposta negativa a esta pergunta é dada por R. BULTMANN; ele vota contra uma "dogmática" neotestamentária e defende a diversidade dos esboços. "Por meio disso expressa-se que não pode haver uma dogmática normativa cristã, a saber, que não é possível resolver a tarefa teológica definitivamente – a tarefa que consiste em desenvolver a compreensão nascida da fé acerca de Deus e, com isso, do ser humano e do mundo. Pois essa tarefa permite apenas soluções ou tentativas de soluções sempre repetidas

---

[22] Cf. L. U. DALFERTH, *Theologie im Kontext der Religionswissenschaft*, p. 14: "Portanto, para a teologia, Deus não marca um tema ao lado de outros, mas o horizonte dentro do qual todos os fenômenos da vida precisam ser entendidos quando querem ser entendidos *teologicamente*."

nas respectivas situações históricas."²³ A contraposição é defendida em muitas formas diferentes, sendo que há dois padrões básicos:

1) A unidade do Novo Testamento reside na concentração em uma pessoa, um pensamento básico ou um padrão argumentativo particularmente plausível. De especial importância é a argumentação de Martinho Lutero que entende Jesus Cristo como o *"centro da Escritura"*: "E nisso coincidem todos os livros sagrados corretos, que todos eles pregam e promovem Cristo. Também é a reta pedra de toque para avaliar todos os livros, quando se vê se promovem Cristo ou não, tanto mais que toda Escritura testemunha Cristo (Rm 3) e Paulo não quer saber nada fora de Cristo. 1Cor 2. O que não ensina Cristo, isto não é apostólico, mesmo se fossem Pedro e Paulo que o ensinassem. Por outro lado, o que prega Cristo, isto é apostólico, mesmo se fossem Judas, Ananias, Pilatos e Herodes que o fizessem."²⁴ A partir desse conceito, Lutero chega a uma crítica imanente cristologicamente orientada pela Bíblia, na qual o Evangelho de João, as cartas de Paulo e a Primeira Carta de Pedro são avaliadas de modo especialmente positivo, de modo negativo, porém, a Carta de Tiago, mas também a Carta aos Hebreus e a Carta de Judas, bem como o Apocalipse de João. O conceito de Lutero é defendido, em variantes, até o tempo presente imediato²⁵. E. KÄSEMANN vê na justificação da pessoa sem Deus o centro da Escritura e de todo anúncio cristão. "Já que, nela, a mensagem e a obra de Jesus como mensagem e obra do

---

[23] R. BULTMANN, *Theologie*, p. 585. Não obstante, BULTMANN, ao colocar Paulo e João maciçamente no centro de sua teologia, defende factualmente um "cânon dentro do cânon".
[24] WA DB 7, 384,25-32.
[25] Uma visão geral da história da pesquisa é oferecida em W. SCHRAGE, "Die Frage nach der Mitte und dem Kanon im Kanon des Neuen Testaments, in der neueren Diskussion", in J. FRIEDRICH etc. (org.), *Rechtfertigung*. FS E. Käsemann (Tübingen: 1976), pp. 415-442; a discussão recente é revista e documentada por P. BALLA, *Challenges to New Testament Theology*. WUNT 2.95 (Tübingen: 1997); F. HAHN, *Theologie II*, pp. 6-22; CHR. ROWLAND, C. M. TUCKETT (org.), *The Nature of New Testament Theology* (Oxford: 2006).

Crucificado, sua glória e poder, destacam-se inconfundivelmente de todas as outras afirmativas religiosas, ela precisa ser considerada o cânon dentro do cânon, ela é o critério do discernimento dos espíritos também diante de toda pregação cristã no passado e no presente."[26] No âmbito de uma *teologia bíblica*, P. STUHLMACHER vê o centro da Escritura na ideia da reconciliação: "O evangelho apostólico uno da reconciliação (expiação) [alemão: *Versöhnung* (*Versühnung*)] de Deus com os seres humanos por seu filho unigênito, o Cristo Jesus, vivido por Jesus, anunciado exemplarmente por Paulo e espiritualizado pela escola joanina, é a mensagem de salvação por excelência para o mundo."[27]

2) A pergunta pela diversidade e unidade não se reduz pela concentração a termos-chave, mas é compreendida como elemento autônomo e necessário da teologia do Novo Testamento. Segundo H. SCHLIER, a tarefa do teólogo é cumprida apenas "quando se consegue, afinal, tornar visível a unidade das distintas 'teologias'. Somente então, o nome e o conceito operante nele fazem sentido. Esta unidade, que inclui uma última ausência de contradições dos diversos pensamentos básicos e afirmativas teológicas, é, do ponto de vista teológico, uma condição que tem a ver com a inspiração e a canonicidade do NT, ou melhor, das Sagradas Escrituras."[28] Acolhendo essa sugestão, F. HAHN coloca a unidade do Novo Testamento no centro de sua teologia. Já que uma história da teologia cristão-primitiva pode apenas demonstrar a diversidade dos conceitos neotestamentários, precisa-se no âmbito de um processo de trabalho temático da comprovação da unidade interna do Novo Testamento[29].

---

[26] E. KÄSEMANN, "Zusammenfassung", in IDEM (org.), *Das Neue Testament als Kanon* (Göttingen: 1970), pp. 399-410, aqui: p. 405.
[27] P. STUHLMACHER, *Biblische Theologie II*, p. 320.
[28] H. SCHLIER, *Sinn und Aufgabe*, pp. 338s. Schlier vê a unidade já nas antigas fórmulas de fé; ela deveria ser desenvolvida com base nos grandes temas Deus, domínio de Deus, Jesus Cristo, ressurreição, espírito, Igreja, fé.
[29] Cf. também U. WILCKENS, *Theologie I*, p. 53, que distingue entre uma parte histórica e uma parte sistemática da obra completa e que observa acerca da segunda parte: "Ali se trata de encontrar, na diversidade do material traditivo diferenciado

Na base do cânon vétero e neotestamentário apresenta-se como categoria orientadora superior somente o tema da revelação. "A orientação no tema da revelação tem consequências para a estrutura: deve-se iniciar com a atuação reveladora de Deus na antiga aliança, segue o evento revelatório na pessoa de Jesus Cristo e depois as dimensões soteriológica, eclesiológica e escatológica da atuação revelatória de Deus em Cristo. Nesse contexto, a ética neotestamentária deve ser abordada no contexto da eclesiologia."[30]

Deve-se objetar contra a suposição de um "centro" do Novo Testamento que se trata nessa ideia de uma abstração a-histórica que não faz absolutamente jus aos conceitos individuais. A doutrina da justificação da Carta aos Gálatas e da Carta aos Romanos ou a ideia da reconciliação nem sequer captam a totalidade da teologia paulina! Quando se determina o próprio Jesus Cristo como o "centro", então uma concentração nesse nível mais alto faz pouco sentido porque se aplica a tudo e com isso anula a si mesmo. Uma Teologia Bíblica não é possível, porque:

1) o Antigo Testamento *silencia* sobre Jesus Cristo;
2) a ressurreição *de um crucificado* de entre os mortos como acontecimento contingente não pode ser integrada em nenhuma criação de sentido antiga (cf. 1Cor 1,23); e
3) o Antigo Testamento é provavelmente o contexto cultural/teológico mais importante dos escritos neotestamentários, mas de modo algum o único[31]. Quando a unidade do Novo Testamento vale como uma tarefa material própria, exigida pelo cânon, surgem problemas teóricos e práticos: qual é a relação entre a

---

e em conceituações teológicas em parte contraditórias, os motivos básicos concordantes que conferiram ao movimento do cristianismo em seu tempo inicial verdadeiramente eruptivo uma imensa força de convicção e difusão."
[30] F. HAHN, Zeugnis, p. 253.
[31] Uma visão geral dos prós e contras de uma Teologia Bíblica encontra-se em CHR. DOHMEN, TH. SÖDING (org.). *Eine Bibel – zwei Testamente* (Paderborn: 1995).

formação do cânon e a autocompreensão dos distintos escritos que são agora submetidos a uma questão diferente, posterior e nova? Qual é a relação entre a apresentação da diversidade e da unidade: a unidade é a parte interseccional do diferente? A diversidade encontra sua realização plena na unidade? A unidade é a repetição da diversidade sob diferentes pressupostos[32]?

Canonização como testemunho de diversidade e delimitação

Uma resposta a essas perguntas deve partir do fato de que o aspecto da diversidade surge consequentemente do conceito metódico aqui aplicado e dos dados históricos: já que todos os autores neotestamentários, como narradores e intérpretes, inserem sua própria história e a situação atual de suas comunidades em *sua* história-de-Jesus-Cristo, portanto, realizam suas respectivas criações de sentido, existe um claro *prae da diversidade* e nem sequer pode existir *a* teologia neotestamentária no singular[33]. Cada escrito neotestamentário é um mundo próprio de linguagem e interpretação, portanto, de sentido, que precisa ser entendido a partir de si mesmo. Diversidade não é idêntica a pluralidade sem fronteiras e sem contornos, mas refere-se estritamente ao testemunho dos escritos neotestamentários. *No Novo Testamento existe diversidade exclusivamente sobre um claro fundamento: Nas experiências com a atuação escatológica de Deus em Jesus Cristo, na cruz e na ressurreição.* Esse fundamento é abordado nos distintos

---

[32] Aqui vejo o problema da abordagem de F. HAHN que trata a unidade e a diversidade do mesmo modo pormenorizado, o que faz com que surjam necessariamente enormes sobreposições e repetições sob pressupostos diferentes; cf., por exemplo, para o tema "Lei em Paulo": IDEM, *Theologie I*, pp. 232-242; *Theologie II*, pp. 348-355.

[33] F. HAHN, *Theologie II*, p. 2: "A apresentação da diversidade no sentido de uma teologia do cristianismo primitivo é um elemento parcial necessário e indispensável, mas, vista isoladamente, é apenas um fragmento. Somente na ligação com o esforço de relacionar entre si os distintos esboços teológicos do cristianismo primitivo e de perguntar por sua unidade pode se falar de uma 'teologia do Novo Testamento' no sentido estrito e verdadeiro." Com o termo "unidade", HAHN realiza uma abstração que não se encontra *assim* nos textos e alega ao mesmo tempo que este é o único caminho para uma teologia do Novo Testamento no singular.

escritos necessária e inevitavelmente na sua própria maneira, e nesse aspecto não predomina a contrariedade, mas a diversidade de formas. Além disso, é questionável se o termo unidade é adequado para responder a pergunta material feita. Unidade é um termo estático de totalidade que tende a nivelar e uniformizar. Finalmente, a questão da unidade é alheia aos autores neotestamentários, ela não aparece nos textos, e a história do cristianismo primitivo é tudo menos a história de um movimento uniforme!

O cânon representa o ponto final de um longo processo de canonização[34], e a canonização, por sua vez, é um elemento natural e necessário para formação e preservação de identidade. Dentro de cada desenvolvimento é necessário definir "as regulamentações de uma determinada área da produção social de sentido por meio de delimitação e definição do oferecido"[35]. A canonização não é absolutamente um argumento contra a ênfase na diversidade, pois ela mesma é um testemunho de uma diversidade adequada! O processo da canonização mostra que o processo originário possibilita e simultaneamente delimita a diversidade de sua interpretação. Ao mesmo tempo, porém, deve ficar registrado: *a pergunta que é central para o processo da canonização, a saber, a pergunta pela diversidade e sua delimitação, não é a pergunta dos distintos escritos neotestamentários*! Um cânon é sempre um fim, a canonização, um processo demorado que se inicia com os escritos neotestamentários, mas que não é idêntico aos mesmos! Além disso, os escritos neotestamentários justificam e representam seus *status* a partir de si mesmos, e, para tanto, não precisam de uma canonização posterior; em sua grande maioria, eles entraram no cânon porque já possuíam esse *status*, e não vice-versa[36]. Finalmente: uma teologia do

---

[34] Para a formação do cânon, cf. TH. ZAHN, *Geschichte des Neutestamentlichen Kanons I.II* (Leipzig/Erlangen: 1888.1892); J. LEIPOLDT, *Geschichte des neutestamentlichen Kanons I.II* (Leipzig: 1907.1908); H. von CAMPENHAUSEN, *Die Entstehung der christlichen Bibel*. BHTh 39 (Tübingen: 1968); B. M. METZGER, *Der Kanon des Neuen Testaments* (Düsseldorf: 1993).

[35] TH. LUCKMANN, "Kanon und Konversion", in A. ASSMANN, J. ASSMANN (org.), *Kanon und Zensur* (Munique: 1987), pp. 38-46, aqui: p. 38.

[36] Isto é óbvio nas cartas paulinas, como mostram, por exemplo, 1Ts 2,13; 2Cor 10,10; Gl 1,8s e as cartas deuteropaulinas. Contudo, também os Evangelhos (cf. Mc 1,1;

cânon do Novo Testamento como uma tarefa necessariamente exegética *e também* histórico-eclesiástica é algo distinto de uma teologia dos escritos neotestamentários/do Novo Testamento. O número e a sequência dos escritos no cânon não é obra dos autores neotestamentários, mas aqui se manifesta a compreensão teológica de *outros*![37] Sua visão prevaleceu por bons motivos, mas ela não é a perspectiva dos distintos escritos neotestamentários. O cânon pode ser considerado um horizonte de interpretação e doador de identidade somente a partir do momento em que ele existiu em seu acervo básico: por volta de 180 d. C. Por isso, em relação aos distintos escritos, o cânon é um meta-nível secundário que não consegue captar verdadeiramente nem o lugar histórico específico nem o perfil teológico específico de um escrito neotestamentário e que também não responde à pergunta decisiva sobre a contribuição dada por um autor à formação de identidade cristão-primitiva.

Como resultado natural e, considerado em termos tanto históricos como teológicos, extremamente adequado de um processo secular de formação e seleção, o cânon neotestamentário é uma realidade histórica que determina a abrangência do material a ser tratado.

2.4 Teologia neotestamentária como criação de sentido

As considerações acima apresentadas determinam o conceito metodológico e a estrutura desta teologia do Novo Testamento.

Mt 1,1-17; Lc 1,1-4; Jo 1,1-18), os Atos dos Apóstolos, o Apocalipse de João e todas as cartas maiores legitimam-se através de seu conteúdo e sua pretensão; diferente J. SCHRÖTER, "Die Bedeutung des Kanons für eine Theologie des Neuen Testaments", in C. BREYTENBACH, J. FREY (org.). *Aufgabe und Durchführung einer Theologie des Neuen Testaments* (cf. acima, 2), pp. 135-1581, aqui: p. 137s., que distingue estritamente entre o *status* histórico e o *status* canônico e que considera o último decisivo.

[37] Inteiramente diferente J. SCHRÖTER, *op. cit.*, p. 154: "Ao contrário, o significado histórico e teológico do cânon ganha seu significado somente quando o cânon é reconhecido como um documento da história da teologia e quando os escritos que se encontram nele são interpretados nessa base *em seu contexto canônico*."

O conceito metodológico

Os escritos do Novo Testamento são o resultado de uma criação de sentido abrangente e complexa. Já que as experiências religiosas de grupos ou de pessoas individuais geram sempre processos de criação de sentido que são traduzidos em narrativas e ritos e, dessa forma, também em criação de textos para serem comunicáveis, atos de criação de sentido eram inevitáveis diante da cruz e da ressurreição. *Um evento interpretativo-revelador como a ressurreição de Jesus de Nazaré de entre os mortos exige atos interpretativo-reveladores!* Todos os autores do cristianismo primitivo estavam diante da tarefa de traduzir, por meio da narração, o singular e extraordinário evento da cruz e ressurreição em um edifício de sentido teológico, algo que implica também um *significativo empreendimento intelectual*. Ao narrar e escrever a história de Jesus Cristo de um determinado modo, eles realizam atribuições e descrições de *status*, escrevem história e constroem um novo mundo religioso próprio[38]. Nesse processo, todos os autores do Novo Testamento evitam a alternativa, tanto histórica como materialmente inadequada, entre uma história dos fatos do Jesus terreno e uma cristologia de querigma abstrata desvinculada dela. Antes, nesses autores, a história do Jesus terreno é enfocada na perspectiva da realidade da salvação presente, operada pelo Ressuscitado.

O novo mundo religioso é sempre a expressão da situação cultural e histórica específica dentro da qual os autores neotestamentários viviam e atuavam. Eles estavam inseridos em contextos culturais e políticos muito diversificados, determinados por sua origem, seu campo atual de atuação, seus receptores e os debates religioso-filosóficos da época. Assim como as culturas, também as religiões não existem individualmente e isoladas; antes, estão sempre inseridas em relações. Isto vale tanto mais para um novo movimento como o cristianismo que, pelo bem de sua *conectividade*, precisava conscientemente construir relações.

---

[38] Esta intelecção é fundamental, pois: "O decisivo não é sair do círculo, mas de entrar nele de modo correto" (M. HEIDEGGER, *Sein und Zeit*, 14ª ed. [Tübingen: 1977], p. 153).

A conectividade não surge automaticamente, ela precisa ser gerada conscientemente. Essencial nesse contexto é a capacidade de criações de sentido e da criação de *novas identidades*. A formação de uma identidade dá-se sempre sob a influência de um ambiente cultural ou de ambientes culturais. Nesse contexto, a consciência de identidade étnica é decisivamente determinada por características objetiváveis como língua, procedência, religião e tradições geradas por esses fatores. Tradições são, por sua vez, a expressão de uma formação cultural por meio de textos, ritos e símbolos[39]. Embora a formação de identidade se realize, por via de regra, dentro de um quadro assim marcado, ela possui sempre um caráter processual, é fluida e vinculada a situações que se modificam[40]. Quando, além disso, espaços culturais se sobrepõem, uma identidade pode se formar com sucesso somente quando é capaz de acolher e integrar influências variadas. Tanto a inequivocabilidade como a permeabilidade são as condições para novas formações culturais bem-sucedidas. A conectividade podia ser alcançada pelos missionários cristão-primitivos dentro da complicada complexidade do Império Romano somente porque eles eram capazes de acolher diferentes tradições culturais e dar-lhes um maior desenvolvimento criativo: o Antigo Testamento, o judaísmo helenista e a cultura greco-romana. Finalmente, criações de sentido dão-se sempre em contextos políticos (em mudança) que são tematizados nos distintos escritos neotestamentários de modos muito distintos. Especialmente não se podia deixar de tematizar o culto ao imperador como religião política (cf. abaixo, 9.1). A lida com ele vai desde o confronto e conflitos abertos (Ap/1Pd), superações simbólicas e/ou claras alusões (Paulo/Marcos/Lucas/João/Cl/Ef) até o silêncio (Hb/Tg/1.2Tm/Tt/ 2Pd/Jd).

Por isso, as criações de sentido dos autores neotestamentários manifestam uma alta capacidade, pois conseguiram prevalecer não só dentro de um ambiente verdadeiramente multirreligioso, mas estão até hoje presentes em história de recepção singular na história universal.

---

[39] Cf. a respeito H. WELZER, "Das soziale Gedächtnis", in IDEM (org.), *Das soziale Gedächtnis. Geschichte, Erinnerung, Tradierung* (Hamburgo: 2001), pp. 9-21.
[40] Cf. K.-H. KOHLE, "Ethnizität und Tradition aus ethnologischer Sicht", in: A. ASSMANN, H. FRIESE (org.), *Identitäten* (cf. acima, 1.2), pp. 269-287.

Como não havia na Antiguidade uma separação entre religião e filosofia, os escritos neotestamentários precisam ser *lidos e levados a sério também como desempenhos e testemunhos intelectuais*. Neles são tratadas perguntas centrais acerca da vida bem-sucedida, isto é, o perfil intelectual dos distintos esboços precisa ser levantado em comparação com esboços religioso-filosóficos contemporâneos.

A orientação pelos escritos/autores neotestamentários nos leva a perguntar se não deveríamos falar de uma teologia dos *escritos* do Novo Testamento. Por um lado, a orientação pelos distintos escritos/autores é fundamental, por outro, porém, difere-se disso num ponto decisivo já que o anúncio, a atuação e o destino de Jesus de Nazaré formam a base e o ponto de partida. Por isso continuamos a usar a expressão "teologia do Novo Testamento"[41], que se refere aqui às conceituações teológicas que podem ser apuradas nos escritos do Novo Testamento e que ultrapassam o mero número desses escritos.

A estrutura

Quando se compreende os distintos escritos neotestamentários como a expressão de processos de criação de sentido e de identidade, dotados de conectividade, então uma teologia do Novo Testamento tem a tarefa de *levantar e apresentar abrangentemente a construções desses*

---

[41] Factualmente, o termo "teologia do Novo Testamento" já era sempre um termo coletivo, sob o qual se subsumiam esboços muito diferenciados. Dois exemplos que facilmente poderiam ser multiplicados: R. BULTMANN começa com os pressupostos de uma teologia do Novo Testamento (anúncio de Jesus), passa depois para visões gerais temáticas (O querigma da comunidade primitiva/O querigma da comunidade helenista antes e ao lado de Paulo), para se voltar a seguir a dois autores/grupos de escritos (Paulo e João) que representam, por assim dizer, *a* teologia por excelência do Novo Testamento. Finalmente, ele descreve, novamente em forma de visão geral, o desenvolvimento em direção da Igreja antiga. F. HAHN distingue sob o título abrangente "Teologia do Novo Testamento" entre uma história da teologia do cristianismo primitivo (*Vol. 1: Die Vielfalt des Neuen Testaments* – A diversidade do NT) e uma apresentação temática (*Vol. II: Die Einheit des Neuen Testaments* – A unidade do NT), sendo que estão em destaque no Vol. I autores/grupos de escritos e no Vol. II, temas, embora estes sejam desenvolvidos prioritariamente no exemplo de autores/escritos proeminentes.

mundos de sentido. O ponto de partida disso deve ser Jesus de Nazaré, que em sua atuação e em seu anúncio realizou uma criação de sentido que, antes e depois da Páscoa, gerou outras criações de sentido e a quem todos os autores neotestamentários se referem fundamentalmente[42]. Por isso, o primeiro enfoque é a apresentação do mundo dos pensamentos de Jesus; ela é estruturada segundo questões temáticas que surgem a partir das avaliações da tradição. Segue-se uma explicitação dos mundos de sentido de todos os escritos neotestamentários, de Paulo até o Apocalipse, organizada prioritariamente de modo cronológico (e parcialmente segundo o conteúdo)[43]. Aqui é o objetivo apresentar, na medida do possível, o mundo completo dos pensamentos dos autores. Isso deve acontecer por meio de *campos temáticos* que 1) são encontrados em todos os escritos e que 2) conseguem captar as estruturas teológicas em suas suposições básicas, sua diversidade e sua interligação mútua. Os campos temáticos são:

1) *Teologia*: Quais as consequências que o evento revelatório em Jesus Cristo tem para a imagem de Deus? Como se deve pensar o Deus que manifestou em Jesus Cristo sua vontade acerca da continuidade e descontinuidade da primeira aliança?
2) *Cristologia*: A consciência particular que Jesus de Nazaré teve em relação a Deus exige no contexto de sua atuação com autoridade, de seus milagres e de seu destino em Jerusalém a definição de sua relação com Deus, de sua natureza, de suas funções e de seu significado dentro do processo escatológico que começa com ele.
3) *Pneumatologia*: As novas e sustentáveis experiências do espírito, vividas pelos cristãos primitivos, obrigaram a reflexões sobre a presença e a atuação do divino na vida dos crentes.

---

[42] A decisão material fundamental na estruturação de uma teologia do Novo Testamento consiste em começar por Jesus de Nazaré (assim, L. GOPPELT, W. THÜSING, P. STUHLMACHER, U. WILCKENS, F. HAHN) ou por Paulo (assim, R. Bultmann, H. Conzelmann, G. Strecker, H. Hübner, J. Gnilka).

[43] Por exemplo, faz sentido tratar as cartas pastorais, de redação tardia, dentro das cartas deuteropaulinas e, dessa maneira, antes da cartas eclesiásticas 1Pd, Tg e Hb.

4) *Soteriologia*: Desde o início, o evento Cristo foi entendido como um evento que salva/redime; como salvação do juízo, do inferno/inframundo e da morte eterna. No contexto de numerosas figuras de salvadores precisava ser definido o que salva realmente e como se dá a salvação.
5) *Antropologia*: Vincula-se a esse tema a pergunta pela natureza e pelo destino do ser humano. Diante da história-de-Jesus-Cristo levantava-se a pergunta pelo ser humano de modo qualitativamente novo; o "novo ser humano em Cristo (2Cor 5,17; Ef 2,15) passa para o centro da reflexão.
6) *Ética*: Criações de sentido estão sempre relacionadas com atos de orientação que precisam ser traduzidos em conceitos éticos. Não só o ser, também o agir encontrou uma nova forma para os cristãos primitivos. Eles estavam diante da difícil tarefa de desenvolver um programa ético atrativo, em continuidade com a ética judaica e no contexto de uma ética greco-romana altamente refletida.
7) *Eclesiologia*: Entre as experiências marcantes do tempo inicial estava a nova comunhão na fé que precisava ser refletida dentro da eclesiologia e traduzida em formas/estruturas. Tratava-se de construir uma relação equilibrada entre o caráter imediato do espírito e as estruturas ordenadoras necessárias no tempo que se estendia.
8) *Escatologia*: Cada religião/filosofia, como criação de sentido, precisa desenvolver um esboço da ordem temporal. Isto se aplica de maneira especial aos cristãos primitivos, pois o presente, o passado e o futuro precisavam ser colocados numa nova relação, porque, com a ressurreição de Jesus Cristo dentre os mortos, um evento do passado determinava o futuro, portanto, marcava também o presente. O cristianismo primitivo não permitiu que a escatologia se diluísse na realização da história universal, mas elaborou conceitos temporais que – sustentados pela ideia todo-abrangente de Deus – esboçam o sentido a partir do fim.

Num campo temático conclusivo (9, *Posição na história da teologia*) procura-se realizar uma inserção de cada escrito neotestamentário nos processos de criação de sentido e da história do cristianismo primitivo, ao destacar principalmente seu perfil particular.

Portanto, *a estrutura básica esquematizada surge a partir da análise dos escritos e do próprio desenvolvimento histórico*[44]; *além disso, cabe-lhe igualmente uma função estruturadora e interpretadora*.

Ela ordena o material e as questões e garante que sejam apresentadas não só os temas teológicos/cristológicos habituais dos distintos escritos (por exemplo, o "segredo messiânico" em Marcos, lei/justiça em Mateus, a doutrina da justificação em Paulo, os ministérios nas Cartas Pastorais), mas que se capte toda a amplitude e toda a riqueza dos distintos esboços e conceitos. Ao mesmo tempo, esta grade é tão flexível que é possível elaborar os enfoques e particularidades dos distintos escritos. Também a estrutura narrativa de escritos, suas escolhas e opções teológicas particulares, sua posição no contexto de outros conceitos e seus elementos específicos criadores de identidade e união podem ser integrados adequadamente no quadro deste esquema. Dessa maneira preserva-se o respectivo caráter particular de um texto neotestamentário sem que o particular seja confundido com a totalidade, e vice-versa.

As argumentações nos escritos do Novo Testamento estão sempre inseridas em *condições básicas* históricas, histórico-teológicas, histórico-religiosas, culturais e políticas. Por isso é preciso apresentar os contextos indispensáveis para a compreensão dos textos: as escolhas e opções básicas na história do cristianismo primitivo, os desafios culturais e intelectuais, os pontos de virada políticos e os conflitos inevitáveis. Isto será realizado em quatro secções marcadas pela palavra-chave *transformação* e que apresentam cada uma antes da abordagem dos respectivos grupos de escritos as mudanças histórico-teológicas/ históricas centrais em relação à situação anterior.

---

[44] Não se trata de uma estruturação segundo *topoi* "dogmáticos", mas temáticos, de uma decisão didático-metodológica orientada pelos conteúdos dos textos. Estruturações são sempre decisões heurísticas e devem ser julgadas na medida em que conseguem captar e transmitir o material.

Capítulo 3
JESUS DE NAZARÉ:
O DEUS QUE ESTÁ PRÓXIMO

BULTMANN, R. *Jesus*, 4ª ed. Hamburgo, 1970 (= 1926); BORNKAMM, G. *Jesus von Nazareth*, 9ª ed. Stuttgart, 1971 (= 1956); CONZELMANN, H. Verbete "Jesus Christus". In *RGG³ III*, pp. 619-653. Tübingen, 1959; RISTOW, H.; MATTHIAE, K. (org.). *Der historische Jesus und der kerygmatische Christus*. Berlim, 1960; BRAUN, H. *Jesus*, 2ª ed. Stuttgart, 1969 (NA 1988); PERRIN, N. *Was lehrte Jesus wirklich?* Göttingen, 1972; SCHILLEBEECKX, E. *Jesus. Die Geschichte von einem Lebenden*, 3ª ed. Freiburg, 1975; JEREMIAS, J. *Neutestamentliche Theologie I: Die Verkündigung Jesu* (cf. acima, 1); SCHOTTROFF, L.; STEGEMANN, W. *Jesus von Nazareth. Hoffnung der Armen*. Stuttgart, 1978; HOLTZ, T. *Jesus aus Nazaret*, 4ª ed. Berlim, 1983; SCHÜRMANN, H. *Gottes Reich – Jesu Geschick*. Freiburg, 1983; SANDERS, E. P. *Jesus and Judaism*. Londres, 1985; BURCHARD, CHR. "Jesus von Nazareth". In *Die Anfänge des Christentums*, editado por J. BECKER, pp. 12-58. Stuttgart, 1987; SCHWEIZER, E. Verbete "Jesus Christus". In *TRE XVI*, pp. 670-726. Berlim, 1987; THEISSEN, G. *Der Schatten des Galiläers*, 5ª ed. Munique, 1988; MEIER, J. P. *A Marginal Jew. Rethinking the Historical Jesus I.II.III*. Nova Iorque, 1991.1994.2001; GNILKA, J. *Jesus von Nazareth. Botschaft und Geschichte*. HThK.S 3. Freiburg, 1993; BORG, M. *Jesus – der neue Mensch*. Freiburg, 1993; VERMES, G. *Jesus der Jude*. Neukirchen, 1993; CROSSAN, J. D. *Der historische Jesus*. Munique, 1994; CHILTON, B.; EVANS, C. A. (org.). *Studying the Historical Jesus*. NTTS 19. Leiden, 1994; SANDERS, E. P. *Sohn Gottes. Eine historische Biographie Jesu*. Stuttgart, 1996; WRIGHT, N. T. *Jesus and the Victory of God*. Minneapolis, 1996; THEISSEN, G.; MERZ, A. *Der historische Jesus*. Göttingen, 1996; BECKER, J. *Jesus von Nazaret*. Berlim, 1996; FLUSSER, D. *Jesus*. Hamburgo, 1999 (NA); LÜDEMANN, G., *Jesus nach 2000 Jahren*. Lüneburg, 2000; ROLOFF, J., *Jesus*. Munique, 2000; STEGEMANN, W.; MALINA, B. J.; THEISSEN, G. (org.). *Jesus in neuen Kontexten*. Stuttgart, 2002; THEISSEN, G. *Jesus als historische Gestalt. Beiträge zur Jesusforschung*. FRLANT 202. Göttingen, 2003; DUNN, J. D. G. *Christianity* in the Making I: Jesus Remembered. Grand Rapids, 2003; CROSSAN, J. D.; REED, J. L. Jesus ausgraben. Zwischen den Steinen – hinter den Texten. Düsseldorf, 2003; EBNER, M. Jesus von Nazareth in seiner Zeit. Sozialgeschichtliche Zugänge, 2ª ed. SBS 196. Stuttgart, 2004; MARGUERAT, D. Der Mann aus Nazareth. Zurique, 2004; BERGER, K. Jesus. Munique, 2004; KOCH, T. Jesus von Nazareth, der Mensch Gottes. Tübingen, 2004; THEISSEN, G. Die Jesusbewegung. Gütersloh, 2004 (NA); SCHENKE, L. (org.). Jesus von Nazaret – Spuren und Konturen. Stuttgart, 2004; SCHRÖTER, J., Jesus von Nazareth. Leipzig, 2006; ONUKI, T. Jesus. Geschichte und Gegenwart. BThSt 82. Neukirchen, 2006; NIEMAND, CHR. Jesus und sein Weg zum Kreuz. Stuttgart, 2007.

Jesus de Nazaré é a base e o ponto de partida de toda a teologia neotestamentária (cf. acima, 2.1). Ora, quem foi esse pregador itinerante e curador da Galileia? O que ele anunciou, e como ele se entendeu a si mesmo? Quais os aspectos metodológicos e hermenêuticos que precisam ser considerados na apuração de uma imagem plausível de Jesus? Para poder responder essas perguntas, considerações metodológicas e hermenêuticas introduzem a apresentação dos traços básicos do anúncio e da vida de Jesus.

3.1 A pergunta por Jesus

SCHWEITZER, A. Geschichte der Leben-Jesu-Forschung I. II, 3ª ed. Gütersloh, 1977 (= 1913); KÄSEMANN, E. "Das Problem des historischen Jesus". In Exegetische Versuche und Besinnungen I, 6ª ed, editado por IDEM, pp. 187-214. Göttingen, 1970; BULTMANN, R. "Das Verhältnis der urchristlichen Christusbotschaft zum historischen Jesus". In Exegetica, editado por IDEM, pp. 445-469. Tübingen, 1967 (= 1960), (org. por E. DINKLER); FUCHS, E. Zur Frage nach dem historischen Jesus. Tübingen, 1960; ROBINSON, J. M. Kerygma und historischer Jesus. 2ª ed. Zurique, 1967; SIENCZKA, R. Geschichtlichkeit und Personsein Jesu Christi. FSÖTh 18. Göttingen, 1967; BAUMOTTE, M. (org.). Die Frage nach dem historischen Jesus. Gütersloh, 1984; EVANS, C. A. Life of Jesus Research. An annotated Bibliography. NTTS 24. Leiden, 1996; MÜLLER, P. "Trends in der Jesusforschung". In ZNT 1 (1998): 2-16; LABAHN, M.; SCHMIDT, A. (org.). Jesus, Mark und Q. Sheffield, 2001; SCHRÖTER, J. Jesus und die Anfänge der Christologie. BThSt 47. Neukirchen, 2001; SCHRÖTER, J.; BRUCKER, R. (org.), Der historische Jesus. Tendenzen und Perspektiven der gegenwärtigen Forschung. BZNW 114. Berlin, 2002.

A pergunta histórica por Jesus é uma filha do Iluminismo[1]. Para os períodos anteriores era evidente que os Evangelhos transmitiam notícias confiáveis sobre Jesus. Antes do Iluminismo, a pesquisa neotestamentária dos Evangelhos limitava-se essencialmente à harmonização dos quatro Evangelhos. Na prática, a Exegese do Novo Testamento era uma disciplina auxiliar da Dogmática.

Etapas da pesquisa

Somente no final do séc. XVIII irrompeu a compreensão de que o Jesus pré-pascal e o Cristo anunciado pelos Evangelhos (e também pelas Igrejas) não podiam ser idênticos. De especial importância nesse desenvolvimento foi HERMANN SAMUEL REIMARUS (1694-1768), de quem GOTTHOLD EPHRAIM LESSING publicou póstumamente entre 1774-1778 sete fragmentos, sem revelar a identidade do autor. De efeito sustentável foi o sétimo fragmento publicado em 1778: *"Von dem Zwecke Jesu und seiner Jünger"* (Sobre o objetivo de Jesus e de seus discípulos)[2]. Aqui, REIMARUS distingue entre a causa de Jesus e a de seus discípulos: Jesus foi um messias político judeu que quis erguer um reino terrestre e redimir os judeus do regime estrangeiro. Depois da crucificação, os discípulos estavam perante a aniquilação de seus sonhos, roubaram o corpo de Jesus e inventaram a mensagem de sua ressurreição. Portanto, para REIMARUS, o Jesus da história não foi idêntico ao Cristo do anúncio; história e dogma são duas coisas distintas: "No entanto, encontro grande motivo para separar totalmente aquilo que os apóstolos expressam em seus próprios escritos daquilo que Jesus em sua vida realmente pronunciou e ensinou pessoalmente".[3]

---

[1] A pesquisa mais antiga é oferecida por A. SCHWEITZER, *Geschichte der Leben-Jesu-Forschung*; para o desenvolvimento ligado a R. Bultmann, cf. H. ZAHRNT, *Es begann mit Jesus von Nazareth*, 3ª ed. (Stuttgart: 1969); W. G. KÜMMEL, *40 Jahre Jesusforschung (1950-1990)* (Königstein/Bonn: 1994); uma apresentação crítica da pesquisa [norte-]americana mais recente é oferecida por N. T. WRIGHT, *Jesus* (cf. acima, 3), pp. 28-82. Textos relevantes do debate encontram-se em: M. BAUMOTTE (org.), *Die Frage nach dem historischen Jesus*.
[2] *Von dem Zwecke Jesu und seiner Jünger. Noch ein Fragment des Wolfenbüttelschen Ungenannten, herausgegeben von Gotthold Ephraim Lessing* (Braunschweig: 1778).
[3] *Op. cit.*, p. 7s.

DAVID FRIEDRICH STRAUSS (1808-1874) publicou em 1835/36 sua "Vida de Jesus" que causou grande sensação, provocou uma enxurrada de tentativas de refutação e presenteou a seu autor uma proscrição social para o resto da vida, mas cuja tese fundamental da elaboração mítica da tradição de Jesus já não pode ser negada pela pesquisa. "Quando a exegese da Igreja antiga partiu do duplo pressuposto de que os Evangelhos conteriam, primeiro, história, a saber, segundo, uma sobrenatural, quando depois o racionalismo jogou fora o segundo destes pressupostos, mas apenas para segurar ainda mais firmemente o primeiro que afirma que naqueles livros se encontraria história pura, embora natural: então a ciência não pode parar neste caminho pela metade, mas precisa jogar fora também o outro pressuposto e analisar se e em que medida estamos nos Evangelhos sobre um chão histórico."[4] A historicidade de Jesus é diluída por STRAUSS em grande parte no mito, de modo que se separam a realidade dos acontecimentos históricos e a pretensão de verdade a ela vinculada. STRAUSS esperava desfazer a tensão assim criada ao isolar o cerne da fé cristã da história e transformá-lo em uma ideia. Uma esperança enganosa, porque o resultado aparentemente positivo estava prejudicado por um déficit fundamental: não é possível, a longo prazo, afirmar uma verdade fora da realidade histórica.

O caráter projetivo das imagens da vida de Jesus do séc. XIX foi revelado no livro *"Geschichte der Leben-Jesu-Forschung"* de ALBERT SCHWEITZER (1875-1965). SCHWEITZER demonstrou que a cada uma das imagens liberais de Jesus apresenta exatamente a estrutura de personalidade que valia aos olhos de seu autor como o ideal ético mais nobre que devia ser buscado. M. KÄHLER e R. BULTMANN tiram da diversidade das imagens de Jesus e das dificuldades exegéticas de esboçar uma imagem adequada de Jesus a conclusão de considerar teologicamente relevante somente o Cristo querigmático ou o querigma pós-pascal, respectivamente (cf. acima, 2.1). M. KÄHLER frisa que Jesus Cristo é captável para nós apenas de tal modo como os Evangelhos o descrevem, mas não de tal modo como as reconstruções científicas o apresentam.

---

[4] D. F. STRAUSS, Das Leben Jesu, kritisch bearbeitet. Erster Band (Tübingen: 1835), p. v.

O decisivo para R. BULTMANN é tirar radicalmente as consequências do fato de que conhecemos Jesus unicamente numa roupagem mítica e que não é possível chegar verdadeiramente além do querigma. BULTMANN segue KÄHLER na opinião de que a fé não se poderia comprometer com fatos aparentemente históricos. Cada pesquisa histórica está necessariamente submetida a uma constante mudança, de modo que também os resultados têm que mudar. Isto significaria para a fé que ela precisaria, por assim dizer, ser adaptada aos resultados dos exegetas que são constantemente diferentes.

Uma nova rodada na pergunta pelo Jesus histórico foi inaugurada em 1954 por ERNST KÄSEMANN (1906-1998). Ele constatou: "A pergunta pelo Jesus histórico é legitimamente a pergunta pela continuidade do Evangelho na descontinuidade dos tempos e da variação do querigma."[5] Embora os exegetas estivessem longe de poderem reconstruir uma vida de Jesus, eles tinham percebido que não era possível separar tão radicalmente entre o anúncio de Jesus e a comunidade primitiva como o fazia BULTMANN. KÄSEMANN colocou no centro de sua reconstrução o assim chamado critério da diferença, segundo o qual temos um chão histórico razoavelmente seguro debaixo dos pés onde uma determinada tradição de Jesus não pode ser deduzida nem do judaísmo nem do cristianismo primitivo. Como livros influentes sobre Jesus, provenientes dessa fase da pesquisa, devem-se mencionar as obras de GÜNTER BORNKAMM (1905-1990) e HERBERT BRAUN (1903-1991).

A *pesquisa sobre Jesus mais recente na América* ("*third quest*", terceira busca; o autor se refere aos Estados Unidos e Canadá)[6] não está

---

[5] E. KÄSEMANN, *Das Problem des historischen Jesus*, p. 213.
[6] O termo "*third quest*" parte de uma divisão da história da pesquisa em três partes: 1) a pesquisa sobre a vida de Jesus do séc. XIX com suas reações no início do séc. XX; 2) a "nova" pergunta por Jesus a partir de meados do séc. XX; 3) a "terceira" rodada de perguntas a partir dos anos 80 do séc. XX. Faz sentido distinguir cinco épocas na pesquisa acerca de Jesus: 1) Iluminismo (Reimarus/Strauss); pesquisa liberal sobre Jesus (H.-J.Holtzmann); 3) destruição da imagem liberal de Jesus (J. Weiss/W. Wrede/A. Schweitzer/R. Bultmann); 4) a "nova" pergunta pelo Jesus histórico (E. Käsemann/E. Fuchs/G. Bornkamm/G. Ebeling/H. Braun); 5) a pesquisa (majoritariamente) norte-americana mais recente ("*third quest*"); cf. também G. THEISSEN, A. MERZ, *Der historische Jesus* (cf. acima, 3), pp. 22-29.

uniforme, mas no centro da discussão está a exigência da inclusão de todas as fontes (tradição extracanônica, arqueologia, "fontes" postuladas[7]) e uma avaliação modificada de fontes (escritos de Qumran, achados de Nag Hammadi, Evangelho de Tomé)[8]. Por exemplo, os achados de Qumran são tidos como um testemunho da grande complexidade do judaísmo no séc. I d.C.[9]; essa complexidade permite interpretar também Jesus de Nazaré consequentemente no âmbito do judaísmo de seu tempo (por exemplo, , E. P. SANDERS). O critério da diferença, altamente estimado por E. KÄSEMANN, é submetido a uma crítica aguda; Jesus é tido como um judeu especial dentro do judaísmo[10]. O Evangelho de Tomé experimenta em parte uma avaliação radicalmente nova; alguns exegetas consideram-no o testemunho mais antigo de tradições sobre Jesus e datam-no não em meados do séc. II, mas em torno do ano 50 d.C. (J. D. CROSSAN). Esse tipo de interpretação do Evangelho de Tomé leva a uma imagem modificada de Jesus, cujo centro já não é a escatologia futura. Jesus (já) não é o anunciador do Reino de Deus que está vindo, mas um mestre de sabedoria e renovador não adaptado, repleto do espírito e carismático (). Contudo, a consequente descontextualização das palavras de Jesus, a estilização secundária de formas tradicionais e a desvinculação total da história

---

[7] Aqui deve-se mencionar particularmente o assim chamado "Evangelho Secreto de Marcos" (uma suposta carta de Clemente de Alexandria com duas citações provenientes de um "Evangelho de Marcos" desconhecido) que o historiador da religião M. SMITH alega ter descoberto em 1958. Da descoberta existem apenas fotos que não tem força persuasiva de prova. Suposição de que se trata de uma falsificação: ST. C. CARLSON, *The Gospel Hoax. Morton Smith's Invention of Secret Mark* (Waco, Texas: 2005). Em favor da autenticidade sob simultânea dependência dos Evangelhos sinóticos argumentaram por último: H.-J. KLAUCK, *Apokryphe Evangelien* (Stuttgart: 2002), pp. 48-52; E. RAU, *Das geheime Markusevangelium. Ein Schriftfund voller Rätsel* (Neukirchen: 2003).

[8] Cf. como visão geral D. S. DU TOIT, "Redefining Jesus: Current Trends in Jesus Research", in M. LABAHN, A. SCHMIDT (org.), *Jesus, Mark and Q*, pp. 82-124.

[9] Cf. C. A. EVANS, "The New Quest for Jesus and the New Research on the Dead Sea Scrolls", in M. LABAHN, A. SCHMIDT (org.), *Jesus, Mark and Q*, pp. 163-183.

[10] Cf. T. HOLMÉN, "The Jewishness of Jesus in the 'Third Quest'", in M. LABAHN, A. SCHMIDT (org.), *Jesus, Mark and Q*, pp. 143-162.

de Israel são argumentos *claros* em favor de uma datação tardia do Evangelho de Tomé[11].

> Em partes da pesquisa norte-americana sobre Jesus manifestou-se e manifesta-se claramente a tendência de elevar tradições extracanônicas efetivas ou postuladas para uma posição hierárquica de formas prévias ou laterais da tradição sinóticas e joanina de Jesus (H. KÖSTER/J. M. ROBINSON[12]; J. D. CROSSAN, B. L. MACK[13]). O objetivo de tais construções é indubitavelmente romper com o poder interpretativo dos evangelhos canônicos e de estabelecer uma imagem alternativa de Jesus. Aqui, o prazer pelo sensacional (Jesus e as mulheres; amor homossexual; Jesus como protótipo da vida alternativa; inícios não dogmáticos do cristianismo), a mera suposição e o postulado não comprovado servem muitas vezes como estímulo a um debate que inclui deliberadamente o público em geral[14]. Esse tipo de construções não resiste à crítica histórica, pois não é possível estabelecer a probabilidade necessária para a existência de um Evangelho Secreto de Marcos ou para uma "Fonte de Semeia"[15], e o Evangelho de Tomé pertence ao século II!

Finalmente, a nova pergunta por Jesus caracteriza-se por uma forte inclusão de questões sócio-históricas e cultural-hermenêuticas[16] e

---

[11] Cf. a respeito J. SCHRÖTER, H.-G. BETHGE, *Das Evangelium nach Thomas*. NHC II,2, in H.-M. SCHENKE, H.-G. BETHGE, U. U. KAISER (org.), *Nag Hammadi Deutsch I.* GCS N.F. 8 (Berlim: 2001), pp. 151-181. Acerca do tema central da soteriologia pleiteia agora em favor de uma datação tardia com argumentos convincentes: E. E. POPKES, "Die Umdeutung des Todes Jesu im koptischen Thomasevangelium", in J. FREY, J. SCHRÖTER (org.), *Deutungen des Todes Jesu im Neuen Testament.* WUNT 181 (Tübingen: 2005), pp. 513-543.

[12] Cf. a respeito, como escrito programático, H. KÖSTER; J. M. ROBINSON, *Entwicklungslinien durch die Welt des Frühen Christentums* (Tübingen: 1971). O desenvolvimento atual está delineado em J. SCHRÖTER, "Jesus im frühen Christentum. Zur neueren Diskussion über kanonisch und apokryph gewordene Jesusüberlieferungen, in *VuF* 51 (2006): 25-41.

[13] Cf. B. L. MACK, Wer schrieb das Neue Testament? Die Erfindung des christlichen Mythos (Munique: 2000).

[14] Cf. a respeito R. HEILIGENTHAL, *Der verfälschte Jesus* (Darmstadt: 1997)

[15] Cf. U. SCHNELLE, *Einleitung* (cf. acima, 2.2), pp. 527-529.

[16] Cf. a respeito, como visão geral, as contribuições de exegetas homens e mulheres alemãs e anglo-americanas em: W. STEGEMANN, B. J. MALINA, G. THEISSEN (org.), *Jesus in neuen Kontexten* (cf. acima, 3). Uma combinação de questões sócio-históricas e arqueológicas é oferecida por J. D. CROSSAN, J. L. REED, *Jesus ausgraben. Zwischen den Steinen – hinter den Texten* (cf. acima, 3).

pelo fato de que temas genuinamente teológicos passam ao segundo plano. Pergunta-se tanto pela função da ética radical do amor e da reconciliação de Jesus no contextos da conjuntura econômica, política e cultural de seu tempo como pela forma particular do judaísmo na Galileia ou por concordâncias entre o movimento de Jesus e o movimento dos cínicos na Síria/Palestina[17].

3.1.1 Jesus em suas interpretações

Não se pode deixar de perceber que também as novas imagens de Jesus são reflexos de seu tempo; o Jesus da pós-modernidade cumpre todas as esperanças políticas e culturais de seus intérpretes: ele supera todas as divisões de gênero, religião, cultura e política, tornando-se assim um reformador social e um reconciliador universal. Todos os aspectos da atuação de Jesus que não condizem com o tempo atual passam claramente ao segundo plano: sua atuação como milagreiro, sua pregação do juízo com suas visões assombrosas, e seu fracasso diante da conjuntura social/política da época. Ele é, antes de tudo, o que também nós somos e queremos ser: ser humano, amigo e modelo. Contra o pano de fundo das reflexões teórico-históricas apresentadas (cf. acima, 1), isto não surpreende, pois cada imagem de Jesus é inevitavelmente uma construção dos exegetas dentro de seu tempo.

Metodologicamente duvidoso torna-se, porém, um traço básico que continua a determinar a pesquisa norte-americana mais recente sobre Jesus e a exegese europeia: encontrar o Jesus "histórico", "verdadeiro" *por trás* das fontes que estão a nossa disposição[18]. Nesse contexto, a pesquisa sobre Jesus é entendida amplamente como um procedimento redutivo com o objetivo de detectar por trás da pluralidade das interpretações a história verdadeiramente acontecida. Também o aumento de nossos conhecimentos acerca do judaísmo antigo,

---

[17] Cf. F. G. DOWNING, "The Jewish Cynic Jesus", in M. LABAHN, A. SCHMIDT (org.), *Jesus, Mark and Q*, pp. 184-214.
[18] Como exemplo, cf. J. M. ROBINSON, "Der wahre Jesus? Der historische Jesus im Spruchevangelium Q", in ZNT 1 (1998): 17-26, que se limita e recorre exclusivamente à Fonte dos Ditos (por ele reconstruída).

as noções mais profundas acerca dos contextos históricos e sociais da Galileia no séc. I e uma metodologia refletida não podem superar a perspectividade e a relatividade do conhecimento histórico.

Somente na apresentação narrativa do contexto e das relações, um acontecimento adquire qualidade histórica (cf. acima, 1); fatos ou eventos do passado tornam-se elementos de história somente quando é possível apropriar-se deles por meio de processos de criação de sentido histórico. As pessoas e os eventos precisam ser relacionados entre si, o início e o fim de um processo histórico precisa ser determinável. Os pressupostos de um conhecimento segundo o respectivo tempo presente e a respectiva situação das fontes formam desde o início da apresentação histórica uma relação inseparável. Isto se aplica tanto para os evangelistas como autores de uma história-de-Jesus-Cristo como para exegetas que escrevem *sua* história-de-Jesus-Cristo. A apresentação narrativa necessária de um acontecimento não nega absolutamente as pretensões de realidade da historiografia, mas é seu pressuposto. *Por isso, a única maneira de compreender Jesus de Nazaré é dentro de seus contextos literários.* A pergunta pela autenticidade e pelos fatos na base de uma análise crítica das fontes permanece válida, mas não pode ser respondida além da apresentação narrativa e, dessa maneira, do caráter sempre também ficcional da história-de-Jesus-Cristo nos Evangelhos dos quais dispomos. *Não pode haver uma reprodução de fontes ou uma reconstrução de situações históricas preestabelecidas, uma pergunta reconstrutiva por Jesus, mas somente uma construção da atuação de Jesus metodologicamente orientada e comprometida tanto com as condições de nosso entendimento como com a situação da tradição*[19]. Por isso, apresentações de Jesus já não podem ser uma busca pelo mundo por trás

---

[19] J. D. G. DUNN, Jesus Remembered (cf. acima, 3), p. 130, favorece a categoria da "memória": "*The Synoptic Tradition provides evidence not so much for what Jesus did or said in itself, but for what Jesus was remembered as doing or saying by his first disciples, or as we might say, for the impact of what he did and said on his first disciples.*" (A tradição sinótica fornece evidências não tanto daquilo que Jesus efetivamente fez ou disse, mas da memória de seus primeiros discípulos acerca daquilo que ele fez e disse, ou, como poderíamos dizer, do impacto que aquilo que ele fez e disse teve sobre seus primeiros discípulos.)

dos textos[20]. Não é possível esboçar uma narrativa sobre Jesus que seja histórica e teologicamente responsável quando se passa ao largo das apresentações narrativas dos Evangelhos, porque os mesmos já são os testemunhos mais antigos de uma configuração da atuação de Jesus.

Consequências

Estas reflexões geram várias consequências:

1) Quando é certo que a apresentação narrativa é indispensável para que possa haver história, que não pode haver uma memória de Jesus sem narração, então já não é possível construir esquematicamente uma alternativa entre a tradição narrativa e a tradição de palavras (ditos), segundo a qual a tradição de palavras poderia reivindicar autenticidade, mas a tradição narrativa teria sido acrescentada secundariamente[21]. Ambas as formas têm inicialmente o mesmo direito de terem sua autenticidade reconhecida, pois transmitem aquilo que foi narrado e finalmente anotado como característico de Jesus, portanto, como digno de memória. Não o gênero literário, mas apenas a análise individual pode decidir qual evento ou qual palavra pode ser declarada autêntica em relação a Jesus. Por isso, os contextos narrativos das tradições de ditos e parábolas no âmbito da apresentação de Jesus devem ser levados a sério.

2) A pergunta por Jesus não pode ser reduzida ao Jesus "histórico" como o Jesus "verdadeiro"[22], pois, quando Jesus nos é acessível

---

[20] Isto é enfatizado por J. SCHRÖTER, "Die Frage nach dem historischen Jesus und der Charakter historischer Erkenntnis", in A. LINDEMANN (org.), *The Savings Source Q and the Historical Jesus*. BEThL CLVIII (Lovânia: 2001), pp. 207-254.

[21] Assim julga R. BULTMANN, *Die Geschichte der synoptischen Tradition*, 8ª ed. (Göttingen: 1970), p. 49, sobre os discursos de ensinamento e de disputa: "Em todo caso – isto deve ser frisado mais uma vez – foram geralmente as palavras que geraram uma situação, e não vice-versa."

[22] Dessa maneira, por exemplo, G. EBELING, "Historischer Jesus und Christologie", in *Wort und Glaube*, 3ª ed., editado por IDEM, pp. 300-318 (Tübingen: 1967), aqui: p 303, define na tradição de R. Bultmann: "Portanto, 'histórico' significa o método adequado para o reconhecimento da realidade histórica. Por isso, 'Jesus histórico'

somente em sua apresentação narrativa e, dessa maneira, em seu significado, não se pode distinguir simplesmente entre uma questão "puramente" histórica e uma teológica[23]. *Existe a pergunta pelo Jesus histórico, mas não o Jesus "histórico"!* Já que Jesus de Nazaré nunca esteve e está acessível fora de seu significado para a fé, é preciso fazer também em relação ao Jesus pré-pascal a pergunta pela consciência que ele tinha de sua missão e pelo significado teológico de sua atuação[24].

3) Cada imagem de Jesus precisa explicar as percepções diferenciadas que Jesus de Nazaré causou antes e depois da Páscoa e tornar plausíveis as distintas conexões com ele. A história do cristianismo primitivo caracteriza-se desde o início por uma alta capacidade de conectividade, tanto em relação ao judaísmo helenista como em relação ao espaço cultural genuinamente greco-romano. Uma conectividade sustentável não é simplesmente idêntica à adaptação, mas ganha sua força a partir do evento originário. Ou seja, desde ponto de vista da teoria da história, a formação da cristologia e os distintos desenvolvimentos na história do cristianismo primitivo até a missão às nações livre da circuncisão terão *também* pontos de referência na atuação e no anúncio do Jesus de Nazaré. A pretensão pré-pascal singular de Jesus, uma cristologia elaborada de modo muito rápido e diferenciado, e uma história de difusão de uma nova religião que é singular na história universal podem ser explicadas convincentemente apenas quando a força do início foi tão grande e diversificada que era capaz de gerar uma grande diversidade de interpretações.

é no fundo uma abreviatura para: Jesus assim como ele chega ao conhecimento sob aplicação de um método histórico rígido, contra as eventuais modificações e pinceladas acrescentadas sofridas por ele na imagem de Jesus apresentada pela tradição. Por isso, o 'Jesus histórico' significa algo como: o Jesus verdadeiro, real."

[23]Contra uma clara tendência da pesquisa (norte-)americana sobre Jesus, de usar a questão histórica contra a questão teológica; cf. E. P. SANDERS, *Jesus and Judaism* (cf. acima, 3), pp. 333s; J. P. MEIER, *Jesus* I (cf. acima, 3), pp. 21-31.

[24] Cf. J. FREY, "Der historische Jesus und der Christus des Glaubens", in J. SCHRÖTER, R. BRUCKER (org.), *Der historische Jesus* (cf. acima, 3.1), pp. 297ss.

3.1.2 Critérios da pergunta por Jesus

KÜMMEL, W. G. *Dreissig Jahre Jesusforschung (1950-1980)*. BBB 60. Königstein/ Bonn, 1985, pp. 2-32; KERTELGE, K. (org.). *Rückfrage nach Jesus*, 2ª ed. Freiburg, 1977; HAHN, F. "Methodologische Überlegungen zur Rückfrage nach Jesus". In *Rückfrage nach Jesus*, editado por K. KERTELGE, pp. 11-77; SCHILLEBEECKX, E. *Jesus* (cf. acima, 3), pp. 70-89; LÜHRMANN, D. "Die Frage nach Kriterien für ursprüngliche Jesusworte". In *Jésus aux origenes de la christologie*. BEThL XL, editado por J. DUPONT, pp. 59-72. Lovânia, 1989; SAUER, J. *Rückkehr und Vollendung des Heils* (cf. abaixo, 3.6), pp. 8-94; THEISSEN, G.; WINTER, D., *Die Kriterienfrage in der Jesusforschung*. Freiburg/Göttingen, 1997; MEIER, J. P. *A Marginal Jew I* (cf. acima, 3), pp. 167-195; PORTER, ST. *The Criteria for Authenticy in Historical-Jesus Research*. JSNT.S 191. Sheffield, 2000; BROER, I. "Die Bedeutung der historischen Rückfrage nach Jesus und die Frage nach deren Methodik". In *Jesus von Nazaret – Spuren und Konturen*, editado por L. SCHENKE (cf. abaixo, 3), 1941; SCRIBA, A. *Echtheitskriterien der Jesus-Forschung. Kritische Revision und konstruktiver Neuansatz*. Hamburgo, 2007.

Não obstante muitas opiniões divergentes em questões individuais, há na exegese um consenso de que a pergunta por Jesus de Nazaré é historicamente possível e teologicamente necessária. Ora, como é que ela se deve realizar; por meio de quais critérios é possível filtrar da ampla corrente da tradição palavras de Jesus e distingui-las de interpretações e atualizações posteriores, sem negligenciar nesse processo as reflexões básicas acima apresentadas? Para responder estas perguntas é preciso distinguir primeiramente entre *critérios básicos* e *critérios materiais*.

Critérios básicos

O critério básico decisivo é a "plausibilidade geral", segundo a qual uma reconstrução do anúncio de Jesus tem que ser plausível tanto no contexto do judaísmo como do cristianismo em formação[25].

A "plausibilidade contextual" parte do pressuposto de que uma alternativa de "Jesus ou judaísmo" é inadequada, tanto histórica como

---

[25] Para critérios da plausibilidade, cf. G. THEISSEN, D. WINTER, *Kriterienfrage*, pp. 175-214.

teologicamente. Jesus não pode ser extraído do judaísmo, mas ele precisa ser entendido dentro do judaísmo, mais concretamente: no contexto de seu mundo galileu. Além disso, a inserção de Jesus no padrão da linguagem e da atuação de seu ambiente não exclui absolutamente uma postura crítica de Jesus dentro do judaísmo, pois o judaísmo daquela época não era uma unidade homogênea, mas abrangia múltiplas correntes que se contradiziam em parte.

Ao mesmo tempo é preciso explicar como podia surgir, a partir do anúncio de Jesus, o cristianismo primitivo. Ao lado da plausibilidade contextual, a *"plausibilidade de efeito"* é o segundo critério decisivo, porque histórica pode ser somente uma imagem de Jesus que torne compreensível tanto o anúncio de Jesus no âmbito do judaísmo de seu tempo como o desenvolvimento desde Jesus até o cristianismo primitivo[26]. A mensagem de Jesus formou-se na Galileia e está vinculada à Galileia, mas sem que fosse possível reduzi-la às condições sociais, culturais e políticas da Galileia; ela possui dimensões políticas, embora ela, em seu cerne, não seja política[27].

Isso se mostra claramente na história da recepção, porque o anúncio jesuânico do Reino de Deus foi acolhido – isolado de seu lugar histórico e geográfico muito concreto – dentro de muito pouco tempo em toda a região do Mediterrâneo. Isto foi possível apenas porque o anúncio de Jesus tinha e tem, para além de conteúdos religiosos e sociopolíticos, também uma *qualidade de história intelectual*: o Deus uno que se aproxima dos seres humanos de modo novo e surpreendente no amor e que deseja criar uma nova comunhão dos seres humanos, para além da dominação e violência.

---

[26] Cf. G. THEISSEN, D. WINTER, *Kriterienfrage*, p. 217: "Aquilo que sabemos de Jesus em geral precisa torná-lo reconhecível como individualidade dentro do contexto judaico contemporâneo e precisa ser compatível com a história da recepção cristã (canônica e não canônica)".

[27] Por isso, questões sócio-históricas e políticas formam metodologicamente não o único horizonte da construção (assim em muitos estudos [norte-americanos ou influenciados pela pesquisa [norte-americana]. Elas são tratadas ali onde os textos o exigem; para a Galileia como o espaço específico de vida de Jesus, cf. abaixo, 3.4.5 e 3.8.1; para as dimensões políticas do anúncio de Jesus, cf. abaixo 3.4.1.

Os dois critérios básicos, o da plausibilidade contextual e o da plausibilidade de efeito, acolhem a intelecção teórico-histórica de que desenvolvimentos históricos sustentáveis precisam dispor de conectividade. Essa conectividade realiza-se sempre dentro de contextos culturais existentes e desencadeia novos desenvolvimentos.

Critérios materiais

Podem ser considerados critérios materiais para a pesquisa de palavras autênticas de Jesus:

1) *Critério da atestação múltipla*. A atribuição de uma palavra a Jesus é plausível quando essa palavra foi preservada em diferentes correntes traditivas (por exemplo, a posição de Jesus acerca do divórcio em Mc, Q, Paulo). Faz parte da atestação múltipla também a confirmação mútua de uma tradição de palavra e uma tradição de ato. Quando as palavras de Jesus e sua conduta vão na mesma direção, quando se elucidam mutuamente, há um forte argumento em favor da autenticidade (por exemplo, o comportamento de Jesus em relação a cobradores de impostos e pecadores).

2) *Critério da diferença ou dessemelhança, respectivamente*. R. BULTMANN formula esse critério clássico da seguinte maneira: "Onde se expressam a oposição à moral e piedade judaicas e o clima especificamente escatológico que formam o característico do anúncio de Jesus, e onde, por outro lado, não se encontram traços especificamente cristãos, há a maior probabilidade de ter uma parábola autêntica de Jesus".[28] O critério da diferença está em tensão com outros critérios (por exemplo, a plausibilidade contextual), e aqui podemos nos referir a um sobrepeso

---

[28] R. BULTMANN, *Die Geschichte der synoptischen Tradition* (cf. acima, 3.1.1), p. 322. Para a história do critério da diferença, cf. G. THEISSEN; D. WINTER, *Kriterienfrage*, pp. 28-174.

da palavra, já que se reconhece pouco valor histórico próprio à tradição narrativa. Mesmo assim, o pensamento que está na base do critério da diferença deve ser levado a sério: é possível atribuir a Jesus tais afirmações que não podem ser explicadas nem com os pressupostos e interesses do judaísmo nem com os da comunidade cristã.

3) *Critério da coerência*. Este critério baseia-se no postulado de que o anúncio de Jesus precisa se comprovar coerente em sua totalidade. Portanto, deve-se negar a Jesus aquelas partes da tradição que não combinam com essa imagem integral. Também este critério é contraditório, porque pressupõe sempre já uma determinada imagem do anúncio de Jesus que depois se confirma a si mesmo. Ainda assim, também aqui, o pensamento básico é correto. O que está em sintonia material com aqueles materiais que foram comprovados como autênticos, com a ajuda de um outro critério, pode ser considerado original.

4) *Critério do crescimento*. O critério do crescimento baseia-se na consideração de que o material jesuânico original foi enriquecido, no decorrer do processo traditivo, por unidades textuais secundárias que, por sua vez, podem ser "descascadas" pela crítica literária. Aqui, a análise crítico-literária permite recuperar o *logion* (dito) de Jesus como ponto de partida da tradição (cf. Mt 5,33-37).

5) *Critério do escândalo*. Este critério parte da reflexão de que palavras ou atos de Jesus, que precisavam ser considerados escandalosos tanto no ambiente judaico como no cristianismo primitivo, devem ser atribuídos a Jesus. Por isso, por exemplo, o batismo de Jesus por João Batista pertence ao acervo fundamental da vida de Jesus, pois o cristianismo primitivo minimizou-o em sua importância.

Além disso, Jesus apresenta em suas parábolas heróis imorais, por exemplo, o administrador infiel (Lc 16,1b-7). Finalmente, o próprio Jesus age como herói imoral e cultiva uma convivência social com cobradores de impostos e pecadores.

Cada imagem de Jesus é necessária e inevitavelmente uma *construção*, mas não uma construção realizada de modo aleatório, e sim por meio de critérios com base na tradição[29]. Cada critério individual persegue uma determinada intenção de pergunta e é em si contraditório. Em seu conjunto, porém, os critérios são válidos, porque se completam mutuamente em sua interação. Uma imagem integral constrói sempre sobre resultados de análises individuais e, ao mesmo tempo, a imagem integral apurada influencia sempre também as análises individuais. Este círculo é adequado, porque é assim que se evitam procedimentos unilaterais. O sentido integral da atuação de Jesus, que é pressuposto e ao mesmo tempo sempre recuperado, e os numerosos aspectos de sua atuação interpretam e complementam-se mutuamente.

Para além dos critérios mencionados, a *história traditiva* é de fundamental importância; quanto mais abrangentemente predominam certas formas de discurso (por exemplo, parábolas), perspectivas (Reino de Deus, justiça), atos (por exemplo, curas) e atuações (por exemplo, conflitos com fariseus; comunhão com "impuros"), tanto mais provável é que eles formem o centro da atuação de Jesus. A densidade da tradição coloca as *estruturas fundamentais* da atuação de Jesus claramente diante dos olhos[30] e mostra como Jesus foi percebido antes e depois da Páscoa. Nenhuma imagem plausível de Jesus pode ser esboçada, passando ao largo das linhas principais da apresentação narrativa de Jesus e, dessa maneira, da densidade da tradição!

---

[29] A. SCRIBA, *Echtheitskriterien*, pp. 107-114, postula em relação à plausibilidade e à história da recepção o critério da "avaliação de dados": "Pertence a esses dados principalmente o batismo de Jesus por João Batista, a renúncia de Jesus ao batismo durante sua própria atuação, a data da execução de Jesus, as modalidades e características das visões pascais, e as condições para a retomada do batismo no cristianismo primitivo" (op. cit., p. 240).

[30] F. HAHN, *Methodologische Überlegungen zur Rückfrage nach Jesus*, pp. 40-51, refere-se a "componentes"; W. THÜSING, *Neutestamentliche Theologie I*, pp. 57-71, a "componentes estruturais" da atuação de Jesus, entra os quais estão principalmente os conflitos de Jesus, e o anúncio da *basileia* ao chamado para o seguimento.

Critérios básicos

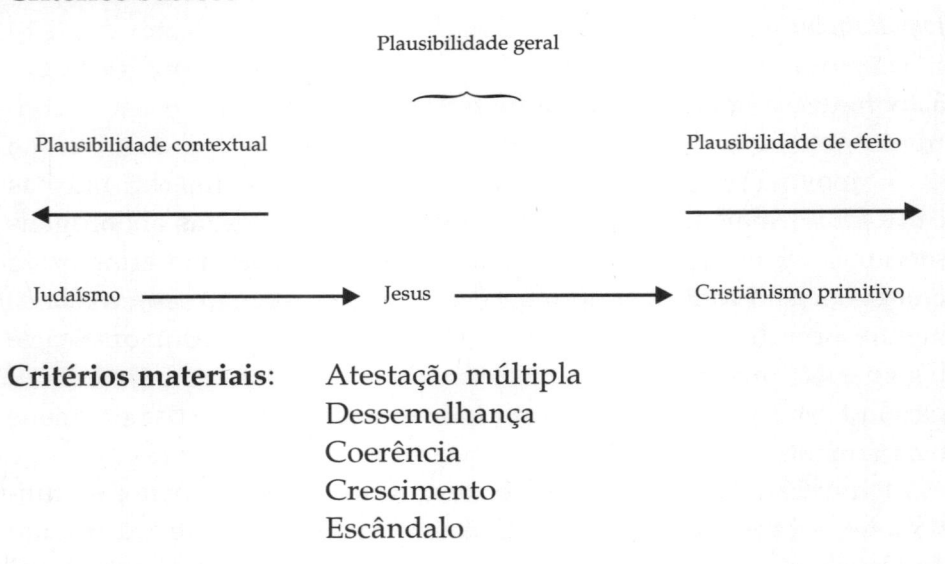

Plausibilidade geral

Plausibilidade contextual   Plausibilidade de efeito

Judaísmo ⟶ Jesus ⟶ Cristianismo primitivo

Critérios materiais: Atestação múltipla
Dessemelhança
Coerência
Crescimento
Escândalo

3.2 O início: João Batista

BECKER, J. *Johannes der Täufer und Jesus von Nazareth*. BSt 63. Neukirchen, 1972; BÖCHER, O. *Johannes der Täufer*. TRE 17. Berlim, 1988, pp. 172-181; DOBBELER, ST. von. *Das Gericht und das Erbarmen Gottes*. BBB 70. Frankfurt, 1988; ERNST, J. *Johannes der Täufer*. BZNW 53. Berlim, 1989; BACKHAUS, K. *Die "Jüngerkreise" des Täufers Johannes*. PaThSt 19. Paderborn, 1991; WEBB, R. L. *John the Baptizer and Prophet*. JSNT.S 62. Sheffield, 1991; STEGEMANN, H. *Die Essener, Qumran, Johannes der Täufer und Jesus*. Freiburg, 1993, pp. 292-313; MEIER, J. P. *A Marginal Jew II* (cf. acima, 3), pp. 19-233; THEISSEN, G.; MERZ, A. *Der historische Jesus* (cf. acima, 3), pp. 184-198; MÜLLER, U. B. *Johannes der Täufer*. Leipzig, 2002; DUNN, J. D. G. *Jesus Remembered* (cf. acima, 3), pp. 339-382; SCHENKE, L. "Jesus und Johannes der Täufer". In *Jesus von Nazaret – Spuren und Konturen*, editado por IDEM (cf. acima, 3), pp. 84-105.

Com nenhuma figura de Israel Jesus viu-se tão intimamente vinculado como com João Batista. Já seus contemporâneos compararam os dois (Mt 11,18s par; cf. Mc 2,18 par; 6,14-16 par), e na tradição cristão-primitiva insinuam-se numerosas relações entre eles e também entre seus discípulos (cf. Mc 2,18; Lc 1,5ss; 11,2; Jo 1,35-51; 3,22ss; 4,1-3;

10,40-42; At 19,17). *Quem deseja entender Jesus de Nazaré precisa conhecer João Batista.*

3.2.1 João Batista como figura histórica

O Novo Testamento e Josefo (37/38 – cerca de 100 d.C.) são as duas fontes mais importantes sobre João Batista, e suas abordagens servem a objetivos diferentes. As notícias neotestamentárias estão marcadas pelo confronto com o movimento batista e procuram claramente subordinar João Batista, degradadando-o ao precursor escatológico e testemunha do messias Jesus de Nazaré (cf. Mc 1,7s; Lc 3,16 par; Jo 1,6-8.15.19ss). Josefo (Ant 18,116-119) apresenta o Batista a seus leitores greco-romanos como um mestre que ensina virtudes e que foi morto por Herodes Antipas "embora fosse um homem virtuoso e convocasse os judeus a praticar virtude e justiça entre si e piedade diante de Deus, e a virem para o batismo. Assim, o batismo seria agradável a Deus porque seria realizado não para a remissão dos pecados, mas para a purificação do corpo, porque a alma já estaria purificada antecipadamente por meio de (uma vida de) justiça" (Ant 18,117)[31]. Josefo silencia-se sobre a relação entre João e Jesus, ele reprime a mensagem de juízo proclamada por João e apresenta o batismo do mesmo como uma mera purificação ritual do corpo, sem relação com a remissão dos pecados. Ao mesmo tempo, porém, o relato de Josefo mostra também que o Batista era percebido no judaísmo antigo como uma figura independente e autônoma.

Elementos biográficos e geográficos

Ignora-se o ano de nascimento do Batista; ele deve ter nascido nos últimos anos antes da morte de Herodes Magno (4 a.C.)[32]. João era

---

[31] Para a análise do texto, cf. K. BACKHAUS, *Die "Jüngerkreise" des Täufers Johannes* (cf. acima, 3.2), pp. 266-274; ST. MASON, *Flavius Josephus und das Neue Testament* (Göttingen: 2000), pp. 230-245.
[32] Segundo Lc 1,36, o Batista era apenas seis meses mais velho que Jesus; em termos históricos, isto é antes improvável, já que a tradição procura deliberadamente

provavelmente oriundo de uma família sacerdotal pobre (cf. Lc 1,5), e esse pano de fundo sacerdotal foi de grande importância para sua autocompreensão e atuação³³. Segundo Lc 3,1, a atuação de João Batista começou no décimo quinto ano de Tibério, isto é, no ano 28; a duração dessa atuação é desconhecida. Segundo Mc 1,4s, ele atuou "no deserto" (cf. Q 7,24³⁴: "Tendo eles partido, porém, Jesus começou a falar às multidões sobre João: 'Que saístes ver no deserto'...") e batizou no Jordão. Uma possível localização desse dado geográfico é o Baixo Jordão, onde há lugares que se destacam por acessibilidade, água corrente e deserto até a margem imediata do rio. O lugar do batismo localizou-se provavelmente *ao leste* do Jordão, em frente de Jericó³⁵, porque João relacionava com o lugar um programa teológico: o evento do tempo primordial repete-se no tempo escatológico, Israel encontra-se novamente diante da entrada na Terra Prometida, uma entrada que é agora possibilitada pelo Batista de modo novo e diferente³⁶. Um argumento em favor da atuação do Batista ao leste do Jordão é também a tradição de que ele foi executado (provavelmente em

---

aproximar Jesus do Batista; cf. U. B. MÜLLER, *Johannes der Täufer* (cf. acima, 3.2), p. 17.
[33] Cf. H. STEGEMANN, *Die Essener, Qumran, Johannes der Täufer und Jesus* (cf. acima, 3.2), p. 304: "Essa *qualidade* sacerdotal *de mediador*, que se devia a sua origem, foi certamente o componente decisivo no papel *ativo* de João ao batizar, um papel que fez dele, que era o vigário ritual de Deus, o *Batista*, e do batismo realizado por ele, um sacramento eficaz."
[34] A sigla Q designa a forma textual presumida da Fonte Q (Fonte de Ditos = *Logienquelle*) segundo a sequência lucana; a base é geralmente: P. HOFFMANN, CHR. HEIL (org.), *Die Spruchquelle Q* (cf. abaixo, 8.1).
[35] Cf. a respeito H. STEGEMANN, *Die Essener, Qumran, Johannes der Täufer und Jesus* (cf. acima, 3.2), pp. 294ss. Segundo Jo 1,28, João batizava "em Betânia, do outro lado do Jordão", e segundo Jo 3,23, "em Enon, perto de Salim". Essas tradições particulares joaninas, porém, não podem ser localizadas convincentemente; cf. aqui J. ERNST, "Wo Johannes taufte", in B. KOLLMANN, W. REINBOLD, A. STEUDEL (org.), *Antikes Judentum und Frühes Christentum* (FS H. Stegemann). BZNW 97 (Berlim: 1999), pp. 350-363.
[36] Enquanto a anedota em Mc 6,17-29 alega como motivo a situação de parentesco entre os herodianos, Josefo menciona motivos políticos: João tinha tanto êxito que todo o povo acorria a ele e que Herodes Antipas mandou eliminar esse concorrente e crítico bem-sucedido; para a discussão dos problemas, cf. U. B. MÜLLER, *Johannes der Täufer* (cf. acima 3.2), pp. 76-93.

torno de 29 d.C.) pelo tetrarca da Pereia, Herodes Antipas (cf. Mc 6,17-29; Josefo, Ant 18,118s)³⁷. Com uma atuação no deserto combinam finalmente as notícias sobre a atuação e o modo de vida do Batista em Mc 1,6 (cf. Q 7,25)³⁸. Sua vestimenta era confeccionada com pelos de camelo (cf. Elias segundo 1Rs 19,13.19; 2Rs 1,8 LXX; 2,8.13s); ela consistia do mesmo material do qual os beduínos confeccionam seus mantos e tendas. Também o cinto de couro é um requisito beduíno, uma tira comprida de couro de gazela que os beduínos usavam como proteção, diretamente no corpo. Gafanhotos e mel silvestre fazem parte da alimentação frugal dos beduínos, de modo que o Batista foi interpretado já por seus contemporâneos como asceta (cf. Mc 2,18; Q 7,33s). Vestimenta, alimentação e atuação do Batista são distantes à cultura e sinalizam uma existência fora da terra da qual Israel se apossou. Com todo esse modo de vida, João anuncia a severidade da situação do juízo dentro da qual ele percebe seus contemporâneos.

O acervo básico do *anúncio do Batista* pode ser levantado com relativa segurança; é uma pregação de juízo e penitência e totalmente determinada por uma expectativa escatológica iminente.

A ira e o juízo de fogo que estão por vir

No centro do anúncio do Batista está a atuação julgadora iminente de Deus (Q 3,7-9): "Raça de víboras! Quem vos prometeu que escapareis do juízo de ira que está por vir? Por isso, produzi fruto que corresponda

---

[37] Enquanto a anedota em Mc 6,17-29 alega como motivo a situação de parentesco entre os herodianos, Josefo menciona motivos políticos: João tinha tanto exito que todo o povo acorria a ele e que Herodes Antipas mandou eliminar esse concorrente e crítico bem-sucedido; para a discussão dos problemas, cf. U. B. MÜLLER, *Johannes der Täufer* (cf. acima 3.2), pp. 76-93.

[38] Uma apresentação de todos os modelo relevantes da interpretação encontra-se em E.-M. BECKER, "Kamelhaare... und wilder Honig", in R. GEBAUER, M. MEISER (org.), *Die bleibende Gegenwart des Evangeliums* (FS O. Merk). R. MThSt 76 (Marburgo: 2003), pp. 13-28; H. STEGEMANN, *Die Essener, Qumran, Johannes der Täufer und Jesus* (cf. acima, 3.2), p. 298, coloca acentos próprios ao interpretar o manto de pelos de camelo como uma veste nobre e opina: "Gafanhotos fritos em azeite de oliva têm um sabor semelhante a batatinhas fritas. Assim como mel de abelhas silvestres, são uma guloseima".

à conversão e não nutris a ilusão de poder dizer convosco: temos por pai a Abraão. Pois eu vos digo: destas pedras, Deus pode suscitar filhos e filhas a Abraão. Mas o machado já está posto à raiz das árvores; por isso, cada árvore que não produzir bom fruto será cortada fora e lançada ao fogo." João vivia aparentemente na certeza de que a "ira que estava por vir" ameaçava imediatamente todo Israel. A metáfora de "raça de víboras" serve de ameaça com desgraça e condenação, pois cobras são pisoteadas ou mortas a golpes. Também o recurso a Abraão já não é possível, e a proximidade ameaçadora do juízo é aguçada por meio do dado temporal (ἤδη = já) e concretizada pela palavra metafórica do machado e da árvore. Em conjunto, tudo isto deixa claro que a situação está sem saída. Em parte alguma, o Batista justifica por que Deus está irado; ele confronta Israel numa naturalidade agressiva com sua mensagem de juízo. Com esse procedimento, João encontra-se na tradição profética (cf. Am 5,18-20; 7,8; 8,2; Os 1,6.9; Is 6,11; 22,14; Jr 1,14)[39], a qual ele adota e aguça deliberadamente, pois a catástrofe do juízo não vem em algum momento difuso, mas está imediatamente iminente: quando o machado já está posto, falta somente vir a pessoa destinada a cortar. A separação de palha e trigo por meio do joeiramento já começou; depois disso, a palha será queimada (Q 3,17). Chama a atenção que, apesar do acervo escasso da tradição, o motivo do fogo se encontre até mesmo três vezes em diferentes conotações como metáfora do julgamento[40] (cf. Q 3,9.16b.17). Ele deve ter sido uma característica do Batista, ainda que não apareça em Josefo, Marco e João.

No entanto, a opção teológica decisiva do Batista não reside na agudez e urgência do juízo de aniquilação[41], mas na *situação sem saída*

---

[39] Para as tradições proféticas em João, cf. M. TILLY, *Johannes der Täufer und die Biographie der Propheten*. BWANT 17 (Stuttgart: 1994).

[40] Cf. Gn 19,24; Ex 9,24; Lv 10,2; Nm 11,1; Jl 3,3; Ml 3,19; Is 66,15s etc. Com sua ameaça do juízo, o Batista varia a tradição profética do "Dia de YHWH" (cf. Am 5,20; Is 13,3.6.9.13; Ez 7,3.7.8.19; 30,3; Hab 3,12; Jl 2,2; Sf 1,15.18; Ml 3,2 etc.). Para as tradições do anúncio do Batista, cf. F. LANG, "Erwägungen zur eschatologischen Verkündigung Johannes des Täufers", in G. STRECKER (org.), *Jesus Christus in Historie und Theologie*. FS H. Conzelmann (Tübingen: 1975), pp. 459-473.

[41] Para a tipologia da ideia do juízo, cf. E. BRANDENBURGER, "Gerichtskonzeptionen im Urchristentum und ihre Voraussetzungen. Eine Problemstudie", in IDEM,

dos destinatários. Como o juízo e a salvação são sempre também um elemento da atuação de Deus[42], a atuação salvífica de Deus é sempre também sua atuação julgadora. No entanto, a posição tradicional que grupos têm dentro desse acontecimento (aqui os justos eleitos, ali os apóstatas e/ou os gentios) desloca-se fundamentalmente. O Batista *não* compartilha a opinião muito difundida no judaísmo antigo de que segue à admissão da própria culpa e à confissão da penitência o perdão de Deus, que mantém sua aliança com os pais apesar do repetido fracasso de Israel (cf., por exemplo, Ne 9; Tb 13,1-5; SlSal 17,5; LibAnt 9,4; TestLv 15,4). A possibilidade até então aberta de repetir a penitência devido à eleição de Israel já não está disponível! O Batista destrói a esperança enganadora de que Deus, por amor a sua aliança, castigará Israel, mas não o rejeitará por completo, já que ele não poderia ser infiel. Algo novo e especialmente provocante era finalmente o fato de que João obstruía o refúgio a Abraão e às promessas ligadas a ele. A conversão exigida por João não se orienta pela lei e pelo Templo, mas ocorre no batismo[43]. Aqui se trata não só de um melhoramento moral, mas a expressão βάπτισμα μετανοίας εἰς ἄφεσιν ἁμαρτιῶν (Mc 1,4: "batismo de conversão [N. da Trad.: sic!] para a remissão dos pecados") contém uma premissa antropológica: todo o Israel realmente existente é um coletivo de desgraça e está sujeito ao juízo de desgraça e condenação. A conversão anunciada por João exige de Israel a confissão de que Deus é justo em sua ira. Segundo a compreensão de João, essa confissão é a última possibilidade que Deus concede a Israel para escapar da desgraça/condenação que está por vir. Em breve, Deus imporá sua vontade universalmente, e é o posicionamento em relação à mensagem do Batista que decide no

---

Studien zur Geschichte und Theologie des Urchristentums. SBAB.NT 15 (Stuttgart: 1993), pp. 289-338; M. WOLTER, *"Gericht" und "Heil"* (cf. abaixo, 3.8), pp. 364-369.

[42] Isto é frisado por R. M. WOLTER, *"Gericht" und "Heil"* (cf. abaixo, 3.8), pp. 367s: "O juiz atua como salvador e vice-versa; o julgar e o salvar de Deus são 'correlatos' da mesma atuação de Deus".

[43] Cf. aqui H. MERKLEIN, "Die Umkehrpredigt bei Johannes dem Täufer und Jesus von Nazareth". In IDEM, *Studien zu Jesus und Paulus.* WUNT 43 (Tübingen: 1987), pp. 109-126.

evento escatológico sobre salvação ou condenação. Sendo um sacramento escatológico de penitência, o batismo de João é a expressão da conversão exigida e, como uma espécie de selo, garante a salvação. Dessa maneira, João Batista não é simplesmente um precursor do juiz que vem, mas ele é simultaneamente o mediador da salvação, pois seu batismo possibilita estar no juízo iminente do lado da salvação. Quem será o juiz que está por vir já não pode ser apurado com certeza dos textos preservados.

O mais forte que está vindo

A referência a alguém mais forte que está vindo é outro elemento central do anúncio do Batista (Q 3, 16b-17): "Eu vos batizo com/na água; mas quem virá depois de mim é mais forte que eu. Não sou digno de carregar-lhe as sandálias. Ele mesmo vos batizará com/no [Espírito Santo e][44] fogo. Sua pá está em sua mão, e ele limpará a eira e colherá o trigo em seu celeiro, mas queimará a palha num fogo que não se apaga." Quem é o forte que, depois do Batista, realizará imediatamente o juízo de fogo? A pesquisa oscila entre uma figura messiânica e o próprio Deus.

Para uma identificação do mais forte com Deus podem-se aduzir os seguintes argumentos:

1) Só Deus pode realizar uma atuação escatológica nova, além de todas as expectativas de salvação judaicas tradicionais, e perdoar pecados.
2) Em Q 3,17, os pronomes possessivos ("sua eira", "seu celeiro") referem-se a Deus; na LXX, ὁ ἰσχυρός ("o forte") é um nome corrente de Deus; aquilo que o mais forte faz é tradicionalmente uma obra de Deus (cf. Is 27,12s; Jr 13,24; 15,7; Ml 3,19).

---

[44] As palavras πνεύματι ἁγίῳ καί são com grande probabilidade uma interpretação cristã; um argumento em favor disso é a oposição entre o batismo de água e o batismo de fogo, usada também em outros textos para distinguir entre o batismo de João e o batismo cristão (cf. Jo 1,33; At 19,1-7; cf. U. B. MÖLLER, *Johannes der Täufer* (cf. acima, 3.2), p. 34.

3) Lc 1,15s afirma que o filho de Zacarias "será grande diante do Senhor" e "converterá muitos filhos e filhas de Israel ao Senhor, seu Deus"[45].

Estes argumentos são justapostos por outros que apontam para uma figura mediadora distinta de Deus:

1) A relação do Batista com um outro que é "mais forte" e traz um batismo ainda mais eficaz é uma definição de relação que atribui ambas as figuras a um mesmo âmbito, com diferenças apenas graduais.
2) O antropomorfismo do "carregar-lhe as sandálias" (Q 3,16b) e do "desatar a correia" (Mc 1,7b), respectivamente, é inadequado como uma imagem de Deus.
3) A pergunta do Batista a Jesus: "És tu o que há de vir?" (Q 7,19) pressupõe a figura de um mediador que atua na terra.
4) Se Deus fosse o que há de vir, o Batista não precisaria se distanciar tão fortemente, pois é claro que Deus é "mais forte".

Tal figura mediadora distinta de Deus poderia ser o Filho do Homem (cf. Dn 7,13s; HenEt 37-71)[46], o messias davídico (cf. SlSal 17; Oração das Dezoito Preces, Prece 14) ou uma figura mediadora messiânica sem título conhecido[47].

É difícil tomar uma decisão, mas a pretensão apresentada pelo Batista *não deixa espaço para outra figura de mediador*, mas aponta para Deus mesmo como aquele que agirá em breve[48]. O Batista proclama

---

[45] Cf. F. HAHN, *Theologie I*, p. 50.
[46] Pleiteia em favor do Filho do Homem J. BECKER, *Jesus von Nazareth* (cf. acima, 3), pp. 54-56.
[47] Assim G. THEISSEN; A. MERZ, *Der historische Jesus* (cf. acima, 3), p. 196: "Já que a salvação anunciada por Jesus é apresentada como superior ao Batista e, ao mesmo tempo, vinculada material e temporalmente a sua pessoa (cf. também Mt 11,12/ Lc 16,16; Mt 11,16-19 par.), pode-se supor que Jesus se identificou com a figura mediadora anunciada pelo Batista".
[48] Assim, entre outros, J. ERNST, *Johannes der Täufer* (cf. acima, 3.2), p. 305; H. STEGEMANN, *Die Essener, Qumran, Johannes der Täufer und Jesus* (cf. acima, 3.2), p. 299; U. B. MÜLLER, *Johannes der Täufer* (cf. acima, 3.2), p. 34.

uma nova constituição de Israel, fora de eleição, aliança, Templo e Torá, que poderá ser ratificada *somente* por Deus.

No contexto de Malaquias 3, João se entendia como o mensageiro escatológico autorizado por Deus que foi o primeiro a batizar outras pessoas[49]; ele vivia na consciência de realizar já agora sacramentalmente a remissão escatológica dos pecados que cabia exclusivamente a Deus.

3.2.2 *Jesus e João Batista*

A relação entre Jesus e o Batista tange os planos da biografia, do ensino e da história da recepção.

Contatos biográficos

A *continuidade* biográfica fundamental é o fato histórico do batismo de Jesus por João Batista (cf. Mc 1, 9-11 par). Relacionado a este fato é a pergunta se este foi um evento pontual ou se Jesus pertenceu por algum tempo ao movimento do Batista. Primeiramente é claro que Jesus, por meio do batismo, concorda com a perspectiva do Batista e que ele a adota: a intervenção julgadora de Deus está iminente. Israel já não pode recorrer a suas prerrogativas histórico-salvíficas e está em sua totalidade sujeito ao juízo. É indubitavelmente dentro da mensagem de juízo onde se encontra a maior continuidade entre o Batista e Jesus[50]; ambos encontram-se fora das demais formações de grupos em Israel e pertencem à tradição profética. Ao mesmo tempo há claras *diferenças* na percepção externa e na autopercepção: aparentemente, Josefo não sabe nada de uma relação entre o Batista e Jesus,

---

[49] Cf. H. STEGEMANN, *Die Essener, Qumran, Johannes der Täufer und Jesus* (cf. acima, 3.2), p. 302: "Efetivamente, até a atuação de João, nunca ninguém tinha batizado outras pessoas, nem no judaísmo nem em seu ambiente. É certo que existia um grande número de ritos cúlticos de purificação, até a imersão do corpo inteiro, mas cada um desses ritos de purificação era realizado de maneira totalmente autônoma, sem a colaboração de alguém que batizasse."

[50] Cf. J. BECKER, *Jesus von Nazareth* (cf. acima, 3), p. 56s.

e Q 7,33s remete a diferenças marcantes: "Pois veio João, não comia e não bebia, e dizeis: ele tem um demônio. Veio o Filho do Homem, comia e bebia, e dizeis: eis este homem, um comilão e beberrão, um amigo de cobradores de impostos e pecadores".[51] Apesar de toda sua alta estima pelo Batista (cf. Q 7,26: "Mas, o que saístes ver? Um profeta? Sim, eu vos digo,.e mais que um profeta."), ao mesmo tempo, Jesus se distancia claramente dele, pois "o menor no Reino de Deus é maior que João" (Q 7,28; cf. Q 16,16).

A tradição remete a um enraizamento intelectual de Jesus no círculo do Batista; ambos moviam-se num ambiente religioso-social comparável, e Jesus foi percebido como uma figura paralela ao Batista (cf. Mc 6,14-16 par; 8,28). Ao mesmo tempo, porém, não há indícios para uma participação prolongada de Jesus no círculo do Batista[52]. Por isso devemos compreender Jesus como um discípulo do Batista que ficou apenas brevemente com ele[53].

Continuidade e descontinuidade no ensinamento

O anúncio do Batista e o de Jesus estão relacionados por uma *teocêntrica decidida*: para eles, o crucial é o *Deus que está vindo*, que age de modo qualitativamente novo. No contexto desse ensinamento, a mensagem da destruição/condenação é a ponte decisiva; também para Jesus, Israel em sua totalidade está sujeito ao juízo de aniquilação, o recurso à eleição histórico-salvífica já não funciona mais (cf. Lc 13,1-5). No entanto, há uma diferença na maneira de como o Batista e Jesus definem a nova aproximação de Deus. Para João, o batismo é um sacramento escatológico de penitência e salva da condenação;

---

[51] Para a análise, cf. K. BACKHAUS, *Die "Jüngerkreise" des Täufers Johannes* (cf. acima, 3.2), pp. 68-83.
[52] Isto é frisado explicitamente por K. BACKHAUS, *Die "Jüngerkreise" des Täufers Johannes* (cf. acima, 3.2), pp. 116-126.
[53] Cf. J. P. MEIER, *A Marginal Jew II* (cf. acima, 3), p. 129. Junto a muitos outros, considero a pergunta do Batista em Q 7,18s pós-pascal. Para a argumentação, cf., por exemplo, K. BACKHAUS, *Die "Jüngerkreise" des Täufers Johannes* (cf. acima, 3.2), pp. 116-126.

nesse sentido devemos dizer que também o Batista apresenta uma mensagem de salvação. Jesus coloca acentos diferentes, ele não batiza e distingue entre a ideia da penitência e o batismo. Ele atribui um lugar diferente à certeza fundamental do Batista, pois, para ele, não predomina a mensagem de condenação, mas a de salvação. Jesus compartilha com o Batista uma expectativa aguda do fim iminente, mas ele vê na vinda repentina do Reino de Deus em relação a sua própria pessoa uma prioridade da atuação salvífica divina, de modo que em Jesus há uma escatologia preséntica ao lado de uma futúrica (cf. abaixo, 3.4.2). O Batista espera o "mais forte", referindo-se com isto a Deus mesmo. Jesus, ao contrário, referia-se ao Filho do Homem futuro, com quem ele se identificava e a quem ele já representava na terra (cf. abaixo, 3.9.2). Enquanto o Batista se apresentava demonstrativamente de modo acético e atuava no deserto, Jesus perpassava as regiões habitadas da Galileia e foi também a Jerusalém. Finalmente chama a atenção que Jesus se voltava de maneira especial a grupos marginalizados e permaneceu na memória principalmente como contador de parábolas e realizador de milagres.

Contatos nas histórias da recepção

Já durante sua vida, João Batista reuniu em torno de si discípulos. A característica desse grupo era o costume de jejuar (cf. Mc 2,18 par: "E os discípulos de João e os discípulos dos fariseus jejuavam") e orações próprias (Lc 5,33; 11,1). Depois da Páscoa desenvolveu-se uma concorrência entre os discípulos de João e a comunidade cristã em formação, já que havia um intercâmbio pessoal entre os dois movimentos (cf. Jo 1,35-51; 3,22; 4,1); eles tinham semelhanças e eram comparados por pessoas contemporâneas. Agora, o Batista que tinha atuado de modo totalmente autônomo, passou a ser o "precursor" e "preparador do caminho" de Jesus (cf. Mc 1,2s par). O quarto evangelista anulou finalmente a autonomia do Batista inteiramente e fez dele uma mera testemunha de Jesus enquanto o Filho de Deus (Jo 1,23.27-34.36; 3,27-30). Os cristãos reconheceram em Jesus de Nazaré o messias crucificado e ressuscitado, o messias prometido por

João, e adotaram do último sua prática de batismo. Ao mesmo tempo, distanciaram-se do batismo de João por meio de sua experiência do espírito; enquanto João batizara apenas com água, eles batizavam com água e espírito (cf. Mc 1,8 par; At 19,1-7). Não obstante, o movimento de João existiu ao longo de um período considerável e difundiu-se para além do âmbito sírio-palestino também na Ásia Menor, como indica At 18,24–19,7.

A autonomia de Jesus

O que causou a autonomia de Jesus em relação a seu mestre? Qual o evento que lhe deu a certeza de que a intervenção definitiva de Deus já tinha começado – não para uma desgraça e condenação que iriam se abater sobre Israel, mas, de um modo qualitativamente novo, para a salvação? Provavelmente foi uma experiência visionária que levou Jesus à intelecção de que Deus está primeiramente presente para a salvação (cf. abaixo, 3.3.2/3.4). Um eco dessa visão deve constar em Lc 10,18: "Eu vi Satanás cair do céu como um relâmpago[54]". O mal mítico já foi vencido, Satanás já foi afastado do centro da realidade. Por isso, Jesus, um carismático milagreiro, apresentou-se com uma mensagem de salvação para as pessoas pobres e marginalizadas. Os milagres realizados por Deus em sua presença e por ele mesmo convenceram-no que Satanás já foi vencido e que ele mesmo estava eleito por Deus como a figura decisiva no acontecimento escatológico.

3.3 O ponto de partida: a vinda do Deus uno em seu Reino

JEREMIAS, J. "Abba". In *Abba. Studien zur neutestamentlichen Theologie und Zeitgeschichte*, editado por IDEM, pp. 15-67. Göttingen, 1966; BECKER, J. "Das Gottesbild

---

[54] A vitória sobre Satanás – sua superação – era tida como um sinal do início do tempo da salvação; cf. AsMs 10,1. Para a interpretação de Lc 10,18, cf. abaixo, 3.6.2; a sequência composicional "apresentação do Batista – batismo de Jesus – tentação" em Q, Mc, Mt e Lc confirma uma ligação entre a relação com o Batista, o reconhecimento do despojamento de Satanás e o início da atuação pública de Jesus.

Jesu und die älteste Auslegung von Ostern". In *Jesus Christus in Historie und Theologie*. FS H. Conzelmann, editado por G. STRECKER, pp. 105-126. Tübingen, 1975; MERKLEIN, H. "Die Einzigkeit Gottes als die sachliche Grundlage der Botschaft Jesu". In *Studien zu Jesus und Paulus II*. WUNT 103, editado por IDEM, pp. 154-173. Tübingen: 1998.

Para Jesus de Nazaré, toda a vida e a realidade em sua totalidade são um evento divino; sua visão de mundo é marcada por uma perspectiva fundamental teocêntrica. Deus não aparece como um Outro alheio e distante do mundo nem como alguém culticamente domesticado, mas ele está imediatamente presente de modo novo, surpreendente e poderoso. Essa *experiência de uma nova proximidade de Deus e a formulação de uma nova imagem de Deus* são os elementos marcantes da criação de sentido que Jesus realiza.

3.3.1 *O Deus uno no anúncio de Jesus*

A unicidade de Deus é a base material do pensamento e do anúncio de Jesus. O credo fundamental de Israel, a confissão da unicidade de YHWH (cf. Dt 6,4; Ex 34,13; Os 13,4), foi elevado pelo Deuteroisaías ao conceito teológico fundamental[55]. YHWH, o "rei de Jacó", vai ao tribunal com os deuses dos pagãos e comprova sua nulidade (cf. Is 41,21-29; 43,10 etc.). A unicidade de YHWH mostra-se de modo positivo em sua competência exclusiva e total em relação a criação, história e salvação. O dito dirigido a Ciro sintetiza isto assim: "Eu sou o Senhor, e não há nenhum outro; fora de mim não há Deus. Embora tu não me conhecesses, eu te cinjo para o combate, a fim de que se reconheça desde o oriente até o ocidente que, fora de mim, não há Deus. Eu sou o Senhor, e não há nenhum outro. Eu crio a luz e crio as trevas, eu realizo a salvação e realizo a condenação. Eu sou o Senhor que faz tudo isto" (Is 45,5-7). Já que YHWH é o único, seu domínio régio precisa se comprovar como ato libertador em favor de seu povo: "Eu

---

[55] Cf. M. ALBANI, *Der eine Gott und die himmlischen Heerscharen. Zur Begründung des Monotheismus bei Deuterojesaja im Horizont der Astralisierung des Gottesverständnisses im Alten Orient*. ABG I (Leipzig: 2000).

sou YHWH, eu, e fora de mim não há nenhum salvador. [...] Só eu sou Deus, e também futuramente o serei" (Is 43,11-13). Deuteroisaías pode anunciar já agora a salvação iminente de seu povo com a exclamação: "Teu Deus é rei" (Is 52,7). Em outras tradições profético-apocalípticas, a unicidade de Deus é um motivo constantemente pressuposta. A relação material entre o domínio de Deus e a unicidade de YHWH é concisamente formulada em Zc 14,9: "Então o Senhor será rei sobre toda a terra. Naquele dia, o Senhor será o único e seu nome, o único".

A unicidade de Deus e seu domínio sobre Israel estão numa relação imediata e íntima; YHWH comprova-se na imposição de seu domínio como o único deus, e seu nome será o único a ser louvado.

O Deus uno na tradição de Jesus

A unicidade de Deus aparece na tradição de Jesus explicitamente apenas em quatro textos: na narrativa da cura de um paralítico (Mc 2,1-12), na pergunta pelo maior dos mandamentos (Mc 12,28-34), na perícope do jovem rico (Mc 10,17-27) e em Mt 23,9, onde Jesus diz: "A ninguém na terra chameis de vosso pai; pois um só é vosso pai, aquele no céu"[56]. Mc 2,1-12 é em sua forma atual uma formação da comunidade pré-marcana, mas reproduz adequadamente a pretensão de Jesus, de ter poder de perdoar pecados (Mc 2,5b). Ele se colocou no lugar do Deus uno (cf. Mc 2,7: "Por que ele está falando assim? Ele blasfema! Quem pode perdoar pecados a não ser o Deus uno!") e age a partir de uma consciência singular acerca de Deus[57]. Também o vínculo entre o amor a Deus e o amor ao próximo sob adoção de Dt 6,5 e Lv 19,18 remonta a Jesus (cf. abaixo, 3.5.3). É verdade que ele já estava na tradição judaica, mas não explicitamente. Toda a mensagem e toda a atuação de Jesus estão marcadas pela combinação do amor a Deus e do amor ao próximo. Contudo, a importância fundamental

---

[56] Mc 10,18 e Mt 23,9 têm uma orientação parenética, portanto, não podem ser atribuídos a Jesus; para a justificativa, cf. H. MERKLEIN, *Einzigkeit Gottes* (cf. acima, 3.3), p. 155.
[57] Para a análise, cf. O. HOFIUS, "Jesu Zuspruch der Sündenvergebung", in IDEM, *Neutestamentliche Studien*, WUNT 132 (Tübingen: 2000), pp. 38-56.

que a unicidade de Deus tem para a proclamação de Jesus mostra-se também ali onde não há referência explícita ao "Deus único". Quando Jesus pede no Pai Nosso: "Santificado seja teu nome, venha teu reino" (Lc 11,2), então fica claro que a santificação do nome de Deus é, em última instância, o reconhecimento de sua singularidade e unicidade e, dessa maneira, a vinda do domínio de Deus visa a imposição da unicidade de Deus. *Com a promessa e o anúncio do domínio de Deus que está vindo, Jesus proclama a revelação escatológica da unicidade de Deus. Em Jesus, a ideia do domínio de Deus é sustentada pelo conceito da unicidade de Deus.* Essa combinação é provavelmente o motivo pelo qual Jesus fez – de uma maneira sem analogia – do conceito do domínio divino (do Reino de Deus) o centro de sua mensagem e subsumiu a esse termo outros conceitos de salvação[58].

Deus como "Pai/Abba"

Uma característica terminológica em Jesus que chama a atenção é a designação e o tratamento de Deus como "pai". Esta não é nenhuma novidade, porque esse tratamento de Deus encontra-se tanto no âmbito cultural greco-romano[59] como no judaísmo[60]. Notável é, sim, sua grande frequência, pois a palavra πατήρ ("pai") para Deus na boca de Jesus encontra-se cerca de 170 vezes nos Evangelhos. Embora uma grande parte dessas ocorrências não pode ser considerada um discurso autêntico de Jesus, a história da recepção que se manifesta nisso mostra que "pai" era a designação de Deus que era típica de Jesus. Notável é também a forma concreta do tratamento de pai que Jesus usa, a saber, אַבָּא, uma forma considerada tão característica pela tradição cristão-primitiva que até mesmo nos textos gregos foi preservada a palavra aramaica, ἀββά (cf. Gl 4,6: "Mas como sois agora

---

[58] Cf. H. MERKLEIN, *Einzigkeit Gottes* (cf. acima, 3.3), pp. 155-160.
[59] Zeus é frequentemente tratado como "pai"; cf., entre outros, HOMERO, II XXIV 308; HESÍODO, Theog 47-49; DIO CRISÓSTOMO, Or 1,39s; 2,75; 12,74s (Zeus como pai, rei, protetor e salvador de todos os seres humanos); 36,31.35.36.
[60] Cf., por exemplo, Dt 32,6; Is 63,16; 64,7; Jr 3,4; Eclo 23,1.4; 51,10; Sb 14,3; 3Mc 5,7; 6,3.8; 7,6.

filhos, Deus enviou aos nossos corações o espírito de seu Filho, que clama: *Abba*, Pai!"; Rm 8,15: "Com efeito, o espírito que recebestes não é um espírito de servidão, de modo que precisaríeis recair no temor, mas recebestes o espírito da filiação, pelo qual clamamos: *Abba!* Pai!"; além disso Mc 14,36: "E ele dizia: "*Abba*, pai, tudo é possível para ti. Afasta de mim este cálice! Porém, não o que eu quero, mas o que tu queres"). Abba não é um tratamento de Deus sem analogias[61] e também não pode justificar a afirmação de uma consciência filial particular de Jesus[62]. Jesus move-se no âmbito de possibilidades linguísticas judaicas, e nesse contexto é justamente a simplicidade e não a exclusividade do tratamento por "pai" que indica a proximidade a Deus, na qual Jesus se encontra e na qual ele deseja acolher também seus ouvintes. O que se revela não é uma nova natureza de Deus ou pelo menos um novo traço de Deus, até então escondido. Mas, isto sim, o tratamento de Deus praticado por Jesus pressupõe, com sua simplicidade e abertura, uma atuação nova e diferente de Deus no ser humano. A desgraça coletiva de Israel é arrancada de sua história de desgraça e de seu passado de culpa, e Jesus promete-lhe a salvação escatológica. Como essa atuação de Deus, que é eleição e nova criação, já está acontecendo na atuação de Jesus, as pessoas que se confiam a esse processo já estão agora num novo relacionamento com Deus, para além e fora do Templo, sacrifício e conteúdos centrais da Torá e podem, como Jesus, chamar esse Deus que está agindo de "Abba", como se isto fosse autoevidente e natural. Jesus não anuncia um novo Deus, mas o Deus de Israel manifesta-se no acontecimento escatológico do domínio de Deus, proclamado por Jesus, de um modo qualitativamente novo como "pai".

---

[61] Para a análise linguística de אַבָּא, cf. G. SCHELBERT, "Abba, Vater!", in *FZPhTh* 40 (1993): 259-281; 41 (1994): 526-531: אַבָּא é o equivalente do termo normal "pai" e era formado à semelhança de אִמָּא, "mãe". Cf. para πατήρ em orações judaicas Sb 6,3.8; Sb 14,3; Eclo 23,1a.4a LXX.

[62] Contra J. JEREMIAS, *Theologie I*, p. 73: "A total novidade e unicidade do tratamento de Deus por 'Abba nas orações de Jesus mostra que esse tratamento expressa o coração da relação de Jesus com Deus. Ele falou com Deus como uma criança com seu pai: cheio de confiança e amparado, e ao mesmo tempo com respeito e disposto a obedecer".

No *Pai Nosso*, o tratamento de Deus como "pai/Abba" vincula-se imediatamente aos pedidos da santificação do nome e da vinda do domínio (Reino) do pai (Lc 11,2 par). O desejo é que prevaleça e se complete a atuação de Deus que é uma nova criação, de modo que todos confessem o nome do pai uno e, dessa maneira, reconheçam que ele é o Senhor e o Rei. Os pedidos de "nós" (Lc 11,3.4) do Pai Nosso não carecem dessa relação escatológica, apenas aplicam a atuação de Deus mencionada nos dois primeiros pedidos à existência das pessoas por ela atingidas. O pedido pelo perdão da culpa (Lc 11,4a; cf. também Mc 11,25; Mt 6,14) acentua a dependência humana da atuação de Deus que elege e que perdoa a culpa, e confirma isto a si mesma na disposição de também perdoar culpas. O pedido final (Lc 11,4b: "e não nos deixe cair em tentação") expressa que a pessoa que ora não pode sustentar o novo relacionamento com Deus por sua própria força, mas somente quando Deus a sustenta em todas as tentações e a protege nas dificuldades e dúvidas. Também o pedido pelo pão (Lc 11,3 par) tem um caráter profundamente escatológico, pois a pessoa orante pede somente o pão que é necessário para hoje, isto é, ela espera um futuro diferente que vai além da "pré-ocupação" terrestre. Trata-se do futuro escatológico, formulado no pedido precedente. A preocupação com o dia de amanhã é desnecessária: não só porque o domínio de Deus, que eventualmente chega amanhã, poderia qualificar a providência de hoje como precipitada, mas também porque o evento do domínio de Deus dá a certeza de que o Pai dará sempre o que é necessário hoje, até que ele tenha levado esse evento a sua plena realização. Por isso, o grupo dos ditos do pedir (Q 11,9-13) e do não-se-preocupar em Q (Lc 12,22b-31/Mt 6,25-33) desemboca na observação de que "vosso Pai sabe que tendes necessidade disso [tudo]"; Lc 12,30b par) e conclui com a advertência: "Pelo contrário, buscai seu domínio régio (= o Reino do Pai!), e (tudo) isso vos será acrescentado" (Lc 12,31 par). O recurso a motivos sapienciais do âmbito da realidade da criação, para ilustrar o cuidado do Pai (cf. "as aves do céu" e "os lírios [dos campos]" em Lc 12,24.27s; Mt 6,26.28-30; além disso, Lc 12,6s; Mt 10,29-31), mostra que Jesus vê o cotidiano numa nova luz escatológica. A atuação eleitora de Deus dá-lhe a certeza de que seu pai sabe e dá o que é necessário para a vida (Lc 12,30b par; cf. também Mt 6,8). A escatologia de Jesus é o lugar adequado de seu discurso sobre o Pai, de modo que o teocêntrismo tem uma estrutura escatológica! Em Jesus, a perspectiva escatológica marca a imagem de Deus. Podemos dizer que há em Jesus uma "coincidência de 'olhar para o alto' e 'olhar para o futuro', de teo-logia e escato-logia"[63], uma penetração mútua de olhar para o Pai no alto e olhar para frente, para a *basileia* que está vindo. Jesus anuncia o Deus uno como o Pai que atua escatologicamente e cujo domínio ele experiencia como um evento já presente.

3.3.2 A nova imagem de Deus

Jesus trouxe uma imagem de Deus que era nova, mas de modo algum não judaica, embora estivesse em tensão com as imagens de Deus predominantes no judaísmo. Assim como o Batista, Jesus desconsiderou elementos centrais do conceito que seu tempo tinha de Deus e optou por uma nova valorização de outras tradições. Primeiro chamam a atenção a quais tradições Jesus *não* recorre[64]: ele não adota o conceito da aliança, central para o judaísmo de seu tempo[65], e tampouco as tradições do êxodo e da terra, e a história de Israel é tematizada apenas rudimentarmente. Também chama a atenção que as tradições dos patriarcas e de Sião aparecem no contexto da relação de Israel com os gentios e estão decisivamente modificadas (cf. abaixo, 3.8.3). Embora Jesus se saiba enviado a Israel, ele não adota a oposição habitual "Israel *versus* gentios" e é capaz de declarar gentios como modelo da fé (cf. Q 7,1-10). Também a distinção religiosa fundamental "puro *versus* impuro" não vale mais (cf. Mc 7,15). Com a purificação do Templo (cf. Mc 11,15-18 par), Jesus manifestou uma

---
[63] H. SCHÜRMANN, "Das 'eigentümlich Jesuanische' im Gebet Jesu. Jesu Beten als Schlüssel für das Verständnis seiner Verkündigung", in IDEM, *Jesus. Gestalt und Geheimnis* (Paderborn: 1994) (org. por K. SCHOLTISSEK), pp. 45-63, aqui: p. 47.
[64] Cf. J. BECKER, *Das Gottesbild Jesu* (cf. acima, 3.3), pp. 109s.
[65] Cf. E. GRÄSSER, "Jesus und das Heil Gottes", in: IDEM, *Der Alte Bund im Neuen*. WUNT 35 (Tübingen: 1985), pp. 181-200, aqui: pp. 194-198.

crítica severa ao culto templar, e essa crítica acarretou-lhe um conflito com as autoridades judaicas e com os romanos que resultou em sua morte (cf. abaixo, 3.10.1). Para ele, o Templo faz parte das coisas que serão destruídas (cf. Mc 14,58). Também a Torá, que dominava a vida judaica desde meados do séc. II a.C., não está no centro do anúncio de Jesus, mas sim o Reino de Deus, crido e experienciado como próximo (cf. abaixo, 3.4). Q 16,16 distingue explicitamente entre o tempo da lei e dos Profetas e o tempo do Reino de Deus, de modo que a perspectiva escatológica de Jesus justifica sua valoração nova e diferente da Torá. A Torá não é superada ou abolida, mas colocada numa nova perspectiva teocêntrico-escatológica: "No horizonte do anúncio da *basileia*, no qual o futuro de Deus já está visível como um evento que dá vida e salvação (Mt 11,5s/Lc 7,22s), as instruções da Torá e sua interpretação são avaliadas segundo a medida em que correspondem ao conteúdo do domínio de Deus, proclamado e vivido por Jesus, cujo único critério é a vontade de Deus que se concentra no mandamento do amor (Mc 12,28-34 par; Mt 5,43-48 par; 9,13; 12,7; 23,23; cf. 7,12)."[66] *O predominante não é o passado, mas a experiência do presente e as perspectivas acerca do futuro de Deus.* Elas mostram um Deus que procura o que está perdido (cf. Lc 15,1-10.11-32) e se compadece dos seres humanos (cf. Mt 18,23-27); um Deus cuja vontade é salvar os doentes e não os sadios, conceder perdão aos pecadores e trazer a salvação para os pobres e aflitos. A imagem do Deus bondoso e perdoador também está na tradição judaica[67], mas Jesus coloca-a no centro de seu anúncio de um modo qualitativamente novo e a molda a partir de sua perspectiva escatológica.

---

[66] D. SÄNGER, "Schriftauslegung im Horizont der Gottesherrschaft", in H. DEUSER, G. SCHMALENBERG (org.), *Christlicher Glaube und religiöse Bildung*. FS F. Kriechbaum. GSTR 11 (Gießen: 1995), pp. 75-109, aqui: p. 107.

[67] Para a tradição grega, cf. PLUTARCO, Mor 1075E, onde se consente com a crítica dos estoicos aos epicureus: "Pois a divindade precisa ser compreendida não só como imortal e feliz, mas também como bondoso para com os seres humanos, cuidando deles e socorrendo-os (οὐ γὰρ ἀθάνατον καὶ μακάριον μονον ἀλλὰ καὶ φιλάνθρωπον κηδεμονικὸν καὶ ὠφέλιμον). Isto confere."

3.4 O centro: a proclamação do Reino de Deus

PERRIN, N. *Was lehrte Jesus wirklich?* (cf. acima, 3), pp. 52-119; CAMPONOVO, O. *Königtum, Königsherrschaft und Reich Gottes in den frühjüdischen Schriften*. OBO 58. Freiburg (Suíça)/Göttingen, 1984; MERKLEIN, H. *Jesu Botschaft von der Gottesherrschaft*. SBS 111. Stuttgart, 1983; WEDER, H. *Gegenwart und Gottesherrschaft*. BThSt 20. Neukirchen, 1993; MERKEL, H. "Die Gottesherrschaft in der Verkündigung Jesu". In *Königsherrschaft Gottes und himmlischer Kult im Judentum, Urchristentum und in der hellenistischen Welt*. WUNT 55, editado por M. HENGEL, A. M. SCHWEMER, pp. 119-161. Tübingen, 1991; MEIER. J. P. *A Marginal Jew II* (cf. acima, 3), pp. 237-506; WOLTER. M. "'Was heisset nu Gottes reich?'". In *ZNW* 86 (1995): 5-19; DE JONGE. M. "Jesus' role in the final breakthrough of God's kingdom". In *Geschichte – Tradition – Reflexion*. FS M. Hengel III: Frühes Christentum, editado por H. CANCIK, H. LICHTENBERGER, P. SCHÄFER, pp. 265-286. Tübingen: 1996; THEISSEN, G.; MERZ, A. *Der historische Jesus* (cf. acima, 3), pp. 221-253; BECKER, J. *Jesus von Nazaret* (cf. acima, 3), pp. 100-121; WRIGHT, N. T. *Jesus* (cf. acima, 3), pp. 198-474; MALINA, B. J. *The Social Gospel of Jesus*. Minneapolis: 2001; VANONI, G.; HEININGER, B. *Das Reich Gottes*. NEB. Th 4. Würzburg: 2002; DUNN, J. D. G. *Jesus Remembered* (cf. acima, 3), pp. 383-487; HORSLEY, R. A. *Jesus and Empire*. Minneapolis: 2003 [em Port. *Jesus e o Império*, Paulus, São Paulo, 2008] ; SCHENKE, L. "Die Botschaft vom kommenden 'Reich Gottes'". In *Jesus von Nazaret – Spuren und Konturen*, editado por IDEM (cf. acima, 3), pp. 106-147; SCHRÖTER, J. *Jesus* (cf. acima, 3), pp. 189-213.

O discurso religioso possui sempre uma dimensão simbólica, porque a realidade de Deus não é imediatamente acessível aos seres humanos. Símbolos são sinais que apontam para além de si e que abrem novos mundos de sentido[68], que trazem uma outra realidade para

---

[68] Para a ampla discussão sobre os símbolos, cf. G. KURZ, *Metapher, Allegorie, Symbol*, 4ª ed. (Göttingen: 1997); M. MEYER-BLANCK, *Vom Symbol zum Zeichen* (Hannover: 1995). Símbolos (grego: σύμβολον = sinal, metáfora/συμβάλλειν = jogar junto, vincular, comparar) possuem sempre um caráter que remete a algo e uma função de ponte. Por isso, precisam sempre da interpretação e estão abertos para uma interpretação metafórica. O discurso metafórico (grego: μεταφορά = versão, transposição/tradução/μεταφορέω = verter, transpor/traduzir) é "uma figura estilística na qual se faz referência a um dado ou uma situação, por meio de uma imagem linguística, isto é, em sentido figurado" (PH. LÖSER, Verbete "Metapher", in *RGG⁴* 5 [Tübingen: 2002], p. 1165), isto é, onde se faz o jogo linguístico deliberado com semelhança e dessemelhança. Também a metáfora realiza um ato de transferência;

dentro de nossa realidade. Eles não só retratam essa nova realidade, mas trazem-na presente de tal maneira que pode se tornar efetiva. Eles representam tanto o mundo divino como o humano e, ao mesmo tempo, participam deles[69]. Símbolos precisam ser escolhidos de tal forma que, por um lado, podem ser recebidos pelos ouvintes/leitores e que, por outro, apresentam adequadamente a grandeza a ser simbolizada. *Em Jesus de Nazaré, o símbolo religioso central é o Reino/domínio de Deus; ele anuncia a vinda do Deus uno em seu reino.*

3.4.1 Pressupostos histórico-religiosos e políticos

Símbolos como sinais linguísticos estão sempre inseridos na enciclopédia de um círculo cultural, especialmente em sua língua. Para poder compreender um símbolo é preciso perpassar e verificar a enciclopédia do termo. No caso de "Reino/domínio de Deus", trata-se do conceito de Deus como rei no Antigo Testamento[70], no judaísmo antigo[71]

---

seu caráter de imagem obriga a elaborar o significado a partir do respectivo contexto. O discurso metafórico possui sempre um elemento criativo. Algo é criado ou interpretado de modo novo, forma-se uma nova relação ou um novo contexto e estabelece-se uma nova ordem. Na polivalência não fechada da linguagem de imagens é difícil distinguir entre símbolo e discurso metafórico/metáfora. A metáfora é, antes de tudo, uma forma linguística, e no caso do símbolo carrega-se algo existente/concreto com um novo significado. "Nas metáforas, nossa atenção dirige-se mais a palavras, a compatibilidades semânticas e incompatibilidades de elementos linguísticos. Nos símbolos, nossa atenção dirige-se para a empírica apresentada" (G. KURZ, *Metapher, Allegorie, Symbol*, p. 73). Metáforas precisam ser pronunciadas/lidas e referem-se ao tempo presente; símbolos, por sua vez, conectam passado e futuro e têm um caráter de resultado.

[69] Cf. P. TILLICH, *Systematische Theologie I*, 5ª ed. (Stuttgart: 1977), p. 280: "De Deus como o vivente precisamos falar em termos simbólicos. Cada símbolo verdadeiro, porém, participa da realidade que simboliza".

[70] Cf. a respeito W. H. SCHMIDT, *Königtum Gottes in Ugarit und Israel*. BZA W 80, 2ª ed. (Berlim: 1966); J. JEREMIAS, *Das Königtum Gottes in den Psalmen*. FRLANT 141 (Göttingen: 1987); H. SPIECKERMANN, *Heilsgegenwart. Eine Theologie der Psalmen*. FRLANT 148 (Göttingen: 1989); ST. SCHREIBER, *Gesalbter und König*. BZNW 105 (Berlim: 2000), pp. 41-142 (Gott als König im AT und antiken Judentum).

[71] Cf. aqui o volume antológico de M. HENGEL, A. M. SCHWEMER (org.), *Königsherrschaft Gottes und himmlischer Kult im Judentum, Urchristentum und in der hellenistischen Welt*. WUNT 55 (Tübingen: 1991).

e no helenismo⁷². Fazem parte desse conceito um amplo campo linguístico (Deus como rei e formulações verbais sobre o governar), associações afins (por exemplo, Deus como Senhor e juiz), atributos e insígnias reais (por exemplo, palácio, trono, corte, glória), a metafórica real (por exemplo, o rei como pastor) e tarefas tipicamente reais (conceder a paz, julgar os inimigos). O ponto de partida desses conceitos é a experiência – imediatamente presente na Antiguidade – do domínio ilimitado e do caráter todo-poderoso dos reis, cuja plenitude de poder se oferecia como símbolo para Deus.

Dimensões religiosas

O YHWH entronizado no Templo (cf. Is 6,1ss; Sl 47,9; 99,1s: "YHWH se tornou rei; os povos se estremecem; ele está assentado sobre os querubim; a terra se abala; grande é YHWH em Sião") ou no Sião (cf. Sl 46; 48; 84; 87)⁷³, respectivamente, é rei sobre todas as nações (cf. Sl 47; 93; 96-99). Depois do exílio realiza-se uma escatologização das tradições vinculadas ao poder de YHWH, que se inicia claramente como o Deuteroisaías.

O rei de Israel se voltará para seu povo de um modo novo (cf. Is 41,21; 43,15; 44,6). Ele domina os povos e conduz os reis (cf. Is 41,2s; 43,14s; 45,1), governa a história e a criação (40,3s; 41,4; 43,3). Isto está ligado a uma tensão inevitável entre o domínio presente de Deus e o domínio esperado, e esta tensão marca também o anúncio de Jesus. O

---

⁷² No helenismo inteiro, a metafórica da realeza está muito difundida em vários complexos motívicos; DIO CRISÓSTOMO, Or 1,391, diz em suas reflexões sobre o verdadeiro governante: "Pois Zeus é o único entre os deuses que tem o cognome 'pai' e 'rei' (πατὴρ καὶ βασιλεύς), 'polieus', 'philios', 'hetaireios' e 'homognios', além disso, 'hikesios', 'pliyxios' e 'xenios' e inúmeros outros cognomes que todos significam algo bom e são criadores de coisas boas. Ele é chamado de 'rei' em virtude de seu domínio e poder (βασιλεὺς μὲν κατὰ τὴν ἀρχὴν καὶ τὴν δύναμιν ὠνομασμένος), 'pai' provavelmente em virtude de sua solicitude e mansidão (πατὴρ δὲ οἶμαι διά τε τὴν κηδεμονίαν καὶ τὸ πρᾷον)"; além disso, cf. DIO CRISÓSTOMO, Or 2,73-78; EPÍTETO, Diss III 22,63.

⁷³ O motivo de Sião é destacado por J. BECKER, *Jesus von Nazareth* (cf. acima, 3), pp. 105ss.

elemento futúrico predomina na apocalíptica, onde Deus submeterá seus inimigos num combate escatológico. A ideia de uma luta final entre dois blocos de poder encontra-se nas variantes mais diversificadas, sendo que é sobretudo Beliar/Belial que se apresenta como inimigo de Deus (cf. TestDn 5,10b-13: "E ele mesmo (isto é, Deus) fará guerra contra Beliar/e dará vingança vitorioso sobre seus inimigos. [...] E ele dará paz eterna àqueles que o invocam. E os santos descansarão no Éden/e os justos se alegrarão com a nova Jerusalém. [...] E Jerusalém já não sofrerá destruição nem Israel permanecerá no cativeiro, pois o Senhor está no meio deles, e o Santo de Israel será rei sobre eles"; além disso, cf. Jl 3; Sf 3,15; Zc 14,9; Is 24,21-23; Dn 2,24-45; 2Mc 1,7-8; 1QM; Sib I 65-86; III 46-62.716-723.767-784). Notável é SlSal 17 (em torno de 50 a.C.), onde Deus é o rei de Israel para sempre (SlSal 17,1.3.46), mas onde simultaneamente aparece o messias esperado como representante dessa realeza (SlSal 17,32.34). Como governante, ele purificará Jerusalém e a Terra de Israel das nações (SlSal 17,21.22.28.30), reunirá o povo santo (SlSal 17,26), e os povos gentios virão a Israel para a corveia e entregarão seus tributos (SlSal 17,30s). Aqui, como em muitos outros textos, o Reino de Deus para Israel (cf., por exemplo, Dn 2,44; 7,9-25; Ab 15-21) está pensado em oposição aos gentios. Segundo a Assunção de Moisés, proveniente da virada do tempo, Deus assumirá no tempo escatológico seu reinado sobre toda a criação, "e então o Diabo não estará mais" (AsMs 10,1) e "o Deus supremo, o único que é eterno, vai se levantar e ele se apresentará abertamente para castigar os gentios, e ele destruirá todas as imagens de ídolos" (AsMs 10,7). Em textos litúrgicos como os Cânticos Sabáticos de Qumran domina uma perspectiva preséntica[74]. Os louvores a Deus como o rei celestial concentram seu louvor descritivo à realeza ilimitada celestial de Deus. O culto terrestre participa do celeste quando se descreve o celeste nos louvores e quando se deixa, por meio disso, a criação e

---

[74] Cf. a respeito A. M. SCHWEMER, "Gott als König und seine Königsherrschaft in den Sabbatliedern aus Qumran", in M. HENGEL, A. M. SCHWEMER (org.), *Königsherrschaft Gottes und himmlischer Kult im Judentum, Urchristentum und in der hellenistischen Welt*, pp. 45-118.

história em grande parte para trás⁷⁵. Outro exemplo impressionante é a oração de súplica em HenEt 84,2-3a: "Bendito sejas tu, Senhor (e) rei, grande e poderoso em tua grandeza, Senhor de toda a criação do céu, rei dos reis e Deus de todo a terra. Tua divindade, realeza e majestade duram para sempre e todos os tempos, e teu domínio por todas as gerações: e todos os céus são teu trono em eternidade, e toda a terra é o escabelo de teus pés para sempre e todos os tempos. Pois tu criaste (tudo) e está reinando sobre tudo, e não há nada que seja difícil para ti". Também textos fundamentais proto-rabínicos da fé judaica, por exemplo, a Oração das Dezoito Preces (11ª Prece: "Traz de volta nossos juízes como antigamente e nossos conselheiros como no princípio, e apressa-te para ser rei sobre nós, unicamente tu")⁷⁶ e a oração do Qaddish ("E ele faça reinar seu domínio régio no tempo de vossas vidas e em vossos dias e no tempo de vida de toda a casa de Israel, com pressa e em tempo breve")⁷⁷ mostram que o pedido pela vinda e a presença do Reino de Deus era um elemento central da esperança judaica na época de Jesus.

Dimensões políticas

A mensagem jesuânica do Reino de Deus deu-se dentro de *reinos (monárquicos) políticos*. Jesus viveu e atuou principalmente no pequeno reino de Herodes Antipas (4 a.C.-39 d.C.) que governou a Galileia e a Pereia⁷⁸. Assim como seu pai, Herodes Magno (o Grande), Herodes Antipas foi um governante helenístico que se orientava por Roma e que destacava, ao mesmo tempo, sua identidade judaica. Como no

---

⁷⁵ Cf. 4Q401 14i: "Pois a ti honram os principais dos âmbitos poderosos em todos os céus do domínio régio de tua glória, para louvar tua glória maravilhosa entre os divinos do conhecimento e a dignidade de louvor de teu domínio régio entre os santos dos santos" (tradução segundo a tradução alemã de: A. M. SCHWEMER, *Gott als König und seine Königsherrschaft in den Sabbatliedern aus Qumran*, p. 81).
⁷⁶ Citação segundo a tradução alemã de BILLERBECK IV/1, p. 212.
⁷⁷ Citação segundo a tradução alemã de M. PHILONENKO, *Das Vaterunser* (Tübingen: 2002), p. 25.
⁷⁸ Cf. a abordagem em P. SCHÄFER, *Geschichte der Juden in der Antike* (Neukirchen: 1983), pp. 95-133.

caso de Herodes Magno, o interesse cultural e a pretensão do domínio político expressaram-se principalmente em grandes construções[79], sendo que a urbanização estava dominada por uma romanização e comercialização em detrimento da população rural simples. Herodes Antipas fez amplas modificações em Séforis e fundou em 19 d.C., como nova capital da Galileia, Tiberíades (chamado segundo o imperador Tibério), inteiramente construída segundo o padrão helenista[80]. O casamento de Herodes Antipas com Herodíades, que antes estava casada com um de seus meio-irmãos, foi denunciada por João Batista (cf. Lc 3,19-20; Mc 6,14-29). Esta crítica político-cultural levou à execução do Batista (cf. acima, 3,2.1). Herodes Antipas temia aparentemente tanto o Batista como Jesus (cf. Lc 13,31-32) como líder de movimentos messiânicos (que não eram nada incomuns desde o início do séc. I d.C. na Palestina[81]), de modo que Herodes Antipas via aqui possivelmente um perigo a seu governo. A Galileia em geral estava perpassada por graves tensões estruturais[82], tensões entre judeus e gentios,

---

[79] Cf. a respeito J. L. REED, *Archaeology and the Galilean Jesus* (Harrisburg: 2002); J. D. CROSSAN, J. L. REED, Jesusausgraben (cf. acima, 3), pp. 73-91.

[80] Uma visão geral encontra-se em: S. FORTNER, "Tiberias – eine Stadt zu Ehren des Kaisers", in: G. FASSBECK etc. (org.), *Leben am See Gennesaret* (Mainz: 2003), 86-92.

[81] Hoje como antigamente vale a pena ler a respeito: R. MEYER, *Der Prophet aus Galiläa* (Leipzig: 1940); além disso, cf. R. A. HORSLEY, J. S. HANSON, *Bandits, Prophets and Messiahs. Popular Movements in the Time of Jesus* (Harrisburg: 1999); J. D. CROSSAN, J. L. REED, *Jesus ausgraben* (cf. acima, 3), pp. 170-221 (Formen des aktiven und passiven Widerstandes gegen die Römer); apresentação abrangente agora em CHR. RIEDO-EMMENEGGER, *Prophetisch-messianische Provokateure der Pax Romana. Jesus von Nazareth und andere Störenfriede im Konflikt mit dem Römischen Reich*. NTOA 56 (Freiburg/Göttingen: 2005), pp. 245-275. JOSEFO, Ant 17, 271-272, relata sobre o tempo após a morte de Herodes Magno: "Além disso, um tal de Judas, o filho do líder Ezequias, que tinha grande poder e foi controlado por Herodes apenas com grande esforço, reuniu perto de Séforis, uma cidade na Galileia, um bando de pessoas depravadas, atacou com elas o palácio real, apoderou-se das armas ali guardadas, distribuiu-as entre os seus, roubou também o dinheiro ali guardado e espalhou o terror por todas as partes, ao saquear e sequestrar cada pessoa que caísse em suas mãos; ele até mesmo almejava o domínio real (ζηλώσει βασιλείου) e acreditava que pudesse alcançá-la menos por valentia do que, antes, por uma mania desenfreada de destruição"; para outros textos, cf. abaixo, 3.6.1.

[82] Cf. aqui G. THEISSEN, *Die Jesusbewegung* (cf. acima, 3), pp. 131-241; R. A. HORSLEY, *Archaeology, History and Society in Galilee* (Harrisburg: 1996).

cidade e campo, ricos e pobres, dominadores e dominados[83]. Quando Jesus anunciava nesse contexto uma virada de todas as coisas que já estava começando, ele encontrava ouvintes que nutriam um grande anseio por esse novo domínio de Deus, um domínio de Deus que não se servia de atributos do poder imperial como, por exemplo, grandes construções, que não visava a opressão e que não corrompia política e culturalmente. O domínio de Deus anunciado por Jesus estava ainda oculto no tempo presente, mas ele já proclamava a pretensão de, no fim, triunfar sobre tudo. Ao longo do tempo, a reivindicação de domínio, defendida por Jesus com a sua mensagem do Reino de Deus, não podia permancer apolítica, embora não tivesse nenhuma conceituação política[84].

---

[83] Um belo exemplo é JOSEFO, Vita, 374-384, que relata sobre os conflitos entre a população rural e os habitantes de Séforis e Tiberíades, em sua maioria simpatizantes dos romanos. Josefo alega que a população rural estivesse procurando extinguir ambas as cidades e seus habitantes: "Pois odiavam os tiberiadenses tanto como os seforitas".

[84] Diferente R. A. HORSLEY, *Jesus and Empire* (cf. acima, 3.4), p. 98, que constata explicitamente *"Jesus' prophetic condemnation of Roman imperial rule"* (a condenação profética da dominação imperial romana por Jesus) e se refere para isto a textos como Mc 12,17; 1,24; 3,22-27; 5,1-20. Horsley deduz da *"political revolution"* (revolução política) também uma *"social revolution"* (revolução social): "Confiando que a ordem imperial romana estava sob o julgamento do iminente reino de Deus, Jesus lançou uma missão de renovação social entre as pessoas sujeitadas" (*op. cit.*, p. 105). Em seu conjunto, a tradição de Jesus não oferece uma ocasião para a tese aparentemente desejada de ver Jesus como alguém que luta contra o imperialismo romano (portanto, também contra o [norte-]americano); cf. as considerações ponderadas de S. FREYNE, *Jesus. A Jewish Galilean* (cf. abaixo, 3.8.1), pp. 136-149, que descreve as tensões sociais (especialmente as transformações econômicas vinculadas às fundações de cidades) na Galileia sem fazer delas a chave de sua interpretação. Cf. também CHR. RIEDO-EMMENEGGER, *Prophetisch-messianische Provokateure der Pax Romana*, pp. 305s, que aponta com razão para o fato de que tanto o Batista como Jesus não trabalhava em favor de uma mudança das condições políticas externas e que se pode explicar somente sob esse pressuposto por que os romanos – diferentemente dos casos de profetas messiânicos – não molestavam os respectivos adeptos. Jesus não foi absolutamente apolítico em seus efeitos, mas a categoria do político (que hoje atrai o interesse) não é adequada para captar as intenções e a autopretensão de Jesus, ou seja, tanto histórica como hermeneuticamente, ela não é suficiente.

A desfamiliarização

De grande significado teológico e hermenêutico é a observação de que Jesus, ao usar "reino/domínio de Deus", optou por uma palavra-chave de sua proclamação[85] que, por um lado, está inserida num rico campo motívico, mas que, por outro, não possui uma posição-chave comparável em nenhum outro conceito teológico. Dessa maneira, Jesus adota a enciclopédia muito difundida do domínio e da realeza de Deus, mas, ao mesmo tempo, por meio da *concentração singular*[86] no termo abstrato מַלְכוּת/βασιλεία, ele introduz elementos novos no conceito de Deus como rei e governante[87]. Ao mesmo tempo, Jesus *desfamiliariza* a enciclopédia contemporânea ao referir-se a Deus não como rei, mas ao concentrar-se num campo de imaginário muito determinado por meio de uma única palavra-chave. Essa desfamiliarização é o pressuposto produtivo de uma definição parcialmente nova da natureza de Deus realizada por Jesus em seu anúncio e sua atuação.

3.4.2 *As perspectivas temporais do Reino de Deus*

Como todos os judeus em seu entorno, Jesus contava com a atuação real de Deus na história. Como João Batista, ele vivia numa intensiva expectativa do fim iminente e entendia o Reino de Deus como uma grandeza histórico-cósmica cujo conteúdo material e cuja estrutura

---

[85] T. ONUKI, *Jesus* (cf. acima, 3), pp. 44ss, insere o discurso jesuânico do "Reino de Deus" numa abrangente rede mitológica de imagens dentro das quais Jesus vivia e pensava.

[86] Cf. O. CAMPONOVO, *Königtum, Königsherrschaft und Reich Gottes in den frühjüdischen Schriften*, p. 444: "Em parte alguma da literatura judaico-primitiva, porém, o domínio de Deus se encontra tanto no centro do anúncio como em Jesus. Correspondentemente se encontram em Jesus também muito mais precisões do símbolo."

[87] Uma das ocorrências mais antigas do substantivo abstrato "domínio de Deus" é Ab 21: "Libertadores sobem ao Monte Sião para realizar o juízo sobre o Monte Esaú. E o domínio régio será de YHWH." [N. da Trad: o autor costuma apresentar traduções personalizadas para comprovar suas interpretações. Contudo, aqui, ele usou uma tradução onde justamente não aparece o substantivo que ele deseja documentar, a saber: "E o Senhor reinará como rei". Tomei a liberdade de fazer uma tradução personalizada diretamente a partir do hebraico.]

temporal e espacial ele descrevia de muitas maneiras diferentes. A relação com o Batista oferece algumas dicas acerca da compreensão temporal do Reino de Deus.

João Batista e o Reino de Deus

Jesus construiu uma relação explícita entre o Batista e o Reino de Deus[88]. Não é possível entender inequivocamente se Q 16,16 ("A lei e os Profetas são até João. Daí em diante, o domínio régio de Deus sofre violência, e praticantes de violência o roubam")[89] afirma que João pertence ao fim da lei e dos profetas ou ao início do Reino de Deus, ou se ele representa o elo entre os dois. A determinação temporal μέχρι ("até") corresponde a ἀπό τότε ("a partir disso, desde"). Ambas as indicações temporais marcam uma sequência, já que seu conteúdo é distinto. Tudo isso indica uma interpretação exclusiva, segundo a qual o Batista não está dentro do Reino de Deus[90]. Se isto fosse o caso, o Batista teria que antecipar ou defender a pregação jesuânica do Reino de Deus de alguma forma. "Mas, é justamente aqui que se encontra a diferença mais profunda entre os dois."[91] O tempo depois de João apresenta uma nova qualidade, e segundo a perspectiva de Jesus, o Batista encontra-se na linha onde as duas épocas se tocam. Q 7,28 aponta na mesma direção, pois Jesus diz sobre o Batista: "Digo-vos: dentre os nascidos de mulheres ninguém se apresentou maior do que João. Mas o menor no Reino de Deus é maior do que ele." Aqui, o Batista não pertence ao Reino de Deus, de modo que ele marca, como o fim de uma época, a passagem para o Reino de Deus que é uma época totalmente nova. Não há consenso se Q 7,28 remonta a Jesus ou se deve ao interesse da comunidade pós-pascal de distinguir

---

[88] Cf. H. MERKLEIN, *Jesu Botschaft von der Gottesherrschaft* (cf. acima, 3.4), pp. 27-36.
[89] Argumentos em favor da atribuição a Jesus são a pretensão provocante de Q 16,16 e o significado obscuro do v. 16b; para a justificativa, cf. H. MERKLEIN, *Die Gottesherrschaft als Handlungsprinzip* (cf. abaixo, 3.5), p. 90.
[90] Cf. nesse sentido a argumentação em H. MERKLEIN, *Die Gottesherrschaft als Handlungsprinzip* (cf. abaixo, 3.5), pp. 85ss.
[91] J. BECKER, *Johannes der Täufer* (cf. acima, 3.2), p. 76.

claramente entre o Batista e Jesus. Em favor de uma proveniência pelo menos material de Jesus podem ser aduzidos a continuidade em relação a Q 16,16 e a consciência escatológica aguda que aqui se expressa novamente. Além disso, encontram-se nesse versículo três afirmações sobre o Reino de Deus que combinam com a imagem geral:

1) A comparação entre o Batista e "o menor"[92] no Reino de Deus mostra o caráter diferente e novo do Reino de Deus que não pode ser comparado a algo terrestre ("nascidos de mulheres").
2) O Reino de Deus tem também uma dimensão espacial[93].
3) O Reino de Deus já possui uma dimensão presêntica (ἐστίν), pois, somente nesse caso, a comparação faz sentido.

Também Q 7,18s.22s e Mc 2,18s mostram que Jesus justaponha o tempo salvífico escatológico presente do Reino de Deus à atuação do Batista e de seus discípulos. Mesmo assim, seria inadequado degradar o Batista na perspectiva de Jesus ao mero precursor ou anunciador. Jesus estimava o Batista imensamente e atribuiu-lhe um lugar singular (cf. Q 7,26). A atuação do Batista é um ponto de virada na história de Deus com Israel: *João está no limiar do Reino de Deus.*

O futuro Reino de Deus

Palavras sobre o futuro Reino de Deus/o domínio de Deus que vem encontram-se em quase todas as correntes da tradição e levam ao centro do anúncio de Jesus:

1) O segundo pedido do *Pai Nosso*, "Venha teu Reino" (Q 11,2: ἐλθέτω ἡ βασιλεία σου), visa a manifestação da santidade, da

---

[92] Isto é, cada pessoa que entra no Reino de Deus; μικρότερος é um comparativo com significado de superlativo; cf. H. SCHÜRMANN, *Lk I* (cf. abaixo, 8.4), p. 418; F. BOVON, *Lk II* (cf. abaixo, 8.4) I, p. 378 A 50.
[93] U. LUZ, *Mt III* (cf. abaixo, 8.3), p. 176, avalia ἐν τῇ βασιλείᾳ como indício da formação pela comunidade. Um argumento contra isto é que a Antiguidade em geral não pensava reino/domínio sem um aspecto espacial.

glória e do domínio de Deus[94]. Por um lado, tem um paralelo próximo no segundo pedido da Oração do Qaddish ("E ele faça reinar seu domínio régio no tempo de vossas vidas e em vossos dias e no tempo de vida de toda a casa de Israel, com pressa e no tempo próximo"), e, por outro, a brevidade/singeleza e o discurso sobre a *vinda* do Reino de Deus indicam um perfil jesuânico[95]. A relação entre teocentrismo e escatologia é característica, e, além disso, é notável que Jesus use uma formulação muito indefinida, portanto, simultaneamente aberta para ampliações e desfamiliarizações.

2) A expectativa da *peregrinação das nações* a Jerusalém/ao Sião (cf. Is 2,2ss; Mq 4,1ss; Is 43,1ss; Br 4,36ss etc.) é adotada em Q 13,29.28: "E muitos virão do oriente e do ocidente e se inclinarão para a refeição com Abraão e Isaac e Jacó no Reino de Deus, mas vós sereis lançados fora para as mais extremas trevas. Lá haverá choro e ranger de dentes."[96] Essa palavra de ameaça submete a consciência da eleição de Israel a uma crítica dura, corresponde a sua exclusão do banquete escatológico com os patriarcas a inclusão dos gentios de Oriente e Ocidente. Vincula-se a isto uma tendência universalista no anúncio jesuânico da *basileia*.

3) Uma profecia não cumprida é a *palavra na ocasião da última ceia* em Mc 14,25: "Em verdade, eu vos digo: já não beberei do fruto da videira até aquele dia em o beberei de novo no Reino de Deus". Jesus tinha provavelmente a esperança de que o Reino de Deus irrompesse tão prontamente que ele seria poupado do caminho que passava pela morte. Uma formação pós-pascal dessa palavra é improvável, já que em seu centro não está Jesus, mas o futuro Reino de Deus. Também a *parábola da figueira* em Lc 13,6-9 mostra claramente a expectativa ansiosa de Jesus.

---

[94] Para a análise, cf. M. PHILONENKO, *Das Vaterunser* (cf. acima, 3.4.1), pp. 51-68; U. LUZ, *Mt I* (cf. abaixo, 8.3), pp. 432-458.
[95] Cf. U. LUZ, *Mt I* (cf. abaixo, 8.3), p. 447.
[96] Para a atribuição a Jesus, cf. H. MERKLEIN, *Die Gottesherrschaft als Handlungsprinzip* (cf. abaixo, 3.5), p. 118; U. LUZ, *Mt II* (cf. abaixo, 8.3), p. 14.

A figueira estéril ganha ainda o prazo misericordioso de um ano antes de ser cortada, isto é, antes do juízo.

4) Podem reclamar autenticidade também aquelas palavras nas quais o futuro Reino de Deus é anunciado como um *contramundo*. Dada a posição marginal de crianças na sociedade da Antiguidade, Mc 10,15 precisava ter um efeito provocante: "Amém, eu vos digo: quem não receber o Reino de Deus como uma criança, não entrará nele". A palavra de Jesus sobre os ricos em Mc 10,23 ("Então Jesus, olhando em torno, diz a seus discípulos: 'Como é difícil para os abastados entrar no Reino de Deus'"; cf. Mc 10,25) visa uma nova realidade, e o mesmo se aplica à afirmação provocativa em Mt 21,31c: "Os cobradores de impostos e as meretrizes entram antes de vós no Reino de Deus". Vale: "Os primeiros serão os últimos" (Mc 10,31), e: "Quem se humilha será exaltado" (Lc 14,11). Os "últimos" são as pessoas pobres às quais pertence o domínio de Deus, as que choram e encontrarão consolo, e as famintas que devem ser saciadas (Lc 6,20s). Também o macarismo (bem-aventurança) no contexto da parábola do banquete (Lc 14,15: "Ouvindo isso, um dos que estavam inclinadas à mesa lhe disse: 'Bem-aventurado quem come pão no Reino de Deus'") e as exigências rigorosas em Mc 9,42-48 (v. 47: "E se teu olho te faz tropeçar, arranca-o. É melhor para ti que entrares com um só olho no Reino de Deus do que, tendo os dois olhos, seres atirado no inferno.") fazem o futuro Reino de Deus aparecer como um mundo novo[97].

O Reino de Deus presente

Um traço singular do anúncio de Jesus consiste no fato de que, para ele, o Reino de Deus, que vem e que está próximo, já está

---

[97] Palavras sobre prazos como Mc 9,1; 13,30; Mt 10,23 devem ser de origem pós-pascal; elas prometem a chegada do Reino de Deus (ou: do Filho do Homem) ainda no tempo de vida dos ouvintes e os consolam diante do atraso da vinda do Reino de Deus.

presente⁹⁸. No entanto, ele não se refere à presença geral de Deus (no Templo), mas à presença já antecipada do futuro. A definição concreta dessas presença mostra novamente o efeito de desfamiliarização que é típico de Jesus:

1) Nas *bem-aventuranças* originais, Jesus promete o Reino de Deus às pessoas que precisam entender a si mesmas como excluídas: "Bem-aventurados vós, os pobres, porque vosso é o Reino de Deus. Bem-aventurados vós que estais tendo fome, porque sereis saciados. Bem-aventurados vós, os enlutados, porque sereis consolados" (Q 6,20s)⁹⁹. A pessoa corporalmente pobre, sem direitos e oprimida é impedida de determinar sua vida autonomamente, ela pode somente esperar por misericórdia e ajuda de fora. Nessa situação da dependência incondicional, Jesus concede a participação do Reino de Deus. Com isso se revela uma parte da *natureza* do Reino de Deus: *é a riqueza de Deus, sua bondade que dá de graça, sua aceitação do ser humano.* Onde o domínio de Deus ganha espaço, ali, unicamente Deus é o doador e o ser humano, o receptor. Diante do Reino de Deus, o ser humano pode se entender somente como aceito e agraciado. Não ter posses capacita o ser humano para a abertura

---

⁹⁸ Cf. D. FLUSSER, *Jesus* (cf. acima, 3), p. 96: Jesus "é o único judeu da Antiguidade a quem conhecemos, que não só anunciou que se estaria no limiar do tempo escatológico, mas simultaneamente que o novo tempo de salvação já começara".

⁹⁹ De origem jesuânica são a bem-aventurança das pessoas que são pobres (Mt 5,3/Lc 6,20b), que têm fome (Mt 5,6/Lc 6,21a) e que estão enlutadas (entristecidas, Mt 5,4/Lc 6, 21b). Isto se mostra não só pela concordância entre Mateus e Lucas, mas todos os três macarismos estão marcados pela aliteração grega de ¹ e destacam-se assim dos outros macarismos; cf. G. STRECKER, *Die Bergpredigt* (Göttingen: 1984), p. 30; H. WEDER, *Die "Rede der Reden"* (Zurique: 1985), p. 401. Em termos da história das formas, há paralelos à forma linguística dos macarismos tanto do Antigo Testamento (Is 32,20; Dt 33,29; Sl 127,2 etc.) como do judaísmo antigo (Sb 3,13; AsMs 10,8; HenEt 58,2; 99,10); paralelos do mundo gentio estão elencados em: *Neuer Wettstein I/1.2*. Um exemplo: HESÍODO, Op 825, conclui por volta de 700 a.C. sua obra epocal sobre a vida dos seres humanos com a sentença: "Bem-aventurado e abençoado é quem sabe tudo isto, quem o realiza na ação, permanece sem culpa diante dos deuses, observa o vôo das aves e evita transgressões".

diante do Reino de Deus, mas sua intelecção de que ele precisa da ajuda de Deus. Assim como as pessoas pobres, também as enlutadas e as famintas encontram-se numa distância à vida. A morte de um ente querido tirou das pessoas enlutadas também uma parte de sua própria vida. O lamento é o protesto perceptível contra essa privação de vida. A vida de quem passa fome está imediatamente ameaçada pela fome. Para essas pessoas, a vida expressa-se na necessidade elementar de alimento. Jesus declara ambos os grupos bem-aventurados e os faz participar da vida na presença do domínio de Deus.

2) A presença do Reino de Deus manifesta-se no *despoderamento do Diabo e no constante combate ao Mal*. As expulsões de demônios e as curas, o pedido do Pai Nosso pela redenção do Mal (Mt 6,13b), a visão de Jesus em Lc 10,18, a acusação de que Jesus teria relações com espíritos maus (cf. Q 11,14-15.17-19) e o despoderamento de Satanás, pressuposto em Mc 3,27/Lc 11,21s, elucidam a luta contra o Mal ou contra o Mau (o "Maligno"), respectivamente, como o conteúdo central do ensinamento e da atuação de Jesus (cf. abaixo, 3.5.2).

3) Diante do Reino de Deus que está irrompendo e que se manifesta na atuação milagreira de Jesus, as pessoas são libertadas dos poderes de Satanás que as subjugam e são conduzidas de volta a seu destino conforme a criação; as *curas de Jesus* testemunham a irrupção presente do Reino de Deus. Q 11,20 formula programaticamente: "Contudo, se é pelo dedo de Deus que eu expulso os demônios, então o Reino de Deus já chegou até vós"[100]. Também o louvor das testemunhas oculares em Q 7,22s e Q 10,23s aponta nessa mesma direção (cf. abaixo, 3.5.2); Jesus considerava o tempo presente como o tempo da virada em que vinha a salvação.

4) As *parábolas do crescimento* atestam o início oculto do domínio de Deus. Tanto na parábola da "seara que cresce automaticamente"

---

[100] O vínculo entre escatologia e realização de milagres em Jesus é, desta forma, singular na história da religião; cf. G. THEISSEN, *Urchristliche Wundergeschichten* (cf. abaixo, 3.6), p. 277.

(Mc 4,26-29) como na parábola dupla do "grão de mostarda" e da "massa fermentada" (Q 13,18s.20s), o escopo é que pequenos inícios levam a algo grande. O decisivo, a sementeira, já aconteceu; a planta de mostarda já está crescendo, e a massa já está sendo fermentada.

5) Também no *dito dos conquistadores* em Q 16,16, o domínio de Deus é, independentemente da interpretação geral do versículo, em todo caso uma grandeza presente. Ele está presente desde os dias de João Batista e pode ser "conquistado" no tempo presente.

6) A *pergunta pelo jejum* em Mc 2,18-22 visa igualmente o tempo presente cumprido. Já que o noivo está agora presente, os discípulos – diferentemente dos adeptos do Batista – não podem jejuar.

7) À pergunta sobre quando vem o Reino de Deus, Jesus responde segundo Lc 17,20s: "O Reino de Deus não vem de um modo que pudesse ser observado, também não se dirá: Ei-lo aqui! ou: Ei-lo ali! Pois, eis, o Reino de Deus está no meio de vós (ἐντὸς ὑμῶν)". A tradução, o significado e a origem jesuânica do ἐντὸς ὑμῶν são discutidas[101]. Podem ser entendidas num sentido espiritual, por exemplo, "O Reino de Deus está interiormente em vocês" (cf. EvT 3: "O Reino de Deus está interiormente em vós e fora de vós"). Também uma interpretação espacial é possível: "no meio de vocês" (cf. EvT 113: "Antes, o Reino do Pai está difundido sobre a terra, e as pessoas não o veem"). Ao lado das interpretações espiritual e espacial há ainda uma interpretação dinâmica no sentido de: o domínio de Deus "está à disposição de vocês" ou "dentro do âmbito das experiências de vocês", isto é, "o Reino de Deus entrou no âmbito das experiências de vocês"[102].

Esta interpretação relaciona-se com os outros ditos (especialmente Q 11,20), pois aqui, a certeza da presença do Reino expressa-se de modo particular!

---

[101] Cf. a respeito pormenorizadamente H. WEDER, *Gegenwart und Gottesherrschaft* (cf. acima, 3.4.), pp. 34-41.
[102] Assim H. WEDER, *Gegenwart und Gottesherrschaft* (cf. acima, 3.4), p. 39.

O Reino de Deus presentemente futuro

Qual é a relação entre as afirmações sobre o Reino de Deus futuro e o presente? Uma dica encontra-se em Mc 1,15, onde o evangelista sintetiza no início de seu Evangelho a mensagem de Jesus como segue: "Cumpriu-se o tempo, e o domínio de Deus chegou perto. Convertei-vos e crede no evangelho" (Mc 1,15)[103]. Já que o domínio de Deus está vindo, o tempo cumpriu-se, isto é, não se deve construir uma alternativa entre as afirmações preséntico-escatológicas e as afirmações futúrico-escatológicas. Todos os textos mostram que Jesus entende "reino/domínio de Deus" em primeiro lugar não como um território, mas de modo dinâmico-funcional: o futuro de Deus aproxima-se visivelmente do presente. Deus reina, e tanto os poderes como os seres humanos estão sob seu domínio. O tempo presente como presença de Jesus é qualificado como tempo escatológico, porque agora prevalece, indetenível e irresistivelmente, a salvação escatológica, até que o domínio exclusivo de Deus, que é irrestrito e que já não tolera nenhuma contradição pelo Mal, seja a grandeza que determina tudo na criação e na história. Palavras futúricas anunciam a irrupção do mundo novo, e as palavras do início prometem simultaneamente: ocultamente, ele começa já agora. Na oração a Deus e, em última instância, no próprio Deus, liga-se o presente com o futuro: a solicitude do Pai no presente com a vinda de seu domínio régio no futuro. Para a compreensão jesuânica do tempo, a divisória decisiva passa entre o passado e o presente, sendo que o presente e o futuro formam uma unidade contínua, *porque o futuro como domínio régio de Deus que está vindo já alcançou o presente*[104]. O domínio de Deus não tem passado e tem seu tempo próprio: *o futuro presente*.

---

[103] Em sua atual forma linguística, o versículo remonta em sua maior parte a Marcos; mesmo assim, pode ser considerado uma síntese adequada do anúncio de Jesus; cf. H. MERKLEIN, *Jesu Botschaft von der Gottesherrschaft* (cf. acima, 3.4), pp. 56-58.

[104] H. WEDER insistentemente o presente como o único nível temporal adequado do domínio de Deus, para assim distanciar Jesus de noções apocalípticas: "Os ditos de Jesus já comentados sobre o domínio de Deus mostraram que a *compreensão do presente* é o ponto crucial do anúncio escatológico de Jesus. Isto deve ser registrado contra todas as tentativas de relegar Jesus ao quadro do pensamento apocalíptico contemporâneo e depois fazer da compreensão do futuro o interesse decisivo de Jesus"; IDEM, *Gegenwart und Gottesherrschaft* (cf. acima, 3.4), p. 49.

3.4.3 O Reino de Deus em parábolas

JEREMIAS, J. *Die Gleichnisse Jesu*, 10ª ed. Göttingen, 1984; LINNEMANN, E. *Gleichnisse Jesu*, 7ª ed. Göttingen, 1978; JÜNGEL, E. *Paulus und Jesus*. HUTh 2, 6ª ed. Tübingen, 1986; FUNK, R. W. *Parables and Presence*. Philadelphia, 1982; HARNISCH, W. *Gleichnisse Jesu. Positionen der Auslegung*. Darmstadt, 1982; IDEM, *Die Gleichniserzählungen Jesu*, 4ª ed. Göttingen, 2001; WEDER, H. *Die Gleichnisse Jesu als Metaphern*, 4ª ed. FRLANT 120. Göttingen, 1990; RAU, E. *Reden in Vollmacht*. FRLANT 149. Göttingen: 1990; KAHLER, CHR. *Jesu Gleichnisse als Poesie und Therapie*. WUNT 78. Tübingen, 1995; ERLEMANN, K. *Gleichnisauslegung*. Tübingen, 1999.

O significado das parábolas para o anúncio jesuânico do Reino de Deus manifesta-se primeiramente na análise da tradição. Todas as fontes (Q, Mc, Mt/material próprio de Lc, EvT) atestam a situação elementar de que, em Jesus, o Reino de Deus recebe uma interpretação especial na forma linguística da parábola[105].

Parábolas como textos interpretadores

Parábolas são em Jesus uma forma linguística preferida, porque conseguem de modo particular *interpretar a natureza do Reino de Deus*. Jesus consegue orientar as parábolas a partir de seu tecido narrativo interno de tal maneira que elas mesmas operam, no horizonte do domínio de Deus que está vindo, a proximidade com o mesmo. Por meio delas, Jesus ergue na realidade do mundo vivencial humano a realidade do domínio de Deus. Isto se mostra nas *parábolas de contraste*, as únicas parábolas[106] nas quais a metade material do "Reino de Deus" é transmitida de modo concordante nos distintos Evangelhos (cf.

---

[105] Para a pesquisa sobre as parábolas, cf. K. ERLEMANN, *Gleichnisauslegung*, pp. 11-52.
[106] Para a ciência das formas, cf. U. SCHNELLE, *Einführung in die neutestamentliche Exegese*, 6ª ed. (Göttingen, 2005), pp. 112-117. Estou usando "parábola" no sentido coloquial como termo coletivo e distingo nos textos individuais entre "parábola" (de conteúdo cotidiano, em alemão: *Gleichnis*) e "parábola de um caso particular" (em alemão: *Parabel*): parábolas narram procedimentos familiares, experiências habituais e o mundo experienciado por cada um, elas tematizam suas leis e regras e sua ordem. Parábolas de um caso particular, ao contrário, interessam-se pelo caso individual particular; aqui se visualiza não o habitual, mas o particular.

Mc 4,3-8.26-29.30-32; Q 13,18s20s)[107]. No centro da parábola do *semeador* (Mc 4,3-8) está o efeito da mensagem de Jesus; ela não é ouvida e compartilhada por todas as pessoas, mas onde é acolhida, não deixa de produzir seu efeito[108]. A parábola da *semente que cresce por si só* (Mc 4,26-29) remete à vinda do Reino de Deus que é segura e independente da atuação humana. Assim como a semente nasce automaticamente, dá fruto e produz a colheita, de modo que o ser humano não pode e não precisa colaborar com nada e que, inesperadamente, lhe é concedido tempo, do mesmo modo também o Reino de Deus vem automaticamente (Mc 4,28: αὐτομάτη)[109]. Este tempo concedido por Deus no presente deve ser aproveitado! Na parábola do *grão de mostarda*, Jesus descreve o presente e o futuro do Reino de Deus. Ao início insignificante, a sua realidade ainda oculta em parábolas e milagres, corresponderá um futuro grandioso da *basileia* na glória de Deus. O *fermento* ilustra o progresso indetenível do Reino de Deus a partir dos inícios mais ínfimos.

Nas parábolas de contraste, o fim é o ponto destacado em que se manifesta a verdadeira intenção: a grande árvore na qual os pássaros fazem seus ninhos, a fermentação da massa, a separação de joio e trigo e a colheita superabundante. O início é destacado do fim num contraste deliberado, mas, agora, este início *por sua vez* aparece a uma luz particular: *a verdadeira surpresa para os ouvintes é o início e não o fim*. Uma coisa tão inconcebível como o Reino de Deus é comparada a uma coisa tão ínfima como o grão de mostarda[110], à mistura de plantas no

---

[107] Em Mc 4,3-8 falta a referência explícita à βασιλεία; mas ela se subentende segundo o conteúdo e o contexto.

[108] Para a interpretação, cf. H. WEDER, *Die Gleichnisse Jesu als Metaphern*, pp. 108-111.

[109] A parábola do joio no meio do trigo (Mt 13,24-30.36-43), que assume em Mt o lugar de Mc 4,26-29, é possivelmente pós-pascal; cf. a respeito U. LUZ, *Mt II* (cf. abaixo, 8.3), pp. 322s.

[110] Não é claro se a mostarda era cultivada na época de Jesus ou se crescia de qualquer jeito por todas as partes, como uma espécie de joio; cf. a respeito CHR. KÄHLER, *Jesu Gleichnisse als Poesie und Therapie*, pp. 85-88. Se fosse uma espécie de erva daninha, haveria outro aspecto importante: "Ora, a metáfora da fé de grão de mostarda evoca aparentemente a associação do processo de uma divulgação em massa, incrível e irresistível" (*op. cit.*, p. 92).

campo de trigo e a um pouco de fermento. Aqui estamos diante de uma desfamiliarização intencional, pois ninguém teria esperado esse tipo de comparação para o Reino de Deus. Em especial a imagem do fermento é particularmente estranha, pois não é preestabelecida na tradição[111]. *Essa desfamiliarização é rejeição e interpretação ao mesmo tempo.* Jesus não fala "de" ou "sobre" algo, mas ele opta por uma imagem. A imagem não fornece informações de como o Reino de Deus é agora e quanto tempo passará até sua aparição definitiva. Antes, a imagem remete a uma surpresa, a algo totalmente inesperado, e justamente dessa maneira interpreta a novidade do Reino de Deus. As parábolas de contraste rejeitam uma compreensão terminológica da atuação de Jesus. Não permitem inserir Jesus num cronograma apocalíptico e impossibilitam uma continuidade direta, ininterrupta, visível, calculável e lógica entre sua atuação e o escatón. Ainda assim, as parábolas interpretam a missão de Jesus, porque fazem as pessoas participar da esperança ilimitada e da certeza infinita que caracterizava Jesus. Elas permitem entender o presente sem esperança sob a perspectiva de um futuro totalmente diferente e transmitem assim a esperança pelo Reino de Deus sem privá-lo de seu mistério.

O valor infinito do domínio de Deus é verbalizado nas parábolas do *tesouro no campo* (Mt 13,44) e da *pérola* (Mt 13,45s), onde está no centro a atitude de quem as achou. Cada uma dessas pessoas teria muitas possibilidades diferentes, mas opta pela adequada: *investe radicalmente* tudo que tem para adquirir o reino celestial[112]. "Quem encontra o domínio de Deus, encontra a si mesmo como alguém que reage com toda sua existência a esse achado."[113] Com suas parábolas de imagens familiares e parábolas de casos particulares, Jesus possibilita achar o domínio de Deus. O investimento nele, porém, não é exigido, mas nasce a partir de seu poder de atração, seu valor e sua promessa. Quem se nega mesmo assim à nova realidade do Reino de Deus é advertido por Jesus na parábola da *rede de pesca* (Mt 13,47-50): no juízo haverá uma

---

[111] Cf. a respeito CHR. KÄHLER, *Jesu Gleichnisse als Poesie und Therapie*, p. 93.
[112] Cf. E. LINNEMANN, *Gleichnisse*, p. 108; diferente H. WEDER, *Die Gleichnisse Jesu als Metaphern*, p. 140, que destaca a naturalidade do comportamento.
[113] H. WEDER, *Die Gleichnisse Jesu als Metaphern*, p. 140.

separação entre as pessoas más e as pessoas justas, isto é, quem escuta a parábola tem agora na mão a qual grupo quer pertencer.

Nas parábolas, Jesus não só tematiza Deus, mas ele aproxima Deus tanto dos seres humanos que estes se deixam tomar e transformar por sua bondade. *Nesse processo, a verdade daquilo que é exigido e narrado é garantida pelo próprio narrador*. Também muitas outras parábolas de Jesus falam da novidade e da surpresa do Reino de Deus, e embora lhes falte geralmente o termo explícito "Reino de Deus", elas afirmam coisas inéditas sobre o Reino de Deus.

3.4.4 O Reino de Deus e as pessoas perdidas

Diferentemente do Batista, Jesus de Nazaré dá voz à atuação *salvífica* de Deus, de modo abrangente e novo. A autocompreensão de Jesus expressa-se programaticamente em Mc 2,17c: "Eu não vim chamar justos, mas pecadores"[114]. Também em outras partes, o par de termos δίκαιοι – ἁμαρτωλοί não é alheio ao anúncio de Jesus (cf. Lc 15,7; 18,9-13), Ele deve descrever precisamente o objetivo de sua missão: sua mensagem do domínio de Deus que estava vindo dirigia-se a todo Israel e, dessa maneira, também às pessoas justas, e essa designação não é absolutamente apenas irônica. A misericórdia e o amor de Deus precisavam ser aproximadas principalmente dos pecadores, pois, por meio da bondade e do perdão Deus, o ser humano pode entrar num novo relacionamento com Deus; Deus aceita e acolhe o pecador disposto à conversão. Jesus narra em parábolas impressionantes sobre a busca de Deus pelas pessoas perdidas e sua volta para Deus.

Na *parábola do filho pródigo* (Lc 15,11-32), Jesus interpreta tanto o ser humano como Deus[115]. No centro está o pai que cuida de seus filhos em amor justo. Por meio da herança, ele concede aos dois o que é necessário para a vida. Ele não responde à vida esbanjadora do filho caçula com

---

[114] Mc 2,15-17 é uma unidade textual autônoma que reflete as tradições mais antigas; cf. para a reconstrução H. MERKLEIN, *Die Gottesherrschaft als Handlungsprinzip* (cf. abaixo, 3.5), pp. 199-201.

[115] Para a interpretação abrangente, cf. W. POHLMANN, *Der Verlorene Sohn und das Haus*. WUNT 68 (Tübingen: 1993).

o ato de privá-lo de seu amor, mas com o ato da aceitação incondicional, antes que o filho pudesse fazer a confissão de sua culpa. Também em relação ao filho mais velho, ele manifesta seu amor e sua comunhão duradouras, apesar das acusações (v. 31). Na conduta dos dois irmãos, descrita de modo antitético, revelam-se duas maneiras possíveis de reação humana à experiência e promessa da acolhida e aceitação. Somente passando pela crise, o filho caçula chega à intelecção de que uma vida longe do pai não é possível. Vincula-se à intelecção da própria conduta errada (v. 18.21: ἥμαρτον = "eu pequei") a expectativa do castigo justo. Nessa situação, a grandeza e amplitude da aceitação amorosa do pai é algo novo e surpreendente para o filho caçula. O filho mais velho, porém, não se entende como alguém que é aceito gratuitamente, mas vê sua relação com o pai numa relação de trabalho e salário. Somente quem trabalha e cumpre a lei tem direito de festejar. Dessa forma, o filho mais velho prende-se num emaranhado de desempenho e esforço recompensatório que obstrui a visão para a condição humana da dependência. A seus olhos não pode haver o perdão radical como expressão do amor duradouro. Na figura do irmão mais velho mostra-se: mesmo quando a pessoa se nega ao amor de Deus, ela vive dele.

Na *parábola da ovelha perdida* predomina a ideia da alegria em achar o que estava perdido[116]. Tanto o contraste entre 1 e 99 como a conduta descomum do pastor, de deixar as 99 ovelhas sozinhas, servem para expressar a dor sobre a perda e a alegria sobre o reencontro. A parábola da ovelha perdida visa o consentimento; cada pessoa se comportaria assim como o pastor[117]. Na *parábola da dracma perdida* surpreende a busca intensa da mulher. O ouvinte sintoniza-se inconscientemente com a dinâmica que se realiza na parábola e pode juntar sua voz à alegria sobre o reencontro.

Também na *parábola dos trabalhadores na vinha* (Mt 20,1-16)[118], Jesus tematiza a existência do ser humano *coram Deo*. A narrativa ganha seu

---

[116] Cf. E. LINNEMANN, *Gleichnisse* (cf. acima, 3.4.3), p. 72; J. JEREMIAS, *Gleichnisse* (cf. acima, 3.4.3), p. 135.
[117] Cf. E. LINNEMANN, *Gleichnisse* (cf. acima, 3.4.3), p. 71.
[118] Cf. a respeito M. PETZOLDT, *Gleichnisse Jesu und christliche Dogmatik* (Berlim: 1983), pp. 51-56.

movimento na ordem incomum do latifundiário de começar com o pagamento pelas pessoas contratadas por último (v. 8b). As primeiras lidam com a crise provocada pela conduta atípica do latifundiário primeiro com a esperança de um bônus que consideram merecido. Quando essa expectativa não se cumpre, acusam o latifundiário de tratamento injusto (v. 11s). O latifundiário reage a sua indignação moral – efetivamente compreensível (v. 12!) – com a observação de que teria cumprido o contrato de trabalho e que estaria livre em sua conduta em relação aos últimos. Na antitética entre o latifundiário e os primeiros revelam-se duas maneiras de visão: a ordem da recompensa/do salário e a ordem da bondade. O pensamento dos primeiros está determinado pela relação justa entre trabalho e salário. Quem trabalha mais que outros, pode exigir também um salário maior. Os primeiros contestam o pagamento recebido com base nesse princípio. Entretanto, o latifundiário pode remeter ao contrato respeitado, de modo que, repentinamente, os acusadores são os acusados. Seu pensamento na relação causal entre trabalho e salário não lhes dá o direito de criticar os últimos e o latifundiário. O latifundiário está livre em sua bondade inesperada e que rompe todas as dimensões, que não faz injustiça a ninguém, mas ao mesmo tempo agracia muitos inesperadamente. Essa bondade não está sujeita a nenhuma restrição temporal, como mostra a oferta de emprego monotonamente repetida ao longo do dia inteiro. Cada momento aparece como o momento certo de aceitar a oferta. Os primeiros não conseguem entender isto, pois eles não entendem sua contratação como uma aceitação bondosa, mas como um contrato autoevidente e relacionado ao desempenho. O latifundiário, ao contrário, concede uma base de existência a todos e em todos os momentos. Sua liberdade não é limitada, sua bondade, não calculadora. Dessa maneira, Jesus tematiza por meio da parábola Deus como aquele que aceita o ser humano e lhe dá o necessário para a vida. O ser humano, por sua vez, aprende a entender-se como um ser aceito cuja existência não se define a partir do próprio desempenho, mas da bondade de Deus.

Na *parábola do servo impiedoso* (Mt 18,23-30.31.32-34.35), Jesus ilustra o perdão incondicional de Deus de uma maneira verdadeiramente escandalosa[119]. O ponto de partida da narrativa é a situação de um devedor que apresenta claramente traços hiperbólicos. A quantia devida (Cem milhões de denários)[120] é inimaginavelmente grande, um fato que faz com que a posição e a conduta do Senhor e do servo apareçam a uma luz particular. Coisas estranhas são narradas sobre o Senhor, que passa muito além da oferta do servo, que tem misericórdia e que lhe perdoa todas as dívidas. Contra esse pano de fundo, o comportamento do servo descrito nos v. 28-30 precisa parecer inconcebível. Embora ele acabasse de experienciar uma misericórdia ilimitada, ele atua impiedosamente em relação a um servo colega, por causa de uma quantia ridiculamente pequena. O ser humano aparece na parábola diante de Deus como um devedor cuja dívida é tão inconcebivelmente grande que ele não pode quitá-la nem com a venda de sua própria existência. Em seu aperto, o ser humano dirige-se a Deus e pede paciência. Deus concede ao ser humano não só um prazo a mais, mas perdoa-lhe sua dívida incomensurável sem qualquer condição prévia. Nesse ato inesperado, até mesmo incompreensível, da aceitação do ser humano, Deus comprova seu amor e sua misericórdia. Ele concede ao ser humano não simplesmente apenas tempo para se livrar de sua situação precária, porque isto seria uma tentativa sem chance alguma. Ao contrário, por meio do perdão, Deus dá ao ser humano a vida novamente. Deus se adianta ao ser humano, ao indultá-lo gratuitamente.

As parábolas de conteúdo cotidiano e as parábolas de casos particulares, narradas por Jesus, apontam para além de si e desejam persuadir o ouvinte, de modo que este chegue à intelecção de que as parábolas não tematizam nada mais que sua própria vida. Oferecem-se ao ouvinte possibilidades de identificação; ele é conduzido a decisões fundamentais para assumir ou modificar sua vida. As parábolas visam estabelecer a proximidade sanadora imediata do domínio de Deus, para que pessoas perdidas se transformem em pessoas salvas.

---

[119] A parábola contada por Jesus deve ter compreendido somente os v. 23b-30; uma análise e justificativa há em A. WEISER, *Die Knechtsgleichnisse der synoptischen Evangelien*. StANT 24 (Munique: 1970), pp. 90ss.
[120] Cf. J. JEREMIAS, *Gleichnisse* (cf. acima, 3.4.3), p. 208.

Palavra e ato

A mensagem de Jesus sobre a aceitação incondicional do ser humano por Deus é *elucidada por* sua *prática de voltar-se para pecadores e cobradores de impostos*. Parece que este comportamento lhe acarretou rapidamente a fama de ser um amigo de cobradores de impostos e pecadores, um comilão e beberrão (cf. Q 7,33s). Para Jesus, pecadores e cobradores de impostos são pessoas não perdidas para sempre, mas no anúncio e na conduta de Jesus acontece um reencontro que é motivo de alegria. Os pecados do passado perderam sua função separadora e acusadora, sem que o ser humano tivesse que fazer primeiro alguma coisa de sua parte. Antes, o pecador vive do perdão de Deus, de sua aceitação gratuita e sem motivo[121]. Por isso, a vinda do Reino de Deus significa a presença do amor de Deus. O início oculto do Reino de Deus dá-se na forma do amor arrasador e ilimitado de Deus para com os seres humanos que precisam desse amor e quer atuar exatamente na forma desse amor entre os seres humanos. Estes não são apenas os cobradores de impostos e os pecadores, mas também as pessoas pobres, mulheres, doentes, samaritanos e crianças.

Quando Jesus não só anuncia, mas também pratica a decisão salvífica radical de Deus em favor do ser humano, levanta-se a pergunta se ele também concedeu diretamente o *perdão* de Deus. Tanto o encontro com a pecadora (Lc 7,36-50) como a cura do paralítico (Mc 2,1-12) apontam para um perdão dos pecados direto e pessoal por Jesus. Embora ambos os textos em sua forma literária atual não remontem a Jesus, eles contêm tradições antigas (Lc 7,37.38.47; Mc 2,5b.10?) que deixam parecer possível que Jesus tenha prometido o perdão dos pecados por Deus ou perdoado imediatamente pecados, respectivamente. Tal prática de Jesus corresponderia a sua mensagem de que Deus toma incondicionalmente partido em favor do ser humano. Jesus reivindica para si o que parecia normalmente estar reservado a Deus[122].

---

[121] Cf. H. MERKLEIN, *Die Gottesherrschaft als Handlungsprinzip* (cf. abaixo, 3.5), p. 191.
[122] Cf. H. MERKLEIN, *Die Gottesherrschaft als Handlungsprinzip* (cf. abaixo, 3.5), pp. 201-203; O. HOFIUS, "Vergebungszuspruch und Vollmachtsfrage", in IDEM, *Neutestamentliche Studien*. WUNT 132 (Tübingen: 2000), pp. 57-69 (68: "A narrativa

Aparentemente há em Jesus uma tomada de partido em nome de Deus em favor *das pessoas pobres*[123], um estabelecimento tanto religioso como sociopolítico. Na primeira bem-aventurança promete-se o Reino de Deus incondicionalmente às pessoas que não têm nada e que só por isso podem estar ao lado das que têm fome e que choram (Q 6,20). A riqueza pode separar de Deus; isto fica claro na palavra de ameaça de Mc 10,25 e na história do rico e do pobre Lázaro (Lc 16,19-31), na qual é característico que só o pobre tem um nome. Não se diz que o rico era impiedoso ou deu pouca esmola, mas que a riqueza no mundo acarreta, em compensação, tormento no céu. A renúncia à propriedade faz parte do rompimento com o mundo que é exigido pelo seguimento como serviço ao anúncio do Reino de Deus, como o mostra a narrativa do jovem rico (Mc 10,17-23). Jesus sabia-se ligado especialmente às *mulheres*, porque elas eram discriminadas, principalmente pela lei ritual: em função da menstruação e do parto, mulheres eram frequentemente impuras, não aptas para o culto, isentas da recitação do Credo, não admitidas ao estudo da Torá e não juridicamente capazes[124]. Também em relação aos *samaritanos*, que não possuíam o *status* de judeus plenos e eram religiosamente discriminados, Jesus não tinha nenhum medo de contato; tampouco em relação a *crianças*, ele apresenta até mesmo ambas como modelo (cf. Mc 10,14s; Lc 10,25-37). Jesus não tinha nenhuma restrição legal-ritual no contato com as pessoas. Pelo menos tendencialmente, o amor ilimitado de Deus visa também as pessoas religiosa e socialmente desclassificadas. Jesus passou por cima de ordenamentos legal-religiosos que justificavam essas exclusões em nome de Deus. Suas comunhões de mesa com cobradores de impostos, pecadores e mulheres manifestam impressionantemente a nova realidade do Reino de Deus.

---

de Mc 2,1-12 pressupõe claramente uma unidade da ação entre Deus e Jesus"). Diferente I. BROER, "Jesus und das Gesetz", in IDEM (org.), *Jesus und das jüdische Gesetz* (Neukirchen: 1992), pp. 61-104, que vê Mc 2,1-12 exclusivamente num quadro compreensivo judaico e, além disso, julga-o pós-pascal.

[123] Este aspecto é enfatizado por L. SCHOTTROFF, W. STEGEMANN, *Jesus von Nazareth – Hoffnung der Armen* (cf. acima, 3), pp. 29-53.

[124] Para a situação legal da mulher no judaísmo, cf. G. MAYER, *Die jüdische Frau in der hellenistisch-römischen Antike* (Stuttgart: 1987).

3.4.5 O Reino de Deus e as comunhões de mesa

Já que, no judaísmo antigo, refeições tinham sempre também um caráter sagrado, e Deus, no louvor, estava virtualmente presente como o verdadeiro anfitrião, as comunhões de mesa serviam tanto à preservação da identidade judaica como ao distanciamento público em relação a pessoas gentias ou religiosamente indiferentes (cf., por exemplo, Jub 22,16: "Mas tu, meu filho Jacó, lembra de minhas palavras e guarda os mandamentos do teu pai Abraão! Separa-te das nações! Não ajas segundo sua ação e não sejas seu companheiro! Pois sua obra é impureza, e todos os seus caminhos são mácula, abominação e impureza"; cf. também 3Mc 3,4; 4Mc 1,35; 5,16ss; 1QS 6,20s; Josefo, Bell 2,137-139.143s). No séc. I d. C., leis alimentícias eram o centro da compreensão judaica da lei[125]; tanto entre os fariseus como entre os terapeutas e essênios, a ideia da pureza cúltica estava no centro do pensamento[126].

Contra esse pano de fundo, as comunhões de mesa praticadas por Jesus representavam um ataque à distinção fundamental veterotestamentária de "puro *versus* impuro" (cf. Lv 10,10: "Deveis distinguir entre o que é impuro e o que é puro")[127]. A participação de Jesus em banquetes deixou ricas evidências na tradição (cf. Q 7,33s; Q 10,7; Q 13,29.28; Lc 14,15-24/Mt 22,1-10; Mc 1,31; 2,15ss; 2,18ss; 3,20; 7,1ss; 14,3ss; Lc 8,1-3; 10,8.38ss; 13,26; 14,1.7-14; 15,1s.11-32; 19,1-10). Elas atestam que deve ter sido uma das particularidades de Jesus celebrar banquetes, dotá-los com um sentido específico e romper, com isso,

---

[125] Cf. a comprovação abrangente em CHR. HEIL, *Die Ablehnung der Speisegebote durch Paulus*. BBB 96 (Weinheim: 1994), pp. 23-123. Também os conflitos em torno das leis alimentícias no cristianismo primitivo mostram que este era o ponto decisivo do conflito (cf. At 11,3; Gl 2,12-15).
[126] Cf. B. KOLLMANN, *Ursprung und Gestalten der frühchristlichen Mahlfeier*. GTA 43 (Göttingen: 1990), pp. 234ss.
[127] No tempo neotestamentário, os fariseus procuravam tornar essa distinção normativa para todos os âmbitos da vida; cf. a respeito J. NEUSNER, "Die pharisäischen rechtlichen Überlieferungen", in IDEM, *Das pharisäische und talmudische Judentum*. TSAJ 4 (Tübingen: 1984), pp. 43-51, aqui: p. 51, que designa com razão o "legalismo" dos fariseus como um "assunto das leis alimentícias".

regras culturais. A parábola do grande banquete (Lc 14,15-24/Mt 22,1-10)[128] mostra como Jesus adotava ideias contemporâneas e as desfamiliarizava. No judaísmo antigo havia grande difusão da ideia de que Deus preparará no fim dos dias para as pessoas justas e salvas um banquete de salvação com uma abundância inconcebível (cf. Is 25,6; SlSal 5,8ss). Também Jesus fala do banquete escatológico de alegria, mas ele sabe relatar coisas surpreendentes: a festa haverá, mas os convidados serão diferentes do que se pensava. As pessoas inicialmente convidadas perderam sua oportunidade, porque não reconheceram o *kairos* presente do Reino de Deus[129]. Em lugar deles, gente "da rua" (Lc 14,23) participa da festa, isto é, pessoas pobres e outras marginalizadas da sociedade. Com isso, Jesus coloca antigos conceitos de honra de pernas para o ar, porque Deus concede honra justamente àquelas pessoas que, no fundo, estão excluídas dela[130]. Semelhantemente provocativo é a previsão do banquete escatológico em Q 13,29.28; não os escolhidos, mas os gentios o celebrarão com Abraão, Isaac e Jacó. Deu-se uma inversão da situação, assim como a elucida a bem-aventurança dos pobres em Q 6,20 e Q 13,30: "Os últimos serão os primeiros e os primeiros, os últimos".

Por isso, a prática jesuânica da comensalidade não podia ficar sem reação. Por exemplo, os escribas entre os fariseus levantaram segundo Mc 2,16 a pergunta – na perspectiva deles, desacreditadora – se Jesus comeria com cobradores de impostos[131] e pecadores (cf. Q 7,34;

---

[128] Uma forma de Q já não pode ser reconstruída convincentemente; cf. a respeito U. LUZ, *Mt III* (cf. abaixo, 8.3), pp. 232-238.
[129] Este aspecto é frisado por H. WEDER, *Die Gleichnisse Jesu als Metaphern* (cf.acima, 3.4.3), p. 187: "Agora eles devem vir".
[130] Cf. a respeito S. C. BARTCHY, "Der historische Jesus und die Umkehr der Ehre am Tisch", in W. STEGEMANN, B. J. MALINA, G. THEISSEN (org.), *Jesus in neuen Kontexten* (cf. acima, 3), pp. 224-229, aqui p. 229: "Ao contrário da ideia habitual, para Jesus, a honra não era um bem limitado. Deus cuida da existência ilimitada de honra".
[131] Para os cobradores de impostos, cf. F. HERRENBRÜCK, "Wer waren die Zöllner?", in *ZNW* 72 (1981): 178-194, aqui: 194: "Os cobradores de impostos do Novo Testamento devem ser considerados muito provavelmente como pequenos arrendatários helenistas e não são, portanto, nem grandes arrendatários romanos (*publicani*) nem seus funcionários (*portitores*). Geralmente, eram ricos e pertenciam à classe média alta ou à elite, respectivamente."

Lc 15,1). Jesus responde com seu envio aos pecadores (Mc 2,17c); a misericórdia e o amor de Deus devem antes de tudo chegar perto dos pecadores, para que eles voltem a Deus. Portanto, Jesus fez participar do banquete, intencional e demonstrativamente, aquelas pessoas que o judaísmo oficial de seus dias preferia excluir. Deus, o criador, assume nos banquetes pessoalmente o cuidado escatológico por suas criaturas e é o misericordioso em relação aos pecadores. Não se pode deixar de perceber o aspecto criacional dos banquetes; Deus, no contexto de seu domínio que já está operante, dirige-se aos seres humanos em sua condição de criaturas e concede-lhes o que é necessário para a vida (cf. Q 12,22b31), conforme o pedido "Dá-nos hoje nosso pão para este dia" (Q 11,3).

Os banquetes ilustram como a dinâmica do Reino de Deus se impõe por si mesma e acolhe as pessoas em seu interior. As comunhões de mesa são, assim como as parábolas e os milagres, inteira e indivisivelmente eventos do domínio de Deus que está chegando. No judaísmo antigo não há paralelos para esses banquetes repetidos com pessoas culticamente impuras como expressão e realização do domínio de Deus que está vindo. A prática comensal aberta de Jesus, com seu caráter salvífico (Mc 2,19a), está no centro da atuação de Jesus[132], como mostra não por último a história da recepção do motivo do banquete (cf. 1Cor 11,17-34; Mc 6,30-44; 8,1-10; 14,22-25; Jo 2,1-11; 2,1-14; At 2,42-47).

O Reino de Deus como a nova realidade de Deus

A vinda e a atuação de Deus em seu reino é a base, o centro e o horizonte da atuação de Jesus. Com seu discurso sobre o Reino de Deus, Jesus realiza não só um diagnóstico do tempo, mas uma abrangente criação de sentido, cujo ponto de partida foi a experiência e a intelecção de que Deus, de um modo qualitativamente novo, está a caminho em favor da salvação das pessoas e que o Mal está sendo rechaçado[133].

---

[132] Cf. B. KOLLMANN, Ursprung und Gestalten der frühchristlichen Mahlfeier, pp. 235ss.
[133] Todas as afirmações mencionadas sobre a realidade do Reino de Deus permitem perceber um vínculo exclusivo com a pessoa de Jesus e são um argumento contra

Primeiramente chama a atenção o que falta no discurso jesuânico sobre o domínio/Reino de Deus: necessidades nacionais não são tematizadas, e a separação ritual de gentios e judeus já não tem importância. Não o sacrifício no Templo, mas comensalidades em aldeias galileias são sinais da nova realidade de Deus que está irrompendo. Dentro de Israel, Jesus não estabeleceu fronteiras: ele coloca no centro as pessoas marginalizadas, pobres, as mulheres discriminadas, crianças, cobradores de impostos e meretrizes, ele integra pessoas doentes, impuras, leprosas e possessas, e aparentemente inclui também samaritanos no povo de Deus. Jesus simplesmente desconsidera características fundamentais da identidade religiosa, política, social e cultural de sua sociedade. O início do Reino de Deus torna se visível no amor de Deus para com as pessoas desqualificadas e significa: perdão total da culpa, amor paternal, convite a pessoas pobres, acolhida das orações, recompensa vinda de bondade e alegria. É disso que Jesus conta em suas parábolas. Seu efeito curioso consiste em, por assim dizer, levar o ouvinte para dentro do mundo por elas narrado, de modo que ele com seu mundo se encontra de repente dentro da própria história e aprende nesse processo a entender a si e seu tempo de modo novo e diferente. Dessa maneira, as parábolas criam uma proximidade ao descomum da mensagem de Jesus e, com isso, ao domínio de Deus que está inesperadamente próximo e já presente no meio do mundo cotidiano.

Para Jesus, o Reino de Deus não é absolutamente apenas uma ideia, mas é uma realidade muito concreta que revoluciona o mundo, e ele entendeu a si mesmo como o início dessa realidade[134]. O pressuposto constante é que a vinda do Reino de Deus é uma realidade, sendo que as afirmações de Jesus são, em parte, de uma estranha concretude. Insiste-se em que os mensageiros não devem cumprimentar

---

a tese de G. THEISSEN, "Gruppenmessianismus. Überlegungen zum Ursprung der Kirche im Jüngerkreis Jesu", in IDEM, *Jesus als historische Gestalt*. FRLANT 2002 (Göttingen: 2003), pp. 255-281, segundo a qual não só Jesus, mas também discípulos teriam sido pré-pascalmente representantes do Reino de Deus.

[134] Cf. a respeito H. MERKLEIN, *Jesu Botschaft von der Gottesherrschaft* (cf. acima, 3.4), pp. 145-164.

ninguém no caminho (Q 10,4). Quem conhece a importância da saudação no Oriente pode avaliar a estranheza dessa ordem. As pessoas que seguem Jesus já não devem se despedir de suas famílias, nem sequer enterrar o próprio pai (cf. Q 9,59s). Tais frases seriam inconcebíveis, se o Reino de Deus não fosse pensado como algo muito concreto, como um fim que estava realmente sendo trazido por Deus e que já agora está abolindo laços humanos. Na Galileia, a grande família, o clã, era o lugar da identidade social[135]; isto é, Jesus com as pessoas que o seguiam deixa também aqui a estrutura conceitual e social habitual.

O domínio de Deus desenvolve até mesmo uma dinâmica própria; Jesus fala dele como de um sujeito que atua: "ele veio para muito perto" (Mc 1,15), "ele já chegou" (Lc 11,20), "ele está vindo" (Lc 11,2), "ele está no meio de vós" (Lc 17,21). Aparentemente, para Jesus, o domínio de Deus é um acontecimento próprio que inclui o ser humano, mas que não pode ser determinado ou desencadeado por ele, mas tem sua própria força (cf. Mc 4,26-29)[136].

> A interpretação do termo/conceito de Reino de Deus foi determinada na pesquisa por um antagonismo entre uma compreensão individualista-presente ética e uma cósmico-futúrica apocalíptica. Representantes clássicos de uma interpretação ética são ALBRECHT RITSCHL (1822-1889) e ADOLF VON HARNACK (1851-1930). No seu "*Unterricht in der christlichen Religion*" (1875, Ensino na religião cristã), RITSCHL constata no § 5: "O Reino de Deus é o bem supremo, concedido por Deus, de sua comunidade estabelecida por sua revelação em Cristo; no entanto, é concebido como o bem supremo no sentido de que vale simultaneamente como o ideal moral, para cuja realização se reúnem entre si os membros da comunidade por meio de um determinado

---

[135] Cf. H. MOXNES, *Putting Jesus in His Place. A Radical Vision of Household and Kingdom* (Louisville: 2003).
[136] Todas as observações indicam que "Reino/domínio de Deus" em Jesus deve ser compreendido num contexto escatológico, de modo que uma interpretação "não escatológica" e, com isso, prioritariamente ético-política de Jesus, da maneira como é defendida parcialmente na exegese (norte-)americana mais recente (cf., por exemplo, M. J. BORG, *Jesus* [cf. acima, 3], pp. 33ss; B. L. MACK, *Wer schreibt das Neue Testament?* [cf. acima, 3.1], p. 62), simplesmente fracassa diante dos fatos evidenciados nos textos.

modo de atuação mútua"¹³⁷. A. von Harnack apoia-se para sua compreensão do Reino de Deus principalmente nas parábolas de Jesus; nelas se torna visível o que é o Reino de Deus: "O Reino de Deus vem, ao vir até as pessoas individuais, ao entrar em suas almas e se for abraçado por elas. O Reino de Deus é *domínio de Deus*, sem dúvida – mas é o domínio do Deus santo nos corações individuais, *é Deus mesmo com sua força*. Todo o dramático no sentido exterior da história universal desapareceu aqui; afundou-se também toda a esperança exterior no futuro"¹³⁸. Contrapõe-se a isto a interpretação de Johannes Weiss (1863-1914), que publicou em 1892 seu livro "*Die Predigt Jesu vom Reich Gottes*" (1892, A pregação de Jesus sobre o Reino de Deus). Segundo ele, Reino de Deus em Jesus não significa nem o ideal moral nem a certeza religiosa interior, mas Deus encaminha o fim do mundo e um mundo novo sem a cooperação de seres humanos. O início do Reino de Deus está iminente, como catástrofe cósmica. "A atuação de Jesus está dominada pelo sentimento forte e certeiro de que o tempo messiânico está muito próximo. Sim, ele tem até mesmo momentos de profunda visão profética, nos quais ele reconhece o reino oposto de Satanás já como essencialmente vencido e derrotado, e depois ele fala em fé ousada de um início já realmente acontecido do Reino de Deus"¹³⁹. Albert Schweitzer aguça essa posição: o Reino de Deus "situa-se no além do limite ético entre o Bem e o Mal; ele é trazido por uma catástrofe cósmica, por meio da qual o Mal é totalmente superado. Com isso, os paradigmas morais são abolidos. *O Reino de Deus é uma grandeza supramoral.*"¹⁴⁰

Ambos os modelos de interpretação veem algo correto: sem dúvida, a perspectiva de Jesus dirige-se para o Reino de Deus que está vindo e que está iminente, no qual Deus mesmo cria sua nova realidade. A vinda do Reino de Deus significa a vinda de um mundo novo real. Ao mesmo tempo, o Reino de Deus desenvolve uma nova energia ética inusitada que abre o ser humano para uma nova atuação. Como *o Reino de Deus representa o domínio de Deus no presente e no futuro, a proximidade de Deus, o amor de Deus, a tomada de partido de Deus, a justiça de Deus, a vontade de Deus, a vitória de Deus sobre o Mal e a bondade de Deus,*

---

[137] A. RITSCHL, *Unterricht in der christlichen Religion*, 6ª ed. (Bonn: 1903), p. 2.
[138] A. von HARNACK, *Das Wesen des Christentums* (Gütersloh: 1977 [= 1900]), p. 43.
[139] J. WEISS, *Die Predigt Jesu vom Reich Gottes* (Göttingen: 1892), p. 61.
[140] A. SCHWEITZER, "Das Messianitäts- und Leidensgeheimnis. Eine Skizze des Lebens Jesu", in IDEM, *Ausgewählte Werke 5* (Berlim: 1971 [= 1901]), p. 232.

ele determina todos os âmbitos do anúncio e da atuação de Jesus e das pessoas que o seguiram.

3.5 Ética no horizonte do Reino de Deus

MERKLEIN, H. *Die Gottesherrschaft als Handlungsprinzip. Untersuchung zur Ethik Jesu*, 3ª ed. fzb 34. Würzburg, 1984; SCHNACKENBURG, R. *Die sittliche Botschaft des Neuen Testaments I*. HThK.S I. Freiburg, 1986, pp. 31-155; SCHULZ, S. *Neutestamentliche Ethik*. Zurique, 1986, pp. 18-83; SCHRAGE, W. *Ethik des Neuen Testaments*, 2ª ed. GNT 4. Göttingen, 1989, pp. 23-122; SAUER, J. *Rückkehr und Vollendung des Heils. Eine Untersuchung zu den ethischen Radikalismen Jesu*. Regensburg, 1991; THEISSEN, G.; MERZ, A. *Der historische Jesus* (cf. acima, 3), pp. 311-355.

Não há consenso na pesquisa sobre se é possível falar de uma ética de Jesus. Quando o conceito/termo de ética é inserido num nível discursivo reflexivo e teórico e quando a ética é definida sempre como o elemento de um empreendimento teórico, então não se poderá falar em Jesus de ética, mas de afirmações/posicionamentos morais, de *morality* (moralidade)[141]. Por outro lado, há muitos indícios de que Jesus é muito mais do que um defensor de um etos contextual[142]:

1) Muitas de suas afirmações éticas têm um caráter fundamental e simplesmente não podem ser reduzidas a posicionamentos singulares.
2) As afirmações éticas de Jesus apresentam claramente uma estrutura e hierarquia interna, na qual o mandamento do amor é meio e centro ao mesmo tempo.

---

[141] Cf. neste sentido W. A. MEEKS, *The Origins of Christian Morality* (New Haven/Londres: 1993), p. 4; W. STEGEMANN, "Kontingenz und Kontextualitat der moralischen Aussagen Jesu", in W. STEGEMANN, B. J. MALINA, G. THEISSEN (org.), *Jesus in neuen Kontexten* (cf. acima, 3), pp. 167-184, aqui: p. 167: "Jesus não formulou – segundo minha opinião – uma ética e também não foi um mestre de virtudes. Antes, suas observações acerca de determinados valores e convicções de sua sociedade e cultura remontam a problemas concretos e não dão a impressão de serem o resultado de uma reflexão sistemática ou um teoria da vida reta ou da conduta adequada."
[142] Para possíveis distinções entre ética e etos, cf. abaixo, 6.6.

3) Finalmente, as afirmações (parcialmente radicais) de Jesus acerca de questões éticas podem ser integradas em sua atuação geral. Por isso tem sentido continuar falando de uma ética de Jesus.

3.5.1 Criação, escatologia e ética

A ética de Jesus orienta-se pela vontade de Deus que prevalece novamente em seu significado original, isto é, segundo a criação, diante do Reino de Deus que está vindo e do consequente desapoderamento do Mal. *Em Jesus, a protologia e a escatologia formam uma unidade sustentada pelo conceito de Deus*. No horizonte do Reino de Deus trata-se da proclamação e da imposição da vontade original de *Deus*[143]. Um conceito sapiencial acerca da criação e uma ética radical diante do Reino atualmente vindo não se excluem em Jesus, mas se complementam em sua perspectiva teocêntrica.

A vontade do criador

Jesus é capaz de louvar com um entusiasmo quase exagerado a bondade criador de Deus que faz o sol nascer sobre bons e maus (Mt 5,45) e sem cuja vontade não cai nem um cabelo da cabeça (Mt 10,29-31). Deus cuida das aves e dos lírios, quanto mais ele se preocupará com os seres humanos (Mt 6,25-33)[144]. Contudo, em Jesus, esta ideia sapiencial (cf. Eclo 30,23b–31,2) leva justamente não à despreocupação como uma máxima de vida, mas recebe em Mt 6,33 uma justificação específica: "Buscai primeiro o Reino de Deus, então todo o resto vos será dado gratuitamente"[145]. Na orientação pelo Reino de Deus

---

[143] Cf. H. STEGEMANN, "Der lehrende Jesus", in *NZSTh* 24 (1982): 3-20, aqui: 12.
[144] O cerne básico deste texto que remonta a Jesus inclui (sem qualquer acréscimo redacional) os v. 25s.28-33; cf. para a justificativa U. LUZ, *Mt I* (cf. abaixo, 8.3), pp. 471-476 (sem os v. 25d.e; 32a); J. GNILKA, *Mt I* (cf. abaixo, 8.3), p. 252. Uma análise e interpretação penetrantes oferece H. MERKLEIN, *Die Gottesherrschaft als Handlungsprinzip*, pp. 174-183.
[145] Em Mt 6,33, καὶ τὴν δικαιοσύνην αὐτοῦ é um acréscimo de Mateus; cf. G. STREKKER, *Weg der Gerechtigkeit* (cf. abaixo, 8.3), p. 152.

realiza-se a vida dos discípulos. No caráter escatológico do pensamento sapiencial revela-se aparentemente uma característica do anúncio de Jesus[146]. A atividade humana recebe um novo objetivo: ela não deve estar voltada para a própria existência, mas para o Reino de Deus. Na orientação em direção ao Reino de Deus, portanto, ao Deus criador, a vida humana recebe sua destinação segundo a criação.

O ser humano corresponde a sua condição criatural especialmente ao obedecer à vontade original do criador. A insolubilidade do matrimônio é justificada por Jesus em Mc 10,2-9 com a vontade criadora original de Deus. Corresponde à vontade de Deus e, dessa maneira, simultaneamente à condição criatural do ser humano que homem e mulher fiquem unidos por toda a vida (Mc 10,9: "O que Deus uniu, o ser humano não separe"). A possibilidade do divórcio, porém, é avaliada por Jesus como uma concessão de Moisés devido à σκληροκαρδία ("dureza do coração") do ser humano que, em última instância, volta-se contra o próprio ser humano. Ao rejeitar o divórcio, Jesus não só confere um valor maior à posição da mulher na sociedade judaica, mas ele se coloca acima da autoridade de Moisés e manifesta a pretensão de dar novamente voz à vontade original de Deus voltada para o bem do ser humano. Ao mesmo tempo, ele torna ineficaz a possibilidade de divórcio segundo Dt 24,1-4!

> Mc 10,2-9 em sua forma literária atual não remonta a Jesus, mas, em termos materiais, deve refletir sua posição[147]. Isto se confirma em 1Cor 7,10 (sem o parêntese do v. 11a, inserido por Paulo), onde Paulo relaciona a insolubilidade do matrimônio a uma palavra do Kyrios. Os regulamentos sobre exceções em Mt 5,32 (παρεκτὸς λόγου πορνείας) e Mt 19,9 (μὴ ἐπὶ πορνείᾳ) são de Mateus[148].

---

[146] Para esse problema, cf. M. EBNER, *Jesus ein Weisheitslehrer? Synoptische Weisheitslogien im Traditionsprozess.* HBS 15 (Würzburg: 1998); D. ZELLER, "Jesu weisheitliche Ethik", in L. SCHENKE (org.), *Jesus von Nazaret – Spuren und Konturen* (cf. acima, 3), pp. 193-215. Zeller elenca como exemplos da ética sapiencial em Jesus: Mc 5,42; 6,25b; 8,35.36s; 10,21; Mt 5,33-37.39b-40.44s; 6,7a.8b.19-21.24.26.28b-30.31-32b; 7,7.9-11; 10,29.31b; Lc 6,24.31.36-37; 16,25; 17,3b-4; 18,2-5.
[147] Para a análise, cf. J. SAUER, *Rückkehr und Vollendung des Heils* (cf. acima, 3.5), pp. 96-148.
[148] Cf. G. STRECKER, *Bergpredigt* (cf. acima, 3.4.2), p. 77.

Um restabelecimento da ordem da criação é também a meta das palavras de Jesus em Mc 2,27 e 3,4: como obra da criação, o sábado deve servir à vida, e a atuação humana deve se orientar por essa máxima. Assim como as curas (cf. abaixo, 3.6.3) e as palavras críticas à Torá (cf. abaixo, 3.8.2), também as afirmações éticas de Jesus possuem uma dimensão teológico-criacional. Já que criação significa vida segundo a vontade de Deus e Deus é tanto o doador como o preservador da vida, o ser humano deve sempre estar ciente de sua origem em Deus e seguir, ao mesmo tempo, a vontade de Deus que deseja preservar a vida.

Jesus vê também os ordenamentos do Estado enraizados na vontade de Deus se o Estado cumpre suas tarefas e ao mesmo tempo se limita às mesmas. Este tema é tratado exemplarmente em Mc 12,13-17[149], sendo que o v. 17 marca a posição de Jesus: "O que é de César, dai a César, e o que é de Deus, a Deus!" As pessoas que perguntaram queriam aparentemente provocar Jesus, num campo central da *ética política* de seu tempo, a fazer uma afirmação numa direção ou outra. A pergunta foi escolhida de tal forma que, segundo sua opinião, cada resposta podia apenas prejudicar Jesus. Se ele afirmasse explicitamente o pagamento de impostos aos romanos, ele poderia ser apresentado como simpatizante dos romanos e inimigo de seu próprio povo. Mas se Jesus, ao contrário, negasse o pagamento de impostos, ele poderia ser denunciado como revoltoso. Quando se considera a interligação constante de vida religiosa e vida política em toda a Antiguidade, não se pode deixar de perceber um componente crítico no v. 17a. É verdade que Jesus não nega o direito e o poder do Estado, mas ele reduz o significado do Estado para o plano meramente funcional. Deve-se pagar impostos ao imperador, mas apenas isso! Por meio desta definição meramente funcional, Jesus torna qualquer sublimação ideológica ou religiosa do Estado impossível. O v. 17b traz finalmente outra relativização do imperador. Aqui se encontra o escopo da resposta de

---

[149] Uma redação de Marcos pode ser comprovada somente no v. 13, de modo que é efetivamente possível ancorar todo o *apophtegma* (dito revestido de breve cena) na vida de Jesus; para a análise, cf. por último ST. SCHREIBER, "Caesar oder Gott (Mk 12,17)?", in *BZ* 48 (2004): 65-85.

Jesus: a obediência a Deus está acima e antes de todas as outras coisas. Unicamente a obediência diante de Deus determina o que cabe ao imperador e o que não. Ao imperador cabem impostos que ele precisa para a realização de seu poder estatal, mas não lhe cabe veneração religiosa. *A moeda pertence ao imperador, mas o ser humano pertence a Deus.* Diante do direito divino sobre o ser humano, o imperador e, com isso, o Estado, pode ter somente um poder limitado. Dessa maneira, a resposta de Jesus representa um caminho de meio termo: ele não é um revolucionário antirromano[150] que nega fundamentalmente o direito e a existência desse Estado. Ele atribui ao Estado seu direito no plano puramente funcional, mas deixa ao mesmo tempo claro que o direito do Estado encontra seu limite no direito que Deus tem sobre o ser humano inteiro.

3.5.2 *Os radicalismos éticos de Jesus*

A vontade de Deus proclamada por Jesus deseja possibilitar a convivência humana e superar perturbações por meio de uma conduta nova e inesperada. Nas *antíteses do Sermão da Montanha* verbaliza-se de modo inignorável a vontade absoluta de Deus.

O evangelista Mateus encontrou em seu material próprio a primeira, a segunda e a quarta antítese e criou nessa base uma série de seis antíteses[151]. Por meio de πάλιν em Mt 5,33a, Mateus separa a primeira série de três da segunda. Enquanto as primeiras três antíteses se referem à relação com co-cristãos (ira contra o irmão, adultério, divórcio), a quarta à sexta antítese referem-se à relação com não cristãos (jurar, retaliação, amor aos inimigos). O material mais antigo em termos histórico-traditivo da primeira, segunda e quarta antítese abrange Mt 5,21-22a (ἠκούσατε [...] ἔσται τῇ κρίσει), Mt 5,27-28a.b (ἠκούσατε [...] ἐμοίχευσεν αὐτήν), Mt 5, 33-34a (ἠκούσατε [...]μὴ ὀμόσαι ὅλως)

---
[150] Enquanto já Mc 12,17 insinua certa distância aos zelotas, Mt 26,52 deve ser entendido como crítica aos zelotas ("Guarda tua espada na bainha, pois todos que pegam a espada pela espada perecerão"). Afinal, as instruções de Jesus no Sermão da Montanha são irreconciliáveis com a violência dos zelotas; para o tema, cf. M. HENGEL, *War Jesus Revolutionär?* (Stuttgart: 1970).
[151] Cf. G. STRECKER, *Bergpredigt* (cf. acima, 3.4.2), pp. 64-67.

e deve ser atribuído ao anúncio de Jesus. No decorrer do processo traditivo, esse material mais antigo de ditos foi enriquecido por exemplos e explicitações. Também as antíteses criadas pelo evangelista contêm tradições antigas, embora devam remontar a Jesus somente a exigência de renunciar à retaliação (Mt 5,39b-40/Lc 6,29), o absoluto ἀγαπᾶτε τοὺς ἐχθροὺς ὑμῶν em Mt 5,44a/Lc 6,27a e a justificativa a partir da teologia da criação em Mt 5,45/Lc 6,35.

Na primeira antítese, Jesus justapõe à proibição veterotestamentária de matar (Ex 20,15; Dt 5,18) seu próprio direito: "Ouvistes que foi dito aos antigos: não matarás! Mas quem matar terá de responder no tribunal. Eu, porém, vos digo: todo aquele que se encolerizar contra seu irmão terá de responder no tribunal" (Mt 5,21-22a). Já a ira diante do irmão faz com que a pessoa sucumba ao juízo. Dessa maneira, Jesus não interpreta o mandamento veterotestamentário, mas ele o ultrapassa. O que ele exige é a volta radical do ser humano para o ser humano. Caso contrário segue inevitavelmente o sucumbimento ao juízo. Em termos de conteúdo, a condenação da ira não é nada de novo no judaísmo (cf. 1QS 6,25-27)[152]. No entanto, surpreendentemente, a condenação da ira por Jesus vai além da Torá e, dessa maneira, qualifica-a como insuficiente. A vontade de Deus é interpretada por Jesus de tal maneira que ela se aplica constantemente ao ser humano e abrange também moções não deliberadas. A mera pergunta se pode haver também um ira justa seria a tentativa de limitar a vontade de Deus.

Na *segunda antítese*, Jesus contrapõe à proibição veterotestamentária do adultério (Ex 20,14; Dt 5,17) a tese de que já um olhar cobiçoso deve ser avaliado como um adultério: "Ouvistes que foi dito: não cometerás adultério. Eu, porém, vos digo: todo aquele que olha para uma mulher para cobiçá-la já cometeu adultério com ela" (Mt 5,27s). O condenável não é o olhar, mas a intenção por trás dele, a cobiça. Com ἐπιθυμία ("desejo", "cobiça"), Jesus designa o desejo do ser humano de apossar-se de propriedade alheia[153].

---

[152] Cf. H. MERKLEIN, *Die Gottesherrschaft als Handlungsprinzip* (cf. acima, 3.5), p. 261, nota 306; U. LUZ, *Mt I* (cf. abaixo, 8.3), pp. 338s.
[153] Cf. H. WEDER, *Die "Rede der Reden"* (cf. acima, 3.4.2), p. 114.

O ser humano espera disso uma melhora de sua qualidade de vida, um ganho de prazer e sentido. Jesus veta essa busca, porque ela desenvolve uma força destruidora. Rompe-se a santidade do casamento e arranca-se pessoas de seu destino designado na criação.

Também a *proibição jesuânica de jurar* na quarta antítese visa a integridade da existência humana (Mt 5,33-34a: "Ouvistes que foi dito aos antigos: não jurarás falso, mas cumprirás teus juramentos para com o Senhor. Eu, porém, vos digo: não jureis nunca"). Por meio do juramento, que documenta a veracidade da afirmação jurada, priva-se as afirmações não juradas de sua veracidade. Factualmente, desse modo, o juramento serve para a tolerância à mentira. Uma área parcial da vida, na qual vale a vontade de Deus – veracidade – é separada de outra, onde ela não vale. O mandamento de Jesus visa abolir essa separação. A vontade de Deus vale para o ser humano em todas as áreas da vida.

Jesus exige a *renúncia à retaliação* (Mt 5,39b.40/Lc 6,29)[154]. Aqui não se trata absolutamente de uma conduta puramente passiva que leva ao padecimento. Ao contrário, a exigência provocativa de Jesus, de apresentar também a outra face e de dar junto ao manto também a veste de baixo, exige do discípulo um máximo de atividade, pois ele deve praticar a atitude fundamental do amor em situações que parecem sem saída. Jesus vive e exige uma conduta incomum, incalculável e desinteressada que, justamente por isto, é positiva.

O *mandamento de amar os inimigos* em sua forma completa (Mt 5,44a/Lc 6,27a: ἀγαπᾶτε τοὺς ἐχθροὺς ὑμῶν ["amai vossos inimigos"]) está sem analogia. É certo que há tanto no âmbito judaico como no âmbito helenístico estreitos paralelos, mas estes permitem perceber motivações sempre diferentes e não coincidem verdadeiramente com a prescrição de Jesus[155]. Jesus torna o amor ilimitado; uma limitação já não é

---

[154] Para a análise, cf. U. LUZ, *Mt I* (cf. abaixo, 8.3), pp. 385s; G. STRECKER, *Bergpredigt* (cf. acima, 3.4.2), p. 86s. Mateus acrescenta no v. 39b τὴν δεξιάν.

[155] Paralelos encontram-se na literatura judaico-helenista, mas sobretudo no âmbito da filosofia greco-romana. Atribui-se já a Pitágoras o seguinte dito: "Devem-se tratar uns aos outros de tal maneira que não se faz dos amigos inimigos, mas sim dos inimigos, amigos" (DIÓGENES LAÉRCIO 8,23); além disso, cf. PLATÃO,

possível, também não ao próximo. No exemplo extremo do inimigo, Jesus mostra até onde vai o amor. Ele desconhece fronteiras e se dirige a todas as pessoas. O amor radical e ilimitado de Deus impõe-se no cotidiano das pessoas que são desafiadas a participarem do amor de Deus através do amor aos inimigos. Uma justificativa para o amor aos inimigos não pode ser deduzida da realidade experienciável, mas uma conduta tão incomum pode receber seu sentido e sua normatividade somente a partir da atuação de Deus. Já que o próprio criador, em sua bondade para com os bons e os maus, rompe o esquema de amigo-inimigo (Mt 5,45), o ser humano pode transpor as fronteiras entre amigo e inimigo, e as pessoas perdem sua qualidade de inimigos[156].

Imediatamente vinculado a este conceito é um *novo ideal de domínio* que Jesus formula diante de seus discípulos em Mc 10,42b-44[157]: "Sabeis que aqueles que são tidos como os governantes das nações as dominam, e seus grandes usam seu poder contra elas. Entre vós, porém, não é assim. Ao contrário, quem quiser tornar-se grande entre vós, seja vosso servo, e quem quiser ser o primeiro entre vós, seja o servo de todos." Aqui se submete a prática do domínio da Antiguidade a uma crítica radical, pois o verdadeiro governante não se destaca pela opressão e exploração, mas pelo serviço e pela solicitude[158].

Resp 334b-3; IDEM, Crito 49b-c; SÊNECA, Ira II 32,1-331; III 42,3-43,2; IDEM, Ep 120,9-10; Mus 10; EPÍTETO, Diss I 25,28-31; II 10,131.22-24; III 20,9-12; 22,54-56; IV 5,24; IDEM, Ench 42; PLUTARCO, Mar 143s-144a; 218a; 462c-d; 799c; outros textos em: *Neuer Wettstein I/1.2* para Mt 5,44.

[156] Muito adequado F. BOVON, *Lc I* (cf. abaixo, 8.4), pp. 319s: "No ato do amor ao próximo, o cristão age *em favor* do futuro de seus adversários [...]. Na atitude dos cristãos, o inimigo descobre um próximo onde espera um adversário. Quando ele reconhece essa nova situação, pode-se esperar uma nova postura em relação a si mesmo, às outras pessoas e a Deus."

[157] Em sua forma atual, o texto não remonta a Jesus. Como unidade coesa, Mc 10,42-44 deve ter passado por uma maior história da tradição; cf. J. GNILKA, *Mk II* (cf. abaixo, 8.2), p. 99s. Quando se debatia no movimento de Jesus sobre o domínio justo, então o ponto de partida deve ter sido um impulso do anúncio de Jesus, tanto mais que o aspecto do servir combina muito bem com a tendência geral da proclamação de Jesus.

[158] Em termos materiais, esta posição corresponde à visão esboçada por Dio Crisóstomo sobre o governante ideal ; cf. IDEM, Or 1-3.

Outro radicalismo ético de Jesus é a *proibição de julgar* em Mt 7,1 ("Não julgueis para não serdes julgados")[159]. Jesus proíbe todo julgar, porque em cada julgar humano está a semente da condenação. Com o *passivum divinum* κριθῆτε em Mt 7,1b, Jesus remete ao juízo final como justificativa. Como o juízo divino está imediatamente iminente, o ser humano deve se orientar por ele já agora e renunciar a qualquer julgamento, pois este tem necessariamente a consequência da própria condenação no juízo.

Um radicalismo ético é também a crítica radical de Jesus à riqueza, assim como ela se expressa na bem-aventurança dos pobres (Q 6,20), no convite de não se preocupar (Mt 6,25-33) ou em Mc 10,25[160]: "É mais fácil um camelo passar pelo fundo de uma agulha do que um rico entrar no Reino de Deus!" Enquanto as pessoas ricas *estão* excluídas do Reino de Deus, ele é prometido e dedicado às pobres; dificilmente pode se imaginar uma crítica mais paradoxal e mais severa à riqueza como obstáculo no caminho para do Reino de Deus[161]! A aguda oposição entre o Reino de Deus e o mundo manifesta-se também em Q 9,59s[162]: "Disse-lhe outro, porém: 'Senhor, permite-me ir primeiro enterrar meu pai'. Ele, porém, respondeu-lhe: 'Segue-me e deixa os mortos enterrar seus mortos'." Em toda a Antiguidade, enterrar pai e mãe era considerado um dever sagrado, de modo que estamos aqui diante de um ataque frontal de Jesus à lei, moral e piedade[163] que está relacionado com o etos da nova *familia dei* (cf. Q 14,26; Mc 10,29) e da falta de um lar vivida pelo Filho do Homem (Q 9,57s). Podem ser

---

[159] A origem jesuânica de Mt 7,1 é inquestionável; Cf. G. STRECKER, *Bergpredigt* (cf. acima, 3.4.2), pp. 148s; U. LUZ, *Mt I* (cf. abaixo, 8.3), p. 488.

[160] Para a análise de todos os textos relevantes, cf. J. SAUER, *Rückkehr und Vollendung des Heils* (cf. acima, 3.5), pp. 277-343.

[161] A crítica à riqueza encontra-se em toda a Antiguidade; cf., por exemplo, DIO CRISÓSTOMO, Or 4,91. Contudo, o radicalismo das afirmações de Jesus subsiste, porque ele evita as sublimações usadas, por exemplo, pelo milionário romano SÊNECA: "O caminho mais curto para a riqueza é o desprezo da riqueza" (Ep 62,3).

[162] Cf. a respeito M. HENGEL, *Nachfolge und Charisma*. BZNW 34 (Berlim: 1968), pp. 9-17.

[163] Segundo E. P. SANDERS, *Jesus and Judaism* (cf. acima, 3), p. 267, este é o único caso em que Jesus exige uma transgressão dos preceitos da Torá.

considerados radicalismos éticos também a proibição do divórcio (cf. acima, 3.5.1), a proibição de jejum em Mc 2,18-20 e a crítica ao Templo em Mc 11,15-19 (cf. abaixo, 3.10.1).

Os radicalismos éticos de Jesus transpõem fronteiras e são convocações drásticas para superar as divisões não desejadas por Deus entre os seres humanos, para dar novamente espaço à vontade do criador. Ilimitados em sua essência e compreensíveis somente no horizonte do Reino de Deus que está vindo[164], os radicalismos exigem uma conduta que se sabe exclusivamente determinada por Deus[165]. No momento da chegada do Reino de Deus proclama-se mais uma vez a vontade de Deus, de forma nova, radical e definitiva. *Jesus a formula com base numa autoridade própria* e não a deduz do Antigo Testamento que é, dessa maneira, superado à luz do Reino de Deus, mas ao mesmo tempo também aprofundado e ampliado. Portanto, é somente na vontade de Deus que o ser humano chega ao destino que lhe foi atribuído na criação. Ele pode se ater à palavra definitiva de Deus, deve viver e atuar a partir dessa palavra. Ao orientar-se inteiramente por Deus e, dessa maneira, abandonar-se a si mesmo, o ser humano pode se deixar determinar pelo amor para procurar o bem do outro. Também em seu fracasso diante da vontade de Deus e diante da sucumbência ao juízo que o ameaça, o ser humano depende exclusivamente de Deus, pois somente na conversão pode escapar de uma sentença justa. Dessa maneira, o radicalismo da exigência de Jesus corresponde à totalidade

---

[164] O aspecto do condicionamento temporal e material dos radicalismos éticos é frisado por A. SCHWEITZER, *Das Messianitäts- und Leidensgeheimnis* (cf. acima, 3.4.5), p. 229, em relação à revelação do Reino de Deus: "Sendo uma penitência em direção ao Reino de Deus, também a ética do Sermão da Montanha é uma ética de interinidade". Aplica-se: "Portanto, cada norma ética de Jesus, por mais aperfeiçoada que seja, leva somente até o limiar do Reino de Deus, enquanto qualquer senda desaparece assim que se pise nesse novo chão. Ali não se precisa de nenhuma" (op. cit., p. 232). No entanto, segundo Schweitzer, isso não significa absolutamente que o conteúdo da ética de Jesus deveria ser abandonado em relação à atuação humana no mundo (até a vinda do Reino de Deus), pois é somente a expectativa do fim iminente como justificativa da ética de Jesus que não pode ser adotada. Portanto, a "interinidade" refere-se à justificativa, e não ao conteúdo!

[165] Cf. H. WEDER, *Die "Rede der Reden"* (cf. acima 3.4.2), p. 154.

da dependência do ser humano de Deus[166]. Para Jesus não cabe a pergunta pela possibilidade de cumprir os radicalismos éticos, porque ela levaria a uma negação do livre arbítrio que ele não desejaria e, dessa forma, a um legalismo e uma instrumentalização. Os radicalismos são *desfamiliarizações deliberadas* e, sendo *ditos exemplares*, possuem um caráter de apelo de abrir-se, diante da vinda do Reino de Deus, totalmente para a vontade de Deus e possibilitar justamente por isso a existência verdadeiramente humana.

3.5.3 A exigência do amor como centro da ética de Jesus

Como criatura, o ser humano é obrigado a cumprir a vontade de Deus. Com isso, não precisa se submeter a um déspota arbitrário, mas a vontade de Deus está abraçado por seu amor que adquire sua forma em sua atuação criadora. O mandamento do amor, em sua tríplice forma como mandamento do *amor ao próximo* (cf. Mt 5,43), do *amor ao inimigo* (Mt 5,44) e como *duplo mandamento do amor* (Mc 12,28-34), forma o meio e centro da ética de Jesus.

O duplo mandamento do amor

Em Mc, a pergunta do doutor da lei: "Qual é o primeiro de todos os mandamentos?" recebe a resposta de Jesus: "O primeiro é: Ouve, ó Israel, o Senhor, nosso Deus, é o Deus uno; e amarás o Senhor, teu Deus, de todo teu coração, de toda tua alma, de todo teu entendimento e com toda tua força. O segundo é este: Amarás teu próximo como a ti mesmo. Não existe outro mandamento maior do que este" (v. 30.31). Em sua forma literária atual, o duplo mandamento do amor não remonta a Jesus, pois o acúmulo dos termos racionais, a elaborada diferenciação antropológica, a explícita sobreordenação do mandamento do amor aos sacrifícios no v. 33, a forte ênfase no monoteísmo e a adição de διάνοια que difere do texto hebraico e da LXX permitem deduzir que,

---

[166] Cf. J. ECKERT, "Wesen und Funktion der Radikalismen in der Botschaft Jesu", in *MThZ* 24 (1973): 301-325, aqui: 319.

literariamente, estamos diante de uma tradição do judeu-cristianismo helenista. Por isso, o duplo mandamento do amor foi frequentemente considerado não sendo próprio do anúncio de Jesus[167]. Por outro lado, porém, há também indícios de que o duplo mandamento do amor deve ser atribuído materialmente a Jesus de Nazaré[168]:

1) Embora a combinação de Dt 6,5 e Lv 19,18 esteja preparada pela tradição judaica[169], ela não se encontra ali, tampouco a numeração dos dois mandamentos[170].
2) O texto não contém nenhum tipo de afirmações cristológicas; a forte ênfase no monoteísmo até mesmo as exclui[171].
3) Tanto a plausibilidade do contexto como a plausibilidade do efeito é um argumento em favor da origem material jesuânica do duplo mandamento do amor. Por um lado, ele está inserido nas tradições do judaísmo, portanto, pode ser atribuído ao judeu Jesus de Nazaré, por outro lado, mostra um perfil particular; o duplo mandamento do amor poderia muito bem ser

---

[167] Cf. G. BORNKAMM, "Das Doppelgebot der Liebe", in IDEM, *Geschichte und Glaube I* (Munique: 1968), pp. 37-45; CHR. BURCHARD, "Das doppelte Liebesgebot in der frühchristlichen Überlieferung", in IDEM, *Studien zur Theologie. Sprache und Umwelt des Neuen Testaments*. WUNT 107 (Tübingen: 1998), pp. 3-26 (= 1970); M. EBERSOHN, *Das Nächstenliebegebot in der synoptischen Tradition*. MThSt 37 (Marburgo: 1993).

[168] Cf. a respeito sobretudo G. THEISSEN, "Das Doppelgebot der Liebe. Jüdische Ethik bei Jesus", in IDEM, Jesus als historische Gestalt (cf. acima, 3), pp. 57-72.

[169] Basta comparar ARISTEIAS 31; FÍLON, SpecLeg 2,63.95; 4,147; TestIss 5,2; 7,6; TestSeb 5,3; TestJos 11,1. Muitas outras ocorrências encontram-se em K. BERGER, *Die Gesetzesauslegung Jesu I* (cf. abaixo 3.8), pp. 99-136; A. NISSEN, *Gott und der Nächste im antiken Judentum*. WUNT 15 (Tübingen: 1974), pp. 224-246.389-416; BILLERBECK I, pp. 357-359; III, p. 306; O. WISCHMEYER, "Das Gebot der Nächstenliebe bei Paulus", in *BZ* 30 (1986): 153-187, aqui: 162ss.

[170] Cf. M. HENGEL, *Jesus und die Tora* (cf. abaixo 3.7), p. 170.

[171] Cf. G. THEISSEN, *Das Doppelgebot der Liebe*, p. 69: "O duplo mandamento do amor em Marcos não pode ser uma criação cristão-primitiva, já que seu monoteísmo exclui a veneração de Jesus como Senhor ao lado de Deus e a imagem positiva dos doutores da lei aponta para um tempo anterior às tensões entre cristãos e judeus." Theissen supõe que Jesus tenha adotado o mandamento duplo de João Batista.

uma particularidade do anúncio de Jesus que documenta sua pretensão[172]. Tanto mais que a abolição dos limites do "próximo" no sentido da perspectiva nacional de Lv 19,18 ilustra o mandamento do amor aos inimigos. A forte história da recepção (cf. Mc 12,28-34 par; Gl 5,14; Rm 13,8-10; Jo 13,34s) é igualmente um argumento para a tese de que há um impulso de Jesus na origem do duplo mandamento do amor.

4) O conteúdo material do duplo mandamento do amor encontra-se não só na tradição dos ditos, mas também na tradição narrativa. O *amor em relação a pessoas forasteiras* é ilustrado na narrativa-modelo do Bom Samaritano (Lc 10,30-37)[173], que responde a pergunta sobre quem é meu próximo. Trata-se do alcance e do limite da obrigação do amor. Jesus conta a história a partir da perspectiva do homem que foi assaltado. No exemplo do samaritano, religiosa e politicamente discriminado, ele mostra que a obrigação do amor não tem fronteiras e que não encontra seu limite naquilo que é habitual e tolerável. O contraste entre os dois judeus sem amor e o samaritano misericordioso é intencional; é um efeito de desfamiliarização que procura mostrar que o amor ao próximo não se orienta por convenções e preconceitos, mas ousa passar por cima deles e superar em liberdade soberana aqueles obstáculos que normalmente obstruem a aproximação entre as pessoas. O amor aos pecadores é demonstrado pela narrativa da pecadora em Lc 7,36-50[174]. A

---

[172] M. HENGEL, "Jesus der Messias Israels", in IDEM, A. M. SCHWEMER, *Der messianische Anspruch Jesu* (cf. abaixo 3.9), p. 75, vê na formulação do duplo mandamento do amor "no além de Moisés e todos os profetas" um indício da pretensão messiânica de Jesus.

[173] Para a interpretação, cf. W. HARNISCH, *Die Gleichniserzählungen Jesu* (cf. acima 3.4.3), pp. 275-296; PH. F. ESLER, "Jesus und die Reduzierung von Gruppenkonflikten", in W. STEGEMANN, B. J. MALINA, G. THEISSEN (org.), *Jesus in neuen Kontexten* (cf. acima 3), pp. 197-211.

[174] A narrativa atual não remonta a Jesus, mas mesmo assim é possível atribuir a Jesus uma forma básica com um esquema narrativo estável: "a) Jesus é convidado para uma refeição; b) vem uma mulher e unge Jesus; c) esse gesto provoca uma reação negativa; d) Jesus defende a mulher acusada e e) reconhece seu ato como digno de louvor"; F. BOVON, *Lk I* (cf. abaixo 8.4), pp. 387s.

comunhão com Deus, concedida por Jesus, não se orienta pelas barreiras religiosas, mas pelas necessidades das pessoas que procuram sinceramente o perdão.

Ética do amor

Em termos de conteúdo, a exigência do amor é o centro da ética de Jesus. O mandamento do amor é *radical*, já não permite restrições e nisso corresponde à bondade irrestrita do criador. A exigência jesuânica do amor é *concreta*, pois nos textos predominam exemplos concretos: abençoar, fazer o bem, reconciliar-se, perdoar, não chamar o irmão de "louco", devolver às pessoas pobres o que se está devendo e dar seu patrimônio de presente; não julgar, não ver apenas o cisco no olho do irmão. Para Jesus não se trata absolutamente de uma nova atitude, pois tanto a concretude das exigências como seu caráter radical e aguçado deveriam destruir qualquer dúvida sobre se eram sérias ou não. Justamente em seu radicalismo, a exigência jesuânica do amor é *exemplar*. Suas palavras são sentenças exemplares, suas narrativas são histórias exemplares, e seus atos são atuações exemplares que liberam sua força em situações diferentes de maneira diferente. Não podem ser aplicados na escala 1:1, pois faz parte da natureza do amor que ele é espontâneo e que, como um evento que abrange todo o ser humano, realiza-se em cada situação nova de maneira nova. Nesse sentido, as exigências de Jesus não são preceitos, mas muito mais do que isto: são instruções exemplares; selecionam exemplos modelares que podem ser lembrados facilmente graças a seu caráter ilustrativo e que mostram o rosto que poderia ter a conduta intencionada por Jesus. O âmbito de validade das exigências de Jesus vai muito além daquilo que é diretamente tematizado nos textos. Ao mesmo tempo, a obediência diante das exigências de Jesus inclui sempre o momento da liberdade própria, para descobrir o que o amor significa concretamente numa situação nova. As abolições de limites e fronteiras exigidas por Jesus não levam absolutamente à ausência de limites, mas orientam-se ativamente no amor, cuja forma não pode ser arbitrária.

3.6 Jesus como curador: as forças maravilhosas de Deus

PESCH, R. *Jesu ureigene Taten?* Freiburg, 1970; SCHMITHALS, W. *Wunder und Glaube.* BSt 59. Neukirchen, 1970; BÖCHER, O. *Christus Exorcista.* BWANT 96. Stuttgart, 1972; THEISSEN, G. *Urchristliche Wundergeschichten.* Gütersloh, 1974; PETZKE, G. "Die historische Frage nach den Wundern Jesu". In *NTS* 22 (1976): 180-204; KERTELGE, K. "Die Wunder Jesu in der neueren Exegese". In *Theologische Berichte* 5 (1976): 71-105; BETZ, O.; GRIMM, W. *Wesen und Wirklichkeit der Wunder Jesu.* ANTI 2. Frankfurt, 1977; KRATZ, R. *Rettungswunder.* Frankfurt, 1979; SUHL, A. (org.). *Der Wunderbegriff im Neuen Testament.* WdF 295. Darmstadt, 1980; SMITH, M. *Jesus der Magier.* Munique, 1981; WEDER, H. "Wunder Jesu und Wundergeschichten". In *VuF* 29 (1984): 25-49; HOGAN, L. E. *Healing in the Second Temple Period.* NTOA 21. Freiburg/Göttingen, 1992; WOLTER, M. "Inschriftliche Heilungsberichte und neutestamentliche Wundererzählungen". In *Studien und Texte zur Formgeschichte.* TANZ 7, editado por K. BERGER, F. VOUGA, M. WOLTER, D. ZELLER, pp. 135-175. Tübingen/Basileia, 1992; MEIER, J. P. *A Marginal Jew II* (cf. acima, 3), pp. 509-1038; TWELFTREE, G. H. *Jesus the Exorcist.* WUNT 2.54. Tübingen, 1993; TRUNK, D. *Der messianische Heiler.* HBS 3. Freiburg, 1994; KAHL, W. *New Testament Miracle Stories in their Religious-Historical Setting.* FRLANT 163. Göttingen, 1994; THEISSEN, G.; MERZ, A. *Der historische Jesus* (cf. acima, 3), pp. 256-283; KOLLMANN, B. *Jesus und die Christen als Wundertäter.* FRLANT 170. Göttingen, 1996; IDEM. *Neutestamentliche Wundergeschichten.* Stuttgart, 2002; BECKER, M. *Wunder und Wundertäter im frührabbinischen Judentum.* WUNT 2.144. Tübingen, 2002; NIEBUHR, K.-W. "Jesu Heilungen und Exorzismen". In *Frühjudentum und Neues Testament im Horizont Biblischer Theologie.* WUNT 162, editado por W. KRAUS, K.-W. NIEBUHR, pp. 99-112. Tübingen, 2003; SCHENKE, L. "Jesus als Wundertäter". In *Jesus von Nazaret – Spuren und Konturen*, editado por IDEM, pp. 148-163. Stuttgart, 2004; LABAHN, M.; PEERBOLTE, B. J. (org.). *Wonders never Cease. The Purpose of Narrating Miracle Stories in the New Testament and its Religious Environment.* LNTS 288. Londres, 2006.

Jesus de Nazaré foi percebido em primeiríssimo lugar como curandeiro, e *seu carisma de cura fundou o sucesso de sua atuação*. Tanto os Sinóticos como o Evangelho de João colocam a atuação exorcista e terapêutica bem-sucedida de Jesus no centro de suas abordagens[175].

---

[175] Deve-se mencionar também o testemunho de JOSEFO, Ant 18,63s, que deve ser histórico em seu cerne (cf. G. THEISSEN, A. MERZ, *Der historische Jesus* [cf. acima, 3],

Todos os critérios da pergunta por Jesus (cf. acima, 3.1.2) permitem unicamente a conclusão de que Jesus se apresentou, sobretudo nas aldeias em torno do Lago de Genesaré, como curandeiro influente, que ele era venerado pela população pobre e que reuniu em torno de si pessoas que o seguiram.

3.6.1 O ambiente histórico-cultural

Na Antiguidade (e não só nela), curandeiros são um fenômeno histórico-cultural geral. A atuação de Jesus ocorre no contexto de milagreiros judaicos e helenísticos[176]. Nos *textos de Qumran* encontram-se, no contexto de uma doutrina bem elaborada de espíritos, claras referências a práticas mágico-farmacológicas e ritos de conjuração para o combate aos demônios[177]. "Como os textos encontrados em Qumran que indicam a expulsão de demônios se comprovaram segundo sua origem majoritariamente como não essênios, as práticas de cura neles implicadas são representativos para outros segmentos do judaísmo contemporâneo, para além da comunidade de Qumran."[178] Na tradição rabínico-primitiva, Choni o Traçador de Círculos e rabi Chanina ben Dosa são de importância especial. Choni (séc. I a. C.) realizou milagres de chuva ao traçar círculos mágicos e é mencionado tanto na tradição rabínica como em Josefo (Ant 14,22-24)[179]. Chanina ben

---

pp. 74-82) e que menciona Jesus também como milagreiro: "[...] Pois ele era o realizador de atos totalmente inacreditáveis e o mestre de todas as pessoas [...]"; além disso é notável "que a história de recepção intrajudaica tenha um vínculo íntimo com os milagres de Jesus – mais íntimo, em todo caso, do que qualquer afirmativa anunciadora de Jesus!" (M. BECKER, *Wunder und Wundertäter im frührabbinischen Judentum*, p. 424).

[176] Cf. a respeito a abordagem em B. KOLLMANN, *Jesus und die Christen als Wundertäter* (cf. acima 3.6), pp. 61-118 (helenismo); pp. 118-173 (judaísmo antigo).

[177] Deve-se mencionar sobretudo 4Q 510,4s: " [...] e eu, o sábio, proclamo a majestade de sua beleza, para chamar temor e terror sobre todos os espíritos dos anjos da destruição e sobre os espíritos dos bastardos, sobre os demônios, sobre Lilit [...]" (citação segundo B. KOLLMANN, *Jesus und die Christen als Wundertäter* [cf. acima, 3.6], p. 136).

[178] B. KOLLMANN, *op. cit.*, p. 137.

[179] Cf. a respeito M. BECKER, *Wunder und Wundertäter im frührabbinischen Judentum* (cf. acima, 3.6), pp. 290-337.

Dosa apresentou-se, assim como Jesus, no séc. I na Galileia. Parece que atuou principalmente como curador (que curou especialmente pela oração), mas são-lhe atribuídos também numerosos outros milagres (curas à distância, poder sobre demônios)[180]. Além disso, o tratado *Abbot* da Mishná transmite três ditos de Chanina ben Dosa que o apresentam "*as a warm-hearted lover of men, a true Chasid*" (um cordial amante dos seres humanos, um verdadeiro *chasid* [piedoso])[181]. Provavelmente é mais do que uma coincidência que os dois milagreiros judaicos mais importantes do séc. I atuassem na Galileia. Aparentemente, as características climáticas e culturais desse país favoreciam os eventos extraordinários que se deram em suas fronteiras. Como um fenômeno autônomo devem se avaliar aqueles *profetas judaicos* do séc. I d. C. *que operavam sinais*[182]. Nas décadas antes da irrupção da Guerra Judaica apresentaram-se na Palestina, segundo Josefo, constantemente profetas que realizavam sinais e que procuravam legitimar suas pretensões (políticas) por meio de milagres escatológicos. Um profeta da Samaria prometeu em torno de 35 d. C. a seus adeptos que encontraria os vasos perdidos do templo no Garizim (Josefo, Ant 18,85-87). Os samaritanos tomaram as armas e foram para o monte santo. Pouco depois de 44 d. C., Teudas anunciou que o Jordão se partiria (Ant 20,97-99), o que teria sido uma repetição do milagre no Jordão transmitido de Josué e Elias (cf. Js 3; 2Rs 2,8). O procurador Fado mandou decapitar Teudas e matar muitas pessoas que eram seus adeptos. Sob o procurador Félix (52-60 d.C.) apresentou-se um profeta anônimo que realizava milagres no deserto e sinais para anunciar um novo êxodo (Ant 20,167-168; Bell 2,259). Um profeta proveniente do Egito levou seus adeptos ao Monte das Oliveiras e prometeu que as muralhas de

---

[180] Apresentação e análise pormenorizada de todos os textos importantes em M. BECKER, *Wunder und Wundertäter im frührabbinischen Judentum* (cf. acima, 3.6), pp. 337-378. BECKER, op. cit., p. 377, avalia com razão que os textos que designam Chanina como "Filho de Deus" são um reflexo de tradições cristãs.

[181] G. VERMES, "Hanina ben Dosa", in: IDEM, *Post-Biblical Jewish Studies*. SJLA 8 (Leiden: 1975), pp. 178-214, aqui: p. 197.

[182] Cf. P. BARNETT, "The Jewish Sign Prophets – A. D. 40-47. Their Intentions and Origin", in *NTS* 27 (1981): 679-697.

Jerusalém cairiam a sua ordem (Ant 20,168-172; Bell 2,261-263; cf. At 21,38). Os romanos intervieram novamente e mataram muitas pessoas que o seguiam. Característica para os profetas que operam sinais é uma combinação de motivos escatológicos e político-sociais: os milagres do início repetem-se no tempo escatológico e são, como sinais de credenciamento, a ignição de outros acontecimentos do tempo de salvação que está começando, entre os quais está também a libertação da casa de Israel dos romanos. Segundo At 5,36, Jesus com seus milagres e sinais foi entendido por seus adversários como um profeta dessa espécie, e o processo dos romanos contra Jesus mostra que atribuíram Jesus de Nazaré a essa categoria (cf. abaixo, 3.10.1).

No amplo campo de *curadores/taumaturgos helenistas* é de especial importância o filósofo itinerante neopitagórico Apolônio de Tiana (falecido em torno de 96/97 d. C.), cuja biografia foi registrada por escrito no séc. III por Filóstrato[183]. Por trás de numerosos embelezamentos lendários vislumbra-se uma figura que dispunha, em serenidade e soberania filosófica, de numerosas habilidades em todos os campos de conhecimento da época, que operava milagres de demonstração, mas também de cura, que salvava pessoas de diversos perigos e que constantemente vivia conflitos com os governantes da época. Chama a atenção que não só para quase todas as curas e milagres de Jesus há algo comparável em Apolônio[184], mas que também seu início (nascimento milagroso) e seu fim (ressurreição e aparições) oferecem paralelos, de modo que Jesus de Nazaré e Apolônio de Tiana podem efetivamente ser considerados figuras paralelas[185].

---

[183] Cf. a respeito E. KOSKENNIEMI, *Apollonius von Tyana in der neutestamentlichen Exegese*. WUNT 2.61. Tübingen, 1994.

[184] Um elenco dos textos comparáveis encontra-se em G. PETZKE, *Die Traditionen über Apollonius von Tyana und das Neue Testament*. SCHNT I (Leiden, 1970), pp. 124-134; cf. também a abrangente coleção de material em: G. LUCK, *Magie und andere Geheimlehren in der Antike* (Stuttgart, 1990).

[185] Num ponto manifesta-se claramente uma influência cristã sobre as tradições de Apolônio, pois a narrativa do reavivamento de uma jovem mulher em Roma (FILÓSTRATO, Vit Ap IV 45), deve-se provavelmente a Lc 7,11-17.

3.6.2 A diversidade da atuação curadora de Jesus

Os *exorcismos* formam o centro da atuação curadora de Jesus[186]. Eles se encontram em todas as camadas da tradição, na tradição dos ditos e das narrativas, não demonstram, na maioria dos casos, um interesse pós-pascal e combinam com a atuação geral de Jesus[187]. Além disso, a controvérsia de Beelzebu[188] mostra que a controvérsia sobre a origem de suas capacidades curadoras irrompeu provavelmente ainda durante sua vida: "Ele está possuído por Beelzebu, e: é pelo príncipe dos demônios que ele expulsa os demônios" (Mc 3,22b). Jesus responde a essa acusação com uma palavra sapiencial, segundo a qual o reino de Satanás não poderia subsistir se fosse dividido. Sua própria atuação exorcista bem sucedida, porém, aponta para algo muito diferente: "Ninguém pode invadir a casa do forte e roubar seus pertences, se primeiro não amarrar o forte; só então poderá roubar sua casa" (Mc 3,27; cf. Mt 9,34). *O despoderamento fundamental de Satanás e a restituição da vida segundo a intenção criacional possibilitada por isso eram aparentemente o centro da experiência da realidade que Jesus fazia e que foi produzida e simultaneamente confirmada pelos exorcismos.* Apontam para esse fato, ao lado de Mc 3,27, especialmente a visão de Jesus em Lc 10,18 ("Eu vi Satanás cair do céu como um relâmpago")[189], a relação entre os

---

[186] Sobre isto há consenso na pesquisa atual; basta conferir D. TRUNK, *Der messianische Heiler* (cf. acima, 3.6), pp. 428s; B. KOLLMANN, *Jesus und die Christen als Wundertäter* (cf. acima, 3.6), pp. 306s.

[187] Uma análise de todos os textos encontra-se em B. KOLLMANN, *Jesus und die Christen als Wundertäter* (cf. acima, 3.6), pp. 174-215.

[188] Para uma análise detalhada, cf. D. TRUNK, *Der messianische Heiler* (cf. acima, 3.6), pp. 40-93.

[189] O significado de Lc 10,18 não é consenso na exegese; especialmente S. VOLLENWEIDER, "'Ich sah den Satan wie einen Blitz vom Himmel fallen' (Lk 10,18)", in *ZNW* 79 (1988): 187-203; H. WEDER, *Gegenwart und Gottesherrschaft* (cf. acima, 3.4), p. 43 ("Jesus não traz a *basileia*, mas a *basileia* traz em sua esteira Jesus. Por isso, Jesus não é um fator na luta pela revirada escatológica, ao contrário, sua vida representa a celebração dessa revirada.") negam que a metafórica da luta seja típica do anúncio e da atuação de Jesus. Contradizem a tal argumentação genérica não só numerosos textos concretos (por exemplo, o pedido pela libertação do mal em Mt 6,13b faz sentido somente quando o mal ainda consegue impor seu poder), mas principalmente o conceito dinâmico do Reino de Deus que pressupõe a

exorcismos e o Reino de Deus que está vindo (Q 11,20), e o pedido no Pai Nosso pela libertação do mal (Mt 6,13b). A luta contra o Mal ou contra o Mau (o Maligno), respectivamente, foi o conteúdo central do ensinamento e da atuação de Jesus[190]. Dessa maneira, ele compartilha convicções do judaísmo antigo, segundo as quais o despoderamento do diabo e de seus demônios é um sinal da irrupção do tempo escatológico (cf. AsMs 10,1: "E então aparecerá seu domínio [isto é, de Deus] sobre toda sua criação, e então o diabo não será mais, e com ele será afastada a tristeza"; além disso, TestDan 5,10-13;TestLev 18,12; Js 24,21s; Jub 10,1.5; 1QS 3,24s; 4,20-22; 1QM 1,10 etc.).

Para Jesus, a verdadeira oposição à vinda do Reino de Deus é o domínio de Satanás. Diante do Reino de Deus que está vindo e que se manifesta nos milagres de Jesus[191], pessoas são agora libertadas dos poderes de Satanás que as oprimem e levadas de volta a seu destino segundo a criação (cf. Q 7,22s). Especialmente os exorcismos visam o restabelecimento de um estado segundo a criação, são sinais de protesto contra a subjugação do ser humano pelo mal (cf. Lc 13,16: "Mas esta filha de Abraão, que Satanás manteve amarrada há dezoito anos, não deveria ser libertada de suas amarras no dia de sábado?")[192]. A narrativa da volta do espírito imundo (Q 11,24-26) mostra o quanto Jesus vivia no âmbito de imaginários exorcistas habituais. No exorcismo ocorre um acontecimento de luta. Jesus vence por meio de técnicas habituais (ameaça ao demônio, pergunta pelo nome, palavra de expulsão, proibição da volta) particularmente espíritos que tornam

---

destruição básica, mas ainda não totalmente ocorrida de Satanás. Para o significado de Lc 10,18 cf., entre outros, H. MERKLEIN, *Jesu Botschaft von der Gottesherrschaft* (cf. acima, 3.4), pp. 68-72; J. BECKER, *Jesus von Nazaret* (cf. acima, 3), pp. 211-233; B. KOLLMANN, *Jesus und die Christen als Wundertäter* (cf. acima, 3.6), pp. 191-195; M. THEOBALD, "'Ich sah den Satan aus dem Himmel stürzen'. Überlieferungskritische Beobachtungen zu Lk 10,18-20", in *BZ* 49 (2005): 174-190; T. ONUKI, *Jesus* (cf. acima, 3), pp. 48s.

[190] Cf. H. STEGEMANN, *Der lehrende Jesus* (cf. acima, 3.5), p. 15.
[191] Cf. G. THEISSEN, *Urchristliche Wundergeschichten* (cf. acima, 3.6), p. 277: "O próprio Jesus compreende seus milagres como eventos que apontam para algo inédito".
[192] Lc 13,11-13 é uma narrativa de exorcismo (v. 11: "... uma mulher tinha havia dezoito anos um espírito que a tornava enferma...") que se tornou secundariamente uma narrativa de cura em dia de sábado (cf. o v. 14).

enfermo e liberta, entre outros, de epilepsia (Mc 1,23-28; 9,14-29) e de distúrbios maníacos (Mc 5,1-20)[193].

Para uma estreita relação entre exorcismos e curas/terapias aponta Lc 13,32b: "Eis que eu expulso demônios e realizo curas". Nas terapias não há uma luta, mas no centro está a transferência da força sanadora para a pessoa doente[194]. Aqui, a doença/enfermidade aparece como uma falta de força vital, como fraqueza até a proximidade da morte, que é combatida com uma contraforça positiva. A transferência dessa contraforça pode se dar de diversas maneiras: em Mc 5,25-34 (cura de uma mulher com hemorragia), a força curadora é ativada sem o conhecimento de Jesus. Em Mc 1,29-31 (cura da sogra de Pedro) é o toque que tem um efeito curador, e no leproso (Mc 1,40-45), um toque e uma palavra operadora de milagre realizam a cura. Práticas de cura (por exemplo, saliva, palavra operadora de milagre) são descritas em Mc 7,31-37 (cura de um surdo-mudo) e Mc 8,22-26 (cura de um cego). Na cura do cego Bartimeu (Mc 10,46-52) está no centro o motivo da fé. Curas à distância são descritas em Mc 7,24-30 (a filha da mulher sirofenícia) e em Mt 8,5-10.13 (o servo do centurião de Cafarnaum); ambas as tradições devem ter preservado como cerne mais antigo da memória a cura de uma criança gentia por Jesus. Não só a tradição narrativa, também a dos ditos atesta a atuação de Jesus como curandeiro. O louvor das testemunhas oculares em Q 7,22s pressupõe-a: "Cegos voltam a ver, e coxos andam, leprosos são purificados, e surdos ouvem. Mortos são ressuscitados, e a pessoas pobres é anunciada a boa nova. E feliz é quem não ficar escandalizado por causa de mim!" Este texto tem um paralelo notável em 4Q 521, onde são também elencadas as obras

---

[193] CHR. STRECKER, "Jesus und die Besessenen", in W. STEGEMANN, B. J. MALINA, G. THEISSEN (org.), *Jesus in neuen Kontexten* (cf. acima, 3), pp. 53-63, volta-se com razão contra padrões explicativos psicológicos de quadros clínicos neotestamentários que realizam racionalizações e patologizações para inseri-los assim em nossa realidade. Ele define os exorcismos de Jesus como atos rituais performativos, pelos quais "há uma nova constituição da identidade da pessoa possuída, um novo regulamento da ordem dos lugares na arena social e um novo estabelecimento da ordem cósmica" (op. cit., p. 60).

[194] Para a análise dos textos, cf. B. KOLLMANN, *Jesus und die Christen als Wundertäter* (cf. acima, 3.6), pp. 215ss.

divinas do Ungido para o estabelecimento da salvação escatológica[195]: a libertação de pessoas presas, a abolição de cegueira e o erguimento de quem está oprimido (cf. Is 42,7); além disso, é dito: "Deus vai curar os enfermos, ressuscitar os mortos e anunciar aos miseráveis uma boa nova". Também Q 10,23s ("Felizes os olhos que veem o que vós vedes [...]. Pois eu vos digo: muitos profetas e reis quiseram ver o que vós vedes, mas não o viram, ouvir o que vós ouvis, mas não o ouviram") mostra que o tempo presente foi considerado por Jesus o tempo da virada para a salvação.

Milagres relacionados a normas encontram-se na tradição de Jesus em relação às problemáticas dos pecados e do sábado e têm a função[196] de fundar uma nova prática. Em Mc 2,23-28; 3,1-6, Jesus adota o princípio judaico de que situações de emergência permitem a suspensão do mandamento do sábado, mas simultaneamente o amplia; em Mc 2,1-12, ele reivindica para si a autoridade de perdoar pecados que cabe exclusivamente a Deus. Todos os três textos são, em sua forma atual, de redação pós-pascal, mas os ditos em seus cernes remontam a Jesus (Mc 2,10s.27; 3,4s), e também sua localização em conflitos com os fariseus e doutores da lei deve ser historicamente correta.

> Enquanto os exorcismos, as curas e os milagres relacionados a normas estão muito provavelmente ancorados na atuação de Jesus, levantam-se numerosas perguntas histórico-traditivas no caso dos assim chamados *milagres relacionados à natureza* (milagres de doação: Mc 6,30-44 par; 8,1-10 par; milagres de salvamento: Mc 4.35-41; epifanias: Mc 6,45-52 par)[197]. No caso das narrativas da alimentação, a referência a 2Rs 2,42-44, as alusões eucarísticas, as tradições duplas e a potencialização do milagroso são claros argumentos em favor de uma origem pós-pascal. Os numerosos paralelos histórico-religiosos, as alusões veterotestamentárias e os fortes motivos cristológicos fazem com que também a caminhada sobre as águas e o acalmamento da

---

[195] Cf. a respeito J. ZIMMERMANN, *Messianische Texte aus Qumran*. WUNT 2.104 (Tübingen: 1998), pp. 343-389.
[196] Para distinguir entre terapias e milagres relacionados a normas, cf. G. THEISSEN, *Urchristliche Wundergeschichten* (cf. acima, 3.6), pp. 94ss.
[197] Cf. a argumentação em B. KOLLMANN, *Jesus und die Christen als Wundertäter* (cf. acima, 3.6), pp. 271-280 (ali também a análise dos textos aqui não elencados).

tempestade apareçam como formações pós-pascais. Ressuscitamentos de mortos por Jesus (cf. Mc 5,22-24.35-43; Lc 7,11-17) são, por um lado, pressupostos pela tradição primitiva (cf. Q 7,22s), mas, por outro, devem ser mesmo assim formações pós-pascais, porque variam da ressurreição de Jesus.

3.6.3 *Jesus de Nazaré como curador*

Historicamente não se pode negar uma atuação de Jesus no sentido de curas e exorcismos milagrosos.[198] Sua interpretação teológica precisa considerar três particularidades:

1) A combinação de milagre e escatologia em Jesus (cf. Q 11,20) é singular em termos histórico-religiosos, isto é, os exorcismos e as curas estão inseridas numa visão geral escatológico-teocêntrica. Com o despoderamento fundamental de Satanás (cf. Mc 3,27; Lc 10,18), o Reino de Deus ganha espaço.
2) Também a ênfase no tema da fé, presente na tradição neotestamentária dos milagres, é singular e aparece tanto na tradição das palavras (Mc 11,22s) como na tradição das narrativas (Mc 9,23s; 10,52a). A confiança incondicional das pessoas enfermas em si mesmas e em Jesus é indivisível e desenvolve forças inusitadas.
3) Não só a perspectiva escatológica, mas também a *dimensão teológico-criacional* dos exorcismos e das curas deixa claro que os milagres pertencem ao *contexto geral* da atuação de Jesus. Trazer o domínio de Deus presente ocorre em parábolas, na comunhão de mesa com cobradores de impostos e pecadores, na ética e na interpretação da lei jesuânicas e em seus exorcismos e curas. Especialmente as últimas possuem uma dimensão teológico-criacional; visam o restabelecimento de um estado que corresponde à criação, são sinais de protesto contra a opressão das pessoas pelo Mal. Na atuação sanadora de Jesus manifesta-se uma

---

[198] Cf. G. THEISSEN, Urchristliche Wundergeschichten (cf. acima, 3.6), p. 274; H. WEDER, Wunder Jesu und Wundergeschichten (cf. acima, 3.6), p. 28; B. KOLLMANN, *Jesus und die Christen als Wundertäter* (cf. acima, 3.6), pp. 306s.

imagem integral do ser humano, pois o ser humano é visto como um ser espiritual/intelectual, psíquico, físico e social, sem distinção de valor nessas dimensões. Na Antiguidade, doenças acarretavam por via de regra a exclusão social[199], de modo que as curas de Jesus concedem também uma reintegração na sociedade. Tudo isso distingue Jesus de Nazaré dos magos, porque suas curas pressupõem uma relação pessoal, funcionam com um mínimo de práticas e visam a estabilidade social e confiança/fé[200]. Diferentemente de outras pessoas, Jesus não aceitava dinheiro por suas curas (cf. Mc 5,26) e não fazia distinção entre ricos e pobres (cf. Q 7,3.8). Além disso, rejeitava milagres de demonstração (cf. Mc 8,11s par) e não realizou milagres de punição[201].

A compreensão do caráter construtivo e, com isso, também da relatividade e da mudança constante de visões de mundo modernas conferem uma nova qualidade ao olhar para a atuação criadora de Deus em todas as suas dimensões. A fixação e redução à pergunta pela facticidade de "milagres" obstruiu por muito tempo a percepção da multidimensionalidade da atuação sanadora de Jesus. Ela está inteiramente integrada em sua atuação geral em palavra e ato e torna experienciável, visivelmente e no corpo e na alma, a vinda sanadora de Deus em seu Reino.

---

[199] Por exemplo, possessão e lepra levavam à exclusão da comunhão social; cegueira e distúrbios motores tinham geralmente a consequência da abolição da capacidade lucrativa e, dessa maneira, inevitavelmente do empobrecimento e da mendicância.

[200] Contra J. D. CROSSAN, Der historische Jesus (cf. acima, 3), pp. 198-236, que apresenta Jesus como um mago sociorrevolucionário. M. SMITH, Jesus der Magier (cf. acima, 3.6), pp. 240ss, opina que Jesus não só realizava práticas e ritos mágicos, mas que divulgava também ensinamentos mágicos e que tinha uma autocompreensão mágica; cf. a respeito J.-A. BÜHNER, "Jesus und die antike Magie. Bemerkungen zu M. Smith, Jesus der Magier", in EvTh 43 (1983): 156-175; M. BECKER, Wunder und Wundertäter im frührabbinischen Judentum (cf. acima, 3.6), pp. 425-430.

[201] Mc 11,12-14.20s (a maldição da figueira) deve ser pós-pascal; cf. B. KOLLMANN, Jesus und die Christen als Wundertäter (cf. acima, 3,6), pp. 275s.

3.7 O juízo iminente: nada fica sem consequências

BRANDENBURGER, E. Verbete "Gericht III". In *TRE* 12 (1984), 469s; REISER, M. *Die Gerichtspredigt Jesu*. NTA 23. Münster, 1990; BECKER, J. *Jesus von Nazaret* (cf. acima, 3), pp. 58-99; KLAUCK, H.-J. (org.). *Weltgericht und Weltvollendung.* QD 150. Freiburg, 1994; ZAGER, W. *Gottesherrschaft und Endgericht in der Verkündigung Jesu*. BZNW 82. Berlim, 1996; WRIGHT, N. T. *Jesus* (cf. acima, 3), pp. 320-368; RINIKER, CHR. *Die Gerichtsverkündigung Jesu*. EHS 23.653. Frankfurt, 1999; WOLTER, M. "'Gericht' und 'Heil' bei Jesus von Nazareth und Johannes dem Täufer". In J. SCHRÖTER, R. BRUCKER (org.). *Der historische Jesus*. BZNW 114. Berlin, 2002, pp. 355-392.

Segundo o testemunho do Antigo Testamento, a atuação escatológica de Deus realiza-se como uma atuação julgadora para a salvação ou para a condenação[202]. O conceito do juízo pertence aos elementos fundamentais da visão de mundo do Antigo Testamento e dos escritos do judaísmo antigo[203], e João Batista colocou o aspecto da condenação no centro de sua mensagem que nos foi transmitida (cf. acima, 3.2.1). Por isso, não surpreende que se encontra entre as tradições de Jesus também o conceito de que Deus atuaria para condenar.

Teologicamente, o conceito do juízo com forte ênfase na condenação é ambivalente. Muitas vezes, ele nasce das fantasias de grandeza daqueles grupos que o criaram como compensação para sua atual falta de sucesso, seu fracasso, incompetência, impotência ou opressão: por meio de seu juízo, que condena e traz desgraça, Deus deve restabelecer a justiça no futuro. Tal desejo pode ser compreensível, mas não é uma justificativa para a aniquilação de vida solicitada a Deus. No entanto, o conceito do juízo não se esgota nesse tipo de determinação

---

[202] Cf. B. JANOWSKI, Verbete "Gericht", in *RGG4* 3 (Tübingen: 2000), p. 733: "Deus 'salva' ao 'julgar', isto é, ao condenar a injustiça e não deixar o mal impune. [...] No horizonte da justiça conectiva, 'julgar' e 'salvar' são correlatos de atuação, e o juízo de Deus é a resposta teológica à pergunta pela última instância que fundamenta a vida e a atuação justas."

[203] Cf., por exemplo, HenEt 50-56; uma análise dos textos relevantes encontra-se em M. REISER, *Die Gerichtspredigt Jesu*, pp. 9-152.

mais negativa (cf. abaixo, 6.8.3). Ele expressa positivamente que Deus não se comporta com indiferença em relação à vida de uma pessoa e à história em sua totalidade. Se não houvesse a atuação escatológica de Deus como ato de salvar/condenar por meio do juízo, as obras e atos de uma pessoa ficariam ser serem avaliados, portanto, abertos para interpretações diferentes. A injustiça triunfaria sobre a justiça; o mal ou o negativo, respectivamente, teria a última palavra. Justamente como criador, Deus manifesta em sua atuação julgadora que assume sua responsabilidade por sua criação.

3.7.1 *Jesus como representante do juízo de Deus*

Como o Batista, também Jesus de Nazaré não adota a oposição "Israel *versus* gentios", mas entende que todo Israel está ameaçado pela condenação e desgraça.

A condenação de Israel

A mensagem jesuânica da salvação dirige-se a um Israel que desgastou suas promessas divinas de aliança e cuja eleição se torna uma acusação. Isto é atestado pelo dito duplo sobre os galileus assassinados e os hierosolimitanos vítimas de um desabamento (Lc 13,1-5): "[...] (Porventura) acreditais que estes eram mais pecadores do que todos os outros galileus? Não, eu vos digo: se não vos converterdes, perecereis todos do mesmo modo! Ou aqueles dezoito que a torre de Siloé matou em sua queda, (porventura) julgais que eram mais pecadores do que todos os outros habitantes de Jerusalém? Não, eu vos digo: se não vos converterdes, perecereis todos do mesmo modo!" Jesus tira conscientemente dois eventos particulares do contexto isolado de atuação e destino e coloca-os num horizonte teológico. Dessa maneira, os eventos se tornam um *menetekel* para todo Israel, sobre o qual se desabará a desgraça do mesmo modo terrível e inesperado, se ele não se converter. Conversão significa para Jesus voltar-se para sua mensagem, conversão é voltar-se para sua pessoa.

Essa pretensão particular manifesta-se também em Q 11,31s[204]: "A Rainha do Sul será ressuscitada no julgamento, juntamente com esta geração, e ela a condenará [...]. Os homens de Nínive serão ressuscitados no julgamento, juntamente com esta geração, e eles a condenarão [...]". Jesus atribui a "esta geração", isto é, a todo Israel como grandeza uniforme, uma sentença de culpa no juízo, a não ser que se converta e aceite sua mensagem. Os ais sobre as cidades galileias[205] em Q 10,13-15 mostram claramente um parentesco com a palavra sobre a Rainha do Sul e sobre Nínive e não são menos provocantes: "Ai de ti, Corazim! Ai de ti, Betsaida! Pois se em Tiro e Sidônia tivessem acontecidos os atos de poder que em vós se realizaram, há muito teriam se convertido, usando cilício e cinzas. Contudo, Tiro e Sidônia terão no juízo um destino mais suportável que vós. E tu, Cafarnaum, porventura serás elevada até o céu? Cairás até o reino dos mortos!"

As cidades gentias de Tiro e Sidônia eram objeto de numerosas palavras veterotestamentárias de juízo (cf. Is 23,1-4.12; Jr 25,22; 47,4; Ez 27,8; 28,21s; Jl 4,4); Jesus retoma essa tradição e desfamiliariza ideias habituais: a condenação não se volta contra os gentios, mas contra Israel. O critério é a atitude em relação aos milagres de Jesus que são testemunhos da vinda do Reino de Deus e, dessa maneira, também da pretensão de Jesus. Sob esse aspecto, a sentença sobre Cafarnaum, lugar principal da atuação de Jesus, já foi emitida. Um caráter semelhantemente ameaçador mostra-se no dito da peregrinação das nações em Q 13,29.28 e na parábola do grande banquete em Lc 14,15-24/Mt 22,1-10 (cf. acima, 3.4.5), nos quais se rejeita igualmente a habitual posição privilegiada de Israel. Finalmente, a função julgador escatológica dos Doze em Q 22,28.30 deixa claro que o decisivo para o destino no juízo é a atitude em relação a Jesus.

---

[204] Análise em M. REISER, *Die Gerichtspredigt Jesu* (cf. acima, 3.7), pp. 192-206; CHR. RINIKER, *Die Gerichtsverkündigung Jesu* (cf. acima, 3.7), pp. 287-300.

[205] Cf. a respeito CHR. RINIKER, *Die Gerichtsverkündigung Jesu* (cf. acima, 3.7), pp. 301-333.

A condenação da pessoa individual

O segundo grande âmbito de ditos jesuânicos sobre a condenação diz respeito às pessoas individuais. Ele é o pano de fundo de Mt 7,1s ("Não julgueis para não serdes julgados [...]"), pois o juízo iminente de Deus é a motivação da conduta exigida. O motivo do juízo em Q 17,34s ganha um caráter especialmente agudo: "Digo-vos, naquela noite dois homens estarão num campo, um será tomado e um será deixado. Duas mulheres estarão moendo num moinho, uma será tomada e uma será deixada". A afirmação de Jesus é apodíctica e provocante; a condenação/desgraça é incalculável, pode se abater sobre qualquer pessoa, e não há nenhuma justificativa para o *duplo desfecho do juízo*: uns são salvos, outros são rejeitados. O caráter surpreendentemente perigoso da condenação/desgraça é também o tema da *parábola do rico produtor de grãos* (Lc 12,16-20)[206]. Na sua perspectiva, ele age racionalmente ("Vou demolir meus celeiros e construir maiores e lá hei de guardar todos os meus grãos e meus frutos. Depois direi à minha alma: Minha alma, estocaste muitos bens para muitos anos! Descansa, come, bebe, diverte-te!"), mas em suas autorreflexões, ele se esquece de Deus! Deus exige na palavra final ("Insensato, nessa mesma noite reclamarão tua alma! E as coisas que acumulaste, a quem pertencerão?") exatamente essa relação – para a condenação do homem; o esquecimento de Deus leva à perda da vida.

De uma maneira totalmente diferente tematiza-se o juízo que condena na *parábola do administrador infiel* em Lc 16,1-8a[207]. A narrativa tem elementos de um caso policial e de uma comédia; o narrador atrai os ouvintes a acompanhar a sorte do administrador e sua atuação enérgica para salvar sua pele. Numa situação que ameaça sua vida, esse administrador faz de tudo para garantir seu futuro. Aqui não se avalia sua conduta juridicamente imoral. Antes, o mais decisivo para

---

[206] Análise detalhada em B. HEININGER, Metaphorik, Erzählstruktur und szenisch-dramatische Gestaltung in den Sondergleichnissen bei Lukas. NTA 24 (Münster: 1991), pp. 107-121.

[207] Delimitação do texto e interpretação em H. MERKLEIN, *Die Gottesherrschaft als Handlungsprinzip* (cf. acima, 3.5), pp. 135s.

o ser humano é a intelecção de que, diante da mensagem de Jesus e das suas consequências, precisa-se de uma atuação decidida, rápida e inteligente para salvar, assim como o administrador, sua vida do abismo.

A imensa importância da atuação humana diante da condenação e desgraça iminentes é ilustrada na *parábola dupla da construção da casa* em Q 6,47-49[208]. Assim como o construtor da casa evita uma catástrofe por meio de um planejamento previdente, pode se escapar da desgraça iminente por meio da prudência, a saber, ao praticar as palavras de Jesus. Reconhecer os sinais do tempo é exigido também em Q 17,26-28. Jesus lembra seus contemporâneos que a geração na época de Noé e os contemporâneos de Ló em Sodoma e Gomorra foram punidos muito repentinamente pelo juízo divino de desgraça e condenação. No centro está aqui o caráter inevitável e inclemente da desgraça, pois os salvamentos de Noé e de Ló não são descritos. Chama a atenção que a conduta imoral da geração do dilúvio e dos habitantes de Sodoma e Gomorra não é mencionada. A perdição de Israel não se mede por valores morais, mas por sua atitude diante de Jesus. O mesmo está também no centro da parábola das crianças que brincam na praça em Q 7,31-34[209]: numa severidade discreta destaca-se a rejeição do Batista e de Jesus por Israel, sob adoção de motivos folclóricos[210]. O escopo da imagem (v. 32b: "Nós vos tocamos flauta, e não dançastes; entoamos lamentações, e não chorastes!") consiste no fato de que os destinatários não deram nenhum sinal de sua disposição de acolher os convites e ofertas do Batista e de Jesus. Eles recorreram a subterfúgios (v. 33s: "Pois veio João, ele não comeu e não bebeu, e dizeis: Ele tem um demônio. Veio o Filho do Homem, ele comeu e bebeu, e dizeis: Olhai esse homem, um comilão e beberrão, um amigo de cobradores de impostos e de pecadores") para não precisar responder à nova situação. A rejeição do Filho do Homem leva inevitavelmente ao juízo que condena.

---

[208] Para a atribuição a Jesus, cf. U. LUZ, *Mt I* (cf. abaixo, 8.3), p. 536.
[209] Cf. a respeito CHR. RINIKER, *Die Gerichtsverkündigung Jesu* (cf. acima, 3.7), pp. 361-391.
[210] O pano de fundo (mais remoto) deve ser a fábula de Esopo (11) dos peixes que não dançaram ao ouvir as flautas do pescador.

Jesus como representante do juízo de Deus

Todos os textos até aqui apresentados mostraram claramente que Jesus elevou a reação a sua pessoa e sua mensagem ao critério para os acontecimentos no juízo que estava vindo: quem aceita sua mensagem, recebe no juízo graça e salvação; quem a rejeita, sucumbe à desgraça e condenação[211]. Esta pretensão é formulada com grande ênfase em Q 12,8s: "Eu vos digo: toda pessoa que se declarar por mim diante dos seres humanos, o Filho do Homem também se declarará por ela diante dos anjos. Mas quem me renegar diante dos seres humanos, será renegado diante dos anjos."[212] No âmbito de um processo no tribunal, somente o Filho do Homem é a última instância que recompensa ou pune; isto é, Jesus (cf. abaixo, 3.9.2) tem aqui (como em outros textos) a função não só de testemunha, mas de juiz. *Na mensagem jesuânica de desgraça e condenação há um aguçamento pessoal inignorável; a condenação acontece ali onde Jesus é rejeitado.* Jesus não só tem a pretensão de anunciar ou realizar o juízo de Deus, mas ele mesmo é o juízo; em sua pessoa decidem-se graça (salvação) e desgraça (condenação)[213]. Jesus ignora a posição privilegiada de Israel entre as nações, ataca severamente a certeza da salvação e eleição, e vincula a culpa pressuposta à atitude em relação a sua pessoa. Dessa maneira, a mensagem da condenação comprova-se *um elemento fundamental de toda a atuação de Jesus*[214]. Ela não pode ser eliminada com base numa visão de mundo[215], pois a função dos anuncios de desgraça e condenação é levar a

---

[211] Cf. M. WOLTER, *"Gericht" und "Heil"* (cf. acima, 3.7), p. 387.
[212] Análise em CHR. RINIKER, *Die Gerichtsverkündigung Jesu* (cf. acima, 3.7), pp. 333-351; diferente W. ZAGER, *Gottesherrschaft und Endgericht* (cf. acima, 3.7), pp. 266-274.
[213] Cf. M. REISER, *Die Gerichtspredigt Jesu* (cf. acima, 3.7), pp. 301s; CHR. RINIKER, *Die Gerichtsverkündigung Jesu* (cf. acima, 3.7), pp. 457ss.
[214] Cf. W. ZAGER, Gottesherrschaft und Endgericht (cf. acima, 3.7), pp. 311-316: "Para o Jesus histórico, o domínio de Deus e o Juízo Final formaram uma unidade inseparável" (op. cit., p. 316).
[215] Clássico é A. von HARNACK, *Das Wesen des Christentums* (cf. acima, 3.4.5), pp. 41s, segundo o qual Jesus teria compartilhado com seus contemporâneos o conceito de diabo e juízo, mas que isso seria apenas a casca exterior dispensável, enquanto o cerne seria o conceito do Reino de Deus.

reconhecer os sinais dos tempos, fazer despertar e impelir para uma decisão: a vinda do Deus único em seu Reino, representada por Jesus, não pode ficar sem consequências. Por isso, a desgraça/condenação é o necessário lado negativo de seu anúncio da salvação. Quem ressalta o caráter salvífico da mensagem da *basileia*, não deve silenciar o caráter condenador de sua rejeição.

3.8 Jesus e a lei: a vontade para o Bem

BERGER, K. *Die Gesetzesauslegung Jesu*. WMANT 40. Neukirchen, 1972; HÜBNER, H. *Das Gesetz in der synoptischen Tradition*, 2ª ed. Göttingen, 1986; HENGEL, M. "Jesus und die Tora". In *ThBeitr* 9 (1978): 152-172; LUZ, V. "Jesus und die Tora". In *EvErz* 34 (1982): 111-124; FIEDLER, P. "Die Tora bei Jesus und in der Jesusüberlieferung". in: *Das Gesetz im Neuen Testament*. QD 108, editado por K. KERTELGE, pp. 71-87. Freiburg, 1986; BROER, L. (org.). *Jesus und das jüdische Gesetz*. Stuttgart, 1992; KOSCH, D. *Die eschatologische Tora des Menschensohnes*. NTOA 12. Freiburg/Göttingen, 1989; BECKER, J. *Jesus van Nazareth* (cf. acima, 3), pp. 337-387; BROER, I. "Jesus und die Tora". In *Jesus von Nazareth – Spuren und Konturen*, editado por L. SCHENKE (cf. acima, 3), pp. 216-254.

Não é uma coincidência que a relação de Jesus com a Torá seja um dos temas mais controversos da teologia neotestamentária. Aqui, avaliações exegéticas juntam-se a avaliações políticas, culturais e religiosas (relação pessoal com o judaísmo, história do judaísmo no séc. XX, diálogo cristão-judaico) e levam a posições altamente emocionais. Enquanto predominava na exegese antiga a necessidade de contrapor Jesus ao judaísmo ou pelo menos destacá-lo dentro do judaísmo[216],

---

[216] Cf. R. BULTMANN, *Jesus* (cf. acima, 3), p. 60 ("A obediência defendida por Jesus é fácil, porque liberta o ser humano da dependência de uma autoridade formal"); E. KÄSEMANN, *Das Problem des historischen Jesus* (cf. acima, 3), p. 206 ("Embora ele fosse um judeu e pressupusesse a religiosidade judaico-tardia, sua pretensão rompe ao mesmo tempo com essa esfera"); G. BORNKAMM, *Jesus von Nazareth* (cf. acima, 3), p. 71 ("No entanto, não fica menos claro que, pela palavra e conduta de Jesus, a loucura dos privilégios imperdíveis, por assim dizer reivindicáveis, de Israel e de seus pais é, por assim dizer, atacado e sacudido"); L. GOPPELT, *Theologie* I, p. 148 ("de que Jesus efetivamente abole o judaísmo desde a raiz e por meio de algo novo").

TEOLOGIA DO NOVO TESTAMENTO   165

predomina na exegese mais recente o desejo de encaixar Jesus, do modo mais harmônico possível, na grande diversidade do judaísmo[217]. Ambas as estratégias são tendenciosas, pois não suportam as tensões de interpretar Jesus *dentro* do judaísmo e de demonstrar *simultaneamente* como surgiram os conflitos com grupos/autoridades judaicas e sua história de recepção dentro do cristianismo primitivo em formação.

3.8.1 Teologias da lei no judaísmo antigo

Não pode haver dúvida sobre a posição sobressalente da Torá no âmbito do judaísmo antigo[218]. No entanto, sempre existiam interpretações diferenciadas da Torá e, com elas, também diferentes teologias da lei[219]. De especial importância foi nesse contexto a formação dos fariseus, saduceus e essênios no contexto maior da Revolta dos Macabeus (cf. 1Mc 2,15-28)[220]. Josefo considera a compreensão da tradição

---

[217] Cf., por exemplo, E. P. SANDERS, Jesus and Judaism (cf. acima, 3), p. 319: "*In fact, we cannot say that a single one of the things known about Jesus is unique: neither his miracles, non-violence, eschatological hope or promise to the outcasts.*" (De fato, não podemos dizer que uma única das coisas conhecidas sobre Jesus seja única: nem seus milagres, nem a não violência, nem a esperança escatológica ou a promessa aos excluídos.). É claro que essa posição não é nova, mas, já no início do método histórico-crítico, H. S. REIMARUS constatou que Jesus não teria vindo para trazer ensinamentos que eram novos em relação ao judaísmo: "Aliás, ele nasceu judeu e também quis permanecer judeu: afirmou que não veio para abolir a lei, mas para cumpri-la" (Von dem Zwecke Jesu und seiner Jünger. Noch ein Fragment des Wollenbüttelschen Ungenannten, herausgegeben von Gotthold Ephraim Lessing. Braunschweig, 1778, p. 191). Além disso, cf. A. SCHWEITZER, Geschichte der paulinischen Forschung. Tübingen, 1911, VIII: "Se a opinião desenvolvida no final de minha história da pesquisa-da-vida-de-Jesus for correta, o ensinamento de Jesus não passa com noção alguma do mundo judaico para o não judaico, mas apenas representa uma versão profundamente ética e aperfeiçoada da apocalíptica contemporânea."
[218] Para a história da formação e recepção da Torá, cf. F. CRÜSEMANN, *Die Tora* (Gütersloh, 1992); para o judaísmo no tempo de Jesus, cf. o panorama em J. D. G. DUNN, *Jesus Remembered* (cf. acima, 3), pp. 255-311.
[219] Uma visão geral encontra-se em H. LICHTENBERGER, "Das Tora-Verständnis im Judentum zur Zeit des Paulus", in J. D. G. DUNN (org.), *Paul and the Mosaic Law*. WUNT 89 (Tübingen, 1996), pp. 7-23.
[220] Cf. a respeito o inventário crítico em G. STEMBERGER, *Pharisäer, Sadduzäer. Essener*. SBS 144 (Stuttgart: 1991); continua sendo útil a leitura de: G. BAUMBACH, *Jesus von Nazareth im Lichte der jüdischen Gruppenbildung* (Berlim: 1971).

a característica dos *fariseus*[221] e simultaneamente o maior ponto que os distingue dos saduceus: "Agora quero deixar claro que os fariseus transmitiram ao povo leis (νόμιμα) do seguimento dos pais (ἐκ πατέρων διαδοξῆς) que não estão registrados nas leis de Moisés, e por isso, eles rejeitam o grupo dos saduceus que diz que se deve observar somente aquelas leis que estão escritos, mas que não se deve considerar as da tradição dos pais" (Ant 13,297). O conteúdo da parádosis na época do Novo Testamento devem ter sido prescrições acerca da pureza (cf. Mc 7,1-8.14-23; Rm 14,14), regulamentos do dízimo (cf. Mt 23,23) e formas particulares de votos (cf. Mc 7,9-13). Segundo Josefo, Vita 191, os fariseus tinham em relação às leis dos pais a fama de "distinguir-se dos outros pelo conhecimento exato" (τῶν ἄλλων ἀκριβείᾳ διαφέρειν). Eram mais piedosos do que os outros "e observavam as leis com maior acribia" (καὶ τοὺς νόμους ἀκριβέστεραν ἀφηγεῖσθαι)[222]. O objetivo do movimento fariseu era a santificação do cotidiano por meio de uma observância abrangente da lei, sendo que cabia uma especial importância à observação das prescrições da pureza ritual também fora do Templo. Por isso havia releituras de partes da Torá para responder às diversificadas situações cotidianas (cf., por exemplo, Aristeias 139ss; Josefo, Ant 4,198; Mc 2,23s; 7,4). Importante foi um grupo de dissidentes radicais dentro do movimento fariseu que, em referência a Fineias (Nm 25) e Elias (1Rs 19,9s), autodenominou-se *zelotas* (οἱ ζηλωταί = "os zelosos"). Este grupo formou-se no ano 6 d. C. sob a liderança do galileu Judas de Gamala e do fariseu Sadoc (cf. Josefo, Ant 18,3ss). Os zelotas caracterizavam-se por um aguçamento do primeiro mandamento do Decálogo, por uma prática severa do sábado e por uma observância radical dos mandamentos da pureza[223]. Buscavam uma teocracia radical e rejeitavam a dominação romana sobre o povo judeu por motivos religiosos. Sobre a compreensão da Torá pelos saduceus podem se afirmar apenas poucos

---

[221] Para a história e para as convicções fundamentais dos fariseus, cf. R. DEINES, Verbete "Pharisäer", in *TBLNT* II, pp. 1455-1468.
[222] JOSEFO, Bell 1,110; além disso, cf. Bell 2,162; Ant 17,41.
[223] Para a compreensão da lei pelos zelotas, cf. M. HENGEL, *Die Zeloten*, 2ª ed. AGSU I. (Leiden: 1976), pp. 154-234.

aspectos concretos; eles rejeitavam a tradição particular dos fariseus tanto como a ressurreição dos mortos e os ensinamentos sobre os anjos (cf. Mc 12,18-27; At 23,6-8). A concentração na Torá escrita incluía para eles uma atitude mais rígida em questões jurídicas do que para os fariseus (cf. Josefo, Ant 18,294; 20,199)[224]. Também os *essênios* defendiam, sobretudo segundo o testemunho dos escritos achados em Qumran, uma compreensão muito rígida da Torá[225] e tinham a pretensão de dispor de um conhecimento particular acerca da interpretação e do significado verdadeiros da Torá: "Com aqueles, porém, que tinham preservado os mandamentos de Deus, com os que restaram deles, Deus estabeleceu sua aliança para Israel para sempre, para revelar-lhes coisas ocultas, assuntos em que todo Israel tinha se desviado: ele lhes manifestou seus sábados sagrados e seus gloriosos tempos de festa, seus testemunhos justos e os caminhos de sua verdade e os desejos de sua vontade – que o ser humano deve cumprir para que viva através deles (CD III 12–16; cf. VI 3–11). Esses conhecimentos particulares referiam-se especialmente a questões do calendário e do sábado, mas somavam-se a elas numerosas prescrições para a vida na comunidade. Além disso, especialmente os textos achados em Qumran mostram que a Torá e sua interpretação não eram grandezas concluídas e fechadas[226]; por exemplo, o Rolo do Templo reproduz textos do Pentateuco não só numa forma linguisticamente estilizada e num novo ordenamento, mas contém também novos mandamentos sem referência ao Pentateuco.

Enquanto os essênios vinculavam toda graça e salvação estritamente à existência na Terra Santa, a situação apresentava-se para o *judaísmo helenista na diáspora* de modo totalmente diferente. No contexto da cultura helenista onipresente, o judaísmo tinha que abrir-se, para

---

[224] Cf. a respeito da questão em geral O. SCHWANKL, *Die Sadduzäerfrage (Mk 12, 18-27par)*. BBB 66 (Bonn: 1987).
[225] Cf. H. STEGEMANN, Die Essener. Qumran, Johannes der Täufer und Jesus (cf. acima, 3.2.1), pp. 279ss.
[226] K. MÜLLER, "Beobachtungen zum Verhältnis von Tora und Halacha in frühjüdischen Quellen", in I. BROER (org.), *Jesus und das jüdische Gesetz* (cf. acima, 3. 8), pp. 105-134.

poder preservar sua identidade. No âmbito desse desenvolvimento, a Torá sofreu ao mesmo tempo uma universalização e etização, ao tornar-se a sabedoria da criação e a ordem da vida[227]. O ser humano corresponde à Torá como a lei moral universal, porque sua observância leva a uma vida segundo a razão, em harmonia e em paz com Deus, com os seres humanos e consigo mesmo. Dessa maneira, a Torá em sua concentração a poucos mandamentos passa a ser uma forma de doutrina de virtudes que pode ser expressada em terminologia helenista. Importante é a compreensão da lei por Fílon, na qual a Torá sinaítica, a Torá da criação e a lei natural se fundem em uma unidade[228]. Segundo Fílon remontam ao Deus criador veterotestamentário tanto a φύσις enquanto princípio do universo como a Torá, de modo que as duas precisam ser pensadas juntas. Como a criação do mundo e a dádiva da lei coincidem "no princípio", a lei natural é da mesma origem divina como a Torá: "Esse princípio é altamente admirável, porque descreve a criação do mundo para insinuar, por assim dizer, que tanto o mundo está em sintonia com a lei como a lei, com o mundo, e que o homem fiel à lei é um cidadão do mundo, já que regula seu modo de agir segundo a vontade da natureza, segundo a qual é conduzido também o mundo inteiro" (Op 3). Segundo sua natureza, a Torá sinaítica escrita é muito mais antiga, pois tanto Moisés enquanto a "lei viva"[229] como a noção do νόμος ἄγραφος ("lei não escrita"; cf. Abr 3–6) permite que Fílon ressaltasse, através do pensamento de uma Torá protológica da criação, a continuidade temporal, portanto, também material, da atuação de Deus. Fílon interpreta continuamente as leis individuais como aplicações dos Dez Mandamentos que, por sua vez, estão entrelaçadas com a lei natural. Através do conceito da

---

[227] Apresentação abrangente em A. NISSEN, *Gott und der Nächste im antiken Judentum* (cf. acima, 3.5.3), pp. 219ss; R. WEBER, *Das Gesetz im hellenistischen Judentum*. ARGU 10 (Frankfurt: 2000).

[228] Cf. a respeito R. WEBER, *Das "Gesetz" bei Philon von Alexandrien und Flavius Josephus*. ARGU 11 (Frankfurt: 2001).

[229] Cf. FÍLON, VitMos I 162: "Já que ele estava destinado a ser também um legislador, porém, ele talvez tenha sido criado já muito antes em sua personalidade como a lei dotada de alma e razão, a qual o elegeu mais tarde, sem que ele o soubesse, para ser um legislador."

moralidade, Fílon empreende uma grande tentativa de sintonizar os pensamentos judaico e greco-helenista, por meio da etização da lei natural e das leis individuais da Torá.

Outro exemplo do rosto altamente diversificado da compreensão judaica da lei são os *alegoristas* mencionados em Fílon (Migr 89–93). Eles conferiam à lei um significado simbólico e negligenciavam sua observância literal. No contexto da crítica a essa posição, Fílon menciona também a circuncisão que aparentemente era compreendida pelos alegoristas apenas como um ato simbólico: "Também porque a circuncisão indica que devemos 'cortar fora' de nós todo prazer e desejo, e afastar toda loucura antidivina, de que o *nôus* pudesse criar a partir de si algo próprio, não podemos abolir a lei dada a seu respeito" (Migr 92)[230].

Na apocalíptica judaica, a Torá tem principalmente a função da norma de juízo dada por Deus; uma obediência radical à lei liga-se à esperança pela salvação futura de Deus que substituirá o atual estado de desgraça[231].

Importante é finalmente o *espaço geográfico/climático* da atuação de Jesus, porque a construção da realidade se realiza sempre em espaços geográficos e sociais que são inevitavelmente um fator entre outros que determinam o pensamento[232]. Jesus atuava quase exclusivamente em torno do Lago da Galileia[233], que se destaca por um clima mediterrâneo e permite um modo de vida que deve ser caracterizado como fácil e agradável, especialmente em contraste às regiões montanhosas

---

[230] Embora Fílon não compartilhasse a posição dos alegoristas, no conteúdo de seus ensinamentos, ele não está muito distante deles, como mostra Quaest in Ex II,2: "Um prosélito não é quem é circuncidado no prepúcio, mas (quem está circuncidado) nos prazeres e desejos e em outras paixões da alma. Pois, no Egito, o povo hebreu não estava circuncidado (οὐ περιτέθητο) e vivia, mesmo assim e embora atribulado por muitas tribulações da parte da crueldade habitual dos nativos em relação aos forasteiros, em perseverança e firmeza [...]".

[231] Cf. a respeito H. HOFFMANN, *Das Gesetz in der frühjüdischen Apokalyptik*. SUNT 23 (Göttingen: 1999).

[232] Cf. H. MOXNES, "The Construction of Galilee as a Place for the Historical Jesus", in *BTB* 31 (2001): 26-37.64-77.

[233] Cf. G. FASSBECK etc. (org.), *Leben am See Gennesaret* (Mainz: 2003).

de Israel. Na época de Jesus, a Galileia não estava desjudaizada, mas tinha indubitavelmente um perfil religioso e cultural próprio[234]. Dificilmente pode se imaginar que Jesus não tenha conhecido as cidades de Séforis[235] e Tiberíades (não mencionadas no Novo Testamento), que tinham um caráter helenista, tanto mais que Q 12,58s pressupõe um ambiente urbano (cf. também Mt 6,2.5.16; Mc 7,6; Lc 13,15; Lc 19,11ss)[236]. Na Galileia, o encontro e a convivência com pessoas não judaicas pertenciam certamente ao dia a dia, e diferentemente de Jerusalém, os problemas da pureza ritual devem ter sido tratados com mais generosidade. Além disso, dada a escassa presença de fariseus, faltavam as instâncias motivadoras de controle. Quando Jesus apresenta o centurião de Cafarnaum como um modelo de fé para Israel (Mt 8,10b/Lc 7,9b), ele ilustra com isto sua avaliação teológica positiva de pessoas gentias concretas, que vai além do mero contato. A abertura de Jesus em relação a não judeus e sua distância em relação a uma prática discriminadora da Torá devem ter também uma relação com seu espaço de atuação na Galileia.

3.8.2 O posicionamento de Jesus em relação à Torá

Qual é o lugar em que Jesus de Nazaré se insere nesta multiplicidade da teologia judaica da lei?

---

[234] Introduções e resumos oferecem-se em: W. BÖSEN, *Galiläa als Lebensraum und Wirkungsfeld Jesu* (Freiburg: 1985); E. M. MEYERS, "Jesus und seine galiläische Lebenswelt", in *ZNT* 1 (1998): 27-39; S. FREYNE, *Jesus, a Jewish Galilean* (Londres: 2005); R. HOPPE, "Galiläa – Geschichte, Kultur, Religion", in L. SCHENKE (org.), *Jesus von Nazareth* (cf. acima, 3), pp. 42-58; J. SCHRÖTER, Jesus (cf. acima, 3), pp. 77-102. Provavelmente podemos contar com a possibilidade de que Jesus era capaz de usar o idioma grego (pelo menos passivamente); cf. ST. PORTER, "Jesus and the use of Greek in Galilee", in B. CHILTON, C. A. EVANS (org.), *Studying the Historical Jesus* (cf. acima, 3). pp. 123-154.

[235] Uma observação pessoal: quem fez uma vez uma caminhada de Nazaré até o lugar de Séforis, a uma distância de seis quilômetros, não consegue imaginar que Jesus nunca teria pisado ali.

[236] Cf. E. M. MEYERS, *Jesus und seine galiläische Lebenswelt*, p. 32: "Portanto, parece fazer sentido supor que a atuação de Jesus dificilmente terá deixado Séforis e Tiberíades excluídas".

Um texto central para responder esta pergunta são as *antíteses do Sermão da Montanha* (cf. acima, 3.5.2). Em sua forma aqui atestada, as formulações antitéticas são novas no âmbito do judaísmo antigo; não há paralelos exatos[237]. O problema teológico decisivo é quem/o que é interpretado/criticado por meio dessa forma discursiva. A forma passiva ἐρρέθη ("foi dito") deve ser uma referência à fala de Deus nas Escrituras, "portanto, as fórmulas das antíteses contrapõem a palavra de Jesus à própria Bíblia."[238] Com isto, Jesus mesmo se encontra dentro da interpretação não concluída da Torá no judaísmo, tanto mais que as antíteses, salvo o mandamento absoluto do amor aos inimigos, não formulam nada que não tivesse também paralelos (maiores ou menores) no judaísmo[239]. O decisivo, porém, é a pretensão que se expressa no "Eu, porém, vos digo": Jesus não deriva sua autoridade das Escrituras, mas ela reside naquilo que *ele* diz. "A Bíblia não é interpretada pelas antíteses, mas relida e superada."[240] Essa pretensão torna-se compreensível somente contra o pano de fundo da mensagem jesuânica do Reino de Deus: com a vinda do Reino de Deus prevalece uma nova realidade. Com a vinda do Reino de Deus proclama-se a vontade de Deus mais uma vez de modo novo, decisivo e radical[241]. Jesus formula-a por autoridade própria, ele não a deduz do Antigo Testamento, mas a vontade de Deus, proclamada por Jesus na irrupção do Reino de Deus, é a autoridade última. Com isto, Jesus não abole a Torá, mas também não pensa e argumenta a partir da Torá, e isto corresponde factualmente a uma relativização da Torá.

---

[237] Cf. U. LUZ, *Mt I* (cf. abaixo, 8.3), pp. 327s.
[238] U. LUZ, op. cit., p. 330.
[239] A inserção harmoniosa das antíteses no pensamento judaico é ressaltada por D. SÄNGER, *Schriftauslegung im Horizont der Gottesherrschaft* (cf. acima, 3.4), pp. 79-102; K. W. NIEBUHR, "Die Antithesen des Matthäus. Jesus als Toralehrer und die frühjüdische weisheitliche Torarezeption", in CHR. KÄHLER etc. (org.), *Gedenkt an das Wort*. FS W. Vogler (Leipzig: 1999), pp. 175-200.
[240] U. LUZ, *Mt I* (cf. abaixo, 8.3), p. 331.
[241] M. HENGEL, *Jesus und die Tora* (cf. acima, 3.8), p. 171, caracteriza Jesus como o portador de uma Torá totalmente nova "quem, como o cumpridor da lei e dos Profetas, desenvolve, por um lado, a partir da Torá tradicional, mas ao mesmo tempo também numa certa oposição à mesma e definitivamente, sua interpretação contemporânea, a vontade verdadeira e original de Deus acerca do domínio de Deus que está vindo".

Puro e impuro

Algo semelhante podemos constatar para Jesus em sua atitude acerca de *questões rituais*. Já a palavra de Jesus "Eu não vim chamar os justos, mas os pecadores" (Mc 2,17) mostra que Jesus não contesta a justiça, e com ela a pretensão da lei, mas que ele não atribui à lei o poder de determinar atualmente o acesso a Deus.

A justiça não deixa de ser a justiça, mas Deus ama não só as pessoas justas. O amor de Deus, proclamado por Jesus na vinda do Reino de Deus, vai além do amor dispensado antigamente a Israel, na forma da Torá. Um contato corporal com um leproso, narrado de passagem em Mc 1,41, torna altamente impuro. Algo parecido se aplica à cura da mulher que sofria de hemorragia (Mc 5,25-34) ou ao encontro com a sirofenícia (Mc 7,24-30). Em seu contato com as pessoas, Jesus não tinha nenhuma inibição legal-ritual. Pelo menos tendencialmente, o amor ilimitado de Deus para com todos os seres humanos, especialmente para com as pessoas religiosamente desclassificadas, indica que as ordens legal-religiosas que valiam em Israel em nome de Deus se tornaram obsoletas.

Também *Mc 7,15* deve ser compreendido neste contexto; aqui se vincula a argumentação pela teologia da criação, típica de Jesus, com sua perspectiva escatológica fundamental. A distinção fundamental de "puro *versus* impuro" não existia desde o início da criação, mas é somente em Gn 7,2 que aparece repentinamente a separação de animais puros e impuros. As normas de pureza como legitimação da exclusão e separação religiosas perderam para Jesus sua importância, porque, para ele, a impureza vem de outra fonte: "Nada que penetra no ser humano desde o exterior pode torná-lo impuro, mas o que sai do ser humano, isso é o que torna o ser humano impuro" (Mc 7,15). Argumentos em favor da autenticidade[242] de Mc 7,15 são a forma do

---

[242] Análises exemplares com argumentações diferentes, mas com um voto de autenticidade, encontram-se em W. G. KÜMMEL, "Äussere und innere Reinheit des Menschen bei Jesus", in IDEM, *Heilsgeschehen und Geschichte II*, organizado por E. GRÄSSER, O. MERK (Marburgo: 1978), pp. 117-129; J.-W. TAEGER, "Der grundsätzliche oder ungrundsätzliche Unterschied", in I. BROER (org.), *Jesus und das*

paralelismo antitético, a possibilidade da retradução, o lugar isolado dentro do contexto imediato, as variantes em Mc 7,18b.20, a inclusão de Mc 7,15 em Rm 14,14 como palavra do Senhor e finalmente a novidade sem precedentes²⁴³. Como já o rumo concreto dessa palavra não pode ser verificado com certeza, seu sentido e significado são discutidas ferozmente. Ao contrário da compreensão marcana, dificilmente será possível restringir o sentido original de Mc 7,15 ao âmbito ritual, pois τὰ ἐκ τοῦ ἀνθρώπου ἐκπορευόμενα ("o que sai da pessoa") no v. 15b dificilmente permite tal redução. A formulação não pode se referir só a alimentos que tornam ritualmente impuro, mas com estas palavras, Jesus circunscreve que tudo que sai do ser humano, tanto pensamentos como atos, pode torná-lo impuro diante de Deus²⁴⁴. Embora Jesus não suprima formalmente o pensamento da impureza diante de Deus, ele nega que tal impureza possa chegar ao ser humano de alguma forma vindo do lado de fora. Isso significa factualmente uma relativização das leis da pureza de Lv 11–15. Jesus coloca-se com isto também numa oposição aos fariseus, aos saduceus e aos essênios de Qumran, para os quais, não obstante de práticas parcialmente distintas, as normas cúltico-rituais práticas eram de importância essencial, já que funcionavam não só como o marco distintivo visível em relação aos gentios e às pessoas religiosamente indiferentes no próprio povo, mas eram a expressão da obediência à Torá e da validade permanente da palavra de Deus transmitida por Moisés²⁴⁵. Portanto, Mc 7,15 deve

---

jüdische Gesetz (cf. acima, 3.8), pp. 13-35, aqui: pp. 23-34; G. THEISSEN, "Das Reinheitslogion Mk 7,15 und die Trennung von Juden und Christen", in IDEM, *Jesus als historische Gestalt* (cf. acima, 3), pp. 73-89.

²⁴³ A meu ver não existe um paralelo verdadeiro de Mc 7,15; uma formulação próxima é FÍLON, Op 119.

²⁴⁴ Cf. W. G. KÜMMEL, *Äussere und innere Reinheit*, p. 122.

²⁴⁵ Para os fariseus, cf. J. NEUSNER, *Die pharisäischen rechtlichen Überlieferungen* (cf. acima, 3.4.5), pp. 43-51; para a posição dos saduceus, cf. E. SCHÜRER, *Geschichte des jüdischen Volkes II*, 4ª ed. (Leipzig: 1907), pp. 482s; para Qumran, cf. H.-W. KUHN, "Jesus vor dem Hintergrund der Qumrangemeinde", in *Grenzgänge*. FS D. Aschoft, editado por F. SIEGERT (Münster: 2002), pp. 50-60, aqui: p. 53: "Não se pode deixar de perceber a oposição entre a compreensão rigorosa da Torá que se manifesta nos textos de Qumran e a atitude de Jesus em relação à Torá, especialmente em relação ao sábado e a questões de puro e impuro".

ser entendido num sentido exclusivo[246] e tem um sentido que relativiza factualmente a Torá; não se trata de modo algum apenas de uma prioridade do mandamento de amor em relação às prescrições de pureza[247]. Já Paulo compreendeu essa palavra de Jesus num sentido crítico à Torá (Rm 14,14)[248], e também no próprio Jesus encontram-se paralelos. Ao lado de sua convivência com pessoas culticamente impuras, sua crítica aos fariseus (cf. Lc 11,39-41; Mt 23,25) e suas curas em dia de sábado deve se mencionar aqui principalmente Q 10,7, onde Jesus ordena a seus discípulos, no discurso do envio, comer e beber tudo que lhes é servido. Do mesmo modo como, diante da vinda do Reino de Deus, o tempo presente não é um tempo de jejum (cf. Mc 2,18b.19a; Mt 11,18s/Lc 7,33s), também as leis alimentícias perderam seu significado para a relação do ser humano com Deus e dos seres humanos entre si. A pureza dos seres humanos, que é a vontade do criador, não pode ser instrumentalizada; ao contrário, ela diz respeito à existência integral do ser humano. A condição criatural do ser humano não tem sua meta em separações religiosas ou sociais, respectivamente, mas na aceitação verdadeira da vida dada pelo criador.

O sábado

As *curas em dia de sábado* apontam na mesma direção, pois também elas visam o restabelecimento da ordem criacional; assim a palavra de

---

[246] Cf. M. HENGEL, *Jesus und die Tora* (cf. acima, 3.8), p. 164, para Mc 7,15: "Deparamo-nos aqui com uma ruptura fundamental da parte de Jesus com o judaísmo palestino de seu tempo, que tem depois seus efeitos sobre a comunidade primitiva e leva a conflitos acirrados".

[247] Assim, porém, por exemplo, U. LUZ, "Jesus und die Pharisäer", in *Jud* 38 (1982): 229-246, aqui: 242s; H. MERKLEIN, *Jesu Botschaft von der Gottesherrschaft* (cf. acima, 3.4), p. 96; CHR. BURCHARD, *Jesus von Nazareth* (cf. acima, 3), p. 47.

[248] H. RÄISÄNEN, "Jesus and the Food Laws", in *JNST* 16 (1982): 79-100, aqui: 89ss, vê por trás de Mc 7,15 não o Jesus terreno, mas *"an emancipated Jewish Christian group engaged in Gentile mission"* (um grupo judeu-cristão emancipado, comprometido com a missão aos gentios; p. 90); uma argumentação semelhante há em E. P. SANDERS, *Jesus and Judaism* (cf. acima, 3), pp. 26-61. Embora ambos possam apresentar alguns argumentos contra a autenticidade de Mc 7,15, o argumento principal em favor da origem jesuânica de Mc 7,15 não é desfeito.

Jesus em Mc 2,27, segundo a qual o sábado foi criado para o ser humano e não o ser humano, para o sábado[249]. Em Mc 2,27 é especialmente o ἐγένετο ("foi criado") que indica a vontade criadora de Deus. A santificação do sábado serve ao ser humano, ao arrancá-lo da correria do dia-a-dia e, dessa maneira, também de si mesmo, para criar tempo para o relacionamento com Deus que é o absolutamente decisivo. Já na narrativa sacerdotal da criação, o sétimo dia aparece como tempo qualificado por Deus, que ajuda ao ser humano orientar-se no tempo e na história (Gn 2,2s). Essa função servidora do sábado perdeu-se em parte na história do judaísmo pós-exílico[250]. É verdade que o sábado se tornou o centro da compreensão da Torá, mas, ao mesmo tempo, a qualificação do tempo deslocou-se para uma oposição estática entre sábado e ser humano. Em alguns âmbitos da halaca sobre o sábado, o ser humano tinha que se subordinar ao sábado e suas exigências. Por exemplo, CD I 1,16s exige no contexto de uma halaca sabática: "Uma pessoa viva que cai num buraco cheio de água ou em algum outro lugar não deve ser içada por ninguém com a ajuda de uma escada ou corda ou (algum outro) objeto" (além disso, cf. Jub 2,25-33; 50,6ss; CD 10,14–12,22; FÍLON, VitMos II 22). Jesus rompe com essas inversões e demonstra por meio de suas curas no sábado o significado original desse dia: ele ajuda a viver (cf. Lc 13,10-17) e permite ao ser humano seguir sua verdadeira destinação: encontrar-se com o criador. Também em Mc 3,4, o interesse de Jesus é a vontade original de Deus em

---

[249] Para a análise de Mc 2,23-28, cf. L. DOERING, *Schabbat. Sabbathalacha und -praxis im antiken Judentum*. TSAJ 78 (Tübingen: 1999), pp. 409-432. Mc 2,27 é atribuído a Jesus, por exemplo, por: E. LOHSE, "Jesu Worte über den Sabbat", in IDEM, *Die Einheit des Neuen Testaments*, 2ª ed. (Göttingen: 1973), pp. 62-72, aqui: p. 68; J. ROLOFF, *Das Kerygma und der irdische Jesus*, 2ª ed. (Göttingen: 1973), pp. 52ss; H.- W. KUHN, *Ältere Sammlungen im Markusevangelium* (cf. abaixo, 8.2), p. 75; J. GNILKA, *Mk I* (cf. abaixo, 8.2), p. 123; D. LÜHRMANN, *Markus* (cf. abaixo, 8.2), p. 641; H. HÜBNER, *Das Gesetz in der synoptischen Tradition* (cf. acima, 3.8), p. 121; V. HAMPEL, *Menschensohn und historischer Jesus* (cf. abaixo, 3.9.2), pp. 199ss; L. DOERING, *Schabbat*, pp. 423s.

[250] Cf. aqui E. LOHSE, Verbete "σάββατον", in *ThWNT* 7 (Stuttgart: 1964): pp. 1-31, aqui: p. 5s; o rosto plural da halaca judaica acerca do sábado (Elefantina, Livro dos Jubileus, Qumran, diáspora, Josefo, fariseus, saduceus, tanaítas primitivos) é frisado por L. DOERING, *Schabbat*, pp. 23-536.

relação ao sábado ("É permitido fazer no sábado o bem ou o mal, salvar uma vida ou matar?")[251]. O sábado deve servir para fazer o bem, e o bem consiste na preservação e salvação/salvamento da vida. Deus deseja criar salvação para o ser humano, num sentido pleno, e a esta volta radical para o ser humano deve se subordinar também o sábado. Desde a perspectiva de Jesus, deixar de fazer o bem não é uma atitude neutra, mas significa fazer o mal, significa matar. O Sim que Deus diz ao ser humano, sua preocupação e seu cuidado para com ele, está acima dos mandamentos. Uma interpretação dos mandamentos de Deus que não considera isto deixa de acertar o sentido da manifestação da vontade divina. Por isso, o sábado não pode ser profanado pelo fazer do bem.

A relativização do *mandamento do dízimo* (cf. Lv 27,30) em Mt 23,23a-c aponta na mesma direção: o dízimo era um fardo econômico especialmente pesado para a classe baixa e média da Galileia, de modo que Jesus assume aqui uma posição muito diferente dos fariseus (cf. Lc 18,12)[252].

Descentração da Torá

Três observações são decisivas para avaliar a posição de Jesus a respeito da Torá:

1) A Torá e suas interpretações polêmicas *não são* o centro da atuação e do anúncio de Jesus[253]. A nova realidade da vinda de Deus em seu reino determina também sua relação com a Torá (cf. Q 16,16); na atuação de Jesus irrompe o verdadeiramente novo

---

[251] Para a análise de Mc 3,1-6, cf. L. DOERING, *Schabbat*, pp. 441-457. Mc 3,4 é considerado jesuânico, por exemplo, por: H. HÜBNER, *Gesetz in der synoptischen Tradition*, p. 129; J. ROLOFF, *Kerygma*, pp. 63s; J. GNILKA, *Mk I* (cf. abaixo, 8.2), p. 126; E. LOHSE, *Jesu Worte*, p. 67; L. DOERING, *Schabbat*, pp. 423ss.

[252] Dar o dízimo pertence ao cerne da tradição protorrabínica; cf. J. NEUSNER, *Die pharisäischen rechtlichen Überlieferungen* (cf. acima, 3.4.5), p. 47.

[253] Cf. J. BECKER, *Jesus von Nazaret* (cf. acima, 3), p. 353; D. SÄNGER, *Schriftauslegung im Horizont der Gottesherrschaft* (cf. acima, 3.4), p. 105.

(Mc 2,21s: "Ninguém faz remendo de pano novo num vestido velho; porque assim se solta o remendo, o novo do velho, e o rasgo fica pior. Ninguém põe um vinho novo em odres velhos; porque assim o vinho estourará os odres e o vinho se perde junto aos odres").

2) No contexto do posicionamento de Jesus acerca da Torá e sua interpretação, a distinção entre um *aguçamento da Torá* na esfera ética e um *desaguçamento da Torá* em questões rituais deve ser adequada[254].

3) Não há indícios de que Jesus quisesse abolir a Torá ou submetê-la a uma crítica essencial. Ao mesmo tempo, porém, é preciso ressaltar mais uma vez que ele não pensa a partir da Torá, mas a partir do Reino de Deus. *Já que há uma correspondência entre a vontade escatológica e a vontade protológica de Deus*[255], *unem-se em Jesus a escatologia e a protologia e levam a uma descentração da Torá.* Esse ato de deslocar a Torá para fora do centro não pode ser equiparado a uma rejeição ou abolição, mas, para Jesus, o amor de Deus no seu Reino, e já não a Torá, foi a porta aberta pela qual cada pessoa podia chegar até Deus. Essa interpretação da lei por Jesus não sai para fora do âmbito do judaísmo, ela explica o conflito com outros grupos judaicos (cf. Mc 2,1-3,6; 12,13-17; Lc 7,36-50; 8,9-14; Mt 23,23) e ajuda a entender por que se formulou, no cristianismo primitivo em formação, provavelmente já muito cedo uma crítica à lei usando Jesus como recurso.

3.8.3 *Jesus, Israel e os gentios*

Uma situação complexa revela-se também na relação de Jesus com Israel e com gentios. Jesus sabia-se basicamente enviado a Israel (cf. Mc 7,27), ele se via encarregado pelo Deus de Israel a anunciar a seu povo o Reino de Deus.

---

[254] Cf. G. THEISSEN, A. MERZ, *Der historische Jesus* (cf. acima, 3), pp. 321-332.
[255] Cf. H. STEGEMANN, *Der lehrende Jesus* (cf. acima, 3.5.2), pp. 11ss.

O círculo dos Doze

A expressão visível disto é o estabelecimento do círculo dos Doze. Um argumento em favor da historicidade do círculo dos Doze é principalmente que a comunidade pós-pascal dificilmente teria chegado à afirmação de que Judas, como membro do círculo mais íntimo de discípulos, teria traído Jesus (cf. Mc 14,10.43 par), se este não fosse um fato histórico[256]. O círculo dos Doze é mencionado na tradição pré-paulina, contida em 1Cor 15,5 e segundo a qual Cristo "apareceu a Cefas, depois aos Doze". Aqui, os "Doze" são uma instituição fixa, embora Judas já não pertencesse a ela e Pedro fosse mencionado separadamente. Além disso, depois da Páscoa, o círculo dos Doze já não desempenhou nenhum papel histórico reconhecível. As pessoas chamadas como apóstolas por meio de uma aparição do Ressuscitado tornam-se muito mais importantes. Somente em tempos posteriores, em Marcos, Mateus e Lucas e no Apocalipse de João, encontra-se a identificação dos Doze com os apóstolos. O círculo dos Doze deve remontar à época pré-pascal, e seu significado manifesta-se principalmente através de Q 22,28.30: "Vós que me seguistes sentareis em tronos e julgareis as doze tribos de Israel". O círculo dos Doze tinha aparentemente a função de representar o povo de Israel, composto por doze tribos. Novamente se vinculam em Jesus a protologia e a escatologia, pois, na época de Jesus, o povo de Israel não era o povo de doze tribos, isto é, o círculo dos Doze representava a totalidade do povo de Israel em sua forma original e simultaneamente escatológica. O círculo dos Doze deve ser entendido como prefiguração da totalidade escatológica de Israel, por assim dizer, em analogia ao Reino de Deus que começa ocultamente já agora, em Jesus. Portanto, o círculo dos Doze corresponde ao aspecto preséntico do Reino de Deus, sinaliza já o início da totalidade de Israel a ser criada por Deus. Nesse sentido pode se dizer: a perspectiva de Jesus era o Israel escatológico,

---

[256] Cf. a respeito B. RIGAUX, "Die 'Zwölf' in Geschichte und Kerygma", in H. RISTOW, K. MATTHIAE (org.), *Der historische Jesus und der kerygmatische Christus* (cf. acima, 3), pp. 468-486.

e ele entendeu sua missão como a inauguração da nova criação dele por Deus.

Israel e os gentios

O conteúdo da interpretação jesuânica do início do Reino de Deus como amor irrestrito de Deus especialmente para com as pessoas marginalizadas e discriminadas tem também a tendência de *ampliar as fronteiras de Israel*. Pessoas que são, desde a perspectiva judaica, figuras marginais na história de Israel, são integradas. Por exemplo, o publicano Zaqueu é também designado como um filho de Abraão (Lc 19,9), e os samaritanos são igualados por Jesus aos judeus (cf. Lc 10,30ss)[257]. Um sinal da abertura de Jesus são também os ocasionais contatos positivos com gentios: as tradições do centurião de Cafarnaum e da mulher sirofenícia (Mt 8,5-10.13; Mc 7,24-30) possuem um cerne autêntico[258] e atestam uma *abertura pontual* de Jesus em relação a pessoas gentias. Ela se manifesta também na parábola do banquete (Lc 14,16-24) e na palavra profética ameaçadora de Q 13,29.28. A parábola do banquete ilustra que Deus pode realizar sua vontade de salvação de maneira inesperada, pois as pessoas originalmente convidadas não participarão da grande festa. De modo semelhante, Jesus retoma o motivo da peregrinação das nações[259]. Ele não serve para confirmar as promessas feitas a Israel, mas a sequência é invertida. No judaísmo antigo, o motivo do povo de Deus escatológico era tematizado de duas maneiras: a ampliação do Povo de Deus podia ser esperada para o tempo escatológico, quando as nações afluiriam a Jerusalém/Sião para adorar o Deus verdadeiro (cf. HenEt 90; TestXll). Por outro lado, havia fortes correntes que exigiam um isolamento rígido, até o

---

[257] Mt 10,5b ("Não tomeis o caminho para os gentios nem entreis numa cidade dos samaritanos") está em tensão com esse princípio; a abertura de Jesus pelo menos em relação aos samaritanos (cf. Lc 9,51-56; 10,30-35; 17,11-19; Jo 4) leva a supor que esse dito não remonte a Jesus, mas a Q^{Mt}; cf. U. LUZ, *Mt II* (cf. abaixo, 8.3), p. 90.

[258] Argumentos em G. THEISSEN, *Lokalkolorit und Zeitgeschichte in den Evangelien*. NTOA 8 (Freiburg/Göttingen: 1989), pp. 63-84.237s.

[259] Cf. aqui J. JEREMIAS, *Jesu Verheissung für die Völker* (Stuttgart: 1956), pp. 47-62.

combate aos gentios (Qumran, SlSal)²⁶⁰. Aqui chama a atenção que Jesus inverte o primeiro motivo e nem sequer menciona o segundo. Na tradição judaica, a oposição de Israel aos gentios está firmemente vinculada à ideia do domínio de Deus, de modo que Jesus precisa ter conhecido esse conceito. No entanto, à diferença, por exemplo, dos zelotas, ele não o tematiza, pois na tribulação política e econômica de seu povo, que ele percebeu muito bem, segundo o testemunho das Bem-Aventuranças, ele via somente o lado externo de um problema muito mais profundo. Como João Batista, também Jesus deve ter partido da premissa de que Israel, do modo como se apresentava concretamente, estava ameaçado pelo juízo de Deus e, a partir de si mesmo, já não tinha direito de reivindicar o cumprimento de antigas promessas de salvação (cf. Mt 3,7-10; Lc 13,3.5). Parece que Jesus levou esse pensamento tão a sério que ele evitou prescrever a Israel, com a ajuda da oposição tradicional entre Israel e os gentios, um direito salvífico e de descrever a salvação escatológica simplesmente como libertação da servidão aos gentios. Ele interpreta a presença da salvação como a vitória sobre Satanás, que aparece como acusador de Israel e dos gentios. A unicidade de Deus comprova-se como a derrota de Satanás, em cuja servidão se encontram tanto Israel como os gentios. (cf. Mc 3,27; Lc 11,20). Sob essa premissa não fazia sentido para Jesus falar de modo tradicional dos gentios como oponentes ao Reino de Deus. Se Jesus tiver estado totalmente desinteressado no pensamento do restabelecimento da independência política do povo de Israel, então isto não significa um desinteresse em questões políticas em geral, mas sim uma determinada compreensão de Israel: o restabelecimento da soberania política do povo e da monarquia davídica enquanto questões políticas e, sobretudo, religiosas não correspondia a sua visão da atuação escatológica de Deus. Corresponde a isto, por sua vez, que Jesus tinha apenas pouco interesse pela ordem legal de seu povo.

Neste contexto é novamente importante perceber os demais temas da autocompreensão judaica que Jesus *não adota*. Ele não fala da

---

²⁶⁰ Análises dos textos relevantes em W. KRAUS, *Das Volk Gottes* (cf. abaixo, 6.7), pp. 45-95.

eleição de Israel, não se refere ao mérito dos patriarcas e também não tematiza as tradições do êxodo e da tomada da terra. Jesus teve uma postura muito crítica em relação ao culto templar contemporâneo em Jerusalém, e possivelmente em relação ao culto templar em geral (cf. abaixo, 3.10.1). Podemos dizer: embora Jesus se soubesse enviado ao povo de Israel, a abordagem teológica do motivo histórico da eleição de Israel e sua realização na política e no direito do tempo presente não são um tema que o interessa. A abertura pontual em relação a gentios, a inversão de expectativas escatológicas e a distância em relação a convicções fundamentais do judaísmo antigo não mudam nada no fato de que Jesus se sabia enviado fundamentalmente a Israel. *No entanto, sem dúvida, ele era um judeu especial com uma pretensão incomum, com uma abertura surpreendente e uma nova visão da atuação presente e futura de Deus em relação aos seres humanos*[261]. Jesus buscava não uma renovação, mas uma nova orientação da religião judaica. Embora a missão posterior entre gentios pelo cristianismo primitivo não possa recorrer diretamente a Jesus, ela corresponde ao pensamento jesuânico do amor de Deus que não tem fronteiras e o aprofunda de uma maneira que acolhe fortes impulsos de Jesus e, ao mesmo tempo, vai muito além de Jesus.

3.9 A autocompreensão de Jesus: mais do que um profeta

Independentemente de juízos exegéticos individuais, o vínculo do domínio de Deus a sua pessoa, a prática do perdão dos pecados, os

---

[261] Para as múltiplas definições do "ser judeu" de Jesus na pesquisa mais recente, cf. T. HOLMÉN, "The Jewishness of Jesus in the third quest", in M. LABAHN, A. SCHMIDT (org.), *Jesus, Mark and Q* (cf. acima, 3.1), pp. 143-162, que constata: *"'Jewishness' has become a fluid concept. Fluidity of concepts inevitably leads to confusion. Confusion, again, is a favourable soil for conclusions not based on coherent thinking, but rather on preconceptions lurking in the mind of every scholar"* ("Ser judeu" tornou-se um conceito fluido. A fluidez de conceitos conduz inevitavelmente à confusão. Confusão, por sua vez, é um solo fértil para conclusões baseadas não no pensamento coerente, mas, antes, em preconceitos que estão à espreita na mente de cada estudioso; *op. cit.*, p. 156).

milagres, a pretensão levantada nas antíteses e a mensagem da condenação/desgraça elucidam a pretensão singular de Jesus. Quando "aqui está mais do que Salomão/do que Jonas" (cf. Q 11,31s) e quando as testemunhas oculares são chamadas de bem-aventuradas (cf. Q 10,23s), levanta-se a pergunta pela autocompreensão de Jesus. Ela pode ser respondida somente quando se confronta a tradição de Jesus com os três tipos principais da expectativa messiânica do judaísmo antigo[262]:

1) a expectativa de um profeta escatológico, 2) a expectativa de um Filho do Homem celestial e 3) a expectativa de um messias religioso-político[263].

3.9.1 *Jesus como profeta escatológico*

HAHN, F. *Christologische Hoheitstitel* (cf. abaixo, 4), pp. 351-404; SCHNIDER, F. *Jesus der Prophet*. OBO 2. Freiburg/Göttingen, 1973; MÜLLER, D. B. "Vision und Botschaft. Erwägungen zur prophetischen Struktur der Verkündigung Jesu". In *Christologie und Apokalyptik*. ABG 12, editado por IDEM, pp. 11-41. Leipzig, 2003 (= 1977); TRAUTMANN, M. *Zeichenhafte Handlungen Jesu*. Würzburg, 1980; BORING, M. E. *The Continuing Voice of Jesus*. Louisville, 1991; VERMES, G. *Jesus der Jude* (cf. acima, 3), pp. 73-88; WRIGHT, N. T. *Jesus* (cf. acima, 3), pp. 145-319; OHLER, M. "Jesus as Prophet: Remarks on Terminology". In *Jesus, Mark and Q*, editado por M. LABAHN, A. SCHMIDT, pp. 125-142. Sheffield, 2001; DUNN, J. D. G. *Jesus Remembered* (cf. acima, 3), pp. 655-666.

---

[262] Uma visão geral oferece-se em H. LICHTENBERGER, "Messianische Erwartungen und messianische Gestalten in der Zeit des Zweiten Tempels", in E. STEGEMANN (org.), *Messias-Vorstellungen bei Juden und Christen* (Neukirchen, 1993), pp. 9-20.

[263] Uma consciência direta de "Filho de Deus" não pode ser comprovada em Jesus. Textos centrais como Mc 1,11; 9,7; 15,39 (cf. abaixo, 8.2.2) ou textos em que Jesus se designa como "o Filho" (absoluto) (Lc 10,22 par; Mc 13,32) dificilmente serão pré-pascais. A referência a "vosso pai" explica-se pelo caráter dos respectivos ditos que diz respeito ao tratamento (Lc 12,30 par; 6,36 par; 12,32; Mc 11,25 par; Mt 6,8; 18,35; 23,9). Também do tratamento de Deus como "Abba" não se pode deduzir uma consciência filial particular de Jesus (cf. acima, 3.3.1). Para a análise, cf. F. HAHN, *Christologische Hoheitstitel* (cf. abaixo, 4), pp. 280-346. Para o conceito "Filho de Davi", cf. M. KARRER, "Von David zu Christus", in W. DIETRICH, H. HERKOMMER (org.), *König David – biblische Schlüsselfigur und europäische Leitgestalt* (Freiburg [Suíça]/Stuttgart: 2003), pp. 327-365.

Assim como João Batista (cf. Mc 11,32; Mt 14,4; Lc 1,76), também Jesus de Nazaré foi percebido como um profeta (cf. Lc 7,16: "E o medo tomou conta de todos, e eles glorificavam a Deus, dizendo: 'Um grande profeta surgiu entre nós, e Deus visitou seu povo'."). A influência da tradição de Elias (cf. Ml 3,23) pode ser detectada especialmente em Mc 6,15s ("Alguns diziam: 'Ele é Elias', outros: 'Ele é profeta, um dos profetas'.") e Mc 8,27s ("'Quem dizem as pessoas que eu sou?' [...] 'João Batista; outras, Elias; outras ainda, um dos profetas'."). Em Mc 6,4 colocou-se na boca de Jesus um dito sapiencial popular, difundido em toda Antiguidade[264]: um profeta não vale nada em sua pátria. Lc 7,39 afirma: "Se este fosse profeta, perceberia bem quem e que tipo de mulher é esta que o toca, porque é uma pecadora!". Sinais proféticos de credenciamento (cf. Mc 8,11; Mt 12,38s; Lc 11,16.30) são exigidos de Jesus, e em Mc 14,65 zomba-se dele, cobrindo-lhe o rosto, esbofeteando-o e dizendo: "Profetiza quem te bateu!"

Se Jesus se entendeu segundo Is 61,1 como profeta escatológico (cf. Q 7,22) já não pode ser apurado. Em todo caso, ele se servia de formas do discurso profético (cf. as ameaças Q 10,13-15; 11,31s), tinha visões (Lc 10,18) e realizava, assim como os profetas veterotestamentários, atos simbólicos (chamando pessoas como discípulos, refeições com pessoas ritualmente impuras, expulsão dos comerciantes e cambistas do Templo, a última refeição com os discípulos e, num sentido mais amplo, também os milagres de Jesus). Assim como em muitos profetas veterotestamentários, também em Jesus pode se descobrir uma identidade profunda de vida e mensagem: a vida do profeta está inteiramente a serviço de sua mensagem e torna-se a expressão da mesma. Também paralelos histórico-religiosos, por exemplo, os profetas judaicos que realizavam sinais (cf. acima, 3.6.1) e expectativa de um profeta escatológico como Moisés (Dt 18,15.18) em Qumran (cf. 1QS IX 9-11; 4Q 175)[265], fazem parecer possível que Jesus se entendeu como profeta escatológico.

---

[264] Cf., por exemplo, PLUTARCO, Mor 604d; DIO CRISÓSTOMO, Or 47,6.
[265] Para as tradições profético-messiâncas em Qumran, cf. J. ZIMMERMANN, *Messianische Texte aus Qumran* (cf. acima, 3.5.2), pp. 312-417.

Por outro lado, Jesus rejeita a categoria do profético em dois ditos como insuficiente (Q 11,32: "aqui está mais do que Jonas"; Lc 16,16: "A lei e os Profetas vão até João", depois disso vem algo novo), e não temos nenhuma palavra autêntica (relativamente consensual) em que Jesus se designasse explicitamente como profeta, tanto mais que a categoria veterotestamentária do mensageiro não faz absolutamente jus a sua pretensão. Também as alusões que Mc 9,7 faz a Dt 18,15 não podem ser atribuídas a Jesus, mas devem-se à cristologia de Marcos (cf. abaixo, 8.2.2). Resultado: *a autocompreensão, o anúncio e a conduta de Jesus rompem a dimensão do profético*.[266]

3.9.2 Jesus como Filho do Homem

VIELHAUER, PH. "Gottesreich und Menschensohn in der Verkündigung Jesu". In *Aufsätze zum Neuen Testament*. TB 31, editado por IDEM, pp. 55-91. Munique, 1965; TÖDT, H. E. *Der Menschensohn in der synoptischen Überlieferung*, 5ª ed. Gütersloh, 1984; HAHN, F. *Christologische Hoheitstitel* (cf. acima, 4), pp. 13-53; JEREMIAS, J. "Die älteste Schicht der Menschensohnlogien". In *ZNW* 58 (1967): 159-172; COLPE, C. Verbete "ὁ υἱὸς τοῦ ἀνθρώπου". In *ThWNT 8*, pp. 403-481. Stuttgart, 1969; GOPPELT, L. *Theologie I*, pp. 116-253; HIGGINS, A. J. B. *The Son of Man in the Teaching of Jesus*. MSSNTS 39. Cambridge, 1980; H. MERKLEIN. *Jesu*

---

[266] Cf. M. HENGEL, *Nachfolge und Charisma* (cf. acima, 3.6.2), p. 74; J. D. G. DUNN, Jesus *Remembered* (cf. acima, 3), pp. 664-666. Diferente G. VERMES, *Jesus der Jude* (cf. acima, 3), p. 85, segundo o qual "profeta" "parece ser a descrição que Jesus mesmo preferia"; E. P. SANDERS, *Sohn Gottes* (cf. acima, 3), p. 381: "Ele foi um profeta, a saber, um profeta escatológico"; N. T. WRIGHT, *Jesus* (cf. acima, 3), p. 163: "*Rather, I suggest that Jesus was seen as, and saw himself as, a prophet; not a particular one necessarily, as though there were an individual set of shoes ready-made into which he was consciously stepping, but a prophet like the prophets of old, coming to Israel with a word from her covenant god, warning her of the imminent and fearful consequences of the direction she was traveling, urging and summoning her to a new and different way*" (Antes, proponho a hipótese de que Jesus era considerado e considerou-se a si mesmo um profeta; não necessariamente um profeta particular, como se houvesse um par individual de sapatos pré-fabricados que ele iria calçar conscientemente, mas um profeta como os profetas de antigamente, chegando a Israel com uma palavra de seu Deus da aliança, alertando-a das consequências iminentes e terríveis da direção em que ela estava caminhando, exortando-a e chamando-a para um caminho novo e diferente); S.FREYNE, *Jesus* (cf. acima, 3.8.1), p. 168 etc., segundo o qual Isaías e Daniel formavam o pano de fundo da autocompreensão de Jesus.

Botschaft von der Gottesherrschaft (cf. acima, 3.4), pp. 152-164; MÜLLER, M. *Der Ausdruck Menschensohn in den Evangelien*. AThD 17. Leiden, 1984; HAMPEL, V. *Menschensohn und historischer Jesus*. Neukirchen, 1990; COLLINS, J. J. "The Son of Man in First-Century Judaism". In *NTS* 38 (1992): 448-466; STUHLMACHER, P. *Biblische Theologie I*, pp. 107-125; VERMES, G. *Jesus der Jude* (cf. acima, 3), pp. 144-174; VÖGTLE, A. *Die 'Gretchenfrage' des Menschensohnproblems*. Freiburg, 1994; THEISSEN, G.; MERZ, A. *Der historische Jesus* (cf. acima, 3), pp. 470-480; BECKER, J. *Jesus von Nazaret* (cf. acima, 3), pp. 249-275; KARRER, M. *Jesus Christus im Neuen Testament* (cf. abaixo, 4), pp. 287-306; KREPLIN, M. *Das Selbstverständnis Jesu*. WUNT 2.141. Tübingen, 2001, pp. 88-133; TUCKETT, C. M. "The Son of Man and Daniel 7: Q and Jesus". In *The sayings source Q and the historical Jesus* (cf. abaixo, 8.1), editado por A. LINDEMANN, pp. 371-394; WILCKENS, U. *Theologie II*, pp. 28-53.

A autodesignação mais frequente de Jesus é ὁ υἱὸς τοῦ ἀνθρώπου ("o Filho do Homem")[267], ela se encontra na forma duplamente definida 82 vezes no Novo Testamento (Mc: 14 vezes; Mt: 30 vezes; Lc: 25 vezes; Jo: 13 vezes)[268], e, salvo Jo 12,34, nos Evangelhos sempre na boca de Jesus[269]. Esta expressão é uma tradução, muito descomum para ouvidos gregos, do aramaico בר (א)נשא ou do hebraico בן אדם, respectivamente, que tem um sentido principalmente genérico[270]: o ser humano como membro/um ser humano como representante da espécie ("gênero") humana (ou seja, "filho da humanidade"). O significado dessa expressão explica-se a partir de uma complexa história judaica prévia.

O ponto de partida é, como texto básico, Dn 7,13s, onde se afirma dentro da visão: "E eis, com as nuvens do céu veio um que parecia a um filho do homem (ὁ υἱὸς τοῦ ἀνθρώπου = um como um filho do homem, um antropomorfo). E chegou até o ancião e foi levado até a frente dele. A ele foi dado poder e honra e reino, para que os povos de todas as nações e línguas lhe

---

[267] Para a controversa história da pesquisa, cf. W. G. KÜMMEL, *Jesusforschung* (cf. acima, 3.1), pp. 340-374.

[268] Além disso, cf. EvT 86; At 7,56; Ap 1,13; na LXX encontra-se somente υἱὸς ἀνθρώπου, ou seja, a forma não determinada.

[269] Cf. M. MÜLLER, Verbete "Menschensohn im Neuen Testament", in *RGG4* 5 (Tübingen: 2002), pp. 1098-1100.

[270] Cf. a respeito C. COLPE, Verbete "ὁ υἱὸς τοῦ ἀνθρώπου", pp. 405s.

servissem. Seu poder é um poder eterno que jamais passará, e seu reino jamais será destruído." Aqui, o filho do homem é provavelmente uma figura angelical destacada que anuncia o juízo escatológico de Deus[271]. A expressão "filho do homem" não se tornou um título central da messianologia judaica; encontram-se apenas duas atualização no âmbito da história da recepção, em HenEt 37–71 (os assim chamados "discursos metafóricos") e em 4Esd 13. Ambos os conjuntos de textos não são coesos, de modo que se pode falar somente de uma tradição não homogênea de filho do homem[272]. Os discursos metafóricos do Livro Etíope de Henoc foram redigidos em meados do séc. I a.C. e contêm afirmações complexas sobre o filho do homem. O filho do homem em forma angelomórfica é sobretudo um juiz universal (HenEt 46,4ss) que reúne as pessoas justas na comunidade escatológica (45,3s; 47,4; 48,1-7 etc.). Como ele mesmo, assim também as pessoas justas são os escolhidos; ele é "o bastão, para que elas se apóiam nele e não caiam" (48,4). 4Esd 13 provém do final do séc.I d.C. e descreve a aparição no contexto de uma visão de tempestade (13,3: "Eu olhei, e eis, a tempestade fez surgir do coração do mar algo como a figura de um ser humano") e as funções escatológicas dessa figura: sobre o Monte Sião, ela julgará as nações que estão vindo até o mesmo e reunirá o povo de Israel. Dessa maneira, ele realiza funções que são em SlSal 17,26-28 atribuídas ao messias davídico. As diferenças entre Dn 7 e HenEt/4Esd indicam que havia na época de Jesus provavelmente diferentes concretizações do imaginário acerca do filho do homem que designavam antes uma função do que uma pessoa claramente definida[273]. *Em todo caso fica claro que se trata de uma figura celestial, parecida a um ser humano e com funções de juiz, governante e salvador.*

Uma formação das afirmações neotestamentárias sobre o filho do homem num tempo posterior pós-pascal é muito improvável, pois

---

[271] Para o significado de בר (א)נשא, cf. especialmente K. KOCH, "Das Reich der Heiligen und des Menschensohns. Ein Kapitel politischer Theologie", in IDEM, *Die Reiche der Welt und der kommende Menschensohn. Studien zum Danielbuch* (Neukirchen: 1995): 140-172, aqui: 157-160.
[272] Para a análise, cf. K. MÜLLER, "Menschensohn und Messias", in IDEM, *Studien zur frühjüdischen Apokalyptik*. SBA.NT 11 (Freiburg: 1991), pp. 279-322.
[273] Cf. a respeito J. J. COLLINS, "The Scepter and the Star. The Messiahs of the Dead Sea Scrolls and Other Ancient Literature", in *The Anchor Bible Reference Library* (Nova Iorque: 1995), pp. 173-194, segundo o qual os textos indicam um imaginário não inteiramente definido acerca do filho do homem em círculos apocalípticos antes e ao lado do Novo Testamento, que o considera o messias que participa da destruição escatológica dos inimigos de Deus.

não eram adequadas para a missão, e provavelmente foi deliberadamente que Paulo não as incluísse em seu anúncio. Por que as comunidades posteriores teriam elevado à categoria-chave cristológica um termo orientado na palavra ἄνθρωπος ("ser humano") e no grego antes incompreensível?[274] A tradução do aramaico בר (א)נשא para o grego ὁ υἱὸς τοῦ ἀνθρώπου ocorreu provavelmente já muito cedo e deve adotar o uso linguístico de Jesus. Ao lado da plausibilidade de seu efeito e da múltipla atestação, também a falta do termo "filho do homem" em todas as correntes da tradição bem como sua falta em afirmações confessórias sobre Jesus são um argumento em favor da tese de que ele usava o termo "Filho do Homem". As palavras de Jesus sobre o Filho do Homem podem ser divididas em três grupos que se sobrepõem e complementam parcialmente.

O Filho do Homem que atua no tempo presente

As palavras sobre o Filho do Homem que atua no tempo presente contêm conotações muito diferentes. Há palavras nas quais o título de Filho do Homem aparece em relação à autoridade de Jesus (Mc 2,10 par: "Para que saibais que o Filho do Homem tem autoridade de perdoar pecados na terra, ele diz ao paralítico"; Mc 2,28 par: "De modo que o Filho do Homem é também senhor do sábado"); outras palavras referem-se à missão de Jesus em geral (Mc 10,45: "Pois também o Filho do Homem não veio para ser servido, mas para servir e dar sua vida em resgate por muitos"; Lc 19,10: "Pois o Filho do Homem veio procurar e salvar o que está perdido"). Na retrospectiva, mas certamente correto

---

[274] Esta pergunta não pode ser respondida por todos aqueles que consideram as palavras sobre o filho do homem uma formação da comunidade; assim, por exemplo, PH. VIELHAUER, *Gottesreich*, pp. 90s; H. CONZELMANN, *Theologie*, pp. 105-111; A. VÖGTLE, *'Gretchenfrage'*, p. 175. Em favor da autodesignação de Jesus como Filho do Homem argumentam, por exemplo, H. E. TÖDT, *Menschensohn*, pp. 298-316; J. ROLOFF, *Jesus* (cf. acima, 3),1181; H. MERKLEIN, *Jesu Botschaft von der Gottesherrschaft* (cf. acima, 3.4), pp. 154-164; G. THEISSEN, A. MERZ, *Der historische Jesus* (cf. acima, 3), pp. 476s; J. SCHRÖTER, *Jesus* (cf. acima, 3), pp. 252s; para a história da pesquisa, cf. A. VÖGTLE, *'Gretchenfrage'*, pp. 22-81 (hipóteses acerca da autenticidade), pp. 82-144 (formação pós-pascal).

em seu conteúdo, Q 7,34 formula a convivência de Jesus com pessoas discriminadas: "Veio o Filho do Homem, comeu e bebeu, e dizeis: 'Eis este homem, um comilão e beberrão, um amigo de cobradores de impostos e pecadores'." Finalmente parece se relacionar com Filho do Homem a ideia de que Jesus era humilde, oculto e não tinha lar (Q 9,58: "E Jesus disse-lhe: 'As raposas têm tocas e as aves do céu têm ninhos; mas o Filho do Homem não tem onde reclinar sua cabeça'.") Para um contexto forense apontam Q 11,30 ("Pois assim como Jonas se tornou um sinal para os ninivitas, assim também o Filho do Homem o será para esta geração") e Q 12,8s ("Toda pessoa que se declarar por mim diante dos seres humanos, o Filho do Homem também se declarará por ela diante dos anjos. Mas quem me renegar diante dos seres humanos, será renegado diante dos anjos"; cf. Mc 8,38). O último texto provoca perguntas particulares[275]: será que Jesus, ao falar do Filho do Homem, refere-se aqui a outra figura e não a si mesmo? A mera possibilidade dessa interpretação não é automaticamente um argumento em favor da criação pela comunidade pós-pascal. É igualmente possível que Jesus mesmo tenha proferido esta palavra no contexto da Paixão. Quando se isola a palavra, então o futuro Filho do Homem-Juiz *poderia* ser alguém distinto de Jesus[276]. No entanto, quando se olha para a pretensão de Jesus em sua totalidade, é mais do que improvável que ele tivesse se entendido como o precursor ou o

---

[275] Segundo A. VÖGTLE, *Die 'Gretchenfrage'*, p. 9, Q 12,8 desempenha um "papel-chave" para a questão do Filho do Homem em relação ao Jesus terreno. O paralelo de Mt (10,32) a Lc 12,8 reza πᾶς οὖν ὅστις ὁμολογήσει ἐν ἐμοὶ ἔμπροσθεν τῶν ἀνθρώπων, ὁμολογήσω κἀγὼ ἐν αὐτῷ ἔμπροσθεν τοῦ πατρός μου τοῦ ἐν [τοῖς] οὐρανοῖς e não contém o termo Filho do Homem; também o paralelo Q 12,10 se refere ao perdão no juízo só na voz passiva (ἀφεθήσεται); por isso, no sentido do *passivum divinum*, aqui, quem sanciona é Deus mesmo. Por isso, sobretudo P. HOFFMANN pronunciou-se em favor de uma derivação redacional-lucana: IDEM, "Der Menschensohn in Lukas 12.8", in *NTS* 44 (1998): 357-379. No entanto, linguisticamente, a reformulação redacional mateano do dito pode ser claramente identificada, e a inserção no contexto mateano não favorece a adoção do termo do Filho do Homem (cf. A. VÖGTLE, *op. cit.*, pp. 17s), de modo que se deve manter o termo "Filho do Homem" em Q 12,8, assim como fazem J. SCHRÖTER, *Erinnerung* (cf. abaixo, 8.1), pp. 362-365, e C. M. TUCKETT, "Q 12.8 Once Again – 'Son of Man' or 'I'", in J. M. ASGEIRSSON, K. de TROYER, M. W. MEYER (org.), *From Quest to Q* (cf. abaixo, 8.1), pp. 171-188.

[276] Assim, por exemplo, R. BULTMANN, *Theologie*, p. 30.

mensageiro de uma figura escatológica diferente[277]. Enquanto Q 12,10 (falar contra o Espírito Santo) com certeza, e Mc 2,10; 10,45a; Lc 19,10 (como variante de Mc 2,17; Lc 5,32) possivelmente são pós-pascais, outras palavras autênticas atestam que Jesus interpretou sua atuação através da figura do Filho do Homem no sentido da linguagem coloquial ("minha pessoa").

O Filho do Homem sofredor

As palavras sobre o Filho do Homem que sofre são transmitidas nos três anúncios da Paixão (Mc 8,31 par; 9,31 par; 10,33s) e nas palavras sobre a entrega (passiva e ativa) do Filho do Homem (Mc 14,21 par: "Pois, é verdade que o Filho do Homem perece, conforme está escrito a seu respeito, mas, ai do ser humano por quem o Filho do Homem for entregue"; Mc 14,41: "O Filho do Homem será entregue às mãos dos pecadores"; além disso, cf. Lc 17,25; 24,7). Com grande probabilidade, as palavras sobre o Filho do Homem que sofre e que ressuscita são formações pós-pascais, pois faltam na Fonte Q e demonstram reflexões cristológicas pós-pascais[278].

O Filho do Homem que está vindo

Enquanto as palavras sobre o Filho do Homem que atua no tempo presente estão relacionadas com a linguagem cotidiana, as palavras sobre o Filho do Homem que está vindo têm uma relação com tradições da linguagem visionária. Por exemplo, Jesus anuncia em Mc 14,62 seu julgamento futuro: "Então Jesus disse: 'Eu sou; e vereis o Filho do Homem sentado à direita do Poder e vindo com as nuvens do céu'." Pertencem ao contexto do juízo e da parusia também Q 12,40 ("Vós

---

[277] Cf. CHR. RINIKER, *Die Gerichtsverkündigung Jesu* (cf. acima, 3.8), p. 348; J. SCHRÖTER, *Jesus* (cf. acima, 3), p. 253.
[278] Cf. G. THEISSEN, A. MERZ, Der historische Jesus (cf. acima, 3), p. 479. Diferente, por exemplo, P. STUHLMACHER, *Theologie I*, pp. 120s, que considera uma palavra autêntica de Jesus sobre o Filho do Homem sofredor a forma original de Mc 9,31 e de Mc 10,45.

também deveis ficar preparados, porque o Filho do Homem virá numa hora que não o esperais"), Q 17,24 ("Pois como o relâmpago sai do leste e fulgura até o oeste, assim será o Filho do Homem em seu dia"), 17,26.30 ("Como aconteceu nos dias de Noé, assim também será no dia do Filho do Homem [...], assim será também no dia em que o Filho do Homem for revelado"), Mt 10,23b ("Amém, eu vos digo: não acabareis de percorrer as cidades de Israel até que venha o Filho do Homem"), Mt 19,28 ("... quando o Filho do Homem estiver sentado no trono de sua glória, [também vós] estareis sentados em doze tronos e julgar as doze tribos de Israel") e as tradições já comentadas sobre o confessar ou renegar em Q 12,8s/Mc 8,38.

As palavras sobre o Filho do Homem que está vindo são de difícil avaliação, pois, por um lado, Jesus parece ter ligado sua atuação presente e futura ao termo do Filho do Homem (Q 12,8s), mas, por outro lado, o Filho do Homem que volta e julga ocupa um lugar central na conceituação cristológico da Fonte Q (cf. abaixo, 8.1.2), de modo que se deve contar com uma forte moldação pós-pascal. Enquanto Lc 18,8b e Mt 24,30 são formações pós-pascais e também os ditos de Q aduzidos receberam sua forma atual depois da Páscoa, devemos supor provavelmente para Jesus que ele vinculou seu destino presente e futuro fundamentalmente à figura do Filho do Homem[279].

Jesus adotou o termo "o Filho do Homem" porque não era um termo central na apocalíptica judaica e porque, sendo um termo aberto e não fixamente definido, prestava-se especialmente bem para caracterizar sua atuação. Traços da atuação pré-pascal de Jesus manifestam-se particularmente nas palavras sobre o Filho do Homem que atua no tempo presente, sendo que devem ser ressaltados Q 7,33s e Q 9,58. Aqui devemos entender a expressão "o Filho do Homem" provavelmente não de modo genérico (relacionado ao "gênero humano"), mas até mesmo titular. Nessas duas palavras chama a atenção que o poder do Filho do Homem não está manifesto e aberto, mas oculto. Essa presença simultânea de um modo de falar que oculta e um modo de falar que revela tem um paralelo estrutural no discurso de Jesus sobre

---

[279] Cf. também J. D. G. DUNN, *Jesus Remembered* (cf. acima, 3), pp. 759-761.

o Reino de Deus: assim como o Reino de Deus é numa grandeza que se revela e que é real, mas, ao mesmo tempo, uma grandeza oculta, assim também a atuação presente do Filho do Homem não se manifesta em seu poder, mas em sua atuação oculta.

3.9.3 Jesus como Messias

HAHN, F. *Christologische Hoheitstitel* (cf. abaixo, 4), pp. 133-225.466-472; VERMES, G. *Jesus der Jude* (cf. acima, 3), pp. 115-143; HAHN, F. Verbete "Χριστός". In *EWNT* 3 (1983): 1148-1153; KARRER, M. *Der Gesalbte. Die Grundlagen des Christustitels*. FRLANT 151. Göttingen, 1990; ZELLER, D. Verbete "Messias/Christus". In *NBL III* (1995): 782-786; HENGEL, M. "Jesus der Messias Israels". In *Der messianische Anspruch Jesu und die Anfänge der Christologie*. WUNT 138, editado por IDEM, A. M. SCHWEMER, p. 180. Tübingen, 2001; FREY, J. "Der historische Jesus und der Christus der Evangelien". In *Der historische Jesus*. BZNW 114, editado por J. SCHRÖTER, R. BRUCKER, pp. 273-336. Berlim, 2002.

Entre as 531 ocorrências de Χριστός ("Cristo") ou Ἰησοῦς Χριστός ("Jesus Cristo"), respectivamente, um total de 270 encontra-se em Paulo. É significativo que Χριστός esteja vinculado às tradições mais antigas (cf. 1Cor 15,3b-5; 2Cor 5,15) e que estejam ligadas a ele afirmações sobre a morte e a ressurreição de Jesus que abrangem todo o evento salvífico. Em Paulo, Ἰησοῦς Χριστός é um nome titular. O apóstolo sabe que Χριστός é originalmente um apelativo e que Ἰησοῦς é o *nomen proprium* propriamente dito, pois ele nunca se refere a um κύριος Χριστός. Portanto, Χριστός em conexão com Ἰησοῦς deve ser entendido como um cognome, no qual pode muito bem ressoar o significado de título. De resto, o título funde-se com a pessoa de Jesus e seu destino de tal maneira que ele se torna rapidamente o cognome de Jesus e que os cristãos são chamados segundo esse nome (At 11,26).

No Antigo Testamento, o ponto de partida e o pressuposto do desenvolvimento dos conceitos messiânicos são a unção do rei e a promessa da dinastia (cf. 1Sm 2,4a; 5,3; 1Rs 1,32-40; 11; 2Sm 7; Sl 89; 132)[280]. A partir disso formaram-se no judaísmo antigo várias tradições, e especialmente em torno da

---

[280] Cf. E.-J. WASCHKE, *Der Gesalbte*. BZAW 306 (Berlim: 2001).

virada do tempo, as esperanças messiânicas tinham formas muito diversificadas[281]. A ideia de um messias político-*real* (cf. SlSal 17; 18; BrSir 72,2), que expulsaria os gentios da Terra de Israel e restabeleceria a justiça, encontra-se tanto como noções de cunho *profético* (cf. CD 2,12; 11Q Melch) e *sacerdotal-real* (cf. 1QS 9,9-11; 1QSa 2,11ss; CD 12,23; 14,19; 19,10s; 20,1). Também o vínculo entre conceitos acerca do Filho do Homem e do messias (cf. HenEt 48,10; 52,4; 4Esd 12,32; 13) e figuras messiânicas que se apresentaram sem usar o termo messias (profetas messiânicos) atestam as ricas possibilidades de variação na escatologia judaica[282].

Χριστός é um elemento integral das tradições neotestamentárias mais antigas. Uma análise da tradição sinótica deve esclarecer se o próprio Jesus reclamou para si o título de Χριστός, ou se ele pelo menos provocou deliberadamente expectativas messiânicas. O material afim é surpreendentemente escasso e polissêmico. Em Marcos encontram-se 7 ocorrências; os 18 de Mateus dependem em suas essências de Marcos, e na obra lucana vincula-se a Χριστός uma explícita cristologia do espírito, principalmente por meio as adoção de Is 61,1s (cf. abaixo, 8.4.2/8.4.3). Textos-chave são Mc 8,29 ("Pedro respondeu-lhe: 'Tu és o Cristo!'") e Mc 14,61s ("Então o sumo sacerdote o interrogou de novo: 'És tu o Cristo, o Filho do Deus Bendito?' Então respondeu Jesus: 'Eu sou [...]'."). Ambos os textos estão inteiramente integrados na cristologia de Marcos e dificilmente refletem com exatidão algum acontecimento histórico.

Ainda assim, há muitos argumentos em favor da tese de que Jesus provocou, através de seu anúncio e sua conduta, expectativas messiânicas. Mc 8,27-30 poderia ser um indício de que as pessoas levaram suas expectativas político-messiânicas até Jesus. Além disso, as ovações na ocasião de sua entrada em Jerusalém (cf. Mc 11,8-10), a purificação do

---

[281] Cf. aqui por último G. OEGEMA, *Der Gesalbte und sein Volk* (Göttingen: 1994); ST. SCHREIBER, *Gesalbter und König* (cf. acima, 3.4.1), pp. 145-534; W. HORBURY, *Jewish Messianism and the Cult of Christ* (Londres: 1998); para as complexas ideias acerca do ungido em Qumran, cf. J. ZIMMERMANN, *Messianische Texte aus Qumran* (cf. acima, 3.5.2), pp. 23ss.

[282] Um elenco de todas as figuras revoltosas encontra-se em J. D. CROSSAN, *Der historische Jesus* (cf. acima, 3), pp. 585s.

Templo e sobretudo a inscrição na cruz (cf. abaixo, 3.10.1) recomendam supor que Jesus instigou deliberadamente expectativas messiânicas. A inscrição na cruz, βασιλεὺς τῶν Ἰουδαίων ("o rei dos judeus") deve ter sua origem nem entre judeus nem entre cristãos, mas atestar que os romanos executaram Jesus de Nazaré como pretendente messiânico[283]. Se isto for correto, a pergunta pela realeza/messianidade de Jesus *tem que ter* desempenhado um papel decisivo no processo[284], sem que pudéssemos decidir se Jesus reivindicou ativamente o título de Messias. Também a melhor maneira de entender a rápida e ampla difusão de Χριστός nas tradições pós-pascais mais antigas é supor uma relação com a atuação e o destino de Jesus.

Seja como for a avaliação de textos individuais, o material em sua totalidade permite somente uma única conclusão *histórica*: *a vida de Jesus não era não messiânica!*[285] A autopretensão de Jesus, de ser o representante do Reino de Deus presente e futuro, sua liberdade em relação à Torá, seu chamado soberano ao discipulado, sua certeza de ser a figura decisiva na atuação julgadora de Deus e de ser o Filho do Homem, tanto presente como futuro e entronizado por Deus, permitem unicamente a conclusão de que Jesus provocou em relação a sua pessoa uma imensa pretensão, que nenhum judeu antes e depois dele provocou dessa forma.

Ao mesmo tempo, porém, chama a atenção que essa pretensão se manifesta também de uma maneira estranhamente oculta: não se expressa em claras categorias dogmáticas preestabelecidas, mas, ocasionalmente, em narrativas e palavras quase paradoxais. Jesus transmite experiências do Reino de Deus, mas se nega a qualquer exigência de um sinal e a qualquer comprovação direta de sua autoridade. Ele reivindica para sua mensagem um máximo de normatividade e vincula a sua pessoa salvação e condenação, graça e desgraça, mas, ao mesmo

---

[283] Cf. M. HENGEL, *Jesus der Messias Israels*, p. 50.
[284] Cf. J. FREY, *Der historische Jesus und der Christus der Evangelien*, pp. 304ss; J. SCHRÖTER, Jesus (cf. acima, 3), pp. 262ss.
[285] Contra R. BULTMANN, *Theologie*, p. 28: "De resto, a tradição sinótica não deixa dúvida acerca do fato de que, comparadas com o conceito messiânico tradicional, a vida e a atuação de Jesus não foram messiânicas".

tempo, desfamiliariza e supera todas as variantes conhecidas da autoridade messiânica. O decisivo não é um saber acerca de Jesus, mas a confrontação com ele e com sua mensagem que chama para abrir-se de modo totalmente novo para a realidade de Deus.

3.10 O destino de Jesus em Jerusalém: fim e início

BLINZLER, J. *Der Prozess Jesu*, 4ª ed. Regensburg, 1969; WINTER, P. *On the Trial of Jesus*. SJ 1. Berlim, 1961; SHERWIN-WHITE, A. N. *Roman Society and Roman Law in the New Testament*. Oxford: 1963; DORMEYER, D. *Die Passion Jesu als Verhaltensmodell*. NTA 11. Münster, 1974; STROBEL, A. *Die Stunde der Wahrheit*. WUNT 21. Tübingen, 1980; LIMBECK M. (org.). *Redaktion und Theologie des Passionsberichtes nach den Synoptikern*. Darmstadt, 1981; BETZ, O. *Probleme des Prozesses Jesu*. ANRW.II 25.1. Berlim, 1982, pp. 565-647; KERTELGE, K. (org.). *Der Prozess gegen Jesus. Historische Rückfrage und theologische Deutung*. QD 112. Freiburg, 1988; BROWN, R. E. *The Death of the Messiah I.II*. Nova Iorque, 1993/94; REINBOLD, W. *Der älteste Bericht über den Tod Jesu*. BZNW 69. Berlim, 1994; WRIGHT, N. T. *Jesus* (cf. acima, 3), pp. 540-611; EGGER, P. *Crucifixus sub Pontio Pilato*. NTA 32. Münster, 1997; BÖSEN, W. *Der letzte Tag des Jesus von Nazareth*. Freiburg, 1999; DUNN, J. D. G. *Jesus Remembered* (cf. acima, 3), pp. 765-824; VERMES, G. *Die Passion*. Darmstadt, 2005; W. REINBOLD, *Der Prozess Jesu*. Göttingen, 2006.

No fim de sua atuação pública, Jesus subiu com seus discípulos e outras pessoas que o seguiam no ano 30 para Jerusalém, para a festa da Páscoa[286]. Ele fez isto em continuidade a seu anúncio do Reino de Deus até então realizado, e indubitavelmente não sem intenção, porque tanto sua atuação espetacular até então realizada na Galileia como sua entrada em Jerusalém (Mc 11,1-11 par) levam a esperar um agravamento dos eventos.

3.10.1 *Prisão, processo e crucificação*

Jesus não se esquivou das ovações na ocasião de sua entrada em Jerusalém, isto é, ele aceitou as expectativas messiânicas vinculadas às

---

[286] Para o quadro cronológico da atuação de Jesus, cf. G. THEISSEN, A. MERZ, *Der historische Jesus* (cf. acima, 3), pp. 147-155.

mesmas (Mc 11,9s par). Já que a entrada conteve também elementos de uma cerimônia de governantes, podia ser interpretada de maneira política. A purificação do Templo encontra-se numa continuidade temporal e material (Mc 11,15-18 par)[287].

A purificação do Templo

Jesus encontra no recinto do Templo vendedores de animais de sacrifício e cambistas que serviam originalmente para a preservação de um esquema ordenado do culto. Era impossível que os sacerdotes verificassem cada animal trazido, e também os cambistas realizavam uma prestação de serviço, porque, segundo Ex 30,11-16, cada judeu (masculino) maior de 20 anos tinha de pagar uma *dracma* dupla como imposto ao Templo. O alcance da purificação do Templo já não pode ser reconstruído em seus pormenores, mas parece que Jesus agiu com violência contra (alguns) vendedores de animais e cambistas. Relacionada a essa ação está uma palavra de ameaça contra o Templo, que forma o cerne de Mc 13,2: "Aqui não ficará pedra sobre pedra que não seja arrancada"[288]. A purificação do Templo e a palavra contra o Templo não visam o restabelecimento de um culto templar agradável a Deus, assim como ele foi exigido sempre de novo na história do judaísmo[289]. Ao contrário, Jesus era da opinião de que, diante da presença e da vinda do Reino de Deus, o Templo de Jerusalém tinha perdido sua função como lugar da expiação dos

---

[287] Cf. a respeito M. SABBE, "The Cleaning of the Temple and the Temple Logion", in IDEM, *Studia Neotestamentica* (Lovânia: 1991), pp. 331-354; TH. SÖDING, "Die Tempelaktion Jesu", in *TThZ* 101 (1992), pp. 36-64; E. STEGEMANN, "Zur Tempelreinigung im Johannesevangelium", in E. BLUM etc. (org.), *Die Hebräische Bibel und ihre zweifache Nachgeschichte* (FS R. Rendtorff), pp. 503-516 (Neukirchen: 1990); J. SAUER, *Rückkehr und Vollendung des Heils* (cf. acima, 3.1.2), pp. 426-459; K. PAESLER, *Das Tempelwort Jesu*. FRLANT 184 (Göttingen: 1999), pp. 233-249; J. ÅDNA, *Jesu Stellung zum Tempel*. WUNT 2.119 (Tübingen: 2000), pp. 300-333; W. REINBOLD, *Der Prozess Jesu* (cf. acima, 3.10), pp. 130-137.

[288] Para a justificativa, cf. K. PAESLER, *Das Tempelwort Jesu*, pp. 76-92 (Mc 14,58 é um variante pós-pascal de Mc 13.2*).

[289] Cf. K. PAESLER, *Das Tempelwort Jesu*, p. 244: "impossibilitação simbólica e abolição do movimento cultual hierosolimitano".

pecados. O domínio do mal está chegando ao fim; por isso, já não se precisa de sacrifícios[290].

Prisão e interrogatório

Qual o papel das instâncias judaicas no processo contra Jesus? A ação de Jesus contra o Templo foi provavelmente interpretada como questionamento da ordem econômica e política e, dessa maneira, instrumentalizada principalmente pelos saduceus como um motivo de acusação[291]. Não *"os judeus", mas os saduceus parecem ter sido a força motriz na prisão de Jesus* (cf. Mc 14,1.43.53.60; 15,11; Josefo, Ant 18,64: "[...] e embora, de acordo com a instigação dos nobres de nosso povo, Pilatos o condenasse à morte [...]")[292].

Muito eloquente é, nesse contexto, uma tradição mencionada em Josefo, que mostra que a profecia contra o Templo e contra a cidade de Jerusalém exigia aparentemente uma participação da jurisdição capital judaica na jurisdição que competia fundamentalmente aos romanos[293]. O texto confirma a existência de um procedimento instancial

---

[290] Cf. J. SAUER, *Rückkehr und Vollendung des Heils* (cf. acima, 3.1.2), pp. 455-459.
[291] Cf. E. P. SANDERS, *Sohn Gottes* (cf. acima, 3), p. 380: "Portanto, eu suponho que a ação simbólica de Jesus de derrubar as mesas dos cambistas no Templo tenha acontecido de mãos dadas com um dito sobre a destruição iminente do Templo e que ela, nesta combinação, tenha sido entendida pelas autoridades como ameaça profética"; diferente J. BECKER, *Jesus von Nazaret* (cf. acima, 3), pp. 407ss, que considera a purificação do Templo não histórica.
[292] Cf. H. RITT, "Wer war schuld am Tod Jesu?", in *BZ* 31 (1987): 165-175.
[293] JOSEFO, Bell 6,300-305: "Mais terrível, porém, do que essas coisas foi o seguinte: quatro anos antes da guerra, quando a cidade desfrutava ainda da mais profunda paz e bem-estar, e na festa em que é costume que todos constroem uma cabana a Deus, certo Jesus, Filho de Ananias, um homem rude do campo, veio ao santuário e, de repente, começou a exclamar: 'Uma voz do levante, uma voz do poente, uma voz dos quatro ventos, uma voz contra Jerusalém e o Templo, a voz contra o noivo e a noiva, uma voz contra o povo inteiro!' Dia e noite andava por todas as ruas, gritando. Alguns cidadãos estimados, irritados por esta gritaria de desgraça, prenderam-no e maltrataram-no com muitos golpes. Mas ele não emitiu nenhum som, nem em sua defesa nem particularmente contra aqueles que estavam batendo nele, mas, teimosamente, exclamava os mesmos gritos de antes. Os chefes, acreditando, como realmente foi o caso, que o homem estivesse impelido por um poder sobre-humano, levaram-no perante o procurador que os romanos tinham instituído

estabelecido. Os homens de liderança da autoadministração judaica levantaram um processo oficial contra o profeta Jesus Ben Ananias. Primeiro, ele foi interrogado pelos membros do Sinédrio, e depois entregue ao procurador. Por via de regra, a flagelação antecedia a execução de uma pena de morte, isto é, as instâncias judaicas devem ter encaminhado um processo capital, embora a decisão definitiva neste caso fosse a absolvição. Um curso semelhante deve-se supor no caso do processo contra Jesus de Nazaré. A purificação do Templo acarretou provavelmente a Jesus a acusação de atacar a ordem pública em termos econômicos e políticos[294]. Desde a perspectiva dos saduceus, ele questionou com sua ação contra o Templo o funcionamento do culto. Crimes contra o Templo pertenciam aos "casos efetivamente raros que faziam com que a jurisdição romana na província da Judeia deixasse que a jurisdição capital judaica participasse na própria *'cognitio'*."[295] Particularmente os saduceus devem ter procurado a prisão de Jesus e organizado seu interrogatório diante do Sinédrio. Depois disso, Jesus foi entregue ao governador romano, que realizou uma investigação própria e que é o responsável pela condenação à morte.

O processo e a crucificação

A jurisdição capital cabia na Judeia unicamente ao procurador romano[296]. No caso do primeiro procurador, Copônio (6-9 d.C.), Josefo

---

naquela época. Ali, foi flagelado com chicotes até os ossos, mas não implorou nem chorou, mas, com o tom mais lastimoso que conseguisse dar a sua voz, respondeu a cada golpe 'Ai de ti, Jerusalém!' Quando, porém, Albino – pois este foi o procurador – perguntou quem ele era, de onde vinha e por que estava fazendo essa gritaria, não respondeu absolutamente nada, mas continuou a lamentar-se sobre a cidade e não parou, até que Albino julgasse que ele era louco e o soltasse."

[294] Para o Templo, cf. J. MAIER, "Beobachtungen zum Konfliktpotential in neutestamentlichen Aussagen über den Tempel", in: L. BROER (org.), *Jesus und das jüdische Gesetz* (Stuttgart: 1992), pp. 173-213.

[295] K. MÜLLER, "Möglichkeit und Vollzug jüdischer Kapitalgerichtsbarkeit im Prozess gegen Jesus", in K. KERTELGE (org.), *Der Prozess gegen Jesus* (cf. acima, 3.10), pp. 41-83, aqui: p. 821.

[296] Cf. aqui especialmente K. MÜLLER, *Kapitalgerichtsbarkeit*, pp. 44-58 (ali a discussão de outras teses).

observa explicitamente que ele governou com autoridade ilimitada e que tinha recebido do imperador também o direito de aplicar a pena de morte[297].

Após o interrogatório perante o Sinédrio, Jesus foi levado até o Pretório, a sede administrativa de Pilatos[298]. Por que Jesus foi condenado depois de um breve processo? Com certeza, os romanos não se deixaram pressionar sem motivo pelas instâncias judaicas, e também a referência a disputas doutrinárias dentro do judaísmo não é suficiente para explicar a intervenção dos romanos. A entrada triunfal em Jerusalém, a ação no Templo, Mc 15,2s par ("'És tu o rei dos judeus?' Ele, porém, respondeu-lhe: 'Tu o dizes!'") e a inscrição na cruz (Mc 15,26 par: "O Rei dos Judeus" = ὁ βασιλεὺς τῶν Ἰουδαίων) levam a supor que os romanos consideraram Jesus aparentemente um revoltoso (religioso-político) que poderia se aproveitar da situação tensa numa festa da Páscoa.

> O potencial explosivo dessa acusação é ilustrado por Josefo. Nas turbulências após a morte de Herodes Magno, tanto um tal de Judas[299] como um tal de Simão[300], servo de Herodes Magno, tentaram chegar ao trono real. Com suas tropas, assaltaram e saquearam, mas foram derrotados e aniquilados pelos romanos. Depois, um tal de Atronges[301] estendeu a mão para a coroa. Usou o título de rei e lutou tanto contra os romanos como contra a família de Herodes Magno. Também ele foi derrotado pelos romanos e seus aliados[302]. Josefo caracteriza esse período atormentado num sumário: "Dessa maneira, a Judeia estava cheia de bandos de ladrões; e onde for que se juntasse um grupo de líderes, eles elegiam um rei que deveria realizar a queda da ordem

---

[297] Cf. JOSEFO, Bell 2,117; Ant 18,2.
[298] Para Pilatos, cf. por último K. ST. KRIEGER, "Pontius Pilatus – ein Judenfeind? Zur Problematik einer Pilatusbiographie", in *BN* 78 (1995): 63-83. Ele ressalta que todas as fontes sobre Pilatos relatam de modo tendencioso e que se deve ter cuidado diante da interpretação habitual de que Pilatos teria sido uma pessoa especialmente má.
[299] Cf. JOSEFO, Ant 17,272.
[300] Cf. JOSEFO, Ant 17,273ss.
[301] Cf. JOSEFO, Ant 17,278ss.
[302] Para a análise dos textos mais importantes, cf. M. HENGEL, *Die Zeloten* (cf. acima, 3.8.1), pp. 261-277.329ss; P. EGGER, *"Crucifixus sub Pontio Pilato"* (cf. acima, 3.10), pp. 72ss.

estatal. Eles infligiram pouco prejuízo aos romanos, mas causaram um banho de sangue a seu próprio povo."[303] A seguir, Josefo relata que o governador romano Varo teria brutalmente sufocado outras revoltas e mandado crucificar, numa só ocasião, 2000 judeus[304]. Por trás dos grupos chamados por Josefo de "bandos de ladrões" ("salteadores") estavam esperanças messiânicas e sociais que ansiavam uma libertação da dominação romana e uma ordem mais justa. Segundo SlSal 17,21ss, o rei e ungido enviado por Deus a seu povo eleito não só expulsará os gentios, mas também reinará sobre seu povo em justiça.

Pilatos mandou flagelar Jesus e levá-lo para a crucificação. A crucificação era a pena de morte predileta dos romanos para escravos e revoltosos, uma pena especialmente cruel e humilhante[305]. Jesus de Nazaré foi crucificado pelos romanos em Jerusalém como revoltoso, provavelmente na sexta-feira, dia 14 de *nisan* (= 7 de abril) do ano 30[306].

3.10.2 A compreensão que Jesus tinha de sua morte

Chama a atenção que Jesus não fugiu de Jerusalém, não obstante o perigo palpável. Segundo as abordagens sinóticas da Paixão, ele teria tido muitas oportunidades de fazê-lo. Jesus provavelmente não ignorava a possibilidade de uma prisão, pois ele conhecia a tensa situação política em Jerusalém, tinha diante dos olhos a morte de João Batista e foi advertido por seu próprio soberano, Herodes Antipas (Lc 13,31)[307].

---

[303] JOSEFO, Ant 17,285.
[304] Cf. JOSEFO, Ant 17,295; cf. também Ant 20,502, onde se relata a crucificação de Simão e Tiago, os dois filhos de Judas, o fundador dos zelotas, em torno de 46 d.C. a mando do procurador Tibério Alexandre.
[305] Fundamental são aqui M. HENGEL, "Mors turpissima crucis. Die Kreuzigung in der antiken Welt und die 'Torheit' des 'Wortes vom Kreuz'", in J. FRIEDRICH, W. PÖHLMANN, P. STUHLMACHER (org.), *Rechtfertigung* (FS E. Käsemann) (Tübingen: 1976), pp. 125-184; H. W. KUHN, *Die Kreuzesstrafe während der frühen Kaiserzeit*. ANRW.II 25/1 (Berlim: 1982), pp. 648-793.
[306] Essa datação prevalece cada vez mais como consenso; cf. R. RIESNER, *Die Frühzeit des Apostels Paulus* (cf. abaixo, 5), pp. 31-52; G. VERMES, *Die Passion* (cf. acima, 3.10), p. 138.
[307] Cf. S. FREYNE, Jesus (cf. acima, 3.8.1), p. 165: "*Jesus cannot have been unaware of the consequences of his symbolic action for his own future.*" (Não é possível que Jesus

Quando, apesar de tudo isto, ficou em Jerusalém, então tudo indica que Jesus viu sua morte como uma possibilidade e, para todos os efeitos, não fez nada para escapar desse destino. Quando se pergunta pelo sentido de tal tipo de comportamento, deve-se considerar, ao lado de alguns ditos da tradição sinótica, principalmente a tradição da última ceia[308].

Diversos ditos *podem* pressupor que Jesus sabia de sua morte; assim, por exemplo, Lc 12,49.50 ("Eu vim lançar fogo sobre a terra, e como eu desejaria que já estivesse aceso! Mas devo aceitar ser batizado com um batismo, e como me angustio até que esteja consumado!"), Lc 13,31s (Jesus responde a advertências em relação a Herodes Antipas: "Ide dizer a essa raposa: Eis que expulso demônios e realizo curas, hoje e amanhã, e no terceiro dia serei consumado"), Mc 14,7 (Jesus na narrativa da unção em Betânia: "Os pobres, vós os tereis sempre convosco, mas a mim nem sempre tereis"; cf. Mc 2,19). Todos estes textos não são inequívocos, porque sua origem pré-pascal ou pós-pascal é tão incerta como a referência à morte de Jesus. Mais força afirmativa, porém, tem a tradição da última ceia junto a ditos individuais relacionados.

A última ceia

A última refeição de Jesus com seus discípulos deve ser vista no contexto de sua prática constante de comensalidade, portanto, também no contexto de seu anúncio do Reino de Deus (cf. acima, 3.4.5). A proximidade do Reino de Deus ganha uma forma concreta nas refeições com pessoas social e ritualmente marginalizadas, "pois o Filho do Homem veio procurar e salvar o que está perdido" (Lc 19,10). Embora realizada somente com seus discípulos, a última refeição de Jesus

---

não tivesse consciência das consequências que sua ação simbólica tinha para seu próprio futuro).

[308] N. T. WRIGHT, *Jesus* (cf. acima, 3), pp. 65ss, vê na promessa da volta de YHWH para o Monte Sião, proclamada por Jesus, o centro da autocompreensão de Jesus e o motivo de sua viagem para Jerusalém inclusive sua ação no Templo. No entanto, um claro argumento contra essa tese é que Σιών ("Sião") não é absolutamente atestado no anúncio de Jesus (Σιών somente em Mt 21,5 e Jo 12,15).

aponta, assim como as refeições anteriores de Jesus com cobradores de impostos e pecadores, para a refeição comunal no Reino de Deus e é simultaneamente seu penhor seguro. Nesse contexto é de importância fundamental a perspectiva escatológica em Mc 14,25: "Amém, eu vos digo, certamente já não beberei do fruto da videira até aquele dia em que o beberei de novo no Reino de Deus"[309]. A perspectiva escatológica aponta para frente, para a refeição no Reino de Deus. Em textos judaicos, a refeição é uma imagem muito difundida da comunhão escatológica no novo mundo de Deus (cf. Is 25,6-12). Por meio da perspectiva escatológica, a última ceia torna-se sinal e promessa da refeição em glória. Em termos de conteúdo, Mc 14,25 esclarece duas coisas: 1) Pelo menos imediatamente antes de sua prisão, Jesus contou com sua morte e despediu-se conscientemente das pessoas que eram seus discípulos. 2) O pensamento de sua morte não levou Jesus absolutamente a abandonar sua esperança do Reino de Deus. Embora o momento de sua chegada fique aberto, devido ao vago "naquele dia", a firme esperança da vinda do Reino de Deus prevalece inabalável. Além disso, Mc 14,25 pode ser entendido como profecia da morte: Jesus bebeu pela última vez, antes de participar do Reino de Deus. Contudo, também é possível que ele tivesse a esperança de que o Reino de Deus viria tão rápido que ele seria poupado do caminho que passava pela morte.

Historicamente muito provável é uma última refeição de Jesus com seus discípulos imediatamente antes de sua prisão (cf. 1Cor 11,23c). Como nas comunhões de mesa anteriores, ele a realizou na certeza da presença de Deus e na expectativa do Reino de Deus. Se essa refeição era uma *refeição de Páscoa*, já não pode ser verificado[310]. Argumentos contra esse tese são:

---

[309] Um argumento em favor da origem pré-pascal de Mc 14,25 é principalmente que no centro não está Jesus e seu destino, mas o Reino de Deus; cf. H. MERKLEIN, "Erwägungen zur Überlieferungsgeschichte der neutestamentlichen Abendmahlstraditionen", in IDEM, *Studien zu Jesus und Paulus*. WUNT43 (Tübingen, 1987), pp. 157-180, aqui: pp. 170-174. Merklein declara, com razão, Mc 14,25 a chave hermenêutica da questão da última ceia.

[310] Um voto positivo vem de J. JEREMIAS, *Die Abendmahlsworte Jesu*, 4ª ed. (Göttingen: 1967), pp. 25-30; um voto contra, com bons motivos, de B. KOLLMANN, *Urspung und Gestalten der frühchristlichen Mahlfeier* (cf. acima, 3.4.5), pp. 158-161.

a) Paulo (ou sua tradição, respectivamente), como o testemunho literário mais antigo, não sabe nada disso (cf. o motivo da Páscoa em 1Cor 5,7!);
b) Mc 14,12 é obviamente secundário (assim como Lc 22,15);
c) Jesus foi executado provavelmente num dia 14 de *nisan* (cf. Jo 18,28; 19,14; também 1Cor 5,7), enquanto a festa da Páscoa começa no dia 15 de *nisan*.

Um argumento em favor dessa tese é que o curso da última ceia pode ser compreendido no quadro de uma celebração da Páscoa (*Seder*, cf. especialmente Lucas!). Provavelmente deve-se supor: Jesus celebrou sua última refeição no contexto de uma festa de Páscoa; mas ao mesmo tempo vale que o ganho teológico desse problema historicamente insolúvel é pequeno.

A última refeição recebeu seu caráter especial devido a consciência de Jesus de que ele iria morrer. Aparentemente, Jesus relacionou sua morte iminente com a expectativa de que o Reino de Deus começaria agora abrangentemente (Mc 14,25). Jesus não podia pensar essa morte desvinculada de seu relacionamento singular com Deus e sua profunda certeza de Deus que se manifestou principalmente em seu anúncio do Reino de Deus e em seus milagres. *A consciência que Jesus tinha de sua autoridade e dignidade exigia necessariamente uma interpretação do destino iminente!* Essa interpretação não podia estar numa simples continuidade com as refeições celebradas pelo Terreno, pois, com a morte iminente, levantava-se para Jesus abrangentemente a pergunta pelo significado de seu envio e sua missão. Nesse contexto, sua pessoa tinha um significado central, porque já a presença do Reino de Deus e os milagres dependiam inteiramente dela (cf. Lc 11,20). Correspondentemente, os acontecimentos esperados exigiam uma interpretação em relação à pessoa de Jesus que somente ele mesmo podia dar[311]. Provavelmente, Jesus compreendeu sua morte sob adoção de Is 53 como autoentrega para os

---

[311] Cf. a respeito H. SCHÜRMANN, "Jesu Tod im Licht seines Basileia-Verständnisses", in IDEM, *Gottes Reich – Jesu Geschick* (cf. acima, 3), pp. 185-245.

"Muitos" (cf. Mc 10,45b)³¹²; dessa maneira, a morte está em continuidade com a vida do Jesus terreno, que se engajava e vivia por "outras pessoas". No decorrer de sua última refeição, Jesus formulou essa autoentrega metaforicamente por meio de *palavras interpretadoras* (cf. Mc 14,22.24): τοῦτό ἐστιν τὸ σῶμά μου ("este é meu corpo") e τοῦτό ἐστιν τὸ αἷμά μου [...] ὑπὲρ πολλῶν ("este é meu sangue ... para os Muitos")³¹³.

Estas palavras interpretadoras não se orientam naquilo que estava normalmente em destaque na refeição pascal, e através dos *gestos*, elas ganham ainda uma outra dimensão: beber juntos de um mesmo copo poderia indicar que Jesus, diante de sua morte, queria ver a continuação da comunhão inaugurada para além de sua morte. Portanto, Jesus celebrou sua última refeição na consciência de que, com sua morte, irromperia o Reino de Deus e, dessa maneira, também o juízo. Ele dá sua vida para que os "muitos" alcancem nesse evento escatológico a salvação. Para Jesus mesmo não se cumpriu sua expectativa de que o Reino de Deus se revelaria plenamente com sua morte (cf. Mc 15,34). Em sua ressuscitação dos mortos, Deus agiu nele de modo inesperado, mas também em continuidade: *a morte de Jesus é e será para sempre um evento salvífico para os "Muitos"*. Depois da Páscoa, a última refeição de Jesus tornou-se o sinal de cumprimento e de memória daquele que veio e por meio do qual ele se comprova, no poder do Espírito Santo, como sujeito vivente e atualmente poderoso de sua memória, como o

---

³¹² Para Mc 10,45b, cf. J. ROLOFF, "Anfänge der soteriologischen Deutung des Todes Jesu (Mk. X. 45 und Lk. XXII. 27)", in IDEM, *Exegetische Verantwortung in der Kirche* (Göttingen: 1990), pp. 117-143. [N. da Trad.: a maiúscula em "Muitos" corresponde à maiúscula (incomum) no alemão *"die Vielen"* que indica o sentido de "todas as pessoas"].

³¹³ Uma reconstrução exata convincente das palavras e dos gestos durante a ceia é dificilmente possível; a análise mais perspicaz da tradição da última ceia foi apresentada por H. MERKLEIN, *Erwägungen zur Überlieferungsgeschichte der neutestamentlichen Abendmahlstraditionen*, pp. 158-174; cf., além disso, com acentos diferentes, J. JEREMIAS, *Die Abendmahlsworte Jesu*, pp. 132-195; H. SCHÜRMANN, *Der Einsetzungsbericht Lk 22,19-20*. NTA 4 (Münster: 1955); H. PATSCH, *Abendmahl und historischer Jesus* (Munique: 1972); B. KOLLMANN, *Ursprung und Gestalten der frühchristlichen Mahlfeier* (cf. acima, 3.4.5), pp. 153-189; J. SCHRÖTER, *Das Abendmahl*. SBS 210 (Stuttgart: 2006), pp. 25-134.

fundador de uma nova aliança e como o Senhor (que está vindo) da humanidade e do mundo. Esta estrutura básica marca, não obstante formulações diferentes, todas as tradições da última ceia.

Quando Jesus subiu conscientemente para Jerusalém, quando não se esquivou das consequências de suas provocações cometidas conscientemente e quando interpretou sua morte na ocasião de sua última refeição, então existe somente uma única conclusão inevitável: Jesus tinha a esperança e a expectativa de que sua atuação em Jerusalém fizesse chegar o Reino de Deus em plenitude. Portanto, seu fim está numa relação imediata com sua atuação precedente. A pro-existência servidora de Jesus[314] em favor de Deus, de seu Reino e dos seres humanos abrange e caracteriza tanto seu viver como seu morrer.

---

[314] Cf. a respeito H. SCHÜRMANN, "'Pro-Existenz' als christologischer Grundbegriff", in IDEM, *Jesus. Gestalt und Geheimnis*, org. por K. SCHOLTISSEK (Paderborn: 1994), pp. 286-315.

Capítulo 4
A PRIMEIRA TRANSFORMAÇÃO: A FORMAÇÃO DA CRISTOLOGIA

BOUSSET, W. *Kyrios Christos. Geschichte des Christusglaubens von den Anfängen des Christentums bis Irenaeus*, 6ª ed. Göttingen, 1967; CULLMANN, O. *Die Christologie des Neuen Testaments*, 5ª ed. Tübingen, 1975 (*Cristologia do Novo Testamento*,São Paulo, São Paulo, Editora Hagnos, 2008); SCHWEIZER, E. *Erniedrigung und Erhöhung bei Jesus und seinen Nachfolgern*. AThANT 28, 2ª ed. Zurique, 1962; KRAMER, W. *Christos Kyrios Gottessohn. Untersuchungen zu Gebrauch und Bedeutung der christologischen Bezeichnungen bei Paulus und den vorpaulinischen Gemeinden*. AThANT 44. Zurique, 1963; HAHN, F. *Christologische Hoheitstitel. Ihre Geschichte im frühen Christentum*. FRLANT 83, 5ª ed. Göttingen, 1995; DEICHGRABER, R. *Gotteshymnus und Christushymnus in der frühen Christenheit*. SUNT 5. Göttingen, 1967; POPKES, W. *Christus Traditus*. AThANT 49. Zurique 1967; WENGST, K. *Christologische Formeln und Lieder des Urchristentums*. StNT 7, 2ª ed. Gütersloh, 1973; ERNST, J. *Die Anfänge der Christologie*. SBS 57. Stuttgart, 1972; VIELHAUER, PH. *Geschichte der urchristlichen Literatur*. Berlim, 1975, pp. 9-57, (*História da Literatura Cristã Primitiva*, São Paulo, Ed. Academia Cristã, 2007); KERTELGE, K. (org.). *Der Tod Jesu im Neuen Testament*. QD 74. Friburgo, 1976; HENGEL, M. *Der Sohn Gottes*, 2ª ed. Tübingen, 1977; SCHILLEBEECKX, E. Jesus (cf. acima, 3), pp. 355-505; GUBLER, M.-L. *Die frühesten Deutungen des Todes Jesu*. OBO 15. Friburgo (Suíça) / Göttingen, 1977; FRIEDRICH, G. *Die Verkündigung des Todes Jesu im Neuen Testament*. BThSt 6. Neukirchen, 1982; POKORNY, P. *Die Entstehung der Christologie*. Berlim, 1985; SCHIMANOWSKI, G. *Weisheit und Messias. Die jüdischen Voraussetzungen der urchristlichen Präexistenzchristologie*. WUNT 2.17. Tübingen, 1985; STRECKER, G. *Literaturgeschichte des Neuen Testaments*. Göttingen, 1992; BARTH, G. *Der Tod Jesu im Verständnis des Neuen Testaments*. Neukirchen, 1992; JONGE, M. de *Christologie im Kontext*. Neukirchen, 1995; DUNN, J. D. G. *Christology in the Making*, 2ª ed. Grand Rapids, 1996; KARRER, M. *Jesus Christus im Neuen Testament*. GNT 11. Göttingen,

1998; IDEM, Verbete "Christologie I". In *RGG*⁴ 2, pp. 273-287. Tübingen, 1999; MATERA, F. J. *New Testament Christology*. Louisville, 1999; SCHRAGE, W. Unterwegs zur Einheit und Einzigkeit Gottes. BThSt 48. Neukirchen, 2002; VOLLENWEIDER, S. *Horizonte neutestamentlicher Christologie*. WUNT 144. Tübingen, 2002; HURTADO, L. W. *Lord Jesus Christ. Devotion to Jesus in Earliest Christianity*. Grand Rapids, 2003; FELDMEIER, R. "Gottes Torheit? Deutungen des Todes Jesu im Neuen Testament". In *Erlösung ohne Opfer?*, editado por W. H. RITTER, pp. 17-55. Göttingen, 2003; POPKES, W.; BRUCKER, R. (org.). *Ein Gott und ein Herr. Zum Kontext des Monotheismus im Neuen Testament*. BThSt 68. Neukirchen, 2004; LONGENECKER, R. N. (org.). *Contours of Christology in the New Testament*. Grand Rapids, 2005; FREY, J.; SCHRÖTER, J. (org.). *Deutungen des Todes Jesu im Neuen Testament*. WUNT 181. Tübingen, 2005; SÖDING, TH. *Der Gottessohn aus Nazareth. Das Menschsein Jesu im Neuen Testament*. Friburgo, 2006; HENGEL, M. "Abba, Maranatha, Hosanna und die Anfänge der Christologie". In *Denkwürdiges Geheimnis*. FS E. Jüngel, editado por I. U. DALFERTH, J. FISCHER, H.-P. GROGHANS, pp. 144-183. Tübingen, 2005.

O anúncio, a vida e o destino de Jesus de Nazaré formam a base do novo mundo de experiências e pensamentos dos primeiros cristãos. Com a formação de uma cristologia como desenvolvimento terminológico e narrativo do significado salvífico de Jesus de Nazaré como Messias, *Kyrios* e o Filho de Deus ocorre uma primeira transformação. Já não é mais Jesus quem anuncia, mas ele é o anunciado. O que Jesus disse durante sua vida e como ele é pensado depois da cruz e ressurreição confluem e formam algo novo: o próprio Jesus torna-se objeto da fé e conteúdo do credo.

Como podemos descrever a passagem do anúncio de Jesus para o anúncio sobre Jesus? Dois modelos conceituais básicos são possíveis:

1) *O modelo da descontinuidade*: A. von Harnack distingui radicalmente entre o simples evangelho de Jesus, do qual somente o Pai faz parte, e o desenvolvimento cristológico posterior decisivamente influenciado por Paulo. "O evangelho esgota-se nas características que indicamos em nossas palestras, e nada de alheio é introduzido: Deus e a alma, a alma e seu Deus."[1]

---

[1] A. von HARNACK, Das Wesen des Christentums (cf. acima, 3.4.5), pp.89s. Também o historiador francês da Igreja A. LOISY, *Evangelium und Kirche* (Munique:

Também R. BULTMANN pleiteia o modelo da descontinuidade, mas opta por uma explicação psicológica: "Jesus esperava a irrupção da *Basileia*; ela não aconteceu. A comunidade primitiva esperava a aparição do Filho do Homem; ela não aconteceu. Unicamente o embaraço causado por isso foi a causa do desenvolvimento da cristologia e o motivo da regressão para uma compreensão apocalíptica do tempo."[2]

2) *O modelo da continuidade*: J. JEREMIAS defende que "a mensagem pré-pascal e a mensagem pós-pascal são uma unidade insolúvel. Nenhuma delas pode ser isolada, mas também não podem ser niveladas. Antes, uma está para a outra assim como o chamado está para a resposta."[3] Segundo L. GOPPELT, "Jesus representa uma cristologia como testemunho encoberto de si próprio; os apóstolos, como testemunho público e, portanto, como doutrina que explica essa confissão"[4]. W. THÜSING procura uma argumentação abrangente em favor da totalidade da teologia neotestamentária, "porque Jesus também como o Terreno já é 'o Filho' (embora ele possa ser reconhecido com tal no sentido pleno somente a partir da Páscoa), porque, afinal, a estrutura teológica básica do 'evangelho' existe já por esse motivo não apenas desde a Páscoa; porque as estruturas do conteúdo da mensagem escatológico-teológica do cristianismo estão marcadas pelo jesuânico: a totalidade da 'transformação pós-pascal' é marcada pela totalidade do jesuânico (dos 'componentes estruturais jesuânicos')"[5]. Para F. HAHN, a identidade do Terreno

---

1904), pp. 112s, formula bem adequadamente: "Jesus anunciou o Reino, e o que veio foi a Igreja". Loisy fez esta constatação não irônica ou depreciativamente, mas partiu do pressuposto de que a forma original do evangelho não podia ser preservada; a continuidade com o início podia ser alcançada somente por meio da descontinuidade (da Igreja).

[2] Ata do congresso "Alte Marburger", 21-25/10/1957, p. 7 (Biblioteca Universitária de Marburgo).
[3] J. JEREMIAS, Theologie, p. 295.
[4] L. GOPPELT, Theologie, p. 342.
[5] W. THÜSING, Die neutestamentlichen Theologien I, p. 247: para os "componentes estruturais jesuânicos", cf. op. cit., pp. 70s.

com o Ressuscitado é "o fundamento para todas as afirmativas cristológicas. Qualquer avaliação teológica isolada da história pré-pascal de Jesus contradiz o testemunho integral do Novo Testamento."[6]

Ambos os desenvolvimentos são possíveis numa forma que se sobrepõe parcialmente: a cristologia pós-pascal poderia ser um elemento verdadeiramente novo que não tem nenhuma ou apenas pouca base no Jesus pré-pascal, mas poderia ser também uma releitura da pretensão pré-pascal de Jesus sob a perspectiva modificada dos eventos da Páscoa. Para esclarecer essas questões, devemos considerar os fatores decisivos da cristologia primitiva.

4.1. A pretensão pré-pascal de Jesus

As análises precedentes (cf. acima, 3) mostraram que a atuação de Jesus com suas dimensões carismática, profética, sapiencial e messiânica precisa ser considerada singular já sob aspectos histórico-religiosos. *Nenhuma figura na Antiguidade teve tal pretensão nem cogitou exercer um efeito comparável ao de Jesus de Nazaré*[7]. Se for certo que Jesus vinculou o estabelecimento do domínio de Deus exclusivamente a sua pessoa, de modo que sua atuação apareça como o início do Reino de Deus, então ele precisa ser necessariamente pensado junto com Deus e colocado na sua proximidade. Se for certo que ele fez de sua pessoa o critério do juízo escatológico (Q 12,8s par), que se apresentou como

---

[6] F. HAHN, Theologie I, p. 125.
[7] Sob a perspectiva científico-religiosa apresentam-se como eventuais figuras comparáveis somente Pitágoras (cerca de 570-480 a. C.) e Apolônio de Tiana (falecido cerca de 98 d. C.). Pitágoras foi aparentemente uma figura carismática, familiar com todas as áreas das ciências de sua época e que impressionou quem o encontrasse; para o Pitágoras histórico, cf. Cf. CHR. RIEDWEG, Pythagoras. Leben – Lehre – Nachwirkung (Munique: 2002). Apolônio atuava como profeta itinerante na tradição de Pitágoras e como milagreiro com influência política; por volta de 200 d. C., Filóstrato escreveu a obra decisiva sobre Apolônio; cf. a respeito E. KOSKENNIEMI, Apollonios von Tynana in der neutestamentlichen Exegese (cf. acima, 3.6.1).

taumaturgo e, assim como Deus, perdoou pecados, que se colocou acima de Moisés e procurou com o chamado dos Doze discípulos a restituição escatológica de Israel em uma nova forma, então a qualidade escatológica do Jesus pré-pascal é o motivo pelo qual se formou depois da Páscoa uma cristologia explícita. Já antes da Páscoa, Jesus apresentou uma pretensão inédita e após a Páscoa e em virtude da ressurreição esta foi modificada, mas simultaneamente reforçada.

No entanto, o desenvolvimento da cristologia primitiva tem seu fundamento não só na pretensão pessoal de Jesus, mas também nos conteúdos de seu ensinamento; podemos dizer que há uma *plausibilidade da história da recepção em termos pessoais e materiais*. Argumentos em favor disso são as linhas de continuidade entre a atuação e o anúncio, respectivamente, de Jesus e do cristianismo primitivo[8]:

1) Jesus vinculava a vontade de Deus não a procedimentos rituais, mas ressaltava a ética do amor a Deus e ao próximo. A partir disso, o cristianismo primitivo podia desenvolver uma ética do amor que não tinha um vínculo imediato com a Torá. *A atuação de Jesus em sua totalidade foi percebida e interpretada como ajuste sanador e dos relacionamentos perturbados do ser humano com Deus e entre os próprios seres humanos.*
2) O amor ilimitado de Deus abre perspectivas que vão além da eleição de Israel. Embora Jesus soubesse que fora fundamentalmente enviado a Israel, suas voltas simbólicas aos gentios possibilitaram aos primeiros cristãos levar sua mensagem para além de Israel.
3) É notório que Jesus atribuiu ao templo um significado reduzido, de modo que a adoração a um Deus em um único local não desempenhava um papel especial na vida dos cristãos primitivos. Aparentemente, Jesus interpretou os pilares fundamentais do judaísmo de seu tempo de um modo que estivesse aberto para uma transformação em direção ao universalismo.

---

[8] Cf. a respeito U. LUZ, "Das 'Auseinandergehen der Wege'. Über die Trennung des Christentums vom Judentum", in W. DIETRICH, M. GEORGE, U. LUZ (org.), *Antijudaismus – christliche Erblast* (Stuttgart: 1999), pp. 56-73.

4.2 As aparições do Ressuscitado

As aparições do Ressuscitado como uma parte central dos acontecimentos pascais foram o estopim da intelecção fundamental dos primeiros cristãos: Jesus de Nazaré, que morreu a morte vergonhosa de cruz, não é um criminoso, mas foi ressuscitado dentre os mortos e está definitivamente ao lado de Deus. *Dessa maneira, a qualidade extraordinária de Jesus antes da Páscoa transformou-se na qualidade extraordinária de Jesus após a Páscoa.* Uma comparação das narrativas da Páscoa nos Evangelhos com 1Cor 15,3b-5 mostra que são três elementos que constituem a estrutura fundamental de todas as narrativas da Páscoa:

1. uma narrativa sobre o túmulo (1Cor 15,4: "foi sepultado");
2. uma narrativa de aparição (1Cor 15,5a: "apareceu a Cefas");
3. uma aparição perante um grupo de discípulos (1Cor 15,5b-7)[9].

Como os Evangelhos (cf. Mc 16,1-8 par; Jo 20,1-10.11-15), Paulo também pressupõe o *tumulo vazio*[10]. Ele não o menciona explicitamente, mas a lógica do sepultamento e da ressurreição de Jesus em 1Cor 15,4 (e também do ser sepultado junto em Rm 6,4) aponta para o túmulo vazio, já que a antropologia judaica pressupõe uma ressurreição corporal[11]. Há ainda um argumento fundamental: *a mensagem da ressurreição não poderia ter sido anunciada em Jerusalém com tanto êxito se o corpo de Jesus tivesse permanecido numa vala comum ou numa sepultura privada não aberta.*[12] Dificilmente teria escapado aos adversários ou aos

---

[9] Para a rica literatura sobre o evento da Páscoa, cf. abaixo, 6.2.2.
[10] Diferente R. BULTMANN, Theologie, p. 48: "As histórias do túmulo vazio são lendas, e Paulo ainda não as conhece".
[11] Cf. por último a argumentação em M. HENGEL, "Das Begräbnis Jesu bei Paulus und die leibliche Auferstehung aus dem Grabe", in F. AVEMARIE, H. LICHTENBERGER (org.), *Auferstehung*. WUNT 135 (Tübingen: 2001), pp. 119-183, aqui: pp. 139s.
[12] Cf. P. ALTHAUS, *Die Wahrheit des christlichen Osterglaubens* (Gütersloh: 1940), p. 25: "Em Jerusalém, no local da execução e do túmulo de Jesus, anuncia-se não muito tempo depois de sua morte que ele teria sido ressuscitado. Esse fato exige no círculo da primeira comunidade a existência de um testemunho confiável de que o túmulo foi encontrado vazio."

adeptos onde Jesus fora sepultado[13]. Justamente em termos históricos, o sucesso da mensagem da Páscoa em Jerusalém é inconcebível sem um túmulo vazio. A descoberta de um crucificado da época de Jesus, no nordeste da atual cidade de Jerusalém[14], mostra que o corpo de uma pessoa executada podia ser entregue a seus familiares ou outras pessoas próximas e ser sepultado por elas. No entanto, o túmulo vazio por si só fica ambíguo, seu significado revela-se apenas a partir das aparições do Ressuscitado[15].

O ponto de partida das *tradições das aparições*[16] é a protoepifania de Jesus a Pedro (cf. 1Cor 15,5a; Lc 24,34), pois ela justifica a posição de destaque de Pedro no cristianismo primitivo[17]. O Evangelho de João narra uma protoaparição a Maria Madalena (Jo 20,11-18); somente depois disso, Jesus aparece a outros discípulos (Jo 20,19-23). Em Marcos anuncia-se aparições de Jesus na Galileia (Mc 16,7), sem que fossem narradas ou transmitidas. Em Mateus, Jesus aparece primeiro a Maria Madalena e a outra Maria (cf. Mt 28,9.10), em Lucas, aos discípulos de Emaús (Lc 24,13ss). As narrativas permitem perceber ainda que Jesus apareceu provavelmente primeiro a Maria Madalena e Pedro ou a várias mulheres, respectivamente. Os relatos de aparições não parecem ter uma tendência apologética[18], pois, em quase todos os relatos de aparições dos Evangelhos, mulheres desempenham um papel

---

[13] Diferente G. LÜDEMANN, *Die Auferstehung Jesu* (cf. abaixo, 6.2.2), p. 66, que alega sem justificativa: "Já que nem os discípulos nem os familiares mais próximos cuidaram do corpo de Jesus, dificilmente pode se imaginar que pudessem estar informados sobre o paradeiro do corpo para, mais tarde, pelo menos sepultar seus ossos".

[14] Cf. H.-W. KUHN, "Der Gekreuzigte von Giv'at ha-Mivtar [N. da Ta.: sic!]. Bilanz einer Entdeckung", in C. ANDRESEN, G. KLEIN (org.), *Theologia Crucis - Signum Crucis* (FS E. Dinkler) (Tübingen: 1979), pp. 303-334.

[15] Cf. I. U. DALFERTH, Volles Grab, leerer Glaube (cf. abaixo, 6.2.2.1), pp. 394s. Contudo, contra DALFERTH deve se manter a posição de que não é indiferente, também teologicamente, se o túmulo está vazio ou não.

[16] Para a análise dos textos, cf. U. WILCKENS, Auferstehung, Gütersloh 21977, pp.15-61.

[17] Cf. H. von CAMPENHAUSEN, Der Ablauf der Osterereignisse (cf. abaixo, 6.2.2.1), p. 15.

[18] Cf. op. cit., p. 41.

importante, embora, segundo o direito judaico, não eram capazes de ser testemunhas. Depois de aparições diante de pessoas individuais, Jesus apareceu a vários grupos de discípulos, por exemplo, aos Doze ou a mais que quinhentos "irmãos", como se expressa 1Cor 15,6. Depois dessas aparições a grupos seguiram novas aparições individuais, por exemplo, a Tiago e a Paulo (cf. 1Cor 15,7.8).

Com base nessas reflexões é fácil resumir os *dados históricos reconhecíveis*: no momento da prisão de Jesus, os discípulos fugiram, provavelmente para a Galileia. Somente algumas mulheres ousaram assistir à crucificação de longe e verificar, mais tarde, o túmulo. Jesus foi sepultado por José de Arimateia, um simpatizante de Jesus proveniente de uma nobre família hierosolimitana (cf. Mc 15,43; Jo 19,38). As primeiras aparições de Jesus aconteceram na Galileia (cf. Mc 16,7; 1Cor 15,6?), e possivelmente houve também aparições em Jerusalém (cf. Lc 24,34; Jo 20). Pedro provavelmente reuniu membros do círculo dos Doze e outros discípulos e discípulas, pessoas às quais Jesus aparecera. Seguiram-se aparições particulares individuais (Tiago, Paulo), com as quais se encerrou essa época especial. Muito cedo vinculou-se às aparições do Ressuscitado a tradição do túmulo vazio; dessa maneira, o túmulo situado nas proximidades de seu lugar de execução tornou-se à luz das aparições pascais um testemunho da ressurreição.

Qual o caráter das aparições? É de grande importância teologica que elas sejam um elemento do anúncio da ressurreição de Jesus, isto é, elas não podem ser desvinculadas da afirmativa básica: Deus ressuscitou Jesus dentre os mortos. Em termos das histórias da religião e da tradição trata-se de visões no contexto de ideias apocalípticas, segundo as quais Deus concede no tempo apocalíptico a algumas poucas pessoas eleitas um conhecimento de sua atuação[19]. Devido à situação escassa da tradição, o conteúdo de realidade das aparições não pode ser verificado psicologicamente, e uma interpretação das

---

[19] Cf. U. WILCKENS, "Der Ursprung der Überlieferung der Erscheinungen des Auferstandenen", in P. HOFFMANN (org.), Zur neutestamentlichen Überlieferung von der Auferstehung Jesu (Darmstadt: 1988), pp. 139-193.

aparições como experiência de fé puramente subjetivas não é suficiente[20], pois, dessa maneira, minimiza-se o *status* particular das aparições como *fundamento* da fé. "Por outro lado, as visões devem ter sido de tal tipo que permitiram ou até mesmo exigiram sua interpretação no sentido de afirmativas sobre a ressurreição."[21]

Como a própria ressurreição, as aparições também devem ser entendidas como um *evento* de transcendência que vem de Deus e que causou nos discípulos e discípulas *experiências* de transcendência (cf. abaixo, 6.2.2.1). Experiências de transcendência podem ser processadas e reconstruídas de duas maneiras: "Narrativas em que as experiências de transcendência são moldadas narrativamente e preparadas para a renarração, e rituais em que se faz memória de tais experiências e por meio dos quais se conjura a realidade transcendente"[22]. Isto é realizado tanto pelas tradições formulárias como pelas tradições narrativas, nas quais essas experiências de transcendência são processadas e disponibilizadas para o discurso intersubjetivo nas comunidades, *necessariamente* em diferentes formas condicionadas pelos costumes contemporâneos. O batismo, a ceia do Senhor e liturgias eram lugares rituais onde as experiências eram renovadas e consolidadas.

Dessa maneira, a Páscoa passou a ser a *história-base* do novo movimento[23]. Os textos permitem perceber o que os eventos desencadearam e qual significado lhes foi atribuído. De suma importância histórica e teológica é a observação de que Paulo, como testemunha autêntica da aparição, descreve sua experiência de transcendência de modo muito restritivo e a interpreta no sentido da intelecção teológica decisiva: o Crucificado ressuscitou! As aparições do Ressuscitado como experiências de transcendência muito particulares justificaram

---

[20] Cf. nesse sentido, por exemplo, I. BROER, "'Der Herr ist wahrhaft auferstanden' (Lk 24,34). Auferstehung Jesu und historisch-kritische Methode. Erwägungen zur Entstehung des Osterglaubens", in L. OBERLINNER (org.), Auferstehung Jesu – Auferstehung der Christen. QD 105 (Freiburg: 1986), pp. 39-62.
[21] H. MERKLEIN, Der erste Brief an die Korinther (cf. abaixo, 4.6), p. 282.
[22] TH. LUCKMANN, "Religion – Gesellschaft – Transzendenz", in H.-J. HÖHN (org.), Krise der Immanenz (cf. acima, 1.2), pp. 120s.
[23] Cf. R. v. BENDEMANN, "Die Auferstehung von den Toten als 'basic story'", in GuL 15 (2000): 148-162.

a certeza de que Deus, por meio de seu espírito criador (cf. Rm 1,3b-4a), atuou em Jesus Cristo e o instituiu como figura decisiva do tempo escatológico.

4.3 Experiências do espírito

Ao lado das aparições do Ressuscitado, a atuação do espírito é a segunda *dimensão de experiência* que teve um impacto sobre a formação da cristologia primitiva. Enquanto as aparições eram severamente restritas, a atuação do espírito não está submetida a restrição alguma. Na história da religião, Deus e o espírito formam desde sempre uma unidade. No contexto da cultura greco-romana, a atuação das divindades dá-se principalmente segundo a doutrina dos estoicos na esfera do espírito[24]. É de grande importância no judaísmo antigo a ideia de que, no tempo escatológico, o espírito de Deus será derramado (cf. Ez 36,25-29; Is 32,15-18; Jl 3,15 LXX; 1QS 4,18-23 etc.). O Messias era concebido como figura dotada de espírito, e a imagem do Templo e da habitação estava vinculada ao espírito[25].

No cristianismo primitivo são experiências espontâneas do espírito que marcam o ponto de partida do desenvolvimento: "Deus nos deu o espírito" (cf. 1Ts 4,8; 1Cor 1,12.14; 2Cor 1,22; 5,5; Rm 5,5; 11,8). O recebimento do espírito pode ser reconhecido também em fenômenos exteriores (cf. Gl 3,2; At 8,18), especialmente em curas milagrosas (1Cor 12,9,28.30), glossolalia extática (At 2,4.11; 4,31 etc.) e fala profética (cf. 1Cor 12; 14; At 10; 19). Os Atos dos Apóstolos descrevem, com embelezamento lendário, mas certamente com um cerne historicamente confiável, a atuação do espírito nas primeiras comunidades. O Espírito Santo aparece como a "força do alto" prometida por Jesus (Lc 24,49; At 1,5.8) e dada aos discípulos na festa de Pentecostes (At 2,4). O espírito é dado a todas as pessoas que aceitam a pregação

---

[24] Cf. a respeito os textos em: U. SCHNELLE, com colaboração de M. LABAHN, M. LANG, Neuer Wettstein I/2 (Berlim: 2001), pp. 226-234.
[25] Cf. a respeito fundamentalmente F. W. HORN, Das Angeld des Geistes (cf. abaixo, 6.3), pp. 61ss.

dos apóstolos e o batismo (cf. At 2,38). Segundo a tradição mais antiga, a atuação de Jesus já estava marcada, desde o batismo, pelo Espírito Santo (cf. Mc 1,9-11; At 10,37). É o espírito de Deus que opera a ressurreição de Jesus (Rm 1,3b-4a; Rm 6,4; 8,11; 1Pd 3,18; 1Tm 3,16) e que determina o novo modo de existência e atuação do Ressuscitado (2Cor 3,17: "Pois o Senhor porém é o Espírito"; cf. 1Cor 15,45). No ato do batismo, a atuação do espírito separa os crentes do poder do pecado e começa a determinar sua nova existência (cf. 1Cor 12,13; 6,19; Rm 5,5). Paulo como a testemunha literária mais antiga compartilha a convicção acerca de sinais perceptíveis do recebimento escatológico do espírito (cf., por exemplo, 1Ts 1,5; Gl 3,2-5; 1Cor 12,7ss). Ele mesmo atribui a si experiências do espírito (cf. 1Cor 14,18; 2Cor 12,12) e adverte as comunidades a não apagar o espírito (cf. 1Ts 5,19).

As afirmações cristãs sobre a atuação do espírito de Deus verbalizam a convicção de que a esperança judaica pelo pneuma inspirador e vivificador no tempo escatológico encontrou agora seu cumprimento. Na atuação do espírito de Deus, os cristãos primitivos reconheceram a realidade da ressurreição de Jesus Cristo dentre os mortos.

4.4 A leitura cristológica das Escrituras

A atuação de Jesus em Israel remete os cristãos primitivos aos escritos de Israel. *A cristologia adota sua linguagem das Escrituras*, como atesta 1Cor 15,3s; o postulado "segundo as Escrituras" (κατὰ τὰς γραφάς) é um sinal teológico fundamental. Os cristãos primitivos vivem nas e a partir das Escrituras de Israel. No entanto, a leitura dá-se sob condições de compreensão modificadas, pois, agora, judeu-cristãos fazem uma releitura de sua Escritura (principalmente na forma da Septuaginta[26])

---

[26] Cf. como introdução E. WÜRTHWEIN, Der Text des Alten Testaments, 5a ed. (Stuttgart: 1988), pp. 58-90; além disso, R. HANHART, "Die Bedeutung der Septuaginta in neutestamentlicher Zeit", in ZThK 81 (1984): 395-416; M. HENGEL, A. M. SCHWEMER (org.), Die Septuaginta zwischen Judentum und Christentum. WUNT 72 (Tübingen: 1994); M. TILLY, Einführung in die Septuaginta (Darmstadt: 2005).

a partir da perspectiva do evento Cristo. A releitura das Escrituras dá-se num movimento duplo: as Escrituras tornam-se o quadro de referência da cristologia, e a cristologia fornece às Escrituras uma nova determinação[27].

A releitura cristológica das Escrituras leva no cristianismo primitivo a diferentes modelos que procuram demonstrar a continuidade da validade das promessas de Deus na história. Por meio da atuação salvífica de Deus em Jesus de Nazaré, na cruz e na ressurreição, os primeiros cristãos perceberam que precisava haver uma ligação entre esse evento e a atuação salvífica de Deus com Israel. As figuras da *tipologia* (prefiguração), da *promessa* e do *cumprimento*, bem como os métodos exegéticos da *alegorese* e do Midrásh, *combinações de citações*, *variações de citações* e *alusões* devem ser consideradas modelos para expressar essa convicção fundamental.

Nas *cartas paulinas* incontestadamente autênticas encontram-se 89 citações do Antigo Testamento[28], sendo que a distribuição das citações nas distintas cartas chama a atenção: na carta mais antiga (1Ts) e nas duas mais novas (Fl e Fm [N. da Trad.: sic!] faltam citações]; a maioria encontra-se nos escritos em que o apóstolo tinha de tratar de problemas ou conflitos atuais (Cartas aos Coríntios, Gl e sobretudo Rm!). Em termos teológicos, a Escritura é para Paulo a *testemunha do evangelho*, pois as promessas de Deus (cf. ἐπαγγελία em Gl 3 e Rm 4) recebem sua confirmação no evangelho de Jesus Cristo (cf. 2Cor 1,20; Rm 15,8). Na Fonte dos Ditos encontram-se cinco citações com introdução, sendo que a concentração na narrativa da tentação chama a atenção (cf. Q 4,4.8.10s.12; além disso Q 7,27)[29]. *Marcos* as inseriu em lugares centrais de seu Evangelho (cf. Mc 1,2s; 4,12; 11,9; 12,10.36; 14,27); elas confirmam o evento salvífico sem tornarem-se um elemento central da

---

[27] Uma visão geral é oferecida por ST. MOYISE, The Old Testament in the New. An Introduction (Londres / Nova Iorque: 2001).

[28] Cf. D.-A. KOCH, Die Schrift als Zeuge des Evangeliums. BHTh 69 (Tübingen: 1986), pp. 21-23; para as distintas citações, cf., ao lado de D.-A. KOCH, especialmente H. HÜBNER com colaboração de A. LABAHN, M. LABAHN, Vetus Testamentum in Novo II: Corpus Paulinum (Göttingen: 1995).

[29] Cf. aqui D. C. ALLISON, The Intertextual Jesus. Scripture in Q (Harrisburg: 2000).

cristologia³⁰. Também chama a atenção a primeira ocorrência da expressão "mas é para que as Escrituras se cumpram" (Mc 14,49) em uma oração subordinada. Em *Mateus*, as *citações de cumprimento* são um elemento integral fundamental da cristologia (cf., sempre com uma introdução editorial: Mt 1,23; 2,6.15.18.23; 4,15s; 8,17; 12,18-21; [13,14s]; 13,35; 21,5; 27,9s; além disso, cf. Mt 26,54.56)³¹. Seguindo o modelo de "promessa – cumprimento", elas demonstram abrangentemente como eventos individuais da vida de Jesus, seus atos e palavras, bem como a Paixão correspondem às Escrituras, e como as confirmam e as cumprem. As fórmulas introdutórias mostram elementos comuns, segue ao pensamento do cumprimento a referência à ocorrência escriturística, sendo que o nome do profeta pode ser mencionado (Isaías, Jeremias). O verbo orientador πληρόω está geralmente na voz passiva, para remeter à atuação de Deus. Dessa maneira expressa-se o interesse principal da cristologia de Mateus: a história de Jesus é a história de Deus. Em *Lucas* está no centro a ideia de que as promessas proféticas da Escritura se cumpriram na atuação de Jesus (cf. Lc 1,70; 4,21; 18,31; 24,44; At 3,21)³². Depois do tempo da lei e dos Profetas segue o atual anúncio do Reino de Deus (Lc 16,16). O tempo da salvação na atuação de Jesus continua no anúncio universal do evangelho pela Igreja (cf. At 10,34s). *João* dá um passo a mais, ao tornar Jesus o sujeito oculto da Escritura (Jo 5,46: "Se crêsseis em Moisés, haveríeis de crer também em mim, porque foi a meu respeito que ele escreveu"). Citações do Antigo Testamento que podem ser identificadas e delimitadas³³

---

[30] Para Marcos, cf. ST. MOYISE, The Old Testament in the New, 21-33: J. MARCUS, Way of the Lord (Londres / Edimburgo: 2005).

[31] Cf. para a análise especialmente G. STRECKER, Weg der Gerechtigkeit (cf. abaixo, 8.3), pp. 49-84; W. ROTHFUCHS, Die Erfüllungszitate des Matthäus-Evangeliums. BWANT 88 (Stuttgart: 1969); U. LUZ, Mt I (cf. abaixo, 8.3), pp. 189-199. Para o uso da Escritura em Mt, cf. M. J. J. MENKEN, Matthew's Bible. The Old Testament of the Evangelist. BEThL 173 (Lovânia: 2004).

[32] Cf. aqui ST. MOYISE, The Old Testament in the New, pp. 45-62.

[33] Cf. a respeito G. REIM, Studien zum alttestamentlichen Hintergrund des Johannesevangeliums. MSSNTS 22 (Cambridge: 1974); B. G. SCHUCHARD, Scripture within Scripture. SBL.DS 133 (Atlanta: 1992); A. OBERMANN, Die christologische Erfüllung der Schrift im Johannesevangelium. WUNT 2.83 (Tübingen: 1996); W. KRAUS, "Johannes und das Alte Testament", in ZNW 88 (1997): 1-23; H. HÜBNER,

encontram-se em Jo 1,23; 1,51; 2,17; 6,31; 6,45; 10,34; 12,13.15.27.38.40; 13,18; 15,25; 16,22; 19,24.28.36.37; 20,28; além disso, cf. Jo 3,13; 6,45; 7,18.38.42; 17,12. Chamam a atenção as diferentes fórmulas introdutórias nas duas partes principais do Evangelho. Na primeira parte do Evangelho encontra-se cinco vezes o particípio γεγραμμένον junto com ἐστίν (cf. Jo 2,17; 6,31; 6,45; 10,34; 12,14), enquanto as novas formas introdutórias na segunda parte principal do Evangelho (a partir de Jo 12,38) se referem explicitamente ao cumprimento da vontade de Deus na Paixão de Jesus Cristo. Aqui, as Escrituras apontam não só a Jesus, mas o próprio Cristo dá testemunho de si nelas. Com isso se deu uma fundamental mudança de perspectiva; a cristologia não só recebe impulsos das Escrituras, mas marca o conteúdo das mesmas. No contexto da prioridade temporal e material do evento Cristo, João atribui à Escritura uma posição extraordinária: como testemunho de Cristo, ela comenta e aprofunda o verdadeiro conhecimento do Filho de Deus.

Alguns *textos concretos* ocupam uma posição particular na recepção cristão-primitiva do AT.

Com Gn 15,6 e Hab 2,4b, Paulo anula factualmente todos os outros textos do Antigo Testamento. Na adoção interpretativa de Hab 2,4b LXX em Gl 3,11 e Rm 1,17, o apóstolo vincula a fidelidade de Deus não à pessoa justa que vive a partir da Torá, mas à fé em Jesus Cristo como evento de justificação. A distância cronológica entre Gn 15,6 e Gn 17 possui em Paulo uma qualidade *teológica*. Enquanto, desde a perspectiva judaica, a circuncisão serve como uma abrangente comprovação da fidelidade de Abraão aos mandamentos de Deus, Paulo separa a circuncisão da justificação pela fé. A justificação pela fé precedeu a circuncisão, de modo que a circuncisão pode ser entendida meramente como reconhecimento e confirmação posteriores da justificação pela fé. Na formação da cristologia primitiva cabia uma

---

com colaboração de A. LABAHN, M. LABAHN, Vetus Testamentum in Novo 1.2: Evangelium Johannis (Göttingen: 2003); M. LABAHN, "Jesus und die Autorität der Schrift", in M. LABAHN, K. SCHOLTISSEK, A. STROTMANN (org.), Israel und seine Heilstraditionen im Johannesevangelium. FS J. Beutler (Paderborn: 2004), pp. 185-206.

posição-chave ao Sl 110,1 LXX[34]: "Oráculo de Iahweh ao meu senhor: 'Senta-te à minha direita, até que eu ponha teus inimigos como escabelo de teus pés." Aqui, os cristãos primitivos encontraram a comprovação escriturística decisiva para a dignidade e função celestiais de Jesus: ele foi exaltado à direita de Deus, participa do poder e da glória de Deus e realiza a partir dali seu domínio (cf. 1Cor 15,25; Rm 8,34; Mc 12,36; 14,62; Mt 22,44; 26,64; Lc 20,42; 22,69; At 2,34; Cl 3,1; Ef 1,20; Hb 1,3.13; 8,1; 10,12). Nesse contexto, os primeiros cristãos transferiram muito cedo o tratamento habitual de Deus por "Senhor" para Jesus (cf. a adoção de Jl 3,5LXX em Rm 10,12s; além disso, 1Cor 1,31; 2,16; 10,26; 2Cor 10,17) e expressaram, dessa maneira, sua autoridade singular em distanciamento a outras pretensões[35]. Na formação da cristologia de Filho (cf. 1Ts 1,9s; Rm 1,3b-4a; Mc 1,11; 9,7), o Sl 2,7 teve provavelmente uma importância central ("Publicarei o decreto de Iahweh: Ele me disse: 'Tu és meu filho, eu hoje te gerei'"; cf., além disso, 2Sm 7,11s.14).

Sendo um *fenômeno intertextual*, a releitura cristológica das Escrituras realiza duas coisas: coloca os textos de referência veterotestamentários em um novo horizonte de sentido e, ao mesmo tempo, legitima a posição teológica própria dos autores neotestamentários. Nesse contexto, o centro material de seu pensamento não é o peso próprio da Escritura, mas a atuação salvífica de Deus em Jesus Cristo. Conteúdos centrais da teologia judaica (Torá, eleição) são refletidos de modo qualitativamente novo e inseridos num processo produtivo de interpretação intertextual.

4.5 Contextos histórico-religiosos

O desenvolvimento da cristologia primitiva deu-se em *continuidade a sentenças básicas do judaísmo* que forneceram importantes categorias

---

[34] Cf. M. HENGEL, "Psalm 110 und die Erhöhung des Auferstandenen zur Rechten Gottes", in C. BREYTENBACH, H. PAULSEN, Anfänge der Christologie. FS F. HAHN (Göttingen: 1991), pp. 43-74. Para a recepção dos salmos, cf. em geral ST. MOYISE, M. J. J. MENKEN (org.), The Psalms in the New Testament (Londres / Nova Iorque: 2004).
[35] Cf. a respeito M. DE JONGE, Christologie im Kontext (cf. acima, 4), pp. 177s.

de compreensão: Deus é um, ele é o criador, o Senhor e o preservador do mundo. Tradições do antigo judaísmo[36] possibilitam também preservar o monoteísmo, mas simultaneamente designar Jesus de Nazaré como Χριστός κύριος e υἱὸς τοῦ θεοῦ. Para o cristianismo primitivo foi um processo adequado transferir para Jesus principalmente títulos enraizados na tradição judaica (cf. acima, 3. 9; cf. abaixo, 4.6). *De acordo com o pensamento judaico há somente um único Deus, mas ele não está sozinho.* Numerosas figuras mediadoras celestiais, por exemplo, a Sabedoria (cf. Pr 2,1-6; 8,22-31; Sb 6,12-11,1), o Logos ou os nomes de Deus têm seu lugar na proximidade imediata a Deus[37]. Patriarcas bíblicos como Henoc (cf. Gn 5,18-24)[38] ou Moisés e arcanjos como Miguel[39] cercam Deus e atuam agora por incumbência dele. Atestam que

---

[36] Cf. a respeito L. W. HURTADO, One God, One Lord, 2a ed. (Edimburgo: 1998), pp. 17-92; W. HORBURY, "Jewish Messianism and Early Christology", in R. LONGENECKER (org.), Contours of Christology (cf. acima, 4), pp. 3-24, aqui: p. 23, destaca "that early Christian conceptions of a crucified but spiritual and glorious Messiah are best interpreted by Jewish representations of the Messiah as a glorious king embodying a superhuman spirit" (que a melhor maneira de interpretar conceitos cristão-primitivos acerca de um messias crucificado, mas espiritual e glorioso, é por meio das representações judaicas do messias como um rei glorioso que encarna um espírito sobre-humano).

[37] Cf. à guisa de exemplo Sb 9,9-11; FÍLON, Conf 146s. Para a análise das tradições sapienciais primitivas no Novo Testamento, cf. H. von LIPS, Weisheitliche Traditionen im Neuen Testament. WMANT 64 (Neukirchen: 1990), pp. 267-280 (ele ressalta com razão que não se pode falar de uma "cristologia sapiencial" explícita); para as relações com a Sabedoria na cristologia da Fonte dos Ditos, cf. abaixo, 8.1.2.

[38] Como texto, cf., por exemplo, HenEt 61.

[39] Cf., por exemplo, Dn 10,13-21; HenEt 20,5; 71,3; 90,21. Para a possível importância de conceitos da angelologia para a origem da cristologia primitiva, cf. CHR. ROWLAND, *The Open Heaven* (Londres: 1982); J. E. FOSSUM, *The Name of God and the Angel of the Lord.* WUNT 36 (Tübingen: 1985); L. T. STUCKENBRUCK, *Angel Veneration and Christology.* WUNT 2.70 (Tübingen: 1995). S. VOLLENWEIDER, "Zwischen Monotheismus und Engelchristologie", in IDEM, *Horizonte neutestamentlicher Christologie.* WUNT 144 (Tübingen: 2002), pp. 3-27, vê claramente os limites de uma interpretação angelológica (textos dispersos remotos formam o ponto de partida de construções abrangentes; postulam-se ousadas linhas de desenvolvimento; eliminação dos conceitos do *Logos* e da *Sofia*; no Novo Testamento adotam-se conceitos sobre anjos apenas parcialmente e de modo minimizado), mas mesmo assim, deseja entender a angelologia como *"praeparatio christologica"*. Ele menciona cinco áreas nas quais houve uma transferência de atributos de Deus para Jesus Cristo: nome/título, criação, domínio universal, salvação/graça, adoração.

Deus está voltado para o mundo, mostram que o poder de Deus está presente por todas as partes e que tudo está submetido a seu controle. Como participantes do mundo celestial, estão subordinados a Deus e não ameaçam de nenhuma forma a fé no Deus único. Como forças criadas e subordinadas, não entravam em concorrência a Deus, e como atributos divinos, descrevem na linguagem da hierarquia humana as atividades de Deus para o mundo e no mundo. Ao mesmo tempo, porém, *diferenças marcantes* são óbvias[40]:

1) Os atributos divinos personificados não eram pessoas de valor igual e com campos de atuação autônoma.
2) Não eram venerados culticamente.
3) No âmbito da diversidade dos imaginários judaicos era inconcebível que uma pessoa que acabou de morrer vergonhosamente fosse venerada de um modo semelhante ao divino.

Também na esperança pela ressurreição dos mortos, o judaísmo é o contexto e o pano de fundo histórico-religioso. Aqui, esse conceito formou-se no âmbito da apocalíptica do séc. III/II a. C.[41]. O único texto consensual do AT que se refere à ressurreição é Dn 12,2s: "E muitos dos que dormem no solo poeirento acordarão, uns para a vida eterna e outros para o opróbrio, para o horror eterno. Os que são esclarecidos resplandecerão, como o resplendor do firmamento; e os que ensinam a muitos a justiça serão como as estrelas, por toda a eternidade" Como segundo texto central deve-se aduzir Is 26,19: " Os teus mortos tornarão a viver, os teus cadáveres ressurgirão. Despertai e cantai, vós os que habitais o pó, porque teu orvalho será orvalho luminoso, e a terra dará à luz sombras.". A esperança da ressurreição pressuposta em ambos os textos tem uma história prévia no AT; aqui se deve remeter a Is 26 e Ez 37,1-14. Nos séc. II/I a. C., numerosos textos atestam a esperança pela ressurreição: Sb 3,1-8 [N. da Trad.: sic! o autor mudou de repente de Sap para SapSal, mas trata-se do Livro da Sabedoria, do AT]; HenEt 46,6; 48,9s; 51.1; 91,10; 93,3s; 104,2; SlSal 3,10-12; LAB 19,12f; 2Mc 7,9; TestBen 10.6-10. De especial importância é que havia também entre os essênios uma fé na ressurreição dentre os mortos. 4Q521 2 II,12 bendiz Deus, dizendo: "Então ele curará assassinados e reavivará mortos; aos pobres anunciará uma boa

---

[40] Cf. L. W. HURTADO, One God, One Lord, pp. 93-124.
[41] Cf. a respeito O. SCHWANKL, Die Sadduzäerfrage (cf. acima, 3.8.1), pp. 173-274.

nova [...]". No mesmo manuscrito encontra-se no Fragmento 7,6 o seguinte texto: "[...] que faz viver os mortos de seu povo"⁴².

Ideias genuinamente greco-helenistas também devem ter parcialmente influenciado a formação da cristologia primitiva e facilitado sua recepção. Que um deus se torna humano e um ser humano, divino, não é um conceito judaico, mas grego. Sendo um conceito genuinamente grego, a encarnação de deuses ou de seres semelhantes a deuses, respectivamente, (e a divinização de um ser humano) remete a pressupostos histórico-culturais que devem ter desempenhado um papel importante na formação⁴³ e na recepção⁴⁴ da cristologia primitiva. Um politeísmo antropomórfico é a característica mais própria da religião grega⁴⁵ (clássico é Eurípides, Alc 1159: "O divino tem muitas formas" = πολλαὶ μορφαὶ τῶν δαιμονίων). Seres divinos em forma humana já estão no centro do pensamento grego clássico; Homero relata: "Pois os deuses perpassam as cidades em muitas formas diferentes,

---

⁴² Tradução segundo a tradução alemã de J. ZIMMERMANN, Messianische Texte aus Qumran (cf. acima, 3.5.2), pp. 345.372.

⁴³ Isso é enfatizado com razão por D. ZELLER, "Die Menschwerdung des Sohnes Gottes im Neuen Testament und die antike Religionsgeschichte", in IDEM, *Menschwerdung Gottes – Vergöttlichung des Menschen*. NTOA 7 (Freiburg / Göttingen: 1988), pp. 141-176. M. HENGEL, *Der Sohn Gottes* (cf. acima, 4), p. 65, constrói alternativas equivocadas em sua discussão com a escola histórico-religiosa e com R. Bultmann, quando constata a respeito de conceitos gregos sobre os deuses: "Dificilmente tudo isto nos ajuda a nos aproximar do mistério da formação da cristologia." Trata-se dos contextos culturais nos quais as afirmativas cristológicas podiam ser formadas e recebidas; disso faz parte também o âmbito greco-helenista.

⁴⁴ A questão clássica histórico-traditiva precisa ser ampliada por aspectos da história da recepção; cf. D. ZELLER, "New Testament Christology in its Hellenistic Reception", in *NTS* 46 (2001): 312-333, aqui: 332s.

⁴⁵ Cf. W. BURKERT, Verbete "Griechische Religion", in *TRE* 14 (Berlim: 1985): pp. 235-252, aqui: 238ss. A lenda fundacional da religião grega é transmitida em HERÓDOTO II 53,2: "Hesíodo e Homero criaram a árvore genealógica dos deuses na Grécia e lhes deram cognomes, distribuíram entre eles os ministérios e as honras, e cunharam suas figuras." Ao mesmo tempo, porém, encontra-se na crítica ao antropomorfismo do mundo divino homérico já cedo a ideia de que, no fundo, poderia haver somente "um" deus entre os deuses; cf. XENÓFANES (cerca de 570-475 a. C.), Fr. B 23: "Um único deus é o maior entre os deuses e seres humanos" (εἷς θεὸς ἔν τε θεοῖσι καὶ ἀνθρώποισι μέγιστος).

parecidos a forasteiros vindos de longe [...]".⁴⁶ A origem da cultura é explicada com a intervenção dos deuses, por exemplo, Zeus envia Hermes para ensinar aos seres humanos o direito e a vergonha⁴⁷; Hermes, Hércules e Apolo como mensageiros dos deuses assumem a forma humana ou atuam como deuses entre os seres humanos⁴⁸. Deuses em forma humana podem ter tanto uma origem humana como eterna; Plutarco sabe noticiar sobre a origem de Apolo: "[...] pois a lenda antiquíssima situa Apolo não entre aqueles deuses que têm uma origem terrestre e chegaram à imortalidade apenas por meio da transformação, como Hércules e Dionísio, que se desfizeram das coisas mortais submetidas ao sofrimento graças a seus méritos, mas Apolo é um dos deuses eternos, não natos"⁴⁹. Hércules, como filho de deus e salvador, aniquila em obediência a Zeus a injustiça e a falta de lei na terra; graças a sua virtude (ἀρετή), Zeus concedeu-lhe a imortalidade⁵⁰. Figuras

---

⁴⁶ HOMERO, Od 17,485s (= *Neuer Wettstein II/2*, org. por G. STRECKER, U. SCHNELLE, com colaboração de G. SEELIG [Berlim: 1996], p. 1232); HOMERO, 112,167-172; 5.121-132; 15.236238; além disso, cf. HOMERO, Od 7,199-210 (= Neuer Wettstein II/2 [cf. acima, 4.3], 55); EURÍPIDES, Ba 1-4.43-54 (= *Neuer Wettstein II/1*, org. por G. STRECKER, U. SCHNELLE com colaboração de G. SEELIG [Berlim: 1996], pp. 672s); PLATÃO, Soph 216ab (=*Neuer Wettstein II/2*, pp. 1232s); DIÓDORO 12,9-10 (= Neuer Wettstein II/2, p. 1232s); DIO CRISÓSTOMO, Or 30.27: "Enquanto a vida ainda era de fundação recente, os deuses nos visitavam pessoalmente e enviavam de seu meio guias, uma espécie de procuradores que deviam cuidar de nós, por exemplo, Hércules, Dionísio, Perseus e todos os outros que, como se conta, viviam entre nós como filhos ou descendentes de deuses."
⁴⁷ Cf. PLATÃO, Prot 322c-d (= Neuer Wettstein I/2 [cf. acima, 4.3], p. 56).
⁴⁸ Basta conferir At 14,11b-12, onde a multidão exclama depois do milagre operado por Paulo em Listra: "'Os deuses desceram até nós em forma humana!' E chamaram a Barnabé de Júpiter e a Paulo, de Mercúrio, porque era este quem tomava a palavra".
⁴⁹ PLUTARCO, Pelop 16 (= Neuer Wettstein I/2 [cf. acima, 4.3], pp. 57s).
⁵⁰ Cf. ISOC, Or 1,50; EPÍTETO, Diss II 16,44; Ench 15 (em virtude de seu caráter exemplar, Diógenes e Hércules são corregentes dos deuses "e, por isso, são com razão chamados de divinos"); DIÓDORO SÍCULO, IV 15,1; DIO CRISÓSTOMO, Or 1,84, onde se relata sobre Hércules, o filho de Zeus, que teria posto um fim à tirania e que protegeria cada realeza justa: "Por isso, ele é o salvador do mundo e da humanidade" (καὶ διὰ τοῦτο τῆς γῆς καὶ τῶν ἀνθρώπων σωτῆρα εἶναι). Notável entre as muitas tradições sobre Hércules é também DIO CRISÓSTOMO, Or 8,28, onde se comenta sobre Hércules e suas lutas sofridas: "Mas agora, depois de sua morte, eles o veneram mais do que qualquer outro, consideram-no um deus e dizem que

míticas do início como Pitágoras ou milagreiros famosos como Apolônio de Tiana[51] apareciam como deuses em forma humana que usavam seu poder pelo bem da humanidade. Empédocles viajava pelo país como deus imortal, agraciando e curando as pessoas[52]. O culto aos heróis teve sua continuação no culto romano ao imperador[53]; nas grandes obras culturais e nas vitórias da história revelam-se divindades em forma humana[54].

> Muito instrutivos são considerações de Plutarco sobre a natureza dos numerosos deuses reais ou supostos: "Por esse motivo, deve ser a melhor atitude considerar tudo que se narra sobre Tífon, Osíris e Ísis não como eventos de alguns deuses ou seres humanos, mas de grandes espíritos (δαιμόνων μεγάλων) que, como afirmam também Platão, Pitágoras, Xenócrates e Crisipo junto aos teólogos antigos, são mais fortes do que os seres humanos e têm, por natureza, um poder maior do que nós, mas que são, por outro lado, também não divindades totalmente puras e não mistas, mas que têm, assim como nós, uma alma e um corpo que podem sentir prazer e dor [...]. E essa espécie de demônios é chamada por Platão de intérpretes e mediadores entre os deuses e os seres humanos (ὅ τε Πλάτων ἑρμηνευτικὸν τὸ τοιοῦτον ὀνομάζει γένος καὶ διακονικὸν ἐν μέσῳ θεῶν καὶ ἀνθρώπων), que levam os desejos e orações dos mortais para a divindade e trazem de volta dela profecias e boas dádivas" (Is et Os 361). No contexto de um monoteísmo (pagão) em difusão, Plutarco define seres mediadores que mantêm o contato com as

---

está morando junto a Hebe. Todos rezam a ele, para que suas vidas sejam menos sofridas – a ele que suportou as mais duras torturas."

[51] Cf. os textos em Neuer Wettstein I/2 [cf. acima, 4.3], p. 59.

[52] Cf. DIÓGENES LAÉRCIO 8,62: "Viajo pelo país como um deus imortal, já não mortal, e em tudo, como convém no meu caso, destacado com honra, envolto em guirlandas e coroas florescidas. Sou honrado por todos cujas cidades florescidas visito, homens e mulheres. E seguem-me dezenas de milhares e perguntam para onde leva a senda da recompensa. Uns exigem de mim profecias, outros pedem informações sobre todo tipo de doenças, para receber uma palavra sanadora, pois há tempo estão sendo atormentados por dores agudas" (citação segundo a tradução de J. MANSFELD [org.], *Die Vorsokratiker II* [Stuttgart: 1986], p. 141).

[53] Cf. a respeito H. FUNKE, Verbete "Götterbild", in *RAC 11* (Stuttgart: 1981), pp. 659-828. O governante ideal crê "não só nos deuses, mas também em bons seres semi-divinos (δαίμονας) e em heróis (ἥρωας) que deixaram para trás a natureza mortal" (DIO CRISÓSTOMO, Or 3,54).

[54] Cf. W. BURKERT, Verbete "Griechische Religion", pp. 247s.

divindades verdadeiras e desempenham uma função indispensável para os seres humanos⁵⁵.

O conceito de um ser mediador tanto divino como humano⁵⁶ era de fácil recepção especialmente para gregos e romanos, devido seu próprio pano de fundo cultural⁵⁷. Para judeus, por sua vez, o pensamento de que seres humanos, como o imperador romano Calígula, fossem cultuados como deuses era insuportável⁵⁸. Aqui, a cristologia primitiva coloca acentos próprios, tanto em relação ao pensamento judaico como ao greco-romano, pois a filiação divina de um crucificado permaneceu em ambos os contextos uma ideia estranha e escandalosa (cf. 1Cor 1,23).

O desenvolvimento da cristologia primitiva não se deu em etapas que pudessem ser delimitadas temporal ou espacialmente; mas dentro de um período muito breve apareceram diferentes conceitos cristológicos lado a lado e parcialmente relacionados. Inicia-se um processo

---

⁵⁵ Além disso, cf. PLUTARCO, Is et Os 361: "Depois disso, ambos, tanto Ísis como Osíris, foram transferidos do número dos demônios para entre os deuses, em razão de sua virtude (ἐκ δαιμόνων ἀγαθῶν δι'ἀρετῆς εἰς θεοὺς μεταλαβόντες), do mesmo modo como depois Baco e Hércules; e agora são venerados, com razão, simultaneamente como deuses e demônios (ἅμα καὶ θεῶν καὶ δαιμόνων), porque possuem grande poder por todas as partes, principalmente na terra e em baixo dela". Para esses conceitos de deus/deuses em Plutarco, cf. R. HIRSCH-LUIPOLD (org.), *Gott und die Götter bei Plutarch* (Berlim: 2005).
⁵⁶ Em SÊNECA, Herc F 447-50, diz-se sobre a origem polêmico de Hércules: "Lico: Por que ofendes a Júpiter? A geração mortal não pode se casar com o céu. Anfitrião: Essa origem é comum a vários deuses"; Hércules/ Héracles, por exemplo, é designado em DIO CRISÓSTOMO, Or 2,78 e 66,23, como υἱὸς τοῦ Διός ("filho de Zeus"), em Or 31,16; 69,1 como ἡμίθεος ("semi-divino, demiurgo"), em Or 33,1 como ἥρως ("Hero"), e em Or 33,45 é contado entre os deuses; além disso, cf. Or 33,47 (Heracles como patriarca de Tarso). Heracles é, segundo Dion de Prusa, o protótipo do cínico e do governante justo; as numerosas tradições de Heracles em suas obras mostram a grande naturalidade e difusão do culto a essa figura no séc. I d. C.
⁵⁷ Aqui não se trata de razões ou dependências, mas de horizontes de recepção e compreensão! Tanto mais incompreensível é que L. W. HURTADO, Lord Jesus Christ (cf. acima, 4), factualmente deixa de abordar todo o âmbito greco-helenista. Também representantes da chamada *"new perspective"* (nova perspectiva), como J. D. G. DUNN, The Theology of Paul (cf. abaixo, 6) ou N. T. WRIGHT, Paul (cf. abaixo, 6), simplesmente passam por cima desse âmbito tão importante para Paulo.
⁵⁸ Cf. FÍLON, Leg Gai 118 (= Neuer Wettstein I/2 [cf. acima, 4.3], pp. 54s).

teológico de penetração e verbalização que procura definir mais concretamente a identidade de Jesus como Terreno e como Ressuscitado em sua relação com Deus. Por meio dos vários títulos honoríficos transferiram-se rapidamente categorias centrais do pensamento antigo para Jesus, para defini-lo como lugar e meio da autorrevelação de Deus. Não houve um desenvolvimento de uma cristologia judaico-cristã "baixa" para uma cristologia sincrética helenista "alta"[59]. Antes, o judaísmo helenista ofereceu desde o início recursos centrais de compreensão que tiveram grande importância na criação cristão-primitiva dos novos conteúdos de seres mediadores e de títulos. Além disso, os títulos cristológicos centrais e o conceito de um mediador entre Deus e os seres humanos estavam abertos para uma recepção helenista autônoma. Todas as afirmativas cristológicas essenciais sobre Jesus que estavam vinculadas a títulos honoríficos formaram-se já muito tempo antes de Paulo e foram adotadas por ele através das tradições: o Jesus ressuscitado é o Filho de Deus (1Ts 1,10; Gl 1,16; Rm 1,4), a ele foi atribuído o nome de Deus (Fl 2,9s). Ele é igual a Deus ou a imagem de Deus (Fl 2,6; 2Cor 4,4), respectivamente, e portador da glória de Deus (2Cor 4,6; F 3,21). Como ser preexistente, participou da atuação criadora divina (Fl 2,6; 1Cor 8,6); agora são aplicadas a ele expressões e citações que originalmente estavam relacionadas a Deus (cf. 1Cor 1,31; 2,16; Rm 10,13). Seu lugar é o céu (1Ts 1,10; 4,16; Fl 3,20) à direita de Deus (Rm 8,24); de lá, reina sobre o universo (1Cor 15,27; Fl 3,21) e sobre os poderes celestiais (Fl 2,10). Enviado por Deus, opera presentemente na comunidade (Gl 4,4s; Rm 8,3); é o agente autorizado do juízo escatológico que começará com sua parusia (1Ts 1,10; 1Cor 16,22; 2Cor 5,10). Essas ideias não podem ser sistematizadas nem vinculadas a um único ambiente fechado em si. Ao contrário, devemos supor que as comunidades cristãs primitivas eram, em lugares diferentes, criadoras e tradentes dessas ideias, pois no cristianismo primitivo havia uma recepção muito diversificada acerca de Jesus. A veneração de

---

[59] Essa diferenciação determina tendencialmente todas as obras de W. KRAMER (Christos Kyrios Gottessohn [cf. acima, 4]) e de F. HAHN; cf., porém, a autocorreção cautelosa em F. HAHN, Christologische Hoheitstitel (cf. acima, 4), pp. 446-448.

Jesus ao lado de Deus nasceu das *experiências religiosas* arrasadoras dos cristãos primitivos, entre as quais devem ser destacadas especialmente as aparições do Ressuscitado e a atuação presente do espírito. Outro fator essencial nesse processo é a *prática litúrgica* das comunidades primitivas. 1Cor 16,22 ("*Maranatá*" = "Nosso Senhor, vem!") mostra que a posição e significado singulares do Cristo exaltado determinaram desde o início as liturgias (cf. também 1Cor 12,3; 2Cor 12,8)[60]. Este Cristo possibilitava um novo acesso a Deus, que é confessado na liturgia através da exclamação oracional induzida pelo espírito ("Abba" = "pai": Gl 4,6; Rm 8,15; Mc 14,36). Na prática litúrgica aplicava-se: "Glorificai Deus e o Pai de nosso Senhor Jesus Cristo" (Rm 15,6). O batismo, a ceia do Senhor e as aclamações estão numa relação exclusiva com o nome de Jesus, sendo que a diversidade dos conceitos aponta para a experiência religiosa nova e revolucionária em sua base. Portanto, ao lado da reflexão teológica havia uma invocação litúrgica e adoração ritual de Jesus como outro ponto condensador para a formação, o desenvolvimento e a difusão de ideias cristológicas.

4.6 Linguagem e forma da cristologia primitiva: mitos, títulos, fórmulas e tradições

A atuação, o destino e o efeito contínuo da atuação de Jesus Cristo levaram os crentes em Cristo para a intelecção de que Deus atuou e permanece presente nele.

Mito

Essa convicção podia ser afirmado somente na forma do mito (ὁ μῦθος = discurso, narrativa sobre Deus ou sobre deuses), pois a história

---

[60] Para a importância da prática litúrgica para o desenvolvimento da cristologia primitiva, cf. W. SCHRAGE, Unterwegs zur Einheit und Einzigkeit Gottes (cf. acima, 4), pp. 158-167; M. HENGEL. Abba. Maranatha, Hosanna und die Anfänge der Christologie (cf. acima, 4), p. 154: "Já na comunidade primitiva de fala aramaica, as aclamações *Abba* e *Maranatha* expressam certezas elementares".

precisava ser aberta para algo que não podia ser apresentado de modo puramente histórico: Deus se fez homem em Jesus de Nazaré. Esse entrelaçamento do mundo divino com a história humana pode ser formulado e recebido somente na forma do mito. O mito é um sistema interpretativo cultural que visa conferir sentido ao mundo, à história e à vida humana, que leva à formação de identidade e que assume uma função que orienta a atuação[61]. O meio da apresentação de mitos é geralmente uma narrativa; eles elucidam de forma narrativa aquilo que determina fundamentalmente o mundo e a vida e, ao fazer isso, disponibilizam os símbolos indispensáveis para cada apropriação. O mito abre para a compreensão aquilo que chegou a ser por meio da atuação divina e formula as implicações normativas para a autocompreensão e a compreensão do mundo aceitas em um grupo.

> O mito possui uma racionalidade própria que se distingue categorial, mas não qualitativamente da racionalidade científica moderna. Também a imagem científica do mundo se funda em sentenças axiomáticas básicas que definem o modo geral pelo qual se contempla a realidade. Elas são o quadro em que se dá toda afirmação e construção científica; são o sistema referencial em que tudo é interpretado e processado; determinam as perguntas que se põem à realidade, e portanto, também as respostas que serão dadas. "Portanto, a realidade captada pela ciência não é a realidade em si, mas sempre uma realidade interpretada de uma determinada maneira. As respostas que ela nos dá dependem de nossas perguntas."[62] Também o mito fornece uma explicação do mundo, apenas de um modo diferente do pensamento científico moderno. O mito é um sistema de experiências, um meio de explicação e ordenamento. "No entanto, não explica com a ajuda de leis naturais e regras históricas, mas por meio de *archai*, quer se relacionem com o âmbito da natureza, quer com o âmbito do ser humano."[63] Por isso, o mito não é algo deficitário ou irracional que deve ser "demitologizado"

---

[61] Para o conceito de mito, cf. R. BARTHES, *Mythen des Alltags*, 23ª ed. (Frankfurt: 2003) (= 1957); L. KOLAKOWSKI, *Die Gegenwärtigkeit des Mythos* (Munique: 1973); H. HÜBNER, *Die Wahrheit des Mythos* (Munique: 1985); G. SELLIN, Verbete "Mythos", in *RGG*⁴ 5 (Tübingen: 2002), pp. 1697-1699.
[62] K. HÜBNER, Die Wahrheit des Mythos, p. 252.
[63] Op. cit., p. 257.

TEOLOGIA DO NOVO TESTAMENTO   229

e, com isto, superado⁶⁴. Ao contrário, é um elemento indispensável de cada interpretação de mundo e, dessa maneira, também da fé por meio da qual a história humana se torna transparente para a atuação divina. O mito permite relacionar entre si realidades diferentes e, dessa maneira, torná-las compreensíveis. Nesse sentido, o mito que está consciente de si mesmo é tudo menos uma objetivação de Deus, porque está consciente de que, no fundo, é inefável, e renuncia à tentativa de instrumentalizar Deus em prol de fins humanos e seres humanos, em prol de supostos fins divinos.

Mitos descrevem a atuação de deuses em narrativas. No cristianismo primitivo, trata-se da atuação de Deus em e por meio da vida de Jesus Cristo. No centro do discurso mítico no Novo Testamento está a divinização de Jesus de Nazaré, que começou muito cedo em todos os âmbitos do cristianismo incipiente. Esta mitização deu-se não pela adoção de conceitos preestabelecidos, mas com base em pensamentos judaicos (monoteísmo) e greco-romanos (humanização de um deus / divinização de um ser humano). A pretensão pré-pascal de Jesus e seu destino pós-pascal foram adotados de tal maneira que surgiu um mito novo e autônomo. *Nesse contexto, a história não é abolida pelo mito, mas integrada numa realidade mais abrangente.* Já 1Cor 15,3-5 elucida esse dado que é fundamental para o cristianismo primitivo (cf. abaixo: Tradições de fórmulas), pois os dados pilares aduzidos por Paulo ("Cristo morreu [...] foi sepultado [...] foi ressuscitado [...] e apareceu a Cefas") recebem sua função criadora de sentido apenas pelas afirmações "por nossos pecados" e "segundo as Escrituras"⁶⁵. De modo especial relacionam-se no novo gênero literário "evangelho" as realidades divina e humana. Em termos histórico-literários, esse gênero orienta-se pela antiga biografia, mas, ao mesmo tempo, é perpassado por elementos que transcendem o histórico: sobre o "início" (cf. Gn 1,1; Mc 1,1;

---

⁶⁴ A "demitologização" de R. BULTMANN partiu de uma superioridade não só histórica, mas também material, do pensamento científico moderno; cf. a respeito R. BULTMANN, *Neues Testament und Mythologie*, 2ª ed. (Munique: 1985 [= 1941]); IDEM. *Jesus Christus und die Mythologie* (Hamburgo: 1964). Para a discussão, cf. K. JASPERS, R. BULTMANN, *Die Frage der Entmythologisierung* (Munique: 1981 [= 1953/54]); B. JASPERT, *Sackgassen im Streit mit R. BULTMANN* (St. Ottilien: 1985).
⁶⁵ Cf. G. SELLIN, Verbete "Mythos", p. 1698.

Jo 1,1) podia-se narrar apenas miticamente, e sobretudo os títulos cristológicos expressam que o Jesus Cristo atuante na história pertence ao mundo celestial. Dessa maneira, os evangelhos tornam-se os livros de tombo de uma nova religião, em cujo centro estava o mito de Cristo: a história do Filho de Deus, Jesus de Nazaré, que se engajou em favor dos seres humanos e que morreu por "nossos pecados" para que possamos viver (cf. 2Cor 8,9).

Cristologia primitiva

Paulo, uma testemunha primitiva essencial, confirma que a cristologia primitiva ganhou muito rapidamente uma linguagem e uma forma fixas em títulos, fórmulas e tradições. Segundo 1Cor 15,1-3a[66], Paulo comunica à comunidade o que ele mesmo recebera (cf. 1Cor 15,3b-5). Em 1Cor 11,2, Paulo elogia a comunidade "por vos recordardes de mim em todas as ocasiões e por conservardes as tradições tais como vo-las transmiti". Segundo 1Cor 11,23a, Paulo recebeu do Senhor a *parádosis* da última ceia que ele passa agora para a comunidade (1Cor 11,23b-26). Já não podemos dizer quando e onde Paulo, com base em seus conhecimentos prévios e particulares, foi instruído na fé cristã. Segundo At 9,17.18, em Damasco, ele recebeu o espírito e aceitou o batismo; isto se vinculou possivelmente também a uma instrução na fé cristã. Sem dúvida, Paulo recebeu tal catequese muito cedo, pois, logo após sua vocação como apóstolo, começa um trabalho missionário autônomo (cf. Gl 1,17).

Segundo suas formas e tradições, as ideias cristológicas cristão-primitivas podem ser atribuídas a várias categorias, mesmo quando determinadas fórmulas fixas bem como combinações de palavras e motivos disponham de certa variabilidade e nem sempre possam ser situadas exatamente, e a classificação segundo a história das formas divirja parcialmente[67].

---

[66] Paulo recorre com παραλαμβάνειν e παραδιδόναι em 1Cor 11,23a; 15.3a à linguagem tradicional judaica; cf. H. CONZELMANN, *Der erste Brief an die Korinther*. KEK V (Göttingen: 1969), p. 230.

[67] Os problemas acerca da história de formas são discutidos em R. BRUCKER, *"Christushymnus" oder "epideiktische Passagen"?* FRLANT 176 (Göttingen: 1997), pp. 1-22.

Títulos cristológicos

Já os títulos cristológicos são abreviaturas para todo o evento salvífico que eles atualizam sob suas perspectivas especiais, afirmando quem e o que é Jesus de Nazaré para a comunidade crente[68]. O título honorífico central, Χριστός ou Ἰησοῦς Χριστός (cf. acima, 3.9.3), já está vinculado às tradições confessionais mais antigas (cf. 1Cor 15, 3b-5; 2Cor 5,15) e tematiza a história da salvação inteira. Já em Paulo vinculam-se a Χριστός afirmações sobre a crucificação (1Cor 1,21; 2,2; Gl 3,1.13), a morte (Rm 5,6.8; 14,15; 15,3; 1Cor 8,11; Gl 2,19.21), a ressurreição (Rm 6,9; 8,11; 10,7; 1Cor 15,12-17.20.23), a preexistência (1Cor 10,4; 11,3a.b) e a vida terrena de Jesus (Rm 9,5; 2Cor 5,16). A partir da afirmativa fundamental que se refere a todo o acontecimento salvífico ramificam-se as afirmações sobre Χριστός para múltiplos âmbitos. Por exemplo, Paulo fala do πιστεύειν εἰς Χριστόν (Gl 2,16: "crer em Jesus Cristo"; cf. Gl 3,22; Fl 1,29), do εὐαγγέλιον τοῦ Χριστοῦ ("evangelho de Cristo", cf. 1Ts 3,2; 1Cor 9,12; 2Cor 2,12; 9,13; 10,14; Gl 1,7; Rm 15,19; Fl 1,27) e se entende como apóstolo de Cristo (cf. 1Ts 2,7; 2Cor 11,13: ἀπόστολος Χριστοῦ). Também nos Evangelhos, o nome titular Ἰησοῦς Χριστός ocupa uma posição central, como mostram claramente, por exemplo, Mc 1,1; 8,29; 14,61; Mt 16,16 e a cristologia lucana do espírito (cf. abaixo, 8.4.3). O uso natural de Χριστός também em comunidades predominantemente gentio-cristãs não é uma coincidência, pois, a partir de seu pano de fundo histórico-cultural, os destinatários podiam receber Χριστός no contexto de antigos ritos de unção. Os ritos de unção, difundidos em toda a região do Mediterrâneo, atestam um uso linguístico comum, segundo o qual se aplica: "quem / o que é ungido é santo, próximo de Deus, entregue a Deus"[69]. Tanto judeucristãos como cristãos da tradição greco-romana[70] podiam entender

---

[68] Abordagem panorâmica em L. W. HURTADO, Lord Jesus Christ (cf. acima, 4), pp. 98-118.
[69] M. KARRER, Der Gesalbte (cf. acima, 4), p. 211.
[70] O termo "gentio-cristãos" é ambíguo porque sugere que, antes de sua adesão ao movimento dos crentes em Cristo, pessoas provenientes da religiosidade greco-romana não tivessem compromissos religiosos sérios.

Χριστός como predicado da singular proximidade a Deus e santidade de Jesus, de modo que Χριστός (ou Ἰησοῦς Χριστός) como nome titular passou a ser especialmente em Paulo um termo missionário ideal.

Uma perspectiva modificada vincula-se ao título de κύριος[71] (cf. Sl 110,1 LXX) que ocorre 719 vezes no Novo Testamento. Ao designar Jesus como "Senhor", os crentes submetem-se à autoridade *do Exaltado presente na comunidade*. κύριος expressa a singular dignidade e função de Jesus: ele foi exaltado à direita de Deus, tem parte no poder e na glória de Deus e de lá exerce seu domínio. O aspecto da presença do Exaltado na comunidade, relacionado com o título *Kyrios*, mostra-se claramente na aclamação e na tradição da última ceia como pontos de condensação da tradição. Ao aclamar, a comunidade reconhece Jesus como *Kyrios* e confessa sua pertença a ele (cf. 1Cor 12,3; Fl 2,6-11). O Deus dos cristãos age por meio de seu espírito, de modo que eles aclamam em alta voz na liturgia (1Cor 12,3): κύριος Ἰησοῦς (" Senhor é Jesus") e não: ἀνάθεμα Ἰησοῦς ("Anátema seja Jesus"). Um uso acumulado de κύριος aparece na tradição da última ceia (cf. 1Cor 11,20-23.26ss.32; 16,22). A comunidade reúne-se na presença poderosa do Exaltado, cujas forças salvíficas, mas também punitivas (cf. 1Cor 11,30) operam na última ceia. Ao lado da dimensão litúrgica do título *Kyrios* encontra-se em Paulo um componente ético. O *Kyrios* é a instância decisiva a partir da qual se reflete sobre todas as áreas da vida cotidiana (Rm 14,8: "porque se vivemos é para o Senhor que vivemos, e se morremos é para o Senhor que morremos. Portanto, quer vivamos, quer morramos, pertencemos ao Senhor.") Em Marcos e Mateus, o título de *Kyrios* desempenha apenas um papel secundário, enquanto Lucas pode designar como κύριος não só o Terreno (Lc 7,13.19; 10,1.39.41 etc.) e o Ressuscitado (Lc 24,3.34), mas também o Jesus antes e depois de seu nascimento (Lc 1,43; 2,11). Finalmente se relaciona ao título de *Kyrios* também uma conotação política: ele

---

[71] Cf. a respeito W. KRAMER, Christos Kyrios Gottessohn (cf. acima, 4), pp. 61-103.149-181; F. HAHN, Christologische Hoheitstitel (cf. acima, 4), pp. 67-132.461-466; J. A. FITZMYER, Verbete "κύριος", in *EWNT* 2 (Stuttgart: 1981): pp. 811-820; G. VERMES, Jesus der Jude (cf. acima, 3), pp. 89-114; D. B. CAPES, *Old Testament Yahweh Texts in Paul's Christology*. WUNT 2.47 (Tübingen: 1992).

expressa a autoridade singular do Exaltado, em delimitação contra outras pretensões.⁷² O culto ao imperador romano, crescente no séc. I, estava relacionado (principalmente no leste do Império Romano) ao tratamento de *Kyrios* (cf. At 25,26; Suetônio, Dom 13,2), e também no âmbito das religiões de mistérios se encontram aclamações de κύριος e κυρία, respectivamente⁷³. Na história da missão cristã primitiva, o κύριος Ἰησοῦς Χριστός "cruza" (e desfaz) o caminho de muitos senhores e senhoras; justamente por isso era preciso garantir que este predicado não fizesse dele um entre muitos outros.

O título υἱός (τοῦ) θεοῦ encontra-se cerca de 80 vezes no Novo Testamento, está numa continuidade histórico-traditiva do Sl 2,7 e vincula-se a diferentes conceitos cristológicos⁷⁴. Paulo (15 ocorrências) o adotou da tradição (cf. 1Ts 1,9s; Rm 1,3b-4a), e o posicionamento particular de υἱός mostra que ele atribuiu a este título uma grande importância teológica. O título de Filho expressa *tanto a relação estreita de Jesus Cristo com o Pai como sua função de mediador da salvação entre Deus e os seres humanos* (cf. 2Cor 1,19; Gl 1,16; 4,4.6; Rm 8,3). Em Marcos, υἱός (τοῦ) θεοῦ torna-se o título cristológico central que abrange tanto a dignidade celestial como terrena de Jesus (cf. abaixo, 8.2.2). Também Mateus desenvolve uma cristologia do Filho de Deus (cf. abaixo, 8.3.2), enquanto o título não é central em Lucas.

De especial importância é a *função pragmático-textual* dos títulos honoríficos que aparecem acumulados nos prescritos das cartas e nas aberturas dos Evangelhos e pertencem ali aos sinais *metacomunicativos*

---

⁷² Cf. a respeito M. DE JONGE, Christologie im Kontext (cf. acima, 4), pp. 177s.
⁷³ Cf., por exemplo, PLUTARCO, Is et Os, 367, onde Ísis é chamada ἡ κυρία τῆς γῆς ("Senhora da Terra"); além disso, cf. Neuer Wettstein II/1 (cf. acima, 4.5), pp. 313-316; D. ZELLER, Verbete "Kyrios", in *DDD*, 2ª ed. (Leiden: 1999): pp. 492-497.
⁷⁴ O material relevante é discutido em M. HENGEL, Der Sohn Gottes (cf. acima, 4), pp. 35-39.67-89; além disso, cf. L. W. HURTADO, Verbete "Son of God", in *DPL* (1993): pp. 900-906; M. LABAHN, "Jesus als Sohn Gottes bei Paulus", in U. SCHNELLE, Th. SÖDING, M. LABAHN (org.), *Paulinische Christologie*. FS H. Hübner (Göttingen: 2000), pp. 97-120. Para Qumran (cf. além de 4QFlor I 11-13 e 1QSa II 11 especialmente 4Q 246), cf. J. A. FITZMYER, "The 'Son of God' Document from Qumran", in *Bib* 74 (1993): 153-174; J. ZIMMERMANN, Messianische Texte aus Qumran (cf. acima, 3.5.2), pp. 128-170.

que servem para abrir a comunicação e para definir mundos de sentido. As condições para uma bem sucedida comunicação por escrito é uma *compreensão comum da realidade* entre o autor e os destinatários. Essa realidade com suas dimensões passadas, presentes e futuras é nomeada por meio dos títulos cristológicos e ao mesmo tempo trazida ao presente e mantida em vigor como certeza comum de fé[75].

Tradições de fórmulas

Como *fórmulas de fé* (fórmulas de *pistis*) designam-se aqueles textos primitivos que formulam de forma breve e concisa o evento salvífico cristológico do passado[76]. O texto central é a tradição pré-paulina de 1Cor 15,3b-5, que permite perceber claramente uma estrutura fundamental que se caracteriza pela menção dos eventos e por sua interpretação[77]:

ὅτι   Χριστὸς (que Cristo)
         ἀπέθανεν (morreu)
                  ὑπὲρ τῶν ἁμαρτιῶν ἡμῶν (por nossos pecados)
                           κατὰ τὰς γραφὰς (segundo as Escrituras)
καὶ ὅτι ἐτάφη (e que foi sepultado)
καὶ ὅτι ἐγήγερται (e que foi ressuscitado)
                  τῇ ἡμέρᾳ τῇ τρίτῃ (ao terceiro dia)
                           κατὰ τὰς γραφὰς (segundo as Escrituras)
καὶ ὅτι ὤφθη Κηφᾷ εἶτα τοῖς δώδεκα (e que apareceu a Cefas, e
                                                        depois aos Doze).

---

[75] Cf. U. SCHNELLE, "Heilsgegenwart. Christologische Hoheitstitel bei Paulus", in U. SCHNELLE, TH. SÖDING, M. LABAHN (org.), *Paulinische Christologie*. FS H. Hübner (Göttingen: 2000), pp. 178-193.

[76] Cf. a respeito W. KRAMER, Christos Kyrios Gottessohn (cf. acima, 4), pp. 15-40.

[77] Para a interpretação deste texto, cf. H. CONZELMANN, "Zur Analyse der Bekenntnisformel 1Kor 15,35", in IDEM, *Theologie als Schriftauslegung*. BEvTh 65 (Munique: 1974), pp. 131-141; CHR. WOLFF, *Der erste Brief des Paulus an die Korinther*, 2ª ed. ThHK 7 (Leipzig: 2000), pp. 354-370; G. SELLIN, Auferstehung der Toten (cf. abaixo, 6.2), pp. 231-255; A. LINDEMANN, 1Kor (cf. abaixo, 6.3.2), pp. 325-333; W. SCHRAGE, *Der erste Brief an die Korinther*, EKK VII/4 (Neukirchen: 2001), pp. 31-53; H. MERKLEIN, *Der erste Brief an die Korinther* (com M. GIELEN). ÖTK 7/3 (Gütersloh: 2005), pp. 247-283.

O sujeito linguístico é Χριστὸς; o tema é o destino da figura decisiva da história da humanidade que reúne em si a história individual e universal. Isto é possível porque Deus deve ser pensado como o constante sujeito material do acontecimento, linguisticamente indicado pelas formas passivas dos verbos θάπτο e ἐγείρω e o duplo interpretamento κατὰ τὰς γραφὰς. A sequência "morreu – sepultado" e "ressuscitado – apareceu" nomeia os eventos em sua sequência temporal e material. Os tempos dos verbos têm caráter de sinal, porque as formas de aoristo de ἀποθνῄσκειν e θάπτω caracterizam um acontecimento terminado e passado, enquanto o perfeito passivo ἐγήγερται[78] ressalta o efeito permanente do acontecimento[79]. Cristo ressuscitou dentre os mortos, e a ressurreição tem para o Crucificado um efeito permanente. O passivo ὤφθη no v. 5 ressalta, no estilo de teofanias veterotestamentárias, que as aparições do Ressuscitado correspondem à vontade de Deus. A protoepifania diante de Cefas está enraizada na tradição (cf. 1Cor 15,5; Lc 24,34), igualmente as aparições ao círculo dos discípulos (cf. Mc 16,7; Mt 28,16-20; Lc 24,36-53; Jo 20,19-29). A base da interpretação é o testemunho das Escrituras; as expressões com ὑπέρ poderiam ser alusões a Is 53,10-12; Sl 56,14; 116,8; o "terceiro dia" permite várias possibilidades de interpretação (memória histórica, referência a Os 6,2; significado do terceiro dia na história cultural da morte na Antiguidade)[80]. Conceituações comparáveis com 1Cor 15,3b-5 encontram-se em Lc 24,34, onde as formas passivas "O Senhor foi ressuscitado e apareceu a Simão" (ἠγέρθη ὁ κύριος καὶ ὤφθη Σίμωνι) fazem Deus aparecer novamente como o único sujeito do evento.

Formulações fixas acerca da morte e ressurreição de Jesus encontram-se, além disso, em 1Ts 4,14 ("pois se cremos que Jesus morreu e ressuscitou" [ὅτι Ἰησοῦς ἀπέθανεν καὶ ἀνέστη]), 1Cor 15,12.15; 2Cor 4,14; Gl 1,1; Rm 4,24; 8,34; 10,9b ("e se creres que Deus o ressuscitou de entre os mortos" [ὁ θεὸς αὐτὸν ἤγειρεν ἐκ νεκρῶν]); 14,9; Cl 2,12;

---

[78] Para ἐγείρειν, cf. 1Ts 1,10; 2Cor 4,14; Rm 4,24b; 6,4; 7,4; 8,11b.
[79] Cf. F. BLASS, A. DEBRUNNER, F. REHKOPF, *Grammatik des neutestamentlichen Griechisch*, 14ª ed. (Göttingen: 1975), § 342.
[80] Todas as possibilidades são discutidas em CHR. WOLFF, *1Kor*, pp. 364-367; M. KARRER, *Jesus Christus* (cf. acima, 4), pp. 42ss.

1Pd 1,21; At 3,15; 4,10. A dimensão soteriológica do evento Cristo como "morrer por nós" é enfatizada na *fórmula da morte* encontrada em 1Ts 5,9s; 1Cor 1,13; 8,11; 2Cor 5,14; Rm 5,6.8; 14,15; 1Pd 2,21; 3,18; 1Jo 3,16[81]. A *fórmula da entrega* expressa a atuação de Deus no Filho como acontecimento "por nós" (Gl 1,4; 2,20; Rm 4,25; 8,32; 1Tm 2,5s; Tt 2,14)[82]. Notável é a tradição pré-paulina de Rm 1,3b-4a, chamada também de *fórmula de Filho*[83]. Aqui, Cristo é visto em sua existência sárquica como Filho de Davi, mas em sua existência pneumática, como Filho de Deus. Ele é Filho de Deus graças a sua ressurreição, operada segundo Rm 1,4a pelo πνεῦμα ἁγιωσύνης ("o espírito da santidade"), ou seja, o espírito de Deus. Apenas por meio da ressurreição, Jesus é entronizado como Filho de Deus, sendo que isto não pressupõe a preexistência e a filiação divina do Terreno. Também no *querigma missionário* pré-paulino de 1Ts 1,9s está no centro a atuação do Filho[84]. Os pagãos distanciam-se dos ídolos e se voltam para o Filho que salva do juízo, "a quem ele (Deus) ressuscitou de entre os mortos" (ὃν ἤγειρεν ἐκ τῶν νεκρῶν). O envio do Filho também é descrito em formulações fixas, e é vinculado em Gl 4,4 e Rm 8,3 com a ideia da preexistência (Gl 4,4: "Quando, porém, chegou a plenitude do tempo, enviou Deus seu Filho, nascido de mulher, nascido sob a Lei").

Textos hínicos

Hinos são cânticos de louvor a Deus/deuses (cf. Epíteto, Diss I 16,20s), que podem ser compostos em diferentes tamanhos e métricas[85]. O hino provavelmente mais antigo no Novo Testamento e um

---

[81] Cf. a respeito K. WENGST, *Christologische Formeln und Lieder* (cf. acima, 4), pp. 78-86.
[82] Cf. aqui W. POPKES, *Christus traditus* (cf. acima, 4), pp. 131ss.
[83] Para a análise/ cf. E. SCHWEIZER, "Röm 1,3f und der Gegensatz von Fleisch und Geist bei Paulus", in IDEM, *Neotestamentica* (Zurique: 1963), pp. 180-189.
[84] Cf. a análise em C. BUSSMANN, Themen der paulinischen Missionspredigt auf dem Hintergrund der spätjüdisch-hellenistischen Missionsliteratur. EHS.T 3 (Berna / Frankfurt: 1971), pp. 38-56.
[85] Cf. como hinos pagãos, por exemplo, a coleção de A. WEIHER (org.), *Homerische Hymnen*, 5ª ed. (Munique: 1986) que reúne hinos a deuses gregos de tamanhos variados.

testemunho central da cristologia primitiva é Fl 2,6-11, que diz sobre Jesus Cristo:

(6) ὅς ἐν μορφῇ θεοῦ ὑπάρχων	ele que, embora estando na forma de Deus,
οὐχ ἁρπαγμὸν ἡγήσατο τὸ εἶναι ἴσα θεῷ,	não considerou um roubo ser igual a Deus,
(7) ἀλλὰ ἑαυτὸν ἐκένωσεν μορφὴν δούλου λαβών,	mas esvaziou-se a si mesmo e assumiu a forma de um escravo;
ἐν ὁμοιώματι ἀνθρώπων γενόμενος· καὶ σχήματι εὑρεθεὶς ὡς ἄνθρωπος	tornou-se em sua forma semelhante aos seres humanos e foi achado, segundo a forma, como um ser humano.
(8) ἐταπείνωσεν ἑαυτὸν γενόμενος ὑπήκοος μέχρι θανάτου (θανάτου δὲ σταυροῦ)	Esvaziou-se a si mesmo e foi obediente até a morte (morte na cruz).
(9) διὸ καὶ ὁ θεὸς αὐτὸν ὑπερύψωσεν καὶ ἐχαρίσατο αὐτῷ τὸ ὄνομα τὸ ὑπὲρ πᾶν ὄνομα,	Por isso, Deus o exaltou acima de qualquer medida e lhe deu o nome acima de todos os nomes,
(10) ἵνα ἐν τῷ ὀνόματι Ἰησοῦ πᾶν γόνυ κάμψῃ ἐπουρανίων καὶ ἐπιγείων καὶ καταχθονίων	para que, no nome de Jesus, se dobrem todos os joelhos no céu e na terra e sob a terra,
(11) καὶ πᾶσα γλῶσσα ἐξομολογήσηται ὅτι κύριος Ἰησοῦς Χριστὸς εἰς δόξαν θεοῦ πατρός.	para que toda língua confesse que Jesus é o Senhor para a glória de Deus, o Pai.

Desde as análises de E. LOHMEYER[86], Fl 2,6-11 é considerado uma tradição pré-paulina. Argumentos em favor da tradição são os *hapax legomena* neotestamentários (ὑπερυψοῦν = exaltar acima de qualquer medida, καταχθόνιος = sob a terra) e paulinos (μορφή = forma, figura; ἁρπαγμός = roubo, despojo), o acúmulo das construções participais e relativas, a estrutura estrófica do texto, a interrupção do fluxo do pensamento dentro da carta e os elos contextuais de Fl 2,1-5.12-13. Geralmente considera-se o v. 8c (θανάτου δὲ σταυροῦ = "morte na cruz") uma redação paulina, pois apenas o fato, mas não o modo da morte é importante. Não há consenso sobre a estruturação da unidade textual pré-paulina. E. LOHMEYER divide a tradição em seis estrofes de três linhas cada, que são divididas em duas partes iguais por meio do novo

---

[86] Cf. E. LOHMEYER, *Kyrios Jesus*. SAH 4 (Heidelberg: 1928); para a história da pesquisa mais recente, cf. J. HABERMANN, Präexistenzaussagen im Neuen Testament (cf. abaixo, 12.2.1), pp. 91-157. Em favor da autoria paulina de Fl 2,6-11 argumenta R. BRUCKER, "Christushymnus" oder "epideiktische Passagen"?, pp. 304.319.

início com διό no v. 9. J. JEREMIAS⁸⁷, porém, defende uma estruturação do cântico em três partes de quatro linhas cada (a: v. 6-7a, b: v. 7b-8, c: v. 9-11) e parte de um *parallelismus membrorum* como o princípio que conferiu a forma. Todas as outras reconstruções devem ser consideradas variações das duas propostas básicas de LOHMEYER e JEREMIAS. A estrutura métrico-estrófica de Fl 2,6-11 ficará provavelmente polêmica, mas a estruturação em duas partes do texto com o v. 9 como dobradiça é clara: v. 6-8.9.10.11. Na história das formas classifica-se o texto geralmente como "hino"; outras classificações são *"enkomion"*⁸⁸, *"epainos"*⁸⁹, ou "poema didático"⁹⁰. Em termos histórico-religiosos, o hino não é uma unidade; enquanto a segunda parte (v. 9-11) aponta para o pensamento judaico, em virtude de alusões a citações veterotestamentárias e de material proveniente de fórmulas litúrgicas, a primeira parte (v. 6-7) contém fortes paralelos terminológicos a escritos religioso-filosóficos helenistas⁹¹. O *"Sitz im Leben"* (lugar vivencial) do hino é a liturgia da comunidade (cf. Cl 3,16).

Já antes de Paulo, a reflexão cristológica amplia a *mudança de* status da pós-existência para a pré-existência. A base desse processo é o pensamento que determina a cristologia de muitos escritos do Novo Testamento: *não se pode passar a ser algo que já não era desde sempre*. O hino ressalta enfaticamente essa transformação de *status* por meio da contrastação de μορφὴ θεοῦ (v. 6: "forma de Deus") e μορφὴ δούλου (v. 7: "forma de escravo"). Jesus Cristo abandona sua posição igual a Deus e passa para o oposto mais radical concebível. Esse processo fundamental é descrito e meditado com mais pormenores nas distintas etapas do hino. Jesus Cristo esvazia-se a si mesmo e assume um *status* de impotência; não poder e domínio, mas impotência e humilhação caracterizam agora seu *status*. Tornar-se humano significa a

---

[87] Cf. J. JEREMIAS, "Zur Gedankenführung in den paulinischen Briefen (4. Der Christushymnus Phil 2,6-11)", in IDEM, *Abba* (Göttingen: 1966), pp. 274-276; IDEM, Zu Philipper 2,7: ἑαυτὸν ἐκένωσεν, op. cit., pp. 308-313.
[88] K. BERGER, *Formgeschichte des Neuen Testaments* (Heidelberg: 1984), p. 345.
[89] R. BRUCKER, "Christushymnus" oder "epideiktische Passagen"?, pp. 319s.330s.
[90] N. WALTER, *Der Philipperbrief*. NTD 8/2, (Göttingen: 1998), pp. 56-62.
[91] Cf. a respeito S. VOLLENWEIDER, "Der 'Raub' der Gottgleichheit: Ein religionsgeschichtlicher Vorschlag zu Phil 2,6(-11)", in IDEM, *Horizonte neutestamentlicher Christologie*. WUNT 144 (Tübingen: 2002), pp. 263-284; IDEM, *Die Metamorphose des Gottessohnes*, op. cit., pp. 285-306.

renúncia ao poder que lhe caberia verdadeiramente, significa humildade e obediência até a morte[92]. O v. 9 marca a reviravolta no evento, linguisticamente indicada pelo o novo sujeito ὁ θεός. A elevação do *status* de Jesus Cristo dá-se na concessão do nome (v. 9b-10), à qual se seguem a instalação e o reconhecimento como *cosmocrator* (v. 10-11b). Aclamações de *Kyrios* e a *proskynese* do cosmos inteiro ao *Kyrios* correspondem à vontade de Deus, em cuja honra são realizadas (v. 11c). O novo *status* de Jesus Cristo é mais do que uma mera volta à igualdade preexistente com Deus[93]. Somente a auto-humilhação no caminho para a morte concedeu a exaltação para o governante do universo, ou seja, até mesmo o preexistente passou por uma transformação para se tornar o que deveria ser.

Outro antigo *hino a Cristo* encontra-se em *Cl 1,15-20* (cf. abaixo, 10.1.2). O hino tradicional começa no v. 15 com uma mudança repentina do estilo, e tanto sua forma como seu conteúdo possuem uma estruturação em duas estrofes. A primeira estrofe (v. 15-18a) fala do significado cosmológico do evento Cristo, e no centro da segunda estrofe (v. 18b-20) está sua dimensão soteriológica. Elementos interpretativos inseridos pelo autor do Cl encontram-se no v. 18a (τῆς ἐκκλησίας = "a Igreja") e no v. 20 (διὰ τοῦ αἵματος τοῦ σταυροῦ αὐτοῦ = "pelo sangue de sua cruz"). A referência ao acontecimento da cruz relaciona as dimensões cósmicas ao evento Cristo na cruz, portanto, à história. Paralelos ao hino da Carta aos Filipenses são muito óbvios, aqui como ali, o elemento proveniente da tradição é ligado ao contexto por meio de elementos interpretativos. Em termos histórico-religiosos, o hino adota ideias do judaísmo helenista, nas quais se atribui à sabedoria aqueles predicados que o hino atribui a Cristo (preexistência, mediador da criação, domínio universal)[94].

---

[92] Para a interpretação paulina do hino de Fl 2,6-11, cf. abaixo 6.2.1.
[93] Cf. G. BORNKAMM, "Zum Verständnis des Christus-Hymnus Phil 2,6-11", in IDEM, *Studien zu Antike und Urchristentum*. BEvTh 28 (Munique: 1970), pp. 177-187, aqui p. 183.
[94] Cf. a respeito a documentação em E. LOHSE, *Die Briefe an die Kolosser und an Philemon*. KEK IX/2, 2ª ed. (Göttingen: 1977), pp. 85-103.

Outras tradições

Ao âmbito da liturgia cristã primitiva pertencem as *aclamações* com as quais se testemunha o domínio de Jesus Cristo (cf. 1Cor 12,3; 16,22). De especial importância é a tradição paulina do εἷς em 1Cor 8,6[95], que vincula ousadamente a história de Deus com a história de Jesus Cristo: "para nós, contudo, existe um só Deus, o Pai, de quem tudo procede e para o qual caminhamos, e um só Senhor, Jesus Cristo, por quem tudo existe e para quem caminhamos." O texto reflete a relação entre a *teo*logia e a cristologia no horizonte do monoteísmo; o predicado εἷς é atribuído ao Pai, mas ao mesmo tempo também ao *Kyrios* Jesus Cristo. Isto não faz com que o Deus único seja dividido em dois deuses, ao contrário, o *Kyrios* único é integrado na esfera do Deus único. Segundo sua origem e sua natureza, Cristo pertence inteiramente ao lado de Deus. Ao mesmo tempo, o *Kyrios* único está subordinado ao Deus único não só na sequência textual[96], pois o Deus criador é o Pai do *Kyrios* Jesus Cristo. A definição preposicional maior nos v. 6b e 6d desenvolve a ideia da paralelidade subordinada. Primeiro, a criação e a salvação são relacionadas por meio de termos idênticos (τὰ πάντα – ἡμεῖς) a Deus e ao *Kyrios*, mas depois há uma diferenciação por meio das preposições ἐκ e διά. O mundo deve sua existência unicamente ao Deus único, só ele é a origem de tudo que existe. O *Kyrios* é o mediador preexistente da criação; o Deus único fez "tudo" chegar à existência por meio do único Senhor.

---

[95] Para a comprovação do caráter pré-paulino e a definição das numerosas referências histórico-religiosas, cf. W. SCHRAGE, *Der erste Brief an die Korinther*. EKK VII/2 (Neukirchen: 1995), pp. 216-225; além disso D. ZELLER, "Der eine Gott und der eine Herr Jesus Christus", in TH. SÖDING (org.), *Der lebendige Gott*. FS W. Thüsing. NTA 31 (Münster: 1996), pp. 34-49.

[96] Bem acertado W. THÜSING, *Die neutestamentlichen Theologien und Jesus Christus* III, pp. 371: "Não obstante a união inconcebivelmente estreita consigo mesmo, na qual Deus colocou o Jesus crucificado por meio de seu ato de ressuscitação, as relações específicas ficam preservadas; e ainda mais: apenas por meio dessas relações, essa união é fundamentalmente estruturada e assim por sua vez constituída. Somente um mediador que vive em união com Deus pode ser 'mediador da imediatez de Deus'."

Entre as tradições transmitidas por Paulo estão *palavras do Senhor*[97]. Ele as cita em 1Ts 4,15ss; 1Cor 7,10s; 9,14; 11,23ss, mas sem aduzir em cada caso palavras de Jesus conhecidas da tradição sinótica. *Tradições batismais* pré-paulinas encontram-se em 1Cor 1,30; 6,11; 2Cor 1,21s; Gl 3,26-28; Rm 3,25; 4,25; 6,3s[98], *tradições da última ceia* em 1Cor 11,23b-25; 16,22. Uma *formulação explícita de credo* encontra-se em Rm 10,9a; tópicos tradicionais de parênese aparecem em 1Cor 5,10s; 6,9s; 2Cor 12,20s; Gl 5,19-23; Rm 1,29-31; 13,13[99].

A formação da cristologia

Todas as observações históricas, teológicas e histórico-religiosas apoiam a tese de que a formação da cristologia é uma *consequência natural* da pretensão pré-pascal de Jesus, bem como das experiências fundamentais que os primeiros cristãos tiveram com o Ressuscitado e com o Espírito Santo. A questão da identidade de Jesus a partir de Deus já surgiu na vida de Jesus e aguçou-se diante de sua disposição de morrer por sua missão e mensagem. Especialmente as aparições do Ressuscitado foram entendidas pelos primeiros cristãos como confirmação divina do anúncio de Jesus e exigiam uma reflexão aprofundada sobre a natureza de Jesus Cristo e sobre sua relação com Deus que levou a uma transferência de predicados divinos para Jesus. *Porque Jesus corporificou de maneira singular a imagem de Deus por ele anunciada, ele mesmo foi acolhido dentro dessa imagem de Deus.* O modelo de continuidade, como significado modificado e reforçado de Jesus desde a Páscoa, é o modelo que melhor explica o desenvolvimento desde a pretensão pré-pascal de Jesus até sua adoração pós-pascal. Já muito cedo se encontram numa surpreendente diversidade de afirmações

---

[97] Uma visão geral crítica da pesquisa com abrangente apresentação da bibliografia é oferecida por F. NEIRYNCK, "Paul and the Sayings of Jesus", in IDEM, *Evangelica* II, BETL 99 (Lovânia: 1991), pp. 511-568.

[98] Para a análise, cf. U. SCHNELLE, *Gerechtigkeit und Christusgegenwart*, 2ª ed. GTA 24 (Göttingen: 1986), pp. 33-88.175-215.

[99] Cf. a respeito G. STRECKER, Literaturgeschichte des Neuen Testaments (cf. acima, 4), pp. 95-111; W. POPKES, *Paränese und Neues Testament*. SBS 168 (Stuttgart: 1996).

sobre a preexistência, a mediação da criação e o domínio abrangente de Jesus Cristo. Os cristãos primitivos encontraram nos Escritos de Israel e nos modelos teológicos tanto do judaísmo antigo como da religiosidade greco-romana ajudas decisivas de compreensão e interpretação para o desenvolvimento da cristologia primitiva. No entanto, a adoção de títulos cristológicos significa sempre também sua *recodificação*! Aquilo que Jesus de Nazaré dissera e a maneira como Jesus Cristo foi experimentado e pensado depois da cruz e ressurreição confluem agora e formam algo novo: o próprio Jesus Cristo torna-se o objeto da fé e o conteúdo do credo. Depois de Jesus narrava-se adequadamente de e sobre Jesus, porque sua pessoa não podia ser isolada de seu anúncio e de seus atos. Jesus Cristo não foi adorado como "segundo" deus, mas integrado na adoração do "Deus único" (Rm 3,30: εἷς θεός), isto é, predomina um *monoteísmo exclusivo de forma binária*. Em Jesus, Deus é encontrado, *Deus é definido cristologicamente*. Refletia-se sobre a relação entre Deus e Jesus Cristo não em categorias ontológicas; antes, a experiência da atuação de Deus em Jesus e por Jesus foi o ponto de partida das reflexões.

A formação da cristologia a partir do anúncio e da pretensão de Jesus é um processo *histórico e teológico natural*. Partindo do anúncio e atuação de Jesus e com nova inspiração pelo evento da Páscoa, os cristãos primitivos desenvolveram uma *abrangente cultivação de textos, tradições e sentidos*, para preservar, assim, o conteúdo das tradições, para conferir-lhes uma maior moldação e para mediar seu sentido a partir do passado com o presente, por meio de esforços interpretativos. Disso se formaram os Escritos do Novo Testamento que são até hoje os documentos fundamentais da fé cristã.

CAPÍTULO 5
A SEGUNDA TRANSFORMAÇÃO: OS INÍCIOS DA MISSÃO LIVRE DA CIRCUNCISÃO

HENGEL, M. *Zur urchristlichen Geschichtsschreibung*. Stuttgart, 1973; SCHNEE-MELCHER, W. *Das Urchristentum*. Stuttgart, 1981; FISCHER, K. M. *Das Urchristentum*. KGE III. Berlim, 1985; BECKER, J. (org.), *Die Anfänge des Christentums. Alte Welt und neue Hoffnung*. Stuttgart, 1987; IDEM. *Das Urchristentum als gegliederte Epoche*. SBS 155. Stuttgart, 1993; LUZ, U. "Unterwegs zur Einheit: Gemeinschaft der Kirche im neuen Testament". In *Sie aber hielten fest an der Gemeinschaft ...*, editado por CHR. LINK, U. LUZ, L. VISCHER, pp. 43-183. Zurique, 1988; SCHENKE, L. *Die Urgemeinde. Geschichtliche und theologische Entwicklung*. Stuttgart, 1990; VOUGA, F. *Geschichte des frühen Christentums*. UTB 1733. Tübingen, 1994; RIESNER, R. *Die Frühzeit des Apostels Paulus*. WUNT 71. Tübingen, 1994; STEGEMANN, E.; STEGEMANN, W. *Urchristliche Sozialgeschichte. Die Anfänge im Judentum und die Christusgemeinden in der mediterranen Welt*. Stuttgart, 1995; HENGEL, M.; SCHWEMER, A. M. *Paulus zwischen Damaskus und Antiochien*. WUNT 108. Tübingen, 1998; HENGEL, M.; BARRETT, C. K. *Conflicts and Challenges in Early Christianity*. Harrisburg, 1999; KRAUS, W. *Zwischen Jerusalem und Antiochia*. SBS 179. Stuttgart, 1999; BARNETT, P. *Jesus and the Rise of Early Christianity*. Downers Grave, 1999; LÜDEMANN, G. "Das Urchristentum". In *ThR* 65 (2000): 121-179.285-349; ZELLER, D. "Die Entstehung des Christentums". In *Christentum I*, editado por IDEM, pp. 15-222. Stuttgart, 2002; SCHNABEL, E. J. *Urchristliche Mission*. Giessen, 2002; SCHNELLE, U. Paulus (cf. abaixo, 6), pp. 27-176, em Port. Paulo Vida e Pensamento, Ed. Academia Cristã/Paulus, São Paulo, 2010; WEDDERBURN, A. J. M. *A History of the First Christians*. Londres / Nova Iorque, 2004.

O Evangelho do Jesus Cristo crucificado e ressuscitado foi anunciado primeiro em Jerusalém e suas imediações e era *uma* variante da identidade judaica ao lado de outras. Isso mudou devido aos conflitos na comunidade primitiva que levaram a uma missão independente fora de Jerusalém, realizada por membros grecófonos da liderança da comunidade primitiva.

5.1 Os helenistas

Lucas descreve o tempo inicial da comunidade primitiva como uma época de união em oração, eucaristia, ensinamento, vida e atuação (basta conferir At 2,34.44). Também as descrições das condições sociais e econômicas dentro da comunidade primitiva estão submetidas ao motivo da união, como mostram enfaticamente os sumários de At 2,42-46; 4,32-35[1]. A imagem inicial da união sofre rupturas em At 6,1-6[2], onde Lucas menciona subitamente dois círculos de liderança: o dos Doze e o dos Sete. No círculo dos Doze trata-se provavelmente de um grupo instituído pelo próprio Jesus, que representa simbolicamente a totalidade das doze tribos de Israel (cf. acima, 3.8.3). Também o círculo dos Sete era no cristianismo primitivo uma grandeza fixa e conhecida, já que Filipe é chamado em At 21,8 de "um dos Sete"[3]. Lucas vincula a formação do círculo dos Sete a um conflito interno da comunidade de Jerusalém: as viúvas dos helenistas sentiram-se negligenciadas ou prejudicadas na distribuição das

---

[1] Cf. a respeito H.-J. KLAUCK, "Gütergemeinschaft in der klassischen Antike, in Qumran und im Neuen Testament", in *RdQ* 41 (1982): 47-79; G. THEISSEN, Urchristlicher Liebeskommunismus, in T. FORNBERG, D. HELLHOLM (org.), *Texts and Contexts*. FS L. Hartmann (Oslo: 1995), pp. 689-712; F. W. HORN, "Die Gütergemeinschaft der Urgemeinde", in *EvTh* 58 (1998): 370-383.

[2] Cf. aqui M. HENGEL, "Zwischen Jesus und Paulus. Die 'Hellenisten', die 'Sieben' und Stephanus", in *ZThK* 72 (1975): 151-206; G. THEISSEN, "Hellenisten und Hebräer (Apg 6,1-6). Gab es eine Spaltung in der Urgemeinde?", in H. LICHTENBERGER (org.), *Geschichte – Tradition – Reflexion, vol. III.* FS M. Hengel (Tübingen: 1996), pp. 323-343; D.-A. KOCH, "Crossing the Border: The 'Hellenists' and their way to the Gentiles", in *Neotest* 39 (2005): 289-312.

[3] A origem do número sete pode ter relações com a interpretação do texto de Dt 16,18, segundo o qual devem governar em cada cidade sete homens; cf. JOSEFO, Ant 4,214.287.

necessidades na comunidade, o que levou a um conflito entre os "helenistas" e os "hebreus". Os termos Εβραῖοι ("hebreus") e Ἑλληνισταί ("helenistas/gregos") indicam que o conflito tinha principalmente causas culturais e de língua. Os Εβραῖοι são seguidores judaicos de Jesus que falam aramaico, os Ἑλληνισταί, por sua vez, são provenientes da Diáspora e falam grego[4]. As diferenças de idioma levaram provavelmente à formação de liturgias autônomas, e a separação litúrgico-cúltica ocasionou depois uma separação na diaconia, assim como está descrito em At 6,1ss. Chama a atenção que o círculo dos Sete é formado exclusivamente por homens com nomes gregos, que não exerce sua tarefa diaconal e que Estêvão como figura de destaque desse grupo é tudo menos um organizador de suprimento. At 6,8-15 apresenta-o como pneumático e carismático, mas, sobretudo, como o expoente de uma corrente dentro da comunidade primitiva que era crítica à Lei e ao Templo (cf. At 6,13s). Provavelmente, a atividade missionária bem-sucedida de Estêvão no âmbito das sinagogas helenistas de Jerusalém e principalmente sua crítica ao culto templar existente eram percebidas como uma provocação que acabou, num ato de linchamento, com o apedrejamento de Estêvão (cf. At 7,54-60)[5]. No conflito entre hebreus e helenistas havia provavelmente também problemas de conceitos teológicos diferentes que se explicam novamente pela origem dos dois grupos. Os judeus da Diáspora de língua grega não se sentiam tão comprometidos com o Templo e com uma interpretação estrita da Torá como os membros da comunidade primitiva, que falavam aramaico. Isto poderia explicar por que, depois do apedrejamento de Estêvão, foram perseguidos somente os seguidores judeus de Jesus provenientes da Diáspora, mas não os apóstolos (cf. At 8,1-3). Provavelmente podemos supor que os helenistas missionaram sobretudo na Samaria, bem como nas cidades helenizadas da Galileia, da região da fronteiriça sirio-palestina e do litoral (cf. At 8,4-40). Os helenistas chegaram também a Damasco, onde o Paulo, convertido, foi acolhido em uma comunidade (cf. At 9,10ss). Os helenistas atuaram,

---

[4] Para a documentação, cf. M. HENGEL, Zwischen Jesus und Paulus, pp. 161ss.
[5] Cf. G. THEISSEN, Hellenisten und Hebräer, pp. 332-336.

provavelmente, também em Alexandria, pois Apolo, um missionário de Alexandria, apresentou-se no início dos anos 50 em Corinto (cf. 1Cor 3,4ss; At 18,24-28); possivelmente, até mesmo a comunidade em Roma tenha sido fundada por helenistas.

Os helenistas desenvolveram conceitos e abordagens teológicas e cristológicas que abriram o cristianismo em formação para uma missão também entre pessoas de religiosidade greco-romana. Eles foram provavelmente os primeiros a refletir teologicamente sobre a concessão espontânea do Espírito Santo também a não judeus (cf. At 2,9-11; 8,17.39; 10). Tradições sobre Jesus foram muito cedo traduzidas por eles para o grego, e isto abriu a mensagem de Jesus para o mundo de língua grega. Nesse processo, podiam adotar tendências universalistas e a infraestrutura do judaísmo helenista, mas também tradições de Jesus que documentavam uma abertura diante de não judeus. No âmbito do judaísmo antigo havia, em torno da virada do tempo, uma grande difusão da ideia de uma volta escatológica das nações para YHWH (cf., por exemplo, TestLv 18,9; TestJud 24,5-6; 25,3-5; TestBen 9,2; 10,6-11; TestAss 7,2-3; TestNaf 8,3-4; 1Hen 90,33-38; Eclo 44,19-23; SlSal 17,31; BrSir 68,1-8; 70,7-8; 4Esd 13,33-50; Jub 22,20-22)[6]. Embora uma missão organizada entre gentios por grupos judaicos não possa ser comprovada, especialmente o judaísmo da diáspora ressaltava fortemente as dimensões universais da fé em YHWH, e havia uma abertura em relação a culturas não judaicas. A tradição permite reconhecer ainda claramente que Jesus não evitou encontros com não judeus (cf. Mc 7,24-30; 7,31-34; Mt 8,5-10.13) e que questionou em alguns ditos a prioridade histórico-salvífica de Israel (cf. Q 13,29.28; 14,23).

5.2 Antioquia

Outros lugares alcançados pelos helenistas em fuga são descritos em At 11,19s: "Na perseguição que sobreviera por causa de Estêvão, as pessoas perseguidas espalharam-se até a Fenícia, Chipre e Antioquia:

---

[6] Cf. a respeito as análises em W. KRAUS, Volk Gottes (cf. abaixo, 6.7), pp. 12-110.

ali, anunciaram a palavra somente a judeus. Alguns entre elas, porém, provenientes do Chipre e de Cirene, chegando a Antioquia, anunciaram também aos gregos o evangelho de Jesus, o Senhor". A Antioquia *síria*, ou seja, Antioquia-nos-Orontes, era a terceira maior cidade do Império Romano e oferecia as melhores condições para a antiga missão cristão-primitiva, pois, ali, numerosas pessoas gregas simpatizavam com a religião judaica[7].

Proveniente de Antioquia era também o prosélito Nicolau que pertencia ao círculo de Estêvão (At 6,5), e foi aparentemente em Antioquia que se começou a anunciar o evangelho também entre a população grega, de modo planejado e com grande sucesso[8]. Segundo a apresentação de Atos dos Apóstolos, Paulo e Barnabé não pertenciam desde o início à comunidade antioquenha, mas aderiram ao trabalho nela somente depois do início da missão livre da circuncisão (cf. At 11,22.25). Aparentemente, o primeiro contato de Paulo com os helenistas de Jerusalém deu-se somente em Antioquia[9]. A missão da comunidade antioquenha entre pessoas judias e principalmente entre pessoas da tradição greco-romana deve ter sido muito bem-sucedida, pois, segundo At 11,26, surgiu em Antioquia o termo Χριστιανοί ("cristãos") como designação, da parte de pessoas de fora, dos adeptos da nova doutrina. Portanto, no início dos anos 40, os cristãos foram percebidos pela primeira vez como um grupo separado de judeus e gentios. Na perspectiva gentia, eram agora considerados em medida

---

[7] Cf. JOSEFO, Bell 7,45: os judeus "motivavam constantemente um grande número de gregos a participar de suas liturgias e os tornavam, por assim dizer, uma parte dos seus", para Antioquia, cf. M. HENGEL, A. M. SCHWEMER, Paulus zwischen Damaskus und Antiochien (cf. acima), pp. 274-299.

[8] Um argumento em favor da historicidade dessa notícia é que ela difere do ponto de vista lucano; segundo este, a missão em Chipre fora aberta por Paulo e Barnabé (cf. At 13,4; 15,39). Não Pedro (cf. At 10,1-11.18), mas aqueles missionários cristãos desconhecidos inauguram a época decisiva na história do cristianismo primitivo; para a análise de At 11,19-30, cf. A. WEISER, Apg 1 (cf. abaixo, 8.4), pp. 273-280. No entanto, isto não pode significar que, antes de Antioquia, não houvesse nenhum anúncio a pessoas não judias de fala grega! A missão na Samaria, em Damasco, na Arábia e na Cilícia abrangia certamente também esse grupo; cf. M. HENGEL, A. M. SCHWEMER, Paulus zwischen Damaskus und Antiochien (cf. acima, 5), p. 300.

[9] Cf. J. WELLHAUSEN, *Kritische Analyse der Apostelgeschichte* (Berlim: 1914), p. 21.

crescente como um movimento não judaico e devem ter adquirido um perfil teológico reconhecível e uma estrutura organizatória própria[10].

A importância de Antioquia

Desde sempre, a posição destacada de Antioquia na história da teologia cristão-primitiva tem sido motivo para conclusões históricas e teológicas de amplo alcance. Para a escola histórico-religiosa, Antioquia formava não só o elo que faltava entre a comunidade primitiva e Paulo, mas essa cidade foi, ao mesmo tempo, o lugar do nascimento do cristianismo como uma religião sincretista. Aqui se deu o desenvolvimento tão marcante para o cristianismo primitivo, "pelo qual o messias futuro Jesus passou a ser o herói cúltico presente em sua comunidade como *Kyrios*"[11]. Também na pesquisa atual, Antioquia é tida como o chão gerador da teologia cristão-primitiva, especialmente da paulina. Segundo essa teoria, aqui, Paulo não só foi iniciado fundamentalmente na fé cristã, mas todas as visões centrais de sua teologia formaram-se já em Antioquia.

"Aquilo das tradições antigas que Paulo usa mais tarde provém essencialmente do saber da comunidade de Antioquia."[12] Essas conclusões históricas e religiosas de amplo alcance não têm base nos textos[13]:

1) Segundo At 11,26, Barnabé e Paulo trabalharam apenas um ano juntos em Antioquia[14], e Lucas os apresenta como mestres da comunidade antioquenha. Lucas minimiza a estada direta de Paulo em Antioquia, embora esta deve ser considerada normal, em comparação com as estadas fundacionais do apóstolo em

---

[10] Cf. A. von HARNACK, *Mission und Ausbreitung des Christentums in den ersten drei Jahrhunderten I*, 4ª ed. (Leipzig: 1923), pp. 425s.
[11] W. BOUSSET, Kyrios Christos (cf. acima), p. 90.
[12] J. BECKER, Paulus (cf. abaixo, 6), p. 109.
[13] Para a crítica ao "pan-antioquinismo", muito divulgado na literatura, cf. também M. HENGEL, A. M. SCHWEMER, *Paulus zwischen Damaskus und Antiochien* (cf. acima, 5), pp. 432-438.
[14] Cf. J. WEISS, *Das Urchristentum* (Göttingen: 1917), p. 149; G. LÜDEMANN, *Das frühe Christentum nach den Traditionen der Apostelgeschichte* (Göttingen: 1987), p. 144.

Corinto (At 18,4: meio ano) e Éfeso (At 19,10: mais que dois anos). É certo que Paulo volta no fim da primeira viagem missionária para Antioquia (cf. At 14,28), mas este é um procedimento normal em comparação com as estações em suas viagens missionárias posteriores.

2) Paulo menciona Antioquia somente em Gl 2,11, enquanto silencia factualmente o tempo entre a primeira e a segunda visita a Jerusalém e, com isto, também a época de seu vínculo com Antioquia.

Mesmo assim, a posição especial da comunidade antioquenha na história da teologia cristão-primitiva e também sua influência sobre Paulo estão fora de dúvida. Antioquia era um centro da missão cristão-primitiva e uma etapa importante para Paulo. *Aqui se deu a passagem para uma programática missão livre da circuncisão entre pessoas de religiosidade greco-romana.* Ao mesmo tempo, porém, é preciso alertar contra a atitude de localizar todas as tradições cristão-primitivas importantes em Antioquia e de fazer da comunidade dessa cidade "um 'piscinão' para nosso não-saber acerca de contextos cristão-primitivos"[15].

5.3. A posição de Paulo

Segunda suas autoafirmações, depois de sua vocação como apóstolo, Paulo não se aconselhou com outras pessoas nem subiu para Jerusalém até aqueles que eram apóstolos antes dele, "mas fui embora para a Arábia, e voltei novamente a Damasco" (Gl 1,17b)[16]. Não possuímos informações sobre a estada do apóstolo na Arábia, mas ele deve se referir à região desértica pedrosa ao sul de Damasco, que formava a parte setentrional do Reino dos Nabateus. Naquela época *Damasco* era zona de influência econômica nabateia (2Cor 11,32); foi para lá que

---

[15] A. WECHSLER, *Geschichtsbild und Apostelstreit*. BZNW 62 (Berlim: 1991), p. 266.
[16] Para os problemas da cronologia paulina, cf. U. SCHNELLE, Paulus (cf. abaixo, 6), pp. 29-40.

Paulo voltou e onde ele trabalhou pela primeira vez por um tempo maior em uma comunidade cristã. Apenas no terceiro ano após sua vocação como apóstolo (= 35 d.C.), Paulo visitou a *comunidade primitiva de Jerusalém* (Gl 1,18-21). Depois de sua breve estada em Jerusalém, Paulo foi em torno de 36/37 d. C. para as regiões da Síria e da Cilícia (Gl 1,21). Síria deve se referir à região em torno de Antioquia-nos-Orontes e Cilícia, à região em torno de Tarso. Paulo atuou provavelmente primeiro em Tarso e na região da Cilícia, mas o caráter dessa missão não pode ser elucidada nem pelas cartas paulinas nem pelos Atos dos Apóstolos. Essa atuação de aproximadamente seis anos[17] deve ter tido pouco sucesso, pois Paulo aderiu por volta de 42 d.C. à missão antioquenha, como "parceiro júnior" de Barnabé. A lenda pessoal de At 4,36s e o elenco de At 13,1 permitem perceber a posição destacada de Barnabé (também em relação a Paulo); em Gl 2,1.9, ele aparece como parceiro de diálogo com direitos iguais no Concílio dos Apóstolos. Paulo aceitou Barnabé irrestritamente (cf. 1Cor 9,6), mas se opôs a ele no incidente antioquenho (cf. Gl 2,11-14). As posições teológicas de Barnabé podem ser deduzidas apenas indiretamente; ele era certamente, ao lado de Paulo, um defensor destacado da missão livre da circuncisão a pessoas não judias[18].

---

[17] A duração dessa missão é de difícil avaliação; como argumentos em favor dos períodos mencionados podem ser aduzidos: 1) Lucas estabelece com At 12,1a ("Por volta daquele tempo") uma relação temporal entre o início da atuação de Barnabé e Paulo em Antioquia e a perseguição da comunidade primitiva por Agripa I (cf. At 12,1b-17). Essa perseguição ocorreu provavelmente no ano 42 d.C. (cf. R. RIESNER, Frühzeit des Apostels Paulus [cf. acima, 5] pp. 105-110). 2) A época de fome mencionada em At 11,28 e o apoio que os antioquenhos dedicaram a Jerusalém (At 11,29) deram-se no período entre 42 e 44 d.C. (cf. R. RIESNER, op. cit., pp. 111-121). Um pouco diferente M. HENGEL, A. M. SCHWEMER, Paulus zwischen Damaskus und Antiochien (cf. acima, 5), pp. 267-275, que contam com uma estada de três a quatro anos do apóstolo na Cilícia (entre 36/37 e 39/40 d.C.), antes que Paulo, depois de uma atuação missionária autônoma e bem-sucedida, aderisse à missão antioquenha (c. 39/40-48/49 d.C.).

[18] Para Barnabé, cf. especialmente B. KOLLMANN, *Joseph Barnabas*. SBS 175 (Stuttgart: 1998); M. HENGEL, A. M. SCHWEMER, Paulus zwischen Damaskus und Antiochien (cf. acima, 5), pp. 324-334; M. OHLER, *Barnabas* (Leipzig: 2006).

Depois do fim de sua missão na Síria e em partes da Ásia Menor, Barnabé e Paulo voltaram para Antioquia, para serem enviados a seguir a Jerusalém, para o Concílio dos Apóstolos (cf. At 15,1s). Uma descrição um pouco diferente da motivação da viagem a Jerusalém é oferecida por Paulo em Gl 2,2a: "Eu, porém, subi em virtude de uma revelação [...]". Portanto, Paulo já não enquadra sua presença no Concílio dos Apóstolos em sua atividade missionária antioquenha. Pode-se supor que a vinculação de Barnabé e Paulo à comunidade antioquenha antes do Concílio dos Apóstolos tenha nascido da visão lucana da história. Por outro lado, também Paulo usa formulações tendenciosas, porque deseja enfatizar sua independência de Jerusalém e de outras comunidades. Além disso, ele mesmo dá a perceber a ocasião concreta para sua participação no Concílio dos Apóstolos: μή πως εἰς κενὸν τρέχω ἢ ἔδραμον (Gl 2,2c: "a fim de não correr, nem ter corrido em vão"). Judeu-cristãos observantes da Torá tinham invadido as comunidades fundadas pelo apóstolo, observaram a liberdade (da Torá) ali vivida e estão agora presentes no Concílio dos Apóstolos para exigir a circuncisão dos cristãos de religiosidade greco-romana (Gl 2,4s). Paulo aparentemente temia que sua missão, até então livre da circuncisão (e, dessa maneira, na perspectiva judaica e judeu-cristão radical, factualmente isenta da Torá)[19], pudesse ser aniquilada pela agitação desses adversários e por um voto dos hierosolimitanos por eles influenciados. Nesse caso, não teria cumprido sua missão apostólica de fundar comunidades (cf. 1Ts 2,19; 1Cor 9,15-18.23; 2Cor 1,14). E mais ainda: o apóstolo viu sua glória no Dia de Cristo, sua salvação escatológica, ameaçada se fracassasse no cumprimento de sua tarefa mais própria (cf. Fl 2,16).

> O Concílio dos Apóstolos é de certa maneira também uma consequência de importantes *mudanças na história da comunidade primitiva*. No âmbito da perseguição por Agripa I, não só foi morto no ano 42 d. C. o zebedaída Tiago

---

[19] Paulo nunca realizou uma missão entre gentios totalmente "livre da lei", porque conteúdos éticos centrais da Torá (por exemplo, o Decálogo) valiam naturalmente também para cristãos provenientes da religiosidade greco-romana (cf. abaixo, 6.5.3).

(At 12,2), mas Pedro deixou Jerusalém (At 12,17), portanto, a liderança da comunidade primitiva. O irmão do Senhor, Tiago, (cf. Mc 6,3) assumiu seu lugar, como mostram a comparação de Gl 1,18s com 2,9; 1Cor 15,5 com 15,7, mas também as últimas palavras de Pedro em At 12,17b ("Anunciai isto a Tiago e aos irmãos") e At 15,13; 21,18[20]. Enquanto Pedro tinha provavelmente uma postura liberal na questão da acolhida de pessoas não circuncidadas no novo movimento (cf. At 10,34-48; Gl 2,11.12) e mais tarde se abriu pessoalmente para a missão entre pessoas de religiosidade greco-romana (cf. 1Cor 1,12; 9,5), devemos considerar Tiago e seu grupo (cf. Gl 2,12a) representantes de um judeu-cristianismo severo ou radical que se entendia conscientemente como parte do judaísmo e que vinculava a integração ao novo movimento a uma observância da Torá[21]. Tiago rejeitou a comunhão de mesa entre judeu-cristãos e cristãos de tradição greco-romana (Gl 2,12a) e era aparentemente muito estimado pelos fariseus. Josefo relata que, após o martírio de Tiago no ano 62 d. C., os fariseus exigiram intransigentemente a deposição do sumo sacerdote responsável, Anano[22]. Devemos considerar muito provável que, devido à atitude teológica de Tiago, os defensores da circuncisão para cristãos provenientes da tradição greco-romana podiam se sentir pelo menos fortalecidos em suas exigências.

Os problemas materiais discutidos no Concílio dos Apóstolos no ano 48 d.C. preocupavam Paulo em medida crescente em sua atividade missionária autônoma e refletem-se também nas cartas escritas entre 50-56 d.C.: quais os critérios que precisam ser cumpridos para pertencer à comunidade eleita de Deus e para preservar, ao mesmo tempo, a continuidade do Povo de Deus da primeira aliança? Deve a circuncisão como sinal da aliança (cf. Gn 17,11), portanto, também da pertença ao Povo eleito de Deus[23], ser fundamentalmente obrigatória para cristãos de tradição greco-romana? Precisa o gentio tornar-se primeiro judeu para poder ser cristão? Se, na perspectiva judaica, uma pessoa se tornava exclusivamente através da circuncisão e da imersão

---

[20] Cf. a respeito G. LÜDEMANN, *Paulus, der Heidenapostel* II (cf. abaixo, 6), pp. 73-84.
[21] Cf. a respeito também W. KRAUS, *Zwischen Jerusalem und Antiochia* (cf. abaixo, 5), pp. 134-139.
[22] Cf. JOSEFO, Ant 20,199-203.
[23] Cf. a respeito O. BETZ, Verbete "Beschneidung II", in *TRE* 5 (Berlim: 1980), pp. 716-722.

ritual prosélita e, dessa maneira, membro do Povo eleito de Deus, então havia, desde a perspectiva judeu-cristã, uma lógica na conclusão de que exclusivamente o batismo no nome de Jesus Cristo e a circuncisão transmitissem o novo *status* da salvação[24]. Dessa maneira, os problemas tratados no Concílio dos Apóstolos (e no conflito antioquenho) situam-se numa época na qual a definição daquilo que identificava o cristianismo em nível ritual e social ainda não estava concluída, portanto, também ainda não fixada. Tanto os marcadores da identidade cristã (*"identity markers"*) como a decorrente conduta de vida (*"life-style"*) ainda não estavam verdadeiramente esclarecidas. Será que as comunidades cristãs de tradição greco-romana podiam ser reconhecidas da mesma maneira como comunidades judeu-cristãs que viviam em grande parte ainda no âmbito da confederação das sinagogas? Será que a unidade de comunidade nacional e religiosa, constitutiva para a autocompreensão judaica, precisava ser abolida? O que é que operava santificação e pureza? Por meio de que as pessoas que criam em Jesus recebiam a participação no Povo de Deus, como é que se tornavam portadoras das promessas da aliança de Deus com Israel? Em que medida deviam os marcadores da identidade judaica, como circuncisão, comensalidade somente entre membros do próprio povo e sábado, valer também para as incipientes comunidades provenientes da religiosidade greco-romana? Será que a mudança fundamental de *status*, já ocorrida devido à fé em Cristo, incluía outras mudanças de *status* mais amplas? Será que era possível encontrar, da mesma maneira, regulamentos para as pessoas crentes provenientes do judaísmo e para as pessoas provenientes da tradição greco-romana, ou será que era preciso enveredar por caminhos diferentes? Será que o batismo *e* a circuncisão eram ritos de iniciação obrigatórios para todas as pessoas que creem em Cristo, ou será que já/apenas o batismo possibilitava a integração plena no Povo de Deus?

---

[24] Provavelmente nunca houve uma conversão plenamente válida para o judaísmo sem circuncisão; cf. a análise dos textos em W. KRAUS, *Das Volk Gottes* (cf. abaixo, 6.7), pp. 96-107.

O Concílio dos Apóstolos não deu respostas universalmente aceitas a essas perguntas[25], de modo que outros conflitos foram inevitáveis. A teologia paulina está inserida nesse processo conflituoso da autodefinição do cristianismo primitivo e deve ser explicada essencialmente a partir dele, mas, ao mesmo tempo, ela representa a solução decisiva dos problemas.

---

[25] Cf. U. SCHNELLE, *Paulus* (cf. abaixo, 6), pp. 117-135.

Capítulo 6
PAULO: MISSIONÁRIO E PENSADOR

BAUR, F. CHR. Paulus, der Apostel Jesu Christi I.II, 2ª ed. Leipzig, 1866/1867; WREDE, W. Paulus. In *Das Paulusbild in der neueren deutschen Forschung*, 2ª ed., editado por K. H. RENGSTORF, pp. 1-97. Darmstadt, 1969 (= 1904); SCHWEITZER, A. *Die Mystik des Apostels Paulus*, 2ª ed. Tübingen, 1954 (= 1906/1930); DEISSMANN, A. *Paulus*, 2ª ed. Tübingen, 1925; BULTMANN, R. *Theologie des Neuen Testaments*, pp. 187-353; em Port. Teologia do Novo Testamento, Ed. Academia Cristã, São Paulo, 2008; BORNKAMM, G. *Paulus*, 5ª ed. Stuttgart, 1983; SCHOEPS, H. J. *Paulus. Die Theologie des Apostels im Lichte der jüdischen Religionsgeschichte*. Tübingen, 1959; KÄSEMANN, E. *Paulinische Perspektiven*, 2ª ed. Tübingen, 1972; IDEM. *An die Römer*, 4ª ed. HNT 8a. Tübingen, 1980; CONZELMANN, H. *Grundriss der Theologie des Neuen Testaments*, pp. 163-326; LUZ, U. *Das Geschichtsverständnis des Paulus*. BEvTh 49. Munique, 1968; SCHLIER, H. *Grundzüge einer paulinischen Theologie*. Freiburg, 1978; SANDERS, E. P. *Paulus und das palästinische Judentum*. StUNT 17. Göttingen, 1985 (= 1977); BEKER, J. C. *Paul the Apostle. The Triumph of God in Life and Thought*, 2ª ed. Philadelphia, 1984; LÜDEMANN, G. *Paulus, der Heidenapostel I.II*. FRLANT 123.130. Göttingen, 1980.1983; SCHNELLE, U. *Wandlungen im paulinischen Denken*. SBS 137. Stuttgart, 1989 (*Apóstolo Paulo, Vida, Obra e Teologia*. Ed. Academia Cristã. São Paulo, 2008); BECKER, J. *Paulus. Der Apostel der Völker*. Tübingen, 1989; KERTELGE, K. *Grundthemen paulinischer Theologie*. Freiburg, 1991; STUHLMACHER, P. *Biblische Theologie des Neuen Testaments I*, pp. 221-392; HÜBNER. H. *Biblische Theologie des Neuen Testaments II: Die Theologie des Paulus*. Göttingen, 1993; SANDERS, E. P. Paulus. *Eine Einführung*. Stuttgart, 1995; LOHSE, E. *Paulus*. Munique, 1996; GNILKA, J. *Paulus von Tarsus*. HThK.S 6. Freiburg, 1996; STRECKER, G. *Theologie des Neuen Testaments*, pp. 11-229; SÖDING, TH. *Das Wort vom Kreuz. Studien zur paulinischen Theologie*. WUNT 93. Tübingen, 1997; DUNN, J. D. G. *The Theology of Paul the Apostle*. Grand Rapids/Cambridge, 1998 (*A Teologia do Apóstolo Paulo*. Paulus. São Paulo, 2008); MERKLEIN, H. Verbete "Paulus". In *LThK* 7, pp. 1498-1505. Freiburg, 1998; LINDEMANN, A. *Paulus, Apostel und Lehrer der Kirche*. Tübingen, 1999; H. RÄISÄNEN. Verbete "Paul". In *Dictionary of Biblical Interpretation II*, editado por H. HAYES, pp. 247-253. Nashville, 1999; STRECKER, CHR. *Die liminale Theologie des Paulus*. FRLANT 185. Göttingen, 1999; HAHN, F. Theologie des Neuen Testaments I, pp. 180-329; VOLLENWEIDER, S. Verbete "Paulus". In *RGG⁴* 6, pp. 1035-1054. Tübingen, 2003; SCHNELLE, U. *Paulus. Leben und Denken*. Berlim, 2003 (*Paulo Vida e Pensamento*. Ed. Academia Cristã/Paulus. São Paulo, 2010); DETTWILER, A.; KAESTU, J.-D.; MARGUERAT, D. (org.). *Paul, une théologie en construction*. Genebra, 2004; REINMUTH, E. *Paulus. Gott neu denken*. Leipzig, 2004; WRIGHT, N. T. *Paul*. Minneapolis, 2005; WISCHMEYER, O. (org.). *Paulus*. Tübingen, 2006.

Paulo foi sem dúvida o missionário e pensador teológico proeminente do cristianismo primitivo. Quem se aproxima dessa personalidade e coloca diante seus olhos a história de sua atuação precisa se lembrar de sua situação histórica particular e dos desafios teológicos a ela vinculados (cf. acima, 5.3). Embora a missão livre da circuncisão já tivesse começado antes de Paulo, foi ele que se tornou, graças a seus sucessos, o prático e depois inevitavelmente o teórico desse desenvolvimento. O grande sucesso de sua missão isenta da circuncisão colocou Paulo diante de enormes problemas, porque ele *foi o primeiro* que precisava tomar conhecimento das aporias inevitáveis com as quais o cristianismo em formação se viu confrontado em medida crescente. Ele precisou levar a uma harmonia interior o que não podia ser harmonizado: a primeira aliança de Deus continua válida, mas *somente* a nova aliança salva. O povo eleito de Deus, Israel, precisa se converter a Cristo para se tornar junto com os crentes das nações o verdadeiro Povo de Deus. Como *homo religiosus*, Paulo era também um pensador importante; aplica-se a sua pessoa o que se aplica também a outras: todos os grandes pensadores no ambiente contemporâneo do Novo Testamento eram teólogos e vice-versa (por exemplo, Cícero, Fílon, Sêneca, Epíteto, Plutarco, Dio Crisóstomo). Isto não é uma surpresa, pois cada sistema importante da filosofia greco-romana tinha seu ápice numa teologia[1]. Como a filosofia e a teologia formavam na Antiguidade uma unidade, temas filosóficos e teológicos condicionavam-se

---

[1] Uma visão geral é oferecida por W. WEISCHEDEL, *Der Gott der Philosophen* I, 2ª ed. Munique: 1985, pp. 39-69.

mutuamente e não eram absolutamente percebidos como opostos no sentido moderno. Embora Paulo, sem dúvida, também segundo categorias da Antiguidade não fosse um filósofo, sua teologia apresenta uma *força intelectual*[2]. Ela se manifesta principalmente no processamento de experiências e convicções religiosas que precisavam ganhar uma qualidade sistêmica antes que pudessem desenvolver uma história da recepção tão impressionante como os pensamentos de Paulo. Para substituir sistemas interpretativos estabelecidos, novos modelos de pensamento e convicções precisam prevalecer e se comprovar no contexto dos sistemas concorrentes e dos discursos cultural-religiosos predominantes, bem como dispor de conectividade, plausibilidade e momentos surpreendentes. Tudo isso se aplica a Paulo, e, por isso, sua teologia deve ser apreciada também como um significativo ato intelectual.[3] O êxito sustentável do cristianismo e, em especial, da teologia paulina tem fundamentalmente a ver com o fato de que ambos eram emocional e intelectualmente atrativos e que deram respostas plausíveis a prementes questões das pessoas.

A presença da salvação como o centro da teologia paulina

Diante dos grandes desafios intelectuais e da turbulenta história do cristianismo primitivo, Paulo podia sobreviver somente porque fez de uma *intelecção teológica indiscutível* o ponto de partida, a base e o centro de seu pensamento e sua atuação: *a presença escatológica da*

---

[2] Para a formação escolar de Paulo, cf. T. VEGGE, *Paulus und das antike Schulwesen. Schule und Bildung des Paulus*. BZNW 134 (Berlim: 2006), p. 494: "Com respeito à origem e formação considerou-se nesta pesquisa provável que Paulo, como filho de um cidadão romano, tenha recebido em sua cidade natal uma educação literária em sua forma greco-helenista geral, que tenha passado junto a um professor de retórica pelos *progymnasmata* e que tenha se familiarizado com o ensinamento filosófico e o etos filosófico".
[3] É mais do que uma coincidência que muitos filósofos redescobriram Paulo nos tempos mais recentes; cf. J. TAUBES, *Die Politische Theologie des Paulus*, 3ª ed. (Munique: 2003); A. BADIOU, *Paulus. Die Begründung des Universalismus* (Munique: 2002); G. AGAMBEN, *Die Zeit, die bleibt. Ein Kommentar zum Römerbrief* (Frankfurt: 2006).

salvação de Deus em Jesus Cristo. O fariseu zeloso foi impactado pela experiência e intelecção de que Deus estabelecera sua vontade salvífica definitiva para todo o mundo naquele Jesus Cristo que foi crucificado, ressuscitado e que em breve voltaria do céu.

O próprio Deus inaugurou a virada dos tempos; ele estabeleceu uma nova realidade, na qual o mundo e a situação do ser humano no mundo aparecem sob uma luz diferente. Um evento totalmente inesperado e singular mudou o pensamento e a vida de Paulo fundamentalmente. Ele foi colocado diante da tarefa de interpretar de uma maneira qualitativamente nova, a partir do evento Cristo, a história do mundo e a história da salvação, seu próprio papel nelas e a atuação passada, presente e futura de Deus. Por isso, a teologia paulina é tanto uma captação do novo como uma interpretação do passado. Paulo esboçou um cenário escatológico, cuja base era a vontade salvífica de Deus, cujos pontos de referência eram a ressurreição e a parusia de Jesus Cristo, cuja força determinante era o Espírito Santo, cuja meta presente era a participação dos crentes na nova existência e cujo ponto final era a transformação em uma existência pneumática junto a Deus. Desde a ressurreição de Jesus Cristo, o espírito de Deus voltou a operar, os cristãos batizados já estão apartados do pecado e vivem numa relação qualitativamente nova com Deus e com o Kyrios Jesus Cristo. A eleição dos cristãos, visível no batismo e no dom do espírito, e sua vocação a participantes do evangelho são válidas até o *escaton*; a experiência da salvação presente e a esperança pela salvação futura entrelaçam-se[4]. Não só uma nova compreensão da existência, mas a própria nova existência já começou num sentido abrangente! Portanto, as pessoas que creem participam de um processo universal de transformação que começou com a ressurreição de Jesus Cristo dentre os mortos, que continua na atuação poderosa e salvífica do espírito e que terá seu fim na transformação de toda a criação, desembocando

---

[4] Cf. D. G. POWERS, Salvation through Participation (cf. abaixo, 6.4), p. 234: "*Paul even describes the believers' eschatological resurrection as a participation in Jesus' resurrection*" (Paulo descreve até mesmo a ressurreição escatológica dos fiéis como uma participação da ressurreição de Jesus).

na glória de Deus[5]. A teologia paulina em sua totalidade está marcada pelo pensamento da presença da salvação.

6.1 Teologia

THÜSING, W. *Gott und Christus in der paulinischen Soteriologie*. NTA I, 3ª ed. Münster, 1986; DEMKE, CHR. "'Ein Gott und viele Herren'. Die Verkündigung des einen Gottes in den Briefen des Paulus". In *EvTh* 36 (1976): 473-484; E. GRÄSSER, "'Ein einziger ist Gott' (Röm 3,30). Zum christologischen Gottesverständnis bei Paulus". In *Der Alte Bund im Neuen*. WUNT 35. Editado por IDEM, pp. 231-258. Tübingen, 1985; HOLTZ, T. "Theologie und Christologie bei Paulus". In *Geschichte und Theologie des Urchristentums*. WUNT 57, pp. 189-204. Tübingen: 1991; KLUMBIES, P.-G. *Die Rede von Gott bei Paulus in ihrem zeitgeschichtlichen Kontext*. FRLANT 155. Göttingen, 1992; RESE, M. "Der eine und einzige Gott Israels bei Paulus". *In Und dennoch ist von Gott zu reden*. FS H. Vorgrimler, editado por M. LUTZ-BACHMANN, pp. 85-106. Freiburg, 1994; SCHRAGE, W. Unterwegs zur Einheit und Einzigkeit Gottes (cf. acima, 4); SCHNELLE, U. Paulus (cf. acima, 6), pp. 441-461; BREYTENBACH, C. "Der einzige Gott – Vater der Barmherzigkeit". In *BThZ* 22 (2005): 37-54; FELDMEIER, R. "'Der das Nichtseiende ruft, daβ es sei'. Gott bei Paulus". In *Götterbilder – Gottesbilder – Weltbilder II*, editado por R. G. KRATZ, H. SPIECKERMANN, pp. 135-152. Tübingen, 2006.

O monoteísmo judaico é a base do pensamento paulino, pois há somente o Deus de Israel que é uno, verdadeiro, existente e atuante[6]. Dessa maneira, Paulo em sua *teo*logia está em continuidade com sentenças fundamentais judaicas: Deus é um, ele é o criador, o Senhor e o plenificador do mundo. Ao mesmo tempo, a *cristo*logia modifica a teologia fundamentalmente; Paulo anuncia um monoteísmo cristológico.

---

[5] Cf. A. SCHWEITZER, *Mystik*, p. 118: "O particular da mística paulina consiste justamente no fato de que a existência em Cristo não é uma vivência subjetiva, provocada pela pessoa individual por meio de um esforço especial na fé, mas algo que ocorre nela, assim como na outra pessoa, no batismo".

[6] Já a situação linguística sinaliza a importância do tema, porque, nas cartas protopaulinas, ὁ θεός ocorre 430 vezes; 1Ts: 36 vezes; 1Cor: 106 vezes; 2Cor: 79 vezes; Gl: 31 vezes; Rm: 153 vezes; Fl: 23 vezes; Fm: 2 vezes.

6.1.1 *O Deus criador uno e verdadeiro*

Fazem parte das convicções fundamentais da fé judaica a unidade e unicidade de Deus[7]; há um só Deus, fora do qual não há deus (Dt 6,4b: "Ouve, ó Israel: o Senhor nosso Deus é um só!"; além disso, cf. Is 44,6; Jr 10,10; 2Rs 5,15; 19,19 etc.). Em Arist 132 inicia-se uma instrução sobre a natureza de Deus com a constatação de "que há um só Deus e que sua força se manifesta através de todas as coisas, já que todo lugar está repleto de seu poder". Em contraste agudo com o antigo culto a muitos ídolos, Fílon enfatiza: "Então, vamos fortalecer em nós o primeiro mandamento, o mais sagrado; considerar e cultuar Um como o Deus supremo; a doutrina dos muitos ídolos não deve nem sequer tocar o ouvido do homem que procura a verdade em pureza e sem falsidade"[8]. Para Paulo, a unicidade de Deus é o fundamento prático e teórico de seu pensamento. Embora existam numerosos assim chamados deuses no céu e na terra (cf. 1Cor 8,5; 10,20), aplica-se também: "Portanto, para nós, porém, existe um só Deus, o Pai" (1Cor 8,6a). Os cristãos em Tessalônica converteram-se dos ídolos para o Deus uno e verdadeiro (1Ts 1,9s), e Paulo escreve programaticamente à comunidade romana: "Se, portanto, Deus for um só, que justificará os circuncisos pela fé e também os incircuncisos através da fé" (Rm 3,30). A base da diferenciação entre Deus, a lei, Moisés e os Anjos em Gl 3,19s é a sentença de fé: "Deus, porém, é um só" (Gl 3,20: ὁ δὲ θεὸς εἷς ἐστιν). A intelecção da unicidade de Deus tem para Paulo também dimensões éticas, pois a afirmativa básica na disputa sobre a carne oferecida aos ídolos reza: "Sabemos que não há um ídolo no mundo e que não há Deus a não ser um só" (1Cor 8,4).

---

[7] Para a formação do monoteísmo na história da religião israelita, cf. M. ALBANI, Der eine Gott und die himmlischen Heerscharen (cf. acima, 3.3.1); W. SCHRAGE, Unterwegs zur Einheit und Einzigkeit Gottes (cf. acima, 4), pp. 4-35. O monoteísmo marca também essencialmente a percepção do judaísmo do lado de fora; Tácito enfatiza: "entre os judeus há somente um conhecimento no espírito, a fé num único Deus" (Hist V 5,4).

[8] FÍLON, Decal 65; além disso, JOSEFO, Ant 3,91. O culto aos muitos deuses da Antiguidade com as inúmeras imagens era, naturalmente, também objeto de zombaria dos filósofos pagãos; cf. CÍCERO, Nat Deor I 81-84.

A divindade de Deus manifesta-se primeiro em sua *atuação de criador*. Para Paulo, o mundo inteiro é a criação de Deus (1Cor 8,6; 10,26)[9]; o Deus da criação do Gênesis não é nenhum outro além daquele que atua em Jesus Cristo e nos crentes (2Cor 4,6). Deus chama para a existência aquilo que não é[10], somente ele torna os mortos vivos (Rm 4,17) e é o "pai" do mundo (1Cor 8,6; Fl 2,11). Somente dele pode se dizer: "Porque todas as coisas são dele e por ele e para ele" (Rm 11,36a). Antes do mundo e da história é Deus "que está acima de tudo" (Rm 9,5) e de quem é dito que, no fim, será "tudo em todos" (1Cor 15,28). Tudo é e continua sendo a criação de Deus, mesmo quando os seres humanos fogem de sua destinação, ao venerar ídolos[11]. Em sua criação, Deus pode ser ouvido (Rm 1,20.25), mas, embora os seres humanos soubessem de Deus, "não o glorificaram como Deus nem lhe agradeceram; mas sucumbiram em seus pensamentos ao vazio, e seu coração insensato escureceu" (Rm 1,21). Sempre de novo, os seres humanos são atraídos pelos poderes que, por natureza, não são deuses (Gl 4,8). Apesar desse impulso do ser humano, de criar para si deuses ou de colocar-se no lugar de Deus, o mundo e o ser humano permanecem criação de Deus. Como criador, Deus ordena a vida humana ao conferir-lhe uma estrutura política (Rm 13,1-7) e social (1Cor 7). Os crentes são convocados a reconhecer a vontade de Deus e a obedecer a ela (1Ts 4,3; Rm 12,1). Como Senhor da história, ele conduz os destinos e determina o tempo da salvação (Gl 4,4); como juiz, ele tem a última palavra sobre o destino humano (Rm 2,5ss; 3,5.19).

As pessoas que creem não precisam temer o juízo escatológico, pois o apóstolo tem certeza "de que nem a morte nem a vida, nem os anjos nem os principados, nem coisas presentes nem futuras, nem os poderes, nem a altura, nem a profundeza, nem qualquer criatura

---

[9] Para criação e cosmos em Paulo, cf. G. BAUMBACH, "Die Schöpfung in der Theologie des Paulus", in *Kairos* 21 (1979): 196-205; H. SCHLIER, Grundzüge (cf. acima, 6), pp. 55-63; J. BAUMGARTEN, *Paulus und die Apokalyptik* (cf. abaixo, 6.8), pp. 159-179; J. D. G. DUNN, The Theology of Paul (cf. acima, 6), pp. 38-43.

[10] Naturalmente, também na tradição greco-romana encontra-se a ideia de que Deus é o pai e criador do mundo/do universo; cf. PLATÃO, Tim 28c; CÍCERO, Nat Deor I 30.

[11] Cf. J. BECKER, Paulus (cf. acima, 6), pp. 404s.

poderão nos separar do amor de Deus que está em Jesus Cristo, nosso Senhor" (Rm 8,38s). A criação e a humanidáde não só têm a mesma origem, mas seu destino estará entrelaçado também no futuro. A protologia e a escatologia, a história universal e a história particular estão em Paulo em correspondência, porque Deus é o início e a meta de tudo que existe (cf. Rm 8,18ss). De Deus vem tudo; nele, tudo é preservado, e tudo corre em direção a ele. O Deus criador comprovou sua força de vida na ressurreição de Jesus, e também a concederá aos crentes: "Mas se o espírito daquele que ressuscitou Jesus dentre os mortos habita em vós, então aquele que ressuscitou Cristo Jesus dentre os mortos vivificará também vossos corpos mortais mediante seu espírito que habita em vós" (Rm 8,11).

6.1.2 *O Pai de Jesus Cristo*

Em Paulo, a cristologia não substitui a teologia, mas a pergunta sobre quem e o que é Jesus Cristo é respondida a partir da atuação de Deus[12]. A atuação de Deus em e por Jesus Cristo é a base da cristologia, mas, simultaneamente, também o centro da doutrina sobre Deus, pois Deus deve ser pensado assim como ele se manifestou em Jesus Cristo. Deus enviou Jesus Cristo (Gl 4,4s; Rm 8,3s), ele o entregou e ressuscitou (Rm 4,25; 8,32). Em Cristo, Deus reconciliou consigo o mundo (2Cor 5,18s) e justificou os crentes (Rm 5,1-11)[13]. A comunidade é chamada a orientar sua vida para Deus por Cristo (Rm 6,11). Jesus Cristo comprovou-se obediente a Deus (Fl 2,8; Rm 5,19). A *característica por excelência* do Deus pregado por Paulo é que ele ressuscitou a Jesus Cristo dentre os mortos (cf. 1Ts 1,10; 4,14; 1Cor 15,12-19). Deus é a origem de toda χάρις ("graça"; Rm 1,7; 3,24; 1Cor 15,10) e a meta da salvação (1Cor 15,20-29). Por trás do evento Cristo está única e poderosamente a vontade salvífica de Deus. Ao mesmo tempo, porém, a atuação de Deus

---

[12] Cf. W. SCHRAGE, Unterwegs zur Einzigkeit und Einheit Gottes (cf. acima, 4), p. 200: "Jesus Cristo pode ser entendido somente a partir de Deus e em direção a Deus".
[13] Para διὰ Χριστοῦ em Paulo, cf. W. THÜSING, Gott und Christus (cf. acima, 6.1), pp. 164-237.

é a expressão da singular dignidade e posição de Jesus Cristo. Paulo não refletiu sobre a relação de Deus com Jesus Cristo nas categorias terminológico-ontológicas do posterior desenvolvimento da doutrina; não obstante, duas linhas são absolutamente óbvias. Por um lado manifesta-se claramente um traço *subordinacionista* na cristologia paulina. Por exemplo, em 1Cor 11,3, Paulo pressupõe degraus hierárquicos[14]:
"A cabeça do homem é Cristo; a cabeça da mulher, porém, é o homem; a cabeça de Cristo, porém, é Deus". Uma subordinação de Cristo manifesta-se também em 1Cor 3,23 ("Vós pertenceis a Cristo, mas Cristo pertence a Deus")[15] e em 1Cor 15,28 ("E quando tudo lhe tiver sido submetido, então também o Filho se submeterá àquele que tudo lhe submeteu, para que Deus seja tudo em todos"). Especialmente 1Cor 15,23-28 se refere a uma limitação temporal do domínio de Jesus Cristo e sinaliza com isto claramente a subordinação do Filho ao Pai. Em Fl 2,8s, a obediência de Cristo diante de Deus é o pressuposto de sua exaltação como *Kyrios*. Ao mesmo tempo, porém, as formulações de Paulo também estão abertas para uma incipiente *igualação* de Deus e Cristo. O apóstolo dirige suas orações tanto a Deus (cf., por exemplo, 1Ts 1,2s; Rm 8,15s; 15,30ss) como a Jesus Cristo (2Cor 12,8). Fl 2,6 chama o Jesus Cristo preexistente ἴσα θεῷ ("igual a Deus"), e em Rm 9,5, Paulo iguala o Χριστὸς κατὰ σάρκα proveniente de Israel a Deus ("Dos pais, dos quais descende Cristo segundo a carne, que é Deus acima de tudo, bendito seja ele por toda eternidade!")[16].

A intermediação

Para Paulo, subordinar Jesus Cristo a Deus, atribuir-lhe uma posição ao lado de Deus e também uma posição em direção a Deus não

---

[14] Para a análise, cf. W. THÜSING, op. cit., pp. 20-29.
[15] Cf. op. cit., pp. 10-20.
[16] Aqui se trata da interpretação mais provável em termos gramaticais e mais difícil em termos de conteúdo; cf. H.-CHR. KAMMLER, "Die Prädikation Jesu Christi als 'Gott' und die paulinische Christologie", in *ZNW* 94 (2003): 164-180; para os prós e contras, cf. U. WILCKENS, *Der Brief an die Römer* II, EKK VI/2, (Neukirchen: 1980), p. 189.

parece ser uma contradição: as linhas encontram-se na categoria da intermediação, pois Jesus Cristo é o *mediador da criação e da salvação*. A tradição pré-paulina de 1Cor 8,6[17] desenvolve esse pensamento ao combinar ousadamente a história de Deus com a história de Jesus Cristo: "Para nós, contudo, existe um (só) Deus, o Pai, de quem tudo procede, e nós para ele; e um (só) Senhor Jesus Cristo, por quem tudo é, e nós por ele". O texto determina a relação entre a teologia e a cristologia no horizonte do monoteísmo, sendo que a predicação de εἷς é reconhecida não só ao Pai, mas também ao *Kyrios* Jesus Cristo. Dessa maneira, o Deus uno não é dividido em dois deuses, mas a unicidade de Deus se manifesta exclusivamente pela obra salvífica singular de Jesus Cristo[18]. Segundo sua origem e sua natureza, Cristo permanece inteiramente ao lado de Deus, não há uma concorrência entre o único Deus e o único Senhor. Mesmo assim, o único *Kyrios* é subordinado ao único Deus, porque unicamente o Deus criador é o Pai do *Kyrios* Jesus Cristo. O mundo deve sua existência unicamente ao Deus uno, somente ele é a origem de tudo que é. O *Kyrios* é o mediador preexistente da criação, o Deus uno fez "tudo" chegar a ser através do Senhor uno. De acordo com a vontade de Deus, a criação inteira está indissoluvelmente vinculada a Jesus: "Por isso, Deus também o exaltou sobre tudo e lhe deu o nome sobre todos os nomes, para que, diante do nome de Jesus, todo joelho se dobre, dos (poderes) celestes, dos terrestres e inframundanos, e toda língua confesse: Senhor é Jesus Cristo, para a glória de Deus, o Pai" (Fl 2,9-11). Corresponde à

---

[17] Para a interpretação, cf. ao lado dos comentários W. THÜSING, Gott und Christus (cf. acima, 6.1), pp. 225-232; O. HOFIUS, "Christus als Schöpfungsmittler und Erlösungsmittler. Das Bekenntnis 1Kor 8,6 im Kontext der paulinischen Theologie", in U. SCHNELLE, TH. SÖDING (org.), *Paulinische Christologie*. FS H. Hübner (Göttingen: 2000), pp. 47-58.

[18] Cf. W. THÜSING, Die neutestamentlichen Theologien und Jesus Christus III, pp. 374: "A singularidade do *Kyrios* é especificamente diferente da unicidade de Deus – mas, ainda assim, a unicidade de Deus é constituída (portanto, teo-logicamente, por meio da acolhida do crucificado no meio do mistério de Deus). Através da singularidade do *Kyrios* Jesus Cristo, seu Filho, Deus deseja realizar sua própria singularidade como aquele que atua na criação e na Nova Criação."

vontade salvífica de Deus para sua criação que poderes, potentados e seres humanos reconheçam no mediador da criação, Jesus Cristo, também o mediador da salvação. Ele está no princípio da criação e é, como Ressuscitado, o protótipo da nova criação. Como "imagem de Deus" (2Cor 4,4: εἰκὼν τοῦ θεοῦ), Jesus Cristo tem parte da natureza de Deus; no Filho revela-se a verdadeira natureza do Pai. Cristo integra os crentes num processo histórico, em cujo ponto final está a própria transformação deles, porque devem ser "moldados conforme à imagem do seu Filho, a fim de ser ele o primogênito entre muitos irmãos" (Rm 8,29). As afirmativas sobre a mediação de Jesus Cristo acerca da criação devem-se à experiência de sua mediação da salvação; isto é, a protologia visa desde o início a soteriologia. A salvação não é um evento aleatório, mas já está estabelecida na origem da criação[19]. A maneira mais adequada de definir, no pensamento paulino, a relação de Jesus Cristo com Deus é *"ordenamento em direção a"*[20]. Jesus Cristo é ao mesmo tempo subordinado ao Pai e abrangentemente integrado em sua natureza e sua posição. Essa dinâmica não deve ser deslocada em uma direção ou outra, nem para a suposta preservação de um monoteísmo "puro" nem para a justificativa neotestamentária de categorias ontológicas da formação de doutrinas na Igreja antiga. Antes, é a captação adequada de um fato que, devido a sua natureza, podia ser descrito na criação de sentido pós-pascal apenas paradoxalmente e que não permitia soluções unilineares: *o Deus uno revelou-se no ser humano uno Jesus de Nazaré abrangente e decisivamente, sendo que "revelação" se refere a um evento que não pode ser estabelecido no pensamento, mas apenas descoberto.*

Como devemos definir a continuidade e descontinuidade da *teo*logia e da *cristo*logia paulina em relação ao judaísmo? Primeiro, podemos constatar uma continuidade em vários aspectos:

---

[19] Cf. O. HOFIUS, Christus als Schöpfungsmittler und Erlösungsmittler, p. 56.
[20] Cf. W. THÜSING, Gott und Christus (cf. acima, 6.1), p. 258: "O cristocentrismo paulino é desde o seu cerne voltada para Deus, porque já a cristologia paulina é teocêntrica; e, a partir disso, estabelece-se o ordenamento do cristocentrismo em direção a Deus de maneira tão constante como a κυριότης (a condição de ser Senhor) e a autuação pneumática de Cristo".

1) Paulo escolhe como ponto de partida de sua teologia não a atuação de Jesus de Nazaré, mas a atuação de Deus nele na cruz e na ressurreição, de modo que podemos afirmar já a partir desse conceito fundamental um primado da teologia.
2) Paulo afirma uma continuidade na atuação do próprio Deus. Tanto o conceito da preexistência (cf. 1Cor 8,6; 10,4; Gl 4,4; Rm 8,3; Fl 2,6)[21] como as considerações sobre a história das promessas em Gl 3,15-18 e Rm 4; 9-11 mostram que Paulo compreende a história de Deus desde o início como história de Jesus Cristo.

A história de Israel será e precisa ser interpretada por Paulo consequentemente a partir de Jesus Cristo e em direção a ele[22]. Somente assim, ele pode comprovar a mesmidade de Deus em sua atuação; somente dessa maneira parece-lhe possível evitar uma divisão do conceito de Deus e da história. Paulo não podia e não queria questionar a identidade do Deus de Israel com o Pai de Jesus Cristo. Para ele foi impossível desvincular a atuação salvífica de Deus em Jesus Cristo da história de Israel, pois há uma só história de Deus que está determinada desde seu início pela mediação de Jesus Cristo em relação à criação e à salvação.

3) Em termos histórico-traditivos, Paulo retoma em sua definição da relação entre Deus e Jesus Cristo ideias do judaísmo antigo (cf. acima, 4.5), mas simultaneamente rompe com elas, já que, segundo a visão judaica, era impossível cultuar uma pessoa executada na cruz de uma maneira semelhante a Deus.

---

[21] Para o conceito da preexistência em Paulo, cf. J. HABERMANN, Präexistenzaussagen im Neuen Testament (cf. abaixo, 12.2.1), pp. 91-223; H. V. LIPS, Weisheitliche Traditionen im Neuen Testament (cf. acima, 4.5), pp. 290-317; M. HENGEL, "Präexistenz bei Paulus?", in CHR. LANDMESSER etc. (org.), *Jesus Christus als die Mitte der Schrift*. FS O. Hofius. BZNW 86 (Berlim: 1997), pp. 479-517; TH. SÖDING, "Gottes Sohn von Anfang an", in R. LAUFEN (org.), *Gottes ewiger Sohn* (Paderborn: 1997), pp. 57-93.
[22] Contra P.-G. KLUMBIES, Die Rede von Gott (cf. acima, 6.1), p. 213: "Para Paulo, Deus não pode ser definido por sua atuação na história de Israel".

Enquanto o conceito de Deus garante a continuidade com o judaísmo, a cristologia rompe qualquer unidade e fundamenta a descontinuidade teológica, portanto, também histórica, entre o cristianismo primitivo em formação e o judaísmo[23]. O monoteísmo cristológico de Paulo modifica e ultrapassa fundamentalmente conceitos judaicos. Ao conceber a história do Jesus Cristo crucificado desde o início como uma autêntica história de Deus[24], forma-se uma nova imagem de Deus e uma nova compreensão de Deus: Deus é Deus assim como ele se manifestou em Jesus Cristo. O Deus crucificado de Paulo e o Deus do Antigo Testamento, porém, são irreconciliáveis. O Antigo Testamento silencia-se a respeito de Jesus Cristo, embora Paulo tente fazer esse silêncio falar por meio de exegeses ousadas. Quando Deus se revela definitivamente no evento contingente da cruz e da ressurreição, então a ideia de uma história da salvação e história da eleição orientada pela pertença ao povo, pela terra, pela Torá ou pela aliança já não sustenta sua imagem. Paulo não quer e não pode tirar essa conclusão, mas tenta contorná-la por meio de uma nova definição do conceito de Povo de Deus (cf. abaixo, 6.7.1). Para judeus e judeu-cristãos radicais, tais tentativas não eram aceitáveis, porque se igualaram a uma maciça reinterpretação de sua própria história da salvação. O particularismo salvífico judaico e o universalismo salvífico cristão-primitivo não podiam valer lado a lado, pois os dois mundos de sentido não são compatíveis[25]! Dessa maneira, já em Paulo, não obstante todas as afirmações contrárias, a cristologia é a bomba que desfaz a unidade inicial entre as pessoas que criam em Cristo e o judaísmo.

---

[23] Entretanto, dificilmente poderá se afirmar, como P.-G. KLUMBIES, op. cit., p. 252, que Paulo chegaria "às escondidas a uma formulação basicamente nova do pensamento teo-lógico".

[24] Cf. bem acertado O. HOFIUS, Christus als Schöpfungsmittler und Erlösungsmittler, p. 58: "Pois *uma coisa* é falar da 'Sabedoria' de Deus ou do 'Logos' de Deus e atribuir-lhes uma função cosmológica e soteriológica, já que são as forças supremas de Deus, embora possam ser pensados de modo hipostasiado ou até mesmo personificado, mas *outra coisa* é afirmar isso sobre um ser humano histórico, que, por cima de tudo, foi executado na cruz".

[25] Diferente N. ELLIOTT, "Paul and the Politics of Empire", in R. A. HORSLEY (org.) *Paul and the Politics* (cf. abaixo, 6.2.1), pp. 19ss., que nega a contradição entre um universalismo cristão e um particularismo judaico com o argumento de que o universalismo em Paulo teria sua origem na herança judaica.

6.1.3 A atuação de Deus em sua eleição e rejeição

Em sua liberdade inquestionável, Deus vai ao encontro do ser humano como quem chama e quem elege, mas também como quem rejeita[26]. Paulo interpreta sua própria história nessas categorias quando afirma que teria agradado a Deus "que me separou desde o seio materno e me chamou por sua graça, revelar em mim seu Filho" (Gl 1,15s). O apóstolo sabe que tanto ele como suas comunidades estão integradas na história da eleição por Deus, uma história que já começou com Abraão, que alcançou sua meta no evento Cristo e que encontrará sua plena realização na transformação dos crentes para a existência celestial na ocasião da parusia. Nessa consciência, Paulo desenvolve já em sua primeira carta uma teologia da eleição: os tessalonicenses podem entender sua vocação como eleição escatológica da graça de Deus (1Ts 1,4; 2,12; 5,24), porque se voltaram dos ídolos fúteis para o Deus uno e verdadeiro (1Ts 1,9). A comunidade sabe: "Pois Deus não nos destinou para a ira, mas sim para alcançarmos a salvação" (1Ts 5,9). Nesse contexto, Deus não está preso a paradigmas humanos, pois ele elege pessoas que, no ponto de vista humano, são simplórias, fracas e desonradas (1Cor 1,25ss). De acordo com sua vontade, o que salva é a loucura da pregação da cruz e não a sabedoria (1Cor 1,18ss); e os seres humanos estão divididos em pessoas que serão salvas e pessoas que se perderão (2Cor 2,15s).

Não é uma coincidência que os pensamentos paulinos acerca de vocação e rejeição culminem em Rm 9–11. Nesse contexto, eles são uma consequência do conceito paulino da liberdade, da problemática de Israel e da doutrina da justificação da Carta aos Romanos. Já as considerações do apóstolo sobre o destino escatológico dos crentes e do cosmos em Rm 8,18ss vão em direção à problemática da *predestinação*.

---

[26] Para a análise das afirmações sobre a predestinação em Paulo, cf. U. LUZ, Das Geschichtsverständnis bei Paulus (cf. acima, 6), pp. 227-264; G. MAIER, *Mensch und freier Wille*. WUNT 12 (Tübingen: 1971), pp. 351-400; B. MAYER, *Unter Gottes Heilsratschluss. Prädestinationsaussagen bei Paulus*. FzB 15 (Würzburg: 1974); G. RÖHSER, *Prädestination und Verstockung*. TANZ 14 (Tübingen: 1994), pp. 113-176.

Aqui se aplica: "E as pessoas que ele predestinou, também as chamou; e as que chamou, também justificou, e as que justificou, também glorificou" (Rm 8,30). Em Rm 9–11, Paulo defende uma dupla predestinação[27]. Deus chama e rejeita a quem ele quer (cf. Rm 9,16.18; além disso, cf. 2Cor 2,15). Seu povo eleito de Israel é golpeado e reerguido, os gentios recebem a participação da salvação, mas Deus é também capaz de cortar fora esse novo ramo da oliveira (Rm 11,17-24). Isso "expressa o fato de que a decisão da fé não remonta, como outras decisões, a quaisquer motivos intramundanos, mas que estes, ao contrário, perdem toda força motivadora diante do encontro com o querigma; isso significa, ao mesmo tempo, que a fé não pode recorrer a si mesma".[28] No entanto, as afirmações paulinas acerca da predestinação não se esgotam absolutamente nessa interpretação centrada na existência crente da pessoa individual. São, antes de tudo, sentenças teológicas que comunicam uma situação que o próprio Deus revelou na Escritura. Em sua liberdade inquestionável, Deus o criador pode eleger e rejeitar segundo sua vontade. Portanto, o livre arbítrio é para Paulo um predicado exclusivo de Deus. A diferença infinita entre o criador e a criatura fundamenta a perspectiva específica a partir da qual Paulo compreende o ser humano. Deus vai ao encontro das pessoas como quem chama; "ser um ser humano é ser vocacionado e ser chamado por Deus"[29]. O chamado de Deus fundamenta a existência cristã. Portanto, ela não está à disposição do ser humano, ao contrário, pode ser somente aceita ao ouvir. O ὁ καλέσας ἡμᾶς ("aquele que nos chama") torna-se em Paulo um predicado central de Deus (cf. 1Ts 2,12; 5,24; Gl 1,6; 5,8). Deus vai ao encontro dos seres humanos como o Eu que vocaciona, cuja vontade se manifesta na Escritura[30]. Por isso, em relação à salvação, o ser humano sempre pode se experimentar somente como quem recebe e é agraciado. Sendo criatura, ele não

---

[27] Assim enfaticamente G. MAIER, Mensch und freier Wille, pp. 356s; diferente G. RÖHSER, Prädestination und Verstockung, p. 171 etc., segundo o qual, em Paulo, a vontade de Deus e a decisão humana não se excluem mutuamente.
[28] R. BULTMANN, Theologie, p. 331.
[29] H. HÜBNER, Gottes Ich und Israel (cf. abaixo, 6.8.4), pp. 31s.
[30] Cf. op. cit., pp. 31-35.

é capacitado a esboçar e realizar salvação e sentido. Se o ser humano deseja entender e avaliar adequadamente a si mesmo e sua situação, precisa reconhecer e levar a sério sua condição de criatura, portanto, sua condição de ser limitado. Quem decide sobre graça e desgraça, salvação e condenação não é a criatura, é unicamente o criador.

Qual a função das afirmações acerca da predestinação na estrutura geral do pensamento paulino? Estão preestabelecidas ao apóstolo dentro de sua visão de mundo, mas são ativadas por ele em intensidade diferente. Por um lado, Paulo pressupõe sempre, dentro de um quadro amplo, a salvação, a rejeição e o juízo, mas, por outro, somente em Rm 9–11, ele mergulha nas profundezas e abismos desses complexos temáticos. A situação dialogal particular da Carta aos Romanos exige uma abordagem pormenorizada da predestinação no contexto da doutrina da justificação exclusiva e da temática de Israel. Paulo visa preservar a liberdade de Deus; por isso, ressalta enfaticamente uma intelecção teológica fundamental: a atuação de Deus é independente de atos ou pressupostos humanos, sua vontade antecede sempre nosso querer. A graça da eleição de Deus é sua graça da justificação! Dessa maneira, a doutrina da justificação exclusiva e as afirmativas sobre a predestinação garantem tanto a liberdade de Deus como a imanipulabilidade da salvação[31]. Essa meta argumentativa e a observação de que as afirmativas sobre a predestinação em Rm 9-11 aparecem em Paulo como uma função da doutrina da justificação exclusiva e da temática de Israel e deveriam nos alertar a não encaixá-las forçadamente numa doutrina fixa e estática da predestinação. Ao mesmo tempo deve-se registrar, contra tendências de relativização e nivelamento, que Paulo defende uma dupla predestinação: em relação à salvação, o livre arbítrio é um predicado de Deus e não do ser humano; graça (salvação) e desgraça (condenação) são da mesma forma fundamentadas unicamente no desígnio inquestionável de Deus (diferente de Tg 1,13-15!). Entretanto, as duas não estão lado a lado em

---

[31] Cf. U. LUZ, Geschichtsverständnis (cf. acima, 6), p. 249, segundo o qual "para Paulo, as afirmações acerca da predestinação querem ser exclusivamente afirmações sobre Deus, não determinações sobre o ser humano e a história".

pé de igualdade, mas a vontade salvífica universal de Deus revelou-se no Evangelho de Jesus Cristo[32], enquanto o "não" de Deus como mistério está subtraído do conhecimento humano.

6.1.4 A revelação de Deus no evangelho

A revelação de Deus realiza-se no εὐαγγέλιον ("evangelho")[33] que é, segundo sua origem e sua autoridade, εὐαγγέλιον τοῦ θεοῦ ("evangelho de Deus"; cf. 1Ts 2,2.8.9; 2Cor 11,7; Rm 1,1; 15,16). Por isso, εὐαγγέλιον abrange muito mais do que uma "boa notícia"; é comunicação atuante da salvação, um evento que cria fé e um poder que opera fé, que emana de Deus e que, pelo poder do espírito, visa a salvação dos seres humanos (cf. 1Ts 1,5; 1Cor 4,20; Rm 1,16s). O evangelho chegou a Paulo não por meio de uma intermediação humana, mas lhe foi revelado imediatamente por Deus através da aparição de Jesus Cristo (cf. Gl 1,1ss; 2Cor 4,1-6; Rm 1,1-5). Paulo pode e deve servir ao evangelho; este não está a sua disposição (cf. Rm 15,16). Embora o evangelho seja oferecido através da palavra humana do apóstolo, não se esgota nela; ao contrário, vai ao encontro dos ouvintes como palavra de Deus (cf. 1Ts 2,13; 2Cor 4,4-6; 5,20). Paulo está sob a obrigação/compulsão do anúncio do evangelho: "Quando anuncio o evangelho, não posso me gloriar disso; pois uma obrigação está imposta a mim. Ai de mim, se eu não anunciar o evangelho!" (1Cor 9,16). Portanto, para Paulo, o estabelecimento do evangelho é uma comprovação da salvação divina que antecede à fé e ao conhecimento da salvação pela comunidade

---

[32] O "sim" de Deus é enfaticamente ressaltado por M. THEOBALD, *Der Römerbrief*. EdF 294 (Darmstadt: 2000), p. 276: "A dialética de eleição e rejeição, vocação e endurecimento em Rm 9–11 é escatologicamente superada pela confissão de 11,32 àquele Deus que 'encerrou todos na desobediência para mostrar misericórdia a *todos*".
[33] Cf. a respeito G. STRECKER, "Das Evangelium Jesu Christi", in IDEM, *Eschaton und Historie* (Göttingen: 1979), pp. 183-228; P. STUHLMACHER, Biblische Theologie I, pp. 311-348; H. MERKLEIN, "Zum Verständnis des paulinischen Begriffs 'Evangelium'", in IDEM, *Studien zu Jesus und Paulus*. WUNT 43 (Tübingen: 1987), pp. 279-295; J. D. G. DUNN, Theology of Paul (cf. acima, 6), pp. 163-181; D.-A. KOCH, Die Schrift als Zeuge (cf. acima, 4.4), pp. 322-353.

de Jesus Cristo³⁴. Como um evento escatológico, o evangelho tem que ser anunciado no mundo inteiro (cf. 2Cor 10,16; Rm 10,15s sob adoção de Is 52,7 LXX), pois ele visa a salvação dos seres humanos e, por isso, tem qualidade soteriológica (cf. 2Cor 4,3s). A comunidade em Corinto foi "gerada pelo evangelho" (1Cor 4,15), e o serviço ao evangelho une Paulo com suas comunidades (cf. 2Cor 8,18; Fm 13). Paulo luta pelo evangelho (cf. Gl 1,6ss; Fl 1,7; 2,22; 4,3) e suporta tudo para não se tornar um obstáculo ao evangelho (1Cor 9,12). Seu interesse é unicamente a participação salvífica no evangelho: "Tudo faço por causa do evangelho, para dele me tornar participante" (1Cor 9,23).

Segundo seu conteúdo, o evangelho é o εὐαγγέλιον τοῦ Χριστοῦ ("evangelho de Cristo"; cf. 1Ts 3,2; 1Cor 9,12; 2Cor 2,12; 9,13; 10,14; Gl 1,7; Rm 15,19; Fl 1,27). Esse evangelho tem uma forma muito definida e um conteúdo inequivocamente determinável; por isso, Paulo combate todas as pessoas que proclamam um evangelho diferente. Segundo Paulo, o conteúdo do evangelho (cf. 1Ts 1,9s; 1Cor 15,3-5; 2Cor 4,4; Rm 1,3b-4a) pode ser descrito como segue: desde os primórdios, Deus desejou salvar o mundo em e por Cristo (cf. 1Cor 2,7; Rm 16,25); ele fez os profetas anunciar essa intenção de salvação (cf. Rm 1,2; 16,26) e fez a Escritura atestá-la (cf. 1Cor 15,3.4; Gl 3,8)³⁵. Quando o tempo se cumpriu, Deus enviou seu Filho que, por meio de sua morte na cruz e sua ressurreição, operou a salvação do mundo e dos seres humanos (cf. Gl 4,4s; Rm 1,3s; 15,8; 2Cor 1,20). Até o envio do Filho de Deus, judeus e gentios estavam igualmente vivendo na ignorância sobre a verdadeira vontade de Deus; agora, ela está sendo anunciada no evangelho por Paulo, que foi chamado como apóstolo dos gentios. Portanto, para Paulo resume-se no evangelho a vontade salvífica definitiva de Deus em Jesus Cristo; ele é a mensagem sobre o Filho de Deus crucificado (cf. 1Cor 1,17)³⁶. Na paixão e ressurreição de seu Filho, Deus manifesta sua vontade salvífica, e ele confiou seu anúncio ao apóstolo. Como palavra dirigida diretamente às pessoas (2Cor 5,20:

---

[34] Cf. P. STUHLMACHER, Biblische Theologie I, p. 315.
[35] Cf. a respeito J. D. G. DUNN, Theology of Paul (cf. acima, 6), pp. 169-173.
[36] Cf. H. MERKLEIN, Zum Verständnis des paulinischen Begriffs "Evangelium", pp. 291-293.

"Permiti serem reconciliados com Deus!"), o evangelho é uma comunicação operante da salvação a partir de Deus; dirige-se tanto aos judeus como aos gentios, na medida em que ambos reconhecem Jesus Cristo como salvador. O evangelho torna-se um poder salvífico para cada pessoa que crê (cf. Rm 1,16.17). Com o anúncio do evangelho vincula-se para Paulo inseparavelmente o juízo: "Deus julgará, por Cristo Jesus, o que está oculto nas pessoas, segundo meu evangelho" (Rm 2,16). Já que o evangelho é mensagem da salvação, sua rejeição não pode ficar sem consequências, do mesmo modo como também sua aceitação não está sem consequências. Por isso, Jesus Cristo aparece no evangelho não só como salvador, mas também como juiz. Ao mesmo tempo, porém, fica claro que, para Paulo, o evangelho é antes de tudo δύναμις θεοῦ ("poder de Deus") que salva aquelas pessoas que aceitam na fé a mensagem da salvação sobre o Jesus Cristo crucificado e ressuscitado.

As comunidades paulinas receberam o termo εὐαγγέλιον num determinado ambiente histórico-cultural. O verbo εὐαγγελίζεσθαι indica um pano de fundo majoritariamente veterotestamentário-judaico[37]. Ocorre tanto na LXX como nos escritos do judaísmo antigo e deve ser traduzido por "anunciar a salvação escatológica".

Também nos escritos helenistas ocorre εὐαγγελίζεσθαι no sentido religioso (cf. Filóstrato, VitAp I 28; cf. além disso, Fílon, LegGai 18.231). Na LXX, o substantivo εὐαγγελία é usado sem conteúdo teológico reconhecível[38], mas, ao contrário, desempenha um papel central no *culto ao governante*. Por exemplo, a inscrição de Priene (9 a.C.) glorifica o dia do nascimento de Augusto como segue: "O dia do nascimento do deus, porém, foi para o mundo a primeira mensagem de

---

[37] A história veterotestamentário-judaico prévia de εὐαγγέλιον e de εὐαγγελίζεσθαι é apresentada por P. STUHLMACHER, *Das paulinische Evangelium I. Vorgeschichte*. FRLANT 95 (Göttingen: 1968).

[38] O singular εὐαγγέλιον não se encontra na LXX; o plural εὐαγγέλια ocorre somente em 2Sm 4,10; além disso, cf. ἡ εὐαγγέλια em 2Sm 18,20.22.25.27; 2Rs 7,9. Bem acertado G. FRIEDRICH, Verbete "εὐαγγέλιον", in *ThWNT* 2 (Stuttgart: 1935), p. 722: "LXX não é o lugar de origem do εὐαγγέλιον neotestamentário".

alegria (εὐαγγελίων) que partiu dele"³⁹. Josefo vincula a proclamação de Vespasiano a imperador com sacrifícios e com o termo εὐαγγελία: "Mais velozes do que o voo dos pensamentos, boatos anunciaram a mensagem do novo governante sobre o Oriente, e cada cidade comemorou a boa notícia (εὐαγγελία) e ofereceu sacrifícios em seu favor"⁴⁰. A assunção de Drusila e de Cláudio como proêmio de sua divinização é chamado por Sêneca ironicamente de "boa nova"⁴¹. No âmbito da enciclopédia contemporânea, o termo εὐαγγέλιον/εὐαγγέλια estava também relacionado ao culto aos governantes⁴² e tinha, dessa maneira, uma conotação político-religiosa. Aparentemente, as comunidades primitivas adotaram, muito conscientemente, junto com o termo evangelho conceitos de seu âmbito cultural; ao mesmo tempo, porém, diferenciaram-se fundamentalmente por meio do singular εὐαγγέλιον dos εὐαγγέλια do mundo circundante. Também o uso paulino de εὐαγγέλιον pode ser enquadrado nessa estratégia de conectar e ultrapassar: a verdadeira boa notícia é a mensagem da cruz e ressurreição. O que salva não é o aparecimento do imperador, mas o Filho de Deus que vem do céu (cf. 1Ts 1,9s).

A grande diversidade do anúncio paulino do evangelho, bem como a função crítica muito limitada à lei que εὐαγγέλιον possui em Gl, Rm e Fl mostram que o evangelho paulino não pode ser entendido absolutamente desde o início e fundamentalmente como um evangelho "isento da Lei"⁴³. A problemática da lei é um fenômeno lateral do conceito de evangelho. Ao contrário, o evangelho que parte de Deus tem, em seu cerne, um conteúdo cristológico-soteriológico e escatológico⁴⁴:

---

³⁹ Cf. Neuer Wettstein II/1 (cf. acima, 4.5), pp. 6-9.
⁴⁰ Cf. JOSEFO, Bell 4,618; além disso Bell 4,656 (= Neuer Wettstein II/1 [cf. acima, 4.5], pp. 9s).
⁴¹ Cf. SÊNECA, Apoco 1,3.
⁴² Cf. G. STRECKER, Das Evangelium Jesu Christi, p. 192.
⁴³ Contra F. HAHN, "Gibt es eine Entwicklung in den Aussagen über die Rechtfertigung bei Paulus?", in *EvTh* 53 (1993): 342-366, aqui: 344, que afirma: "O que o evangelho é, segundo seu conteúdo e segundo seu efeito, é descrito com a ajuda da temática da justificação".
⁴⁴ Cf. G. STRECKER, Das Evangelium Jesu Christi, p. 225; H. MERKLEIN, Der paulinische Begriff "Evangelium", p. 286.

a morte e ressurreição de Jesus é o evento salvífico por excelência (cf. 1Cor 15,3b-5) que determina o presente e o futuro de todas as pessoas. O evangelho é uma força de Deus que chama para a salvação, que deseja libertar e salvar um mundo escravizado pelo pecado. Deus verbaliza-se no evangelho e se autodefine como aquele que ama e que salva. O evangelho é a presença do Deus poderoso que deseja levar as pessoas à fé.

6.1.5 A nova imagem de Deus

Deus não é acessível imediatamente, mas somente em imagens. O mundo antigo estava cheio dos mais variados tipos de imagens de Deus (cf. At 17,16). Por que pessoas judias e da religiosidade greco-romana voltaram-se, numa sociedade verdadeiramente multirreligiosa, justamente para a imagem de Deus apresentada pelo cristianismo primitivo? Um motivo fundamental era o monoteísmo que já tinha causado a fascinação pelo judaísmo na Antiguidade. O grande número de deuses e representações de deuses no mundo greco-romano[45] levava aparentemente a uma perda de plausibilidade, comentada por Cícero pela observação: "Existem para os deuses tantos nomes que existem línguas humana"[46]. Já que o número de deuses não pode ser definido absolutamente, levanta-se a pergunta quais divindades devem, afinal, serem veneradas e em que sentido[47]. Por isso, o filósofo pergunta: "Se aqueles que tradicionalmente veneramos são realmente deuses, por que não deveríamos incluir nessa categoria também Serápis e Ísis? Se fizermos isso, por que então desprezar divindades estrangeiras? Portanto, contaremos entre os deuses também touros, cavalos, íbis, falcões, cobras, crocodilos, peixes, cães, lobos, gatos e muitos outros animais."[48] O absurdo da argumentação é óbvio: as religiões e cultos convencionais neutralizam-se mutuamente e já não podem satisfazer

---

[45] Para o início da religião grega, cf. W. JAEGER, *Die Theologie der frühen griechischen Denker* (Stuttgart: 1953).
[46] CÍCERO, Nat Deor I 84.
[47] Cf. op. cit., III 40-60.
[48] Cf. op. cit., III 47.

convincentemente as necessidades religiosas das camadas populacionais com mobilidade econômica e intelectual[49]. Plutarco, um medioplatônico, procura escapar desse perigo por meio da observação de que, entre os diferentes povos, a divindade teria nomes diferentes, mas que, mesmo assim, seria a mesma para todas as pessoas. "Portanto, há um só Logos que ordena o cosmos, e uma só predestinação que conduz isso, e forças auxiliadoras que estão ordenadas para tudo; mas, segundo as leis, há entre os diferentes povos diferentes honras e denominações, e uns usam símbolos difusos, outros sagrados e mais claros que visam conduzir a mente para o divino. [...] Por isso, devemos tomar da filosofia o Logos que nos conduz como um mistagogo, de modo que refletimos piedosamente sobre tudo que é narrado nos mitos e realizado nos ritos."[50] Já que Deus é imóvel e eterno, nem "anterior nem posterior, nem futuro, nem passado, nem mais velho, nem mais jovem, mas já que ele é uno (ἀλλ' εἷς ὤν), ele encheu o Sempre com o Agora uno [...]. Dessa maneira, seus adoradores devem saudá-lo e dizer 'Tu és', e no caso de Zeus, como alguns dos antigos dizem, 'Tu és uno'. Portanto, o divino não é muitas coisas [...], mas o que está sendo deve ser uno, assim como o uno está sendo."[51] As duas fontes do conhecimento de Deus[52], a saber:

1) a ideia, implantada nos seres humanos, do divino diante da majestade do cosmos e
2) os conceitos acerca de Deus transmitidos nos antigos mitos e costumes perderam sua plausibilidade. Quanto mais se submetia a antropomorfia dos mitos gregos sobre deuses a uma crítica cética, tanto mais a fé num único deus, o henoteísmo e,

---

[49] Cf. R. STARK, *Der Aufstieg des Christentums* (Weinheim: 1997), p. 441.
[50] PLUTARCO, Is et Os 67.68.
[51] PLUTARCO, Delphi 20.
[52] Cf. DIO CRISÓSTOMO, Or 12. O "Discurso olímpico" de Dion de Prusa é um exemplo impressionante da tentativa de reavivar a religião grega e seus cultos. Zeus é louvado como um deus universal, pacífico e dócil, que protege os seres humanos como pai e rei e lhes concede tudo que precisam para uma vida bem-sucedida. Texto e comentário: H.-J. KLAUCK, B. BABLER, *Dion von Prusa: Olympische Rede* (Darmstadt: 2000).

vinculado a ele, também o monoteísmo exclusivo ganhavam força persuasiva[53].

Paulo está firmemente enraizado na tradição do monoteísmo veterotestamentário e pode aproveitar para seus interesses as tendências na história da religião greco-romana[54]; *mesmo assim, ele confronta seus ouvintes com o desafio de aceitar uma nova visão do mundo, um novo deus*. Este Deus é um, mas ele não está sozinho; ele tem *um nome, uma história e um rosto*: Jesus Cristo. A imagem de Deus torna-se palpável, pois Jesus Cristo é a imagem de Deus (2Cor 4,4). O Deus anunciado por Paulo é um Deus pessoal que atua na história e que se importa com os seres humanos. Ele não está distante do mundo nem imanente ao mundo, mas voltado para o mundo em Jesus Cristo (cf. Gl 4,4s; Rm 8,3). Não o mito universal, mas a atuação concreta determina a imagem divina cristã. No cristianismo primitivo, o discurso antropomórfico aberto ou encoberto sobre os deuses/o deus já é superado por Paulo, por meio de uma encarnação verdadeira e permanente de Deus em Jesus Cristo. Aqui reside a diferença decisiva às conceituações divinas das três principais escolas filosóficas na época de Paulo: o médio platonismo, o estoicismo e o epicurismo (cf. At 17,18). A forte ênfase na transcendência e alteridade absolutas de Deus, sua separação categorial de tudo que é humano e, dessa maneira, seu desaparecimento em distâncias inalcançáveis são características para a imagem de deus do médio platonismo que é formulado em Plutarco como segue[55]:

---

[53] No entanto, deve-se observar que, já no tempo inicial observável da teologia grega, encontravam-se lado a lado a canonização do politeísmo antropomórfico de Homero e de Hesíodo em Heródoto (Hist 11 49-58) e o ceticismo/ateísmo de Protágoras (nascido por volta de 490 a.C.): " Ora, o que diz respeito aos deuses, não consigo saber: nem que eles são, nem que eles não são; nem quais são suas qualidades com relação a suas aparências" (D-K 80 B 4). Em DIÓGENES LAÉRCIO, IX 51, segue-se a esse dito uma bela justificativa: "Muitas coisas obstruem o caminho do conhecimento: o caráter difuso da situação material e a brevidade da vida humana".

[54] Para o monoteísmo pagão, cf. W. SCHRAGE, *Unterwegs zur Einheit und Einzigkeit Gottes* (cf. acima, 4) pp. 35-43.

[55] O princípio da imutabilidade de deus determina já o pensamento dos pré-socráticos (Xenofonte, Parmênides, Heráclito); cf. a respeito W. MAAS, *Die Unveränderlichkeit Gottes*. PThSt 1 (Munique / Paderborn: 1974).

"Ora, o que é realmente existente? O eterno e não-chegado-a-ser e incorruptível, no qual também o tempo não causa mudanças. [....] Por isso também não é admissível dizer do existente algo como 'ele era' ou 'ele será'. Pois estas são variações e modificações daquilo que não tem o caráter de permanecer na existência [...]. Mas deus tem a existência, devemos dizer, e ele não é em algum tempo, mas na eternidade, que é imóvel, intemporal imutável" (Delphi 19.20). O estoicismo promovia um panteísmo monista, segundo o qual a divindade atua em todas as formas da existência. É imanente ao mundo e onipresente, mas, justamente por isso, ao mesmo tempo incompreensível. Crisipo (282-209 a.C.) ensina que "o poder divino se encontra na razão e na alma e no espírito de toda a natureza, e continua explicando que o próprio mundo e a alma do mundo que penetra tudo seria deus".[56] Não existe nada que vá além da materialidade daquilo que existe, não há nem um deus criador transcendente nem um fundamentação metafísica do mundo. Um conceito divino oposto encontra-se em Epicúrio. Para ele, os deuses levam uma vida feliz e isenta do tempo, sem se preocupar com os seres humanos. "Pois um deus não faz nada, não está ocupado em negócios, não se fadiga com nenhum trabalho, mas se alegra com sua sabedoria e virtude e confia em viver sempre nos prazeres mais altos e sobretudo eternos."[57] Como imortais, os deuses não podem sofrer nem se voltar em amor para o mundo[58]. Eles estão apartados das baixezas da vida e não têm nada em comum com os seres humanos. Aparentemente, por volta da virada dos tempos, os ensinamentos tradicionais sobre os deuses perderam sua força de convencimento, de modo que sua própria existência fosse colocada em dúvida[59].

---

[56] CÍCERO, Nat Deor I 39; além disso, cf. DIÓGENES LAÉRCIO 7,135s.142. Aécio diz sobre deus "que também ele seria um fluxo de respiração que perpassa o mundo inteiro e que assume, de acordo com a matéria pela qual passa, denominações diferentes" (SVF 2,1027).

[57] CÍCERO, Nat Deor I 51; além disso, cf. EPICÚRIO, Men 123: "Pois os deuses existem realmente: sua intelecção é imediatamente óbvia. No entanto, o que as massas pensam deles, não é seu modo". Todos os textos essenciais da teologia de Epicúrio encontram-se em R. NICKEL (org.), *Epikur, Wege zum Glück* (Düsseldorf: 2003).

[58] Cf. CÍCERO, Nat Deor I 95.121; DIÓGENES LAÉRCIO, X 76.77.

[59] Cf. CÍCERO, Nat Deor I 94: "Se, portanto, nenhum deles (isto é, dos filósofos – nota do autor) viu a verdade sobre a natureza dos deuses, é de se recear que essa

A crítica filosófica ao politeísmo e o desaparecimento dos deuses/ do deus, ou seu desaparecimento no presente, ajudava a preparar o caminho para o monoteísmo cristão. Enquanto o politeísmo não permitia nenhum relacionamento pessoal com uma divindade, o Deus proclamado por Paulo unia em si dois princípios básicos atraentes: *ele é tanto o Senhor da história como o Senhor da vida pessoal*. Os dois âmbitos coincidiram nas comunidades cristãs primitivas não só no pensamento, mas também na prática religiosa. Os cristãos viviam na consciência de pertencer àquele grupo de seres humanos que Deus elegeu para manifestar ao mundo sua vontade salvífica, mas também sua atuação de juízo. Estavam convencidos de que Deus conferiu, por Jesus Cristo, um sentido e uma meta tanto à história como a cada vida individual. Esse sentido abrangia tanto a vida cotidiana como as esperanças de uma vida após a morte. O anúncio cristão-primitivo voltava-se tanto para o cotidiano dos crentes como para questões fundamentais da vida, por exemplo, para a morte. Aqui, o cristianismo em formação distinguia-se essencialmente das ideias de seu mundo circundante. *O Deus dos cristãos era um Deus da vida que exigia compromisso, mas que concedia também liberdade, que podia ser experimentado já no presente e que garantia, ao mesmo tempo, o futuro dos crentes*. Não era o destino imprevisível que desempenhava no pensamento dos gregos um papel central[60], mas o Deus que se tornou manifesto em Jesus Cristo determinava a vida presente e futura. O cristianismo primitivo oferecia um conceito abrangente e coeso, que adotava as esperanças da Antiguidade acerca do além e que conferia simultaneamente ao indivíduo uma perspectiva convincente de vida.

---

natureza nem sequer exista"; cf., além disso, I 63: "E será que a existência dos deuses não foi negada também, de modo totalmente aberto, por Diágoras com o cognome 'o Ateísta' e depois por Teodoro?".

[60] Cf., por exemplo, o dito de Cleantes, transmitido em EPÍTETO, Ench 53: "Ó Zeus, e tu, destino todo-poderoso, guiai-me àquela meta que um dia me foi determinado por vós. Seguirei sem hesitação. Se eu recusasse, seria um ímpio, um covarde, e, não obstante, teria que seguir-vos!" A importância da fé no destino pode ser percebida de modo especialmente impressionante em inscrições funerárias; cf. I. PERES, Griechische Grabinschriften (cf. abaixo, 6.8.2), pp. 34-41; para a teoria e prática da fé greco-romana no destino, cf. os escritos de CÍCERO, "De Fato" e "De Divinatione".

6.2 Cristologia

KÄSEMANN, E. "Die Heilsbedeutung des Todes Jesu bei Paulus". In *Paulinische Perspektiven*, editado por IDEM, pp. 1-107; KERTELGE, K. "Das Verständnis des Todes Jesu bei Paulus". In *Grundthemen*, editado por IDEM, (cf. acima, 6), pp. 62-80; WOLTER, M. *Rechtfertigung und zukünftiges Heil*. BZNW 43. Berlim, 1978; WEDER, H. *Das Kreuz Jesu bei Paulus*. FRLANT 125. Göttingen, 1981; SCHADE, H. H. *Apokalyptische Christologie bei Paulus*. GTA 18, 2ª ed. Göttingen, 1984; THÜSING, W. *Per Christum in Deum*, 3ª ed. NTA 1. Münster, 1986; SELLIN, G. *Der Streit um die Auferstehung der Toten*. FRLANT 138. Göttingen: 1986; JONGE, M. de *Christologie* (cf. acima, 4), pp. 99-110; BREYTENBACH, C. *Versöhnung*. WMANT 60. Neukirchen,1989; HÜBNER, H. "Rechtfertigung und Sühne bei Paulus". In *Biblische Theologie als Hermeneutik*, editado por IDEM, pp. 272-285. Göttingen, 1995; KRAUS, W. *Der Tod Jesu als Heiligtumsweihe*. WMANT 66. Neukirchen, 1991; SEIFRID, M. A. *Justification by Faith*. NT.S 68. Leiden, 1992; SCHRÖTER, J. *Der versöhnte Versöhner* (cf. abaixo, 6.4); DUNN, J. D. G. *Paul* (cf. acima, 6), pp. 163-292; SÖDING, TH. (org.). *Worum geht es in der Rechtfertigungslehre?* QD 180. Freiburg, 1999; GAUKESBRINK, M. *Die Sühnetradition bei Paulus*. FzB 82. Würzburg, 1999; SCHNELLE, U.; SÖDING, TH.; LABAHN, M. (org.), *Paulinische Christologie*. FS H. Hübner. Göttingen, 2000; ALKIER, ST. *Wunder und Wirklichkeit in den Briefen des Apostel Paulus*. WUNT 134. Tübingen, 2001; KNÖPPLER, TH. *Sühne im Neuen Testament*. WMANT 88. Neukirchen, 2001; VOLLENWEIDER, S. *Horizonte neutestamentlicher Christologie* (cf. acima, 4), pp. 143-306; VOSS, F. *Das Wort vom Kreuz und die menschliche Vernunft*. FRLANT 199. Göttingen, 2002; KAMMLER, H. *Kreuz und Weisheit*. WUNT 159. Tübingen, 2003; HURTADO, L. W. *Lord Jesus Christ* (cf. acima, 4), pp. 79-153; SCHNELLE, U. *Paulus* (cf. acima, 6), pp. 463-543; N. T. WRIGHT, *The Resurrection of the Son God*. Minneapolis, 2003; BREYTENBACH, C. "'Christus starb für uns'. Zur Tradition und paulinischen Rezeption der sogenannten 'Sterbeformeln'. In *NTS* 49 (2003): 447-475; BOERS, H. *Christ in the Letters of Paul*. BZNW 140. Berlim, 2006; SCHWINDT, R. *Gesichte der Herrlichkeit. Eine exegetisch-traditionsgeschichtliche Studie zur paulinischen und johanneischen Christologie*. HBS 50. Freiburg, 2007.

Diferentemente dos evangelhos, Paulo não conta uma história-de-Jesus-Cristo, mas escolhe vários *leimotiven* cristológicos e adota campos semânticos e do imaginário como metáforas de anúncio, para desenvolver o evento Cristo em todas suas dimensões. Nesse contexto, o ponto de partida é a convicção de que Jesus Cristo retrata em seu destino a vontade salvífica de Deus para os seres humanos: ele liberta da escravidão da morte e do pecado e concede vida verdadeira já no tempo presente.

6.2.1 Transformação e participação

A cristologia paulina está marcada por uma ideia fundamental[61]: Deus transferiu o Jesus de Nazaré crucificado e morto para uma nova existência. Ocorreu uma *mudança de status*; Jesus de Nazaré não permaneceu no *status* da morte e da distância a Deus, mas Deus conferiu-lhe o *status* da igualdade a Deus. Esta experiência e intelecção revolucionárias foram concedidas a Paulo perto de Damasco, e em suas cartas, ele reflete a passagem de Jesus da morte para a vida de múltiplas maneiras. Assim como para a tradição cristã primitiva, também para Paulo, o ponto de partida é a convicção de que Deus ressuscitou Jesus de Nazaré dos mortos (1Ts 1,10; 2Cor 4,14; Rm 8,11 etc.). Deus e Jesus Cristo são decisivamente pensados em conjunto; o Filho participa abrangentemente da divindade do Pai. Por isso, a reflexão cristológica antes de Paulo amplia a mudança de *status* da *pós-existência* para a preexistência. Somente a auto-humilhação no caminho para a cruz garante a exaltação para ser o governante do mundo, isto é, até mesmo o preexistente passou por uma transformação para se tornar o que deveria ser (cf. Fl 2,6-11).

A meta da transformação de Jesus Cristo é a participação dos crentes nesse evento fundamental[62]: "Com efeito, conheceis a obra de graça de nosso Senhor Jesus Cristo, que, por causa de vós, ele se fez pobre embora fosse rico, para que, por meio de sua pobreza, vós vos tornastes ricos" (2Cor 8,9). "Aquele que não conhecera o pecado, Deus

---

[61] Cf. U. SCHNELLE, Transformation und Partizipation als Grundgedanken paulinischer Theologie (cf. abaixo, 6.4), pp. 58ss.
[62] Cf. A. SCHWEITZER, Mystik (cf. acima, 6), p. 116: "A ideia original e central da mística de Paulo é, portanto, que os eleitos participam, entre si e com Jesus Cristo, de uma corporeidade que está exposta de modo particular ao efeito das forças de morte e de ressurreição e, dessa maneira, torna-se capaz de alcançar o modo existencial da ressurreição ainda antes que acontecesse a ressurreição geral dos mortos."

o fez pecado para nós, a fim de que, por ele, nos tornemos justiça de Deus" (2Cor 5,21). A Páscoa é sempre também uma atuação de Deus nos discípulos e apóstolos, pois Deus os fez saber que o Crucificado vive. Dessa forma, a ressurreição de Jesus Cristo dentre os mortos é para Paulo um ato singular, mas um ato cujos efeitos perduram e que modificou o mundo fundamentalmente. O Deus da ressurreição é aquele "quem torna vivos os mortos e chama à existência o não existente" (Rm 4,17b). Deus identifica-se tanto com o Jesus de Nazaré crucificado que seu poder de vida manifesto na ressurreição continua atuando: "Pois é para isto que Cristo morreu e voltou para a vida, para se tornar Senhor tanto sobre os mortos como sobre os vivos" (Rm 14,9). As forças da ressurreição de Jesus Cristo atuam no presente e geram sua própria certeza: "Mas nós cremos que, se morremos com Cristo, também viveremos com ele" (Rm 6,8; cf. 2Cor 1,9; 5,15). Cristo foi entregue "por causa de nossas transgressões e ressuscitado para nossa justificação" (Rm 4,25). Quando Paulo se encontra à beira da morte, espera participar das forças da ressurreição de Jesus, para que ele mesmo alcance a ressurreição dentre os mortos (Fl 3,10s). Com a ressurreição de Jesus Cristo dos mortos começou uma dinâmica universal que diz respeito tanto ao destino individual dos crentes como ao destino do cosmos inteiro (cf. Fl 3,20s). O caminho-de-Cristo como caminho-de-salvação visa a participação dos crentes; como imagem primordial – arquétipo –, Jesus Cristo, por meio de sua passagem da morte para a vida, possibilita e abre a vida para a humanidade. Segundo a convicção paulina, ela inaugura uma nova época, em cujo final está a transformação universal, quando "Deus será tudo em tudo" (1Cor 15,28).

O hino de Fl 2,6-11 como história modelar

As ideias básicas da cristologia paulina já se encontram de forma comprimida na história modelar pré-paulina de Fl 2,6-11 (cf. acima, 4.6). O hino mostra que, já antes de Paulo, a reflexão cristológica ampliou a *mudança de* status da *pós-existência* para a preexistência. Paulo adota a cristologia desse elemento proveniente da tradição e a insere numa *argumentação parenética*, como mostra Fl 2,1-5. Existem relações tanto compositórias como terminológicas com este trecho. Por exemplo, a humilhação de Cristo circunscrita com ταπεινοῦν no v. 8 comenta a ταπεινοφροσύνη (v. 3: "humildade, modéstia") exigida da comunidade. A obediência do humilhado aparece como contraimagem ao egoísmo e à desavença que devem ser superadas na comunidade (v. 3). Finalmente, a formulação sintetizante sobre a humilhação do Preexistente (v. 7: ἑαυτὸν ἐκένωσεν) aponta para a instrução fundamental no v. 4, segundo a qual um cristão não deve procurar aquilo que é seu, mas aquilo que serve ao outro. Também há uma relação com o subsequente v. 12; ali, Paulo retoma o pensamento da obediência de Cristo e justifica assim a atitude ética exigida da comunidade. A comunidade é exortada a imitar no ambiente da ética o que o Kyrios realizou modelarmente no evento salvífico da encarnação, da morte na cruz e da entronização. Dessa maneira, Cristo aparece em Fl 2 simultaneamente como imagem primordial e imagem modelar. A comunidade pode e deve seguir Cristo na consciência de que ela, assim como o apóstolo, ainda não se encontra no estado da salvação plenamente realizada, mas que caminha ao encontro do dia da vinda de Cristo, do juízo e da ressurreição (Fl 3,12ss). A possibilidade disso é aberta por Deus que opera nos crentes as duas coisas: o querer e o fazer (Fl 2,13). Assim como Cristo não olhou para o que é seu e se entregou à morte na cruz, também os cristãos não devem viver em egoísmo e disputas, mas em humildade e unidade. A transformação do Filho fundamenta e justifica a participação dos crentes.

Com o acréscimo "morte de cruz" no v. 8c, Paulo insere sua teologia da cruz[63] e confere assim ao evento mitológico um caráter terreno. Jesus Cristo não só renuncia a sua igualdade a Deus e a sua vida, mas morre na mais extrema humilhação concebível[64]. Esse pensamento está vinculado a um aguçamento teológico-político: agora, a aclamação e *proskynesis* (prostração) dirigem-se a uma pessoa crucificada. Isto é,

---

[63] Para a justificativa, cf. U. B. MÜLLER, *Der Brief des Paulus an die Philipper*. ThHK 11/I (Leipzig: 1993), p. 105.
[64] Cf. O. HOFIUS, *Der Christushymnus Philipper 2,6-11*. WUNT 17 (Tübingen: 1976), p. 63.

durante sua prisão em Roma[65], Paulo ressalta diante de uma comunidade com caráter colonial-romano[66] a *dimensão política* do evento Cristo. Por meio da intervenção direta de Deus, uma pessoa crucificada pelos romanos recebe um *status* insuperável, e somente ela merece *proskynesis* e *exhomologesis* (louvação). Aqui, três aspectos são de especial importância:

1) Enquanto reis e governantes ganharam seu poder por meio da violência e da apropriação por roubo, Jesus Cristo humilha-se a si mesmo e torna-se assim o verdadeiro governante. Com isso, ele corporifica a contraimagem ao governante que exalta a si mesmo[67].
2) Somente o imperador romano é digno de veneração e adoração ilimitadas. Dio Cássio[68] relata acerca do ano 66 d.C. sobre a visita do grande rei Tiridates que se deslocou num cortejo triunfal do Eufrates até Roma para adorar ali a Nero: "Ele se ajoelhou no chão, cruzou seus braços, chamou Nero de seu senhor e demonstrou-lhe sua veneração [...]. Seu discurso dizia [...]: Vim até ti como meu deus, para adorar-te como Mitras. Serei o que tu me designares; pois tu és minha felicidade e meu destino. Nero respondeu-lhe: Fizeste bem em vir aqui pessoalmente, para poder experimentar minha graça face a face."
3) Também os títulos de Kyrios em Fl 2,11 e de Salvador em Fl 3,20 contêm conotações anti-imperiais. Numa inscrição grega do tempo de Nero encontra-se a formulação "O *Kyrios* do mundo

---

[65] A meu ver, a Carta aos Filipenses foi escrita por volta do ano 60 em Roma; para a argumentação, cf. U. SCHNELLE, *Einleitung* (cf. acima, 2.2), pp. 152-155.
[66] Cf. a respeito P. PILHOFER, *Philippi. Die erste christliche Gemeinde Europas*, vol. I. WUNT 87 (Tübingen: 1995).
[67] Cf. S. VOLLENWEIDER, Der "Raub" der Gottgleichheit, p. 431. Com grande frequência aduz-se neste contexto PLUTARCO, De Alexandri Magni fortuna aut virtute, 1,8 330d, onde Plutarco defende Alexandre Magno, o exemplar ladrão do mundo: "Pois Alexandre não passou pela Ásia roubando, nem aspirava agarrá-la e saquiá-la como se fosse um bem roubado e um despojo concedido por Tyché contra todas as expectativas...".
[68] DIO CÁSSIO, Historiae Romanae, epítome para o livro 63.

inteiro, Nero"⁶⁹, e especialmente no oriente do império, os imperadores romanos deixaram se celebrar como salvadores⁷⁰. A essa pretensão político-religiosa, o hino contrapõe uma nova realidade que ultrapassa qualquer poder terreno e apresenta uma alternativa melhor. Os filipenses recebem sua cidadania não de autoridades romanas, mas do céu (Fl 3,20s), de modo que Paulo, consequentemente, denomina unicamente em Fl 1,27 sua conduta com o verbo πολιτεύεσθαι ("conduzir sua vida como cidadão"). O Paulo preso em Roma oferece a sua comunidade um *contramodelo*: na verdade, a impotência e o poder/domínio são distribuídos de modo totalmente diferente daquilo que parece se insinuar à primeira vista.

A teologia paulina é política, na medida em que, como uma nova criação de sentido, diz respeito imediatamente à vida dos cidadãos, a seu modo de vida⁷¹. Com Jesus Cristo, Paulo introduz uma autoridade nova e insuperável do tempo escatológico; realiza uma nova definição de mensagem da salvação, domínio, redenção, paz, graça e justiça, e postula uma transformação do mundo que não poderá ser interrompida. Com isso, ele atua também politicamente, mas não assume uma posição conscientemente política no sentido moderno⁷². Alguns textos ou

---

[69] Cf. Neuer Wettstein I/2 (cf. acima, 4.3), p. 249.
[70] Cf. a respeito as ocorrências acerca de Jo 4,42 em: Neuer Wettstein I/2 (cf. acima, 4.3), pp. 239-256; além disso, cf. M. LABAHN, "Heiland der Welt" (cf. abaixo, 12.2.4), pp. 149ss.
[71] O termo ἡ πολιτεία significa, entre outras coisas, "a vida como cidadão", "o modo de vida"; cf. F. PASSOW, *Handwörterbuch der Griechischen Sprache* II/1, 5ª ed. (Leipzig: 1852), p. 990.
[72] Diferente da interpretação "anti-imperial" de Paulo, relevante no âmbito anglo-americano, segundo a qual a teologia paulina em sua totalidade estaria marcada por uma orientação crítica a Roma, ou seja, "anti-imperial". Cf. a respeito as contribuições muito diferenciadas em: R. A. HORSLEY (org.), *Paul and Empire. Religion and Power in Roman Imperial Society* (Harrisburg: 1997), (*Paulo e o Império* (Paulus: 2008)); IDEM (org.), *Paul and Politics. Ekklesia, Israel, Imperium, Interpretation. Essays in Honour of K. Stendahl* (Harrisburg: 2000); além disso, cf. J. D. CROSSAN, J. L. REED, *In Search of Paul: How Jesus' Apostle Opposed Rome's Empire with God's Kingdom* (San Francisco: 2004); N. T. WRIGHT, Paul (cf. acima, 6), pp. 59-79.

termos isolados de Paulo tem um efeito factualmente anti-imperial (por exemplo, Fl 2,6-11; os títulos de *Kyrios* e salvador), mas isso não é absolutamente idêntico com uma teologia "anti-imperial" de Paulo[73]. Não há:

1) em Paulo nenhuma expressão anti-romana direta ou apenas crítica a Roma; ao contrário, pois
2) Rm 13,1-7, como único testemunho direto de Paulo sobre o Império Romano, exige explicitamente o reconhecimento do mesmo[74]; tanto mais que
3) a vinda iminente do Cristo exaltado faz o Terrestre aparecer já agora sob uma luz passageira (1Cor 7,29-31).

6.2.2 Cruz e ressurreição

A última testemunha direta da transformação de Jesus de Nazaré da morte para a vida é Paulo. Perto de Damasco foi lhe concedido uma aparição pascal: "Em último lugar, por assim dizer como a um abortivo, ele apareceu também a mim" (1Cor 15,8). A grandeza de Deus revelou-se a ele, o pequeno (latim: *paulus* = pequeno), o menor entre os apóstolos (1Cor 15,9: ἐλάχιστος = superlativo de μικρός = pequeno). A aparição do Ressuscitado confere a Paulo a certeza de que Jesus não permaneceu na morte, como um criminoso crucificado, mas que pertence permanentemente ao lado de Deus (cf. 1Ts 4,14; 2Cor 4,14; Rm 6,9; Fl 2,6-11 etc.). Por isso, a ressurreição[75] de Jesus dentre os mortos é

---

[73] No nível metodológico, S. VOLLENWEIDER, "Politische Theologie im Philipperbrief?", in D. SÄNGER, U. MELL, *Paulus und Johannes*. WUNT 198 (Tübingen: 2006), pp. 457-469, aqui: p. 468, observa acertadamente: "A interpretação deveria se cuidar, para seu próprio bem, de construir clandestinamente, no caso de cada palavra for potencialmente política, uma antítese virtual".

[74] Relativizações de Rm 13,1-7 são realizadas principalmente na exegese norte-americana; cf. N. ELLIOTT, "Romans 13.1-7 in the Context of Imperial Propaganda", in: R. A. HORSLEY (org.) *Paul and Empire*, pp. 184-204 (Rm 13 como instrução tática); R. JEWETT, *Romans* (Minneapolis: 2007), pp. 789s (não deuses romanos ou gregos, mas o Pai de Jesus Cristo confere a autoridade estatal).

[75] Para a terminologia: já que Deus é no Novo Testamento constantemente o sujeito da ação em Jesus de Nazaré, fala-se em parte da *ressuscitação* de Jesus Cristo, para assim enfatizar o elemento passivo. Por outro lado, prevaleceu o termo *ressurreição*

o pressuposto material da relevância teológica da cruz, isto é, apenas *a partir da ressurreição revela-se a pessoa do crucificado*. Por isso, trataremos primeiro a compreensão paulina da ressurreição, antes de abordar a cruz como lugar histórico, tópico teológico e símbolo teológico.

Ressurreição

A ressurreição de Jesus Cristo dentre os mortos é o conteúdo central da criação paulina de sentido[76]. Esse conteúdo nunca foi irrestritamente fidedigno; já Lucas fez os epicuristas e estoicos zombar quando Paulo se apresentou em Atenas com o anúncio do Ressuscitado (cf. At 17,32). Como mostram textos das antigas ciências naturais[77], as pessoas da Antiguidade não eram absolutamente "ingênuas" para acreditar simplesmente numa continuação da vida após a morte, na imortalidade da alma ou em uma ressurreição corporal dos mortos. É certo que deuses/semideuses como Héracles/Hércules podiam voltar do

---

    para a designação do evento em sua totalidade. É usado também aqui, sem conter uma participação ativa de Jesus no evento da ressurreição.

[76] Entre a literatura extensa, cf. H. von CAMPENHAUSEN, *Der Ablauf der Ostereignisse und das leere Grab*, 4ª ed. SHAW.PH 1952 (Heidelberg: 1977); H. GRASS, *Ostergeschehen und Osterberichte*, 2ª ed. (Göttingen: 1961), pp. 94; F. VIERING (org.), *Die Bedeutung der Auferstehungsbotschaft für den Glauben an Jesus Christus* (Berlim: 1967); W. MARXSEN, *Die Auferstehung Jesu von Nazareth* (Gütersloh: 1968); K. M. FISCHER, *Das Ostergeschehen* (Göttingen: ²1980); P. HOFFMANN (org.), *Zur neutestamentlichen Überlieferung von der Auferstehung Jesu* (Darmstadt: 1988); P. HOFFMANN, "Die historisch-kritische Osterdiskussion von H.S. Reimarus bis zu Beginn des 20. Jahrhunderts", in IDEM (org.), *Zur neutestamentlichen Überlieferung von der Auferstehung Jesu*, pp. 15-67; I. U. DALFERTH, *Der auferweckte Gekreuzigte* (Tübingen: 1994); G. LÜDEMANN, Die Auferstehung Jesu, pp. 50ss; I. U. DALFERTH, "Volles Grab, leerer Glaube?", in *ZThK* 95 (1998), pp. 379-409; G. THEISSEN, A. MERZ, *Der historische Jesus*, 3ª ed. (Göttingen: 2001), pp. 415-446 (Visão geral da pesquisa sobre a Páscoa e suas interpretações).

[77] PLÍNIO, Nat Hist II 26s, segundo o qual se aplica também à divindade: "Ela não pode agraciar os mortais com a imortalidade e não pode ressuscitar mortos"; VII 188: "A vaidade humana, que é sempre a mesma, estende-se até mesmo para o futuro e sonha para si para o tempo da morte uma vida, ao atribuir aos partidos ora a imortalidade da alma, ora uma migração da alma e ora uma vida consciente, ao venerar as manas e ao fazer um deus daquele que deixou de ser apenas mais um ser humano".

reino dos mortos[78], mas a ressurreição do Crucificado era tida como "loucura" (1Cor 1,23). A falta de integração no mundo da experiência humana exige no tema da ressurreição dos mortos uma aproximação de exploração que será realizada em três passos: primeiro perguntaremos pelo conteúdo da realidade que Paulo atribui à ressurreição de Jesus Cristo dentre os mortos, depois se segue uma apresentação de modelos explicativos decisivos, para finalmente apresentar um modelo próprio da compreensão de Paulo.

I. *A realidade da ressurreição para Paulo*

Paulo não deixa dúvidas sobre a importância e o significado da ressurreição como fundamento da fé: "Contudo, se Cristo não ressuscitou, vazia é também nossa pregação, vazia é também vossa fé" (1Cor 15,14), e: "Se Cristo, porém, não ressuscitou, vossa fé é vã; então ainda estais nos vossos pecados [...], então somos os mais miseráveis de todos os seres humanos" (1Cor 15,17.19b). Existe em Paulo uma irreversibilidade de ressurreição, aparição, querigma e fé. Essa sequência material é desenvolvida literariamente em 1Cor 15. Embora ele seja uma testemunha autêntica da ressurreição, também aqui, ele enraíza sua cristologia na tradição da comunidade (cf. 1Cor 15,1-3a), para esclarecer que a ressurreição de Jesus Cristo dos mortos é o fundamento da fé de todos os cristãos. O evangelho tem uma forma determinada e se comprova somente nela para os coríntios como o evangelho salvador que deve ser preservado: "Que Cristo morreu por nossos pecados, segundo as Escrituras, e que foi sepultado e que foi ressuscitado ao terceiro dia, segundo as Escrituras, e que apareceu a Cefas, depois aos Doze" (1Cor 15,3b-5). Nem Paulo nem os coríntios têm seu próprio evangelho, mas ambos estão remetidos ao único evangelho preestabelecido (cf. acima, 6.1.4). O conteúdo do evangelho é a *parádosis* da morte e ressuscitação de Cristo. Jesus Cristo morreu por nossos pecados segundo a vontade de Deus; a afirmação sobre estar sepultado confirma a realidade de sua morte. Corresponde à morte integral de

---

[78] Cf. SÊNECA, Herc F 612s.

Jesus a ressuscitação integral que superou a morte como o último inimigo de Deus, mas também a morte como o fim de cada vida. Tanto a noção do estar sepultado como as aparições visíveis do Ressuscitado indicam que Paulo e a tradição entendem a morte e a ressuscitação de Jesus como um acontecimento físico-corporal[79] dentro do espaço e do tempo. Também a ampliação da lista das testemunhas (1Cor 15,6-9) por Paulo serve à comprovação da ressurreição corporal e, com isto, verificável, de Jesus Cristo dos mortos[80], porque muitos dos 500 irmãos vivem ainda e podem ser interrogados. R. Bultmann capta essa intenção do texto corretamente quando ressalta: "Posso compreender o texto apenas como a tentativa de tornar a ressurreição de Cristo crível como um fato histórico objetivo"[81]. No entanto, depois, Bultmann continua: "E vejo apenas que Paulo, devido a sua apologética, cai numa contradição consigo mesmo; pois, com um fato histórico objetivo não pode ser afirmado aquilo que Paulo afirma nos v. 20-22 sobre a morte e a ressurreição de Jesus"[82]. O que é compreendido por Paulo como um evento histórico, Bultmann deseja deslocar para a esfera do mitológico, para preservar assim a credibilidade do evangelho na modernidade. A única testemunha da ressurreição de quem possuímos notícias escritas, porém, compreendeu a ressurreição de Jesus Cristo dos mortos obviamente como um evento dentro da história, um evento que mudou totalmente sua própria vida. Com a citação da tradição dos v. 3b-5 e com a ampliação da lista de testemunhas, Paulo defende também sua autoridade como apóstolo[83]. Estende a tradição reconhecida até sua pessoa e esclarece assim para os coríntios que ele

---

[79] Paulo situa-se aqui no âmbito da tradição da antropologia e escatologia judaicas; cf. cf. M. HENGEL, "Das Begräbnis Jesu bei Paulus und die leibliche Auferstehung aus dem Grabe", in: F. AVEMARIE, H. LICHTENBERGER (org.), *Auferstehung* (cf. acima, 4.2), pp. 139-172.
[80] Cf. CHR. WOLFF, 1Cor (cf. acima, 4.6), p. 369.
[81] R. BULTMANN, "Karl Barth, 'Die Auferstehung der Toten'", in IDEM, *Glauben und Verstehen I*, 8ª ed. (Tübingen, 1980), pp. 38-64, aqui: p. 54.
[82] Op. cit., pp. 54s.
[83] Este aspecto é ressaltado enfaticamente por P. van den OSTEN-SACKEN, "Die Apologie des paulinischen Apostolats in 1. Kor 15,1-11", in IDEM, *Evangelium und Tora. Aufsätze zu* Paulus, pp. 146ss.

viu o Ressuscitado da mesma maneira como as outras testemunhas até Cefas. Desse modo, Paulo une três complexos de problemas: a) a ressurreição corporal de Jesus; b) seu testemunho acerca desse acontecimento; c) uma compreensão da ressurreição corporal dos mortos que decorre disso. Para Paulo, essa compreensão da ressurreição não é uma questão de interpretação, mas um elemento do evangelho. Somente se Jesus Cristo tiver ressuscitado dos mortos corporalmente, portanto, verdadeiramente, cristãos podem esperar pela atuação salvífica escatológica de Deus.

O conceito dos coríntios e o conceito paulino

Parte da comunidade coríntia negava uma ressurreição futura dos mortos, porque defendiam uma antropologia diferente da paulina[84]. Pensavam provavelmente de modo dicotômico, isto é, distinguiam entre a alma invisível do Eu e o corpo visível[85]. Ao contrário de conceitos gnósticos posteriores, para os coríntios, o corpo ainda não era uma grandeza negativa em si; antes, segundo sua convicção, ele estava excluído da salvação escatológica por ser uma grandeza terrestre-corruptível[86]. Uma expectativa de vida no mundo do além havia somente para a parte mais nobre do ser humano, ou seja, para a alma de seu Eu, dotada de espírito[87]. Os coríntios podiam declarar o corpo secundário, já que era uma morada terrestre irrelevante para a salvação, e tanto o libertinismo sexual como a ascese eram uma

---

[84] A respeito dos motivos para a negação da ressurreição que se discutem na exegese, cf. a visão geral da pesquisa em G. SELLIN, Auferstehung der Toten, pp. 17-37.
[85] Cf. G. SELLIN, op. cit., p. 30: "Os coríntios negaram a ressurreição dos mortos de modo geral, porque não podiam aceitar o conceito da corporeidade da salvação eterna, vinculado a esta ideia".
[86] Cf. PLUTARCO, Mor 1096: "O ser humano é composto de duas coisas, corpo e alma, e entre as duas, a prioridade é da alma". Em PLUTARCO, Is et Os 78, alega-se como meta das almas salvas: "No entanto, quando são redimidos e passam para o reino não-corpóreo, invisível, sem afetos e santo-puro, este deus lhes é líder e rei, e nele contemplam e desejam, sem se saciar, a beleza que é inefável aos seres humanos."
[87] Cf. H. H. SCHADE, Apokalyptische Christologie (cf. acima, 6.2), pp. 192s.

expressão desse pensamento (cf. 1Cor 6,12-20; 7). Já que entendiam o corpo como corruptível e mortal, mas a alma como incorruptível, os coríntios rejeitavam uma ressurreição escatológica do corpo. Parece que, para os coríntios, o alcance da vida não se dava como a superação da morte no momento da parusia do Senhor, mas no momento do recebimento do *pneuma* no batismo[88]; era aqui que se dava a transformação fundamental do Eu. Para eles, o dom imperdível do *pneuma* já era a garantia absoluta da salvação, pois não só concedia a passagem para a nova existência, mas já era a própria nova existência. O apóstolo compartilha o caráter realista desse tipo de conceito acerca do espírito (cf. 1Cor 5,5; 3,15s); mas, segundo Paulo e diferentemente da teologia coríntia, o ser humano como Eu não pode se distanciar de seu corpo. A corporeidade constitui o ser humano, o corpo não está excluído da atuação salvífica presente e futura de Deus. Isso já vale para a atuação salvífica de Deus em Jesus de Nazaré, pois tanto o Crucificado como o Ressuscitado possuem um corpo (cf. 1Cor 10,16; 11,27; Fl 3,21). O batismo confere a união com a sorte plena de Jesus, tanto com o corporeamente Crucificado como com o corporeamente Ressuscitado. Por isso, Paulo tematiza apenas em 1Cor 15,29 o costume – que pode parecer estranho – do batismo vicário[89], porque mostra, contra a intenção dos coríntios, que uma compreensão puramente espiritual da ressurreição não faz jus à natureza do batismo.

Para Paulo *não há existência sem corporeidade*, de modo que a reflexão sobre a existência pós-mortal precisa ser também uma pergunta pela corporeidade dessa existência. Por isso, a pergunta pelo "como" da ressurreição pode ser apenas a pergunta pelo gênero do corpo

---

[88] Tradições do judaísmo helenista elucidam este conceito; cf. CHR. WOLFF, 1Kor (cf. acima, 4.6), p. 214.

[89] Para a interpretação mais antiga, cf. M. RISSI, *Die Taufe für die Toten*. AThANT 42 (Zurique: 1962); da literatura mais nova, cf. U. SCHNELLE, Gerechtigkeit und Christusgegenwart (cf. acima, 4.6), pp. 150-152; G. SELLIN, Auferstehung der Toten (cf. acima, 6.2), pp. 277-284; CHR. WOLFF, 1Kor (cf. acima, 6), pp. 392-397; F. W. HORN, Angeld des Geistes (cf. abaixo, 6.3), pp. 165-167; D. ZELLER, "Gibt es religionsgeschichtliche Parallelen zur Taufe für die Toten (1Kor 15,29)?", in *ZNW* 98 (2007): 68-76.

ressuscitado (cf. 1Cor 15,35b). Paulo abre a discussão em 1Cor 15,35ss[90], depois de construir, por meio da designação de Cristo como "primícia dos que adormeceram" (ἀπαρχὴ τῶν κεκοιμημένων) em 1Cor 15,20 e por meio da descrição dos eventos escatológicos em 1Cor 15,23-28, uma linha de tempo irreversível, em cujo início está exclusiva e unicamente a ressurreição de Jesus Cristo dentre os mortos. Em 1Cor 15,42-44, Paulo avalia o que foi dito até aqui, ao interpretar a ressurreição daquilo que foi semeado: assim como se semeia o corruptível e se ressuscita o incorruptível, assim se semeia o σῶμα ψυχικόν ("corpo terrestre"), e o que ressuscitará é o σῶμα πνευματικόν ("corpo pneumático"). Com essa antítese[91] responde-se a pergunta pelo "como" da ressurreição, ao apresentar, por um lado, a corporeidade como a condição fundamental da ressurreição, mas ao caracterizar, por outro lado, essa corporeidade como uma realidade pneumática que deve ser estritamente separada do mundo presente corruptível. Nos v. 45-49, Paulo justifica sua tese do corpo de ressurreição como um σῶμα πνευματικόν. Cristo como um πνεῦμα ζῳοποιοῦν ("espírito que dá a vida") causa a existência do corpo de ressurreição (V. 45), e como o protótipo da nova existência, ele é simultaneamente sua imagem primordial. Assim como a qualidade terrena do πρῶτος ἄνθρωπος ("primeiro ser humano"), Adão, causa e determina a existência corruptível do ser humano, assim é também a qualidade celeste do δεύτερος ἄνθρωπος ("segundo ser humano") que causará e determinará a futura existência incorruptível.

Contra seu pano de fundo histórico-cultural, os coríntios excluíram a corporeidade do ambiente da imortalidade e viram no *pneuma* o verdadeiro lugar da atuação divina. Paulo, ao contrário, inclui o corpo abrangentemente na atuação salvífica de Deus e inverte a sequência

---

[90] A respeito da interpretação, cf. H. H. SCHADE, Apokalyptische Christologie (cf. acima, 6.2), pp. 204ss; CHR. WOLFF, 1Kor (cf. acima, 4.6), pp. 402ss; J. R. ASHER, *Polarity and Change in 1 Corinthians 15*. HUTh 42 (Tübingen: 2000), pp. 91-145.

[91] A antítese πνευματικός – ψυχικός encontra-se pela primeira vez em Paulo; em termos histórico-religiosos, é provavelmente deduzida da teologia sapiencial judaica (cf. FÍLON, Op 134-147; All I 31-42.88-95; n 4-5); cf. a respeito R. A. HORSLEY, "Pneumatikos vs Psychikos", in *HThR* 69 (1976): 269-288; G. SELLIN, Auferstehung der Toten, pp. 90-175; F. W. HORN, Angeld des Geistes, pp. 194-198.

coríntia (1Cor 15,46): "Primeiro, porém, não vem o pneumático, mas o psíquico, somente depois o pneumático". A força criadora maravilhosa de Deus ressuscitou Jesus Cristo dentre os mortos, e Deus será também o sujeito da ressurreição dos coríntios falecidos e da transformação dos coríntios ainda vivos.

Paulo compreende a ressurreição corpórea de Jesus Cristo dentre os mortos como uma atuação de Deus no Crucificado, que inaugura o tempo escatológico e se torna, dessa maneira, o fundamento de uma nova visão do mundo e da história. A ressurreição torna-se um predicado de Deus, ele se torna o Deus "que faz viver os mortos e chama à existência o não existente" (Rm 4,17b; cf. Rm 8,11). Deus identifica-se tanto com o Jesus Cristo crucificado que seu poder de vida, manifesto na ressurreição, continua operando: "Para isto, Cristo morreu e voltou à vida, que ele se torne Senhor tanto sobre os mortos como sobre os vivos" (Rm 14,9). As forças da ressurreição de Jesus Cristo continuam a atuar no tempo presente e provocam sua própria certeza: "Nós, porém, cremos que, se morremos com Cristo, também viveremos com ele" (Rm 6,8; cf. 2Cor 1,9; 5,15). Além disso, a ressurreição de Jesus Cristo modificou também visivelmente sua própria vida, de modo que seu conteúdo real consiste para Paulo não só num novo juízo sobre a atuação de Deus em Jesus de Nazaré, mas expressa uma nova realidade experienciável[92].

II. *Entender a ressurreição*

As experiências de Paulo perto de Damasco não são as nossas; sua visão de mundo não é do gosto de cada um[93]. Como pode se falar

---

[92] Na discussão dos anos 60, cujos efeitos perduram até hoje, minimiza-se ou exclui-se este aspecto conscientemente; cf., por exemplo, W. MARXSEN, *Die Auferstehung Jesu von Nazareth* (Gütersloh: 1968), p. 113, o qual nega a intenção comprovadora de 1Cor 15 e constata: "Por isso também não é possível recorrer a Paulo quando se deseja 'manter' o ter-acontecido (como se diz ocasionalmente) da ressurreição de Jesus".

[93] Cf. G. E. LESSING, "Über den Beweis des Geistes und der Kraft", in WÖLFEL, K. (org.), *Lessings Werke III* (Frankfurt: 1967 (= 1777), p. 32: "Uma coisa são profecias cumpridas que eu mesmo vivenciei, outra coisa profecias cumpridas das quais eu sei apenas historicamente que outros alegam tê-las vivenciado."

da ressurreição de Jesus Cristo dentre os mortos sob as condições da Modernidade? Como é possível afirmar a verdade do evangelho da ressurreição de Jesus Cristo dentre os mortos, num tempo em que a pretensão da verdade está exclusivamente vinculada à racionalidade da metódica científica(-natural)? Qual plausibilidade possuem os argumentos dos contestadores e dos defensores da realidade da ressurreição? Três modelos de interpretação são importantes na discussão:

a) *Projeções dos discípulos como fator desencadeador da fé na ressurreição (hipótese da visão subjetiva):* DAVID FRIEDRICH STRAUSS (1808-1874) aduziu argumentos contra a fé pascal que determinam a discussão até o tempo presente[94]. Ele distingue estritamente entre as tradições das revelações e as tradições do túmulo vazio. A origem histórica da fé pascal reside, segundo sua opinião, em visões dos discípulos na Galileia, longe do túmulo de Jesus, que passou a ser um túmulo vazio somente numa lenda secundária. As narrativas das aparições remetem a visões dos discípulos, provocadas pelo entusiasmo piedoso e pela situação de estresse. Dessa maneira, STRAUSS é um representante da hipótese da visão subjetiva, segundo a qual as visões dos discípulos são racionalmente explicáveis a partir da situação histórica específica[95]. STRAUSS converte a historicidade de Jesus em grande parte em mito, de modo que a realidade do evento histórico e a pretensão da verdade da fé na ressurreição ficam díspares. STRAUSS esperava dissolver a tensão assim gerada, ao separar o cerne da fé cristã da história e ao transformá-lo em uma ideia[96]. É uma esperança enganadora, pois ao resultado

---

[94] Cf. G. LÜDEMANN, Die Auferstehung Jesu, p. 208 etc., que segue em todos os argumentos essenciais D. F. Strauss. Para a crítica às deficiências teológicas e teórico-históricas das construções de Lüdemann, cf. I. U. DALFERTH, Volles Grab, leerer Glaube?, pp. 381ss.
[95] D. F. STRAUSS, *Der alte und der neue Glaube* (Stuttgart: 1938 [= 1872]), pp. 49s.
[96] Cf. D. F. STRAUSS, *Das Leben Jesu, kritisch bearbeitet,* 2 (Tübingen: 1836), p. 735: "Esta é a chave para toda a cristologia, colocar como sujeito dos predicados que a Igreja atribui a Cristo uma ideia em vez de um indivíduo, mas uma ideia real e não kantianamente irreal".

aparentemente positivo se contrapõe um déficit fundamental: quando os discípulos são os desencadeadores e os sujeitos da fé na ressurreição, esse acontecimento pode ser integrado em nossa realidade como um evento psicologicamente interpretável. Ao mesmo tempo, porém, perde sua pretensão de verdade, pois, ao longo prazo, a verdade não pode ser afirmada no além da realidade histórica.

Contra uma derivação da fé na ressurreição de processos intrapsíquicos devemos levantar *objeções* em vários níveis:

1) O argumento *histórico*: tanto para D. F. STRAUSS como para G. LÜDEMANN, as tradições do túmulo vazio são lendas apologéticas tardias. LÜDEMANN supõe que a comunidade mais antiga não conhecia o lugar do túmulo de Jesus[97]. É um argumento extremamente duvidoso, em termos históricos, pois a crucificação de Jesus despertou indubitavelmente muita atenção em Jerusalém. Por isso, nem os adversários de Jesus nem seus discípulos e simpatizantes devem ter deixado de perceber[98] onde o corpo de Jesus foi enterrado por José de Arimateia (Mc 15,42-47; cf. acima, 4.2). Se, logo depois desse evento, os discípulos se apresentaram em Jerusalém com a mensagem de que Jesus tinha ressuscitado dos mortos, então a pergunta pelo túmulo deve ter tido desde o início uma importância central. Um túmulo cheio poderia facilmente ter desmentido o anúncio dos discípulos!

2) O argumento *histórico-religioso*: não há paralelos histórico-religiosos contemporâneos para a conexão da ideia da ressurreição com a ideia de que uma pessoa morta aparecesse às pessoas a ela ligadas[99]. Se as aparições fossem compreendidas exclusivamente

---

[97] Cf. G. LÜDEMANN, Die Auferstehung Jesu, p. 67; na nova edição diz-se na p. 134: "O túmulo de Jesus era aparentemente desconhecido".
[98] A nota redacional sobre a fuga os discípulos em Mc 14,50 (cf. o motivo de πάντες em Mc 14,27.31.50) não implica absolutamente, a meu ver, que todos os simpatizantes de Jesus deixaram Jerusalém.
[99] Cf. M. KARRER, Jesus Christus (cf. acima, 4), pp. 35s.

como fenômenos intrapsíquicos, teriam se recomendado outros padrões interpretativos para expressar a posição particular de Jesus. As afirmativas escatológicas dos primeiros cristãos são singulares em sua combinação.

3) O argumento *metodológico*: tanto STRAUSS como LÜDEMANN não oferecem absolutamente uma apresentação "objetiva" e historicamente lógica do acontecimento da ressurreição, mas necessariamente a própria história *deles* com Jesus de Nazaré. O decisivo para sua argumentação é a suposição epistemologicamente incorreta de que a análise que *eles* fazem do processamento literário de um acontecimento decide totalmente sobre seu conteúdo real. Tal análise, porém, não pode fornecer resultados seguros, pois não se refere ao próprio evento, mas sempre a elementos interpretativos cuja significância, por sua vez, depende da compreensão acerca da realidade e da história dos exegetas que determinam inevitável e verdadeiramente os resultados. A decisão sobre o conteúdo de realidade e verdade do acontecimento da ressurreição ocorre sempre dentro das premissas da visão de mundo e da biografia dos intérpretes que liberam de seu interior a visão de mundo normativa e os interesses orientadores da interpretação. Na hipótese subjetiva das visões, a base da argumentação é formada principalmente por suposições psicológicas e postulados históricos derivados delas, sem que seus defensores tivessem refletido os déficits hermenêuticos desse conceito[100].

b) *Ressurreição para dentro do querigma*. Em continuidade com os resultados (negativos) da pesquisa sobre o Jesus histórico no séc. XIX, R. BULTMANN renuncia conscientemente a uma elucidação

---

[100] Para a crítica a Strauss e às hipóteses da visão subjetiva, cf. H. GRASS, Ostergeschehen und Osterberichte, pp. 233ss; para a crítica a Lüdemann, cf. R. SLENCZKA, "'Nonsense' (Lk 24,11)", in KuD 40 (1994): 170-181; U. WILCKENS, "Die Auferstehung Jesu: Historisches Zeugnis – Theologie – Glaubenserfahrung , in PTh 85 (1996): 102-120; W. PANNENBERG, "Die Auferstehung Jesu – Historie und Theologie", in ZThK 91 (1994): 318-328.

histórica da fé pascal: "A comunidade teve de superar o escândalo da cruz e o fez na fé pascal. Como esse ato de decisão se deu em seus pormenores, como surgiu a fé pascal nos distintos discípulos, foi escurecido na tradição pela lenda e é sem importância, em termos materiais"[101]. BULTMANN compreende a Páscoa como um evento escatológico, isto é, um evento que revolucionou tudo que existia até então, como um mundo e tempo trazido por Deus de modo qualitativamente novo. Segundo ele, a Páscoa como evento escatológico é mal entendida justamente quando se procura explicá-la com critérios terrestres, pois a ressurreição não é um milagre comprovador. R. BULTMANN vê essa decisão hermenêutica fundamental já no próprio Novo Testamento, pois ali, o Crucificado não seria anunciado de tal maneira "que o sentido da cruz se explicasse a partir de sua vida histórica que teria de ser reconstruída pela pesquisa histórica; antes, ele é proclamado como o Crucificado que é ao mesmo tempo o Ressuscitado. Cruz e ressurreição formam uma unidade."[102] Ora, qual é a relação exata entre a cruz e a ressurreição? A ressurreição nada mais é do que "a expressão da significância da cruz"[103]. O evento escatológico, uma vez desencadeado por Deus com Jesus, continua a se realizar na palavra e na fé. Por isso se aplica: Jesus ressuscitou "para dentro do querigma"[104], na medida em que a palavra é a continuação da atuação escatológica de Deus nos cristãos. Um acesso a um evento escatológico existe somente quando a própria pessoa passa a existir no Novo Mundo, isto é, quando se torna uma existência escatológica e reconhece na fé "que a cruz realmente tem o significado cósmico-escatológico que lhe é atribuído"[105].

---

[101] R. BULTMANN, Theologie, p. 47.
[102] R. BULTMANN, "Neues Testament und Mythologie", in BEvTh 96 (Munique: 1985 [=1941]: 57.
[103] Op. cit., p. 58.
[104] R. BULTMANN, "Das Verhältnis der urchristlichen Christusbotschaft zum historischen Jesus", in IDEM, Exegética (Tübingen: 1967), p. 469.
[105] R. BULTMANN, Neues Testament und Mythologie, p. 58.

Dois questionamentos devem ser dirigidos a esse pensamento explicitamente comprometido com a Modernidade:

1) Qual é o conteúdo de realidade que, na relação entre a cruz e a ressurreição, é atribuído à ressurreição? Quando a ressurreição é a "expressão da significância da cruz", não se trata de um juízo de realidade, mas de um juízo de reflexão emitido por um sujeito[106], que marca a posição de seu entendimento. Permanece não esclarecido como BULTMANN imagina exatamente a ressurreição para dentro do querigma. A realidade da ressurreição e a confissão dela são deliberadamente indistinguíveis e, dessa maneira, factualmente identificadas. Trata-se de uma formulação elegante, mas, ao mesmo tempo, propositalmente indefinida e encobridora[107]. Exatamente ali onde a relação fundamental entre história e verdade deveria ser esclarecida, "o sentido daquela afirmação-limite fica preso numa ambiguidade não interpretada"[108].

2) A renúncia a uma análise da dimensão histórica do evento da ressurreição é impossível, porque tanto as tradições mais antigas como Paulo entendem o evento da ressurreição como um acontecimento vinculado a lugares e tempos. E mais: quando as forças ressurrecionais continuam agindo na fé, elas devem ter também um ponto de partida histórico. Quem não se confronta com as dimensões históricas da ressurreição de Jesus Cristo dentre os mortos, fica no aquém do Novo Testamento[109].

c) *Ressurreição como acontecimento real.* W. PANNENBERG compreende as aparições pascais como a expressão objetiva das manifestações

---

[106] Cf. a respeito as considerações perspicazes de H.-G. GEYER, "Die Auferstehung Jesu Christi. Ein Überblick über die Diskussion in der evangelischen Theologie", in F. VIERING (org.), *Die Bedeutung der Auferstehung Jesu für den Glauben an Jesus Christus*, pp. 93s.
[107] Para a crítica, cf. K. BARTH, *Die Kirchliche Dogmatik III/2* (Zurique: 1948), pp. 535s.
[108] H.-G. GEYER, Die Auferstehung Jesu Christi, p. 96.
[109] A controvérsia vivaz em torno de cruz e ressurreição depois de 1945 é documentada por B. KLAPPERT (org.), *Diskussion um Kreuz und Auferstehung*, 9ª ed. (Wuppertal: 1985).

do Ressuscitado[110]. Ele se volta contra a visão de mundo reducionista da Modernidade, que exclui Deus dogmaticamente da realidade. "'Historicidade' não precisa significar que aquilo que é afirmado como historicamente factual seja análogo ou similar a outros acontecimentos conhecidos. A pretensão da historicidade, que é inseparável da afirmação da facticidade de um evento acontecido, não contém nada mais do que sua facticidade (a facticidade de um evento acontecido num determinado tempo). A questão de sua similaridade com outros acontecimentos pode desempenhar um papel acerca do juízo crítico sobre o direito a tais afirmações, mas não é uma condição da própria pretensão de veracidade vinculada ao afirmado."[111] Quando mantemos a possibilidade da atuação divina no tempo e na história aberta, então surgem também importantes argumentos históricos para a credibilidade das narrativas pascais. Em termos históricos, a tradição do túmulo vazio é para PANNENBERG tão original como as tradições das aparições, mas em seus conteúdos independente delas. Somente à luz das aparições, o túmulo vazio torna-se uma testemunha da ressurreição; sem as aparições, permanece polissêmico. Portanto, temos dois testemunhos para o acontecimento pascal que se confirmam mutuamente e que garantem uma objetividade do evento. "E, de fato, embora não a notícia da descoberta do túmulo vazio por si só, mas a convergência entre uma tradição de aparição que se formou independentemente dela e que remonta à Galileia, por um lado, e a tradição hierosolimitana do túmulo, por outro, tem um considerável peso para a formação do veredicto histórico. Falando de modo inteiramente geral, a convergência de várias situações possui grande importância para o veredicto histórico."[112] PANNENBERG não se esquiva do questionamento e da argumentação

---

[110] Cf. W. PANNENBERG, Grundzüge der Christologie, pp. 93ss.
[111] W. PANNENBERG, *Systematische Theologie II* Göttingen: 1991), p. 403 em Port. *Teologia Sistemática*, Ed. Academia Cristã/Paulus, Vol. II, 2009.
[112] W. PANNENBERG, Die Auferstehung Jesu, pp. 327s.

históricas e desloca-se, com isto, necessariamente para a esfera de questões discricionárias, marcadas pela biografia e pela visão de mundo. No entanto, a força comprovadora por ele pressuposta de *dois* testemunhos[113] não consegue sustentar o peso da comprovação, pois, com isto, PANNENBERG permanece dentro dos padrões de pensamento do positivismo histórico moderno[114].

III. *Ressurreição como um evento transcendental*

A historização do pensamento na Modernidade e a correspondente subsunção do conceito da verdade sob a metódica racional das ciências dominantes alteraram fundamentalmente a percepção de textos bíblicos e de sua pretensão. "Por meio da historização, a Bíblia passa a entrar nos contextos temporais histórico-distantes de sua formação, e com isso abre-se uma lacuna temporal entre o passado dessa formação e o presente da significância do formado, e esta lacuna – isto é o decisivo – não pode ser fechada com os mesmos meios metódicos da crítica."[115] Os *flashes* da história da pesquisa evidenciaram estratégicas decisivas para contornar esse dilema ou para construir uma ponte sobre as valas que foram abertas. Disso seguem as seguintes intelecções metódicas:

1) Os problemas não podem ser resolvidos ao declarar a pergunta pela ressurreição de Jesus Cristo dos mortos como historicamente impossível ou teologicamente ilegítima[116]. Em ambos os

---

[113] Em PANNENBERG, não só o estabelecimento de uma relação entre as aparições e o túmulo vazio, mas também o traço proléptico na pretensão de autoridade do Jesus pré-pascal e sua ressuscitação por Deus condicionam-se mutuamente; cf. IDEM, Grundzüge der Christologie, pp. 47ss.

[114] Para a crítica a Pannenberg, cf. especialmente E. REINMUTH, "Historik und Exegese – zum Streit um die Auferstehung Jesu nach der Moderne", in ST. ALKIER, R. BRUCKER (org.), *Exegese und Methodenstreit*. TANZ 23 (Tübingen: 1998), pp. 1-8.

[115] J. RÜSEN, "Historische Methode und religiöser Sinn", in W. KÜTTLER etc. (org.), *Geschichtsdiskurs* 2 (Frankfurt: 1994), pp. 344-377, aqui: p. 358.

[116] Assim, por exemplo, H. CONZELMANN, Theologie, p. 228, na onda dos anos 50 e 60: "A pergunta pela historicidade da ressurreição deve ser excluída da teologia

casos evita-se a pergunta pela relação entre o acontecimento da ressurreição e a realidade; a fé e a realidade são violentamente separadas. A ressurreição permanece no campo das ruínas da história passada[117], e a fé se degenera a uma mera afirmativa ideológica e se dissolve quando corta a ligação com o evento originador.

2) As perguntas históricas necessárias devem ser precedidas por reflexões hermenêuticas e teórico-históricas, pois estas determinam as respectivas construções da realidade e o conceito da verdade a elas vinculadas. Sob estes pressupostos metodológicos se empreenderá a seguir a tentativa de tornar a ressurreição compreensível *como um acontecimento transcendental*.

Considerações hermenêuticas e teórico-históricas: no tema da ressurreição, a pergunta pelo alcance e pelas possibilidades do conhecimento histórico (cf. acima, 1.1) precisa ser considerada de modo especial, pois esse conhecimento transcende nossa experiência da realidade. O (re)conhecimento histórico dá-se sempre numa distância temporal ao evento, que significa um afastamento e que impede o conhecimento histórico no sentido de uma constatação abrangente daquilo que ocorreu. Também a necessidade de interpretar os eventos históricos acarreta inevitavelmente a relatividade do (re)conhecimento histórico. Somente na interpretação do sujeito reconhecedor se forma história; a história é sempre um modelo de interpretação. Nesse contexto, a postura de visão de mundo, isto é, a compreensão da realidade que o historiador aceita para si mesmo e que é determinante para ele, sua disposição religiosa ou arreligiosa decidem necessariamente sobre o que pode ser considerado histórico ou não[118]. As próprias visões de

---
por ser enganadora. Temos outras preocupações: é mister pregar de tal modo 'que a cruz não seja esvaziada' (1Cor 1,17)".

[117] Assim, por exemplo, em I. U. DALFERTH, Volles Grab, leerer Glaube?, p. 385: "A cruz, e não a ressurreição, ancora a fé na história. Por isso podemos perguntar historicamente só pela cruz, e não pela ressurreição."

[118] Bem acertado W. PANNENBERG, Systematische Theologie II, p. 405: "O juízo ao qual alguém chega acerca da historicidade da ressurreição de Jesus depende, além

mundo existentes estão sujeitas a um constante processo de mudança. Nenhuma visão de mundo pode reivindicar para si uma posição particular na história, pois está inevitavelmente sujeita a mudanças e relativizações. Por isso, a referência às diferenças entre a visão de mundo presente e a neotestamentária não é um argumento suficiente para comprovar o caráter deficiente da última, porque cada geração precisa se articular dentro de sua própria visão de mundo, sem que gerações futuras pudessem concluir disso que teriam uma vantagem absoluta de (re)conhecimento.

A história nunca se apresenta abertamente, e sempre é apenas construída pela retrospecção do sujeito reconhecedor. Na Modernidade, esse processo de construção orienta-se em métodos com características da racionalidade científica, de modo que se aplica: "Sem método não há sentido"[119]. A metódica desencanta o potencial de sentido das memórias históricas e nivela tudo para uma massa uniforme. No caso da ressurreição, esse desencantamento está vinculado à palavra-chave da analogia. Processos históricos podem ser julgados suficiente e adequadamente sempre que haja uma analogia com eles, quando podem ser inseridos numa relação casual[120]. Isso não é o caso da ressurreição de Jesus Cristo dentre os mortos, pois, historicamente considerada, trata-se de um fenômeno singular. Por isso, põe-se imediatamente a pergunta se um evento singular dessa espécie pode ser historicamente fidedigno. Pode algo ser considerado histórico quando é único na história até então ocorrida? A resposta a essa pergunta depende da respectiva teoria histórica[121] defendida por um exegeta.

---

da verificação dos resultados e situações concretas, da compreensão da realidade pela qual a pessoa avaliadora se orienta e daquilo que ela, de acordo com essa compreensão, considera basicamente possível ou impossível, já antes de qualquer ponderação dos resultados e situações concretas."

[119] J. RÜSEN, Historische Methode und religiöser Sinn, p. 345.

[120] Aqui possui uma influência que se estende até a atualidade: E. TROELTSCH, "Über historische und dogmatische Methode in der Theologie", in: IDEM, Zur religiösen Lage. Religionsphilosophie und Ethik. Gesammelte Schriften II, 2ª ed. (Tübingen: 1922), pp. 729-753, que declarou que a crítica histórica, a analogia e a correlação são conceitos fundamentais do histórico, portanto, do real.

[121] Cf. a respeito J. RÜSEN, Rekonstruktion der Vergangenheit, pp. 22-86.

Adeptos de concepções nomológicas declararão não histórico tudo que se encontra fora das leis e normatividades que eles mesmos estabeleceram. Quando se vê, ao contrário, o elemento constitutivo da história em experiências temporais, o horizonte da percepção muda. "O pensamento histórico recorre no interesse dessa sua função orientadora a experiências temporais que são dispensadas no esquema da explicação nomológica: experiências de mudanças que não correspondem às leis inerentes ao fenômeno do mudar. Trata-se de experiências temporais que possuem, ao contrário das experiência nomologicamente identificáveis, o *status* da contingência."[122] Isso significa para nossa questão: historicamente, as aparições e o acontecimento da ressurreição que lhes é anterior não podem ser comprovados, mas ao mesmo tempo também não excluídos, quando se inclui na construção da história a categoria experiencial da contingência.

Ressurreição como um acontecimento transcendental: quando se precisa reconhecer, em termos teórico-históricos, à possibilidade de uma ressurreição de Jesus Cristo dentre os mortos e de subsequentes aparições do Ressuscitado o mesmo conteúdo de realidade possível como a outros eventos do passado, então se põe a pergunta pela relação com a realidade desse acontecimento que não pode ser inserido e categorizado, mas sim atribuído à realidade humana. Uma inserção e categorização não são possíveis, porque a ressurreição é compreendida, tanto em Paulo como em todo o Novo Testamento, sempre estritamente como um ato exclusivo de Deus (cf. 1Ts 4,14; 1Cor 6,14a; 15,4.15; Gl 1,1; Rm 4,24s; 6,9; 8,11; 10,9). O sujeito verdadeiro da ressurreição é Deus, isto é, o discurso sobre a ressurreição de Jesus Cristo é em primeiríssima instância uma afirmativa sobre o próprio Deus[123], portanto, não disponível à verificação empírica habitual! Por isso, em sua qualidade de ser uma atuação criadora de

---

[122] Op. cit., p. 41.
[123] Cf. CHR. SCHWOBEL, Verbete "Auferstehung", in *RGG*⁴ I, coluna 926: "A atuação de Deus é o ponto de referência comum do discurso sobre a ressurreição do Jesus morto, da fé da primeira comunidade de que Jesus participa, por meio disso, na vida de Deus e que seu testemunho de vida foi confirmado pelo próprio Deus, e da incumbência de levar esta mensagem a todos."

Deus no Jesus de Nazaré crucificado e morto, a realidade da ressurreição deve ser distinguida das experiências e lidas humanas com essa realidade. Se as duas coisas fossem equiparadas, a pergunta pela realidade desse acontecimento já não poderia ser respondida, e a possibilidade da atuação divina dependeria da confissão humana. *Quando o ser humano equipara as possibilidades de Deus com suas próprias, já não está falando de Deus!*

No entanto, a ressurreição como atuação de Deus em Jesus de Nazaré não anula a pergunta pela relação desse acontecimento com a realidade. A observação de que Deus mesmo se manifesta e se expressa no acontecimento da ressurreição e que a atuação de Deus propriamente dita não pode ser descrita, mas somente confessada[124], deve ser novamente avaliada como apenas um elegante deslocamento do problema. Como algo poderia se tornar a base de minha fé e, dessa forma, também de minha compreensão da realidade, quando não pode ser relacionado com minha realidade? Esta atribuição relacional é oferecida, a meu ver, pelo conceito da transcendência. A ressurreição é primeira e fundamentalmente uma atuação *a partir e da parte de Deus*, que transcende (*transcendere*) a experiência normal. No entanto, ele não se apresenta como a transcendência do absolutamente sagrado ou do monoteísmo distanciado, mas Deus transcende sua infinidade e se desloca, sem abandonar sua liberdade, para a esfera do criacional que ele mesmo criou e que é também sua propriedade[125]. No âmbito da criação, o ser humano é o único ser cujas experiências estão inteiramente marcadas por experiências da transcendência. O ser humano vive num mundo que, em última análise, está lhe subtraído, que era antes e estará depois dele[126].

---

[124] Assim I. U. DALFERTH, Der auferweckte Gekreuzigte, p. 56.
[125] Cf. a respeito P. TILLICH, *Systematische Theologie I*, 5ª ed. (Stuttgart: 1977), p. 303: "Deus é imanente ao mundo como seu fundamento criacional permanente e é transcendente ao mundo por sua liberdade. Ambas, a liberdade divina infinita e a liberdade humana finita, tornam o mundo transcendente para Deus e Deus, transcendente para o mundo."
[126] Sigo aqui reflexões de A. SCHÜTZ, TH. LUCKMANN, *Strukturen der Lebenswelt II* (cf. acima, 1.2), pp. 139ss.

Pode sentir o mundo, mas não se fundir a ele. Da distinção entre experiências relacionadas ao Eu e experiências que ultrapassam o Eu seguem não só experiências de diferença, mas também experiências de transcendência. Em seu cerne, cada experiência remete a algo ausente e alheio, e isso gera uma coexperiência de transcendência[127]. Pertence às transcendências que "ultrapassam" (transcendem) nossa realidade (ao lado do sono e de crises) principalmente a morte[128], cuja realidade é indubitável, mas, ainda assim, inexperimentável. Ora, a morte como o caso limite da vida é o lugar onde se encontram o acontecimento transcendental da ressurreição que parte de Deus e as experiências transcendentais das primeiras testemunhas. A atuação criadora de Deus no Jesus de Nazaré crucificado e morto gera nas primeiras testemunhas e também em Paulo experiências de transcendência muito particulares. A experiência e percepção decisiva rezam: *na ressurreição de Jesus Cristo dentre os mortos, Deus tornou a morte o lugar de seu amor pelos seres humanos.*

Essas experiências particulares de transcendência não podem ser inseridas e categorizadas em nossa realidade, mas podem ser *atribuídas* a ela, pois nossa realidade em sua totalidade está perpassada por vários tipos de experiências da transcendência. Quando não se reduz o conceito da experiência de modo natural-científico[129], as experiências das primeiras testemunhas não são de maneira alguma tão categoricamente distintas das experiências "normais", como geralmente se supõe. Tanto mais que os primeiros cristãos processam suas experiências particulares da transcendência de tal forma como experiências da transcendência precisam ser processadas fundamentalmente de modo positivo: por meio da criação de sentido.

---

[127] TH. LUCKMANN, Die unsichtbare Religion, pp. 167s, distingue entre "pequenas" transcendências (experiências cotidianas) e "grandes" (especialmente: sono, morte).

[128] Cf. A. SCHÜTZ, TH. LUCKMANN, *Strukturen der Lebenswelt II*, p. 173

[129] Cf. H. HÜBNER, *Die Wahrheit des Mythos* (Munique: 1985), p. 340: "Quem afirma que a ciência comprovou a validade constante e absoluta de leis naturais, não defende a ciência, mas uma dogmática metafísica da ciência".

A aparição perto de Damasco

A aparição do Ressuscitado (cf. acima, 4.2) deve ser entendia também em Paulo como um evento transcendente que vem de Deus. Perto de Damasco abre-se ao apóstolo (cf. 1Cor 9,1; 15,8; 2Cor 4,6; Gl 1,12-16; Fl 3,4b-11; At 9,3-19a; 22,6-16; 26,12-18) uma nova valoração do evento Cristo que lhe concedeu um quádruplo ganho de intelecção[130]:

1) A intelecção teológica: Deus voltou a falar e agir; no fim dos tempos, revela a salvação de maneira qualitativamente nova. Mediante a intervenção de Deus abrem-se perspectivas inteiramente novas na história e para a história.
2) A intelecção cristológica: o Jesus de Nazaré crucificado e ressuscitado pertence permanentemente ao lado de Deus, é o representante de Deus e, no céu, ocupa o lugar do *"second power"* (segundo poder).

Como "Senhor" (1Cor 9,1: κύριος), "Ungido" (1Cor 15,8: Χριστός), "Filho" (Gl 1,16: υἱός) e "Imagem de Deus" (2Cor 4,4: εἰκὼν τοῦ θεοῦ), Jesus Cristo é o portador permanente do poder e da revelação de Deus; em sua autoridade e proximidade a Deus mostra-se sua dignidade singular.

3) A intelecção soteriológica: o Cristo exaltado concede aos crentes já no tempo presente a participação de seu domínio. Eles estão incluídos num processo universal de transformação que começou com a ressurreição de Jesus, continua na atuação do espírito e desembocará em breve na parusia e no juízo.
4) A dimensão biográfica: Deus elegeu e chamou Paulo para tornar essa mensagem inusitadamente nova e boa conhecida das nações. Dessa maneira, o próprio Paulo torna-se parte desse

---

[130] Para a análise dos textos e a compreensão de Damasco, cf. abrangentemente U. SCHNELLE, "Vom Verfolger zum Verkündiger. Inhalt und Tragweite des Damskusgeschehens", in CHR. NIEMAND, *Forschungen zum Neuen Testament und seiner Umwelt*. FS A. Fuchs (Frankfurt: 2002), pp. 299-323.

plano salvífico, pois, através dele, o evangelho deve ser levado para o mundo, para salvar as pessoas que creem.

Os textos dizem pouco sobre a maneira da transmissão desses entendimentos. Damasco tem indubitavelmente uma dimensão exterior (cf. 1Cor 9,1; 15,8) e uma interior (cf. Gl 1,16; 2Cor 4,6), possivelmente vinculada a uma audição (cf. καλεῖν = "chamar" em Gl 1,15). Em Paulo, porém, falta qualquer interpretação maior do evento, seja psicológica, seja em termos de conteúdo, de modo que não se deveria tirar conclusões que ultrapassem essa situação textual.[131]

Daqui em diante, a experiência avassaladora com o Jesus Cristo ressuscitado marca a vida do apóstolo abrangentemente. Deus abre novos horizontes a Paulo: o juízo humano sobre o crucificado Jesus de Nazaré foi anulado por Deus; Jesus não morreu como alguém amaldiçoado na cruz, mas é o representante de Deus, o portador permanente da glória de Deus. Damasco é o ponto de partida fundamental da criação paulina de sentido. Enquanto ele podia entender o anúncio de um messias crucificado anteriormente apenas como uma provocação, a experiência de Damasco conduziu-o à compreensão de que havia na cruz um potencial de sentido inesperado. A partir da certeza religiosa do evento de Damasco, Paulo desencadeia uma criação de sentido de conceituação universal que teve uma história de recepção singular, para, desse modo, possibilitar aos seres humanos do mundo inteiro uma orientação abrangente para sua existência.

A cruz

Para Paulo, o Ressuscitado é permanentemente o Crucificado (2Cor 13,4: "Pois ele foi crucificado pela fraqueza, mas vive pela força de Deus"). O significado salvífico da ressurreição projeta uma nova luz sobre a morte de Jesus. Em Paulo há um efeito mútuo entre morte

---

[131] Cf. W. G. KÜMMEL, Römer 7 (cf. abaixo, 6.5), p. 160, que alerta contra interpretações de maior alcance do evento de Damasco: "Todas as hipóteses psicologizantes e todas as afirmações que vão além daquilo que se pode apurar das fontes apenas passam ao largo dos fatos e esquecem do temor à realidade histórica."

e ressurreição. A ressurreição fundamenta materialmente o significado salvífico da morte, e, ao mesmo tempo, o querigma da salvação ganha na hermenêutica paulina da cruz um último aguçamento. Também após a ressurreição, Jesus permanece o Crucificado (particípio perfeito do passado ἐσταυρωμένος em 1Cor 1,23; 2,2; Gl 3,1)[132]. "O Ressuscitado porta as marcas dos pregos da cruz."[133] Uma experiência biográfica ganha em Paulo uma qualidade teológica. Ele perseguiu os discípulos de Jesus por causa de suas afirmações de que um crucificado seria o Messias. No contexto de Dt 21,22s, essa mensagem precisava ser combatida como blasfêmia. Paulo estava convencido de que a maldição proferida pela Torá estivesse sobre o crucificado (Gl 3,13). A revelação perto de Damasco reverteu esse sistema de coordenadas teológicas. Paulo reconhece que o amaldiçoado no madeiro é o Filho de Deus, isto é, à luz da ressurreição, a cruz deixa de ser o lugar da maldição e passa a ser o lugar da salvação. Por isso, Paulo pode exclamar aos coríntios: "Nós, porém, anunciamos Cristo como crucificado, para judeus um escândalo, para gentios uma loucura" (1Cor 1,23).

Nas cartas de Paulo, a cruz aparece 1) como *lugar histórico*; 2) um topos *teológico-argumentativo* e 3) como *símbolo* teológico.

1) Em Paulo, o discurso da cruz tem sempre um conteúdo teológico. No entanto, ele não se aparta da história, mas seu ponto de partida é a cruz como o *lugar da morte* de Jesus de Nazaré. Com a expressão σκάνδαλον τοῦ σταυροῦ (1Cor 1,25; Gl 5,11: "escândalo da cruz"), o apóstolo refere-se à maneira execucional concreta e desonrosa da crucificação que comprova um ser humano como criminoso, mas não como filho de Deus. Venerar um crucificado como filho de Deus parecia aos judeus um escândalo teológico[134] e ao mundo greco-romano, uma

---

[132] Cf. F. BLASS, A. DEBRUNNER, F. REHKOPF, Grammatik § 340: o perfeito expressa "a duração daquilo que foi finalizado".
[133] G. FRIEDRICH, Verkündigung des Todes Jesu (cf. acima, 4), p. 137.
[134] Para a tradução de σκάνδαλον por "escândalo", cf. H.-W. KUHN, "Jesus als Gekreuzigter in der frühchristlichen Verkündigung bis zur Mitte des 2. Jahrhunderts", in *ZThK* 72 (1975): 1-46, aqui: 36s.

loucura¹³⁵. Com a posição central de um crucificado no mundo paulino de sentido, qualquer plausibilidade cultural corrente é posto de pernas para o ar, pois, agora, a cruz aparece como *signum* da sabedoria divina¹³⁶.

Paulo mantém a cruz como o lugar histórico do amor de Deus. Ele rejeita uma querigmatização completa do evento histórico singular. A atuação supratemporal de Deus comprova-se como salvífica para os seres humanos, porque possui um lugar e um tempo, um nome e uma história¹³⁷. A concentração da teologia paulina no *Kyrios* Jesus Cristo exaltado e presente tem seu fundamento em sua identidade com o Jesus de Nazaré crucificado e morto. A fé não pode se converter em algo mitológico, porque está ligada à terra por meio da cruz, como deixa claro o acréscimo paulino em Fl 2,8c (θάνατος δὲ σταυροῦ). O caráter singular e inconfundível da salvação (cf. Rm 6,10) é indispensável para a identidade da fé cristã. Por isso, Paulo pergunta os coríntios: "Porventura é Paulo que foi crucificado em vosso favor?" (1Cor 1,13a). Se Pilatos soubesse quem era, na verdade, aquele Jesus de Nazaré, não teria crucificado o "Senhor da Glória" (1Cor 2,8)¹³⁸. O escândalo da cruz continua a ter seus efeitos; Paulo é perseguido por causa da cruz (cf. Gl 5,11); seus adversários, porém, esquivam-se da perseguição e anulam, dessa maneira, o escândalo da cruz (cf. Gl 6,12; Fl 3,18). Por meio do acontecimento singular no passado, a cruz torna-se o evento escatológico, isto é, um evento que transcende e ultrapassa o tempo. A presença da cruz na proclamação tem como pressuposto que unicamente o Crucificado é o Ressuscitado, de modo que a significância da cruz está sempre vinculada a seu lugar histórico.

---

[135] Cf. PLINIO, Ep X 96,8: "confusa superstição selvagem".
[136] No entanto, há possíveis linhas culturais de contato; por exemplo, em Platão aparece o justo como o desonrado: "Dessa maneira, porém, eles dizem que o justo que tem essa atitude é amarrado, flagelado, torturado, cegado em ambos os olhos; e, por último, depois de ter sofrido toda espécie de males, ele ainda será suspenso (ἀνασχινδυλεύω "espetar, empalar") e assim se dará conta que justo não se precisa querer ser, mas querer parecer" (Politeia II 361c.362a).
[137] Cf. a respeito H. WEDER, Kreuz Jesu (cf. acima, 6.2), pp. 228ss.
[138] Para a interpretação, cf. CHR. WOLFF, 1Kor (cf. acima, 4.6), pp. 55-57.

2) A cruz como *tópico teológico-argumentativo* aparece em Paulo em vários contextos materiais, entre os quais deve se destacar particularmente a argumentação de 1Cor. Em *Corinto* trata-se da definição adequada da sabedoria de Deus. Para a comunidade que busca a perfeição presente, Paulo procura esclarecer que essa sabedoria se revela ali onde o ser humano supõe a loucura (1Cor 1,18ss). Na cruz pode-se perceber o modo da atuação de Deus que elege as pessoas humildes e desprezadas (1Cor 1,26-29) e que levou o apóstolo a um modo de existência e um pensamento determinados pelo Senhor (1Cor 2,2). Quando partes da comunidade coríntia acham que já teriam alcançado o estado da perfeição da salvação (1Cor 4,8), confundem a sabedoria do mundo e sua própria sabedoria com a sabedoria de Deus. Não existem uma sabedoria e uma glória que passassem ao largo do Crucificado (1Cor 2,6ss), e a ressurreição pode ser afirmada somente para o Crucificado. Por isso, aplica-se: "Pois a palavra da cruz é loucura para os que se perderão; para nós, porém, que seremos salvos, é a força de Deus (1Cor 1,18).

Os coríntios não eclipsaram a cruz[139], mas a neutralizaram ao compreender a morte de Jesus como uma passagem para a verdadeira existência pneumática da qual veio o preexistente. Ao contrário de Paulo, os coríntios compreenderam o dom do espírito primeiramente como superação do caráter limitado da antiga existência criatural, como potencialização da força e expectativa da vida[140]. No âmbito desse conceito preséntico e individualista, o sofrimento foi excluído, e a hamartiologia, minimizada. No centro estava a potencialização das possibilidades da vida por uma divindade que superou em seu destino as fronteiras da morte e que garante agora a presença plena do além neste mundo. Os coríntios procuraram fugir de sua limitação criatural; não a humildade, mas a nobreza e dominação lhes pareciam a apresentação

---

[139] Cf. TH. SÖDING, Das Geheimnis Gottes im Kreuz Jesu (cf. acima, 6), pp. 71-92.
[140] Cf. F. W. HORN, Angeld des Geistes (cf. abaixo, 6.3), que defende com razão a proveniência do entusiasmo coríntio da teologia batismal.

adequada do estado de salvação alcançado. Em contraste e comparação a isso, os apóstolos são "loucos por causa de Cristo" (1Cor 4,10). Eles dão um exemplo diferente ao aceitar e viver, pelo bem da comunidade, constantemente fraqueza, perigo e pobreza (cf. 1Cor 4,11ss). Dessa maneira, representam o tipo da pessoa verdadeiramente sábia que se sabe comprometida exclusivamente com sua missão e sua mensagem, independentemente de todos os fatores exteriores. Correspondentemente, também a forma da existência apostólica é determinada e marcada pelo Crucificado.

> Isso é demonstrado de forma concisa nos *catálogos de perístases*. Dificilmente é uma coincidência que todos os quatro catálogos de perístases se encontrem nas Cartas aos Coríntios (cf. 1Cor 4,11-13; 2Cor 4,7-12; 6,4-10; 11,23-29)[141]. Nos catálogos de perístases condensa-se o motivo da determinação de toda a existência apostolar pelo evento Cristo como atuação divina em prol dos seres humanos, em dignidade e humildade. O apóstolo porta em seu corpo permanentemente a morte de Jesus, "a fim de que também a vida de Jesus seja manifestada em nosso corpo. Com efeito, nós, os viventes, somos sempre entregues à morte por causa de Jesus, a fim de que também a vida de Jesus seja manifestada em nossa carne mortal. Por isso, a morte trabalha em nós – a vida, porém, em vós" (2Cor 4,10b-12). Faz parte da existência apostólica que sua participação no evento da cruz não se esgote no anúncio meramente verbal da mesma, mas que o apóstolo participa dela com toda sua existência. A existência do apóstolo é uma *elucidação existencial do querigma*, de modo que o apóstolo não pode tomar nenhum outro caminho diferente de seu Senhor!

Para Paulo, a cruz de Cristo é o critério teológico decisivo, ele não argumenta sobre a cruz, mas fala a partir da cruz. Mais ainda: a cruz de Cristo está presente na palavra da cruz (1Cor 1,17.18)! Já a Escritura testemunha que a sabedoria de Deus não pode adquirir seu conteúdo da sabedoria do mundo (1Cor 1,19); as duas devem ser estritamente

---

[141] Para a análise, cf. E. GÜTTGEMANNS, *Der leidende Apostel und sein Herr*. FRLANT 90 (Göttingen: 1966), pp. 94ss; M. EBNER, *Leidenslisten und Apostelbrief*. fzb 66 (Würzburg: 1991), pp. 196ss; M. SCHIEFER-FERRARI, *Die Sprache des Leids in den paulinischen Peristasenkatalogen*. SBB 23 (Stuttgart: 1991), pp. 201ss; G. HOTZE, *Paradoxien bei Paulus*. NTA 33 (Münster: 1997), pp. 252-287.

distinguidas, pois não se devem a fontes de intelecção comparáveis. Não nas alturas da sabedoria e do conhecimento humanos, mas nas profundezas do sofrimento e da morte, o Pai de Jesus Cristo comprovou-se um Deus que ama os seres humanos. Dessa maneira, a atuação de Deus em Jesus Cristo aparece como uma história paradoxal que tanto precede à atuação humana e à sabedoria humana como as contradiz[142].

3) Nos contextos argumentativos aduzidos, a cruz é também sempre um *símbolo*. Já que permanece em primeiríssima instância um lugar histórico, a cruz pode ser simultaneamente um fato e um símbolo[143]. Ela possui um caráter que remete para algo além de si e representa, ao mesmo tempo e pela força do espírito, o passado como presente. Sendo o lugar da transferência singular de Jesus Cristo para a nova existência, a cruz marca também a existência presente das pessoas que creem em Cristo. Nomeia sempre a transição do *status* da morte para a vida e ganha sua atualidade num duplo contexto ritual:

a) No batismo ocorre a integração no acontecimento da crucificação e ressurreição, ao superar o poder da morte e do pecado e ao conferir o *status* da nova existência. O particípio do perfeito συνεσταύρωμαι ("sou crucificado junto com") em Gl 2,19, assim como o σύμφυτοι γεγόναμεν ("crescemos formando uma unidade com") em Rm 6,5, ressalta o poder do ser-crucificado-junto-com no batismo que estende seu efeito para o tempo presente e o determina de modo qualitativamente novo.

b) Na Carta aos Gálatas, Paulo desenvolve uma crítica *staurologicamente* fundada à exigência da circuncisão pelos judaizantes.

---

[142] O quanto a teologia paulina da cruz contradiz a habitual imagem greco-helenista de deus mostra, por exemplo, DIÓGENES LAÉRCIO 10,123, onde Epicúrio convida seus alunos a elaborar um conceito adequado de deus: "Primeiro, considera deus um ser perene e feliz, de acordo com o conceito de Deus geralmente válido, e não lhe atribui nada em tua fantasia que seja irreconciliável com sua perenidade ou que não esteja em harmonia com sua beatitude feliz [...]".
[143] Cf. CHR. STRECKER, Die liminale Theologie des Paulus (cf. acima, 6), pp. 262s.

Como ritual de iniciação, a circuncisão está competindo com o batismo, portanto, também com a cruz. A circuncisão mantém a diferença étnica entre os judeus e os demais povos, enquanto a cruz simboliza a revalorização de todos os valores até então válidos, e o batismo abole explicitamente todos os privilégios anteriores (Gl 3,26-28). A cruz simboliza a atuação surpreendente de Deus que anula todos os paradigmas humanos. A sabedoria da cruz não é compatível com a sabedoria do mundo. A cruz é o questionamento radical de qualquer autoafirmação humana e de qualquer busca individualista da salvação, porque conduz à impotência e não ao poder, ao lamento e não ao júbilo, à vergonha e não à fama, à perdição da morte e não à glória da salvação inteiramente presente. Essa loucura da cruz não pode ser apropriada ideológica nem filosoficamente e se subtrai a qualquer instrumentalização, porque se baseia exclusivamente no amor de Deus.

O discurso da cruz é um elemento específico da teologia paulina. O apóstolo não o desenvolve a partir da tradição da comunidade, mas a partir de sua biografia: perto de Damasco, Deus revelou-lhe a verdade sobre o Crucificado que não permaneceu na morte. A palavra da cruz nomeia os processos fundamentais de transformação no evento Cristo e na vida dos crentes e batizados, de modo que leva diretamente ao centro do pensamento paulino[144]. *A teologia da cruz aparece como uma interpretação fundamental de Deus, do mundo e da existência; é o centro do mundo paulino de sentido.* Ensina a entender a realidade a partir do Deus que se torna manifesto no Crucificado e a orientar nisso o pensamento e os atos. Valorações, normas e classificações humanas recebem a partir da cruz de Cristo uma nova interpretação, pois os valores de Deus são a revalorização diferente de valores humanos.

---

[144] Contra H.-W. KUHN, Jesus als Gekreuzigter, p. 40, que situa as afirmativas paulinas sobre a cruz exclusivamente num contexto polêmico. 1Cor 1,23; 2,2 e Gl 3,1 mostram claramente que o discurso da cruz pertencia à proclamação inicial de Paulo.

O evangelho do Jesus Cristo crucificado concede salvação pela fé, pois aqui se manifesta aquele Deus que justamente na perdição e na nulidade quer ser o salvador dos seres humanos. Na cruz revela-se o amor de Deus, que é capaz de sofrer e, por isso, também é capaz de renovar.

6.2.3 Salvação e libertação por Jesus Cristo

Para Paulo, o Crucificado e Ressuscitado é a *figura central do tempo escatológico* que determina abrangentemente a compreensão paulina da realidade, "por ele, tudo se me tornou perda, e considero-o esterco, para que eu possa conhecer Cristo" (Fl 3,8). Mundo, vida e morte, presente e passado são contemplados por Paulo na perspectiva do evento Cristo, e já agora se aplica: "Tudo é vosso; vós, porém, sois de Cristo; Cristo, porém, é de Deus" (1Cor 3,22s). O mundo paulino de sentido está marcado pela ideia de que, no tempo escatológico, Jesus Cristo atuará antes de tudo como salvador e libertador; *salvador* da *ira iminente de Deus*, e *libertador* do *poder da morte*[145].

Somente o Filho de Deus, Jesus Cristo, salva as pessoas que creem da *ira de Deus* no juízo futuro (cf. 1Ts 1,10). Corresponde à vontade de Deus que os crentes alcancem não ira, mas salvação, por meio do *Kyrios* Jesus Cristo (1Ts 5,9; Rm 5,9)[146]. O evangelho é a força de Deus que visa a salvação dos crentes (Rm 1,16). Paulo intercede por seu povo de Israel, para que também este seja salvo (Rm 10,1). Ele mesmo vive na consciência de estar mais próximo à salvação agora do que no momento em que ele e os romanos chegaram à fé (Rm 13,11). Já que Deus ressuscitou Jesus Cristo dentre os mortos, as pessoas chamadas na fé podem ter a esperança de serem salvas na parusia iminente (cf. 1Ts 4,14; 5,10).

Particularmente nos inícios de suas cartas, Paulo destaca no contexto do agradecimento o estado de salvação das comunidades. Cabe

---

[145] Cf. a respeito fundamentalmente W. WREDE, *Paulus* (cf. acima, 6), pp. 47-66; A. SCHWEITZER, *Mystik des Apostels Paulus* (cf. acima, 6), pp. 54ss; além disso E. P. SANDERS, *Paulus und das palästinische Judentum* (cf. acima, 6), pp. 421-427; G. STRECKER, *Theologie*, pp. 124-149.

[146] Cf. W. THÜSING, *Gott und Christus* (cf. acima, 6,1), pp. 203-206.

uma importância particular ao início da comunicação, pois ele instala a nova compreensão comum da realidade e determina essencialmente a concordância buscada entre o apóstolo e a comunidade[147]. Paulo lembra aos tessalonicenses a eleição deles (1Ts 1,4) como uma precondição à salvação (1Ts 1,10). Aos coríntios, garante que Jesus Cristo os preservará firmes até o fim, "para que sejais irrepreensíveis no dia de nosso Senhor Jesus Cristo. É fiel o Deus que vos chamou à comunhão com seu Filho Jesus Cristo, nosso Senhor" (1Cor 1,8.9). No "Dia do Senhor", os coríntios serão a glória de Paulo (2Cor 1,14); unicamente essa esperança o consola em seus presentes sofrimentos (2Cor 1,5). Paulo agradece a Deus "que nos dá sempre a vitória em Jesus Cristo e revela em toda parte o perfume de seu conhecimento" (2Cor 2,14). Unicamente na fé no Filho de Deus Jesus Cristo abre-se para o ser humano o acesso a Deus, portanto, a salvação. Fora dessa fé imperam "o deus deste éon" (2Cor 4,4) e a incredulidade que conduz à perdição. Em Gl falta o agradecimento, mas Paulo amplia a fórmula de saudação de maneira característica: "Graça esteja convosco e paz da parte de Deus, nosso Pai, e do Senhor Jesus Cristo, que se entregou a si mesmo por nossos pecados, a fim de nos arrancar do presente éon mau, segundo a vontade de nosso Deus e Pai" (Gl 1,3.4). Paulo elogia com entusiasmo o estado de salvação da comunidade romana (Rm 1,5ss.11s; 15,14s), cuja fé é comentada pelo mundo inteiro (Rm 1,18). Também diante dos filipenses, Paulo expressa sua plena confiança de que Deus "que começou em vós uma boa obra há de levá-la à perfeição até o dia de Cristo Jesus" (Fl 1,6). O apóstolo e suas comunidades estão convencidos de que a eleição dos cristãos que se manifesta no batismo e sua vocação como participantes do evangelho terá uma validade até o escaton.

No evento Cristo, a morte como adversário escatológico de Deus foi desapoderada (cf. 1Cor 15,55), e Jesus Cristo aparece como o *libertador do poder da morte* e dos poderes a ela vinculados, a σάρξ ("carne") e a ἁμαρτία ("pecado"). A morte como último inimigo será submetido

---

[147] Cf. ST. ALKIER, *Wunder und Wirklichkeit in den Briefen des Apostels Paulus* (cf. acima, 6.2) pp. 91ss.

no final dos tempos a Cristo (1Cor 15,26), então haverá a libertação da "escravidão da corrupção" (Rm 8,21). Paulo desenvolve essa ideia abrangentemente na tipologia de Adão-Cristo (Rm 5,12-21) que está marcada pela ideia de duas figuras que determinam a humanidade: Adão e Cristo. Assim como a falta da primeira figura central fez com que a morte entrasse no mundo, o ato de graça de Deus em Jesus Cristo anula o poder da morte. É verdade que a morte continua a existir como realidade biológica, mas ela perde sua dimensão escatológica como um poder que separa de Deus. Como pessoas individuais, Adão e Cristo determinam a sorte e o destino de toda a humanidade, mas, ao mesmo tempo, Jesus ultrapassa Adão, pois a desgraça dele é abolida por meio do dom da graça do tempo escatológico. Também a ideia do "resgate/preço de libertação" (ἀπολύτρωσις em Rom 3,24; ἐξαγοράζω em Gl 3,13; ἀγοράζω em 1Cor 6,20; 7,23) expressa concisamente o ato libertador de Jesus Cristo: Jesus Cristo tomou sobre si aquilo que mantém as pessoas no cativeiro; ele pagou "por nós" o preço da libertação[148] do poder do pecado e da morte (cf. abaixo, 6.5.2).

A consequência da libertação adquirida por Cristo é a σωτηρία ("salvação"). Na liturgia, a comunidade evoca Jesus Cristo como o "salvador" que, como *cosmocrátor* (governante do cosmos), transformará o corpo terrestre e corruptível dos crentes (Fl 3,20s). Na parusia imediatamente iminente do *Kyrios* realiza-se a σωτηρία (Rm 13,11) que é a consequência da conversão (2Cor 7,10) e o conteúdo da esperança cristã (1Ts 5,8s). Já está presente no anúncio do apóstolo (2Cor 6,2) e realiza-se na vocação dos crentes (cf. 1Ts 2,16; 1Cor 1,18; 15,2; 2Cor 2,15). A comunidade pode viver na certeza de que sua fé e sua confissão a salvarão (Rm 10,9s). Assim se entrelaçam a experiência da salvação presente e a certeza da salvação futura: "Pois somos salvos na perspectiva da esperança" (Rm 8,24: τῇ γὰρ ἐλπίδι ἐσώθημεν).

---

[148] Para os possíveis panos de fundo histórico-religiosos (resgate de escravos), cf. G. FRIEDRICH, Die Verkündigung des Todes Jesu, pp. 82-86; G. BARTH, Der Tod Jesu Christi, pp. 71-75; D. F. TOLMIE, "Salvation as Redemption", in: J. G. VAN DER WALL, *Salvation in the New Testament* (cf. abaixo, 6.4), pp. 247-269.

6.2.4 A morte vicária de Jesus Cristo "por nós"

Paulo serve-se em ocasiões distintas de diferentes padrões de interpretação para descrever o significado salvífico da morte de Jesus. O modelo básico predominante é o pensamento do *vicariato*[149] que expressa concisamente a pró-existência de Jesus. No entanto, o termo vicariato (*Stellvertretung*) não apresenta uma uniformidade semântica, mas indica um campo imaginário que abrange motivos cristológicos, soteriológicos e também éticos. Vinculam-se a "vicariato" fenômenos que devem ser distinguidos, mas não em cada caso separados. Especialmente a relação entre expiação e vicariato é um problema em Paulo[150], pois ele não usa nenhum termo exato que corresponda à palavra "expiação" (*Sühne*)[151]. Ao mesmo tempo, porém, relacionam-se com o vicariato motivos como perdão dos pecados, entrega e sofrimento por outros, que poderiam recomendar conceitos de expiação como um horizonte interpretativo. Também em termos linguísticos, o discurso de que Jesus morreu "por" (ἀποθνῄσκειν ὑπέρ) permite várias acentuações, pois a preposição ὑπέρ com o genitivo[152] pode significar em sentido figurado "pela vantagem de", "no interesse de/em favor/benefício de", "por causa, pelo bem, em prol de" ou "em vez/em lugar

---

[149] Cf., por exemplo, B. G. DELLING, "Der Tod Jesu in der Verkündigung des Paulus", in IDEM, *Studien zum Neuen Testament und zum hellenistischen Judentum* (Berlim 1970), pp. 336-346; C. BREYTENBACH, "Versöhnung, Stellvertretung und Sühne", in *NTS* 39 (1993): 59-79, aqui: pp. 77s; J. SCHRÖTER, Der versöhnte Versöhner (cf. abaixo, 6.4), p. 316.

[150] Para história da pesquisa, cf. R. BIERINGER, "Traditionsgeschichtlicher Ursprung und theologische Bedeutung der ὑπέρ-Aussagen im Neuen Testament", in G. VAN SEGBROECK etc. (org.), *The Four Gospels*. FS F. Neirynck (Lovânia: 1992), pp. 219-248. A história dessa problemática na discussão mais recente encontra-se em J. FREY, "Probleme der Deutung des Todes Jesu", in J. FREY, J. SCHRÖTER (org.), *Deutungen des Todes Jesu* (cf. acima, 6.2), pp. 3-50; além disso, cf. J. CHR. JANOWSKI, B. JANOWSKI, H. LICHTENBERGER (org.), *Stellvertretung I* (Neukirchen: 2006).

[151] Cf. a respeito C. BREYTENBACH, Versöhnung, Stellvertretung und Sühne, pp. 60ss.

[152] As afirmativas paulinas sobre o vicariato são majoritariamente construídas com ὑπέρ com o genitivo (cf. 1Ts 5,10; 1Cor 1,13; 15,3; 2Cor 5,14.15.21; Gl 1,4; 2,20; 3,13; Rm 5,6.8; 8,32; 14,15); διά em 1Cor 8,11; Rm 4,25.

de"¹⁵³. Para evitar pré-julgamentos inadequados acerca do conteúdo, é preciso analisar os textos relevantes separadamente, e aqui devemos começar pelas tradições pré-paulinas. Nesse processo pressupõe-se a seguinte compreensão de "vicariato": vicariato significa *realizar um ato por outros, portanto, também em lugar de outros, e alcançar, por meio disso, um efeito salvífico.*

Na tradição pré-paulina de 1Cor 15,3b, a formulação sobre o vicariato refere-se à remoção dos pecados da comunidade confessante (Χριστὸς ἀπέθανεν ὑπὲρ τῶν ἁμαρτιῶν ἡμῶν = "Cristo morreu por nossos pecados")¹⁵⁴. Já que Cristo é mencionado como o sujeito explícito do acontecimento e como não se mencionam categorias de sacrifício, não deveríamos falar aqui de expiação. A autoentrega de Jesus Cristo (διδόναι ὑπὲρ τῶν ἁμαρτιῶν = "entregue pelos pecados") em Gl 1,4 visa a libertação do ser humano da esfera do poder do presente éon mau¹⁵⁵. O imaginário apocalíptico, por sua vez, recomenda uma interpretação que renuncia à inserção do conceito da expiação (segundo o Escrito Sacerdotal): pela autoentrega vicária de Jesus Cristo deu-se a libertação de "nosso" cativeiro no velho éon que se manifesta pelos pecados. A fórmula da entrega em Rm 4,25 deve estar influenciada por Is 53,12 LXX¹⁵⁶, sem que seja possível inserir nela a teologia da expiação do Escrito Sacerdotal¹⁵⁷: a entrega vicária de Jesus Cristo opera a anulação dos efeitos negativos de "nossas" transgressões, da mesma maneira como sua ressurreição possibilita "nossa" justificação.

No plano paulino, já 1Ts 5,10 mostra o conceito básico do apóstolo: a morte de Jesus "por" possibilita a nova criação e salvação do ser humano. Jesus Cristo "morreu por nós (ὑπὲρ ἡμῶν), para que, quer vigiemos, quer durmamos, vivamos em união com ele". O pensamento

---

[153] Originalmente, ὑπέρ com o genitivo significa "sobre, acima" no sentido local; cf. a respeito F. PASSOW, *Handwörterbuch der Griechischen Sprache II/2*, 5ª ed. (Leipzig: 1857), pp. 2066.

[154] Para a análise, cf. por último TH. KNÖPPLER, Sühne, pp. 127-129, que vê como pano de fundo Is 53,4s.12 LXX e 1Rs 16,18s LXX.

[155] Para a análise, cf. TH. KNÖPPLER, Sühne (cf. acima, 6.2), pp. 129-131.

[156] Assim, por exemplo, TH. KNÖPPLER, op. cit., p. 132; diferente D.-A. KOCH, Die Schrift als Zeuge, (cf. acima, 4.4), pp. 237s.

[157] C. BREYTENBACH, Versöhnung, Stellvertretung und Sühne, p. 70.

do vicariato pode nomear a morte de Jesus também em suas dimensões eclesiológicas (1Cor 1,13: "Porventura é Paulo que foi crucificado por vós?") e éticas (Jesus morreu pelo irmão fraco; 1Cor 8,11: δι ὅν; Rm 14,15: ὑπὲρ οὗ), sem recorrer ao conceito do pecado ou à ideia da expiação. A ideia do vicariato no sentido estrito ("em vez de/em lugar de") encontra-se em 2Cor 5,14b.15: "Um só morreu por todos, logo, todos morreram; e ele morreu por todos, a fim de que aqueles que vivem (por ele) não vivam mais para si, mas para aquele que morreu e ressuscitou por eles." Cristo "entregou-se a si mesmo por mim (ὑπὲρ ἐμοῦ)" por amor (Gl 2,20), e agora vale: "Ele, que não poupou seu próprio Filho, mas o entregou por todos nós (ὑπὲρ ἡμῶν πάντων), como não nos haverá de agraciar em tudo junto com ele?" (Rm 8,32). Em Gl 3,13, Paulo vincula o vicariato à ideia do resgate da escravidão: "Cristo nos resgatou da maldição da lei, tornando-se maldição por nós (ὑπὲρ ἡμῶν)"[158]. Agora, os escravos passaram a ser filhos (Gl 3,26-28; 4,4-6). Cristo morreu em lugar dos pecadores, quando ele, "que não conhecera pecado, tornou-se pecado por nós (ὑπὲρ ἡμῶν)" (2Cor 5,21)[159]. A morte de Jesus não é um ato substitutivo heróico (cf. Rm 5,7: "Dificilmente alguém morre por um justo; pelo bom talvez haja quem ouse morrer")[160], mas um morrer pelos ímpios (Rm 5,6); "por nós", pelos pecadores (Rm 5,8). Para a "remoção do pecado" (περὶ ἁμαρτίας κατέκρινεν) [N. da Trad.: sic!], Deus enviou seu Filho (Rm 8,3) que se inseriu na esfera do poder do pecado para superá-lo. Em termos histórico-tradicionais, o pano de fundo é aqui a cristologia do envio (cf. Gl 4,4s; 1Jo 4,9; Jo 3,16s), de modo que devemos provavelmente levar em consideração a ideia geral da expiação, mas não o culto sacrifical

---

[158] Para a análise detalhada, cf. Gl 3,10-14 Cf. CHR. SCHLUEP, Der Ort des Glaubens (cf. abaixo, 6.4), pp. 227-307.

[159] Não se deve absolutamente entender ἁμαρτία em 2Cor 5,21 no sentido de "sacrifício pelo pecado"; cf. M. KARRER, Jesus Christus (cf. acima, 4), p. 122: "Enquanto um sacrifício pelo pecado expia um pecado ocorrido, o não pecador se coloca no lugar do pecado como tal e esvazia esse poder".

[160] A base de Rm 5,7 é claramente o pensamento helenista de um morrer pela proteção de uma pessoa, da pátria ou de uma virtude; cf. a respeito os textos em: Neuer Wettstein I/2 (cf. acima, 4.3), pp. 592-597.715-725; Neuer Wettstein II/1 (cf. acima, 4.5), pp. 117-119.

veterotestamentário da expiação¹⁶¹. Também o pensamento de que a morte de Cristo, ao remover as consequências do pecado, beneficia a nós ("no interesse de / pelo bem de / em prol de") deixa uma margem para a inserção de um conceito de expiação como categoria heurística. "Muitas vezes é difícil separar os dois aspectos. A morte vicária é um morrer em prol das pessoas poupadas, e o Cristo que morre pelo bem dos seres humanos toma sobre si aquilo que deveria atingir os seres humanos, de modo que sua morte expiatória é também uma morte vicária."¹⁶²

No entanto, devemos distinguir disso estritamente o pano de fundo histórico-traditivo das afirmativas do "por nós", que não têm nada a ver com a realização cúltica de um sacrifício¹⁶³. O conceito da expiação ritual não forma o pano de fundo histórico-traditivo das afirmativas paulinas de ὑπέρ¹⁶⁴, pois Paulo explicitamente *não* utiliza como termo técnico para a expiação do pecado a expressão ἐξιλάσκεσθαι περί que é característica da tradução do Levítico na Septuaginta (cf. Lv 5,6-10 LXX)¹⁶⁵. Antes, deve se considerar como ponto de partida o conceito grego do justo que morre vicariamente e cuja morte opera a anulação/expiação dos pecados¹⁶⁶. Isso se aplica tanto mais que esse conceito já teve uma forte influência sobre a teologia judaica do martírio, assim como se apresenta, por exemplo, em 2Mc 7,37s; 4Mc 6,27-29;

---

¹⁶¹ Com C. BREYTENBACH, Versöhnung, Stellvertretung und Sühne, pp. 71s; contra P. STUHLMACHER, Biblische Theologie I, p. 291.
¹⁶² G. FRIEDRICH, Die Verkündigung des Todes Jesu (cf. acima, 4), p. 74.
¹⁶³ Cf. G. FRIEDRICH, Die Verkündigung des Todes Jesu (cf. acima, 4), p. 75; G. BARTH, Der Tod Jesu Christi, p. 59; além disso, C. BREYTENBACH, Versöhnung, Stellvertretung und Sühne, p. 66, que observa bem concisamente sobre Rm 3,25: "Salvo esse único texto, Paulo não precisa do conceito de 'expiação' e 'expiar' quando esclarece às comunidades o evangelho que anuncia".
¹⁶⁴ Contra U. WILCKENS, Röm I, p. 240, segundo o qual "o conceito cúltico da expiação é constantemente o horizonte sob o qual o Novo Testamento pensa a morte de Cristo em seu significado salvífico".
¹⁶⁵ Cf. BREYTENBACH, Versöhnung, Stellvertretung und Sühne, p. 69.
¹⁶⁶ Cf., por exemplo, SÊNECA, Ep 76,27: "Se a situação exigir que morras pela pátria e compres o salvamento de todos os cidadãos em troca do teu [...]"; além disso, SÊNECA, Ep 67,9; CÍCERO, Fin 2,61; Tus 1,89; JOSEFO, Bell 5,419; outras ocorrências em: Neuer Wettstein I/2 (cf. acima, 4.3), pp. 592-597.715-725. Para o tema, cf. G.BARTH, Der Tod Jesu Christi (cf. acima, 4), pp. 59-64.

17,21s. Além disso, no judeu-cristianismo helenista pré-paulino[167], a tradição da última ceia e da Ceia do Senhor (1Cor 11,24b: τοῦτό μού ἐστιν τὸ σῶμα τὸ ὑπὲρ ὑμῶν = "Isto é meu corpo, aquele por/para vós") influenciaram, sob adoção parcial de Is 53,11-12 LXX[168], a formação da ideia da morte vicária universal do justo que rompe o vínculo indissolúvel entre o pecado e a morte e assim possibilita a nova e verdadeira vida. Esse pensamento condensa-se especialmente nas fórmulas de morte (cf. 1Ts 5,10; 1Cor 1,13; 8,11; 15,3b; 2Cor 5,14s; Gl 2,21; Rm 5,6.8; 14,15) e de entrega (cf. Gl 1,4; 2,20; Rm 4,25; 8,32)[169]; Paulo o adota e ressalta a dimensão universal do acontecimento: o Crucificado sofreu pelos seres humanos a violência da morte, para assim tirar deles os poderes do pecado e da morte que lhes causam desgraça.

6.2.5 Expiação

O conceito da expiação no contexto do Templo e do sacrifício *não* está entre os *teologúmenos* fundamentais paulinos[170]. Paulo o adota somente uma única vez, embora num lugar central; na tradição[171] de Rm 3,25.26a, ele diz sobre Jesus Cristo: "A quem Deus estabeleceu como ἱλαστήριον ("lugar de expiação/meio de expiação"), mediante a fé, pelo poder de seu sangue, para a manifestação de sua justiça, pelo perdão dos pecados anteriormente cometidos, na paciência de Deus". O amplo campo de significado de ἱλαστήριον e os problemas de uma derivação histórico-traditiva unilinear[172] deixam parecer adequado

---

[167] Cf. C. BREYTENBACH, Versöhnung (cf. acima, 6.2), pp. 205-215.
[168] Cf. a respeito G. BARTH, Der Tod Jesu Christi (cf. acima, 4), pp. 56-59.
[169] Para a análise, cf. K. WENGST, Christologische Formeln (cf. acima), pp. 55-86.
[170] Diferente, por exemplo, M. GAUKESBRINK, Sühnetradition (cf. acima, 6.2), p. 283: "Teologicamente, Paulo formula e desenvolve sua cristologia, que remonta biograficamente ao evento perto de Damasco, por meio da tradição da expiação".
[171] Para a comprovação do caráter pré-paulino de Rm 3,25.26a, cf. U. SCHNELLE, Gerechtigkeit und Christusgegenwart (cf. acima, 4.6), pp. 68s.
[172] Um dos modelos explicativos deriva ἱλαστήριον do ritual cúltico no grande Dia da Reconciliação (= Expiação; cf. Lv 16; além disso, Ez 43), assim, com certas diferenças, U. WILCKENS, Röm I (cf. acima, 6.2.4), p. 193; P. STUHLMACHER, Biblische Theologie I. 1931; W. KRAUS, Der Tod Jesu als Heiligtumsweihe (cf. acima, 6.2), pp. 150-157; M. GAUKES. BRINK, Sühnetradition (cf. acima, 6.2), pp. 229-245;

compreender ἱλαστήριον em Rm 3,25 num sentido mais amplo como "meio de expiação"[173]. Deus mesmo criou a possibilidade da expiação ao destacar Jesus Cristo como o meio da expiação. Tanto a tradição como Paulo enfatiza a teocentricidade do acontecimento; o ponto de partida da salvação é a atuação de Deus. Aqui se manifesta a continuidade com as ideias básicas veterotestamentárias da expiação que não implica absolutamente uma imagem sádica de um deus que exigisse satisfação pelos pecados humanos por meio de um sacrifício. Antes, *a expiação é uma instituição de Deus:* "Porque a vida da carne está no sangue, e eu o deixei a vós para o altar, para que opere expiação por vossas almas. Pois é o sangue que faz expiação por meio da vida" (Lv 17,11). O sujeito exclusivo da expiação é Deus, que estabeleceu os sacrifícios para libertar a humanidade ritualmente do pecado e para romper assim o vínculo de desgraça entre o ato pecaminoso e suas consequências[174]. Ao mesmo tempo, já a tradição cristão-primitiva de Rm 3,25.26a rompe em vários aspectos com a compreensão veterotestamentária da expiação: enquanto, no culto expiatório do Antigo Testamento, a expiação é restrita a Israel, o perdão dos pecados vale universalmente. O culto do sacrifício expiatório exige a repetição anual; a morte de Jesus na cruz, porém, é um acontecimento escatológico e definitivo. Aquilo que ocorreu na cruz em termos histórico-salvíficos

---

TH. KNÖPPLER, Sühne (cf. acima, 6.2), pp. 113-117; C. BREYTENBACH, Verbete "Sühne", in *ThBLNT* (Wuppertal / Neukirchen: 2005), pp. 1685-1691, aqui: p. 1691. Outro modelo é pressuposto em Rm 3,25 contra o pano de fundo de 4Mc 17,21s, onde se atribui uma força de expiação à morte sacrifical dos mártires; cf. a respeito E. LOHSE, *Märtyrer und Gottesknecht*, 2ª ed. FRLANT 64 (Göttingen: 1963), pp. 151s; J. W. VAN HENTEN, "The Tradition-Historical Background of Romans 3,25: A Search for Pagan and Jewish Parallels", in M. DE BOER (org.), *From Jesus to John*. FS M. de Jonge. JSNT.S 84 (Sheffield: 1993), pp. 101-128 (análise de todos os textos relevantes com o resultado *"that the traditional background of the formula probably consists of ideas concerning martyrdom"* (que o pano de fundo tradicional da fórmula consiste provavelmente em ideias acerca do martírio; op. cit., p. 126); K. HAACKER, *Der Brief an die Römer*. ThHK, 3ª ed. (Leipzig: 2006), pp. 99s.

[173] Cf. Cf. H. LIETZMANN, *An die Römer*. HNT 8, 5ª ed. (Tübingen: 1971), p. 491; U. SCHNELLE, Gerechtigkeit und Christusgegenwart (cf. acima, 4.6), pp. 70s; G. BARTH, Der Tod Jesu Christi (cf. acima, 4), pp. 38-41.

[174] Cf. para isso fundamentalmente B. JANOWSKI, *Sühne als Heilsgeschehen*, 2ª ed. WMANT 55 (Neukirchen: 2000).

se realiza para cada pessoa no batismo: o perdão dos pecados anteriores. É somente aqui que a tradição tem seu auge soteriológico, pois não se trata só da proclamação do evento Cristo, mas de sua dimensão soteriológica experimentável: o perdão dos pecados no batismo[175]. A atuação salvífica de Deus em Jesus Cristo pode ser crida em sua universalidade somente quando for experimentada na particularidade da própria existência. Paulo adota essa afirmativa fundamental da tradição e a amplia, por sua vez, por meio do elemento interpretativo διὰ τῆς πίστεως ("através da fé"). A fé como atitude humana possibilitada por Deus concede a participação do evento salvífico. Na fé, o ser humano experimenta uma nova determinação, porque sua justificação se vincula ao perdão dos pecados no batismo. Já na tradição, o ser justo que resulta disso não é entendido como uma habitualidade, mas antes como uma tarefa que corresponde à atuação precedente de Deus.

Será que o modelo do sacrifício expiatório consegue expressar adequadamente as intenções teológicas da tradição e do apóstolo? A ideia do sacrifício serve para captar o efeito salvífico da morte de Jesus? Estas perguntas surgem não só a partir de um horizonte moderno, mas especialmente a partir das distinções fundamentais entre a teologia veterotestamentária do sacrifício expiatório e Rm 3,25.26a[176]. Constitutivos para o rito do sacrifício de expiação são a imposição das mãos pela pessoa que oferece o sacrifício e o rito de sangue a ser realizado pelo sacerdote (cf. Lv 16,21s). Além disso, ocorre uma transferência de identidade ao animal, que é o fator decisivo por meio do qual o abatimento do animal se torna um sacrifício. No acontecimento da cruz, esses elementos fundamentais não têm uma correspondência real. A cruz tem, exclusiva e constantemente, Deus como sujeito; é ele que se adianta para agir na cruz e que inclui o ser humano nesse acontecimento, sem qualquer atividade ou empenho prévio. Não é o ser humano que precisa procurar o contato com o sagrado; ao contrário,

---

[175] Cf. U. SCHNELLE, Gerechtigkeit und Christusgegenwart (cf. acima, 4.6), p. 71.
[176] Cf. a respeito L. U. DALFERTH, "Die soteriologische Relevanz der Kategorie des Opfers", in *JBTh* 6 (1991), pp. 173-194.

é Deus quem, em Jesus Cristo, vem ao encontro do ser humano. O sacrifício simboliza algo diferente, significa e transmite algo, enquanto, na cruz, Deus está totalmente junto de si mesmo e dos seres humanos. O hino da Carta aos Filipenses (Fl 2,6-11) mostra que – pensando em categorias de sacrifício – precisaríamos falar de um autossacrifício de Deus. No entanto, não é isto que Paulo faz, pois a cruz aboliu a relevância soteriológica de qualquer culto sacrifical. Portanto, a ideia do sacrifício é inadequada para o mundo paulino de sentido, e provavelmente não é uma coincidência que Paulo adote somente com a tradição de Rm 3,25.26a um texto que pensa em categorias de expiação e de sacrifício.

6.2.6 Reconciliação

Um modelo cristológico muito adequado e eficiente é o conceito da reconciliação. O substantivo καταλλαγή ("reconciliação": 2Cor 5,18.19; Rm 5,11; 11,15) e o verbo καταλλάσσειν ("reconciliar": 1Cor 7,11; 2Cor 5,18; Rm 5,10) encontram-se no Novo Testamento somente em Paulo. Em termos histórico-traditivos, as ideias devem provir da linguagem e do imaginário da diplomacia helenista[177]. Tanto διαλλάσσειν como καταλλάσσειν designam em textos clássicos e helenísticos uma atuação reconciliadora no âmbito político, social e familiar, sem qualquer componente religioso ou cúltico[178]. Semanticamente precisamos distinguir entre καταλλάσσειν e ἱλάσκεσθαι, reconciliar e expiar, pois os dois termos provêm de imaginários diferentes[179]. Enquanto καταλλάσσειν

---

[177] Cf. a respeito os textos em: Neuer Wettstein II/1 (cf. acima), pp. 450-455.
[178] Cf. C. BREYTENBACH, Versöhnung (cf. acima, 6.2), p. 221: "Entre o conceito paulino de καταλλάσσειν e a tradição veterotestamentária de כפר não há nenhuma relação histórico-traditiva que pudesse ser atribuída a uma teologia biblica"; cf. IDEM, Verbete "Versöhnung", in ThBLNT (Wuppertal / Neukirchen: 2005), pp. 1773-1780, aqui: p. 1777: "Na terminologia da reconciliação não se trata de uma terminologia religiosa". Diferente O. HOFIUS, "Erwägungen zur Gestalt und Herkunft des paulinischen Versöhnungsgedankens", in IDEM, Paulusstudien. WUNT 51 (Tübingen 1989), pp. 1-14, aqui: p. 14: "O pensamento paulino da reconciliação está [...] decisivamente marcado pela mensagem do Deuteroisaías."
[179] G. FRIEDRICH, Die Verkündigung des Todes Jesu (cf. acima, 4), 98s.; C. BREYTENBACH, Versöhnung, Stellvertretung und Sühne (cf. acima, 6.2.4),

descreve o processo da reconciliação interpessoal, ἱλάσκεσθαι designa um ato no ambiente sagrado. Entretanto, há uma diferença material fundamental entre o postulado pano de fundo helenista da tradição e a ideia paulina da reconciliação: é o próprio Deus que concede a reconciliação como sujeito criador; isto é, em todos os aspectos, mais que uma oferta de reconciliação ou um apelo à reconciliação.

O ponto de partida em 2Cor 5,18-21 é a nova realidade das pessoas que creem e foram batizadas como καινὴ κτίσις ἐν Χριστῷ (2Cor 5,17a: "nova criação/existência em Cristo"). Paulo conduz os olhares para Deus, cuja atuação reconciliadora possibilita uma mudança das relações a respeito dos seres humanos. Paulo desenvolve a nova estrutura do relacionamento por meio da ideia da reconciliação que é pensada de modo estritamente teocêntrico (v. 18a: τὰ δὲ πάντα ἐκ τοῦ θεοῦ = "tudo, porém, vem de Deus") e fundamentada de modo cristológico (διὰ Χριστοῦ = "por Cristo"). A superação do pecado, como um poder que divide o ser humano e Deus, exige uma iniciativa de Deus, pois só ele pode eliminar o pecado (v.19). Dentro desse processo cabe um papel especial ao apostolado paulino. Paulo o nomeia no v. 20 com o verbo πρεσβεύειν (= "ser enviado/embaixador")[180] que provém da terminologia helenista acerca de enviados e embaixadores[181]. Assim como o embaixador desempenha um papel crucial na elaboração de um contrato de reconciliação[182], a mensagem e o ministério do apóstolo fazem parte da obra da reconciliação de Deus. Como apóstolo vocacionado, Paulo pode anunciar ao mundo que Deus reconciliou o mundo consigo em Jesus Cristo (v. 19). Com isto, o próprio Deus criou a condição para o ministério de Paulo, de não só comunicar ao mundo que a reconciliação é possível, mas de pedir em lugar de Cristo: "Permiti serem reconciliados com Deus!" (v. 20b). Como fundamento

---

pp. 60ss; também P. STUHLMACHER, Biblische Theologie I, p. 320, admite agora pelo menos uma diferenciação semântica.

[180] Um *hapax legomenon* nos textos protopaulinos; fora do presente texto, ocorre somente em Ef 6,20.

[181] Cf. a respeito C. BREYTENBACH, Versöhnung (cf. acima, 6.2), pp. 65s.

[182] Cf. DIO CRISÓSTOMO, Or. 38,17-18 (= Neuer Wettstein II/1 [cf. acima, 4.5], p. 455).

possibilitador desse surpreendente pedido, Paulo aduz no v. 21 a relevância soteriológica do evento Cristo. Ao fazer com que Cristo assuma nosso lugar, de modo que ele se torna pecado por nós e nós, justiça de Deus nele, Deus cria uma nova relação entre o pecado e a justiça. O paralelismo dos membros da oração recomenda entender ἁμαρτία em ambas as ocorrências como "pecado" e não no sentido de "sacrifício de expiação"[183]. Como Cristo não é afetado de maneira alguma pela esfera do poder do pecado, pode se tornar pecado em nosso lugar, vicariamente, para assim operar nossa integração em sua esfera de poder.

Em 2Cor 5, Paulo não liga reconciliação e expiação; mas em Rm 5,1-11, confere um desenvolvimento maior à argumentação sobre a atuação justificadora de Deus pela morte expiatória de Jesus em Rm 3,21ss e estabelece a relação mútua entre justificação, expiação e reconciliação[184]. Rm 5,1 vê a justificação pela fé como uma realidade definitiva que determina a situação presente do cristão e que concede a paz que vem de Deus e que se tornou realidade no dom do espírito (cf. Rm 14,17). Como batizados, os crentes estão na graça de Deus e têm agora acesso a Deus (Rm 5,2). Essa presença da salvação confere à comunidade a força de não só suportar as tribulações presentes, mas de chegar, em paciência, a uma esperança viva na fé. Dessa maneira, a existência das pessoas justificadas e reconciliadas é ao mesmo tempo uma existência na θλῖψις ("tribulação"), mas também uma existência na esperança, determinada pelo olhar para a atuação escatológica de Deus. Os crentes não estão apartados das contradições da vida, das tentações na própria existência e na fé, do desespero e da dúvida, mas a natureza da fé mostra-se na capacidade de aguentar e suportar as tribulações. A força necessária é concedida pelo Espírito Santo que foi

---

[183] C. BREYTENBACH, Versöhnung (cf. acima, 6.2), p. 136-141; J. SCHRÖTER, Der versöhnte Versöhner (cf. acima, 6.2), pp. 314ss; diferente P. STUHLMACHER, Biblische Theologie I, p. 195; W. KRAUS, "Der Tod Jesu als Sühnetod bei Paulus", in ZNT 3 (1999): 20-30, aqui: 26, que enxergam um pano de fundo do âmbito da teologia da expiação.

[184] Para a interpretação, cf. M. WOLTER, Rechtfertigung und zukünftiges Heil. BZNW 43 (Berlim: 1978).

recebido pelos crentes no batismo e que, a partir daquele momento, determina poderosamente a vida dos cristãos (Rm 5,5). O amor de Deus revela-se na morte de Jesus "por nós", uma morte que possibilita a justificação do pecador e a reconciliação com Deus (Rm 5,6-8). Em Rm 5,9, Paulo refere-se com a expressão ἐν τῷ αἵματι αὐτοῦ ("por seu sangue") explicitamente de volta a Rm 3,25. A morte expiatória do Filho opera tanto a justificação como a reconciliação (Rm 5,9.10). Dessa forma, a justificação e a reconciliação nomeiam o novo relacionamento do ser humano com Deus, possibilitado pela destruição do poder do pecado na morte expiatória de Jesus Cristo. Por ele, os ímpios foram justificados e os inimigos de Deus, reconciliados.

Tanto 2Cor 5 como Rm 5 mostram que a morte de Cristo "por nós" possibilitou aquela nova relação com Deus que é chamada por Paulo de reconciliação. Em Paulo, a reconciliação é:

1) *um ato exclusivo de Deus*[185]; unicamente Deus é o sujeito e o objetivo da reconciliação. Não são os seres humanos que apaziguam, aplacam, encorajam ou reconciliam Deus por meio de algum ato[186], mas a nova relação com Deus e a consequente nova existência dos batizados, justificados e reconciliados se devem exclusivamente à atuação singular e perene de Deus em Jesus Cristo.
2) A reconciliação de Deus com o mundo é um *acontecimento universal de paz* (2Cor 5,19; Rm 11,15) que não se restringe a Israel nem aos crentes; ao contrário, segundo sua intenção, dirige-se a todos os seres humanos e à criação inteira[187].
3) A reconciliação realiza-se concretamente na *aceitação* da mensagem da reconciliação, contida no evangelho.

---

[185] Bem acertado C. BREYTENBACH, Verbete "Versöhnung", p. 1779: "O sujeito da reconciliação é Deus (2Cor 5,18s). Esta é a novidade teológica em contraste ao uso 'religioso' escassamente atestado em alguns poucos textos judaico-helenistas que conhecem a divindade meramente como objeto da atuação reconciliadora da parte do ser humano."
[186] Cf. nesse sentido 2Mc 1,5; 7,33; 8,29; JOSEFO, Ant 6,151; 7,153; Bell 5,415.
[187] Esse aspecto é enfatizado por E. KÄSEMANN, "Erwägungen zum Stichwort Versöhnungslehre im Neuen Testament", in E. DINKIER (org.), *Zeit und Geschichte*. FS R. Bultmann (Tübingen: 1964), pp. 47-59.

4) Essa aceitação muda todo o ser humano. Como ser outrora alienado de Deus, ele tem agora acesso a Deus e pode viver na força do espírito[188].

6.2.7 Justiça

Em todas as altas culturas e religiões, Deus é inconcebível sem justiça; o mesmo vale para qualquer forma de cultura, filosofia, direito e religião. Essas relações fundamentais determinam não só partes centrais do Antigo Testamento, mas também a grecidade clássica e o helenismo.

O ambiente histórico-cultural

No *Antigo Testamento* vinculam-se temas teológicos centrais a צדקה / δικαιοσύνη[189]. O vínculo entre *justiça* e *direito* é elementar, pois a justiça de Deus é inconcebível sem seu engajamento em prol do direito: "O Senhor faz justiça e direito a todos que sofrem injustiça" (Sl 103,6; cf. 11,7). Na assembleia dos deuses, YHWH julga os demais deuses e exige: "Fazei direito aos oprimidos e órfãos; ao miserável e ao necessitado fazei justiça" (Sl 82,3). Está entre as advertências fundamentais: "Não cometereis injustiça no julgamento [...]; segundo a justiça julgarás teu próximo" (Lv 19,15). Em particular cabe ao rei a tarefa de fazer direito a seu povo e de combater a opressão (cf. Jr 22,3; Sl 72,4; Pr 31,8s). O âmbito da atuação da justiça de Deus ultrapassa a vida jurídica, somente "quem não faz juramentos para enganar obterá do Senhor a bênção, e a justiça, do Deus de sua salvação" (Sl 24,4s). O conceito da justiça como um *dom* benéfico de Deus está imediatamente vinculado a ideias *universais*; dessa maneira, o direito e a justiça tornam-se elementos da epifania de Deus (cf. Sl 97,1-2.6). Também

---

[188] G. FRIEDRICH, Die Verkündigung des Todes Jesu, p. 116s.
[189] Uma visão geral acerca desse tema oferece-se em J. SCHARBERT, Verbete "Gerechtigkeit", in *TRE* 12 (Berlim / Nova Iorque: 1984), pp. 404-411; H. SPIECKERMANN, Verbete "Rechtfertigung", in *TRE* 28 (Berlim / Nova Iorque: 1997), pp. 282-286.

o poder criador de Deus e seu engajamento constante pelo bem da criação são expressão de sua justiça (cf. Sl 33,4-6; 85,10-14), de modo que a justiça designa a ordem salvífica do mundo "que reúne aspectos cósmicos, políticos, religiosos, sociais e éticos"[190]. Salvação e justiça tornam-se sinônimos da atuação universal de Deus que inclui também as nações (cf., por exemplo, Sl 98,2; Is 45,8.21; 46,12s; 51,5-8). O monoteísmo e o universalismo são combinados numa visão da história na qual a justiça de Deus aparece como domínio, dádiva, promessa, poder e salvação.

O *judaísmo antigo* é marcado pelas transformações profundas na esteira do Exílio Babilônico. Passam ao centro da religião a consciência da eleição, a esperança pela fidelidade duradoura de Deus, a Torá como dom salvífico de Deus e, imediatamente vinculada a isso, a tentativa de se definir de maneira nova através da separação ritual dos outros povos[191]. O autocomprometimento de Deus com seu povo encontra sua expressão na dádiva da *Torá*[192], entendida como uma dádiva da graça de Deus e como o documento de sua aliança (cf., por exemplo, Eclo 24; Jub 1,16-18). A Torá é muito mais do que uma ordem de vida ou uma ordem social; sua observância significa entrar no domínio de Deus, reconhecê-lo e impô-lo. Por isso, a fidelidade à Torá como observância e respeito à vontade de Deus é a resposta que se espera de Israel diante da eleição de Deus. Dentro desse conceito geral, a justiça não é o resultado do desempenho humano, mas sim o resultado da promessa de Deus para os seres humanos (cf. Jub 22,15: "Que ele renove sua aliança contigo, para que sejas para ele um povo

---

[190] H. H. SCHMID, *Gerechtigkeit als Weltordnung*. BHTh 40 (Tübingen: 1968), p. 166. Crítico a esse conceito é, por exemplo, F. CRÜSEMANN, "Jahwes Gerechtigkeit im Alten Testament", in *EvTh* 36 (1976): 427-450, aqui: 430s.

[191] Para o processo histórico, cf. J. MAIER, *Zwischen den Testamenten*, pp. 191-247; para as hipóteses teológicas básicas, cf. A. NISSEN, Gott und der Nächste (cf. acima, 3.5.3), pp. 99-329; para a compreensão de lei e justiça, cf. M. LIMBECK, *Die Ordnung des Heils* (Düsseldorf: 1971); H. SONNTAG, ΝΟΜΟΣ ΣΩΤΗΡ. Zur politischen Theologie des Gesetzes bei Paulus und im antiken Kontext. TANZ 34 (Tübingen: 2000), pp. 109-165.

[192] Para a Torá, cf. J. MAIER, Zwischen den Testamenten, pp. 212ss; além disso, A. NISSEN, Gott und der Nächste, pp. 330ss.

para sua herança em toda a eternidade. E ele seja para ti e tua descendência Deus em verdade e justiça, em todos os dias da terra"; cf. HenEt 39,4-7; 48,1; 58,4). Especialmente em Qumran se vincula uma compreensão mais profunda do pecado (cf. 1QH 4,30; 1QS 11,9s) a uma consciência elitista de eleição e a uma obediência radicalizada à Torá (cf. CD 20,19-21)[193]. Corresponde à atuação benigna da justiça de Deus no tempo escatológico, que se dá por meio da revelação de sua vontade às pessoas predestinadas, a penitência das mesmas por suas transgressões rituais e éticas. Não obstante, as pessoas piedosas precisam da misericórdia de Deus; a justiça de Deus é sua lealdade à aliança e à comunidade que gera a justiça humana (cf. 1QH 12,35-37; 1QH 1,26s; 1QH 3,21; 1QS 10,25; 11,11ss).

Os Salmos de Salomão[194] transmitem a intelecção de que a pessoa piedosa recebe justiça através da misericórdia de Deus (cf. SlSal 2,33s)[195]. Deus é justo e se apieda das pessoas que se submetem ao seu justo juízo (SlSal 8,7). A medida orientadora para a misericórdia de Deus é a lei, que fornece critérios para a sentença justa de Deus e na qual se manifesta sua justiça. "Fiel é o Senhor aos que o amam em verdade, que suportam seus castigos, que caminham na justiça de seus mandamentos, na lei que ele colocou sobre nós para nossa vida. Os piedosos do Senhor viverão eternamente pela (Lei); o jardim de prazeres, as árvores da vida (são) seus piedosos" (SlSal 14,1-3). Justas são, portanto, aquelas pessoas que estão dispostas a viver de acordo com a lei e que confiam na misericórdia de Deus. O verdadeiro fundamento possibilitador da justiça, porém, é a pertença dos piedosos ao povo eleito de Deus. A misericórdia de Deus para com as pessoas

---

[193] Cf. a respeito O. BETZ, "Rechtfertigung in Qumran", in L. FRIEDRICH, W. PÖHLMANN, P. STUHLMACHER (org.), *Rechtfertigung*. FS E. Käsemann (Tübingen: 1976), pp. 17-36; M. A. SEIFRID, Justification by Faith (cf. acima, 6.2), pp. 81-108.

[194] Origem: meados do séc. I a.C. na Palestina; Cf. J. SCHÜPPHAUS, *Die Psalmen Salomos*. ALGHJ VII (Leiden: 1977), p. 137; S. HOLM-NIELSEN, *Die Psalmen Salomos*. JSHRZ IV/2 (Gütersloh: 1977), p. 59; M. WINNINGE, *Sinners and the Righteous*. CB.NT 26 (Estocolmo: 1995), pp. 12-16.

[195] Cf. a respeito U. SCHNELLE, "Gerechtigkeit in den Psalmen Salomos und bei Paulus" in H. LICHTENBERGER, G. S. OEGEMA (org.), *Jüdische Schriften in ihrem antikjüdischen und urchristlichen Kontext*. JSHRZ/Studien 1 (Gütersloh: 2002), pp. 365-375.

piedosas e o dom vivificador da lei são a expressão e a consequência da eleição de Israel (cf. SlSal 9,6.10; 10,4). O par de opostos, Israel como justos e gentios ou judeus renegadores como pecadores é a base do pensamento teológico dos Salmos de Salomão (cf. SlSal 13,7-12)[196]. O ser-justo do piedoso é um *termo de* status que o distingue fundamentalmente dos gentios. É verdade que também os piedosos pecam, mas a fidelidade e a misericórdia de Deus não são anuladas por causa de pecados inconscientes. Ao contrário, Deus purifica dos pecados e, dessa maneira, impulsiona o pecador arrependido para uma conduta justa e orientada pela lei (cf. SlSal 3,6-8; 9,6.12; 10,3).

Também a *grecidade clássica* e o *helenismo* estão profundamente marcados pela reflexão sobre a justiça[197]. Para Platão, a relação entre a lei e a justiça está no centro, porque a *justiça é a norma da lei*. No mito da formação da cultura, direito e justiça são os prerrequisitos para que todas as pessoas possam participar da justiça[198]. Para o legislador instruído por Zeus vale que "dirigirá sua atenção constantemente a nada além, sobretudo, da suprema virtude quando decreta uma lei. Esta, porém, como diz Teógines, consta na fidelidade nos perigos, que poderia ser chamada também de justiça perfeita" (Leg I 630c). A justiça encabeça as virtudes cardeais (Resp 433d.e), pois a ela, enquanto uma categoria tanto social como universal, cabe uma posição-chave dentro da ordem da alma e, correspondentemente, na ordem do Estado. Aristóteles não faz distinção entre direito e ética, mas a justiça como o princípio ordenador geral abrange ambas (Eth Nic V 1130a: "Portanto, nesse sentido, a justiça não é uma parte da valoridade ética, mas sim a valoridade em toda sua abrangência")[199]. Em termos de seu conteúdo,

---

[196] Para a definição de "pecadores" e "justos" nos Salmos de Salomão, cf. M. WINNINGE, Sinners and the Righteous, pp. 125-136.

[197] Uma visão geral é oferecida por A. DIHLE, Verbete "Gerechtigkeit", in *RAC* 10 (Stuttgart: 1978), pp. 233-360; além disso, H. SONNTAG, ΝΟΜΟΣ ΣΩΤΗΡ, pp. 7-108.

[198] Cf. Prot 322c.d, onde se descreve como Hermes, por ordem de Zeus, leva o direito e a lei a todas as pessoas.

[199] De grande importância na história da recepção é a distinção entre o direito natural e o direito positivo em Eth Nic V 1134b-1135a: "O direito natural tem por todas as partes a mesma força de validade e não depende do acordo ou não acordo".

as leis definem o que é justo, pois: "Quem desrespeita as leis é injusto, assim vimos; quem as respeita, é justo. Isto quer dizer, portanto: tudo que é legal é, no sentido mais amplo, algo justo" (Eth Nic V 1129b)[200]. Já que aquilo que é lei é simultaneamente o justo, decorre da violação da lei a injustiça (cf. Eth Nic V 1130b). Portanto, a justiça surge das leis e é o efeito delas, pois a atuação justa se orienta nas leis e gera justiça.

Na filosofia helenista, o conceito da justiça desloca-se, sob a influência de uma cultura mundial em expansão, da *polis* para o indivíduo. Nesse processo, a justiça e a piedade tornam-se parcialmente sinônimos, sem que a relação com o *nomos* fosse abolida. A relação fundamental entre *direito, justiça, leis e vida bem-sucedida* determina também o pensamento em torno da virada dos tempos. Para Cícero há uma relação inquebrantável: "Uma lei inclui, portanto, a distinção entre aquilo que é justo e aquilo que é injusto, é formulada sob orientação por aquela natureza original que é a base de todas as coisas e pela qual se orientam as leis humanas que punem os maus, que defendem e protegem os bons" (Leg II 13). A justiça é *o* fundamento por excelência e é observada pelo reconhecimento da natureza das coisas. (cf. Leg I 48). Para Dion de Prusa, que representa como filósofo e retórico a elite de seu tempo, aplica-se ao domínio ideal que foi concedido ao rei por Zeus. "Quem, olhando para ele e seguindo seus estatutos, ordena e governa o povo de modo justo e bom, receberá uma boa sorte e um final feliz" (Dio Crisóstomo, Or 1,45; cf. 75,1). A lei concede tanto à comunidade como à pessoa individual a justiça que merecem e que as protege (Or 75,6). A união divina de lei e justiça abrange a pessoa e a instituição; como princípio ordenador do mundo, compete à justiça sempre também um significado moral-individual e um fundamental-universal. Essas relações permitiram a pensadores judaico-helenistas como Fílon de Alexandria e Flávio Josefo sintetizar o pensamento grego sobre a justiça e a lei com a tradição judaica. Fílon combina a doutrina grega das virtudes com o Decálogo, "pois cada uma das Dez Palavras de Deus e todas elas juntas (nos) conduzem e advertem

---

[200] Cf. também PLATÃO, Symp 196b.c; Resp I 338d-339a; Gorg 489a.b; Polit 294d-295a; Leg X 889e-890a.

para o discernimento racional, a justiça, o temor a Deus e a ciranda das outras virtudes" (Spec Leg IV 134). Fílon consegue mostrar que os inúmeros mandamentos individuais judaicos decorrem de dois princípios básicos: "em relação a Deus, o mandamento da veneração a Deus e da piedade; em relação aos seres humanos, o mandamento do amor ao próximo e a justiça" (Spec Leg II 63; cf. II 13.14). A Torá está submetida a uma forte eticização que corresponde à concentração greco-helenista no conceito da justiça, embora sem anular os aspectos universais[201].

A gênese da doutrina paulina da justificação

Para Paulo, a relação abrangente e fundamental de lei – justiça – vida e, com ela, a *temática* da justiça e da justificação estava preestabelecida. Ao mesmo tempo, porém, ele precisava realizar novas atribuições e ordenamentos, pois sua hermenêutica de Cristo exigia inserir os três termos/conceitos-chave de lei – justiça – vida no novo sistema de coordenadas. Suas cartas permitem perceber uma *doutrina* coesa e consistente da justificação, ou é preciso introduzir diferenciações, para fazer justiça a uma situação complexa?

A análise mostra que, em Paulo, justiça/justificação é um fenômeno complexo de várias camadas que exige um modelo explicativo em *nível diacrônico*[202]:

No âmbito da teologia paulina, a justiça está vinculada, antes de tudo, a *tradições batismais* (1Cor 1,30; 6,11; 2Cor 1,21s; Rm 3,25.26a; 6,3s; 4,25)[203]. O ancoramento ritual da temática da justiça não é um

---

[201] Cf. R. WEBER, Das "Gesetz" bei Philon von Alexandrien und Flavius Josephus (cf. acima, 3.8.1), pp. 337ss.

[202] Cf. a respeito U. SCHNELLE, Gerechtigkeit und Christusgegenwart (cf. acima, 4.6), *passim*; TH. SÖDING, Kriterium der Wahrheit?, in: IDEM (org.), *Worum geht es in der Rechtfertigungslehre?* (cf. acima, 6.2), pp. 193-246; aqui: pp. 211-213; U. WILCKENS, Theologie III, pp. 131-136.

[203] Cf. G. DELLING, *Die Taufe im Neuen Testament* (Berlim: 1963), p. 132; K. KERTELGE, *"Rechtfertigung" bei Paulus*. NTA 3, 3ª ed. (Münster: 1971), pp. 228-249; E. LOHSE, "Taufe und Rechtfertigung bei Paulus", in: IDEM, *Die Einheit des Neuen Testaments*, pp. 228-244; F. HAHN, "Taufe und Rechtfertigung", in J. FRIEDRICH,

acaso[204], pois o batismo é o lugar onde se dava a mudança fundamental do *status* dos cristãos, do âmbito do pecado para o âmbito da justiça. No entanto, as tradições batismais tematizam não só a justiça, mas desenvolvem uma *doutrina* sacramental-ontológica coesa da justificação: no batismo como lugar da participação do evento Cristo, os crentes são efetivamente separados do pecado, pelo poder do espírito, e alcançam o *status* da justiça, de modo que, no horizonte da parusia de Jesus Cristo, podem levar uma vida que corresponde à vontade de Deus. Essa doutrina da justificação pode ser designada como inclusiva, porque visa, sem critérios de exclusão, a justificação da pessoa individual e sua integração na comunidade. A fé, o dom do espírito e o batismo constituem um *evento integral*: no batismo, o crente entra no espaço do Cristo pneumático, constitui-se a comunhão pessoal com Cristo e começa de modo real a salvação que se realiza por meio de uma vida em justiça e determinada pelo espírito[205]. *É nítido que essa doutrina da justificação no contexto do batismo se vincula organicamente às compreensões fundamentais que sustentam a cristologia paulina: transformação e participação*[206]. Pela ressurreição dentre os mortos, Jesus Cristo passou para a esfera de vida e do poder de Deus, e, por meio do dom do espírito, concede aos crentes no batismo a participação na nova existência. Apartadas do poder do pecado, as pessoas que creem e foram batizadas vivem no espaço da salvação do Cristo, um espaço

---

W. PÖHLMANN, P. STUHLMACHER (org.), *Rechtfertigung*. FS Käsemann (Tübingen: 1976), pp. 95-124, aqui: pp. 104-117; U. LUZ, Verbete "Gerechtigkeit", in *EKL II³* (Göttingen: 1997), p. 91: "Condição para a doutrina paulina da justificação era que as comunidades primitivas entendessem o batismo como antecipação do juízo escatológico de Deus e, dessa maneira, como justificação real (1Cor 6,11). [...] Portanto, a doutrina paulina da justificação não é uma criação nova, mas está enraizada na interpretação do batismo pela comunidade."; U. WILCKENS, Theologie III, pp. 132s.

[204] Cf. CHR. STRECKER, Die liminale Theologie des Paulus (cf. acima, 6), p. 210.
[205] Cf. U. SCHNELLE, Gerechtigkeit und Christusgegenwart (cf. acima, 4.6), pp. 100-103; H. UMBACH, In Christus getauft – von der Sünde befreit (cf. abaixo, 6.7), pp. 230-232.
[206] Cf. D. G. POWERS, Salvation through Participation (cf. abaixo, 6.4), p. 122: "*Justification is the result of the believers' participation in Jesus' resurrection life*" (A justificação é o resultado da participação dos crentes na vida de ressurreição de Jesus).

determinado pelo espírito, e sua nova existência ἐν Χριστῷ (= "em Cristo") é abrangentemente determinada pelas forças vitais do Ressuscitado. Sendo um rito de transformação de *status*, o batismo não só opera uma nova percepção da realidade, mas o batizado e a própria realidade são transformadas[207]. No ambiente dessa conceituação, a lei não tem nenhuma função, nem positiva nem negativa; não é um elemento constitutivo da estrutura legitimadora da doutrina da *justificação inclusiva*.

Ao contrário disso, a *nomologia* determina a argumentação da doutrina da justificação das Cartas aos Gálatas, aos Romanos e aos Filipenses[208]. Esse deslocamento resulta da situação atual da comunidade e não de um eventual caráter deficitário da lógica interna da doutrina da justificação inclusiva[209].

A exigência da circuncisão também para cristãos de tradição greco-romana, da parte dos judaizantes galacianos, representou não só um rompimento dos acordos do Concílio dos Apóstolos e pôs em risco o

---

[207] Cf., desde a perspectiva cultural-antropológica, C. GEERTZ, *Dichte Beschreibung* (Frankfurt: 1987), p. 90: "Alguém que num ritual 'saltou' para dentro do sistema de significação determinado por ideias religiosas [...] e, depois do fim do mesmo, voltou para o mundo do senso comum, é transformado – com a exceção de alguns poucos casos nos quais a experiência permanece sem consequências. E da mesma maneira como a pessoa em questão foi transformada, foi transformado também o mundo do senso comum, pois agora é visto apenas como uma parte de uma realidade mais ampla que corrige e complementa."

[208] Aqui há uma clara relação semântica, pois Paulo fala detalhadamente sobre justiça / justificação apenas em textos onde reflete também intensivamente sobre o significado e a importância da lei; cf. δικαιοσύνη/δικαιόω 12 vezes em Gl; 49 vezes em Rm; 4 vezes em Fl; νόμος 32 vezes em Gl; 74 vezes em Rm; 3 vezes em Fl.

[209] Historicamente, a doutrina da justificação exclusiva da Carta aos Gálatas representa uma resposta nova a uma situação nova. Nesse sentido, a observação de W. WREDE, Paulus (cf. acima, 6), p. 67, sobre a doutrina paulina da justificação é basicamente correta: "Ela é a *doutrina combativa* de Paulo, compreensível apenas a partir da luta de sua vida, do confronto com o judaísmo e judeu-cristianismo e destinada somente aos mesmos – e nessa medida, entretanto, extremamente importante em termos históricos, e característica dele mesmo". Também a máxima famosa de ALBERT SCHWEITZER, Mystik (cf. acima, 6), p. 220, enxerga algo correto: "A doutrina da justificação pela fé, portanto, é uma cratera secundária que se forma na cratera principal da doutrina da salvação da mística da existência em Cristo".

sucesso da missão paulina, mas também se voltava contra o princípio fundamental por excelência de toda a teologia paulina: o lugar da vida e da justiça é exclusivamente Jesus Cristo. Se a lei pudesse operar a vida (assim, por exemplo, Eclo 17,11 LXX: "Concedeu-lhes o conhecimento, e os fez herdar a lei da vida"), Cristo teria morrido em vão. Para Paulo pode haver no tempo escatológico somente uma única figura relevante para a salvação: Jesus Cristo. Quando a lei já não é vista, como aconteceu até então, como *adiáforon* (assim 1Cor 9,20-22), mas recebe um *status* de relevância para a salvação, então sua capacidade precisa estar no centro da argumentação. Paulo a avalia negativamente, pois "a Escritura encerrou tudo debaixo do pecado, a fim de que a promessa pela fé em Jesus Cristo fosse concedida às pessoas que creem" (Gl 3,22; cf. Rm 3,9.20).

Corresponde à vontade de Deus que o poder do pecado seja mais forte do que a capacidade da lei. A lei já não é capaz de justificar a posição particular de Israel, de modo que também a diferenciação hamartiológica entre judeus e gentios fica obsoleta, "porque pelas obras da lei nenhuma carne será justificada" (Gl 2,16; cf. Rm 3,21.28). Nas Cartas aos Gálatas, Romanos e Filipenses, Paulo amplia as compreensões fundamentais da doutrina da justificação inclusiva, vinculada ao batismo, para uma *doutrina da justificação exclusiva* que se caracteriza pelo universalismo e antinomismo[210]. Em nível sociológico, visa a igualdade dos cristãos provenientes das nações; diante do questionamento judaizante, garante-lhes a pertença plena ao povo eleito Deus, graças a sua qualidade de crentes e batizados. Além disso, modifica-se fundamentalmente a cultura da reciprocidade fundamental para a sociedade romana (entre os seres humanos e entre seres humanos e deuses), porque Paulo nega de modo radical um direito às beneficências de Deus. Diante de Deus, ninguém é justo (Rm 3,23), e unicamente Deus é bom (Rm 5,7). Além disso, a dádiva não merecida da justiça divina é entregue por uma pessoa crucificada, portanto, não

---

[210] TH. SÖDING, Kriterium der Wahrheit?, p. 203: "Deve-se duvidar que o apóstolo tenha defendido desde o início a teologia da justificação na forma da Carta aos Gálatas e da Carta aos Romanos"; cf. U. LUZ, Verbete "Gerechtigkeit", p. 91; U. WILCKENS, Theologie III, p. 131.

por um benfeitor cercado de honras. Já que ninguém tem direito às beneficências de Deus, com base em sua etnia, seu sexo ou posição social, Paulo realiza uma democratização da compreensão da graça. Teologicamente, a doutrina da justificação nega não só qualquer função soteriológica da Torá e reduz sua relevância ética ao mandamento do amor; ela abole também os limites de qualquer consciência de eleição particular ou nacional, respectivamente, e formula uma imagem universal de Deus[211]: para além de etnia, sexo e nacionalidade, Deus dá a cada pessoa, na fé em Jesus Cristo, sua justiça que vence o poder do pecado. Nesse contexto, a posição de Gl 2,19; 3,26-28; Rm 3,25; 4,25; 6,3s mostra que Paulo constrói uma relação proposital entre a doutrina da justificação inclusiva e a doutrina da justificação exclusiva. Dessa maneira protege sua doutrina da justificação exclusiva, baseada numa antropologia radicalizada e numa compreensão universalizada de Deus, contra uma abstração extramundana, ao especificar o batismo como o lugar onde se pode experimentar a ação salvífica universal de Deus em Jesus Cristo na particularidade da própria existência.

A justiça de Deus

Essas intelecções fundamentais condensam-se no termo-chave teológico da Carta aos Romanos: δικαιοσύνη θεοῦ ("justiça de Deus").

Na pesquisa mais recente, o sentido de δικαιοσύνη θεοῦ é discutido[212]. Enquanto R. BULTMANN e H. CONZELMANN entendem δικαιοσύνη θεοῦ no contexto antropológico como uma dádiva, isto é, como justiça de fé concedida (cf. Fl 3,9)[213], E. KÄSEMANN e P. STUHLMACHER interpretam δικαιοσύνη θεοῦ como um *terminus technicus* preestabelecido que Paulo encontrou na apocalíptica

---

[211] Cf. A. BADIOU, Paulus. Die Begründung des Universalismus (cf. acima, 6), p. 143: "O Uno existe somente porque está à disposição de todas as pessoas. O monoteísmo pode ser entendido somente na medida em que considera toda a humanidade. Sem sua volta para todos, o Uno desfarela-se e desaparece."

[212] Para a história da pesquisa, cf. por último M. A. SEIFRID, Justification by Faith (cf. acima, 6.2), pp. 1-75.

[213] Cf. R. BULTMANN, Theologie, p. 285; H. CONZELMANN, Theologie, p. 244.

judaica²¹⁴ e que, como termo-chave da doutrina paulina da justificação, decide sobre a compreensão geral dela e, em última análise, sobre a compreensão da teologia paulina como tal. Objetou-se com razão contra BULTMANN e CONZELMANN que uma interpretação de δικαιοσύνη θεοῦ prioritariamente orientada pelo indivíduo negligencia os aspectos universais da teologia da criação e da teologia da história. Contudo, também devemos levantar objeções importantes contra o conceito de KÄSEMANN e STUHLMACHER. Embora a pergunta pela justiça de Deus estivesse preestabelecida para Paulo, a partir do Antigo Testamento e dos escritos do judaísmo antigo, δικαιοσύνη θεοῦ não é um *terminus technicus* tradicional da apocalíptica judaica. A combinação "justiça de Deus" encontra-se em textos judaicos (cf. Dt 33,21; TestDn 6,10; 1QS 10,25; 11,12; 1QM 4,6), mas não como uma expressão com caráter de fórmula²¹⁵. As afirmações de Qumran sobre a justiça de Deus oferecem um paralelo a Paulo, mas não podem ser consideradas pressupostos da doutrina da justificação do apóstolo. Em Qumran refletiu-se intensivamente sobre a justiça, com base numa imagem radicalizada de Deus e do ser humano, sem que a expressão "justiça de Deus" fosse usada nesse contexto como *terminus technicus* da atuação justificadora de Deus. Ao contrário, chama a atenção justamente a diversidade das formulações com que se descrevem em Qumran as justiças humana e divina.

A situação dos textos paulinos mostra que δικαιοσύνη θεοῦ é um termo *multidimensional*. Em 2Cor 5,21 domina o caráter de dádiva de δικαιοσύνη θεοῦ, e gramaticalmente se trata de um *genitivus auctoris*²¹⁶. Os crentes participam da morte vicária de Jesus Cristo e são transferidos no batismo pelo espírito para uma nova existência "em Cristo". O caráter poderoso de δικαιοσύνη θεοῦ manifesta-se em Rm 1,17²¹⁷, linguisticamente indicado pelo ἀποκαλύπτεται²¹⁸. Agora se revela a

---

²¹⁴ Cf. E. KÄSEMANN, "Gottesgerechtigkeit bei Paulus", in IDEM, *Exegetische Versuche und Besinnungen II*, 6ª ed. (Göttingen: 1970), pp. 181-193, aqui: p. 185; P. STUHLMACHER, *Gerechtigkeit Gottes bei Paulus*, 2ª ed. FRLANT 87 (Göttingen: 1966), p. 73.
²¹⁵ Cf. para a comprovação U. SCHNELLE, Gerechtigkeit und Christusgegenwart (cf. acima, 4.6), pp. 93-96.217-219; J. BECKER, Paulus (cf. acima, 6), p. 388; M. A. SEIFRID, Justification by Faith (cf. acima, 6.2), pp. 99-107.
²¹⁶ Cf., por exemplo, H. WINDISCH, *Der zweite Korintherbrief*, 9ª ed. KEK VI (Göttingen: 1924), p. 198.
²¹⁷ Para a exegese, cf. P. STUHLMACHER, Gerechtigkeit Gottes, pp. 78-84.
²¹⁸ Muito adequado D. ZELLER, *Der Brief an die Römer*. RNT (Regensburg: 1985), p. 43: "A justiça de Deus é oferecida já agora (presente!) no evangelho, de modo escatologicamente definitivo."

vontade salvífica escatológica de Deus, que se manifesta poderosamente aos crentes no evangelho da justiça de Deus em Jesus Cristo. Em Rm 3,5 confrontam-se num litígio a injustiça humana e a justiça de Deus (*genitivus subjectivus*). Aqui não se trata da justiça de Deus que se revela no evangelho[219], mas de uma qualidade de Deus que impõe sua justiça no juízo e comprova a injustiça dos seres humanos. Em Rm 3,21.22, δικαιοσύνη θεοῦ aparece duas vezes, mas sempre com conotação diferente. O δικαιοσύνη θεοῦ no v. 21 deve ser lido como termo de revelação, pois, no evento Cristo, Deus manifestou-se como aquele que justifica. Portanto, na justiça de Deus não se comunica algo sobre Deus, mas nela se dá a revelação de Deus. A lei e os profetas atestam esse evento epocal, e a lei confirma com isto simultaneamente seu próprio fim como fonte da justiça. No v. 22, Paulo reflete sobre δικαιοσύνη θεοῦ sob um aspecto antropológico. A fé em Jesus Cristo é a forma de apropriar-se da justiça de Deus. Na fé, Jesus Cristo é a justiça de Deus para todas as pessoas que creem. Enquanto a justiça de Deus aparece no v. 21 como o poder universal de Deus, no v. 22 domina o caráter da dádiva. Em Rm 3,25, Paulo adota uma terminologia de cunho ritual (cf. acima, 6.2.5) para relacionar as experiências rituais da comunidade romana com sua doutrina da justificação exclusiva. O *genitivus subjectivus* δικαιοσύνη θεοῦ não designa simplesmente uma qualidade de Deus, mas se refere à justiça que é a propriedade de Deus, que se manifestou universalmente no evento da cruz e que se realiza no perdão dos pecados antigos no batismo. A dimensão universal de δικαιοσύνη θεοῦ manifesta-se também em Rm 10,3. Aqui se acusa Israel a ter buscado não a justiça de Deus, mas sua própria. O povo eleito fecha-se à vontade de Deus revelada em Jesus Cristo e não se submete à δικαιοσύνη θεοῦ (*genitivus subjectivus*)[220]. Em vez disso, Israel faz a tentativa irreal de querer se tornar justo com obras da lei. Aqui, a atuação de Deus dirige-se a povos, de modo que uma interpretação de δικαιοσύνη θεοῦ que se orientasse exclusivamente pelo indivíduo e negligenciasse a dimensão cosmológica não faria jus à realidade do

---

[219] Cf. D. ZELLER, Röm, p. 781.
[220] Cf. U. WILCKENS, *Der Brief an die Römer*. EKK VI/2 (Neukirchen: 1980), p. 220.

texto paulino[221]. Ao mesmo tempo, Fl 3,9 mostra claramente que uma alternativa entre a dimensão individual e cosmológica de δικαιοσύνη θεοῦ seria igualmente equivocada. Paulo relaciona aqui a atuação justificadora de Deus inteiramente com a existência da pessoa que crê (v. 9a: καὶ εὑρεθῶ ἐν αὐτῷ = Cristo). A justiça de Deus (*genitivus auctoris*) não resulta da Lei/Torá, mas é dada ao ser humano pela fé em Jesus Cristo.

Portanto, δικαιοσύνη θεοῦ é, segundo seu respectivo contexto, um *termo universal-forense* (Rm 1,17; 3,5.21.25; 10,3) e uma *categoria de transferência e participação* (2Cor 5,21; Rm 3,22; Fl 3,9). A justiça de Deus denomina concisamente tanto a revelação como a inclusão e a participação dos crentes na atuação justificadora de Deus em Jesus Cristo. O uso restrito[222], a função delimitadora que se manifesta nas formulações majoritariamente negativas[223], a concentração na Carta aos Romanos e a pluridimensionalidade do significado que deve ser verificado a partir do respectivo contexto mostram claramente que δικαιοσύνη θεοῦ *não é o conceito-chave por excelência* de *toda* a teologia paulina[224]. Paulo pode desenvolver sua teologia completamente sem recorrer a δικαιοσύνη θεοῦ! Na Carta aos Romanos, a "justiça de Deus" funciona como um termo-chave teológico, porque Paulo, na esteira da crise galaciana e em vista da entrega da coleta em Jerusalém, *perfila* sua cristologia *teocentricamente* e precisa aproximar a problemática da lei de uma solução: no evento Cristo manifestou-se a justiça de Deus, que parte de Deus e que deve ser aceita na fé, e unicamente esta justiça justifica o ser humano perante Deus e, consequentemente, desapropria a Lei/Torá de qualquer significado soteriológico (cf. Rm 6,14b).

---

[221] Cf. P. STUHLMACHER, Gerechtigkeit Gottes, p. 93.
[222] Às sete ocorrências explícitas de δικαιοσύνη θεοῦ (2Cor 5,21; Rm 1,17; 3,5; 3,21.22; 10,3; Fl 3,9) contrastam-se com os seguintes termos do campo da salvação: 120 vezes πνεῦμα, 61 vezes ἐν Χριστῷ, 37 vezes ἐν κυρίῳ, 91 vezes πίστις, 42 vezes πιστεύειν, 38 vezes δικαιοσύνη, 25 vezes δικαιοῦν, 27 vezes ζωή, 25 vezes ἐλπίς.
[223] Cf. E. P. SANDERS, Paulus und das palästinische Judentum (cf. acima, 6), p. 468.
[224] Cf. também H. HÜBNER, Biblische Theologie I, p. 177: "Entretanto, no *corpus paulinum* restante, este termo não ocorre no sentido em que Paulo o utiliza em Rm. Portanto, a justiça de Deus é para Paulo o termo de sua teologia tardia que surgiu devido ao seu desenvolvimento teológico."

O conteúdo teológico da doutrina da justificação

Quando se contempla as afirmações paulinas sobre a justiça e a justificação *em seu conjunto*, mostra-se um pensamento que possui, em todas suas diferenciações históricas e teológicas, uma qualidade sistêmica. O ponto de partida é a intelecção, revolucionária no âmbito da visão da Antiguidade, de que a justiça não é essencialmente um conceito de atuação, mas um conceito de *existência*.

Aristóteles define a justiça a partir da ação: "Por isso é correto dizer que um ser humano se torna justo quando age de modo justo, e prudente, quando age de modo prudente"[225]. Dessa forma, a justiça aparece como a maior virtude humana, alcançada por meio da atuação. No judaísmo antigo havia indubitavelmente a convicção fundamental de que o ser humano como pecador depende da misericórdia e bondade de Deus. O conceito da aliança como expressão central da relação de Israel com Deus baseia-se na eleição prévia por Deus. Ainda assim, a questão da salvação permanecia vinculada à atividade humana, na medida em que se esperava de Deus como juiz justo que ele tivesse misericórdia com as pessoas justas (de Israel) e que punisse as pessoas sem lei ou que transgrediam a lei (Salmos de Salomão e Qumran). Paulo conhece a diferença fundamental entre Israel como os justos e os gentios como pecadores (cf. Rm 9,30), mas não faz dela a base de seu sistema de pensamento. Antes, define a relação entre pessoas justas e pecadoras de modo completamente novo: ao grupo dos justos ninguém pertence, ao grupo dos pecadores pertencem todos os seres humanos, tanto gentios como judeus (cf. Rm 1,16–3,20). Portanto, sob a condição da fé em Jesus Cristo, tanto judeus como gentios podem alcançar a justiça. O esquema paulino do *status* caracteriza-se por um princípio fundamental universal: todos os seres humanos estão irremediavelmente sujeitos ao poder do pecado (cf. Gl 3,22; Rm 3,9.20), ou seja, o *status* de pecador caracteriza todas as pessoas, mesmo quando pertencem a um grupo privilegiado e agem com justiça. A justiça pode ser alcançada somente por meio da transferência do

---

[225] ARISTÓTELES, Eth Nic II 1105b.

âmbito do domínio do pecado para o âmbito de Cristo. Em sistemas judaicos, a profunda intelecção no poder do pecado, a consciência da dependência da misericórdia de Deus, a pertença ao povo eleito e a observância da Torá formam necessariamente uma unidade que complementa a si mesma. A justiça é compreendida radicalmente a partir de Deus, mas, ao mesmo tempo, mantêm-se os privilégios religiosos em relação a outras nações. Paulo, ao contrário, nega qualquer estado religioso particular, pois sua hermenêutica de Cristo não permite nenhuma diferenciação no conceito do pecado e, consequentemente, no conceito da justiça. Para Paulo, a justiça é agora a consequência da nova existência constituída por Cristo no batismo. Deus concedeu a participação de sua força de vida, ao aniquilar o pecado pelo dom do espírito e ao dar uma nova orientação à existência das pessoas que creem e foram batizadas. Paulo defende um universalismo que se separa da nação, da terra, do Templo e da lei como regulativos da relação com Deus. Com isso, abandona o pensamento judaico que pode ser caracterizado como nacional e particular. *Para Paulo, a justiça no sentido estreito não é um termo de existência, mas de atuação. A atuação divina antecede qualquer atuação humana, a nova existência não tem um caráter de atuação, mas de dádiva*[226]. Diante de Deus, o ser humano não é a soma de seus atos, e a pessoa é distinguível de suas obras. Nenhum ser humano pode ser julgado adequadamente com base em seus atos e autoesboços. Não é a atuação que define a existência humana, mas unicamente a relação com Deus. *O ser humano perante Deus é diferente do ser humano perante si mesmo*! A doutrina da justificação vincula-se a intelecções eclesiológicas, éticas e antropológicas fundamentais; em primeiríssimo lugar e originalmente, porém, é um modelo soteriológico com um cerne do âmbito da teoria da identidade: o sujeito sabe-se fundado imediatamente sobre a atuação anterior de Deus, constitui-se a partir de seu relacionamento com Deus e se compreende como sustentado e preservado por Deus. Dessa maneira, a doutrina da

---

[226] Bem acertado H. WEDER, "Gesetz und Sünde", in IDEM *Einblicke ins Evangelium*, (Göttingen, 1992), pp. 323-340, aqui: p. 344: "Trata-se da pergunta se minha verdade é algo que possa ser ouvido, percebido, ouvido e crido, ou se é algo que se revela somente naquilo que eu faço de mim."

justificação é também a simbolização cristã da dignidade inalienável de cada indivíduo[227].

Na doutrina paulina da justificação trata-se não só de uma intelecção religiosa, mas também de um ato noético e intelectual que merece a mais alta estima devido a sua qualidade duradoura: em sua totalidade, a justiça como conceito-chave de todos os sistemas religiosos, filosóficos e políticos pode ser apenas recebida, mas não produzida. Qualquer tentativa humana de realizar a justiça num sentido abrangente acaba inevitável e consequentemente em sistemas totalitários. A intelecção paulina acerca do caráter de dádiva inerente à justiça, porém, combate tais tentativas desde a raiz. Por isso, descreve uma condição fundamental da liberdade humana.

6.3 Pneumatologia

GUNKEL, H. *Die Wirkungen des Heiligen Geistes nach der populären Anschauung der apostolischen Zeit und der Lehre des Apostels Paulus*, 3ª ed. Göttingen, 1909; KÄSEMANN, E. "Geist und Buchstabe". In *Paulinische Perspektiven*, editado por IDEM (cf. acima, 6), pp. 237-285; SCHWEIZER, E. Verbete "πνεῦμα". In *ThWNT* VI, 413-436. Stuttgart, 1965; HERMANN, I. *Kyrios und Pneuma. Studien zur Christologie der paulinischen Hauptbriefe*. StANT 2. Munique, 1961; VOS, J. S. *Traditionsgeschichtliche Untersuchungen zur paulinischen Pneumatologie*. Assen, 1973; FEE, G. D. *God's Empowering Presence. The Holy Spirit in the Letters of Paul*, 4ª ed. Peabody, 1999; OSTEN-SACKEN, P. van den. *Römer 8 als Beispiel paulinischer Soteriologie* (cf. abaixo, 6.4); HORN, F. W. *Das Angeld des Geistes*. FRLANT 154. Göttingen, 1992; IDEM. "Wandel im Geist". In *KuD* 38 (1992): 149-170; VOLLENWEIDER, S. "Der Geist Gottes als Selbst der Glaubenden". In *ZThK* 93 (1996): 163-192; HORN, F. W. "Kyrios und Pneuma bei Paulus". In *Paulinische Christologie*, editado por U. SCHNELLE, TH. SÖDING, M. LABAHN (cf. acima, 6.2), pp. 59-75; CHRISTOPH, M. *Pneuma und das neue Sein der Glaubenden*. EHS 813. Frankfurt, 2005; LANDMESSER, CHR. "Der Geist und die christliche Existenz". In *Die Wirklichkeit des Geistes*, editado por U. H. J. KÖRTNER, A. KLEIN, pp. 129-152. Neukirchen, 2006.

---

[227] Por isso, as raízes cristãs dos Direitos Humanos não são uma coincidência; cf. a respeito G. NOLTE, H.- L. SCHREIBER (org.), *"Der Mensch und seine Rechte". Grundlagen und Brennpunkte der Menschenrechte zu Beginn des 21. Jahrhunderts* (Göttingen: 2004).

Para Paulo são fundamentais a intelecção e a experiência de que, com e desde a ressurreição de Jesus Cristo dentre os mortos, o espírito de Deus voltou a atuar. A presença da salvação manifesta-se na atuação presente do espírito[228]. *Em Paulo, o pneuma funciona como o conceito fundamental acerca do novo status do crente como uma existência determinada pelo espírito.*

6.3.1 *O espírito e a estrutura do pensamento paulino*

A estrutura do pensamento paulino surge da interconexão interna com a teologia, cristologia, soteriologia, antropologia, ética e escatologia[229]. A força integradora da pneumatologia é o fator indispensável sem o qual Paulo não poderia conferir uma qualidade sistêmica a sua interpretação da história-de-Jesus-Cristo.

Aplica-se à *teologia*: a realidade de Deus no mundo é uma realidade de espírito. No πνεῦμα que parte sempre primeiro de Deus (cf. 1Ts 4,8; 1Cor 1,12.14; 2Cor 1,21; 5,5; Gl 4,6; Rm 5,5) comprova-se o poder doador de vida do criador[230]. O espírito de Deus opera não só a ressurreição de Jesus (cf. Rm 1,3b-4a), mas é ao mesmo tempo a nova maneira de existência e atuação do Ressuscitado, sua presença dinâmica e poderosa (cf. 2Cor 3,17; 1Cor 15,45). Pela atuação do espírito de Deus, os crentes são libertados dos poderes do pecado e da morte (cf. Rm 8,1-11). Os cristãos receberam um espírito cuja origem reside em Deus (cf. 1Cor 2,12; 6,19) e em Cristo (Rm 8,9), *de modo que o espírito, como sujeito de ordem superior, é agora a força que determina a existência cristã.* A atuação nova e universal do espírito de Deus é para Paulo a base de toda sua teologia, pois a atuação do espírito de Deus em Jesus

---

[228] Cf. P. KIM, Heilsgegenwart bei Paulus (Göttingen: tese, 1996), p. 180: "Para Paulo, depois do fim da profecia em Israel, a presença do espírito de Deus no mundo começa novamente com a morte e ressurreição de Jesus Cristo".

[229] Para a função integradora e organizadora da pneumatologia, cf. também H. SCHLIER, Grundzüge paulinischer Theologie (cf. acima, 6), pp. 179-194; F. W. HORN, Angeld des Geistes (cf. acima, 6.3), pp. 385-431; J. D. G. DUNN, Theology of Paul (cf. acima, 6), pp. 413-441.

[230] Cf. F. W. HORN, Kyrios und Pneuma (cf. acima, 6.3), p. 59.

Cristo e nos crentes é *o* distintivo por excelência do tempo de salvação presente. Mesmo assim, o poderoso dom divino permanece em todas suas modalidades de atuação ligado a sua origem[231]. No âmbito da *cristologia*, o evento da ressurreição é o ponto de partida: Jesus Cristo foi ressuscitado dos mortos pelo espírito de Deus (cf. Rm 1,3b-4a; além disso, Rm 6,4; 2Cor 13,4), e a atuação do espírito de Deus fundamenta a posição particular escatológica de Jesus Cristo. A existência e a atuação do Exaltado como *pneuma* alimentam-se da relação singular com Deus. O espírito é também uma definição cristológica, pois Cristo e o espírito correspondem-se mutuamente (cf. 2Cor 3,17: ὁ δὲ κύριος τὸ πνεῦμά ἐστιν = "O Senhor, porém, é o espírito")[232]. Essa afirmação programática é comentada pelo v. 16, sendo que a identificação[233] de κύριος e πνεῦμα não deve ser entendida como uma equação estática, mas como descrição da presença dinâmica do Senhor exaltado. Até mesmo ao Preexistente compete o atributo de *pneuma* (1Cor 10,4). A relação entre o espírito e Cristo é tão estreita que Paulo considera impossível ter um sem o outro (cf. Rm 8,9b: "Pois quando alguém não tem o espírito de Cristo, não pertence a ele"). Desde a ressurreição, Jesus Cristo como o *pneuma* e no *pneuma* está em ligação com os Seus. O Cristo exaltado atua como πνεῦμα ζῳοποιοῦν (1Cor 15,45)[234] e confere aos Seus o σῶμα πνευματικόν (1Cor 15,44s)[235]. O *pneuma* do *Kyrios* move e molda a vida dos crentes (cf. Fl 1,19). Eles se tornam parte de seu corpo; a comunhão com o Senhor exaltado é uma comunhão no espírito (1Cor 6,17: "Mas quem se entrega ao Senhor, é um só espírito com ele").

---

[231] Cf. a respeito as considerações fundamentais de W. THÜSING, Per Christum In Deum (cf. acima, 6.2), pp. 152-163.
[232] Diferente F. W. HORN, Kyrios und Pneuma (cf. acima, 6.3), pp. 66s.
[233] Assim muito adequadamente R. HERMANN, Kyrios und Pneuma (cf. acima, 6.3), pp. 48ss.
[234] O termo πνεῦμα ζῳοποιοῦν ocorre somente no Novo Testamento; cf. F. W. HORN, Angeld des Geistes (cf. acima, 6.3), pp. 197s; J. D. G. DUNN, Theology of Paul (cf. acima, 6), p. 261. 1Cor 15,46 mostra que Paulo argumenta de modo antientusiasta e que vincula o conceito e termo do espírito deliberadamente ao Exaltado.
[235] J. S. VOS, Traditionsgeschichtliche Untersuchungen (cf. acima, 6.3), p. 81, formula muito adequadamente: "Como Adão escatológico, Cristo é *pneuma*, tanto em sua substância como em sua função. Como *pneuma*, Cristo cria os seus segundo sua imagem, e isso significa: ele os transforma em sua natureza pneumática".

Por meio do recebimento do espírito de Deus (cf. 1Ts 4,8; 1Cor 2,12; 2Cor 1,22; 11,4; Gl 3,2.14; Rm 5,5; 8,15), as pessoas que creem e foram batizadas encontram-se já agora no âmbito da *communitas* com Cristo, portanto, no âmbito da *salvação*. Já que Cristo e os seus pertencem ao lado do espírito, não estão sujeitos ao âmbito do poder da carne, do pecado e da morte. Podem caminhar ao encontro do juízo que ainda está por vir na consciência de que a dádiva do espírito é o penhor daquilo que ainda está por vir (cf. 2Cor 1,22; 5,5); dessa maneira, o presente e o futuro entrelaçam-se na atuação salvadora do espírito. Aplica-se à *antropologia*: os crentes e batizados experimentam por meio do dom do espírito de Deus e de Cristo, respectivamente, uma nova determinação, pois o espírito cria e sustenta a nova existência. Como início da comunhão com Cristo (cf. 1Cor 6,11; 10,4; 12,13; 2Cor 1,21s; Gl 4,6; Rm 8,14), o recebimento do espírito no batismo marca o início da participação do evento da salvação. No batismo, o cristão passa para o espaço do Cristo pneumático, e ao mesmo tempo atuam dentro da pessoa que crê o Exaltado (cf. Gl 2,20; 4,19; 2Cor 11,10; 13,5; Rm 8,10) e o espírito (cf. 1Cor 3,16; 6,19; Rm 8,9.11). As afirmativas de correspondência nomeiam uma situação que é fundamental para Paulo[236]: assim como o crente está integrado no espírito de Cristo, Cristo habita nele como πνεῦμα. A existência pneumática aparece como consequência e efeito do evento do batismo que, por sua vez, é como evento de salvação um evento no poder do espírito. Com esse pensamento, Paulo caracteriza uma mudança antropológica fundamental, pois a vida do cristão experimentou uma virada decisiva: como pessoa determinada pelo espírito, vive na esfera do espírito e orienta-se em direção à atuação do espírito (cf. Rm 8,5-11)[237]. Há somente uma vida "segundo a carne" (κατὰ σάρκα) ou uma vida "segundo o espírito" (κατὰ πνεῦμα). O espírito tem também uma função noética[238], pois unicamente o espírito de

---

[236] Cf. a respeito U. SCHNELLE, Gerechtigkeit und Christusgegenwart (cf. acima, 4.6), pp. 120-122; S. VOLLENWEIDER, Der Geist Gottes als Selbst der Glaubenden (cf. acima, 6.3), pp. 169-172.
[237] Cf. R. BULTMANN, Theologie, pp. 227s.
[238] Cf. a respeito como paralelo gentio CÍCERO, Tusc. V 70, onde se diz depois de uma enumeração das alegrias do sábio: "Quando se reflete sobre isso em seu espírito e

Deus possibilita e confere a intelecção no projeto divino da salvação: "Não recebemos o espírito do mundo, mas o espírito que é de Deus, a fim de que compreendamos o que nos foi dado por Deus" (1Cor 2,12).

O novo ser realiza-se em sintonia com o espírito que aparece como a base e norma do novo agir (cf. Gl 5,25; além disso, 1Cor 5,7; Rm 6,2.12; Fl 2,12s), isto é, também a *ética* tem um fundamento pneumático. Os cristãos entraram na vida determinada pelo espírito, por isso, devem agora também permitir que o espírito os guie. O espírito é a força e o princípio da nova vida; por isso, Paulo, estupefato, pergunta aos gálatas: "Foi pelas obras da lei que recebestes o espírito ou pela escuta da pregação da fé?" (Gl 3,2). Ao mesmo tempo é claro: não há um novo caminhar sem um novo agir! O espírito que se doa quer ser assumido. Justamente porque o espírito insere a pessoa que crê e foi batizada na esfera de Deus e no âmbito da comunidade, ela já não se encontra no vácuo de um espaço sem domínio, mas está sob a exigência da nova obediência possibilitada pelo espírito[239]. A "novidade da vida" (Rm 6,4) realiza-se na "novidade do espírito" (Rm 7,6). Finalmente, o espírito como ἀρραβών ("sinal, penhor", cf. 2Cor 1,22; 5,5) e ἀπαρχή ("primícia", Rm 8,23) garante no âmbito da *escatologia* a certeza da fidelidade escatológica de Deus. Concede a passagem para o modo existencial pneumático pós-mortal dos crentes (cf. 1Cor 15,44.45) e dá a vida eterna (Gl 6,8: "Quem semear, porém, no espírito, do espírito colherá a vida eterna"). Dentro desse processo, o espírito coloca-se até mesmo ao lado da criação que ora, e representa e defende os santos diante de Deus (cf. Rm 8,26s)[240]. Finalmente: não só a existência individual, mas a criação inteira é transferida por Deus para uma nova existência. A criação e a humanidade têm a mesma origem, e, também

---

rumina dia e noite, surge aquela intelecção exigida pelo deus em Delfos, de que o espírito deve conhecer a si mesmo e se sentir unido ao espírito divino, e que ele é, dessa maneira, enchido de uma alegria incomensurável".

[239] Este aspecto é ressaltado constantemente por E. KÄSEMANN (cf., por exemplo, IDEM, *An die Römer*. HNT 8a [Tübingen: 1980], p. 26: "Pois o apóstolo não conhece nenhum dom que não nos coloque exigentemente na responsabilidade, portanto, que não se nos comprove como poder e que não nos crie espaço para o serviço").

[240] Para a interpretação, cf. F. W. HORN, Angeld des Geistes (cf. acima, 6.3), pp. 294-297.

no futuro, seus destinos estarão interconectados. Em Paulo, a protologia e a escatologia, a história universal e a história individual estão em correspondência mútua, porque Deus é o princípio e a meta de tudo que existe (cf. Rm 8,18ss)[241]. Tudo vem de Deus, tudo tem sua existência por ele, e tudo flui em direção a ele.

O espírito de Deus concedido no batismo e que habita no cristão aparece como *o contínuo do poder divino de vida por excelência*. Aquilo que Deus realizou em Cristo, ele o dará também aos crentes, pelo espírito (cf. Rm 8,11).

6.3.2 *Os dons do espírito*

O espírito concede dons e opera nas comunidades. Todas as pessoas que creem e são batizadas são agraciadas pelos dons *fundamentais* do espírito. É uma das características essenciais do espírito que concede *liberdade* (cf. abaixo, 6.5.5) e a cria (2Cor 3,17b: "Onde, porém, está o espírito do Senhor, aí está a liberdade"). Unicamente o princípio do espírito liberta os crentes e batizados dos poderes escravizantes da lei, do pecado e da morte (Rm 8,2). Como gerados segundo o espírito, os crentes em Cristo não pertencem ao reinado da escravidão, mas da liberdade (cf. Gl 4,21-31). A nova relação com Deus e com Jesus Cristo, operada pelo dom do espírito, funda o *status* da filiação (Rm 8,15: "Com efeito, não recebestes o espírito da escravidão, de modo que precisásseis ter medo, mas recebestes o espírito que vos torna filhos, no qual clamamos: *Abba*! Pai!"). Como filhos, os crentes são co-herdeiros, tanto no sofrimento como na glória (cf. Rm 8,17; Gl 4,6s). Agora é o poder do *amor* que determina a vida dos cristãos, "porque o amor de Deus é derramado em nossos corações pelo espírito santo que nos foi dado" (Rm 5,5b). Entre os frutos do espírito está em primeiríssimo lugar o amor (cf. 1Cor 13; Gl 5,22) que parte de Deus, ganha sua forma em Cristo e dá esperança aos seres humanos (cf. Rm 5,5a). O amor é o fundamento da esperança, porque o destino de Jesus Cristo é a corporificação do amor. A participação desse destino confere aos cristãos

---

[241] Cf. P. von den OSTEN-SACKEN, Römer 8 (cf. abaixo, 6.4), p. 319s.

a certeza de que o poder vital de Deus estará ativo neles para além da morte e os faz esperar pelo Deus que "ressuscita os mortos" (2Cor 1,9). Sem o amor, todas as expressões da vida humana são fúteis, porque permanecem no aquém da nova realidade de Deus²⁴². O amor é o oposto de individualismo e egoísmo, não procura seus interesses, mas manifesta sua natureza justamente no suportar o mal e fazer o bem. Não é um acaso que 1Cor 13 esteja entre os caps. 12 e 14, marcados pelo perigo do abuso dos carismas²⁴³. Paulo deixa claro que nem sequer os carismas mais extraordinários adiantam quando não são animados pelo amor. No dia em que os carismas passarem e a o conhecimento parar, permanecerá o amor que ultrapassa a fé e a esperança, porque é a expressão mais perfeita da natureza de Deus.

O amor como o primeiro e o maior dom do espírito forma também o critério para os efeitos *atuais* do espírito²⁴⁴. Como Jesus Cristo é a corporificação do amor de Deus²⁴⁵, Paulo vincula a pergunta pela validade dos efeitos do espírito a uma compreensão adequada do Cristo (cf. 1Cor 12,1-3)²⁴⁶. Ao confessar na aclamação litúrgica Κύριος Ἰησοῦς sua pertença ao Crucificado e Ressuscitado, a comunidade orienta-se pelo caminho do amor de Jesus de Nazaré. Paulo recorda especialmente aos coríntios esses fatos fundamentais, quando os remete à origem do espírito em e junto a Deus. Deus é o autor final e decisivo de todos

---

[242] Bem adequado H. WEDER, *Die Energie des Evangeliums*. ZThK (Beiheft 9), 1995, p. 95, segundo o qual o amor tem uma realidade "que não é criada pelas pessoas que amam, mas, ao inverso, sustenta e carrega as pessoas que amam".

[243] Para a posição do capítulo dentro do contexto e para a análise, cf. O. WISCHMEYER, *Der höchste Weg*. StNT 13 (Gütersloh: 1981); TH. SÖDING, Liebesgebot (cf. abaixo, 6.6), pp. 127-146; F. VOS, Das Wort vom Kreuz (cf. acima, 6.2), pp. 239-271.

[244] Para a argumentação em 1Cor 12–14, cf. U. BROCKHAUS, Charisma und Amt (cf. abaixo, 6,7), pp. 156-192; O. WISCHMEYER, Der höchste Weg, pp. 27-38; CHR. WOLFF, 1Kor (cf. acima, 4.6), pp. 282-348; W. SCHRAGE, *Der erste Brief an die Korinther*. EKK VII/3 (Neukirchen: 1999), 108ss; A. LINDEMANN, *Der Erste Korintherbrief*. HNT 9/1 (Tübingen: 2000), pp. 261-316.

[245] Cf. G. BORNKAMM, "Der köstlichere Weg", in IDEM, *Das Ende des Gesetzes*. BEvTh 16 (Munique: 1963), p. 110: "A ἀγάπη está para a diversidade dos χαρίσματα como o Cristo para os muitos membros de seu corpo".

[246] Para 1Cor 12,1-3, cf. M. PFEIFFER, Einweisung in das neue Sein (cf. abaixo, 6.6), pp. 211-215.

os efeitos e o doador de todos os dons do espírito (cf. 1Cor 12,6b: "É o único e mesmo Deus que realiza tudo em tudo"; cf. 1Cor 1,4; 7,7; 12,28-30), de modo que uma apropriação antropológica do espírito não potencializa os efeitos do mesmo, mas os silencia. A intelecção de que o espírito é um e indivisível leva a um agir que se sabe em sintonia com a atuação criadora do espírito. Paulo acentua o caráter gratuito e imanipulável da atuação do espírito também no uso sinônimo de πνευματικά e χαρίσματα em 1Cor 12,1 e 12,4; o espírito é o poder da graça, e o χάρισμα nasce da χάρις (cf. Rm 12,6). O vínculo indissolúvel entre as atuações do espírito e o amor é ressaltado por Paulo pela definição da comunidade como σῶμα Χριστοῦ ("corpo de Cristo"). O corpo enquanto o espaço existencial criado por Cristo obriga os corpos individuais a uma existência e atuação exclusivamente comprometidas com o amor (cf. abaixo, 6.7.1 e 6.7.2)[247]. Por isso, a diversidade das atuações e a unidade da comunidade precisam estar em correspondência mútua, porque ambos têm a mesma origem: *o amor de Deus pelo Filho na força do espírito*. O espírito realiza o que é útil à comunidade e que leva a sua edificação, de modo que não é a autoapresentação individual de alguma pessoa, mas somente a "edificação" (οἰκοδομή) da comunidade inteira que corresponde à atuação do espírito (cf. 1Cor 14,3.5.26). Todos os carismas devem ser avaliados segundo a máxima πάντα πρὸς οἰκοδομὴν γινέσθω (1Cor 14,26: "Que tudo ocorra para a edificação").

6.3.3 *Pai, Filho e Espírito*

Paulo não defende uma doutrina da *trindade* que pense em categorias ontológicas e que se oriente pelo conceito da pessoa[248]. Não obstante encontram-se expressões e ideias que oferecem uma definição incipiente da relação entre Pai, Filho e Espírito. O ponto de partida é um *traço fundamental teocêntrico* na teologia paulina: tudo vem

---

[247] Cf. M. PFEIFFER, op. cit., pp. 221ss.
[248] Cf. a respeito G. D. FEE, God's Empowering Presence, (cf. acima, 6.3), pp. 829-842; F. W. HORN, Angeld des Geistes, pp. 415-417, é mais cauteloso na análise da expressão triádica de 2Cor 13,13 (cf. Gl 6,18; Fl 2,1; Fm 25).

de Deus e tudo vai em direção a ele. Também Cristo e o Espírito são claramente distinguidos e hierarquicamente diferenciados por Paulo. Somente de Cristo se diz que ele é o Filho de Deus (cf. Gl 4,4; Rm 1,3) e que morreu por nossos pecados, a fim de adquirir a salvação (cf. 1Cor 15,3ss; 2Cor 5,15; Rm 5,8)[249]. Com base nessa anteposição hierárquica de *teo*logia e cristologia podemos descrever a interconexão interna com a pneumatologia: o Espírito testemunha e representa a salvação intencionada por Deus e adquirida no evento Cristo (Rm 8,9); ele nomeia, traz ao presente e determina poderosamente a nova existência. O Espírito vem de Deus e está em sua atuação relacionado com Jesus Cristo. Como força de Deus, conduz à fé em Jesus Cristo (cf. 1Cor 2,4s), possibilita o compromisso com o *Kyrios* (cf. 1Cor 12,3) e opera a santificação (cf. 1Cor 6,11; Rm 15,16). O Espírito testemunha o novo *status* de filiação (cf. Gl 4,4ss), derrama o amor de Deus no coração de quem crê (cf. Rm 5,5) e opera finalmente a transformação para a *doxa* escatológica (cf. 1Cor 15,44s; Rm 8,18ss).

No entanto, em Paulo, a dependência fundamental de Deus e Jesus Cristo não exclui uma autonomia do Espírito! A relação com Deus e Jesus Cristo não pode ser descrita suficientemente com as categorias de subordinação, atribuição ou identidade, pois o Espírito tem também uma realidade pessoal própria, como mostra 1 Cor 12,11: "Mas é o único e mesmo Espírito que isso tudo realiza, distribuindo a cada um seus dons, conforme lhe apraz". Em Paulo, o Espírito não aparece como uma pessoa autônoma; não obstante, é pensado de modo pessoal. O Espírito conduz ao Pai, pois ensina os crentes a dizer *Abba* (cf. Rm 8,15); ele representa e defende os santos diante de Deus (cf. Rm 8,16.27)[250] e explora até mesmo as profundezas de Deus (cf. 1Cor 2,10). Embora o Espírito opere unicamente como potência de Deus e se oriente em sua atuação somente por Deus e pelo *Kyrios*, compete-lhe uma dimensão pessoal. Em relação aos crentes, o Espírito abre uma

---

[249] Bem adequado H. SCHLIER, *Der Brief an die Galater*. KEK VII, 5ª ed. (Göttingen: 1971), p. 249: "No entanto, o *pneuma* certamente não é um poder que é dado com a própria existência, mas um poder do próprio Cristo que sobreveio à existência com Cristo, é o próprio Cristo no poder de sua presença que diz respeito a nós".

[250] Cf. a respeito F. W. HORN, Angeld des Geistes (cf. acima, 6.3), pp. 418-422.

dimensão que a razão não é capaz de dar e opera assim também um autoiluminismo e um enobrecimento da razão.

A interconexão interna de *teologia*, cristologia e pneumatologia forma o campo de força do pensamento paulino e pode ser descrita da seguinte maneira: *o pneuma é atribuído e relacionado a Deus e a Cristo, pelo fato de que Cristo se torna, pelo Espírito de Deus, um* pneuma *que dá vida*. O *pneuma* vem de Deus e, por Cristo, une os crentes e batizados com Deus. Dessa maneira, a ideia do poder vital de Deus que salva interconecta os três âmbitos fundamentais do pensamento paulino.

6.4 Soteriologia

(Cf. também a bibliografia para 4; 6; 6.2; 6.3)

THEISSEN, G. "Soteriologische Symbolik in den paulinischen Schriften". In *KuD* 20 (1974): 282-304; OSTEN-SACKEN, P. van den. *Römer 8 als Beispiel paulinischer Soteriologie*. FRLANT 112. Göttingen, 1975; HAUBECK, G. *Loskauf durch Christus*. Giessen, 1985; ZELLER, D. *Charis bei Philon und Paulus*. SBS 142. Stuttgart, 1990; SCHRÖTER, J. *Der versöhnte Versöhner. Paulus als Mittler im Heilsvorgang*. TANZ 10. Tübingen, 1993; SCHNELLE, U. "Transformation und Partizipation als Grundgedanken paulinischer Theologie". In *NTS* 47 (2001): 58-75; POWERS, D. G. *Salvation through Participation*. Leiden, 2001; HARRRISON, J. R. *Paul's Language of Grace in it's Graeco-Roman Context*. WUNT 2.172. Tübingen, 2003; SCHLUEP, CHR. *Der Ort des Glaubens. Soteriologische Metaphern bei Paulus als Lebensregeln*. Zurique, 2005; VAN DER WATT, J. G. (org.). *Salvation in the New Testament. Perspectives on Soteriology*. NT.S 121. Leiden, 2005.

O ponto de partida do pensamento paulino é a atuação salvífica de Deus em Jesus Cristo (cf. acima, 6.1; 6.2; 6.3), de modo que ela está inteiramente orientada pelo soteriológico. Na participação da atuação salvífica/redentora de Deus dá-se a salvação/redenção dos crentes. A salvação acontece como "objeto de esperança" (Rm 8,24) e está fundamentada no *pro nobis* do amor de Deus pelos seres humanos (Rm 8,31-39). A plenificação da salvação, que ainda estava por vir, não diminuía em nada a convicção de que a transferência para a nova existência já começou poderosamente, pois o conteúdo decisivo do evangelho paulino não é aquilo que ainda falta, mas aquilo que *já aconteceu*. O importante para Paulo é o Agora da salvação, pois: "Eis, agora (νῦν) é o tempo favorável; eis, agora (νῦν) é o dia da salvação" (2Cor 6,2b). Já começou uma nova era; Paulo descreve e interpreta essa realidade novamente com diversas metáforas: o tempo presente é o tempo da graça e da salvação; a participação em Cristo modifica a existência e o tempo.

6.4.1 A nova existência "com Cristo"/"em Cristo"

Assim como Jesus Cristo marca o ponto inicial e o ponto final do evento da salvação, por meio de sua ressurreição e por sua segunda vinda, ele determina também a vida dos crentes no tempo entre estes dois pontos. O pensamento da participação na salvação relaciona-se em Paulo primeiramente com as ideias do σὺν Χριστῷ ("com Cristo") e do ἐν Χριστῷ εἶναι ("estar em Cristo").

Com Cristo

A expressão σὺν Χριστῷ e as formas compostas com σὺν[251] descrevem principalmente a entrada na salvação e a passagem para a comunhão definitiva com Cristo. Em Rm 6, a característica participativa fundamental da teologia paulina manifesta-se semanticamente no acúmulo descomum de σὺν (Rm 6,8) e de composições com σὺν (Rm 6,4.5.6.8). A transformação para uma nova vida no poder do espírito já começou, não só como uma percepção modificada do mundo, mas no sentido real, pois, no batismo, a pessoa que crê é integrada ao destino somático de Jesus Cristo. No batismo estão presentes, de igual maneira, a morte de Jesus e as forças de sua ressurreição, de modo que a realização do batismo deve ser entendida como uma revivência sacramental da morte presente de Jesus e como uma integração na realidade da ressurreição. As forças da ressurreição operam também

---

[251] Cf. P. SIBER, Mit Christus leben. Eine Studie zur paulinischen Auferstehungshoffnung (cf. abaixo, 6.8).

na ceia do Senhor; por isso, Paulo adverte os coríntios: "Aquele que come e bebe atrai sobre si o juízo de castigo, por meio de seu comer e beber, quando não discerne o corpo (do Senhor). É por isso que há entre vós tantos débeis e enfermos, e muitos já adormeceram" (1Cor 11,29.30). Dessa maneira, no caso de um comportamento indigno, as forças presentes no sacramento podem realizar o juízo de Deus.

A realidade da ressurreição permeia toda a existência dos crentes e determina sua nova existência no presente e no futuro. Jesus Cristo morreu pelas pessoas vocacionadas, para que "vivessem com ele" (cf. 1Ts 4,17: σὺν κυρίῳ ἐσόμεθα; 5,10: σὺν αὐτῷ ζήσωμεν). Deus agirá nos membros da comunidade escatológica assim como agiu em Jesus Cristo (cf. 2Cor 4,14). Paulo vê os cristãos no *status* da filiação (cf. Gl 3,26; 4,6s; Rm 8,16); eles vestiram Cristo (Gl 3,27; Rm 13,14), de modo que Cristo adquire forma neles (Gl 4,19). Como herdeiros da promessa (cf. κληρονομία em Gl 3,18; κληρονόμος em Gl 3,29; 4,1.7; Rm 4,13.14; além disso 1Cor 6,9.10; 15,50), já participam da atuação salvífica de Deus e encontram-se no *status* da filiação e da liberdade (Gl 5,21). Os crentes são co-herdeiros de Cristo, tanto no sofrimento como na glória (Rm 8,17: συγκληρονόμοι Χριστοῦ) e estão destinados a ser modelados em conformidade com a imagem do Filho de Deus (Rm 8,29). A realidade da ressurreição penetra a existência dos cristãos até nos sofrimentos físicos (cf. 2Cor 4,10s; 6,9s). No fim de sua vida, Paulo anseia pela comunhão inquebrantável e eterna com Cristo (Fl 1,23: σὺν Χριστῷ εἶναι) e deseja participar igualmente da força da ressurreição como da paixão de Cristo, "para ser conformado com ele em sua morte, para que eu alcance a ressurreição de entre os mortos" (Fl 3,10s). Jesus Cristo mudará o presente corpo fútil conforme sua glória, pois ele tem a força (ἐνέργεια) "de poder submeter a si também o universo" (Fl 3,21). Já agora, os cristãos estão inseridos em um campo de força que os determina poderosamente para além da morte.

Em Cristo

O espaço da nova vida entre o início da salvação e a plenificação da salvação é chamado por Paulo de εἶναι ἐν Χριστῷ ("estar em Cristo").

Esta expressão é muito mais do que uma "fórmula"; ela deve ser considerada *o* contínuo por excelência de sua teologia[252]. Já o resultado da análise exterior é significativo: em todas as cartas paulinas encontra-se ἐν Χριστῷ Ἰησοῦ com formas variadas 64 vezes, e a expressão derivada disso ἐν κυρίῳ 37 vezes[253]. Paulo não é o autor da expressão ἐν Χριστῷ, como mostram as tradições pré-paulinas em 1Cor 1,30; 2Cor 5,17 e Gl 3,26-28[254]. Ainda assim, porém, pode ser considerado o verdadeiro portador desse conceito, que nele não se torna a definição abreviada concisa do ser cristão, mas que deve ser considerado " a declaração eclesiológica sobre a essência"[255]. Em seu sentido básico, ἐν Χριστῷ deve ser entendido de modo local-existencial[256]: por meio do batismo, os crentes entram no espaço do Cristo pneumático, e constitui-se a nova existência na doação do espírito como sinal da salvação que começa de modo real no tempo presente e se realiza plenamente no futuro. O ser humano é arrancado de sua autolocalização e encontra a si mesmo, seu *self*, na relação com Cristo. A compreensão local-existencial fundamental de ἐν Χριστῷ predomina em 1Ts 4,16; 1Cor 1,30; 15,18.22; 2Cor 5,17; Gl 2,17; 3,26-28; 5,6; Rm 3,24; 6,11.23; 8,1; 12,5. A diversidade e complexidade das afirmações de ἐν Χριστῷ, bem como

---

[252] Para ἐν Χριστῷ, cf. A. DEISSMANN, Die neutestamentliche Formel "in Christo Jesu". Marburg: 1892; F. BÜCHSEL, "'In Christus' bei Paulus, in *ZNW* 42 (1949): 141-158; F. NEUGEBAUER, In Christus. Göttingen: 1961; U. SCHNELLE, Gerechtigkeit und Christusgegenwart (cf. acima, 4.6), pp. 106-123.225-235; M. A. SEIFRID, Verbete "In Christ", in G. F. HAWTHORNE, R. P. MARTIN (org.), *Dictionary of Paul and his Letters*, pp. 433-436; J. ROLOFF, Die Kirche im Neuen Testament (cf. abaixo, 6.7), pp. 86-99; L. KLEHN, "Die Verwendung von ἐν Χριστῷ bei Paulus", in *BN* 74 (1994): 66-79; G. STRECKER, Theologie des Neuen Testaments, pp. 125-132; J. GNILKA, Paulus (cf. acima, 6), pp. 255-260; CHR. STRECKER, Die liminale Theologie des Paulus (cf. acima, 6), pp. 189-211.
[253] Cf. L. KLEHN, Verwendung, p. 68.
[254] Além disso, cf. 2Cor 5,21b; Gl 2,17; 5,6; Rm 3,24; 6,11.23; 8,1; 12,5.
[255] H. HÜBNER, "Die paulinische Rechtfertigungstheologie als ökumenisch-hermeneutisches Problem", in TH. Söding (org.). *Worum geht es in der Rechtfertigungslehre?* (cf. acima, 6.2), pp. 76-105, aqui: p. 91.
[256] Cf. U. SCHNELLE, Gerechtigkeit und Christusgegenwart (cf. acima, 4.6), pp. 109-117; M. A. SEIFRID, Verbete "In Christ", pp. 433s; H. UMBACH, In Christus getauft – von der Sünde befreit (cf. abaixo, 6.7), pp. 220s; CHR. STRECKER, Die liminale Theologie des Paulus (cf. acima, 6), pp. 191s.

a presença lado a lado de diferentes conteúdos de sentido, podem ser derivadas dessa conceituação local básica[257]. Ao ἐν Χριστῷ vinculam-se em Paulo ambientes verticais e horizontais[258]: da comunhão com Cristo (cf. Gl 3,27) cresce a nova *comunitas* das pessoas que creem e foram batizadas e que estão agora isentas de alternativas fundamentais sexuais, étnicas e sociais (cf. Gl 3,28; 1Cor 12,13). Dessa maneira, ἐν Χριστῷ aparece como o espaço dentro do qual se realizam e são vividas mudanças existenciais. Os batizados são determinados em todas suas manifestações de vida por Cristo, e na comunhão com ele, a nova existência ganha uma forma visível. O mundo não é apenas declarado como mudado, ele mudou realmente, porque as forças da ressurreição, por meio do dom do espírito, já agem no tempo presente.

6.4.2 *Graça e salvação*

A transformação do Filho e a participação dos crentes nesse acontecimento salvífico transformam a percepção e a compreensão do tempo. Também o tempo é submetido a um processo de transformação, pois "chegou o fim dos éones" (1Cor 10,11c). O νυνὶ δέ paulino marca impressionantemente a virada escatológica do tempo[259]: "Mas agora, Cristo ressuscitou dos mortos, como o primeiro dos que adormeceram" (1Cor 15,20; cf. 2Cor 6,2; 13,13; Rm 3,21; 6,22; 7,6). Os crentes e batizados são presentemente/agora (νῦν) justificados pelo sangue de Jesus Cristo (Rm 5,9) e receberam presentemente/agora (νῦν) a reconciliação (Rm 5,11). Paulo tem certeza de que "nossa salvação está mais próxima agora do que antes, quando abraçamos a fé" (Rm 13,11b). O presente e o futuro são o tempo da graça (χάρις) e da salvação (σωτηρία).

---

[257] Cf. A. OEPKE, Verbete "ἐν", in *ThWNT* 2 (Stuttgart: 1935), p. 538: "Desse conceito básico local pode se derivar todo o caráter conciso da fórmula ἐν Χριστῷ Ἰησοῦ e de suas formas paralelas"; U. SCHNELLE, Gerechtigkeit und Christusgegenwart (cf. acima, 4.6), pp. 117-122; L. KLEHN, Verwendung, p. 77.

[258] CHR. STRECKER, Die liminale Theologie des Paulus (cf. acima, 6), pp. 193ss., fala de uma *communitas* vertical e uma horizontal com Cristo.

[259] Cf. V. LUZ, Geschichtsverständnis (cf. acima, 6), pp. 16-81.

Graça

Paulo usa χάρις sempre no singular; já este uso linguístico basta para sinalizar o pensamento fundamental de sua doutrina da graça: *a charis parte de Deus, densifica-se no evento Cristo e está voltada para as pessoas que creem e foram batizadas*. Já que Jesus Cristo personifica a χάρις de Deus, Paulo pode construir um paralelo entre a χάρις de Deus e a χάρις de Cristo (Rm 5,15), e Cristo aparece como o autor da graça do apóstolo e das comunidades (cf. 2Cor 8,9; 12,9; Gl 1,16). Os cristãos já estão no estado da graça (cf. 1Cor 1,4; Rm 5,12), pois o evento Cristo aboliu seu emaranhamento na anterior história de desgraça (cf. Rm 5,15); a graça triunfa sobre os poderes da morte e do pecado[260]. Agora vale: "Assim como imperou o pecado por meio da morte, assim também impera a graça por meio da justiça, para a vida eterna, através de Jesus Cristo, nosso Senhor" (Rm 5,21). Tudo isso ocorre "em vosso favor, para que a graça, pelo maior número de crentes possível, ganhe sua maior plenitude possível" (2Cor 4,14s). Os crentes e batizados foram presenteados com o espírito (cf. 1Cor 2,12: particípio do passado do aoristo, χαρισθέντα), de modo que reconhecem agora, pela graça de Deus, o novo tempo. Na fé dada gratuitamente (cf. Rm 4,16; Fl 1,29), eles têm parte na atuação salvífica de Deus. A reconciliação de Deus com os seres humanos por Jesus Cristo realiza-se nos dons da justiça e da graça (cf. 2Cor 5,18-6,2; Rm 5,1-11). Paulo entende a *coleta para Jerusalém* como uma expressão da graça de Deus, como uma obra de graça, porque confere uma forma concreta à vontade salvífica de Deus (cf. 1Cor 16,3; 2Cor 8,1.4.6.7.19; 9,8.14.15). O modelo para esta χάρις é a graça de Cristo, pois, por meio de sua pobreza, ele opera a riqueza da comunidade (cf. 2Cor 8,9). Especialmente os comentários sobre a coleta em 2Cor 8,9 e Rm 14,25-28 mostram que Paulo argumenta no âmbito de sua doutrina de graça também contra o pano de fundo do

---

[260] Para a compreensão paulina de χάρις,cf. R. BULTMANN, Theologie, pp. 281-285.287-291; H. CONZELMANN, Verbete "χάρις", in *ThWNT* 9, pp. 383-387; D. ZELLER, Charis (cf. acima, 6.4), pp. 138-196; J. D. G. DUNN, Theology of Paul (cf. acima, 6), pp. 319-323; J. R. HARRRISON, Paul's Language of Grace (cf. acima 6.4), pp. 211ss.

princípio contemporâneo da reciprocidade[261]: a reciprocidade poder ser considerada um princípio básico da sociedade helenista, segundo o qual benfeitorias de patronos (por exemplo, os imperadores romanos) e a gratidão/obediência dos receptores são evidentemente uma unidade. A troca de bens e serviços entre pessoas de posições diferentes e, vinculada a isso, uma rede de patronos e clientes, perpassa a vida pública e privada. Paulo chama a coleta explicitamente de χάρις (cf. 1Cor 16,3; 2Cor 8,1.4.6.7.19) e diz sobre a Macedônia e a Acaia: "Foi sua própria decisão; simultaneamente são seus devedores. Porque, se as nações participaram dos bens espirituais deles, então são também obrigadas a prestar-lhes um serviço em aspectos materiais" (Rm 15,27). No entanto, Rm 3,24 diz ao mesmo tempo: "justificados gratuitamente por sua graça, em virtude da redenção em Cristo Jesus". *Paulo rompe aqui com o princípio das benfeitorias e obrigações mútuas da sociedade helenista, ao usar o* δωρεάν *("de graça, gratuitamente")*. A atuação da graça de Deus não tem pressupostos e condições, mas tem intenção; não se orienta no esquema do *status*, mas é universal e não vinculada a procedimentos sociais ou cúlticos[262].

Também a estada do apóstolo na prisão pode ser designada como χάρις, porque promove o anúncio do evangelho (cf. Fl 1,7). Dessa forma, a graça de Deus passa a ser o verdadeiro portador do trabalho do apóstolo (cf. 2Cor 1,12) e das comunidades, pois também os "dons da graça" (χαρίσματα) se devem a uma só graça (Rm 12,6). Quando Paulo frisa o estado de graça das comunidades no início e no fim de suas cartas (cf. 1Ts 1,1; 5,28; 1Cor 1,3; 16,23; 2Cor 1,2; 13,13; Gl 1,3; 6,18; Rm 1,5; 16,20; Fl 1,2; 4,23; Rm 1.3), ele segue nisso não só uma convenção litúrgica, mas nomeia uma realidade: tanto o apóstolo (cf. 1Cor 3,10; Gl 1,15; 2,9; Rm 1,5; 12,3; 15,15) como a comunidade devem sua existência e sua preservação unicamente à graça de Deus. Paulo contrasta

---

[261] Cf. J. R. HARRRISON, Paul's Language of Grace (cf. acima, 6.4), pp. 294-332.
[262] Um conceito universal comparável encontra-se, desde uma perspectiva filosófica, em EPÍTETO, Diss IV 1,102-110 (103s: "E aí tu, que recebeste tudo e a ti mesmo de outro, queres irar-te com ele, o doador, e queixar-te contra ele quando ele tira alguma coisa de ti? Quem és tu, e para que vieste ao mundo? Não foi ele que te fez ver a luz?").

sua existência anterior com a vocação para ser apóstolo: "Mas pela graça de Deus sou o que sou, e sua graça a mim dispensada não foi em vão; ao contrário, esforcei-me mais do que todos os outros; aliás, não eu, mas a graça de Deus que está comigo" (1Cor 15,10). A graça comprova-se também em situações difíceis, pois mostra sua força justamente ao suportar tribulações e tentações (cf. 2Cor 12,9). Não são as demonstrações de favores do imperador[263] que concedem e transformam a vida das pessoas, mas unicamente a presença benigna de Deus em Jesus Cristo. A graça não é um sentimento, afeto ou uma qualidade de Deus, mas seu ato inesperado, livre e poderoso. É a expressão do amor de Deus, "pois Deus demonstra seu amor para conosco pelo fato de Cristo ter morrido por nós quando éramos ainda pecadores" (Rm 5,8)[264]. Por isso, Paulo espera encarecidamente que também Israel tenha algum dia sua parte na graça de Deus (cf. Rm 11,1ss).

Nas Cartas aos Gálatas e aos Romanos, Paulo combina afirmações de χάρις com a doutrina da justificação exclusiva, determinada pela nomologia. Ele se admira quão rapidamente os gálatas deram as costas à graça (Gl 1,6) e: "Renegastes Cristo, vós que desejais ser justificados pela lei; caístes fora da graça" (Gl 5,4). A graça transbordante aparece como um poder que evita uma condenação normalmente inevitável dos seres humanos (Rm 5,16). Os cristãos escaparam do pecado e da morte e encontram-se no estado objetivo da salvação pela graça. Sendo que é o evento Cristo e não a lei que salva, o apóstolo pode definir o novo *status* dos cristãos em Rm 6,14 do seguinte modo: "Vós não estais sob a lei, mas sob a graça". No entanto, Rm 6 mostra claramente que também o aguçamento antinomista do conceito paulino da graça está baseado na conceituação fundamental da participação dos crentes da graça de Deus no evento do batismo (cf. Rm 6,1:

---

[263] Cf. o elenco do material em P. G. WETTER, "Charis", in *UNT* 5 (Leipzig: 1913): 6-19; H. CONZELMANN, Verbete "χάρις", pp. 365s; D. ZELLER, Charis (cf. acima, 6.4), pp. 14-32; J. R. HARRRISON, Paul's Language of Grace (cf. acima, 6.4), pp. 61s.87-90.226ss. Um clássico é a declaração da liberdade dos gregos por Nero em Corinto em 67 d.C. (cf. Neuer Wettstein I/2 [cf. acima, 4.3], pp. 249s).

[264] Para a relação interna entre o conceito do amor e o conceito da graça, cf. R. BULTMANN, Theologie, pp. 291s.

"Queremos permanecer no pecado, a fim de que a graça se multiplique?"). Paulo rejeita enfaticamente essa lógica de seus adversários e remete ao dado salvífico fundamental da existência cristã: o batismo.

A conceituação fundamental da soteriologia paulina não está vinculada a um conceito negativo da lei ou a uma determinada conceituação da justiça[265], mas decorre positivamente da lógica de transformação e participação: por meio da mudança de *status* do filho, também os crentes e batizados encontram-se em um novo *status*: no da graça[266]. Paulo sinaliza com seu intenso uso de χάρις (63 vezes em Paulo, 155 vezes no NT) que ele entende o novo tempo como um tempo de graça.

Salvação

Paulo adota com σωτηρία uma segunda metáfora central da religiosidade antiga para interpretar o novo tempo. O campo semântico de σωτήρ/σωτηρία/σώζειν apresenta no tempo do Novo Testamento uma conotação político-religiosa: o imperador romano é o salvador do mundo, ele não só garante a unidade política do império, mas concede a seus cidadãos também bem-estar, salvação e sentido[267]. O conceito da salvação estava também no centro em concorrentes criações religiosas de sentido, como as religiões de mistérios[268]. Diante do destino cego e da inevitabilidade do sofrimento e da

---

[265] Diferente, por exemplo, R. BULTMANN, Theologie, p. 284, que equipara factualmente χάρις e δικαιοσύνη (θεοῦ): "Portanto, a δικαιοσύνη tem sua origem na χάρις de Deus". De forma semelhante argumentam H. CONZELMANN, Grundriss, pp. 236s; J. D. G. DUNN, Theology of Paul (cf. acima, 6), pp. 319-323, que veem na doutrina da justificação exclusiva da Carta aos Romanos *a* elaboração por excelência da doutrina paulina da graça.

[266] Cf. D. G. POWERS, Salvation through Participation (cf. acima, 6.4), p. 235: *"The exegesis of the various passages in early Christian literature in this study has demonstrated that Paul's essential conception of salvation is that of participationism"* (Neste estudo, a exegese de várias passagens na literatura cristão-primitiva demonstrou que o conceito essencial paulino da salvação é o participacionismo).

[267] Cf. a respeito seções 10.4.1; 10.4.2; 12.2.4.

[268] Cf. TH. SÖDING, "Das Geheimnis Gottes im Kreuz Jesu", in IDEM, *Das Wort vom Kreuz* (cf. acima, 6), pp. 71-92, aqui: pp. 79s.

morte, os mistos esperavam participar do destino dramático de uma divindade que experimenta a morte como uma passagem para a nova vida. Depois da realização dos ritos do culto, o misto "renasce" para uma vida nova, feliz e bem-sucedida (cf. Apuleio, Met XI 16,2-4; 21,7) que começa já no tempo presente. Toda a filosofia antiga em torno da virada do tempo (Cícero, Sêneca, Epíteto, Plutarco) tem como tema a vida bem-sucedida como a lida positiva com o destino e os afetos. Trata-se da possibilidade e do meio para iluminar a existência e de formas do autocuidado que visam uma realização do *self*.

A mensagem cristão-primitiva da salvação dos crentes em Jesus Cristo deve ser lida contra esse pano de fundo muito complexo. Paulo ultrapassa todas as promessas concorrentes, pois o evangelho por ele pregado abrange todos os âmbitos da existência e do tempo e salva da justificável ira de Deus (cf. Rm 1,16ss). Quem se confia a essa mensagem, perde o medo dos poderes imprevisíveis do futuro. Deus não destinou os cristãos para a ira, mas para a salvação (1Ts 5,9; Rm 5,9). A loucura da pregação da cruz salva, porque, na cruz, Deus converteu a sabedoria do mundo em loucura (1Cor 1,18.21). Paulo anuncia o evangelho de múltiplas maneiras, para assim salvar pelo menos algumas pessoas (cf. 1Cor 9,22; 10,33). Ele intercede pela salvação de Israel (cf. Rm 10,1; 11,14) e chega finalmente à intelecção profética de que, na volta do Senhor, "todo Israel" será salvo (Rm 11,26). O evangelho que salva é um poder de Deus (Rm 1,16), e cada pessoa que o confessar com a boca (isto é, publicamente), será salva (Rm 10,9.13). O quanto Paulo concebe a σωτηρία como um acontecimento real e material mostra 1Cor 3,15; 5,5; 7,16: o *self* dos batizados será salvo no fogo do juízo, ainda que sua obra ou seu corpo se arruínem; a santificação do parceiro matrimonial não crente inclui também sua possível salvação. Já que as forças da ressurreição operam no presente e no futuro, a salvação é muito mais do que um novo estado de consciência daquelas pessoas que se consideram salvas; σωτηρία é um acontecimento real e simultaneamente universal que transforma a existência e o tempo.

6.5 Antropologia

LÜDEMANN, H. *Die Anthropologie des Paulus und ihre Stellung innerhalb der Heilslehre*. Kiel, 1872; BULTMANN, R. "Römer 7 und die Anthropologie des Paulus". In *Exegetica*, editado por IDEM, pp. 198-209. Tübingen, 1967; GUTBROD, W. *Die paulinische Anthropologie*. BWANT IV/15. Stuttgart, 1934; KÜMMEL, W. G. *Römer 7 und das Bild des Menschen im Neuen Testament. Zwei Studien*. TB 53. Muinque, 1974 (= 1929/48); KÄSEMANN, E. "Zur paulinischen Anthropologie". In *Paulinische Perspektiven* (cf. acima, 6), editado por IDEM, pp. 9-60; SCROGGS, R. *The Last Adam. A Study in Pauline Anthropology*. Oxford, 1966; SAND, A. *Der Begriff Fleisch in den paulinischen Hauptbriefen*. Regensburg, 1966; BRANDENBURGER, E. *Fleisch und Geist*. WMANT 29. Neukirchen, 1968; JEWETT, R. *Paul's Anthropological Terms*. AGJU 10. Leiden, 1971; BAUER, K.-A. *Leiblichkeit – das Ende aller Werke Gottes*. StNT 4. Gütersloh, 1971; WILCKENS, U. "Christologie und Anthropologie im Zusamenhang der paulinischen Rechtfertigungslehre". In *ZNW* 67 (1976): 65-82; LÜHRMANN, D. *Glaube im frühen Christentum*. Gütersloh, 1976; SCHMITHALS, W. *Die theologische Anthropologie des Paulus*. Stuttgart, 1980; BARTH, G. "Pistis in hellenistischer Religiosität". In *Neutestamentliche Versuche und Beobachtungen*, editado por IDEM, pp. 169-194. Waltrop, 1996; ECKSTEIN, H. - J. *Der Begriff Syneidesis bei Paulus*. WUNT 2.10. Tübingen, 1983; THEISSEN, G. *Psychologische Aspekte paulinischer Theologie*. FRLANT 131. Göttingen, 1983; DOBBELER, A. V. *Glaube als Teilhabe*. WUNT 2.22. Tübingen, 1987; ROHSER, G. *Metaphorik und Personifikation der Sünde*. WUNT 2.25. Tübingen, 1987; JONES, S. *"Freiheit" in den Briefen des Apostels Paulus*. GTA 34. Göttingen, 1987; VOLLENWEIDER, S. *Freiheit als neue Schöpfung*. FRLANT 147. Göttingen, 1989; MELL, U. *Neue Schöpfung*. BZNW 56. Berlim, 1989; SCHNELLE, U. *Neutestamentliche Anthropologie. Jesus – Paulus – Johannes*. BThSt 18. Neukirchen, 1991; LAATO, T. *Paulus und das Judentum. Anthropologische Erwägungen*. Abo, 1991; AUNE, D. E. "Zwei Modelle der menschlichen Natur bei Paulus". In *ThQ* 176 (1996): 28-39; FREY, J. "Die paulinische Antithese von "Fleisch" und "Geist" und die palästinisch-jüdische Weisheitstradition". In *ZNW* 90 (1999): 45-77; GIELEN, M. "Grundzüge paulinischer Anthropologie im Lichte des eschatologischen Heilsgeschehens in Jesus Christus". In *JBTh* 15 (2000): 117-148; BEUTLER, J. (org.). *Der neue Mensch in Christus*. QD 190. Freiburg, 2001; WISCHMEYER, O. *Menschsein*. NEB.Th 11, pp. 89-106. Würzburg, 2003; REINMUTH, E. *Anthropologie im Neuen Testament*, pp. 185-243. Tübingen, 2006.

Paulo pergunta intensamente quem é o ser humano e o que o constitui, promove e limita. Em suas atribuições, ele se situa na tradição da fé veterotestamentária acerca de Deus e da criação, mas adota também tradições da antropologia helenista e chega a uma interpretação autônoma do ser humano. O ser humano não pode existir a partir de si mesmo, porque já se encontra inserido em um campo de tensão de forças que o determinam. Sendo criatura, o ser humano não é autônomo graças a sua razão[269], mas exposto aos poderes que imperam na criação: Deus e ao Mal na forma do pecado.

6.5.1 O corpo e a carne

Para Paulo, a qualidade de criatura do ser humano manifesta-se em sua corporeidade[270]. Devido à realidade do pecado, ela é sempre também uma corporeidade ameaçada, de modo que Paulo distingue entre σῶμα ("corpo") e σάρξ ("carne").

Corpo / corporeidade

O termo-chave σῶμα ("corpo/corporeidade") é em Paulo primeiramente uma designação *neutra* da constituição corpórea do ser humano. Abraão tinha um corpo já "amortecido" (Rm 4,19). Na condenação de um fornicador em Corinto, Paulo está corporalmente ausente (1Cor 5,3: ἀπὼν τῷ σώματι; cf. também 2Cor 10,10), mas presente no espírito. Paulo porta em seu corpo as marcas de Jesus (Gl 6,17), feridas que lhe forem infligidas em seu trabalho missionário, por exemplo, através de flagelações (cf. 2Cor 11,24s). Num casamento, cada um dos parceiros tem direito sobre o corpo do outro (1Cor 7,4). Virgens devem se preocupar com a santidade de seu corpo (1Cor 7,34). O corpo como o lugar das cobiças e das fraquezas humanas deve ser subjugado (1Cor 9,27).

Paulo usa σῶμα num sentido qualificador *negativo* em Rm 6,6 (σῶμα τῆς ἁμαρτίας, "corpo de pecado") e em Rm 7,24 (σῶμα τοῦ θανάτου,

---

[269] Diferente DIO CRISÓSTOMO, Or 36.19, que formula a compreensão do ser humano predominante até hoje da seguinte maneira: "O que é o ser humano: um ser mortal dotado de razão".

[270] Para a história da pesquisa, cf. K.-A. BAUER, Leiblichkeit (cf. acima, 6.5), pp. 13-64; R. JEWETT, Anthropological Terms (cf. acima, 6.5), pp. 201-250.

"corpo de morte"). A pessoa batizada morreu realmente para o pecado (cf. Rm 6,1ss), mas o pecado não está morto! Ele continua a permanecer no mundo como tentação do corpo. Por isso, Paulo convoca a não deixar o pecado dominar no σῶμα θνητόν (Rm 6,12, "corpo mortal"; cf. Rm 8,10s.13). Também as "cobiças" (ἐπιθυμίαι) podem nascer, para Paulo, tanto da σάρξ (Gl 5,16s.24) como do σῶμα (Rm 6,12). Ainda assim, σῶμα e σάρξ não devem ser equiparadas. O apóstolo enfatiza em Rm 8,9, explicitamente a transformação da existência da esfera da σάρξ para o âmbito do espírito, operada no batismo, de modo que Rm 8,10s.13 pode se referir já não a uma determinação pela σάρξ, mas a uma exposição devido à σάρξ. O σῶμα não está entregue e submetido aos poderes alheios da σάρξ e do ἁμαρτία[271], mas está sempre no perigo de ser dominado por elas. *Σῶμα é o próprio ser humano, σάρξ, ao contrário, um poder alheio que quer dominá-lo.*

O uso *positivo* de σῶμα por Paulo manifesta-se como uma expressão abrangente do *self* humano[272].

Segundo sua natureza, o corpo é muito mais do que comer e beber (1Cor 6,13a) e não se define a partir de suas funções biológicas; muito ao contrário, o corpo pertence ao Senhor (1Cor 6,13b). Na terra, o cristão coloca seu corpo à disposição do Senhor "como sacrifício vivo, santo e agradável a Deus – vosso culto espiritual" (Rm 12,1b). Especificamente a corporeidade aparece como o lugar onde a fé ganha sua forma visível como obediência. Sendo a morada do Espírito Santo, o corpo já não está submetido à própria disposição arbitrária (1Cor 6,19), porque Deus mesmo destinou o corpo para ser o lugar de sua glorificação: 1Cor 6,20b: "Glorificai, portanto, a Deus em vosso corpo"; além disso, cf. Fl 1,20). Quem subtrai o corpo ao Senhor, subtrai-se inteiramente! Para Paulo também não há uma existência pós-mortal sem corporeidade, de modo que ele pensa também a realidade da ressurreição de

---

[271] Contra R. BULTMANN, Theologie, pp. 197s. que observa acerca de Rm 8,13 que o σῶμα estaria aqui entregue a um poder alheio e que haveria uma correspondência entre πράξεις τοῦ σώματος e ζῆν κατὰ σάρκα; para a crítica cf. K- A. BAUER, Leiblichkeit (cf. acima, 6,5), pp. 168s.

[272] R. BULTMANN, Theologie, p. 195, formula concisamente: "[...] o ser humano não tem um σῶμα, ele é σῶμα".

modo corpóreo. Da mesma maneira como a pessoa que crê está conectada na terra corporalmente com Cristo, assim o Ressuscitado opera a passagem e a transformação do ser humano da existência pré-mortal para a pós-mortal. O poder vital de Deus presente no espírito supera e vence também a morte e cria uma corporeidade (σῶμα πνευματικόν) na qual se acolhe a existência humana pré-mortal, portanto, a identidade pessoal, e a transfere para uma nova qualidade (cf. 1Cor 15,42ss). O presente "corpo de humilhação" (Fl 3,21: τὸ σῶμα τῆς ταπεινώσεως) será transformado e será moldado à semelhança do "corpo da glória dele" (τὸ σῶμα τῆς δόξης αὐτοῦ). O que se realizou em Cristo, o primogênito dos que dormem (1Cor 15,20), será concedido também aos crentes.

O σῶμα é para Paulo a interseção entre a situação condicionada do ser humano no mundo e a atuação de Deus no ser humano[273]. Exatamente porque o ser humano tem um corpo e é corpo[274], o ato salvífico de Deus em Jesus Cristo inclui e determina o corpo e, junto com ele, a existência concreta e a história do ser humano.

Carne/carnalidade

Assim como σῶμα, Paulo pode usar também σάρξ ("carne/carnalidade") primeiramente em um sentido *neutro* como designação da condição exterior do ser humano. Doenças são designadas como "fraqueza da carne" (Gl 4,13) ou como "aguilhão na carne" (2Cor 12,7). A circuncisão acontece "na carne"; há uma "tribulação na carne" (1Cor 7,28) e

---

[273] Dessa maneira, Paulo distingue-se fundamentalmente de um dualismo (platonizante) de corpo *versus* alma, que, em torno da virada do tempo, estava divulgado em muitas variantes; como exemplo, cf. PLUTARCO, Moralia 1001b.c: "que, já que o mundo é composto por duas coisas, corpo e alma, um não foi gerado por Deus, mas que, depois que a matéria se oferecesse, ele a moldou e reuniu, ao vincular e delimitar com limites e formas próprias o ilimitado; a alma, no entanto, tendo recebido parte na razão, na reflexão racional e na harmonia, é não só uma obra, mas também uma parte do deus, e surgiu não só por ele, mas também a partir dele e de dentro dele".

[274] Assim K.-A. BAUER, Leiblichkeit (cf. acima, 6.5), p. 185, numa continuação crítica da definição de R. Bultmann, acima indicada; em Paulo, σῶμα abrange tanto o ser pessoa como a corporeidade do ser humano.

vários tipos de carne (1Cor 15,39). Em Gl 4,23.29; Rm 4,1; 9,3; 11,14, σάρξ representa a pertença ao povo de Israel no sentido genealógico.

Uma conotação explicitamente *negativa* manifesta-se em σάρξ quando Paulo atribui o ser humano que vive de si mesmo e confia em si mesmo ao âmbito da carne[275]. Ele chama os coríntios crianças incapazes "carnais" (σαρκινός) em Cristo (1Cor 3,1), que vivem de maneira humana e, dessa forma, carnal (1Cor 3,3). Paulo designa como σάρξ καὶ αἷμα ("carne e sangue": 1Cor 15,50; Gl 1,16; além disso, cf. 1Cor 5,5; 2Cor 4,11; Rm 6,19) o passageiro e corruptível que está excluído do Reino de Deus[276]. O apóstolo refere-se várias vezes de forma negativa a uma "vida na carne" (cf. 2Cor 10,3; Gl 2,20; Fl 1,22.24; Fm 16), para expressar negativamente o modo da existência humana. Em contraste, é verdade que Paulo vive ἐν σαρκί ("na carne"), mas não κατὰ σάρκα ("segundo a carne", cf. 2Cor 10,3). O ser humano *sárquico* caracteriza-se pelo egoísmo e pela autossuficiência, confia em suas próprias capacidades e faz de seu conhecimento a medida daquilo que é razoável e real. Uma vida κατὰ σάρκα significa uma vida sem acesso a Deus, portanto, estar preso no terrestre-corruptível (cf. Rm 7,14b). Aqui, σάρξ torna-se a característica por excelência de uma vida que está separada de Deus e que se revolta contra Deus. O sujeito verdadeiro da vida é o pecado; a consequência é a morte (Rm 7,5: "Pois, quando estávamos ainda na carne [ἐν τῇ σαρκί], as paixões pecaminosas suscitadas através da lei operavam em nossos membros, de modo que produzíamos frutos para a morte").

Só Deus pode libertar dessa interconexão fatídica de carne, pecado e morte. Essa libertação realizou-se fundamentalmente no envio e na missão do Filho ἐν ὁμοιώματι σαρκὸς ἁμαρτίας (Rm 8,3: "na semelhança à carne do pecado"). Jesus assumiu o modo existencial em que se realiza o domínio do pecado sobre os seres humanos. Por isso, a morte e a ressurreição de Jesus Cristo desapoderam o pecado ali onde ele tem seu maior poder: na carne. A contraposição σάρξ – πνεῦμα aparece em Paulo não como um dualismo metafísico, mas como um

---

[275] Fundamental é até hoje R. BULTMANN, Theologie, pp. 232-239.
[276] Cf. CHR. WOLFF, 1Kor (cf. acima, 4.6), p. 205.

dualismo histórico. Como não há existência humana fora da carne e a atuação de Deus nos seres humanos se realiza na carne, a carne aparece como o lugar onde o ser humano permanece em seu egoísmo e sua autossuficiência ou aceita ser colocado a serviço de Deus, pelo poder do espírito. Para Paulo, o crente em sua existência terrena não é retirado da carne, mas o espírito supera a autoafirmação natural da carne.

6.5.2 *O pecado e a morte*

As particularidades da compreensão paulina sobre o pecado mostram-se já no *uso linguístico*[277]. Característico para Paulo é o uso de ἁμαρτία no singular (cf., por exemplo, 1Cor 15,56; 2Cor 5,21; Gl 3,22; Rm 5,21; 6,12; 7,11 etc.). Formas no plural encontram-se geralmente em formulações tradicionais fora da Carta aos Romanos (cf. 1Ts 2,16; Gl 1,4; 1Cor 15,3.17). Na Carta aos Romanos, que é o documento de uma reflexão intensiva do apóstolo sobre a natureza da ἁμαρτία, predomina claramente o singular; o plural ocorre apenas em três lugares (Rm 4,7; 11,27: citações da LXX; Rm 7,5: devido ao τὰ παθήματα). A distribuição das ocorrências chama a atenção: ἁμαρτία aparece em Paulo num total de 59 vezes (173 vezes no Novo Testamento), e 48 dessas ocorrências encontram-se na Carta aos Romanos (1Ts: 1 vez; 1Cor: 4 vezes; 2Cor: 3 vezes; Gl: 3 vezes; Fl e Fm sem ocorrências). Enquanto, na Primeira Carta aos Tessalonicenses, Israel é considerado rejeitado em razão de suas transgressões/impiedades (1Ts 2,16)[278], manifesta-se na Primeira Carta aos Coríntios abertamente o conceito básico da doutrina paulina do pecado: Cristo "morreu por nossos pecados" (1Cor 15,3b; cf. 15,17), isto é, por meio da cruz e da ressurreição, ele superou e venceu o poder do pecado. 1Cor 15,56 constata, de modo mais casual e sem sistemática, que o pecado é o aguilhão da morte e adquire sua força por meio da Lei[279]. Segundo 2Cor 5,21, Deus tornou

---

[277] Cf. a respeito G. RÖHSER, Metaphorik (cf. acima, 6.5), pp. 7ss.
[278] Para a análise, cf. H. UMBACH, In Christus getauft – von der Sünde befreit (cf. abaixo, 6.7), pp. 68-70.
[279] Para a interpretação de 1Cor 15,56, cf. F. W. HORN, "1Korinther 15,56 - ein exegetischer Stachel", in *ZNW* 82 (1991): 88-105; TH. SÖDING, "'Die Kraft der Sünde ist

o não pecador Jesus Cristo pecado para nós, "a fim de que, por ele, nos tornemos justiça de Deus". A ocorrência de ἁμαρτία sem artigo em 2Cor 11,7 deve ser entendida no sentido de "falha, falta, erro" ("ou será que eu cometi um erro...")[280]. Na Carta aos Gálatas já aparece a lógica que é característica para a Carta aos Romanos: segundo a vontade da Escritura (portanto, de Deus), também os judeus estão sob o poder do pecado, ao qual tudo está sujeitado para que as promessas sejam um benefício para os crentes (Gl 3,22). Se os gálatas quiserem deixar-se circuncidar, ficam no aquém da força libertadora da morte de Jesus "por nossos pecados" (Gl 1,4). Cristo não pode ser um servo do poder do pecado (Gl 2,17)[281], pois nele tornou-se claro que a lei não pode libertar do pecado. Na Carta aos Romanos, a relação entre a temática da justiça e da lei, por um lado, e a doutrina do pecado, por outro, é evidente. Onde Paulo desenvolve abrangentemente sua nomologia e alega a igualdade da situação hamartiológica de judeus e gentios (Rm 1,18-3,20), ele tem que refletir necessariamente também sobre a natureza e a função do pecado.

A *preexistência* do pecado atesta sua universalidade e seu caráter fatídico. Desde o pecado de Adão, o mundo está marcado pela relação preestabelecida e todo-determinante de pecado e morte (cf. Rm 5,12; além disso, 4Esd 3,7; 3,21; 7,118; Br(Sir) 23,4). O pecado estava no mundo antes da lei (Rm 5,13; cf. Rm 7,8b), "a lei apenas interveio, entrou no meio" (Rm 5,20: νόμος δὲ παρεισῆλθεν). Também o juízo de facticidade, de que judeus e gregos estariam igualmente "debaixo do pecado" (Rm 3,9; cf. Gl 3,22: ὑπὸ ἁμαρτίαν), pressupõe a preexistência do pecado. *O pecado é um poder com caráter de fatalidade que precede cada existência humana.* Em última análise, para Paulo, a realidade do pecado e do pecar é o ponto de partida de sua argumentação. O ser humano encontra-se no âmbito do pecado e da morte e emaranhado numa situação de desgraça que ele não causou[282]. Sendo um membro

---

das Gesetz' (1Kor 15,56). Anmerkungen zum Hintergrund und zur Pointe einer gesetzeskritischen Sentenz des Apostels Paulus", in *ZNW* 83 (1992): 74-84.

[280] Cf. H. WINDISCH, Der zweite Korintherbrief (cf. acima, 6.2.7), p. 334.

[281] Cf. a respeito H. UMBACH, In Christus getauft – von der Sünde befreit (cf. abaixo, 6.7), pp. 88-90.

[282] Cf. H. WEDER, *Gesetz und Sünde* (cf. acima, 6.2.7), p. 362.

da humanidade, é atingido pelo poder do pecado. Não obstante, Paulo não dispensa o ser humano de sua responsabilidade. O caráter de ato que é inerente ao pecado mostra-se especialmente em Rm 3,23, onde Paulo resume a ampla argumentação precedente dessa forma: "Todos pecaram (πάντες γὰρ ἥμαρτον) e estão privados da graça de Deus".

Tanto os vícios dos gentios (cf. Rm 1,24-32) como também a oposição fundamental entre a ortodoxia e a ortopraxia entre os judeus (cf. Rm 2,17-29) eram resultados de seu respectivo agir ou não agir. Aplica-se: "Aqueles que pecaram sem lei, também sem lei perecerão; aqueles que pecaram dentro da lei, pela lei serão julgados" (Rm 2,12). O juízo de facticidade em Rm 3,9, de que "todos estão debaixo do pecado", é justificado nos v. 10-18 com uma ampla comprovação escriturística, cujas citações visam claramente o caráter ativo do pecado. Aqui, tornar-se culpado diante de Deus (cf. Rm 3,19b) não é a consequência de uma fatalidade, mas o resultado de um agir. Em Rm 14,23, o pecado aparece de modo verdadeiramente programático como um ato responsável: "Tudo que não é feito a partir da fé é pecado" (πᾶν δὲ ὃ οὐκ ἐκ πίστεως ἁμαρτία ἐστίν). Portanto, o domínio universal do pecado decorre de seu caráter de fatalidade e de ato[283]. O poder do pecado precede aos pecados ocorridos e está em sua base (cf. Rm 5,12: "Por isso, assim como por meio de um só ser humano o pecado entrou no mundo e pelo pecado, a morte, assim a morte se espalhou entre todos os seres humanos, porque todos pecaram")[284].

Em *Rm 7*, Paulo desenvolve a relação, para ele central, entre pecado e lei. Aqui se ressalta enfaticamente que o pecado é muito mais do que um defeito na conduta da vida. Tem o caráter de um poder inescapável, ao qual cada ser humano fora da fé está sujeito. O pecado consegue até mesmo apoderar-se da lei, sob a forma da cobiça, e perverter em seu contrário a intenção da mesma enquanto a boa vontade de Deus voltada para a vida (Rm 7,7-13). A partir dessa intelecção fundamental surge a argumentação antropológica do apóstolo em

---

[283] Cf. G. RÖHSER, *Metaphorik* (cf. acima, 6.5), p. 118.
[284] Cf. H. UMBACH, op. cit., p. 201, para Rm 5,12: "Pela atuação pecaminosa ou desobediente de um (Adão), ἡ ἁμαρτία veio ao mundo, ou seja, a todos o seres humanos (12d), e determina desde então a atuação (ἥμαρτον) e a sorte (θάνατος) deles".

Rm 7,14-25a²⁸⁵, na qual se desenvolve o emaranhamento inescapável do Eu debaixo do poder do pecado, para inocentar assim a Lei/Torá de qualquer culpa por seu efeito antidivino no mundo. No v. 14, Paulo nomeia uma situação geral e válida para o tempo presente: o ser humano como um ser carnal está sujeito ao pecado. A universalidade da expressão é ressaltada pelo ἐγώ ("eu"). Na primeira pessoa do singular trata-se de um meio estilístico que tem paralelos nos salmos de lamentação (cf. Sl 22,7s) e na literatura de Qumran (cf. 1QH 1,21; 3,23s; 1QS 11,9ss)²⁸⁶. Tanto a forma estilística literária da primeira pessoa do singular como o caráter geral de Rm 7,14 e a referência a Rm 8,1ss recomendam entender o ἐγώ como um eu exemplar e genérico que apresenta, na perspectiva da fé, a situação do ser humano fora da fé²⁸⁷.

Em Rm 7,15, Paulo comenta a situação existencial preestabelecida do ser humano como vendido ao pecado: o Eu encontra-se num dilema fundamental, já que não faz o que quer, mas o que odeia. Paulo conclui a partir dessa contradição em Rm 7,16 que a Lei/Torá em si seria boa, pois seria o pecado que operaria a contradição entre o querer e o fazer. O caráter poderoso do pecado é salientado em Rm 7,17.20, com a metáfora da habitação do pecado no ser humano. A referência a Rm 8 é inteiramente óbvia, pois Paulo diz em Rm 8,9s que o espírito de Deus/de Cristo, ou seja Cristo, vive na pessoa que crê. Dessa maneira, o pecado e Cristo entram numa clara concorrência mútua, o ser humano funciona meramente de modo passivo como habitação dos

---

[285] Ao lado dos comentários, cf. para a análise: R. WEBER, "Die Geschichte des Gesetzes und des Ich in Römer 7,7-8,4", in NZSTh 29 (1987): 147-179; O. HOFIUS, "Der Mensch im Schatten Adams", in IDEM, Paulusstudien II. WUNT 143 (Tübingen 2002), pp. 104-154; H. LICHTENBERGER, Das Ich Adams und das Ich der Menschheit. WUNT 164 (Tübingen: 2004); V. STOLLE, Luther und Paulus. ABG 10 (Leipzig: 2002), 210-232.
[286] Cf. a respeito W. G. KÜMMEL, Römer 7 (cf. acima, 6.5), pp. 127-131; G. THEISSEN, Psychologische Aspekte (cf. acima, 6.5), pp. 194-204.
[287] Essa intelecção foi elaborada fundamentalmente por W. G. KÜMMEL, Römer 7 (cf. acima, 6.5), pp. 74ss. Um eco de experiências individuais em Rm 7 é suposto, por exemplo, por G. THEISSEN, Psychologische Aspekte (cf. acima, 6.5), p. 204. Diferente E. P. SANDERS, Paulus (cf. acima, 6), p. 128: "Em outras palavras, na verdade, Rm 7 não descreve ninguém – exceto talvez o neurótico. Então, por que esse capítulo está aí? O grito do medo é provavelmente um grito da aporia teológica".

poderes que causam dentro dele a morte ou a vida[288]. Quando o pecado impera no ser humano, ele o arruína, enquanto Cristo e o espírito dão a vida ao ser humano (cf. Rm 8,11).

Paulo enfatiza em Rm 7,18-20 todo o alcance dessa situação sem saída em que o ser humano se encontra quando está fora da fé. Ali, ele desenvolve mais uma vez a contradição entre vontade e atuação. Está à disposição do ser humano o querer fazer o Bem, mas não sua realização efetiva, que é impedida pelo pecado que habita no ser humano. Em Rm 7,21, o Eu tira uma primeira conclusão e constata uma regra constante: a vontade boa concretiza-se numa atuação má. Aqui, νόμος não se refere à Torá veterotestamentária, mas a uma lei inerente[289] explicitada no v. 22s. O ser humano não pode por força própria escolher o Bem e rejeitar o Mal, porque o pecado que habita nele e luta dentro dele o domina completamente. Rm 7,23 descreve um dado antropológico fundamental: o ser humano está dividido e por força própria não é capaz de reconstituir sua integridade. Segundo a lógica interna de Rm 7, ninguém pode salvá-lo dessa situação. No entanto, esta não é a última palavra para Paulo, como mostra o v. 25a[290]. A salvação do ser humano dessa situação sem saída apareceu em Jesus Cristo; *por isso, Paulo agradece a Deus pela salvação do poder do pecado, operado em Jesus Cristo e encaminhado pelo espírito*. Rm 8 apresenta-se como a continuidade adequada da argumentação paulina em Rm 7,7ss, o que se mostra linguisticamente pela retomada da primeira pessoa do singular de Rm 7 por meio da segunda pessoa do singular em Rm 8,2. Além disso, Rm 8 é o pressuposto interno de Rm 7, *pois as perspectivas da fé desenvolvidas por Paulo foram já a base de suas argumentações em Rm 7*.

---

[288] Cf. G. RÖHSER, Metaphorik (cf. acima, 6.5), pp. 119ss. Rm 7 não descreve um conflito dentro do ser humano, mas um processo transpessoal; contra P. ALTHAUS, Paulus und Luther über den Menschen, pp. 41-49, que prefere entender Rm 7 como conflito no interior do ser humano; semelhante T. LAATO, Paulus und das Judentum (cf. acima, 6.5), p. 163: "Rm 7 não abrange nada que não combinasse com o cristão; ou – dizendo-o de modo aguçado –, tudo que Rm 7 abrange combina com o cristão."

[289] Cf. R. WEBER, Die Geschichte des Gesetzes, 159; O. HOFIUS, Der Mensch im Schatten Adams, p. 142.

[290] Rm 7,25b é uma glosa, cf., por exemplo, E. KÄSEMANN, Röm (cf. acima, 6.3.1), pp. 203s.

O que levou Paulo a essa hipostatização do pecado? O ponto de partida de suas reflexões não deve estar na antropologia[291], porque a situação descrita em Rm 7 não se apresenta abertamente, mas está inteligível somente à fé. Pelo contrário, também aqui é o conceito fundamental da hermenêutica paulina de Cristo que determina a lógica: somente a fé em Jesus Cristo salva, de modo que, ao lado dela, nenhuma outra instância pode ter uma função redentora. A cristologia e a soteriologia, e não a antropologia, formam a base da doutrina paulina do pecado.

A origem do mal no discurso antigo

Além da função que lhe cabe no sistema do pensamento de Paulo, a doutrina paulina do pecado oferece também uma contribuição original para um debate travado igualmente no judaísmo, no mundo greco-romano e no nosso tempo: *a pergunta pela origem do mal e pela causa do comportamento humano inadequado e insuficiente*. De acordo com Paulo, o pecado é o verdadeiro motivo para o fato da boa vontade das pessoas ser pervertida em seu contrário e, em última instância, causar a morte. A diferença assim formulada entre a intenção verdadeira e a realização factual foi considerada também por Epíteto (50-130 d.C.) (Diss II 26,1)[292]. No entanto, ao apontar a causa desta contradição, Paulo e Epíteto diferem fundamentalmente. Em Epíteto, o comportamento errado pode ser superado por meio do conhecimento certo. Isso demonstra uma visão otimista do ser humano, na qual o conhecimento, como medida da atuação, é capaz de superar uma possível conduta errada. Paulo não compartilha esse otimismo, pois, para ele, o verdadeiro sujeito dos acontecimentos é o pecado e não o ser

---

[291] R. BULTMANN, *Theologie*, p. 192, parece insinuar esse mal-entendido quando enfatiza: "Por isso, a teologia paulina é desenvolvida do modo mais adequado quando é apresentada como a doutrina sobre o ser humano, a saber, 1. do ser humano antes da revelação da πίστις e 2. do ser humano sob a πίστις".

[292] Para as tradições greco-helenistas que formam o pano de fundo de Rm 7,14ss (por exemplo, Eurípides, Med 1076-1080), cf. H. HOMMEL, "Das 7. Kapitel des Römerbriefes im Lichte antiker Überlieferung", in IDEM, *Sebasmata II*. WUNT 32 (Tübingen: 1984), pp. 141-173; R. von BENDEMANN, "Die kritische Diastase von Wissen, Wollen und Handeln", in *ZNW* 95 (2004): 35-63.

humano capaz de (re)conhecer. De modo distinto, Cícero reflete no contexto de sua crítica à teologia estoica sobre a questão se o Mal no mundo é a obra dos deuses. "Pois se os deuses deram aos seres humanos o intelecto, então lhes deram também a maldade" (Nat Deor III 75). Os seres humanos usam o dom divino do pensamento racional não para o Bem, mas para enganar uns aos outros. Por isso teria sido melhor se os deuses tivessem negado o intelecto aos seres humanos (cf. Nat Deor III 78). Agora, porém, os bons passam mal e os maus, bem; a imbecilidade impera e todos nós "encontramo-nos na mais profunda desgraça, embora vós alegueis que os deuses teriam feito seu melhor para cuidar de nós" (Nat Deor III 79). Por isso, os deuses precisam também aceitar a acusação de que "deveriam ter feito todos os seres humanos como bons, se realmente quisessem cuidar bem dos seres humanos" (III 79). Em Sêneca (4-65 d.C.), um contemporâneo imediato de Paulo, predominam também juízos pessimistas sobre a situação do ser humano. Tanto a humanidade em sua totalidade (Ep 97,1: "nenhuma época está livre de culpa") como o ser humano individual (Ira II 28,1: "Ninguém de nós está sem culpa") deixam de acertar o inteligível e o Bem moral. A experiência de vida ensina que até mesmo as pessoas mais prudentes erram (cf. Ira III 25,2), de modo que é uma intelecção inevitável de que "todos nós erramos (*peccavimus omnes*), uns gravemente, outros menos, outros por premeditação, outros ainda por acaso ou arrastados pela maldade alheia, e outros de nós ainda não foram valentes o bastante, apesar de suas boas intelecções, e perderam sua inocência contra sua vontade e sua resistência" (Clem I 6,3). Ninguém pode se declarar inocente, e cada pessoa encontra uma culpa quando examina sua consciência (cf. Ira I 14,3). O julgamento incorruptível do filósofo e as experiências do psicólogo Sêneca obrigam a reconhecer que os seres humanos sempre ficam aquém daquilo que lhes é possível. Notáveis são também as reflexões de Dio Crisóstomo sobre a origem do Bem e do Mal. Enquanto o Bem deve ser atribuído, sem exceção, a deus (Or 32,14), ele diz sobre o Mal: "O Mal, porém, tem outra origem, como se proviesse de outra fonte, uma próxima de nós. [...] Os canais lamacentos e fedorentos, no entanto, são nossa própria obra, e eles existem só por nossa atuação" (Or 32,15).

Num âmbito histórico-cultural completamente diferente encontra-se também no Livro de 4 Esdras (depois de 70 d.C.) uma argumentação pessimista sobre o estado do mundo e do ser humano. Embora Deus tivesse dado a lei, imperam o pecado e a imbecilidade. "É precisamente por isso que aqueles que habitam a terra serão torturados (isto é, no juízo que vem – nota do autor), porque tinham intelecto e mesmo assim cometeram pecados, porque receberam os mandamentos e não os observaram, receberam a lei e, embora a tivessem recebido, violaram-na" (4Esd 7,72). Existem apenas poucas pessoas justas (cf. 4Esd 7,17s.51), porque o domínio do pecado abrange tudo, de modo que se impõe a pergunta: "Quem o seria entre os vivos que não tivesse pecado?" (4Esd 7,46). Aparentemente não se acredita que a lei possa mudar esse estado: "Porque todos que nasceram estão maculados por pecados, estão cheios de erros e de culpa" (4Esd 7,68). Os textos de Qumran manifestam grandes concordâncias com Paulo[293]. Também aqui, o ser humano criatural é carne, portanto, separado de Deus e irremediavelmente entregue ao pecado; a "carne" pertence à esfera do domínio do pecado (cf. 1QS 4,20s)[294]. Não só o ímpio, mas também o piedoso de Qumran pertence à "comunidade da carne da maldade" (1QS 11,9) e tem em sua carne o espírito da impiedade (1QS 4,20s), porque a carne é pecado (1QH 4,29s). Entre os filhos e filhas da humanidade imperam o "serviço do pecado e as obras do engano" (1QH 1,27: cf. 1QS 4,10, 1QM 13,5). O ser humano não pode escolher por si mesmo o Bem e rejeitar o Mal, mas o pecado que habita e luta dentro dele domina-o totalmente (cf. 1QS 4,20s). Ao contrário, tudo depende de Deus que formou o espírito (1QH 15,22) e que elimina do interior da carne o espírito da impiedade por meio do espírito santo (1QS 4,21). A observância irrestrita e completa da Torá (cf., por exemplo, 1QS 2,2-4; 5,8-11)[295], bem como a dependência completa da graça de Deus permitem à pessoa piedosa seguir a vontade de Deus e realizar a justiça (1QS 11,12).

A posição de Paulo no debate religioso-filosófico sobre a origem do Mal e sua superação comprova sua originalidade não na análise,

---

[293] Cf. aqui K. G. KUHN, "Πειρασμός – ἁμαρτία – σάρξ im Neuen Testament und die damit zusammenhängenden Vorstellungen", in *ZThK* 49 (1952): 200-222, aqui: 209ss; P. KIM, Heilsgegenwart bei Paulus (cf. acima, 6.3), pp. 35-40.

[294] Para a compreensão do pecado nos textos de Qumran, cf. H. LICHTENBERGER, *Studien zum Menschenbild in Texten der Qumrangemeinde*. SUNT 15 (Göttingen: 1980), pp. 79-98.209-212.

[295] Para a compreensão da lei em Qumran, cf. H. LICHTENBERGER, Studien, pp. 200-212.

mas sim na solução. Assim como muitos de seus contemporâneos, também o apóstolo esboça uma imagem sombria da situação da humanidade. No entanto, ele não deduz essa avaliação a partir da observação daquilo que existe ou de intelecções acerca do íntimo do ser humano, mas a partir do ato libertador de Jesus Cristo. O tamanho do ato de salvação corresponde à situação desesperada das pessoas a serem salvas. A solução paulina caracteriza-se por dois componentes: 1) adota o discurso religioso-filosófico contemporâneo e comprova-se assim como um interlocutor atraente e competente; 2) revela às pessoas uma possibilidade racional e praticável de serem libertadas de sua situação. Paulo distingue-se de todos os outros sistemas pela tese de que, para os cristãos, o pecado já foi superado no batismo[296], de modo que os batizados por sua natureza são resgatados do poder escravizador do pecado. O que Paulo descreve com suas afirmações sobre o pecado em linguagem mítica, significa em seu cerne: *o ser humano não pode superar sozinho a destrutividade da existência humana*. Ao contrário, ele escapa da insuficiência e egocentricidade de seu pensamento e de sua atuação somente quando fundamenta sua existência em Deus; isto é, a nova existência não pode ser simplesmente um prolongamento da antiga, mas é preciso acontecer uma troca de domínio e de existência. A possibilidade disso é oferecida no evento Cristo que está presente no batismo e que liberta do poder do pecado e transporta para a liberdade do espírito.

6.5.3 *A Lei*

HAHN, F. Das "Gesetzesverständnis im Römer- und Galaterbrief". In *ZNW* 67 (1976): 29-63; HÜBNER, H. *Das Gesetz bei Paulus. Ein Beitrag zum Werden der paulinischen Theologie*. FRLANT 119, 3ª ed. Göttingen, 1982; WILCKENS, U. "Zur Entwicklung des paulinischen Gesetzesverständnisses". In *NTS* 28 (1982): 154-190; KLEIN, G. Verbete "Gesetz III". In *TRE* 13, pp. 58-75. Berlim / Nova Iorque, 1984; STUHLMACHER, P. "Das Gesetz als Thema biblischer Theologie". In *Versöhnung, Gesetz und Gerechtigkeit*, editado por IDEM, pp. 136-165. Göttingen, 1981; SANDERS, E. P. *Paul, the Law, and the Jewish People*. Minneapolis, 1983

---

[296] Cf. P. KIM, Heilsgegenwart bei Paulus (cf. acima, 6.3), pp. 108-111.

(*Paulo a lei e o Povo Judeu*. Academia Cristã/Paulus. São Paulo, 2008); RÄISÄ-NEN, H. *Paul and lhe Law*. WUNT 29, 2ª ed. Tübingen, 1987; SCHREINER, TH. R. *The Law and Its Fulfillment*. Grand Rapids, 1993; ECKSTEIN, H.-J. *Verheissung und Gesetz*. WUNT 86. Tübingen, 1996; F. E. UDOH, "Paul's view on the law". In *NT* 42 (2000): 214-237; SONNTAG, H. *ΝΟΜΟΣ ΣΩΤΗΡ. Zur politischen Theologie des Gesetzes bei Paulus und im antiken Kontext*. TANZ 34. Tübingen, 2000; SCHNELLE, U. "Paulus und das Gesetz". In *Biographie und Persönlichkeit des Paulus*, editado por BECKER, E.-M.; PILHOFER, P. WUNT 187, pp. 245-270. Tübingen, 2006.

Paulo viveu num ambiente cultural que conhecia, não só no âmbito de sua religião judaica materna, mas também na esfera originalmente greco-romana, vários esboços acerca da função salvífica da lei ou das leis[297].

Pressupostos histórico-culturais

Nas sociedades antigas, a lei (νόμος)[298] aparece como aquela norma que exige uma adoração dos deuses[299] e que cria a justiça entre as pessoas[300]. Segundo Aristóteles, a justiça recebe seu sentido interior pelas leis, de modo que vale: "Quem desrespeita as leis é injusto, assim vimos; quem as respeita, é justo. Isto quer dizer, portanto: tudo que é legal é, no sentido mais amplo, algo justo" (Eth Nic V 1138a). A justiça do ser

---

[297] A importância desse âmbito para a compreensão paulina da lei está sendo reconhecida somente aos poucos; cf. a respeito O. BEHRENDS, W. SELLERT (org.), *Nomos und Gesetz. Ursprünge und Wirkungen des griechischen Gesetzesdenkens* (Göttingen: 1995); para o âmbito da exegese neotestamentária, cf. H. HÜBNER, "Das ganze und das eine Gesetz. Zum Problemkreis Paulus und die Stoa", in IDEM, *Biblische Theologie als Hermeneutik*, editado por A. LABAHN, M. LABAHN (Göttingen: 1995), pp. 9-26; H. SONNTAG, *ΝΟΜΟΣ ΣΩΤΗΡ*; K. HAACKER, "Der 'Antinomismus' des Paulus im Kontext antiker Gesetzestheorie", in H. LICHTENBERGER etc. (org.), *Geschichte – Tradition – Reflexion III*. FS M. Hengel (Tübingen: 1996), pp. 387-404; F. G. DOWNING, *Cynics, Paul and the Pauline Churches* (Londres: 1998), pp. 55-84.

[298] A palavra grega νόμος é derivada de νεμω ("distribuir") e seu significado básico é "aquilo que foi distribuído ou atribuído, ordem, ordenamento"; cf. P. POKORNY, *Indogermanisches Etymologisches Wörterbuch* I (cf. acima, 1.1), p. 763.

[299] Cf. a respeito PLATÃO, Leg X 885b: "Ninguém que crê, conforme as leis, na existência dos deuses já cometeu alguma vez deliberadamente um ato impiedoso ou pronunciou uma palavra sem lei..."; além disso, cf. Leg XII 966b-e.

[300] Cf. os exemplos de textos e análises em H. SONNTAG, ΝΟΜΟΣ ΣΩΤΗΡ, pp. 18-46.

humano decorre de uma conduta conforme as normas, isto é, de uma conduta justa. As leis, como um poder que cria cultura, concedem a preservação da vida individual e da *polis* em sua totalidade e combatem à ruína; dessa maneira, tem uma função que doa vida e salva ao mesmo tempo[301]. As leis regulam também o relacionamento dos seres humanos com os deuses. A piedade resulta de uma conduta diante dos deuses que se orienta pelas leis (cf. Platão, Leg X 885b). Segundo Crisipo, uma vida segundo a natureza significa não fazer nada "que a lei coletiva proíbe" (ὁ νόμος ὁ κοινός), a lei que é a reta razão (ὀρθὸς λόγος) que penetra tudo, que é idêntica a Zeus, o administrador governante do universo (Diógenes Laércio 7,88). O ser humano é parte de uma realidade estruturada e conduzida pela a lei que é uma parte da ordem divina do mundo.

Também em torno da virada do tempo, a consciência de que há uma lei *única* ao lado das inúmeras leis individuais está muito difundida: "Esta lei é a reta razão (*recta ratio*) na área do ordenar e do proibir" (Cícero, Leg 1,42). A lei contém muito mais do que prescrições, porque é a condição estabelecida pelos deuses para uma vida bem-sucedida (Cícero, Leg 1,58: "No entanto, já que a lei precisa ser acrescentada para erradicar o comportamento errado e recomendar a virtude, é indubitavelmente correto que a doutrina da vida reta seja derivada a partir da Lei."). A verdadeira lei já existia antes da fixação escrita de leis, porque decorreu da razão que se formou ao mesmo tempo que o espírito divino. "Portanto, a lei verdadeira e original, apta para ordenar e proibir, é a reta razão de Júpiter, o deus supremo" (Cícero, Leg 2,10). A vida na esfera individual e na esfera comunitária só pode ter êxito quando se consegue realizar a intelecção na ordem desejada pelos deuses. É por isso que Dio Crisóstomo pode entoar um cântico de louvor à lei: "A lei é um guia para a vida [...], uma boa orientação para a atuação" (Or 75,1). A lei serve até mesmo aos próprios deuses, porque garante a ordem do universo. A lei e a justiça formam um conjunto natural, porque ambas garantam a vida[302]. Plutarco (Moralia 780E) aconselha aos reis a servir-se das

---

[301] Cf. as análises de textos em H. SONNTAG, ΝΟΜΟΣ ΣΩΤΗΡ, pp. 47-105.
[302] Cf. DIO CRISÓSTOMO, Or 75,6; cf. além disso, Or 75,8.

dádivas concedidas por deus, entre as quais estão principalmente a lei e a justiça: "A justiça é a meta da lei, a lei, uma obra do rei, mas o rei, uma imagem e semelhança da divindade que ordena tudo" (δίκη μὲν οὖν νόμου τέλος ἐστί, νόμος δ' ἄρχοντος ἔργον, ἄρχων δ' εἰκὼν θεοῦ τοῦ πάντα κοσμοῦντος). Especialmente no pensamento greco-romano, a lei aparece como um poder e uma ordem de existência doada pelos deuses, que possibilita e sustentam a vida.

A posição sobressalente da Torá dentro do judaísmo antigo está fora de dúvida (cf. acima, 3.8.1). No entanto, dentro do judaísmo antigo havia diversas teologias da Torá (por exemplo, histórico-cultural: o judaísmo da Diáspora sob influência helenista[303]; a apocalíptica[304]; político-teológica: fariseus, saduceus, essênios, zelotas) e também algumas vozes isoladas que possivelmente problematizavam a eficácia efetiva da Torá[305].

Em termos histórico-culturais não era sequer concebível, nos contextos greco-romano e judaico, que Paulo e suas comunidades vivessem, segundo sua autocompreensão, "sem lei", ou seja, sem *normas que dão vida e que salvam*. Assim como acontece no tema da justiça, também o *tema* da lei estava preestabelecido para Paulo. No entanto, isso ainda não decide sobre *como* ele lidava com esse tema desde Damasco. O caminho biográfico de Paulo, desde o fariseu zeloso para o apóstolo das nações que enfrentou muitos conflitos, mostra muitas dobras e viradas que influenciaram também suas declarações sobre a Lei/Torá. Por isso, é mister distinguir entre um estudo diacrônico e um estudo sincrônico desse complexo temático.

A análise diacrônica

As autoafirmações de Paulo sobre seu passado fariseu em Gl 1,13.14 e Fl 3,5-9 permitem três conclusões:

---

[303] Análises detalhadas (sem Fílon e Josefo) em R. WEBER, Das Gesetz im hellenistischen Judentum (cf. acima, 3.8.1), pp. 37-322.
[304] Cf. H. HOFFMANN, Das Gesetz in der frühjüdischen Apokalyptik. StUNT 23 (Göttingen: 1999), pp. 71ss.
[305] Cf. FÍLON, Migr 89s; 4Esd 7,72; 8,20-36.47-49; JOSEFO, Ant 4,141-155; STRABO, Geographica XVI 2,35-38.

a) Paulo era um zeloso pela Torá; sentiu-se irrepreensível no cumprimento da Torá e superou todos os colegas de sua geração em sua militância pelas tradições dos pais.

b) Paulo, como ζηλωτής ("zeloso"), ao inclinar-se para a ala radical do farisaísmo, obtinha uma familiaridade extremamente ampla com o mundo da Torá e sua interpretação. Conheceu todo o leque da interpretação judaica da Lei[306], de modo que a tese de que ele não teria uma compreensão correta da lei ou que a tivesse distorcido deve ser considerada inadequada.

c) O enraizamento na tradição farisaica leva a esperar que a problemática da lei tenha permanecido também para o apóstolo dos gentios, Paulo, um tema importante e delicado.

No entanto, os autorrelatos sobre sua vocação para ser o apóstolo dos gentios, perto de Damasco, não deixam perceber um conteúdo imediatamente crítico à lei (cf. acima, 6.2.2). Pelo contrário, Deus revela a Paulo, o perseguidor, que o Jesus de Nazaré crucificado permanece como Filho de Deus permanentemente ao lado do Pai e que ele salva. Se o evento de Damasco deve ser interpretado em seu cerne de modo cristológico-soteriológico, resta a pergunta sobre as consequências que um acontecimento tão revolucionário tinha de ter para a compreensão da lei do antigo fariseu Paulo. Para o período inicial do apóstolo podemos levantar apenas suposições; Paulo aderiu à missão antioquenha entre os gentios que já estava em expansão (cf. At 11,25s), portanto, aceitou a teoria e a prática da pregação do evangelho ali realizada. A posição dos crentes em Cristo antioquenhos provenientes do judaísmo helenista (cf. At 11,20s) era em primeiríssima instância crítica ao Templo e não à Lei[307]. Fizeram a experiência arrasadora de que Deus dava o Espírito Santo também aos gentios (cf. At 10,44-48; 11,15), e disso nasceu a intelecção de que uma reavaliação da posição

---

[306] Cf. H. HOFFMANN, Das Gesetz in der frühjüdischen Apokalyptik, p. 337.
[307] Isso é frisado explicitamente por E. RAU, Von Jesus zu Paulus (Stuttgart: 1994), p. 79.

histórico-salvífica dos crentes em Cristo provenientes das nações era inevitável. Eles renunciaram à circuncisão e, consequente, retiraram a Torá do âmbito imediato da questão da salvação. A mesma confissão do κύριος Ἰησοῦς (At 11,20) pelos crentes em Cristo provenientes do judaísmo e das nações superou subordinações e supraordinações até então em vigor. Qual é o papel da Torá no âmbito de uma missão livre da circuncisão entre gentios? Provavelmente um pequeno, pois a renuncia à circuncisão estava associada ao abandono das leis rituais (cf. At 10,14s.28; 11,3), e até mesmo o cerne ético da Torá (Decálogo), que podia ser recebido sem problemas também pelos cristãos provenientes do âmbito não judaico, é citado somente em Rm 7,7 e 13,9. Também o Concílio dos Apóstolos com o "Decreto dos Apóstolos" (At 15,29)[308] e tradições nas cartas paulinas confirmam esta imagem. No Concílio dos Apóstolos não foi possível impor uma circuncisão aos cristãos provenientes do âmbito não judaico; o "Decreto dos Apóstolos" representa a tentativa de círculos judeu-cristãos moderados de, não obstante, pôr exigências mínimas da lei ritual novamente em vigor também para cristãos vindos das nações, isto é, antes, elas não foram observadas por eles. Tradições como 1Cor 7,19; Gl 3,26-28; 5,6; 6,15 enfatizam a indiferença da circuncisão, portanto, também da Torá, porque enfatizam o novo *status* que todas as pessoas que creem e foram batizadas têm diante de Deus, independentemente da circuncisão e incircuncisão, respectivamente. Para a posição de Paulo em relação à Torá no início de sua atividade missionária surge, portanto, a convicção de que, para os cristãos vindos das nações, a pertença ao povo de Deus é mediada pela fé e pelo batismo, mas não pela circuncisão e pela observância ritual da Torá decorrente dela. Como normas novas que regulam a relação com Deus e com os seres humanos apresentam-se a fé e o espírito, como rito de iniciação decisivo funciona o batismo. *Paulo e suas comunidades nunca estiveram "sem lei", segundo sua autocompreensão, mas sim na perspectiva dos judeu-cristãos radicais e dos judeus.*

---

[308] Para a interpretação do Concílio dos Apóstolos e do "Decreto dos Apóstolos", cf. U. SCHNELLE, Paulus (cf. acima, 6), pp. 117-135.

Segundo a visão paulina, o Concílio dos Apóstolos confirmou esse regulamento, mas, ao mesmo tempo, Paulo aceitou o caminho *mais antigo*, estritamente judeu-cristão da comunidade de Jerusalém e de seus simpatizantes. A distinção entre o "evangelho da incircuncisão" de Paulo e o "evangelho da circuncisão" de Pedro (Gl 2,7)[309] não é uma regulação nova, em valor apenas desde 48 d.C., mas a releitura de conceitos de missão diferentes, existentes há muito tempo. Disso decorre para a compreensão paulina da Lei/Torá que Paulo como *o verdadeiro inovador* reconheceu em toda sua abrangência a existência simultânea e historicamente desenvolvida de ritos de iniciação diferentes e, com isso, diferentes conceituações da lei. At 11,3 e o conflito antioquenho levam a supor que as diferenças entre os dois conceitos residiam principalmente na avaliação das leis alimentícias e de suas consequências (por exemplo, em relação à celebração da ceia do Senhor). Além disso, a comunidade de Jerusalém encontrou-se em medida crescente numa situação cultural e política totalmente diferente de Paulo. Seu objetivo era a permanência dentro do judaísmo; consequentemente, queria e tinha que atribuir à Torá uma importância diferente da que Paulo dava a ela.

O meio termo do Concílio dos Apóstolos, no entanto, comprovou-se uma solução apenas aparente, pois os diferentes lados o interpretavam de diferentes maneiras ou o aceitaram somente por certo tempo. Além disso, o acordo não resolveu os problemas de comunidades mistas (cf. o conflito antioquenho), e para a comunidade de Jerusalém agravou-se em medida crescente a pressão política no sentido de não aceitar mais a missão livre da circuncisão entre as nações e de interromper a relação com Paulo que era um apóstata, no ponto de vista judaico. Pelo menos com a tolerância da comunidade de Jerusalém começou uma contramissão com o objetivo de atribuir, por meio da circuncisão, aos cristãos vindos das nações o *status* de prosélitos e de deixar ou de integrar, respectivamente, todo o movimento dos crentes em Cristo ao judaísmo. Com a crise galaciana, os problemas não resolvidos e/ou reprimidos irromperam em sua plena gravidade, e

---

[309] Cf. a respeito U. SCHNELLE, Paulus (cf. acima, 6), pp. 122-125.

Paulo viu-se desafiado a refletir e solucionar a problemática da lei abrangentemente sob condições modificadas.

Por isso, uma *diferenciação* é inevitável: até a crise galaciana, Paulo aceitava uma abordagem diferente e uma avaliação divergente da Torá entre a comunidade de Jerusalém (e seus simpatizantes) e as jovens comunidades missionárias, predominantemente isentas da circuncisão.Para Paulo e suas comunidades valia a isenção da circuncisão, e a Torá não desempenhavam papel algum ou apenas um secundário. A análise das cartas confirma essa avaliação, porque, na Primeira Carta aos Tessalonicenses e nas Cartas aos Coríntios, a lei não é mencionada de maneira alguma (1Ts; 2Cor) ou apenas de modo marginal. Exceto a alusão em 1Cor 15,56, faltam afirmações de conteúdo sobre a função da lei, ou seja, Paulo não precisava de uma doutrina diferenciada da lei, porque a lei não era um tema prioritário. As instruções éticas não foram justificadas a partir da Torá[310], e o novo conceito de justiça estava associado ao batismo e não à lei. *Com a crise galaciana, a situação mudou da noite para o dia[311], porque a problemática da Torá, na forma da exigência da circuncisão, era maciçamente imposta às comunidades paulinas por pessoas que estavam do lado de fora[312]*. Também nas comunidades cristãs predominantemente livres da circuncisão, a Torá passou da periferia para o centro, e Paulo viu-se obrigado, assim como antes os hierosolimitanos, a renunciar ao conceito de caminhos diversificados na questão da Lei/Torá e a esclarecer o significado da Torá para cristãos vindos do judaísmo e vindos das nações de modo fundamental. Nesse âmbito competia uma importância fundamental a uma estratégia missionária e a uma consideração teológica:

---

[310] Cf. A. LINDEMANN, "Die biblischen Toragebote und die paulinische Etihik", in IDEM, Apostel und Lehrer der Kirche (cf. acima, 6), pp. 91-114.

[311] Cf. W. WREDE, Paulus (cf. acima, 6), p. 74s; em favor da crise galaciana como ponto de partida da doutrina da justificação da Carta aos Gálatas e da Carta aos Romanos votam, por exemplo, também G. STRECKER, Theologie, p. 149; U. WILCKENS, Theologie III, pp. 136ss; PH. F. ESLER, Galatians (Londres: 1998), pp. 153-159; F. E. UDOH, Paul's view on the law, p. 237.

[312] Inteiramente diferente M. D. NANOS, Irony of Galatians: Paul's Letter in First-Century Context (Filadélfia: 2002), p. 6, que constata a respeito dos "influencers" (influenciadores) gálatas que não invadiram as comunidades (por exemplo, Jerusalém).

1) A circuncisão de pessoas vindas das nações teria prejudicado a difusão do novo movimento de modo fundamental.
2) Com a circuncisão relaciona-se natural e inevitavelmente a pergunta pelo ganho da vida por meio da Torá[313], isto é, a qualidade soteriológica do evento Cristo teria sido prejudicado.

Tanto a argumentação verdadeiramente ofegante, altamente emocional e cheia de tensões como as correções na Carta aos Romanos permitem perceber que Paulo apresenta na Carta aos Gálatas esta forma de uma doutrina da justificação e da lei *pela primeira vez*[314]. Paulo desmonta a Torá ao qualificá-la como secundária em termos de tempo (Gl 3,17) e de conteúdo (Gl 3,19s). Dentro da história cabia-lhe meramente a tarefa de controlar os seres humanos (cf. Gl 3,24). Esse período de cativeiro chegou agora ao fim em Cristo que liberta os seres humanos para a liberdade da fé (Gl 5,1). Os crentes provenientes do judaísmo e do gentilismo são, além da circuncisão e da Torá, os herdeiros legítimos das promessas feitas a Abraão (cf. Gl 3,29). Na Carta aos Gálatas, Paulo abole o *status* hamartiológico particular dos judeus

---

[313] Naturalmente, o termo "justiça pelas obras", presente na pesquisa mais antiga e atacado pela pesquisa anglo-americana não é adequado para captar os diferentes planos da soteriologia judaica. No entanto, ao mesmo tempo mostra-se com clareza cada vez maior que o "nomismo da aliança" postulado por E. P. Sanders (cf. IDEM, Paulus und das palästinische Judentum [cf. acima, 6], p. 400), não é nada mais que uma aplicação ideal-típica de categorias paulinas e reformatórias ao judaísmo (agora, por todas as partes, está no princípio a graça!). Para a crítica a esse conceito, cf. S. J. GATHERCOLE, Where is Boasting? Early Jewish Soteriology and Paul's Response in Romans 1-5 (Grand Rapids: 2002), que demonstra que em numerosos textos judaicos (por exemplo, Eclo 51,30; Br 4,1; 2Mc 7,35-38; Jub 30,17-23; SlSal 14,21; Pseudo-Fílon 64,7; TestSeb 10,2s) a observância da Torá e o ganho da vida formam uma unidade inseparável. Além disso, cf. F. AVEMARIE, Tora und Leben. Untersuchungen zur Heilsbedeutung der Tora in der frühen rabbinischen Literatur. TSAJ 55 (Tübingen: 1996), que elabora a constatação: "O princípio da retribuição está em pleno vigor; em parte alguma é posto em dúvida que o cumprimento dos mandamentos é recompensado e sua violação, castigada", embora se enfatize frequentemente "que a obediência melhor não é motivada por recompensa, mas acontece por causa de Deus ou dos próprios mandamentos" (op. cit., p. 578).

[314] Cf. a respeito U. SCHNELLE, Paulus (cf. acima, 6), pp. 301-321.

e judeu-cristãos (Gl 2,16) e insere-os na história da humanidade determinada pelo pecado (cf. Gl 3,22). A circuncisão e a Torá não pertencem à autodefinição soteriológica do cristianismo[315], porque Deus se revela imediatamente em Jesus Cristo e as pessoas batizadas e que creem participam deste evento salvífico por meio do dom do espírito.

A expressão ἔργα νόμου ("obras da Lei/Torá"; cf. Gl 2,16; 3,2.5.10; Rm 3,20.28; além disso, Fl 3,9) desempenha um papel-chave na argumentação paulina[316]. O que Paulo quer dizer com ἔργα νόμου, e qual é o conceito teológico que ele vincula a esta expressão? R. BULTMANN vê nas "obras da lei" o resultado de um equivocado zelo pela lei; segundo ele, Paulo rejeitaria o caminho das obras da lei "porque a busca do ser humano pela sua salvação por meio do cumprimento da lei leva-o apenas para o pecado, sim, no fundo, ela mesma já é o pecado[317]." Portanto, Paulo consideraria um pecado não só a falta de sucesso, mas já a intenção de se tornar justo diante de Deus por meio do cumprimento da lei. Para J. D. G. DUNN, as ἔργα νόμου não são as prescrições da Torá que alcançam para a pessoa um mérito

---

[315] Por isso, não se pode dizer absolutamente que Paulo criticaria não a Torá, mas somente sua relevância para a vida dos cristãos vindos das nações, como se afirma frequentemente no âmbito da *"new perspective"*; para essa corrente da pesquisa, muito influente no âmbito anglo-saxão, cf. ao lado de numerosas publicações de E. P. SANDERS e J. D. G. DUNN especialmente: N. T. WRIGHT, *What St. Paul Really Said: Was Paul of Tarsus the Real Founder of Christianity?* (Grand Rapids: 1997). Um panorama atual do estado da pesquisa é oferecido por M. B. THOMPSON, *The New Perspective on Paul* (Cambridge: 2002); S. WESTERHOLM, *Perspectives Old and New on Paul* (Grand Rapids / Cambridge: 2004). Para a apresentação crítica da *"new perspective"*, cf. A. J. M. WEDDERBURN, "Eine neuere Paulusperspektive?", in E.-M. BECKER, P. PILHOFER, *Biographie und Persönlichkeit bei Paulus*. WUNT 187 (Tübingen: 2006), pp. 46-64; J. FREY, "Das Judentum des Paulus, in O. WISCHMEYER (org.), *Paulus* (cf. acima, 6), pp. 35-43. No âmbito da *"new perspective"* corrigiu-se, por um lado, imagens distorcidas do judaísmo antigo e foram realizadas precisões construtivas acerca da compreensão do pano de fundo judaico da teologia paulina, mas, ao mesmo tempo devemos criticar (ao lado dos muitos pontos elencados por J. Frey) que a *"new perspective"* eclipsa quase totalmente o âmbito greco-romano.
[316] Apresentação da discussão e maior bibliografia em: U. SCHNELLE, Paulus (cf. acima, 6), pp. 304-309. A controvérsia atual continua em: M. BACHMANN (org.), *Lutherische und Neue Pauluspersprektive*, WUNT 182 (Tübingen: 2005).
[317] R. BULTMANN, Theologie, pp. 264s.

diante de Deus, mas "*identity markers*" judaicos como a circuncisão, leis alimentícias e o sábado, que distinguem os judeus dos gentios. Paulo avalia esses "*identity markers*" como negativos somente quando são utilizados para a justificativa de prerrogativas judaicas e restringem a graça de Deus. "*In sum, then, the 'works' which Paul consistently warns against were, in his view, Israel's misunderstanding of what her covenant law required.*" (Em suma, então, as "obras" contra as quais Paulo alerta constantemente eram, em sua visão, o mal-entendido de Israel acerca daquilo que exigia sua lei da aliança)[318]. Portanto, Paulo não se volta contra a lei como tal, não ridiculariza as "obras da lei". Ao contrário, argumenta contra a lei como grandeza de identificação nacional; o objeto de sua crítica é uma compreensão da Torá orientada em privilégios. Segundo esta opinião, a doutrina da justificação determina não primeiramente a relação entre a pessoa individual e Deus, mas garante os direitos dos gentio-cristãos. Deve-se concordar com a crítica a R. Bultmann no ponto de que Paulo admite a possibilidade de alcançar a vida a partir da Torá não só teoricamente. A Escritura atesta esse caminho explicitamente (cf. Lv 18,5 em Gl 3,12b; além disso, Rm 2,13; 10,5). Nem a Torá nem o fazer daquilo que a Torá manda devem ser atribuídos, segundo Paulo, ao âmbito do pecado, mas, factualmente e sob a perspectiva da maldição da Torá, as ἔργα νόμου conduzem sempre ao âmbito do pecado, porque ninguém obedece verdadeiramente àquilo que está escrito na Torá (Gl 3,10b). Por isso devemos registrar, contra os estreitamentos reducionistas da "*new perspective*" que Paulo faz com seu discurso sobre as ἔργα νόμου afirmativas teológicas fundamentais[319]. O uso constante e coeso dessa expressão em Paulo deixa claro que as ἔργα νόμου são o resultado – marcado pelo pecado – das regulamentações/prescrições/práticas da Torá que deveriam ser observadas. O plano do fazer humano (cf. ποιεῖν em Gl 3,10.12!) é constitutivo para a argumentação paulina, pois somente ele possibilita o ataque do pecado. As "obras da lei" não podem levar à justiça, porque o poder do pecado obstrui a promessa de vida da Torá. Paulo avalia com isso ao mesmo tempo a Torá: ao contrário do πνεῦμα, ela não tem o poder de defender-se do avanço do pecado (cf. Gl 5,18). Sob o aspecto da promessa de vida, a Torá fica aquém de suas próprias promessas, a força do pecado revela também uma fraqueza da Torá. Paulo parte factualmente de uma *insuficiência da Torá*!

---

[318] J. D. G. Dunn, Theology of Paul (cf. acima, 6), p. 366.
[319] Cf. O. Hofius, "'Werke des Gesetzes'. Untersuchungen zu der paulinischen Rede von den ἔργα νόμου", in D. Sänger, U. Mell (org.), Paulus und Johannes. WUNT 198 (Tübingen: 2006), pp. 271-310.

Em comparação com a Carta aos Gálatas, a Carta aos Romanos traz mudanças substanciais em três planos[320]:

a) Paulo introduz δικαιοσύνη θεοῦ ("justiça de Deus") como um conceito teológico chave para garantir por meio dele o resultado básico teológico da argumentação da Carta aos Gálatas (cf. Rm 3,21: δικαιοσύνη θεοῦ χωρὶς νόμου; além disso, Rm 6,14b; 10,1-4).
b) Isto lhe permite em parte uma avaliação qualitativamente nova da Lei/Torá (cf. Rm 3,31; 7,7.12; 13,8-10); a Lei/Torá já não é criticada como tal; agora é antes de tudo uma vítima do poder do pecado.
c) Paulo reflete abrangentemente sobre a relação entre a justiça de Deus e a eleição de Israel. Essas mudanças resultam da situação histórica particular do apóstolo em relação à comunidade de Jerusalém e à comunidade romana (entrega da coleta, missão na Espanha), mas também da argumentação polemicamente unilateral da Carta aos Gálatas. A Carta aos Filipenses retoma o resultado da doutrina da justificação da Carta aos Romanos (cf. Fl 3,5.6.9) e está também em sua compreensão da lei em continuidade com a carta precedente.

O panorama histórico mostra o quanto a compreensão da lei está vinculada à biografia de Paulo. Por isso, não será possível falar da compreensão paulina da lei *como tal*, pois o apóstolo elaborou e trabalhou, necessária e adequadamente, a *temática* da lei, segundo sua situação histórica, *de maneiras diferenciadas*. Nesse contexto, a Carta aos Gálatas e a Carta aos Romanos documentam uma fase tardia que representa simultaneamente, em termos de tempo e de conteúdo, um

---

[320] De modo algum trata-se tão somente de "aprofundamentos", como pensa J. BECKER, Paulus (cf. acima, 6), p. 419. Também não convence a objeção de que a distância temporal muito pequena entre a Carta aos Gálatas e a Carta aos Romanos seria um argumento contra modificações (assim J. D. G. DUNN, Theology of Paul [cf. acima, 6], p. 131), pois tanto a situação textual em ambas as cartas como a situação histórica modificada do apóstolo indicam que Paulo evoluiu em sua posição.

ponto de chegada e de fim. Essa fase forma o ponto de partida para a abordagem sincrônica da compreensão paulina da Lei/Torá.

A análise sincrônica

Paulo fala de maneiras muito diferenciadas sobre a Lei/Torá. Encontram-se afirmativas *positivas* sobre o caráter (Rm 7,12: "Portanto, a lei é santa, e santo, justo e bom é o mandamento"; além disso, cf. Rm 7,16b.22) e a possibilidade de cumprir a lei (Gl 3,12: "Quem os pratica [isto é, os mandamentos] viverá neles"; Rm 2,13: "Os que cumprem a lei serão justificados"; além disso, cf. Gl 5,3.23; Rm 2,14s). Explicitamente enfatiza-se em Gl 5,14 e Rm 13,8-10 a relação positiva entre o mandamento do amor e o cumprimento da lei. No entanto, também se encontram afirmativas *negativas* sobre a Lei/Torá. A Lei/Torá é deficitária tanto em termos materiais (cf. Gl 3,19.23.24; 4,5; 5,4; Rm 6,14b: "Pois não estais debaixo da lei, mas debaixo da graça") como em termos temporais (cf. Gl 3,17: 430 anos depois da promessa; Gl 3,24: "pedagogo" em vista de Cristo; Rm 5,20a: "a lei interveio, entrou no meio"; Rm 7,1-3) em relação à promessa cumprida em Jesus Cristo. A Lei/Torá está numa oposição ao espírito (Gl 3,1-4; 5,18), à fé (Gl 3,12.23), à promessa (Gl 3,16-18; Rm 4,13) e à justiça (Gl 2,16; 3,11.21; 5,4; Rm 3,28; 4,16). Tem a função de fazer conhecido o pecado[321] (Rm 3,20.21a: "Porque diante dele nenhuma carne se justifica pelas obras da lei, pois, pela lei vem o conhecimento do pecado. Agora, porém, sem a lei, manifestou-se a justiça de Deus"; Rm 4,15b: "Mas onde não há lei, também não há transgressão"; cf. 1Cor 15,56; Rm 5,13.20; 7,13). Outras descrições negativas das funções da Lei/Torá são: "Pois a lei produz ira" (Rm 4,15a); a Lei/Torá provoca paixões pecaminosas (Rm 7,5); a Lei/Torá mantém cativo (Rm 7,6a). A Lei/Torá é incapaz de romper com o poder do pecado. Aquilo que, algum dia, fora dado para a vida (cf. Dt 30,15.16!) comprova-se agora como um cúmplice da morte. Segundo Gl 3,22, isso corresponde às Escrituras, portanto, à vontade de Deus; Rm 7,14ss e 8,3.7, ao contrário,

---

[321] Cf. a respeito Sl 19,13; 32; 51; 119.

constatam meramente a fraqueza da Lei/Torá diante do pecado. Paulo enfrenta em Rm 7,7 essa objeção muito lógica para refutá-la enfaticamente. Não obstante, Rm 4,15; 5,13; 7,5.8.9 provocam essa conclusão, pois aqui se atribui à Lei/Torá um papel ativo; ela ativa o pecado e desencadeia assim aquele processo fatídico em cujo fim está a morte escatológica.

Finalmente se encontram também afirmativas *paradoxais* sobre a Lei/Torá, compreensíveis só a partir do contexto ou da interpretação geral da compreensão paulina da lei (Gl 6,2: "a lei de Cristo"; Rm 3,27: "a lei da fé"; Rm 8,2: "A lei do espírito da vida em Cristo Jesus te libertou da lei do pecado e da morte"; Rm 10,4: Cristo como τέλος da Lei/Torá)[322].

Será possível pensar estas séries distintas de afirmativas num conjunto, sem harmonizá-las, ou é preciso constatar que Paulo tem várias doutrinas da lei[323]? Será que os posicionamentos do apóstolo acerca da Lei/Torá estão tão cheios de tensões que uma visão em conjunto é impossível[324]? A tentativa de solucionar este complexo de problemas acontecerá em dois passos:

1) Primeiro é necessário enfocar os problemas lógicos e de reflexão diante dos quais Paulo de encontrava.
2) Depois é preciso perguntar pela relação entre as distintas linhas da compreensão paulina da lei e pela possibilidade de transferi-las para uma compreensão geral consistente.

Para 1: o ponto de partida material da compreensão paulina da lei é a intelecção de que Deus quer salvar os seres humanos definitivamente em Jesus Cristo. Ora, se for assim, qual é a relação entre

---

[322] Em Rm 10,4, τέλος deve ser entendido como "fim" no sentido temporal e material; cf. U. SCHNELLE, Paulus (cf. acima, 6), pp. 383s.
[323] Cf. E. P. SANDERS, Paulus (cf. acima), p. 111: "No entanto, ele não tinha uma única teologia da lei. E ela não formava o ponto de partida de seu pensamento, de modo que é impossível citar uma afirmação central que explicasse todas suas outras suas afirmações".
[324] Cf. H. RÄISÄNEN, Paul and the Law (cf. acima, 6.5.3), pp. 199-202.256-263.

a primeira revelação de Deus na Torá e o evento Cristo? Paulo não podia afirmar uma oposição direta ou também apenas gradual entre as duas revelações, se ele não quisesse tolerar contradições irreconciliáveis na imagem de Deus. Porventura a primeira revelação não foi suficiente para conceder a vida aos seres humanos? Por que Deus se dirige primeiro só ao povo de Israel, mas depois ao mundo inteiro? Qual é o valor da Torá quando seres humanos vindos das nações podem cumprir a vontade de Deus abrangentemente, também sem a circuncisão? Paulo quis preservar as duas coisas: a validade da primeira revelação e o caráter exclusivamente salvífico da segunda revelação. Em Paulo justapõem-se dois princípios insuprimíveis, mas ao mesmo tempo opostos. Uma instituição divina vale, e: unicamente a fé em Jesus Cristo salva. Portanto, Paulo estava diante de um problema que não podia ser resolvido, ele queria e tinha de demonstrar uma continuidade inexistente, a continuidade da ação salvífica de Deus na primeira e na segunda aliança. Pois: "Quando o povo de Deus precisa se converter para continuar a ser o povo de Deus, então a aliança estabelecida anteriormente como tal não pode ser satisfatória[325]." Os problemas lógicos aguçaram-se devido a questões não resolvidas na prática da convivência entre judeu-cristãos e cristãos vindos das nações. Esta situação não prevista pela Torá, portanto, também não regulada, permitia várias interpretações, de modo que conflitos eram inevitáveis. Além disso, a problemática da Lei/Torá desempenhou um papel central na emancipação das primeiras comunidades cristãs do judaísmo. Esse problema exerce também uma pressão externa sobre Paulo e suas comunidades, pois tanto judeu-cristãos radicais como judeus eram hostis a Paulo.

Para 2: Paulo teve de salvaguardar a isenção da circuncisão para cristãos vindos das nações, afirmar a insuficiência tanto ritual como soteriológica da Torá para judeu-cristãos e cristãos vindos das nações e postular, ao mesmo tempo, o cumprimento da Lei/Torá também

---

[325] H. RÄISÄNEN, "Der Bruch des Paulus mit Israels Bund", in T. VEIJOLA (org.), *The Law in the Bible and in its Environment* (Helsinki / Göttingen: 1990), pp. 156-172; aqui: 167.

pelos cristãos. Somente assim era possível afirmar a validade permanente da primeira aliança e o exclusivo caráter salvífico da nova aliança. Além disso, havia o desafio de refutar a acusação da "vida sem lei", com certeza levantada por meio da argumentação da Carta aos Gálatas.

A *solução* encontrada por Paulo consistiu em *definir de maneira qualitativamente nova* o que é a lei segundo sua natureza e essência. O primeiro passo nessa direção é Gl 5,14: "Pois toda a lei está cumprida numa só palavra, a saber: *Amarás a teu próximo como a ti mesmo*". No entanto, é apenas na Carta aos Romanos que essa ideia ganha sua qualidade sistêmica. Ali, Paulo livra-se da agitação polêmica da Carta aos Gálatas e descreve o significado da lei para os crentes também de maneira positiva. Rm 13,8-10 deve ser considerado o texto-chave. A tese de que o amor seria o cumprimento da Lei/Torá (Rm 13,10: πλήρωμα οὖν νόμου ἡ ἀγάπη) respalda a argumentação paulina em quatro aspectos:

1) Ela permite a afirmação de conferir pleno vigor à Lei/Torá e cumpri-la em sua natureza e essência mais íntima, sem atribuí-la qualquer função soteriológica.
2) Ao mesmo tempo, esse conceito permite a redução necessária da Lei/Torá em relação à missão livre da circuncisão.
3) Tanto com sua concentração da Lei/Torá num único mandamento ou em poucas normas éticas fundamentais[326], respectivamente, e com a definição da natureza e essência da Lei/Torá como amor, Paulo situa-se na tradição do judaísmo helenista. Ali predominava a tendência de identificar os mandamentos da Torá com uma doutrina de virtude conforme a razão[327]

---

[326] Cf. Arist 131; 168; TestDn 5,1-3; TestIs 5,2; FÍLON, Spec Leg I 260; II 61-63; Decal 154ss; JOSEFO, Ap 2,154; Ant 18,117. À diferença de Paulo, porém, a alta valorização de mandamentos individuais não abolia outros mandamentos; cf. a respeito por último R. WEBER, Das Gesetz im hellenistischen Judentum (cf. acima, 3.8.1), pp. 236-239.
[327] Cf. R. WEBER, op. cit., p. 320: "Dessa maneira, o *nomos* é, no fundo, uma forma da doutrina da virtude, porque a virtude visa a forma da vida."

para, dessa maneira, abri-la e preservá-la ao mesmo tempo. A εὐσέβεια ("piedade") como a forma suprema da virtude incluía também o amor³²⁸. Dessa maneira, para judeu-cristãos e prosélitos, a solução paulina do problema podia ser recebida contra seu pano de fundo cultural³²⁹.

4) No entanto, também no âmbito da cultura greco-romana existia a convicção de que a bondade e o amor são a forma verdadeira da justiça e do cumprimento da lei. "E mesmo que a natureza prescreva isto, que o ser humano se preocupe com o seu semelhante, seja ele quem for, e justamente pelo motivo de ser ele um ser humano, é necessário que, segundo a mesma natureza, o proveito de todos seja comum. Se isto for assim, então estamos todos sob a única e mesma lei natural, e se justamente isto for assim, seremos certamente impedidos pela lei natural a ferir o outro" (Cícero, Off III 5,27). A lei, idêntica à razão e em harmonia com a natureza, não pode ser uma em Roma e outra em Atenas, porque "todas as nações, e em todos os tempos, serão dominadas por uma única lei eterna e imutável; e um será, por assim dizer, o mestre e governante comum de todos: deus! Ele é o criador dessa lei, seu árbitro, seu reivindicante; quem não obedece a ele, fugirá de si mesmo e, negando a natureza do ser humano, sofrerá exatamente por isto as punições mais severas, mesmo se escapar das punições restantes que são consideradas como tais" (Cícero, Rep III 22). Quem obedece à lei da razão não pode prejudicar seu semelhante; quem age assim, está em sintonia com deus, com a natureza e consigo mesmo. Por isso, é necessário voltar-se para a filosofia, pois "Zeus, o pai comum de todos os deuses e seres humanos, ordena a ti e te impele, pois sua lei e mandamento diz: o ser humano deve ser justo, íntegro, benfeitor, prudente, nobre, senhor sobre fadigas e paixões, livre de qualquer inveja e má intenção. Para dizê-lo

---

³²⁸ Cf., por exemplo, FÍLON, Decal 108-110.
³²⁹ Nas instruções da ética judaica, o mandamento do amor não possui uma posição sobressalente, mas ainda assim, importante; cf. a respeito K.-W. NIEBUHR, *Gesetz und Paränese*. WUNT 2.28. (Tübingen: 1987), pp. 122ss etc.

com uma só palavra: a lei de Zeus ordena ao ser humano ser bom (ἀγαθὸν εἶναι κελεύει τὸν ἄνθρωπον ὁ νόμος τοῦ Διός)"³³⁰. A sintonia com Gl 6,2; Rm 3,27; 8,2; 13,8-10 é óbvia: a prescrição, o mandamento, a vontade de Deus é o amor!

A solução

As diferentes linhas das afirmações paulinas acerca da Lei/Torá não podem ser simplesmente harmonizadas ou exclusivamente atribuídas às diferentes situações das comunidades. Paulo lutou com o tema que lhe foi imposto e chegou a uma *solução que estava se densificando* e que ele apresentou na Carta aos Romanos.

A concentração no pensamento do amor permite a Paulo continuar a defender a posição teológica da Carta aos Gálatas em seu cerne, no entanto, sem ser estigmatizado como "sem lei". Em Gl 6,2 ("Carregai os fardos uns dos outros, e assim cumprireis a lei de Cristo"), Rm 3,27 ("lei da fé") e Rm 8,2 ("lei do espírito da vida em Cristo Jesus"), Paulo faz um jogo de palavras com o termo νόμος e o entende no sentido de "regra/norma/ordem"³³¹. A fé e o amor na força do espírito aparecem como as novas normas com as quais os cristãos se comprometem e que excluem qualquer glorificação própria diante de Deus.

Paulo realiza uma *definição nova*, ao formular sua opinião (fragmentária, no ponto de vista judaico rígido) acerca da Torá como "a Lei" (o amor como centro e meta, sob simultânea negação de qualquer função soteriológica e exclusão dos preceitos rituais) e assim integrar ao mesmo tempo a *Torá a um conceito de lei mais amplo e superior*, acessível a todos os cristãos contra seus respectivos panos de fundo culturais³³².

---

³³⁰ MUSÔNIO, Dissertações 16.
³³¹ Para a justificativa, cf. U. SCHNELLE, Das Gesetz bei Paulus (cf. acima, 6.5.3). Paralelos linguísticos com o uso de no sentido de νόμος no sentido de "regra/norma/ordem" são oferecidas em H. RÄISÄNEN, Sprachliches zum Spiel des Paulus mit Nomos, in: *Glaube und Gerechtigkeit*. FS R. Gyllenberg. SFEG 38 (Helsinki: 1983), pp. 134-149.
³³² Muito instrutiva é a observação de que Paulo enveredou por este caminho também em outras questões teológicas centrais. Em Rm 2,28s, define de modo qualitativamente novo o que constitui o ser judeu e a circuncisão; Rm 4,12 retoma essa nova definição da circuncisão e em Rm 9,6s há uma nova definição de Israel. Novas definições que

Através do *conceito de amor, o apóstolo sintetiza* a compreensão judaica e greco-romana da lei e chega assim a uma integração coerente da temática da lei em sua criação de sentido. *Através da reescrita (releitura), Paulo consegue conciliar o irreconciliável, para construir assim a necessária conectabilidade cultural.* Nem o âmbito histórico-cultural judaico nem o greco-romano permitia uma "liberdade da Lei"; em todas as suas afirmações sobre a Lei/Torá, o interesse de Paulo nunca é uma "liberdade da Lei", mas a pergunta sobre como é possível articular a exclusividade do evento Cristo, o cumprimento da lei no amor e a isenção da circuncisão dos crentes da tradição greco-romana.

6.5.4 A fé

Para Paulo, a fé é uma nova qualificação do Eu, pois, na fé, o ser humano abre-se para Deus que se volta para o mundo. O fundamento e a possibilitação da fé é a iniciativa salvífica de Deus em Jesus Cristo. A fé não se baseia numa decisão do ser humano, mas *é um dom da graça de Deus*[333]. Já para Abraão vale: "Por conseguinte, através da fé, para que: segundo a graça (διὰ τοῦτο ἐκ πίστεως ἵνα κατὰ χάριν), para que a promessa valha para toda a descendência, não só para aqueles provenientes da lei, mas também aos provenientes da fé" (Rm 4,16). A estrutura básica do conceito paulino da fé mostra-se claramente em Fl 1,29: "Pois vos foi concedido gratuitamente (ὅτι ὑμῖν ἐχαρίσθη), por Cristo – não só crer nele (οὐ μόνον τὸ εἰς αὐτὸν πιστεύειν), mas também por ele – sofrer". A fé é uma obra do espírito, pois: "Ninguém pode dizer: 'Senhor é Cristo!', se não no Espírito Santo" (1Cor 12,3b)[334]. A fé está entre os frutos do espírito (cf. 1Cor 12,9; Gl 5,22). Portanto, na fé

---

equivalem em seu conteúdo a uma reescrita/circunscrição são necessárias sempre que mundos de sentido em sua tradicional formação não são compatíveis, mas precisam ser fundidos em um nível mais alto.

[333] Cf. a respeito as considerações fundamentais de G. FRIEDRICH, "Glaube und Verkündigung bei Paulus", in F. HAHN, H. KLEIN, *Glaube im Neuen Testament.* FS H. Binder. BThSt 7 (Neukirchen: 1982), pp. 93-113, aqui: pp. 100ss.

[334] Contra R. BULTMANN, Theologie, p. 331, que afirma "que Paulo não caracteriza a πίστις como inspirada, não a deriva do πνεῦμα."

abre-se um novo relacionamento com Deus, que o ser humano pode apenas aceitar com gratidão. O caráter de dom gratuito de πίστις/ πιστεύειν ("fé/ter fé = crer") determina também a relação estreita entre a fé e o anúncio em Paulo. A fé acende-se no evangelho, que é um poder de Deus (Rm 1,16). Aprouve a Deus "salvar pela loucura da pregação aqueles que creem" (1Cor 1,21). Muito cedo se espalha a notícia sobre o apóstolo: "Quem outrora nos perseguia, agora anuncia a fé" (Gl 1,23). Segundo Rm 10,8, Paulo anuncia a "palavra da fé" (τὸ ῥῆμα τῆς πίστεως). A fé cresce a partir da proclamação que, por sua vez, remonta à palavra de Cristo (Rm 10,17: "Pois a fé [vem] da mensagem, mas a mensagem, através da palavra de Cristo"). Dessa maneira, o próprio Cristo age na palavra da proclamação. Em 1Cor 15,11b, Paulo conclui sua instrução fundamental com as palavras: "Assim nós proclamamos, assim vós crestes". Não são as artes retóricas do pregador nem o sim entusiástico do ser humano que levam à fé, mas o espírito e a força de Deus (cf. 1Cor 2,4s). O espírito transmite o dom da fé e simultaneamente determina seu conteúdo, ao conceder a união da comunidade. Em Paulo, o espírito e a fé estão causalmente relacionados, no sentido de que o espírito inaugura a fé e que o crente leva uma vida na força do espírito. Aplica-se: "Pois aguardamos no espírito, pela fé, a esperança pela justiça" (Gl 5,5). Gl 3,23.25 mostra finalmente que a fé ganha em Paulo dimensões que vão muito além do chegar-a-fé individual: à "vinda" da fé cabe uma qualidade histórico-salvífica, porque a fé substitui a lei e possibilita ao ser humano um novo acesso a Deus.

A estrutura básica do conceito paulino da fé como força e dom de Deus que salva, portanto, que dá vida, mostra que é inadequado compreender a fé como um "ato livre de decisão"[335] ou como "aceitação e preservação da mensagem da salvação"[336]. Com essas expressões nomeiam-se aspectos importantes do conceito paulino da fé, mas, ao mesmo tempo, confundem-se causa e efeito, pois somente a atuação de Deus possibilita a fé[337]. A fé não é o pressuposto/a condição do

---

[335] R. BULTMANN, Theologie, p. 317.
[336] E. KÄSEMANN, Röm (cf. acima, 6.3.1), p. 101.
[337] Cf. G. FRIEDRICH, Glaube und Verkündigung bei Paulus, p. 109: "[...] fé é uma decisão de Deus".

evento salvífico, mas uma parte dele! É Deus quem opera o querer e o realizar (Fl 2,13). A fé nasce da iniciativa salvífica de Deus que chama o ser humano para o serviço da proclamação do evangelho (cf. Rm 10,13s: "Todo aquele que invocar o nome do Senhor será salvo. Mas, ora, como poderiam invocar aquele em quem não creram? Como poderiam crer naquele de quem não ouviram nada? Como, porém, poderiam ouvir sem que alguém anunciasse?"). Unicamente Deus é o doador; o ser humano é o receptor, de modo que Paulo, consequente e logicamente, pode justapor a vida pela fé à vida pela lei (cf. Gl 2,16; 3,12; Rm 3,21s.28; 9,32).

A fé ganha sua forma na *confissão*, algo que Paulo formula programaticamente em Rm 10,9s: "Porque, se confessares com tua boca que Jesus é o Senhor e creres em teu coração que Deus o ressuscitou dentre os mortos, serás salvo. Pois com o coração se crê para a justiça, com a boca, porém, se confessa para a salvação!" O ser humano não pode ficar neutro em relação ao conteúdo da fé, só pode aceitá-lo ou rejeitá-lo. Especialmente na confissão, o crente aponta para além de si mesmo e para o ato salvífico de Deus, de modo que recebe a participação da salvação futura. Nesse processo, o crente não permanece fechado em si, mas se comunica e transpõe fronteiras. Por isso, não pode permanecer em silêncio, ao contrário: "Creio, por isso falo (Sl 115,1 LXX), assim também nós cremos, por isso também falamos" (2Cor 4,13b: καὶ ἡμεῖς πιστεύομεν, διὸ καὶ λαλοῦμεν). A relação da fé está vinculada ao conteúdo da fé (cf. 1Ts 4,14; 1Cor 15,14), o qual Paulo também pressupõe como o conhecimento da fé das comunidades (cf. 1Ts 4,13; 1Cor 3,16; 6,1-11.15s.19; 10,1; 12,1; 2Cor 5,1; Gl 2,16; Rm 1,13; 11,25 etc.).

Sendo uma dádiva de Deus, a fé sempre inclui também o momento individual do respectivo ser-crente e libera uma *atuação* do ser humano[338]. Paulo fala frequentemente de "vossa fé" (1Ts 1,8; 3,2.5-7.10; 1Cor 2,5; 2Cor 1,24; 10,15; Rm 1,8.12; Fl 2,17 etc.) e realça nesse contexto especialmente a dimensão missionária da fé das comunidades de Tessalônica e de Roma. Para o apóstolo há um "crescer na fé"

---

[338] Muito conciso A. SCHLATTER, *Der Glaube im Neuen Testament* (Stuttgart: 1927), p. 371: "O querer fundamentado na fé é amor".

(2Cor 10,15); novas intelecções e conhecimentos aumentam, purificam e transformam a fé. A fé está submetida a modificações, mas, em suas convicções básicas, não anula a si mesma. Em Rm 12,3, Paulo exorta os carismáticos a não irem além dos limites estabelecidos também para eles, mas a serem ajuizados conforme a "medida da fé" (μέτρον πίστεως) que lhes foi concedida. O crente deve discernir qual dom lhe foi concedido e encontrar seu lugar dentro da comunidade.

A fé baseia-se na atuação amorosa de Deus em Jesus Cristo (cf. Rm 5,8), de modo que *o amor aparece como o lado da fé que é ativo e visível a todos* (Gl 5,6: "a fé agindo pela caridade"). Paulo exige do crente uma sintonia de pensamento e atuação, de convicção de ato. Ao mesmo tempo, porém, sabe das falhas dos crentes (Gl 6,1), fala de "fracos na fé" (Rm 14,1), promete aos filipenses um progresso na fé (Fl 1,25) e convoca para caminhar na fé (1Cor 16,13; 2Cor 1,24; Rm 11,20). Dessa maneira, a fé não confere ao ser humano nenhuma nova qualidade visível, mas o coloca dentro de um movimento e comprovação histórica que se realizam na obediência (Rm 1,5: "Em Jesus Cristo recebemos a graça e o apostolado, para erguer a obediência da fé para seu nome entre todas as nações").

Por um lado, Paulo adota o uso linguístico do judaísmo helenista[339] e do helenismo gentio[340], por outro lado, vai além, ao tornar

---

[339] Cf. abrangentemente D. LÜHRMANN, "Pistis im Judentum", in ZNW 64 (1973): 19-38.

[340] Os documentos principais são elencados e interpretados em G. BARTH, Pistis in hellenistischer Religiosität (cf. acima, 6.5), pp. 173-176; G. SCHUNACK, "Glaube in griechischer Religiosität", in B. KOLLMANN, W. REINBOLD, A. STEUDEL (org.), *Antikes Judentum und Frühes Cristentum*. FS H. Stegemann. BZNW 97 (Berlim / Nova Iorque: 1999), pp. 296-326, aqui: pp. 299-317. No mundo grego, o campo de "fé/crer" está relacionado em primeiríssimo lugar aos mais que 50 locais de oráculos. Desde o séc. VII/VI a.C. até a Antiguidade tardia, a emissão de oráculos era um fenômeno histórico-cultural que dizia respeito a todos os ambientes da vida pública e privada. Nesse contexto, a fé relaciona-se a ditos de deuses que serviam especialmente em situações de crise e passagem como interpretação da sorte da vida de uma pessoa. Notável é o testemunho de Plutarco que assumiu por volta de 95 d.C. o cargo de um dos dois chefes de sacerdotes no santuário do oráculo de Apolo em Delfos. Para ele, a fé é algo óbvio, pois os deuses são os garantes da estabilidade social e individual: "Veneração e fé estão implantadas em quase todos os seres humanos desde o nascimento" (Moralia 359F. 360A). O conteúdo da fé é a

πίστις/πιστεύειν agora a *designação central e exclusiva* da relação com Deus, portanto, também *o aspecto por excelência da identidade*[341]. Uma segunda característica particular manifesta-se na orientação da fé por Jesus Cristo. Para Paulo, a fé é sempre a fé naquele Deus que ressuscitou Jesus Cristo dentre os mortos (cf. Rm 4,17.24; 8,11). Jesus Cristo é tanto o desencadeador como o conteúdo da fé[342]. Portanto, o centro da fé não é o crente, mas o acreditado. Como a fé nasce e cresce da pregação do evangelho, é em última instância sempre um ato de Deus, fundado unicamente no evento Cristo. Na fé, Deus coloca o ser humano num novo caminho, cujo fundamento e meta é Jesus Cristo. Sem dúvida, a fé contém também elementos biográficos e psicológicos e o momento da decisão humana, mas esta é precedida pela decisão fundamental de Deus. Paulo não vê a fé não como um fenômeno antropológico isolado, mas como uma nova determinação da existência por Deus. A fé é tanto uma nova orientação da vida como uma nova postura de vida. O ser humano passa de uma vida centrada em si mesmo para uma vida centrada em Deus; a fé situa o ser humano em seu relacionamento com Deus e realiza-se no amor.

6.5.5 A liberdade

A existência cristã é, segundo sua natureza e essência, liberdade: "É para a liberdade que Cristo nos libertou" (Gl 5,1); liberdade é para Paulo uma "palavra-chave e fundamental do evangelho"[343]. A liberdade cristã resulta da libertação do poder do pecado, adquirida por Jesus Cristo e concedido aos seres humanos no batismo. Portanto, a liberdade não é uma possibilidade da existência humana; a partir de

---

presciência dos deuses e sua ajuda dispensada aos seres humanos, especialmente em situações de emergência ou de limite, como doença e morte.

[341] Cf. G. BARTH, Verbete "πίστις", in *EWNT* 3 (Stuttgart: 1983), pp. 216-231, aqui: p. 220.
[342] Cf. G. FRIEDRICH, Glaube und Verkündigung bei Paulus, pp. 102-106.
[343] Assim bem acertado TH. SÖDING, "Die Freiheit des Glaubens", in W. KRAUS, K.-W. NIEBUHR, *Frühjudentum und Neues Testament im Horizont Biblischer Theologie*. WUNT 162 (Tübingen: 2003), pp. 113-134, aqui p. 133.

si mesmo, o ser humano não pode alcançá-la nem realizá-la. O poder universal do pecado exclui a liberdade como meta da busca humana. Os seres humanos podem ter um senso individual de liberdade e negar a existência do pecado, mas isso não muda em nada o domínio factualmente escravizante do pecado na vida dessas pessoas. Unicamente a atuação salvífica de Deus em Jesus Cristo pode ser entendida num sentido abrangente como um evento libertador, porque agora são vencidos os poderes do pecado e da morte que oprimem o ser humano.

Principalmente nos conflitos com os coríntios, Paulo demonstra a *forma básica paradoxal* de seu conceito de liberdade: liberdade como amor no compromisso com Cristo. A forma da liberdade molda-se não na potencialização do individual, mas unicamente no amor. Paulo utiliza a palavra de ordem dos "fortes", πάντα μοι ἔξεστιν ("tudo me é permitido"), para imediatamente relativizá-la e precisá-la (1Cor 6,12; 1Cor 10,23). A liberdade cristã não visa à indiferença, mas é por natureza um conceito de relação e participação: as pessoas que creem e foram batizadas participam da liberdade adquirida por Cristo, que ganha sua verdadeira característica somente na relação com os outros cristãos e com a comunidade cristã. O modelo desse conceito de liberdade é fornecido pelo Jesus Cristo crucificado que morreu pelo irmão (cf. 1Cor 8,11; Rm 14,15). Para Paulo, a liberdade cristã é a liberdade dada por Jesus Cristo, de modo que um abuso dessa liberdade, sendo um pecado contra o irmão, aparece simultaneamente como um pecado contra Cristo. Em 1Cor 9, Paulo apresenta-se como modelo de uma liberdade que renuncia pelo bem do outro àquilo a que teria direito. O apóstolo não aproveita seu direito a sustento pelas comunidades, para promover, dessa maneira, a pregação do evangelho (cf. 1Cor 9,12.15s). Enquanto liberdade e servidão se excluíram na Antiguidade mutuamente, em Paulo, condicionam-se mutuamente. Exatamente no cativeiro do evangelho, portanto, no amor, realiza-se a liberdade do apóstolo (cf. 1Cor 9,19; Gl 5,13).

Como o tempo presente já está qualificado proléticamente pelo futuro, devido ao evento Cristo (1Cor 7,29-31), Paulo convoca os cristãos a corresponderem em sua autocompreensão e seus comportamentos éticos à virada escatológica do tempo. A expressão paulina ὡς μή ("como se não fosse") visa uma participação distanciada: uma participação no mundo sem sucumbir a ele, portanto, a *liberdade do mundo no mundo*.[344] Já que o tempo presente é determinado por aquilo que vem, o presente perde seu caráter determinante. Os ordenamentos do mundo corruptível devem ser reconhecidos em sua realidade histórica, mas, ao mesmo tempo, Paulo cobra uma independência e liberdade internas. Por isso, as pessoas que creem e foram batizadas devem permanecer em seus respectivos estados, sem atribuir-lhe um valor próprio. Tanto o casamento como a escravidão pertencem às estruturas do velho éon. Quem os assume ainda agora, não entendeu os sinais do tempo (cf. 1Cor 7,1.8); quem é casado, porém, deve permanecer assim (cf. 1Cor 7,2-7). Também os escravos devem permanecer em seu estado (1Cor 7,21b)[345], pois, na comunidade, já foram retirados há muito tempo das alternativas fundamentais da sociedade (cf. 1Cor 12,13; 2Cor 5,17; Gl 3,26-28; 5,6; 6,15). No entanto, a Carta a Filêmon mostra que Paulo em suas recomendações não está comprometido ideologicamente, pois ali não exclui absolutamente a opção da liberdade para um escravo cristão. No entanto, quando um escravo consegue sua liberdade, sabe que, em Cristo, já era há muito tempo um homem livre.

Nas Cartas aos Coríntios, a liberdade nunca é entendida como *"liberdade da lei, do pecado ou da morte"*, mas essa compreensão se destaca na Carta aos Gálatas e na Carta aos Romanos (cf. acima, 6.5.2). A liberdade do pecado como uma libertação por Deus em Jesus Cristo inclui para Paulo simultaneamente a liberdade da Lei/Torá em sua função escravizante.

As dimensões universais do conceito paulino da liberdade manifestam-se em Rm 8,18ss[346]. Aqui, a liberdade dos crentes e a *liberdade*

---

[344] Cf. H. BRAUN, Die Indifferenz gegenüber der Welt bei Paulus und bei Epiktet, in IDEM, *Gesammelte Studien zum Neuen Testament und seiner Umwelt*, 3ª ed. (Tübingen: 1971), pp. 159-167.
[345] Para a problemática de escravos em Paulo, cf. J. A. HARRILL, *Slaves in the New Testament* (Minneapolis: 2006), pp. 17-57.
[346] Cf. aqui S. JONES, *"Freiheit" in den Briefen des Apostels Paulus*. GTA 34 (Göttingen: 1987), pp. 129-135; S. VOLLENWEIDER, *Freiheit als neue Schöpfung*. FRLANT 147 (Göttingen: 1989), pp. 375-396.

da criação são articuladas e inseridas numa perspectiva abrangente do futuro. Por causa da transgressão de Adão, a criação sucumbiu contra sua própria vontade ao domínio da corrupção, mas no âmbito da esperança (Rm 8,20; cf. 4Esd 7,11s). A criação participa da esperança dos crentes, "pois também a criação será livre da servidão da corrupção, para a liberdade gloriosa dos filhos de Deus" (Rm 8,21). A certeza desse acontecimento futuro é mediada pelo espírito, pois, como primícia, ele é não só o penhor da esperança como também socorre os crentes na situação da perseverança esperançosa (Rm 8,26s). O espírito defende os santos diante de Deus numa linguagem compatível com Deus. A certeza da fé permite a Paulo descrever a "liberdade gloriosa dos filhos de Deus" em Rm 8,28-30 abrangentemente. Deus mesmo vai trazer a liberdade dos filhos de Deus, que encontra sua finalidade na participação da glória de Deus manifesta no Filho.

> Na história intelectual greco-romana de todos os tempos, a liberdade era o um tema central[347]. Também no contexto temporal imediato do cristianismo primitivo encontram-se teorias muito influentes de liberdade. Epíteto redigiu um livro inteiro com o título περὶ ἐλευθερίας (Diss IV 1: "Sobre a liberdade"), e Dion de Prusa ministrou três discursos sobre servidão e liberdade (Orationes 14; 15; 80). Tanto Epíteto como Dion argumentam a partir de uma compreensão popular da liberdade: liberdade como liberdade de atuação e como ausência de dependências e compromissos. Optam por esse ponto de partida para deconstruir um conceito de liberdade orientado por aspectos exteriores. Epíteto aduz para sua argumentação experiências e intelecções: um senador rico é o escravo do imperador (Diss IV 1,13), e um homem livre apaixonado por uma escrava bela e jovem torna-se o escravo dela (Diss IV 1,17). Quem pode ser livre, quando até mesmo os reis e seus amigos não o são? Como a liberdade não pode ser captada suficientemente no

---

[347] Cf. a respeito apresentações em D. NESTLE, *Eleutheria. Studien zum Wesen der Freiheit bei den Griechen und im Neuen Testament I: Die Griechen*. HUTh 6 (Tübingen: 1967); IDEM, Verbete "Freiheit", in *RAC* 8 (Stuttgart: 1972), pp. 269-306; S. VOLLENWEIDER, Freiheit, pp. 23-104; H. D. BETZ, "Paul's Concept of Freedom in the Context of Hellenistic Discussions about Possibilities of Human Freedom", in IDEM, *Paulinische Studien*. Ges. Aufs. III (Tübingen: 1994), pp. 110-125; G. DAUTZENBERG, "Freiheit im hellenistischen Kontext", in J. BEUTLER (org.), *Der neue Mensch in Christus* (cf. acima, 6.5), pp. 57-81.

conceito da liberdade exterior, o decisivo é discernir entre o que está ao nosso alcance e o que está subtraído de nossa influência (cf. Diss IV 1,81). As fatalidades e situações da vida não estão realmente a nossa disposição, mas sim nossa atitude em relação a elas. "Purifica teus juízos e verifica se não te prendeste a algo que não te pertence, e se não cresceu algo em ti que poderás arrancar somente sob dores. E enquanto te exercitas diariamente como na quadra de esporte, não digas que estás filosofando – esta é uma palavra verdadeiramente arrogante – mas que estás promovendo tua libertação. Pois esta é a verdadeira liberdade. Assim, Diógenes foi libertado de Antístenes, e depois descobriu que já não podia ser escravizado por ninguém" (Diss IV 1, 112-115). Semelhantemente argumenta Dion quando diz que a liberdade e a servidão não são fatos inatos ou evidentes, que não são absolutamente óbvias, mas se manifestam na vida de uma pessoa. "Se alguém for de 'nascimento nobre' em relação a suas capacidades, deve ser chamado de 'nobre', mesmo quando ninguém conhece seus pais e antepassados. Não pode ser diferente: quem é 'nobre' é também 'de nascimento nobre', e quem é de 'nascimento nobre, também é 'livre'. Portanto, o não nobre é necessariamente também um escravo" (Dio Crisóstomo, Or 15,31). Epíteto e Dion representam uma ampla corrente de tradições na história da filosofia antiga, que se estende desde o estoicismo e Epicúrio até os céticos: a verdadeira liberdade é a independência interior da pessoa sábia, a serenidade (ἀταραξία) que nasce a partir do reconhecimento, da evitação dos afetos e da submissão à vontade dos deuses.

Paulo tira a liberdade do âmbito da atuação do ser humano; *ela tem o caráter de dádiva, não de ato*. Com esse conceito, o apóstolo defende uma posição autônoma no âmbito do antigo debate sobre a liberdade. Ele adota o conceito da liberdade interior, mas modifica-o definitivamente em sua estrutura justificadora, ao descrever a liberdade como a descoberta de uma realidade fundamental alheia: Deus. Paradoxalmente, apenas o compromisso com Deus confere a liberdade, porque liberdade no sentido pleno do conceito é exclusivamente um atributo de Deus. A liberdade tem um fundamento externo e não se situa dentro do próprio ser humano. A liberdade não surge como efeito do próprio poder de atuação, mas é uma dádiva dada por Deus que se realiza no amor. O amor é a normatividade da liberdade. O amor reconhece na outra pessoa uma filha ou um filho de Deus e se orienta por aquilo que as pessoas e o mundo precisam. A liberdade não consiste na possibilidade de poder escolher e optar, mas abre-se na atuação do amor[348].

6.5.6 Outros termos antropológicos

O cerne mais íntimo do ser humano é descrito e definido por Paulo de várias maneiras. Nesse âmbito, ele pode adotar tanto conceitos veterotestamentários como greco-romanos.

No centro da "autoconsciência" humana está a *consciência*; o termo συνείδεσις ("consciência") ocorre no NT 30 vezes, e somente em Paulo 14 vezes. O termo συνείδησις ocorre acumulado no conflito em torno da carne oferecida aos ídolos em 1Cor 8 e 10 (oito vezes). Nesses trechos, a συνείδησις aparece como a *instância da autoavaliação*. Objeto da avaliação pela consciência é a conduta humana que é verificada em relação a sua sintonia com as normas preestabelecidas[349]. Quando os "fortes" fazem uso da liberdade à qual têm direito e continuam a comer carne oferecida aos ídolos, seduzem os "fracos" para se comportarem da mesma forma e, dessa maneira, lançam os "fracos" num conflito de consciência. Ao agir assim, os "fortes" pecam também contra Cristo (1Cor 8,13) que morreu pelo irmão fraco (1Cor 8,12). A liberdade da pessoa individual encontra seu limite claramente na consciência da outra pessoa que não pode ser comprometida. Portanto, συνείδησις designa uma instância que julga o comportamento do ser humano de acordo com normas preestabelecidas[350].

Em Rm 2,14s, συνείδησις aparece como fenômeno antropológico fundamental: "Pois quando as nações, não tendo a lei, fazem a partir de si mesmas as obras da lei, elas, que não têm a lei, são a lei para si mesmas. Elas comprovam que a obra da lei está gravada em seus corações, dando disto testemunho sua consciência e os pensamentos que se acusam e defendem mutuamente". Aqui, a consciência como consciência de normas abrange a autoavaliação moral do ser humano,

---

[348] Cf. aqui H. WEDER, "Normativität der Freiheit", in M. TROWITZSCH (org.), *Paulus, Apostel Jesu Christi*. FS G. Klein (Tübingen: 1998), pp. 129-145.
[349] Cf. H.-J. ECKSTEIN, Der Begriff Syneidesis bei Paulus (cf. acima, 6.5), pp. 242s.
[350] Para a coesão da argumentação paulina, cf. H.-J. ECKSTEIN, op. cit., p. 271.

seu conhecimento acerca de si mesmo e de sua conduta. Como um fenômeno próprio a todos os seres humanos, a consciência confirma para Paulo a existência da lei também entre pessoas vindas das nações. Em Rm 9,1s, a consciência se apresenta como testemunha autônoma e personificada e verifica a concordância entre as convicções e a conduta (cf. também 2Cor 1,23; 2,17; 11,38; 12,19). Segundo Rm 13,5[351], os cristãos devem se submeter às instituições por intelecção no sentido do poder e da ordem do Estado: "Por isso é necessário submeter-se, não somente por causa da ira, mas também por causa da consciência". Ordenamentos estatais decorrem da vontade de Deus, na medida em que resistem ao Mal e promovem o Bem. Paulo pensa, como em Rm 2,15, na consciência de cada ser humano, não na consciência especificamente cristã.

> O Antigo Testamento/judaísmo antigo desconhece um equivalente linguístico do grego συνείδησις.[352] Paulo adotou συνείδησις provavelmente do âmbito da filosofia popular helenista. Ali, συνείδησις significa principalmente a consciência que condena ou aprova os próprios atos moralmente[353]. Como os deuses deram aos seres humanos a sabedoria, estes são capacitados para o autorreconhecimento. "Pois quem reconhece a si mesmo constatará primeiro que tem algo de divino dentro de si, e crerá que o espírito dentro de si se assemelha a uma imagem consagrada de uma divindade, e sempre agirá e sentirá de maneira digna de uma dádiva divina tão importante" (Cícero, Leg 1,59). Já que deus equipou os seres humanos com as capacidades que são próprias a ele, estes são capazes de distinguir o Bem e o Mal, porque ele "colocou ao lado de cada um de nós um inspetor, a saber, o espírito protetor (δαίμων) de cada um, um inspetor que jamais cochila e que não pode ser enganado" (Epíteto, Diss I 14,12; cf. Diss II 8,11s; Sêneca, Ep 41,1s; 73,76). Também o fenômeno da consciência má (cf., por exemplo, Sêneca, Ep 43,4s; 81,20; 105,8) aponta para uma instância dentro do ser humano que

---

[351] Para a exegese, cf. H.-J. ECKSTEIN, Syneidesis, pp. 276-300.
[352] Cf. a respeito H.-J. ECKSTEIN, op. cit, pp. 105ss.
[353] Para o conceito de consciência em autores romanos e gregos, cf. H.-J. KLAUCK, "Der Gott in dir" (Ep 41,1). Autonomie des Gewissens bei Seneca und Paulus, *passim*; IDEM, "Ein Richter im eigenen Innern. Das Gewissen bei Philo von Alexandrien", in IDEM, *Alte Welt und neuer Glaube*. NTOA 29 (Göttingen / Freiburg [Suíça]: 1994), pp. 33-58; H. CANCIK-LINDEMAIER, Verbete "Gewissen" in *HRWG* 3 (Stuttgart: 1993), pp. 17-31.

está entrelaçada com a virtude e com a razão e que reivindica a conduta estabelecida pela natureza: "Deve haver, portanto, um guarda, e este deve constantemente "puxar nossa orelha", manter afastado o falatório e contradizer ao povo que elogia com hipocrisia" (Sêneca, Ep 94,55).

Paulo compreende συνείδησις como uma instância neutra para avaliar atos realizados (de forma reflexiva e em relação a outros), com base em normas interiorizadas de valores. Para Paulo, a consciência não inclui o conhecimento fundamental do Bem e do Mal, mas sim um *cossaber* acerca de normas que servem de base para um juízo que pode se formar de forma tanto positiva como negativa[354]. Sendo um conceito relacional, a consciência não estabelece as normas, apenas julga sua observância. A consciência também não pode ser considerada uma peculiaridade dos cristãos, gentios ou judeus, mas é um *fenômeno humano geral*. Sua função é a mesma em todos os seres humanos; apenas as normas, que são o pressuposto e a condição da avaliação, podem ser muito diferentes. Cristãos avaliam a conduta própria e/ou alheia com a ajuda do amor e da razão renovadas pelo espírito, que são as normas fundamentais.

A extraordinária *dignidade* do ser humano se expressa em Paulo com o motivo de εἰκών ("imagem, semelhança, protótipo ou imagem primordial")[355]. O conceito de εἰκών ganha sua importância teológica fundamental no discurso sobre Cristo como a imagem de Deus. Em 2Cor 4,4, o apóstolo explicita[356] como se deu a vedação do evangelho nas pessoas rejeitadas; o deus deste éon lhes cegou os sentidos, "de modo que não veem o brilho do evangelho da glória de Cristo, que é a imagem de Deus" (ὅς ἐστιν εἰκὼν τοῦ θεοῦ). Aqui, εἰκών aparece como categoria de participação: o Filho participa da δόξα ("glória") do Pai; nele revela-se a verdadeira natureza de Deus, porque ele é a semelhança de Deus voltada para os seres humanos.

---

[354] Cf. H.-J. ECKSTEIN, op. cit., pp. 311ss.
[355] Cf. para as referências histórico-religiosas abrangentemente F.-W. ELTESTER, *Eikon im Neuen Testament*. BZNW 23 (Berlim: 1958), pp. 26-129; J. JERVELL, *Imago Dei*. FRLANT 76 (Göttingen: 1960), pp. 15-170.
[356] Cf. a respeito J. JERVELL, Imago Dei, pp. 214-218.

O conceito de Cristo como a imagem de Deus é a base de todas as afirmativas sobre a relação entre os crentes e a imagem de Cristo. Em 1Cor 15,49, Paulo enfatiza, contra a postura dos coríntios orientada pela ideia de salvação presente, que eles portarão a imagem do ser humano celestial Jesus Cristo somente no evento escatológico, pois o tempo presente está ainda marcado pelo ser humano terrestre, Adão. Segundo Rm 8,29, a meta da eleição de Deus é que os crentes "sejam conformes à imagem do seu Filho, a fim de ele se tornar o primogênito entre muitos irmãos". Esse acontecimento experimenta sua plena realização na ressurreição dos crentes, mas, ao mesmo tempo, cabe-lhe também uma dimensão presente, pois os crentes já participam desde o batismo da natureza de Cristo como a imagem de Deus (Rm 6,3-5). Segundo 2Cor 3,18 pousa sobre o Ressuscitado a glória divina em toda sua plenitude, de modo que ele é simultaneamente a imagem primordial (o protótipo) e a meta da transformação dos cristãos. Em 1Cor 11,7s, Paulo refere-se explicitamente à interpretação de Gn 1,26s: "Pois o homem não tem que cobrir sua cabeça, porque ele é a imagem e a glória de Deus; a mulher, porém, é a glória do homem. Pois não é o homem que vem da mulher, mas a mulher, do homem". Paulo volta-se aqui contra o hábito, aparentemente muito difundido em Corinto, da participação de mulheres no culto sem cobrir a cabeça. Esta é provavelmente uma prática nova e desconhecida em outras comunidades (cf. 1Cor 11,16), que surgiu possivelmente dos esforços entusiásticos de emancipação por partes da comunidade coríntia[357]. Paulo argumenta contra essa abolição das ordens até então vigentes a partir da teologia de criação, ao justificar a diferença entre homem e mulher e as consequencias práticas decorrentes dela com a qualidade do homem como imagem e semelhança de Deus. O homem participa da glória de Deus, ele é o "reflexo" de Deus. Em comparação, a mulher é apenas o "reflexo" do homem, porque ela foi criada a partir do homem (cf. Gn 2,22).

O conceito de εἰκών é para Paulo uma categoria de participação: a participação do Filho na glória do Pai recebe sua plena realização

---
[357] Cf. CHR. WOLFF, 1Kor (cf. acima, 4.6), pp. 70s.

na participação dos crentes na glória de Cristo. Sendo a "imagem de Deus", Cristo os integra num processo histórico, cujo ponto final será a própria transformação deles. A existência humana não se esgota na mera condição criatural; mas, somente na correspondência com Deus, o ser humano realiza sua destinação de ser a imagem de Deus, que corresponde à intenção da criação e que se abre na fé em Jesus Cristo como a imagem original e primordial de Deus.

Outro centro do *self* humano que aparece em Paulo é καρδία (*"coração"*)[358]. O amor de Deus foi derramado pelo Espírito Santo nos corações dos seres humanos (Rm 5,5). No coração opera o Espírito Santo. Deus enviou o espírito de seu Filho "aos nossos corações" (Gl 4,6) e no batismo deu o espírito como ἀρραβών "em nossos corações" (2Cor 1,22). O batismo leva a uma obediência que vem do coração (Rm 6,17), e o ser humano está numa nova relação de dependência que lhe traz salvação: ele serve a Deus, portanto, à justiça. Há uma circuncisão do coração que se realiza no espírito e não na letra (Rm 2,29), uma transformação interior do ser humano, a partir da qual nasce um novo relacionamento com Deus. A fé tem seu lugar no coração, e foi ao coração que Deus enviou o brilho claro do conhecimento de Jesus Cristo (2Cor 4,6). Os corações são fortalecidos por Deus (1Ts 3,13), e a paz de Deus que está acima de toda razão guarda os corações dos fiéis (Fl 4,7). O coração pode se abrir ou fechar à mensagem salvífica sobre a fé em Jesus Cristo (cf. 2Cor 3,14-16). A conversão e a confissão começam no coração (Rm 10,9s). Aqui se correspondem a boca e o coração, por um lado, e o ato de confissão e a fé, por outro; isto é, o ser humano inteiro é tomado pelo evento salvífico de Cristo. Justamente como o orgão "mais íntimo", o coração determina o ser humano inteiro e é o centro da decisão deliberada, tanto no sentido positivo como negativo (1Cor 4,5). O coração sabe da vontade de Deus (Rm 2,15), está firme em relação às paixões (1Cor 7,37) e disposto para ajudar aos necessitados (2Cor 9,7). Ao mesmo tempo, porém, o coração pode estar

---

[358] No uso de καρδία, Paulo encontra-se na tradição da antropologia veterotestamentária; cf. H.-W. WOLFF, *Anthropologie des Alten Testaments*, 2ª ed. (Munique: 1974), pp. 68ss.

também insensato e obscurecido (Rm 1,21; 2,5), fonte de desejos (Rm 1,24; 2,5) e lugar de obstinação (2Cor 3,14s). Deus examina e explora os corações (1Ts 2,4; Rm 8,27) e revela os desejos do coração (2Cor 4,5).

Diferentemente de seus adversários, Paulo não trabalha com cartas de recomendação, pois a comunidade coríntia é sua carta de recomendação, "escrita em vossos corações, compreendida e lida por todos os seres humanos" (2Cor 3,2). Paulo luta por sua comunidade e pede: "Dai-nos espaço em vossos corações" (2Cor 7,2). Ele abre seu coração para a comunidade (2Cor 6,11) e garante-lhe que "estais em nossos corações para morrer juntos e para viver juntos" (2Cor 7,3). Com καρδία, Paulo refere-se ao mais íntimo do ser humano, a sede de inteligência, emoção e vontade, o lugar onde as decisões da vida são efetivamente tomadas e onde começa a atuação de Deus por meio do espírito.

A língua hebraica desconhece um equivalente de νοῦς ("*pensamento, razão, inteligência*"), um termo central da antropologia helenista[359]. Paulo usa νοῦς em 1Cor 14,14s, no âmbito de suas reflexões sobre a glossolalia, como instância crítica diante da glossolalia incontrolada e incompreensível. A oração e o louvor realizam-se tanto no espírito divino como no intelecto humano (1Cor 14,15). Em 1Cor 14,19, νοῦς designa a clara razão/inteligência, na qual a comunidade é ensinada: "Mas na assembleia da comunidade prefiro dizer cinco palavras com minha inteligência [...] do que inúmeras palavras em línguas (extáticas)". Também em Fl 14,7, νοῦς significa a compreensão racional, a capacidade humana ultrapassada pela paz de Deus. Em 1Cor 1,10, Paulo apela à unidade da comunidade coríntia, para que ela esteja uma só mente e de uma só opinião. Paulo fala em 1Cor 2,16 e Rm 11,34 do νοῦς do Χριστός e do κύριος, respectivamente, e refere-se com isso

---

[359] Da época clássica, cf. PLATÃO, Phaed 247c-e, segundo o qual a razão é a parte mais nobre da alma e, graças a seu conhecimento da virtude, também capaz da atuação moral; além disso, cf. ARISTÓTELES, Eth Nic X 1177a (a razão como o divino por excelência e a parte mais preciosa da vida espiritual); DIÓGENES LAÉRCIO 7,54 (segundo Zenon, a razão é o primeiro critério da verdade); EPÍTETO, Diss II 8,1s (a natureza de Deus é νοῦς); outras ocorrências em: Neuer Wettstein I/2 (cf. acima, 4.3), pp. 230ss.

em ambos os casos ao Espírito Santo que foge da avaliação humana[360]. No âmbito do debate entre "fortes" e "fracos" em Roma, Paulo convida ambas as partes a ter certeza do próprio juízo e, dessa maneira, da própria causa (Rm 14,5). Segundo Rm 7,23 há uma contradição e disputa entre a lei nos membros e a lei da razão. O νόμος τοῦ νοός corresponde em termos de conteúdo ao νόμος του θεοῦ em Rm 7,22: ao ser humano que se orienta por Deus. Com sua razão, quer servir a Deus, mas o pecado que nele habita destrói esse querer. Em Rm 12,2, Paulo exorta a comunidade a não se adaptar ao éon pecaminoso e passageiro, mas a permitir que haja em cada pessoa uma transformação de toda a existência que se realiza como a renovação do νοῦς. Aqui, Paulo designa com νοῦς o *reconhecimento e o pensamento racional* que recebem *uma nova orientação* pela atuação do espírito. O cristão recebe uma nova força e capacidade de discernimento que o capacita a verificar qual é a vontade de Deus. A partir de si mesma, a razão não pode se renovar, ao contrário, depende a intervenção de Deus que a coloca a seu serviço e a conduz assim para seu verdadeiro destino[361].

Com a distinção entre o ἔσω ἄνθρωπος (*"ser humano interior"*) e o ἔξω ἄνθρωπος (*"ser humano exterior"*)[362], Paulo elabora uma expressão concisa de um conceito proveniente da filosofia helenista, que lhe permite adotar um ideal filosófico do seu tempo e simultaneamente cunhá-lo diferentemente a partir da teologia da cruz.

> Uma derivação histórico-traditiva clara do conceito de ἔσω / ἔξω ἄνθρωπος não é possível[363]. O ponto de partida é provavelmente Platão, Resp IX 588A-589B, onde 589A reza: "Portanto, também aquele que declara úteis as coisas

---

[360] Cf. F. LANG, *Die Briefe an die Korinther*. NTD 7 (Göttingen: 1986), p. 47.
[361] Cf. G. BORNKAMM, "Glaube und Vernunft bei Paulus", in IDEM, *Studien zu Antike und Christentum*, 3ª ed. BEvTh 28 (Munique: 1970), pp. 119-137.
[362] Para a história da pesquisa, cf. R. JEWETT, Anthropological Terms (cf. acima, 6.5), pp. 391-395; TH. HECKEL, *Der Innere Mensch*. WUNT 2.53 (Tübingen: 1993), pp. 4-9; H. D. BETZ, "The concept of the 'Inner Human Being' (ὁ ἔσω ἄνθρωπος) in the Anthropology of Paul", in *NTS* 46 (2000): 317-324.
[363] Uma discussão abrangente das ocorrências mais importantes encontra-se em TH. K. HECKEL, Der Innere Mensch, pp. 11-88; CHR. MARKSCHIES, Verbete "Innerer Mensch", in *RAC* 18 (Stuttgart: 1998): pp. 266-312, aqui: pp. 266ss.

justas provavelmente declararia que se deve dizer e fazer aquilo que faz o ser humano interior do ser humano ganhar boas forças (τοῦ ἀνθρώπου ὁ ἐντὸς ἄνθρωπος)". Na filosofia helenista em torno da virada do tempo encontra-se a ideia de que o ser humano verdadeiro, intelectual, é capaz de distinguir o essencial do não essencial, que vive disciplinadamente e livre dos afetos e se torna interiormente independente das fatalidades exteriores. Ao contrário disso, o ser humano "exterior" está com seus sentidos preso no mundo exterior, com a consequência de ser dominado por paixões e medo (Fílon, Det 23; além disso, cf. Congr 97; Plant 42). Sêneca refere-se repetidamente a uma força divina e interior (alma, espírito, razão) que sustenta e edifica o corpo frágil: "Quando tu vês um ser humano destemido diante de perigos, intocado pelos desejos, feliz na adversidade, calmo em meio a tempos atormentados, contemplando as pessoas de uma perspectiva superior, no mesmo plano dos deuses, será que não sentirás temor diante dele? Será que não dirás: esta atitude é muito sublime e nobre para ser considerada compatível com aquele dentro do qual habita, com o corpo insignificante? Nele se encarnou um poder divino [...]"[364].

Ao contrário da antropologia helenista, a distinção paulina entre ὁ ἔσω ἄνθρωπος e ὁ ἔξω ἄνθρωπος não deve ser compreendida como um dualismo antropológico. Antes, o apóstolo considera a existência dos crentes, que é uma só, sob diferentes perspectivas[365]. Logo depois de um catálogo de perístases (2Cor 4,8s), Paulo diz em 2Cor 4,16: "Por isto não nos deixamos abater. Pelo contrário, embora o ser humano exterior (ὁ ἔξω ἄνθρωπος) em nós vá caminhando para sua ruína, o (ser humano) interior renova-se dia a dia". Exteriormente, o apóstolo desgasta-se devido aos muitos sofrimentos no trabalho missionário. Ao mesmo tempo, porém, opera no ἔσω ἄνθρωπος [N. da Trad.: sic, erro no original.] a δόξα θεοῦ ("glória de Deus"; cf. 2Cor 4,15.17) pelo espírito, de modo que o crente, no seu mais íntimo, sabe-se determinado pelo Senhor que está presente no espírito e que o fortalece e renova. Por isso, está em condições de suportar os sofrimentos e as tribulações exteriores, porque participa do poder vital do Ressuscitado e, dessa maneira, supera as tribulações e a deterioração do corpo. Em Rm 7,22, ὁ ἔσω ἄνθρωπος [N. da Trad.: sic, erro no original.] aceita alegremente a

---

[364] SÊNECA, Ep 41,4-5 (= Neuer Wettstein II/1 [cf. acima, 4.5], pp. 439s).
[365] Cf. W. GUTBROD, Anthropologie (cf. acima, 6.5), pp. 85-92.

vontade de Deus, portanto, vive segundo sua própria vontade em sintonia consigo mesmo. O poder do pecado, porém, perverte a verdadeira existência do crente, que em sua busca pelo Bem está submetido à "lei do pecado" presente em seus membros. Paulo designa com ἔσω ἄνθρωπος [N. da Trad.: sic, erro no original.] o Eu do ser humano que está aberto para a vontade de Deus e para a atuação do espírito.

Antropologia autônoma e heterônoma

Tanto a antropologia judeu-helenística (cf. 4Mc) como a greco-romana podem esboçar uma imagem positiva das possibilidades da existência humana. Plutarco percebe muito bem que o ser humano, devido à ligação com o corpóreo, oferece áreas onde pode ser atacado, mas "nos traços mais decisivos e importantes de sua natureza, não pode ser atingido [...]. Por isso não devemos pintar a natureza humana nas cores mais escuras, como se não possuísse nada de forte e durável e nada que lutasse contra o destino. Muito ao contrário – sabemos que o ser humano está apenas numa pequena parte fraco e débil e, dessa maneira, entregue ao destino. Somos nós que exercemos o governo sobre nossa melhor parte, e os bens mais importantes estão firmemente guardados ali: ideias certas, o saber e os princípios que conduzem à virtude. Segundo sua natureza, tudo isso não pode ser arrancado e aniquilado" (Mor 475 C.D). O destino (ἡ τύχη) pode golpear o ser humano com desgraça e doença, mas quando ele dispõe das intelecções certas (da filosofia) e alcança a virtude (ἡ ἀρετή), não pode ser derrubado por isso. Paulo, ao contrário, não é da opinião de que o ser humano disponha dentro de si ou a partir de si de uma grandeza que estaria capaz de lidar autonomamente com os afetos e sentimentos humanos e conduzir seu comportamento. Ele não atribui essa força nem à razão nem às virtudes. Ao contrário, o ser humano está internamente dilacerado entre o querer e o fazer, e por força própria não capaz de garantir a unidade de sua existência. Para Paulo, o fundamento possibilitador de uma vida humana bem-sucedida reside fora do ser humano. Não o modelo da autonomia, mas o da heteronomia determina a antropologia paulina: é o próprio Deus que, por meio de Jesus Cristo e no Espírito

Santo, dá aos seres humanos uma nova existência que se realiza no batismo, na fé e numa vida na força do espírito. O "novo ser humano" (cf. 2Cor 5,17) não precisa ser construído pelo ser humano e, com isso, ser manipulado, mas é criado por Deus.

Esse conceito é tanto uma experiência religiosa como um ato intelectual. Seria totalmente errôneo subsumir a antropologia paulina sob uma imagem humana pessimista. Não é uma imagem pessimista, mas uma *imagem realista do ser humano*!

Nisso reside também sua força intelectual: Paulo não desconsidera absolutamente a destrutividade da existência e atuação humanas, mas não para por aí, porque coloca as energias positivas da existência humana no centro, ao destacar o amor, a fé e a esperança.

6.6 Ética

BULTMANN, R. "Das Problem der Ethik bei Paulus". In *Exegetica*, editado por IDEM, pp. 36-54. Tübingen, 1967 (= 1924); SCHRAGE, W. *Die konkreten Einzelgebote in der paulinischen Paränese*. Gütersloh, 1961; MERK, O. *Handeln aus Glauben*. MThST 5. Marburg, 1968; SCHRAGE, W. Ethik (cf. acima, 3.5), pp. 169-248; SCHNACKENBURG, R. *Die sittliche Botschaft des Neuen Testaments* II. HThK.S 2, pp. 12-71. Freiburg, 1988; SÖDLING, TH. *Das Liebesgebot bei Paulus*. NTA 26. Münster, 1994; HAYS, R. B. The *Moral Vision of the New Testament*, pp. 16-59. São Francisco, 1996; WOLTER, M. "Ethos und Identität in den paulinischen Gemeinden". In *NTS* 43 (1997): 430-444; PFEIFFER, M. *Einweisung in das neue Sein. Neutestamentliche Erwägungen zur Grundlegung der Ethik*. BEvTh 119. Gütersloh, 2000; BACKHAUS, K. "Evangelium als Lebensraum. Christologie und Ethik bei Paulus". In *Paulinische Christologie* (cf.a cima, 6.2), editado por U. SCHNELLE, TH. SÖDING, M. LABAHN, pp. 9-31; SCHNELLE, U. Paulus (cf. acima, 6), pp. 629-644; FENSKE, W. *Die Argumentation des Paulus in ethischen Herausforderungen*. Göttingen, 2004; BUSCHKE, F. *Die Begründung und die Durchsetzung der Ethik bei Paulus*. ABG 25. Leipzig, 2007.

Paulo concebeu sua ética não a partir do sujeito que reconhece e age, que está determinado pela razão e moralidade[366], mas, de acordo

---

[366] Assim, por exemplo, o conceito estoico, segundo o qual o ser humano se integra na realidade racional divina que perpassa tudo e lhe corresponde em sua atuação

com o conceito global de sua teologia, escolhe como ponto de partida a ideia da participação da nova existência separada do poder do pecado. Ela toma forma numa nova atuação, cuja base e realização Paulo lembra constantemente às comunidades.³⁶⁷

6.6.1 Participação e correspondência

A ética paulina tem sido descrita geralmente com o modelo de indicativo e imperativo³⁶⁸: "O indicativo fundamenta o imperativo."³⁶⁹ No entanto, essa descrição não é sólida³⁷⁰, porque o esquema de indicativo-imperativo é de natureza estática. Não capta as estruturas dinâmicas da ética paulina, mas divide artificialmente algo que em Paulo é um contexto existencial e vivencial abrangente³⁷¹. A ética paulina

---

moral; cf. MUSÔNIO, Diatr 2, segundo o qual "na alma do ser humano habita por natureza a faculdade da moralidade, e o gérmen da virtude (σπέρμα ἀρετῆς) está implantado em cada um de nós". Essa faculdade positiva deve ser elaborada principalmente por meio de seu exercício; para o sistema ético do estoicismo, cf. M. FORSCHNER, Die stoische Ethik (Stuttgart: 1981).

³⁶⁷ Com isso se levanta a pergunta pela relação entre ética e etos; geralmente se distingue entre os dois da seguinte forma: ética como empreendimento teórico designa o ensinamento filosófico/teológico sobre valores, normas e atos morais; etos, por sua vez, designa a atitude prática e típica de uma pessoa/um grupo que não precisa ser pensada e justificada sempre de novo; cf. a respeito M. WOLTER, Christliches Ethos (cf. abaixo, 13.6), p. 191; TH. SCHMELLER, "Neutestamentliches Gruppenethos", in J. BEUTLER (org.), *Der neue Mensch in Christus*. QD J 90 (Freiburg: 2001), pp. 120-134, aqui: p. 120.

³⁶⁸ Panorama do histórico da pesquisa em F. BUSCHKE, Ethik bei Paulus (cf. acima, 6.6), pp. 21-38.

³⁶⁹ R. BULTMANN, Theologie, p. 335.

³⁷⁰ Os problemas do esquema indicativo-imperativo sempre foram vistos, da forma mais nítida por H. WINDISCH, "Das Problem des paulinischen Imperativs", in *ZNW* 23 (1924): 265-281. No ambiente da discussão mais recente, cf. K. BACKHAUS, Evangelium als Lebensraum (cf. acima, 6.6), pp. 9-14, *passim*; R. ZIMMERMANN, "Jenseits von Indikativ und Imperativ", in *ThLZ* 132 (2007): 259-284.

³⁷¹ Além disso: como a dádiva da salvação pode se tornar uma tarefa? Cf. H. WEDER, "Gesetz und Gnade", in K. WENGST, G. SASS (org.), *Ja und Nein. Christliche Theologie im Angesicht Israels*. FS W. Schrage (Neukirchen: 1998), pp. 171-182, aqui: p. 172. Outros campos de problemas: será que a novidade da nova existência precisa primeiro ser realizada? Será que as pessoas que criam e eram batizadas foram liberadas para a liberdade somente "condicionalmente"? Em que reside a respectiva qualidade soteriológica do imperativo?

não se divide em aspectos individuais, mas deve ser vista no quadro da unidade fundamental de ser e agir na força do espírito.

O ponto de partida é o novo ser, pois a integração na morte e ressurreição de Jesus Cristo não se limita ao ato batismal, mas, através do dom do espírito, determina a vida presente e futura das pessoas batizadas (cf. Gl 3,2.3; 5,18; Rm 6,4). Quem se encontra no espaço de Cristo é uma nova existência (cf. 2Cor 5,17). Onde Paulo fala da novidade da existência, segue uma justificativa cristológica e não ética (cf. 2Cor 4,16; 5,17; Gl 6,15; Rm 6,4; 7,6). Os batizados vestiram Cristo (Gl 3,27) e são inteiramente determinados por ele, pois é Cristo que vive neles (Gl 2,20a) e quer tomar forma dentro deles (cf. Gl 4,19). Jesus Cristo é ao mesmo tempo a imagem primordial (original) e a imagem de exemplo (modelo) (Fl 2,6-11), de modo que, para Paulo, o próprio Cristo aparece como o conteúdo e o contínuo da ética[372]. *A ética tematiza os aspectos ativos da nova existência que é uma vida no espaço de Cristo.* O que se realizou nele marca inteiramente a vida dos batizados. Assim como Cristo morreu para o pecado, de uma vez por todas, os batizados já não estão sujeitos ao pecado (Rm 6,9-11). Já que Jesus aceitou, em obediência, o caminho da cruz e venceu o pecado e a morte (Rm 5,19; Fl 2,8), Paulo exorta os cristãos romanos a serem servos da justiça, em obediência (Rm 6,16; cf. 1Cor 9,19). Por causa de nossos pecados, Cristo entregou-se, e ele não procura sua própria vantagem (Gl 1,4; Rm 3,25; 8,32). Já que Cristo morreu por amor à humanidade e que esse amor sustenta a comunidade (2Cor 5,14; Rm 8,35.37), ele determina abrangentemente a existência cristã (1Cor 8,1; 13; Gl 5,6.22; Rm 12,9s; 13,9s; 14,15). Assim como Cristo, por meio de seu caminho para a cruz, tornou-se o servo dos seres humanos (Rm 15,8; Fl 2,6ss), assim também os cristãos devem se tornar servos uns dos outros (Gl 6,2). O que começou no batismo continua na vida da pessoa batizada: ela é levada para o caminho de Jesus e imita Cristo, de modo que o apóstolo pode até mesmo dizer: "Sede meus imitadores, como

---

[372] Cf. a respeito H. SCHÜRMANN, "'Das Gesetz des Christus' Gal 6,2. Jesu Verhalten und Wort als letztgültige sittliche Norm nach Paulus", in IDEM, *Studien zur neutestamentlichen Ethik*. SBAB 7. Org. por TH. SÖDING (Stuttgart: 1990), pp. 53-77.

eu mesmo sou (o imitador) de Cristo" (1Cor 11,1; cf. 1Ts 1,6; 1Cor 4,16). O caminho de Jesus para a cruz fundamenta a existência cristã e é simultaneamente um critério essencial dessa existência. Portanto, o *proprium christianum* ético é o próprio Cristo[373], de modo que a ética inclui em Paulo a dimensão ativa da participação em Cristo.

Esta é uma chave para abordar os textos no quais o apóstolo comenta explicitamente a relação entre a cristologia/soteriologia e a ética. Em 1Cor 5,7a, Paulo formula primeiro usando o imperativo ("Excluí a velha massa fermentada para serdes uma nova massa"), para acrescentar depois uma primeira justificativa: "como (καθώς) sois sem fermento". O conteúdo da advertência e da promessa é idêntico, ou seja, trata-se de dois aspectos de uma mesma coisa que Paulo nomeia na segunda justificativa: "Pois (καὶ γάρ) nosso cordeiro pascal, Cristo, foi imolado" (1Cor 5,7b). A nova existência adquirida por Cristo não permite que a pureza e a santidade da comunidade sejam ameaçadas; quem crê e foi batizado deve viver aquilo que é. Isto é possibilitado pelo espírito, cujas forças operadoras determinam toda a vida dos crentes e batizados. Nessa mesma direção aponta também Gl 5,25: "Se vivermos pelo espírito, estaremos também em sintonia com o espírito" (εἰ ζῶμεν πνεύματι, πνεύματι καὶ στοιχῶμεν)[374]. O verbo στοιχέω não tem absolutamente o mesmo significado que περιπατέω ("caminhar, andar"), mas significa "concordar/estar em sintonia com algo". Consequentemente, a ênfase não está na exigência, mas se trata de uma relação expressada por meio do dativo πνεύματι: viver em sintonia com o espírito. É o espírito de Deus que opera tanto o querer como o realizar (cf. Fl 1,6; 2,13). Aquilo que já foi alcançado deve ser vivido (Fl 3,16), ou seja, não se trata da realização de um dom, mas de um permanecer e viver no âmbito da graça. "Ser cristão é mimese de Cristo"[375], e a forma da nova existência que corresponde a Cristo é o amor (cf. Gl 3,15). Dentro da ética paulina, o amor é o princípio interpretativo crítico

---

[373] Para o problema do "próprio" da ética paulina e neotestamentária, cf. G. STRECKER, "Strukturen einer neutestamentlichen Ethik", in *ZThK* 75 (1978), 136ss.

[374] A tradução orienta-se em G. DELLING, Verbete "στοιχέω", in *ThWNT* 7 (Stuttgart: 1966), p. 669.

[375] K. BACKHAUS, Evangelium als Lebensraum (cf. acima, 6.6), p. 24.

pelo qual toda atuação deve se orientar e que é a finalidade de toda atuação[376]. Quem não age a partir do amor, não vive em sintonia com a nova existência (cf. 1Cor 3,17; 6,9s; 8,9-13; 10,1ss; 2Cor 6,1; 11,13-15; Gl 5,2-4.21; Rm 6,12ss; 11,20-22; 14,13ss). Isso acontece sempre que alguém não reconhece a nova orientação da existência[377], recai para modos antigos de atuação ou pensa que já se encontraria no estado da perfeição.

O ponto de partida e a justificativa da ética é em Paulo a união de vida e atuação da nova existência em Cristo. Jesus Cristo fundamenta e ao mesmo tempo marca a vida dos cristãos que, por sua vez, vivem na força do espírito no espaço de Cristo e correspondem em seus atos à nova existência.

6.6.2 O novo agir

As instruções dadas por Paulo e sua justificativa são, de carta em carta, muito diferentes. Na Primeira Carta aos Tessalonicenses, a parusia iminente do *Kyrios* e a correspondente ideia do juízo funcionam para motivar uma vida irrepreensível em santidade (cf. 1Ts 3,13; 4.3.4.7; 5,23)[378]. Paulo reconhece explicitamente o estado ético da comunidade, mas a exorta simultaneamente a fazer maiores progressos (cf. 1Ts 4,1s). Em termos de conteúdo, o apóstolo se atém ao ambiente da ética judaico-helenista quando admoesta para uma vida modesta e honesta em 1Ts 4,3-8. Corresponde à ética convencional prevalecente em toda a carta o conselho de que a comunidade deve viver discretamente e sem chamar a atenção (1Ts 4,11), para que o mundo exterior não se escandalize (1Ts 4,12). A competência ética das pessoas vindas das nações, pressuposta por Paulo, mostra que ele não busca um

---

[376] Cf. a respeito H. WEDER, Normativität der Freiheit (cf. acima, 6.5.5), pp. 136ss.
[377] A nova orientação da existência é designada por Paulo com o verbo φρονεῖν, que ocorre 26 vezes no Novo Testamento, e somente em Paulo 22 vezes; cf. K. BACKHAUS, Evangelium als Lebensraum (cf. acima, 6.6), pp. 28-30.
[378] Cf. a respeito U. SCHNELLE, "Die Ethik des 1 Thessalonicherbriefes", in R. F. COLLINS (org.), *The Thessalonian Correspondence*. BEThL 87 (Lovânia: 1990), pp. 295-305; F. BLISCHKE, Ethik bei Paulus (cf. acima, 6.6), pp. 39-99.

estado ético particular das comunidades. Não justifica suas instruções a partir do Antigo Testamento, mas parte de um etos que está presente tanto entre cristãos como entre não cristãos.

Uma imagem diferenciada aparece nas duas Cartas aos Coríntios[379]. Assim como todas as outras comunidades, também os coríntios são incentivados a se orientar pela vida e pelos ensinamentos de Paulo. A retomada de ὁδός ("caminho") em 1Cor 12,31 mostra que Paulo se refere ao caminho do amor. Ele vive e ensina o amor recebido de Cristo, por isso, as comunidades devem se orientar por ele. Nas instruções subsequentes a respeito de conflitos em 1Cor 5–7, Paulo serve-se de justificativas muito variadas. Embora a decisão de excluir o fornicador da comunidade seja justificada em 1Cor 5,13b com uma citação de Dt 17,7b LXX, o verdadeiro escândalo é o fato de que um caso dessa espécie não ocorre nem mesmo entre os gentios (cf. 1Cor 5,1b). A renúncia exigida de cristãos às disputas diante de juízes gentios em 1Cor 6,1-11 não tem paralelo na tradição judaica[380]. Paulo justifica a advertência contra o adultério em 1Cor 6,12-20 não com textos materialmente relacionados como Pr 5,3; 6,20-7,27; Eclo 9,6; 19,2, mas cita Gn 2,24 LXX, um texto que originalmente não estava relacionado à temática da fornicação. Também em 1Cor 7, textos veterotestamentários não têm nenhuma importância para a justificativa de instruções e recomendações éticas. Ao contrário, para a tendência da argumentação, que é crítica ao matrimônio, não há base alguma no Antigo Testamento. Antes, mostram-se paralelos no âmbito dos cínicos: o matrimônio e filhos e filhas impedem o cínico de realizar sua incumbência verdadeira de ser o mensageiro e arauto da divindade entre os seres humanos (cf. Epíteto, Diss III 67–82). A proibição do divórcio, exigida pelo *Kyrios* em 1Cor 7,10s, contradiz explicitamente regulamentos da Torá (basta conferir Dt 24,1). Em 1Cor 7,17-24, Paulo desenvolve a máxima ética do permanecer na vocação (1Cor 7,17),

---

[379] Para a análise, cf. A. LINDEMANN, Toragebote (cf. acima, 6.5.3), pp. 95-110; M. WOLTER, Ethos und Identität (cf. acima, 6.6.), pp. 435ss; F. BUSCHKE, Ethik bei Paulus (cf. acima, 6.6), pp. 100-239.

[380] Cf. como texto paralelo PLATÃO, Gorg 509c (= Neuer Wettstein II/1, p. 278). [cf. acima, 4.5], p. 278).

que deve ser igualmente entendida contra o pano de fundo cínico-estoico[381]. A atuação precisa se orientar sempre pelas circunstâncias, pois o sofrimento é gerado por uma conceituação errônea das coisas (cf. Teles, Fr 2). Também 1Cor 7,19 evidencia uma influência helenista, pois a "observância dos mandamentos de Deus" (τήρησις ἐντολῶν θεοῦ) não pode se referir à Torá, porque a Torá exige a circuncisão e não a declara indiferente, como o faz 1Cor 7,19a. Novamente, Paulo parte de uma evidência geral daquilo que é ético; há mandamentos de Deus imediatamente acessíveis e que são compreensíveis para os seres humanos[382]. Citações escriturísticas (cf. 1Cor 10,7.26) e alusões (cf. 1Cor 11,3.8.9) ganham peso na argumentação de 1Cor 10,1-22.23-11,1; 11,2-16. No entanto, também aqui, Paulo não deriva suas instruções diretamente das Escrituras[383].

2Cor confirma esta opinião, porque as duas únicas citações escriturísticas relevantes em 2Cor 8,15 e 9,9 justificam meramente a promessa de que Deus concederá graça em abundância a quem contribui com a coleta. Em Gl 5,14, Paulo cita Lv 19,18b, e aqui se trata claramente do amor manifesto em Jesus Cristo (cf. Gl 5,6). A norma da nova existência é unicamente o espírito, que parece em Gl 5,18 explicitamente como o oposto por excelência à Torá[384]. As virtudes cristãs (e helenistas) de amor, alegria, paz, longanimidade, benignidade, bondade, fidelidade, mansidão e abstinência (Gl 5,22.23a) são derivadas exclusivamente do espírito. Apenas num acréscimo, Paulo acrescenta: "Contra estas coisas não existe lei" (Gl 5,23b). Especialmente

---

[381] Documentação e comprovação abrangentes em W. DEMING, *Paul on Marriage and Celibacy. The Hellenistic background of 1 Corinthians 7*. MSSNTS 83 (Cambridge: 1995), pp. 159-165.

[382] Epíteto argumente de modo semelhante: "Quais instruções devo te dar? Será que Zeus não te deu instruções? Será que ele não pôs como tua propriedade inviolável aquilo que te pertence verdadeiramente, enquanto aquilo que não te pertence está exposto a limitações consideráveis?" (Diss I 25,3).

[383] Cf. A. LINDEMANN, Toragebote (cf. acima, 6.5.3), p. 110: "As instruções concretas de Paulo na Primeira Carta aos Coríntios mostram que Paulo não se orienta pelos conteúdos da Torá quando estabelece normas ética ou toma decisões em casos de conflitos".

[384] Para a análise da Carta aos Gálatas, cf. F. BUSCHKE, Ethik bei Paulus (cf. acima, 6.6), pp. 240-306.

os catálogos de virtudes e de vícios (cf. 1Cor 5,10s; 6,9s; 2Cor 12,20s; Gl 5,19-23; Rm 1,29-31) elaboram um modelo de ética interessado na concordância com as convenções da época. Eles provêm da filosofia helenista, foram adotados na literatura judaico-helenista e eram muito populares especialmente nos tempos do Novo Testamento[385].

Em Rm 2,14s (cf. 13,13), Paulo parte do fato de haver paradigmas morais comuns a judeus, gentios e cristãos[386]. Adota a ideia helenista de que a instrução ética se dá através da natureza ou da razão e do logos, respectivamente, sem instruções exteriores, ou seja, escritas[387]. Também em Rm 12,1.2, Paulo deriva a vontade de Deus não da Torá. Os dois versículos são o título da seção principal e têm, como tal, a função de orientar o leitor; definem o quadro referencial dentro do qual devem ser compreendidas as afirmações que seguem. Os romanos devem verificar pessoalmente qual é a vontade de Deus (v. 2: δοκιμάζειν τὸ θέλημα τοῦ θεοῦ). Dessa forma assumem uma tarefa que compete também ao filósofo quando pergunta por aquilo que é bom, mau ou indiferente. "Portanto, o empreendimento mais importante de um filósofo será avaliar as ideias (δοκιμάζειν τὰς φαντασίας) e discerni-las (διακρίνειν) e não aceitar nenhuma sem verificação" (Epíteto, Diss 120,6.7). Paulo denomina a vontade de Deus com categorias abertas da filosofia popular: o bom e agradável e perfeito. A correspondência entre Rm 12,1s e 12,9ss deixa claro: "O amor é a definição cristã do bem"[388]. Na tradição da crítica filosófica ao culto[389], os cristãos são

---

[385] Cf. a análise do material em S. WIBBING, Die Tugend- und Lasterkataloge irn Neuen Testament und ihre Traditionsgeschichte. BZNW 25 (Berlim: 1959); E. KAMLAH, Die Form der katalogischen Paränese im Neuen Testament. WUNT 7 (Tübingen: 1964). Exemplos de textos em: Neuer Wettstein II/1 (cf. acima, 4.5), pp. 54-66.575s.

[386] Para a Carta aos Romanos cf. F. BUSCHKE, Ethik bei Paulus (cf. acima, 6.6), pp. 307-369.

[387] Cf. as ocorrências em: Neuer Wettstein II/1 (cf. acima, 4.5), pp. 71-85.

[388] U. WILCKENS, *Der Brief an die Römer*. EKK VI/3 (Neukirchen: 1982), p. 20.

[389] Fílon constata: "Deus não dá importância à abundância dos sacrifícios, mas ao espírito inteiramente puro e racional (πνεῦμα λογικόν) de quem sacrifica algo" (Spec Leg I 277). Segundo Dion de Prusa vale para o governante justo: "Ele também não acredita poder agradar aos deuses com oferendas e sacrifícios de pessoas injustas, porque sabe que eles podem aceitar benignamente somente as oferendas das

convocados a oferecerem seus corpos como um sacrifício agradável a Deus; este é seu "culto racional" (λογικὴ λατρεία). Corresponde à nova relação com Deus um culto espiritual, orientado pela razão dada por Deus.

Paulo tematiza em Rm 13,1-7 a relação dos cristãos com o Estado. O trecho está propositalmente permeado de termos e conceitos profanos[390] que impossibilitam uma interpretação cristológica direta. A comunidade romana deve se submeter às estruturas do mundo que correspondem à criação. Essa exigência geral de obediência é concretizada no v. 6 com um exemplo: os romanos pagam impostos e reconhecem, dessa maneira, os poderes instituídos por Deus. No exercício de suas tarefas, os funcionários imperiais da arrecadação de impostos e taxas são nada menos que λειτουργοὶ θεοῦ ("servos de Deus"). No v. 7, Paulo conclui sua exortação com a generalização: "Dai a todos o que lhes deveis. A quem deveis impostos, os impostos; a quem taxas, as taxas; a quem reverência, a reverência; a quem honra, a honra". Na interpretação desse trecho polêmico deve-se observar cuidadosamente seu gênero literário e sua posição na estrutura da Carta aos Romanos: trata-se de parênese, não de dogmática[391]! Se o Estado realizar as tarefas divinamente atribuídas da administração do poder e do exercício do poder, então os cristãos são convocados a apoiá-lo nisso. Além disso, Rm 13,1-7 apresenta *uma conotação política atual*, pois a convocação de Paulo para o reconhecimento das autoridades estatais, portanto,

---

pessoas boas. Consequentemente procurará honrá-los abundantemente também com tais oferendas. Jamais deixará, porém, de demonstrar-lhes seu temor com aquelas outras oferendas, com boas obras e atos justos. Ele considera a virtude uma piedade, e o vício, uma blasfêmia pura" (DIO CRISÓSTOMO, Or 3,52.53; além disso, cf. 13,35; 31,15; 43,11). Outras ocorrências em H. WENSCHKEWITZ, "Die Spiritualisierung der Kultusbegriffe", in *ANGELOS* 4 (1932): 74-151; Neuer Wettstein I/2 (cf. acima, 4.3), pp. 220-234.

[390] Comprovação fundamental em A. STROBEL, "Zum Verständnis von Röm 13", in *ZNW* 47 (1956), pp. 67-93; além disso, cf. K. HAACKER, Röm, pp. 216-270; textos em Neuer Wettstein II/1 (cf. acima, 4.5), pp. 199-206.

[391] Cf. E. KÄSEMANN, Röm (cf. acima, 6.3.1), p. 341; considerações exaustivas sobre a pragmática do texto em H. MERKLEIN, "Sinn und Zweck von Röm 13,1-7. Zur semantischen und pragmatischen Struktur eines umstrittenen Textes", in IDEM, *Studien zu Jesus und Paulus II*. WUNT 105 (Tübingen: 1998), pp. 405-437.

da *Pax Romana*,³⁹² deve ser entendida provavelmente contra o pano de fundo das crescentes tensões entre a comunidade cristã que estava se formando como movimento autônomo e as autoridades romanas³⁹³. Agora, estas percebem os cristãos como um grupo que venera um criminoso executado como Deus e que anuncia o fim iminente do mundo. A perseguição de Nero, que começou apenas oito anos após a redação da Carta aos Romanos (64 d.C.), indica que deve ter havido crescentes tensões entre os cristãos, por um lado, e as autoridades e a população de Roma, por outro.

É em Fl 4,8 que se encontra a adoção mais evidente de noções da filosofia popular: "De resto, irmãos, pensai em tudo o que é verdadeiro, honrável, justo, bom, popular, reconhecido, tudo que é uma virtude e merece louvor". Termos e conceitos político-sociais dentro do repertório de Paulo são principalmente εὔφημος ("reconhecido") e ἔπαινος ("louvor"); eles visam o reconhecimento social que Paulo espera da comunidade em Filipos. Com ἀρετή, Paulo adota o conceito-chave da história intelectual grega e integra a conduta dos filipenses totalmente no etos contemporâneo. Afinal, a tarefa do filósofo que atua de modo político-social é esclarecer "o que é a justiça, o que o sentido do dever, o que a capacidade de sofrer, o que a valentia, o que o desprezo da morte, o que o conhecimento de deus e qual bem precioso é uma boa

---

³⁹² Cf. a respeito K. WENGST, *Pax Romana* (Munique: 1986), pp. 19-71; CHR. RIEDO-EMMENEGGER, Prophetisch-messianische Provokateure der Pax Romana (cf. acima, 3.4.1), pp. 5-196. No centro desse conceito estava desde Augusto a pessoa do imperador que, como *pontifex maximus*, garante a preservação e coesão do Império Romano no sentido do direito sagrado, mantém a sociedade unida e garante, por meio de sua política sábia, paz e bem-estar; como exemplo de texto, cf. VALÉRIO MÁXIMO I; PLUTARCO, Numa 9: "O *pontifex maximus* ocupa a posição de um intérprete e profeta, ou, mais corretamente, de um inspetor supremo de todo o aparato da religião. Precisa cuidar não só do serviço divino público, mas controla também os sacrifícios oferecidos dos cidadãos individuais, proíbe a divergência do tradicional e emite instruções sobre o que cada pessoa tem que fazer para venerar ou reconciliar os deuses."

³⁹³ Referindo-se a TÁCITO, Anais XIII 50–51 (protestos prolongados contra a pressão tributária no ano 58 d.C.), J. FRIEDRICH, P. STUHLMACHER, W. POHLMANN, "Zur historischen Situation und Intention von Röm 13,1-7", in *ZThK* 73 (1976): 131-166, veem como pano de fundo atual de Rm 13,1-7 a pressão dos impostos que pesava sobre os cidadãos na época da redação de Rm.

consciência"³⁹⁴. Sendo um modo de vida e uma técnica de ser feliz, uma ciência da vida³⁹⁵, o interesse da filosofia é despertar nas pessoas as virtudes existentes nelas ou promover sua intelecção e disposição de orientar-se nessas virtudes. Já que uma vida moral se equipara à filosofia e ensina a praticar a filosofia³⁹⁶, pode muito bem ser comparada à *paráclese* do apóstolo.

Essa paráclese³⁹⁷ nas cartas paulinas não difere fundamentalmente dos padrões éticos de seu meio ambiente. Paulo recorre apenas de forma muito restrita ao Antigo Testamento como instância normativa; a Torá se concentra no mandamento do amor (cf. Rm 13,8-10) e, dessa maneira, integrada ao etos contemporâneo (cf. acima, 6.5.3). *No entanto, ele atribui ao mandamento de amor uma posição muito mais exclusiva do que isso é o caso em sistemas contemporâneos*³⁹⁸. O amor recomendava-se de modo especial como princípio orientador ético, porque consegue captar tanto a relação com Deus em seu caráter de dádiva como a conduta modificada em relação ao próximo³⁹⁹. Quando Paulo tematiza os aspectos ativos da nova existência, ativa a memória de seus ouvintes e leitores e busca soluções para problemas. Nesse contexto, coloca novos acentos menos no conteúdo material de suas instruções do que na *justificativa*. Avalia as possibilidades da atuação humana e suas ampliações à luz do evento Cristo e chega a partir disso a uma nova interpretação da existência e do tempo que se distingue fundamentalmente da ética helenista da razão⁴⁰⁰: somente a participação no

---

³⁹⁴ SÊNECA, Tranq An III 4.
³⁹⁵ CÍCERO, Fin III 4: "Pois a filosofia é a ciência da vida".
³⁹⁶ Cf. SÊNECA, Ep 20,2: "A filosofia ensina a agir, não a discursar".
³⁹⁷ O termo *paráclese* capta o conceito fundamental paulino melhor do que parênese: a terminologia de paráclese ocorre em Paulo (em Paulo, παρακαλεῖν encontra-se 39 vezes e παράκλεσις, 18 vezes), mas o termo parênese não (παραινεῖν somente em At 27,9.22); cf. a respeito A. GRABNER-HAIDER, *Paraklese und Eschatologie bei Paulus*. NTA 4 (Münster: 1968), pp. 4s.153s.
³⁹⁸ M. WOLTER, "Die ethische Identität christlicher Gemeinden", in W. HÄRLE, R. PREUL, *Woran orientiert sich Ethik?* MThSt 67 (Marburg: 2001), pp. 61-90, aqui: pp. 82-84.
³⁹⁹ Cf. TH. SÖDING, Das Liebesgebot bei Paulus (cf. acima, 6.6), pp. 272: "O mandamento do amor é a sentença-chave da ética paulina".
⁴⁰⁰ A diferença decisiva entre a ética da razão (estoica), orientada fundamentalmente na teologia (basta conferir CÍCERO, Leg I 331 ou EPÍTETO, Diss I 1,7) e Paulo

evento Cristo liberta do poder do pecado e capacita pela força do Espírito Santo para uma existência em conformidade com Cristo que perdurará para além da morte e do juízo.

Ao mesmo tempo, o cristianismo primitivo participa de uma tradição da ética judaico-helenista e greco-romana altamente refletida. O *humanum* não precisava ser criado e refletido de modo qualitativamente novo, mas apareceu numa nova perspectiva, a saber, na perspectiva da fé que se manifesta na atuação. A paráclese paulina visa uma vida em concordância com o evento Cristo, remete à sintonia interna entre o evangelho crido e o evangelho vivido. Trata-se da intelecção e da prática da união de crer e agir na força do espírito. Por isso, a ética paulina é tanto uma ética de mandamentos como uma ética de intelecção.

6.7 Eclesiologia

KLAIBER, W. *Rechtfertigung und Gemeinde*. FRLANT 127. Göttingen, 1982; BROCKHAUS, U. *Charisma und Amt*. Wuppertal, 1987; ROLOFF, J. *Die Kirche im Neuen Testament*. GNT 10. Göttingen, 1993; KRAUS, W. *Das Volk Gottes*. WUNT 85. Tübingen, 1996; UMBACH, H. *In Christus getauft – von der Sünde befreit. Die Gemeinde als sündenfreier Raum bei Paulus*. FRLANT 181. Göttingen, 1999; GEHRING, R. W. *Hausgemeinde und Mission. Die Bedeutung antiker Häuser und Hausgemeinschaften von Jesus bis Paulus*. Giessen, 2000; CLARKE, A. D. *Serve the Community of the Church*. Grand Rapids, 2000; SCHMELLER, TH. "Gegenwelten. Ein Vergleich zwischen paulinischen Gemeinden und nichtchristlichen Gruppen". In: *BZ* 47 (2003): 167-185.

---

reside na avaliação diferente da realidade do mal e das capacidades humanas de subtrair-se dessa realidade. A ética estoica está marcada pelo pensamento do desenvolvimento moral. "Ela tem seu auge na intelecção de que a felicidade consiste na harmonia perfeita do ser humano consigo mesmo e que esta pode ser alcançada somente na compreensão da razão divina do universo e na concordância com ela" (M. FORSCHNER, "Das Gute und die Güter. Zur stoischen Begründung des Wertvollen", in IDEM, *Über das Handeln im Einklang mit der Natur* (Darmstadt: 1998), pp. 31-49, aqui: p. 46). A divergência desse ideal, obviamente muito divulgada, é geralmente explicada com a falta de intelecção nessas relações e a 'maldade' dos seres humanos.

Segundo Paulo, somente na comunidade dos crentes pode haver a participação da salvação comum. Para ele, ser cristão é idêntico ao estar na comunidade; sua missão é uma missão que funda comunidade, e suas cartas são cartas a comunidades.

6.7.1 Termos fundamentais da eclesiologia

Das 114 ocorrências de ἐκκλησία no Novo Testamento, 44 encontram-se em Paulo, e disso, por sua vez, 31 nas duas Cartas aos Coríntios. Com ἐκκλησία ("assembleia/comunidade"), Paulo adota um termo político para caracterizar a natureza e as assembleias locais do novo movimento. No âmbito greco-helenista, ἐκκλησία designa a assembleia dos homens livres com direito a voto[401], um uso linguístico presente também em At 19,32.39. As ocorrências em 1Ts 2,14; 1Cor 15,9; Gl 1,13 e Fl 3,6 ("Eu persegui a assembleia de Deus") mostram que a designação ἐκκλησία τοῦ θεοῦ ("assembleia de Deus") surgiu possivelmente já em Jerusalém para o novo movimento dos crentes em Cristo. Dessa maneira adotava-se, por um lado, a tradução de קהל por ἐκκλησία na Septuaginta[402] e atribuía a comunidade em Cristo ao Povo de Deus Israel, e, por outro lado, a não adoção da συναγωγή ("sinagoga") expressava a autocompreensão das comunidades mais primitivas em sua delimitação em relação ao judaísmo.

No neologismo semântico ἐκκλησία τοῦ θεοῦ expressa-se a autocompreensão do novo movimento como grandeza autônoma[403]. Paulo orienta-se conscientemente pelo significado básico profano de ἐκκλησία, pois, para ele, a assembleia local dos crentes está no primeiro plano, como mostram as indicações locais em 1Ts 1,1; 1Cor 1,2;

---

[401] Cf. para o tema todo A. CLARKE, Serve the Community at the Church (cf. acima, 6.7), pp. 11-33.

[402] Cf. Dt 23;2-4; Nm 16,3; 30,4; Mq 2,5; 2Cr 28,8; para as distintas teorias de derivação, cf. J. ROLOFF, Verbete "ἐκκλησία", in EWNT 1 (Stuttgart: 1980), pp. 998-1011; W. KRAUS, Volk Gottes (cf.a cima, 6.7), pp. 124-126.

[403] O sintagma grego ἐκκλησία τοῦ θεοῦ é literariamente comprovado somente em Paulo (1Ts 2,14; 1Cor 1,2; 10,32; 11,16.22; 15,9; 2Cor 1,1; Gl 1,13) e em sua história de recepção (At 20,28; 2Ts 1,1.4; 1Tm 3,5.15).

2Cor 1,1; Gl 1,2⁴⁰⁴. Ao mesmo tempo, a Igreja única de Deus ganha sua forma na comunidade individual, de modo que tanto a comunidade local (2Cor 1,1; Gl 1,2) ou as comunidades locais, respectivamente, como a cristandade em sua totalidade (1Ts 2,14; 1Cor 10,32; 11,16.22; 12,28; 15,9; Gl 1,13; Fl 3,6) podem ser designadas como ἐκκλησία τοῦ θεοῦ. Para Paulo, a comunidade individual representa a Igreja universal num lugar específico⁴⁰⁵; *ele desconhece uma estrutura hierárquica entre as comunidades locais e a Igreja universal, de modo que, alternadamente, uma parte pode representar o todo.* A Igreja universal está presente na comunidade local, e a comunidade local é uma parte da Igreja universal. Por isso, ἐκκλησία como a associação de cristãos em um determinado lugar deveria ser traduzida terminologicamente por "comunidade", e como totalidade mundial de todos os cristãos, por "Igreja"⁴⁰⁶.

Outras designações eclesiológicas em Paulo, como, por exemplo, *"os santos"* (οἱ ἅγιοι) e *"os eleitos"* (οἱ ἐκλεκτοί) situam-se dentro da história traditiva de conceitos judaico-veterotestamentários. Muito frequentemente ocorre no prescrito das cartas a designação da comunidade como ἅγιοι (1Cor 1,2; 2Cor 1,1; Rm 1,7; Fl 1,1), que, assim como ἐκκλησία θεοῦ, pode ser uma expressão alternante para comunidades individuais (1Cor 16,1; 2Cor 8,4; Rm 15,26) e para a Igreja universal (1Cor 14,33: ταῖς ἐκκλησίαις τῶν ἁγίων – "as comunidades dos santos". "Santos" são para Paulo os cristãos não com base em uma qualidade ética especial, mas por meio da integração na ação salvífica de Deus em Jesus Cristo, realizada no batismo. Eles pertencem a Deus, o espírito de Deus habita neles (1Cor 3,16; 6,19), e seu corpo é santo porque é o templo de Deus (1Cor 3,17b). O grupo de palavras κλετός ("chamado, vocacionado"), κλῆσις ("vocação"), ἐκλογή ("eleição") e ἐκλεκτός ("eleito")⁴⁰⁷ encontra-se em estreita relação com ἐκκλησία e com ἅγιος e é de grande importância para a eclesiologia paulina. Em 1Ts 1,4, Paulo menciona com gratidão a eleição (ἐκλογή) dos tessalonicenses, antigamente gentios; em 1Cor 1,26ss, Paulo avalia a vocação (κλῆσις)

---

⁴⁰⁴ Cf. J. ROLOFF, Kirche (cf. acima, 6.7), pp. 98s.
⁴⁰⁵ Cf. E. KÄSEMANN, Röm (cf. acima, 6.3.1), p. 323.
⁴⁰⁶ J. ROLOFF, Verbete "ἐκκλησία", p. 999.
⁴⁰⁷ Cf. H. CONZELMANN, 1Kor (cf. acima, 4.6), pp. 39s.

de pessoas fracas, tolas e desprezadas como uma confirmação da atuação paradoxal de Deus na cruz. A eleição tem o caráter de pura graça (Gl 1,6; Rm 1,6), de modo que Paulo pode falar de uma predestinação dos crentes que vale para o escaton (Rm 8,29-39; cf. 1Cor 2,7). O quanto Paulo considera vocação e santificação uma unidade mostram 1Cor 1,2 e Rm 1,7, onde ele se refere a "santos chamados". A pessoa que é chamada, separada (cf. Gl 1,15; Rm 1,1) e tomada por Deus é santa.

Metáforas básicas

Ao lado das palavras básicas eclesiológicas há *três metáforas básicas* que marcam as afirmações paulinas sobre a Igreja: "em Cristo" (ἐν Χριστῷ), "corpo de Cristo" (σῶμα Χριστοῦ) e "Povo de Deus" (λαὸς θεοῦ). Com seus aspectos de espaço e tempo, descrevem abrangentemente o lugar e a natureza da existência cristã na comunidade dos crentes.

1) Como descrição local da existência cristã, ἐν Χριστῷ designa a comunhão íntima e salvífica de cada cristão e de todos juntos com Jesus Cristo (cf. acima, 6.4.1). No batismo, os crentes são integrados no ambiente do Cristo pneumático e são ἐν Χριστῷ uma nova criatura (2Cor 5,17). Os batizados têm "em Cristo" parte na κοινωνία ("comunhão, comunidade") do mesmo espírito (2Cor 13,13; Fl 2,1), e esta determina agora a vida na comunidade. A inclusão na esfera do domínio de Cristo tem seus efeitos reais tanto sobre a vida da pessoa individual que crê como sobre a forma da comunidade, cria não só a comunhão com Cristo, mas também permite uma nova comunhão entre os crentes (cf. Gl 3,26-28). Enquanto, na sociedade romana, a origem e pertença a um determinado estado ou posição determinava o *status* de uma pessoa, nas comunidades cristãs já não valem as antigas diferenciações fundamentais segundo origem, sexo e etnia (cf. 1Cor 12,13; Gl 3,26-28; Rm 1,14). Todas as pessoas são "filhos e filhas de Deus" e "um só em Jesus Cristo" (Gl 3,26.28), de modo que surgiu uma abertura totalmente nova

na percepção e no trato de pessoas que era um motivo importante para o sucesso da missão cristão-primitiva[408].

2) A fundamentação cristológica da eclesiologia paulina mostra-se também no conceito do σῶμα Χριστοῦ, pois a ideia da incorporação no corpo de Cristo realça a prevalência da cristologia sobre a eclesiologia. O ponto de partida para o uso eclesiológico de σῶμα em Paulo é o discurso do σῶμα τοῦ Χριστοῦ em Rm 7,4 e na tradição da última ceia (1Cor 10,16; 11,27). Em 1Cor 10,16; 11,27 e Rm 7,4, σῶμα τοῦ Χριστοῦ designa o corpo de Cristo entregue na cruz para a comunidade. 1Cor 10,17 tira a conclusão eclesiológica disso: ἓν σῶμα οἱ πολλοί ἐσμεν ("nós, os muitos, somos um só corpo"). A equação da comunidade com o corpo de Cristo, fundamental para todas as afirmações eclesiológicas, encontra-se explicitamente apenas em 1Cor 12,27: ὑμεῖς δέ ἐστε σῶμα Χριστοῦ ("Ora, vós sois o corpo de Cristo"). Além disso, Paulo utiliza esse conceito em 1Cor 1,13; 6,15s; 10,17; Rm 12,5 e 1Cor 12,12-27[409]. Em 1Cor 12,13 ("Pois fomos todos batizados num só espírito para ser um só corpo"), Paulo desenvolve o pensamento do σῶμα Χριστοῦ de maneira característica:

a) O corpo de Cristo é preexistente em relação a seus membros. Não é formado por decisões e associações humanas, mas é preestabelecido, e é ele que possibilita tais decisões e associações.

b) Por meio do batismo, o cristão individual é integrado no corpo de Cristo que o antecede. O batismo não constitui o corpo de Cristo, mas é o lugar histórico da admissão a esse

---

[408] Cf. aqui E. EBEL, *Die Attraktivität früher christlicher Gemeinden*. WUNT 2.178 (Tübingen: 2004), a qual vê a chave para o sucesso das comunidades cristão-primitivas na abertura das pessoas para todas as posições e estados, todos os sexos e todas as profissões. Essa abertura representa a maior diferença em relação a associações gentias. A conversão de "casas inteiras" (cf. 1Cor 1,16; At 16,15; 18,8) mostra que membros de todas as posições e camadas podiam pertencer à nova comunidade. Devido à renúncia a condições formais de admissão, eram especialmente mulheres e membros de camadas baixas da sociedade (particularmente escravos) que aderiam em medida considerável às novas comunidades.

[409] Cf. a respeito E. SCHWEIZER, Verbete "σῶμα", in *ThWNT* 7 (Stuttgart: 1964), pp. 1025-1091, aqui: pp. 1064ss.

corpo e a expressão real da unidade da comunidade que se fundamenta em Cristo. O Cristo exaltado não existe sem seu corpo, a comunidade. Do mesmo modo manifesta-se a participação do σῶμα Χριστοῦ na corporeidade dos crentes: "Não sabeis que vossos corpos são membros de Cristo?" (1Cor 6,15). Já que os crentes pertencem com todo o seu corpo ao Senhor, são simultaneamente membros do corpo de Cristo.

Assim como o corpo é um só, mas tem muitos membros, assim existe na comunidade uma variedade de vocações e dons, mas apenas uma comunidade (1Cor 1,10-17; 12,12ss; Rm 12,5). O número múltiplo dos carismas e a unidade das comunidades estão em correspondência. Também a relação dos respectivos membros entre si pode ilustrar o conceito do corpo: não são todos iguais em sua forma e em suas funções, mas precisam uns dos outros; portanto, são iguais em seu valor. A comunidade não forma o corpo de Cristo por meio de sua conduta, mas corresponde a ele em sua atuação.

3) A proclamação programática do evangelho isento da circuncisão às pessoas vindas das nações colocou Paulo perante o problema de como definir a continuidade e descontinuidade da Igreja em relação a Israel[410]. Nesse contexto chama a atenção o uso linguístico do apóstolo, pois λαὸς θεοῦ ("povo de Deus") ocorre em Paulo somente em cinco citações do Antigo Testamento, e não é um acaso de que quatro delas se encontrem na Carta aos Romanos (cf. 1Cor 10,7 = Ex 32,6; Rm 9,25s = Os 2,25; Rm 10,21 = Is 65,2; Rm 11,1s = Sl 93,14 LXX; Rm 15,10 = Dt 32,43). Além disso, o apóstolo evita falar explicitamente do único povo de Deus composto por judeus e gentios, ou do antigo e do novo povo de Deus. Mesmo assim, a comprovação da

---

[410] No Antigo Testamento e nos escritos do judaísmo antigo, numerosos textos atestam a reflexão sobre a integração de não judeus no Povo de Deus; para a análise, cf. W. KRAUS, Volk Gottes (cf. acima, 6.7), pp. 16-110. No entanto, a missão isenta da circuncisão representava um fenômeno completamente novo que, à luz desses textos, podia ser refletido, mas não resolvido.

unidade da atuação de Deus na história e, assim, da continuidade salvífica do povo de Deus é um tema central da eclesiologia paulina. Ao longo de toda sua vida, o apóstolo luta com esse problema, como mostram as diversas afirmações nas cartas e a campanha da coleta (cf. abaixo, 6.8.4).

Paulo fala da eleição dos tessalonicenses (cf. 1Ts 1,4; 2,12; 4,7; 5,24), mas, ao mesmo tempo, silencia-se sobre Israel e não cita o Antigo Testamento[411]. Em vez disso, ressalta em 1Ts 2,16 que a ira de Deus já veio sobre os judeus. Em 1Cor 10,1-13 expressa-se, por um lado, o enraizamento da Igreja em Israel, mas, por outro, esse conceito é superado: os acontecimentos do êxodo podem ser compreendidos só agora, porque foram registrados como alerta para a ἐκκλησία (1Cor 10,11b). A afirmativa sobre a preexistência em 1Cor 10,4 está novamente vinculada à continuidade e descontinuidade: os pais da geração do deserto são simultaneamente os pais dos cristãos; mas eles não agradaram a Deus e ele os castigou. A compreensão paulina das Escrituras atribui o cuidado de Deus para com Israel consequentemente à situação atual da Igreja, porque parte do pressuposto de que essa atuação antecipada em favor de Israel já visava desde sempre a Igreja e encontrou agora sua plena realização[412]. Em 2Cor 3,1-18, Paulo precisa esse pensamento[413]: as promessas da aliança revelam seu sentido apenas numa releitura cristológica, pois até o dia de hoje pesa sobre as Escrituras uma barreira que obstrui a compreensão (2Cor 3,16-18). Moisés é o representante de uma glória transitória e corruptível, enquanto Cristo representa a nova aliança libertadora no poder do espírito (cf. 2Cor 3,6; 1Cor 11,25).

---

[411] Para a análise do texto sob o aspecto do conceito de Povo de Deus, cf. W. KRAUS, Volk Gottes (cf. acima, 6.7), pp. 120-155, embora o autor diminua a descontinuidade.
[412] Cf. J. ROLOFF, Kirche (cf. acima, 6.7), pp. 120s.
[413] Para a interpretação de 2Cor 3,1-18, cf. E. GRÄSSER, "Der Alte Bund im Neuen", in IDEM, *Der Alte Bund im Neuen*. WUNT 35 (Tübingen: 1985), pp. 1-134; S. J. HAFEMANN, *Paul, Moses, and the History of Israel*. WUNT 81 (Tübingen: 1995); M. VOGEL, *Das Heil des Bundes. Bundestheologie im Frühjudentum und im frühen Christentum*. TANZ 18 (Tübingen: 1996); S. HULMI, *Paulus und Mose. Argumentation und Polemik in 2Kor 3*. SFEG 77 (Helsinki / Göttingen: 1999).

A ideia da superação domina também na Carta aos Gálatas, pois, embora Paulo realce a validade permanente da aliança de Deus com Abraão (cf. Gl 3,15-18), ele a vê somente em Cristo verdadeiramente concluída. Por isso, unicamente as pessoas que creem na mensagem de Cristo são os filhos legítimos de Abraão e os herdeiros das promessas de Deus. Ao contrário dessas pessoas, os judeus que se orientam pela Lei/Torá são filhos ilegítimos de Abraão, filhos de Ismael que foi rejeitado por Deus, e se encontram no estado da servidão (cf. Gl 4,21-31). Aqui, Paulo defende polemicamente uma *teoria consequente de deserdação*[414]; o verdadeiro Israel, o "Israel de Deus" (Gl 6,16; cf. 4,26; Fl 3,3), são os crentes, pois exclusivamente a eles cabe o *status* de descendentes de Abraão. Na Carta aos Romanos, Paulo abandona essa posição radical e chega, por meio de uma argumentação complexa, a uma nova visão. Cristo nasceu da descendência de Davi segundo a carne (Rm 1,3), de modo que a atuação salvífica de Deus se realiza nos crentes através de Israel. O evangelho dirige-se e vale primeiro para os judeus (Rm 1,16; 2,9s; 3,9.29; 9,24); a aliança com Abraão permanece válida (Rm 4), e a Lei/Torá "é justa, santa e boa" (Rm 7,12). Contudo, os judeus já não podem recorrer aos privilégios da circuncisão e da Lei/Torá (Rm 2,17ss), pois, segundo a vontade de Deus, decide-se unicamente na posição diante do evangelho quem pertence ao verdadeiro Israel. Sob deliberada adoção de tradições veterotestamentárias e judaicas, Rm 9–11 abole Israel enquanto sociedade nacional física (cf. Rm 9,6ss), e a inclusão dos gentios aparece como a consequência natural da vontade de Deus, depois que os judeus rejeitaram o evangelho (Rm 2,17ss; 11,25.31s). No entanto, Paulo espera em relação a seu povo que este se converta ainda no fim dos tempos para Cristo (Rm 11,25-36).

As três metáforas básicas[415] bem como as palavras básicas expressam o conceito da eclesiologia paulina: *a participação do evento Cristo*

---

[414] Cf. J. ROLOFF, Kirche (cf. acima, 6.7), pp. 125s.
[415] A relação interna entre o "Povo de Deus" e o "corpo de Cristo" é enfatizada por J. ROLOFF, Kirche, pp. 130s; W. KRAUS, Volk Gottes (cf. acima, 6.7), pp. 350-361. Enquanto a metáfora do corpo se refere ao crescimento atual das comunidades, o conceito de Povo de Deus as enraíza "nas profundezas da história de Deus"

assume sua forma na comunidade. A cristologia e a eclesiologia não coincidem, mas a cristologia determina a eclesiologia, porque não há nenhum fundamento fora daquele que foi colocado: "que é Jesus Cristo" (1Cor 3,11: ὅς ἐστιν Ἰησοῦς Χριστός).

6.7.2 *Estruturas e tarefas*

Paulo lembra as comunidades constantemente do ato de amor de Deus em Jesus Cristo, que determinou os crentes para a salvação e não para a condenação (cf. 1Ts 5,9), que se reconciliou em Cristo com o mundo (cf. 2Cor 5,18-21) e lhe deu paz, justiça e vida (cf. Rm 5). *O comportamento de Jesus torna-se para Paulo o princípio estrutural de sua eclesiologia*[416]. Por meio de sua pró-existência, Jesus superou o pensamento em categorias de dominação e violência e colocou em seu lugar o princípio da existência servidora para outros (cf. Fl 2,1-5.6-11). A comunidade sabe-se chamada para uma atuação determinada pelo amor, que encontra sua expressão visível na união e comunhão dos crentes e batizados. Eles devem estar em sintonia de pensamento e desejo (2Cor 13,11; Rm 12,16; Fl 2,2), devem exortar-se e consolar-se mutuamente (1Ts 5,14; Gl 6,1s; Rm 15,14) e sempre buscar a vontade de Deus (Rm 12,2; Fl 1,9s; 4,8). O cristão deve realizar o Bem a cada momento e a cada pessoa, mas principalmente aos irmãos (Gl 6,10; cf. 1Ts 3,12). O amor fraternal é a marca por excelência da existência cristã (1Ts 4,9; Rm 12,10). Em humildade deve-se considerar o outro superior a si mesmo (Rm 12,10; Fl 2,3). Ninguém deve procurar sua vantagem e viver para si (1Ts 4,6; 1Cor 10,24.33-11,1; 13,5; 2Cor 5,15; Rm 15,2ss; Fl 2,4), mas um deve carregar o fardo do outro (Gl 6,2). O amor como a força determinante da comunidade é por sua natureza ilimitado (1Cor 13) e vale diante de todas as pessoas. Não conhece egoísmo, conflito e partidos, pois edifica a comunidade (1Cor 8,1). Também o tecido social da comunidade é alterado por ele,

---

(W. KRAUS, op. cit., p. 351). Além disso, a sequência Gl 3,26-28 e 3,29 mostra claramente que Paulo é capaz de pensar as dimensões espaciais e históricas da eclesiologia em conjunto.

[416] Cf. J. ROLOFF, *Kirche* (cf. acima, 6.7), p. 133.

já que os crentes vivem em comunhão em todas as coisas (Gl 6,6), ajudam aos necessitados (cf. Gl 4,10ss) e praticam a hospitalidade (Rm 12,13). Dessa maneira, a abundância de um supre a necessidade do outro (2Cor 8,13-14).

Ser imitadores

Quando Paulo convida as comunidades a se tornarem seus imitadores, assim como ele se tornou o imitador de Cristo (cf. 1Ts 1,6; 1Cor 4,16; 11,1), vê-se numa posição intermediária na corrente do ser modelo e ser imitador. Recomenda-se às comunidades *como modelo* em dois aspectos:

a) Seu engajamento pelo evangelho e pelo bem das comunidades ultrapassa o de todos os outros apóstolos (cf. 1Cor 15,10: "Trabalhei mais do que todos eles, não eu, mas a graça de Deus que está comigo [...]"; cf. 2Cor 11,23; 6,4s). Paulo luta incansavelmente pela preservação das comunidades (cf. 1Ts 2,2; 1Cor 9,25; Fl 1,30)[417] e trabalha dia e noite para não ser um peso para as comunidades (cf. 1Ts 2,9; 1Cor 4,12). Corre e se estende para a coroa da vitória (cf. 1Ts 2,19; 1Cor 9,24-26; Fl 2,19; 3,14); sua maior preocupação é ter se cansado em vão e não ter nada para apresentar no Dia do Senhor (cf. 1Ts 3,5; Gl 4,11; Fl 2,16).

b) Também no sofrimento, Paulo se apresenta às comunidades como modelo[418]. Ele porta incessantemente a morte de Jesus em seu corpo (2Cor 4,10; cf. Gl 4,17), vê-se exposto à morte διὰ Ἰησοῦν ("por causa de Jesus") e por causa do evangelho (2Cor 4,11;

---

[417] Para o motivo de ἀγών, cf. V. C. PFITZNER, *Paul and the Agon Motif*. NT.S 16 (Leiden: 1967); R. METZNER, "Paulus und der Wettkampf", in *NTS* 46 (2000): 565-583; U. POPLUTZ, *Athlet des Evangeliums*. HBS 43 (Würzburg: 2004).

[418] Cf. a respeito, com diferentes enfoques, M. WOLTER, "Der Apostel und seine Gemeinden als Teilhaber am Leidensgeschick Jesu Christi", in *NTS* 36 (1990): 535-557; H. V. LIPS, "Die 'Leiden des Apostels' als Thema paulinischer Theologie", in P. MÜLLER, CHR. GERBER, TH. KNOPPLER (org.), " ... *was ihr auf dem Weg verhandelt habt*". FS F. Hahn (Neukirchen: 2001), pp. 117-128.

cf. 1Cor 4,10; 9,23; Fm 13), e deseja ser moldado conforme os sofrimentos de Cristo (cf. Fl 3,10; 1,20). Paulo entende seus sofrimentos como um elemento imediato de sua missão apostólica e os vê numa estreita relação com os sofrimentos de Cristo (cf. 1Ts 2,2; 2Cor 4,11; Fl 1,7.13; 2,17; Fm 1.9.13). Tudo isso ocorre "em vosso favor" (2Cor 4,15). Em seus sofrimentos, Paulo sacrifica-se pelas comunidades (cf. 2Cor 12,15). Contudo, também a comunidade está exposta a experiências de sofrimento, pois é constantemente assediada por fora e por dentro (cf. 1Ts 1,6; 2,14; 2Cor 1,7; Fl 1,29s). *A participação nos sofrimentos de Jesus corresponde tanto à existência cristã* (cf. Rm 6,3s) *como a participação das forças da ressurreição* (cf. Rm 6,5), de modo que ambas caracterizam a autocompreensão da comunidade. Embora tanto o apóstolo como a comunidade participem da mesma maneira dos sofrimentos de Cristo, Paulo corporifica também aqui a existência cristã de forma modelar: ele foi chamado como apóstolo pelo Senhor sofredor e demonstra a suas comunidades que tanto os sofrimentos como a ressurreição determinam a existência da pessoa individual e a forma da comunidade.

Carisma e ministério

O caráter dinâmico da estrutura básica da eclesiologia paulina mostra-se também na relação entre tarefas regulares de liderança e capacidades carismáticas. Paulo atribui os acontecimentos na comunidade decididamente ao *âmbito do espírito*. A linguagem usada permite perceber claramente os acentos do apóstolo: os termos πνευματικός e πνευματικά ("espiritual/coisas espirituais") e χάρισμα e χαρίσματα ("dom da graça/dons da graça") encontram-se exclusivamente nas cartas protopaulinas e em sua história da recepção[419]. No âmbito do cristianismo

---

[419] Πνευματικός e πνευματικά ocorrem no Novo Testamento 26 vezes; nas cartas protopaulinas 19 vezes, sendo que 15 ocorrências são da Primeira Carta aos Coríntios (Cl, Ef, 1Pd: 7 vezes). Χάρισμα e χαρίσματα encontram-se no Novo Testamento 17 vezes; nas cartas protopaulinas 14 vezes, sendo que há 7 ocorrências na Primeira

primitivo, parecem ser neologismos para descrever exclusivamente a atuação do espírito em suas várias dimensões. Enquanto πνευματικός e πνευματικά expressam a presença poderosa do divino, χάρισμα e χαρίσματα apontam para o caráter gratuito e a origem dos fenômenos extraordinários que se manifestam repentinamente na comunidade. Foi provavelmente Paulo quem introduziu o termo χάρισμα no debate[420], para esclarecer a natureza dos dons do espírito aos os coríntios que possuíam faculdades pneumáticas extraordinárias. Os coríntios falavam de πνευματικά (cf. 1Cor 12,1) e enfatizaram com isso suas habilidades individuais como um meio de comunicação do divino, enquanto Paulo lembra da origem externa da atuação do espírito e deduz disso uma prioridade da atuação do espírito em favor da "edificação" (οἰκοδομή) da comunidade (cf. 1Cor 14,12). Já que o espírito é um e indivisível, seus dons promovem, por natureza, a união da comunidade. A variedade e diversidade dos carismas (cf. 1Cor 12,28; Rm 12,7s) documenta-se de maneiras muito variadas pela riqueza da atuação do espírito, e elas são abusadas quando levam à autoexibição individual e a disputas por posições hierárquicas. Além disso, também os carismas extraordinários como a glossolalia, a profecia e o poder de cura representam sempre apenas uma área parcial da realidade espiritual na comunidade. O amor como a forma suprema e mais pura da presença do divino renuncia à dominação e coloca-se a serviço dos outros (1Cor 13), de modo que tudo que serve à οἰκοδομή da comunidade se comprova como dom autêntico do espírito.

Quando é o espírito que opera, promove e ordena a edificação da comunidade, não pode haver em Paulo contradição alguma entre faculdades individual-pneumáticas e tarefas de ordenamento e ensino, porque ambas têm sua origem no espírito. A imagem do organismo (cf. 1Cor 12,12-31) demonstra que os diversos dons, faculdade e tarefas podem desenvolver seu efeito somente por meio de sua atribuição e

---

Carta aos Coríntios e 6 na Carta aos Romanos (1 vez em 2Cor; e 1 vez em 1Tm, 2Tm, 1Pd, respectivamente).

[420] Cf. U. BROCKHAUS, Charisma und Amt (cf. acima, 6.7), pp. 189s; J. ROLOFF, Kirche (cf. acima, 6.7), p. 137.

relação à totalidade. A alternativa frequentemente alegada de carisma e ministério[421] *não existe em Paulo*, porque a atuação do espírito é indivisível. Em 1Cor 12,28, funções e faculdades extraordinárias vinculadas a pessoas são atribuídas da mesma maneira à atuação ordenadora de Deus. A forma verbal ἔθετο ("estabelecer alguém/tornar alguém algo"), a numeração e a existência lado a lado de dons espontâneo-extraordinários e mediáveis, que nascem de uma mesma vocação, mostram que, para Paulo, espírito e direito não são opostos[422]. Também a lista de carismas em Rm 12,6-8 atesta a tendência básica da abordagem paulina: nos carismas concretiza-se a presença de Deus, de modo que ordenamento, ordem e estabilidade são elementos naturais da atuação do espírito. Paulo formula em 1Cor 12,28 os três primeiros carismas, diferentemente dos seguintes, de modo pessoal e indica assim que um círculo fixo de pessoas exerce por um determinado tempo uma tarefa concreta relacionada com a comunidade. Nesse sentido podemos falar em Paulo de ministérios[423].

Ministérios

O *ministério de apóstolo* enfatiza de modo particular a vocação, competência de fundar comunidades e capacidade de liderança das primeiras pessoas cristãs que trabalharam na missão. No tempo inicial, esse ministério concentra-se em Jerusalém (cf. 1Cor 15,3-11; Gl 1,17.19), mas não pode ser absolutamente limitado aos Doze ou à

---

[421] Cf. R. SOHM, "Begriff und Organisation der Ekklesia", in K. KERTELGE (org.), *Das kirchliche Amt im Neuen Testament* (Darmstadt: 1977) (= 1892), p. 53: "A *ekklesia* é o cristianismo inteiro, o corpo de Cristo, a noiva do Senhor – uma grandeza espiritual, subtraída das normas do terrestre, inclusive do direito".

[422] Bem acertado J. ROLOFF, Kirche (cf. acima, 6.7), p. 139: "O próprio espírito estabelece o direito, ao destacar determinadas funções como normativas".

[423] Cf. J. ROLOFF, Kirche (cf. acima, 6.7), pp. 139ss. A. D. CLARKE, Serve the Community of the Church (cf. acima, 6.7), elabora abrangentemente as influências das estruturas sociais greco-romanas sobre estruturas de constituição e liderança das comunidades primitivas (especialmente a influência do sistema de patrocínio), para considerar o princípio da *diakonia*, como norma estabelecida por Jesus, o próprio do novo movimento.

comunidade primitiva. A expressão "depois, a todos os apóstolos" no contexto da lista das testemunhas das aparições do Ressuscitado (1Cor 15,7), a menção de Andrônico e Júnia como apóstolos já antes de Paulo (Rm 16,7), a vocação de Paulo para ser o "apóstolo das nações" (cf. Gl 1,1; Rm 15,15ss), o conceito de apóstolo relacionado com Antioquia (cf. At 13,1-3; 14,4.14), a disputa em torno do termo adequado de apóstolo em 2Cor 11,5.13; 12,11 e a imagem do apóstolo na Fonte dos Ditos (cf. Lc 10,4.9 par; Mt 10,8) permitem perceber que o círculo de pessoas que eram apóstolos se ampliou dentro da história da missão cristão-primitiva[424]. Uma aparição ou legitimação do Ressuscitado não era absolutamente suficiente como legitimação do ministério de apóstolo; caso contrário, todas as pessoas chamadas de "quinhentos irmãos" de 1Cor 15,6 seriam apóstolos. Além disso, o único missionário cristão-primitivo realmente aceito por Paulo não é chamado de apóstolo: Apolo (cf. 1Cor 3,5ss; 4,6; 16,12). A longo prazo também não é a vocação e a missão que legitimam o ministério apostólico, mas a capacidade do apóstolo de fundar comunidades e de representar de modo convincente o evangelho como norma da graça nas comunidades, e é através disso que o próprio apóstolo se torna a norma (cf. 1Ts 1,6; 1Cor 4,16.11,1; Fl 3,17). O apóstolo corporifica em sua atuação e em seu trabalho a forma do servo do evangelho; ele mesmo é o exemplo da nova existência (cf. 2Cor 4,7-18), e as comunidades são o selo de seu apostolado e sua glória no juízo (cf. 1Ts 2,19; 1Cor 9,2; 1Cor 3,2). Em Paulo encontra-se ao lado da competência de fundar comunidades a competência de conduzi-las e acompanhá-las, sua capacidade particular reside em estar permanentemente presente após a pregação de fundação, através de colaboradores e cartas.

O discurso profético pertence aos elementos naturais da vida das comunidades cristão-primitivas, e já em 1Ts 5,20, Paulo pede: "Não desprezeis a fala profética!" *Profetas cristão-primitivos* aparecem como

---

[424] Geralmente se traça uma linha de desenvolvimento histórico desde o apostolado de aparições em Jerusalém para o apostolado carismático itinerante, do modo como é encontrado nas tradições da Fonte dos Ditos e na tradição antioquena; cf. a respeito J. ROLOFF, Verbete "Apostel", in *TRE* 3 (Berlim: 1979): pp. 430-445, aqui: pp. 433ss.

um grupo independente em diferentes círculos traditivos neotestamentários: At 13,1; 15,32; 20,23; 21,4.10 pressupõem profetas cristão-primitivos na Grécia e na Ásia Menor, Ef 3,5; 4,11; 1Tm 1,18; 4,14 olham de volta para o início da Igreja no qual atuaram naturalmente profetas, e Ap 11,18; 16,6; 18,24; 22,9 veem nos profetas o grupo autônomo central na Igreja universal[425]. O ministério do profeta deve ter sua origem na Palestina (cf. At 11,28: Ágabo). Em Jerusalém prevaleceu a experiência e intelecção de que o espírito de Deus, que estivera apagado, atuava agora novamente (cf. At 2,17s). Também no âmbito originário da cultura greco-romana, a profecia pertencia a formas familiares da comunicação religiosa[426]. Quais são as funções exercidas pelos profetas cristão-primitivos? Em primeiro lugar, interpretavam a atuação salvífica passada e futura de Deus em Jesus Cristo (cf. At 20,23; 21,4; Ef 3,5), atestavam a vontade de Jesus para a comunidade e testemunhavam Jesus (cf. Ap 19,10). Com isso, os profetas cristão-primitivos eram também parte de um processo de transmissão e interpretação, pois transmitiam palavras de Jesus e as elaboravam de maneira nova na consciência da presença do espírito[427]. Parece que o testemunho sobre Jesus era apresentado de várias formas; por exemplo, a fala extática, as visões, a atualização de palavras de Jesus, bem como instruções do Exaltado para a comunidade devem ter sido expressões da competência profética. Paulo conta a profecia entre as formas da fala compreensível e distingue-a da glossolalia (cf. 1Cor 14,5). Quando vários profetas atuam numa liturgia, sua fala deve ser avaliada criticamente pelos demais membros da comunidade (cf. 1Cor 14,29). Também aqui, a edificação da comunidade serve como norma crítica (1Cor 14,26), pois a fala profética não deve abolir a ordem, portanto, a união nos cultos (cf. 1Cor 14,31).

---

[425] Cf. a respeito amplamente M. E. BORING, The Continuing Voice of Jesus (cf. acima, 3.9.1), pp. 59-85; além disso, G. DAUTZENBERG, *Urchristliche Prophetie*. BWANT 104 (Stuttgart: 1975); D. E. AUNE, Prophecy in Early Christianity (Grand Rapids: 1983).

[426] Cf. K. BRODERSEN (org.), *Prognosis* (Münster: 2001).

[427] Para profetas cristão-primitivos como portadores e criadores de tradições sobre Jesus, cf. M. E. BORING, The Continuing Voice of Jesus, pp. 189-265.

Enquanto o Exaltado, presente no espírito, fala através dos profetas suas palavras de revelação, a tarefa dos mestres *("doutores")* cristão-primitivos refere-se à interpretação do querigma (oral ou escrito), bem como à interpretação de textos já preestabelecidos (por exemplo, a Septuaginta)[428]. Em 1Cor 12,28; Gl 6,6 e Rm 12,7b, Paulo pressupõe a presença de mestres nas comunidades (além disso, cf. Ef 4,11; At 13,1; Tg 3,1; Did 11–15). Estas pessoas deviam ser capazes de ler e escrever, estar familiarizadas com as tradições de Jesus e da Septuaginta e também com as regras habituais da interpretação, para assim poder interpretar o novo tempo para as comunidades. As tarefas de um "doutor" exigem uma presença e continuidade temporal, objetiva, local, portanto, também pessoal, de modo que podemos falar também aqui de um ministério.

Em Fl 1,1, Paulo menciona sem maiores explicações ἐπίσκοποι καὶ διάκονοι ("inspetores/administradores e auxiliadores/servos"). Trata-se aparentemente de várias pessoas que exercem tarefas comumente conhecidas na comunidade e cuja posição particular é realçada por sua menção no prescrito. O uso linguístico sugere que os *epíscopos* ocupavam nas comunidades um ministério de liderança. Eram provavelmente pessoas que lideravam comunidades domésticas (cf. a respeito 1Cor 1,14; 16,15s.19; Rm 16,5.23; At 18,8)[429], que colocavam suas casas à disposição das reuniões dos cristãos e que apoiavam as respectivas comunidades de múltiplas maneiras no âmbito da patronagem. Sua autoridade natural predestinava-as para esse ministério quando a comunidade em Filipos cresceu e se estruturava em várias comunidades domésticas[430]. Pessoas que eram *diáconos* atuavam como auxiliares dos *epíscopos* e, especialmente nas celebrações da ceia do Senhor, devem ter sido as responsáveis pela preparação; além disso, competia-lhes a coleta e a administração das ofertas[431].

---

[428] Cf. a respeito A. E. ZIMMERMANN, *Die urchristlichen Lehrer*. WUNT 2.12 (Tübingen: 1984).
[429] Cf. a respeito a análise extensa de R. W. GEHRING, Hausgemeinde und Mission (cf. acima, 6.7), pp. 320-384.
[430] Cf. R. W. GEHRING, op. cit., pp. 352-359.
[431] Cf. J. ROLOFF, Kirche (cf. acima, 6.7), p. 143.

6.7.3 A comunidade como espaço livre do pecado

Uma pergunta central da eclesiologia (e ética) paulina era se e em que sentido o pecado (cf. acima, 6.5.2) continua a estar presente no espaço da comunidade. O pecado ainda pode exercer seu poder no seio da comunidade? Qual o caráter de transgressões éticas que continuam indubitavelmente a existir nas comunidades?

O uso linguístico paulino dá dicas para a resposta. Por via de regra, Paulo não usa o singular ἁμαρτία ("pecado") para descrever a conduta humana errada. Ele adverte os tessalonicenses em 4,3-8 contra πορνεία ("fornicação"), ἐπιθυμία ("cobiça") e πλεονεξία ("ganância/fraude"), mas sem falar de pecado. A conduta em "santidade" exigida por Paulo não tem seu oposto no pecado, mas na "impureza" (cf. 1Ts 4,7: ἀκαθαρσία)[432]. O caso grave de fornicação mencionado em 1Cor 5 é tratado por Paulo sob o aspecto da pureza da comunidade. Sendo que essa pureza está ameaçada, o malfeitor precisa ser excluído pelo seu próprio bem e o da comunidade[433]. Os processos entre cristãos perante juízes gentios também não correspondem à pureza da comunidade (cf. 1Cor 6,1-11). Somente no final da argumentação nos caps. 5 e 6, Paulo usa em 1Cor 6,18 uma vez ἁμαρτάνειν ("pecar") e uma vez ἁμάρτημα ("transgressão"), mas evita ἁμαρτία. Já que os crentes estão intimamente ligados a Cristo, transgressões sexuais ameaçam essa união e não são compatíveis com a pureza da comunidade. Por isso, Paulo pode exortar ao matrimônio, se isso ajudar a evitar transgressões sexuais (ἁμαρτάνειν, 1Cor 7,28.36). Em 1Cor 8,12, Paulo relaciona a conduta em relação aos cristãos imediatamente com a atitude em relação a Cristo. Quem peca contra seus irmãos (ἁμαρτάνοντες εἰς ἀδελφούς) peca contra Cristo (εἰς Χριστὸν ἁμαρτάνετε). Como a comunidade é um espaço de santificação e de santidade, transgressões têm não só dimensões éticas, mas também soteriológicas; este é um

---

[432] Para a análise, cf. H. UMBACH, In Christus getauft – von der Sünde befreit (cf. acima, 6.7), pp. 67-81. O plural ἁμαρτίαι em 1Ts 2,16 no sentido de um termo ativo deve-se à tradição.

[433] Cf. para a disciplina na comunidade em Paulo I. GOLDHAHN-MÜLLER, Die Grenze der Gemeinde. GTA 39 (Göttingen: 1989), pp. 115-156.

pensamento que Paulo também elabora em 1Cor 10,1-13, menciona de passagem em 1Cor 15,34 e formula em 1Cor 15,17 da seguinte maneira: "Mas se Cristo não tiver sido ressuscitado, então é vazia vossa fé, então estais ainda em vossos pecados"[434]. Paulo ataca as irregularidades na ceia do Senhor em 1Cor 11,27ss severamente, sem usar o termo "pecado". Em 2Cor 12,19-13,10, adverte os coríntios explicitamente em relação a sua terceira visita; na ocasião dela, ele não poupará as pessoas que "pecaram anteriormente e não sentiram arrependimento da impureza, da fornicação e das libertinagens que cometeram" (2Cor 12,21). Paulo usa o verbo προαμαρτάνειν ("pecar anteriormente") só em 2Cor 12,21 e 13,2; como particípio perfeito, ele designa em cada ocorrência uma conduta errada de membros da comunidade que ainda não foi afastada[435]. Também o conflito com um ἀδικήσας ("alguém que cometeu injustiça") em 2Cor 2,5-11 não é vinculado ao conceito de pecado. O malfeitor foi repreendido pela comunidade (2Cor 2,6) e pode agora estar novamente em seu meio. O perdão é necessário, porque Satanás está apenas esperando para poder invadir novamente a comunidade por meio de constantes desentendimentos (cf. 2Cor 2,11)[436].

A Carta aos Gálatas confirma que *Paulo não utiliza ἁμαρτία para a qualificação de falhas e erros humanos*. O apóstolo trava um debate extremamente agudo com seus adversários judaizantes que invadiram a comunidade, sem designar o comportamento deles como "pecado". Também o comportamento incorreto de Pedro não é qualificado como ἁμαρτία (cf. Gl 2,14), e no contexto de advertências na parte parenética da carta aparece em Gl 6,1 tão somente o termo παράπτωμα ("transgressão"). O plural ἁμαρτίαι encontra-se como termo ativo na fórmula tradicional em Gl 1,4. No entanto, o uso linguístico especificamente paulino é indicado pelo singular ἁμαρτία que denomina um âmbito de poder justaposto ao âmbito de poder de Cristo.

O perfil particular do conceito paulino do pecado determina também a argumentação na Carta aos Romanos (cf. acima, 6.5.2), pois,

---

[434] Em 1Cor 15,17, o plural ἁμαρτίαι explica-se pela tradição de 1Cor 15,3; cf. H. CONZELMANN, 1Kor (cf. acima, 4.6), p. 315.
[435] H. UMBACH, In Christus getauft – von der Sünde befreit (cf. acima, 6.7), p. 141.
[436] Para a análise, cf. H. UMBACH, op. cit., pp. 170-182.

em relação ao pecado, Paulo olha explicitamente para o passado. Ele lembra a comunidade do batismo como o lugar da virada decisiva de sua existência; ali, os crentes morreram para o pecado e foram colocados no espaço do Cristo e da justiça (Rm 6,3ss). Paulo descreve a nova realidade dos batizados impressionantemente de forma antitética: "Assim, considerai-vos a vós mesmos agora mortos para o pecado, mas vivos em relação a Deus em Cristo Jesus" (Rm 6,11). O pecado é para a comunidade uma grandeza do passado, e Rm 6,14a constata explicitamente: "Daqui em diante, o pecado já não vos dominará". Corresponde a isso que Paulo não vincula, em texto algum, a ceia do Senhor à remissão dos pecados. Já que os cristãos foram libertados do pecado, servem agora à justiça (Rm 6,18). O poder da graça supera o efeito do pecado (cf. Rm 5,12-21) que agora está superado e percebido pelos batizados como um poder de desgraça que pertence ao passado (cf. Rm 7,7–8,14). Também a Carta aos Filipenses confirma a concepção paulina da comunidade como um espaço livre do pecado, pois ali faltam o singular ἁμαρτία e todos os termos relacionados, embora Paulo tematize irregularidades e condutas erradas na comunidade (cf. Fl 1,17; Fl 3,2ss).

Já que a nova existência em Cristo na força do espírito começou não só de modo nominal, mas real[437] as pessoas batizadas já não se encontram no âmbito do poder do pecado e vivem na comunidade que é um espaço sem pecado. A santificação da comunidade inclui uma rígida separação do mundo que marca também a forma empírica da comunidade, porque Paulo não conhece a concepção eclesiológica da comunidade como um *corpus mixtum*[438]. A comunidade pertence ao lado da luz e desfez-se das obras das trevas (1Ts 5,1ss; Rm 13,11-14). Não se orienta pelo mundo (Rm 12,2), já não realiza obras da carne (Gl 5,19ss) e brilha como uma luminária celestial num mundo perverso (Fl 2,14s).

Dentro dessa conceituação, qual função compete à paráclese paulina? As exortações e os imperativos paulinos (por exemplo, 1Cor 6,18;

---

[437] Cf. H. WINDISCH, *Taufe und Sünde im ältesten Christentum bis auf Origenes* (Tübingen: 1908), p. 104.
[438] Cf. W.-H. OLLROG, *Paulus und seine Mitarbeiter*. WMANT 50 (Neukirchen: 1979), p. 137.

7,23; 8,12 etc.) são, em sua totalidade, provas da possibilidade de cristãos poderem voltar novamente para o âmbito do domínio do pecado. Paulo sabe das tentações às quais os cristãos estão expostos (cf. 1Cor 7,5; 10,9.13; Gl 6,1). Satanás aparece sob a forma do Anjo de Luz e tenta confundir as comunidades (cf. 2Cor 11,13-15). A comunidade na Galácia cai fora do âmbito da graça quando passa novamente para debaixo do domínio da lei que, por sua vez, é apenas um instrumento do pecado. A superação da velha existência não significa para a pessoa batizada que estivesse retirada do mundo em sua totalidade, pois continua a viver ἐν σαρκί ("na carne") e permanece exposta às tentações do pecado. Principalmente na forma da cobiça, o pecado aparece novamente, por assim dizer, como o passado da pessoa batizada (Rm 7,7ss). Paulo via na cobiça a verdadeira força motriz do mal, pois por trás de todos os mandamentos da segunda tábua do Decálogo está a cobiça (assassinato, adultério, posse). A força do espírito, porém, possibilita aos batizados resistir a essas tentações quando correspondem em seu pensar e agir à nova existência. As formulações com o imperativo reivindicam a correspondência à nova existência, e somente nessa correspondência, o poder do pecado permanece uma grandeza do passado, e a comunidade, um espaço livre do pecado.

6.8 Escatologia

HOFFMANN, P. *Die Toten in Christus*, 3ª ed. NTA.NF 2. Münster, 1978 (= 1966); HUNZINGER, C. H. "Die Hoffnung angesichts des Todes im Wandel der paulinischen Aussagen". In *Leben angesichts des Todes*. FS H. Thielicke, editado por B. LOHSE etc., pp. 69-88. Tübingen, 1968; SIBER, P. *Mit Christus leben. Eine Studie zur paulinischen Auferstehungshoffnung*. AThANT 61. Zurique, 1971; HARNISCH, W. *Eschatologische Existenz*. FRLANT 110. Göttingen, 1973; WIEFEL, W. "Die Hauptrichtung des Wandels im eschatologischen Denken des Paulus". In *Thz* 30 (1974): 65-81; BAUMGARTEN, J. *Paulus und die Apokalyptik*. WMANT 44. Neukirchen, 1975; BECKER, J. *Auferstehung der Toten im Urchristentum*. SBS 82. Stuttgart, 1976; SCHADE, H. H. Apokalyptische Christologie bei Paulus (cf. acima, 6.2); SCHNELLE, U. *Wandlungen im paulinischen Denken*. SBS 127, pp. 37-48. Stuttgart, 1989; LINDEMANN, A. "Paulus und die korinthische Eschatologie". In *Paulus, Apostel und Lehrer der Kirche*, editado por IDEM, pp. 64-90. Tübingen, 1999.

Com a ressurreição de Jesus Cristo dentre os mortos, um acontecimento do passado determina definitivamente o futuro e marca, por isso, o presente. Paulo viveu numa expectativa cheia de tensões: até o fim de sua vida, a vinda iminente do Jesus Cristo crucificado e ressuscitado (cf. Fl 4,5: "O Senhor está próximo") foi um elemento crucial de seu mundo de sentido[439]. Tudo na criação move-se nessa direção, e Paulo viu-se a si mesmo encabeçando esse movimento. No entanto, a morte de outros provoca nas pessoas vivas a pergunta pelo próprio destino, de modo que a escatologia precisa sempre dar também uma resposta convincente acerca do processo de morrer e acerca da morte. Cada teoria sobre a morte é uma teoria sobre a vida, e vice-versa. Paulo tem certeza de que a finitude não pode abolir a verdadeira essência da existência cristã, pois o espírito de Deus/Cristo permanece, para além da morte, o verdadeiro sujeito de vida dos crentes.

6.8.1 *Participar do Ressuscitado*

Em 1Ts 4,13-18, o apóstolo combate a ameaça ao mundo de sentido, provocada por casos de morte de membros da comunidade, com a confissão fundamental: "Se cremos que Jesus morreu e ressuscitou, [...]" (1Ts 4,14a; cf. 1,10). Ele deduz disso uma *lógica soteriológica que está determinada pela ideia da participação*. Quem crê e foi batizado tem parte no destino da figura decisiva do tempo escatológico: Jesus Cristo. Assim como Deus o ressuscitou dentre os mortos, também os membros falecidos da comunidade não permanecem na morte, mas, assim como os vivos, caminham ao encontro da comunhão eterna com Jesus (1Ts 4,17: σὺν κυρίῳ ἐσόμεθα). As pessoas que creem e foram batizadas já são "filhos da luz e filhos do dia" (1Ts 5,5) e, dessa maneira, pessoas escatológicas, sendo que em 1Ts 5,10 aparece explicitamente a cruz como fundamento possibilitador dessa nova existência[440]. Também

---

[439] Para a estrutura da escatologia paulina, cf. também J. BECKER, Paulus (cf. acima, 6), 468-478; J. D. G. DUNN, Theology of Paul (cf. acima, 6), pp. 461-498.

[440] Cf. a respeito W. HARNISCH, Eschatologische Existenz (cf. acima, 6.8), p. 150.

em 1Cor 15,20-22, Paulo argumenta a partir desse credo fundamental (cf. ἐγήγερται "ele foi ressuscitado" em 1Cor 15,4a e 15,20a) e deduz disso uma virada dos tempos. Cristo foi ressuscitado dentre os mortos "como primícia" (ἀπαρχή) dos adormecidos, isto é, ele é não só o primeiro de todos os ressuscitados, *mas o modelo de ressurreição*[441]. Há uma correspondência entre o aspecto de tempo e o aspecto de conteúdo; Jesus Cristo é o *primeiro* em quem Deus realizou sua atuação salvífica escatológica. Para Paulo existem dois portadores humanos de destino que determinam como protótipos a existência dos seres humanos a eles atribuídos (1Cor 15,21). Assim como Adão atraiu para si a morte, Jesus Cristo como vencedor da morte traz a vida (cf. 1Cor 15,45-50; Rm 5,12-21). Adão precedeu Cristo em termos temporais e materiais, pois, por meio de sua transgressão, causou aquela situação sem saída que agora é abolida por Cristo. Paulo formula a superação antitética de modo fundamental: "Pois, assim como todos morreram em Adão, em Cristo todos receberão a vida" (1Cor 15,22)[442]. Com πάντες, Paulo enfatiza em 1Cor 15,22 o significado universal do evento Cristo que vale potencialmente para todas as pessoas; no entanto, estas devem deixá-lo valer para si na fé. A constante referência dos acontecimentos escatológicos a Cristo é evidente: Cristo foi o primeiro em quem Deus realizou a nova existência; por meio de Cristo, a servidão inevitável da humanidade em relação à morte foi abolida, e as pessoas que pertencem a Cristo têm parte na salvação presente e futura (cf. também 2Cor 1,9; 4,14; Gl 1,1; Rm 4,17.24; 10,9; 14,9). Em sua parusia, Cristo assumirá seu domínio abertamente e terá vencido todos os inimigos, inclusive a morte, para depois entregar o domínio e a si mesmo a Deus (1Cor 15,23-28).

A *característica básica participativa* da escatologia paulina e a consequente qualificação do tempo presente como tempo de salvação determinado pelo futuro mostra-se também em Rm 6,4s e 8,11. Em

---

[441] Cf. A. LINDEMANN, 1Kor (cf. acima, 6.3.2), p. 343.
[442] Segundo 1Cor 15,23 são explicitamente as pessoas que pertencem a Cristo, de modo que pertencem aos πάντες do v. 22 somente os crentes; cf. D. G. POWERS, Salvation through Participation (cf. acima, 6.4), p. 153; diferente A. LINDEMANN, 1Kor (cf. acima, 6.3.2), p. 344.

Rm 6,4s, Paulo deduz da participação na morte de Jesus no batismo uma participação na realidade de sua ressurreição que se manifesta já no presente como realização ativa da nova existência. O apóstolo evita deliberadamente falar de uma ressurreição já acontecida dos crentes e batizados, um conceito que provavelmente era defendido em Corinto (cf. 1Cor 4,8; 10,1ss; 15,12) e atestado literariamente, com variações, em Cl 2,12; 3,1-4; Ef 2,6; 2Tm 2,18). A reserva futúrica, expressa dessa maneira (cf. 1Cor 13,12; 2Cor 4,7; 5,7; Rm 8,24), não limita a participação plena dos cristãos na nova existência[443], mas expressa a estrutura temporal da existência cristã[444]: ela se dá entre os dados básicos de ressurreição e parusia, de modo que podemos falar de uma abrangente presença e certeza da salvação, mas não de uma realização plena da salvação. A pessoa que crê já vive no fim dos tempos, mas o fim ainda não chegou!

Rm 8,11 deixa claro que a estrutura particular da existência cristã tem sua raiz exclusivamente na permanente atuação escatológica de Deus: ele deu aos crentes e batizados seu espírito que ressuscitou Jesus dentre os mortos e que ressuscitará também os corpos mortais de quem, através dele, está ligado a Jesus Cristo. Deus, por assim dizer, retoma a si mesmo em sua atuação pneumática quando fundamenta a nova existência no batismo e a renova mais uma vez após a morte. *Os crentes e os batizados estarão guardados e abrigados no espírito de Deus e, com isso, no próprio Deus.*

---

[443] Diferente CHR. STRECKER, Die liminale Theologie des Paulus (cf. acima, 6), p. 452, segundo o qual "o aspecto da existência liminar é fundamental" para todos os níveis da teologia paulina.

[444] Por isso é incorreto falar de um "já-agora e ainda-não da salvação", como fazem, entre outros, G. KLEIN, Verbete "Eschatologie", in TRE 10 (Berlim / Nova Iorque: 1982), pp. 270-299, aqui: p. 283; J. D. G. DUNN, Theology of Paul (cf. acima, 6), pp. 466-472. Também provoca mal-entendido falar de uma "reserva escatológica"; assim, por exemplo, A. LINDEMANN, Verbete "Eschatologie", in RGG4 2, pp. 1553-1560, aqui: p. 1556, porque em Paulo não existe "reserva" alguma a respeito do escaton, mas sim uma restrição temporal, porque a plena realização decisiva ainda está por vir. Uma proposta útil é a de S. AGERSNAP, Baptism and the New Life (Århus: 1990), p. 401, que sugere substituir o discurso do "already/not yet" (já/ainda não) pelo "already/even more" (já/ainda mais).

Existência escatológica

A relação dos cristãos *com o mundo* e sua atuação *no mundo* definem-se também a partir de sua posição particular dentro do tempo. Eles se sabem já retirados dos poderes escravizantes do mundo e podem usar as coisas do mundo sem se tornarem escravos delas (cf. 1Cor 7,29-31). Sua atuação orienta-se em sua nova existência ἐν Χριστῷ (cf. Gl 3,26-28) e se sabe comprometida unicamente com o amor (Gl 5,22). Também o destino exemplar do apóstolo elucida a grande força pela qual as coisas futuras irradiam como uma fonte de força para o presente, e a existência futura já determina abrangentemente o presente[445]. Os sofrimentos presentes podem ser suportados na certeza de que Deus ressuscitou Jesus dentre os mortos e que ressuscitará também os crentes (cf. 2Cor 4,14). Paulo pensa a ressurreição já realizada de Jesus e a ressurreição ainda não realizada das pessoas que creem e foram batizadas como uma unidade material. O passado torna-se sincrônico com o futuro que, por sua vez, determina o presente[446]. O entrelaçamento peculiar de presente e futuro manifesta-se também em Fl 3,10s. A participação atual do sofrimento de Jesus não fecha o acesso ao futuro, mas, pelo contrário, abre através do futuro fundado pelo passado a possibilidade de suportar o sofrimento atual. Por isso, a expectativa cristã é uma *esperança fundamentada* (cf. 1Ts 1,3; 2Cor 3,12; Gl 5,5; Rm 5,2.4; 8,24)[447], porque não está sujeita à ambiguidade daquilo que vem. Enquanto o pensamento grego experimentava o futuro, e com ele também a

---

[445] Cf. R. BULTMANN, *Der zweite Brief an die Korinther* (organizado por E. DINKLER, Göttingen: 1976), p. 125.

[446] Já que o passado e o futuro determinam o presente da mesma maneira, Paulo pode adotar a doutrina dos dois éones apenas em seus elementos rudimentares e de forma reformulada, ao utilizar o discurso sobre a " sabedoria deste éon" (cf. 1Cor 1,20; 2,6; 3,18) ou o "governante deste éon" (cf. 1Cor 2,8; 2Cor 4,4; Gl 1,4; Rm 12,2). A predominância da cristologia não permite a Paulo adotar esboços escatológicos completos do judaísmo, de modo que evita consequentemente o discurso sobre o éon "novo" ou "vindouro/futuro"; para a recepção paulina da doutrina dos dois éones, cf. J. BAUMGARTEN, Paulus und die Apokalyptik (cf. acima, 6.8), pp. 181-189.

[447] Cf. a respeito G. NEBE, *"Hoffnung" bei Paulus*. StUNT 16 (Göttingen: 1983).

esperança, como ambivalente, atraente e ameaçador ao mesmo tempo[448], os crentes vivem na confiança irrestrita de que o futuro perdeu seu caráter obscuro. Assim como a fé e o amor, a esperança é um dos atos fundamentais da existência cristã (1Cor 13,12).

Em termos de tempo e de conteúdo, a nova existência dos crentes e batizados pode ser descrita como uma *existência escatológica*: eles participam abrangentemente da virada definitiva dos tempos, encaminhada por Deus em Jesus Cristo, e sabem-se já no tempo presente determinados pelo futuro.

6.8.2 *Os eventos escatológicos*

As cartas paulinas mostram claramente que também a escatologia estava fortemente condicionada pelas distintas situações das comunidades. Tanto o período muito curto da existência do novo movimento como as perguntas ainda não definitivamente esclarecidas indicam que esse âmbito central da criação cristão-primitiva de sentido ainda não estava concluído, tanto mais que, para o próprio Paulo, os dados de referência materiais e temporais dos acontecimentos escatológicos estavam definidos através da ressurreição de Jesus Cristo dos mortos e de sua parusia esperada em breve, mas que ele obviamente fez maiores reflexões e correções lógicas na descrição do curso dos acontecimentos escatológicos[449].

---

[448] Clássico é SÓFOCLES, Ant 615–619: "Pois a esperança errante (ἁ γὰρ δὴ πολύπλαγκτος ἐλπίς) torna-se a fonte de bênção para muitas pessoas, mas seduz outras a desejos levianos, abate-se sobre ingênuas, até que queimamos nosso pé em sua brasa"; além disso, cf. PLATÃO, Phileb 33c-34c; 39a41b. Uma excelente visão geral continua sendo o texto de R. BULTMANN, Verbete "ἐλπις", in *ThWNT* 2, pp. 515-520.

[449] A pesquisa sempre observou modificações na escatologia paulina; cf. ao lado das obras de HUNZINGER, WIEFEL e SCHNELLE, mencionadas em 6.8, por exemplo, W. GRUNDMANN, "Überlieferung und Eigenaussage im eschatologischen Denken des Paulus", in *NTS* 8 (1961/62): 12-16, aqui: 17ss; J. BECKER, Auferstehung der Toten (cf. acima, 6.8), pp. 66ss; H. H. SCHADE, Apokalyptische Christologie (cf. acima, 6.2), pp. 210s; G. STRECKER, Theologie, pp. 222-229. Céticos diante de teorias de mudança são, entre outros, P. HOFFMANN, Die Toten in Christus (cf. acima, 6.8), pp. 323-329; U. LUZ, Geschichtsverständnis (cf. acima, 6), pp. 356s; P. SIBER, Mit Christus leben (cf. acima, 6.8), pp. 91ss; J. BAUMGARTEN, Paulus

Mudanças

Já a primeira explicitação sobre o assunto foi imposta a Paulo devido às mortes inesperadas em Tessalônica antes da parusia do Senhor (1Ts 4,13-18). Paulo responde a esse problema ao vincular pela primeira vez a ideia da parusia do Senhor com a ideia de uma ressurreição dos cristãos falecidos. Após uma introdução à problemática (v. 13) e uma primeira resposta sob recurso ao querigma da morte e ressurreição de Jesus (v. 14), Paulo oferece nos v. 15-17 uma segunda resposta que consiste no resumo de uma palavra transmitida do Senhor (v. 15) e de sua citação (v. 16s). A conclusão dessa instrução é o apelo do apóstolo de consolar-se com a resposta dada por ele à pergunta pelo destino das pessoas prematuramente falecidas (v. 18). A meta de todo o processo é estar com o Senhor, o pressuposto imediato é o *arrebatamento* de todos e a condição não imediata é a ressurreição dos mortos em Cristo. Apenas o surgimento da problemática do atraso da parusia e da historicidade da fé cristã obrigou Paulo a introduzir a ideia de uma ressurreição dos crentes falecidos[450]. Contudo, também em 1Ts 4,13-18, ele permanece fiel a seu conceito escatológico original de um arrebatamento de todos na parusia do Senhor. A ressurreição dos membros falecidos da comunidade funciona somente como possibilitação do subsequente arrebatamento. Na Primeira Carta aos Tessalonicenses, a morte de cristãos antes da parusia é ainda claramente uma exceção. Paulo conta a si e também a comunidade entre os que estarão vivos na segunda vinda do Senhor (v. 15.17), provavelmente na convicção de que a vinda do Senhor seria iminente. Não se discute a questão de como acontecerá a ressurreição dos membros falecidos da comunidade e como se deve imaginar a estada de todos os crentes no mundo celestial junto a Jesus Cristo[451].

---

und die Apokalyptik (cf. acima, 6.8), pp. 236-238; A. LINDEMANN, Verbete "Eschatologie" (cf. acima, 6.8.1), p. 1556.

[450] Cf. U. SCHNELLE, "Der erste Thessalonicherbrief und die Entstehung der paulinischen Anthropologie", in *NTS* 32 (1986): 207-224.

[451] Cf. N. WALTER, "Leibliche Auferstehung? Zur Frage der Hellenisierung der Auferweckungshoffnung bei Paulus, in M. TROWITZSCH (org.), *Paulus, Apostel Jesu Christi*. FS G. Klein (Tübingen: 1998), pp. 109-127, aqui: pp. 110s.

O tempo que estava avançando, a situação da comunidade coríntia com sua formação teológica independente e a reflexão de Paulo em sua relação com as comunidades fazem a temática nas Cartas aos Coríntios aparecer sob uma luz diferente. Paulo mantém uma expectativa convicta da vinda iminente (cf. 1Cor 7,29; 10,11; 16,22), mas, ao mesmo tempo, casos de morte antes da parusia já não são nada de incomum em Corinto (cf. 1Cor 7,39; 11,30; 15,6.18.29.51). Devido a seu pano de fundo cultural, a temática do σῶμα era para os coríntios aparentemente de suma importância. Paulo acolheu esses dados preestabelecidos e fez da questão da corporeidade um aspecto central de sua escatologia. Com a metáfora da transformação, Paulo introduz em 1Cor 15,50-54 uma categoria que é nova em relação a 1Ts 4,13-18 e à argumentação anterior em 1Cor 15[452], pois tanto as pessoas já falecidas como as que ainda estarão vivas na parusia recebem um existência incorruptível. Embora o termo σῶμα não apareça mais e a distinção categorial entre dois tipos de corpo não corresponda à imagem dos v. 52-54[453], a argumentação global mostra que a existência pós-mortal, imortal e incorruptível é provavelmente idêntica ao σῶμα πνευματικόν de 1Cor 15,44.

Em 1Ts 4,13-18 e 1Cor 15,51ss, Paulo indicara sua situação como ainda vivo nos acontecimentos finais muito claramente pelo pronome pessoal ἡμεῖς = "nós" (1Ts 4,17; 1Cor 15,52). Em 2Cor 5,1-10, porém, conta pela primeira vez com sua própria morte antes da parusia. Esta mudança drástica na situação do apóstolo reflete-se num uso reduzido dos elementos apocalípticos na descrição dos acontecimentos escatológicos e, correspondentemente, na adoção da terminologia helenista e na tendência para o dualismo e a individualização. O termo σῶμα refere-se agora exclusivamente ao corpo terrestre (2Cor 5,6.8) e sofre uma valoração negativa[454]. A ideia da emigração do corpo presente

---

[452] Cf. N. WALTER, Leibliche Auferstehung?, pp. 114s.
[453] Isso é destacado com razão por N. WALTER, op. cit., p. 115.
[454] Cf. W. WIEFEL, Hauptrichtung des Wandels (cf. acima, 6.8), p. 77; N. WALTER, Leibliche Auferstehung?, p. 116: "'Corpo' já não é um termo que pudesse designar o modo existencial terreno *e também* celeste dos crentes e, dessa maneira, também já não se aplica a construção auxiliar de uma transformação (de uma corporeidade em outra, nova)".

tem seu paralelo mais próximo na crença grega de que o verdadeiro lar da alma é no além[455] e que a existência no corpo é uma estada no estrangeiro[456]. Deliberadamente, Paulo não usa o termo "alma", mas, ao mesmo tempo, define a existência ressurreta já não explicitamente como uma existência "corpórea" e se aproxima assim do pensamento dos coríntios. Em termos de visão de mundo, Paulo permanece com a metáfora da "visão" (2Cor 5,7) deliberadamente no âmbito do indefinido. A continuidade é garantida unicamente pelo pneuma divino (2Cor 5,5) que, segundo o imaginário de 2Cor 5,2, possibilita o revestimento com a morada celestial.

Também na Carta aos Romanos, a morte antes da parusia já não é a exceção, mas a regra (cf. Rm 14,8b: "Portanto, quer vivamos, quer morramos, pertencemos ao Senhor")[457]. A parusia do Senhor é pensada como imediatamente iminente (cf. Rm 13,11s; 16,20), mas o comparativo na expressão "pois nossa salvação está mais próxima agora do que quando abraçamos a fé" (Rm 13,11c) indica a consciência do atraso. Como um bem de esperança escatológica, a expressão ζωὴ αἰώνιος ganha importância na Carta aos Romanos, onde se encontram quatro das cinco ocorrências paulinas (cf. Gl 6,8; Rm 2,7; 5,21; 6,22.23). Ela designa o futuro modo existencial das pessoas salvas, que já não está sujeito a nenhuma delimitação temporal. O curso dos acontecimentos escatológicos e o "como" da nova existência não são comentados programaticamente por Paulo na Carta aos Romanos, mas Rm 8,11 e 8,23 mostram claramente que a ênfase está agora novamente na ideia de uma transformação do corpo[458].

Na Carta aos Filipenses condensam-se duas tendências que já se mostraram anteriormente: agora, Paulo conta abertamente com sua

---

[455] Cf., por exemplo, SÊNECA, Ep 102,24, sobre a existência futura: "Outra paisagem nos espera, outra situação. Por enquanto podemos suportar o céu apenas à distância. Por isso, espera sem temor a hora da decisão: ela é a última não para a alma, mas para o corpo" (= Neuer Wettstein II/I [cf. acima, 4.5], pp. 944s).
[456] Cf. a respeito, por exemplo, PLATÃO, Phaed 67c.d.
[457] Para a escatologia da Carta aos Romanos, cf. G. STORCK, *Eschatologie bei Paulus* (Göttingen: 1979, tese), pp. 117-159.
[458] Bem acertado N. WALTER, Leibliche Auferstehung?, p. 120: "portanto, não 'libertação em relação ao corpo' ou 'saindo do corpo', mas a *transformação* salvífica dos corpos".

morte antes da parusia e concentra suas ideias escatológicas no destino do indivíduo[459]. Em Fl 1,20, o apóstolo fala de seu corpo terrestre, no qual Cristo é glorificado "pela vida ou pela morte". Em Fl 1,21-24, Paulo oscila entre a expectativa da sobrevivência e da morte iminente, o que é vinculado com a confiança de estar imediatamente após a morte em e com Cristo (v. 23: σὺν Χριστῷ εἶναι). Fl 1,23 tematiza o estar imediatamente com Cristo após a morte, sem mencionar a parusia e a ressurreição dos mortos. A formulação singular "para ver se alcanço a ressurreição de entre os mortos" (εἰς τὴν ἐξανάστασιν τὴν ἐκ νεκρῶν) em Fl 3,11 com seu duplo ἐκ aponta igualmente para uma ressurreição imediatamente após a morte[460]. Embora aqui, como em todas as cartas paulinas, a parusia seja o horizonte de todas as afirmações escatológicas do apóstolo (cf. Fl 4,5b; 1,6.10; 2,16; 3,20b), Paulo, agora no fim de sua vida, elabora uma nova definição de seu próprio destino. Já que ele conta com sua morte antes da parusia, a parusia e a consequente ressurreição dos mortos não podem ser o ponto único e exclusivo de sua orientação.

Em áreas centrais da escatologia paulina podemos constatar *transformações*, ou seja, um *desenvolvimento lógico do pensamento* do apóstolo Paulo, segundo as mudanças da situação histórica[461]. É certo que a expectativa aguda da vinda iminente permanece no horizonte, e o evento Cristo presente e futuro, a base da escatologia paulina, mas a posição da pessoa individual e o curso dos eventos escatológicos modificam-se diante da maior extensão do tempo. Paulo continuava firme e naturalmente esperando a vinda iminente do Senhor, mas, ao mesmo tempo, realizava também modificações adequadas no âmbito de suas afirmativas escatológicas[462]. Enquanto ele esperava firmemente que ainda estaria vivo na vinda do Senhor, a descrição dos eventos finais tinha um amplo cenário apocalíptico (cf. 1Ts 4,13-18; 1Cor 15,51ss). Posteriormente, o fato de considerar possível morrer

---

[459] Cf. W. WIEFEL, Hauptrichtung des Wandels (cf. acima, 6.8), pp. 79-81.
[460] Cf. C. H. HUNZINGER, Hoffnung angesichts des Todes (cf. acima, 6.8), p. 87.
[461] Cf. U. SCHNELLE, Wandlungen im paulinischen Denken (cf. acima, 6), pp. 37-48.
[462] A. LINDEMANN, Verbete "Eschatologie" (cf. acima, 6.8.1), p. 1556, considera as mudanças meramente condicionadas pela situação.

antes da parusia leva a afirmações escatológicas orientadas pelo destino individual do apóstolo. Esta mudança é adequada, pois afirmações escatológicas podem existir sempre só antecipando o futuro, e o apóstolo não podia ignorar o tempo que estava avançando. Ao mesmo tempo, o σὺν Χριστῷ εἶναι ("estar com o Senhor/estar com Cristo"; 1Ts 4,17 / Fl 1,23) é a constante fundamental da escatologia paulina.

Corporeidade e existência pós-mortal

Também na pergunta pelo "como" da existência pós-mortal, Paulo chega a intelecções novas e modificadas, consideravelmente determinadas pela valoração negativa da corporeidade no pensamento grego. Principalmente sob a influência de ideias platônicas prevaleceu a visão de que, imediatamente após a morte, a alma imortal se separava do corpo corruptível, de modo que o corpo não podia ter nenhuma importância para a existência pós-mortal[463]. Assim afirma Cícero, Rep III 28, sobre o arrebatamento de Hércules e Rômulo: "Não foram seus corpos que foram levantados para o céu, porque a natureza não toleraria que aquilo que é feito de terra ficasse em outro lugar se não na terra". Sêneca realça que o corpo é abandonado na morte: "Por que amas essa corporeidade, como se fosse uma parte de ti? Ela apenas te cobre: virá o dia que te arrancará disso e te libertará da comunhão com o corpo horrível e fedorento" (Ep 102,27). Também para Epíteto é claro que o corpo impede a liberdade, portanto, que é compreensível o grito dos discípulos dos filósofos: "Epíteto, já não aguentamos estar presos a este corpo miserável, dar-lhe de comer e de beber [...]. Pois a morte não é nenhum mal; além disso, temos parentesco com deus e vimos dele" (Diss I 9,12s). Segundo Plutarco sobrevive somente a imagem original que vem dos deuses: "Ela vem de lá e volta para lá, não com o corpo, mas depois de separar-se e desprender-se totalmente do

---

[463] Texto clássico: PLATÃO, Phaid 80a: "Ora, a que se assemelha a alma? – Aparentemente, ó Sócrates, a alma, ao divino, e o corpo, ao mortal" (ἡ μὲν ψυχὴ τῷ θείῳ τὸ δὲ σῶμα τῷ θνητῷ); para os muitos ensinamentos sobre a alma em torno da virada do tempo, cf. CÍCERO, Tusc 1,17-25.26-81.

corpo, de tornar-se inteiramente pura e sem carne e limpa"[464]. Também no judaísmo helenista havia grande difusão da opinião de que o corpo estaria sucumbido à corruptibilidade e que só a alma sobreviveria à morte (cf., por exemplo, Sb 9,15; Fílon, Migr 9.192). Contra esse pano de fundo histórico-cultural, Paulo tinha que dar uma resposta acerca da natureza da existência pós-mortal, que, por um lado, precisava evitar a ideia da imortalidade da alma, mas que, por outro, não podia eclipsar totalmente a valoração negativa do corpo. Enquanto 1Ts 4,13-18 nem sequer toca na questão e 1Cor 15 apresenta uma primeira resposta, particularmente a Segunda Carta aos Coríntios mostra como Paulo se abriu em parte para a argumentação (helenista) das comunidades[465]. Ao mesmo tempo, porém, a Carta aos Romanos e a Carta aos Filipenses mostram que em Paulo dominava a linha de 1Cor 15: o corpo transformado pelo espírito divino preserva a identidade do Eu e pertence, como σῶμα πνευματικόν, ao mundo divino.

6.8.3 O juízo

O conceito de juízo estava firmemente enraizado nos imaginários judaico e grego acerca do além[466]. Em Paulo, o conceito do juízo encontra-se em diferentes contextos argumentativos[467]:

---

[464] PLUTARCO, Rom 28; além disso, cf. Mor 382E.
[465] Cf. N. WALTER, "Hellenistische Eschatologie bei Paulus", in *ThQ* 176 (1996): 63: "Ao considerar todos os aspectos, estamos diante do resultado de que o desenvolvimento dos conceitos escatológicos em Paulo dá um salto significativo em direção à helenização. Por isso, devemos dizer provavelmente também a partir de 2Cor 5,1-10 que um desenvolvimento do conceito paulino do *escaton* não pode absolutamente ser negado."
[466] Cf. a respeito I. PERES, *Griechische Grabinschriften und neutestamentliche Eschatologie*. WUNT 157 (Tübingen: 2003), pp. 60-69. Clássico é PLATÃO, Gorg 524a: "Portanto, estes, assim que estiverem mortos, devem realizar o juízo no prado, na encruzilhada onde se dividem os dois caminhos, um para a ilha dos beatos, o outro para o Tártaro".
[467] Cf. a respeito E. SYNOFZIK, *Die Gerichts- und Vergeltungsaussagen bei Paulus*. GTA 8 (Göttingen: 1977); M. KUNGHARDT, "Sünde und Gericht von Christen bei Paulus", in *ZNW* 88 (1997): 56-80; M. KONRADT, *Gericht und Gemeinde. Eine Studie zur Bedeutung und Funktion von Gerichtsaussagen im Rahmen der paulinischen Ekklesiologie und Ethik im 1Thess und 1Kor*. BZNW 117 (Berlin: 2003). M. KONRADT, op. cit.,

a) nas passagens escatológicas dos prescritos (1Ts 2,19; 3,13; 1Cor 1,7b-9; 2Cor 1,13s; Fl 1,6.10s) e pós-escritos (1Ts 5,23s; Rm 16,20; Fl 4,19s).
b) Na polêmica contra adversários (1Ts 2,16c; 1Cor 3,17; 2Cor 11,14.15; Gl 1,6-9; 5,10; Rm 3,8; Fl 1,28; 3,19).
c) No âmbito de advertências éticas (1Cor 3,12-15; 4,4s; 5,5.12s; 6,2s; 8,8; 10,12s; 11,29-32; Rm 12,19s), sendo que o motivo da santificação é de especial importância (1Cor 1,8; 7,34; 2Cor 7,1; Fl 1,9-11; 2,15-18). Especialmente as muitas afirmações sobre o juízo em 1Cor mostram que o apóstolo entende a relação dos crentes com Cristo como um processo dinâmico[468] que inclui também a perda da salvação (cf. 1Cor 5,1-13; 6,18; 8,11s). Para Paulo, a vida cristã não é um estado alcançado de uma vez por todas, mas uma moldação dinâmica e atualização constante da vocação por Deus no âmbito da vida cotidiana.
d) Afirmações sobre o juízo no contexto do juízo de ira sobre judeus e pessoas vindas das nações (Rm 1,18-3,20). Aqui compete um papel especial ao conceito de um juízo segundo as obras.

O juízo segundo as obras

Também o juízo segundo as obras está firmemente ancorado no âmbito judaico e greco-romano[469]. Em Paulo, aparece em posição destacada

---

p. 530, formula acertadamente: "Que Deus julga o mundo (Rm 3,6) é um elemento constitutivo do pensamento paulino. Sobre *como* Deus fará isso, Paulo pode emitir afirmações distintas segundo o respectivo perfil das exigências retóricas".

[468] Para a análise, cf. M. KONRADT, Gericht und Gemeinde, pp. 197-471.

[469] Para o contexto judaico cf., por exemplo, Sl 61,13 LXX, SlSal 12,16s; 9,5; apresentação abrangente do material em U. WILCKENS, Röm I (cf. acima, 6.2.4), pp. 127-131. Para o âmbito greco-romano, cf. como texto clássico PLATÃO, Phaidon, 113d-114c; do tempo neotestamentário, por exemplo, SÊNECA, Herc F 727-738, onde se relata sobre o inframundo: "Será que é verdade o que se conta, de que as obras das pessoas falecidas são julgadas ainda mais tarde, e que os culpados que há muito esqueceram seus crimes tem que assumir a punição merecida? Afinal, quem decide sobre o que é correto, quem zela por direito igual? Mais que um está sentado num trono altivo de juiz e sorteia uma sentença tardia para o acusado angustiado [...]. Retribui-se no próprio corpo o que cada um cometeu."

em 2Cor 5,10 ("Porquanto todos nós teremos de comparecer manifestamente perante o tribunal de Cristo, a fim de que cada um receba a retribuição do que tiver feito durante sua vida no corpo, seja para o bem, seja para o mal.") e em Rm 2,5c-8, onde se diz em 2,6 sobre o dia da ira que Deus "retribuirá a cada qual segundo suas obras". Qual é a relação entre o juízo segundo as obras e a doutrina da justificação da Carta aos Romanos? O problema surge devido à comparação de Rm 2,6 com Rm 3,28, onde Paulo afirma: "Pois sustentamos que o ser humano é justificado pela fé, sem as obras da lei". Para Paulo, a justificação pela fé que vale *coram deo dá-se* pela fé na obra da salvação realizada em Jesus Cristo. Essa justificação tem validade também no foro do juízo escatológico de Deus. Nesse juízo de Deus segundo as obras, o ser humano estaria perdido, porque não pode apresentar obras que possam ser aprovadas por Deus. Por isso, o que salva é exclusivamente a obra de salvação de Jesus Cristo, concedida ao ser humano na fé, na forma do evangelho paulino (cf. Rm 2,16 "no dia em que Deus julgará o que está oculto no ser humano, segundo meu evangelho, por Cristo Jesus"). *Justamente porque existe um juízo segundo as obras, o ser humano depende unicamente da graça de Deus!* A justificação com base na fé e na graça, bem como o juízo segundo as obras formam em Paulo uma unidade. Somente Deus opera, por meio de sua graça, a justificação do ser humano, porque o ser humano é e permanece pecador, portanto, precisa sempre da sentença de inocência proferida por Deus[470].

Teologicamente, o conceito do juízo expressa que Deus não fica indiferente em relação à vida de uma pessoa e à história em geral. Se não houvesse juízo, as obras de uma pessoa ficariam ambíguas e sem serem avaliadas. Os assassinos triunfariam sobre suas vítimas, e os opressores escapariam impunes. Se não houvesse juízo, a história universal e a própria vida de uma pessoa seria o juízo. Contudo, como nenhum ato ou omissão fica sem consequências e precisa ser avaliado pelo bem do próprio ser humano, o conceito do juízo deve ser avaliado teologicamente de modo positivo. Ele preserva a dignidade do ser humano e mostra que Deus não se afastou de sua criação. Em Jesus

---

[470] Cf. a respeito U. WILCKENS, Röm I (cf. acima, 6.2.4), pp. 142-146.

Cristo, os seres humanos podem ter a esperança de que a graça de Deus terá a última palavra (1Ts 5,9; Rm 5,9s)[471].

6.8.4 *Israel*

A relação com Israel é para Paulo um problema igualmente biográfico, teológico e, *no final de sua vida, um problema eminentemente escatológico*. Se a salvação tiver passado dos judeus para os cristãos, põe-se com toda severidade a pergunta sobre a atitude de Deus para com o povo de Israel e acerca da validade de suas promessas.

Já a afirmação mais antiga do apóstolo sobre os judeus/Israel, em 1Ts 2,14-16, mostra o entrelaçamento de biografia e teologia. Paulo acusa os judeus daquilo que ele mesmo fazia enquanto fariseu: obstrução da pregação salvífica do evangelho. Para Paulo, Deus já pronunciou seu juízo sobre os judeus, sua ira *já veio* sobre eles[472]. Na Primeira Carta aos Coríntios, a relação do cristianismo incipiente com Israel não é abordada explicitamente. Apenas em 1Cor 10,1ss aparece a geração do deserto como paradigma alertador para os entusiastas coríntios[473]. Em contrapartida, 2Cor 3 permite vislumbrar algo da autocompreensão paulina e de sua interpretação cristológica do Antigo Testamento. Por meio da antítese "letra *versus* espírito" (2Cor 3,6), Paulo define a diferença fundamental entre a antiga aliança e a nova. A glória do ministério do anúncio ultrapassa em muito a glória na face de Moisés, que teve que escondê-la do povo usando um véu (um cobertor, cf. Ex 34,29-35). Em 2Cor 3,14, Paulo explica a cegueira de Israel perante a glória da revelação de Cristo: "mas seus pensamentos

---

[471] Cf. E. SYNOFZIK, op. cit., pp. 108s: "Ele mesmo (isto é, o ser humano) não pode produzir sua absolvição no juízo por meio de seu próprio empenho, mas pode apenas deixar que lhe seja prometida pelo evangelho e crer na atuação salvífica de Cristo".

[472] Cf. G. HAUFE, *Der erste Brief des Paulus an die Thessalonicher*. ThHK 12/1 (Leipzig: 1999), p. 48: "Por causa de sua resistência contra o plano divino da salvação, os judeus já sucumbiram ao juízo de ira, ainda que esse estado não pudesse ser verificado em sinais exteriores e ainda estivesse oculto a eles mesmos".

[473] Cf. a respeito U. SCHNELLE, Gerechtigkeit und Christusgegenwart (cf. acima, 4.6), pp. 155.

foram obscurecidos". Isso faz com que a perspectiva mude repentinamente para a culpa atual dos israelitas. Não Moisés, mas eles mesmos são os responsáveis por sua falta de fé[474]. Ao negar-se à revelação de Cristo, também o Antigo Testamento lhes permanece fechado, pois o véu que pousa sobre eles até o dia de hoje pode ser retirado somente em Cristo (v. 14b.15). Para Paulo, as promessas do Antigo Testamento visam a Cristo, e só a partir dele pode haver uma compreensão adequada do Antigo Testamento. Assim, Deus permanece fiel a si mesmo; Israel, porém, está obstinado, mas o apóstolo conta com a possibilidade de uma volta para Cristo. Dessa maneira pode se constatar duas importantes alterações em comparação a 1Ts 2,14-16: a) o juízo definitivo sobre Israel ainda não foi proferido; Israel ainda pode se converter; b) o Antigo Testamento encontra seu cumprimento em Cristo, porque Deus está na continuidade de suas promessas.

A expressão Ἰσραὴλ τοῦ θεοῦ ("o Israel de Deus") em Gl 6,16 é muito elucidadora para a posição do apóstolo em relação a Israel: "E todos os que caminharão segundo esta norma: paz e misericórdia sobre eles, e sobre o Israel de Deus". O significado revela-se a partir do contexto imediato. Paulo volta mais uma vez para um comentário polêmico sobre os adversários (Gl 6,12-14), para acrescentar no v. 15 seu credo fundamental, segundo o qual não importa nem a circuncisão nem a incircuncisão, mas somente a nova existência em Jesus Cristo (cf. Gl 3,26-28; 1Cor 7,19; 2Cor 5,17). Quem está em sintonia com esse cânon é destinatário do desejo condicional (καὶ ὅσοι) de bênção em Gl 6,16. Ao observar a função do v. 15 como uma chave interpretativa para o v. 16, a correspondência entre a oferta de bênção e a maldição condicional em Gl 1,8[475], a sintonia com textos oracionais judaicos[476] e o sentido copulativo de καὶ antes de ἐπι τὸν Ἰσραὴλ τοῦ θεου, podemos dizer que Ἰσραὴλ τοῦ θεοῦ pode se referir só a uma grandeza que inclui a comunidade galaciana: a Igreja universal composta por judeus e

---

[474] Cf. P. FURNISH, II Corinthians. AncB 32A (Nova Iorque: 1984), p. 233.
[475] Cf. H. D. BETZ, *Der Galaterbrief* (Munique: 1988), pp. 544s.
[476] Cf. o 19º bendito do *Shemoneh Esreh* (versão babilônica): "Concede paz, felicidade e bênção, graça e amor e misericórdia a nós e a teu povo Israel", cf. BILLERBECK IV, p. 214.

gentios, na medida em que ela se sabe comprometida com a nova existência dos cristãos, descrita no v. 15⁴⁷⁷. Ela, e não o Israel empírico, é o Israel de Deus (cf. "o Israel segundo a carne" em 1Cor 10,18). Essa interpretação combina bem com o duto afirmativo de toda a carta, porque o conflito com os judaizantes também inclui uma rígida separação do judaísmo incrédulo. Em Gl 4,25, a Jerusalém terrestre representa o povo de Israel que pertence não só ao âmbito da escravidão, mas que é relacionado pelo apóstolo com Agar e Ismael, de modo que Abraão e Sara não têm relação alguma com o Israel empírico. Imaginar uma delimitação e um distanciamento mais radicais é impossível! Finalmente, Paulo formula como resultado da alegoria de Sara-Agar em Gl 4,30s sua visão da atuação salvífica de Deus: os judeus foram rejeitados por Deus, e apenas os cristãos são os herdeiros da promessa.

Na Carta aos Romanos intensificam-se os problemas teológicos e biográficos da relação entre Paulo e Israel, para depois serem conduzidos *para uma nova dimensão escatológica*. A pergunta pela validade que as promessas feitas a Israel têm diante da revelação da justiça de Deus sem a lei já é enfocada em Rm 1,16; 2,9s ('Ιουδαῖος τε πρῶτον = "em primeiro lugar o judeu"). Paulo tematiza-a em Rm 3,1-8 e depois a retoma em Rm 9-11 e a trata detalhadamente⁴⁷⁸. A justiça de Deus estaria em jogo se não valessem mais a eleição de Israel, as promessas aos pais e as conclusões de alianças (Rm 9,5). Nesse caso, a palavra de Deus teria se tornado obsoleta (Rm 9,6). Paulo, porém, afirma o contrário: a eleição continua válida, as promessas estão em pé, mas, perante a revelação de Deus em Jesus Cristo, Israel entrou numa crise.

---

[477] Cf. H. D. BETZ, Gal, pp. 547s; G. LÜDEMANN, *Paulus und das Judentum*. TEH 215 (Munique: 1983), p. 29.
[478] Ao lado dos comentários, cf. para a análise de Rm 9–11: V. LUZ, Geschichtsverständnis (cf. acima, 6), pp. 64-108; H. HÜBNER, Gottes Ich und Israel. FRLANT 136 (Göttingen: 1984); H.-M. LÜBKING, Paulus und Israel im Römerbrief. EHS 23.260 (Frankfurt/Berna: 1986); H. RÄISÄNEN, Römer 9–11: Analyse eines geistigen Ringens. ANRW 25.4 (Berlim: 1987), pp. 2891-2939; D. SÄNGER, Die Verkündigung des Gekreuzigten und Israel. WUNT 75 (Tübingen: 1994); M. THEOBALD, Der Römerbrief (cf. acima, 6.1.3), pp. 258-285; A. REICHERT, Der Römerbrief als Gratwanderung. FRLANT 194 (Göttingen: 2001), pp. 147-221.

Em Rm 9–11, Paulo deseja provar a fidelidade de Deus em contraste com a infidelidade que Israel demonstrou até então. Ele apresenta seus pensamentos numa argumentação que se orienta por tensões, aduz constantemente aspectos novos e muda de perspectivas. Primeiro, faz uma distinção entre o Israel segundo a carne e o Israel da promessa que é o único Israel verdadeiro (Rm 9,6-8). Depois alega que somente o remanescente de Israel teria sido eleito, os demais, porém, teriam sido obstinados (Rm 11,5ss). Finalmente, passando pelo pensamento de que a eleição dos gentios resultará na salvação de Israel, chega em Rm 11,26a à tese: πᾶς Ἰσραὴλ σωθήσεται ("todo Israel será salvo")[479]. Esta *sentença* da *escatologia* e *soteriologia* paulina provoca numerosos problemas. Primeiro, o momento do evento anunciado é pouco discutido, pois o v. 26b refere-se à vinda de Cristo na parusia (cf. 1Ts 1,10). O decisivo na interpretação de πᾶς Ἰσραήλ são o contexto mais concreto e a expressão correspondente πλήρωμα τῶν ἐθνῶν ("plenitude das nações"). O v. 20 menciona como motivo para a exclusão de Israel a incredulidade, cuja superação aparece no v. 23 como condição da acolhida de Israel na salvação. Portanto, especialmente o v. 23 torna uma interpretação do v. 26a fora da fé em Cristo pouco provável[480]. No v. 25b, πλήρωμα não abrange o número pleno dos cristãos vindos das nações, pois, apenas assim, o conceito paulino da fé e sua pregação do juízo preservam sua validade. Da mesma maneira, πᾶς Ἰσραὴλ não contém simplesmente o Israel étnico, mas, antes, somente aquela parte de Israel que chegou à fé na revelação escatológica da salvação divina[481]. Além do v. 23, também a distinção entre o Israel da promessa e o Israel segundo a carne em 9,6, bem como a observação do apóstolo em

---

[479] Para a estrutura dos v. 25-27, cf. F. HAHN, Zum Verständnis von Röm 11,26a: "... und so wird ganz Israel gerettet werden", in M. D. HOOKER, S. G. WILSON (org.), *Paul and Paulinism*. FS C. K. Barrett (Londres: 1982), pp. 221-236, aqui: p. 227.

[480] Para o sentido do v. 23, cf. também F. HAHN, Zum Verständnis von Röm 11,26a, pp. 228s. O v. 23 é um claro argumento contra a tese de F. MUSSNER, "Ganz Israel wird gerettet werden" (Rm 11,26), in *Kairos* 18 (1976): 241-255, de que Paulo indicaria em Rm 11,26a um "caminho particular" de Israel para a salvação.

[481] Segundo Rm 9,27, somente um remanescente de Israel será salvo.

Rm 11,14b, de que ele esperaria salvar alguns de seus compatriotas (καὶ σώσω τινὰς ἐξ αὐτῶν), recomendam essa interpretação⁴⁸².

> Finalmente, o uso de σῴζειν/σωτηρία ("salvar" / "salvação") indica que para o apóstolo não há salvação fora da fé⁴⁸³. Em Rm 1,16, a salvação dirige-se somente a quem crê, primeiro os judeus e os gregos. A determinação de σωτηρία por δικαιοσύνη θεοῦ e πίστις na afirmativa teológica fundamental de Rm 1,16.17 permanece determinante para a compreensão do que se segue. Rm 5,9.10 paraleliza a justiça da fé com o sangue de Cristo que possibilita a salvação da ira que vem. Muito eloquente é a forma de σωθήσεται na citação de Isaías em Rm 9,27, pois é explicitamente relacionada apenas com um remanescente de Israel e, dessa maneira, predetermina a compreensão de σωθήσεται em 11,26a. Além disso, Rm 10,9-13 enfatiza explicitamente que somente a fé em Jesus Cristo garante a salvação. Segundo Rm 10,12 não há diferença entre judeus e gentios, mas Cristo é o Senhor dos judeus e gentios. Por que os judeus deveriam ser provocados para o ciúme pelos gentio-cristãos, se Israel já possuísse, de qualquer maneira, tudo que também os gentio-cristãos têm? Por que Paulo está tão profundamente triste (Rm 9,2s; 10,1) se Israel pudesse alcançar a salvação passando ao largo de Cristo?

Segundo Rm 11,25-27, Paulo espera no evento escatológico uma atuação de Deus que leva a uma conversão e, com isso, à salvação de Israel⁴⁸⁴. Paulo fala em Rm 11,25b.26a aparentemente como *profeta* que comunica um conhecimento que *não pode ser derivado argumentativamente do querigma*.⁴⁸⁵ A profecia serve a Paulo como meio de conhecimento teológico para preencher um *vácuo de reflexão teológica.* Ele vê nisso salvaguardadas a fidelidade e a identidade de Deus que não rejeitou Israel para sempre, mas que subjugou judeus e gentios da mesma forma à falta de fé, para apiedar-se deles em Jesus Cristo (cf. 11,32). Justamente o grande número de soluções mostra o quanto

---

⁴⁸² Cf. F. HAHN, Zum Verständnis von Röm 11,26a, p. 229.
⁴⁸³ Cf. H. HÜBNER, Gottes Ich und Israel, p. 117.
⁴⁸⁴ Cf. E. KÄSEMANN, Röm (cf. acima, 6.3.1), p. 295: "Sua (isto é, de Israel) conversão total é indubitavelmente esperada, mas condicionada pelo fato de que a salvação veio primeiro aos gentios."
⁴⁸⁵ Cf. H. MERKLEIN, "Der Theologe als Prophet", in IDEM, Studien zu Jesus und Paulus II. WUNT 105 (Tübingen: 1998), pp. 377-404, aqui pp. 402s.

o apóstolo se debateu com esse tema e quão alto era seu autoenvolvimento[486]. Se Deus não estiver na continuidade de suas promessas, como se pode anunciar o evangelho de maneira fidedigna? Portanto, em última instância trata-se em Rm 9-11 da divindade de Deus, de sua justiça e fidelidade perante a infidelidade humana, mas também da credibilidade de Paulo e de seu destino muito pessoal. Paulo afirma que Deus permanece fiel a si mesmo e que ele conduzirá, através de seu poder milagroso, Israel nos eventos escatológicos para a conversão e, assim, à salvação. Ele confessa com isso simultaneamente que esse problema não pode ser resolvido na atualidade e por pessoas humanas, mas que requer um ato extraordinário de Deus no futuro.

A posição do apóstolo acerca de Israel *mudou radicalmente*. 1Ts 2,14-16 é incompatível com Rm 11,25s, de modo que devemos falar de uma revisão da atitude de Paulo[487]. Enquanto, ali, Deus já rejeitou seu povo, aqui ainda o salvará. Por que Paulo reconsiderou seu juízo sobre Israel? As diferentes situações requeriam uma constante reflexão nova sobre Israel, e esta levou também a juízos materialmente novos. A polêmica em 1Ts 2,14-16 é unicamente determinada pela obstrução judaica da missão entre os gentios. Já 2Cor 3 mostra que uma nova situação permitiu a Paulo novas afirmações. Isso se confirma na Carta aos Gálatas, onde a confrontação com os judaizantes precisava influenciar necessariamente a avaliação teológica de Israel. Finalmente, a própria Carta aos Romanos evidencia a mudança situacional da atitude de Paulo, pois ele se apresenta nela a uma comunidade que lhe era desconhecida, na qual havia aparentemente debates entre judeu-cristãos e gentio-cristãos (cf. Rm 14,1–15,13) e da qual precisava supor que estaria sob a influência de seus adversários judaizantes. Além disso,

---

[486] Cf. G. THEISSEN, "Röm 9–11 – Eine Auseinandersetzung des Paulus mit Israel und sich selbst: Versuch einer psychologischen Auslegung", in I. DUNDERBERG, CHR. TUCKETT, K. SYREENI (org.), *Fair Play*. FS H. Räisänen. NT.S 103 (Leiden: 2002), pp. 311-341, aqui: p. 326: "Quando Paulo em suas reflexões se debate com a salvação de todo Israel, então se debate acerca das possibilidades de sua salvação".

[487] Neste sentido, cf., por exemplo, H. RÄISÄNEN, Römer 9–11, p. 2925; também U. WILCKENS, Röm II (cf. acima, 6.1.2), p. 209, afirma com razão que "o resultado do primeiro passo argumentativo em Rm 9 (assim como depois também do segundo passo em Rm 10) é anulado pela meta argumentativa em Rm 11".

devemos lembrar da situação pessoal do apóstolo: ele considera sua missão no leste do Império Romano concluída (Rm 15,23) e planeja levar a coleta para Jerusalém, para depois prosseguir com seu trabalho no Ocidente (Rm 15,24ss). Tanto a coleta enquanto um laço visível da unidade entre judeu-cristãos e cristãos vindos das nações, como a predominância factual dos cristãos vindos da religiosidade greco-romana nas áreas de missão até então estabelecidas obrigaram Paulo a uma nova reflexão sobre o destino de Israel. Vinculava-se à existência da comunidade primitiva como o remanescente santo de Israel indissoluvelmente a pergunta teológica pelo destino daquela parte de Israel que se negava até então à revelação de Cristo. Quando Paulo, ao contrário do anúncio em 1Cor 16,3, foi pessoalmente a Jerusalém para prestar ali à comunidade local seu serviço bastante perigoso (cf. Rm 15,31), então se apresentava também para ele o problema teológico da fidelidade e da justiça de Deus em relação a Israel. Além disso, Paulo chegara a uma visão modificada de sua missão entre as nações. Enquanto sua obstrução deu ainda em 1Ts 2,14-16 ocasião a uma intensa polêmica, agora, após seu fim no leste do Império Romano, ela tem uma função nova: por meio dela, os judeus devem ser provocados para a imitação, para que cheguem à fé e assim possam ser salvos (Rm 11,13-15).

6.8.5 *Morte e nova vida*

No âmbito de sua escatologia, Paulo elabora uma nova estruturação do tempo[488], pois com a ressuscitação de Jesus Cristo deu-se uma reviravolta irreversível dos tempos. Um evento do passado determina o presente e antecipa o futuro exemplarmente. A partir disso lhe foi possível solucionar a premente problemática da morte. Paulo podia adotar motivos da apocalíptica judaica, mas de modo algum sistemas coesos de significado e de tempo, porque a novidade do evento o obrigava a

---

[488] Para a compreensão neotestamentária do tempo, cf. G. DELLING, *Das Zeitverständnis des Neuen Testaments* (GütersIoh: 1940); IDEM, *Zeit und Endzeit* (Neukirchen: 1970). K. ERLEMANN, *Endzeiterwartungen im frühen Christentum* (Tübingen: 1996).

uma solução autônoma. Essa solução reside no esboço de um cenário escatológico, cujos pontos de referência materiais e temporais são a ressurreição de Jesus Cristo de entre os mortos e sua parusia iminente a partir de Deus, cuja certeza se alimenta das experiências presentes do espírito e cuja perspectiva está na esperança de uma atuação análoga de Deus: Jesus de Nazaré serve de protótipo para o poder vital criador de Deus. Nesse modelo, o espírito como modo da presença de Deus e de Jesus Cristo na comunidade assegura a continuidade necessária em termos de tempo e de conteúdo e a duração entre os dois pontos de referência, respectivamente. Desse modo, as pessoas que creem e foram batizadas vivem na consciência da simultaneidade sob uma factual posterioridade e uma escatologicidade que ainda está por vir.

Antigas teorias acerca da morte

Assim como em Paulo, também em sistemas de sentido e construções de tempo concorrentes, a temática da morte desempenha um papel decisivo, já que cada afirmativa sobre a morte é uma afirmativa sobre a vida, e vice-versa. Especialmente no mundo greco-romano havia uma grande variedade de conceitos acerca da morte e de uma possível existência pós-mortal[489]. Epicúro desenvolveu uma teoria independente e até hoje fascinante sobre a morte como não tempo: "A morte não tem importância para nós; pois o que está dissolvido, está sem sensação; e o que está sem sensação, não tem importância para nós" (Diógenes Laércio 10,139 = Epicúrio, Sent 2). Somente essa intelecção vence o medo da morte que, caso contrário, impediria ao ser

---

[489] Cf., por exemplo, SVF II 790: "Crisipo, porém, diz que a morte é a separação da alma do corpo"; EUSÊBIO, Praep Ev XV 20,6: "A alma, dizem os estoicos, forma-se e perece". Um panorama abrangente encontra-se em: E. ROHDE, *Psyche. Seelencult und Unsterblichkeitsglaube der Griechen I.II*. 4ª ed. (Tübingen: 1907); M. P. NILSSON, *Geschichte der griechischen Religion II*. HAW V/2, 2ª ed. (Munique: 1961), pp. 498-535; W. BURKERT, *Griechische Religion der archaischen und klassischen Epoche* (Stuttgart: 1977); M. VOGEL, *Commentatio mortis. 2Kor 5,1-10 auf dem Hintergrund antiker ars moriendi*. FRLANT 214 (Göttingen: 2006), pp. 45-209.

humano uma vida bem-sucedida; aplica-se que "o ensaio do perfeito viver e do perfeito morrer é a mesma coisa" (Men 126). Cícero apresenta uma mistura de ideias platônicas e epicureias: "Ora, como ou por que tu afirmas que a morte te aparece como um mal? Quando as almas continuam a existir, ela nos fará feliz, ou, em todo caso, não infeliz, quando não temos mais sensações" (Tusc I 25). Também Sêneca não teme a morte: "A morte, o que é? Ou o fim ou uma transição (*mors quid est? aut finis aut transitus*). Não temo terminar – pois é o mesmo que não ter iniciado – nem passar para a outra, porque em parte alguma existirei de modo tão apertado" (Ep 65,24)[490]. Segundo Epíteto, a morte não é nada de ruim e tampouco um estado de não ser, mas apenas a passagem de um estado existencial para outro (Epíteto, Diss III 24, 93–95). Para Dio Crisóstomo vale: "O deus, porém, que observa com exatidão como cada um se comporta na mesa – pois, afinal, isto acontece em sua própria casa – chama para si sempre os melhores, e quando encontra prazer particular em alguém, ele o convida para ficar e faz dele seu comensal e seu amigo" (Or 30,44).

Dada a diversidade de respostas efetivamente atraentes à problemática da morte, levanta-se a pergunta pela eficiência do modelo paulino. No judaísmo antes da destruição do Templo, o conceito de uma ressurreição dos mortos foi o modelo predominante, mas de modo algum o único[491]. Entre os gregos predominava o ceticismo acerca de uma continuação da existência corporal, qualquer que fosse seu tipo; já em Ésquilo, Eum 545, pode-se ler sobre o efeito definitivo da morte: "Mas uma vez que o sangue do homem, daquele que morreu, é sugado pelo pó, não há para ele ressurreição" (οὔτις ἔστ' ἀνάστασις). Particularmente entre os cínicos podemos observar uma grande reserva diante de teorias pós-mortais[492]. Conta-se sobre Diógenes: "Diz-se também que Diógenes, ao morrer, teria ordenado de deixá-lo insepulto, como despojo dos animais selvagens, ou de empurrá-lo para uma

---

[490] Cf., além disso, SÊNECA, Ep 54.3-5; 99,29-30; Marc Consol 19,4-5.
[491] Cf. G. STEMBERGER, Verbete "Auferstehung 3 (Antikes Judentum)", in *RGG*⁴ 1 (Tübingen: 1998), pp. 916s.
[492] Cf. a respeito F. G. DOWNING, Cynics, Paul and the Pauline Churches (cf. acima, 6.5.3), pp. 242-249.

vala e de espalhar um pouquinho de pó sobre ele" (Diógenes Laércio 6,79). Paulo superou também aqui fronteiras de culturas e de pensamentos, ao *combinar* o conceito judaico da ressurreição com a noção grega do espírito enquanto poder divino de vida que está presente e que perdura, tornando sua compreensão assim aceitável no âmbito helenístico. Além disso, há os ritos como fatores essenciais na construção do tempo e da identidade culturais. Especialmente o batismo como lugar da doação do espírito e como o início da nova vida confere à existência cristã aquela característica inconfundível do Eu que, pelo poder vivificador de Deus, perdura também na morte. *Com a morte terminará meu relacionamento comigo e com as outras pessoas, mas não a relação de Deus comigo.* Também narrativas conferem duração e sentido a um evento singular e assim constroem tempo. Ao apresentar a história-de-Jesus-Cristo como modelo do amor e poder criador de Deus que supera a morte, Paulo abre para pessoas de todas as nações e camadas a possibilidade de confiar no amor divino, num âmbito além das ideias tradicionais da continuidade. Dessa maneira, o tempo não é abolido, mas confiado à justiça, bondade e misericórdia de Deus. Nem a construção cultural-imperial do tempo no helenismo nem a destruição do tempo na catástrofe escatológica da apocalíptica judaica foram capazes de suscitar uma confiança semelhante.

6.9 Posição na história da teologia

Paulo não é o fundador, *mas sim o formador decisivo do cristianismo primitivo*. Enquanto o judaísmo antigo procurava preservar sua identidade religiosa e étnica, o cristianismo primitivo em formação transpôs, principalmente na forma da missão paulina livre da circuncisão, programaticamente fronteiras étnicas, culturais e religiosas. Propaga um *conceito universal da salvação messiânica* que incluía as pessoas de todas as nações. Não isolamento e delimitação, mas aculturação (cf. 1Cor 9,20-22) e inculturação, bem como conceitos transétnicos (Gl 3,26-28) determinaram a missão paulina decididamente. A missão de cunho paulino, que era deliberadamente transnacional e transcultural, que transpunha limites de classes e procurava novos membros, está em sua proporção, velocidade e sucesso sem analogia na Antiguidade. O cristianismo paulino formava uma nova identidade cognitiva que adotava identidades culturais anteriores e simultaneamente as remodulava profundamente. Com isso, Paulo criou a base para o cristianismo como uma religião universal.

A importância e também a tragicidade de Paulo consiste no fato de ele ter criado algo realmente novo sem querer romper o vínculo com o antigo, algo que não deu verdadeiramente certo. Ele não conseguiu converter a maior parte de Israel nem manter a relação com a comunidade primitiva. Para afirmar a unidade de algo que estava se separando cada vez mais, Paulo estava obrigado a racionalizações posteriores (particularmente na questão da lei e na problemática de Israel). Sua imagem de Deus não permitia declarar a primeira aliança como fracassada. Ele não podia e não queria aceitar que Deus fez uma segunda tentativa para criar definitivamente a salvação e a redenção para o mundo[493]. Por isso, Paulo *estava obrigado* a aceitar em parte contradições, definições difusas e argumentações artificiais[494]. Tudo isso não nasceu de sua vontade ou de sua incompetência, mas objetivamente das perguntas que precisavam ser respondidas e que, em seu cerne, não estão respondidas até hoje. São perguntas que nem podem ser respondidas, porque somente Deus sabe a resposta!

Paulo é percebido apenas insuficientemente quando se vê nele exclusivamente o missionário bem-sucedido. Seu trabalho podia ter tanto êxito somente porque ele propagava uma atraente interpretação

---

[493] Cf. E. P. SANDERS, Paulus (cf. acima, 6), pp. 167s.
[494] Esse aspecto não é considerado por H. RÄISÄNEN quando constata: *"It is a fundamental mistake of much Pauline exegesis in this century to have portrayed Paul as 'the prince of thinkers' and the Christian 'theologian par excellence'"* (É um erro fundamental de grande parte da exegese paulina deste século, ter retratado Paulo como o "príncipe dos pensadores" e como o "teólogo cristão por excelência"; IDEM, Paul and the Law [cf. acima, 6.5.3], pp. 266s). Paulo foi um pensador original, porque, não obstante os problemas mencionados, sua obra possui uma qualidade sistêmica que não é captada por Räisänen. Para o problema da lógica do pensamento paulino, cf. M. MAYORDOMO, *Argumentiert Paulus logisch?* WUNT 188 (Tübingen: 2005).

de Deus, do mundo e do ser humano, que tinha um *formato intelectual*. Assim como o filósofo "é quem talvez explique e anuncie com sua razão a natureza do divino da forma mais verdadeira e perfeita"[495], o missionário e pensador de Deus Paulo anuncia o desígnio salvífico definitivo de Deus em Jesus Cristo. O antigo ser humano grego (assim como o ser humano moderno) parte da convicção de que pode alcançar o destino de sua vida por força própria, por meio de seu pensar e agir[496]. Paulo esboça uma imagem diferente e nova: todos os atributos que os seres humanos atribuem geralmente a sua própria subjetividade são atribuídos por Paulo a Deus: amor, liberdade, justiça e sentido. Unicamente Deus como a base da externidade da existência humana pode fundamentar e preservar a liberdade e a dignidade do sujeito humano. Dessa maneira, para Paulo, o "por nós" da salvação adquirida em Jesus Cristo torna-se a fórmula básica da gramática teológica. Aqui há uma diferença radical entre Paulo e todos os pensadores antigos; o filósofo propaga a autonomia que pode ser autorrealizada, o apóstolo, ao contrário, a autonomia que é uma dádiva.

---

[495] DIO CRISÓSTOMO, Or 12,47.
[496] MUSÔNIO, Diatr 2: "Por natureza, todos nós seres humanos temos a disposição de poder viver livres de faltas (ἀναμαρτήτως) e nas virtudes; cada qual tem essa possibilidade". Cf. a respeito M. POHLENZ, *Der hellenische Mensch* (Göttingen: 1947), pp. 304.345 etc.

CAPÍTULO 7

A TERCEIRA TRANSFORMAÇÃO: REDAÇÃO DE EVANGELHOS COMO RESOLUÇÃO INOVADORA DE UMA CRISE

Entre os anos 60 e 70 d.C. ocorre uma grave crise no âmbito da história da teologia cristão-primitiva. Tanto problemas da lógica interna da fé como influências externas levaram à necessidade de realizar uma nova orientação literária e teológica.

7.1 A morte das figuras fundadoras

Três das figuras mais importantes do cristianismo primitivo morreram quase simultaneamente como mártires, pouco antes da Guerra Judaica: Tiago, o Irmão do Senhor, morreu em 62 d.C. em Jerusalém, Paulo e Pedro em 64 d.C., provavelmente em Roma. Suas mortes significaram para a autocompreensão do cristianismo uma clara cesura que se manifestou também literariamente. O lugar das testemunhas oculares, das testemunhas de aparições (cf. 1Cor 5,3ss) e da atuação pessoal dos apóstolos em prol da difusão do cristianismo é agora assumido pela formulação por escrito, na forma do novo gênero literário "evangelho" e das cartas pseudepigráficas (cartas deuteropaulinas, cartas apostólicas sob o nome de Pedro, Tiago e Judas). Vincula-se à forma literária de evangelho e à redação dos escritos teológicos sob a autoridade pseudônima dos apóstolos uma determinada consciência histórica: o tempo das testemunhas oculares e das testemunhas de aparições passou definitivamente, de modo que a história-de-Jesus-Cristo precisa ser apresentada sustentavelmente numa nova forma, para permanecer receptível também no futuro. Simultaneamente, naquele tempo de crise havia o desafio de se referir também futuramente às primeiras testemunhas como figuras de identificação e de mediação, na forma de escritos pseudepigráficos e, dessa maneira, moldar a história do cristianismo primitivo no sentido delas.

Pedro e Paulo

Simão (Pedro) pertencia junto com seu irmão André aos primeiros discípulos (cf. Mc 1,16-20; Jo 1,41s) e foi, tanto no círculo dos discípulos de Jesus como na comunidade primitiva, uma personalidade de liderança reconhecida[1]. A confissão messiânica (Mc 8,27-30), o nome simbólico "Pedro" ("pedra preciosa"; cf. Mc 3,13-16) e a promessa escatológica em Mt 16,18s mostram claramente sua posição particular que não foi abolida nem mesmo por causa de seu fracasso na Paixão de Jesus (cf. Mc 14,54.66-72). Pedro era uma das testemunhas decisivas da ressurreição (cf. 1Cor 15,5; Mc 16,7; Lc 24,34) e se tornou o primeiro líder da comunidade primitiva (cf. Gl 1,18; At 1,15; 2,14ss.38ss; 3,1ss etc.). Ele deixou Jerusalém no contexto da perseguição de Herodes Agripa I (cf. At 12,17) e passou gradativamente a ser um expoente da missão livre da circuncisão (cf. Gl 2,11s; At 10,1–11,18). Finalmente, ele missionou no círculo das comunidades paulinas (cf. 1Cor 1,12; 9,5)[2] e chegou nesse contexto provavelmente também a Roma, onde morreu[3].

Paulo queria, segundo Rm 15,22-33, sair de Corinto para entregar a coleta em Jerusalém, para depois seguir para Roma onde esperava

---

[1] Para Pedro, cf. CHR. BÖTTRICH, Petrus. *Fischer, Fels und Funktionär* (Leipzig: 2001); M. HENGEL, *Der unterschätzte Petrus* (Tübingen: 2006).
[2] Cf. a respeito M. KARRER, "Petrus im paulinischen Gemeindekreis", in *ZNW* 80 (1989): 210-231.
[3] 1Clem 5,2-4 relata sobre isso: "Por causa de ciúme e inveja, as colunas mais importantes e justas foram perseguidas e lutaram até a morte. Coloquemos diante de nossos olhos os apóstolos valentes: Pedro que, devido à inveja injusta (ζῆλον ἄδικον) sofreu não uma ou duas torturas, mas muitas diferentes e que, depois de ter testemunhado assim a fé, chegou ao lugar merecido da glória".

da parte da comunidade local apoio para sua missão na Espanha[4]. Lucas narra detalhadamente a estadia de Paulo em Jerusalém, sua prisão e subsequente viagem para Roma (cf. At 21,15–28,31), mas, ao mesmo tempo, muitos eventos daquele tempo permanecem desconhecidos. O final aberto dos Atos dos Apóstolos é teológica e historicamente importante. Embora Paulo seja o herói oculto e, a partir do cap. 15, manifesto de toda a obra, seu fim permanece uma incógnita. Lucas sabe do objetivo verdadeiro da última viagem de Paulo a Jerusalém (cf. At 24,17) e olha já em At 20,24.25 para sua morte, embora sem mencionar os dois aspectos explicitamente. Em termos históricos fica inteiramente claro, a partir de Rm 16, que Paulo conhecia muitos membros da comunidade romana. Mesmo assim não acontece um encontro entre Paulo e a comunidade romana (cf. At 28,16). Em vez disso – como sempre nos Atos dos Apóstolos –, Paulo entra primeiro em contato com a sinagoga local (cf. At 28,17ss). Apenas a rejeição de sua mensagem faz com que Paulo se volte também em Roma aos gentios. Dessa maneira surge a impressão de que somente Paulo tivesse fundado uma comunidade cristã em Roma, embora At 28,15 pressuponha a origem não paulina da comunidade romana. O que motivou Lucas a essa abordagem? Provavelmente podemos supor que ele dispunha para essa fase da atividade paulina apenas de poucas tradições históricas confiáveis[5]. Além disso, há a tendência, observável em toda a obra lucana, de inocentar os romanos de qualquer culpa na morte de Jesus ou de qualquer obstrução da missão (cf. abaixo, 8.4). Deve ser por isso que Lucas silenciou também sobre a condenação de Paulo em Roma, embora soubesse da morte do apóstolo (cf. At 19,21; 20,23-25; 21,11). De modo historicamente confiável podemos dizer apenas o seguinte: Paulo chegou a Roma num transporte de prisioneiros e, não obstante sua prisão, conseguiu desenvolver ali sua missão. Paulo aparece nessa situação como um homem solitário que não é apoiado de nenhuma forma pela comunidade romana e que missiona

---

[4] Para o fim de Paulo, cf. F. W. HORN (org.), *Das Ende des Paulus*. BZNW 106 (Berlim: 2001); H. OMERZU, *Der Prozess des Paulus*. BZNW 115 (Berlim: 2002); U. SCHNELLE, Paulus (cf. acima, 6), pp. 399-406.425-431.

[5] Cf. H. OMERZU, "Das Schweigen des Lukas", in F. W. Horn (org.), *Das Ende des Paulus*, pp. 151-156, a qual considera At 28,16.23.30s o cerne das tradições.

entre os judeus com sucesso apenas reduzido. Corresponde a essa situação a tradição pessoal transmitida em 2Tm 4,10-16, que corresponde a At 28,16-31 num ponto crucial: Paulo foi abandonado por seus colaboradores, só Lucas está com ele! Embora as correntes de tradição de At e 2Tm argumentem e seus detalhes de modos muito diferentes, elas se encontram no ponto de afirmar que Paulo não recebeu nenhum apoio da parte de seus colaboradores e, muito provavelmente, da comunidade romana. A ênfase em ciúmes e disputas em 1Clem 5,4-5 confirma essa imagem[6]; as controvérsias em torno da pessoa de Paulo entre cristãos de origem judaica e greco-romana, e entre cristãos e judeus, respectivamente, continuaram também em Roma. Abandonado, Paulo morreu provavelmente no contexto da perseguição de Nero (cf. a respeito Tácito, Ann XV 44,2-5; Suetônio, Nero 16,2).

Tiago

Tiago, o Irmão do Senhor, era ao lado de Pedro, Maria Madalena e Paulo uma das pessoas das quais se narra uma revelação particular reconhecida do Ressuscitado (cf. 1Cor 15,7: "[...] apareceu a Tiago, e depois a todos os Doze"). Nos primórdios da comunidade primitiva ainda não aparece em destaque; apenas após a expulsão dos helenistas de Jerusalém (cf. At 8,1ss), Tiago, como irmão de sangue do Senhor e representante de uma linha do cristianismo primitivo que era fiel à Torá, passa a ser uma figura dominante dentro do cristianismo primitivo. Na primeira visita que o apóstolo Paulo fez a Jerusalém no ano 35 d.C, Pedro é aparentemente o líder da comunidade primitiva (cf. Gl 1,18). O Concílio dos Apóstolos no ano 48 d.C. mostra uma situação modificada; segundo Gl 2,9, estão entre as colunas em Jerusalém Tiago, Cefas e João, ou seja, a personalidade mais importante é agora Tiago. Isso deve

---

[6] Cf. 1Clem 5,5-7: "Devido a ciúme e inveja (διὰ ζῆλον καὶ ἔριν), Paulo mostrou a recompensa da vitória de sua perseverança. Sete vezes posto em correntes, desterrado, apedrejado, recebeu tanto no leste como no oeste a nobre glória de sua fé. Ensinou ao mundo inteiro a justiça, chegou até os confins do oeste e testemunhou sua fé diante dos governadores; assim, saiu deste mundo e chegou ao lugar santo, depois de ter-se tornado o exemplo supremo da perseverança."

ser também um efeito da saída de Pedro de Jerusalém, pois, segundo At 12,17s, Pedro fugiu de Jerusalém por causa das perseguições por Herodes Antipas. Além disso, devemos supor provavelmente em Tiago e Pedro posições teológicas diferentes. Pedro abriu-se já muito cedo para a missão entre gentios, enquanto Tiago defendia aparentemente uma posição severamente judeu-cristã que se voltou depois do Concílio dos Apóstolos também contra a missão paulina isenta da circuncisão. A fidelidade à lei é enfatizada não só pela literatura cristã pós-neotestamentária[7], mas também pelo relato de Josefo sobre o martírio de Tiago (Ant 20,197-203). Josefo conta que, durante o vácuo de poder entre a morte de Festo e a instalação de seu sucessor, o sumo sacerdote saduceu Anã, o filho do Ananias dos Evangelhos sinóticos, reagiu contra Tiago e outros membros da comunidade de Jerusalém. Anã (Ananias Júnior) fez provavelmente no ano 62 d.C. com que o Sinédrio fosse convocado e condenasse tanto Tiago como outros judeu-cristãos à morte por apedrejamento, por violação da Torá[8]. Essa sentença, decidida pela maioria saduceia, provocou o protesto enfático dos fariseus que finalmente intervieram com sucesso junto ao procurador Albino. Embora Tiago, o Irmão do Senhor, tivesse se separado do conceito missionário de Paulo, não conseguiu salvar a comunidade primitiva na fase do crescente nacionalismo presente em amplas partes do judaísmo.

7.2 O atraso da parusia

A morte de figuras fundadoras exigia uma releitura e revisão da pergunta pelo vínculo pessoal e comunicativo com os acontecimentos

---

[7] Em EvT 12, ele aparece como "Tiago o Justo" (cf., além disso, EUSÉBIO, HE II 1.3 etc.); para a análise das tradições de Tiago, cf. M. HENGEL, "Jakobus der Herrenbruder – der erste 'Papst'?," in IDEM, *Jakobus der Herrenbruder. Kleine Schriften III*. WUNT 141 (Tübingen: 2002), pp. 549-582; W. PRATSCHER, Der Herrenbruder Jakobus und die Jakobustradition. FRLANT 139 (Göttingen: 1987).

[8] Cf. JOSEFO, Ant 20,200: "Por isso, reuniu o Sinédrio para formar um tribunal e colocou diante dele o irmão de Jesus, que é chamado Cristo (τὸν ἀδελφὸν Ἰησοῦ τοῦ λεγομένου Χριστοῦ), de nome Tiago, e ainda alguns outros, que acusou da violação da lei e levou para o apedrejamento".

fundantes. De modo indireto, isso causou um segundo problema que apresentava igualmente uma dimensão temporal e material: o atraso da esperada parusia de Jesus Cristo[9]. No cristianismo primitivo desenvolveu-se rapidamente uma perspectiva escatológica básica uniforme: a ressurreição de Jesus Cristo de entre os mortos e as experiências do espírito deram aos crentes a certeza de que ele voltaria como "Filho" (cf. 1Ts 1,9s), "Senhor" (cf. Fl 4,5; Ap 22,20) ou "Filho do Homem" (cf. Mc 8,38; 13,24-27; 14,62; Mt 10,23; Lc 18,8 etc.) em breve (1Cor 16,22: μαράνα θά = "Nosso Senhor, vem!") para realizar o juízo. Sua revelação está imediatamente iminente (cf. 1Ts 5,23; 1Cor 1,7; 15,23) e determina o pensamento e a atuação dos cristãos. Ao mesmo tempo, o prolongamento do tempo colocou os cristãos diante de um considerável trabalho intelectual e interpretativo, pois a certeza e o atraso da parusia do Senhor precisavam ser explicados e ao mesmo tempo cridos.

Em *Paulo*, a expectativa imediatamente próxima da parusia era o horizonte geral de sua escatologia (cf. acima, 6.8); até o fim de sua vida, a iminente vinda do Jesus Cristo crucificado e ressuscitado (cf. Fl 4,5 "O Senhor está próximo") é um elemento marcante de seu mundo de sentido. Tudo na criação movimenta-se em direção a ele, e o próprio Paulo viu-se encabeçando esse movimento.

1) A morte inesperada de membros da comunidade antes da parusia obrigou Paulo a uma ampliação da agenda escatológica em 1Ts 4,13-18.

2) Vinculada ao constante prolongamento do tempo está uma mudança na posição do apóstolo nos eventos escatológicos. Enquanto ele espera em 1Ts 4,17; 1Cor 15,51; 2Cor 5,1-10 o arrebatamento ou a transformação ainda em tempos de sua vida, 2Cor 5,1-10 e principalmente Fl 1,21-23 permitem perceber claramente que considera agora a possibilidade de sua morte antes da parusia.

3) O comparativo ἐγγύτερον ("mais próxima") em Rm 13,11 testemunha a consciência de que a vinda do Senhor está se atrasando:

---

[9] Para o atraso da parusia no cristianismo primitivo, cf. W. G. KÜMMEL, *Verheissung und Erfüllung*, 3ª ed. AThANT 6 (Zurique: 1956); E. GRÄSSER, Das Problem der Parusieverzögerung in den synoptischen Evangelien und in der Apostelgeschichte (cf. abaixo, 8.4.8); G. STRECKER, Theologie, pp. 345-354; K. ERLEMANN, *Naherwartung und Parusieverzögerung im Neuen Testament*. TANZ 17 (Tübingen: 1995).

"Nossa salvação está mais próxima agora do que quando abraçamos a fé".

Na *Fonte Q* mostra-se, por um lado, uma expectativa tensa do Reino de Deus que está próximo (cf. Q 11,2-4), mas ao mesmo tempo se tematiza também aqui o atraso da parusia (cf. abaixo, 8.1.8). Na parábola dos servos fiel e infiel (Q 12,42-46) constata-se no v. 45: "Se aquele servo, porém, disser em seu coração: 'Meu senhor tarda a vir' (χρονίζει), e começar a espancar seus conservos [...]". O motivo da indefinição temporal domina também na parábola das minas: "Um homem que queria viajar chamou dez de seus servos[...]. (Depois de muito tempo) vem o senhor daqueles servos e abre com eles a prestação de contas" (Q 19,12.15). Q 17,23 alerta contra falsas profecias sobre a vinda do Filho do Homem e convoca os crentes: "Não lhes sigais!" Relacionados estão os motivos da indefinição e da vigilância: "Pois como o relâmpago sai do leste e fulgura até o oeste, assim será o Filho do Homem no seu Dia" (Q 17,24).

Marcos integra a expectativa da parusia iminente numa agenda escatológica (cf. abaixo, 8.2.8) para, por assim dizer, manter a certeza e a indefinição temporal da proximidade da vinda do Filho do Homem (cf. Mc 13,24-27). Por meio da destruição do Templo, ele conecta as expectativas escatológicas com um evento histórico (cf. Mc 13,2ss), mas, ao mesmo tempo, desconecta-as da história dos eventos históricos, porque só Deus sabe da data daquilo que vem (cf. Mc 13,27). Em Marcos fica claro que o atraso da parusia não precisa significar uma *des-escatologização*, pois nele há uma conexão entre a intensificação da expectativa (cf. Mc 13,14.17.18.30: "Esta geração não passará até que tudo isso aconteça") e uma clara consciência do atraso (cf. Mc 13,10 ["É necessário que o evangelho seja proclamado antes entre todas as nações"] 21.33.36). A intensificação da expectativa do fim iminente era uma das possibilidades de trabalhar o prolongamento do tempo e de fortalecer a consciência da eleição da comunidade (cf. Mc 13,20); isto é, por volta de 70 d.C., a expectativa do fim iminente e a consciência do atraso da parusia não são opostos[10].

---

[10] Para os conceitos escatológicos de Mateus e Lucas, cf. abaixo 8.3.8 e/ou 8.4.8.

Nos conceitos escatológicos precisava-se articular a expectativa e a realidade numa relação que fizesse sentido, de modo que a proximidade do fim e a distância de um novo começo – ainda – não representavam uma oposição.

7.3 A destruição do Templo e da comunidade primitiva

Na Antiguidade, a perda de um templo central como lugar de identidade religiosa e política era sempre um acontecimento traumático[11]. A destruição quase total do Templo de Jerusalém pelos romanos em 70 d.C. levou o judaísmo antigo a uma profunda crise[12] e teve, também, grande importância para o cristianismo primitivo. Não só a comunidade primitiva, mas todo o novo movimento perdeu um elo central com sua história das origens. Jesus de Nazaré voltara-se contra a comercialização do culto templar (cf. Mc 11,15-19), mas não questionara a existência do Templo. Para a comunidade primitiva, o Templo era um lugar natural de sua pertença ao judaísmo, bem como um centro de sua vida espiritual e de seu anúncio (cf. At 2,46; 3,1.8; 5,20.25; 21,26 etc.). Essa perda era trabalhada principalmente em dois níveis:

1) A integração da destruição do Templo numa agenda escatológica (cf. Mc 13,2ss) vinculou o evento tanto à vontade de Deus como às próprias expectativas do fim iminente.
2) O próprio Jesus Cristo é compreendido como o novo templo que foi construído em três dias (cf. Mc 14,58). Dessa maneira, o cristianismo primitivo adotava uma ampla corrente, presente

---

[11] Cf. a respeito para o âmbito grego F. TEICHMANN, *Der Mensch und sein Tempel*, 3ª ed. (Darmstadt: 2003); para a teologia judaica do Templo com seu conceito de santidade e pureza, cf. H. SCHWIER, *Tempel und Tempelzerstörung*. NTOA 11 (Friburgo / Göttingen: 1989), pp. 55ss; além disso, cf. B. EGO, A. LANGE, P. PILHOFER (org.), *Gemeinde ohne Tempel. Zur Substituierung und Transformation des Jerusalemer Tempels und seines Kults im Alten Testament, antiken Judentum und frühen Christentum*. WUNT 118 (Tübingen: 1999).
[12] Para a sequência dos eventos na Guerra Judaica, cf. H. SCHWIER, Tempel und Tempelzerstörung, pp. 4-54.

no helenismo, que separava um culto verdadeiro do deus/dos deuses de centros religiosos[13].

Junto com o Templo e a conquista de Jerusalém, também a comunidade primitiva foi provavelmente destruída nas perturbações da Guerra Judaica. Não possuímos testemunhos diretos. Apenas Eusébio, HE III 5,3, relata sobre o destino dos hierosolimitanos[14]: "[...] quando a comunidade em Jerusalém finalmente tinha recebido, através de uma revelação concedida a seus líderes, a ordem de deixar a cidade ainda antes da guerra e de assentar-se numa cidade da Pereia de nome Pela [...]". Segundo essa notícia, a comunidade primitiva teria sobrevivido a destruição de Jerusalém em relativa segurança. No entanto, há argumentos de peso contra a historicidade dessa tradição sobre Pela[15]:

1) Ela é tardia e se encontra somente num único portador de tradições. No cristianismo primitivo, o destino da comunidade primitiva era de interesse geral; se tivessem existido notícias as respeito, estas teriam sido transmitidas mais cedo e por vários autores.
2) Pela era uma cidade gentia que, além do mais, segundo Josefo[16] foi destruída no início da Guerra Judaica. Será que os judeu-cristãos radicais de Jerusalém fugiram para uma cidade gentia?
3) O desaparecimento factual da comunidade primitiva (não do judeu-cristianismo!) depois de 70 d.C. é um argumento contra a suposição de que a comunidade primitiva tivesse sobrevivido a destruição de Jerusalém.

---

[13] Textos in: Neuer Wettstein I/2 (cf. acima, 4.3), pp. 226-234.
[14] Para a relação entre notícias comparáveis e tradições concorrentes em Eusébio e em outros Pais da Igreja, cf. G. LÜDEMANN, Paulus II (cf. acima, 6), pp. 269-274.278-281.
[15] Cf. a respeito detalhadamente G. LÜDEMANN, Paulus II (cf. acima, 6), pp. 275-286. Em favor da historicidade da tradição de Pela pleiteiam, porém: J. WEHNERT, "Die Auswanderung der Jerusalemer Christen nach Pella – historisches Faktum oder theologische Konstruktion?", in *ZKG* 102 (1991), pp. 231-255 (emigração do cristãos de Jerusalém na véspera da Guerra Judaica).
[16] JOSEFO, Bell II 458.

4) A tradição de Pela pode ser explicada como uma tradição local de uma comunidade judeu-cristã em Pela que relacionava sua origem – provavelmente no séc. II d.C. – com a comunidade primitiva.

A morte de Tiago, o Irmão do Senhor, mostra que a comunidade primitiva entrou na mira de círculos nacionalistas já antes do início da guerra. Quando se considera também o procedimento radical desses círculos contra possíveis ou reais dissidentes judaicos[17], há uma única conclusão inevitável: a comunidade primitiva desapareceu nas perturbações da guerra e já não tinha nenhuma influência sobre a história do cristianismo primitivo. Embora grupos judeu-cristãos continuassem a existir[18], perderam com a comunidade primitiva seu ponto de referência natural, de modo que as comunidades urbanas da Ásia Menor, Grécia e Itália ganhassem cada vez mais em importância.

7.4 A ascensão dos flavianos

No ano 68 d.C, Nero cometeu suicídio, e com ele morreu o último membro masculino da família dos julianos e claudianos que vincularam sua origem diretamente a César. O próximo imperador foi Galba, que já era idoso e além disso não dispunha de um sucessor na própria família. No início de 69 deram-se as primeiras rebeliões entre legiões descontentes na Germânia, que proclamaram Vitélio imperador. Também o antigo adepto Oto se levantou contra Galba que morreu nesse golpe. A subsequente batalha decisiva foi perdida por Oto, que por isso tirou sua própria vida, de modo que Vitélio se tornou o único governante. Sublevações prolongadas nos distintos exércitos e a figura pouco convincente de Vitélio fizeram com que houvesse no oriente em junho 69 d.C. a proclamação de Vespasiano como imperador, apoiado principalmente pelo prefeito egípcio Júlio Alexandre

---

[17] Cf., por exemplo, JOSEFO, Bell II 562.
[18] Cf. G. STRECKER, Verbete "Judenchristentum", in *TRE* 17 (Berlim: 1988), pp. 310-325.

e pelo governador sírio Muciano. Após uma série de confusões e lutas, as tropas de Vespasiano conseguiram finalmente assumir o poder também em Roma, e nesses eventos morreu Vitélio.

Vespasiano não provinha de uma família tradicional[19] e precisava legitimar sua pretensão de governar. Por isso, conferiu a seu domínio dimensões religiosas e se fez aparecer como o governante vindo do oriente, esperado há tanto tempo. Tanto Tácito[20] como Suetônio[21] comprovam essa tradição, segundo a qual Vespasiano e Tito, vitoriosos na Judeia, eram a encarnação dessas profecias que os judeus relacionaram consigo mesmos. Um papel particular foi desempenhado neste contexto por Flávio Josefo que atuava como o propagandista desse

---

[19] Cf. SUETÔNIO, Vesp I: "Por muito tempo e devido à revolta armada de três imperadores e seus assassinatos, o governo era contestado e, por assim dizer, oscilante, até que a família dos flavianos o assumisse e colocasse novamente numa base segura. Embora as origens da mesma (isto é, da família dos flavianos) fossem desconhecidas e lhe faltassem, além disso, imagens de ancestrais, a sociedade não teria que se envergonhar dela, embora ela soubesse que Domiciano fora castigado com razão por sua ganância e crueldade". Para os flavianos, cf. H. BELLEN, *Grundzüge der römischen Geschichte II* (Darmstadt: 1998), pp. 81-115.

[20] TÁCITO, Hist V 13,1.2, no contexto da conquista do Templo de Jerusalém: "(1) Aconteceram augúrios (*prodigia*), mas o povo, sucumbido à superstição e adverso a costumes sagrados, não considerou necessário expiá-los por meio de sacrifícios e promessas. Viam-se no céu choques de fileiras de exércitos, armas com brilho vermelho, e viu-se brilhar o templo no repentino brilho do fogo nas nuvens. De repente abriu-se a porta do santuário e se ouviu uma voz sobre-humana: 'Os deuses estão saindo' – e simultaneamente o barulho poderoso da saída. (2) Somente poucos interpretaram isso como motivo de temor; a multidão estava convencida de que estaria escrito nos antigos escritos sacerdotais que justamente naquele tempo cresceria o poder do Oriente e homens sairiam da Judeia e se apoderariam do mundo. Essa palavra enigmática tinha prenunciado acerca de Vespasiano e Tito, mas, segundo o pensamento humano dominado por desejos, a multidão interpretava a grandeza prometida pelo destino em seu favor e não se deixava converter para a verdade, nem mesmo por retrocessos".

[21] SUETÔNIO, Vesp 4,5: "Em todo Oriente estava difundida a antiga opinião, mantida teimosamente até hoje, de que, segundo um dito sobre o destino vindo da Judeia, alguém se apoderaria justamente naquele tempo da dominação universal. Isso foi profetizado sobre um imperador romano, assim como também o posterior curso dos eventos o confirmou plenamente; no entanto, os judeus referiram o dito a si mesmos e se revoltaram". DIO CÁSSIO 64,9 diz sobre Vespasiano: "Também ele tinha recebido augúrios e sonhos que lhe prenunciaram já muito antes o governo".

papel, atribuído a Vespasiano pela providência. Ele alegou ter prenunciado, como prisioneiro, a Vespasiano o governo sobre o mundo (cf. Bell 3,399-408; 4,622-629; Suetônio, Vesp 5,6; Dio Cássio 65,1,4) e colocou a instauração de Vespasiano no governo num contexto religioso, ao vinculá-la com o termo εὐαγγέλια ("notícias cheias de bênção")[22]. A estilização de Vespasiano como quem traz a paz para o mundo (cf. Tácito, Hist IV 3) e a Arca de Tito em Roma mostram que os flavianos encenaram sua vitória sobre os judeus também em Roma propositalmente no sentido de sua autoapresentação[23]. Finalmente, os milagres atribuídos a Vespasiano devem ser considerados uma propaganda político-religiosa[24]. Diz-se que ele curou em Alexandria, logo depois de ter subido ao trono, um cego ou um cego e uma pessoa com uma mão atrofiada, respectivamente (cf. Mc 3,1-6; 8,22-26; 10,46-52). Ele se estilizou como Serápis vivo e era cultuado como filho de Amon, o Zeus egípcio[25]. Também a relação distanciada e até rejeitadora que filósofos tiveram com Vespasiano indica[26] que ele empregou o culto ao imperador (cf. abaixo, 9.1) conscientemente para garantir suas pretensões.

Portanto, o Evangelho de Marcos e, com ele, o novo gênero literário de evangelho formaram-se numa época em que outras "boas novas" eram anunciadas e imperadores se apresentavam como milagreiros e mandavam ser propagados como figuras de salvadores vindos do Oriente. No contexto dessas pretensões, o Evangelho de Marcos (assim como os outros Evangelhos) narra uma história de salvação diferente, na qual atua uma pessoa crucificada pelos romanos como

---

[22] JOSEFO, Bell 4,618.656 (= Neuer Wettstein II/1 [cf. acima, 4.5], 9s). Notável neste contexto é a relação entre εὐαγγέλια, e a exaltação de Vespasiano como imperador e o oferecimento de sacrifícios; para Josefo, cf. ST. MANSON, *Flavius Josephus und das Neue Testament* (Tübingen: 2000).

[23] Cf. a respeito S. PANZRAM, "Der Jerusalemer Tempel und das Rom der Flavier", in F. HAHN (org.), *Zerstörungen des Jerusalemer Tempels*. WUNT 147 (Tübingen: 2002), pp. 166-182.

[24] Cf. TÁCITO, Hist IV 81,1-3; SUETÔNIO, Vesp 7,2-3; DIO CÁSSIO, LXVI 8,1 (= Neuer Wettstein 1/2 [cf. acima, 4.3], pp. 480s); além disso, cf. JOSEFO, Ant 8,46-48. Para o imperador como curandeiro e milagreiro, cf. M. CLAUSS, *Kaiser und Gott. Herrscherkult im römischen Reich* (Stuttgart / Leipzig: 1999), pp. 346-352.

[25] Cf. a respeito o Papiro Fouad 8; além disso, M. CLAUSS, Kaiser und Gott, pp. 113-117.

[26] Cf. a respeito SUETÔNIO, Vesp 13.15; TÁCITO, Hist IV 5,1.2.

filho de Deus, milagreiro e messias vindo do Oriente. A propaganda dos flavianos certamente não era o fator desencadeador para a criação do gênero literário "evangelho"[27], mas sim um elemento estimulante ao qual Marcos alude repetidamente em sua narração (cf. Mc 1,1.11; 9,7; 10,42-45; 15,39)[28].

7.5 A redação de Evangelhos como resolução inovadora de uma crise

Não deve ser nenhuma coincidência que o novo gênero literário de evangelho surgiu por volta do ano 70 d.C. Por um lado, a redação dos Evangelhos é, dentro de determinadas condições gerais históricas, o resultado de um processo natural[29]. As coletâneas pré-marcanas (Mc 2,1-3,6; 4; 10; 13) e as narrativa da Paixão atestam a tendência imanente ao material de formar complexos maiores de texto, e tanto a Fonte dos Ditos (Fonte Q) como Lc 1,1 confirmam explicitamente etapas precedentes à redação dos Evangelhos. Dessa maneira, Marcos como criador do gênero de evangelho situa-se dentro de um processo que já começou antes dele. Além disso, o desaparecimento da expectativa da parusia imediatamente próxima, as múltiplas correntes

---

[27] Diferente G. THEISSEN, Evangelienschreibung und Gemeindeleitung (cf. abaixo, 8.2), pp. 394-399, que designa Marcos explicitamente como "anti-evangelho": "O evangelista Marcos escreve nessa situação um anti-evangelho contra os εὐαγγέλια da ascensão da dinastia flaviana" (op. cit., p. 397). Mais cauteloso é H. BELLEN, Grundzüge, p. 95: "O cristianismo apresentou-se na época dos flavianos pela primeira vez literariamente – com um gênero literário próprio: os evangelhos".

[28] Cf. a respeito E.-M. BECKER, "Der jüdisch-römische Krieg (66-70 n.Chr.) und das Markus-Evangelium", in IDEM (org.), *Die antike Historiographie und die Anfänge der christlichen Geschichtsschreibung*. BZNW 129 (Berlim: 2005), pp. 213-236.

[29] Essa intelecção encontra-se já no início da crítica das formas; cf. M. DIBELIUS, *Die Formgeschichte des Evangeliums*, 6ª ed. (Tübingen: 1971); R. BULTMANN, *Die Geschichte der synoptischen Tradition*, 8ª ed. FRLANT 29 (Göttingen: 1970); K. L. SCHMIDT, "Die Stellung der Evangelien in der allgemeinen Literaturgeschichte", in IDEM, *Neues Testament – Judentum – Kirche*. TB 69 (Munique: 1981 [= 1923], pp. 37-130.

teológicas do séc. I e as perguntas específicas da ética cristã exigiram uma nova orientação no tempo e na história. Os evangelistas resolveram esses problemas especialmente por meio da adoção de tradições histórico-salvíficas, pela elaboração de normas éticas praticáveis e pela introdução de instâncias ordenadoras e instrutoras nas comunidades. As tendências de historização, etização e institucionalização do material traditivo são muito evidentes em Mateus e Lucas, mas já são claramente reconhecíveis em Marcos[30]. Portanto, o caráter literário dos Evangelhos corresponde a sua função no uso intraeclesiástico como fundamento no anúncio, na liturgia, na catequese e na direção de processos intracomunitários[31].

Esse desenvolvimento natural e inevitável devido ao prolongamento do tempo era reforçado pela morte das figuras fundadoras, pela perseguição dos cristãos em Roma, pela perda do Templo e da comunidade primitiva, bem como pela propaganda político-religiosa dos flavianos. O cristianismo primitivo encontrou-se diante da tarefa de elaborar tanto a continuidade aos inícios como uma releitura ligada a esses problemas atuais. O novo gênero literário de evangelho apresentou pela primeira vez uma história-de-Jesus-Cristo com orientação biográfica e salvou, dessa maneira, como a memória do cristianismo primitivo as tradições de Jesus do desaparecimento na escuridão da história. Além disso, compete aos Evangelhos desde a perspectiva pragmática uma função *integradora e inovadora*. Os evangelistas escrevem como membros de um grupo e tinham que esboçar por meio das tradições existentes nas comunidades uma imagem de Jesus que correspondesse às convicções da comunidade[32]. Seu desempenho

---

[30] Essas intelecções acerca da questão histórico-redacional estão compensadas em G. STRECKER, Redaktionsgeschichte als Aufgabe der Synoptikerexegese, in IDEM, *Eschaton und Historie* (Göttingen: 1979), pp. 9-32.

[31] Os aspectos pragmáticos da redação dos Evangelhos são ressaltados em G. THEISSEN, *Lokalkolorit und Zeitgeschichte in den Evangelien*. NTOA 8 (Friburgo/Göttingen: 1989).

[32] Totalmente diferente R. BAUCKHAM, For whom were Gospels written?, in IDEM (org.), *The Gospels for all Christians* (Grand Rapids: 1998), pp. 9-48. Ao contrário da história de redação clássica, ele não vê os evangelistas como expoentes de sua comunidade/comunidades, mas: *"The evangelists, I have argued, did not write for specific*

integrativo especial consiste na articulação de tradições comunitárias sobre Jesus que eram contraditórias ou que estavam em tensão entre si (por exemplo, teologia da glória ou teologia da cruz, particularismo ou universalismo). Uma das funções essenciais da redação dos Evangelhos consiste na formação do consenso que é uma condição para a sobrevivência numa situação com caráter de crise. O potencial inovador dos Evangelhos manifesta-se principalmente em níveis de interpretação e atuação, que precisavam ser desenvolvidos para as *perspectiva externa e interna*. Os Evangelhos esboçam uma imagem do mundo em seu entorno e de sua própria posição nele, e essa imagem leva a uma autodefinição e oferece orientação. Nesse contexto cabe uma importância fundamental à delimitação em relação à religião de origem. Como o cristianismo primitivo surgiu como um movimento intrajudaico de renovação, era preciso apresentar os motivos da separação plausivelmente. Por meio da redação de Evangelhos, o novo movimento confere-se uma narrativa fundante própria e sai definitivamente da comunhão narrativa do judaísmo. Na perspectiva interna era necessário desenvolver modelos para a convivência e a articulação

---

churches they knew or knew about, not even for a large number of such churches. Rather, drawing on their experience and knowledge of several or many specific churches, they wrote for any and every church to which their Gospels might circulate" (Argumentei que os evangelistas não escreveram para determinadas Igrejas que conheciam ou de cuja existência sabiam, nem mesmo para um grande número de tais Igrejas. Antes, ao recorrerem a sua experiência e seu conhecimento de várias ou muitas Igrejas específicas, escreveram para qualquer Igreja onde os seus evangelhos pudessem circular" (op. cit., p. 46). BAUCKHAM aponta como justificativa principalmente à alta mobilidade de missionários/evangelistas cristão-primitivos e às dificuldades de reconstruir as comunidades pressupostas dos distintos evangelistas. Não é possível verificar nos textos dos Evangelhos as suposições muito genéricas de BAUCKHAM. Argumentos contra elas são principalmente: 1) o respectivo perfil narrativo e teológico próprio dos Evangelhos que permitem perceber claramente que 2) cada evangelista dispunha de sua própria linguagem, imaginário, esboço de teologia e estratégias de resolver problemas, que justamente não deram uma resposta a todas as questões e que também não eram pensadas para selecionar aquilo que agrada a alguém individual e espontaneamente. 3) Os Evangelhos visam fortalecer a identidade cristão-primitiva emergente; contudo, uma formação *geral* de identidade não aconteceu nem na Antiguidade nem em épocas posteriores. Ela pode acontecer somente quando se reconhece as perguntas e problemas específicos dos potenciais leitores/ouvintes e os aborda.

de diferentes correntes. A relação entre os cristãos da tradição judaica e os da tradição greco-romana precisava ser regulada tanto como a relação entre ricos e pobres, homem e mulher, cristãos dotados de espírito e cristãos "normais". Todos os Evangelhos, sendo narrativas, dão impulsos para possibilitar a convivência de diferentes grupos na comunidade. Além disso, era necessário elaborar normas para novas estruturas de autoridade e para ministérios de liderança, pois, com o gênero literário de evangelho, os carismáticos itinerantes, fortemente comprometidos com a tradição oral, perderam sua influência. Com o Evangelho, as comunidades locais tornaram-se as portadoras e interpretadoras da tradição de Jesus. A *formação e difusão* dos Evangelhos foi favorecida por dois fatores:

1) Os cristãos primitivos formavam um movimento predominantemente bilíngue, de modo que os Evangelhos podiam ser recebidos em quase todo o Império Romano e por pessoas de camadas educacionais muito diferentes[33].

2) No séc. I d.C., o códice ganhou grande importância, pois tinha grandes vantagens em comparação com os rolos, especialmente quando se tratava de textos longos[34]. Roma parece ter sido um centro desse desenvolvimento[35], e podemos supor que os cristãos tenham aplicado esse procedimento muito prático desde o início em seu novo gênero literário de evangelho.

---

[33] Cf. a respeito para a literatura gentia E. FANTHAM, *Literarisches Leben im antiken Rom. Sozialgeschichte der römischen Literatur von Cicero bis Apuleius* (Stuttgart / Weimar: 1998). A meu ver, a literatura cristão-primitiva deveria receber uma nova avaliação no âmbito de uma história da literatura de toda a Antiguidade, pois não pertence absolutamente à chamada "literatura menor", como pensava a história das formas mais antiga.

[34] Cf. aqui TH. BIRT, *Das antike Buchwesen* (Aalen: 1974 [= 1882]), pp. 371ss; D. TROBISCH, *Die Endredaktion des Neuen Testaments*. NTOA 31 (Friburgo/Göttingen: 1996), pp. 106-124.

[35] Cf. MARCIALIS, Epigramme 1,2 ("[...] comprai aqueles que o pergaminho concentra em páginas estreitas [...]"); 14,192 ("Este pacote aí, dividido para ti em muitas folhas, contém todos os quinze livros de Naso").

Os Evangelhos são igualmente o resultado de um processo natural e de uma abordagem consciente de uma situação de crise. Como uma tradição autêntica e em crescimento, guardam dentro de si a força de interpretar aquilo que perdura e de preservá-lo numa forma sempre renovável para o futuro. Sua recepção até o momento presente mostra o alto grau em que isso foi bem sucedido e do potencial inovador inerente aos Evangelhos.

CAPÍTULO 8

A FONTE DOS DITOS, OS EVANGELHOS SINÓTICOS E OS ATOS DOS APÓSTOLOS: SENTIDO POR MEIO DE NARRAÇÃO

A fonte Q, os Evangelhos Sinóticos e os Atos dos Apóstolos realizam de modo especial a apropriação de eventos passados, necessária no cristianismo primitivo, por meio de narrativas (cf. acima: 1.3; 7.5), para preservar o passado em seu significado permanente.

Estruturas de narrativas

Para pode realizar essa função, narrativas dispõem de estruturas muito variadas. A primeira tarefa de cada narrativa é conferir uma sequência coerente a uma série de acontecimentos relacionados entre si[1]. Quando se determina como forma básica de uma narrativa um início, um meio e um fim, cabe uma importância especial ao início e ao fim, porque são sinais de delimitação. Por meio do início, os ouvintes ou leitores são introduzidos e sintonizados com o mundo da narrativa. O início de uma narrativa marca a compreensão intencionada e possui uma função hermenêutica básica. De igual importância é o fim, pois uma narrativa aceitável precisa definir uma meta a ser alcançada ou esclarecida. Os acontecimentos especialmente relevantes para o ponto final são de importância particular, porque desempenham um papel marcante dentro do curso narrativo e da estruturação dos

---

[1] Cf. a respeito G. GENETTE, *Die Erzählung* (Munique: 1998), pp. 21ss.

acontecimentos em sua totalidade. De importância fundamental para cada narrativa são as conexões causais dos eventos, a ordem do acontecimento. Para cada texto narrativo, a sequência temporal é constitutiva como caso normal. No entanto, há ao mesmo tempo o fenômeno de que nem sempre coincidem a sequência de um acontecimento no tempo e a sequência de sua apresentação no quadro de uma narrativa. Assim, por exemplo, um filme pode começar com o fim do herói (por exemplo, com sua morte), para depois contar sua história na retrospectiva. Em princípio há duas formas de anacronia narrativa: a analepsia e a prolepsia[2]. Na forma da analepsia, um acontecimento que ocorreu num momento anterior àquele já alcançado pela narrativa é apresentado posteriormente. Na forma da prolepsia narra-se antecipadamente um acontecimento que ainda está no futuro. Há uma prolepsia, por exemplo, na narrativa da purificação do Templo no Evangelho de João, pois, muito provavelmente, a purificação do Templo ocorreu no final da atuação de Jesus, mas João a antecipou por motivos teológicos. Um fator importante da estruturação temporal de uma narrativa é a duração. Por via de regra, narrativas observam no quadro de sua ordem cronológica uma duração temporal (cf., por exemplo, as indicações de tempos e lugares em Mc 1). O terceiro elemento na estrutura temporal de uma narrativa é a frequência: quantas vezes se narra um determinado acontecimento? A repetição sugere, por via de regra, a importância de um determinado acontecimento (cf. a tripla narração da vocação de Paulo nos Atos dos Apóstolos). De grande importância é também a pergunta sobre como o narrado é apresentado e de que forma o narrador está presente na narrativa. Geralmente, dentro de sua obra, os narradores estão onipresentes, no sentido de ordenar o material, determinar a sequência dos acontecimentos e conferir à narrativa seu caráter. Dentro da modelação da estrutura narrativa manifesta-se o que o narrador deseja dar a conhecer de si mesmo e de seu mundo. Como narrativas são sempre também autoencenações do narrador, oferecem informações acerca de sua visão de mundo.

---

[2] Cf. G. GENETTE, op. cit., pp. 32-54.

Ao "como" de uma narrativa corresponde o "o que": o que é narrado no enredo? Primeiro devemos distinguir entre evento – acontecimento – história (estória), sendo que, nesse sentido, o evento é a unidade menor de um enredo. Quando um sujeito perpassa subsequentemente vários eventos, esses eventos formam um acontecimento. Quando possuem entre si uma relação determinada por regras, tanto em termos de cronologia como de conteúdo, os eventos elencados no acontecimento formam uma história coesa. Cada história tem um esqueleto de enredo, em inglês chamado de *"plot"*³. O esqueleto do enredo e a dramática narrativa a ele vinculada, a perspectiva da narração e a constelação das pessoas constituem as linhas de sentido que determinam o texto. Cada narrativa possui elementos dirigentes como pessoas, assuntos, afirmações sobre normas, eventos, citações, tradições e muitos outros, que determinam decisivamente a percepção pelo leitor.

Por meio de elementos estruturais, eventos contingentes são transformados em narrativas que criam sentido. Tanto o tipo da narrativa como o início e o fim dela destacam um evento do espaço da mera casualidade e lhe conferem um sentido. No entanto, da mera facticidade de um evento ainda não se pode deduzir que ele esteja dotado de sentido. Ao contrário, precisa-se da narração interpretadora para extrair o potencial de sentido que reside no evento e para torná-lo compreensível e significativo por meio da narração. Narrativas bem feitas são criações de sentido histórico-narrativas e criam, desenvolvem e plausibilizam contextos e relações de sentido. Somente a narrativa abre espaços para a recepção e a interpretação, e possibilita atos de transformação como os que encontramos especialmente nos Evangelhos. Os Evangelhos são sínteses narrativas e criadoras de sentido acerca de experiências com Jesus de Nazaré. Nos dados básicos de sua história-de-Jesus-Cristo, estão em sintonia, mas ordenam o material de maneiras diferentes e ressaltam cada um aqueles aspectos que são importantes para a formação de identidade de suas próprias comunidades.

---

³ Como introdução à interpretação narrativa de Evangelhos, cf. N. A. POWELL, *What is Narrative Criticism?* A New Approach to the Bible (Minneapolis: 1990).

Os Evangelhos caracterizam-se por fatores que criam sentido, por fios vermelhos que determinam o curso da narração. Esses fios vermelhos determinam quais atos ordenadores devem ser realizados pelas distintas histórias e pelo Evangelho em sua totalidade. Nessa situação há uma relação estreita entre as distintas conceituações teológicas e a formação e preservação intencionadas da identidade, porque, nas jovens comunidades, muitos problemas precisavam ser esclarecidos e uma nova visão de mundo e de si mesmo, formada. Exatamente isso foi alcançado especialmente pelo novo gênero literário de evangelho[4] (ao lado das cartas), pois, nele, as experiências com Jesus de Nazaré tornam-se presentes como memória por meio da narração.

Dessa maneira, os Evangelhos realizam simultaneamente uma cultivação de texto, tradição e sentido, ao procurar preservar a tradição em seu acervo, dar-lhe uma maior formação e articular seu sentido vindo do passado com o do presente, por meio de atos interpretativos.

8.1 A Fonte dos Ditos (Q) como protoevangelho

HARNACK, A. von. *Sprüche und Reden Jesu*. Leipzig, 1907; TÖDT, H. E. *Der Menschensohn in der synoptischen Überlieferung* (cf. acima, 3.9.2): LÜHRMANN, D. Die Redaktion der Logienquelle. WMANT 33. Neukirchen, 1969: HOFFMANN, P. Studien zur Theologie der Logienquelle, 3ª ed. NTA 8. Münster, 1982; ROBINSON, J. M. "LOGOI SOPHON - Zur Gattung der Spruchquelle Q". In *Entwicklungslinien durch die Welt des frühen Christentums*, editado por H. KÖSTER, J. M. ROBINSON, pp. 67-106. Tübingen, 1971. SCHULZ, S. *Q – Die Spruchquelle der Evangelisten*. Zurique, 1972; POLAG, A. Die Christologie der Logienquelle. WMANT 45. Neukirchen, 1977; ZELLER, D. Die weisheitlichen Mahnsprüche bei den Synoptikern. FzB 17. Würzburg, 1977; DELOBEL, J. (org.). *Logia – The Sayings of Jesus*. BETL LIX. Lovânia, 1982; SCHÜRMANN, H. "Das Zeugnis der Redequelle für die Basileia-Verkündigung Jesu". In *Gottes Reich – Jesu Geschick*,

---

[4] Para o novo gênero literário de evangelho, cf. por último R. A. BURRIDGE, *What are the Gospels?*, 2ª ed. (Grand Rapids: 2004); D. FRICKENSCHMIDT, *Evangelium als Biographie*. TANZ 22 (Tübingen: 1997); D. DORMEYER, *Das Markusevangelium als Idealbiographie von Jesus Christus, dem Nazarener*. SBB 43 (Stuttgart: 1999); D. WÖRDEMAN, *Das Charakterbild des bios nach Plutarch und das Christusbild im Evangelium nach Markus* (Paderborn: 2002).

editado por IDEM, pp. 65-152. Friburgo, 1983; KLOPPENBORG, J. S. *The Formation of Q*. Philadelphia, 1987; SATO, M. *Q und Prophetie*. WUNT 2.29. Tübingen, 1988; KOSCH, D. *Die eschatologische Tora des Menschensohnes. Untersuchungen zur Rezeption der Stellung Jesu zur Tora in Q*. NTOA 12. Friburgo/Göttingen, 1989; JACOBSON, A. D. *The First Gospel. An Introduction to Q*. Sonoma, 1992; CATCHPOLE, D. *The Quest for Q*. Edimburgo, 1993; SEVENICH-BAX, E. *Israels Konfrontation mit den letzten Boten der Weisheit*. MThA 21. Altenberge, 1993; HOFFMANN, P. *Tradition und Situation. Studien zur Jesusüberlieferung in der Logienquelle und den synoptischen Evangelien*. NTA 28. Münster, 1995; PIPER, R. A. (org.). *The Gospel Behind the Gospels. Current Studies on Q*. NT.S 75, Leiden, 1995; CHR. TUCKETT, Q and the History of Early Christianity. Edimburgo: 1996; ROBINSON, J. M.; HOFFMANN, P.; KLOPPENBORG, J. S.; VERHEYDEN, J.; HEIL, CHR. (org.). *Documenta Q. Q through Two Centuries of Gospel Research*. Lovânia, 1996ss; SCHRÖTER, J. *Erinnerung an Jesu Worte*. WMANT 76. Neukirchen, 1997; ALLISON, D. C. *The Jesus Tradition in Q*. Harrisburg, 1997; KIRK, A. *The Composition of the Sayings Source. Genre, Synchrony, and Wisdom Redaction in Q*. NT.S 91. Leiden, 1998; ROBINSON, J. M.; HOFFMANN, P.; KLOPPENBORG, J. S. *The Critical Edition of Q*. Lovânia, 2000; ALLISON, D. C. *The Intertextual Jesus. Scripture in Q*. Harrisburg, PA, 2000; ARNAL, W. E. *Jesus and the Village Scribes. Galilean Conflicts and the Setting of Q*. Minneapolis, 2001; HÜNEBURG, M. *Jesus als Wundertäter in der Logienquelle*. ABG 4. Leipzig, 2001; ASGEIRSSON, J. M.; DE TROYER, K.; MEYER, M. W. (org.). *From Quest to Q*. FS J. M. Robinson. BETL 146. Lovânia, 2000; LINDEMANN, A. (org.). *The Sayings Source Q and the Historical Jesus*. BETL 158. Lovânia, 2001; HOFMANN, P.; HEIL, CHR. (org.). *Die Spruchquelle Q. Studienausgabe Griechisch und Deutsch*. Darmstadt, 2002; TIWALD, M. *Wanderradikalismus. Jesu erste Jünger – ein Anfang und was davon bleibt*. ÖBS 20. Frankfurt/M, 2002; HEIL, CHR. *Lukas und Q. Studien zur lukanischen Redaktion des Spruchevangeliums Q*. BZNW 111. Berlim, 2003; FLEDDERMANN, H. T. *Q. Reconstruction and Commentary*. BTS 1. Lovânia, 2005; VALANTASIS, R. *The New Q: A Translation with Commentary*. Edimburgo, 2005; ROBINSON, J. M. *The Sayings Gospel Q. Collected Essays*. BETL 189. Lovânia, 2005; RONDEZ, P. *Alltägliche Weisheit*. AThANT 87. Zurique, 2006; ROBINSON, J. M. *Jesus und die Suche nach dem ursprünglichen Evangelium*. Göttingen: 2007.

A Fonte Q é o primeiro esboço (detectável) de uma história da vida e do anúncio de Jesus de Nazaré[5]. Os inícios do círculo de Q

---

[5] Para a terminologia: no contexto da formação da teoria de duas fontes foi introduzida, provavelmente por J. WEISS, para a Fonte dos Ditos a sigla Q (alemão: *Quelle* = fonte); cf. a respeito F. NEIRYNCK, "The Symbol Q (Quelle)", in IDEM,

podem remontar ao tempo pré-pascal⁶, mas somente depois da Páscoa houve uma atividade plena de formação traditiva e elaboração da missão itinerante e de estruturas de comunidade. A Fonte Q passou por um processo de formação que chegou a seu fim entre 50 e 60 d.C.⁷ Enquanto era antigamente discutido se era sequer possível falar de uma "teologia" da Fonte Q, a pesquisa recente mostra que a Fonte Q em sua forma final (reconstruída) deve ser entendida literária e teologicamente como uma obra composta conscientemente⁸ que apresenta uma imagem autônoma de Jesus.

8.1.1 *Teologia*

Na Fonte Q, o Deus de Israel é considerado antes de tudo como "pai" (πατήρ 15 vezes em Q)⁹. Ele é o Deus-Pai protetor e misericordioso, que faz "seu sol nascer sobre maus e bons" (Q 6,35c), de modo que se aplica: "Sede misericordiosos como [...] vosso Pai é misericordioso" (Q 6,36). A certeza na oração e a confiança na atuação protetora de Deus expressam-se de modo inimitável no tratamento (vocativo) de πατήρ no Pai Nosso (Q 11,2b-4) e no trecho subsequente sobre o

---

Evangelica I. BETL 60. Lovânia, 1982, pp. 683-689. Para a história da pesquisa, cf. F. NEIRYNCK, "Recent Developments in the Study of Q", in J. DELOBEL (org.), *Logia*, pp. 29-75; J. S. KLOPPENBORG, Excavating Q, *passim*; J. M. ROBINSON, "History of Q Research", in J. M. ROBINSON, P. HOFFMANN, J. S. KLOPPENBORG, The Critical Edition of Q, pp. xix-lxxi; H. T. FLEDDERMANN, Commentary, pp. 3-39.

⁶ Cf. o esboço em M. SATO, Q und Prophetie, pp. 375-379.

⁷ Para as teorias sobre formação e redação, cf. U. SCHNELLE, Einleitung (cf. acima, 2.2), pp. 218-238. Ele parte da suposição de que devemos contar com uma ampla pré-história oral e escrita do material de Q, mas não com camadas contínuas e literariamente delimitáveis. A base da abordagem que segue é a provável forma final da Fonte Q, assim como apresentada em P. HOFFMANN, CHR. HEIL, Die Spruchquelle Q.

⁸ A abordagem da Fonte Q nas teologias do Novo Testamento é diferenciada; enquanto não encontra menção factual em R. BULTMANN e F. HAHN, e é avaliada por P. STUHLMACHER como um esboço teológico não autônomo, G. STRECKER e U. WILCKENS a tratam sumariamente.

⁹ Cf. a respeito A. POLAG, Christologie (cf. acima, 8.1), pp. 59,67; CHR. HEIL, Lukas und Q (cf. acima, 8.1), pp. 282-286.

atendimento a orações em 11,9-13 (v. 13: "Ora, se vós, que sois tão maus, sabeis dar coisas boas a vossos filhos e filhas, quanto mais o Pai dará do céu algo bom aos que o pedirem"; cf. também Q 12,6s). A confiança ilimitada nas boas intenções de Deus tira das preocupações o peso sufocante e as transforma em uma confiança ilimitada (Q 12,22b.24-30), pois "vosso Pai sabe que tendes necessidade de tudo isso" (Q 12,30). Ele é o Deus que procura, que vai atrás do perdido e que se alegra com a volta de quem errou (Q 15,4-5a.7.8-10)[10]. A relação exclusiva entre o Deus-Pai e o Filho é tematizada no dito duplo de Q 10,21.22 (cf. abaixo, 8.1.2): aqui, Deus aparece não apenas como o criador, mas como um Deus de revelação que concede exclusivamente a seu filho o conhecimento de sua vontade: a inauguração e a imposição de seu domínio no Reino de Deus (βασιλεία τοῦ θεοῦ em Q 6,20; 7,28; 10,9; 11,2.20.52; 12,31; 13,18.20.29.28; 16,16). Como no anúncio de Jesus (cf. acima, 3.4), também em Q, o Reino de Deus aparece como um âmbito de poder e domínio que está se impondo presentemente, mas que ao mesmo tempo virá futuramente e que determina profundamente a autocompreensão e as atividades do grupo de Q (cf. abaixo, 8.1.7). O sujeito do Reino de Deus é também na Fonte Q sempre Deus, cujo domínio progride e se realiza com ou sem o consentimento humano (Q 13,18-21)[11]. O posicionamento do ser humano em relação a essa nova realidade decide sobre seu destino, pois também na Fonte Q, Deus é o Deus que julga e exige. Não se pode servir ao mesmo tempo a Deus e à Mamom (Q 16,13). Deus é o senhor da colheita (Q 10,2) que age exigente e incalculavelmente (Q 19,12-26). A posição particular de Israel na história da salvação já não constitui nenhum privilégio, pois Deus pode "suscitar destas pedras filhos e filhas para Abraão" (Q 3,8), e do banquete escatológico no reinado de Deus com Abraão, Isaac e Jacó participam pessoas estranhas e não as que pareciam estar eleitas para

---

[10] Cf. aqui CHR. HEIL, "Beobachtungen zur theologischen Dimension der Gleichnisrede Jesu in Q", in A. LINDEMANN (org.), *The Sayings Source* (cf. acima, 8.1), pp. 649-659.

[11] Cf. a respeito H. SCHÜRMANN, "Das Zeugnis der Redequelle für die Basileia-Verkündigung Jesu", in IDEM, *Gottes Reich – Jesu Geschick* (Friburgo: 1983), pp. 65-152; H. T. FLEDDERMANN, *Commentary* (cf. acima, 8.1), pp. 143-151.

sempre (Q 13,29.28). A salvação de Deus chega às pessoas que antes não estavam destinadas a ela, mas que agora aceitam seu convite (Q 14,16-21.23).

De modo geral predomina na Fonte Q a imagem do Deus universal misericordioso que faz nascer o sol sobre todas as pessoas e que, em seu Reino, está a caminho para criar uma nova realidade. No centro não está a eleição de Israel na aliança ou o caráter todo-poderoso de Deus, mas a preocupação de Deus com as pessoas que estão "nos caminhos": "Sai até os caminhos, e convida todas as pessoas que encontrares, para que minha casa fique repleta" (Q 14,23).

8.1.2 *Cristologia*

É discutido se é sequer possível falar de uma cristologia da Fonte Q, já que o título de Χριστός (= "ungido/messias") falta tanto como uma narrativa elaborada da Paixão, e já que a ressurreição de Jesus de entre os mortos não é verdadeiramente tematizada[12]. No entanto, quando se entende a cristologia como o conjunto das explicações conceituais, narrativas e funcionais do significado de Jesus, sem torná-la dependente de conceitos ou termos individuais, é bem possível apresentar uma cristologia da Fonte Q[13].

Títulos

A particularidade decisiva da Fonte Q (segundo a visão atual) consiste em desenvolver a cristologia não a partir da Paixão e da Páscoa (cf. abaixo, 8.1.4), mas que "os ditos do Filho do Homem que está se revelando abrem-lhe o futuro diretamente a partir da atuação terrena de Jesus"[14]. O título de *Filho do Homem* predomina no conceito

---

[12] Clássico é A. von HARNACK, Sprüche und Reden Jesu (cf. acima, 8.1), p. 163, segundo o qual "Q não tem interesses cristológico-apologéticos, pelos quais se explica a seleção, compilação e coloração dos discursos e ditos".
[13] Uma visão geral há em CHR. TUCKETT, Q and the History of Early Christianity (cf. acima, 8.1), pp. 209-237.
[14] M. KARRER, Jesus Christus (cf. acima, 4), p. 306.

cristológico da Fonte Q[15]. Para detectar seu significado e sua função requer-se não só uma análise dos ditos individuais, mas é preciso enfocar principalmente o lugar composicional dos ditos do Filho do Homem e sua articulação com outros conceitos cristológicos. A perspectiva da cristologia da Fonte Q manifesta-se pela afirmação do Batista em Q 3,16b: "Eu vos batizo com água; mas quem vem depois de mim é mais forte do que eu". Para a comunidade de Q, aquele "que vem" é indubitavelmente Jesus de Nazaré, como mostra a retomada em Q 7,19: "És tu aquele que vem ou devemos esperar outro?" Todo o escrito serve para demonstrar o Jesus que veio como o presente e o que está vindo para a comunidade de Q. Dentro desse processo de decodificação cabe um papel central ao título do Filho do Homem. O primeiro dito que contém o título Filho do Homem visa o tempo presente atribulado da comunidade de Q (Q 6,22: "Bem-aventurados sois quando vos insultam e perseguem e quando dizem quaisquer maldades contra vós, por causa do Filho do Homem"). Sua confissão do Filho do Homem promete uma recompensa celestial (Q 6,23), enquanto o Israel teimoso (Q 7,31: "esta geração") não dá fé à mensagem do Filho do Homem e o enquadra em categorias totalmente insuficientes (Q 7,34: "Veio o Filho do Homem, comeu e bebeu, e dizeis: 'Eis este homem, um comilão e beberrão, um amigo de cobradores de impostos e pecadores'"). O destino do Filho do Homem terrestre-presente, de ser um marginalizado, é verbalizado também em Q 9,58: "As raposas têm tocas e as aves do céu, ninhos; mas o Filho do Homem não tem onde reclinar sua cabeça". Enquanto predominaram até aqui o Filho do Homem terrestre e sua relação com o Batista, a perspectiva muda com Q 11,30 ("Pois assim como Jonas se tornou um sinal para os

---

[15] Para a bibliografia, cf. acima, 3.9.2; além disso, cf. P. HOFFMANN, "QR und der Menschensohn", in IDEM, *Tradition und Situation* (cf. acima, 8.1), pp. 243-278; CHR. TUCKETT, Q and the History of Early Christianity (cf. acima, 8.1), pp. 239-282; J. SCHRÖTER, "Jesus der Menschensohn. Zum Ansatz der Christologie in Markus und Q", in IDEM, *Jesus und die Anfänge der Christologie*. BThSt 47 (Neukirchen: 2001), pp. 140-179; A. JÄRVINEN, "The Son of Man and his Followers. A Q portrait of Jesus", in D. RHOADS, K. SYREENI (org.), *Characterization in the Gospels. Reconceiving Narrative Criticism*. JSNTS 184 (Sheffield: 1999), pp. 180-222; CHR. HEIL, Lukas und Q (cf. acima, 8.1), pp. 289-297.

ninivitas, assim também o Filho do Homem o será para esta geração"): no centro está agora o Filho do Homem futuro que está vindo para o juízo sobre Israel. A confissão dele decide sobre a sorte no juízo (Q 12,8), de modo que se pode convocar explicitamente para a vigilância: "Vós também, ficai preparados, porque o Filho do Homem virá numa hora que não espereis" (Q 12,40). O motivo do Filho do Homem que aparece repentina e incalculavelmente para o juízo é maciçamente reforçado no fim da Fonte Q, por meio de Q 17,24.26.30: "Pois como o relâmpago sai do leste e fulgura até o oeste, assim será o Filho do Homem [em seu Dia]" (Q 17,24). O objetivo da composição dos ditos do Filho do Homem é sem dúvida comprovar a identidade entre o Filho do Homem que já atua com autoridade na terra e o que voltará para o juízo. Por meio do conceito do Filho do Homem, a Fonte Q consegue "colocar a pretensão do Jesus terreno no horizonte de sua volta para o juízo final"[16], para legitimar enfaticamente a pretensão do próprio Filho do Homem e a de seus seguidores[17].

O título de *Filho de Deus* ocorre somente em Q 4,3.9, mas devido a sua posição composicional na narrativa da tentação compete-lhe um papel central. Depois da porta de entrada com o Batista em Q 3, a narrativa da tentação apresenta a comprovação de Jesus como o Filho de Deus em sua disposição de sofrer (Q 4,3.4), sua aceitação de seu destino em Jerusalém (Q 4,9-12) e sua renúncia ao poder terrestre (Q 4,5-8). Tanto a doação do espírito e a voz de Deus (Q 3,21s) como as citações bíblicas ressaltam a legitimação do Filho por sua obediência a Deus diante da maior tentação. Q 4,1-13 é a dobradiça narrativa e cristológica da Fonte Q, pois a comprovação de Jesus em sofrimento e tentação, como pressuposto da total orientação pelas palavras do Terrestre, não é demonstrada por uma narrativa da Paixão, mas na narrativa da tentação. Nesse sentido, todo o conceito teológico da Fonte Q

---

[16] J. SCHRÖTER, Jesus, der Menschensohn, p. 175.
[17] A figura do Filho do Homem era obviamente o ponto de referência central para o grupo de Q e sua autocompreensão, de modo que devemos avaliar como improvável a tese de P. HOFFMANN, QR und der Menschensohn, pp. 272-278, de que somente a redação por volta do ano 70 d.C. teria atribuído ao conceito do Filho do Homem uma posição exclusiva.

está ligado à narrativa da tentação que não deve ser atribuída a uma camada posterior[18]. Antes que Jesus se apresentasse como alguém que ensina e atua, a narrativa da tentação qualifica sua essência como Filho de Deus que vive em total sintonia com o Pai. Esse aspecto central do retrato de Jesus na Fonte Q domina também em Q 10,21.22, onde ocorre o υἱός ("filho") absoluto: (21) "'Naquele momento', ele disse: Eu te louvo, Pai, Senhor do céu e da terra, porque ocultaste essas coisas a sábios e instituídos e as revelastes a incapazes. Sim, Pai, porque assim foi agradável diante de ti. (22) Tudo me foi entregue por meu Pai, e ninguém conhece o Filho, só o Pai, e ninguém conhece o Pai, só o Filho e aquele a quem o Filho o quiser revelar". Essa palavra tem paralelos notáveis em Jo 3,35; 5,22.26s; 10,15; 13,3; 17,2 e formula a relação singular entre Pai e Filho: em livre soberania, o Pai voltou-se para o Filho e revelou a ele – e com isso, também à comunidade de Q como os "incapazes/infantis" (Q 10,21: νήπιοι) – o segredo de sua vontade. A transferência da autoridade de revelação para o Filho pelo Pai postula a intelecção exclusiva do Filho (e da comunidade de Q) nos planos do Deus que atua escatologicamente na vinda de seu

---

[18] Para a análise, cf. P. HOFFMANN, "Die Versuchungsgeschichte in der Logienquelle. Zur Auseinandersetzung der Judenchristen mit dem politischen Messianismus", in IDEM, *Tradition und Situation* (cf. acima, 8.1), pp. 193-207; M. HÜNEBURG, Jesus als Wundertäter (cf. acima, 8.1), pp. 91-125; M. LABAHN, "Der Gottessohn, die Versuchung und das Kreuz. Überlegungen zum Jesusporträt der Versuchungsgeschichte in Q 4,1-13", in *EThL* 80 (2004): 402-422. No âmbito das teorias mais antigas sobre a formação da Fonte Q, inclusive os modelos de formação em etapas, Q 4,1-13 é excluído (assim D. LÜHRMANN, Redaktion [cf. acima, 8.1], p. 56) ou pelo menos atribuído à etapa mais tardia, por exemplo, J. S. KLOPPENBORG, Formation of Q (cf. acima, 8.1), pp. 247s. A pesquisa recente, porém, conta majoritariamente com o caráter original da narrativa da tentação; por exemplo, J. SCHRÖTER, Erinnerung an Jesu Worte (cf. acima, 8.1), p. 448, observa acerca da narrativa da tentação que "no caso dela não se trata absolutamente de um texto anteposto posteriormente e alheio ao texto propriamente dito". H. T. FLEDDERMANN, Commentary (cf. acima, 8.1), p. 253, ressalta que as tentações *"form an integral part of Q from its beginning"* (são uma parte integral de Q desde seu início); cf., além disso, CHR. TUCKETT, "The Temptation Narrative in Q", in F. VAN SEGBROECK, *The Four Gospels I*. FS F. Neirynck (Lovânia, 1992), pp. 479-507; M. HÜNEBURG, Jesus als Wundertäter, p. 123; M. LABAHN, Der Gottessohn, die Versuchung und das Kreuz, pp. 405s.

Reino[19]. *Em Q, Jesus tem indubitavelmente o status de Filho de Deus, de modo que, com base nessa análise, podemos falar de uma cristologia da Fonte Q*[20].

Um parentesco estreito com o dito duplo de Q 10,21s mostra-se nas afirmações sobre a *Sabedoria* na Fonte Q. A comunidade de Q contava-se entre "os filhos e filhas da Sabedoria" (Q 7,35) que, em contraste com "esta geração" (= o Israel que rejeitava) ouve e obedece à mensagem do Filho do Homem (Q 7,31-34). Em Q 11,49-51, Jesus se refere a um discurso da Sabedoria que envia mensageiros e profetas, dos quais alguns – como na precedente história de Israel – são perseguidos e assassinados. Novamente, a consequência é: "Sim, eu vos digo, elas ["as contas"] serão pedidas a esta geração!" (Q 11,51b). A perspectiva do juízo predomina também em Q 11,31, onde se diz: "No juízo, a Rainha do Sul será ressuscitada juntamente com esta geração, e ela a condenará, porque veio dos confins da terra para ouvir a sabedoria de Salomão; mas aqui está alguém maior do que Salomão". Esse modo de transcender Salomão, bem como a antitética em Q 10,21 e diferenciação entre Jesus e a Sabedoria em Q 7,35 e Q 11,49 mostram que a Fonte Q não identifica Jesus e a Sabedoria e que σοφία não pode ser considerado um título cristológico[21]. Não obstante, a Fonte Q inseriu-se[22] numa ampla corrente de teologia cristã primitiva que adotou motivos sapienciais e os tornou frutíferos também para a cristologia.

---

[19] Com razão, H. T. FLEDDERMANN, Commentary (cf. acima, 8.1), p. 454, formula: *"Q's Christology climaxes in this pericope. Jesus – the Coming One, the Son of Man – as the Son of God reveals God fully as Father to those with privileged eyes and ears who receive the revelation"* (Os clímax cristológicos nesta perícope. Jesus – Aquele que Vem, o Filho do Homem – como o Filho de Deus revela Deus plenamente como Pai àqueles que têm olhos e ouvidos privilegiados que recebem a revelação).

[20] Equivocada é a breve observação de J. D. G. DUNN, Christology in the Making (cf. acima, 4), p. 36: *"the divine sonship of Jesus has apparently no particular significance for Q"* (aparentemente, a filiação divina de Jesus não tem um significado particular para a Fonte Q).

[21] Cf., por exemplo, D. LÜHRMANN, Redaktion (cf. acima, 8.1), p. 99; R. A. PIPER, *Wisdom in the Q-tradition*. MSSNTS 61 (Cambridge: 1989), p. 175; CHR. HEIL, Lukas und Q (cf. acima, 8.1), p. 302; diferente, por exemplo, J. M. ROBINSON, "Basic Shifts in German theology", in *Interpretation* 16 (1962): 76-97, aqui: 83s.

[22] Todo o material sapiencial em Q é elencado e analisado em H. von LIPS, Weisheitliche Traditionen (cf. acima, 4.5), pp. 197-227.

O título de *Kyrios* ("Senhor") encontra-se como tratamento de Jesus em Q 7,6 e 9,59, e em Q 6,46 é considerado insuficiente se não estiver combinado com uma atuação ("Como me chamais: Senhor, Senhor, e não fazeis o que eu digo?"). Nas parábolas, o título de κύριος refere-se em Q 12,42s.45s; 13,25 a Jesus, nas demais ocorrências, a Deus[23].

Cristologia narrativa e funcional

O perfil de uma cristologia manifesta-se também na maneira como o autor/o redator final de um escrito apresenta Jesus de Nazaré narrativamente e nas funções que lhe atribui[24]. Já apontamos a importância fundamental da *narrativa da tentação* em Q 4,1-13 para a cristologia da Fonte Q: logo no início de sua atuação pública, Jesus comprova-se como Filho de Deus e comprova em seu confronto com o diabo sua essência singular.

Agora, a apresentação completa dos discursos, palavras e atos de Jesus está sob o sinal da alteza de Jesus que não serve aos "reinos deste mundo" (Q 4,5), mas anuncia o Reino de Deus[25]. O significado de Jesus define-se na estrutura narrativa da Fonte Q essencialmente por sua *relação com o Batista*[26]. O anúncio do "mais forte que vem" em Q 3,16s é retomado por Q 7,18s.22s.24-28, de modo que o complexo de João emoldura a primeira parte da Fonte Q. Nesse contexto são realizadas duas definições da relação:

1) O Batista é mais que um profeta (Q 7,26), o que é ressaltado pelo significado exclusivo de Q 16,16[27]: o Batista não pertence à época passada "da lei e dos Profetas", mas à história do Reino de Deus.

---

[23] Um significado maior é atribuído ao título de *Kyrios* em Q por M. FRENSCHKOWSKI, "Kyrios in Context", in M. LABAHN, J. ZANGENBERG (org.), *Zwischen den Reichen*. TANZ 36 (Tübingen: 2002), pp. 95-118.
[24] Cf. também L. W. HURTADO, Lord Jesus Christ (cf. acima, 4), pp. 246-248.
[25] Cf. H. T. FLEDDERMANN, Commentary (cf. acima, 8.1), p. 152.
[26] Para a imagem do Batista na Fonte Q, cf. CHR. HEIL, Lukas und Q (cf. acima, 8.1), pp. 118-144.
[27] Cf. CHR. HEIL, op. cit., p. 126.

2) Q 11,32 registra explicitamente, diante do comparecimento dos habitantes de Nínive no juízo: "e eis, aqui está mais do que Jonas". Por isso, o conceito de profeta não é suficiente para captar a essência e a função de Jesus. Já o Batista é mais do que um profeta, portanto, testemunha também o "mais" de Jesus[28] como o Filho de Deus e o Filho do Homem. Finalmente, uma valoração fundamental narrativa da Fonte Q consiste na apresentação do Jesus que ensina no sentido do Jesus que julga. Esse retrato é motivado e acelerado pelo confronto com "esta geração" em Q 7,31; 11,29.30.31.32.50s e pela ênfase na crise de Israel diante da atuação de Jesus e da comunidade de Q (cf. Q 13,24-27; 13,29.28; 13,30; 13,34s; 14,16-18.21-22; 22,28.30). A falta de uma narrativa da Paixão reforça a perspectiva de um conflito crescente e dos eventos do juízo que sobrevirão em breve.

De suma importância para a cristologia são as *funções* que a Fonte Q atribui a Jesus. Em primeiríssimo lugar, Jesus é um *anunciador da palavra* que anuncia o domínio régio de Deus, proclama os pobres como bem-aventurados (Q 6,20-22), interpreta a vontade de Deus de modo autoritativo e qualitativamente novo como amor aos inimigos e renúncia à violência (Q 6,27s.29-30), que exige amor ilimitado (Q 6,32.34) e leva o julgar *ad absurdum* (Q 6,37s). Obedecer a sua vontade tem caráter salvífico (Q 6,46.47-49), e até mesmo a rejeição de seus seguidores não fica sem consequências, pois: "Quem vos acolhe, acolhe a mim, e quem acolhe a mim acolhe aquele que me enviou" (Q 10,16). Jesus aproxima o novo mundo de Deus a seus ouvintes nas parábolas (cf. acima, 8.1.1) e envia seus seguidores à missão em Israel (Q 10,2-12). Como anunciador da palavra, Jesus realiza as funções de anunciador e mediador da salvação, pois: "Felizes os olhos que veem o que vós vedes [...]" (Q 10,23.24). Confessar Jesus decide sobre salvação ou condenação. Toda a Fonte Q está perpassada pelo chamado

---

[28] Naturalmente, isso não exclui a adoção de formas discursivas e tradições proféticas na Fonte Q; cf. a respeito M. E. BORING, The Continuing Voice of Jesus (cf. acima, 3.9.1), pp. 189-234.

à decisão (cf. Q 11,23.33; 12,8s); a aceitação ou rejeição da mensagem de Jesus opera salvação ou condenação (Q 14,16-23)²⁹. Jesus veio lançar fogo sobre a terra (Q 12,49), e sua pessoa e mensagem dividem (Q 12,51.53). O decisivo é julgar corretamente o tempo presente (Q 12,54-56), porque Jesus tem função de *juiz*. Os ais contra as cidades galileias (Q 10,13-15), as palavras de julgamento sobre "esta geração" (11,31s.49-51), os ais contra os fariseus (Q 11,42-44) e doutores da lei (Q 11,46b48) e o anúncio da crise de Israel em Q 13,24-35 deixam claro que Jesus atua como juiz escatológico. Já que o juízo está imediatamente iminente, é urgentemente necessário, segundo Q 12,58s, entrar num acordo reconciliador com seus adversários. O aparecimento do Filho do Homem para o juízo será universalmente reconhecível (Q 17,24), e os destinatários devem fazer de tudo para que sua sorte não seja a das pessoas nos dias de Noé (Q 17,26s).

Finalmente, também na Fonte Q, Jesus de Nazaré aparece como *milagreiro*. Uma primeira linha, tanto narrativa como teológica, forma a sequência "discurso programático" (Q 6,20-49) – cura do servo do centurião de Cafarnaum (Q 7,1-10)³⁰. Já aqui fica nítido que a Fonte Q orienta seu retrato de Jesus no Jesus que fala *e* age, isto é, concretamente no Jesus que cura³¹. O centurião torna-se um receptor da salvação de Jesus e demonstra, ao contrário de Israel, a atitude adequada diante de Jesus: a fé. Q 7,22 intensifica esse pensamento ao definir, por meio do elenco de curas, a atitude diante de Jesus como decisiva para a salvação: "E feliz quem que não ficar escandalizado por causa de mim" (Q 7,23). O paralelo de Qumran 4Q521 indica também para Q 7,22 um contexto messiânico, pois milagres comparáveis são ali considerados fenômenos operados por Deus e que acompanham a atuação de seu messias. O caráter escatológico da atuação de Jesus mostra-se também em seu discurso de envio, no qual os discípulos são explicitamente encarregados a curar doenças (Q 10,9). Nos ais contra Corazim

---

[29] Cf. CHR. HEIL, Lukas und Q (cf. acima, 8.1), p. 344.
[30] Uma análise detalhada em M. HÜNEBURG, *Jesus als Wundertäter* (cf. acima, 8.1), pp. 125-141.
[31] Cf. M. HÜNEBURG, "Jesus als Wundertäter", in A. LINDEMANN (org.), *The Sayings Source* (cf. acima, 8.1), pp. 635-648, aqui: pp. 639s.

e Betsaida, os atos poderosos de Jesus tornam-se até mesmo um critério no juízo (Q 10,13-15). A temática do milagre determina a sequência narrativa de Q 11,14-36[32], onde as expulsões de demônios realizados por Jesus, aparecem como o fim do mal e como a vitória visível de Jesus sobre o reino do Forte. O decisivo é aqui a relação singular de Jesus com Deus, que se expressa em Q 11,20: "Contudo, se é pelo dedo de Deus que eu expulso os demônios, então o domínio régio de Deus já está presente entre vós"[33]. Nesse contexto devemos ler Q 11,23 como um claro aguçamento cristológico, pois ali é a atitude diante de Jesus que decide sobre salvação e condenação: "Quem não está a meu favor, está contra mim, e quem não ajunta comigo, dispersa."

Ficou claro que podemos falar sem restrições de uma cristologia da Fonte Q. A singular união de atuação entre Deus e Jesus mostra-se não só nos milagres, mas também na narrativa da tentação, no anúncio do Reino de Deus, na autoridade jesuânica de ensinar e nos títulos de Filho do Homem e Filho de Deus. Transcende-se o sapiencial e o profético, e atribui-se a Jesus de Nazaré funções que o qualificam como uma figura salvífica escatológica singular. Seus seguidores veem-se legitimados por Jesus a participar do Reino de Deus e a anunciar o domínio do Filho do Homem. Por isso não é suficiente falar de uma cristologia "implícita" ou "baixa" da Fonte Q[34] ou jogar a cristologia contra a teologia[35]. Finalmente, a apresentação narrativa da pessoa de Jesus em toda a Fonte Q mostra que não é possível atribuir cristologias diferentes a diferentes fases literárias[36]. Antes, Jesus de Nazaré no

---

[32] Cf. a respeito M. HÜNEBURG, *Jesus als Wundertäter* (cf. acima, 8.1), pp. 181-225.

[33] Cf. a respeito M. LABAHN, "Jesu Exorzismen (Q 11,19-20)", in A. LINDEMANN (org.), *The Sayings Source* (cf. acima, 8.1), pp. 617-633.

[34] Assim J. SCHRÖTER, "Entscheidung für die Worte Jesu", in *BiKi* 54 (1999): 70-74, aqui: 73, segundo o qual "pode-se falar de uma 'cristo-logia' somente sob reservas"; semelhante J. SCHLOSSER, "Q et la christologie implicite", in A. LINDEMANN (org.), *The Sayings Source* (cf. acima, 8.1), pp. 289-316.

[35] Cf. J. S. KLOPPENBORG, Excavating (cf. acima, 8.1), p. 391: "*The center of Q's theology is not Christology but the reign of God*" (O centro da teologia da Fonte Q não é a cristologia, mas o reino de Deus).

[36] Aqui se pressupõe geralmente um conceito de desenvolvimento do mais baixo para a mais alto; enquanto não se encontra nas camadas mais antigas nenhuma ou apenas uma cristologia rudimentar, a cristologia passa nas redações cada vez

seu anúncio do Reino de Deus, sua unidade com Deus (Q 10,22) e sua identidade como Terrestre, Exaltado e Aquele que Vem está no centro de toda a Fonte Q³⁷.

8.1.3 *Pneumatologia*

A atuação do espírito de Deus desempenha um papel importante na Fonte Q, embora a palavra πνεῦμα esteja atestada nesse sentido apenas cinco vezes³⁸. João Batista diz em Q 3,16 sobre "aquele que vem" (Jesus) que batizará com o Espírito Santo e fogo. A legitimação de Jesus pelo espírito de Deus é afirmada também pelo batismo com o espírito em Q 3,21s, embora um texto seguro de Q já não possa ser reconstruído³⁹.

O espírito aparece personificado em Q 4,1 e 12,12: o espírito conduz Jesus para o deserto e acode os seguidores perseguidos de Jesus perante os tribunais das sinagogas.

Uma situação forense é pressuposta também no dito enigmático de Q 12,10: "E quem disser uma palavra contra o Filho do Homem, será perdoado; mas quem disser algo contra o Espírito Santo, não será perdoado". Esse dito deve pertencer aos confrontos entre os missionários de Q e seus adversários e ter uma perspectiva pré-pascal e

---

mais ao primeiro plano. Assim, por exemplo, A. POLAG, Christologie (cf. acima, 8.1), pp. 171-187; J. S. KLOPPENBORG, Excavating (cf. acima, 8.1), p. 392: "*Even at the main redactional phase (Q²), where christological statements are more in evidence,* [...]" (Até mesmo na fase principal da redação [Q²], onde afirmações cristológicas estão em maior evidência [...]). Para a crítica a esses conceitos reducionistas, cf. no nível metodológico J. SCHRÖTER, Erinnerung an Jesu Worte (cf. acima, 8.1), pp. 436ss; no nível cristológico, cf. L. W. HURTADO, Lord Jesus Christ (cf. acima, 4), pp. 217-257, que refuta explicitamente a tese de uma cristologia "baixa" na Fonte Q.

[37] Cf. a respeito o esboço da teologia e cristologia na Fonte Q em H. T. FLEDDERMANN, Commentary (cf. acima, 8.1), pp. 129-154.

[38] Ocorrências certas são Q 3,16; 4,1; 12,10; incertas são: Q 3,22; 12,12. Em Q 11,24.26 trata-se da volta do "espírito imundo".

[39] Com J. M. ROBINSON e P. HOFFMANN (cf. Critical Edition of Q, pp. 18-20) considero Q 3,21s original, porque Q 4,1-11 pressupõe tanto o conceito do espírito como o do filho e porque havia aparentemente uma relação fixa entre batismo e tentação (cf. Mc 1,9-11.12.13).

pós-pascal[40]. A rejeição pré-pascal do Filho do Homem pode ser perdoada, mas não a rejeição pós-pascal da mensagem dos missionários de Q, porque significaria uma negação da filiação divina de Jesus e, com isso, do espírito de Deus. Aqui se mostra rudimentarmente a pretensão quase absoluta dos missionários de Q de realizar factualmente a atuação salvífica e julgadora de Deus (cf. abaixo, 8.1.7).

8.1.4 Soteriologia

Já mencionamos (cf. acima, 8.1.2) que a Fonte Q pressupõe a morte de Jesus e sua ressurreição, mas não as aplica cristologicamente. Não se encontram tradições de fórmulas (como em Paulo) nem uma narrativa da Paixão (como nos Evangelhos Sinóticos). Essa análise permite a conclusão de que, na Fonte Q, a morte e a ressurreição de Jesus não têm nenhum significado salvífico, que lhes não é atribuída nenhuma qualidade soteriológica?

Uma clara referência à morte de Jesus na cruz encontra-se somente em Q 14,27 ("Quem não carrega sua cruz e não me segue, não pode ser meu discípulo"). O destino (violento) dos profetas serve como interpretação da morte de Jesus em Q 11,49-51 e Q 13,34s ("Jerusalém, Jerusalém, que mata os profetas e apedreja os que foram enviados a ela!"), e já em Q 4,9-12, Jerusalém tem uma conotação negativa. Finalmente, em Q 6,22s(28); 12,4; 17,33 pressupõe-se uma situação de perseguição de Jesus (e da comunidade). Também no conceito da ressurreição, a ocorrência é escassa, já que a ressurreição de Jesus de entre os mortos não é mencionada explicitamente e que alusões podem existir no máximo em Q 7,22; 11.31. No entanto, ditos individuais como Q 12,10; 13,35a ("Eu vos digo, não me vereis até vier o dia em que me direis: Bendito quem vem em nome do Senhor!") e complexos inteiros de motivos, como o conceito da futura atuação julgadora de Jesus (cf. abaixo, 8.1.8), podem ser compreendidos somente no contexto da ressurreição de Jesus como o fundamento material de toda a teologia da Fonte Q. Da mesma maneira, a constante pretensão da Fonte Q

---

[40] Cf. W. WIEFEL, Mt (cf. abaixo, 8.3), p. 238.

de anunciar as palavras de Jesus novamente e com uma pretensão absoluta[41] remete ao conceito da ressurreição como fundamento da conceituação teológica de Q.

Uma explicação desse resultado cheio de tensões precisa se enquadrar no conceito teológico básico da Fonte Q[42]. A total orientação da Fonte Q no Jesus que instrui poderia ser tal explicação que torna plausível por que a Paixão, a morte e a ressurreição são tematizadas apenas rudimentarmente. A Fonte Q concentra-se na identidade existente entre o Terrestre e o Exaltado; unicamente essa identidade confere normatividade às palavras de Jesus e fundamenta a fé da

---

[41] Cf. J. M. ROBINSON. "Der wahre Jesus? Der historische Jesus im Spruchevangelium Q", in *ZNT* 1 (1998): 7-26, aqui: 21s.

[42] As explicações na literatura são muito diferenciadas: P. HOFFMANN, Studien (cf. acima, 8.1), p. 142, vê no dito revelatório de Q 10,22 uma experiência pascal do grupo de Q: "Por meio do apocalipse pascal ficou claro para os seguidores de Jesus que a pretensão de Jesus, e com ela também sua mensagem, não passaram com sua morte, mas que receberam por meio dela uma validade inconcebível". M. SATO, Q und Prophetie (cf. acima, 8.1), p. 383, responde à pergunta sobre por que não há uma história da paixão na Fonte Q: "Nenhum livro profético do Antigo Testamento narra sobre a morte do profeta". Segundo J. S. KLOPPENBORG, Excating Q (cf. acima, 8.1), p. 379, a Fonte Q está interessado, sim, na morte e na justificação de Jesus como exaltação por Deus, *"but that Q's approach to these issues is significally different from those of Paul [...] and Mark and post-Markan gospels."* (mas que a abordagem dessas questões pela Fonte Q é significativamente diferente das de Paulo [...] e de Marcos e dos Evangelhos pós-marquinos). H. v. LIPS, Weisheitliche Traditionen (cf. acima, 4.5), p. 278, pensa que a Fonte Q entendeu Jesus como um mensageiro rejeitado da Sabedoria e que a morte de Jesus era uma referência para a proximidade do Reino que estava vindo, "sem ter um significado salvífico enquanto morte em si". Para D. SEELEY, "Jesus' Death in Q", in *NTS* 38 (1992): 222-234, a *"noble death"* (morte nobre) dos filósofos estoico-cínicos é um modelo para a Fonte Q. J. M. ROBINSON, Der wahre Jesus?, p. 21, constata: "O Evangelho dos Ditos é, dizendo-o de forma exagerada, o próprio milagre da Páscoa!" Segundo H. T. FLEDDERMANN, Commentary (cf. acima, 8.1), p. 106, aplica-se: *"Q contains no passion narrative because Q ends when Jesus stops talking, but Jesus does refer to his death [...]"* (Q não contém nenhuma narrativa da Paixão, porque Q termina quando Jesus para de falar, mas Jesus se refere, sim, a sua morte [...]); M. LABAHN, Der Gottessohn, die Versuchung und das Kreuz, p. 404, enfatiza "que a obediência sobressalente de Jesus na Paixão e na cruz representa uma chave para as tentações de Jesus que continuam sendo de difícil decodificação". Uma visão geral da pesquisa acerca da questão é oferecida em J. S. KLOPPENBORG, Excavating Q (cf. acima, 8.1), pp. 363-379.

comunidade de Q, de que a mensagem de Jesus tem uma suprema relevância para o presente e o futuro. O significado de Jesus transmite-se, segundo o testemunho da Fonte Q, não por fórmulas querigmáticas ou por uma repetição da Paixão, antes, é experimentada no imediato ouvir e fazer das palavras de Jesus. Dentro deste modelo é apenas consequente que a legitimidade e a comprovação de Jesus na Fonte Q não são demonstradas por uma narrativa da Paixão, mas pela narrativa da tentação em Q 4,1-13. Mesmo assim, nesse conceito, a Páscoa não é um corpo estranho, mas exatamente por causa da ressurreição de Jesus, suas palavras não perderam nada de sua atualidade também no tempo pós-pascal. A Páscoa exige a transmissão das palavras do Terrestre e Exaltado, sem se tornar um tema próprio[43]. Além disso, devemos lembrar que tanto os tradentes como os receptores da Fonte Q dispunham de conhecimentos extratextuais que podem ter incluído também a morte de Jesus e seu significado. Para além da temática da Paixão devemos observar que a Fonte Q define o sentido geral do envio e da missão de Jesus como uma atuação sanadora e salvífica. Jesus procura as pessoas perdidas e se alegra sobre as encontradas e sobre o fato do encontro (Q 15,4-5a.7.[8-10]). Quem realiza a vontade de Deus e fica fiel em seu compromisso com o Filho do Homem pode ter certeza de sua recompensa celestial (Q 6,23a; 10,7; além disso, 12,33). O Reino de Deus realiza-se já agora no meio das pessoas que seguem (Q 17,20) e promete um fim glorioso como domínio sobre Israel (Q 22,28.30).

8.1.5 *Antropologia*

Uma antropologia refletida não pode ser comprovada na Fonte Q, mas se encontram ditos individuais com afirmações que têm um significado antropológico. A ênfase no coração como centro pessoal provém da tradição judaica. O convite de juntar tesouros incorruptíveis no céu é seguido pela justificativa: "Pois onde está teu tesouro, aí estará também teu coração" (Q 12,34). O coração é a sede do bem e

---

[43] Muito indiferenciado é o juízo de H. E. TÖDT, Menschensohn (cf. acima, 3.9.2), p. 244: "Os pensamentos do querigma da Paixão permaneceram excluídos".

do mal no ser humano: "O ser humano bom tira de seu acervo o que é bom, e o ser humano mau tira de seu acervo o que é mau; porque do transbordo da boca fala seu coração" (Q 6,45). Há uma correlação direta entre a estrutura interior de uma pessoa e seus atos exteriores, pois "a árvore é reconhecida pelo fruto" (Q 6,44a). Assim como o coração, também o olho possui uma força afirmativa acerca do caráter de um ser humano: "A lâmpada do corpo é o olho. Se teu olho estiver claro, todo teu corpo está iluminado; mas se teu olho for mau, teu corpo inteiro está escuro" (Q 11,34). Uma influência da antropologia dicotômica helenista mostra-se na distinção entre corpo e alma em Q 12,4s[44]: "E não tenhais medo dos que matam o corpo, mas que não podem matar a alma. Mas temei aquele que pode destruir a alma e o corpo na *Geena*". No entanto, a ideia da imortalidade da alma não é adotada, porque o fato de Deus ser todo-poderoso manifesta-se justamente na ideia de que ele pode destruir também a alma. A falibilidade dos seres humanos e sua dependência da bondade de Deus são tematizadas no pedido pelo perdão da culpa (Q 11,4) e em Q 11,13: "Se vós, que sois maus, sabeis dar coisas boas a vossos filhos e filhas, quanto mais o Pai no céu dará coisas boas aos que o pedirem." A fé em Jesus como confiança absoluta no seu poder é demonstrada no exemplo do centurião romano (Q 7,9b: "Eu vos digo, nem mesmo em Israel encontrei uma fé tão grande") e potencializada ao infinito em Q 17,6 ("Se tivésseis fé como um grão de mostarda, diríeis a esta amoreira: Arranca-te e planta-te no mar, e ela vos obedeceria").

O termo νόμος ("lei") aparece na Fonte Q somente duas vezes (Q 16,16s: "A lei e os Profetas são até João [...]. [17] É mais fácil que passem céu e terra do que caia uma jota ou uma vírgula da lei"). Enquanto, por um lado, o Batista representa uma cesura a respeito da lei (v. 16), segundo o v. 17, ela vale irrestritamente. Isso, por sua vez, choca-se com o fato de que nem leis mosaicas individuais nem o próprio Moisés são mencionados na Fonte Q[45]. Alguns textos como Q

---

[44] Essa influência chegou através do judaísmo helenista; paralelos em D. ZELLER, Mahnsprüche (cf. acima, 8.1), pp. 96-100.
[45] Cf. CHR. HEIL, Lukas und Q (cf. acima, 8.1), pp. 318-320.

9,59s e 14,26 questionam os mandamentos da Torá, e os ais contra os fariseus (Q 11,42.39b.41.43) e doutores da lei (Q 11,46b.52.47s) permitem perceber claramente uma crítica a grupos judaicos que procuram estender a influência que a Torá tinha sobre a vida cotidiana. Assim, a Torá não é rejeitada, mas as prescrições rituais sofrem uma clara relativização em favor de afirmativas éticas: "Ai de vós, os fariseus, pois estabeleceis o dízimo para hortelã, arruda e cominho, mas deixais de lado o direito e a misericórdia e a fidelidade. Contudo, um deveria ser feito, e o outro não deveria ser deixado de lado" (Q 11,42).

Em todo caso é nítido que na Fonte Q não a Torá, mas "a mensagem e a figura de Jesus, o *Kyrios*-Filho-do-Homem"[46], são a grandeza de orientação central e o princípio soteriológico.

8.1.6 *Ética*

Na Fonte Q, a ética é uma atitude de vida que se alimenta da consciência de anunciar, como seguidores autorizados do Filho do Homem que veio e virá, a Israel o Reino de Deus como salvação e juízo. Especialmente os *radicalismos éticos* mostram que os seguidores de Jesus da Fonte Q se entendem na continuidade imediata da vida dele e do poder de suas palavras. Isso se manifesta especialmente no *discurso programático* de Q 6,20-49 que funciona, em termos composicionais, como a apresentação da ética de Q[47]. A promessa do domínio de Deus nos macarismos (Q 6,20-23) é o fundamento, o mandamento de amar os inimigos (Q 6,27), a norma básica da ética. O mandamento absoluto do amor aos inimigos é ampliado e precisado em Q 6,28 pela oração pelos perseguidores e em Q 6,29s por dois ditos duplos: eles conferem uma nova definição à relação entre direito e justiça, ao exigir uma renúncia à reação e vingança, bem como

---

[46] D. KOSCH, Die eschatologische Tora (cf. acima, 8.1), p. 450.
[47] Para a análise, cf. E. SEVENICH-BAX, Israels Konfrontation (cf. acima, 8.1), pp. 371-437; P. HOFFMANN, Tradition und Situation. Zur "Verbindlichkeit" des Gebots der Feindesliebe in der synoptischen Tradition und in der gegenwärtigen Friedensdiskussion, in: IDEM, *Tradition und Situation* (cf. acima, 8.1); pp. 3-61; 15-30; H. T. FLEDDERMANN, Commentary (cf. acima, 8.1), pp. 266-335.

uma disposição irrestrita de dar. Nesse contexto, a Fonte Q alarga o conceito jesuânico ao ampliar o mandamento do amor aos inimigos, para além do adversário pessoal, para aqueles grupos que são hostis à própria comunidade. Não obstante as ameaças e hostilidades, a situação da sociedade deve ser transformada positivamente pela força do amor que supera fronteiras, sendo que o Deus criador serve de modelo e a promessa de se tornar "filhos de Deus" funciona de estímulo (Q 6,35cd.36). O decisivo é sair do permanecer no princípio da reciprocidade (Q 6,32a: "Se amais os que vos amam, que recompensa tendes?") e fazer o descomum: não julgar, e olhar primeiro para a própria cegueira ou limitação (Q 6,37.38.39.41s). A Regra Áurea é apresentada em sua forma positiva e enquadra-se nas dimensões universais do discurso programático por meio da ampliação do círculo de destinatários para todos os seres humanos: "Como quereis que as pessoas vos façam, assim fazei a elas" (Q 6,31)[48]. Enquanto a forma negativa da Regra Áurea se refere a todas as relações sociais (por exemplo, segundo Diógenes Laércio, 1,37, Tales diz: "Qual é a melhor maneira de conduzir uma vida boa e justa? É não fazer aquilo que criticamos nos outros"), quase todas as ocorrências da forma positiva pertencem ao etos do governante, da amizade e da família, portanto, são limitadas[49].

A Fonte Q desfaz os limites dessa exclusividade e universaliza tanto o sujeito à atuação exigida como a pessoa que interage com ele. A ênfase explícita no fazer da vontade de Jesus (Q 6.46.47-49) em conexão com a metafórica do fruto e com o pensamento da recompensa (Q 6,43-45) destaca claramente o conceito ético da Fonte Q: trata-se da obediência incondicional e do engajamento indiviso diante daquilo que exigem Deus ou Jesus, respectivamente. Dessa maneira vincula-se à promessa escatológica dos macarismos o juízo escatológico: a promessa dirige-se somente ao fazer as palavras de Jesus, somente no fazer das palavras de Jesus decide-se a salvação!

---

[48] Para o pano de fundo histórico-traditivo e histórico-religioso, cf. A. DIHLE, *Die goldene Regel* (Göttingen: 1962); todos os textos relevantes encontram-se em Neuer Wettstein I/1.2, para Mt 7,12.

[49] Cf. G. THEISSEN, Die Jesusbewegung (cf. acima, 3), pp. 264-268.

Radicalismos éticos encontram-se também fora do discurso programático, por exemplo, a renúncia ao preocupar-se e ao planejar em Q 12,22b-31 ("Não vos preocupeis com vossa vida [...]"), a proibição do divórcio em Q 16,18 e a disposição ilimitada de perdoar ao irmão arrependido em Q 17,3s. Com a renúncia à violência e retribuição relaciona-se na Fonte Q um etos radical da renúncia a um lar e à propriedade. A falta de um lar, vivida pelo Filho do Homem (Q 9,58), torna-se o modelo para os seguidores, para os quais o ódio de pai e mãe é o pressuposto de sua pertença à *familia dei* (Q 14,26)[50]. Os laços familiares, fundamentais para a vida e o pensamento antigos, perdem seu significado (Q 12,51.53: "Pensais que vim para lançar paz sobre a terra? Eu não vim lançar paz, mas espada. Pois eu vim para dividir: o filho contra o pai e a filha contra mãe e a nora contra a sogra"). Convenções sociais como o sepultamento dos pais (Q 9,59s) ou a saudação (Q 10,4e) são abolidas, e mesmo o equipamento mais básico para as andanças que não eram sem perigo não deve ser utilizado (Q 10,4a-d).

A ética está em sintonia com o conceito geral da Fonte Q: a exigida atuação radical e indivisa orienta-se pelas palavras e pela vida do Filho do Homem Jesus de Nazaré, que aboliu as fronteiras do amor de Deus e que promete a seguidores o cuidado de Deus no seu Reino.

8.1.7 *Eclesiologia*

Na Fonte Q não se encontra uma eclesiologia terminologicamente refletida, mas a ética radical e outros aspectos permitem conclusões acerca da estrutura das comunidades de Q e de sua atuação missionária. Frequentemente se usa o termo "radicalismo itinerante" para caracterizar os aspectos particulares e excepcionais dos missionários de Q e de suas comunidades[51]. Especialmente o discurso do envio em

---

[50] Cf. aqui P. KRISTEN, *Familie, Kreuz und Leben: Nachfolge Jesu nach Q und dem Markusevangelium*. MThSt 42 (Marburgo: 1995), pp. 55-155.
[51] Cf. a respeito G. THEISSEN, "Wanderradikalismus", in IDEM, *Studien zur Soziologie des Urchristentums*, 2ª ed. WUNT 19 (Tübingen: 1983), pp. 79-105; questionamentos críticos dessa posição (ideal-típica) encontram-se em TH. SCHMELLER, *Brechungen. Urchristliche Wandercharismatiker im Prisma soziologisch orientierter Exegese*.

Q 10,2-12 pode ser lido como modelo para essa missão. Apesar de um extremo perigo externo (Q 10,2: "Ide! Eis que eu vos envio como cordeiros para o meio de lobos"), os missionários devem renunciar em suas viagens não só a dinheiro, mas também a um equipamento mínimo (vital) (Q 10,4). O modo como os missionários se apresentam em casas e cidades, sua pretensão escandalosa e também sua rejeição em Q 10,5-12 permitem perceber traços idealizados[52]. Em continuidade direta com Jesus, os missionários de Q vincularam a sua mensagem a salvação e o juízo. Somando a isso o etos da renúncia ao lar (Q 9,58; Q 10,4e), à família (Q 14,26) e a não violência (Q 6,29s), mostra-se um conceito radical inteiramente orientado pelo cuidado de Deus (Q 12,22-32) e pelo Reino/domínio de Deus (Q 10,9b). Não é um acaso que o bloco de instruções de Q 10 encerre com o Pai Nosso e com a certeza do atendimento da oração (Q 11,2b-4.9-13).

O número dos missionários de Q deve ter sido pequeno (Q 10,2: "A colheita é grande, mas há somente poucos operários [...]"). O círculo dos portadores da Fonte Q teve uma dupla estrutura organizatória; ao lado de missionários itinerantes (cf. Q 9,57-62; Q 10,1-12.16; Q 12,22-31.33-34) havia seguidores de Jesus prioritariamente sedentários (cf. Q 13,18-21; Q 16,18; Q 13,39s)[53]. Esse estilo de vida não é verdadeiramente um fenômeno excepcional na história do cristianismo primitivo, porque já Paulo e seus colaboradores mais próximos praticaram um estilo de vida e de missão comparavelmente radical (cf. 1Cor 9,5.14s), e a Didaqué pressupõe esse fenômeno também para a região siro-palestina do início do séc. II (cf. Did 11.13)[54].

SBS 136 (Stuttgart: 1989), pp. 50ss, que relativiza com razão os habituais padrões explicativos sociológicos e psicológicos. Um esboço do radicalismo itinerante das comunidades de Q é oferecido por M. TIWALD, "Der Wanderradikalismus als Brücke zum historischen Jesus", in A. LINDEMANN (org.). *The Sayings Source* (cf. acima, 8.1), pp. 523-534.

[52] Para a análise, cf. M. TIWALD, Wanderradikalismus (cf. acima, 8.1), pp. 98-211.
[53] Cf. M. SATO, Q und Prophetie (cf. acima, 8.1), pp. 375ss.
[54] Na Fonte Q não devemos contar com uma missão programática fora da população e/ou de regiões judaicas, pois as menções positivas do centurião de Cafarnaum (Q 7,1-10) ou de Corazim, Sidônia e Betsaida (Q 10,13-15; além disso, cf. Q 11,30-32) servem principalmente de pano de fundo negativo para a rejeição

Os simpatizantes sedentários nas comunidades locais[55] ofereciam aos missionários itinerantes uma base material, ao oferecer hospedagem (Q 9,58) e sustento (Q 10,5-7). Muitos ditos de Q pressupõem a vida sedentária, por exemplo, as parábolas da semente de mostarda e do fermento (Q 13,18-21), a proibição do divórcio (Q 16,18) ou o dito sobre o dono da casa e o ladrão (Q 13,39s)[56]. Igualmente devemos supor uma estruturação dupla das camadas sociais no círculo de Q. Muitos ditos pressupõem a pobreza material (Q 6,20s; 7,22; 11,3), mas, ao mesmo tempo, convites para decidir-se entre Deus e a Mamom (Q 16,13) ou os tesouros celestes e terrestres (Q 12,33s), bem como a disposição para dar sem restrições em Q 6,30 permitem deduzir uma base material (além disso, cf. a parábola do grande banquete em Q 14,15-24). A relação entre pessoas que eram pregadores itinerantes e pessoas sedentárias não deve ser pensada estaticamente; certamente havia um intercâmbio vivo, e os dois grupos recrutavam-se em parte mutuamente[57].

As comunidades de Q e seus missionários viam-se expostos a ameaças e perseguições maciças (Q 6,22s; 12,4s.6s.11s), enfrentadas com uma confiança demonstrativa em Deus (Q 12,8s), uma confissão destemida e com a fidelidade do servo verdadeiro (Q 12,42-46).

---

de Israel; cf. CHR. TUCKETT, Q and the History of Early Christianity (cf. acima, 8.1), pp. 393-404. No entanto, isso não exclui a possibilidade de que, mais tarde, depois do fracasso da missão em Israel, os missionários de Q tenham procurado ganhar para sua mensagem também judeus nas cidades da Fenícia (Q 10,13s) e/ou da Síria. No sul da Síria pode ter acontecido depois uma recepção por Mateus (cf. Mt 4,24).

[55] Cf. a respeito G. THEISSEN, Die Jesusbewegung (cf. acima, 3), pp. 55-90.
[56] Além disso, cf. Q 6,43; 6,47-49; 7,32; 11,1-13; 14,42-46; 12,58; 13,25.
[57] Diferente TH. SCHMELLER, Brechungen, pp. 93-98 que considera os missionários itinerantes encarregados da comunidade de Q e formula o resultado de sua análise como segue: "1. Q é o documento de uma comunidade. 2. A comunidade de Q enviou missionários que viviam como carismáticos itinerantes. 3. Não é possível reconstruir quais ditos eram transmitidos exclusivamente por esses carismáticos itinerantes (ou se havia determinados ditos nos quais isso era o caso). 4. O discurso dos mensageiros é uma tradição da comunidade e, como tal, aproxima-se a um testemunho construtivamente aproveitável acerca do estilo de vida dos carismáticos itinerantes" (cf. op. cit., p.6).

8.1.8 *Escatologia*

A escatologia da Fonte Q está diretamente relacionada com os conflitos da comunidade de Q[58]. O decisivo nesse contexto é a confrontação com Israel e a rejeição por grandes partes de Israel, assim como se mostram inicialmente nas palavras sobre "esta geração" (Q 7,31; 11,29.30.31.32.50s)[59]. "Esta geração" rejeitou o anúncio dos missionários de Q (Q 7,31), é "má" (Q 11,29), e o Filho do Homem torna-se para ela um sinal de juízo (Q 11,30-32.50s). A crise de Israel mostra-se principalmente na perda de sua posição privilegiada na história da salvação (Q 13,24-27.29.28.30; 14,16-18.21-22), cuja consequência é o juízo (Q 13,34s). No centro da escatologia de Q está o conceito do juízo próximo e imediatamente iminente (Q 3,7-9.16b-17; 10,12-15; 17,23-37). A mensagem jesuânica do juízo (cf. acima, 3.7) é adotada pela Fonte Q e reforçada pela composição dos ditos do Filho do Homem, pois no fim da Fonte Q, o Filho do Homem aparece com crescente nitidez como juiz (Q 12,40; 17,24.26.30). O critério para os acontecimentos no juízo é a aceitação ou rejeição da mensagem jesuânica do Reino de Deus. Quem rejeita essa mensagem agora não só é entregue ao juízo (Q 10,13-15; 11,31s), mas, segundo Q 12,10, a rejeição é até mesmo imperdoável. Por isso, deve-se ter medo daquele que pode destruir também a alma (Q 12,5). Já que o juízo de Deus está iminente, convém segundo Q 12,58s fazer ainda rapidamente as pazes com seu adversário. Segundo Q 17,24, o juízo será reconhecível para todas as pessoas, e somente quem reconhece os sinais do tempo pode contar com a salvação (Q 17,26.28.30). O anúncio do juízo de Israel em Q 22,28.30 marca finalmente o fim da Fonte Q e também um ponto final de Israel[60].

---

[58] Uma boa visão geral encontra-se em D. ZELLER, "Der Zusammenhang der Eschatologie in der Logienquelle", in A. VÖGTLE, *Gegenwart und kommendes Reich*. SBB 6 (Stuttgart: 1975), pp. 67-77.
[59] Cf. D. LÜHRMANN, Redaktion (cf. acima, 8.1), p. 47.
[60] Para a interpretação, cf. P. HOFFMANN, "Herrscher in oder Richter über Israel? Mt 19,28/Lk 22,28-30 in der synoptischen Überlieferung", in K. WENGST, G. SASS (org.), *Ja und Nein. Christliche Theologie im Angesicht Israels*. FS W. Schrage (Neukirchen: 1998), pp. 253-264.

Não é possível dizer se isso significa para a Fonte Q uma rejeição definitiva de Israel, porque a intensidade da confrontação pode indicar uma proximidade permanente, mas também uma alienação crescente e uma separação definitiva[61].

No juízo espera-se um julgamento segundo as obras, e já que "todos ressuscitarão simultaneamente, um escutará a avaliação do outro e, eventualmente, até mesmo a influenciará (Q 11,31s)"[62]. No juízo pode-se esperar a recompensa pelo trabalho missionário e pela confissão na tribulação (Q 6,22s; 10,7; 12,33); mas também uma surpreendente rejeição é possível (Q 13,24-27). Apesar da intensa expectativa do fim iminente vislumbra em alguns trechos da Fonte Q também a consciência do atraso da parusia. A imprevisibilidade e o caráter repentino da vinda do Filho do Homem (12,39s), mas principalmente Q 12,45 indicam isso: "Se aquele servo, porém, disser em seu coração: Meu senhor tarda, e começar a bater em seus conservos [...]". Também os trechos de Q 19,12s.15-24 mostram claramente uma consciência de atraso, pois se procura reprimi-la por uma maciça ameaça de juízo.

8.1.9 *Posição na história da teologia*

Por ser a primeira história da vida e do anúncio de Jesus, a Fonte Q possui uma grande importância no âmbito do cristianismo primitivo em formação, pois por meio dela, Jesus de Nazaré aparece abrangentemente como um fenômeno marcante de memória. A Fonte Q é uma abordagem autônoma e perfilada de Jesus, que não é captada

---

[61] Correspondentemente, as opiniões variam; argumentam em favor de uma proximidade permanente, por exemplo, B. E. SEVENICH-BAX, *Israels Konfrontation* (cf. acima, 8.1), pp. 186-190; M. KARRER, "Christliche Gemeinde und Israel. Beobachtungen zur Logienquelle", in P. MOMMER etc., *Gottes Recht als Lebensraum*. FS H.J. Boecker (Neukirchen: 1993), pp. 145-163. F. W. HORN, "Christentum und Judentum in der Logienquelle", in *EvTh* 51 (1991): 344-364, por sua vez, enfatiza no âmbito das redações da Fonte Q a crescente distância a Israel. Também D. ZELLER, "Jesus, Q und die Zukunft Israels", in A. LINDEMANN (org.), *The Sayings Source* (cf. acima, 8.1), pp. 351-369, realça a agudez permanente e não minimizável das palavras de juízo contra Israel.
[62] J. M. ROBINSON, Der wahre Jesus? (cf. acima, 8.1.4), p. 22.

adequadamente com a denominação habitual como "Fonte de Ditos" (*sayings source*) ou "Evangelho de Ditos" (*sayings gospel*). Ao contrário, apresenta um perfil teológico e também narrativo autônomo. A Fonte Q é o primeiro documento (reconstruível) que conceitua a vida e a atuação de Jesus narrativamente e as interpreta teologicamente[63], sendo que o significado de Jesus é visto na transmissão e proclamação de suas palavras. Pela primeira vez há também um forte interesse biográfico que determina a imagem de Jesus, o centro não é só (diferentemente de Paulo) o sentido geral de sua atuação. O movimento fundamental da vida de Jesus e os dados básicos de seu anúncio são inscritos no arco de tensão entre o Filho do Homem que veio e que virá. Já que se atribui às distintas tradições da vida e da atuação de Jesus uma importância tão grande, podemos denominar a Fonte Q de "protoevangelho"[64]. A adoção da Fonte Q por Mateus e Lucas mostra que a Fonte Q foi compreendida e valorizada nesse sentido.

A teologia da Fonte Q é derivada da convicção fundamental de que cabe uma relevância salvífica à atitude em relação a Jesus e a sua mensagem[65]. Um pressuposto teológico perpassa a Fonte Q, "a saber, a convicção dos tradentes de que Jesus abre às pessoas que o encontram a possibilidade de se decidir em favor de Deus e de seu domínio, e de viver essa decisão numa história; sua própria palavra é nesse processo um poder atuante"[66]. Na Fonte Q, tanto a promessa da salvação como a ameaça do juízo não podem ser separadas de quem as profere. No início do anúncio de Jesus está também na Fonte Q a mensagem da salvação; as bem-aventuranças em Q 6,20.21 formulam concisamente a promessa de salvação que não está vinculada a nenhuma précondição. Jesus chama de bem-aventuradas as testemunhas oculares e auriculares (Q 10,23s); o tempo da salvação já começou, pois "cegos

---

[63] Em favor da unidade literária (e teológica) de Q argumenta especialmente H. T. FLEDDERMANN, Commentary (cf. acima, 8.1), pp. 124-128.
[64] Para as distintas definições da forma da Fonte Q, cf. U. SCHNELLE, Einleitung (cf. acima, 2.2), pp. 230-232.
[65] Cf. D. KOSCH, "Q und Jesus", in *BZ* 36 (1992): 30-58, aqui: 44ss.
[66] A. POLAG, "Die theologische Mitte der Logienquelle", in P. STUHLMACHER, *Das Evangelium und die Evangelien* (Tübingen: 1983), pp. 103-111, aqui: p. 110.

veem e coxos andam, leprosos são purificados e surdos ouvem, mortos ressuscitam e aos pobres é anunciada a Boa Nova" (Q 7,22). Os discípulos são enviados para oferecer a paz (Q 10,5s) e para anunciar a proximidade do Reino de Deus (Q 10,9.11b). A atitude em relação a Jesus e sua mensagem não fica sem consequência, pois a rejeição da pretensão salvífica de Jesus tem como consequência a ameaça do juízo. Os missionários de Q percebem-se numa comunhão de destino com seu Senhor, vivem e atuam como ele e esperam com ele e dele o domínio escatológico (Q 22,28.30). Dessa maneira, a Fonte Q criou um conceito teológico fundamental que conseguiu desenvolver o significado de Jesus sem o querigma da Paixão. É verdade que a recepção por Mateus e Lucas modificou esse conceito, mas, ao mesmo tempo, a Fonte Q com sua imagem radical de Jesus determinou também na tradição dos Grandes Evangelhos permanentemente o pensamento do cristianismo.

8.2 Marcos: o caminho de Jesus

WREDE, W. *Das Messiasgeheimnis in den Evangelien*, 4ª ed. Göttingen, 1969 (= 1901); MARXSEN, W. *Der Evangelist Markus*. FRLANT 67, 2ª ed. Göttingen, 1959; ROBINSON, J. M. *Messiasgeheimnis und Geschichtsverständnis. Zur Gattungsgeschichte des Markus-Evangeliums*. TB 81. Munique, 1989 (NA); KUHN, H.-W. *Ältere Sammlungen im Markusevangelium*. SUNT 8. Göttingen, 1970; PESCH, R. (org.). *Das Markus-Evangelium*. Darmstadt, 1979; RÄISÄNEN, H. *Das 'Messiasgeheimnis' im Markusevangelium*. Helsinki, 1976 (nova edição em inglês, consideravelmente ampliada: *The 'Messianic Secret' in Mark's Gospel*. Edimburgo, 1990); PESCH, R. *Das Markusevangelium*. HThK II/1.2. Friburgo, 1984⁴, 1984³ (= 1976.1977); GNILKA, J. *Das Evangelium nach Markus*. EKK II/1.2. Neukirchen, 1988⁵, 1999⁵; DSCHULNIGG, P. *Sprache, Redaktion und Intention des Markus-Evangeliums*, 2ª ed. SBB 11. Stuttgart, 1986; BREYTENBACH, C. *Nachfolge und Zukunftserwartung nach Markus*. AThANT 71. Zurique, 1984; SÖDING, TH. *Glaube bei Markus*, 2ª ed. SBB 12. Stuttgart, 1987; FENDLER, F. *Studien zum Markusevangelium*. GTA 49. Göttingen, 1991; SCHOLTISSEK, K. *Die Vollmacht Jesu*. NTA 25. Münster, 1992; HENGEL, M. "Probleme des Markusevangeliums". In *Das Evangelium und die Evangelien*, editado por P. STUHLMACHER, pp. 221-265. Tübingen, 1983; IDEM, "Entstehungszeit und Situation des Markusevangeliums".

In *Markus-Philologie*. WUNT 33, editado por H. CANCIK, pp. 1-45. Tübingen, 1984; HAHN, F. (org.). *Der Erzähler des Evangeliums. Methodische Neuansätze in der Markusforschung*. SBS 118/119. Stuttgart, 1985; LÜHRMANN, D. *Das Markusevangelium*. HNT 3. Tübingen, 1987; SÖDING, TH. (org.). *Der Evangelist als Theologe. Studien zum Markusevangelium*. SBS 163. Stuttgart, 1995; DORMEYER, D. *Das Markusevangelium als Idealbiographie von Jesus Christus, dem Nazarener*. SBB 43. Stuttgart, 1999; THEISSEN, G. "Evangelienschreibung und Gemeindeleitung. Pragmatische Motive bei der Abfassung des Markusevangeliums". In *Antikes Judentum und Frühes Christentum*. FS H. Stegemann, editado por B. KOLLMANN etc. BZNW 97, pp. 389-414. Berlim, 1999; TELFORD, W. R. *The Theology of the Gospel of Mark*. Cambridge, 1999; MARCUS, J. *Mark 1–8*. AncB 27. Nova Iorque, 2000; KLUMBIES, P.-G. *Der Mythos bei Markus*. BZNW 108. Berlim, 2001; MOLONEY, F. J. *The Gospel of Mark. A Commentary*. Peabody (MA) 2002; SCHENKE, L. *Das Markusevangelium*. Stuttgart, 2005; BECKER, E.-M. *Das Markus-Evangelium im Rahmen antiker Historiographie*. WUNT 194. Tübingen, 2006; BORING, M. E. *Mark*. The New Testament Library. Louisville, 2006.

Marcos escreve seu Evangelho provavelmente em Roma, por volta do ano 70 d.C., para uma comunidade majoritariamente gentio-cristã[67]. Com o novo gênero literário de evangelho, ele criou a primeira história-de-Jesus-Cristo pormenorizada e determinou por meio da apresentação dos eventos e das figuras, da moldura geográfico-cronológica, do curso dos eventos, da perspectiva narrativa[68] e de suas intelecções teológicas essencialmente a imagem de Jesus Cristo no cristianismo primitivo.

---

[67] Cf. U. SCHNELLE, Einleitung (cf. acima, 2.2), pp. 238-260. Pleiteio uma redação pouco depois de 70, porque a contrastação do Templo ainda presentemente existente no nível da narração e do Templo futuramente destruído *por completo* em Mc 13,2 pressupõe a destruição ocorrida. Uma conquista de Jerusalém e do Templo pelos romanos era previsível, mas a destruição completa do Templo não!

[68] Ao lado das obras de F. HAHN e TH. SÖDING, elencadas sob 8.2, cf. para a análise dos textos narrativos do Evangelho de Marcos: D. RHOADS, D. MICHIE, *Mark as Story: An Introduction to the Narrative of a Gospel* (Philadelphia: 1982); N. R. PETERSEN, "'Literarkritik', the New Literary Criticism and the Gospel according to Mark", in F. VAN SEGBROECK etc., *The Four Gospels II*. FS F. Neirynck (Lovânia, 1992), pp. 935-948; C. BREYTENBACH, "Der Erzähler des Evangeliums. Das Markusevangelium als traditionsgebundene Erzählung?", in C. FOCANT (org.). *The Synoptic Gospels*. BETL CX (Lovânia: 1993), pp. 77-110.

8.2.1 *Teologia*

VOUGA, F. "'Habt Glauben an Gott'. Der Theozentrismus der Verkündigung des christlichen Glaubens im Markusevangelium". In *Texts and Contexts*. FS L. Hartmann, editado por T. FOMBERG, D. HELLHOLM, pp. 93-109. Oslo, 1995; SCHOLTISSEK, K. "'Er ist nicht ein Gott der Toten, sondem der Lebenden' (Mk 12,27). Grundzüge der markinischen Theologie". In *Der lebendige Gott*. FS W. Thüsing, editado por TH. SÖDING. NTA 31, pp. 71-100. Münster, 1996; DECHOW, J. *Gottessohn und Herrschaft Gottes. Der Theozentrismus des Markusevangeliums*. WMANT 86. Neukirchen, 2000; GUTTENBERGER, G. Die Gottesvorstellung im Markusevangelium. BZNW 123. Berlim, 2004.

O Evangelho de Marcos tem uma orientação teocêntrica; já a análise linguística (θεός = "Deus" ocorre 48 vezes em Mc, mas somente 51 vezes em Mt) mostra esse aspecto central do pensamento marcano. No campo semântico θεός domina a expressão βασιλεία τοῦ θεοῦ ("Reino/domínio de Deus"); importantes são, além disso, υἱὸς τοῦ θεοῦ ("Filho de Deus", 4 vezes), κύριος ("Senhor" 8 vezes dito de Deus), πατήρ ("Pai" 4 vezes)[69]. Marcos esclarece a seus ouvintes/leitores que somente o Filho de Deus Jesus Cristo está autorizado a anunciar o Evangelho de Deus sobre o cumprimento do tempo e a proximidade do domínio de Deus.

O prólogo como fundamentação teocêntrica

A Mc 1,1-15 como prólogo do Evangelho cabe a função de um texto programático de abertura[70]. Já a apresentação de Mc 1,1 sinaliza a relação entre a mensagem e o mensageiro, característica para Marcos[71]. A expressão com o genitivo, Ἰησοῦ Χριστοῦ υἱοῦ θεοῦ[72] ("Jesus Cristo,

---

[69] Além disso, cf. δύναμις 4 vezes; ἀββα 1 vez; εὐλογητός 1 vez; οὐρανός 1 vez.
[70] Cf. a respeito H.-J. KLAUCK, *Vorspiel im Himmel? Erzähltechnik und Theologie im Markusprolog*. BThSt 32 (Neukirchen: 1997); J. DECHOW, Gottessohn und Herrschaft Gottes, pp. 22-44; G. GUTTENBERGER, Gottesvorstellung, pp. 56-74.
[71] Cf. a respeito também G. ARNOLD, "Mk 1,1 und Eröffnungswendungen in griechischen und lateinischen Schriften", in *ZNW* 63 (1977): 123-127.
[72] Cf. para o caráter original de υἱοῦ θεοῦ por último J. DECHOW, Gottessohn und Herrschaft Gotttes, pp. 24-26.

Filho de Deus"), não só deixa o protagonista da narrativa aparecer como o anunciador e o conteúdo do Evangelho[73], mas uma caracterização insuplantável instala o horizonte no qual é entendido a afirmação de que Jesus é o Cristo e o Filho de Deus. No entanto, esses predicados cristológicos permanecem *afirmações teo-lógicas*, pois Jesus Cristo prega como Filho de *Deus* o evangelho de *Deus* da proximidade do Reino de *Deus* (Mc 1,14s). Entre Mc 1,1 e Mc 1,14s[74] há uma correspondência óbvia, pois somente aqui se precisa o termo de εὐαγγέλιον por expressões com o genitivo. O εὐαγγέλιον τοῦ θεοῦ (Mc 1,14) não é apenas o conteúdo do anúncio pré-pascal de Jesus, mas o εὐαγγέλιον Ἰησου Χριστοῦ (Mc 1,1) é sempre também o εὐαγγέλιον τοῦ θεοῦ e vice-versa. Para Marcos, o anúncio teo-lógico de Jesus e a confissão cristológica da comunidade não são uma contradição[75]. O domínio de Deus que está vindo é tanto conteúdo do Evangelho como o são as ações e as palavras de Jesus Cristo, que é para Marcos não apenas uma figura da história, mas o Filho de Deus crucificado e ressuscitado, portanto, também o sujeito do Evangelho, cujo autor é Deus.

Na citação escriturística de Mc 1,2bc (Ex 23,20/Ml 3,1 LXX) fala o próprio Deus, de modo que tanto a atuação do Batista como o anúncio de Jesus estão inseridos na vontade de Deus. A descrição da atuação de João Batista como precursor e anunciador de Jesus (Mc 1,4-8) ressalta a pretensão extraordinária da narrativa subsequente, pois daquele que batizará com o Espírito Santo (Mc 1,8) pode se esperar realmente

---

[73] Cf. M. FENEBERG, *Der Markusprolog*. StANT 36 (Munique: 1974), p. 118, segundo o qual a expressão com o genitivo possui um conteúdo significativo multidimensional: "Princípio do evangelho que Jesus Cristo, o Filho de Deus, traz, cujo autor ele é (*genitivus auctoris*), que trata dele (*genitivus objetivus*), que ele mesmo é (*genitivus epexegeticus*)". Contra H. WEDER, "'Evangelium Jesu Christi' (Mk 1,1) und 'Evangelium Gottes' (Mk 1,14)", in U. LUZ, H. WEDER, *Die Mitte des Neuen Testaments*. FS E. Schweizer (Göttingen: 1983), pp. 399-411, aqui: p. 402, que prefere interpretar Mc 1,1 somente como *genitivus objectivus*.

[74] Para a função-chave de Mc 1,14s, cf. D. LÜHRMANN, Mk (cf. acima, 8.2), p. 32.

[75] Diante do conteúdo teológico *e* cristológico de Mc 1,1-15 parece-me inadequada uma alternativa como a formulada por J. DECHOW, Gottessohn und Herrschaft Gottes, p. 42: "Para Marcos trata-se em primeiro lugar de confrontar os leitores com a mensagem escatológica de Jesus; em comparação com isso, a identidade autoritativa do mensageiro é de importância secundária".

algo grande. A narrativa do batismo em Mc 1,9-11 enfatiza a relação especial de Jesus com Deus e serve para o desenvolvimento narrativo de Mc 1,1. Para os ouvintes/leitores precisa-se o título de Filho de Deus de duas maneiras: 1) o espírito de *Deus* qualifica o Filho de *Deus* que 2) é amado por Deus de modo singular. A narrativa da tentação em Mc 1,12s funciona como *prolepse* dos conflitos que dominarão no enredo que segue. Jesus resiste a Satanás porque pertence ao lado de Deus, de modo que os anjos o servem e os animais selvagens não são um perigo para ele. Em Mc 1,14s alcança-se o ponto em que se cumpre o anúncio do Batista; portanto, ele já não precisa aparecer como figura do enredo. Os v. 14.15 são o motivo orientador de todo o Evangelho e formulam como tal concisamente o anúncio teológico-escatológico de Jesus Cristo: a proximidade salvífica do domínio de Deus exige conversão e fé. *O evangelho de Deus, o Filho de Deus que o anuncia e o domínio de Deus formam em Marcos uma união indissolúvel.*

A autorização pelo Deus único de Israel

No Evangelho de Marcos, o próprio Deus define sua relação com Jesus. A *voz celestial* em Mc 1,11 ("Tu és o meu Filho amado, em ti me comprazo") e 9,7 ("Este é meu Filho amado; ouvi-o!") qualifica, legitima e autoriza Jesus diante dos ouvintes/leitores do evangelho e do mundo inteiro. A narrativa da transfiguração em sua totalidade (Mc 9,2-8) apresenta Jesus desde a perspectiva helenista como uma divindade que passa pela terra e que revela nessa ocasião sua glória divina[76]. Vozes celestiais são em toda a Antiguidade uma instância de revelação e autorização[77] que possibilitam uma fala de Deus sem elementos imediatamente antropomórficos. Uma função comparável cabe ao mensageiro celestial no túmulo vazio (Mc 16,6s), pois sua mensagem da ressurreição de Jesus e das futuras aparições na Galileia é uma palavra de Deus e garante a verdade e realidade dos acontecimentos não descritos no Evangelho.

---

[76] Cf. Neuer Wettstein I/1.1 para 9,2-8par.
[77] Cf. a respeito P. KUHN, *Offenbarungsstimmen im antiken Judentum* (Tübingen: 1989); além disso, cf. as ocorrências em Neuer Wettstein I/2, pp. 622s.

Outra instância de autorização são as *citações veterotestamentárias* realizadas[78], nas quais geralmente o próprio Deus fala através de Jesus. Já as citações iniciais em Mc 1,2s (Ex 23,20; Ml 3,1; Is 40,3) têm a pretensão de afirmar que Deus como o Senhor da história cumpre com o aparecimento de Jesus sua promessa dada a Israel. Nas confrontações com os adversários, as citações escriturísticas comprovam que Jesus com seu anúncio e sua prática se encontra em sintonia explícita com a vontade de Deus (cf. Mc 10,19). O comportamento dos adversários, que não dispõem de um verdadeiro conhecimento das Escrituras (cf. Mc 2,25; 12,10s.26.35ss), corresponde a medidas humanas (Mc 7,6s). O conhecimento escriturístico soberano de Jesus, ao contrário, mostra-se não só na iluminação da falta de fé e compreensão, presente na multidão/nos discípulos (cf. Mc 4,11s; 8,18; 14,27), mas especialmente na observância (cf. Mc 10,19) e interpretação autoritativa (cf. Mc 12,26) da palavra de Deus. A Escritura e a vontade de Deus registrada nela confirmam e legitimam Jesus (cf. Mc 12,36).

Um dado notável ressalta a conceituação teocêntrica do evangelista mais antigo: na conversa pedagógica sobre o mandamento principal em Mc 12,28-34 cita-se no v. 29 explicitamente o credo fundamental monoteísta de Israel: "Ouve, ó Israel: o Senhor nosso Deus é um único Senhor!" (Dt 6,4 LXX), que depois é variado no v. 32 segundo Dt 4,35; Ex 8,6; Is 45,21 LXX: "Ele é um, e outro fora dele não há". Nem a citação nem suas variações são adotadas por Mateus e Lucas, de modo que Marcos, como nenhum outro evangelista, enfatiza o *credo monoteísta* do cristianismo primitivo, tanto mais que faz alusões explícitas em Mc 2,7 e 10,18[79] e fala em 12,26 do Deus de Abraão, Isaac e Jacó. É o Deus único de Israel que, em Jesus, atua em continuidade consigo mesmo e que faz suas promessas alcançar seu cumprimento.

---

[78] Cf. aqui A. SUHL, *Die Funktion der alttestamentlichen Zitate und Anspielungen im Markusevangelium* (Gütersloh: 1965); J. MARCUS, *The Way of the Lord. Christological Exegesis of the Old Testament in the Gospel of Mark* (Louisville: 1992); TH. R. HATINA, *In Search of a Context: The Function of Scripture in Mark's Narrative*. JSNT.S 232 (Sheffield: 2002).

[79] Cf. a respeito J. GNILKA, "Zum Gottesgedanken in der Jesusüberlieferung", in H.-J. KLAUCK, *Monotheismus und Christologie*. QD 138 (Friburgo: 1992), pp. 44-162, aqui: pp. 151s.

O Reino de Deus e o domínio de Deus

Também o conteúdo central do anúncio de Jesus tem uma orientação teocêntrica: ἡ βασιλεία τοῦ θεοῦ ("o Reino/domínio de Deus" em Mc 1,15; 4,11.26.30; 9,1.47; 10,14s.23-25; 12,34; 14,25; 15,43). A βασιλεία é uma nova realidade aberta por Deus, que apresenta nos textos adotados por Marcos[80] principalmente uma dimensão temporal e espacial. O Reino de Deus aparece como uma grandeza próxima, mas ao mesmo tempo futura em Mc 1,15; 9,1; 10,23-25; 14,25; 15,43; um significado majoritariamente preséntico de βασιλεία τοῦ θεοῦ mostra-se em Mc 4,11; 10,13-15; 12,34. Dimensões espaciais estão presentes em Mc 9,1 ("ver o Reino de Deus"); 9,47 ("entrar no Reino de Deus"); 10,15 ("receber o Reino de Deus") 10,23-25 ("chegar ao Reino de Deus"), 12,34 ("não estar muito longe do Reino de Deus"); 14,25 ("beber de novo do fruto da vinha no Reino de Deus").

Marcos vê na *basileia* uma grandeza prioritariamente futúrica que, apesar de seus inícios insignificantes (cf. Mc 4,26-29.30-32), já desenvolve no tempo presente uma dinâmica salvífica. A mensagem do domínio e da salvação de Deus, que chegaram perto na virada dos tempos (Mc 1,15: καιρός), proclama sua pretensão e exigência acerca dos seres humanos e abre a possibilidade de ganhar a vida. Corresponde ao cumprimento do tempo a disposição de converter-se e de mudar de comportamento (Mc 1,15), pois decisões radicais são inevitáveis perante o domínio próximo de Deus (Mc 9,42-48).

Marcos vê a riqueza como um grande perigo; ela pode impedir a entrada no Reino de Deus (Mc 10,17-27). O contraste é a criança que não tem direitos e depende de ajuda, como corporificação da atitude exigida por Deus em relação à nova realidade da *basileia* de Deus (Mc 10,13-16)[81]. Trata-se da vida verdadeira, do perdão e da salvação escatológica que estão presentes no anúncio do Reino/domínio de Deus, realizado por Jesus. O "mistério do Reino de Deus" (Mc 4,11: μυστήριον

---

[80] Segundo TH. SÖDING, *Glaube bei Markus* (cf. acima, 8.2), p. 187, Mc 10,24 provém apenas da redação.
[81] Para a análise detalhada, cf. P. MÜLLER, *In der Mitte der Gemeinde* (Neukirchen: 1992), pp. 56-78.

... τῆς βασιλείας τοῦ θεοῦ) não é outro que o mistério da pessoa de Jesus Cristo, o Filho de Deus (Mc 1,1). Em Marcos, a *teologia* e a cristologia da *basileia* não estão em oposição, mas a cristologia é fundada teocentricamente: o Reino/domínio de Deus forma a moldura e o conteúdo do anúncio de Jesus[82].

O evangelho de Deus

O evangelho de Jesus Cristo, desenvolvido por Marcos (Mc 1,1), é como tal o evangelho *de Deus* (Mc 1,14)[83]. Todas as sete ocorrências de εὐαγγέλιον (cf. Mc 1,1.14s; 8,35; 10,29; 13,10; 14,9) remontam ao evangelista[84]. Enquanto se entendia antes de Marcos ὁ εὐαγγέλιον sempre como o anúncio de (sobre) Jesus Cristo, já que se devia completar com o *genitivus objectivus* Ἰησοῦ Χριστοῦ, mostra-se agora uma mudança fundamental. Em Mc 1,1, Jesus Cristo é o anunciador e simultaneamente o conteúdo do evangelho; o genitivo Ἰησοῦ Χριστοῦ designa o sujeito e o objeto do evangelho[85]. A correspondência entre Mc 1,1 e Mc 1,14s deixa claro que, para Marcos, o Jesus Cristo anunciado em seu Evangelho é simultaneamente o anunciador do evangelho, sem que o anúncio *teo*-lógico de Jesus e a confissão cristológica da comunidade fossem para Marcos uma contradição. O evangelho de Deus compreende tanto a vontade e o poder salvíficos de Deus como o anúncio e o destino de Jesus, para continuar no anúncio pós-pascal da comunidade marcana. O evangelho de Deus tem sempre e em todos os tempos como conteúdo o evangelho de Jesus Cristo, e vice-versa!

Os atos e palavras de Jesus Cristo são conteúdos do evangelho, mas, ao mesmo tempo, Jesus Cristo é para Marcos não só uma figura da história, mas o Filho de Deus crucificado e ressuscitado e, por isso,

---

[82] Cf. TH. SÖDING, Glaube bei Markus (cf. acima, 8.2), pp. 191-196.
[83] Esse aspecto é enfatizado por J. DECHOW, Gottessohn und Herrschaft Gottes, pp. 274-280.
[84] Comprovação em G. STRECKER, "Literarkritische Überlegungen zum εὐαγγέλιον-Begriff im Markusevangelium", in IDEM, *Eschaton und Historie* (Göttingen: 1979), pp. 76-89.
[85] Cf. J. GNILKA, Mk 1 (cf. acima, 8.2), p. 43.

também o sujeito do Evangelho⁸⁶. A representação do evangelho por Jesus e a representação de Jesus no evangelho são ressaltados enfaticamente por Marcos pelo acréscimo "por causa do evangelho" depois de "por causa de mim" em Mc 8,35; 10,29 (cf. o anúncio universal do evangelho em Mc 13,10; 14,9). Dessa maneira, o evangelista relaciona a atuação passada e presente de Jesus Cristo inseparavelmente com o evangelho como mensagem de anúncio e gênero literário. Ao mesmo tempo entrelaçam-se aqui os níveis intratextual e extratextual, constitutivos para o gênero de evangelho. O chamado para a decisão, proferido por Jesus no nível intratextual, visa no nível extratextual a comunidade marcana, para a qual Jesus Cristo está acessível e presente no Evangelho. Ao apresentar em seu Evangelho o caminho terreno do Filho de Deus, Marcos adota uma tendência que já se manifesta em 1Cor 15,3b-5: a confissão do Jesus Cristo crucificado e ressuscitado não é possível sem um vínculo elementar com o caminho do Jesus terreno[87]. O próprio Deu fez Jesus seu Filho (Mc 1,9-11) e o encarregou com o anúncio do evangelho, de modo que a apresentação historiográfica do caminho de Jesus, as implicações cristológicas e a fundamentação teológica sempre se condicionam mutuamente e a Páscoa não representa uma cesura. A Boa Nova de Marcos trata da manifestação do poder salvífico de Deus na vida, morte e ressurreição de Jesus Cristo no passado, presente e futuro.

A vontade de Deus

O caminho de Jesus em Marcos corresponde desde o início à vontade de Deus (Mc 1,2s)[88].

No fazer da vontade de Deus e não no parentesco consanguíneo se decide quem pertence à família de Jesus (Mc 3,31-35; 8,34-38).

---

[86] Cf. abrangentemente TH. SÖDING, Glaube bei Markus (cf. acima, 8.2), pp. 198-251.
[87] Cf. M. HENGEL, Das Begräbnis Jesu bei Paulus und die leibliche Auferstehung aus dem Grabe (cf. acima, 4.2), p. 127: "O evangelho como narração da história de salvação estava desde o início num paralelo necessário com o evangelho como querigma".
[88] Cf. a respeito G. GUTTENBERGER, Gottesvorstellung, pp. 117-182.

Corresponde à vontade de Deus devolver ao sábado seu sentido original e salvar vidas (Mc 2,23-28; 3,1-6), pois: "Abandonais o mandamento de Deus e observais a tradição dos seres humanos" (Mc 7,8; cf. 7,13). Jesus conhece a vontade de Deus e se nega de adulterá-la por tradições humanas. Ele sabe que, somente em sintonia com a vontade de Deus, a vida pode dar certo e a vida eterna, alcançada. Por isso, ele manda o jovem rico embora: "Por que me chamas bom? Ninguém é bom senão o Deus único" (Mc 10,18). A subsequente citação de partes do Decálogo (Mc 10,19) enfatiza que Jesus se orienta inteiramente pela vontade de Deus. Até mesmo os adversários reconhecem que Jesus está comprometido com a verdade e não considera a fama de uma pessoa, porque "ensina em verdade o caminho de Deus" (Mc 12,14). Jesus sabe o que pertence a Deus e o que ao imperador (Mc 12,13-17). Mc 12,1-12 tematiza enfaticamente a atuação passada e presente de Deus[89]. A eleição de Israel (Mc 12,1) corresponde tanto a sua vontade como o envio dos servos (Mc 12,2-5) e, finalmente, a vinda do Filho (Mc 12,6). Com o assassinato do filho único amado (Mc 12,6; cf. 1,11) ocorre uma reviravolta irreversível na relação entre Deus e os vinhateiros. A bondade e paciência de Deus manifestam-se, não obstante todas as resistências, no novo início com a "pedra angular" Jesus Cristo, anunciado nas Escrituras (Sl 118,22s LXX em Mc 12,10s) e a quem os novos vinhateiros trazem os frutos esperados (Mc 12,9). Também em sua morte, Jesus sabe-se envolvido pela vontade de Deus; na oração mostram-se sua intimidade com Deus e sua obediência: "Abba, Pai, tudo é possível para ti. Deixa este cálice passar por mim! Mas, não o que eu quero, mas o que tu queres" (Mc 14,36).

O *teocentrismo* de Jesus é o fundamento do evangelho marcano; o evangelista descreve Jesus como o Filho de Deus todo-poderoso e Messias que torna a vontade e a pretensão de Deus efetivas no *kairos* presente. Ele convoca para a fé em Deus (Mc 11,22: "Tenhais fé em

---

[89] Para a interpretação de Mc 12,1-12, cf. por último R. KAMPLING, *Israel unter dem Anspruch des Messias*. SBB 25 (Stuttgart, 1992), pp. 153-195; TH. SCHMELLLER, "Der Erbe des Weinbergs", in *MThZ* 46 (1995): 183-201; U. MELL, *Die "anderen" Winzer*. WUNT 77 (Tübingen: 1994), pp. 29-188.

Deus!") que é um Deus dos vivos e não dos mortos (Mc 12,27), e cuja plenipotência faz tudo parecer possível (Mc 10,27)⁹⁰.

8.2.2 Cristologia

VIELHAUER, PH. Erwägungen zur Christologie des Markusevangeliums. In *Aufsätze zum Neuen Testament*. TB 31, editado por IDEM, pp. 199-214. Munique, 1965; KERTELGE, K. *Die Wunder im Markusevangelium*. StANT 23. Munique, 1970; SCHENKE, L. Die Wundererzählungen des Markusevangeliums. Stuttgart, 1974; KOCH, D.-A. *Die Bedeutung der Wundererzählungen für die Christologie des Markusevangeliums*. BZNW 42. Berlim, 1975; WEBER, R. "Christologie und 'Messiasgeheimnis': ihr Zusammenhang und Stellenwert in den Darstellungsintentionen des Markus". In *EvTh* 43 (1983): 108-125; KINGSBURY, J. D. *The Christology of Mark's Gospel* (Philadelphia: 1983); BREYTENBACH, C. "Grundzüge markinischer Gottesohn-Christologie". In *Anfänge der Christologie*. FS F. Hahn, editado por C. BREYTENBACH, H. PAULSEN, pp. 169-184. Göttingen: 1991; BROADHEAD, E. K. *Teaching in Authority. Miracles and Christology in the Gospel of Mark*. JSNT.S 74. Sheffield, 1992; SCHNACKENBURG, R. *Die Person Jesu Christi im Spiegel der vier Evangelien*. HThK.S 4, pp. 28-89. Friburgo, 1993; DE JONGE, M. *Christologie im Kontext* (cf. acima, 4), pp. 39-56; MÜLLER, P. *"Wer ist dieser?" Jesus im Markusevangelium*. BThSt 27. Neukirchen, 1995; MATERA, F. J. New Testament Christology (cf. acima, 4), pp. 5-26; SCHENKE, L. "Gibt es im Markusevangelium eine Präexistenzchristologie?". In *ZNW* 91 (2000): 45-71; DU TOIT, D. S. "'Gesalbter Gottessohn' – Jesus als letzter Bote Gottes. Zur Christologie des Markusevangeliums". In: " ... was ihr auf dem Weg verhandelt habt". FS F. Hahn, editado por P. MÜLLER, CHR. GERBER, TH. KNÖPPLER, pp. 37-50. Neukirchen, 2001; EBNER, M. "Kreuzestheologie im Markusevangelium". In *Kreuzestheologie im Neuen Testament*. WUNT 151, editado por A. DETTWILER, J. ZUMSTEIN, pp. 151-168. Tübingen, 2002; DU TOIT, D. S. *Der abwesende Herr. Strategien im Markusevangelium zur Bewältigung der Abwesenheit des Auferstandenen*. WMANT 111. Neukirchen, 2006.

A teologia é o fundamento, a cristologia, o centro do pensamento marcano⁹¹. O desempenho especial do evangelista consiste justamente

---

⁹⁰ Para os motivos do poder e da plenipotência de Deus, cf. G. GUTTENBERGER, Gottesvorstellung, pp. 183-217.
⁹¹ Diferente F. VOUGA, "Habt Glauben an Gott" (cf. acima, 8.2.1), p. 107: "Pois o verdadeiro tema e o centro do Evangelho de Marcos não é a cristologia, mas τὸ

em apresentar o caminho terreno do Filho de Deus Jesus Cristo, isto é, transformar a legitimação de Jesus de Nazaré por Deus e a consequente dignidade de sua pessoa em uma narrativa dramática.

Todos esses aspectos devem ser considerados uma unidade, pois nem a teologia nem a cristologia podem ser levantados fora da narração, mas tudo está sempre mutuamente relacionado e intimamente entrelaçado[92].

Títulos cristológicos

Uma primeira expressão imediata da conceituação narrativo-cristológica do evangelista é o posicionamento intencional de títulos cristológicos na narrativa.

Ao título υἱὸς θεοῦ ("Filho de Deus") cabe uma importância muito especial na estrutura do Evangelho, pois ele estrutura não só a narração (cf. Mc 1,1; 1,11; 3,11; 9,7; 12,6; 14,61; 15,39), mas responde também concisamente a pergunta-chave da cristologia marcana: "Quem é este?" (cf. Mc 1,27; 4,41; 6,2s.14-16; 8,27ss; 9,7; 10,47s; 14,61s; 15,39). O uso preferencial de υἱὸς θεοῦ não é um acaso, pois esse título podia ser facilmente recebido tanto por judeus como por pessoas de religiosidade greco-romana[93].

Já Mc 1,1 deixa claro que o caminho terreno de Jesus é também o caminho do Filho de Deus. Jesus Cristo está igualmente relacionado com o céu e com a terra, e, por isso, sua história é uma celeste e terrestre. Ele é desde o início o Filho de Deus e também *chega a sê-lo*

μυστήριον τῆς βασιλείας τοῦ θεοῦ e o início de seu anúncio e de sua história entre os seres humanos".

[92] Cf. F. J. MATERA, New Testament Christology (cf. acima, 4), p. 26, segundo o qual nenhum dos títulos cristológicos *"can be understood adequately apart from Mark's narrative; for the Christology is in the story, and through the story we learn to interpret the titles"* (pode ser entendido adequadamente quando separado da narração de Marcos, pois a cristologia está na história, e através da história aprendemos a interpretar os títulos).

[93] Cf. a respeito A. Y. COLLINS, "Mark and His Readers: The Son of God among Jews", in *HThR* 92 (1999): 393-408; IDEM, "The Son of God among Greeks and Romans", in *HThR* 93 (2000): 85-100.

no âmbito da narração⁹⁴. Marcos demonstra essa relação fundamental em vários níveis. Por meio da expressão ὁ υἱός μου ὁ ἀγαπητός (1,11; 9,7: "meu Filho amado") ou υἱὸς ἀγαπητός (12,6: "filho amado"), ele relaciona as narrativas do batismo de Jesus (Mc 1,9-11), da transfiguração (Mc 9,2-9) e a alegoria dos vinhateiros (Mc 12,1-12) terminologicamente e faz delas textos-chave. Esses textos formam uma linha de conhecimento cristológico no sentido de que, aqui, o mundo do céu e o mundo da terra se aproximam por meio da voz de Deus e que se usa sempre o título υἱός para mostrar que Jesus pertence a Deus. Enquanto o batismo e a transfiguração de Jesus formulam e apresentam a dignidade de Jesus, a alegoria dos vinhateiros é um prelúdio da Paixão, de modo que todos os três textos desembocam na confissão do centurião embaixo da cruz (Mc 15,39): "Este era verdadeiramente Filho de Deus". A forma do passado ἦν indica que, para Marcos, o Jesus terreno era o Filho de Deus⁹⁵. Na estrutura do evangelho, batismo, transfiguração, rejeição e confissão embaixo da cruz são as colunas básicas em torno das quais Marcos agrupa suas tradições na forma de uma *vita Iesu*.

O título υἱός marca o centro em termos de conteúdo, pois consegue tanto captar a natureza divina de Jesus como seu destino de sofrimento e morte. O ser e a natureza de Jesus estão definidos desde o início; ele é o Filho de Deus e sua natureza não muda. Para os seres humanos, porém, ele apenas *chega a ser* o Filho de Deus, porque precisam de um processo de (re)conhecimento⁹⁶. Esse processo é a *vita Iesu*, do modo como Marcos a apresenta no novo gênero literário do evangelho, e que chega a sua meta como processo noético somente no final

---

⁹⁴ Essa estrutura dupla explica-se pela situação de Marcos que por volta do ano 70 d.C. pressupõe naturalmente uma cristologia, mas que ao mesmo tempo deseja esclarecer dentro do novo gênero literário evangelho como Jesus chegou a ser o que sempre já era. Com isso, porém, Marcos não é um representante de uma cristologia de pré-existência (diferente L. SCHENKE, Gibt es im Markusevangelium eine Präexistenzchristologie?, pp. 53ss), porque a conclusão lógica da exegese moderna não pode abolir o simples fato de que Marcos não processa uma cristologia de pré-existência literariamente, portanto, também não a defende.

⁹⁵ Cf. D. S. DU TOIT, "Gesalbter Gottessohn", p. 39.

⁹⁶ Cf. R. WEBER, Christologie und "Messiasgeheimnis", pp. 115s.

do Evangelho, na cruz. Apenas aqui é um ser humano e não Deus que reconhece Jesus como υἱὸς θεοῦ (Mc 15,39). Segundo a lógica narrativa interna sabem disso antes somente Deus (Mc 1,11; 9,7), os demônios (Mc 3,11; 5,7) e o próprio Filho (Mc 1,11; 12,6; 14,61s). O ser humana deve primeiro perpassar todo o caminho de Jesus, desde o batismo até a cruz, para chegar a um conhecimento adequado da filiação divina de Jesus Cristo. No final desse caminho, a aclamação *do centurião romano embaixo da cruz* provoca necessariamente uma comparação com o culto imperial, pois o poder supremo na terra não compete ao imperador cultuado como Filho de Deus ou como Deus[97], mas ao Filho de Deus Jesus Cristo. O título cristológico central do Evangelho mais antigo foi recebido pelos ouvintes/leitores certamente também no contexto do culto ao imperador[98]. Como definição cristológica positiva, é também um questionamento maciço do culto ao imperador como uma religião política, pois o Filho de Deus não é o imperador, mas uma pessoa crucificada pelos romanos! também o exorcismo em Mc 5,1-20 deve ser lido como polêmica contra a pretensão todo-abrangente do imperador romano, pois os demônios chamam-se Legião (Mc 5,9: λεγιών; legião = destacamento do exército romano, de 4200-6000 homens), refugiam-se numa manada de porcos impuros e finalmente se afogam (Mc 5,9-11). Não só o geraseno, mas o país é agora libertado (dos romanos)! Também a disputa entre os discípulos sobre quem era o primeiro (Mc 10,35-45), com sua rejeição de princípios tradicionais de dominação, deve se voltar contra a pretensão de poder do culto ao imperador.

Enquanto o título de Filho de Deus denomina a natureza de Jesus, o título de Filho do Homem (υἱὸς τοῦ ἀνθρώπου) visa antes sua atuação e função[99]. O Filho do Homem que atua no presente com autoridade está no centro de Mc 2,10; 2,28, onde Jesus se confronta com

---

[97] Para o imperador como "Filho de Deus", cf. os textos em Neuer Wettstein I/1.1 para Mc 15,39; para o imperador como divindade, cf. M. CLAUSS, Kaiser und Gott (cf. acima, 7.4), pp. 217-419.
[98] Esse aspecto é ressaltado em M. EBNER, Kreuzestheologie im Markusevangelium, pp. 153-158.
[99] Cf. aqui U. KMIECIK, *Der Menschensohn im Markusevangelium*. FzB 81 (Würzburg: 1997).

as tradições interpretativas judaicas e apresenta novas definições. A função julgadora do Filho do Homem está em destaque em Mc 8,38. A confissão ou não confissão do anúncio jesuânico do Reino de Deus no tempo presente (cf. Mc 9,1) tem como consequência a salvação ou a condenação, que são para Marcos dois lados da mesma moeda, já que estão incondicionalmente vinculadas com a pessoa de Jesus.

Mc 13,26 e 14,62 tematizam a vinda do Filho do Homem. Em Mc 14,61s chama a atenção a grande concentração de títulos cristológicos: υἱὸς θεοῦ, υἱὸς τοῦ εὐλογητοῦ ("Filho do Bendito") e υἱὸς τοῦ ἀνθρώπου. Mc 14,61s marca um ponto de culminação e um ápice cristológicos do Evangelho: o Jesus exteriormente impotente e entregue aos poderes é equipado por Marcos com a mais alta dignidade. Ainda que a ênfase esteja aqui no título de Filho do Homem, fica claro que, em Marcos, os títulos se complementam e se interpretam mutuamente. Uma orientação pela teologia da Paixão domina nas afirmativas acerca do Filho do Homem que sofre em Mc 8,31; 9,9.12.31; 10,33.45; 14,21.41. Trata-se aqui de uma forma específica do discurso marcano que antes dele não está atestada no cristianismo primitivo. Todas as ocorrências situam-se depois de Mc 8,27 e abrem especialmente por meio dos três anúncios do sofrimento em Mc 8,31; 9,31 e 10,33 o caminho de Galileia para Jerusalém[100], o lugar de seu sofrimento e sua morte em humilhação e zombaria. Desde Mc 8,27 vale irrestritamente que Jesus caminha em direção da cruz e que Marcos pensa a partir da cruz; isto é, o discurso sobre o Filho do Homem que sofre é uma forma da teologia da cruz marcana.

O título Χριστός ("*ungido/messias*") aparece em dois pontos-chave hermenêuticos e teológicos do Evangelho: Mc 1,1 e 8,29 (além disso, 9,41; 12,35; 13,21; 14,61; 15,32). Mc 1,1 qualifica o anúncio marcano não somente como evangelho de Jesus Cristo, mas Jesus é como o Χριστός tanto o conteúdo como o anunciador do evangelho (cf. acima, 8.2.1). O que se aplica ao título de Filho, vale também para Χριστός: Jesus já é sempre aquilo que ele *chega a ser* dentro da narração. Isso fica claro em Mc 8,29, onde é proferida por Pedro a única predicação

---
[100] Cf. R. WEBER, Christologie und "Messiasgeheimnis", pp. 116s.

explícita de Cristo: "Tu és o Cristo" (σὺ εἶ ὁ Χριστός). Ao colocá-la sob o mandamento do silêncio (8,30), acrescentar o primeiro anúncio da paixão (8,31) e rejeitar severamente a sugestão de Pedro de que Jesus deveria evitar a Paixão (8,32s), o evangelista expressa teológica e literariamente sua compreensão de Χριστός: em princípio, Pedro reconheceu corretamente que Jesus é o messias, mas, ao mesmo tempo, é preciso registrar de que modo ele se torna o messias. Dessa maneira, o Filho do Homem sofredor e o Cristo dos títulos dignitários são a mesma pessoa; não existe dignidade e alteza no além da humildade, e vice-versa. Dessa maneira, Marcos não coloca o título de Χριστός sob uma reserva[101], mas preserva o mistério paradoxal da pessoa de Jesus Cristo que não pode ser derivado da reflexão sobre as Escrituras. Mc 12,35-37 refuta a objeção de que o Cristo é o Filho de Davi[102]. Ao contrário, Sl 110,1 LXX expressa a verdadeira dignidade do Cristo que, como κύριος, está numa relação imediata com Deus[103]. A atuação de Deus subtrai-se de qualquer cálculo humano e não pode ser deduzida da história[104].

O mistério da pessoa

Também a teoria marcana do segredo messiânico serve ao conhecimento do Filho de Deus Jesus Cristo. O caráter oculto de Jesus como figura salvífica encontra-se em Marcos em várias formas que devem ser entendidas sempre no quadro de uma teoria de segredo cristológico.

1) *O reconhecimento do messias pelos demônios e a ordem de silêncio que Jesus dirige a eles*: em Mc 1,25; 1,34; 3,12 encontram-se ordens de silêncio

---

[101] Diferente F. HAHN, Theologie I, p. 501: "O título de Messias é usado como proléptico em relação com o Jesus terreno e deve ser entendido, assim como o "Filho de Davi", no sentido do messias *designatus*".

[102] Para o conceito de Filho de Davi, cf. também Mc 10,47s; 11,10.

[103] Κύριος serve principalmente em citações da LXX como designação de Deus (cf. Mc 11,9; 12,11.29s.36; além disso, 12,9; 13,20), além disso, serve como título dignitário para Jesus (Mc 1,3; 5,19; 11,3; 12,36s; 13,35), como tratamento de Jesus (Mc 7,28) e como designação de sua atuação em alteza e dignidade (Mc 2,28).

[104] Cf. J. M. ROBINSON, Messiasgeheimnis und Geschichtsverständnis (cf. acima, 8.2), p. 65.

dirigidas a demônios que fizeram uma afirmação correta sobre a pessoa de Jesus Cristo (Mc 1,24: ὁ ἅγιος τοῦ θεοῦ = "o santo de Deus"; Mc 3,11: σὺ εἶ ὁ υἱὸς τοῦ θεοῦ = "Tu és o Filho de Deus")[105]. Enquanto a ordem de silenciar-se em Mc 1,25 pode ser entendida como um meio exorcista empregado para submeter o demônio no contexto do imaginário tradicional de uma narrativa de exorcismo, as duas ordens de silêncio nos sumários de milagres em Mc 1,32-34 e 3,7-12 devem ser consideradas claramente redacionais[106]. Marcos deseja esclarecer por meio delas que o reconhecimento de Jesus a partir de milagres ainda não é suficiente para a compreensão abrangente de sua filiação divina. Os milagres ainda não fazem de Jesus o Filho de Deus[107].

2) *A realização oculta dos milagres de Jesus*: a proibição de sua divulgação e a violação desse mandamento. Em Mc 5,43a e 7,36a, no contexto da realização de um milagre, Jesus proíbe às pessoas presentes ou à própria pessoa curada divulgar o evento da cura publicamente. Essa ordem é violada em Mc 7,36b, e também a ordem de Mc 1,44, preestabelecida na tradição, é violada em Mc 1,45[108]. A proibição da divulgação visa evitar uma definição e usurpação de Jesus somente a partir de seus milagres. Nos milagres, o mistério de Jesus ainda não se revela abrangentemente, mas as violações dessa proibição indicam ao mesmo tempo que não é possível proibir que Jesus se torne "epifano" como

---

[105] Em Mc 5,8, o evangelista coloca como reação ao reconhecimento pelos demônios em Mc 5,7 em vez da ordem de silêncio a ordem de sair do geraseno. Aqui, uma ordem de calar-se teria sido inadequada, já que a narrativa tradicional tinha preestabelecido uma conversa entre Jesus e os demônios.

[106] Cf. para a análise J. GNILKA, Mk I (cf. acima, 8.2), 76s.85s.133. B. KOLLMANN, "Jesu Schweigegebote an die Dämonen", in *ZNW* 82 (1991): 267-273, considera também a ordem de silêncio em Mc 1,25 redacional.

[107] G. GUTTENBERGER, Gottesvorstellung (cf. acima, 8.2.1), pp. 288-332, interpreta o segredo messiânico no horizonte da relação entre o monoteísmo e a cristologia e opina acerca da função das ordens de silêncio emitidas aos demônios: "Com as ordens de silêncio contra os demônios, Marcos introduz no contexto dos motivos de segredo outra medida de precaução, por meio da qual ele protege Jesus da acusação de violação do Primeiro Mandamento e de sedução" (op. cit., p. 331).

[108] Para o caráter redacional de Mc 1,45; 5,43a; 7,36, cf. J. GNILKA, Mk I (cf. acima, 8.2), pp. 91.211.296.

milagreiro (cf. também Mc 7,24!)[109]. Marcos não considera absolutamente esse fato negativo, apenas rejeita uma pretensão de absolutismo dos milagres em relação à pessoa de Jesus. No nível da lógica narrativa imanente ao texto, a maioria das ordens de silêncio e proibições de divulgação não pode ser explicada; elas remetem a uma metateoria cristológica.

3) *A incompreensão dos discípulos*: até Mc 8,27, a incompreensão dos discípulos dirige-se ao ensinamento (Mc 4,13; 7,18) e à pessoa de Jesus (Mc 4,40s; 6,52). A partir de Mc 8,27, a imagem muda: tanto os ensinamentos secretos dos discípulos como os mal-entendidos da parte dos discípulos ocorrem acumulados. Enquanto os discípulos foram apresentados em Mc 8,17.21 ainda como obstinados e duros de coração, há uma cesura com a confissão de Pedro em Mc 8,29. Houve uma mudança no grau de reconhecimento dos discípulos que agora têm consciência do messianismo de Jesus. A ordem de silêncio em Mc 8,30 e a reação de Pedro ao primeiro anúncio da Paixão, porém, mostram que os discípulos entendem o segredo do sofrimento da pessoa de Jesus em Mc 8,27-33 tão pouco como em Mc 9,5s; 9,30-32; 10,32-34. Com a incompreensão dos discípulos, Marcos demonstra, por assim dizer, a partir do lado negativo como a pessoa de Jesus não deve ser entendida. Uma compreensão integral da pessoa de Jesus não pode limitar sua alteza e glória e eclipsar sua Paixão. Antes, os dois aspectos pertencem a um conhecimento abrangente de Jesus.

4) *Ordem de silêncio dada aos discípulos*: ambas as ordens de silêncio dadas aos discípulos em Mc 8,30 e 9,9 são de grande importância para a teoria marcana do segredo messiânico. Por meio da ordem de silêncio em 8,30, Marcos deixa claro[110] que à confissão de Pedro ainda

---

[109] Cf. M. FRENSCHKOWSKI, *Offenbarung und Epiphanie II*. WUNT 2.80 (Tübingen: 1997), p. 211: "O *numen* trai a si mesmo, sua natureza verdadeira é vislumbrada cada vez de novo em meio ao oculto". Frenschkowski atribui a abordagem marcana de Jesus de modo geral ao antigo modelo da "epifania escondida"; cf. IDEM, Offenbarung und Epiphanie II, pp. 148-224.

[110] Contra R. PESCH, Mk II (cf. acima, 8.2), pp. 33.39, Mc 8,30 deve ser considerado redacional; cf., entre outros, J. GNILKA, Mk II (cf. acima, 8.2), p. 10; R. WEBER, Christologie und "Messiasgeheimnis", p. 118.

não se liga um reconhecimento completo e definitivo da pessoa de Jesus. Isso se mostra pelo subsequente primeiro anúncio da Paixão e pela reação de Pedro. A importância fundamental de Mc 9,9 ("Ao descerem da montanha, ordenou-lhes que a ninguém contassem o que tinham visto, até quando o Filho do Homem tivesse ressuscitado dos mortos") para a teoria do segredo messiânico foi reconhecido já por W. WREDE[111]. Marcos delimita o fim da ordem de silêncio para a ressurreição de Jesus e desvela a partir dali o segredo em torno da pessoa de Jesus[112]. Além disso, a partir da lógica narrativa imanente de Mc 9,2-8 não podem ser explicados nem o tema da ressurreição nem a delimitação da ordem de silêncio. Finamente, há uma relação muito estreita entre a incompreensão dos discípulos no v. 10 e a ordem delimitada no v. 9. Ambas deixam claro[113]: apenas a cruz e a ressurreição permitem um pleno reconhecimento de Jesus Cristo.

> Uma relação indireta há entre a teoria marcana do segredo messiânico e o isolamento durante as curas (cf. Mc 5,37.40; 7,33; 8,23), a redução do círculo dos discípulos (cf. Mc 5,37; 13,3), as retiradas de Jesus (cf. Mc 1,35.45; 3,7.9; 6,31s.46; 7,24) e motivos topológicos como οἶκος, οἰκία ("casa"; cf. Mc 7,17.24; 9,28.33; 10,10), πλοῖον, πλοιάριον ("barco"; cf. Mc 3,9; 6,32.54; 8,13ss), ὄρος ("montanha"; cf. Mc 3,13; 6,46; 9,2.9; 13,3), ἔρημος τόπος ("lugar solitário"; cf. Mc 1,35.45; 6,31s).
> A teoria das parábolas em seu cerne pré-marcano (Mc 4,10-12) não é um elemento imediato da teoria marcana do segredo messiânico[114]. O conceito do segredo é para Marcos não uma teoria apologética para explicar a incredulidade judaica e também não implica uma obstinação consciente. Antes, visa levar à compreensão correta da pessoa de Jesus. Por isso, o evangelista corrige a teoria das parábolas em 4,13b consideravelmente e constrói,

---

[111] Cf. W. WREDE, Messiasgeheimnis (cf. acima, 8.2), p. 661.
[112] H. RÄISÄNEN, Messiasgeheimnis (cf. acima, 8.2), pp. 109-117.161; R. PESCH, Mk II (cf. acima, 8.2), pp. 39.77, consideram Mc 9,9 um elemento da tradição. Um argumento contra isso são as concordâncias materiais e formais com as ordens de silêncio claramente redacionais em Mc 5,43 e 7,36.
[113] Ambas são redacionais; cf. E. SCHWEIZER, *Das Evangelium nach Markus*, 4ª ed. NTD 1 (Göttingen: 1975), p. 100; J. GNILKA, Mk II (cf. acima, 8.2), p. 40; D. LÜHRMANN, Mk (cf. acima, 8.2), p. 157.
[114] Para a relação de Mc 4,33.34 com a teoria das parábolas, cf. J. GNILKA, Mk I (cf. acima, 8.2), pp. 190s.

por meio do motivo da incompreensão dos discípulos, uma relação indireta com a teoria do segredo messiânico.

Os distintos elementos da teoria marcana do segredo messiânico não nascem do interesse histórico, mas visam o leitor e procuram levá-lo a um conhecimento abrangente de Jesus Cristo. Ao mesmo tempo, a teoria do segredo messiânico permite ao evangelista Marcos no quadro do novo gênero literário de evangelho combinar e articular numa nova união as tradições jesuânicas das narrativas de milagres pré-marcanas com as tradições da Paixão.[115] Além disso, Mc 9,9 mostra que a teoria do segredo messiânico deve ser entendida como uma forma da teologia marcana da cruz[116]. O Filho de Deus Jesus Cristo permanece o mesmo em seu sofrimento e em sua atuação com autoridade.

A autoridade de Jesus

Um termo chave da cristologia marcana é ἐξουσία ("autoridade"; 10 vezes em Mc; 10 vezes em Mt; 16 vezes em Lc; 8 vezes em Jo).

---

[115] G. THEISSEN afirma para o tema do segredo messiânico uma função pragmática: o paralelo entre o mundo textual do Evangelho e o mundo real dos leitores/ouvintes permite concluir que a revelação gradual do segredo messiânico e a consequente ameaça a Jesus tem uma correspondência no mundo social da comunidade marcana; cf. IDEM, Evangelienschreibung und Gemeindeleitung (cf. acima, 8.2), p. 405.

[116] W. WREDE considerou o segredo messiânico não uma construção do evangelista Marcos, mas viu nele a obra da comunidade pós-pascal, mas pré-marcana que nasceu da necessidade de equilibrar a vida não messiânica de Jesus e a fé pós-pascal da comunidade. Ao longo da história da pesquisa, tanto a tese de tradições não messiânicas de Jesus como a suposição de tradições de uma origem pré-marcana do segredo messiânico não conseguiram prevalecer. Especialmente os trabalhos de E. SCHWEIZER mostraram que Marcos deve ser considerado o autor da teoria do segredo messiânico (cf. E. SCHWEIZER, "Zur Frage nach dem Messiasgeheimnis bei Markus", in IDEM, *Beiträge zur Theologie des Neuen Testaments* [Zurique: 1970][, pp. 11-20; IDEM, Die theologische Leistung des Markus, op. cit., pp. 21-42). H. RÄISÄNEN separa a "teoria das parábolas" totalmente da questão do segredo messiânico e dá uma resposta negativa à pergunta pela coesão da teoria marcana do segredo messiânico; cf. IDEM, The 'Messianic Secret', pp. 76-143. R. PESCH argumenta de forma semelhante, ao entender Marcos como um redator conservador que não teria um conceito cristológico independente; cf. IDEM, Mk II (cf. acima, 8.2), pp. 40s.

O interesse excepcional do evangelista nesse termo (redacional em Mc 1,22.27; 3,15; 6,7; 11,28.29.33; 13,34, tradicional em Mc 2,10)[117] manifesta-se tanto no nível da composição como do conteúdo. Mc 1,21-28 coloca toda a atuação de Jesus sob o termo-chave da ἐξουσία: "E todos ficaram espantados, de modo que um perguntou o outro: Que é isto? Um novo ensinamento com autoridade?" (Mc 1,27). A ἐξουσία que se revela em palavras e atos qualifica Jesus de modo particular, pois ele participa de maneira singular da autoridade de Deus, ao perdoar pecados (Mc 2,10), devolver ao sábado seu sentido original (Mc 2,27s; 3,4), curar doentes (Mc 1,40-45 etc.), criticar a interpretação contemporânea da lei (Mc 2,1-3,6 [N. da Trad.: sic!]) ou chama com autoridade para o seguimento (cf. Mc 1,16-20; 3,13-19; 6,6b-13 etc.). Tal pretensão não podia ficar sem contradição, por isso se levanta a pergunta cristológico fundamental: "Com que autoridade fazes isto, ou quem te concedeu a autoridade para fazê-lo?" (Mc 11,28). No contexto de Mc 11,27-33; 12,1-12, Jesus aparece como o plenipotenciário de Deus, sendo que o termo ἐξουσία expressa a unidade entre a pessoa e a atuação. A ἐξουσία do terreno é "expressão do envio messiânico do Filho de Deus para o anúncio e a mediação do domínio de Deus que está vindo"[118]. Mc 2,1–3,6 como prelúdio da Paixão e Mc 11,27; 12,1-12 deixam claro que Marcos compreende a Paixão como consequência do envio do messias e Filho de Deus Jesus de Nazaré em autoridade. Na aceitação obediente da vontade de Deus (Mc 14,36: "Deixa passar de mim este cálice! Mas, não o que eu quero, mas o que tu queres") manifesta-se não só a dignidade da pessoa de Jesus, mas a constante sintonia de sua missão com a vontade de Deus. Como expressão visível da participação jesuânica da autoridade de Deus, o termo ἐξουσία desenvolve a dignidade messiânica de Jesus como Filho de Deus e articula a relação entre ensino, prática e dignidade pessoal.

---

[117] Cf. K. SCHOLTISSEK, Die Vollmacht Jesu (cf. acima, 8.2), p. 281.
[118] K. SCHOLTISSEK, op. cit., p. 293.

Milagres e cristologia

Narrativas de milagres faltam quase por completo na Fonte Q e se encontram nos materiais próprios de Mateus e de Lucas apenas esporadicamente, de modo que Marcos e sua tradição são os portadores verdadeiros da tradição neotestamentária de milagres. Impressiona o amplo leque das formas narrativas:

I) Exorcismos: Mc 1,21-28; 5,1-20; 9,14-27.
II) Milagres de cura ou terapias: Mc 1,29-31; 1,40-45; 5,21-43; 7,31-37; 8,22-26; 10,46-52.
III) Milagres de salvamento: Mc 4,35-41.
IV) Narrativas de epifania: Mc 6,45-52.
V) Milagres de doação: Mc 6,30-44; 8,1-9.
VI) Formas mistas: Mc 2,1-12; 3,1-6; 7,24-30.
VII) Sumários da atuação milagreira de Jesus: Mc 1,32-34; 3,7-12; 6,53-56.

No centro da tradição pré-marcana de milagres[119] está o próprio milagreiro, de modo que essas narrativas podem ser consideradas *narrativas sobre um milagreiro* que desenvolvem uma cristologia terapêutica. Em termos histórico-traditivos, as narrativas de milagres adotam elementos da tradição de Elias (compare-se Mc 5,7 com 1Rs 17; 18) e da tradição de Moisés (cf. Mc 6,32ss). Paralelos histórico-temáticos existem também acerca da tradição helenística do "homem divino" (θεῖος ἀγήρ) (o reconhecimento e a pré-ciência milagrosas: Mc 2,8; 3,2; 4,39s; 5,30; 6,37; 8,4s; temor e terror: Mc 4,41; 5,15.17.33.42; 6,49s; confiança como reconhecimento do milagreiro: Mc 4,40; 5,34.36; cair aos pés dele: Mc 5,6; manifestação do poder divino: Mc 5,30; poder sobre a natureza: Mc 4,41; 6,48-50; o operador de milagres guarda-se do público: Mc 5,40; palavras/práticas que operam milagres: Mc 7,33s).

---

[119] Para a tradição pré-marcana de milagres, cf. D.-A. KOCH, Wundererzählungen, pp. 8-41.

Como nas narrativas helenistas de milagres, também nas tradições pré-marcanas de milagres está uma ênfase nas capacidades do milagreiro que comprovam sua qualificação particular por meio de sua atuação. Uma diferença importante, no entanto, consiste na compreensão da fé, pois, nas tradições pré-marcanas de milagres, a fé dirige-se para além do milagre especialmente para o milagreiro. É uma fé salvífica com um significado soteriológico que transcende em muito o mero evento do milagre. Isso se mostra terminologicamente no acúmulo do tronco linguístico πιστ, que ocorre na tradição pré-marcana com frequência muito maior do que em narrativas helenistas de milagres comparáveis (cf. Mc 2,5; 4,40; 5,34.36; 9,23s; 10,52). As experiências de fé do povo e de pessoas individuais manifestam-se nas narrativas de milagres de tal maneira[120] que tornam a participação vivificadora de Jesus no poder criador de Deus visível como cura, salvamento de perigo e superação de escassez. Na comunidade pré-marcana (como no próprio Marcos), os milagres de Jesus são um conteúdo central do anúncio. Em muitas aclamações vislumbra-se a reação dos ouvintes em relação à pregação missionária cristã. Como Jesus autorizou os discípulos e, através deles, os cristãos primitivos a operarem também milagres (cf. Mc 7,6.13; 9,28.38ss), no tempo presente da comunidade continua a atuação de Jesus com autoridade e provoca cada vez de novo a fé. Por isso, a comunidade vê sua própria realidade fundamentada também nos milagres do Jesus terreno e narra sobre eles.

Para Marcos, os milagres como testemunhos da história da autorrevelação de Jesus Cristo são de importância central. As narrativas de milagres descrevem o poder de Jesus de mediar a presença do domínio de Deus também corporalmente. Eles são um lugar onde o divino em sua pessoa se torna "epifano". As curas realizam o prometido domínio de Deus como libertação do poder dos demônios e do mal. Particularmente os sumários marcanos de milagres mostram que Marcos entende a atuação de Jesus como *constante* operação de milagres! As alusões eucarísticas em ambos os milagres de alimentação (cf. Mc 6,41; 8,6) fazem com que também o tempo presente da

---

[120] Cf. aqui D. DORMEYER, Markusevangelium (cf. acima, 8.2), pp. 222-228.

comunidade marcana apareça à luz constante da atuação prodigiosa de Jesus que sacia judeus (Mc 6,30-44) e gentios igualmente (Mc 8,1-9) e que agora os alimenta na eucaristia comum. Também uma relação crítica com o culto imperial é óbvia. Jesus de Nazaré aparece como o milagreiro por excelência, cuja atuação sanadora supera em muito os milagres do imperador[121] e que é capaz de mandar demônios com o nome de λεγιών para porcos impuros e afogá-los (Mc 5,1-20).

O evangelista não relativiza os milagres, mas os *integra* em seu conceito teológico global[122]. Seu interesse principal nesse contexto é o reconhecimento de que Jesus Cristo, em sua atuação milagreira com autoridade, é e permanece o mesmo como em seu sofrimento que, para Marcos, não é uma contradição de sua alteza e dignidade, pois Jesus Cristo permanece soberano até mesmo em seu sofrimento. Também na Paixão, Jesus determina em última instância os acontecimentos; ele está livre de silenciar-se ou de falar. Não procurou a morte, mas a aceitou, e é por isso que também no sofrimento fica fiel a sua legitimação divina. A atuação milagreira de Jesus e seu sofrimento formam uma unidade; especialmente por meio das ordens de silêncio dadas aos demônios e aos discípulos, Marcos orienta toda a atuação de Jesus pela cruz e ressurreição[123], sem relativizar por isso a revelação do divino nos milagres. A fé no Filho de Deus crucificado e ressuscitado e a fé no milagreiro formam para Marcos uma unidade[124].

---

[121] Cf. a respeito M. CLAUSS, Kaiser und Gott (cf. acima, 7.4), pp. 346-352. Devemos mencionar principalmente CALPÚRNIO SÍCULO, 4,97-101; PLUTARCO, Caes 5 37,7; 38,4-6; DIO CÁSSIO XLI 46,3-4 (o imperador acalma uma tempestade); SUETÔNIO, Vesp 7; TÁCITO, Hist IV 81, I = Neuer Wettstein I/2, 480s (cura de cegos por Vespasiano; cf. acima, 7.4); Hist Aug Hadrian 25,1-4 (cura de cegos por Adriano); MARCIALIS, Epigr 1,6; 4,2.30 (ênfase nos poderes milagrosos dos imperadores).
[122] Cf. D.-A. KOCH, Wundererzählungen, pp. 188-193.
[123] Cf. D. DORMEYER, Markusevangelium (cf. acima, 8.2), p. 212.
[124] Cf. M. E. BORING, Mark (cf. acima, 8.2), p. 258, que também não vê as diferentes perspectivas de Marcos como alternativas: *"his narrative includes each perspective on Jesus without adjusting it to the other"* (sua narração inclui cada perspectiva acerca de Jesus sem adaptá-la à outra).

Cristologia como narrativa

Com o novo gênero de evangelho, Marcos criou para o cristianismo primitivo a memória normativa de Jesus Cristo. Na forma de evangelho articulam-se a memória histórica de Jesus, seu anúncio como Filho de Deus messiânico e a atuação divina na Paixão e na ressurreição. A forma narrativa de evangelho[125] permite a Marcos mostrar a relação interna entre a atuação de Jesus e seu sofrimento; trata-se não de uma coincidência ou destino trágico, mas do resultado da fidelidade de Jesus a sua missão. Marcos deseja realçar as duas coisas: a atuação de Jesus com autoridade e o sofrimento impotente até a morte no Gólgota; tanto a missão na terra como a ressurreição e a parusia futura.

Para Marcos, Jesus não é somente uma figura do passado, mas uma figura do presente e do futuro. O decisivo para ele é o fato de que o milagreiro e mestre autorizado Jesus pode ser entendido e crido somente a partir de sua ressurreição. Ao apresentar o caminho do Filho de Deus desde o batismo até o anúncio de aparições do Ressuscitado e, com isso, levar ao conhecimento verdadeiro de sua pessoa, o gênero literário de evangelho é a expressão literária da intelecção teológica de que o Jesus de Nazaré crucificado fez desde o início seu caminho como Filho de Deus[126]. Dessa maneira, o gênero literário de

---

[125] Esta questão foi desenvolvida especialmente na África do Sul e nos Estados Unidos. O narrador do Evangelho e seu mundo narrado entram no centro da atenção, trata-se de captar a perspectiva narrativa (*point of view*) do autor, isto é, a maneira pela qual ele narra sua história. Analisam-se a narração na 3ª pessoa, a onisciência do autor, os níveis de espaço e de tempo, a atuação de pessoas, lugares e eventos, relações internas e a estrutura cênica, elementos psicológicos da apresentação e estruturas narrativas gerais. Cf. a respeito W. S. VORSTER, Markus — Sammler, Redaktor, Autor oder Erzähler?, in F. HAHN (org.), *Der Erzähler des Evangeliums* (cf. acima, 8.2), pp. 11-36, aqui: pp. 35s: "Marcos foi colecionador, redator ou narrador? [...] A meu ver pode se comprovar que Marcos nos apresenta a história de Jesus do modo como ele a viu, e por este motivo gostaria de chamá-lo um autor narrador. Com certeza, ele não é somente um colecionador."

[126] Por isso, a opinião de H. CONZELMANN, "Gegenwart und Zukunft in der synoptischen Tradition", in IDEM, *Theologie als Schriftauslegung*. BEvTh 65 (Munique: 1974), pp. 42-61, aqui: p. 60, acerca do segredo messiânico em Marcos continua sendo basicamente correta: "A teoria do segredo messiânico é o pressuposto hermenêutico do gênero literário 'evangelho'".

evangelho é uma forma *sui generis* que se deve à intelecção teológica de que, na história singular e inconfundível de Jesus de Nazaré, agiu o próprio Deus. Nesse contexto não há para Marcos uma tensão entre pré-pascal e pós-pascal, entre história e querigma ou nível intratextual ou extratextual, mas seu ato criativo teológico consiste exatamente em ter entendido e apresentado ambas as coisas decididamente como uma unidade[127]. Ao criar uma ligação estável entre o texto narrativo historiográfico-biográfico e o tratamento querigmático e apresentar o caminho de Jesus para a cruz como acontecimento dramático, Marcos preserva a identidade da fé cristã, que é para ele histórica e teológica: a confissão do Jesus Cristo crucificado e ressuscitado não é possível sem o vínculo elementar ao caminho do Jesus terreno.

Marcos estruturou seu Evangelho conforme as leis da dramática e da paradigmática; esse Evangelho deve ser lido e compreendido como uma *obra integral*. Dois arcos de tensão caracterizam os eventos: por um lado, o conflito de Jesus com as autoridades religiosas de seu tempo. Ele começa na Galileia e chega a seu fim em Jerusalém. Ao contrário dos ouvintes e leitores do Evangelho, os adversários de Jesus não sabem quem é ele. O pensamento do cumprimento da Escritura (Mc 1,2s) é-lhes alheio, eles não ouvem a voz do céu no batismo de Jesus (Mc 1,9-11) e também não recebem as instruções dirigidas aos discípulos (cf. Mc 4,11s.34; 9,31). Em Mc 2,1–3,6, o conflito é construído em cinco discursos de disputa e ao mesmo tempo dramatizado[128]. Nos discursos de disputa aparecem todos os grupos importantes dos adversários de Jesus: os doutores da lei (Mc 2,6), os doutores da lei e os fariseus (Mc 2,16), os fariseus (Mc 2,18) e finalmente os fariseus junto com os herodianos (Mc 3,6). Os confrontos aumentam de discurso em discurso, até se toma finalmente em Mc 3,6 a decisão de matar

---

[127] Cf. a respeito H. -F. WEISS, *Kerygma und Geschichte* (Berlim: 1983).
[128] Cf. a respeito detalhadamente M. ALBERTZ, *Die synoptischen Streitgespräche* (Berlim: 1921); H.-W. KUHN, Ältere Sammlungen im Markusevangelium (cf. acima, 8.2); J. DEWEY, Markan Debate: *Literary Technique, Concentric Structure, and Theology in Mark 2,1–3,5*. SBL.DS 48 (Chico (CA): 1980); J. KILLUNEN, *Die Vollmacht im Widerstreit*. AASF 40 (Helsinki: 1985); W. WEISS, *"Eine neue Lehre in Vollmacht"*. BZNW 52 (Berlim: 1989).

Jesus. Depois, o conflito vai para um auge em Mc 11,15-18, onde Jesus ataca as autoridades religiosas em Jerusalém frontalmente com a purificação do Templo. Finalmente, Jesus entra ainda em conflito com as instituições romanas (Mc 15,1-40), e esse conflito sela seu destino do modo como ele aparece ser exteriormente. O *segundo arco de tensão* mostra no âmbito dos conflitos com nitidez cada vez maior quem é Jesus. Vozes celestiais (Mc 1,11; 9,7), demônios (Mc 1,24; 5,7), o próprio Jesus (Mc 14,61s) e um romano (Mc 15,39) revelam e testemunham o segredo da pessoa de Jesus Cristo: ele é o Filho de Deus sofredor. Na parte central do Evangelho, "a caminho" para Jerusalém (Mc 8,27–10,52), essa intelecção é comprimida narrativamente: depois da confissão de que Jesus é o messias (Mc 8,27-30) segue-se uma composição tripartida paralela (a: anúncio da Paixão Mc 8,31; 9,31; 10,32-34; b: a incompreensão pelos discípulos Mc 8,32b.33; 9,32-34; 10,35-40; c: ensinamentos dos discípulos Mc 8,34-9,1; 9,35-37; 10,41-45). O emolduramento da parte central por duas curas de cegos (Mc 8,22-26; 10,46-52) tem caráter metafórico. A intenção é abrir os olhos dos discípulos e, com eles, da comunidade marcana, para ver quem é esse Jesus de Nazaré: o Filho de Deus sofredor que chama para o seguimento em sofrimento.

Os dois arcos de tensão encontram-se em Mc 14,28 e 16,7 e são levados para um desfecho surpreendente: na Galileia, o Crucificado se mostrará aos discípulos como Ressuscitado. No final de sua narração, Marcos conduz o olhar de volta para a Galileia, onde começou a história de Jesus; isto é, o Evangelho inteiro quer ser lido a partir dos anúncios das aparições na Galileia que fundam a existência da comunidade marcana[129].

É difícil opinar se as aparições do Ressuscitado foram conscientemente *não narradas* por Marcos ou se o fim original de Marcos se perdeu. Marcos pode conscientemente ter deixado de apresentar narrativas de aparições para combater assim uma *theologia gloriae* na qual

---

[129] Cf. K. BACKHAUS, "'Dort werdet ihr ihn sehen' (Mk 16,7). Die redaktionelle Schlussnotiz des zweiten Evangeliums als dessen christologische Summe", in *ThGl* 76 (1986): 277-294.

a Paixão de Jesus e sua morte na cruz eram entendidas somente como fenômenos de passagem para a glória do Ressuscitado[130]. Nesse caso, o silêncio das mulheres e o silenciamento de narrativas de aparições assumiriam o lugar do mandamento de silêncio no âmbito do segredo messiânico de Marcos. Com isso poderíamos vincular outra caracterização da teologia da cruz: dessa maneira, a renúncia ao processamento narrativo da realidade da ressurreição faz a cruz aparecer com intensidade ainda maior como lugar da salvação. Também é possível que se trate de uma estratégia narrativo-teológica: "A narrativa do EvMc termina assim como começou (cf. 1,4-8): a voz de um mensageiro de Deus aponta para Jesus que, como vencedor, está a caminho para a Galileia. Enquanto depois, em 1,9, o próprio Jesus entrou na narrativa, convoca-se agora os discípulos e com eles os leitores a entrar numa nova narrativa, possibilitada pelo encontro com o Ressuscitado na Galileia: uma história de seguimento."[131]

Para um contexto totalmente diferente leva a suposição de que Mc 16,1-8 insinua a apoteose de Jesus e que "se traduz, dessa forma, o conceito da ressurreição, caracterizado pela apocalíptica, para o mundo romano. Os ossos de Jesus não podem ser encontrados: 'Não está ele aqui' (Mc 16,6) – segundo o modelo de Héracles, que confere uma caracterização mítica e cujos ossos não podem ser encontrados depois de sua autocremação, o que é o sinal decisivo de que o falecido já foi acolhido entre os deuses"[132]. Finalmente poderia se ligar à "ausência" de Jesus um programa teológico que se orienta prioritariamente no Jesus terreno e não no Ressuscitado[133].

---

[130] Assim, por exemplo, A. LINDEMANN, "Die Osterbotschaft des Markus", in *NTS* 26 (1979/80): 298-317.

[131] L. SCHENKE, Das Markusevangelium (cf. acima, 8.2), p. 350.

[132] M. EBNER, Kreuzestheologie im Markusevangelium, p. 166; cf. como paralelo PLUTARCO, Numa 22.

[133] Assim D. S. du TOIT, Der abwesende Herr, segundo o qual Marcos responde a pergunta pelo Jesus ausente com a referência ao Jesus terreno: "Para isso, ele desenvolve o conceito do evangelho como substituto de Jesus que, diante da ausência do Senhor, visa compensar essa ausência ao anunciar depois da Páscoa o Jesus terreno entre os Seus e no mundo ou, respectivamente, trazer presente sua mensagem" (op. cit., pp. 444s).

Por outro lado, por meio da narrativa do túmulo vazio (Mc 16,1-8), da discussão com os saduceus sobre a ressurreição dos mortos (Mc 12,18-27), do conceito do Filho do Homem que vem em sua glória (Mc 13,24-27) e das referências redacionais em Mc 14,28/16,7, a realidade da ressurreição é pressuposta teologicamente como a base da cristologia e soteriologia marcana[134], mas na forma presente do Evangelho não aplicado narrativamente. Será que Marcos podia retroceder teologicamente atrás de Paulo, para quem as aparições do Ressuscitado são o fundamento de sua teologia (cf. 1Cor 15,5-8)? Será que o evangelista e seus ouvintes/leitores pensaram nas categorias de teorias narrativas modernas? Ambas as ideias são improváveis; provavelmente, o fim original do Evangelho perdeu-se[135], porque Mc 9,2-8 como *prolepse* de narrativas de aparições e ἠγέρθη (aoristo do passivo: "ele foi ressuscitado") em Mc 16,6 mostram claramente que Marcos compreendeu a ressurreição como uma atuação de Deus em Jesus e que a referência estava originalmente vinculada com a narração de aparições.

8.2.3 *Pneumatologia*

Marcos não desenvolve uma pneumatologia abrangente, mas integra expressões centrais sobre a atuação do espírito de Deus em sua história-de-Jesus-Cristo. A expressão πνεῦμα ἅγιον ocorre pela primeira vez no anúncio do Batista em Mc 1,8: "Eu vos batizei com água; ele, porém, vos batizará com Espírito Santo". Dessa maneira paraleliza-se Jesus e o Batista e se anuncia uma transcendentalização que acontece no evento do batismo em Mc 1,9-11. Jesus é dotado por Deus com o espírito e assim qualificado de maneira particular, de modo que sua atuação acontece a partir de então na força do espírito de Deus. Já a breve narrativa da tentação em Mc 1,12.13 esclarece essa relação, porque é o espírito de Deus que leva Jesus para o deserto e ao mesmo tempo o capacita a resistir às tentações de Satanás. Após esse prelúdio, Jesus

---

[134] O caráter redacional de Mc 14,28; 16,7 não pode ser negado; cf., por exemplo, J. GNILKA, Mk II (cf. acima, 8.2), pp. 252.338; D. LÜHRMANN, Mk (cf. acima, 8.2), pp. 242.270.
[135] Cf. a respeito U. SCHNELLE, Einleitung (cf. acima, 2.2), pp. 248s.

é capaz de vencer os confrontos com os "espíritos impuros" (cf. Mc 1,23.26.27; 3,11; 3,29.30; 5,2.8.13; 6,7; 7,25; 9,17.20.25). Os demônios sabem da dignidade particular de Jesus como Filho de Deus (cf. Mc 1,27; 3,11; 5,7) e precisam se submeter ao espírito de Deus.

A dimensão eclesiológica da pneumatologia mostra-se na participação dos discípulos na atuação pneumática de Jesus; em Mc 6,7 realiza-se a autoridade sobre os "espíritos impuros", anunciada em Mc 3,15: "E ele chamou a si os Doze. E começou a enviá-los em duplas e lhes deu autoridade sobre os espíritos impuros". Através do elo dos discípulos, também a comunidade marcana com sua própria prática de exorcizar demônios (segundo Mc 9,14-29, parcialmente sem sucesso) participa da autoridade pneumática de Jesus. A palavra enigmática sobre a blasfêmia contra o Espírito Santo (Mc 3,29: "Mas quem blasfemar contra o Espírito Santo, não terá remissão para toda eternidade"; cf. Q12,10) pode ter uma relação com esse fato, pois exorcismos mal sucedidos de demônios sob referência à força do espírito provocaram possivelmente insultos e zombarias. O pano de fundo em Mc 13,11 é claramente a situação pós-pascal com suas pressões locais, pois ali se promete à comunidade que o Espírito Santo falará por ela e a defenderá. A comunidade marcana entende a si mesma ligada com o Filho de Deus Jesus Cristo através da atuação do espírito, pois ela deve sua fundação ao batismo no espírito anunciado em Mc 1,8 e sua existência presente, à atuação permanente do espírito[136].

8.2.4 *Soteriologia*

Marcos reflete sobre o significado salvífico da atuação, morte e ressurreição do Filho de Deus Jesus Cristo em linhas conceituais complexas[137].

---

[136] Chama a atenção que Marcos em seu Evangelho não narra nenhuma atividade batismal de Jesus e, dessa maneira, aparentemente não cumpre o anúncio de 1,8. Ele entende provavelmente a missão como a consequência permanente da atuação batismal de Jesus, a qual, portanto, deve ser entendida fundamentalmente como não concluída.

[137] Cf. a apresentação concisa de K. BACKHAUS, "'Lösepreis für viele' (Mk 10,45)", in TH. SÖDING (org.), *Der Evangelist als Theologe* (cf. acima, 8.2), pp. 91-118; além

O ponto de partida da soteriologia enquanto dimensão teológica é a vontade salvífica divina que abraça todo o destino de Jesus e que encontra seu auge no δεῖ ("é preciso") dos anúncios da Paixão (cf. Mc 8,31): Jesus segue o projeto salvífico de Deus em livre e espontânea sintonia, renuncia a um autossalvamento (cf. Mc 15,29-32) e se submete dessa maneira ao querer divino. Mc 12,1-12 deixa claro que a morte de Jesus não é o fim de uma história de desgraça, mas o novo princípio da salvação. Como justo sofredor[138] (cf. Sl 22 em Mc 15,24.29.34), ele toma sobre si inocentemente perseguição e insultos e renuncia a qualquer tentativa de autojustificação. Bebe o cálice do sofrimento (cf. Mc 10,38s; 14,36) e aceita assim vicariamente o juízo de Deus sobre os pecadores. A observação piedosa em Mc 15,31 ("A outros ajudou, mas si mesmo não pode ajudar") ignora totalmente o caráter salvífico do evento da cruz. A comunidade deve aprender a entender tanto a vida e a morte do Filho de Deus e Filho do Homem (cf. Mc 14,61s) como a realidade da ressurreição (cf. acima, 8.2.2) como o evento decisivo do domínio de Deus[139]. Nesse contexto pressupõe-se como evidente a ressurreição individual dentre os mortos como nova criação e demonstração do poder do Deus vivo (Mc 12,18-27).

A *dimensão cristológica* da soteriologia se expressa enfaticamente em Mc 10,45: "Pois o Filho do Homem não veio para ser servido, mas para servir e dar sua vida em resgate pelos muitos".[140] O versículo leva ao centro da soteriologia marcana: o serviço da morte de Jesus cumpre e plenifica a obra de sua vida; sua *pró-existência* abrange obra, entrega e vicariato. Jesus ratifica seu serviço por meio de sua morte salvífica, cuja singularidade e exclusividade é interpretada pelo motivo da

---

disso, cf. H. J. B. COMBRINK, "Salvation in Mark", in J. G. VAN DER WATT (org.), *Salvation in the New Testament* (cf. acima, 6.4), pp. 33-66.

[138] Cf. a respeito desse motivo D. LÜHRMANN, "Biographie des Gerechten als Evangelium", in *WuD* 14 (1977): 25-50; L. GUBLER, Die frühesten Deutungen des Todes Jesu (cf. acima, 4), pp. 95-205.

[139] Para a narrativa marcana da Paixão, cf. R. FELDMEIER, *Die Krisis des Gottessohnes*. WUNT 21 (Tübingen: 1987).

[140] Para esse versículo-chave, cf. K. KERTELGE, "Der dienende Menschensohn", in R. PESCH, R. SCHNACKENBURG (org.), *Jesus und der Menschensohn*. FS A. Vögtle (Friburgo: 1975), pp. 225-239.

expiação universal, operada pela entrega da vida de Jesus. Jesus expia a culpa de muitos, derrama seu sangue "pelos muitos" (Mc 14,24: ὑπὲρ πολλῶν) e possibilita assim a acolhida do Reino de Deus (da *basileia*) na fé e na ação. O evento da última ceia esclarece simbolicamente a nova interpretação marcana do motivo tradicional da expiação e do vicariato a partir da atuação *basilaica* de Jesus[141]: "Amém, eu vos digo que já não beberei do fruto da videira até o dia em que o beberei de novo no Reino de Deus" (Mc 14,25). O sangue da nova aliança e a *basileia* tanto presente como futura fundam a nova comunhão entre Deus e o ser humano, pois ao comer o pão e beber o vinho, os crentes participam do destino salvífico de Jesus. Dessa maneira, a salvação escatológica do domínio de Deus está presente na comunidade marcana. Ela lê o Evangelho "em sua totalidade como soteriologia narrativa"[142], pois a autoridade jesuânica de perdoar pecados[143] e salvar a vida (Mc 2,5s; 3,4; 5,23.28.34; 6,56), bem como a fé salvífica no evangelho não são resquícios do passado, mas estão presentes em seu efeito salvífico. A fé como seguimento de Jesus Cristo é a resposta à pergunta espantada da multidão "Então, quem pode ser salvo?" (Mc 10,26), pois para Deus tudo é possível (Mc 10,27).

O Evangelho de Marcos narra como a dádiva divina da *basileia* se volta aos seres humanos que estão sob o domínio de Satanás (Mc 1,13; 4,15), dos demônios e de doenças. Tanto na vida como na morte, ele intercede "pelos muitos", de modo que a pró-existência de Jesus pode ser entendida como *categoria-chave soteriológica* do Evangelho mais antigo.

8.2.5 *Antropologia*

Os dois termos predominantes da antropologia marcana são καρδία ("coração") e ψυχή ("vida/alma"). Jesus atuou para salvar vidas (Mc 3,4) por meio da entrega de sua própria vida (Mc 10,45). Por isso, os discípulos ganham a vida verdadeira somente através do seguimento

---

[141] Cf. TH. SÖDING, Glaube bei Markus (cf. acima, 8.2), pp. 180ss.
[142] K. BACKHAUS, "Lösepreis für viele", p. 107.
[143] Cf. a respeito O. HOFIUS, "Jesu Zuspruch der Sündenvergebung", in IDEM, *Neutestamentliche Studien*. WUNT 132 (Tübingen: 2000), pp. 38-56.

no sofrimento (Mc 8,35s). O amor a Deus abraça o mais íntimo do ser humano, sua alma e seu coração (Mc 12,30). O coração é o centro da pessoa que, na fé, aceita o evangelho (Mc 11,23) ou permanece à distância (Mc 8,17). No coração surgem os pensamentos maus (Mc 7,15.19.21), de modo que a distinção entre "puro" e "impuro" como critério da relação com Deus, portanto, como paradigma de avaliação da vida humana se tornou obsoleto. O valor do ser humano não se determina por procedimentos rituais, pois: "O sábado foi feito para o ser humano, e não o ser humano para o sábado" (Mc 2,27).

A Lei

A falta da palavra νόμος no Evangelho está vinculada a um conceito teológico e antropológico que Marcos aplica narrativamente[144]: a comunidade marcana orienta-se por Jesus e se sabe nisso legitimado pelo próprio Deus que diz na presença de Moisés: "Ouvi-o!" (Mc 9,7; cf. Dt 18,15 LXX). Nos discursos de disputa em Mc 2,1–3,6, a *prioridade do ser humano individual* sobre pretensões religiosas exteriores é justificada pelo próprio Jesus. Sua comunhão de mesa com cobradores de impostos e pecadores não se orienta por prescrições rituais, pois: "Não são os que têm saúde que precisam de médico, mas os doentes" (Mc 2,17a). A posição do evangelista adquire uma dimensão programática em Mc 7,1-23, porque a atuação de Jesus entre os gentios começa com a abolição de prescrições rituais judaicas (Mc 7,1-23)[145]. A cura de uma gentia (Mc 7,24-30), de um surdo-mudo (Mc 7,31-37) e a alimentação das quatro mil pessoas (Mc 8,1-10) devem ser entendidas

---

[144] Para a compreensão marcana da lei, cf. com acentos distintos H. SARIOLA, *Markus und das Gesetz*. AASF 56 (Helsinki: 1990); R. KAMPLING. Das Gesetz im Markusevangelium, in TH. SÖDING (org.), Der Evangelist als Theologe (cf. acima, 8.2), pp. 119-150.

[145] Devemos dar especial atenção a Mc 7,19c: καθαρίζων πάντα τὰ βρώματα ("ele declarou puros todos os alimentos"). Marcos combina em 7,17.18 a temática da lei em três aspectos com sua teoria do segredo messiânico: 1) motivo da retirada; 2) incompreensão dos discípulos; 3) a teoria da parábola. A posição de Jesus em relação à lei provoca nos adversários a decisão de eliminá-lo (cf. Mc 3,6; 7,1) e nos discípulos, incompreensão!

como ilustrações da abolição da distinção fundamental entre puro e impuro, ocorrido em Mc 7,1-23. A aclamação em Mc 7,37 é proferida, segundo a sequência textual marcana, por pessoas gentias. Enquanto a alimentação das 5000 pessoas (Mc 6,30-44) forma a conclusão da atuação de Jesus entre os judeus, a alimentação das 4000 pessoas conclui a atuação de Jesus entre os gentios. As alusões eucarística em Mc 8,6 esclarecem na visão marcana que Jesus realizava a comunhão de mesa também com pessoas gentias e que ele a continua agora na eucaristia. Marcos vota por uma nova prática de convivência de cristãos judeus e de religiosidade greco-romana, derivada *da autoridade de Jesus*. A comensalidade na comunidade cristã abrange ambos os grupos (Mc 2,15s; 7,24ss), pois no centro daquilo que Deus quer está o ser humano (Mc 2,23-28; 3,1-6). Por isso vale irrestritamente o duplo mandamento do amor (Mc 12,28-34) que adota o Decálogo (Mc 10,18s), estabelece novas prioridades e remete à fé como a base da relação do ser humano com Deus.

A fé

Em Marcos, as palavras πίστις/πιστεύειν ("fé/crer") ocorrem quase exclusivamente na boca de Jesus[146], isto é, a fé em todas suas formas está relacionada constantemente com a pessoa de Jesus Cristo. A exigência programática da fé em Mc 1,15 ("Convertei-vos e crede no evangelho") deixa claro que, nesse contexto, é o Filho de Deus tanto Terrestre como Ressuscitado que exige, desperta e possibilita a fé[147]. A fé é a *confiança* de que, em seu Filho, o domínio de Deus chegou perto e se cumprirá plenamente. O que significa a fé e como pessoas são levadas à fé é elucidado por Marcos no exemplo de narrativas de cura, nas quais se manifesta a *força de fé que transpõe fronteiras* e pessoas fazem experiências com Jesus que as capacitam para a fé[148]. A fé supera muros (Mc 2,1-12), não se deixa reprimir (Mc 5,21-43) e procura a

---

[146] Cf. Mc 1,15; 4,40; 5,34.40; 9,19.23.42; 10,52; 11,22-25; 13,21; exceções: Mc 9,24; 15,32.
[147] Cf. TH. SÖDING, Glaube bei Markus (cf. acima, 8.2), pp. 522ss.
[148] Para a análise detalhada, cf. TH. SÖDING, op. cit., pp. 385-511.

proximidade de Jesus não obstante os obstáculos (Mc 10,46-52). Pessoas como Bartimeu, a siro-fenícia anônima (Mc 7,24-30), o surdo-mudo anônimo (Mc 7,31-37) ou o pai desesperado em Mc 9,14-29 fazem a experiência de que Jesus é o Filho de Deus que aproxima o domínio de Deus ao corpo e à alma e que supera medo, desespero e incredulidade[149]. Assim, elas se tornam figuras da fé, cuja confiança em Jesus anima a comunidade e a convida a assumir, como Bartimeu, a fé salvífica e agir como ele: "No mesmo instante, ele voltou a ver e seguia-o no caminho" (Mc 10,52). O caminho da fé é ilustrado por Marcos também no exemplo dos discípulos que se apaixonam por Jesus (Mc 1,16-20; 6,6b-13), que o confessam (Mc 8,27-30) e que o negam (Mc 14,50.66-72), mas que, mesmo assim, são aceitos por Jesus (Mc 14,28; 16,7). Contudo, figuras da fé são também as numerosas pessoas anônimas que ajudam aos doentes, as crianças como modelos da fé pura (Mc 10,13-16), o jovem rico com sua tristeza (Mc 10,17-22), o doutor da lei sensato (Mc 12,28-34), a viúva pobre com sua disposição de dar (Mc 12,41-44), a mulher que unge Jesus (Mc 14,3-9), José de Arimateia (Mc 15,43) e as discípulas embaixo da cruz, no sepultamento e no túmulo vazio (Mc 15,40-16,8). Na confiança na proximidade de Deus em Jesus Cristo, a fé encontra sua linguagem na oração (Mc 11,22-25), espera tudo e sabe que encontra seu pleno cumprimento no seguimento do sofrimento (Mc 8,34-38).

8.2.6 *Ética*

O caminho da fé é para Marcos o seguimento, no qual as instruções de Jesus são a norma da atuação[150]. Já que conversão – fé – seguimento formam uma unidade indissolúvel, o evangelista remete sua comunidade à vontade de Deus que foi feita valer novamente por Jesus, o

---

[149] A obstinação dos adversários (Mc 3,1-6) ou das pessoas de fora é explicada em Mc 4,11.12 rudimentarmente pela atuação de Deus.
[150] Para a ética marcana, cf. W. SCHRAGE, Ethik (cf. acima, 3.5), pp. 140-146; R. SCHNACKENBURG, Die sittliche Botschaft II (cf. acima, 6.6), pp. 110-121; TH. SÖDING, Leben nach dem Evangelium, in IDEM (org.), *Der Evangelist als Theologe* (cf. acima, 8.2), pp. 167-195.

mestre e instrutor[151] (Mc 3,35). O centro criativo da instrução divina é o *duplo mandamento do amor a Deus e ao próximo* (Mc 12,28-34)[152]. Marcos o situa deliberadamente no fim dos discursos de disputa em Jerusalém e sinaliza também pela apresentação positiva dos doutores da lei a continuidade com as convicções básicas da ética judaico-helenista. O amor a Deus e ao próximo aparece como fundamento e orientação básica decisivas na vida dos crentes. É uma prescrição integral, porque vem do coração e apela à razão e a todas as forças. A função criteriológica desse mandamento mostra-se de duas maneiras: por um lado, o amor a Deus como o *primeiro* mandamento é o fundamento e a possibilitação do amor ao próximo, por outro, o duplo mandamento está acima de todas as outras instruções e julga seu conteúdo. Marcos vê a realização do mandamento duplo principalmente no serviço mútuo (Mc 9,33-37; 10,35-45). O serviço como princípio fundamental da existência cristã recebe um perfil crítico diante da realidade do Império Romano: "Sabeis, aqueles que são tidos como governantes das nações as oprimem, e seus grandes usam seu poder contra elas. Entre vós, porém, não é assim" (Mc 10,42s). Uma relativização da pretensão do poder do Estado encontra-se também em Mc 12,13-17, pois a resposta de Jesus (Mc 12,17: "Dai a César o que é de César, e a Deus o que é de Deus") rejeita a pretensão político-religiosa do imperador e lhe atribui um significado funcional que está abaixo de qualquer veneração religiosa. Também as perseguições pressupostas em Mc 13,9-13 mostram que Marcos deseja motivar sua comunidade para a confissão corajosa num ambiente hostil.

Dentro da comunidade estão em destaque temas como o divórcio (Mc 10,1-12), a relação com as crianças (Mc 10,13-16) e a riqueza (Mc 10,17-31). Chama a atenção a menção especialmente positiva às

---

[151] Como em nenhum outro Evangelho, Jesus aparece em Marcos como mestre (17 vezes διδάσκειν, 12 vezes διδάσκαλος, 5 vezes διδαχή) dos discípulos, portanto, também da comunidade; cf. a respeito L. SCHENKE, Jesus als Weisheitslehrer im Markusevangelium, in V. M. FASSNACHT etc. (org.), *Die Weisheit – Ursprünge und Rezeption*. FS K. Löning. NTA 44 (Münster: 2003), pp. 125-138.

[152] Cf. para a análise pormenorizada K. KERTELGE, "Das Doppelgebot der Liebe im Markusevangelium", in *TThZ* 103 (1994): 38-55.

crianças (cf. também Mc 9,35-37), porque elas não têm importância em instruções judaicas e greco-romanas comparáveis[153]. Diferenremente disso, a exigência de honrar os pais verdadeiramente, registrada em Mc 7,10-13, reflete o etos comum à Antiguidade. Os perigos da riqueza são desenvolvidos narrativamente por meio da figura do jovem rico em Mc 10,17-34: ele leva uma vida exemplar e Jesus "o amou" (Mc 10,21), de modo que o chamado mal sucedido para o seguimento se torna uma forte advertência para a comunidade. Ao mesmo tempo, porém, os ricos não são absolutamente rejeitados (cf. Mc 10,27), e os discípulos podem se alegrar antecipadamente com sua recompensa celestial. No presente, porém, devem estar dispostos a negar a si mesmos e a carregar sua cruz, pois o seguimento de Jesus Cristo é seguimento de cruz. Mc 8,34–9,1 mostra que o próprio Jesus tomou esse caminho primeiro e assim o abriu para os crentes. Ao unir ditos individuais de transmissão originalmente isolada em pequenas coletâneas de ditos, o evangelista deixa claro que também a ética deve ser determinada a partir da cruz[154]. Também a confissão do Senhor pertence à ética do seguimento, pois quem nega o Filho do Homem aqui, também não será conhecido pelo Filho do Homem no juízo. O Evangelho de Marcos como uma narrativa do "caminho" de Jesus Cristo desde o batismo até a cruz é um chamado para o seguimento a Jesus Cristo no sofrimento. Marcos quer levar sua comunidade tanto a um conhecimento adequado da pessoa e da obra de Jesus Cristo como à imitação prática do "caminho" de Jesus; o conhecimento da fé e a prática da fé são para ele uma unidade inseparável[155].

A integração da cruz no centro do pensamento ético mostra insistentemente que devemos identificar em Marcos uma *ética cristológica*. Ele vincula suas instruções aos acontecimentos fundamentais da missão, atuação e Paixão de Jesus Cristo, nas quais se revelaram a proximidade e a presença de Deus em sua *basileia*.

---

[153] Cf. P. MÜLLER, In der Mitte der Gemeinde (cf. acima, 8.2.1), pp. 81-164.
[154] Cf. a respeito P. KRISTEN, Familie, Kreuz und Leben: Nachfolge Jesu nach Q und dem Markusevangelium (cf. abaixo, 8.1.6), pp. 156-228.
[155] Cf. L. SCHENKE, Jesus als Weisheitslehrer im Markusevangelium, p. 136: "Ao contrário disso, a vida de Jesus narrada tem caráter modelar: discípulos e leitores devem seguir Jesus e viver a imitação da vida dele".

8.2.7 *Eclesiologia*

Marcos não desenvolve uma eclesiologia terminologicamente acentuada como Paulo ou Mateus; por exemplo, falta o termo ἐκκλησία[156]. Não obstante podemos falar de uma eclesiologia marcana, porque principalmente *a conduta dos discípulos tem um caráter modelar*. Eles são o elo não só histórico, mas também exemplar entre Jesus e a comunidade marcana[157]. Não é um acaso que siga depois do resumo da mensagem de Jesus em Mc 1,15s a primeira vocação de discípulos (Mc 1,16-20), pois aos discípulos é dado o mistério do Reino de Deus (Mc 4,11)! Dentro do mundo narrado do Evangelho, as discípulas (cf. Mc 15,47; 16,1-8) e os discípulos são modelos, e como tais são transparentes para a comunidade de narradores e leitores de Marcos[158]. Elas e eles foram chamados pelo próprio Jesus (Mc 1,16-20; 3,13-18) e receberam, ainda durante a vida dele, a autoridade de continuar sua obra (Mc 6,6b-13)[159]. No envio de discípulas e discípulos em palavra e ato, a comunidade marcana reconhece a origem de sua própria missão que aparece, dessa maneira, como a continuação legítima da atuação de Jesus.

Uma função específica cabe dentro desse conceito ao *círculo dos Doze*, pois Marcos entende os Doze como portadores particularmente legitimados da continuidade[160]. Os Doze estão autorizados e enviados,

---

[156] Por isso, J.ROLOFF, Kirche (cf. acima, 6.7), 144ss, faz a opção – a meu ver inadequada – de não abordar Marcos de modo algum; cf., ao contrário, K. KERTELGE, Jüngerschaft und Kirche. Grundlegung der Kirche nach Markus, in: TH. SÖDING (org.), *Der Evangelist als Theologe* (cf. acima, 8.2), pp. 151-165.

[157] Para a compreensão marcana dos discípulos, cf. E. BEST, *Following Jesus. Discipleship in the Gospel of Mark*. JSNT.S 4 (Sheffield: 1981); R. BUSEMANN, *Die Jüngergemeinde nach Markus 10*. BBB 57 (Königstein/Bonn: 1983; C. C. BLACK, *The Disciples according to Mark*. JSNT.S 27 (Sheffield: 1989); S. HENDERSON, *Christology and Discipleship in the Gospel of Mark*. MSSNTS 135 (Cambridge: 2006).

[158] Cf. a respeito H.-J. KLAUCK, "Die erzählerische Rolle der Jünger im Markusevangelium. Eine narrative Analyse", in *NT* 24 (1982): 1-26; R. C. TANNEHILL, "Die Jünger im Markusevangelium – die Funktion einer Erzählfigur", in F. HAHN (org.), *Der Erzähler des Evangeliums* (cf. acima, 8.2), pp. 37-66.

[159] Para a análise da dimensão eclesiológica do conceito da ἐξουσία, cf. K. SCHOLTISSEK, Die Vollmacht Jesu (cf. acima, 8.2), pp. 254-279.

[160] Dentro do círculo dos Doze mencionam-se especialmente grupos de três (cf. Mc 1,16-20; 5,37; 9,2-8; 14,33) e de quatro, respectivamente (cf. Mc 13,3), de dois

de maneira especialmente destacada, para continuar o anúncio do evangelho de Jesus Cristo, o Filho de Deus, em palavra e ação e assim continuar a obra dele (cf. 3,13-19; 6,6b-13.30). Os Doze são os representantes da promessa salvífica de Deus; as comunidades pós-pascais devem sua existência a atuação deles (Mc 6,7ss), e eles marcam a saída para a missão na Igreja primitiva (Mc 13,10). Marcos interpreta o círculo dos Doze como o protótipo de pessoas que assumem responsabilidades particulares internamente (cf. 9,33-50; 10,35-45) e externamente (cf. 3,14s; 6,6b-13.30). Os Doze executam as funções básicas elementares da comunidade pós-pascal de discípulos: anunciam o evangelho de Jesus Cristo em palavra e ato e garantem, por meio de sua própria disposição para o serviço, a salvação operada pela entrega da vida por Jesus. A autoridade no seguimento de Jesus tem seu lugar não numa relação de poder ou dominação sobre os destinatários da Boa Nova ou entre as pessoas sucessoras, mas na promessa e aplicação definitivas do evangelho de Jesus Cristo. A competência conferida ao círculo dos Doze fundamenta-se exclusivamente a partir de sua origem: a proximidade do Reino de Deus, entendida cristologicamente. As testemunhas, mensageiros e mediadores do Evangelho permanecem em sua autoridade numa estrita relação de serviço com essa mensagem. Como elo entre o tempo de Jesus e o tempo presente, Marcos esclarece no exemplo dos discípulos e discípulas quem é Jesus Cristo e o que significa o seguimento de Jesus Cristo enquanto participação do seu destino da Paixão, de modo que, nele, a ética e a eclesiologia estão intimamente entrelaçadas. *A comunidade é para ele uma comunhão modelar de seguimento, serviço, anúncio e sofrimento.*

8.2.8 *Escatologia*

A escatologia pertence aos temas centrais do Evangelho de Marcos[161]. Sua fundamentação cristológica mostra-se no anúncio jesuânico

---

(cf. Mc 9,35-45) e Pedro (cf. Mc 8,29; 16,7); cf., além disso, José de Arimateia (Mc 15,42-46).

[161] Para a escatologia marcana, cf. C. BREYTENBACH, Nachfolge und Zukunftserwartung (cf. acima, 8.2), p. 279: "A cristologia e teologia da cruz marcanas estão

da *basileia* em palavra e ato (cf. acima, 8.2.2). Por meio da morte de Jesus "pelos muitos" (Mc 10,45; 14,24), ela se tornou irreversível; pois o domínio de Deus se impõe não só no destino de Jesus, mas também no anúncio pós-pascal da comunidade marcana[162]. Para ela, o querigma da ressurreição (Mc 16,6) revela o "mistério do Reino de Deus" (Mc 4,11) que começa de forma insignificante no tempo presente (Mc 4,30-32) e está exposto a muitos perigos (Mc 4,13-20), mas que se cumprirá com certeza plenamente (Mc 4,26-29). Apesar de todos os perigos, a fé em Jesus fortalecerá e salvará, da mesma maneira como Jesus veio ao auxílio dos discípulos ao acalmar a tempestade (Mc 4,35-41). Também para Marcos, o Reino de Deus é uma grandeza futura (cf. Mc 4,29.32; 9,47; 10,23; 14,25; 15,43), mas ao mesmo tempo opera no presente e vai em direção a seu pleno cumprimento iminente (Mc 9,1: "Alguns que estão aqui presentes não provarão a morte, até que vejam o Reino de Deus, quando terá chegado com poder"). Esse pleno cumprimento pleno acontecerá com a parusia do Filho do Homem que está no centro das expectativas escatológicas da comunidade marcana.

Jesus Cristo é o representante terrestre do Reino de Deus e, ao mesmo tempo, como o Filho do Homem que virá, seu representante celestial. Sua parusia e o erguimento definitivo do Reino de Deus coincidem (cf. Mc 8,38; 9,1; 14,25). Para Marcos, a parusia está imediatamente iminente (Mc 13,30: "Esta geração não passará até que tudo isso aconteça"), mas, ao mesmo tempo, as advertências para a constante vigilância (Mc 13,33-37) e o programa de um anúncio universal do evangelho (Mc 13,10) mostram claramente a consciência do atraso[163].

---

inseridas no quadro geral escatológico do Evangelho. Assim como Deus estabeleceu o início de seu domínio, também submeteu a Paixão e a ressurreição do Filho do Homem ao seu 'é preciso'"; K. SCHOLTISSEK, "Der Sohn Gottes für das Reich Gottes", in TH. SÖDING (org.), *Der Evangelist als Theologe* (cf. acima, 8,2), pp. 63-90; J. M. NÜTZEL, "Hoffnung und Treue. Zur Eschatologie des Markusevangeliums", in P. FIEDLER, D. ZELLER, *Gegenwart und Kommen des Reiches*. FS A. Vögtle. SBB 6 (Stuttgart: 1975), pp. 79-90.

[162] Cf. aqui TH. SÖDING, Glaube bei Markus (cf. acima, 8,2), pp. 150-197.

[163] Para a análise de Mc 13, cf. E. BRANDENBURGER, *Markus 13 und die Apokalyptik*. FRLANT 134 (Göttingen: 1984); U. KMIECIK, Der Menschensohn im Markus evangelium (cf. acima, 8,2.2), pp. 26-83.

No contexto da Guerra Judaica, a comunidade exige urgentemente um esclarecimento da pergunta sobre quando o Filho do Homem virá (cf. Mc 13,4). Marcos, ao contrário, desconecta os anúncios de fenômenos apocalípticos de eventos intra-históricos e reserva o conhecimento acerca do momento da vinda do Filho do Homem unicamente a Deus (Mc 13,32). A comunidade deve levar a sério o que o Filho do Homem, agora esperado por ela como alguém que virá, anunciou aos discípulos em seu caminho para Jerusalém e o que ele sofreu em Jerusalém; ela deve identificar a Paixão e morte do Filho do Homem como o evento decisivo do domínio de Deus e, no seguimento, fazer do serviço ao próximo o paradigma de sua própria atuação. No tempo presente, isso significa um anúncio universal e destemido do evangelho (Mc 13,10), que reconhece falsos anunciadores (Mc 13,6.21-23), não se deixa deter por pressões atuais (Mc 13,11-13) e não se desvia do sofrimento por causa do evangelho (cf. Mc 13,14-20). Unicamente Deus é o Senhor da história (Mc 13,19s). A ligação estreita entre a escatologia e o seguimento manifesta-se também no vínculo entre palavras sobre o seguimento e previsões escatológicas (cf. Mc 8,34–9,1; 10,23-31.35-40; 13,5-13.24-27)[164]. O Filho do Homem que volta reunirá os Seus (Mc 13,27) que depois alcançarão como justa recompensa a salvação eterna (cf. Mc 4,24s; 8,35; 9,41; 10,29s.40; 13,13). Ao contrário deles, os infiéis e obstinados serão excluídos da salvação (cf. Mc 3,28s; 4,11s.25b).

Para Marcos é nítido que o anúncio do Reino de Deus encontra em Jesus Cristo seu início, seu conteúdo e, no anúncio presente do evangelho pela comunidade, sua comprovação, e na vinda do Filho do Homem, seu pleno cumprimento.

8.2.9 *Posição na história da teologia*

A importância histórico-teológica do Evangelho de Marcos não pode ser superestimada:

---

[164] Cf. C. BREYTENBACH, Nachfolge und Zukunftserwartung (cf. acima, 8.2), p. 338: "O conceito marcano do seguimento está integralmente orientado pelo futuro. A retrospectiva cristológica é sempre complementada por uma perspectiva futura. O próprio Crucificado é esperado como o Filho do Homem que virá".

1) Com o novo gênero literário evangelho, Marcos escreveu a primeira história-de-Jesus-Cristo detalhada e formou, por meio de sua apresentação narrativa e suas intelecções teológicas, a imagem de Jesus Cristo no cristianismo primitivo, assim como ela se mostra principalmente na recepção do Evangelho de Marcos por Mateus, Lucas e João. Ao elaborar uma sólida ligação entre um texto narrativo historiográfico-biográfico e os apelos querigmáticos e apresentar o caminho de Jesus para a cruz como um acontecimento dramático, ele preserva a identidade histórica e teológica da fé cristã.

2) A Fonte Q e Lc 1,1 levam a supor formas prévias de evangelhos e provavelmente também Evangelhos perdidos, de modo que Marcos realiza para o cristianismo primitivo um ato decisivo: conserva tradições de Jesus muito diferentes, vincula-os narrativamente e apresenta Jesus de Nazaré como anunciador e anunciado. Marcos é o primeiro no âmbito do cristianismo primitivo que coloca a dimensão histórica da atuação de Jesus abrangentemente no centro e impede assim uma des-historicização da história-de-Jesus-Cristo, do modo como ela aconteceu, por exemplo, mais tarde no Evangelho de Tomé. Dessa maneira, Marcos criou com seu Evangelho uma pedra central para a construção da memória cultural do cristianismo primitivo.

3) Marcos pressupõe a fé na messianidade de Jesus Cristo (Mc 1,1), desenvolve essa confissão por meio de suas argumentações narrativas e descreve no seu Evangelho *em que sentido Jesus Cristo é sempre o Filho de Deus e ao mesmo tempo se torna o Filho de Deus no âmbito da narração*. A teoria do segredo messiânico como estratégia cristológica central preserva a unidade básica da alteza e humildade na pessoa de Jesus Cristo. Marcos mostra como Jesus deseja reunir seu povo sob o signo do domínio de Deus, por meio de sua palavra autoritativa, sua atuação sanadora e sua disposição para a entrega vicária de sua vida. *Nesse empenho, o evangelista adota o pensamento central da teologia paulina e o torna o centro de uma narrativa dramática: o Jesus de Nazaré crucificado é o Filho de Deus*. Ao mesmo tempo, o evangelista

mais antigo transcende Paulo em um ponto decisivo, pois não só proclama a identidade escatológica de Jesus Cristo como Filho de Deus e messias, mas transforma essa intelecção numa narrativa plausível.

8.3 Mateus: a justiça nova e melhor

BORNKAMM, G.; BARTH, G.; HELD, G. *Überlieferung und Auslegung im Matthäusevangelium*, 7ª ed. WMANT 1. Neukirchen, 1975; STENDAHL, K. *The School of St. Matthew*, 2ª ed. Philadelphia, 1968; TRILLING, W. *Das wahre Israel*, 3ª ed. StANT 10 (= EThSt 7). Munique, 1967; STRECKER, G. *Der Weg der Gerechtigkeit*, 3ª ed. FRLANT 82. Göttingen, 1971; HUMMEL, R. *Die Auseinandersetzung zwischen Kirche und Synagoge im Matthäusevangelium.* BEvTh 33. Munique, 1966; WALKER, R. *Die Heilsgeschichte im ersten Evangelium.* FRLANT 91. Göttingen, 1967; SAND, A. *Das Gesetz und die Propheten.* BU 11. Regensburg, 1974; SCHWEIZER, E. *Matthäus und seine Gemeinde.* SBS 71. Stuttgart, 1974; FRANKEMÖLLE, H. *Jahwebund und Kirche Christi*, 2ª ed. NTA 10. Münster, 1984; BROER, R. *Freiheit vom Gesetz und Radikalisierung des Gesetzes.* SBS 98. Stuttgart, 1980; LANGE, J. (org.). *Das Matthäusevangelium.* WdF 525. Darmstadt, 1980; KINGSBURY, J. D. *Matthew: Structure, Christology, Kingdom*, 2ª ed. Minneapolis, 1989; IDEM, *Matthew as Story*, 2ª ed. Philadelphia, 1988; GNILKA, J. *Das Matthäusevangelium*, 2ª ed. HThK I/1.2. Friburgo, 1988.1988; WONG, K. CH. *Interkulturelle Theologie und multikulturelle Gemeinde im Matthäusevangelium.* NTOA 22. Freiburg/Göttingen, 1992; STANTON, G. *A Gospel for a New People.* Edimburgo, 1992; LUZ, U. *Die Jesusgeschichte des Matthäus.* Neukirchen, 1993; DAVIES, W. D.; ALLISON, D. C. *The Gospel according to Saint Matthew* I-III. ICC. Edimburgo, 1988.1991.1997; GIELEN, M. *Der Konflikt Jesu mit den religiösen und politischen Autoritäten seines Volkes im Spiegel der matthäischen Jesusgeschichte.* BBB 115. Bodenheim, 1998; LUZ, V. *Das Evangelium nach Matthäus.* EKK I/1-4. Neukirchen, ⁵2002.³1999.1997.2002; AUNE, D. E. (org.). *The Gospel of Matthew in Current Study.* Grand Rapids, 2001; FOSTER, P. *Community, Law and Mission in Matthew's Gospel.* WUNT 177. Tübingen, 2004; KAMPLING, R. (org.). *"Dies ist das Buch ..." Das Matthäusevangelium.* FS H. Frankemölle. Paderborn, 2004; DEINES, R. *Die Gerechtigkeit der Tora im Reich des Messias.* WUNT 177. Tübingen, 2004; NOLLAND, J. *The Gospel of Matthew.* NIGTC. Grand Rapids, 2005; KONRADT, M. "Die Sendung zu Israel und zu den Völkern im Matthäusevangelium im Lichte seiner narrativen Christologie". In *ZThK* 101 (2004): 397-425; FIEDLER, P. *Das Matthäusevangelium.* ThKNT 1. Stuttgart, 2006.

O Evangelho de Mateus foi escrito na Síria por volta do ano 90 d.C. (cf. Mt 4,24) e é o testemunho de um processo doloroso de identidade, realizado tanto em continuidade como em descontinuidade com o judaísmo. Mateus é o representante de um judaísmo/judeucristianismo familiarizado com a Septuaginta e comprometido com aspectos particulares e universais. O evangelista trabalha o fracasso da missão a Israel, a separação da maioria de Israel e a nova orientação pelas nações de tal maneira que sua história-de-Jesus-Cristo está sempre acessível para a história e o presente de sua comunidade.

8.3.1 *Teologia*

Na nomenclatura de θεός, Mateus não vai muito além de Marcos (51 ocorrências, contra 48 em Mc). Deus aparece como criador (Mt 19,4) e preservador da natureza que deixa tanto seres humanos como animais participar de sua bondade (Mt 5,45; 6,26s; 10,29-31). Central no âmbito do imaginário é a continuidade com Israel. Expressões como "Deus de Israel" (Mt 15,31), "Deus de Abraão, Isaac e Jacó" (Mt 22,32) e "o Deus vivo" (Mt 16,16; 26,63) mostram claramente o enraizamento da imagem de Deus na tradição judaica. Trata-se do *Deus que age poderosamente na história*, que plantou a vinha e sempre de novo enviou seus profetas, até que finalmente enviasse o Filho (Mt 21,33-46); do Deus que sempre de novo convidou para a grande comemoração de seu Filho (Mt 22,1-14) e que, no fim dos tempos, realizará através de seu Filho o juízo sobre as nações (Mt 25,31-46). Ele é um Deus exigente (Mt 6,24) que proclama no Filho aos ouvidos de todos sua vontade escatológica (Mt 5–7) e que ao mesmo tempo, como um *Deus bondoso e benigno*, promete nos macarismos uma reversão das condições de vida (Mt 5,8s: "Felizes os puros de coração, porque verão a Deus. Felizes os que promovem a paz, porque serão chamados filhos de Deus").

Deus como Pai

A imagem de Deus em Mateus recebe uma conotação particular por meio do nome de Pai que era em toda a Antiguidade[165] familiar

---

[165] Para Mt 6,9, cf. as ocorrências em: Neuer Wettstein I/1.2.

como tratamento e denominação de Deus (πατήρ ocorre em Mt 63 vezes, em Mc 19 vezes e em Lc 56 vezes). O Pai faz o sol nascer e faz chover (Mt 5,45), vê no oculto (Mt 6,4.6.18), sabe das necessidades dos discípulos (Mt 6,8.32), cuida dos alimentos (Mt 6,26), vincula sua disposição de perdoar ao comportamento humano (Mt 6,14s) e ajuda àqueles que o pedem (Mt 7,11). No entanto, no centro do imaginário do Pai está a respectiva relação particular que Jesus e os discípulos têm com Deus e que é descrita pela diferenciação entre "vosso Pai" (Mt 5,16.45.48; 6,1.4.6.8.15.18.26.32; 7,11; 10,20.29; 18,14) e "meu Pai" (Mt 7,21; 8,21; 10,20.29.32s; 11,27; 12,50; 15,4; 16,17; 18,10.19.35; 20,23)[166]. Quando Jesus se refere a "seu Pai", está em destaque a mediação de dons salvíficos, como mostra exemplarmente Mt 11,25-27: "Eu te louvo, ó Pai, Senhor do céu e da terra, que ocultaste isso de sábios e entendidos, mas o revelaste aos simples. Sim, Pai, porque assim foi de teu agrado. Tudo me foi entregue por meu Pai, e ninguém conhece o Filho senão o Pai, e ninguém conhece o Pai senão o Filho e aquele a quem o Filho o quiser revelar". Jesus sabe da vontade revelada do Pai e a anuncia com autoridade (cf. Mt 7,21; 12,50; 18,14), ele anuncia como Deus agirá no juízo (Mt 18,35; 20,23) e é esperado na mesa no Reino de seu Pai (Mt 26,29). Também os discípulos, na pessoa de Pedro, participam da revelação do Pai (Mt 16,17: "[...] não foi carne e sangue que te revelaram isso, mas meu Pai nos céus"). A predominância da expressão "vosso Pai" no Sermão da Montanha mostra que os discípulos estão remetidos à vontade do Pai, que deve ser cumprida e comprovada. A imitação do Pai celeste visa a perfeição dos discípulos (Mt 5,48). As duas linhas do tratamento de Pai encontram-se no "Pai Nosso" em Mt 6,9[167]. A oração é em num primeiríssimo momento o lugar da glorificação de Deus, e não se trata de desejos humanos, mas nos três primeiros pedidos do Pai Nosso da santidade, glória e domínio de Deus (Mt 6,9s), que o Filho e os discípulos pedem igualmente. Como o Pai funda e ao mesmo tempo transcende toda realidade,

---

[166] Cf. J. GNILKA, Zum Gottesgedanken in der Jesusüberlieferung (cf. acima, 8.2.1), pp. 154-158.
[167] Para a interpretação do discurso do Pai em "Pai-nosso" cf. U. LUZ, Mt I (cf. acima, 8.3), pp. 442-444.

o pedido pela atuação de Deus sempre já inclui uma atuação correspondente dos seres humanos. A santidade, glória e domínio de Deus têm sua origem nele mesmo, comprovam-se em sua atuação e exigem uma correspondência humana. Nisso se manifesta um traço fundamental do pensamento de Mateus: a interligação de *teo*logia, cristologia e ética como a conexão indissolúvel de dádiva e tarefa, oração e atuação que o próprio Deus possibilita e deseja. "A oração permite aos discípulos de Jesus experimentarem as exigências de Jesus como a vontade do Pai e criar a partir disso força. A oração não se torna supérflua pela atuação, mas a atuação precisa constante e fundamentalmente da oração."[168]

Em todos os seus níveis, o Evangelho de Mateus pode ser entendido como a tentativa de abrir aos seus leitores/ouvintes um *novo acesso* a Deus, concedido pelo Jesus que ensina e como tal é o centro da narração (cf. abaixo, 8.3.2). A condição disso é o vínculo indissolúvel entre Deus e Jesus que não é apenas criado pela ressurreição, mas que forma desde o início a base, como mostra principalmente o predicado de Emanuel.

8.3.2 *Cristologia*

STEGEMANN, H. "'Die des Uria'". In *Tradition und Glaube*. FS K. G. Kuhn, editado por G. JEREMIAS etc., pp. 246-276. Göttingen, 1971; LUZ, U. "Die Erfüllung des Gesetzes bei Matthaus". In *ZThK* 75 (1978): 398-435; BETZ, H. D. *Studien zur Bergpredigt*. Tübingen, 1985; STRECKER, G. *Die Bergpredigt*, 2ª ed. Göttingen, 1985; WEDER, H. "Die 'Rede der Reden'", 2ª ed. Zurique, 1987; L. OBERLINNER, P. FIEDLER (org.). *Salz der Erde – Licht der Welt*. Exegetische Studien zum Matthäusevangelium. FS A. Vögtle. Stuttgart, 1991; LUZ, U. "Eine thetische Skizze der matthäischen Christologie". In *Anfänge der Christologie*. FS F. Hahn, editado por C. BREYTENBACH, H. PAULSEN, pp. 221-235. Göttingen, 1991; SCHNACKENBURG, R. Die Person Jesu Christi (cf. acima, 8.2.2), pp. 91-151; DE JONGE, M. Christologie (cf. acima, 4), pp. 79-84; BETZ, H. D. *The Sermon on the Mount*. Philadelphia, 1995; FELDMEIER, R. "Verpflichtende Gnade. Die Bergpredigt im Kontext des ersten Evangeliums". In *"Salz der Erde"*. Zugänge zur *Bergpredigt*, editado por IDEM (org.)., pp. 15-107. Göttingen, 1998; MATERA, F. J. *New Testament Christology* (cf. acima, 4), pp. 26-47; HURTADO, L. W. Lord

---

[168] U. LUZ, Mt I (cf. acima, 8.3), p. 458.

Jesus Christ (cf. acima, 4), pp. 316-340; YUEH-HAN YIEH, J. *One Teacher. Jesus' Teaching Role in Matthew's Report*. WUNT 2.124. Tübingen, 2004; DEINES, R. *Die Gerechtigkeit der Tora im Reich des Messias* (cf. acima, 8.3).

Mateus parte em sua cristologia da convicção fundamental de que Jesus de Nazaré é o messias e Filho de Deus prometido nas Escrituras de Israel. Ele apresenta Jesus como o pastor de Israel que vai atrás de seu povo e que ergue seu reino universal para todas as nações. Nesse contexto, já a cristologia do Emanuel em sua qualidade de moldura mostra o caráter narrativo da cristologia de Mateus.

Cristologia na narração

A primeira citação das Escrituras em Mt 1,23 ("Eis que a virgem conceberá e dará à luz um filho, e lhe será dado o nome Emanuel") com sua interpretação mateana ("isto é traduzido: *Deus conosco*") e a promessa escatológica em Mt 28,20 ("Eis que estou *convosco* todos os dias até o fim do mundo") formam uma inclusão que é decisiva para a compreensão geral do Evangelho[169]. Com o μεθ' ἡμῶν (Mt 1,23) e o μεθ' ὑμῶν (Mt 28,20), Mateus sinaliza o motivo básico de sua obra: *a presença e fidelidade de Deus junto a seu povo em Jesus Cristo*. Mateus narra como Deus "está conosco" em Jesus no caminho da comunidade em obediência, sofrimento e promessa. Ao mesmo tempo, esse motivo articula o Jesus terreno e o Cristo exaltado. Mt 1,23 abre a história de Jesus em direção a Deus, e Mt 28,20 registra a presença do Exaltado no Jesus terreno, de modo que *a perspectiva universal do fim está presente desde o início*. O predicado de Emanuel interpreta a história-de-Jesus-Cristo como a presença permanente de Deus em sua comunidade. Dessa maneira, Mateus deve ser entendido como um representante de uma cristologia orientada pela alteza de Jesus, pois *o próprio Deus age em Jesus Cristo*.

Com o *prólogo* (Mt 1,2-4,22) como *apresentação*, Mateus inicia sua nova história das origens[170] que é conscientemente narrada contra o

---

[169] Cf. a respeito H. FRANKEMÖLLE, *Jahwebund und Kirche* (cf. acima, 8.3), pp. 7-83.
[170] O argumento principal para essa delimitação é a retomada do sumário de Mt 4,23 em 9.23; cf. U. LUZ, *Jesusgeschichte* (cf. acima, 8.3), p. 33.

pano de fundo de narrativas bíblicas, como mostra a expressão βίβλος γενέσεως ("Livro do 'Gênesis'") em Mt 1,1. Especialmente as cinco citações de reflexão em Mt 1,22s; 2,15.17s.23; 4,14s destacam claramente a relação interior entre a primeira aliança e a atuação de Jesus. No estilo de uma biografia da Antiguidade, o prólogo começa com a ascendência do herói, mas leva o leitor simultaneamente para mundos diferentes. Nos caps. 1-2, Mateus desenvolve os dois títulos cristológicos do título de seu Evangelho: filho de Davi e filho de Abraão[171]. Jesus é apresentado como filho de Davi no sentido da messiologia judaica, como alguém que é realmente da casa de Davi porque foi adotado pelo davidida justo José em obediência à vontade de Deus (Mt 1,18-25). O conceito (não judaico) do nascimento de uma virgem é mencionado em Mt 1,18-25[172], mas o próprio nascimento não é narrado, apenas pressuposto em Mt 1,25 e 2,1. Com a perseguição pelos detentores do poder em Jerusalém (Mt 2,1-12), a fuga para o Egito (Mt 2,13-15), o infanticídio de Herodes (Mt 2,16-18) e a volta para a Galileia (Mt 2,19-23) realiza-se, contra o pano de fundo da tradição de Moisés, um movimento que se repete no Evangelho: o nazareu Jesus (Mt 2,23) anuncia na Galileia a vontade de Deus, é novamente perseguido pelos detentores do poder na Cidade Santa de Jerusalém e abre, dessa maneira, uma perspectiva de salvação também para os gentios, presentes já no prólogo[173].

O caminho de Jesus aparece já no prólogo também como o *caminho de Deus para as nações*. A missão inicial em relação ao judaísmo sinagogal fracassou (cf. Mt 23,34; 10,17) e pertence há muito ao passado; agora, o mundo inteiro é o campo dos missionários da comunidade mateana (Mt 28,16-20). Quando Jesus Cristo aparece em Mt 1,1 como o filho de Abraão e a genealogia começa em Mt 1,2 com Abraão, insinua-se já no início uma perspectiva universal, pois Deus é capaz de suscitar de pedras filhos e filhas de Abraão (Mt 3,9). As mulheres mencionadas na genealogia em Mt 1,3-6 (Tamar, Rute, Raab e a mulher

---

[171] Cf. a respeito M. MAYORDOMO, Den Anfang hören. Leserorientierte Evangelienexegese am Beispiel von Mt 1-2. FRLANT 180 (Göttingen, 1998).

[172] Gn 6,1-4 mostra que a mistura sexual de deuses e seres humanos foi rejeitada no judaísmo.

[173] Cf. U. LUZ, Jesusgeschichte (cf. acima, 8.3), p. 41.

de Urias) são todas não judias, algo que expressa novamente um aspecto universal[174]. Às quatro mulheres gentias no início correspondem "todas as nações" no fim. Em Mt 2,1ss, os magos adoram Jesus como representantes do mundo gentio, enquanto o rei judeu procura matar a criança. Todos os motivos dominantes em Mt 1–2 (genealogia, origem divina e ameaça ao herói, magos, sinais astronômicos) têm numerosos paralelos na tradição greco-romana[175] e, dessa maneira, possuíam uma conectividade também para pessoas de religiosidade greco-romana. Não só depois da rejeição de Jesus por Israel, mas desde o início, a atuação salvífica de Deus dirige-se, segundo a conceituação de Mateus, também aos gentios.

Tanto João Batista como Jesus aparecem em Mt 3–4 como os representantes da justiça exigida no subsequente Sermão da Montanha (Mt 3,15), pois seguem a vontade de Deus, e Jesus realiza na tentação aquela obediência que é exigida e esperada também dos discípulos. Também Mateus ressalta as posições diferentes que o Batista e Jesus ocupam na história da salvação; ao mesmo tempo, a mensagem do Reino dos Céus é nele já o conteúdo da pregação de João Batista (Mt 3,2; cf. 4,17). Dessa maneira, o Batista com sua pregação do juízo é não só o precursor do messias, mas ele mesmo é um representante do Reino dos Céus[176].

O *Sermão da Montanha* apresenta Jesus como o mestre da "justiça melhor". Mateus adota os impulsos fortemente éticos de Q com sua ênfase no agir (cf., por exemplo, Mt 7,21.24-27), mas relativiza simultaneamente a ortopraxia (cf. Mt 7,22s) e ressalta com Q o indicativo da salvação (cf. Mt 5,3-15). Por meio das formulações quase idênticas em Mt 4,23 e 9,35 articulam-se o Sermão da Montanha de Mt 5–7 e o *Ciclo dos Milagres* em Mt 8–9. *Jesus aparece, com isso, como um messias da palavra e um messias da ação*[177]. As fortes intervenções no material de

---

[174] Cf. H. STEGEMANN, "Die des Uria", pp. 266ss.
[175] Cf. as ocorrências em: *Neuer Wettstein* I/1.2, para o versículo.
[176] Para a compreensão de João Batista em Mateus, cf. G. HAFNER, *Der verheissene Vorläufer*. SBB 27 (Stuttgart: 1994).
[177] Cf. J. SCHNIEWIND, *Das Evangelium nach Matthäus*, 5ª ed. NTD I (Göttingen: 1950), p. 36: "O messias da palavra, aquele que prega, é descrito nos caps. 5-7, o messias do ato, aquele que cura, nos caps. 8/9".

Marcos contido em Mt 8-9 explicam-se pela finalidade teológica do evangelista: Mateus narra aqui a lenda fundacional da Igreja de judeus e gentios e o decorrente cisma de Israel[178]. A *volta* para Israel e seus líderes e o *fracasso* em relação a eles (Mt 11,7ss) determinam as linhas seguintes. Em Mt 12,1-16,2 *agrava-se o conflito entre Jesus e os líderes de Israel*, e nesse contexto destacam-se principalmente Mt 12,14 (decisão da morte) e Mt 12,22-45; 15,1-20 e 16,1-12 com suas afirmações polêmicas. Essa linha é contínua em Mt 16,1; 19,1-12; 20,17-19, mas ao mesmo tempo está no centro a *formação da comunidade dos discípulos* em e de Israel em Mt 16,21–20,34, sendo que o centro desse trecho é o discurso à comunidade em Mt 18. Em Mt 21,1-24,2 acontece o grande ajuste de contas entre Jesus e os líderes do povo judeu; especialmente os fariseus são submetidos a uma severa crítica no cap. 23 (cf., além disso, os textos sobre conflitos em Mt 21,12-17,23-46; 22,1-14.15-22.23-33.34-40). Também em Mt 26,3-5.14-16.47-58.59-68; 27,11-26.38-44, o conflito entre Jesus e todos os grupos dominantes do judaísmo está no centro da abordagem. Chama a atenção a distinção entre a multidão do povo (ὄχλος) e os líderes religiosos/políticos, pois a multidão do povo está aberta para a mensagem (Mt 4,23-25; 7,28s; 23,1) e a atuação de Jesus (Mt 9,8.33s; 12,23; 19,2; 21,8.9 etc.). Somente pelos líderes, a multidão do povo é seduzida a pedir que Pilatos solte Barrabás (Mt 27,20). No entanto, o uso mateano do termo de λαός ("povo/Povo de Deus") é diferente[179]; as citações em Mt 2,6; 4,16; 13,15 e 15,8 mostram claramente que o evangelista adota a linguagem da LXX e que λαός significa o Povo de Deus que foi eleito primeiro. O povo de Jesus (Mt 1,21) e de Deus (Mt 2,6; 4,16) endurece-se junto com seus representantes (Mt 21,23; 26,3.47; 27,1) diante da nova pretensão, até chegar à exclamação do povo inteiro (πᾶς ὁ λαός): "Seu sangue caia sobre nós e nossos filhos e filhas" (Mt 27,25). A intenção de Mateus é clara: ele nega a Israel o *status* de Povo de Deus, à medida que este se nega,

---

[178] Cf. a respeito CHR. BURGER, "Jesu Taten nach Matthäus 8 und 9", in *ZThK* 70 (1973): 272-287: U. LUZ, "Die Wundergeschichten von Mt 8-9", in G. HAWTHORNE, O. BELZ (org.), *Tradition and Interpretation in the New Testament*. FS E. E. Ellis (Grand Rapids/Tübingen: 1987), pp. 149-165.

[179] Cf. aqui H. FRANKEMÖLLE, Jahwebund und Kirche (cf. acima, 8.3), pp. 199-220.

junto com seus líderes, à pretensão de Jesus Cristo. Já que Jesus, por meio de sua atuação (Mt 9,1-8) e de sua morte (Mt 20,28; 26,28), libertou seu povo dos pecados (Mt 1,21), o termo Povo de Deus vincula-se em Mateus ao seguimento de Jesus e a sua obra salvífica. O novo Povo de Deus, das pessoas instruídas por Jesus e que creem nele, vem das nações (Mt 28,19).

A confrontação escaladora entre Jesus e Israel e seus líderes é a linha-mestre que determina o conteúdo e a composição da história-de-Jesus-Cristo mateana[180]. *A missão a Israel, empreendida pela comunidade de Mateus, fracassou, e o evangelista já não relaciona com ela nenhuma esperança* (cf. Mt 22,8-10; 23,37–24,2; 28,15b). Sua realidade é a *abertura já realizada para as nações* (Mt 24,14: "E este evangelho do Reino será anunciado em toda *ecumene*, como testemunho para todas as nações, e depois virá o fim"), justificada programaticamente em Mt 28,16-20.

De Israel para as nações

A aparição do Ressuscitado, sua entronização como governante do universo (*pantokrator*) e a ordem de missão em Mt 28,16-20 formam não só o ponto final narrativo do Evangelho de Mateus, mas, também o horizonte em direção ao qual o Evangelho inteiro se move e a partir do qual quer ser lido[181]. Portanto, Mt 28,16-20 é a *chave teológica e hermenêutica* para a compreensão adequada da obra em sua totalidade[182].

---

[180] Cf. U. LUZ, Jesusgeschichte des Matthäus (cf. acima, 8.3), p. 78: "Mateus construiu sua história de Jesus segundo um 'princípio interno'. Ele a contou como uma história do confronto de Jesus com Israel".

[181] Bem acertado O. MICHEL, "Der Abschluβ des Matthäusevangeliums", in J. LANGE (org.), *Das Matthäus-Evangelium*, p. 125: "Somente sob esse pressuposto teológico de Mt 28,18-20 foi escrito todo o Evangelho (compare-se Mt 28,19 com 10,5ss; 15,24; Mt 28,20 com 1,23; volta para o batismo: Mt 3,1). Sim, o encerramento volta, de certa maneira, para o início e ensina a entender todo o Evangelho, a história de Jesus, 'a partir do fim'. Mt 28,18-20 é a chave para a compreensão do livro inteiro".

[182] Para a análise fundamental, cf. G. BORNKAMM, "Der Auferstandene und der Irdische. Mt 28,16-20", in E. DINKLER (org.), *Zeit und Geschichte*. FS R. Bultmann (Tübingen: 1964), pp. 171-191 (= BORNKAMM, BARTH, HELD, *Überlieferung und Auslegung* [cf. acima, 8.3], pp. 289-310).

Em sua forma atual, Mt 28,16-20 remonta ao trabalho redacional do evangelista que adotou parcialmente tradições das comunidades (cf. como "pré-texto" 2Cr 36,23). Por exemplo, os v. 16.17 devem ser considerados, tanto em termos de linguagem como de conteúdo, uma formação mateana[183]. Também o v. 18a é redacional (προσέρχομαι 52 vezes em Mt; para ἐλάλησεν αὐτοῖς λεγων, cf. Mt 13,3; 14,27; 23,1), enquanto ressoam no v. 18b motivos pré-mateus (por exemplo, a justaposição de οὐρανός em γῆ). O v. 19a remete de novo claramente ao evangelista (πορεύεσθαι in Mt 9,13; 10,7; 18,12; 21,6 etc.; μαθητεύειν redacional em Mt 13,52; 27,57), enquanto a fórmula batismal no v. 19b reflete a prática batismal realizada na comunidade. O v. 20 contém numerosas particularidades linguísticas mateanas (por exemplo, τηρεῖν, διδάσκειν, para συντέλεια τοῦ αἰῶνος, cf. Mt 13,39.49; 24,3). A promessa no v. 20b retoma Mt 18,20 e deve remontar ao evangelista.

No centro de Mt 28,16-20 está o conceito do domínio universal de Jesus, assim como se expressa na entronização do v. 18b, no quádruplo πᾶς nos v. 18b.19a.20a.b, na ordem da missão nos v. 19.20a e na promessa da presença permanente no v. 20b. A abordagem de Jesus no primeiro Evangelho move-se para essa confissão de fé atual da comunidade mateana. Embora Jesus tenha recebido a ἐξουσία ("autoridade") por meio da ressurreição, encontram-se correspondências com a ἐξουσία do Terrestre (cf. Mt 11,27): é sempre Deus que transfere a ἐξουσία para o Filho. Não a própria ἐξουσία, mas o âmbito de sua validade tem seus limites abolidos em Mt 28,18b. Em Mateus há correspondência entre as exigências do Ressuscitado e do Terrestre. O motivo de Emanuel (cf. Mt 1,23; 28,20) abre a história do Jesus terreno em direção a Deus, e ao mesmo tempo vincula-se a presença permanente do Ressuscitado ao Terrestre. Jesus aparece como o mestre único e verdadeiro, cujos mandamentos são normativos tanto para os discípulos como para o mundo inteiro. Agora, a autoridade do Ressuscitado confere autoridade aos discípulos e, com isso, também à comunidade mateana atual, para missionar entre as nações[184], divulgar normativamente o ensinamento de Jesus e ser nisso Igreja de

---

[183] Cf. G. STRECKER, *Weg der Gerechtigkeit* (cf. acima, 8.3), pp. 208ss.
[184] Para a compreensão de ἔθνη, cf. abaixo, 8.3.7.

Jesus Cristo. Dessa maneira condensam-se na ordem de missão temas centrais da teologia mateana que determinam o Evangelho em sua totalidade.

A perspectiva do cap. 28,16-20 representa não só o acorde final da obra, mas está presente desde o início: o caminho de Jesus no Evangelho aparece como o *caminho de Deus para as nações*. Já apresentamos os sinais dessa perspectiva em Mt 1–2, e há ainda outras observações: depois da pregação do juízo sobre Israel, por parte do Batista (Mt 3,1-12), com a nova constituição do povo de Abraão anunciada em Mt 3,9 e com a eleição da Galileia das Nações (Mt 4,12.15), Jesus realiza depois do Sermão da Montanha curas programáticas em pessoas marginalizadas pela sociedade (Mt 8,1-4: um leproso; 8,5-13: um gentio; 8,14-15: uma mulher). Mt 8–9 como lenda fundacional da comunidade mateana sinaliza o lugar social do evangelista: ele vive numa comunidade de judeu-cristãos e gentio-cristãos, cujo primeiro modelo de fé é um gentio (cf. Mt 8,10). Na narrativa sobre o centurião de Cafarnaum, a comunidade de Mateus reconhece sua própria história. O centurião aceita a posição privilegiada de Israel na história da salvação (Mt 8,8) e se torna simultaneamente o primeiro dos gentio-cristãos, enquanto Israel sucumbe ao juízo (Mt 8,11s)[185]. Mt 10,17.18 pressupõe que os discípulos anunciaram o evangelho tanto entre judeus como entre as nações[186]. Mt 12,21 e 13,38 remetem igualmente a uma missão universal entre as nações, sendo que Mt 12,18-21 justificará a missão sem fronteiras com a citação de reflexão mais longa (Is 42,1-4)[187]. Quando o evangelho é proclamado entre todas as nações (cf. também Mt 24,14; 26,13), é apenas lógico que todas as nações compareçam no juízo escatológico diante do trono do Filho do Homem (cf. Mt 25,31-46).

---

[185] U. LUZ, Mt II (cf. acima, 8.3), p. 16, minimiza a importância desse texto quando diz que o centurião de Cafarnaum era para Mateus "um fenômeno marginal com perspectiva para o futuro".
[186] Cf. J. GNILKA, Mt I (cf. acima, 8.3), pp. 376s.
[187] Cf. R. WALKER, Heilsgeschichte (cf. acima, 8.3), pp. 78s.

Jesus como mestre

A imagem predominante em Mt 28,16-20 determina já o Evangelho de Mateus inteiro: *Jesus como o mestre que ensina os discípulos e o povo com autoridade*[188]. Sobretudo nos *cinco grandes discursos*, compostos pelo evangelista a partir de tradições preestabelecidas, ele vai ao encontro dos ouvintes/leitores como mestre: o Sermão da Montanha (Mt 5-7), o discurso do discipulado (Mt 10), o discurso das parábolas (Mt 13), a instrução à comunidade (Mt 18) e o discurso escatológico (Mt 24-25) são concluídos por Mateus com a expressão "E quando Jesus terminou essas palavras, aconteceu [...]" (Mt 7,28; 11,1; 13,53; 19,1; 26,1) e assim relacionados entre si. A variação da fórmula conclusiva em Mt 26,1 (παντάς τοὺς λόγους τούτους) enfatiza a relação interna dos discursos em termos de composição e de conteúdo. Também na disposição dos discursos podemos perceber uma estrutura: os dois grandes discursos nos extremos dirigem-se ao povo e aos discípulos, os caps. 10 e 18 somente aos discípulos e o cap. 13 novamente ao povo e aos discípulos (Mt 13,2.10). Como o cap. 13 indica o centro formal, *assim também a realidade da* basileia *de Deus forma o centro material dos discursos*[189]. Da mesma forma como a montanha no primeiro grande discurso, o número de cinco lembra Moisés, de modo que os discursos formulam de modo especial a instrução normativa que Deus dá a seu povo no temo presente.

Unidades menores de discursos encontram-se em Mt 11,7-19 (João Batista), 11,20-30 (exclamação de ai e de júbilo), 12,22-27 (discurso sobre Beelzebu),

---

[188] Segundo J. YUEH-HAN YIEH, One Teacher, p. 321, Jesus aparece como o mestre único em *"four major roles – polemic, apologetic, didactic and pastoral - to defend, define, shape, and sustain Matthew's church as it strived to survive the devastating crises of jewish hostility, self identity, community formation, and church maintenance"* (quatro papéis principais - polêmico, apologético, didático e pastoral – para defender, definir, formar e sustentar a Igreja de Mateus em sua luta para sobreviver a crises devastadoras de hostilidade judaica, da autoidentidade, da formação da comunidade e da preservação da Igreja).

[189] Bem acertado H. FRANKEMÖLLE, Matthäus- Kommentar I (Düsseldorf: 1994), p. 101: Os discursos "são os elementos que tornam o Evangelho de Mateus aquilo que é; de outra maneira seria apenas uma nova edição do Evangelho de Marcos, ampliada pela história prévia".

15,1-20 (discurso sobre puro e impuro). Mateus gosta do princípio dos números redondos: ao lado das cinco composições discursivas encontram-se três antíteses pré-mateanas (Mt 5,21s.27s.33-37) e três antíteses mateanas (Mt 5,31s.38ss.43ss), a tríade misericórdia, oração e jejum em Mt 6,1-8, sete macarismos (Mt 5,3-9 de composição pré-mateana), sete pedidos no Pai Nosso (Mt 6,9-13), sete parábolas (Mt 13,1-52), sete ais (Mt 23,1-36) e dez milagres de Jesus (Mt 8,1–9,34).

Sendo o primeiro discurso e o mais voluminoso, o *Sermão da Montanha* ocupa certamente uma posição-chave[190], tanto mais que Mt 28,20 (novamente na montanha) se refere explicitamente a ele. O Sermão da Montanha é o cerne daquilo que os discípulos devem ensinar a todas as nações. Mateus vincula a sua composição aspectos centrais de sua cristologia: a moldura em 5,1-2e 7,28s menciona como destinatários tanto os discípulos como o povo; isto é, o Sermão da Montanha não é uma instrução particular, mas se dirige a todas as pessoas que creem. As Bem-aventuranças (5,3-12) representam não só um início retoricamente impressionante, mas oferecem, sobretudo, um sinal de conteúdo: no início está a *promessa de salvação de Jesus*, de modo que, também em Mateus, a promessa justifica e fundamenta a exigência. A parábola dupla de sal e luz (5,13-16) reforça a promessa (5,13a: "Vós sois o sal da terra"/5,14a "Vós sois a luz do mundo"), mas, ao mesmo tempo, destaca-se em 5,13b.14b-16 a exigência a ser formulada programaticamente em 5,17-20 (cf. abaixo, 8.3.5). Trata-se de uma justiça melhor, isto é, superior, cujo conteúdo é proclamado nas antíteses (5,20-48). O tema da justiça (cf. abaixo, 8.3.6) é desenvolvido em 6,1–7,12 de três maneiras, como justiça em relação a Deus (6,1-18), como justiça em prol do Reino dos Céus (6,19-34) e por meio do amor como princípio da justiça melhor (maior; 7,1-12). Na parte final (7,13-27), o agir é destacado como o critério da justiça e relacionado com alertas claros; não o ouvir ou o confessar sozinhos conferem a entrada no Reino dos Céus, mas somente *o fazer* da vontade de Deus.

---

[190] Para o Sermão da Montanha, cf. além dos comentários especialmente as obras de G. STRECKER, H. D. BETZ e H. WEDER (cf. acima, 8.3.2).

Assim como o Sermão da Montanha, também os outros discursos não aceleram os acontecimentos, mas os ouvintes/leitores param para escutar da boca de Jesus instruções fundamentais[191]; à situação externa sem movimento corresponde um progresso interno. Com o *discurso sobre o discipulado* Mt 9,36-11,1), os discípulos são também incluídos na missão jesuânica do anúncio (cf. Mt 4,17/10,7). Agora corresponde à atuação de Jesus em Israel o envio dos discípulos a Israel. No *discurso das parábolas* (Mt 13,1-53) comenta-se à comunidade a história de Jesus e a sua própria. Aqui se destacam traços histórico-salvíficos e parenéticos (especialmente nas metáforas de semeadura e colheita) que recebem sua seriedade contra o pano de fundo do juízo (Mt 13,40-43). No *discurso sobre a comunidade* (Mt 18,1-35) predominam temas eclesiológicos; abordam-se tanto a humildade dos discípulos e a busca do pequeno e perdido como a admoestação fraterna na oração, a exclusão da comunidade e o perdão sem limites. Contudo, no centro do discurso está uma promessa cristológica: "Pois onde dois ou três estiverem reunidos em meu nome, ali estou eu no meio deles" (Mt 18,20). A posição do *discurso escatológico* (Mt 24,3-25,46), finalmente, é preestabelecida por Mc 13, sendo que Mateus aqui não está interessado em especulações escatológicas, mas na prática da fé, pois a argumentação desemboca na parênese de Mt 24,32-25,30.

Tanto os cinco discursos como a obra inteira transmitem a impressão e a pretensão de que o ensinamento de Jesus deve ser entendido como a interpretação normativa da *vontade de Deus*. Ao proclamar a normatividade das palavras o Terrestre (Mt 28,20a), o Ressuscitado atribui-lhes uma autoridade definitiva.

Títulos cristológicos

Essa autoridade é expressa também nos títulos (de alteza, dignitários) cristológicos. Enquanto eles têm no Evangelho de Marcos, sobretudo, uma relação com a teoria do segredo messiânico, destacam em

---

[191] U. LUZ, Mt I (cf. acima, 8.3), p. 38, formula nesse contexto: "Os cinco grandes discursos foram proferidos através da 'janela' da história mateana de Jesus".

Mateus principalmente a soberania de Jesus. O título υἱὸς Δαυίδ ("Filho de Davi") é introduzido já em Mt 1,1 e ocorre no Evangelho num total de 17 vezes (Mc: 7 vezes, Lc: 13 vezes). Na tradição de conceitos judaicos nacional-políticos (SlSal 17,21) e inspirado por Mc 10,46-52, Mateus confere a esse título um caráter especial. Primeiro apresenta-se Jesus como descendente da dinastia de Davi legitimado por uma intervenção divina e, dessa forma, como messias segundo as tradições judaicas (Mt 1,1-17). Depois, o motivo do Emanuel leva para o conceito do Filho de Davi que cura e é misericordioso. O título ocorre com frequência notável em relação com curas, especialmente curas de cegos (Mt 9,27; 12,23; 20,30s; 21,14-16). Jesus é o Filho de Davi que cura, que atua em Israel e, ainda assim, não é reconhecido pelos líderes cegos de Israel. Mt 22,41-46 confere ao título uma perspectiva universal, pois, sob adoção de Sl 110,1 LXX e em vista de Mt 28,18-20, o messias de Israel aparece como o κύριος ("senhor") do mundo[192]. O uso do título de Χριστός ("ungido/messias") é determinado em grandes partes de Mateus (16 ocorrências) por perspectivas preestabelecidas por Marcos. Já a história prévia de Jesus expressa sua dignidade messiânica explicitamente por meio de um uso titular de ὁ Χριστός (Mt 1,17; 2,4; cf., além disso, 1,1.16.18). De importância central é Mt 16,16, onde Mateus, indo além de Mc 8,29, completa o ὁ Χριστός pela predicação ὁ υἱὸς τοῦ θεοῦ τοῦ ζῶντος (" o Filho do Deus vivo") e repete na ordem de silenciar-se de Mt 16,20 explicitamente o ὁ Χριστός. Mateus transfere tradições messiânicas do Antigo Testamento para Jesus e lhes confere simultaneamente uma nova definição ao denominar, por exemplo, os milagres de Jesus em Mt 11,2 de "atos/obras do Cristo"[193]. O título de *Filho do Homem* (ὁ υἱὸς τοῦ ἀνθρώπου) ocupa no Evangelho de Mateus

---

[192] U. LUZ, Skizze, p. 226, enfatiza o alcance limitado do título "Filho de Davi", "a saber, caracterizar a vinda de Jesus como o cumprimento e a transformação das esperanças messiânicas de Israel e, dessa maneira, ajudar a trabalhar o choque da separação entre a comunidade cristã e a sinagoga".

[193] Esse aspecto é enfatizado por G. THEISSEN, "Vom Davidssohn zum Weltherrscher. Pagane und jüdische Endzeiterwartungen im Spiegel des Matlhausevangeliums", in M. BECKER, W. FENSKE (org.), *Das Ende der Tage und die Gegenwart des Heils*. FS H.-W. Kuhn. AGJU XLIV (Leiden: 1999), pp. 145-164, segundo o qual Mateus adotou e reformulou expectativas messiânicas do seu ambiente. Em Jesus

uma posição central (29 ocorrências)[194]. Já a localização do título indica o programa de Mateus: as palavras sobre o Filho do Homem não se dirigem ao público, mas aos discípulos (portanto, também à comunidade) e comentam a história de Jesus em sua totalidade. Por isso, faltam no Sermão da Montanha (primeira ocorrência em Mt 8,20) e se concentram nos caps. 16-17 (anúncios da Paixão) e 24–26 (vinda e juízo do Filho do Homem). As palavras incluídas para além de Marcos referem-se principalmente ao Filho do Homem que vem (Mt 13,41; 16,28; 19,28; 24,30a; 25,31). Com as palavras do Filho do Homem, a comunidade mateana contempla a atuação (Mt 8,20; 9,6; 11,19; 12,8; 13,37), Paixão (Mt 17,12.22; 20,18.28; 26,2.24.44), morte/ressurreição (Mt 12,40; 17,9) e volta do Filho do Homem para o juízo (Mt 10,23; 16,27s; 19,28; 24,27.30.39.44; 25,31; 26,64). Nesse contexto confere-se indubitavelmente um peso especial ao motivo *de que o Filho do Homem que vem julga com autoridade*. Na última e decisiva palavra sobre o Filho do Homem, Jesus diz publicamente: "De ora em diante vereis o Filho do Homem sentado à direita do Poder e vindo sobre as nuvens do céu" (Mt 26,64). A comunidade mateana vive na certeza do domínio universal e na esperança da vinda do Filho do Homem e se sabe enviada com essa mensagem às nações. Também no caso do título de *Filho e Filho de Deus*, respectivamente (ὁ υἱὸς τοῦ θεοῦ), Mateus coloca acentos próprios (15 ocorrências). Ele se encontra acumulado no prólogo onde Deus e/ou um anjo revelam Jesus diretamente como Filho (Mt 1,22s; 1,25; 3,17). Nesse contexto, Mt 3,15-17 e a retomada antitética de Mt 4,8–10 em Mt 28,16-18 ressaltam claramente a conceituação mateana: *é o Filho obediente à vontade de Deus que assume, como justo sofredor (cf. Sl 22; Sb 2,18) o domínio sobre o mundo*. Mt 11,25-39 é um texto-chave cristológico: "Tudo me foi entregue por meu Pai, e ninguém conhece o Filho senão o Pai, e ninguém conhece o Pai senão o Filho e aquele a quem o Filho o quiser revelar" (11,27). Mateus interpreta

---

Cristo "cumprem-se expectativas judaicas e gentias. Seu domínio é uma alternativa para qualquer domínio político sobre o mundo" (cf. acima, p. 163).

[194] Cf. a respeito J. D. KINGSBURY, Matthew as Story (cf. acima, 8.3), pp. 95-103; H. GEIST, *Menschensohn und Gemeinde: Eine redaktionskritische Untersuchung zur Menschensohnprädikation im Matthäusevangelium*. FzB 57 (Würzburg: 1986).

essa comunhão exclusiva de revelação em 11,28-30 sob referência à atuação e vida exemplar de Jesus e conecta, dessa forma, elementos verticais e horizontais para uma cristologia na qual Jesus é ao mesmo tempo a imagem primordial (protótipo) e a imagem exemplar (modelo). Os motivos centrais de amor, confiança e obediência dominam também em Mt 16,13-28; 17,5; 26,59-66; 27,40.43. Em obediência diante de Deus, o Filho como modelo assume o caminho do sofrimento, do qual também os discípulos não são poupados. Κύριος ("senhor") como título cristológico não tem importância especial em Mateus. Geralmente tem o caráter de demonstrar temor e fé (cf. Mt 7,21; 8,2.6.8; 9,28; 10,24; 15,22.27; 17,4 etc.).

A cristologia mateana está marcada pela unidade do Jesus que ensina e que cura, que é obediente e exemplar, pela figura que é exaltada e governa, que está com Deus e por meio de quem Deus manifesta sua vontade escatológica benigna a todas as nações[195].

8.3.3 *Pneumatologia*

Diferentemente de Lucas e João, não há uma pneumatologia elaborada em Mateus. Importante é a *geração pelo espírito de Deus* em Mt 1,20s, pela qual a descida do espírito no batismo ganha o caráter de uma confirmação (Mt 3,13-17). Em Mt 8,16 e 12,28ss, Jesus aparece como um portador do espírito que expulsa espíritos imundos. O termo do espírito adquire novamente perfil em Mt 28,19: "Agora, ide e fazei de todas as nações discípulos: batizai-as em nome do Pai e do Filho e do Espírito Santo". O vínculo entre o batismo e formas triádicas não é um acaso, porque o batismo é o lugar da doação do espírito (cf. 1Cor 6,11; além disso, 1Cor 12,4-6.13, 2Cor 13,13; 1Pd 1,2; Did 7,1.3; 9,5), e, enquanto *batismo no nome*, o lugar da evocação, da verbalização e da confissão do Deus triuno[196]. Apesar da omissão de εἰς ἄφεσιν ἁμαρτιῶν ("para o perdão dos pecados") na mensagem do Batista (compare-se Mt 3,2 com Mc 1,4), devemos supor que também na comunidade

---

[195] Cf. J. D. KINGSBURY, Matthew as Story (cf. acima, 8.3), p. 42.
[196] Cf. aqui L. HARTMANN, *Auf den Namen des Herrn Jesus*. SBS 148 (Stuttgart: 1992).

mateana, o batismo, ao lado da santa ceia (Mt 26,28), era considerado um lugar do perdão do pecado. No fim do Evangelho, os leitores/ouvintes são lembrados da conduta exemplar de Jesus no momento de seu batismo e encorajados a anunciar o evangelho a todas as nações, no nome e na presença do Deus triuno.

8.3.4 *Soteriologia*

Fundamental para a soteriologia mateana é o conceito de que, em Jesus Cristo, Deus está com seu Povo. Jesus veio para salvar seu povo de seus pecados, embora essa mensagem experimente, por parte dos judeus, uma forte rejeição. Mateus articula essa *promessa fundamental* narrativamente pelo emolduramento de Mt 1,21s/28,16-20 e por meio daqueles textos que narram como Jesus salva o que está perdido e se volta benignamente para os pecadores (cf. Mt 8,1-9,34). Mt 9,9-13 narra sobre o chamado jesuânico para o seguimento e sua comunhão de mesa com cobradores de impostos e pecadores. Jesus aparece nesse contexto como o filho plenipotenciário de Deus que opera uma virada na situação dos seres humanos perante Deus: "Eu não vim para chamar justos, mas pecadores" (Mt 9,13b). O perdão dos pecados, segundo Mt 1,21 um elemento da missão de Jesus, é conferido diretamente ao paralítico em Mt 9,5 e em Mt 26,28 vinculada à morte e ressurreição de Jesus que na santa ceia estão presentes em sua força que expia pecados.

A volta de Jesus para as pessoas está em Mt 9,9 relacionada ao chamado para o seguimento dirigido ao cobrador de impostos Mateus, um chamado que coloca as pessoas que creem e foram batizadas no espaço da salvação, de modo que são agora convocadas a anunciar a todas as nações as palavras normativas de Jesus. Os discípulos (de todos os tempos) devem ser tão perfeitos como o próprio Deus (Mt 5,48). À volta de Deus ou de Jesus para os seres humanos corresponde a exigência de cumprir a vontade de Deus: "Nem todo que me chama Senhor, Senhor entrará no Reino dos Céus, mas quem faz a vontade do meu Pai no céu" (Mt 7,21). O servo impiedoso (Mt 18,23-35) experimentou a bondade misericordiosa de Deus, mas se afastou de seus conservos e, com isso, de Deus, de modo que sucumbe ao juízo. Na parábola dos trabalhadores na vinha (Mt 20,1-15), aquelas pessoas que não aceitam a bondade de Deus se excluem a si mesmas da salvação (Mt 20,15: "Ou vês com maus olhos que eu sou bondoso?"). Já que Deus se volta benignamente para as pessoas e as chama para o seguimento, Mateus levanta a expectativa absoluta de que elas cumprem a vontade de Deus. Será que ele defende dessa maneira um conceito soteriológico duplo, no sentido de que a atuação humana aparece como a condição da salvação ao lado do ato de Deus?[197] Ao atribuir à Torá uma importância fundamental para a relação com Deus e definir a relação com o judaísmo diferentemente, o evangelista põe indubitavelmente acentos diferentes, por exemplo, de Paulo[198]. Ainda assim não será necessário falar de opostos irreconciliáveis, mas sim de notáveis acentuações diferentes:

a) Também em Mateus há uma clara prioridade da promessa fundamental da presença de Deus (Mt 1,21s; 28,16-20); isto é, a base de todas as exigências são a onipotência e a graça de Deus (cf. abaixo, 8.3.5; 8.3.6).

b) No âmbito do Sermão da Montanha não é uma coincidência que as antíteses (Mt 5,21-28) estejam emolduradas pelos macarismos, pela palavra do sal e da luz como promessa fundamental (Mt 5,3-16) e pela advertência de que a pessoa não se constitui por suas obras (Mt 6,4b: "E teu Pai que vê o escondido te recompensará"). No início estão o Deus misericordioso e a promessa da felicidade para os seres humanos!

c) Também em Mateus, o Pai nosso (Mt 6,9-13) destaca claramente que as pessoas dependem da graça de Deus.

---

[197] CHR. LANDMESSER, *Jüngerberufung und Zuwendung zu Gott*. WUNT 133 (Tübingen: 2001), p. 145, enfatiza isso explicitamente: "Segundo o Evangelho de Mateus, porém, a salvação escatológica é secundariamente condicionada pelo fato de que o cumprimento abrangente da vontade de Deus, interpretada normativamente por Jesus, deve ser considerado a outra condição necessária para entrar no Reino dos Céus, ao lado do chamado jesuânico para o discipulado".

[198] Cf. o esboço em U. LUZ, Jesusgeschichte (cf. acima, 8.3), pp. 163-170.

d) Em Mt 28,18.20, o batismo como a fundamentação da relação salvífica encontra-se antes do ensinamento[199].
e) Também em Paulo cabe uma importância fundamental à prática da fé; de seu modo, ele não é menos radical em suas exigências éticas e eclesiológicas do que Mateus (cf. 6.7/6.8). Quem faz de Paulo o paradigma de uma soteriologia bem elaborada[200] deixa de perceber, além disso, que todos os autores neotestamentários precisavam elaborar, dentro de suas condições específicas, suas próprias criações de sentido e que, por isso, não podem ser justapostos uns aos outros.

8.3.5 *Antropologia*

Em Mateus não há uma antropologia terminologicamente orientada, mas, ainda assim, vincula-se nele a pergunta pela definição da natureza do ser humano inseparavelmente à vontade de Deus e à lei como a medida/norma dessa vontade (Mt 5,48: "Deveis ser perfeitos, assim como é perfeito vosso Pai nos céus"). A antropologia e a ética (cf. abaixo, 8.3.6) permeiam-se mutuamente em Mateus, porque a natureza e a atuação do ser humano formam nele uma união inseparável.

A lei em Mateus

O evangelista entende a atuação e o anúncio de Jesus não como a dissolução, mas como o cumprimento da lei (cf. Mt 5,17-20). Seja qual

---

[199] Cf. G. FRIEDRICH, "Die formale Struktur von Mt 28.18-20", in *ZThK* 80 (1983): 137-183, aqui: 18-21; P. NEPPER-CHRISTENSEN, "Die Taufe im Matthäusevangelium", in *NTS* 31 (1985): 189-207.

[200] Assim aparentemente M. HENGEL, "Zur matthäischen Bergpredigt und ihrem jüdischen Hintergrund", in IDEM, *Judaica, Hellenistica et Christiana*. WUNT 109 (Tübingen: 1999), pp. 219-292, aqui: p. 254: "Se Mateus tivesse a primeira palavra (ou última, respectivamente) na teologia cristã, Paulo seria um herege"; CHR. LANDMESSER, Jüngerberufung und Zuwendung zu Gott, p. 157: "justamente a pergunta decisiva para os discípulos, cuja resposta é indispensável para lhes permitir uma vida responsável neste mundo, permanece aberta sob as condições da teologia de Mateus". R. DEINES, Gerechtigkeit (cf. acima, 8.3), p. 651, harmoniza: "Portanto, a diferença entre Mateus e Paulo não deve ser procurada na compreensão soteriológica da lei na presença do Reino de Deus, mas na interpretação histórica da lei" (cf. acima, p. 651).

for a definição da relação entre redação e tradição em Mt 5,17-20[201], Mateus adota o texto inteiro, portanto, para ele, esse texto vale sem restrições. A Torá não é violada, nem em sua letra mais ínfima, pois Jesus veio para cumpri-la[202]. No entanto, com essa constatação apenas começa o ato interpretativo que Mateus exige, por meio de sua sequência textual, também de seus interpretadores. Também aqui, a condição básica da compreensão é a precedência da misericórdia de Deus nos macarismos e a confiança incondicional na generosidade de Deus (cf. Mt 5,45; 6,25-34; 7,7-11). Ao mesmo tempo, porém, existe entre a declaração fundamental de Mt 5,17-20 e as antíteses de Mt 5,21-48 uma tensão que não pode ser excluída por meio de algum truque hermenêutico. Nas antíteses ocorre uma radicalização que não pode ser explicada suficientemente, nem com os textos veterotestamentários citados nem com sua história da interpretação.

Por isso precisamos perguntar sobre o sentido em que Jesus, segundo Mateus, cumpre a lei. De modo algum apenas como uma mera repetição da vontade divina formulada no AT, mas como uma interpretação com autoridade. A correspondência entre Mt 5,20 e 5,48 comprova as antíteses como concreção da justiça melhor (maior) exigida pelo evangelista, uma concreção que formula o "mais" dessa justiça. Nesse contexto, a lei continua sendo um elemento da justiça, mas, ao mesmo tempo, a autoridade de quem fala define seu conteúdo[203]. Na primeira antítese (Mt 5,21-26), Jesus radicaliza a proibição

---

[201] Para a análise, cf. G. STRECKER, Bergpredigt (cf. acima, 8.3.2), pp. 55-64; U. LUZ, Mt I (cf. acima, 8.3), 303-324; R. DEINES, Gerechtigkeit (cf. acima, 8.3), pp. 257-428. É evidente, em todo caso, que a maior parte do v. 17 e todo o v. 20 têm caráter redacional; o v. 18 é um emaranhado histórico-traditivo que não pode ser desembaraçado, e o v. 19c.d pode remontar a Mateus.

[202] Por isso, não é possível distinguir entre a lei moral aceita por Mateus e a lei ritual por ele rejeitada, como, por exemplo, sugere G. STRECKER, Weg der Gerechtigkeit (cf. acima, 8.3), pp. 30-33. Mt 23,23.26; 24,20 mostram que Mateus preservou mandamentos rituais.

[203] Cf. R. DEINES, Gerechtigkeit (cf. acima, 8.3), p. 649: "Em sua função antiga, a Torá não pode contribuir nada com a justiça escatológica, mas, como expressão da vontade de Deus, ela permanece presente naquilo que leva às ἐντολαί de Jesus. O caminho para a *basileia* universal, porém, é possibilitado no primeiro Evangelho unicamente por Jesus".

da Torá de matar. Também a segunda antítese, sobre o adultério (Mt 5,27-30), permanece como radicalização de uma proibição da Torá nas possibilidades da interpretação contemporânea. Em contraste, a terceira antítese, sobre o divórcio (Mt 5,31-32), representa a abolição de um mandamento da Torá (cf. Dt 24,1.3). Também a proibição do juramento rompe com o pensamento veterotestamentário-judaico e se fundamenta unicamente na autoridade e alteza de Jesus. Assim como já antes a proibição do divórcio, Mateus torna esse mandamento praticável para sua comunidade sem abolir as intenções originais do anúncio de Jesus. Com a rejeição do princípio veterotestamentário da retribuição em Mt 5,38-42 e com o mandamento absoluto de amar os inimigos em Mt 5,43-48, o Pregador da Montanha[204] abandona o pensamento judaico e ressalta que a vontade de Deus se encontra unicamente no amor e na justiça perfeitas e sem fronteiras. As antíteses mostram como Mateus entende o cumprimento da lei por Jesus: a validade e normatividade não residem no texto da tradição veterotestamentária, mas exclusivamente na autoridade de Jesus. A ἐξουσία de Jesus permite abolir uma lei vigente e, ao mesmo tempo, fazer valer a verdadeira vontade de Deus. Por isso, a radicalização da Torá e a abolição da Torá não são opostos para Mateus, porque as duas são justificadas e articuladas pela autoridade de Jesus[205]. Não a lei veterotestamentária como tal, mas a *interpretação autoritativa* do AT por Jesus é normativa para a comunidade mateana[206]. Nesse sentido,

---

[204] Para paralelos religioso-históricos cf. Cf. Neuer Wettstein I/1.2, para Mt 5,44.

[205] E. REINMUTH, Anthropologie (cf. acima, 6.5), p. 68, formulou as dimensões antropológicas do Sermão da Montanha da seguinte forma: "Sua lógica interna não visa uma sobrecarga, mas possibilidades de vida para as pessoas que se abrem ali onde elas permitem o apelo da presença de Deus e a libertação por ele. As antíteses mostram que essa libertação pode ser realizada como uma mudança de paradigma da troca para a dádiva. A existência humana é mais do que a troca de coisas de valor igual. [...]. Ser um ser humano significa para o Sermão da Montanha em primeiro lugar ter recebido gratuitamente, e somente nessa perspectiva podemos compreender seus desafios".

[206] R. DEINES, Gerechtigkeit (cf. acima, 8.3), p. 648: "A Torá já não tem uma função própria ao lado do mandamento de Jesus, também não para judeu-cristãos. Em vez disso, os discípulos (e seus sucessores nas comunidades) são instruídos a transmitir os mandamentos do "mestre único" (S. Byrskog). A Torá, ao contrário,

a autoridade de Jesus não simplesmente abole uma interpretação errada da Torá; antes, Jesus reivindica, parcialmente contra a letra da Torá, recuperar sua intenção original. Essa intenção reside no pensamento do amor, como mostram a primeira e a sexta antítese[207].

O mandamento do amor é o centro da compreensão mateana da lei, e a justiça melhor (Mt 5,20) e a perfeição (Mt 5,48) exigida por Jesus são idênticas com a Regra Áurea em Mt 7,12. Ela toma corpo na misericórdia (cf. Os 6,6 em Mt 9,13; 12,7; além disso, Mt 23,23c) e no amor irrestrito a Deus e ao próximo (cf. Mt 19,19; 22,34-40) que, por sua vez, encontram sua expressão suprema no amor aos inimigos. Para Mateus, o cumprimento da lei não consiste na observância de muitos prescritos, mandamentos e regras individuais, mas no fazer do amor e da justiça, de modo que podemos falar de uma "transformação da Torá pelo evangelho"[208]. Mateus realiza ponderações: "Ai de vós, doutores da lei e fariseus, sois hipócritas! Estabeleceis o dízimo para hortelã, arruda e cominho, mas deixais de lado o que pesa mais na lei: o direito, a misericórdia e a fidelidade. Contudo, isto deveria ser feito, e aquilo não deveria ser deixado" (Mt 23,23). O mandamento do amor como soma da compreensão mateana da lei recebe sua normatividade unicamente por aquele que, com autoridade, torna a vontade de Deus novamente ouvida. Por isso, a compreensão mateana da lei precisa ser apurada centralmente a partir da cristologia.

8.3.6 *Ética*

PRZYBYLSKI, B. *Righteousness in Matthew and his World of Thought*. MSSNTS 41. Cambridge, 1980; BROER, I. *Freiheit vom Gesetz und Radikalisierung des Gesetzes*. SBS 98. Stuttgart 1980; GIESEN, H. *Christliches Handeln. Eine redaktionskritische Untersuchung zum* δικαιοσύνη*-Begriff im Matthäus-Evangelium*. EHS.T 181. Frankfurt, 1982; SCHRAGE, W. Ethik (cf. acima, 3.5), pp. 146-156; SCHULZ, S. Ethik

---

não aparece em momento algum como uma norma obrigatória independente do ensinamento e da interpretação de Jesus, isto é, o διδάσκειν dos mestres cristãos está também em relação com a justiça determinado de modo exclusivamente cristológico".

[207] Cf. U. LUZ, Mt I (cf. acima, 8.3), p. 333.
[208] Assim R. DEINES, Gerechtigkeit (cf. acima, 8.3), p. 645.

(cf. acima, 3.5), pp. 447-466; R. SCHNACKENBURG, Die sittliche Botschaft II (cf. acima, 6.6), pp. 122-133.

Todas as considerações feitas até aqui já mostraram que Mateus pode ser designado o Evangelho ético por excelência do Novo Testamento. Principalmente a apresentação de Jesus como mestre (cf. acima, 8.3.2) e a temática constantemente presente da lei (cf. acima, 8.3.5) colocam a ética no centro do pensamento de Mateus. *O fundamento da ética mateana é o vínculo com a pessoa, o ensinamento e a obra de Jesus Cristo.* Crer em Jesus significa fazer ao mesmo tempo a vontade dele e, com isso, a vontade de Deus.

Justiça

Assim como o próprio Jesus entende sua atuação como cumprimento de toda justiça (Mt 3,15; cf. Mt 21,32 sobre o Batista), *a δικαιοσύνη ("justiça") é o conteúdo central da ética mateana* (Mt 3,15; 5,6.10.20; 6,1.33; 21,32), tanto mais que Mateus é responsável por todas as ocorrências de δικαιοσύνη[209]. A base da justiça é seu cumprimento por Jesus (Mt 3,15); ela aparece como uma atitude humana exigida em Mt 5,6.10; 6,1.33[210], isto é, como a atuação que Deus quer e que corresponde a seu Reino. A justiça "melhor" de Mt 5,20 é o próprio ensinamento de Jesus e a atuação exigida da comunidade como pressuposto para entrar no Reino dos Céus[211]. A justiça "melhor" manifesta-se numa conduta ética que é demonstrada exemplar e normativamente nas antíteses; sua meta e medida é a perfeição (5,48)[212]. Com isso, Mateus defende um

---

[209] Cf. G. STRECKER, Weg der Gerechtigkeit (cf. acima, 8.3), p. 153.
[210] Cf. U. LUZ, *Mt* I (cf. acima, 8.3), pp. 283s.421.481.
[211] Cf. W. SCHRAGE, Ethik (cf. acima, 3.5), p. 151.
[212] Segundo G. STRECKER, Weg der Gerechtigkeit (cf. acima, 8.3), p. 149-158, δικαιοσύνη designa em Mateus sempre a atitude ética dos discípulos, sua integridade. Diferente, por exemplo, P. FIEDLER, "'Gerechtigkeit' im Matthäus-Evangelium", in *TheolVers* 8 (1977): 63-75; H. GIESEN, Christliches Handeln, p. 259: "Segundo nossa interpretação, a justiça mateana é um dom de Deus, embora Mateus destaque explicitamente a dimensão ética". R. DEINES, Gerechtigkeit (cf. acima, 8.3), p. 647, fala de uma "justiça de Jesus": "Isso quer afirmar que essa justiça não

conceito de justiça diferente de Paulo, algo que decorre necessariamente de sua abrangente aceitação da Torá e de seu destaque para a atuação humana[213]. Embora a justiça seja tanto para Paulo como para Mateus um termo relacional, esse termo permite acentuações: quando Mateus se refere a "vossa justiça" (Mt 5,20; 6,1), a atuação do ser humano ganha outra importância do que em Paulo que a exige como correspondência à dádiva divina da justiça (cf. acima, 6.2.7; 6.6). Formulado concisamente: para Paulo está em primeiro lugar a atividade de Deus, para Mateus, a atuação do ser humano.

O *Sermão da Montanha* é o centro composicional e material desse conceito de ética. Qual é seu tema? Enquanto G. STRECKER vê o tema e o centro do Sermão da Montanha em Mt 5,20, U. LUZ entende o Pai Nosso como o verdadeiro centro do primeiro grande discurso de Jesus[214]. Isso provavelmente não é uma alternativa para Mateus, pois, para ele, a exigência e a dependência da graça formam uma unidade. A quem se dirige o Sermão da Montanha? Dirige-se a todas as pessoas, dirige-se somente às Igrejas cristãs, ou será que somente um grupo exclusivo ou uma pessoa individual podem cumprir as exigências radicais do Sermão da Montanha?[215] A presença simultânea de discípulos e povo em Mt 5,1; 7,28s exclui uma ética de dois níveis, pois *o Sermão da Montanha é uma ética universal para todas as pessoas que seguem Jesus*. Hoje como antigamente não há consenso sobre a possibilidade de cumprir as exigências. Os radicalismos éticos provocam a pergunta se e em que medida Mateus os pensou como praticáveis. Será que é possível cumprir as exigências éticas do Sermão da Montanha como

---

é possível sem Jesus. As pessoas que obedecem ao chamado para o seguimento recebem, através dele, sua participação dessa justiça, o que faz com que se possa apelar à justiça *deles*. A justiça dos discípulos, porém, permanece orientada por Jesus, tanto em sua fundamentação como em suas consequências".

[213] R. DEINES, Gerechtigkeit (cf. acima, 8.3), p. 647, harmoniza de forma exagerada: "Como Jesus cumpriu toda a justiça, assim também os discípulos devem fazer sua justiça (6,1) – *como justos* (também Jesus não se tornou um justo por curar doentes, alimentar famintos, expulsar demônios e anunciar o Reino de Deus, mas ele fez isto como justo e assim cumpriu toda a justiça)".

[214] Cf. G. STRECKER, Bergpredigt (cf. acima, 8.3.2),28; U. LUZ, Mt I(cf. acima, 8.3), p. 254.

[215] Cf. a respeito G. LOHFINK, "Wem gilt die Bergpredigt?", in *ThQ* 163 (1983): 264-284.

imperativos atemporais? No caso de Mateus podemos supor que a pergunta pela praticabilidade não se pôs para ele. "Tanto para Mateus como para toda a Igreja até o tempo pós-reforma era claro que o Sermão da Montanha é praticável. Ele não apenas pode ser feito, ele também tem que ser feito."[216] Diante do Reino de Deus que está vindo, trata-se de se abrir totalmente para a vontade de Deus. Os discípulos são convocados a orientar sua ética pelo ensinamento e pela atuação autoritativas de Jesus. Assim como o próprio Jesus cumpre no Getsêmani (cf. Mt 26,42) o terceiro pedido do Pai Nosso (cf. Mt 6,10), a comunidade deve se entregar à vontade de Deus. A normatividade contínua de mandamentos antigos e novos não é um problema para Mateus, pois os mandamentos ganham sua unidade na autoridade de Jesus Cristo. Esse conceito situa-se no além da "justiça pelas obras", pois uma característica de Mateus é justamente a interligação indissolúvel entre exigência e promessa (cf. acima, 8.3.5)[217]. As palavras do Sermão da Montanha e todas as outras instruções éticas são proferidas pelo Jesus Cristo que caminha junto como governante do mundo, *e unicamente por isso, elas são graça!*[218]

Recompensa e castigo

Essa graça, porém, não se realiza no além da exigência de fazer a vontade de Deus. Por isso, tanto *o conceito da recompensa* (cf. Mt 5,12.19; 6,1.19-21; 10,41s; 18,1-5; 19,17.28s; 20,16.23; 25,14ss) *e o conceito do castigo* (cf. Mt 5,22; 7,1.21; 13,49s; 22,13; 24,51; 25,11-13.30) como o *conceito do juízo* vinculado a eles são elementos centrais da motivação ética em Mateus (cf. abaixo, 8.3.8). Jesus voltará como o Filho-do-Homem-Juiz (Mt 7,22s; 13,30.41; 16,27; 24,29-31; 25,31),

---

[216] U. LUZ, Mt 1 (cf. acima, 8.3), p. 542.
[217] Cf. G. STRECKER, Weg der Gerechtigkeit (cf. acima, 8.3), p. 171: "De acordo com o conteúdo da mensagem de Jesus, ela é idêntica com o imperativo, a 'dádiva' da *basileia* consite na 'exigência'." Strecker refere-se por isso a um "imperativo indicativo" (cf. Mt 11,28-30).
[218] Cf. G. STRECKER, Bergpredigt (cf. acima, 8.3.2), p. 35; U. LUZ, Mt I (cf. acima, 8.3), pp. 542s.

e apenas no juízo universal que vem ocorrerá a separação entre chamados e eleitos (cf. Mt 24,42-51). Nele se comprovará, segundo a atuação pessoal, quem será reconhecido como "justo" e quem será lançado ao "forno" (Mt 13,36-43.47-50). A *prática* da fé torna-se para a pessoa individual o critério decisivo no juízo (Mt 16,27: "Pois o Filho do Homem virá na glória de seu Pai com seus anjos, e então recompensará a cada pessoa segundo sua atuação"). Nesse contexto, o importante é para Mateus menos a proximidade do que a facticidade do juízo final[219]. Segundo a parábola das núpcias (Mt 22,1-4), muitas pessoas são chamadas, bons e maus estão convidados, mas somente quem puder apresentar uma "veste nupcial", isto é, boas obras, é contado entre as pessoas eleitas e não será rejeitado pelo rei (cf. também Mt 7,21). Portanto, com a referência ao Juízo Final, Mateus apela a sua comunidade no sentido de sua responsabilidade irrestrita. Ao mesmo tempo, com a narrativa do juízo universal em Mt 25,31-46, ele rompe com todos os cálculos; a atuação boa e má é desconhecida, e inesperada é a atuação do juiz do mundo. A realidade da rejeição e da graça é representada pelo próprio juiz do mundo Jesus Cristo, pois nenhum outro pode fazê-lo. A recompensa escatológica é prometida àquelas pessoas que não contam com ela, que não agem por causa da recompensa, mas no oculto por causa do bem (Mt 6,1-4) e que se deixam conduzir verdadeiramente pelo amor, pois o amor não calcula.

O que vale para a compreensão mateana da lei vale também para a ética mateana: *a exigência de fazer a vontade de Deus encontra seu cumprimento no mandamento do amor*. Isso se mostra pela radicalização do mandamento do amor ao próximo (Mt 5,21-26), pelo mandamento do amor ao inimigo (Mt 5,44), pela Regra Áurea como conclusão e meta do Sermão da Montanha (Mt 7,12) e o duplo mandamento do amor ao próximo e a Deus em Mt 22,34-40. O mandamento do amor reinterpreta todas as prescrições a partir de dentro e orienta-se pela nova realidade do Reino dos Céus.

---

[219] Cf. S. SCHULZ, *Ethik des Neuen Testaments* (cf. acima, 3.5), p. 455.

8.3.7 *Eclesiologia*

BORNKAMM. G. "Die Binde- und Lösegewalt in der Kirche des Matthäus". In *Geschichte und Glaube* II, editado por IDEM, BEvTh 53, pp. 37-50. Munique, 1971; SCHWEIZER, E. *Matthäus und seine Gemeinde*. SBS 71. Stuttgart, 1974: FRANKEMÖLLE, H. Jahwebund und Kirche (cf. acima, 8.3), pp. 84-307; OBERLINNER, L.; FIEDLER, P. (org.). *Salz der Erde – Licht der Welt. Exegetische Studien zum Matthäusevangelium* (cf. acima, 8.3.2); ROLOFF, J. "Das Kirchenverständnis des Matthäus im Spiegel seiner Gleichnisse". In *NTS* 38 (1992): 337-356; IDEM. Kirche (cf. acima, 6.7), pp. 144-168; DOBBELER, A. von. "Die Restitution Israels und die Bekehrung der Heiden". In *ZNW* 91 (2000): 18-44.

Como nenhum outro evangelista, Mateus mostra um grande interesse na Igreja; é o único entre os evangelistas que usa a palavra fundamental ἐκκλησία (Mt 16,18; 18,17: "assembleia/comunidade/Igreja")[220].

Os discípulos

O conceito-chave da eclesiologia mateana é o discipulado (μαθητής ocorre 72 vezes em Mt, 46 vezes em Mc, 37 vezes em Lc)[221]. O círculo dos discípulos forma não só o vínculo histórico com Jesus, mas representa modelos de fé vivida para todos os tempos. Quando Jesus diz no batismo que *nós* temos que cumprir toda a justiça (Mt 3,15), os discípulos já estão também incluídos. A forma existencial do discipulado é o *seguimento* no compromisso absoluto com a pessoa e o ensinamento de Jesus. Para Mateus, ser cristão significa ser discípulo, e isso se realiza no seguimento (cf. Mt 4,18-22; 8,23; 9,19.23.37s; 12,49s; 19,16-26.27s). Ao chamado do Jesus terreno para o seguimento corresponde no tempo presente da comunidade mateana a subordinação à vontade do Cristo exaltado, desenvolvida no Evangelho (Mt 28,19). O seguimento dá-se em tribulações (cf. Mt 8,23ss), exige a disposição de sofrer (cf. Mt 10,17ss.25) e a força para a humildade (cf. Mt 18,1ss), para o serviço

---

[220] Lucas usa ἐκκλησία somente nos Atos dos Apóstolos.
[221] Para a compreensão mateana de discípulos, cf. U. LUZ, "Die Jünger im Matthäusevangelium", in J. LANGE (org.), *Das Matthäusevangelium* (cf. acima, 8.3), pp. 377-414; R. E. EDWARDS, *Matthew's Narrative Portrait of Disciples* (Harrisburg: 1997).

(cf. Mt 20,20ss) e para obras do amor misericordioso (cf. Mt 25,31-46). Nessa situação, a comunidade sabe-se sustentada pela promessa do Ressuscitado de estar com sua Igreja (cf. Mt 18,20; 28,20). Assim como os discípulos na tempestade acalmada (Mt 8,23-27), a comunidade de Mateus pode se saber abrigada junto a Jesus Cristo, em todas as hostilidades e perigos. Depois da Páscoa, os discípulos devem chamar para o seguimento de Jesus e partir para a missão universal. No Evangelho de Mateus representam sempre também a Igreja; sua apresentação está transparente para o tempo presente da comunidade (Mt 18,1-35). Diferentemente de ἀπόστολος ("apóstolo"), μαθετής ("discípulo") e ἀκολουθεῖν ("seguir") permitem uma identificação da comunidade com as pessoas que agem antes da Páscoa. Os discípulos aparecem como pessoas que aprendem e compreendem (Mt 13,13-23.51; 16,12; 17,13), mas, ao mesmo tempo, também como pessoas "fracas na fé" (Mt 8,26; 14,31; 16,8) e que duvidam da realidade da ressurreição (Mt 28,17b: "alguns, porém, duvidaram"). São o sal da terra (Mt 5,13) e a luz do mundo (Mt 5,14-16), pessoas dispostas e capazes para a missão e a confissão (Mt 10), mas, ao mesmo tempo, tímidas e capazes de negar (Mt 14,30s; 26,21s.31.34). Os membros da comunidade mateana reconhecem nos discípulos modelos da fé vivida em todas suas dimensões.

Pedro

A Pedro cabe uma posição particular dentro do círculo dos discípulos e da comunidade[222]. Ele aparece como o "primeiro" apóstolo (Mt 10,2), como porta-voz do círculo dos discípulos (Mt 15,15; 18,21), e Mt 14,28-31 apresenta sua conduta como exemplo pedagógico da relação adequada entre fé e dúvida. Fundamental é a palavra de Pedro em Mt 16,17-19, inserido pelo evangelista na sequência marcana entre a confissão de Cristo e a ordem de silêncio[223] e que apresenta uma estrutura complexa:

---
[222] Cf. a respeito U. LUZ, Mt II (cf. acima, 8.3), pp. 467-471; J. ROLOFF, Kirche, pp. 162-165.
[223] Ao lado dos comentários, cf. para a análise F.HAHN, "Die Petrusverheiβung Mt 16,18f", in IDEM, *Exegetische Beiträge zum ökumenischen Gespräch* (Göttingen: 1986), pp. 185-200; P. HOFFMANN, Der Petrus-Primat im Matthäusevangelium,

1) O macarismo do v. 17 ("Bem-aventurado és tu, Simão bar Jonas, pois não foram carne e sangue que te revelaram isto, mas meu Pai nos céus") refere-se diretamente à confissão precedente.
2) Depois da fórmula introdutória seguem-se três ditos de estrutura semelhante que tratam da construção da *ekklesia* (v. 18b: "Tu és Pedro, e sobre esta rocha construirei minha Igreja, e as portas do inframundo não prevalecerão contra ela"), da entrega das chaves do Reino dos Céus (v. 19a: "Eu te darei as chaves do Reino dos Céus") e da autoridade de ligar e desligar (v. 19b: "e o que ligares na terra será ligado nos céus, e o que desligares na terra será desligado nos céus"). O v. 18b deve ter preservado uma tradição muito antiga, pois em sua base está um jogo de palavras com Πετρός ("Pedro") e πέτρα ("rocha, pedra")[224]: é uma combinação da atribuição de um nome e da interpretação de um nome, sendo que o nome expressa simultaneamente uma função. A palavra deve ter surgido muito cedo, mas não deve remontar a Jesus, pois a expressão μου τὴν ἐκκλησίαν ("minha comunidade/Igreja") pressupõe uma situação pós-pascal. As palavras sobre as chaves e sobre ligar e desligar (cf. Jo 20,23) fazem Pedro aparecer como o garante da tradição mateana e como protótipo do discípulo confessor e mestre cristão que, ao contrário dos doutores da lei e dos fariseus (Mt 23,13: "Ai de vós, doutores da lei e fariseus, hipócritas! Vós tranqueis o Reino dos Céus diante das pessoas. Pois vós mesmos não entreis, e aqueles que querem não deixeis entrar"), abre o Reino dos Céus por meio de sua interpretação da tradição e assim faz da *ekklesia* mateana uma casa firmemente fundamentada (cf. Mt 7,24-27).

Segundo Mt 18,18, a autoridade de ligar e desligar vale ao mesmo tempo para a comunidade em geral, de modo que Pedro se torna o exemplo de todas as pessoas que são discípulos: a comunidade pode

---

in H. MERKLEIN etc., *Neues Testament und Kirche*. FS R. Schnackenburg (Friburgo: 1974), pp. 94-114.

[224] Cf. aqui P. LAMPE, "Das Spiel mit dem Petrusnamen - Matt. XVI.18", in *NTS* 25 (1979): 227-245.

relacionar consigo mesma aquilo que ele recebeu de conhecimento, autoridade, força de fé, mas também suas dúvidas. A forma atual do Evangelho de Mateus reflete o caminho da comunidade desde seus inícios judeu-cristãos até sua prática da missão universal às nações e corresponde assim ao caminho de vida de Pedro que, como testemunha destacada dos eventos pascais (cf. 1Cor 15,5), abriu-se para um judaísmo liberal (cf. Gl 2,11ss) e finalmente realizou uma missão aos gentios (cf. 1Cor 1,12; 9,5). Essas coincidências notáveis fundamentam possivelmente a autoridade particular de Pedro na comunidade mateana.

Estruturas

A posição destacada de Pedro e os paralelos entre Mt 16,19 e 18,18 provocam a pergunta pelas estruturas ordenadoras da comunidade mateana. Primeiro devemos constatar que a comunidade desconhece ministérios institucionalizados (cf. Mt 23,8-12); ela se entende como *comunidade dos irmãos* (cf. Mt 23,8-12), para a qual são constitutivos o batismo e o chamado para o seguimento radical. Ao mesmo tempo atuam em seu meio profetas (cf. Mt 10,41; 23,34; além disso, 5,12; 10,20), doutores da lei (cf. Mt 23,15; 23,34; além disso, 8,19) e carismáticos (cf. Mt 10,8). O cuidado fraternal, e o amor de Deus que busca o pecador parecem ter desempenhado um papel central dentro da comunidade. Novamente, o modelo disso é o próprio Jesus: "Assim não é a vontade de vosso Pai nos céus que um desses pequeninos se perca" (Mt 18,14). Por isso, a questão do *perdão dos pecados* é de importância central, pois é Jesus quem redime seu povo de seus pecados (Mt 1,21), e à Igreja foi dada a autoridade de perdoar pecados (Mt 9,8; 26,28). Essa autoridade reflete-se na *regra de disciplina* de Mt 18,15-17, que deve ser entendida como medida disciplinar eclesiástica institucionalizada[225]. Sob adoção de tradições veterotestamentárias define-se aqui um procedimento em três etapas: 1) uma conversa particular

---

[225] Para a interpretação, cf. por último I. GOLDHAHN-MÜLLER, Grenze der Gemeinde (cf. acima, 6.7), pp. 164-195; ST. KOCH, *Rechtliche Regelung von Konflikten im frühen Christentum*. WUNT 174, (Tübingen: 2004), pp. 66-83.

entre uma pessoa da liderança e o membro da comunidade (v. 15); 2) se o membro não reagir adequadamente, outra conversa na presença de uma ou mais testemunhas (v. 16); 3) o tratamento do caso na assembleia da comunidade. Quando também a correção diante desse grêmio não surte efeito, segue a excomunhão (v. 17b: "ele lhe será como o gentio e o cobrador de impostos"). A finalidade desse procedimento é ganhar de volta aqueles membros da comunidade que ameaçam cair fora do seguimento. Dessa maneira, Mateus não visa a comunidade pura dos santos, mas uma comunidade ordenada que tenha consciência de sua origem e sua tarefa. A análise em sua totalidade mostra que a comunidade já está marcada por uma forte institucionalização[226].

Perigos internos

Já não podemos dizer com certeza a que problemas o evangelista reage com esse procedimento. No entanto, é claro que dois problemas agudos ameaçam a comunidade:

a) O repetido chamado para fazer a vontade de Deus (Mt 7,21; 12,50; 21,31) sinaliza como problema fundamental o permanecer na atuação da graça divina sem enfraquecer na fé e no amor. Essa "fraqueza na fé" (cf. Mt 6,30; 14,31; além disso, 8,26; 16,8; 17,20) é enfrentada por Mateus em sua parênese abrangente e cujo enfoque está no praticar toda a Torá (Mt 5,17-19) e da justiça, respectivamente (Mt 3,15; 5,6.10.20; 6,1.33; 21,32), na perfeição (Mt 5,48; 19,21) e nos frutos da fé (Mt 3,10; 7,16-20; 12,33; 13,8; 21,18-22.33-46). Com o chamado para a prática corajosa da fé e a permanência na fé, o evangelista vincula perspectivas do Juízo Final (Mt 3,10; 5,29; 7,16ss; 10,15; 18,21-35; 19,30; 23,33.35s; 24,42 etc.). Dificilmente é um acaso que se encontram somente em Mateus descrições do Juízo Final que servem à parênese (cf. Mt 7,21ss; 13,36ss; 25,31ss). A comunidade tem uma missão

---

[226] Cf. U. LUZ, Mt I (cf. acima, 8.3), p. 961.

dentro do mundo e para ele; por isso há nela, assim como no mundo, "maus e bons" (Mt 5,45). Ela existe como *corpus permixtum* no qual vivem pessoas justas e injustas (Mt 13,24-30.47-50; 22,10; 25,31-46), e exatamente por isso, o evangelista convoca para a vigilância (Mt 24,42; 25,13), pois: "Muitos são chamados, poucos, porém, escolhidos" (Mt 22,14). Ao mesmo tempo vale a promessa: "Quem perseverar até o fim será bem-aventurado" (Mt 24,13).

b) O evangelista admoesta a comunidade em Mt 7,15; 24,11 acerca de ψευδοπροφῆται ("pseudo-profetas"). O perfil desses adversários não é nítido. Geralmente são classificados como antinomistas helenistas, com referência a Mt 5,17-20; 7,12-27; 11,12s; 24,10-13[227]. Mateus os acusa de ἀνομία ("falta de lei"; cf. Mt 7,23; 24,12), seus frutos são maus (cf. Mt 7,16-20), e eles não fazem a vontade de Deus (cf. Mt 7,21). Esses adversários boicotam aparentemente a conceituação ética abrangente de Mateus (cf. Mt 24,12) e ameaçam com isso a união da comunidade.

Igreja e Israel

A relação entre a Igreja e Israel é a pergunta central não só para a eclesiologia, mas para a teologia mateana em sua totalidade. Vinculam-se a sua resposta avaliações muito diferenciadas do lugar histórico e do conceito teológico do evangelista. O Evangelho apresenta uma *situação cheia de tensões*: por um lado, encontram-se indícios para uma *posição judeu-cristã*, pois a linguagem, a estrutura, a recepção da Escritura, a argumentação e a história da recepção do Evangelho de Mateus indicam esse ambiente; por outro lado, há numerosos indícios

---

[227] G. BARTH, "Das Gesetzesverständnis des Evangelisten Matthäus", in BORNKAMM, BARTH, HELD, *Überlieferung und Auslegung* (cf. acima, 8.3), pp. 149-154; além disso, cf. E. SCHWEIZER, "Gesetz und Enthusiasmus bei Matthäus", in J. LANGE (org.), *Das Matthäus-Evangelium* (cf. acima, 8.3), pp. 350-376. Um elenco de diferentes propostas de solução (zelotas, fariseus, essênios, judeu-cristãos rigorosos, paulinos) encontra-se em U. LUZ, Mt I (cf. acima, 8.3), pp. 524s, que pergunta se os falsos profetas poderiam ser classificados como "marcanos".

de uma *posição universal* que há tempo ultrapassou as fronteiras do judaísmo[228].

Na relação entre Mt 10,5b.6 ("Não tomeis o caminho para as nações nem entreis numa cidade samaritana. Antes, ide até as ovelhas perdidas da Casa de Israel"; cf. 15,24) e Mt 28,16-20, os problemas concentram-se exemplarmente. Qual é a relação entre a restrição explícita e o universalismo programático?[229] Vários modelos explicativos são possíveis:

1) A posteridade histórica, segundo a qual Mt 5b.6 representa uma fase mais antiga e a ordem de missão, uma mais nova da história da comunidade mateana[230]. O envio exclusivo a Israel já não está em vigor.
2) Esse modelo pode ser ligado com uma interpretação histórico-salvífica, segundo a qual Israel passou sua posição na história da salvação para a Igreja universal (modelo de substituição)[231] ou pelo menos a restrição particular a Israel foi abolida em favor de uma ampliação/alargamento[232].
3) O modelo complementário, segundo o qual os envios a Israel e às nações valem lado a lado e não formam uma contradição, porque têm caracteres distintos. A autocompreensão judaica de Mateus e a adição das nações no contexto da tradição profética complementam-se[233].

---

[228] Cf. a respeito também o panorama em R. DEINES, Gerechtigkeit (cf. acima, 8.3), pp. 19-27.
[229] Uma visão geral da pesquisa em A. von DOBBELER, Die Restitution Israels, pp. 21-27.
[230] Cf., por exemplo, U. LUZ, Mt II (cf. acima, 8.3), p. 911.
[231] Cf. W. TRILLING, Das wahre Israel (cf. acima, 8.3), p. 215: "Mateus como redator final pensa decididamente de modo gentio-cristão universal"; G. STRECKER, Weg der Gerechtigkeit (cf. acima, 8.3), p. 34: "Os elementos não judaicos, helenistas da redação sugerem entender o autor como integrante do cristianismo gentio".
[232] Cf. J. GNILKA, Mt I/1 (cf. acima, 8.3), pp. 362s.
[233] Cf. A. von DOBBELER, Die Restitution Israels, pp. 27-44. Semelhantemente M. KONRADT, Die Sendung zu Israel und zu den Völkern im Matthäusevangelium (cf. acima, 8.3), p. 424, segundo o qual a posição de Mateus se caracteriza "por acolher, por um lado, a posição particular de Israel positivamente, mas, por outro,

Diante da situação complexa do texto e das interpretações divergentes, a pergunta material decisiva é: no tempo presente de Mateus, a missão a Israel ainda determina o conceito teológico do evangelista e o lugar histórico de sua comunidade? A missão a Israel marca indubitavelmente a história da comunidade mateana e está presente no mundo textual do Evangelho, mas, ao mesmo tempo, há sinais claros de que, no tempo presente, ela já não é determinante para o pensamento do evangelista. A missão a Israel fracassou (Mt 11,20-24; 23,37-39; 28,15), e a ruptura com Israel ocorreu há tempo. Isso levou a represálias e perseguições por parte do judaísmo contra os membros da comunidade mateana (Mt 10,17s; 23,34)[234]. A distância e o confronto com Israel[235] manifestam-se também no nível da linguagem, por

---

justamente defender a abertura para o mundo das nações e articular com a primeira. Quando relacionamos isso com as tentativas mais recentes, acima mencionadas, acerca da localização do Evangelho no contexto do processo judaico de formação após 70 d.C., então a história de Jesus mateana apresenta-se, a meu ver, essencialmente como uma tentativa de legitimação ou de propaganda para uma variante da fé judaica, aberta programaticamente e de um modo qualitativamente novo para o mundo das nações, em contraste e em conflito à variante fariseia que parece exercer uma influência dominante sobre as sinagogas".

[234] Aqui, o acréscimo de καὶ τοῖς ἔθνεσιν em Mt 10,18 mostra claramente que, para o evangelista, essa disputa já passou por algum tempo e que ele a integra em seu conceito universal, cf. G. STRECKER, Weg der Gerechtigkeit (cf. acima, 8.3), p. 30.

[235] Diferente G. BORNKAMM, "Enderwartung und Kirche im Matthäusevangelium", in BORNKAMM, BARTH, HELD, *Überlieferung und Auslegung* (cf. acima, 8.3), p. 36 ("O Evangelho de Mateus confirma em cada versículo que a comunidade por ele representada ainda não se separou do judaísmo"); e diferente também R. HUMMEL, Auseinandersetzung (cf. acima, 8.3), pp. 29.31.159s, a qual parte de uma petença externa e autonomia interna da comunidade mateana em relação à sinagoga. Cf., além disso, nesse sentido A. OVERMAN, *Matthew's Gospel and Formative Judaism* (Minneapolis: 1990); A. J. SALDARINI, *Matthew's Christian-Jewish Community* (Chicago: 1994); D. C. SIM, The Gospel of Matthew and Christian Judaism (Edimburgo: 1998); M. VAHRENHORST. *"Ihr sollt überhaupt nicht schwören". Matthäus im halachischen Diskurs.* WMANT 95 (Neukirchen: 2002), que partem do pressuposto de que Mateus e os fariseus levantam reivindicações concorrentes de liderança *dentro* de Israel. Cf. também M. GIELEN, Der Konflikt Jesu (cf. acima, 8.3), p. 473: "A autocompreensão de Mateus e de sua comunidade é judaica e a separação de seus companheiros na fé que não confessaram Jesus Cristo, provavelmente ainda não realizada" e M. KONRADT, Die Sendung zu Israel und zu den Völkern im Matthäusevangelium (cf. acima, 8.3), p. 424, que lembra que "o interesse do evangelista é posicionar sua comunidade como receptora legítima do

exemplo, no discurso estereotípico de "suas/vossas sinagogas" (Mt 4,23; 9,35; 10,17; 12,9; 13,54; 23,34; além disso, 6,2.5; 23,6) e de "doutores da lei e fariseus" (cf. Mt 5,20; 12,28; 15,1; 3,2.13.15.23.25.27.29). A atuação "hipócrita" dos doutores da lei e fariseus (cf., por exemplo, Mt 6,1-18; 23,1-36) é desmascarada e superada por Mateus pelo fazer da justiça "melhor" (Mt 5,20) e pelo cumprimento abrangente da vontade original de Deus (Mt 5,21-48; 6,9.10b; 12,50; 15,4; 18,14; 19,3-9; 21,31) que aparecem como condições para entrar no Reino dos Céus (Mt 23,13). A posição de Mateus mostra-se em Mt 24,14: "E este evangelho do Reino será proclamado na *ecumene* inteira (ἐν ὅλῃ τῇ οἰκουμένῃ), como testamento para todas as nações (πᾶσιν τοῖς ἔθνεσιν), e depois virá o fim (τὸ τέλος)". *A missão universal a todas as nações é o fundamento teológico de Mateus e de sua comunidade*[236]. Isso se mostra tanto nas numerosas alusões universalistas dentro do Evangelho (cf. acima, 8.3.2) como na posição destacada da ordem de missão como a chave hermenêutica e teológica para todo o Evangelho. A expressão πάντα τὰ ἔθνη em Mt 24,9.14; 25,32; 28,19 não é simplesmente idêntica a τὰ ἔθνη, mas tem um sentido universal e deve ser traduzida por "todas as nações"[237], sendo que Israel está naturalmente incluído[238]. A comunidade mateana

---

legado e da herança teológicas de Israel". Para uma discussão crítica das diferentes posições, cf. também U. LUZ, Mt I (cf. acima, 8.3), pp. 95s, que formula como resultado: "A meu ver, a comunidade de Mateus, cuja missão na terra de israel chegou ao fim, já não pertença à sinagoga judaica".

[236] Cf. U. LUZ, Mt I (cf. acima, 8.3), pp. 91s.; IV (cf. acima, 8.3) pp. 450s., que nesse ponto modificou sua opinião decisivo em comparação com edições anteriores de seu comentário e agora supõe acerca da comunidade de Mateus "que também em seu meio a missão entre gentios está em andamento" (IV 451); além disso, cf. J. ROLOFF, Kirche (cf. acima, 6.7), pp. 146-154; P. FOSTER, *Community, Law and Mission* (cf. acima, 8.3), p. 253 ("*at the time of the writing of the gospel the group had broken away from its former religious setting and was operating as an independent entity*" [no tempo da redação do Evangelho, o grupo tinha se afastado de seu âmbito religioso anterior e estava funcionando como uma entidade independente]).

[237] Cf. a respeito U. LUZ, Mt IV (cf. acima, 8.3), pp. 447-452. Luz constata: "Pois, afinal, a ordem de missão não diz 'Ide agora, ao lado de Israel, também para as outras nações'" (cf. acima, p. 451).

[238] U. LUZ, Mt IV (cf. acima, 8.3), p. 451, defende uma posição intermediária: "A ordem de missão, dada pelo Senhor sobre o céu e a terra, ou seja, sobre o mundo inteiro, tem, a meu ver, um sentido *fundamentalmente* universalista e se refere a

já não se encontra dentro do judaísmo, pois não pratica a circuncisão, e sim o batismo segundo a ordem do Exaltado, e proclama uma compreensão de Deus que vai em direção da Trindade (Mt 28,19)[239]. Também não está apenas no ponto de se abrir para a missão às nações, mas há tempo realiza uma missão sistemática às nações (cf., ao lado de Mt 28,18-20, especialmente Mt 12,21; 13,38a; 24,9-14; 26,13). Essa interpretação combina muito bem com Mt 10,5b.6 e 28,16-20, pois, quando se leva a sério a apresentação narrativa de Mateus, *fala em 10,5b.6 o Terrestre e em 28,16-20 o Exaltado*. A ampliação do anúncio, realizada pela comunidade mateana e justificada teologicamente pelo evangelista, corresponde à vontade última e definitiva do *cosmocrator* Jesus Cristo[240].

Além disso, para a comunidade mateana, já há muito tempo, a rejeição de Israel é uma realidade (cf. Mt 8,11s; 21,39ss.43; 22,9; 27,25; 28,15), algo demonstrado principalmente pela releitura mateana de Mc 12,1-12. Mateus amplia os traços alegóricos já existentes em Marcos para uma apresentação da história da salvação, na qual a reivindicação de Deus por meio de seus profetas é constantemente rejeitada, até que a desobediência chegue finalmente a seu auge no assassinato do filho. Depois disso, a βασιλεία τοῦ θεοῦ, identificada por Mateus no v. 43 explicitamente com a vinha, é tirada de Israel e dada a um povo que trará fruto (Mt 21,43). Mateus vê o castigo de Israel não só na morte dos vinhateiros, ou seja, dos líderes do povo, mas principalmente na entrega da salvação para a Igreja. O Reino de Deus foi tirado de Israel e dado à Igreja, porque Israel não trouxe no passado os frutos exigidos. Isso é confirmado pela composição mateana no contexto

---

todas as nações. Embora não exclua explicitamente a continuação da missão em Israel, parece que Mateus já não vincula com ela grandes esperanças".

[239] Completamente diferente P. FIEDLER, Mt (cf. acima, 8.3), p. 211, que parte do pressuposto de que homens não judeus, ao passar para a comunidade mateana (e, com isso, para o judaísmo) tinham que circuncidar-se e que o batismo manteano está em relação com o batismo de prosélitos. Se Mateus faz com que "seu mestre" Jesus não ensine a circuncisão, quando a circuncisão não aparece em momento algum, como se pode argumentar que Mateus estava, sim, praticando-a?

[240] Por isso, à diferença de U. LUZ, Mt I (cf. acima, 8.3), p. 91, não vejo aqui uma ruptura.

mais estreito de 21,33-46. Depois da questão da autoridade, o evangelista insere do acervo de seu material próprio primeiro a parábola dos dois filhos (Mt 21,28-32) e coloca depois da parábola dos vinhateiros a parábola do grande banquete, proveniente da Fonte Q (Mt 22,1-14). Todas as três narrativas compartilham o aspecto da substituição histórico-salvífica de Israel. O vínculo entre a parábola dos dois filhos e a parábola dos vinhateiros é estabelecido pela palavra-chave ἀμπελών ("vinha") nos v. 28 e 33, pela entrada inesperada de outras pessoas no Reino de Deus e pelo papel histórico-salvífico do precursor João Batista que, assim como depois o Filho, é rejeitado por Israel.

Todas as três perícopes permitem perceber a posição teológica e histórica de Mateus: a desobediência de Israel, que se manifestou no passado pela perseguição e assassinato dos profetas, chegou a seu auge no assassinato do Filho. Consequentemente, Deus castigou o Povo de Israel, anteriormente eleito, e deu o bem salvífico da βασιλεία a um "povo" que produzirá fruto segundo a vontade de Deus. *Para Mateus, essa substituição histórico-salvífica de Israel pela Igreja já aconteceu*, e ele a descreve na retrospectiva de uma comunidade de cristãos provenientes do judaísmo e das nações[241]. A comunidade mateana não se legitima dentro do judaísmo[242], mas proclama sua nova identidade sob o domínio que o Filho de Deus, mestre e messias Jesus de Nazaré exerce sobre todos os povos.

8.3.8 *Escatologia*

A escatologia é uma chave para entender o lugar histórico e teológico de Mateus. As afirmações sobre a atuação futura de Deus interpretam o tempo presente do evangelista.

---

[241] Diferente, por exemplo, M. KONRADT, Die Sendung zu Israel und zu den Völkern im Matthäusevangelium (cf. acima, 8.3), p. 415: "A missão universal entre as nações não é uma resposta à rejeição de Jesus em Israel ou à rejeição de Israel".

[242] R. DEINES, Gerechtigkeit (cf. acima, 8.3), 24ss, remete com razão à (surpreendente) história de recepção do Evangelho de Mateus que faz aparecer como sua origem não o judaísmo, mas o judeu-cristianismo.

O cumprimento da vontade de Deus

Para Mateus, a vontade de Deus proclamada no Antigo Testamento chega a sua meta em Jesus Cristo, e ele esclarece esse fato especialmente por meio das citações de reflexão. As *citações de reflexão* (citações de cumprimento)[243] ocorrem, sempre junto a uma introdução redacional, em Mt 1,23; 2,6.15.18.23; (3,3); 4,15s; 8,17; 12,18-21; (13,14s); 13,35; 21,5; 27,9s (cf., além disso, Mt 26,54.56)[244]. Nessas citações é expresso de modo especial a compreensão mateana da história da salvação segundo o modelo interpretativo "promessa e cumprimento": o evento Cristo é o cumprimento exclusivo das promessas veterotestamentárias. As fórmulas introdutórias mostram elementos comuns, no sentido de que depois do elemento do cumprimento (πληροῦν 16 vezes em Mt, 3 vezes em Mc, 9 vezes em Lc) segue a referência ao texto escriturístico, e nesse contexto pode ser mencionado também o nome do profeta (Isaías, Jeremias). Muitas citações apresentam um texto misto, e nelas se encontram todas as formas textuais conhecidas do AT[245]. As citações contêm temas básicos da teologia mateana (Mt 1,23: Emanuel; 2,15: Filho de Deus; 21,5: o rei não violento) numa estilização parcialmente biográfica (cf. Mt 2,6.15.18.23; 4,15s; 21,5; 27,9)[246]. A acumulação das citações no prólogo tem caráter programático; Mateus indica com elas a seus ouvintes/leitores um caminho de compreensão. Nesse contexto já está no centro o caminho de Jesus como redentor de todas as nações, (cf. Mt 2,15.18.23; 4,15). Trata-se de um motivo que é um dos elementos que determinam também as citações seguintes (cf. Mt 8,17; 12,18-21 [v. 21: "E em seu nome, as nações porão sua esperança"]; 13,14s; 21,16). Depois da separação do judaísmo

---

[243] O termo *citação de reflexão* envolve todas as citações com uma introdução interpretativa sobre a relação do evento Cristo e o Antigo Testamento; citações de cumprimento, no sentido mais estreito, são apenas citações que usam πληροῦν.

[244] Para a análise cf. especialmente G. STRECKER, Weg der Gerechtigkeit (cf. acima, 8.3), pp. 49-84; W. ROTHFUCHS, *Die Erfüllungszitate des Matthäus-Evangeliums*. BWANT 88 (Stuttgart: 1969); U. LUZ, Mt I (cf. acima, 8.3), pp. 189-199.

[245] Cf. para os detalhes K. STENDAHL, School (cf. acima, 8.31) pp. 39-142.

[246] O aspecto histórico-biográfico é enfatizado por G. STRECKER, Weg der Gerechtigkeit (cf. acima, 8.3), pp. 72.85.

e da volta para a missão universal às nações, Mateus ressalta, no interesse do passado e do presente dele e de sua comunidade, *que toda a Escritura foi cumprida no caminho de Jesus desde Israel para as nações.*

O Reino dos Céus

Mateus integra em seu conceito também o discurso sobre o domínio de Deus. À diferença de Marcos, Mateus usa prioritariamente a expressão "Reino dos Céus" (32 vezes βασιλεία τοῦ θεοῦ) que corresponde ao uso linguístico da sinagoga. Assim como na tradição judaica, também em Mateus há um forte acento ético em "Reino dos Céus":[247] "Buscai primeiro seu Reino e sua justiça, então tudo isso vos será acrescentado"(Mt 6,33; cf. 3,2; 4,17; 7,21; 13,24.31.34.44.45.47; 16,19). O Reino que está vindo (Mt 6,10) determina a atuação já agora. Trata-se de viver no tempo presente de acordo com o Reino dos Céus, para depois entrar nele através do juízo. No entanto, o evangelista sabe ao mesmo tempo que a comunidade também depende da misericórdia gratuita de Deus (cf. Mt 18,1ss; 20,1ss). Em Mt 25,34, o Reino aparece como conteúdo por excelência da salvação, é pré-existente e no juízo será dado às pessoas eleitas. Mateus vincula também a relação com o judaísmo ao conceito do Reino de Deus/dos Céus. A separação do judaísmo é tematizada em Mt 8,11; 21,43; 22,1-10; 24,14, sendo que 24,14 é um acréscimo redacional ao texto de Marcos que marca concisamente a posição de Mateus: o "evangelho do Reino", isto é, o anúncio de Jesus registrado no Evangelho de Mateus, é anunciado no tempo presente às nações, "e depois virá o fim". Mateus e sua comunidade viviam numa expectativa da parusia iminente, como

---

[247] G. THEISSEN, Vom Davidssohn zum Weltherrscher (cf. acima, 8.3.2), p. 164, vê no Evangelho de Mateus também um esboço alternativo a conceitos contemporâneos de dominação: "Aqui anuncia-se um tipo totalmente novo de domínio sobre o mundo, através de mandamentos éticos. Ele se situa num nível diferente da dominação dos romanos e de Herodes. Situa-se num nível diferente das expectativas que o Oriente dirige a governantes. Difere das expectativas messiânicas judaicas da época. No entanto, o que podemos observar no Evangelho de Mateus não é apenas o cumprimento dessas expectativas. O Evangelho é testemunha para a transformação do poder político em ética".

mostra, por exemplo, a adoção de Mc 1,28-32 em Mt 24,32-36 (cf., além disso, Mt 3,2; 4,17; 10,7.23; 16,28; 24,22). Nesse contexto, a formulação singular "Reino do Filho do Homem" (Mt 13,41; 16,28) e "Reino de Jesus" (Mt 20,21) indica que Mateus distingue entre o "Reino dos Céus" e o "Reino do Filho do Homem" que começou com a ressurreição e se estende até a parusia[248]. Ao mesmo tempo manifesta-se claramente a consciência do atraso da parusia, pois na parábola dez virgens das donzelas observa-se explicitamente: "Mas, atrasando o noivo, todas elas ficaram cansadas e adormeceram" (Mt 25,5).

O Juízo Final

A posição central da escatologia mostra-se no fato de que Mateus, através da composição de seu Evangelho, torna o juízo um tema determinante[249]. Ele perpassa todo o Evangelho, começando pela pregação do Batista (Mt 3,7-12), passando pelo Sermão da Montanha (Mt 7,13-27), pelo discurso de envio (Mt 10,32s.39-42), pelo discurso das parábolas (Mt 13,37-43.47-50) e pelo discurso sobre a comunidade (Mt 18,23-35) até o discurso escatológico (Mt 24–25). Além disso, há numerosos outros complexos textuais que contêm alguma metafórica do juízo (cf., por exemplo, Mt 8,11s; 11,6.20-24; 12,33-37; 16,25-27; 18,8s; 19,27-30; 20,11-16; 21,18-20; 22,11-14; 23,34–24,2). Mateus adota um grande número de textos sobre o juízo da Fonte Q; além disso, ele reforça e precisa por meio de um artifício literário: sendo que palavras sobre o juízo concluem os cinco complexos discursivos, *os grandes discursos tornam-se discursos de juízo dirigidos à comunidade*. No centro dos acontecimentos de juízo está a aparição do Filho do Homem que virá em breve em glória (Mt 16,27s; 24,30s; 25,31). Quem julga não é Deus, mas o Filho do Homem, de modo que há uma correspondência entre a exclusividade do Jesus que ensina e do Jesus que julga. O juízo

---

[248] Cf. J. ROLOFF, "Das Reich des Menschensohnes. Ein Beitrag zur Eschatologie des Matthäus". in M. EVANG, H. MERKLEIN, M. WOLTER, *Eschatologie und Schöpfung*. FS E. Grässer. BZNW 89 (Berlin: 1997), pp. 275-292.

[249] Cf. aqui D. MARGUERAT, *Le Jugement dans l'Évangile de Matthieu* (Genebra: 1981); U. LUZ, *Mt* IV (cf. acima, 8.3), pp. 544-561.

acontecerá segundo as obras (Mt 16,27: "então retribuirá a cada um de acordo com o seu comportamento"), pois o decisivo não é a atitude, e sim os frutos da fé (Mt 3,8-10; 7,15-20; 13,8.22s.26; 24,45.49; 25,20-23). *O fazer da vontade de Deus como obediência diante do ensinamento de Jesus é o critério no juízo*, de modo que também a escatologia está a serviço da ética, como mostra enfaticamente a interpolação parenética de Mt 24,32-25,30 no discurso escatológico. No entanto, a ênfase no fazer exclui explicitamente o cálculo humano. Mt 25,31-46 ilustra: as pessoas justas não sabem nada de sua atuação e não contaram com uma recompensa. Dessa maneira, Mateus coloca sua comunidade e todas as pessoas sob o juízo do Filho do Homem, e o ser humano não sabe do resultado desse juízo.

8.3.9 Posição na história da teologia

A confrontação com o judaísmo marca indubitavelmente o pensamento de Mateus, mas de modo algum é suficiente para captar o ato teológico do evangelista. Mateus é um autor criativo que coloca em vários aspectos novos acentos e que se inscreve profundamente na memória da Igreja em formação:

1) O Evangelho de Mateus adota Marcos como narrativa básica, mas é simultaneamente estruturado de tal forma que não pode ser definido a partir dessa relação. É concebido conscientemente como *livro* (Mt 1,1) para a leitura na liturgia. Especialmente os cinco grandes discursos permitem perceber a competência didática do evangelista. Ele próprio é provavelmente um mestre de sua comunidade (cf. Mt 13,52)[250] e *faz Jesus atuar principalmente como mestre da comunidade* e das nações. Não é um

---

[250] Cf. a respeito K. STENDAHL, School (cf. acima, 8.3), p. 20 (Mt como *"handbook issued by a school"* [manual publicado por uma escola]); G. STRECKER, Weg der Gerechtigkeit (cf. acima, 8.3), p. 39 (doutor da lei cristão); U. LUZ, Mt I (cf. acima, 8.3), p. 831 (Mateus como um expoente criativo de sua comunidade); M. HENGEL, Zur matthäischen Bergpredigt (cf. acima, 8.3.4), pp. 234s A 28 ("uma espécie cristã de cabeça de uma escola").

acaso que Mateus se tornou na história eclesiástica o Evangelho principal[251], pois sua apresentação de Jesus como mestre e governante do mundo em autoridade, bem como a concepção catequética geral do Evangelho marcam em todos os tempos sustentavelmente a imagem que as pessoas têm de e sobre Jesus Cristo[252]. Ao lado de Tiago, Mateus é aquele autor no Novo Testamento que exige inequivocamente o *praticar aquilo que se crê*.

2) Como nenhum outro evangelista, Mateus preservou *tradições judeu-cristãs* e as ligou com a abertura para a missão universal às nações, para formar algo novo: seu Evangelho. Assim como Paulo, Mateus legitima a missão às nações, mas sem minimizar a importância da Torá. Em Mateus preserva-se a *pretensão de toda a Torá*, mas ela se dá dentro de um novo quadro interpretativo: "A Torá não é uma grandeza autônoma *ao lado* de Jesus, mas Jesus foi também em relação a ela o único mestre e a chave para sua compreensão".[253] A comunidade mateana nasceu do judaísmo, mas já não pertence à sinagoga; tem sua própria história de fundação, seus próprios ministérios e seu próprio perfil teológico[254]. A melhor maneira de explicar essa

---

[251] Cf. a respeito W.-D. KÖHLER, *Rezeption des Matthäusevangeliums in der Zeit vor Irenäus*. WUNT 2.24 (Tübingen: 1987).

[252] Bem acertado J. NOLLAND, Mt (cf. acima, 8.3), p. 38: "*Matthew does not write to have people engage with his theology, but rather to engage with Jesus*" (Mateus não escreve para que as pessoas se comprometam com a sua teologia, mas, antes, com Jesus).

[253] U. LUZ, Mt I (cf. acima, 8.3), p. 94; cf. também R. DEINES, Gerechtigkeit (cf. acima, 8.3), p. 256, que constata sobre o significado da Torá no Evangelho de Mateus: "Ela passou a ter nenhuma função como grandeza autônoma ou como meio para alcançar justiça, porque também ela se cumpriu".

[254] Para a história da recepção anti-judaica de textos do Evangelho de Mateus (cf. 27,25: "A isso todo o povo respondeu: 'Seu sangue caia sobre nós e sobre nossos filhos'"), cf. as considerações em U. LUZ, "Der Antijudaismus im Matthäusevangelium als historisches und theologisches Problem", in *EvTh* 53 (1993): 310-327. Onde se entende, no contexto da exegese norte-americana predominante, o Evangelho de Mateus *dentro* do judaísmo, surge o efeito colateral certamente intencionado de que as expressões possivelmente antijudaicas no Evangelho devem ser consideradas formas legítimas de uma polêmica intrajudaica; cf. A. J. SALDARINI, "Reading Matthew without Anti-Semitism" in D. E. AUNE, *The Gospel of Matthew in Current Study*. FS W. G. Thompson (Grand Rapids: 2001), pp. 166-184.

situação cheia de tensões é supor que o evangelista Mateus é um representante de um *judeu-cristianismo helenista liberal da Diáspora*[255]. A exclusão da problemática da circuncisão no Evangelho de Mateus aponta na mesma direção, pois no judaísmo palestino, bastante conservador, isso era considerado um desrespeito à Torá, enquanto tal prática estava muito divulgada no judaísmo helenista da Diáspora.[256] Agora, para todos os crentes de todos os tempos, o batismo é o acesso à comunidade de Deus (Mt 28,19). Também a história da recepção do Evangelho na Igreja antiga leva a pensar num judeu-cristianismo universalista-aberto. Além disso, classificações históricas rígidas como "judeu-cristianismo" *versus* "gentio-cristianismo" já não correspondem à realidade da comunidade mateana e à autocompreensão do evangelista.[257] *Mateus não pensa particularmente de modo judeu-cristão ou exclusivamente de modo gentio-cristão, mas ele pensa de modo universal!* Somente assim conseguiu preservar o legado judaico e a correspondente pretensão da Igreja em formação. Dessa maneira, o Evangelho de Mateus apresenta uma estrutura básica inclusiva e reúne dentro de si correntes díspares que, por meio da posição dominante da cristologia, são levadas a formar algo novo.[258] A recepção abrangente do "primeiro" Evangelho na Igreja primitiva mostra que, desde o início, ele foi entendido no além das alternativas construídas na pesquisa.

3) A autonomia composicional e teológica do Evangelho de Mateus aponta para um *estado avançado* dentro da história da teologia

---

[255] Cf. nesse sentido, por exemplo, H. STEGEMANN, "Die des Uria" (cf. acima, 8.3.2), p. 271, que constata "que o componente judaico da teologia manteana foi desde o início judeu-helenista [...]".

[256] Cf. op. cit., p. 273

[257] Cf. K. CH. WONG, Interkulturelle Theologie (cf. acima, 8.3). pp. 125-154, que procura explicar os textos "gentio-cristãos e judeu-cristãos" a partir da convivência e da presença simultânea e igualitária de gentio-cristãos e judeu-cristãos na comunidade mateana.

[258] Cf. K. BACKHAUS, Entgrenzte Himmelsherrschaft. Zur Entdeckung der paganen Welt im Matthäusevangelium. In: KAMPLING, R. (org.) *"Dies ist das Buch..."* (cf. acima, 8.3), pp. 75-103.

cristão-primitiva, pois sua apresentação de Jesus está marcada sobretudo por uma etização do anúncio (cf. acima, 8.3.6).[259] Além disso há uma historização do patrimônio traditivo que se expressa na menção das distintas etapas da vida de Jesus (especialmente Mt 1-2) ou no cumprimento das promessas veterotestamentárias *na vida* de Jesus (cf. acima, 8.3.8). Finalmente podemos observar uma institucionalização do material traditivo, pois, para além de Marcos (e Paulo), a autoridade institucionalizada ganha em importância (cf. Mt 13,52; 16,17s; 18,15s; 23,34; 28,19).

8.4 Lucas: salvação e história

Evangelho de Lucas

CONZELMANN, H. *Die Mitte der Zeit*, 6ª ed. BHTh 17, 1977; GRÄSSER, E. *Das Problem der Parusieverzögerung in den synoptischen Evangelien und in der Apostelgeschichte*, 3ª ed. BZNW 22. Berlim, 1977; BRAUMANN, G. (org.). *Das Lukas-Evangelium*. WdF CCLXXX. Darmstadt, 1974; FLENDER, H. *Heil und Geschichte in der Theologie des Lukas*. BEvTh 41. Munique, 1965; JEREMIAS, J. *Die Sprache des Lukasevangeliums*. KEK Sonderband. Göttingen, 1980; ROBINSON, W. C. *Der Weg des Herrn*. ThF 36. 1964; LOHFINK, G. *Die Sammlung Israels*. StANT 39. Munique, 1975; BUSSE, U. *Die Wunder des Propheten Jesus*. fzb 24. Stuttgart/Würzburg, 1977; SCHOTTROFF, L.; STEGEMANN, W. *Jesus von Nazareth – Hoffnung der Armen*, 3ª ed. Stuttgart, 1990; FITZMYER, J. A. *The Gospel according to Luke* I.II. AncB 28/28A. Garden City, 1981.1985; TAEGER, J.-W. *Der Mensch und sein Heil*. StNT 14. Gütersloh, 1982; HORN, F. W. *Glaube und Handeln in der Theologie des Lukas*, 2ª ed. GTA 26. Göttingen, 1986; BOVON, F. *Lukas in neuer Sicht*. Neukirchen, 1985; SCHNEIDER, G. Lukas, *Theologe der Heilsgeschichte*. BBB 59. Bonn, 1985; KLINGHARDT, M. *Gesetz und Volk Gottes*. WUNT 2.32. Tübingen, 1988; NEBE, G. *Prophetische Züge im Bilde Jesu bei Lukas*. BWANT. Stuttgart, 1989; BOVON, F. *Das Evangelium nach Lukas*. EKK III/1-3. Neukirchen, 1989.1996.2001; STEGEMANN, W. *Zwischen Synagoge und Obrigkeit. Zur historischen Situation der lukanischen Christen*. FRLANT 152. Göttingen, 1991; MORGENTHALER,

---

[259] Cf. G. STRECKER, Das Geschichtsverständnis des Matthäus. In: J. LANGE (org.). *Das Matthäus-Evangelium* (cf. acima, 8.3), pp. 326-349.

R. *Lukas und Quintilian: Rhetorik als Erzählkunst*. Zurique, 1993; KORN, M. *Die Geschichte Jesu in veränderter Zeit*. WUNT 2.51. Tübingen, 1993; TUCKETT, C. *Luke*. Sheffield, 1996; LÖNING, K. *Das Geschichtswerk des Lukas* I.II. Stuttgart, 1997.2006; WASSERBERG, G. *Aus Israels Mitte – Heil für die Welt*. BZNW 82. Berlim, 1998; POKORNY, P. *Theologie der lukanischen Schriften*. FRLANT 174. Göttingen, 1998; MOESSNER, D. P. *Jesus and the Heritage of Israel. Luke's narrative claim upon Israel's legacy*. Harrisburg, 1999; MÄRZ, C.-P. "Die theologische Interpretation der Jesus-Gestalt bei Lukas", in *Gedenkt an das Wort*. FS W. Vogler, editado por CHR. KÄHLER etc., pp. 134-149. Leipzig, 1999; VERHEYDEN, J. (org.). *The Unity of Luke – Acts*. BETL 142. Lovânia, 1999; CHR. KURTH, "Die Stimme der Propheten". *Jesu Geschick und "die" Juden nach der Darstellung des Lukas*. BWANT 148. Stuttgart, 2000; BENDEMANN, R. V. *Zwischen ΔΟΞΑ und ΣΤΑΥΡΟΣ. Eine exegetische Untersuchung der Texte des sogenannten Reiseberichts im Lukasevangelium*. BZNW 101. Berlim, 2001; BORMANN, L. *Recht, Gerechtigkeit und Religion im Lukasevangelium*. StUNT 24. Göttingen, 2001; HEIL, CHR. *Lukas und Q* (cf. acima, 8.1); RADL, W. *Das Lukasevangelium*. Freiburg, 2004; KLEIN, H. *Das Lukasevangelium*. KEK I/3. Göttingen, 2006.

Atos dos Apóstolos

JACKSON, F. J. F.; LAKE, K. (org.). *The Beginnings of Christianity* I-V. Londres, 1920-1933; DIBELIUS, M. *Aufsätze zur Apostelgeschichte*, 5ª ed., editado por H. GREEVEN. FRLANT 60. Göttingen, 1968; BAUERNFEIND, O. *Kommentar und Studien zur Apostelgeschichte*. WUNT 22. Tübingen, 1980 (= 1939); HAENCHEN, E. *Die Apostelgeschichte*, 7ª ed. KEK III. Göttingen, 1977; VIELHAUER, PH. "Zum 'Paulinismus' der Apostelgeschichte". In *Aufsätze zum Neuen Testament*, editado por IDEM. TB 31, pp. 9-27. Munique, 1965; CONZELMANN, H. *Die Apostelgeschichte*, 2ª ed. HNT 7. Tübingen, 1972; WILCKENS, U. *Die Missionsreden der Apostelgeschichte*, 3ª ed. WMANT 5. Neukirchen, 1974; BURCHARD, CHR. *Der dreizehnte Zeuge*. FRLANT 103. Göttingen, 1970; LÖNING, K. *Die Saulustradition in der Apostelgeschichte*. NTA.NF 9. Münster, 1971; PLÜMACHER, E. *Lukas als hellenistischer Schriftsteller*. SUNT 9. Göttingen, 1972; STOLLE, V. *Der Zeuge als Angeklagter*. BWANT 102. Stuttgart 1973; PLÜMACHER, E. "Lukas als griechischer Historiker". In *PRE.S* 14 (1974): 235-264; IDEM. Verbete "Apostelgeschichte". In *TRE* 3, pp. 483-528. Berlim, 1978; KREMER, J. (org.). *Les Actes des Apôtres*. BETL XLVIII. Lovânia, 1979; SCHNEIDER, G. *Die Apostelgeschichte*. HThK V 1.2. Freiburg, 1980.1982; MADDOX, R. *The Purpose of Luke-Acts*. FRLANT 126. Göttingen: 1982; WEISER, A. *Die Apostelgeschichte*, 2ª ed. ÖTK 5/1.2. Gütersloh, 1989.1985; ROLOFF, J. *Die Apostelgeschichte*, 2ª ed. NTD 5. Göttingen, 1988; WEISER, A. "Das 'Apostelkonzil' (Apg 15,1-35): Ereignis, Überlieferung, lukanische Deutung". In *BZ* 28 (1984): 145-167;

LÜDEMANN, G. *Das frühe Christentum nach den Traditionen der Apostelgeschichte*. Göttingen, 1987; HEMER, C. J. *The Book of Acts in the Setting of Hellenistic History*. WUNT 49. Tübingen, 1989; WEHNERT, J. *Die Wir-Passagen der Apostelgeschichte*. GTA 40. Göttingen, 1989; THORNTON, C. J. *Der Zeuge des Zeugen. Lukas als Historiker der Paulusreisen*. WUNT 56. Tübingen, 1991; SOARDS, M. L. *The Speeches in Acts*. Louisville, 1994; BARRETT, C. K. *Acts I.II*. ICC. Edimburgo, 1994.1998; JERVELL, J. *Die Apostelgeschichte*. KEK III. Göttingen, 1998; MARGUERAT, D. *The First Christian Historian. Writing the "Acts of the Apostles"*. SNTS.MS 121. Cambridge, 2002; C. BREYTENBACH, SCHRÖTER, J. (org.). *Die Apostelgeschichte und die hellenistische Geschichtsschreibung*. FS E. Plümacher. AJEC 57. Leiden, 2004; BACKHAUS, K. "Lukas der Maler: Die Apostelgeschichte als intentionale Geschichte der christlichen Erstepoche". In *Historiographie und fiktionales Erzählen*, editado por IDEM, G. HÄFNER. BThSt 86, pp. 30-66. Neukirchen, 2007; EISEN, U. E. *Die Poetik der Apostelgeschichte*. NTOA 58. Göttingen/Friburgo, 2006.

Lucas introduz no cristianismo primitivo algo completamente novo: escreve *uma história da origem do cristianismo* em dois volumes. Ao fazer isto, reflete e justifica seu procedimento explicitamente (Lc 1,1-4), oferece uma retrospectiva pormenorizada para um início singular (Lc 1,5-2,52) e escreve nos Atos dos Apóstolos uma continuação. Corresponde a essa *ampliação do quadro da apresentação* uma perspectiva modificada: a divulgação do evangelho *no mundo* com suas condições religiosas, econômicas e políticas básicas é o tema da "obra lucana" (composta por Evangelho de Lucas e Atos dos Apóstolos). A existência de numerosas comunidades no leste do Mediterrâneo até Roma forma para o evangelista o quadro histórico para a elaboração de suas duas obras entre 90 e 100 d.C. Parece que ele se dirige principalmente a uma camada urbana abastada, culta e interessada em assuntos religioso-filosóficos (cf., por exemplo, Lc 1,1-4; At 17,22-31; 19,23-40; 25,13-26,32), que deseja convencer da confiabilidade do ensinamento cristão. Lucas compreende o Evangelho e os Atos dos Apóstolos como uma unidade de narração, leitura e compreensão, como uma obra historiográfica coesa, de modo que uma interpretação adequada deve tomar como base ambos os escritos[260]. Com os eventos que se

---

[260] Fundamental é R. C. TANNEHILL, *The Narrative Unity of Luke - Acts I.II* (Minneapolis: 1986.1990); cf. também G. WASSERBERG, Aus Israels Mitte – Heil für

cumpriram "entre nós", Lc 1,1 já visa o tempo presente da comunidade lucana, portanto, também as descrições dos Atos dos Apóstolos. Lc 1,2 menciona não apenas aquelas pessoas "que, desde o princípio, foram testemunhas oculares", mas também pessoas que são "ministros da Palavra" e que são apresentadas nos Atos dos Apóstolos; At 1,1, por sua vez, olha para trás, para o "primeiro escrito" (πρῶτον λόγον). Lucas coloca no início não o termo εὐαγγέλιον (Marcos) ou βίβλος (Mateus), mas se refere a uma διήγησις ("narrativa/relato")[261], isto é, quer que sua obra seja entendida como um *relato historiográfico*. Principalmente no prólogo de Lc 1,1-4, ele mostra claramente suas ambições literárias como escritor e suas intenções teológicas[262]; sua obra é a *expressão de uma consciência histórica e de uma imagem da história modificadas*! O procedimento lucano caracteriza-se por uma historização e uma consequente biografização das tradições, bem como pela moldação retórico-dramática da composição[263]. Como historiador e teólogo, Lucas está interessado nos inícios e na continuidade gerada por eles. Ele se preocupa com uma apresentação completa, exata e

---

die Welt, p. 31: "Lc-At é uma totalidade narrativa fechada em si". J. SCHRÖTER, "Lukas als Historiograph", in E.-M. Becker (org.), *Die antike Historiographie und die Anfänge der christlichen Geschichtsschreibung*. BZNW 129 (Berlim: 2005), pp. 237-262, elabora tanto a unidade de Evangelho de Lucas e Atos dos Apóstolos como as diferenças que não podem ser ignoradas: "Com isto, o Evangelho de Lucas tem, por assim dizer, uma posição entre o Evangelho de Marcos e os Atos dos Apóstolos, pois adota a narração marcana sobre Jesus e a reformula de tal maneira que se torna uma parte integral de uma obra historiográfica abrangente" (op. cit., p. 243).

[261] Segundo AÉLIO TEON, Progymnasmata 78,16s, aplica-se: "A narrativa/o relato (διήγημα) é uma apresentação elaborada sobre coisas que aconteceram ou como se tivessem acontecido".

[262] Para o programa teológico, cf. fundamentalmente G. KLEIN, "Lukas 1,1-4 als theologisches Programm", in G. BRAUMANN (org.). *Das Lukas-Evangelium*, pp. 170-203; além disso, cf. L. ALEXANDER, *The Preface to Luke's Gospel*. SNTS.MS 78 (Cambridge: 1993).

[263] Cf. aqui M. DIEFENBACH, *Die Komposition des Lukasevangeliums unter Berücksichtigung antiker Rhetorikelemente*. FTS 43 (Frankfurt: 1993). Parte da técnica narrativa de Lucas é, ao lado do refinamento do estilo episódico das tradições, a composição de unidades textuais maiores que são interpretadas por molduras de versículos introdutórios e conclusivos. Além disso são características da técnica compositória lucana acréscimos, complementações e variações de narrativas; cf. a respeito A. DAUER, *Beobachtungen zur literarischen Arbeitstechnik des Lukas*. BBB 79 (Frankfurt: 1990).

sólida, e adota, nesse sentido, aparentemente tradições da antiga historiografia, como mostram, por exemplo, sincronismos e datações em Lc 1,5; 2,1.2; 3,1.2; At 11,28 e At 18,12. Além disso, a peculiaridade lucana de estruturar a história da salvação em épocas entrelaçadas, mas simultaneamente de peso próprio, não está sem paralelos contemporâneos, já que principalmente as monografias históricas de Salústio apresentam uma estrutura semelhante[264]. Por isso podemos designar ambos os livros da obra lucana como *monografias históricas*, mas isso não afeta o caráter da apresentação lucana da vida de Jesus como evangelho[265]. O gênero literário muito divulgado da monografia histórica permite a Lucas apresentar a atuação de Jesus e seus efeitos abrangentemente em suas distintas *épocas*, sendo que "época" não significa períodos claramente delimitados, mas âmbitos interligados e sobrepostos que estão marcados por perspectivas específicas. Ao mesmo tempo, porém, Lucas confere a esse gênero literário um caráter próprio, pois a "confiabilidade" (ἀσφάλεια em Lc 1,4) dos eventos não se baseia nos próprios acontecimentos, mas em Deus como o Senhor da história[266]. Em termos literários, Lucas cria com sua obra historiográfica uma parte de literatura universal! Justamente como historiador, quer ser também um *narrador* que deseja apelar às emoções de seus ouvintes/leitores e que narra sobre o novo "caminho da salvação" (At 16,17) no seguimento de Jesus Cristo que se dá na fé.

8.4.1 *Teologia*

Em Lucas encontram-se 118 ocorrências de θεός no Evangelho e 168 nos Atos dos Apóstolos[267], que são expressões de uma *teo*logia refletida inserida no contexto de um conceito histórico-salvífico.

---

[264] Cf. E. PLÜMACHER, "Neues Testament und hellenistische Form. Zur literarischen Gattung der lukanischen Schriften", in *TheolViat* 14 (1977/78): 109-123.

[265] Cf. op. cit., pp. 116s.

[266] Também o uso de καθεξῆς ("sequência certa, ordenada") em Lc 1,3; At 3,24 mostra que para Lucas a história das promessas e a história do cumprimento não são opostos; cf. G. SCHNEIDER, "Zur Bedeutung des καθεξῆς im lukanischen Doppelwerk", in IDEM, *Lukas, Theologe der Heilsgeschichte* (cf. acima, 8.4), pp. 31-34.

[267] Cf. a respeito os panoramas em F. BOVON, "Gott bei Lukas", in IDEM, *Lukas in neuer Sicht* (cf. acima, 8.4), pp. 98-119; J. GNILKA, Zum Gottesgedanken in der

Deus como o Senhor da história

Há um pensamento básico que perpassa toda a obra lucana: em Jesus Cristo cumpriram-se as promessas de Deus, pois, em sua história e na história da difusão do evangelho desde Jerusalém até Roma, Deus comprova-se como o único Senhor da história. *O pensamento do cumprimento na forma de uma periodização histórico-salvífica determina as linhas teológicas tanto na macro como na microestrutura da obra lucana.*

Na macroestrutura manifesta-se claramente uma correspondência entre Lc 1,1 ("[...] dos fatos que se cumpriram entre nós"), Lc 24,44-47 (o Ressuscitado diz: "São estas minhas palavras que eu vos falei quando ainda estava convosco: é preciso que se cumpra tudo o que está escrito sobre mim na lei de Moisés e nos Profetas e nos Salmos. [...] e em seu nome será proclamado a conversão para a remissão dos pecados a todas as nações") e At 28,28 (as últimas palavras de Paulo: "Ficai, pois, cientes: aos gentios foi enviada esta salvação de Deus [τὸ σωτήριον τοῦ θεοῦ]. Eles ouvirão!"). Na passagem do evangelho de Israel para as nações cumpre-se a vontade primordial e escatológica de Deus. A certeza do cumprimento marca também na microestrutura as distintas etapas da história da salvação. Após a introdução programática pelo pensamento do cumprimento em Lc 1,1 ressalta-se em Lc 2,40 a sabedoria do menino Jesus ("O menino, porém, crescia e se tornava robusto e se enchia de sabedoria, e a graça de Deus repousava sobre ele"); a próxima etapa é o sermão inaugural de Jesus de Nazaré como o início de sua atuação pública (Lc 4,21: "Então ele começou a lhes dizer: Hoje se cumpriu aos vossos ouvidos essa palavra da Escritura"). Por meio do verbo συμπληρόω ("cumprir plenamente"), Lucas vincula o pensamento do cumprimento com os dados histórico-salvíficos fundamentais da Paixão/ascensão (Lc 9,51: "Aconteceu, porém, quando se completaram os dias para ele ser assunto ao céu, ele voltou sua face para o

---

Jesusüberlieferung (cf. acima, 8.2.1), pp. 159-162; K. LÖNING, "Das Gottesbild der Apostelgeschichte im Spannungsfeld von Frühjudentum und Fremdreligionen", in H.-J. KLAUCK (org.), *Monotheismus und Christologie*. QD 138 (Friburgo: 1992), pp. 88-117; MARGUERAT, D. "The God of Acts", in: IDEM, *The First Christian Historian* (cf. acima, 8.4), pp. 85-108.

caminho para Jerusalém") e o dom do espírito para as nações (At 2,1: "Quando se completou o dia de Pentecostes"). A inclusão das nações na atuação de Deus e o cumprimento das promessas a Israel estão no centro de Lc 21,24; 24,44; a temática continua em At 1,16 e 3,18 em relação ao dom do espírito e é finalmente em At 19,21 vinculada com Paulo como o protagonista por excelência da missão universal entre as nações. Com a conclusão de sua missão e a volta para Jerusalém já entra na perspectiva dos leitores/ouvintes Roma e, dessa maneira, o tempo presente da comunidade lucana. At 3,18-21 desenvolve o pensamento básico da compreensão lucana de Deus e da história: "Dessa maneira, porém, Deus realizou o que antecipadamente anunciara pela boca de todos os profetas, a saber, o sofrimento de seu Ungido. Convertei-vos, pois, e voltei-vos para o perdão de vossos pecados, para que venham da face do Senhor tempos de respirar e ele envie o Ungido que vos foi destinado, Jesus, a quem o céu deve acolher até os tempos da restauração de tudo (ἀποκαταστάσεως πάντων) de que Deus falou pela boca de seus santos profetas desde o início". Lucas pensa em períodos que não são novos inícios sem pressupostos, mas nos quais o passado está sempre também presente para ser continuado. Ele elabora uma estruturação que vai desde a criação[268], passando pelo tempo da promessa da lei e dos Profetas, pelo tempo de Jesus e pelo tempo da Igreja até o tempo da parusia/do pleno cumprimento, sendo que *o tempo de Jesus e da Igreja formam claramente o centro*.

O tempo antes da atuação pública de Jesus é caracterizado por Lucas como época da promessa (cf. At 7,2-53), enquanto a atuação de Jesus trouxe o tempo do cumprimento.

Também Lc 16,16 insinua essa estruturação: "A lei e os Profetas vão até João; daí em diante é anunciado o Reino de Deus; e todos se apressam com violência para entrar nele". Portanto, a característica do novo tempo é a proclamação do Reino de Deus que caracteriza não só a atuação de Jesus, mas também o tempo da Igreja (At 28,31). Enquanto o centro da construção historiográfica de Lucas é claramente

---

[268] Basta conferir At 4,24 ("Senhor, tu que fizeste o céu e a terra e o mar e tudo o que neles existe"); 14,15; 17,24.

reconhecível, as passagens entre as diferentes épocas não são tão claramente marcadas. Em Lc 16,16 não é possível perceber nitidamente se João Batista ainda pertence à época "da lei e dos Profetas" ou já ao novo tempo.

> H. Conzelmann optou por uma interpretação exclusiva de ἀπὸ τότε, recorrendo ao μέχρι Ἰωάννου no v. 16a[269]. A época da lei e dos Profetas vai até João Batista, e com a atuação de Jesus inicia um novo tempo, o *"centro do tempo"*. Há dois outros argumentos em favor da interpretação exclusiva: 1) segundo Lc 1,76, João é o "profeta do Altíssimo", Jesus, porém, o "Filho do Altíssimo" (Lc 1,32). 2) O batismo de Jesus é relatado em Lucas apenas após a prisão do Batista (compare-se Lc 3,19.20 com 3,21.22), de modo que se deve pensar agora Deus como batizador. Em favor de uma interpretação inclusiva de Lc 16,16, porém, podem ser aduzidos os seguintes argumentos:
> 1) Por meio do sincronismo em Lc 3,1s, o Batista é colocado no início do tempo decisivo da salvação[270].
> 2) Lc 3,18 designa o anúncio do Batista como pregação do evangelho; o Batista anuncia o Messias que está vindo (Lc 3,16s).
> 3) Segundo At 1,21s, a época decisiva da história da salvação começa com a atuação de João Batista.
> 4) A paralelização das narrativas de nascimento e as atribuições mútuas em At 13,23-25 mostram que, segundo a compreensão lucana, João Batista e Jesus não pertencem a períodos diferentes da história da salvação, mas que o Batista pertence à exposição da história de Jesus. Estes prós e contras mostram que Lc 16,16 não pode ser aduzido para uma determinação exata da divisão lucana da história da salvação em diferentes épocas.

Enquanto a atuação de Jesus em Jerusalém, sua morte na cruz e sua ressurreição formam a conclusão do tempo de Jesus, a definição da época histórico-salvífica subsequente dentro da obra lucana é novamente insegura: *o tempo da Igreja*. Para H. Conzelmann, o tempo da Igreja começa com o derramamento do espírito no Pentecostes[271]. O problema dessa definição é a posição da ascensão de Jesus. Já Lc 24,17

---

[269] Cf. H. CONZELMANN, Mitte der Zeit (cf. acima, 8.4), p. 17 etc.
[270] A pregação do Reino de Deus começa com o Batista; cf. W. G. KÜMMEL, "Das Gesetz und die Propheten gehen bis Johannes", in G. BRAUMANN (org.), *Das Lukas-Evangelium* (cf. acima, 8.4), pp. 398-415.
[271] Cf. H. CONZELMANN, Mitte der Zeit (cf. acima, 8.4), p. 199 etc.

remete ao futuro curso da missão universal (cf. At 1,8), e Lc 24,19 olha para frente, para o envio do espírito (cf. At 1,4s.8). Ao acontecer diante dos olhos dos apóstolos (Lc 24,51; At 1,9-11), a ascensão os legitima como testemunhas oculares (cf. Lc 1,1-4), o que é um ato decisivo para a apresentação consecutiva de sua atuação. Além disso, os "quarenta dias" (At 1,3) da instrução dos apóstolos pelo Exaltado sinalizam que ocorre uma passagem decisiva com a ascensão enquanto conclusão do evento pascal. *Dessa maneira, a ascensão preserva a continuidade entre o tempo de Jesus e o tempo da Igreja, cujos portadores são os apóstolos*. Uma separação estrita entre o tempo de Jesus e o tempo da Igreja não é possível; ao contrário, a ascensão de Jesus permite a existência da comunidade no mundo. O tempo de Jesus é para Lucas o tempo salvífico central, do qual nasce a Igreja e ao qual ela deve se referir constantemente[272].

> A discussão sobre a orientação teológica da obra lucana foi determinada por muito tempo pelas teses de H. CONZELMANN, segundo as quais Lucas teria solucionado o atraso da parusia através de um esboço histórico-salvífico. "Lucas entendeu que a expectativa do fim iminente não podia ser transformada em tradição. Que ele trabalha conscientemente mostra-se pelo fato de que a expectativa do fim iminente não simplesmente desaparece, mas que é substituída por uma imagem da história da salvação"[273]. Esse esboço lucano da história da salvação divide-se em três épocas consecutivas[274], nas quais se realiza o projeto de Deus para os seres humanos desde a criação até a parusia de Cristo:
> 1) O tempo de Israel como o tempo da lei e dos Profetas (Lc 16,16).
> 2) O tempo de Jesus como *centro do tempo* (Lc 4,14-22,2) é um tempo livre de Satanás.
> 3) O tempo da Igreja como o tempo do espírito (At 2,1ss).

---

[272] Cf. J. ROLOFF, Kirche (cf. acima, 6.7), p. 191: "a Igreja, da forma como se desenvolveu através do testemunho dos mensageiros de Jesus, está numa continuidade com a história de Jesus que é determinada pela atuação de Deus".
[273] H. CONZELMANN, Theologie, p. 160.
[274] H. von BAER, Der Heilige Geist in den Lukasschriften (cf. abaixo, 8.4.3), p. 108, antecipou a interpretação de Conzelmann em alguns pontos essenciais: "Constatamos como o *leitmotiv* da composição lucana o conceito da história da salvação". Além disso, cf. os trabalhos fundamentais de M. DIBELIUS, E. LOHSE, "Lukas als Theologe der Heilsgeschichte", in G. Braumann (org.), *Das Lukas-Evangelium* (cf. acima, 8.4), pp. 64-90.

Também a atuação de Jesus pode ser estruturada, segundo CONZELMANN, em três etapas: a "consciência messiânica" de Jesus (cf. Lc 3,21-9,17), a "consciência da paixão" de Jesus (cf. Lc 9,18-19,27) e a "consciência régia" de Jesus (cf. Lc 19,28-23,56). Embora não possamos deixar de perceber uma periodização no âmbito da obra lucana e Lucas reflita decididamente sobre a salvação de Deus na história, a exegese mais recente percebe a separação exata das épocas da história da salvação, assim como CONZELMANN a realiza, como problemática, pois Lc 16,16 não pode ser entendido num sentido exclusivo, e a ascensão de Jesus forma o centro que liga o tempo de Jesus e o tempo da Igreja.

Ao contrário de H. CONZELMANN, G. SCHNEIDER insiste que o constitutivo para a abordagem histórico-salvífica de Lucas seria uma divisão em duas partes, a saber, "o fato de Lucas relacionar o tempo de Jesus estreitamente com a Igreja (sob o aspecto do anúncio do Reino de Deus) e de justapor ambos ao tempo da lei e dos Profetas (Lc 16,16)"[275]. SCHNEIDER avalia a história da salvação em Lucas também não como um substituto da expectativa do fim iminente abandonada. "Antes, a orientação histórico-salvífica serve também para a demonstração da continuidade do anúncio desde os profetas até Jesus e desde Jesus, passando por suas testemunhas apostólicas, para o verdadeiro missionário entre os gentios, Paulo"[276]. K. LÖNING nega que haja em Lucas um pensamento em épocas histórico-salvíficas: "Ao contrário, todos os eventos narrados por Lucas pertencem à história de Israel e não podem ser atribuídos parcialmente a épocas históricas particulares e separadas do tempo de Israel; é impossível atribuir a temática de Israel àquela fase do tempo narrado no nexo narrativo lucano que antecede a atuação de Jesus e que deveria ser designado, a partir do tempo da atuação de Jesus, como passado"[277]. M. WOLTER constata somente uma época: "A saber, Lucas narra a história da separação cristão-judaica como

---

[275] G. SCHNEIDER, Apg I (cf. acima, 8.4), pp. 136s; cf. também J. ROLOFF, Die Paulusdarstellung des Lukas (cf. acima, 8.4.7), p. 528 A 53; A. WEISER, Apg I (cf. acima, 8.4), pp. 31s. Para M. KORN, Die Geschichte Jesu in veränderter Zeit (cf. acima, 8.4), p. 272, a "história de Jesus é o 'cento do tempo' no sentido material. Ela divide a história no tempo da espera e no tempo do cumprimento. A atuação de Jesus forma junto com a atuação da Igreja em seu nome o tempo escatológico da salvação, qualificado pelo evangelho (Lc 16,16)".
[276] G. SCHNEIDER, Apg I (cf. acima, 8.4), p. 137.
[277] K. LÖNING, Das Evangelium und die Kulturen (cf. abaixo, 8.4.7), p. 2608. Devemos concordar com Löning no sentido de que a temática de Israel está constantemente presente na obra lucana; mas, ao mesmo tempo, devemos constatar que isso não abole as duas épocas centrais do tempo de Jesus e do tempo da Igreja!

um fragmento da história do Povo de Deus ou como uma época da história de Israel, respectivamente"[278].

Embora a determinação exata das distintas passagens fique incerta, podemos reconhecer claramente a conceituação básica: a atuação histórica de Deus é um evento orientado por uma meta que é sustentada em todas as épocas por sua vontade salvífica[279]. A presciência, o pré-planejamento e a previdência de Deus marcam constantemente os eventos (cf. At 1,16; 2,25.31; 3,18.20; 4,28; 7,52; 10,41; 13,24; 22,14; 26,16). A vontade soberana de Deus decide e determina (At 2,23; 4,28; 5,38; 7,30; 10,42; 13,22.36; 21,14), e o δεῖ divino determina o curso da história: Jesus "precisa" estar no Templo (Lc 2,49), "precisa" anunciar (Lc 4,43) e "precisa" tomar o caminho para Jerusalém, para a Paixão (Lc 9,31; 13,33; 24,26.44). Do mesmo modo, a difusão do evangelho no mundo inteiro acontece segundo o plano divino. As primeiras palavras de Pedro são: "Era preciso que se cumprisse a palavra da Escritura" (At 1,16); não obstante todas as resistências é preciso obedecer antes a Deus do que a seres humanos (At 5,29); contra sua vontade, Pedro precisa admitir que Deus destinou o evangelho também às nações (At 10,14-16) e que, para ele, não há acepção de pessoas (At 10,34). Finalmente, Lucas ressalta três vezes que Paulo "precisa" ir para Roma (At 19,21; 23,11; 27,24 [um anjo diz a Paulo: "Não temas, Paulo! Tu tens que comparecer perante o imperador."])[280]. A vontade de Deus serve-se também do imperador, pois, segundo a ordem dele, Maria e José vão a Belém (Lc 2,1-21), e a apelação ao imperador leva Paulo para Roma (At 25,11). Os discursos dos Atos dos Apóstolos são

---

[278] M. WOLTER, "Das lukanische Doppelwerk als Epochengeschichte", in C. BREYTENBACH, J. SCHRÖTER, *Die Apostelgeschichte und die hellenistische Geschichtsschreibung* (cf. acima, 8.4), pp. 253-284, aqui: p. 272.
[279] Cf. S. SCHULZ, "Gottes Vorsehung bei Lukas", in *ZNW* 54 (1963): 104-116.
[280] Cf. C. BURFEIND, "Paulus muß nach Rom", in *NTS* 46 (2000): 75-91, aqui, 83: "Lucas empreendeu com as três viagens de Paulo uma estruturação dos Atos dos Apóstolos segundo critérios teológicos: primeiro se legitima a missão entre os gentios, depois a independência dessa missão entre os gentios em relação à sinagoga, e finalmente se realça com clareza cada vez maior a relevância política dessa universalização do cristianismo".

para Lucas um lugar especialmente indicado para conceder a seus leitores/ouvintes a "intelecção no significado supra-histórico do respectivo momento histórico"[281] (cf. especialmente At 5,29-32; 10,34-43; 13,16-41; 17,22-31; 20,18-35).

Deus comprova-se como Senhor da história também através de sua repetida intervenção nos acontecimentos. Pela ressurreição de Jesus Cristo de entre os mortos (cf. abaixo, 8.4.2), pelo Espírito Santo (cf. acima, 8.4.3), por anjos (cf. abaixo, *mensageiros de Deus: os anjos*), por profecias (Lc 1,41-45.76-79; 2,29-32.36-38; At 11,27-30; 21,10s) e especialmente pela vocação de Paulo (At 9,3-19a; 22,6-16; 26,12-18) e sua habilitação para operar milagres (cf. At 19,11: "Entretanto, pelas mãos de Paulo, Deus operava também milagres não comuns"; além disso, 13,6-12; 14,8-10; 16,16-40; 20,7-12; 28,3-6.7-9), Deus promove a história no sentido que ele lhe conferiu.

Deus, Israel e as nações

A atuação histórica de Deus acontece, segundo Lucas, como dom do evangelho do Reino de Deus (cf. Lc 4,43; 8,1; 16,16; At 8,12; 28,28.31) a Israel e às nações (cf. Lc 2,32; 24,47; At 9,15; 11,1.18; 28,28). A volta de Jesus para Israel e os Atos dos Apóstolos como uma história da missão universal são para Lucas uma unidade, embora ela seja desenvolvida em linhas complexas e não isentas de tensão:

1) Lucas esboça no início de cada parte de sua Obra a imagem do evento salvífico que acontece em Jesus Cristo *em Israel e para Israel* (Lc 1,16: "e muitos dos filhos de Israel, ele conduzirá de volta ao Senhor, seu Deus"). Lc 1,5-2,52 formula a intenção salvífica divina e, com ela, a base teológica de sua obra historiográfica: Jesus Cristo é o cumprimento das esperanças da fé judaica, nutridas há muito tempo (Lc 1,68: "Bendito seja o Senhor Deus de Israel, porque visitou seu povo e lhe operou

---

[281] M. DIBELIUS, "Die Reden der Apostelgeschichte und die antike Geschichtsschreibung", in IDEM, *Aufsätze zur Apostelgeschichte* (cf. acima, 8.4), pp. 120-162, aqui: p. 121.

redenção"). Com Zacarias, Isabel, Maria e José, os ouvintes/ leitores são introduzidos no mundo das expectativas judaicas contemporâneas que se cumprem com os nascimentos de João Batista[282] e de Jesus de Nazaré. Tudo isso ocorre dentro e ao redor do Templo, o centro da religião judaica[283]. Também At 1–5 transmite a imagem do Israel piedoso que se converte; novamente no Templo e ao redor dele, milhares de judeus aceitam o batismo (cf. At 2,41; 4,4; 5,12-16). Israel está se convertendo, de modo que podemos falar de uma "espécie de 'primavera de Jerusalém'"[284] da Igreja.

2) A essa fundamentação vincula-se *desde o início* um segundo tema central: a partir de Israel nasce o *Povo de Deus composto por judeus e gentios crentes em Cristo, como portadora (sic!) das promessas de Israel*. Principalmente a profecia de Simeão em Lc 2,29-35 insere a universalidade da salvação, constitutiva tanto para o Evangelho como para os Atos dos Apóstolos, logo no início da narração. Isso se expressa enfaticamente na combinação das citações em Lc 2,29-32: "Agora, Senhor, deixes ir em paz teu servo, segundo a tua palavra. Pois meus olhos viram a salvação (τὸ σωτήριον) que preparaste aos olhos de todos os povos (τῶν λαῶν), uma luz para iluminar as nações (ἐθνῶν) e para a glória de teu povo Israel (Ἰσραήλ)". Ao mesmo tempo manifesta-se já aqui a reação negativa de partes de Israel: "Eis que este é colocado para a queda e para o soerguimento de muitos em Israel e como um sinal que será contradito" (Lc 2,34; cf. 1,16).

---

[282] Cf. CHR. G. MÜLLER, *Mehr als ein Prophet. Die Charakterzeichnung Johannes des Täufers im lukanischen Erzählwerk*. HBS 31 (Friburgo: 2001), p. 296: "João é, ao lado de Jesus, o único protagonista da obra lucana de quem é narrada toda a vida, desde as condições particulares de seu nascimento até sua morte e seus efeitos depois da morte. Isso já basta para mostrar que João Batista não é uma figura secundária para o narrador Lucas, mas um protagonista da história por ele narrada".

[283] Para o Templo em Lucas, cf. M. BACHMANN, *Jerusalem und der Tempel*. BWANT 109 (Stuttgart: 1980); H. GANSER-KERPERIN, *Das Zeugnis des Tempels*. NTA 36 (Münster: 2000).

[284] G. LOHFINK, Die Sammlung Israels (cf. acima, 8.4), p. 55.

Não foi apenas a rejeição do evangelho por partes de Israel que levou à missão entre as nações, mas a vontade salvífica de Deus se dirige, desde o início, tanto a Israel como às nações[285]. Isso mostra, ao lado da profecia de Simeão, numerosos textos: somente em Lc 3,6 se amplia a citação preestabelecida de Isaías por Is 40,5, de modo que a mensagem do Batista é ampliada em seu conteúdo: καὶ ὄψεται πᾶσα σὰρξ τὸ σωτήριον τοῦ θεοῦ ("e toda carne/vida verá a obra salvífica de Deus"). A genealogia de Jesus em Lc 3,23-38 enfatiza não só a descendência direta de Jesus de Deus (cf. Lc 1,35), mas, com a menção de Adão, também o conceito de que todos os seres humanos são chamados à salvação. O sermão inaugural de Jesus em Nazaré (Lc 4,16-30) desemboca numa rejeição hostil pelo povo. A parábola do grande banquete em Lc 14,16-24 narra, diferentemente de Mateus, dois convites do Senhor, aduzindo como justificativa: "[...] e obriga as pessoas a entrarem, para que minha casa fique cheia" (Lc 14,23b). A grande festa de Deus é comemorada com convidados diferentes dos esperados (Lc 14,24: "Pois eu vos digo: nenhum daqueles homens que haviam sido convidados saboreará minha refeição").

De importância especial é Lc 24, o capítulo de transição que continua as duas linhas e as faz passar para os Atos dos Apóstolos[286]. No centro da narrativa de Emaús, Lc 24,13-35, está a ressurreição de Jesus como esperança de Israel, enquanto Lc 24,47s formula de modo

---

[285] Cf. M. WOLTER, "Reich Gottes" (cf. abaixo, 8.4.8), p. 560, segundo o qual a missão entre os gentios "é para Lucas sempre já algo decidido. Antes, no não-entendimento justamente desse fato manifesta-se a obstinação de Israel, a saber, que a salvação que vem junto com a *basileia* foi enviada do mesmo modo às ἔθνη"; G. WASSERBERG, Aus Israels Mitte – Heil für die Welt (cf. acima, 8.4), 134-147 etc.; C.-P. MÄRZ, Die theologische Interpretation der Jesus-Gestalt bei Lukas (cf. acima, 8.4), 149: "Por isso, o início da atuação de Jesus dirigida para Israel parece já determinado por aqueles impulsos que devem levar a sua exaltação e ao envio dos mensageiros em missão universal. Pela divisão em Israel, seu caminho revela-se como uma fase de diferenciação que confronta as pessoas de tal forma com a oferta da salvação que ela não é destruída nem pela repetida rejeição, mas agora busca seu caminho para as nações, embora sem perder sua relação com Israel. O fim aberto dos Atos dos Apóstolos mostra que esse processo ainda não terminou".
[286] Para os trechos de transição em Lucas, cf. H. SÁNCHEZ. *Das lukanische Geschichtswerk im Spiegel heilsgeschichtlicher Übergänge*. PaThSt 29 (Paderborn: 2002).

universalizante: "e em seu nome será proclamada a conversão para a remissão dos pecados, a todas as nações (πάντα τὰ ἔθνη). Vós começareis por Jerusalém e sereis testemunhas disso". Este versículo não só exige a continuidade da obra, mas antecipa também o programa de At 1,8. Nele, a expressão πάντα τὰ ἔθνη inclui ou exclui Israel? Com duas exceções (At 15,14; 18,10), Lucas designa o povo judeu sempre com λαός (82 ocorrências na obra lucana)[287], enquanto as ἔθνη se referem geralmente a não judeus (exceções: At 24,17; 28,19). No entanto, a menção de Jerusalém e o demais curso da narração da obra lucana são argumentos em favor de uma interpretação inclusiva desse trecho, isto é, Israel está incluído na proclamação[288].

Em At 1,6s, a pergunta pela restauração do Reino para Israel permanece sem resposta; em vez disso há o envio para dar testemunho "em Jerusalém, em toda a Judeia e a Samaria, até os confins da terra" (At 1,8b). No nível narrativo, o Ressuscitado justifica dessa maneira duas vezes a universalização do anúncio do evangelho (Lc 24,47; At 1,8)!

No curso da narração, esse programa é realizado consequentemente; depois do anúncio bem sucedido a Israel em At 1-5[289] e da crise de Estêvão (At 6,8-7,60) realiza-se o anúncio nos arredores de Israel (At 8), que chega a seu auge e a um novo ponto decisivo de transição na narrativa de Cornélio em At 10,1-11,18: o *próprio Deus* volta-se para o mundo das nações (cf. At 10,4.13ss.28b: "Mas a mim, Deus mostrou que a nenhum ser humano se deve chamar de puro ou impuro"; 10,35: "mas que, em cada nação (ἐν παντὶ ἔθνει) lhe é bem-vindo quem o teme e que pratica

---

[287] No âmbito da narração, o povo judeu em suas condições históricas é como λαός uma grandeza histórica que coincide geralmente com o ὄχλος ("povo" enquanto as pessoas simples, a multidão), que primeiro acolhe a mensagem de Cristo com alegria, mas depois a rejeita em sua maioria; para os pormenores complexos, cf. D. MARGUERAT, "Juden und Christen im lukanischen Doppelwerk", in *EvTh* 54 (1994): 241-264.

[288] Cf. G. WASSERBERG. Aus Israels Mitte – Heil für die Welt (cf. acima, 8.4), pp. 200-203.

[289] O programa de At 1–5 é formulado por G. LOHFINK, Die Sammlung Israels (cf. acima, 8.4), p. 55, da seguinte forma: "No tempo da primeira pregação apostólica reúne-se do povo judeu o verdadeiro Israel! E aquele Israel que ainda persistiu em sua rejeição de Jesus perdeu o direito de ser o verdadeiro povo de Deus – ele se tornou o judaísmo".

a justiça"; 11,9.17s). O processo de aprendizagem de Pedro ilustra para a comunidade lucana o imenso alcance do processo que também não pode ser abolido por forças contrárias (cf. At 15,1s), mas que conduz, segundo a vontade de Deus, para a comunhão de mesa dos crentes em Cristo provenientes do judaísmo e das nações (cf. At 15,22-29).

3) No âmbito desse processo cabe uma importância decisiva à pessoa de Paulo, porque a apresentação de Paulo é o verdadeiro centro dos Atos dos Apóstolos (cf. abaixo, 8.4.7). Para Lucas, o judeu convertido Paulo é a testemunha principal da continuidade histórico-salvífica de Israel no âmbito do afastamento da história da missão cristão-primitiva dos judeus[290]. Ele entra em cena em At 7,58, quase imperceptivelmente e como figurante, para tornar-se depois o verdadeiro herói do livro[291]. Para Lucas, ele não é uma testemunha fundamental da fé como os apóstolos, mas o representante por excelência da segunda geração cristã. Segundo Lucas, Paulo encarna o caminho judaico da fé (cf. At 16,3: a circuncisão de Timóteo; At 18,18b; 21,23ss: nazirato com sacrifício no templo), mas, ao mesmo tempo, torna-se o expoente de uma proclamação universal do evangelho. Lucas narra esse caminho e, ao fazer isto, defende simultaneamente Paulo, de modo que sua imagem de Paulo é também uma apologia de Paulo. O objetivo teológico da apresentação lucana de Paulo condena-se no último terço dos Atos dos Apóstolos (19,21-28,31), que narra o caminho de Paulo de Jerusalém para Roma.

De importância fundamental é aqui a antítese entre Jerusalém e Roma, que se desenvolve gradualmente. Jerusalém aparece em Lucas

---

[290] O uso linguístico lucano chama aqui especialmente atenção, pois Ἰουδαῖοι ocorre no Evangelho somente 5 vezes (Lc 7,3; 23,3.37s.51), mas nos Atos dos Apóstolos 79 vezes! Aqui, os Ἰουδαῖοι são os adversários (a partir de At 9.22s claramente reconhecíveis) da proclamação do Evangelho (cf. At 12,3; 13,5.43.45; 14,1.4; 16,3; 17,1.5.10.17; 18,5.12.14.19.28; 19,13.33 etc.).

[291] Para a análise dos textos biográficos sobre Paulo nos Atos dos Apóstolos, cf. especialmente CHR. BURCHARD, Der dreizehnte Zeuge (cf. acima, 8.4), *passim*.

em primeiro lugar como lugar da salvação para Israel. Aqui, a comunidade primitiva vive em comunhão exemplar (At 2,42-47; 4,32-35), de modo que Jerusalém representa a continuidade entre Israel e a Igreja[292]. Ao mesmo tempo, porém, Jerusalém é o lugar onde os líderes de Israel e, incitado por eles, também os judeus/o povo se endurecem em relação à mensagem de Cristo. Assim como os apóstolos e as comunidades estão expostas a constantes perseguições (cf. At 4,1-22; 6,8-15; 7,54-60; 8,1), também Paulo se torna a testemunha sofredora (cf. At 21,27-22,21; 23,1-11.12-22). Ao rejeitar o testemunho dos Doze, da comunidade primitiva e de Paulo, Jerusalém passa de um lugar de salvação para um lugar de desgraça. No entanto, Lucas deixa claro que Deus não vinculou a Igreja, como portadora das promessas de Israel, a Jerusalém. Por meio da missão entre as nações, ele mesmo se abriu um novo espaço de vida, cujo primeiro representante deve ser a cidade de Roma, a capital do mundo (cf. At 9,15: "Vai, porque este é para mim um instrumento eleito para levar meu nome diante de nações, de reis e dos filhos de Israel"). Na visão de Lucas corresponde à passagem da salvação dos judeus para as nações a passagem de Jerusalém para Roma[293]. Dessa maneira, Lucas delineia aquele desenvolvimento em cujo fim está a Igreja gentio-cristã do final do séc. I, portanto, também sua própria comunidade. Diante da ruptura definitiva com os judeus, Paulo legitima a Igreja composta por gentio-cristãos e judeu-cristãos. "Paulo tornou-se para a Igreja de Lucas uma figura de identificação, por meio da qual ela procura entender a virada que se deu em sua própria história".[294] Isso é demonstrado programaticamente na cena final dos Atos dos Apóstolos (At 28,17-31), que provoca muitas perguntas jurídicas, históricas e teológicas. Em termos históricos, Rm 16 mostra claramente que Paulo conheceu muitos membros da comunidade romana. Mesmo assim não acontece um verdadeiro encontro entre Paulo e a comunidade romana (cf. At 28,16). Em vez disso, Paulo – como sempre nos Atos dos Apóstolos – entra primeiro

---

[292] Cf. G. LOHFINK, Die Sammlung Israels (cf. acima, 8.4), pp. 93-99.
[293] Cf. E. PLÜMACHER, "Rom in der Apostelgeschichte", in IDEM, *Geschichte und Geschichten*. WUNT 170 (Tübingen: 2003), pp. 135-169.
[294] J. ROLOFF, Paulus-Darstellung (cf. abaixo, 8.4.7), p. 520.

em contato com a sinagoga local (cf. At 28,17ss). Somente a rejeição de sua mensagem leva Paulo a se voltar também em Roma às nações. Isso retoma At 13,46 ("Com toda a intrepidez, porém, Paulo e Barnabé disseram: Era preciso que a vós primeiro fosse dirigida a palavra de Deus. Uma vez, porém, que a rejeitais e julgais a vós mesmos indignos da vida eterna, nós nos voltamos agora para os gentios"; cf. At 18,6) e, ao mesmo tempo, põe o *acorde final* da obra lucana[295]: "Ficai, pois, cientes que aos gentios é enviada esta salvação de Deus, e eles a ouvirão!" (At 28,28). Com a expressão τὸ σωτήριον τοῦ θεοῦ ("a salvação de Deus"), Lucas retoma conscientemente a profecia de Simeão em Lc 2,30 e o testemunho de João Batista em Lc 3,6 (τὸ σωτήριον somente em Lc 2,30; 3,6; At 28,28), para enfatizar a continuidade e descontinuidade do evento: a partir de Israel nasceu a salvação destinada a Israel, que agora passou para as nações, sem que a continuidade das promessas feitas a Israel fosse abolida (cf. At 13,23; 15,14-17; 28,20)[296]. Enquanto a salvação se destina em Lc 2,30; 3,6 a todas as nações, tanto judeus como gentios, At 28,28 apresenta somente os gentios como destinatários da salvação, dos quais se diz explicitamente: "eles a ouvirão". Paulo é a testemunha e o protagonista desse desenvolvimento que ocorreu de acordo com a vontade de Deus e que determina agora a missão.

Será que Lucas formula com isso um afastamento definitivo e irreversível de Israel/dos judeus incrédulos? A pergunta é difícil de responder, porque a semântica lucana não é inequívoca[297]. Por um lado,

---

[295] Cf. E. PLÜMACHER, Rom in der Apostelgeschichte, p. 146: "Ora, o peso da última palavra proferida por Paulo nos Atos dos Apóstolos não pode ser superestimado, pois ela proclama nada menos que o fim de toda uma época e, ao mesmo tempo, o início de uma nova".
[296] Diferente J. JERVELL, Apg (cf. acima, 8.4), p. 921: "A história de Israel não termina nunca, mas continua em linha reta na Igreja, a saber, como a história de um povo de Deus". Dificilmente podemos falar de uma linha reta nos Atos dos Apóstolos!
[297] Por isso não surpreende que as opiniões na literatura diferem amplamente; uma exclusão permanente do Israel incrédulo é suposta, por exemplo, por E. HAENCHEN, Apg (cf. acima, 8.4), p. 112 ("Lucas já não espera, como Paulo, uma conversão de Israel"); H. RÄISÄNEN, "The Redemption of Israel", in P. LUOMANEN (org.), *Luke-Acts. Scandinavian Perspectives* (Helsinki/Göttingen: 1991), pp. 94-114. Supõem uma participação futura na salvação também do Israel incrédulo, por

Israel não é uma figura ativa na narrativa (em contraste com λαός, ὄχλος e os Ἰουδαῖοι), mas uma categoria histórico-salvífica. Israel é e continua sendo o portador das promessas por excelência (Lc 1,16.54.68.80; 2,25.32.34; At 1,6; 2,36; 4,10; 5,31; 7,23,37; 10,36; 13,17.23s; 23,6; 26,6s; 28,20) e, por isso, não pode ser rejeitado ou substituído[298]. Por outro lado, porém, At 13,46-48; 15,14; 28,25-28 recomenda entender tal substituição, pois, segundo Lc 2,34, Israel está internamente dividido diante da revelação de Cristo[299], e At 9,15; 28,28 prioriza claramente as nações como destinatárias autônomas da salvação em relação a Israel. Essas incongruências residem no próprio assunto, porque Lucas deseja mostrar desde o início a sua comunidade[300] como a salvação divina destinada a Israel encontrou seu caminho até as nações e, ao mesmo tempo, ficou consigo mesmo. Nesse sentido, ele não quis aceitar uma divisão do termo e conceito de Israel, mas, por outro lado, precisava delinear o desenvolvimento histórico desde Israel/os judeus até as nações. Como ele possivelmente imaginava a solução desse problema, mostra At 28,20b: "Pois é por causa da esperança de Israel que estou preso com esta corrente". Apesar da resistência contínua dos judeus, o anúncio do Evangelho é compreendido também em relação a Paulo como esperança duradoura para Israel. *Lucas vincula a resistência ao evangelho principalmente com os judeus (e com o povo que age em*

---

exemplo: H. MERKEL, "Israel im lukanischen Werk", in *NTS* 40 (1994): 371-398; R. C. TANNEHILL, "Israel in Luke-Acts. A Tragic Story", in *JBL* 104 (1985): 69-85; K. HAACKER, "Das Bekenntnis des Paulus zur Hoffnung Israels nach der Apostelgeschichte des Lukas", in *NTS* 31 (1985): 437-451. Para esta interpretação aduzem-se, entre outros textos, Lc 13,35 e a ideia da *apokatastasis* em At 3,21. Em favor de um fim aberto dos Atos dos Apóstolos pleiteia D. MARGUERAT, "The enigma of the end of Acts (28.16-31)", in IDEM, *The First Christian Historian* (cf. acima, 8.4), pp. 205-230, que entende que os próprios leitores podem e devem continuar a escrever a história de Paulo e da relação entre a comunidade cristã e a sinagoga.

[298] Isso é enfatizado com razão por R. V. BENDEMANN, "Paulus und Israel in der Apostelgeschichte des Lukas", in K. WENGST, G. SASS, *Ja und Nein*. FS W. Schrage (Neukirchen: 1998), pp. 291-303, aqui: p. 301s.

[299] Cf. G. LOHFINK, Die Sammlung Israels (cf. acima, 8.4), p. 30.

[300] Para a relação entre Lc 1,1-4 como prólogo e At 28,17-31 como epílogo da obra lucana, cf. L. ALEXANDER, "Reading Luke-Acts from Back to Front", in J. VERHEYDEN (org.), *The Unity of Luke-Acts* (cf. acima, 8.4), pp. 419-446.

parte paralelamente), mas vincula a promessa e esperança exclusivamente com Israel e revela simultaneamente que elas encontraram seu cumprimento na Igreja (composta por gentios, tementes a Deus e judeus que creem em Cristo).

Deus como pai e defensor dos pobres

Deus aparece também em Lucas em primeiro lugar como pai de Jesus Cristo. Por isso, o Jesus de doze anos diz a Maria e José: "Não sabíeis que devo estar entre aqueles que pertencem a meu Pai?" (Lc 2,49). Em muitas ocasiões, Jesus refere-se a Deus como seu pai (Lc 9,26; 10,22; 22,29; 24,49) ou é apresentado como o Filho de Deus (Lc 3,22; 9,35; 10,21; 22,42; 23,46). Os discípulos são incluídos nessa relação especial, também eles podem chamar a Deus seu pai e imitá-lo (Lc 6,36; 11,2.13; 12,30.32).

Como pai de Jesus Cristo, Deus revela-se também como o misericordioso e cheio de graça que traz, de modo inesperado, uma virada para as pessoas fracas, perdidas e sem direitos[301]. O Magnificat formula-o programaticamente: "E sua misericórdia atua de geração em geração, para todos que o temem. Com seu braço, realiza atos poderosos; dispersa os de coração orgulhoso; derruba os poderosos de seus tronos e exalta as pessoas humildes. Cumula de bens a famintos e despede ricos de mãos vazias. Socorre Israel, seu servo, e lembrado de sua misericórdia" (Lc 1,50-54). Este é o Deus a quem, no Evangelho de Lucas, Jesus de Nazaré anuncia e retrata em sua conduta. Dessa maneira, Jesus resiste ao poder e à glória terrestres, cuja origem é relacionada em Lc 4,6 com o diabo. Deus está próximo dos pobres (Lc 2,7.24; 16,19-31) e longe dos ricos (Lc 6,20-26; 16,19-31). Está do lado das pessoas privadas de seus direitos (Lc 18,1-8), desprezadas (Lc 18,9-14) e que não têm privilégios devido a sua proveniência (Lc 7,1-10; 10,25-37; 17,11-19). Deus despedaça paradigmas terrestres (Lc 14,15-24), só ele vê o interior dos seres humanos: "[...] mas Deus conhece vossos

---

[301] Cf. a respeito L. SCHOTTROFF, W. STEGEMANN, Jesus von Nazareth – Hoffnung der Armen (cf. acima, 8.4), pp. 89ss.

corações. Pois o que é elevado para os seres humanos é uma abominação diante de Deus" (Lc 16,15). Dessa maneira, ele se comprova de uma forma nova como o Deus dos Pais (At 3,13), como o Deus de Abraão, Isaac e Jacó (Lc 13,16.28; 19,9; 20,37; At 13,26) que preserva a fidelidade a seu povo de um modo novo. Ele é o Deus que busca, como ressaltam as parábolas das coisas perdidas em Lc 15, o Deus que ouve os pedidos de seus filhos e filhas (Lc 11,5-13; 18,1-8). Ele acolhe e perdoa (Lc 7,36-50; 18,13; 19,3s) e se volta para aquelas pessoas que esperam tudo dele. Finalmente: ele abole aspectos que separam (At 10; 15) e cria para si mesmo seu povo.

Deus e os deuses

De importância particular para a compreensão lucana de Deus é o discurso de Paulo no Areópago em At 17,19-34[302]. Os discursos dos apóstolos verbalizam Deus como aquele que ressuscitou Jesus Cristo dentre os mortos (At 2,24.36; 3,13.15; 4,10; 5,31; 10,40; 13,30) e a quem as pessoas devem se converter, por ser o Deus vivo (cf. At 14,15-17). Com o discurso de Paulo em Atenas abre-se um novo horizonte cultural. No centro da antiga história intelectual, o Paulo lucano não rejeita simplesmente o politeísmo greco-romano, mas se volta para ele de modo argumentativo (v. 22-23)[303]. A identificação do "deus desconhecido" com o Deus único e verdadeiro é um deliberado ato de enlace e visa uma integração dos conceitos greco-romanos acerca de Deus. A onipresença do divino (v. 27s) é explicitamente constatada, mas,

---

[302] Fundamental ainda hoje é M. DIBELIUS, "Paulus auf dem Areopag", in IDEM, *Aufsätze zur Apostelgeschichte* (cf. acima, 8.4), pp. 29-70, que designa, totalmente com razão, esse trecho como "um dos pontos altos do livro" (op. cit., p. 29). Totalmente inadequado é a opinião de J. JERVELL, Apg (cf. acima, 8.4), p. 454, que considera o texto secundário.

[303] Completamente diferente J. JERVELL, Apg (cf. acima, 8.4), p. 443, sobre o Paulo lucano: "Portanto, o que ele encontra aqui é o paganismo puro. É exatamente isto que Atenas significa para ele". Cf., ao contrário disso, a argumentação em M. LANG, *Leben in der Zeit. Pragmatische Studien aus röm. Sicht zur "christlichen Lebenskunst" anhand des lukanischen Paulusbildes"* (tese de doutorado, Halle, 2007, pp. 179-232).

ao mesmo tempo, rejeita-se sua materialidade. O argumento decisivo que forma o pano de fundo é: um deus no plural não é um deus. Pessoas de religiosidade greco-romana podem se voltar para o Deus único, sem abandonar por completo seus próprios conceitos culturais[304]. Ao mesmo tempo, Lucas marca com grande exatidão o ponto onde se separam a teologia e a filosofia: a ressurreição de Jesus Cristo de entre os mortos (v. 32).

At 17,19-34 não apenas está embebido de colorações locais[305] e repleto de alusões histórico-religiosas e histórico-filosóficas (cf. abaixo, 8.4.5), mas é um texto fundamental para a compreensão lucana de Deus. O Deus de Israel que se revela em Jesus Cristo é o único Deus verdadeiro que está por trás de cada culto honesto a Deus e que pode ser encontrado por todos os seres humanos. É óbvio que Lucas apela às pessoas cultas de seu tempo, pois enriquece o discurso do Aerópago conscientemente com elementos do patrimônio cultural da Antiguidade: Paulo é paralelizado com Sócrates, que também foi acusado de introduzir "demônios/deuses estrangeiros" (compare-se At 17,18 com Xenofonte, Mem I 1; Platão, Apol 29d). Em At 17,28 ("Pois nele vivemos, nos movemos e existimos, como alguns de vossos poetas, aliás, já disseram: 'Porque somos também de sua raça'."), o Paulo lucano adota positivamente pensamentos básicos da teologia e filosofia gregas (basta a comparação com Xenofonte, Mem I 4,18; IV 3,14; Platão, Leg X 899D; Arato, Phaenomena 1-5). Como em outros pontos de sua Obra (cf. Lc 1,1-4: proêmio literário; Lc 1,5-2,52: narrativas do nascimento e da infância na tradição biográfica do helenismo; Lc 24,50-53/At 1,1-8: apoteose; At 2,42-47; 4,32-37: ideais sociais helenistas; At 5,19; 20,35; 26,14: citações/provérbios), Lucas mostra que é um conhecedor do mundo intelectual da Antiguidade a quem podem se confiar também pessoas desse ambiente.

---

[304] Isso se mostra também na adequação a predicados divinos helenistas que se manifesta na adoção de Q 6,35cd ("filhos do Altíssimo/do Deus bondoso"); cf. CHR. HEIL, Lukas und Q (cf. acima, 8.1), p. 272.

[305] Cf. a respeito W. ELLIGER, *Paulus in Griechenland*, 2ª ed. (Stuttgart: 1990), pp. 193ss.

Mensageiros de Deus: os anjos

Lucas tem um interesse notável em anjos (ἄγγελος 24 vezes no Evangelho e 21 vezes nos Atos dos Apóstolos); eles atuam repetidamente, em especial no início e no fim do Evangelho. Um anjo "do Senhor" (Lc 1,11) anuncia os nascimentos de João Batista e de Jesus (Lc 1,8-20.26-38; 2,8-12). Também a mensagem de sua ressurreição, exaltação e volta é anunciada por anjos (Lc 24,4-7.23; At 1,10s). Anjos cuidam dos justos mortos (Lc 16,22) e acompanham o Filho do Homem (Lc 9,26). Como seres espirituais que servem, pertencem inteiramente ao mundo divino e não podem morrer (Lc 20,36). Nos Atos dos Apóstolos, anjos atuam nos milagres de libertação (At 5,19; 12,7-11)[306]; sua intervenção resgatadora ajuda tanto a promover a missão (cf. At 12,4-11) como a proclamação da vontade divina em At 8,26; 10,3.7.22; 11,13 e em 27,23s, onde um anjo se aproxima de Paulo e lhe revela que deve se apresentar ao imperador, segundo a vontade divina.

Os anjos atuam como porta-vozes de Deus que intermediam a presença benigna de Deus e realizam sua intervenção que salva ou castiga (At 12,23). Onde aparece, algo novo é revelado e a história da salvação, promovida ou até mesmo modificada.

A palavra de Deus: a Escritura

No âmbito das linhas histórico-salvíficas descritas pela obra lucana cabe um significado central à Escritura[307]. No Evangelho e nos Atos dos Apóstolos encontram-se aproximadamente 50 citações do AT (LXX)[308], e o quadro referencial chama a atenção.

---

[306] Para os milagres de libertação, cf. J. HINTERMAIER, *Die Befreiungswunder der Apostelgeschichte*. BBB 143 (Berlim: 2003).
[307] Para a utilização e compreensão lucana da Escritura, cf. T. HOLTZ, *Untersuchungen über die alttestamentlichen Zitate bei Lukas*. TU 104 (Berlim: 1968); M. RESE, *Alttestamentliche Motive in der Christologie des Lukas*. StNT I (Gütersloh: 1969); J. JERVELL, "Die Mitte der Schrift. Zum lukanischen Verständnis des Alten Testaments", in U. LUZ, H. WEDER, *Einheit und Vielfalt neutestamentlicher Theologie*. FS E. Schweizer (Göttingen: 1983), pp. 79-96; C. A. EVANS, J. A. SANDERS (org.), *Luke and Scripture* (Minneapolis: 1993); D. RUSAM, *Das Alte Testament bei Lukas*. BZNW 112 (Berlim: 2003).
[308] Cf. a lista em G. SCHNEIDER, Apg I (cf. acima, 8.4), pp. 23-41.

Nas citações do Pentateuco, salvo uma exceção (Lc 2,23.24), Lucas depende de seus textos recebidos, e sua ênfase está nos salmos e principalmente nos profetas. Isso se deve ao programa teológico do conceito lucano da recepção da Escritura: *em Jesus Cristo cumpriram-se as promessas de Deus*. Esse pensamento fundamental é formulado exemplarmente no fim do Evangelho de Lucas, como palavra do Ressuscitado: "São estas minhas palavras que eu vos falei quando ainda estava convosco: é preciso que se cumpra tudo (δεῖ πληρωθῆναι πάντα) o que está escrito sobre mim na lei de Moisés e nos Profetas e nos Salmos" (Lc 24,44; cf. 24,7.25-27.44-46). At 3,18 retoma este aspecto e o relaciona exclusivamente com os escritos proféticos ("Dessa maneira, porém, Deus realizou o que antecipadamente anunciara pela boca de todos seus profetas, a saber, que seu ungido havia de padecer"). O pensamento de Paixão, morte e ressurreição do messias encontra-se já na Escritura e agora, no evento Cristo, encontrou seu cumprimento; para Lucas, a Escritura oferece referências e provas para a ressurreição.

A preferência pelos profetas (sobretudo Deuteroisaías)[309] mostra-se já nos capítulos iniciais. A citação de Is 40,3-5 em Lc 3,4-6 é materialmente retomada em At 28,28 (Is 40,5 LXX: τὸ σωτήριον τοῦ θεοῦ) e, como inclusão, expressa a perspectiva universal de Lucas: na aceitação do evangelho, todos podem participar da atuação salvífica de Deus.

Outra chave de compreensão é oferecida aos ouvintes/leitores com a citação de Is 61,6s; 58,6 LXX, no sermão inaugural de Jesus em Nazaré (Lc 4,18s). A mensagem libertadora de Deus para as pessoas pobres cumpre-se agora, na atuação de Jesus (Lc 4,21: "Hoje se cumpriu

---

[309] R. V. BENDEMANN, "Trefflich hat der Heilige Geist durch Jesaja, den Propheten, gesprochen ..." (Apg 28,25). Zur Bedeutung von Jesaja 6,9f. für die Geschichtskonzeption des lukanischen Doppelwerkes", in N. C. BAUMGART, G. RINGSHAUSEN (org.), *Das Echo des Propheten Jesaja* (Münster: 2004), pp. 45-73, aqui: p. 72, enfatiza com razão: "A importância especial do livro de Isaías para a obra lucana resulta não de uma fidelidade inalterada à Bíblia em si. Antes, resulta de uma decidida releitura sob perspectivas totalmente diferentes e já pressupõe uma apropriação decididamente cristã do grande profeta".

aos vossos ouvidos esta palavra da Escritura"). Outro enfoque são as citações na narrativa da Paixão que explicam e interpretam novamente o acontecimento. A adoção de Is 53,12 LXX em Lc 22,37 é de novo explicitamente relacionada com o pensamento do cumprimento, e também as memórias sumárias da Escritura em Lc 24,45-49 servem para comprovar que o projeto de Deus, formulado na Escritura, cumpriu-se na Paixão e ressurreição de Jesus Cristo. Nesse sentido, Lc 24,45-49 tematiza explicitamente o horizonte hermenêutico da recepção da Escritura: o sofrimento de Cristo e sua ressurreição, testemunhadas na Escritura, visam o perdão dos pecados de todas as nações; isto é, a perspectiva universal do anúncio do evangelho às nações é conforme a Escritura e testemunhado e cumprido pelo próprio Jesus. Também a eleição de Matias como substituto de Judas em At 1,16.20 é posta sob o pensamento do "é preciso" divino que agora se cumpre. A maioria das citações nos Atos dos Apóstolos está sob o aspecto da promessa (cf. At 2,16-21.25-28.30s.34s; 3,22s.25; 4,11.25s; 7,42s; 8,32s; 13,33-35.40s; 15,15-17; 28,26s[310]), segundo o qual o curso factual da história da missão com sua volta para as nações corresponde à vontade escatológica de Deus, depositada na Escritura. De acordo com seu programa teológico em Lc 1,1-4 (Lc 1,1: "[...] os fatos que se cumpriram entre nós"), o evangelista enfatiza com sua recepção da Escritura a *confiabilidade das promessas*. O horizonte das promessas é o centro teológico das citações veterotestamentárias na obra lucana. O próprio Deus cumpre sua palavra no evento Cristo, ao fazer surgir a Igreja a partir de Israel[311].

À guisa de resumo podemos dizer: a *continuidade literária* da obra lucana é uma expressão direta da intelecção na *continuidade teológica*, a saber, principalmente da atuação de Deus na história. O interesse de Lucas é enfatizar para a terceira geração cristã sua posição na história da salvação e, com isso, enfatizar também a continuidade entre o

---

[310] Para a citação de Is 6,9s LXX em At 28,26s, cf. D. RUSAM, Das Alte Testament bei Lukas, pp. 437ss, que constata com razão: "Portanto, não se trata da pergunta se ainda há alguma esperança para os judeus ou não. As citações não dizem nada a esse respeito".
[311] Cf. G. LOHFINK, Die Sammlung Israels (cf. acima, 8.4), p. 96.

testemunho cristão recebido pela comunidade e os profetas, Jesus e as testemunhas oculares e, com isso, em última análise, a fidelidade de Deus a suas promessas.

8.4.2 *Cristologia*

CONZELMANN, H. Mitte der Zeit (cf. acima, 8.4), pp. 158-192; NÜTZEL, J. M. *Jesus als Offenbarer Gottes nach den lukanischen Schriften*. FzB 39. Würzburg, 1980; TUCKETT, C. "The Christology of Luke-Acts". In *The Unity of Luke-Acts*, editado por J. VERHEYDEN, (cf. acima, 8.4), pp. 133-164; SCHWEIZER, E. Zur lukanischen Christologie, in *Verifikationen*, editado por E. JÜNGEL, W. WALLMANN, J. WERBECK, FS G. Ebeling, pp. 43-65. Tübingen, 1982; SCHNACKENBURG, R. *Die Person Jesu Christi* (cf. acima, 8.2.2), pp. 152-244; DE JONGE, M. Christologie im Kontext (cf. acima, 4), pp. 85-98; KORN, M. Die Geschichte Jesu in veränderter Zeit (cf. acima, 8.4), *passim*; MATERA, F. J. New Testament Christology (cf. acima, 4), pp. 49-64; POKORNY, P. Theologie der lukanischen Schriften (cf. acima, 8.4), pp. 110-176.

A cristologia lucana manifesta-se (assim como nos outros evangelistas) especialmente a partir da definição da relação entre Deus e Jesus, da variação de temas cristológicos, dos títulos cristológicos e da estrutura geral da apresentação narrativa que apresenta em Lucas algumas particularidades. No terceiro Evangelho, a cristologia está inserida no pensamento em épocas, usado pelo evangelista para oferecer novas perspectivas narrativas. Nesse contexto aparece, como fase particular na atuação salvífica de Deus, a atuação e missão de Jesus como *centro do tempo*. Ao mesmo tempo, porém, ela permanece parte da composição narrativa geral que começa com a origem de Jesus.

A origem de Jesus

Em termos literários, Lc 1,5-2,52 é uma pré-história, porque, devido a seus sincronismos, Lc 3,1s é um claro novo início. Ao mesmo tempo, porém, a designação como "pré-história" (ou "história prévia") ou "história do nascimento e da infância" é equivocada quando entendemos por ela uma função apenas preparatória ou introdutória, portanto, não essencial, dessa parte do texto[312]. Ao contrário, aqui se trata da apresentação narrativa da origem de Jesus, de sua relação especial com Deus e, dessa maneira, da *fundamentação* de todo o evento salvífico. À moda helenista, e em clara concorrência com a estilização de Augusto, muito divulgada no contexto da *Pax Romana*[313], Lucas ressalta os traços sobressalentes de seu herói por meio de sua origem extraordinária e compõe habilmente[314] e sob adoção de tradições judeucristãs[315] o prelúdio de sua obra dupla[316]. Primeiro define-se a relação com o Batista numa superação paralela: o Batista é, em medida muito maior do que nos outros evangelhos, uma figura paralela de Jesus (cf. Lc 1,15-17.67-79), mas, ao mesmo tempo, permanece o precursor (cf. Lc 1,76; 3,1-18). No centro da fundamentação cristológica está a relação entre Deus e Jesus. A conceição operada pelo espírito (Lc 1,35) transcende uma eleição ou adoção, *Jesus é num sentido imediato Filho de Deus* (Lc 1,32.35; 2,49; cf. Lc 3,38) e Senhor (Lc 1,17.43.76; 2,11)[317]. Ao mesmo

---

[312] Isso ocorre em H. CONZELMANN, Mitte der Zeit (cf. acima, 8.4), pp. 12ss, que não aborda verdadeiramente Lc 1,5–2,52 e que começa sob a palavra-chave "préhistória" (ou "história prévia") com o Batista.

[313] Isso fica óbvio na comparação de Lc 2,1 e 2,14: "Glória a Deus no mais alto dos céus e paz na terra aos seres humanos que ele ama". OVÍDIO, Met XV 830, louva o filho de César que acaba de ser assassinado com as palavras: "Todas as regiões habitáveis da terra lhe pertencerão; também o mar lhe servirá. Depois de ter dado a paz à terra, voltará seu espírito para o direito voltado para os cidadãos, propor leis como seu advogado mais justo e fornecer por meio de seu próprio exemplo um paradigma para os costumes morais".

[314] Para a comprovação da composição lucana dessa seção, cf. W. RADL, *Der Ursprung Jesu. Traditionsgeschichtliche Untersuchungen zu Lk 1–2*. HBS 7 (Friburgo: 1996), pp. 56-65. Ele mostra que tanto a técnica compositória como as áreas temáticas em Lc 1–2 têm numerosos paralelos na obra lucana.

[315] As análises são muito diversificadas; cf. a respeito em geral W. RADL, Der Ursprung Jesu, pp. 66ss; para o Bendito (Lc 1,68-79) e o Magnificat (Lc 1,46-55), cf. U. MITTMANN-RICHERT, *Magnifikat und Benediktus. Die ältesten Zeugnisse der judenchristlichen Tradition von der Geburt des Messias*. WUNT 2.90 (Tübingen: 1996).

[316] Assim H. SCHÜRMANN, Lk I (cf. acima, 8.4), p. 18.

[317] O conceito da concepção divina de um ser humano excepcional homem ou herói, vinculado à ideia do nascimento de uma virgem, tem muitos paralelos na tradição grega e romana; basta conferir: Heitor (HOMERO, Il XXIV 258s); Héracles (HESÍODO, Theog 940-944); Pitágoras (IÂMBLICO, Vit Pyth 5-8); Platão (DIÓGENES LAÉRCIO 3,1-2); Alexandre Magno (Hist Alex 13,1-2); Augusto (SUETÔNIO, Aug 94,4).

tempo, porém, Lucas destaca claramente os traços humanos de Jesus (Lc 2,40.52: Jesus cresce em sabedoria; cf. Lc 3,21; 9,18.28s; 22,37). Lucas destaca insistentemente que o nascimento do Batista e, sobretudo, o nascimento de Jesus devem ser entendidos como o cumprimento das esperanças de Israel (Lc 1,14-17.32s.46-55.68-79; 2,10s.25s.29-32.38). O motivo de promessa e cumprimento determina também Lc 1-2; com Simeão e Ana que estão "esperando" (Lc 2,25.38) vincula-se para os ouvintes/leitores da obra lucana a certeza do cumprimento. Também a atuação do espírito de Deus (cf. abaixo, 8.4.3) em Lc 1-2 está a serviço do motivo do cumprimento; Isabel (Lc 1,41), Zacarias (Lc 1,67) e Simeão (Lc 2,25-27) estão repletos do espírito; o Batista receberá o espírito (Lc 1,15), e Jesus deve sua existência ao espírito sobre Maria (Lc 1,35). Finalmente, o cântico de louvor (Lc 2,29-32) e a profecia de Simeão (Lc 2,34s) tematizam a recepção do evangelho pelas nações, descrita nos Atos dos Apóstolos e proclamada por Paulo em At 28,26-28 (sempre com citações de Isaías!). Singular na tradição dos Evangelhos é a atuação de Jesus aos doze anos no Templo, determinada pela tradição biográfica helenista[318] (Lc 2,41-52) que demonstra a sabedoria superior do Jesus ainda juvenil.

Aquilo que se realiza no Evangelho de Lucas e nos Atos dos Apóstolos é proclamado em Lc 1-2 e, ao mesmo tempo, efetivado pelo espírito de Deus.

O centro do tempo

Lucas caracteriza o tempo de Jesus como tempo *livre de Satanás* e, dessa maneira, como o centro do tempo[319]. No fim da narrativa da tentação, Satanás afasta-se (Lc 4,13: "ele o deixou até o tempo oportuno") para possuir depois Judas e voltar a atuar. A visão em Lc 10,18 ("Eu vi Satanás cair do céu como um relâmpago") ressalta a qualidade particular da atuação de Jesus. Lucas ressalta por meio dessa

---

[318] Cf. a respeito N. KRÜCKEMEIER, "Der zwölfjährige Jesus im Tempel (Lk 2.40-52) und die biografische Literatur in der hellenistischen Antike", in *NTS* 50 (2004): 307-319.

[319] Cf. H. CONZELMANN, Mitte der Zeit (cf. acima, 8.4), p. 158 etc.

perspectiva a atuação de Jesus em Israel especialmente como tempo de salvação, mas sem separar essa atuação das outras épocas. João Batista permanece presente no mundo narrado da obra lucana, para além da paralelização na narrativa do nascimento (Lc 7,18-35; 16,16; At 1,22; 10,37; 11,16; 13,24s; 18,24-28; 19,17); e o tempo de Jesus está permanentemente ligado com o tempo da Igreja por meio do conceito do cumprimento, da ascensão, da atuação do espírito e do anúncio do Reino de Deus[320]. Em termos de conteúdo, o *tempo imediato de Jesus* caracteriza-se pela concentração de sua atuação em Israel.

Nesse contexto cabe uma importância programática ao *discurso inaugural de Jesus em Nazaré* (Lc 4,16-30). Lucas omite Mc 1,14s e marca o início da atuação pública de Jesus com uma autoproclamação profética[321]. Sob adoção de Is 61,1 LXX, Jesus aparece como o portador do espírito e o ungido por excelência (Lc 4,18a), que cumpre agora a vontade escatológica de Deus: "anunciar o evangelho aos pobres, [...] anunciar a libertação aos presos e a vista aos cegos, restituir a liberdade aos oprimidos, anunciar um ano de graça do Senhor" (Lc 4,18b.19). Isso descreve não só o programa da atuação de Jesus no Evangelho de Lucas, mas, por meio do conceito do cumprimento em 4,21 ("Hoje se cumpriu essa palavra da Escritura aos vossos ouvidos") e dos termos εὐαγγελίζεσθαι e κηρύσσειν ("anunciar/proclamar salvação") tematiza-se explicitamente o movimento do anúncio que perpassa a obra lucana (cf. At 8,4-10; 10,36.38). Assim como Jesus enfatiza *no início* de sua atuação que ele tem que anunciar o Reino de Deus nas cidades de Israel (Lc 4,43), assim Paulo anuncia *no fim* da obra lucana o Reino de Deus em Roma (At 28,31). Finalmente, a rejeição de Jesus em sua cidade natal (Lc 4,23-30) é uma antecipação do destino de muitos missionários, inclusive Paulo[322].

---

[320] Cf. G. SCHNEIDER, Lk 1 (cf. acima, 8.4), p. 98. Contra H. CONZELMANN, Mitte der Zeit (cf. acima, 8.4), p. 22 A 2, que prefere ver unicamente no tempo imediato de Jesus, delimitado por Lc 4,13 e 22,3, a "apresentação pura da salvação".

[321] Para a análise, cf. U. BUSSE, *Das Nazaret-Manifest Jesu*. SBS 91. Stuttgart: 1978; M. KORN, Die Geschichte Jesu in veränderter Zeit (cf. acima, 8.4), pp. 56-85.

[322] Para a paralelização de Jesus e Paulo, cf. W. RADL, *Paulus und Jesus im lukanischen Doppelwerk*. EHS.T 49 (Berna/Frankfurt: 1975).

O *discurso inaugural em Nazaré* abre a atuação de Jesus em palavra e ato na Galileia, sendo que a dupla perspectiva de anúncio e milagres, formulada em Lc 4,18, está em primeiro plano. Milagres/ curas encontram-se em Lc 4,31-37.38-39.40-41.42-44; 5,1-11.12-16.17-26; 7,1-10.11-17.21; 8,22-25.26-39.40-56; 9,10-12.37-43; o ensinamento predomina em Lc 5,33-39; 6,17-49; 8,4-15.16-18.19-21. O ensinamento e os milagres interpretam-se mutuamente e são epifanias da plena autoridade do messias. Por meio de ambos, Jesus realiza sua volta para as pessoas pobres, pecadoras e marginalizadas na sociedade (cf. Lc 6,17-49: Sermão da Planície; Lc 5,27-32: o cobrador de impostos Levi; 7,36-50: a pecadora anônima; Lc 8,1-3: mulheres como discípulas de Jesus).

Com a narrativa da transfiguração (Lc 9,28-36) e os dois anúncios da Paixão que a emolduram em Lc 9,18-22.43-45 muda a perspectiva, pois entram nela Jerusalém, o sofrimento de Jesus e sua ressurreição. Por meio da *narrativa da viagem* (Lc 9,51-19,27)[323], Lucas reforça essa orientação, ao introduzir, para além do terceiro anúncio da Paixão (de origem marcana; cf. Lc 18,31-34), ainda três outras referências à Paixão (Lc 12,49s; 13,31-33; 17,25). O caminho de Jesus para Jerusalém, que se inicia com Lc 9,51, é o caminho para o sofrimento e a glória que, segundo Lc 22,42, *ele tem que assumir*! Também a referência à ascensão em Lc 9,51 ("[...] que ele devia ser assunto ao céu [...]") enfatiza a interligação entre sofrimento e glória que é característica para Lucas. A narrativa da viagem tem uma orientação parenética, pois, para além do contexto da teologia da Paixão, Lucas ensina entender o caminho de Jesus como a volta definitiva para as pessoas perdidas (Lc 15), pobres (Lc 16,16-31), samaritanas (Lc 10,25-37)[324], e como a oferta do Reino de Deus para Israel (cf. abaixo, 8.4.8).

---

[323] R. V. BENDEMANN, Zwischen ΔΟΞΑ und ΣΤΑΥΡΟΣ (cf. acima, 8.4), *passim*, nega a existência de um relatório lucano de viagem. Cf., ao contrário, K. LÖNING, Das Geschichtswerk des Lukas II, p. 9, que caracteriza com razão o itinerário como a "ideia literária" central da redação lucana.

[324] Cf. a respeito M. BÖHM, *Samarien und die Samaritai bei Lukas*. WUNT 2.111 (Tübingen: 1999).

Paixão, cruz, ressurreição e ascensão

O ponto de chegada da abordagem lucana sobre a vida de Jesus é Jerusalém (cf. no âmbito da narrativa da viagem especialmente Lc 13,22; 17,11), onde ele atua como mestre particularmente no Templo (Lc 19,29–21,38). A Paixão e a Páscoa são para Lucas uma unidade indissolúvel; as narrativas da Páscoa ocorrem num mesmo dia e encontram seu auge e final na ascensão de Jesus ao céu (Lc 24,1-53). Nas narrativas lucanas sobre a Páscoa predominam quatro aspectos:

1) O caminho para Jerusalém e o tempo da Paixão (Lc 22,1-23,56) são entendidos por Lucas como um caminho para a glória, conforme a vontade de Deus (Lc 22,37; 24,26: "Não era preciso que o Cristo sofresse tudo isso e assim entrasse em sua glória?"; 24,46: "Assim está escrito que o Ungido sofrerá e ressuscitará dos mortos ao terceiro dia"). Jesus é o justo profético sofredor (cf. Lc 23,47; At 3,14), sobre cujo caminho paira o "é preciso" de Deus (cf. também Lc 17,25; 24,7; At 1,16; 2,23a; 3,18; 7,52; 8,32-35; 9,16; 14,22; 17,3; 19,21; 25,10).
2) A morte de Jesus na cruz é vinculada por Lucas explicitamente com a orientação fundamental de sua missão: buscar e salvar o que está perdido (cf. Lc 19,10; 22,27)[325]. Na cruz, o Jesus agonizante volta-se explicitamente para um malfeitor que confessa sua culpa e está disposta para a conversão (Lc 23,42s: "E ele disse: Jesus, lembra-te de mim quando entrares em teu Reino. E ele lhe disse: Amém, eu te digo: hoje estarás comigo no paraíso").
3) A ressurreição de Jesus Cristo de entre os mortos é a chave hermenêutica para entender toda a história-de-Jesus-Cristo e toda a Escritura (Lc 24,45: "Depois ele lhes abriu a mente para que entendessem a Escritura"; cf. At 3,18; 17,3; 26,23)[326].
4) Lucas ressalta a corporeidade do Ressuscitado na perícope de Emaús, na ascensão e através da observação repetida de

---

[325] Por causa de Lc 19,10 omitiu provavelmente Mc 10,45.
[326] Cf. aqui especialmente J. WANKE, *Die Emmauserzählung*. EThSt 31 (Leipzig: 1973).

que seu corpo não teria visto a decomposição (At 2,31; 10,41; 13,34.37), porque, para ele, a ressurreição e a exaltação formam uma unidade extremamente estreita (cf. Lc 22,69; 24,26; At 1,22; 2,33-36: exaltação como instalação à direita e Deus; 5,31; 7,55; 13,32s)[327].

Lc 24 é o ponto de chegada do Evangelho, mas ao mesmo tempo um capítulo de passagem, pois tanto o v. 47 ("e em seu nome será anunciada a conversão a todas as nações. Comeceis em Jerusalém") como a ascensão ao céu realizam a passagem para os Atos dos Apóstolos. No entanto, essa passagem é elaborada muito conscientemente, pois a primeira narrativa da ascensão em Lc 24,50-53 é conceituada também como a conclusão do Evangelho[328]. A "grande alegria" dos discípulos conduz diretamente de volta para a narrativa do Natal (χαρά μεγάλη somente em Lc 2,10 e 24,52). À atuação maravilhosa de Deus no início corresponde sua atuação nos eventos pascais; os discípulos prostram-se e adoram o Exaltado e Glorificado[329]. Em At 1,1-11, Lucas coloca outros acentos, pois sua segunda narrativa tem como tema verdadeiro a parusia (cf. os v. 6-8) do Jesus Cristo que ascende para o céu, para Deus (cf. abaixo, 8.4.8). Por meio da forma literária greco-romana da apoteose[330], conhecida à comunidade, Lucas esclarece-lhe que a fidelidade de Deus a suas promessas, desde a concepção até a ascensão, continua no anúncio universal do evangelho e se cumpre plenamente na parusia, pois, quem ascendeu ao céu dessa maneira, também voltará!

---

[327] Cf. R. SCHNACKENBURG, Die Person Jesu Christi (cf. acima, 8.2.2), pp. 184s, que ressalta que a ressurreição e a exaltação devem ser entendidas como um ato único da participação no poder vivificador de Deus.
[328] Cf. G. LOHFINK, *Die Himmelfahrt Jesu*. StANT 26 (Munique: 1971).
[329] G. LOHFINK, op. cit., p. 254, caracteriza a adoração pelos discípulos como "o ápice cristológico do Evangelho".
[330] Cf. aqui P. PILHOFER, "Livius, Lukas und Lukian. Drei Himmelfahrten", in: IDEM, *Die frühen Christen und ihre Welt*. WUNT 145 (Tübingen: 2003), pp. 166-182; o material histórico-religioso relevante encontra-se em E. BICKERMANN, "Die römische Kaiserapotheose", in *ARW* 27 (1929): 1-34.

Títulos cristológicos

Muito frequentemente, Jesus é designado ou tratado na obra lucana de κύριος ("Senhor"). κύριος pode se referir ao Jesus ainda não nascido (Lc 1,43), ao recém-nascido (Lc 2,11), ao que atua na terra (Lc 7,13.19; 10,1.39.41; 11,39; 12,42; 13,15; 17,5.6; 18,6; 19,8.31.34; At 1,21; 20,35) e ao Ressuscitado (Lc 24,3.34; At 1,6; 2,36; 4,33; 7,59.60; 9,27). O título de κύριος foi provavelmente vinculado muito cedo com as aparições do Ressuscitado (Lc 24,34: "Realmente, o Senhor foi ressuscitado e apareceu a Simão") e depois teve uma difusão maior, até chegar quase a ser o nome de Jesus (cf. Lc 19,31.34). Instrutivas são expressões tipicamente lucanas que mostram que o título de κύριος já tinha passado definitivamente para o uso linguístico comum: os cristãos são acrescentados ao Senhor (cf. At 5,14; 9,35.42; 11,17.21.24; 14,23; 16,31; 20,21); os discípulos anunciam o Senhor (At 11,20; 14,3; 28,31) ou atuam, pregam e batizam em seu nome (At 8,16; 9,28; 19,5.13.17; 21,3). Lucas pode falar do "temor ao Senhor" (At 9,31), da "graça do Senhor" (At 15,11) ou do "caminho do Senhor" (At 18,25; cf. 16,27: "caminho da salvação"; 19,23 "o novo caminho"). Um uso político-irônico de κύριος ocorre em At 25,26, onde Festo diz sobre Paulo, mas em relação ao imperador (v. 25!): "Contudo, não sei escrever ao Senhor nada de concreto sobre ele".

O título de Χριστός ("Cristo/messias/ungido") ocorre em Lucas com menor frequência e é atestado 12 vezes no Evangelho e 25 vezes nos Atos dos Apóstolos. Seu caráter predical destaca-se claramente: ele designa o "ungido do Senhor" (Lc 2,26) como o messias esperado segundo as promessas (cf. Lc 2,11.26; 3,15; 4,41; 9,20; 22,67). Unicamente Jesus foi determinado por Deus, antes dos tempos, como messias (cf. At 3,20). Lc 23,2 rejeita uma compreensão política de Χριστός, e Lucas corrige explicitamente a ideia de que o messias proveniente da casa de Davi (Lc 20,41) não precisaria sofrer (cf. Lc 23,5.39; 24,26.46; At 3,18; 17,3). O messias que sofre e é ressuscitado é o messias verdadeiro (cf. At 2,22-36).

O título de υἱὸς θεοῦ ("Filho de Deus") expressa no Evangelho de Lucas a dignidade particular de Jesus[331], pois nunca aparece na

---

[331] Cf. J. KREMER, "Dieser ist der Sohn Gottes", in C. BUSSMANN, W. RADL (org.) *Der Treue Gottes trauen*. FS G. Schneider (Friburgo: 1991), pp. 137-157.

boca de seres humanos (Deus/anjos: 1,35; 3,22; 9,35; diabo/demônios: 4,3.9.41; 8,28; palavras de Jesus: 2,49; 10,22; 20,13; 22,29.42.70; 23,34.46; 24,49). Já desempenha um papel importante na apresentação de Jesus (Lc 1,32.35; 2,49; 3,22.23b.38; 4,3.9). A filiação divina de Jesus começa não com a ressurreição (Rm 1,3s) ou antes dos tempos (Jo 1,1-5; 3,16), mas com sua existência humana (Lc 1,35). O pano de fundo deve ser o Sl 2,7 ("Tu és meu filho, hoje te gerei"), como mostram Lc 1,32 e At 13,33. Diferentemente de Marcos (cf. acima, 8.2.2), o título de Filho não é sujeito a nenhum segredo. O caráter modelar da vida de Jesus, que é central para Lucas, manifesta-se também na obediência do Filho a Deus (Lc 2,49; 4,3.9), que encontra seu cumprimento pleno na cruz (cf. Lc 23,46: "Pai, em tuas mãos entrego meu espírito"). Com a primeira ocorrência (Lc 1,35) e a última (Lc 22,70: "Então todos disseram: Portanto, tu és o Filho de Deus? Ele, porém, disse-lhes: Vós dizeis que eu o sou"), Lucas constrói um deliberado arco de tensão: a filiação é o resultado da conceição pelo espírito e recebe seu pleno cumprimento na Paixão e Páscoa. Nesse caminho, o título de Filho ocorre em estações centrais (Lc 3,22: batismo; 4,4.9: tentação; 9,35: ida para Jerusalém).

O título do Filho do Homem (υἱὸς τοῦ ἀντρώπου) ocorre em Lucas frequentemente (25 vezes) e está totalmente inserido em sua cristologia do caminho de Jesus para as pessoas perdidas e para o sofrimento até a ressurreição/ascensão[332]. O evangelista realiza sete novas formações (cf. Lc 17,22.25; 18,8; 19,10; 21,36; 22,48; 24,7) que abrangem todos os três grupos dos ditos do Filho do Homem. Característico é Lc 19,10 ("Pois o Filho do Homem veio procurar e salvar o que está perdido"); por meio do ζητῆσαι ("procurar") inserido, Lucas expressa claramente seu interesse soteriológico. Ele reforça também o "é preciso" do sofrimento do Filho do Homem (Lc 24,7: "é preciso que o Filho do Homem seja entregue nas mãos de homens pecadores e que seja crucificado e que ressuscite no terceiro dia"). Outro acento é posto pelo evangelista na escatologia, pois o conceito acerca do Filho do Homem é em Lc 22,69 relacionado pela primeira vez com o conceito da exaltação

---

[332] Cf. G. SCHNEIDER, "'Der Menschensohn' in der lukanischen Christologie", in: IDEM, *Lukas. Theologe der Heilsgeschichte* (cf. acima, 8.4), pp. 98-113.

(Lc 22,69: "Mas, doravante, o Filho do Homem estará sentado à direita do poder de Deus"; cf. At 7,56). Nas parábolas sobre a vigilância predomina a ideia do Filho do Homem que vem subitamente (Lc 18,8; 21,36).

Chama a atenção o interesse particular que Lucas tem em Jesus como profeta[333]. No discurso inaugural em Nazaré, Jesus apresenta-se como um profeta (Lc 4,16-30); o povo vê nele um "grande profeta" (Lc 7,16); para o casal de Emaús, era um profeta "poderoso em palavra e ato diante de Deus e todo o povo" (Lc 24,19), e em At 3,22 aparece como um profeta como Moisés, a quem remeteram já todos os profetas anteriores (At 3,24s). Dessa maneira, o ensinamento de Jesus e principalmente seus milagres são colocados num contexto profético. Motivos tradicionais da compreensão de profetas e da polêmica profética encontram-se em Lc 7,39; 9,7s.19; 13,33. Jesus aparece também como vidente que vê o futuro (Lc 9,22.44) e como um crítico que desmascara as pessoas (Lc 5,22; 6,8; 7,39-47; 22,21). Importantes são para Lucas as tradições do profeta que sofre, assim como se encontram em perspectiva deuteronomista em At 7,52 e na esteira do Servo Sofredor em Lc 22,37; At 8,32-35 (c. Lc 2,232; 4,18s; 18,14).

Não deve ser um acaso que Lucas designa o menino Jesus recém-nascido como σωτήρ ("salvador"; cf. At 5,31; 13,23; além disso, Lc 1,32; 22,45; At 10,38). Esse título foi reivindicado principalmente pelos imperadores romanos[334]; em Lucas torna-se o atributo irônico de uma anti-história: *uma criança totalmente sem direitos e sem defesa é o verdadeiro "salvador", cuja mensagem chega até o imperador em Roma.*

Traços particulares da imagem lucana de Jesus

Lucas coloca em seu retrato de Jesus acentos que chamam a atenção. Entre eles está a *volta aos pobres*, já várias vezes mencionada, que

---

[333] Cf. aqui G. NEBE, *Prophetische Züge im Bilde Jesu bei Lukas*. BWANT 127 (Stuttgart: 1989). O conceito de profeta ofereceu a Lucas, "num amplo e complexo chão de imaginários da história de motivos e conteúdos aparentemente uma excelente possibilidade que apresentar Jesus num contexto maior com uma cristologia titular, bem como com palavras, atos e destino" (*op. cit.*, p. 207).
[334] Para σωτήρ ("salvador"), cf. abaixo, 10.4.1; 10.4.2; 12.2.4.

é tematizada explicitamente na ética (cf. abaixo, 8.4.6). Lucas ressalta como nenhum outro evangelista que Jesus *é um ser humano e sua atitude humana*. O menino Jesus crescia em sabedoria e graça (cf. Lc 1,39s). Aos doze anos no Templo já supera todos em sabedoria, mas, ao mesmo tempo, permanece submetido a seus pais (Lc 2,51s). Também nas narrativas de milagres, a humanidade de Jesus é relacionada com a sabedoria e a graça que ele recebeu de Deus. Isso se manifesta tanto pela cura da mulher encurvada (Lc 13,10-17) e do homem hidrópico (Lc 14,1-6) como as narrativas do samaritano misericordioso e do filho pródigo, nas quais o motivo da misericórdia aparece explicitamente (cf. Lc 10,33; 15,20). Traços e cenas humanas determinam muitas parábolas de Jesus (Lc 11,5-8: o amigo que pede; 16,1-8: o gerente injusto; 17,1-10: sobre a recompensa de um servo; 18,1-6: o juiz injusto; 18,9-14: o fariseu e o cobrador de impostos)[335]. Jesus não teme tocar num homem leproso (Lc 5,13) ou ser tocado por pessoas doentes (Lc 8,44-48). Não é um acaso que o campo semântico "curar" é tão amplo em Lucas como em nenhum outro evangelista. As pessoas são reconstituídas por Jesus também corporalmente, de modo que a multidão surpreendida explode em júbilos (Lc 5,26: "Hoje vimos coisas incríveis!"; cf. Lc 13,17). Jesus não rejeita convites (cf. Lc 7,34.36; 14,1), e Zaqueu é transformado pela dedicação humana de Jesus (Lc 19,1-10). Sua atenção volta-se para as pessoas simples que preservaram sua dignidade e estão dispostas a sacrifícios por amor a Deus e aos seres humanos, como a viúva em Lc 21,1-4. Dessa maneira, Jesus aparece em Lucas como o verdadeiro benfeitor "que andou entre nós fazendo o bem e curando os que estavam dominados pelo diabo, porque Deus estava com ele" (At 10,38).

Como em nenhum outro Evangelho são inseridas em Lucas *mulheres* na história de Jesus[336]. Na narrativa da infância, Isabel, Maria

---

[335] Cf. aqui B. HEININGER, Metaphorik, Erzählstruktur und szenisch-dramatische Gestaltung in den Sondergutgleichnissen bei Lukas. NTA 24 (Münster: 1991).
[336] Cf. a respeito L. SCHOTTROFF, "Frauen in der Nachfolge Jesu in neutestamentlicher Zeit", in W. SCHOTTROFF etc. (org.). *Traditionen der Befreiung II* (Munique: 1980), pp. 91-133; M. FANDER, "Frauen im Urchristentum am Beispiel Palästinas", in *JBTh* 7 (1992): 165-185; H. MELZER-KELLER, *Jesus und die Frauen*. HBS 14

e Ana (cf. Lc 1,5ss) são as portadoras de todo o querigma cristológico, e protótipos da existência cristã. Maria é bendita por uma mulher anônima que diz a Jesus: "Bem-aventurado o ventre que te carregou e os seios que te amamentaram" (Lc 11,27; cf. 1,42). A resposta de Jesus ilustra a intenção lucana: "Sim, bem-aventuradas as pessoas que ouvem e guardam a palavra de Deus" (Lc 11,28). As mulheres são *testemunhas e portadoras da fé e do anúncio.* Ouvir a palavra e refletir sobre ela faz parte das qualidades sobressalentes de Maria (Lc 2,19) e, dessa maneira, de todas as pessoas que creem. A narrativa de Maria e Marta (Lc 10,38-42) ressalta com os modelos da pessoa que ouve e da pessoa que trabalha incessantemente a ideia de que ouvir a palavra está em primeiro plano, e somente disso nasce a ação. Na narrativa sobre a pecadora (Lc 7,36-50) narra-se como uma mulher que está à margem da sociedade passa para o seguimento de Jesus. Ao contrário do fariseu, ela tem seus pecados perdoados (Lc 7,50) e pertence, segundo a compreensão lucana, agora aos "muitos outros" (Lc 8,3) que seguem Jesus[337]. A notícia sobre mulheres como seguidoras de Jesus (Lc 8,1-3) contém não só preciosas notícias históricas, mas as mulheres aparecem através do seguimento e da disposição de partilhar seus bens (cf. Lc 18,22; 19,8; At 2,44; 4,32-37 e como exemplo negativo At 5,1-11) como discípulas ideais. Lídia em At 16,14-15 representa depois da Páscoa aquele tipo de seguidoras abastadas do âmbito da sinagoga que talvez devam ser pressupostas para a comunidade de Lucas e/ou de Teófilo (Lc 1,3; At 1,1). Provavelmente, elas apoiavam a comunidade materialmente e, sobretudo, acolhiam missionários.

Outra característica do Evangelho de Lucas é o *Jesus que ora.* Jesus é frequentemente apresentado orando, emoldurado por orações de louvor na narrativa da infância (Lc 1,46-55.68-79; 2,14.29-32) e pela oração de louvor dos discípulos como último versículo do Evangelho (Lc 24,53: "estavam constantemente no templo e louvavam a Deus"). Em Lc 5,16, ele ora sozinho no deserto depois de uma cura;

(Friburgo: 1997); S. BIEBERSTEIN, *Verschwiegene Jüngerinnen – vergessene Zeuginnen. Gebrochene Konzepte im Lukasevangelium.* NTOA 38 (Freiburg/Göttingen: 1998).
[337] Cf. H. KLEIN, Lk (cf. acima, 8.4), p. 299.

ele sobe numa montanha e ora a Deus durante uma noite inteira (Lc 9,18.28s); a agonia em Getsêmani torna-se uma intensa luta de oração (Lc 22,41.44). Nessa atitude, Jesus torna-se um modelo para os crentes, pois vigiar e orar (cf. Lc 21,36) é a atitude correta diante de Deus e dos seres humanos. Na viúva que pede (Lc 18,1-8), a comunidade reconhece que Deus ouve orações insistentes. A parênese sobre a oração em Lc 11,1-13 enfatiza esse conceito, pois, do mesmo modo como o amigo que é procurado, também Deus se deixa comover por aqueles que o pedem insistentemente: "Pedi e vos será dado; buscai e achareis; batei e vos será aberto" (Lc 11,9). A pessoa que ora adequadamente se humilha diante de Deus e não se gaba com suas obras (Lc 18,9-14). Antes, pede o Espírito Santo (Lc 11,13), de cuja abundância nasce a verdadeira oração ao Pai, em humildade. A comunidade primitiva realiza isso exemplarmente. Nos Atos dos Apóstolos, é apresentada como uma comunidade orante (At 1,14; 3,1; 6,4; 8,15; 9,11.40; 10,9; 11,5; 12,5.12; 14,23; 16,16.25; 21,5) que permite ser conduzida em momentos decisivos pela força de Deus na oração: na eleição de Matias (At 1,24), na organização da comunhão de todos com todos (At 2,42), no envio de Barnabé e Paulo (At 13,3) e no discurso de despedida em Mileto (At 20,36). Em comparação com os outros Evangelhos, a oração ocupa em Lucas uma posição central; ele pode ser caracterizado como o evangelista da oração.

A cristologia dos Atos dos Apóstolos

A perspectiva narrativa modificada em relação ao Evangelho exige nos Atos dos Apóstolos uma presença diferente de Jesus[338]. Com a expressão "o que Jesus fez e ensinou desde o início", At 1,1b retoma a atuação de Jesus e coloca depois novos acentos: *à luz do querigma da Paixão e da Páscoa, Jesus Cristo está presente, em seus efeitos e seu significado, como aquele que ressuscitou de entre os mortos.* Isso se mostra primeiro nos milagres dos apóstolos (Pedro: At 3,1-10; 5,12-16; 9,32-45;

---

[338] Para a cristologia dos Atos dos Apóstolos, cf. F. J. MATERA, New Testament Christology (cf. acima, 4), pp. 64-82.

Paulo: At 13,4-11; 14,8-14; 19,1s; 20,7-12; 28,1-10; sumários: At 2,43; 4,30.33; 5,12; 14,3)³³⁹, nos quais o Crucificado e Ressuscitado se comprova como o Vivente. O sujeito verdadeiro dos milagres é Jesus (cf. At 4,10), de modo que eles se tornam sinais que confirmam sua ressurreição e sinais da proximidade salvífica de Deus. Dessa maneira, os milagres são também sinais do tempo escatológico que começou com a ressurreição de Jesus e com o envio do espírito. O discurso de Estêvão (At 7,2-53)³⁴⁰ como conclusão da descrição da comunidade primitiva e como passagem para a missão fora de Jerusalém destaca claramente a perspectiva lucana: o resumo da história de Deus com Israel desemboca numa acusação contra o Sinédrio (v. 51-53) e numa visão da glória de Deus com o Jesus exaltado como Filho do Homem à direita de Deus (At 7,55s). Com isso se cumpre a profecia de Lc 22,69, e Estêvão torna-se a primeira testemunha do conceito de que Deus impõe seu plano de salvação também contra a vontade de seu povo.

Com grande frequência, os discursos missionários de Atos³⁴¹ referem-se ao sofrimento, à morte e à ressurreição de Jesus (cf. At 2,22s; 2,36; 3,13-15.17ss; 5,30; 10,39; 13,27s; fora dos discursos missionários At 4,8.10s; 4,25-28; 8,32-35; 17,3; 20,28c; 26,23). O sermão de Pedro no pentecostes formula as afirmações fundamentais da cristologia dos Atos dos Apóstolos: a salvação acontece na evocação do nome de Jesus que foi entregue na cruz por desígnio de Deus. Ele foi ressuscitado por Deus de entre os mortos e exaltado a sua direita, para que agora possa ser derramado o espírito (cf. At 2,21-35). Resultado: "Reconheça,

---

[339] Para os milagres nos Atos dos Apóstolos, cf. F. NEIRYNCK, "The Miracle Stories in the Acts of the Apostles", in J. KREMER (org.), *Les Actes des Apôtres* (cf. acima, 8.4), pp. 169-213; ST. SCHREIBER, *Paulus als Wundertäter*. BZNW 79, Berlim: 1996, pp. 13-158.

[340] Além dos comentários, cf. para o análise do discurso de Estêvão U. WILCKENS, Missionsreden (cf. acima, 8.4), pp. 208-224; T. HOLTZ, Untersuchungen (cf. acima, 8.4.1), pp. 85-127; J. J. KILLGALLEN, *The Stephen Speech*. AB 67 (Roma: 1976): F. G. DOWNING, "Ethical Pagan Theism and the Speeches in Acts", in *NTS* 27 (1981): 544-563.

[341] Os discursos missionários encontram-se em At 2,14-39; 3,12-26; 4,8b-12; 5,29-32; 10,34-43; 13,16-41; eles se devem em sua essência à abordagem lucana; cf. U. WILCKENS, Missionsreden (cf. acima, 8.4), pp. 200ss.

portanto, toda a casa de Israel: Deus o constituiu Senhor e Messias, este Jesus a quem vós crucificastes" (At 2,36). Aqui chama a atenção que no centro não está a morte de Jesus "por nós", mas que a morte de Jesus é compreendida principalmente como uma consequência da desobediência dos judeus (cf. At 2,22s; 3,13b-15a; 4,10; 5,31a; 10,40; 13,30s), da qual se deriva o chamado para a conversão (At 2,37s; 3,19; 4,11; 5,30a.31b; 10,42s; 13,38-41). Esse esquema pode refletir tradições mais antigas[342]. Em todo caso podemos perceber que *a ressurreição de Jesus de entre os mortos, enquanto ato de Deus, está no centro da cristologia dos Atos dos Apóstolos*[343](cf. também At 3,15.26; 4,2.33; 17,18.32; 23,6-9; 24,15.21; 26,8.23). Ela é o pressuposto e a justificativa da missão, como Lucas deixa claro principalmente por meio da tripla narrativa da vocação de Paulo pelo Ressuscitado (cf. At 9,3-19a; 22,6-16; 26,12-18).

Qual é o significado que (a obra lucana e aqui especialmente) os Atos dos Apóstolos atribuem à cruz de Jesus? A pesquisa mais antiga constatava: "Não há referência alguma ao sentido salvífico da cruz de Cristo"[344]; as interpretações mais recentes já não se orientam em Paulo como paradigma teológico de Lucas e chegam assim a resultados mais diferenciados[345]. Lc 22,19s ("Este é meu corpo entregue por vós") e sobretudo At 20,28 enfatizam explicitamente o significado soteriológico

---

[342] Assim, por exemplo, J. ROLOFF, Apg (cf. acima, 8.4), pp. 49-51; além disso, cf. F. HAHN, "Das Problem alter christologischer Überlieferungen in der Apostelgeschichte unter besonderer Berücksichtigung von Act 3,19-21", in J. KREMER (org.), *Les Actes des Apôtres*, pp. 129-154; M. DE JONGE, Christologie (cf. acima, 4), pp. 95-98; em favor da formulação lucana pleiteia M. RESE, "Die Aussagen über Jesu Tod und Auferstehung in der Apostelgeschichte - ältestes Kerygma oder lukanische Theologumena?", in *NTS* 30 (1984): 335-353. A falta de critérios inequívocos para a separação de material traditivo nos Atos dos Apóstolos dificulta a definição de unidades pré-lucanas, mas, no caso dos discursos, Lucas deve ter recorrido em medida diferenciada a material traditivo.

[343] Cf. aqui TH. KNÖPPLER, Beobachtungen zur lukanischen theologia resurrectionis, in P. MÜLLER, CHR. GERBER, TH. KNÖPPLER, (org.), "... *was ihr auf dem Weg verhandelt habt*". FS F. Hahn (Neukirchen: 2001), pp. 51-62.

[344] PH. VIELHAUER, Paulinismus (cf. acima, 8.4), p. 22.

[345] Cf. F. SCHÜTZ, Der leidende Christus. Die angefochtene Gemeinde und das Christuskerygma der lukanischen Schriften. BWANT 59 (Stuttgart: 1969); A. BÜCHELE, Der Tod Jesu im Lukasevangelium (cf. abaixo, 8.4,4); M. KORN, Die Geschichte Jesu in veränderter Zeit (cf. acima, 8.4), pp. 173-259.

da cruz: "Estai atentos a vós mesmos e a todo o rebanho no qual o Espírito Santo vos constituiu como guardiães, para apascentar a Igreja de Deus que ele adquiriu para si por seu próprio sangue". Também a adoção de Is 53,7s LXX em At 8,32s conduz o olhar ao sofrimento vicário de Jesus (cf., além disso, At 3,13-15; 4,27), de modo que não podemos negar a presença dessa perspectiva também nos Atos dos Apóstolos.

De modo geral, a cristologia de Atos caracteriza-se por uma grande variedade de títulos, tradições e perspectivas[346]: Jesus aparece como nazareno (At 2,22; 3,6; 4,10; 6,14; 22,8; 26,9); como o homem de Nazaré, ele é o messias proveniente de Davi (At 2,25-28), cujo nome salva (At 2,12; 3,6; 4,10), a quem Deus ressuscitou como seu servo (At 3,26) e que apareceu como messias a testemunhas selecionadas que anunciam agora a mensagem do salvador a Israel e às nações (At 13,25-41).

8.4.3 Pneumatologia

BAER, H. V. *Der Heilige Geist in den Lukasschriften*. BWANT 39. Stuttgart, 1926; LAMPE, G. W. H. "The Holy Spirit in the Writings of St. Luke". In *Studies in the Gospels*, 2ª ed, pp. 159-200. Oxford, 1957; KREMER, J. *Pfingstbericht und Pfingstgeschehen*. Stuttgart, 1973; SÖDING, TH. "Geist der Kirche – Kirche des Geistes". In *Wo der Geist des Herrn wirkt, da ist Freiheit*, editado por G. KOCH, J. PRETSCHER, pp. 19-67. Würzburg: 1997; GONZÁLEZ, J. L. *Acts. The Gospel of the Spirit*. Nova Iorque, 2001; KOWALSKI, B. "Widerstände, Visionen und Geistführung bei Paulus". In *ZKTh* 125 (2003): 387-410.

Ao lado e Paulo e João, sobretudo Lucas desenvolveu uma pneumatologia bem elaborada. No âmbito do pensamento lucano em épocas, a atuação do Espírito Santo é um meio central da abordagem, como mostra a concentração no início do Evangelho e dos Atos dos Apóstolos. Como força salvífica de Deus, o espírito manifesta seu poder em Isabel, João Batista e Simeão (Lc 1,15.41.67.80; 2,25s). Como força criadora divina, ele é o fundamento da relação entre Deus e Jesus, pois a existência de Jesus fundamenta-se no espírito de Deus

---

[346] Cf. TH. SÖDING, Der Gottessohn aus Nazareth (cf. acima, 4), pp. 223-244.

(Lc 1,35). O Espírito manifesta-se visivelmente no batismo de Jesus (cf. Lc 3,22) que passa depois a batizar com Espírito Santo e fogo (cf. Lc 3,16; At 1,5; 11,16). O Espírito conduz Jesus para o deserto (Lc 4,1) e o leva a Nazaré (cf. Lc 4,14), onde Jesus proclama a afirmação central: "O Espírito do Senhor está sobre mim, porque ele me ungiu" (Lc 4,18a). Toda a atuação de Jesus aparece agora como o cumprimento da promessa do ungido de Deus, do portador do Espírito Jesus de Nazaré. Depois de Lc 1-4, as afirmações sobre o Espírito passam claramente ao segundo plano, até o próprio Jesus, antes de sua ascensão ao céu, prometer aos discípulos em Lc 24,49 que lhes mandará o espírito (cf. At 1,8). O dom do Espírito Santo aparece segundo At 1,6-8 como o equipamento decisivo das testemunhas de Cristo no tempo da ausência do Senhor. Segundo At 2,33, Jesus comprova-se nos efeitos do espírito como aquele que foi exaltado para o céu: "Depois de ser exaltado para a direita de Deus e de ter recebido do Pai a promessa do Espírito Santo, ele o derramou, o que estais vendo e ouvindo". Dessa maneira, o dom do espírito do Ressuscitado e Exaltado é o fundamento para a missão universal e para a reunião da comunidade salvífica. Pentecostes é para Lucas o cumprimento do batismo jesuânico com o espírito, anunciado já pelo Batista (cf. Lc 3,16; At 1,5; 2,4). A existência de Jesus e a existência da Igreja são frutos do espírito; *em ambos os casos, o espírito anuncia não só a nova época, mas a traz poderosamente presente!*

Nos Atos dos Apóstolos, a atuação do espírito como o motor da história da salvação é especialmente destacada[347]. Os discípulos e todos os ouvintes em Jerusalém são capacitados pelo Espírito para o anúncio (At 2,1-13), de modo que Pentecostes se torna a prefiguração daquilo que acontece depois: sob a atuação do Espírito, o anúncio do Jesus Cristo ressuscitado é entendido e aceito por pessoas de círculos culturais totalmente distintos. No batismo confere-se o espírito aos cristãos (cf. At 2,38), e, segundo o projeto/desígnio (At 2,23: πρόγνωσις) e a decisão salvífica (At 4,28; 15,7; 20,27) eternas de Deus, o

---

[347] Cf. J. KREMER, "Weltweites Zeugnis für Christus in der Kraft des Geistes", in K. KERTELGE, *Mission im Neuen Testament*. QD 93 (Friburgo: 1982), pp. 145-163.

espírito desbrava o caminho do evangelho também contra numerosas resistências. Aos grandes êxitos em Jerusalém (At 2,41.47; 4,4; 5,14; 6,1.7)[348] segue-se a missão na Samaria que é selada pelo recebimento do espírito (At 8,15). Também a missão na Etiópia se realiza pela intervenção ativa do Espírito, porque é ele que opera o contato entre Filipe e o etíope (At 8,29) e arrebata Filipe depois do batismo realizado (At 8,39). Trechos-chave do desenvolvimento restante são a perícope de Cornélio e o Concílio dos Apóstolos. Segundo a intelecção que Deus conferiu a Pedro, de que "Deus não faz acepção de pessoas, mas que acolhe em cada nação quem o teme e pratica a justiça" (At 10,34s), o Espírito Santo é derramado também sobre pessoas provenientes das nações e confirma assim visivelmente essa nova dimensão da atuação salvífica (At 10,45). O Espírito escolhe Barnabé e Paulo para a primeira viagem missionária (At 13,2) e realiza, dessa maneira, o programa da missão isenta da circuncisão. Ele opera também o acordo no Concílio dos Apóstolos (cf. At 15,28) e a passagem da missão para a Europa (At 16,6s). Dessa forma, toda a atuação de Paulo na Grécia está sob o signo da atuação do Espírito. Outro evento epocal é a instalação dos anciãos da comunidade de Mileto, no discurso ali proferido (At 20,13-38), um detalhe usado por Lucas para legitimar as estruturas de ministérios e comunidades de seu tempo (cf. At 20,28). Finalmente, no fim da obra lucana, a palavra sobre a obstinação de Is 6,9s é qualificada em At 28,26s como uma palavra do Espírito Santo. Corresponde à vontade de Deus que a maioria de seu povo se fecha contra o evangelho e não se converte[349].

---

[348] Segundo G. LOHFINK, Die Sammlung Israels (cf. acima, 8.4), pp. 47-55, realiza-se aqui exemplarmente a reunião intencionada de Israel.

[349] A interpretação de At 28,26s como trecho-chave para a pneumatologia/soteriologia lucana não é consenso na pesquisa: por exemplo, G. WASSERBERG, Aus Israels Mitte – Heil für die Welt (cf. acima, 8.4), p. 115, relaciona o texto com "judeus não crentes em Jesus que não creem devido à obstinação divina" e o considera uma explicação da rejeição factual do evangelho pelos judeus, e ainda considera especulações sobre o futuro de Israel em Lucas inadequadas. Ao contrário disso, por exemplo, M. KARRER, "'Und ich werde sie heilen'. Das Verstockungsmotiv aus Jes 6.91 in Apg 28,261", in M. KARRER, W. KRAUS, O. MERK, Kirche und Volk Gottes. FS J. Roloff (Neukirchen: 2000), pp. 255-271; V. A. LEHNERT, "Die 'Verstockung

Entre os efeitos pós-pascais do espírito estão a *memória* da obra salvífica de Jesus e o presente *testemunho* sobre Jesus. Já na palavra da Escritura, o espírito fala através de Davi (At 1,64; 4,25s) e Isaías (At 28,25) e profetiza o sofrimento de Jesus e a obstinação de Israel. Os apóstolos na festa de Pentecostes (At 4,8), Estêvão (At 6,8.10; 7,55), Filipe (At 8,29), Paulo no momento de sua conversão (At 9,17) e Barnabé em Antioquia (At 11,23s) são "repletos pelo espírito santo", de modo que testemunham Jesus em palavra e ato. Perante o Sinédrio, Pedro e os apóstolos reivindicam: "Nós somos testemunhas destas coisas, e o Espírito Santo que Deus concedeu aos que lhe obedecem" (At 5,32). Já no Evangelho, o espírito aparece como capacitação na situação de perseguição e tribulação (Lc 12,11s: "Quando vos conduzirem, porém, às sinagogas, perante os detentores do poder e perante as autoridades, não vos preocupeis como ou com que vos defender, nem com o que dizer. Pois o Espírito Santo vos ensinará naquele momento o que deveis dizer". Essa promessa de Jesus cumpre-se em muitos lugares da história da missão. Pedro e João (At 4,19: "Julgai vós mesmos se é justo diante de Deus obedecer mais a vós do que a Deus"), Pedro e os apóstolos (At 5,29), Estêvão e sobretudo Paulo (cf. At 13,50; 14,5s.19; 16,23-40; 17,13; 18,12; 19,23-40; 21,27-40) testemunham o evangelho de Jesus Cristo contra numerosas resistências.

O papel central do Espírito Santo no conceito geral de Lucas é óbvio: como espírito de Deus, o espírito é o verdadeiro sujeito da história de Jesus Cristo e da história da missão universal às nações.

Israels' und biblische Hermeneutik", in *ZNT* 16 (2005): 13-19, interpretam o texto explicitamente como uma comprovação para a constante perspectiva (positiva) de Israel em Lucas. Os prós e contras da argumentação são ponderados em R. V. BENDEMANN, "Trefflich hat der Heilige Geist durch Jesaja, den Propheten, gesprochen ..." (cf. acima, 8.4.1), p. 69, que registra como resultado: "Para Lucas, diferentemente de Paulo, Isaías é na distância do tempo e dos mundos vivenciais socioculturais o garante da continuidade. No entanto, para a produção de tal continuidade serve, em última análise, também a citação de Is 6,9s. Ao colocar a repercussão negativa passada dos judeus sob o signo da obstinação por Deus, ela pode finalmente ser interpretada de modo definitivo. O fato de que o povo judeu não aceitou a salvação, que já em seus inícios nas narrativas lucanas da infância foi tão altamente codificada segundo categorias de Isaías, permanece no final um enigma que pode ser trabalhado apenas *teologicamente*".

Depois da Páscoa, o espírito é concedido pelo Ressuscitado e Exaltado aos apóstolos, e ele continua a obra de Jesus na Igreja e garante assim a continuidade da atuação salvífica de Deus na história. O espírito não só intervém repetidamente no curso da história da salvação, ele também causa as decisões e encaminhamentos históricos fundamentais. Ele é o meio da mensagem do evangelho e a força de Deus que capacita para o testemunho corajoso.

8.4.4. Soteriologia

BÜCHELE, A. *Der Tod Jesu im Lukasevangelium*. FTS 26. Frankfurt, 1978; DOMER, M. Das Heil Gottes. BBB 51. Colônia/Bonn, 1978; UNTERGASSMAIR, F. G. *Kreuzweg und Kreuzigung Jesu*. PaThSt 10. Paderborn 1980; BOVON, F. "Das Heil in den Schriften des Lukas", in *Lukas in neuer Sicht*, editado por IDEM (cf. acima, 8.4), pp. 61-74; BARTH, G. Der Tod Jesu (cf. acima, 4), pp. 131-138; RADL, W. "Rettung in Israel", in *Der Treue Gottes trauen*. FS G. Schneider, editado por C. BUSSMANN, W. RADL, pp. 43-59. Friburgo: 1991; HAGENE, S. *Zeiten der Wiederherstellung. Studien zur lukanischen Geschichtstheologie als Soteriologie*. NTA 42. Münster: 2003; STEYN, G. J. "Soteriological Perspectives in Luke's Gospel". In *Salvation in the New Testament*, editado por J. G. VAN DER WATT (cf. acima, 6.4), pp. 67-99; VAN ZYL, H. C. *The Soteriology of Acts: Restoration of Life*, op. cit., pp. 133-160.

A soteriologia lucana apresenta uma série de particularidades[350]. Chama a atenção que o conceito da expiação e a morte de Jesus "por nós" passam ao segundo plano e que a cruz de Cristo como fundamento da salvação não está tão central como em Paulo ou Marcos. Lucas não adota o "resgate para os muitos" de Mc 10,45 e não menciona a morte expiatória do Servo de Deus ao citar Is 53,7 em Lc 22,37 e

---

[350] O caráter deficitário da soteriologia (e teologia) lucana é acentuado, por exemplo, por E. HAENCHEN, Apg (cf. acima, 8.4), pp. 102s; E. KÄSEMANN, Das Problem des historischen Jesus (cf. acima, 3.1), pp. 198s; H. CONZELMANN, Mitte der Zeit (cf. acima, 8.4), p. 187, segundo o qual "não se nota nada de uma mística da Paixão nem se elabora um significado direto da Paixão e da morte. Não há uma relação com o perdão dos pecados"; U. WILCKENS, Missionsreden (cf. acima, 8.4), p. 126 ("embora a morte de Jesus esteja prevista no plano divino, não lhe cabe nenhuma importância soteriológica").

At 8,32s. No entanto, mesmo assim, esses conceitos não faltam absolutamente (cf. At 3,26a: "Para vós em primeiro lugar, Deus ressuscitou seu servo"; além disso, At 20,28; Lc 23,4s), e possuem um considerável peso cristológico-soteriológico. Contudo, característico para Lucas é *que a existência inteira de Jesus, sua vida, sua morte e sua ressurreição, operam a salvação dos seres humanos*. Por isso, a salvação tem sua raiz já no nascimento de Jesus. Na narrativa do nascimento, o anjo em Lc 2,11 anuncia a sentença básica da soteriologia lucana: "Para vós nasceu hoje o salvador (σωτήρ), que é Cristo, o Senhor, na cidade de Davi". Da criança não nascida pode se dizer que ela dá a seu povo "o conhecimento da salvação" pelo "perdão de seus pecados" (Lc 1,77). Ao nascimento de Jesus num estábulo vincula-se a *orientação fundamental* de sua atuação, de "buscar e salvar o que está perdido" (Lc 19,10). Sua vida inteira é serviço (Lc 22,27) e visa levar de volta a Deus pessoas perdidas, excluídas e desprezadas. Isto acontece nos milagres e principalmente na acolhida de pecadores arrependidos, como mostram, por exemplo, as parábolas das coisas perdidas (Lc 15), a narrativa da pecadora arrependida (Lc 7,35-50) e a perícope de Zaqueu (Lc 19,1-10). Graças à atenção de Jesus, Zaqueu muda de vida, e Jesus anuncia-lhe: "Hoje a salvação entrou nesta casa, porque ele também é um filho de Abraão" (Lc 19,9). Em Jesus, Deus voltou a estar perto das pessoas, de modo que a salvação é possível. Essa proximidade, porém, precisa ser aceita pelas pessoas; em Lucas, Deus não salva o ser humano sem o ser humano, isto é, não sem sua conversão e sua atuação qualitativamente nova, como mostram a compreensão lucana dos pecados (cf. abaixo, 8.4.5) e a ética lucana (cf. abaixo, 8.4.6).

Que Jesus se volta para as pessoas perdidas revela-se também em seu caminho de sofrimento, que é apresentado como um processo modelar e que não deixa de ter seu efeito nem mesmo entre os espectadores da crucificação: "E toda a multidão que havia acorrido para o espetáculo, vendo o que havia acontecido, voltou sensibilizada, batendo no peito" (Lc 23,48). Lucas ressalta que Jesus foi condenado e executado inocentemente; Pilatos constata três vezes a inocência de Jesus (Lc 23,4.14.22), e também Herodes a atesta (Lc 23,15). Jesus sofre e morre explicitamente como justo (Lc 23,47: "Mas quando o centurião viu o que estava acontecendo, louvou a Deus, dizendo: Em verdade, este homem era um justo!")[351] que, na cruz, é contado entre os iníquios (Lc 22,37). Nesse local, ele se volta explicitamente às pessoas perdidas (Lc 22,51; 23,28-31.39-43) e lhes perdoe seus pecados (Lc 23,34: "Pai, perdoa-lhes, porque eles não sabem o que estão fazendo"), isto é, Jesus humilha-se na cruz para também ali estar próximo das pessoas humilhadas. Devido a essa obediência a Deus, o humilhado e rebaixado é exaltado por Deus (Lc 18,14b; 24,26) e, dessa maneira, abre o caminho da salvação também para todas as pessoas que estão com ele[352]. Graças a sua assunção ao céu, ele está em condições de operar a salvação dos seres humanos, principalmente pela dádiva do espírito. Aqui se manifesta a conceituação fundamental da soteriologia lucana: *Jesus é o "príncipe da vida"* (At 3,15: ἀρχηγὸς τῆς ζωῆς; cf. 5,31), *ele vai pelo caminho da salvação e assim o abre* (At 16,17). *As distintas etapas desse caminho ganham seu significado em sua totalidade e não podem ser isoladas nem negadas*[353]. Dessa forma, Jesus é em toda sua existência ao mesmo tempo fundamento, príncipe e modelo da salvação. Os fortes componentes éticos dentro da soteriologia lucana podem ser explicados no contexto da comunidade lucana: o caráter modelar da vida e morte de um herói é uma ideia muito divulgada no pensamento greco-romano.

Os Atos dos Apóstolos anunciam o caminho de salvação de Jesus em suas dimensões salvadoras, pois "em nenhum outro está a salvação; não foi dado debaixo do céu outro nome aos seres humanos para que encontrássemos nele a salvação" (At 4,12). Diante do juízo que vem, a exaltação de Jesus à direita de Deus possibilita o perdão dos

---

[351] Aqui é instrutiva uma comparação com Mc 15,39, que mostra o alto grau de autonomia do trabalho de cada evangelista.
[352] Cf. W. GRUNDMANN, *Das Evangelium nach Lukas*. ThHK 3, 9ª ed. (Berlim: 1981), p. 455: "A maravilha de Deus, que acontece na cruz e na ressurreição de Jesus Cristo, consiste no fato de que seu caminho passa pelo sofrimento e pela morte para a glória, pela humilhação para a exaltação".
[353] Portanto, a tese de G. BARTH, Der Tod Jesu (cf. acima, 4), p. 134, é incorreta: "Ora, isso limita em muito o significado da morte de Jesus: ela é apenas uma fase transitória no caminho para a glória". Diferentemente disso, P. DOBLE, *Paradox of Salvation. Luke's Theology of the Cross*. MSSNTS 87 (Cambridge: 1996), afirma a existência de uma *theologia crucis* autônoma em Lucas.

pecados (Lc 24,47; At 2,38; 3,19ss; 5,31; 17,30s) e a salvação das nações (At 13,47); ela é o caminho e a palavra da salvação (At 13,26; 16,17).

A *aceitação da salvação* realiza-se na *aceitação da palavra*, isto é, na fé (At 2,21: "E acontecerá que toda pessoa que invocar o nome do Senhor será salva"). A salvação acontece através da aceitação do anúncio e do testemunho no batismo (cf. At 2,40; 11,14; 14,9; 16,30s.33). A fé é a única resposta adequada ao anúncio da salvação pelos missionários. Nesse contexto, a proximidade material de At 15,11 a Paulo mostra que também Lucas compreende a salvação como um acontecimento da graça: "Ao contrário, nós cremos ser salvos pela graça do Senhor Jesus (διὰ τῆς χάριτος τοῦ ᾽Ιησοῦ πιστεύομεν σωθῆναι), assim como eles". Além disso, há em Lucas um vínculo orgânico entre a pneumatologia e a soteriologia, pois o dom do espírito do Exaltado é, segundo At 5,31 e 13,38s, a condição para a conversão e o perdão dos pecados. Agora passou o tempo da "ignorância" (ἄγνοια em At 3,17; 13,27; 17,23.30), pois as testemunhas do evangelho anunciam a salvação universalmente[354].

No centro da soteriologia lucana está o conceito da importância salvífica do caminho de Jesus que leva a Deus. Toda sua vida é entendida como servir, buscar e salvar. Dessa maneira, seu caminho vindo de Deus e indo para Deus torna-se um caminho de salvação para todas as pessoas que creem.

8.4.5 *Antropologia*

TAEGER, J.-W. "Paulus und Lukas über den Menschen". In *ZNW* 71 (1980): 96-108; SCHENK, W. "Glaube im lukanischen Doppelwerk". In *Glaube im Neuen Testament*. FS H. Binder, editado por F. HAHN, H. KLEIN. BThSt 7, pp. 69-92. Neukirchen, 1982; TAEGER, J.-W. Der Mensch und sein Heil (cf. acima, 8.4); STENSCHKE, CHR. *Luke's Portrait of Gentiles Prior to Their Coming to Faith*. WUNT 2.108. Tübingen, 1999; E. REINMUTH, Anthropologie (cf. acima, 6.5), pp. 103-125.

---

[354] Cf. a respeito S. HAGENE, Zeiten der Wiederherstellung (cf. acima, 8.4.4), pp. 324ss, a qual coloca o termo do "conhecimento salvador" no centro da soteriologia lucana.

Como a soteriologia, também a antropologia tem em Lucas suas características próprias. Por um lado, Lucas está próximo da antropologia helenista quando torna "o que é bom" (τὸ ἀγαθόν) uma categoria antropológico-ética (Lc 6,45a: "O ser humano bom produz do bom tesouro de seu coração o Bom") e quando faz em At 17,27-29 Paulo falar do parentesco do ser humano com Deus. Por outro lado, ele evita explicitamente expressões dualistas na antropologia (cf. Lc 12,4s; omissão de Mc 14,38b), e sua terminologia antropológica situa-se na tradição veterotestamentária.

Termos antropológicos

Com καρδία ("coração"), Lucas designa o centro da pessoa, a sede das emoções e do conhecimento, que decide a orientação da vida de modo positivo ou negativo (cf. Lc 1,17.66; 2,19.35; 3,15; 5,22; 6,45; 8,12; 12,34; At 2,46; 4,32; 8,21; 11,23; 28,27 etc.). Deus conhece os corações e abomina aqueles que procuram parecer justos diante das pessoas, "pois o que é altamente valorizado para os seres humanos, é uma abominação diante de Deus" (Lc 16,15). Também em Lucas, ψυχή ("alma") representa o ser/estar vivo, a vida em sua maneira natural (cf. Lc 1,46; 6,9; 9,24; 10,27; At 4,32; 14,22; 20,10.24). Além disso, a narrativa do rico produtor de grãos (Lc 12,16-21) mostra que ψυχή pode designar também a orientação fundamental de uma vida (cf. At 15,24). Na figura do rico produtor de grãos podemos perceber insistentemente que, para Lucas, a preocupação humana de garantir a vida justamente não leva para a vida (Lc 12,15: "Ninguém vive de ter muitos bens"; cf. 12,21.25)[355]. Uma particularidade mostra-se no uso de σάρξ ("carne"): Lucas pode se referir com esse termo ao corpo ressuscitado de Jesus (Lc 24,39; At 2,31).

Um termo central da antropologia lucana é πίστις/πιστεύειν ("fé/crer")[356]. No nível da macroestrutura, já Lc 1,45 ("Feliz aquela que creu

---
[355] Bem acertado E. REINMUTH, Anthropologie (cf. acima, 6.5), p. 104: "O que torna a pessoa insalvável é sua preocupação por garantir sua vida".
[356] Cf. a respeito J.-W. TAEGER, Der Mensch und sein Heil (cf. acima, 8.4), 106-123; E. REINMUTH, Anthropologie (cf. acima, 6.5), pp. 113-120.

que se cumpriria o que lhe foi dito da parte do Senhor") e Lc 24,25 (dois discípulos de Emaús) esclarecem a estrutura fundamental do conceito lucano de fé: *a fé nasce e se realiza no reconhecimento da confiabilidade da palavra da promessa divina*. A fé é viva, portanto, deve ser fortalecida (Lc 17,5s; 22,32s); é reforçada por acontecimentos que podem ser considerados um cumprimento das promessas (cf., por exemplo, At 9,31; 11,18; 15,30-35). Como intelecção no plano salvífico de Deus, a fé tem em Lucas uma forte função noética, porque reconhece o caminho de salvação de Jesus como realização da vontade salvífica de Deus (cf. At 2,22-24). Por isso, πίστις/πιστεύειν ocorre frequentemente no contexto de narrativas de conversão (At 2,44; 4,4; 5,14; 8,12; 9,42; 11,21.24; 13,48; 14,1; 17,12.34; 18,8.27; 19,2-6.18), sendo que a sequência "anúncio – fé como aceitação da palavra – batismo – perdão dos pecados – recebimento do espírito" representa o caso ideal (cf. At 8,12s; 10,42-48; 18,8; 19,2-6). A fé não fica absolutamente sem consequências, mas é um *evento salvífico*; seja por milagres de Jesus (Lc 8,48; Lc 17,19; além disso, cf. Lc 7,9; 8,12.25; 9,50; At 13,12; 14,9: milagres de Paulo), seja pela pregação dos missionários (At 16,31). Característica é aqui a expressão ἡ πίστις σου σέσωκέν σε (Lc 8,48; 17,19: "Tua fé te salvou"; At 16,31: "Crê no Senhor Jesus, então serão salvos tu e tua casa"). A fé é um evento salvífico principalmente por causa do perdão dos pecados que está vinculado a ela. At 10,43 vincula o perdão de pecados diretamente à fé em Jesus Cristo como juiz sobre a vida e a morte: "Dele todos os profetas dão testemunho de que, por meio de seu nome, receberá a remissão dos pecados toda pessoa que nele crer" (cf. At 26,18; Lc 5,20).

Pecado e perdão dos pecados

A compreensão do pecado corresponde à orientação geral da antropologia lucana. Salvo uma exceção (At 7,60), o evangelista usa o plural ἁμαρτίαι e indica assim sua compreensão: *pecados são comportamentos errados concretos no campo ético-moral*[357].

---

[357] Cf. J.-W. TAEGER, Der Mensch und sein Heil, pp. 31ss.

Por exemplo, o "filho pródigo" confessa sua conduta de vida inaceitável duas vezes com as palavras: "Pai, pequei contra o céu e diante de ti" (Lc 15,18.21). Também na narrativa sobre a "pecadora" em Lc 7,36-49, atos imorais são denominados de "pecados"; o Pai Nosso designa com "pecados" faltas individuais (Lc 11,4), e Paulo defende-se em At 25,7s com a observação de que ele não "cometeu falta alguma" contra o imperador, ou seja, que não transgrediu o direito e a ordem. Por isso, Lucas pode se referir também aos "justos" que se diferenciam de outras pessoas por meio de sua conduta (cf. Lc 1,6; 2,25; 23,50s; At 10,2.4.22.31.35; 11,24; 22,12). Jesus não veio para chamar pessoas justas, mas pecadoras (Lc 5,32), e no céu há mais alegria por um pecador arrependido do que por 99 justos (Lc 15,7).

O perdão dos pecados fundamenta-se no evento Cristo (At 5,31) e se realiza na conduta[358] como uma mudança na orientação fundamental da existência e como uma nova atuação. Isso se mostra já em João Batista (cf. Lc 1,77s; 3,3), pois, como reação a sua pregação de conversão, o povo pergunta: "Que devemos fazer, então?" (Lc 3,10b) e segue as instruções concretas (Lc 3,11-14). Zaqueu dá a metade de seus bens aos pobres e devolve o quádruplo daquilo que extorquiu, e a consequência é a promessa da salvação. As parábolas das coisas perdidas (Lc 15,1-10: a ovelha perdida/a dracma perdida; 15,11-32: o filho "perdido") mostram Deus como alguém que busca, que vai atrás dos pecadores e que os acolhe quando se convertem. Da mesma maneira, Jesus entra na casa de Zaqueu (Lc 19,1-10), estabelece comunhão com ele e o aceita como pecador. O próprio Exaltado revela aos discípulos de Emaús que em seu Nome "é proclamada a conversão para a remissão dos pecados a todas as nações" (μετάνοιαν εἰς ἄφεσιν ἁμαρτιῶν εἰς πάντα ἔθνη; Lc 24,47). Atos dos Apóstolos narra a realização dessa missão; no caso ideal coincidem a invocação do nome, o batismo, o perdão dos pecados e o envio do Espírito (At 2,38; além disso, cf. 3,19; 5,31; 10,43; 13,38; 22,16; 26,18). O lugar onde isso se realiza é a

---

[358] Bem acertado F. BOVON, Lk I (cf. acima, 8.4), p. 247: "Sem a obra histórico-salvífica de Jesus Cristo, o perdão é impossível, mas sem a μετάνοια humana, não pode ser realizada".

conversão; ali ocorrem a correção e o reconhecimento: o afastamento da conduta antiga e a nova orientação vinculada à volta para o Deus verdadeiro (cf. Lc 7,36-50; 19,1-10; 23,39-43; At 8,26-39; 13,7-12; 16,13-15). Lucas entende a conversão principalmente como um ato de intelecção e decisão humanas, embora ela não se esgote nisso, pois tudo está sob o signo do "ano de graça do Senhor" (Lc 4,19; cf. 1,77; 3,3) e inserido numa perspectiva escatológica (além disso, At 3,16; 16,14 [de Lídia é dito: "O Senhor lhe abrira o coração, de modo que ela atendesse ao que Paulo dizia"]; 26,29)[359].

A Lei

As afirmações lucanas acerca da lei são complexas. Lc 1-2 apresenta todos os protagonistas como fiéis à lei (cf. Lc 2,22-24.27.39); o sepultamento de Jesus ocorre segundo a lei (Lc 23,56), e também a imagem harmoniosa da comunidade primitiva em torno do Templo em At 1-5 vai nessa direção. Estêvão e o Paulo lucano combinam com isso; a acusação contra Estêvão, de ter criticado a lei, é enfaticamente caracterizada como falsa (At 6,13s), e o povo judeu perdeu seu direito à lei porque transgrediu Moisés e os profetas (At 7,53: "Vós que recebestes a lei por ordem de anjos e, não obstante, não a guardastes"). Paulo aparece tão fiel à lei como mais ninguém, ele circuncida Timóteo (At 16,3) e assume conscientemente o nazirato para desfazer todas as acusações contra sua pessoa (cf. At 21,20ss). Paulo defende sua fidelidade à lei tanto contra o povo judeu (At 22,3.12) como contra os detentores de poder romanos (At 24,14). De modo geral aplica-se: "Não cometi falta alguma, nem contra a lei dos judeus, nem contra

---

[359] J.-W. TAEGER, Der Mensch und sein Heil, p. 221, ressalta fortemente a iniciativa humana: "A decisão tomada diante do anúncio – Lucas faz questão de enfatizar isto – não é tirada da responsabilidade humana; a promessa da salvação está vinculada a essa decisão anterior". Diferente CHR. STENSCHKE, Luke's Portrait, pp. 385-388, que não nega a importância da decisão, mas considera que ela *cannot be set against or replace salvation but needs to accompany and follow it* (não pode ser justaposta à salvação o substituí-la, mas precisa acompanhá-la e segui-la; op. cit., p. 388).

o santuário, nem contra o imperador" (At 25,8). Também a omissão de Mc 7 enfatiza o pensamento da continuidade com o judaísmo[360]. A vida pode ser alcançada pela observância dos mandamentos (Lc 10,28) se houver também o abandono das posses e o seguimento.

Por outro lado, a salvação permanece vinculada à fé (Lc 7,50; 8,48; At 16,31), e à lei cabe no âmbito da ética, com exceção do mandamento do amor, nenhuma importância própria (cf. abaixo, 8.4.6). O próprio Deus abole a oposição de "puro *versus* impuro", muito característica para a Torá (At 10,28; 11,9), e At 13,38s caracteriza a lei, sob clara adoção de pensamentos paulinos, como soteriologicamente deficitária: "Ficará vos anunciado, pois, irmãos: é por aquele que vos é anunciada a remissão dos pecados; de todas as coisas das quais não pudestes obter a justificação pela lei de Moisés, por ele é justificado toda pessoa que crê". Em At 15,10, Pedro anuncia diante da exigência da circuncisão em relação a pessoas de religiosidade greco-romana um argumento (estranho): "Ora, por que tentais agora a Deus, querendo impor ao pescoço dos discípulos um jugo que nem nossos pais nem mesmo nós pudemos suportar?"

Aqui se separa implicitamente a circuncisão da lei e a considera superada. Segue uma fórmula breve paulina: "Ao contrário, cremos que é pela graça do Senhor Jesus que seremos salvos, da mesma forma como eles" (At 15,11)[361].

Como podemos articular entre si essas duas linhas de afirmativas? Um modelo de esclarecimento é oferecido em Lc 24,44, onde o Exaltado diz aos discípulos de Emaús: "Era preciso que se cumprisse tudo o que está escrito sobre mim na lei de Moisés, nos Profetas e nos Salmos". *Já que a lei encontrou seu cumprimento na atuação de Jesus, Lucas,*

---

[360] Esse aspecto é destacado por: M. KLINGHARDT, Gesetz und Volk Gottes (cf. acima, 8.4), *passim*; sobre a compreensão lucana da lei, cf., além disso, H. MERKEL, "Das Gesetz im lukanischen Doppelwerk", in K. BACKHAUS etc. (org.), *Schrift und Tradition*. FS J. Ernst (Paderborn: 1996), pp. 119-133; H. KLEIN, "Rechtfertigung aus Glauben als Ergänzung der Gerechtigkeit aus dem Gesetz", in K. WENGST etc. (org.), *"Ja und Nein. Christliche Theologie im Angesicht Israels"*. FS W. Schrage (Neukirchen: 1998), pp. 155-164.

[361] Muito acertado F. HAHN, Theologie I, p. 573, seguindo H. KLEIN: "Nesse sentido, a justificação pela fé completa e ultrapassa a justificação pela lei".

no âmbito de seu pensamento marcado pela continuidade, pode reconhecer à lei em sua nova interpretação um significado permanente. O "Decreto dos Apóstolos" (At 15,20,29; 21,25) situa-se exatamente nessa linha ao formular um meio termo abaixo da circuncisão, aceitável a judeu-cristãos, tementes a Deus e pessoas da religiosidade greco-romana[362]. Por isso não é por acaso que Paulo, no final da obra lucana, procura aproximar aos judeus em Roma Jesus e o Reino de Deus, a partir "da lei e dos Profetas" (At 28,23).

Parentesco com Deus

O Paulo lucano defende no discurso do Aerópago (cf. acima, 8.4.1) uma antropologia que adota conscientemente elementos básicos do pensamento estoico[363], para destacar assim o padrão cultural do "novo caminho" (At 19,23) e estabelecer dessa forma uma conectividade. A ideia da "busca de Deus" em At 17,27 ("para que procurassem a Deus, se, porventura, pudessem apalpá-lo ou encontrá-lo") tem paralelos na tradição grega (cf. Platão, Apol 19b; Gorg 457d; Xenofontes, Mem I 1,15). Com uma palavra conclusiva da poesia, Lucas adota em At 17,28 positivamente o parentesco natural dos seres humanos com Deus: "Pois nele vivemos, nos movemos e existimos, como alguns dos vossos poetas, aliás, já disseram: 'Somos, afinal, de sua raça'". Na filosofia e teologia grega (e romana), os conceitos do conhecimento de Deus a partir das coisas existentes e um decorrente parentesco entre Deus e o ser humano são suposições fundamentais acerca da compreensão da realidade. Atribui-se já a Pitágoras o dito de que "os seres humanos são parentes dos deuses" (Diógenes L 8,27; além disso, cf. Platão, Leg X 899d; Cícero, De Nat Deor II 33s; Tusc I 28.68f; Sêneca, Ep 41,1; Epíteto, Diss I 6,19; II 8,11; IV 1,104), e Dion de Prusa, quase

---

[362] Para o Decreto dos Apóstolos, cf. J. WEHNERT, *Die Reinheit des "christlichen Gottesvolkes" aus Juden und Heiden: Studien zum historischen und theologischen Hintergrund des sogenannten Aposteldekrets.* FRLANT 173 (Göttingen: 1997).

[363] Devemos observar que esses conceitos entraram também no judaísmo helenista; cf. W. NAUCK, "Die Tradition und Komposition der Areopagrede", in *ZThK* 53 (1956): 11-52.

um contemporâneo de Lucas (por volta de 40-120 d.C.), diz que a ideia sobre a natureza dos deuses seria comum a todos os seres humanos. "Ela está necessariamente implantada, por natureza (κατὰ φύσιν), em cada ser dotado de razão", pois "resulta do parentesco entre seres humanos e deuses" (Or 12,27). Dion enfatiza que "os seres humanos, já que não moravam isolados, longe ou fora do Divino, mas no seu meio ou, melhor, em comunhão com eles, não podiam ficar por muito tempo sem intelecção, tanto mais que lhes fora dada a capacidade de imaginar e entender o Divino" (Or 12,28). Corresponde à imagem lucana otimista (em comparação com Paulo) da humanidade que ele conta com a possibilidade de um conhecimento racional de Deus. Nesse contexto, ele não nega absolutamente sua posição cristã, porque a fé na criação e na ressurreição (At 17,30ss) forma o quadro onde isso se insere[364]. Nesse quadro, porém, o pensamento básico do discurso do Areópago vale para Lucas irrestritamente: *cada ser humano tem parentesco com Deus e pode alcançar o conhecimento de Deus.*

8.4.6 *Ética*

DEGENHARD, H. J. *Lukas – Evangelist der Armen* (Stuttgart: 1965); SCHMITHALS, W. "Lukas – Evangelist der Armen", in *ThViat* XII (1973/74): 153-167; SCHOTTROFF, L.; STEGEMANN, W. Jesus von Nazareth – Hoffnung der Armen (cf. acima, 8.4), pp. 89-153; E. LOHSE, "Das Evangelium für die Armen", in *ZNW* 72 (1981): 51-64; HORN, F. W. Glaube und Handeln in der Theologie des Lukas (cf. acima, 8.4); SCHRAGE, W. Ethik (cf. acima, 3.5), pp. 156-168; SCHULZ, S. Ethik (cf. acima, 3.5), pp. 446-484; SCHNACKENBURG, R. Die sittliche Botschaft II (cf. acima, 6.6), pp. 134-147; KLAUCK, H.-J. "Die Armut der Jünger in der Sicht des Lukas", in *Clar* 26 (1986): 5-47; D. A. AYUCH, *Sozialgerechtes Handeln als Ausdruck einer eschatologischen Vision. Vom Zusammenhang von Offenbarungswissen und Sozialethik in den lukanischen Schlüsselreden.* MThA 54. Altenberge,

---

[364] Não se faz justiça ao discurso do Areópago, em termos teológicos, quando se trabalha com o Paulo histórico como pano de fundo para medir a veracidade desse discurso (assim também em sua análise, de resto impecável, J. ROLOFF, Apg [cf. acima, 8.4] p. 267: "Nesse contexto, a cruz está totalmente eclipsada") ou quando se procura isentar Lucas, no contexto de uma argumentação decididamente judaico-cristã, de todo "gentilismo"; assim K. LÖNING, Das Evangelium und die Kulturen (cf. abaixo, 8.4.7), pp. 2632-2636; J. JERVELL, Apg (cf. acima, 8.4), pp. 452ss.

1998; MINESHIGE, K. *Besitzverzicht und Almosen bei Lukas*. WUNT 2.163. Tübingen, 2003; PETRACCA, V. *Gott oder das Geld. Die Besitzethik des Lukas*. TANZ 39. Tübingen, 2003.

A ética está inserida no conceito lucano de origem e continuidade e é de importância central para o pensamento do evangelista, como mostra a pergunta "Que devemos fazer/Que devo fazer?" em Lc 3,10; 10,25; 16,3; 18,18; At 2,37; 16,30. A predominância de motivos éticos no evangelho e seu caráter secundário nos Atos dos Apóstolos mostram que Lucas enraíza a exigência ética no tempo da origem e do início, isto é, concretamente na atuação de Jesus e na vida da comunidade primitiva[365]. Nesse sentido, ele se orienta principalmente em três problemáticas que surgiram quase obrigatoriamente devido à missão isenta da circuncisão na Ásia Menor e na Europa.

Riqueza e pobreza na comunidade

Em torno do fim do primeiro século, pessoas honradas e abastadas pertenciam ao círculo da comunidade cristã (cf. At 17,4; 18,8). Dessa maneira, lidar com dinheiro e bens tornou-se um problema central da ética lucana (cf. Lc 3,11; At 2,45; 4,34-37). Os ricos da comunidade eram arrogantes e gananciosos (cf. Lc 12,13-15; 16,14s), desprezavam os pobres (cf. Lc 18,9) e estavam no perigo de afastar-se da fé devido a sua busca da riqueza (cf. Lc 8,14; 9,25). Lucas combate esses fenômenos negativos dentro de sua comunidade com uma argumentação complexa. Já João Batista está a serviço de uma conceituação ética, como mostra o *sermão às categorias* em Lc 3,10-14[366]. Lucas transfere a exigência de μετάνοια ("arrependimento/conversão") para o âmbito ético e exige "frutos que correspondem à conversão" (Lc 3,8). A aceitação do batismo de conversão realiza-se numa nova conduta de vida que parte da tripla pergunta "O que devemos fazer?" (Lc 3,10.12.14) e recomenda no v. 10s dar com generosidade, enquanto os v. 12-14 proíbem aos

---

[365] Cf. F. W. HORN, Glauben und Handeln (cf. acima, 8.4), p. 35.
[366] Para a análise, cf. F. W. HORN, op. cit., pp. 91-97.

cobradores de impostos e soldados tomar com violência. No *Sermão da Planície* (Lc 6,20-49), Lucas interpreta o mandamento do amor ao próximo e ao inimigo no sentido de sua ética de caridade. Rejeita uma conduta fundada em mutualidade (Lc 6,32-34) e oferece um modelo diferente: "Muito pelo contrário, amai vossos inimigos, fazei o bem e emprestai onde esperais nada em troca. Então será grande vossa recompensa, e sereis filhos do Altíssimo, pois ele é bondoso para com os ingratos e com os maus" (Lc 6,35). Nos *blocos temáticos* de Lc 12,13-34; 16,1-31, o evangelista problematiza a riqueza abrangentemente, porque a vida não encontra seu significado em posses (cf. Lc 12,15), e ganância e avidez por dinheiro não correspondem à vontade de Deus (cf. Lc 12,15; 16,14). Também nas narrativas sobre a disputa hierárquica dos discípulos (Lc 9,46-48; 22,24-27) e o banquete (Lc 14,7-24) critica-se a atitude dos cristãos ricos. O chamado para o seguimento e a renúncia às posses condicionam-se mutuamente (cf. Lc 5,11.28; 8,3; 9,3; 10,4; 18,28), e Lc 14,33 formulada de maneira verdadeiramente programática: "Portanto, ninguém de vós que não renunciar a todas suas posses pode ser meu discípulo". A exigência da distância às posses é vinculada com a disposição de *dar esmolas* (cf. Lc 11,41; 12,21.33s; 16,9.27-31). Uma criação do evangelista é a exigência programática em Lc 12,33a: "Vendei vossos bens e dai esmola!" Dessa maneira vincula-se o chamado para o seguimento no caso do rico notável (Lc 18,18-23) com o convite de vender tudo (πάντα somente no paralelo lucano de 18,22!) e dar aos pobres. "Pois é mais fácil um camelo passar pelo buraco de uma agulha do que um rico entrar no Reino de Deus" (Lc 18,25). Lucas mantém nesse contexto o caráter espontâneo das doações (cf. At 5,4) segundo as possibilidades da pessoa individual (cf. At 11,29). As tradições ebionitas (Lc 1,46-55; 6,20-26; 16,19-26), que proclamavam originalmente uma reversão divina das condições no além, tornam-se em Lucas uma exortação à conversão no tempo presente.

 O evangelista confronta as tensões dentro de sua comunidade com o modelo da *comunidade primitiva como comunidade espontânea de amor*[367].

---

[367] Cf. H.-J. KLAUCK, "Gütergemeinschaft in der klassischen Antike, in Qumran und im Neuen Testament", in IDEM, *Gemeinde – Amt – Sakrament* (Würzburg: 1989),

Ela renunciou às posses em favor de pessoas necessitadas (At 2,45; 4,34) e usou a propriedade privada de modo coletivo (At 4,32). At 2,45 diz sobre o papel dos apóstolos na venda e distribuição dos bens: "Vendiam propriedades e bens, e dividiam-nos entre todos, segundo as necessidades de cada pessoa". Outras diferenciações seguem no segundo sumário; como antes em At 2,44, retoma-se em 4,32 o antigo ideal da amizade do ἅπαντα κοινά ("ter tudo em comum")[368], mas somente agora, os ouvintes/leitores ficam sabendo que membros da comunidade primitiva possuíam campos e casas (cf. At 4,34). At 4,36s menciona uma tradição individual sobre a venda de um campo por Barnabé, cuja renda ele entregou também aos apóstolos. As aporias teóricas dos sumários são óbvias:

1) Economicamente, o comportamento da comunidade primitiva é absurdo, porque, com a venda de suas propriedades, as pessoas perdem sua subsistência econômica e social.
2) A imagem da comunidade primitiva descrita por Lucas é contraditória, porque a narrativa de Ananias e Safira em At 5,1-11 pressupõe que nem "todos tinham tudo em comum" e que isso também não era esperado.
3) A existência simultânea de afirmações genéricas sobre a venda de todos os bens e da notícia sobre o caso individual de Barnabé permite perceber que Lucas generalizou casos individuais.
4) Paulo pressupõe em suas comunidades a propriedade privada com grande naturalidade. Se a comunhão de bens jamais tiver existido em Jerusalém na forma descrita, ela não encontrou

---

pp. 69-100; G. THEISSEN, "Urchristlicher Liebeskommunismus", in T. FORNBERG, D. HELLHOLM (org.), *Texts and Contexts*. FS L. Hartmann (Oslo: 1995), pp. 689-712; F. W. HORN, "Die Gütergemeinschaft der Urgemeinde", in *EvTh* 58 (1998): 370-383.

[368] Como paralelos antigos cf., entre outros, DIÓGENES L 8,10; IÂMBLICO, Vit Pyth 168s (Pitágoras como criador da ideia); DIÓGENES L 6,72 (DIÓGENES, o cínico); PLATÃO, Resp V 462a; ARISTÓTELES, Eth Nic 1159a.1168b; CÍCERO, Off I 51; FÍLON, Omn Prob Lib 75-91; JOSEFO, Bell II 119-161; para a discussão e interpretação, cf. B. H. MÖNNING, *Die Darstellung des urchristlichen Kommunismus nach der Apostelgeschichte des Lukas* (dissertação teológica, Göttingen: 1978).

imitação. A partir destas observações devemos tirar a conclusão de que Lucas generalizou casos particulares de venda de bens em favor da comunidade primitiva. Isso mostra especialmente a menção de Barnabé em At 4,36s, que não faria sentido se Barnabé apenas tivesse feito o que todo mundo estava fazendo constantemente. As entradas de vendas isoladas de casas e de terrenos eram provavelmente distribuídas na comunidade pelos apóstolos de acordo com as necessidades dos membros da comunidade.

Como podemos relacionar entre si a preocupação de Lucas pelos ricos e sua crítica a eles (Lc 1,53; 6,24; 8,14; 12,13-21; 14,15-24; 16,14s.19-31), as promessas aos pobres (Lc 1,53; 4,18s; 6,20s; 7,22) e sua convocação para a renúncia a posses (Lc 5,11.28; 12,33s; 14,33; 18,18-30) e para a caridade (Lc 3,10s; 6,33-38; 8,1-3; 16,9; 19,1-10; 21,1-4)? Lucas volta-se com sua parênese principalmente aos ricos de sua comunidade e os convoca diante do perigo de renegar a fé para distanciar-se da riqueza. Ele não pode ser rotulado unilateralmente, nem como "evangelista dos ricos" nem como "evangelista dos pobres", mas é um "evangelista da comunidade"[369]. Seu objetivo não é a crítica radical aos ricos, mas a realização de uma comunhão de amor entre os ricos e os pobres da comunidade, cuja condição é a disposição a esmolas por parte dos ricos[370]. Nesse sentido, Lucas escreveu *um Evangelho*

---

[369] Cf. F. W. HORN, Glaube und Handeln (cf. acima, 8.4), p. 243.
[370] F. W. HORN, Glaube und Handeln, p. 231 etc., vê na parênese sobre as esmolas, dirigida aos ricos, a concepção sócio-ética de Lucas; ao contrário disso, L. SCHOTTROFF, W. STEGEMANN, Jesus von Nazareth, p. 150, identificam como o objetivo social de Lucas o equilíbrio entre as posses dentro da comunidade. K. MINESHIGE, Besitzverzicht und Almosen bei Lukas, pp. 26-31, insere a temática no pensamento histórico lucano: "Lucas pensa em três períodos distintos: o tempo de Jesus, o tempo inicial da Igreja e o tempo dele próprio. Para o tempo de Jesus vale a renúncia às posses. Portanto, no seguimento de Jesus, os primeiros discípulos de Jesus deixaram todas suas posses. Essa forma de renúncia a posses, porém, já não é exigida no tempo da Igreja. Em vez disso vale para o tempo inicial da Igreja a comunhão de bens. [...] À diferença disso, no tempo de Lucas já não se exigem nem a renúncia às posses nem a comunhão de bens. Os cristãos de seu tempo ou seus leitores, respectivamente, são convocados a apoiar os membros pobres das

para os ricos em favor dos pobres. "O evangelista volta-se prioritariamente para cristãos ricos de sua comunidade, para sua falta de benfeitoria e sua arrogância, critica sua insistência numa ética da reciprocidade e mostra o caminho necessário através da atitude de dar, fazer o bem e doar sem reservas"[371]. A existência cristã não tem sua meta na riqueza e no supérfluo, mas na disposição ao serviço de amor voltado para o próximo. Nesse contexto, são modelos para Lucas tanto a renúncia às posses por parte dos discípulos de Jesus e da comunidade de Jerusalém como Cornélio, o simpatizante romano cujas "orações e esmolas na presença de Deus" são explicitamente mencionadas duas vezes (At 10,4.31). Também na comunidade lucana, o caráter obrigatório do seguir e uma comunhão de amor praticada devem ganhar forma. Ao apresentar a Igreja como comunhão de amor, o evangelista retoma uma exigência de Jesus que ele faz Paulo resumir no discurso de despedida em Mileto, como legado para a Igreja, em At 20,35: "Há mais felicidade em dar que em receber".

A relação dos cristãos com o Estado

Lucas descreve os encontros entre Jesus (e Paulo) e os representantes do Estado já em vista da situação da Igreja no Império Romano[372]. Aqui chama a atenção, no plano composicional, particularmente

---

comunidades por meio de doações espontâneas". V. PETRACCA, Gott oder das Geld, p. 354, considera o tema da salvação dos perdidos, central para Lucas, concretizado de duas maneiras na temática da posse: "A procura das pessoas perdidas leva, por um lado, à salvação das pobres e marginalizadas. Por outro lado, possibilita a salvação dos ricos e honrados, à medida que cuidam dos pobres e marginalizados como expressão da entrega indivisa a Deus, em vez de buscar posses e prestígio social".

[371] F. W. HORN, Glaube und Handeln (cf. acima, 8.4), p. 107.
[372] A bibliografia sobre o tema é muito extensa; cf. G. SCHNEIDER, *Verleugnung, Verspottung und Verhör Jesu nach Lukas 22,54-71*. StANT 22 (Munique: 1969); W. RADL, Paulus und Jesus im lukanischen Doppelwerk (cf. acima, 8.4.2); W. WALASKAY. *'And So We Came to Rome'. The Political Perspective of the Luke*. SNTSMS 49 (Cambridge: 1983); PH. F. ESLER, *Community and Society in Luke-Acts*. SNTSMS 57 (Cambridge: 1987); W. STEGEMANN, Zwischen Synagoge und Obrigkeit (cf. acima, 8.4); M. WOLTER, "Die Juden und die Obrigkeit bei Lukas", in K. WENGST,

o paralelismo entre o interrogatório de Jesus (Lc 22,1-23,56) e o processo complicado contra Paulo desde sua prisão em Jerusalém até a chegada a Roma (At 21,15-28,31). No *processo de Jesus* perante Pilatos justapõe-se a tripla acusação judaica que procura colocar Jesus no contexto do zelotismo (cf. Lc 23,2.5.14)[373] à tripla declaração da inocência por Pilatos (cf. Lc 23,4.14s.22). Três vezes, Pilatos anuncia sua intenção de soltar Jesus (Lc 23,16.20.22), para finalmente abandonar seu plano devido à gritaria dos sinedristas e do povo. Chama a atenção que, segundo a abordagem lucana, também Herodes Antipas, um aliado dos romanos, constata a inocência de Jesus (Lc 23,15; cf. antes 9,7-9), da mesma maneira como outro crucificado (Lc 23,41) e o centurião romano (Lc 23,47). Assim, unicamente os líderes judeus e o povo aparecem como responsáveis pela morte de Jesus. Aqui, a ironia reside no fato de soltar Barrabás que é realmente responsável por revoltas e homicídios (Lc 23,18s), enquanto o inocente Jesus de Nazaré é crucificado. O interesse lucano nessa abordagem é aparentemente a tendência *de inocentar os romanos e seus aliados (Herodes Antipas) e de culpar os judeus*. A mesma tendência pode ser observada no *processo contra Paulo*[374]. Paulo é retratado como um cidadão romano justo (cf. At 25,8), cuja direitos civis romanos são aceitos pelas autoridades estatais (At 16,37ss; 22,25ss) que finalmente o resgatam dos judeus (cf. At 23,10.27) e lhe concedem em Roma uma prisão aliviada (At 28,30s). Também com o caso de Paulo, Lucas demonstra exemplarmente "que o anúncio cristão não tange o Império"[375]. Não é o Estado romano que persegue Paulo, mas os judeus (cf. At 13,50; 17,5-7.13; 21,27ss). Eles

---

G. SASS (org.), *Ja und Nein*. FS W. Schrage (Neukirchen: 1998), pp. 277-290; F. W. HORN, Die Haltung des Lukas zum römischen Staat im Evangelium und in der Apostelgeschichte, in J. VERHEYDEN (org.), *The Unity of Luke-Acts* (cf. acima, 8.4), pp. 203-224; M. MEISER, Lukas und die römische Staatsmacht, in M. LABAHN, J. ZANGENBERG (org.), *Zwischen den Reichen: Neues Testament und Römische Herrschaft*. TANZ 36 (Tübingen: 2002), pp. 175-193.

[373] Cf. F. W. HORN, Die Haltung des Lukas, p. 205.
[374] Cf. a respeito especialmente B. RAPSKE, The *Book of Acts and Paul in Roman Custody. The Book of Acts in its First Century Setting 3* (Grand Rapids: 1994); H. OMERZU, *Der Prozess gegen Paulus*. BZNW 115 (Berlim: 2002).
[375] H. CONZELMANN, Apg (cf. acima, 8.4), p. 12.

usam contra Paulo medidas que violam a lei (cf. At 23,12-15; 25,3) ou procuram o Estado (cf. At 18,12ss; 24,1ss; 25,5), mas sempre são rejeitados por ele. Segundo a perspectiva lucana, o Estado deve intervir contra delitos e crimes, mas não é sua tarefa meter-se em questões religiosas (cf. At 18,12-17). Por isso, tanto para Gálio (At 18,15) como para Festo (At 25,18.25) não há razão alguma para acusar Paulo. Segundo o direito romano, Paulo era inocente e teria que ser solto (cf. At 25,25; 26,31s), e somente a corrupção e a omissão das autoridades romanas obrigaram Paulo a apelar ao imperador (cf. At 24,26s; 25,9). Em Roma, Paulo pode se mover e pregar de forma relativamente livre, e não é um acaso que a última palavra da obra lucana seja ἀκωλύτως ("sem impedimento"). Uma visão simpática aos romanos mostra-se também em outras partes da obra lucana. Os pais de Jesus obedecem sem hesitação aos decretos imperiais (Lc 2,1.5), João Batista orienta em sua pregação às categorias o exército e a administração no sentido de uma conduta justa (Lc 3,10-14); o centurião embaixo da cruz "glorifica Deus" (Lc 23,47), e o primeiro gentio convertido é um centurião romano (At 10).

A tendência da abordagem lucana é óbvia: os líderes dos judeus e o povo são os perseguidores de Jesus e dos cristãos em geral (Mc 15,16-20 é omitido em Lucas; além disso, cf. At 13,50; 17,5-7.13; 21,17ss), enquanto, no caso de ataques da parte de judeus, as autoridades romanas ficam do lado dos cristãos e os protegem (At 19,23-40; 23,29; 25,25; 26,31). Os romanos e a família de Herodes, aliada de Roma, são apresentados de forma positiva, mas os judeus, de forma negativa. Quais são as razões para essa construção (apologética)[376]? Aparentemente, Lucas deseja preservar para sua comunidade o espaço livre em

---

[376] O termo "apologética" (cf. sobretudo H. CONZELMANN, Mitte der Zeit [cf. acima, 8.4], pp. 128-139) é inevitável diante dos resultados exegéticos. Ao mesmo tempo, não é suficiente para descrever a posição de Lucas. Para a descrição de posições juridicamente relevantes e o correspondente destaque para o direito em Lucas, cf. L. BORMANN, "Die Verrechtlichung der frühesten christlichen Überlieferung im lukanischen Schrifttum", in *Religious Propaganda and Missionary Competition in the New Testament World*. FS D. Georgi. NT.S 74 (Leiden: 1994), pp. 283-311.

relação ao Estado, que ela precisa para realizar suas liturgias e para moldar sua vida comunitária. Ele combate possíveis transgressões da parte do Estado com a comprovação de que os cristãos são leais às autoridades e não representam um perigo para o Estado. Após os acontecimentos no incêndio de Roma em 64 d.C. e a constante agitação do lado judeu, Lucas tenta determinar o lugar de sua comunidade na sociedade[377]. Nesse contexto, não pressupõe uma situação atual de perseguição[378]. Ao contrário, sua convocação para a confissão aberta (cf. Lc 12,1-12)[379] acontece diante das repressões judaicas locais (cf. At 13,45.50; 14,2.5.19; 16,19ss; 17,5s.13; 18,12.17; 19,9.23-40) e das ameaças à comunidade no campo das tensões entre a sinagoga e as autoridades romanas. É notável que Lucas não argumente que o cristianismo fosse o judaísmo melhorado e precisasse ser protegido oficialmente. Para o evangelista, o cristianismo é uma grandeza autônoma e politicamente leal. O novo movimento aparece até mesmo como uma possível nova elite, pois seus principais representantes agem sempre de forma ética e politicamente correta. O interesse lucano na relação entre direito e religião, constitutiva para o pensamento da Antiguidade, tem ainda outra dimensão: "Lucas acolhe a perspectiva de fora. Dessa maneira, abre a tradição de Jesus aos leitores do mundo romano-helenista e greco-romano no sentido mais amplo, sejam eles judeus helenizados, gregos ou romanos familiarizados com os conceitos do mundo helenista"[380]. Dessa forma, para leitores/ ouvintes antigos, os textos eram não só enriquecidos com detalhes

---

[377] Diferente M. WOLTER, Die Juden und die Obrigkeit bei Lukas, p. 289, segundo o qual as afirmações lucanas não estão a serviço de qualquer apologética, "quer em favor dos cristãos diante o Estado romano, quer em favor do Estado romano diante dos leitores da obra lucana. Antes, os distintos episódios são constantemente orientados pela relação entre os protagonistas narrativos e os judeus ou o judaísmo, e Lucas os apresenta a seus leitores cristãos como parte do processo da separação cristão-judaica que causou uma existência simultânea da Igreja com característica gentio-cristã e do judaísmo."

[378] W. SCHMITHALS supõe em várias publicações uma situação de perseguição; para a crítica, cf. F. W. HORN, Glaube und Handeln (cf. acima, 8.4), pp. 216-220.

[379] Cf. a respeito especialmente as análises de W. STEGEMANN, Zwischen Obrigkeit und Synagoge, pp. 40-90.

[380] L. BORMANN, Recht, Gerechtigkeit und Religion (cf. acima, 8.4), p. 358.

interessantes e emocionantes, mas Lucas se comprova como conhecedor do mundo político, jurídico e religioso.

Contudo, todos esses interesses não impedem o evangelista de transmitir também palavras críticas (cf. Lc 3,19; 13,32s: Herodes Antipas como adversário de João Batista e de Jesus; Lc 13,1: massacre de Pilatos) e de fazer Pedro dizer em At 5,29: "É preciso obedecer antes a Deus do que aos homens". Lucas sabe da ambivalência do poder do Estado, pois somente ele apresenta na narrativa da tentação o diabo numa clara analogia ao imperador romano (Lc 4,6: "E o diabo disse-lhe: Eu te darei sua glória e todo este poder, porque ele foi entregue a mim, e eu o dou a quem eu quiser")[381].

Vida exemplar

Também em Lucas, as instruções estão transparentes para a situação atual da comunidade; isto é, já no Evangelho, o tempo da Igreja está sempre presente.

Em primeiríssimo lugar, o terceiro evangelista demonstra no exemplo de Jesus como a vida cristã pode dar certo e qual é sua feição. O caminho de Jesus para a Paixão tem caráter exemplar: "Pois, qual é o maior – alguém que está deitado à mesa ou alguém que serve? Porventura não alguém que está deitado à mesa? Eu, porém, estou no meio de vós como alguém que serve" (Lc 22,27). Os motivos da misericórdia e da justiça são o fundamento de toda a ética, como mostram a natureza de Deus (Lc 6,36: "Sede misericordiosos como vosso Pai é misericordioso") e o comportamento exemplar de Zacarias (Lc 1,72.74s), da mulher anônima (Lc 7,47) e de Zaqueu (Lc 19,8s). Portanto, não é por acaso que todas as *narrativas de exemplos* do NT se encontram no Evangelho de Lucas[382]. A narrativa sobre o rico produtor de grãos (Lc 12,16-21), o bom samaritano (Lc 10,25-37), o homem rico

---

[381] Cf. a respeito P. MIKAT, "Lukanische Christusverkündigung und Kaiserkult. Zum Problem der christlichen Loyalität gegenüber dem Staat", in IDEM, *Religionsgeschichtliche Schriften II* (Berlim: 1974), pp. 809-828.

[382] Para as narrativas de exemplos, cf. K. ERLEMANN, Gleichnisauslegung (cf. acima, 3.4.3), pp. 81ss.

e Lázaro (Lc 16,19-31) e o fariseu e o cobrador de impostos (Lc 18,9-14) são modelos de comportamento errado e correto e visam motivar a comunidade a agir misericordiosamente para além das fronteiras, a não fundamentar a vida nas posses e a praticar a verdadeira humildade diante de Deus e do próximo. Para Lucas, a humildade correta, a auto-humilhação (Lc 9,46-48; 14,7-11; 18,9-14) e a advertência contra a ganância vão de mãos dadas (cf. Lc 1,51s; 18,9ss; 22,24ss)[383].

Vinculados a essa atitude básica estão o duplo mandamento do amor (Lc 10,26s), os mandamentos do Decálogo (Lc 18,20) e a tradição veterotestamentária (Lc 16,29.31: Moisés e os profetas). Os discípulos são chamados a portar decentemente (Lc 3,12-14), partilhar seus bens (Lc 3,10-12), dar a quem pede (Lc 6,30), não julgar (Lc 6,37) e perdoar-se mutuamente as culpas (Lc 6,37b: "Nao condenais, para não serdes condenados"). Na renúncia a quaisquer reivindicações acerca da própria pessoa, os discípulos imitam seu mestre e o seguem (cf. Lc 21,12.17). Ao dirigir as palavras sobre a abnegação, o carregar da cruz e o seguimento a "todas as pessoas", e ao acrescentar à palavra da cruz um "todo dia" (Lc 9,23), Lucas combina a Paixão com a comprovação da fé na vida cotidiana. *À fé deve corresponder a atuação, e ao discurso deve corresponder a ação*, pois o discipulado traz frutos (Lc 6,46: "Como me chamais Senhor, Senhor! e não fazeis o que eu digo?"). Em continuação com Jesus, o caminho pós-pascal da pessoa individual e da comunidade só pode ser um caminho de serviço e de sofrimento.

8.4.7 Eclesiologia

JERVELL, J. "Das gespaltene Israel und die Heidenvölker". In *StTh* 19 (1965): 86-96; FLENDER, H. "Die Kirche in den Lukas-Schriften als Frage an ihre heutige Gestalt". In *Das Lukas-Evangelium*, editado por G. BRAUMANN (org.) (cf. acima, 8.4), pp. 261-286; ELTESTER, W. "Israel im lukanischen Werk und die Nazarethperikope". In *Jesus von Nazareth*. BZNW 40, editado por W. ELTESTER etc. (org.), pp. 76-147. Berlim, 1972; WILSON, S. G. *The Gentiles and the Gentile Mission in Luke-Acts*. SNTSMS 23. Cambridge, 1973; LOHFINK, G. *Die Sammlung Israels*. StANT 39. Munique, 1975; ROLOFF, J. "Die Paulusdarstellung des Lukas". In *EvTh* 39

---

[383] Cf. aqui F. W. HORN, Glaube und Handeln (cf. acima, 8.4), pp. 204-215.

(1979): 510-531; BOVON, F. "Aktuelle Linien lukanischer Forschung". In *Lukas in neuer Sicht* (cf. acima, 8.4), editado por IDEM, pp. 9-43; IDEM. *Israel, die Kirche und die Völker im lukanischen Doppelwerk*. Op. cit., pp. 120-138; LÖNING, K. *Das Evangelium und die Kulturen. Heilsgeschichtliche und kulturelle Aspekte kirchlicher Realität in der Apostelgeschichte*. ANRW 25.3, pp. 2604-2646. Berlim, 1985; ROLOFF, J. Kirche (cf. acima, 6.7), pp. 190-221.

Também a eclesiologia é em Lucas uma parte central de sua perspectiva histórico-salvífica, porque vê a Igreja numa relação imediata com a atuação de Deus na história. O evangelista procura mostrar como a Igreja se desenvolve através do testemunho dos mensageiros de Jesus e que ela está em continuidade direta com a história de Jesus[384]. Fundamental para esse fim é a passagem desde a história da Paixão e da Páscoa para o tempo da Igreja: segundo Lc 24,47-49; At 1,8, o Jesus que está ascendendo ao céu confere aos apóstolos o espírito que é a possibilitação do anúncio da mensagem da salvação no mundo inteiro, ou seja, *o trabalho missionário e a reunião da comunidade salvífica escatológica está sob o signo da atuação constante do Exaltado através do Espírito Santo* (cf. acima, 8.4.3). O recebimento do espírito ocorre no batismo (At 2,38), de modo que os crentes, assim como o próprio Jesus (Lc 4,18), estão agora repletos da força de Deus e são conduzidos por ela[385]. Além disso, a *refeição com Jesus* é o lugar de uma união duradoura, pois, assim como o Terrestre convidou para refeições e se despediu com uma refeição (compare-se Lc 9,16 com 22,16), o Exaltado revela-se numa refeição (Lc 24,30), e a união da comunidade manifesta-se na celebração eucarística (At 2,42)[386]. No quadro desse

---

[384] Cf. E. REINMUTH, Anthropologie (cf. acima, 6.5), p. 120: "O caminho de Jesus é entendido como uma história que deve ser testemunhada diante de todas as pessoas, para que possam se converter e possam ser perdoadas".

[385] Para as afirmações acerca do batismo nos Atos dos Apóstolos, cf. F. AVEMARIE, *Die Tauferzählungen der Apostelgeschichte*. WUNT 139 (Tübingen: 2002).

[386] Cf. a respeito H. SCHÜRMANN, "Der Abendmahlsbericht Lk 22,7-38 als Gottesdienstordnung. Gemeindeordnung, Lebensordnung", in IDEM, *Ursprung und Gestalt* (Düsseldorf: 1970), pp. 108-150; J. WANKE, *Beobachtungen zum Eucharistieverständnis des Lukas auf Grund der lukanischen Mahlberichte*. EThSt 8 (Leipzig: 1973); W. BÖSEN, *Jesusmahl. Eucharistisches Mahl. Endzeitmahl. Ein Beitrag zur Theologie des Lukas*. SBS 67 (Stuttgart: 1980).

conceito, Lucas apresenta todos os eventos e episódios que considera importantes e que correspondem a seu conceito da união e à continuidade histórico-salvífica, enquanto omite ou reinterpreta eventos que lhe parecem contradizer essas linhas.

A Igreja como o Povo de Deus

A base da eclesiologia lucana é a ideia da reunião da Igreja como Povo de Deus[387].

Para Lucas, o nascimento da Igreja é um processo histórico-salvífico que ocorre através da atuação divina e que tem seu centro na continuidade preservada com Israel enquanto o Povo de Deus (cf. acima, 8.4.1). A proclamação da salvação dirige-se a Israel e se realiza em Israel. Ao mesmo tempo, porém, ocorre dentro de Israel uma divisão que já é tematizada na história prévia e que encontra seu ápice na história da Paixão. Também após a rejeição do evangelho por uma grande parte de Israel e a chegada dos gentios, a Igreja continua sendo o Israel escatológico e plenificado, embora como um Israel composto por gentios e judeus. Lucas alega com isso factualmente que grandes partes do povo judeu se autoexcluíram do Povo de Deus (cf. acima, 8.4.1).

Pentecostes

O Povo de Deus apresenta-se visivelmente sob a liderança do espírito na festa de Pentecostes (At 2)[388], sendo que esse evento não se apresenta como um começo totalmente novo, mas como o cumprimento espetacular das promessas veterotestamentárias. O espírito é dado a todo o Povo de Deus, também aos gentios, por enquanto ainda fora de Israel. A reunião do Povo de Deus ocorre segundo Lucas como um processo de duas fases, ambas determinadas pelo espírito e

---

[387] Cf. J. ROLOFF, Kirche (cf. acima, 6.7), pp. 192-206.
[388] Para Pentecostes, cf. J. KREMER, *Pfingstbericht und Pfingstgeschehen*. SBS 63/64 (Stuttgart: 1973).

dotadas de um caráter de cumprimento. No centro *da fase de fundação* está a comunidade primitiva de Jerusalém: Lucas descreve seu tempo inicial como época de união, uma união em oração, na eucaristia, no ensino e na atuação. Também as apresentações das condições sociais e econômicas dentro da comunidade primitiva estão sob o motivo da união; os sumários de At 2,42-46; 4,32-35 enfatizam isso enfaticamente. Lucas quer mostrar assim que os apóstolos conduzidos pelo espírito realmente reuniram Israel. No final dessa fase de reunião, Lucas usa pela primeira vez a palavra ἐκκλησία ("igreja"). O foco em Israel é ampliado em seguida numa nova fase pela adição dos gentios, na qual as "pessoas que temem a Deus" (cf. At 13,16.26.43,50; 16,14; 17,4.17; 18,7.13; 19,27) desempenham um papel especial, por exemplo, o centurião Cornélio (At 10,2.22.35)[389]. Durante essa fase, o tempo inicial de At 1-5 está sempre presente, mas, agora, os judeus aparecem sob um aspecto diferente, pois se voltam cada vez mais contra o anúncio e se tornam assim inimigos do Povo de Deus (cf. At 12,1-5; 13,45; 14,4.19; 17,5.13; 18,6; 21,27).

Essa visão da formação da Igreja em continuidade e transformação é descrito por Lucas na primeira parte do discurso de Tiago em At 15,16s: "Depois disto voltarei e reedificarei a tenda arruinada de Davi, reconstruirei suas ruínas e a reerguerei, para que também o resto dos seres humanos procure o Senhor e todas as nações sobre as quais foi proclamado meu nome, diz o Senhor". Para Lucas, gentio-cristãos e judeu-cristãos não vivem na Igreja lado a lado como dois povos de Deus, mas formam o único povo de Deus, cuja existência se deve à fidelidade divina às promessas para Israel. Enquanto Jerusalém é no início dos Atos dos Apóstolos o lugar da atuação de Jesus e da formação da Igreja, a Cidade Santa aparece no final numa perspectiva completamente diferente. Não é mais o lugar da salvação, mas da desgraça, pois nela Paulo é preso e ameaçado de morte por linchamento, tudo planejado pelos judeus (At 21,27-36). Em contrapartida, Roma aparece numa perspectiva sempre mais positiva (At 19,21; 23,11) e aparece agora como o verdadeiro lugar do anúncio do evangelho

---

[389] Cf. aqui B. WANDER, *Gottesfürchtige und Sympathisanten*. WUNT 104 (Tübingen: 1998).

(At 23,11). Nem forças da natureza (At 27,1-28,10) nem intrigas políticas e jurídicas podem deter Paulo, o portador plenipotenciário do evangelho, de alcançar seu objetivo. Dessa maneira, o leitor ganha a certeza de que, com a chegada de Paulo a Roma, também a causa de Deus chegou a sua verdadeira meta e que as promessas do Ressuscitado em At 1,8 se cumpriram.

Os Doze Apóstolos

Para Lucas, os Doze Apóstolos são a imagem arquetípica da Igreja, pois eles testemunham os caminhos do Jesus terreno (Lc 6,12-16), são representantes de Israel (Lc 22,30), recebem o envio para a missão (Lc 24,47), tornam-se testemunhas oculares da ascensão e da exaltação (Lc 24,48; At 1,21s), e o envio do espírito dirige-se a eles (Lc 24,49; At 1,8)[390]. Dessa forma, os doze apóstolos são as testemunhas destacadas do evento Cristo e os portadores decisivos da tradição. Para Lucas representam, por assim dizer, o Israel plenificado, ao representar a continuidade entre o tempo de Jesus e da Igreja em formação. *Nessas funções não podem ter sucessores*, pois são garantes histórica e teologicamente únicos da tradição de Jesus e protótipos de portadores de ministérios na Igreja. É por isso que, segundo At 1,21s, pode ser incluído nesse círculo somente " um dos homens que estavam conosco durante todo o tempo em que o Senhor Jesus viveu em nosso meio, a começar pelo batismo de João até o dia em que dentre nós foi arrebatado". Matias cumpre os critérios do testemunho ocular constante, portanto, é destinado (pelo espírito) para esse cargo. Parece que a conceituação lucana dos doze apóstolos serve para garantir a imagem da instrução confiável sobre a tradição de Jesus, esboçada em Lc 1,1-4. Para conseguir isso, Lucas identifica o círculo do discipulado pré-pascal factualmente com os "Doze" (Lc 6,13: "Depois que amanheceu, chamou os discípulos e escolheu doze, aos quais chamou também de apóstolos") e

---

[390] Para o conceito lucano de apóstolo, cf., por um lado, G. KLEIN, *Die zwölf Apostel*. FRLANT 77 (Göttingen: 1961), pp. 114ss; por outro, J. ROLOFF, *Apostolat – Verkündigung – Kirche* (Gütersloh: 1965), pp. 169-235.

identifica os "Doze" com o círculo pós-pascal de apóstolos. Depois da Páscoa, os doze apóstolos integram a tradição de Jesus no anúncio missionário e (At 2,22s; 4,10ss; 6,4) e fazem dela a base da comunidade de Jerusalém, da qual diz At 2,42: "Eles preservaram o ensinamento dos apóstolos". No âmbito do conceito lucano da continuidade há claras acentuações, porque somente o encontro com o Ressuscitado e Exaltado em Lc 24,47 e At 1,8 faz dos Doze as "testemunhas" ativas que transmitem em continuidade com Jesus a tradição que receberam e a aplicam na Igreja em formação. Ao serem instruídos pelo Ressuscitado por "quarenta dias" (At 1,3), os apóstolos se tornam para Lucas os portadores decisivos da tradição jesuânica para além de Páscoa e Pentecostes, isto é, a tradição de Jesus é interpretada a partir da Páscoa.

Paulo em Lucas

No quadro desse conceito, Paulo não pode ser um apóstolo para Lucas, porque, como alguém chamado apenas depois da Páscoa (At 9,1-19). ele é não é um portador originário da tradição de Jesus[391]. Por isso, no âmbito histórico-salvífico, Paulo é, por um lado, subordinado aos doze apóstolos, mas, por outro, assim como os apóstolos, ele é "testemunha" do evento Cristo (At 22,15; 26,16) e os ultrapassa em muito em sua atuação, como mostra, sobretudo, a segunda parte dos Atos dos Apóstolos. Com grande habilidade narrativa, Lucas introduz Paulo de passagem em At 8,3 e estabelece, dessa maneira, uma relação entre Estêvão como o primeiro mártir do cristianismo e Paulo como o maior mártir do cristianismo. A apresentação de Paulo é o verdadeiro centro teológico dos Atos dos Apóstolos[392]. Paulo tem a função de

---

[391] As exceções At 14,4.14 devem remontar à tradição pré-lucana; cf. J. ROLOFF, Apg (cf. acima, 8.4), p. 211.
[392] Fundamental é J. ROLOFF, Die Paulusdarstellung des Lukas, *passim*; além disso, cf. K. LÖNING, "Paulinismus in der Apostelgeschichte" in K. KERTELGE (org.), *Paulus in den neutestamentlichen Spätschriften*. QD 89 (Friburgo: 1981), pp. 202-234; P. LAMPE, U. LUZ, "Nachpaulinisches Christentum und pagane Gesellschaft", in J. BECKER (org.), Die Anfänge des Christentums (cf. abaixo, 9.1), p. 186, segundo o qual "os Atos dos Apostos devem ser lidos como uma história de Paulo com introdução pormenorizada".

representante da segunda geração de cristãos, à qual a comunidade lucana deve sua fé. A intenção não é absolutamente rebaixar Paulo em relação aos Doze, pois ele é, como eles, um representante de uma fase fundamental da formação da Igreja. No Concílio dos Apóstolos, os apóstolos aparecem pela última vez (At 15,2.4.6.22s). Depois já não são mencionados, porque cumpriram seu papel histórico-salvífico em prol da unidade da Igreja. Com a transferência da perspectiva da apresentação de Jerusalém para Roma, os apóstolos perdem seu significado, enquanto Paulo se torna a figura central da narração.

Fundamental para a eclesiologia lucana é o *discurso de despedida que Paulo dirige em Mileto* aos anciãos em At 20,17-38[393]. Ele se dirige diretamente às pessoas que portam ministérios e lideram comunidades no tempo pós-paulino e lhes apresenta um modelo de constituição de comunidades. O modelo representado por Paulo acerca da natureza e da missão dos ministérios de liderança na comunidade é primeiro marcado pelo fato de que os anciãos foram instalados pela atuação do espírito como ἐπίσκοποι ("epíscopos/bispos") e que são encarregados "a apascentardes a Igreja de Deus" (At 20,28). Portanto, através do espírito, o próprio Deus cria a continuidade da Igreja, e os ministérios são um instrumento dessa atuação de Deus. Ao tematizar com os πρεσβύτεροι ("anciãos") de Éfeso (At 20,17)seu ministérios de epíscopos (At 20,28), o Paulo lucano legitima a contemporânea passagem desde a constituição palestina de anciãos para a constituição dos bispos e diáconos nas comunidades paulinas da Ásia Menor (cf. Fl 1,1). Diáconos não são mencionados explicitamente por Lucas, mas seu serviço é pressuposto em At 6,4 paralelamente ao ministério da palavra assumido pelos apóstolos que lideram a comunidade. A metáfora do "apascentar" caracteriza os ministérios em Lucas como um serviço de pastores em prol do serviço à unidade da Igreja. Eles adquirem sua forma na coordenação da comunidade e no anúncio da palavra, algo que combate heresias e mestres hereges (cf. At 20,29s).

---

[393] Para a análise, cf. H.-J. MICHEL, Die Abschiedsrede des Paulus an die Kirche Apg 20,17-38. StANT 35 (Munique: 1973); F. PRAST, Presbyter und Evangelium in nachapostolischer Zeit. FzB 29 (Stuttgart: 1979).

O discurso de Mileto deixa claro que Lucas transferiu tacitamente para Paulo aquelas funções que anteriormente os apóstolos exerciam: Paulo torna-se o representante da tradição e da continuidade na Igreja, e é ele quem cumpre a missão conferida pelo Exaltado em At 1,8 e que se torna assim o verdadeiro herói da obra lucana.

A natureza do ministério

As linhas básicas do conceito lucano de ministério já ficaram claras: os doze apóstolos são como portadores da tradição o elo indispensável na transição de Jesus para a Igreja, ao reunir em Jerusalém o Povo de Deus (At 2,32; 3,15; 5,32). Além disso, a partir de Jerusalém (At 8,1), acompanham o início da missão aos gentios e a legitimam (cf. At 8,14-17; 11,18). O interesse de Lucas, porém, não é só o significado que os ministérios da liderança de comunidades têm para a Igreja e a comprovação de que havia ministérios de liderança desde o início. Para ele é importante ressaltar os elementos estruturais teológicos desses ministérios. Em Lucas, os apóstolos tornam-se representantes prototípicos da conduta normativa de portadores de cargos, ao *assumir o serviço que Jesus dedicou aos Seus como norma obrigatória*: "Contudo, convosco não é assim; pelo contrário, o maior dentre vós torne-se como o menor, e o que lidera como aquele que serve. Pois, quem é maior: aquele que está deitado à mesa ou aquele que serve? [...] Eu, porém, estou no meio de vós como aquele que serve" (Lc 22,26s).

Lucas ressalta que um ministério não deve ser abusado como um meio para exercer a dominação, mas entendido como serviço na comunidade. A conduta de Jesus constituiu aqui a norma obrigatória para qualquer exercício de cargos e ministérios. Lucas aborda essa temática diretamente em vários textos (cf. Lc 12,35-48; 17,7-10); quem lidera uma comunidade deve perceber que cargos não significam dominação ou poder autocrático, mas sempre encontram seu objetivo no serviço para a comunidade.

A Palavra de Deus

Lucas atribui à palavra uma importância fundamental para a atuação de Jesus[394]. Em At 1,1, ele designa o evangelho como πρῶτος λόγος ("primeira palavra") e chama os portadores das tradições por ele reproduzidas de "ministros/servos da Palavra" (Lc 1,2). Com a atuação de Jesus anunciam-se a palavra de Deus (Lc 5,1) e o evangelho do Reino de Deus (Lc 16,16), e a atuação de Jesus já está sempre visível para o tempo da Igreja. Isso se manifesta na interpretação lucana da parábola do semeador, onde a semente é explicitamente identificada com a palavra de Deus (Lc 8, 11). A palavra aparece em Lc 8,4-21 como elemento vital da Igreja e, já que cabe um papel crucial aos discípulos na transmissão dela, Lucas ameniza o dito sobre a obstinação de Mc 4,12. Para ele, o anúncio, a aceitação da palavra e a conduta de vida são uma unidade; por isso se aplica: "Minha mãe e meus irmãos são aqueles que ouvem a palavra de Deus e a põem em prática" (Lc 8,21). A palavra de Deus é ensinada (At 16,6; 18,11), é ouvida (Lc 5,1; 8,21; At 13,44; 19,10) e aceita (At 11,1; 15,36; 17,13) para crescer (At 6,7; 12,24). Como palavra da salvação (At 13,26) e da graça (At 20,32), a palavra conduzida pelo Espírito Santo (At 16,6) visa o ensinamento (At 18,11) e a prática da fé, pois: "Felizes, antes, as pessoas que ouvem a palavra de Deus e a observam" (Lc 11,28).

Mulheres como testemunhas

Ao lado dos apóstolos e de Paulo, em Lucas, sobretudo mulheres são testemunhas do evento da salvação (cf. acima, 8.4.2). A história prévia com Maria, Isabel e Ana expressa isso impressionantemente, com sua apresentação de *Maria*, Lucas indubitavelmente tem em vista não só um interesse biográfico, mas também teológico[395]. Ela pertence a Israel e, como membro do povo eleito, confia na promessa de Deus (Lc 1,26-38). Segundo Lucas manifesta-se em sua figura e seu

---
[394] Cf. C.-P. MÄRZ, *Das Wort Gottes bei Lukas*. EThSt 11 (Leipzig: 1974).
[395] Cf. aqui abrangentemente J. BECKER, *Maria* (Leipzig: 2001), pp. 144-196.

destino aquele Israel que permanece na continuidade da promessa por meio da fé em Jesus (Lc 1,45). Maria representa aquele Israel que "continuou a ser Israel ao passar a ser Igreja"[396]. Ela tem uma função eclesiológica, ao confiar na palavra da promessa de Deus e se torna assim o arquétipo da pessoa que crê (cf. At 1,14). Além de Maria e Isabel, a obra lucana desenha também um retrato de outras mulheres. Devemos mencionar principalmente Lídia, uma temente a Deus (At 16,14s), um membro fundacional da comunidade em Filipos e que, aparentemente sendo uma rica patrocinadora, apoiou a comunidade materialmente[397].

Dessa forma, seu retrato mostra um modelo que também está por trás de Lc 8,1-3, segundo o qual mulheres seguiam Jesus e o supriam com aquilo que tinham. No Evangelho, Jesus se volta repetidamente a mulheres de maneira incomum (Lc 7,36-50), instrutiva (Lc 10,38-42: Maria e Marta) e sanadora (Lc 8,40-56); ele elogia viúvas como exemplos (Lc 18,1-8; 21,1-4), e numerosas mulheres ouvem a primeira mensagem da ressurreição e a anunciam (Lc 24,10).

8.4.8 Escatologia

GRÄSSER, E. *Das Problem der Parusieverzögerung in den synoptischen Evangelien und in der Apostelgeschichte* (cf. acima, 8.4); ZMIJEWSKI, J. *Die Eschatologiereden des Lukasevangeliums*. BBB 40. Bonn, 1972; ELLIS, E. E. *Eschatology in Luke*. Philadelphia, 1972; VÖLKEL, M. "Zur Deutung des 'Reiches Gottes' bei Lukas". In *ZNW* 65 (1974): 57-70; SCHNEIDER, G. *Parusiegleichnisse im Lukas-Evangelium*. SBS 74. Stuttgart, 1975; MICHEL, H. -J. "Heilsgegenwart und Zukunft bei Lukas". In *Gegenwart und kommendes Reich*. FS A. Vögtle, pp. 101-115. Stuttgart, 1975; MERK, O. "Das Reich Gottes in den lukanischen Schriften". In *Wissenschaftsgeschichte und Exegese*. BZNW 95, editado por IDEM, pp. 272-291. Berlim, 1998; ERNST, J. *Herr der Geschichte. Perspektiven der lukanischen Eschatologie*. SBS 88. Stuttgart, 1978; SCHNEIDER, G. "Anbruch des Heils und Hoffnung auf Vollendung bei Jesus, Paulus und Lukas". In *Lukas, Theologe der Heilsgeschichte*, editado por IDEM, (cf. acima, 8.4), pp. 25-60; BAARLINK, H. *Die Eschatologie der synoptischen Evangelien*. BWANT 120. Stuttgart 1986; WOLTER, M. "'Reich Gottes' bei Lukas". In

---

[396] J. ROLOFF, *Kirche* (cf. acima, 6.7), p. 195.
[397] Para Lídia, cf. P. PILHOFER, Philippi I (cf. acima, 6.2.1), pp. 234-240.

NTS 41 (1995): 541-563; IDEM. "Israels Zukunft und die Parusieverzögerung bei Lukas". In *Eschatologie und Schöpfung*. FS E. Grässer. BZNW 89, editado por M. EVANG, H. MERKLEIN, M. WOLTER, pp. 405-426. Berlim, 1997.

Lucas realiza no âmbito de seu pensamento histórico-salvífico e diante de sua situação histórica um novo ordenamento da escatologia que se dá em vários níveis.

Momento e natureza da parusia

Dentro desse reordenamento cabe uma importância fundamental à ascensão, pois com esse conceito histórico-religioso altamente provocante no contexto do culto imperial (cf. acima, 8.4.2), Lucas inaugura os acontecimentos escatológicos. A expectativa imediata da parusia iminente, nutrida pela primeira e segunda geração cristã, não podia ser transmitida por Lucas sem modificações, porque, diante da óbvia extensão do tempo não era adequada e eficaz para o futuro. A ascensão esclarece para a comunidade três aspectos fundamentais do presente permanente e do futuro de Jesus Cristo:

1) O Crucificado e Ressuscitado instruiu como Exaltado durante quarenta dias os apóstolos acerca do Reino de Deus (At 1,3) e, com isso, a comunidade ficou excelentemente equipada para o presente e o futuro próximo.
2) O Exaltado envia o Espírito Santo como uma força de Deus que está permanentemente com a comunidade (At 1,8).
3) Alguém que foi desse modo assunto ao céu por Deus também voltará. Nessa base foi possível que Lucas determinasse a data e a natureza da parusia de modo novo sem eliminá-los. A ascensão muda a arquitetura dos eventos escatológicos, porque súbitos acontecimentos apocalípticos relacionados a catástrofes dificilmente podem ser vinculadas a uma expectativa da parusia que está em continuidade com a ascensão. Pelo contrário, a ascensão sugere também nos eventos escatológicos aquela continuidade coerente da atuação salvífica de Deus que Lucas descreve em sua obra dupla.

Em seus detalhes, Lucas trabalhou a questão em diversos níveis; por exemplo, na questão dos *sinais* do evento escatológico, ele difere de ideias tradicionais, como mostra uma comparação entre Mc 13,1-32 e Lc 21,5-33. O que pertencia em Marcos ainda aos sinais da proximidade imediata do fim é tirado por Lucas desse contexto. Enquanto a queda de Jerusalém é vinculada em Mc 13,14 com a "abominação da destruição", Lc 21,20 refere-se somente a exércitos que cercam Jerusalém. Em vez do salvamento das dores de parto no tempo escatológico em Mc 13,13 há em Lucas a perseverança paciente que fará ganhar a vida (Lc 21,19). Enquanto a missão entre os gentios é segundo Mc 13,10 um elemento dos acontecimentos escatológicos, falta esse versículo em Lucas por não corresponder a seu conceito histórico. Em Lucas, os eventos escatológicos não ficaram absolutamente esvaziados, mas a escatologia já não é a força todo-determinante que permeia toda sua teologia. Isso se reflete também na rejeição de especulações sobre a *data* da parusia. Lc 17,20s tem um caráter fundamental: "Interrogado, porém, pelos fariseus sobre quando chegaria o Reino de Deus, respondeu-lhes: O Reino de Deus não vem de um modo que pudesse ser calculado. Também não se dirá: Eis aqui! Ou: ali! Pois eis que o Reino de Deus está no meio de vós". A essa afirmação, simultaneamente de certeza, incerteza e presença, corresponde At 1,6s: "Senhor, é neste tempo agora que irás restaurar o Reino para Israel? Ele lhes respondeu: Não compete a vós conhecer os tempos e as horas que o Pai fixou no poder de sua autoridade". Numa direção semelhante aponta At 3,21 ("a quem o céu deve acolher até os tempos da restauração de todas as coisas, das quais Deus falou pela boca de seus santos profetas, desde os primórdios"), pois, por um lado, Deus determina um prazo até que o Exaltado volte a atuar visivelmente, por outro lado, o fim desse prazo está aberto. Também a localização de Lc 19,11 ("Como eles ouviam isso, porém, Jesus continuou e disse uma parábola, porque estava perto de Jerusalém e eles pensavam que o Reino de Deus ia se manifestar imediatamente") antes da parábola dos talentos confiados e a ampliação de Mc 13,6 em Lc 21,8 ("Ele, porém, respondeu: Atenção para não serdes enganados! Pois muitos virão usando meu nome, dizendo: Sou eu! e: Chegou o tempo! Não corrais atrás deles!"). Lucas substituiu o resumo do anúncio de Jesus em Mc 1,15 pelo discurso inaugural de Jesus em Nazaré (cf. especialmente Lc 4,21) e corrigiu o dito da expectativa do fim iminente de Mc 9,1 em Lc 9,27 (omissão de: "quando tiver chegado com poder"). Com isso, Lucas não abandona a expectativa da parusia[398], mas combina a data incerta da vinda do Senhor (cf. Lc 12,40: "Vos também, ficai preparados, porque o Filho do Homem virá numa hora que não pensais"; 17,24.26-30; At 1, 7) com a convocação para a perseverança (cf. Lc 8,15: "O que está em terra boa são os que, tendo ouvido a Palavra com coração reto e bom, conservam-na e produzem fruto pela perseverança.") e vigilância (cf. Lc 12,35ss; 21,34.36). Também as palavras sobre a proximidade do domínio de Deus (cf. Lc 10,9.11) mostram que o evangelista não renunciou, em princípio, à expectativa do fim iminente, mas que ele vê a conduta adequada ao *caráter* da parusia numa *disposição responsável*. Não é a expectativa da parusia como tal que Lucas rejeita, mas unicamente seu agendamento ou sua calculabilidade! Segundo At 1,6-8, os acontecimentos finais não começarão antes que os missionários tenham chegado até os extremos da terra. Quando isso ocorrerá e quando começará, nesse contexto, a parusia, não pode ser fixada cronologicamente. No entanto, em termos positivos, isso significa que Deus cria um espaço de tempo, no qual pode ocorrer o anúncio do evangelho para que também as nações ganhem seu quinhão na "salvação para Israel" (Lc 2,30; At 28,28)[399]. Nesse sentido cabe à extensão do tempo *uma função eminentemente positiva que é indispensável para criar as condições para a realização da atuação salvífica universal de Deus na história.* Dessa maneira, os leitores da obra lucana reconhecem o sentido do prazo desejado e concedido por Deus e, a partir da ascensão de Jesus, podem esperar com serenidade e confiança por sua volta. Portanto, para Lucas, a formação da Igreja não é,

---

[398] Contra E. HAENCHEN, Apg (cf. acima, 8.4), p. 107: "Também o terceiro evangelista negou a expectativa do fim iminente"; cf., em contraste, G. SCHNEIDER, Apg I (cf. acima, 8.4), p. 142: "Ele preserva energicamente a parusia, mas nega que é possível determinar sua data".

[399] Bem acertado M. WOLTER, Israels Zukunft, p. 423: "Portanto, o atraso da parusia não é um elemento integral do problema, mas pertence a sua solução".

direta ou indiretamente, um substituto da expectativa da parusia[400]. Lucas mantém o conceito porque está convencido de que a parusia ocorrerá quando, através do anúncio às nações, o povo eleito de Deus encontrará sua forma e seu destino, no tempo determinado por Deus (cf. Lc 2,30s).

O Reino de Deus

Também o Reino de Deus, como termo escatológico central do anúncio de Jesus, exigiu para Lucas uma nova definição para poder continuar com algum significado teológico. A importância dessa expressão para a escatologia (e a teologia em geral) lucana mostra-se já no emolduramento de Lc 4,43 e At 28,31: a apresentação geral da missão de Jesus introduz o termo, e com o último versículo de sua obra dupla, Lucas atribui ao conceito do Reino de Deus um significado-chave para a interpretação geral. A nova estrutura do conceito do Reino de Deus dá-se em vários níveis:

1) Lucas desvincula o conceito do Reino de Deus de suas conotações judaico-primitivas[401], especialmente de sua centralização particularista em Israel (e Jerusalém) e do consequente papel negativo das nações (cf. Lc 19,11; At 1,6s; 28,23.31).
2) A correspondência positiva é a vinculação do Reino de Deus a Jesus Cristo. Essa conceituação inicia-se com Lc 4,43 como anúncio do evangelho do Reino de Deus. A *basileia* anunciada por Jesus tem um caráter real, pois se torna visível em sua atuação (Lc 17,20s) e especialmente em seus milagres (cf. Lc 11,20; 7,21).
3) Após a morte, ressurreição e ascensão, o Reino passa ser a *basileia* do Exaltado (cf. Lc 19,12.15) que lhe foi prometida pelo Pai (Lc 22,29) e na qual ele entra (Lc 23,42).

---

[400] Isto, porém, é a tese influente de H. CONZELMANN, Mitte der Zeit (cf. acima, 8.4), p. 127: "Já que Lucas renunciou decididamente a preservação da expectativa do fim iminente, o que ele oferece positivamente como solução operável do problema? – Um esboço da continuidade estruturada da história da salvação segundo o projeto de Deus".
[401] Cf. M. WOLTER, "Reich Gottes" bei Lukas, pp. 544-549.

4) Com o Reino de Deus vincula-se em toda a obra lucana uma dimensão de anúncio; o Reino de Deus aparece como objeto de εὐαγγελίζεσθαι (Lc 4,43; 8,1; 16,16; At 8,12) e de κηρύσσειν (Lc 9,2; At 20,25; 28,31). O próprio Jesus anuncia o Reino de Deus (Lc 4,43), concede aos Doze a participação desse anúncio (Lc 8,1) e, como Exaltado, os instrui durante 40 dias sobre o Reino de Deus (At 1,3). O anúncio do Reino de Deus adquire até mesmo traços urgentes (Lc 16,16). Nos Atos dos Apóstolos[402], o Reino de Deus é anunciado além das fronteiras de Israel (At 8,12), e Paulo torna-se seu portador universal (At 19,8; 20,25; 28,23.31). A partir da missão de Jesus, o Reino de Deus é em Lucas determinado cristologicamente e passa a ser o conteúdo central do anúncio cristão. *Portanto, para Lucas, o anúncio de Cristo é sempre também um anúncio do Reino de Deus e vice-versa!* Dessa maneira, o terceiro evangelista apura o tema da continuidade, central para ele, porque o Reino de Deus determina não só o anúncio de Jesus, mas também o das testemunhas posteriores, já que o próprio Jesus como Exaltado opera essa continuidade (At 1,3). A história da missão é, sob esse aspecto, a continuação ou releitura consequente do anúncio do Terrestre e do Exaltado[403].

5) A fixação do pensamento da continuidade serve também como conexão entre o conceito do espírito e do anúncio do Reino de Deus. "Ao fazer o Ressuscitado e, não obstante, Presente (At 1,3) falar do Reino de Deus, mas negar a iminente instituição desse Reino e remeter em vez disso à promessa do espírito e à tarefa da missão universal (At 1,6-8), Lucas vincula o Reino de Deus também para a Igreja à presença salvífica de Jesus"[404]. No anúncio do Reino de Deus, conduzido pelo espírito, Jesus permanece presente na Igreja. Dessa maneira, Lucas apresenta o anúncio do Reino de Deus a sua comunidade como a tarefa

---

[402] Cf. aqui A. WEISER, "'Reich Gottes' in der Apostelgeschichte", in *Der Treue Gottes trauen*. FS G. Schneider (Friburgo: 1991), pp. 127-135.
[403] Cf. M. WOLTER, "Reich Gottes" bei Lukas, pp. 551s.
[404] O. MERK, Das Reich Gottes, p. 282.

central e permanente e ilustra isso insistentemente pela pregação paulina do Reino de Deus em Roma (At 28,23.31).
6) Por último, o Reino de Deus é também em seu caráter alémmundano uma realidade imediata, por ser conectado com Jesus. Assim, as posses terrenas são um critério novo e válido já no presente para a pertença ao Reino de Deus (cf. Lc 6,20.24; 12,13-34; 14,15-24; 18,18-30). Quem resiste às tribulações no tempo presente entrará no Reino de Deus (At 14,22).

A nova estruturação do conceito do Reino de Deus em Lucas é, portanto, muito mais do que uma releitura da temática da parusia[405]. Ela diz respeito a todos os âmbitos centrais da teologia lucana, porque conecta diretamente o anúncio de Jesus e o das testemunhas, portanto, apresenta mais um elemento constitutivo na postulada continuidade em relação aos inícios normativos.

Escatologia individual

Outro passo importante na nova estruturação da escatologia é a tentativa de Lucas de mostrar a sua comunidade como se pode viver numa atitude de expectativa responsável diante dos eventos finais, mas sem uma expectativa imediata do fim iminente. Especialmente no material próprio do Evangelho encontram-se numerosos textos que tematizam o destino da pessoa individual após a morte e que apresentam uma proximidade a conceitos helenistas. Isso faz com que a salvação final fique individualizada; a parusia perde em importância. Uma escatologia individual está claramente em destaque em Lc 6,20-26; 12,4s.16-21.33s; 16,1-9.19-31; 21,19; 23,39-43; At 1,25; 7,55-59; 14,22. No caso do rico produtor de grãos, a atitude tola não consiste absolutamente em não ter pensado na morte, mas em não dedicar

---

[405] H. CONZELMANN, Mitte der Zeit (cf. acima, 8.4), pp. 33.104s, refere-se nesse contexto a uma "des-escatologização"; cf., nesse sentido, também E. GRÄSSER, Parusieverzögerung (cf. acima, 8.4), pp. 140s. No entanto, a temática do atraso permanece vinculada à temática do Reino de Deus, por meio da pergunta pela data em Lc 17,20s; 19,11; At 1,6-8.

atenção à pergunta sobre aquilo que vem depois dela. Lucas conhece o discurso sobre a condenação eterna que deve ser compreendido como advertência (Lc 3,9.17; 9,24; 12,5; 17,26s.33-35) e sabe do destino no Hades (Lc 16,23)[406]. Da mesma maneira, também a mensagem da salvação eterna ocupa um espaço amplo (cf. Lc 12,35-38; 13,28s; 14,15-24; 22,16.18.30); Lucas fala das "moradas eternas" (Lc 16,9), da salvação (Lc 21,28), da vida eterna (Lc 9,24; 10,25-28; 17,33; 18,18.30) e do paraíso (Lc 23,43). Não obstante, não há uma articulação verdadeira entre a escatologia individual e geral em Lucas; o evangelista mantém ao conceito da parusia como início do acontecimento escatológico universal, mas, ao mesmo tempo, enfatiza a escatologia individual e abre com isso a sua comunidade a possibilidade de se orientar no evento escatológico universal sem vincular com ele imediatamente seu próprio fim.

8.4.9 Posição na história da teologia

O ato criativo tanto histórico como teológico de Lucas encontra uma nova avaliação[407]. A comunidade lucana viva aparentemente uma profunda crise da identidade e de continuidade[408]. Era preciso refletir sobre a relação com Israel, a problemática da parusia, o tema "ricos e pobres", a posição do novo "caminho" na sociedade greco-romana e as relações com o Estado romano. O objetivo da historiografia lucana pode ser determinado em várias dimensões: em primeiríssimo lugar, Lucas deseja explicar a situação atual de sua comunidade historicamente e legitimá-la teologicamente.

---

[406] Paralelos entre inscrições gregas em sepulturas e Lc 16,22 (Hades); 23,43 (paraíso) são discutidos em I. PERES, Griechische Grabinschriften (cf. acima, 6.8), pp. 187-192. Ele consta à guisa de resumo: "Lucas parece estar particularmente próximo da religiosidade popular grega" (op. cit., p. 267).

[407] A discussão mais antiga (majoritariamente negativa) é esboçada em W. G. KÜMMEL, "Lukas in der Anklage der heutigen Theologie", in IDEM, *Heilsgeschehen und Geschichte* II. MThSt 16, editado por E. GRÄSSER, O. MERK (Marburgo: 1978), pp. 87-100.

[408] Cf. a respeito E. PLÜMACHER, "Acta-Forschung 1974-1982", in *ThR* 48 (1983): 1-56, aqui: 45ss.

Para isso serve a comprovação de que a transição da salvação dos judeus para as nações como portadoras das promessas dirigidas a Israel corresponde à vontade original de Deus. Lucas trabalha o crescente distanciamento entre cristianismo e judaísmo, porque ele ameaça questionar a continuidade histórico-salvífica entre a Igreja e Israel e a validade das promessas. É preciso tornar compreensível para a comunidade como a σωτηρία divina (Lc 1,69.71.77; 19,9; At 4,12; 7,25; 13,26.47; 16,17; 27,34) chegou até as nações, portanto, finalmente até os leitores (cristãos), e como se realizou ali numa "Igreja" de judeus e gentios. Isso está vinculado a uma defesa explícita da legitimidade teológica da missão às nações, isenta da circuncisão, como mostra principalmente a segunda parte dos Atos dos Apóstolos. Embora a obra lucana não fosse escrita prioritariamente para possibilitar a resolução da problemática do atraso da parusia, o pensamento histórico-teológico de Lucas está inseparavelmente ligado a essa temática: a ampliação da perspectiva histórica para dentro do tempo que se estende, por meio da ideia da continuidade, é naturalmente também uma tentativa de desacelerar os eventos escatológicos, para livrá-los de seu caráter premente. Com tudo isso, Lucas deseja transmitir certeza, fortalecer a identidade e ganhar adeptos para o cristianismo[409]!

À ampliação da perspectiva histórico-teológica por meio da criação de uma obra dupla vincula-se para Lucas também uma abertura para âmbitos que o cristianismo primitivo anterior tinha, no máximo, tratado de passagem:

1) O evangelista dirige-se às pessoas cultas de seu tempo (Lc 1,1-4; At 25,13-26,32), ao
2) inserir no seu mundo narrado a cultura urbana (At 19,23-40) e ao

---

[409] Cf. K. BACKHAUS, Lukas der Maler (cf. acima, 8.4), p. 31: Lucas "enraíza a memória relacional na profundidade 'objetiva' da primeira época, para tornar a origem bíblico-antiga visível a sua comunidade, num fórum vivaz de autodefinições religiosas concorrentes, para trazer presente a memória da fundação, colocar diante dos olhos da comunidade a atratividade permanente e assim conferir a seu presente uma identidade normativa".

3) apresentar a doutrina cristã no contexto e confronto da magia/ feitiçaria (At 8,4-25; 13,8-12; 16,16-22)[410] e da filosofia (At 17,16-34). Dessa maneira, "o novo caminho" aparece não só como passível à cultura, mas como uma nova religião cultural com raízes judaicas no Império Romano. Com sua obra dupla, Lucas insere-se conscientemente na historiografia antiga, confere assim uma forma literária a uma nova percepção da própria história e apresenta uma pretensão de interpretação histórico-universal[411].

---

[410] Cf. a respeito H-J. KLAUCK, *Magie und Heidentum in der Apostelgeschichte des Lukas*, SBS 167 (Stuttgart: 1996).
[411] Cf. J. SCHRÖTER, Lukas als Historiograph (cf. acima, 8.4), p. 246.

Capítulo 9

A QUARTA TRANSFORMAÇÃO: O EVANGELHO NO MUNDO

9.1 O desenvolvimento social, religioso e político

HARNACK, A. V. *Die Mission und Ausbreitung des Christentums*. Leipzig I 1923⁴. II 1924⁴; L. GOPPELT. *Die apostolische und nachapostolische Zeit*, 2ª ed. Göttingen, 1966; CONZELMANN, H. *Geschichte des Urchristentums*. GNT 5, 2ª ed. Göttingen: 1971; HENGEL, M. *Eigentum und Reichtum in der frühen Kirche. Aspekte einer frühchristlichen Sozialgeschichte*. Stuttgart, 1973; MÜLLER, U. B. *Zur frühchristlichen Theologiegeschichte. Judenchristentum und Paulinismus in Kleinasien an der Wende vom ersten zum zweiten Jahrhundert n. Chr*. Gütersloh, 1976; W. A. MEEKS (org.). *Zur Soziologie des Urchristentums*, ThB 62. Munique, 1979; SCHNEEMELCHER, W. *Das Urchristentum*. Stuttgart, 1981; KEE, H. C. *Das frühe Christentum aus soziologischer Sicht*. Göttingen, 1982; FISCHER, K. M. *Das Urchristentum*. Berlin, 1985; WILKEN, R. L. *Die frühen Christen. Wie die Römer sie sahen*. Graz, 1986; BECKER, J. (org.). *Die Anfänge des Christentums. Alte Welt und neue Hoffnung*. Stuttgart, 1987; PLÜMACHER, E. *Identitätsverlust und Identitätsgewinn. Studien zum Verhältnis von kaiserzeitlicher Stadt und frühem Christentum*. BThS 11. Neukirchen, 1987; STAMBAUGH, J. E.; BALCH, D. L. *Das soziale Umfeld des Neuen Testaments*. GNT 9. Göttingen, 1992; MEEKS, W. A. *Urchristentum und Stadtkultur*. Gütersloh, 1993; VOUGA, F. *Geschichte des frühen Christentums*. Tübingen, 1994; STEGEMANN, E.; STEGEMANN, W. *Urchristliche Sozialgeschichte. Die Anfänge im Judentum und die Christusgemeinden in der mediterranen Welt*. Stuttgart, 1995; GUYOT, P.; KLEIN, R. (org.). *Das frühe Christentum bis zum Ende der Verfolgung* I.II. Darmstadt, 1997; R. STARK, *Der Aufstieg des Christentums*. Weinheim, 1997; REINBOLD, W. Propaganda und Mission im ältesten Christentum. FRLANT 188. Göttingen: 2000; SCHNABEL, E. J. *Urchristliche Mission*. Giessen, 2002.

Nas últimas três décadas do séc. I d.C., o cristianismo primitivo difundiu-se e consolidou-se principalmente no Mediterrâneo, mas, ao mesmo tempo, viu-se exposto a perigos internos e externos, cuja resolução determinou a teologia de numerosos escritos tardios do Novo Testamento.

Estrutura social nas comunidades

Com os sucessos missionários duradouros, especialmente nas cidades da Ásia Menor e da Grécia, modificou-se a estrutura social das comunidades cristão-primitivas[1], pois, junto com a complexidade das camadas sociais, cresceram também as diferenças sociais. Não há dúvida de que pertenciam às principais comunidades paulinas desde o início também membros da classe alta local (cf. Erastos como "administrador da cidade" em Rm 16,23; os membros da *familia caesaris* em Fl 4,22; Gaio em 1Cor 1,14; Rm 16,23; Febe em Rm 16,1s; Estêvão em 1Cor 1,16; 16,15.17; Filêmon em Fm 2)[2]. Essas pessoas possuíam casas e em parte escravos, mas principalmente apoiavam as comunidades como patrocinadores. Em sua grande maioria, porém, os membros das comunidades pertenciam à classe baixa (cf. 1Cor 1,26), havia inclusive muitos escravos (cf. 1Cr 7,21-24; Gl 3,28; Fm; Rm 16,22)[3]. No tempo pós-paulino, cada vez mais pessoas abastadas aderiam à nova

---

[1] Uma visão geral é oferecida em P. LAMPE, U. LUZ, *Nachpaulinisches Christentum und pagane Gesellschaft*, in: J. BECKER (org.). *Die Anfänge des Urchristentums* (Stuttgart: 1987), pp. 185-216.

[2] Para a história da pesquisa, cf. E. STEGEMANN, W. STEGEMANN, Sozialgeschichte, pp. 249ss; R. W. GEHRING, Hausgemeinde und Mission (cf. acima, 6.7), pp. 291-299. Bibliografia básica sobre as comunidades domesticas do cristianismo primitivo (ao lado de Gehring): H.-J. KLAUCK, *Hausgemeinde und Hauskirche im frühen Christentum*. SBS 103. Stuttgart, 1981; D. L. BALCH; C. OSIEK, *Families in the New Testament World. Households and House Churches* (Louisville: 1997); H. MOXNES (org.). *Constructing Early Christian Families: Family as Social Reality and Metaphor* (Londres: 1997).

[3] Segundo L. SCHUMACHER, *Sklaverei in der Antike* (Munique: 2001), p. 42, os escravos representaram por volta da virada do tempo cerca de quinze a vinte por cento da população total do Império Romano; em números absolutos, seriam em torno de dez milhões de pessoas.

religião. Temos, por exemplo, notícias de cristãos que são proprietários de casas (Cl 4,15; 2Tm 1,16; 4,19), há menções a mulheres da classe alta (1Tm 2,9; 1Pd 3,3; At 17,4.12), e à comunidade romana pertencem pelo fim do séc. I não só pessoas ricas (1Clem 38,2), mas, na pessoa de Cláudio Efebos (1Clem 65,1) também pessoas integrantes da casa do imperador[4], e com Flávia Domitila como esposa de um cônsul (cf. Dio Cássio 67; Eusébio, HE III 18,4), membros da elite[5]. Os membros abastados da comunidade levam seus escravos juntos ao local da reunião (Ef 6,5-9), os ricos reivindicam na liturgia os lugares de honra (Tg 2,2-4), são arrogantes (1Tm 6,17; Tg 4,16; Ap 3,17s), e sua atuação é determinada pela ganância (1Tm 6,6-10; Tt 1,7; 2Tm 3,2; Tg 4,13). Ao mesmo tempo pertencem às comunidades viúvas pobres (1Tm 5,3-16) e escravos (1Tm 6,1s; Ef 6,5-8; Cl 3,11.22-25; 1Pd 2,18-23). A exortação dirigida aos membros ricos da comunidade que os chama a engajar-se em favor dos pobres da comunidade confirma indiretamente a grande parcela de pessoas materialmente pobres nas comunidades cristãs (cf. 1Tm 5,10; 6,18s; Ef 4,28; Tt 3,14; Tg 1,27; 2,15s; At 20,35). Havia nas comunidades mais mulheres do que homens, pois as mulheres cristãs frequentemente casavam com um não cristão (cf. 1Pd 3,1s; 2Tm 1,5). Além disso, devemos contar com um nível educacional muito divergente nas comunidades e também devemos supor um desnível entre a situação urbana e a rural. O cristianismo paulino era essencialmente uma religião urbana, e esse desenvolvimento pode ser observado até o fim do séc. I (cf. as Cartas Pastorais). Ao mesmo tempo, especialmente na Ásia Menor, o cristianismo começa a radicar-se também na área rural, como mostram a Primeira Carta de Pedro, um escrito dirigido a uma região inteira, e Plínio, Ep 10,96 ("A peste dessa superstição espalhou-se não só sobre nas cidades, mas também em aldeias e campos").

O desenvolvimento geral é claramente marcado por um aumento das diferenças entre os distintos grupos nas comunidades, e as conse-

---

[4] Cf. F. KOLB, *Rom. Die Geschichte der Stadt in der Antike*, 2ª (Munique: 2002), p. 632.
[5] Cf. a respeito P. LAMPE, *Die stadtrömischen Christen in den ersten beiden Jahrhunderten*. WUNT 2.18 (Tübingen: 1987), pp. 166-171.

quências eram tensões sociais. Para superá-las, foram desenvolvidas estratégias teológicas, sociais e éticas muito diversificadas. Elas vão desde as tábuas domésticas (Cl, Ef, Pd), marcadas pelo pensamento de ordem e equilíbrio, até a crítica radical aos ricos (Tg).

Processos de esclarecimentos teológicos

Como acontece em cada novo movimento, existiam no cristianismo primitivo, desde o início, determinadas convicções fundamentais: o Deus uno de Israel ressuscitou Jesus de entre os mortos, e este virá em breve para salvar os crentes no juízo que começará com sua vinda. Vinculadas a essa perspectiva fundamental estavam numerosas intelecções teológicas e éticas incontestáveis, mas, ao mesmo tempo, questões centrais ainda não estavam definitivamente esclarecidas ou ainda permaneciam polêmicas, e apareciam novos desafios[6]:

1) Apesar dos elementos preestabelecidos por Paulo, parece que a relação entre as identidades cristãs e judaicas em muitas comunidades careciam de mais esclarecimento. Tratava-se da circuncisão (Cl 2,11; 3,11; Ef 2,11), de ensinamentos particulares do âmbito judaico-helenista (Cl 2,8; Tt 1,10s), do culto aos anjos (Cl 2,18), de regras alimentícias e observância de calendários (Cl 2,16) e a lei (1Tm 1,3-11; Ef 2,15; Tg 2,8-12; 4,11). Especialmente a Carta de Tiago mostra que por muito tempo diferentes conceitos da lei foram defendidos dentro do cristianismo primitivo.

2) Havia também uma constante necessidade de esclarecimento na pergunta pelo momento da parusia e ressurreição individual dos mortos. Tanto a agenda escatológica de 2Ts 2,1-12 como a sentença apologética de 2Pd 3,8 ("diante do Senhor, um dia é como mil anos, e mil anos são como um dia") mostram

---

[6] Os principais desenvolvimentos são esboçados em U. B. MÜLLER, Zur frühchristlichen Theologiegeschichte, *passim*; J. BECKER (org.). Die Anfänge des Christentums, pp. 160ss.

claramente que o atraso da parusia provocou debates teológicos. No centro da ressurreição individual dos mortos estava a pergunta pela ressurreição já acontecida que é defendida em Cl 3,1-4 e Ef 2,6, enquanto 2Tm 2,18 a caracteriza explicitamente como heresia.
3) O constante crescimento das comunidades tornou a questão da conduta cristã cada vez mais premente, como mostra a abordagem de muitas questões éticas (ricos *versus* pobres: Tg 2,1-13; 4,13-5,6; 1Tm 6,17-19; conduta cívica em relação à sociedade: Cl 4,5; Ef 4,28s; 2Ts3,6.11s; fornicação/impureza: Ef 5,1ss; conduta entre os membros da comunidade: 1Tm 5,1-16.17-19; refutação de acusações contra os cristãos: 1Pd 2,12-17; 3,16; 4,4.14s; Lc 6,22s; At 14,22).
4) No âmbito das comunidades em crescimento era preciso criar em vários níveis estruturas dentro das casas/comunidades domésticas e da comunidade em sua totalidade. Aqui são dois modelos que determinam o desenvolvimento: a) as tábuas domésticas (Cl 3,18-4,1; Ef 5,22-6,9; 1Pd 2,18-3,7; 1Tm 2,8-15; Tt 2,2-10)[7] com seu antigo pensamento de οἶκος("casa") determinam a ordem estrutural fundamental. A superioridade hierárquica do homem ou do pai, respectivamente, é aceita, mas, ao mesmo tempo, delimitada pela obrigação do amor e cuidado mútuo. b) Na introdução de ministérios predominam o colégio de presbíteros, o ministério de diáconos e o ministério de epíscopos (1Tm 3,1-7.8-13; Tt 1,5-7).
5) Pelo fim do séc. I surgem sistemas doutrinários cristãos concorrentes que são vinculados à acusação de especulações nocivas ou ao termo de "gnose" (Cl 2,8-3,1; 1Tm 6,20; 2Tm 2,14-26; Tt 1,10-16; 3,9)[8]. Nessa situação, o desenvolvimento de ministérios serviu aparentemente à estabilização interna das comunidades.

---

[7] Para o pano de fundo histórico-religioso e histórico-traditivo das tábuas domésticas, cf. abaixo, 10.1.6.
[8] Para a formação e a visão de mundo de grupos gnósticos, cf. H.-J. KLAUCK, *Die religiöse Umwelt des Urchristentums II* (Stuttgart: 1996), pp. 145-198; CHR. MARKSCHIES, *Die Gnosis* (Munique: 2001); K.-W. TRÖGER, *Die Gnosis* (Freiburg: 2001).

A relação com o Estado religioso

No seu caminho entre distância e adaptação ao mundo, a relação com o Estado era de suma importância para as comunidades cristão-primitivas. O Império Romano da época imperial era, em seu cerne, de constituição religiosa, pois: "O imperador romano era uma divindade. Ele o era desde o início, a partir de César e de Augusto; ele o era no tempo de sua vida; ele também o era no ocidente do Império Romano, na Itália, em Roma"[9]. O culto romano ao imperador desenvolveu-se a partir da veneração helenista do governante e não era um mero ritual exterior, mas deve ser entendido como um fenômeno político-religioso que tangia os habitantes do Império Romano em muitos âmbitos. Já nos últimos anos do reinado de César, o culto ao imperador ganha contornos claros. Durante sua vida, César é venerado como divino; em homenagem a ele são erguidos templos, altares e estátuas, servidos por um sacerdócio particular (cf. Suetônio, Caes 76,1). Depois de sua morte é concedido a César "todas as honras humanas e divinas" (Suetônio, Caes 84,2); ele foi elevado solenemente entre os deuses e cultuado doravante como deus estatal. Sob Otaviano Augusto ocorreu uma restauração da religião romana. Cultos eram reinstalados, templos restaurados e reinaugurados. Augusto promoveu o culto ao imperador conscientemente para usá-lo como meio religioso-político para garantir seu domínio. Em continuidade explícita com seu padrasto, Augusto mandou ser cultuado tanto em Roma como no oriente do Império: "Ele não reservou nenhuma honra aos deuses, pois em templos e na imagem divina queria ser cultuado por sacerdotes em geral e sacerdotes particulares" (Tácito, Ann I 10,6). Para expressar as honras divinas dos imperadores, nomes de meses e datas de inícios de anos foram modificados[10], e atribuiu-se ao imperador qualidades divinas:

---

[9] M. CLAUSS, Kaiser und Gott (cf. acima, 7.4), p. 17; para o oriente do Império Romano, cf. S. R. F. PRICE, *Rituals and Power. The Roman imperial cult in Asia Minor* (Cambridge: 1984); TH. WITULSKI, *Kaiserkult in Kleinasien*. NTOA 63 (Göttingen/Freiburg: 2007).

[10] Cf. o decreto sobre o calendário dos "gregos na Ásia"; OGIS 458 = Neuer Wettstein I/2 (cf. acima, 4.3), pp. 246s.

ele é eterno, invencível, cuida de seu reino, trabalha incessantemente e é onipresente[11]. Vergílio vincula à atuação de Augusto uma era áurea (Aeneis 6,791-797). Em numerosas moedas e inscrições, Augusto aparece como "deus" ou "filho de deus" que foi cultuado tanto por romanos como por gregos. Os imperadores mandaram ser celebrados como criadores de paz, benfeitores e salvadores do mundo[12]. O culto ao imperador, com sua veneração divina do imperador (parcialmente já durante a vida, e sempre após a morte) encontrou numerosos adeptos em Roma, mas principalmente nas províncias[13]. Os distintos imperadores aplicaram-no de modos diferenciados; enquanto Tibério, Cláudio, Vespasiano e Tito eram mais reservados, Calígula, Nero[14] e Domiciano intensificaram o culto ao imperador para impor seus interesses pessoais e políticos.

Tradicionalmente, a religião romana não estava orientada por conflitos, mas pela integração[15]. Desconhecia a missão e qualquer envio para converter outras pessoas à própria religião. Espalhava-se através da difusão e era capaz de integrar outros cultos pelo menos temporariamente. Isso se manifesta principalmente na grande difusão de cultos orientais, cuja diversidade era também em Roma inconcebivelmente grande[16]. Os romanos praticavam uma tolerância em questões de religião no sentido do princípio de que a falta de respeito a divindades era o próprio problema delas (cf. Tácito, Ann I 73,4). O pressuposto para tal aceitação era, porém, que os cultos não se voltassem contra a ordem social em vigor e que não tivesse efeitos desestabilizadores[17]. Algo totalmente diferente valia para as duas religiões

---

[11] Cf. M. CLAUSS, *Kaiser und Gott*, pp. 219-279.
[12] Textos em *Neuer Wettstein* I/2 (cf. acima, 4.3), pp. 239-256.
[13] Cf. a respeito H. CANCIK, K. HITZL, *Die Praxis der Herrscherverehrung in Rom und seinen Provinzen* (Tübingen: 2003).
[14] Como um testemunho verdadeiramente clássico, cf. a declaração da liberdade para os gregos, editada por Nero no ano 67 d.C.; SIG³ 814 = *Neuer Wettstein* I/2 (cf. acima, 4.3), pp. 249s.
[15] Cf. a respeito J. RÜPKE, *Die Religion der Römer* (Munique: 2001).
[16] Cf. F. KOLB, *Rom*, pp. 607-620.
[17] O processo contra as bacanálias em186 a.C., registrado em Lívio XXXIX, mostra claramente que a tolerância religiosa dos romanos terminava ali onde se temia

orientais que questionavam o fundamento politeísta da ordem estatal e social romano devido a seu monoteísmo radial: o cristianismo e o judaísmo. Em Roma devemos contar em torno da virada do tempo com cerca de 30.000-40.000 judeus[18]; havia repetidamente conflitos entre as autoridades e os judeus, mas essa religião era tolerada e aceita como uma religião tradicional[19]. Ao contrário disso, o cristianismo com seu monoteísmo exclusivo, sua veneração a um homem crucificado como Filho de Deus, sua missão ostensiva, sua distância aos rituais culturais tradicionais e sua recusa em sacrificar em honra ao imperador representava, segundo a visão romana, um fator desestabilizador. O "não" ao culto ao imperador era, no ponto de vista romano, também um "não" ao Estado romano, porque perturbava a relação fundamental do Estado com seus deuses.

Conflitos

A formação de um novo movimento religioso com uma pretensão exclusiva de identidade nunca acontece sem conflitos. Para o cristianismo, esses conflitos surgiram necessariamente com o judaísmo, dentro do qual o novo movimento nasceu e em cujo âmbito houve os primeiros e constantes êxitos de missão[20]. As cartas de Paulo (1Ts 2,14-16; Gl 6,12) e os Atos dos Apóstolos (At 16,20s; 17,5-9) atestam que, na esteira do Édito de Cláudio (49 d.C.), ocorreram ações locais

---

uma desestabilização da ordem pública pelos cultos. Para a relação da religião romana com outras religiões, cf. U. BERNER, "Religio und Superstitio", in TH. SUNDERMEIER (org.), *Den Fremden wahrnehmen* (Gütersloh: 1992), pp. 45-64.

[18] Cf. F. KOLB, Rom, p. 621; trata-se de cerca de 3,5% da população total.

[19] Cf. JOSEFO, Ant 14,190-260; 19,280-285.286-291.299-311; 20,10-14. Como direitos particulares (privilégios) dos judeus eram considerados: direito à reunião, imposto ao Templo, ordem jurídica interna, sábado, observância das leis alimentícias, isenção de sacrifícios a divindades gentias, isenção do culto ao imperador; cf. a respeito G. DELLING, *Die Bewältigung der Diasporasituation durch das hellenistische Judentum* (Berlim: 1987), pp. 49-55; G. STEMBERGER, "Die Juden im Römischen Reich; Unterdrückung und Privilegien einer Minderheit", in H. FROHNHOFEN (org.), *Christlicher Antijudaismus und jüdischer Antipaganismus*. HTS 3 (Hamburgo: 1990), pp. 6-22.

[20] Cf. a respeito B. WANDER, *Trennungsprozesse zwischen Frühem Christentum und Judentum im 1. Jh. n.Chr.* TANZ 16, 2ª ed. (Tübingen: 1997).

do judaísmo contra o jovem cristianismo. Enquanto o judaísmo antigo procurava preservar sua identidade religiosa e étnica, o cristianismo primitivo em formação ultrapassou consciente e programaticamente fronteiras étnicas, culturais e religiosas. Propagava um *conceito universal da salvação messiânica* que incluía também pessoas de todas as nações. Não o isolamento, mas a aculturação (cf. 1Cor 9,20-22) e inculturação, bem como conceituações transétnicas (cf. Gl 3,26-28) determinam decididamente a missão cristão-primitiva. O cristianismo primitivo criou uma nova identidade cognitiva que adotou parcialmente as identidades culturais anteriores e ao mesmo tempo as transformou profundamente. Oferecia sem restrições e barreiras pessoais o que também tornou o judaísmo atrativo: o anúncio monoteísta e um etos exclusivo. Por um lado, o *conceito de identidade cristão-primitivo* integrava e transformava convicções judaicas básicas, mas, ao mesmo tempo, desconectava-se das colunas clássicas do judaísmo (Eleição, Torá, Templo e Terra). O anúncio cristão teve aparentemente uma grande força atrativa sobre pessoas tementes a Deus. Com elas, a sinagoga perdeu homens e mulheres de influência econômica e política (cf. At 16,14s; 17,4) e, simultaneamente, também um importante elo com a sociedade pagã. O equilíbrio entre os judeus e seu ambiente pagão, em muitos lugares desde sempre uma questão sensível, ficou perturbado. Na sua perspectiva, os judeus precisavam considerar o cristianismo em formação um fator desestabilizador: o cristianismo recrutou seus membros em grande medida no âmbito da sinagoga e, além disso, como suposto elemento integral do judaísmo, ameaçou a relação sensível com o Estado romano. O incipiente cristianismo primitivo não só se separou do judaísmo, mas o judaísmo também se separou do cristianismo em formação, porque não podia ter interesse em ser relacionado imediatamente com um movimento que venerava como Deus um revoltoso executado pelos romanos[21].

Uma mudança grave surge devido à perseguição dos cristãos na cidade de Roma no ano 64 d.C. sob Nero (cf. Tácito, Ann XV 44,2-5;

---

[21] Cf. a respeito F. VITTINGHOFF, "'Christianus sum'. Das 'Verbrechen' von Aussenseitern der römischen Gesellschaft", in *Historia* 33 (1984): 331-357, aqui: 336ss.

Suetônio, Nero 16,2)[22]. As autoridades romanas enxergavam os cristãos agora como um movimento independente e separado do judaísmo. Que Nero, sem maiores justificativas e sob o aplauso dos habitantes de Roma, podia responsabilizar os cristãos pelo incêndio de Roma, significa que o movimento era conhecido em toda a cidade e que a maioria da população o considerou digno de castigo. O culto a um crucificado, as práticas e textos no contexto do batismo e da ceia do Senhor, estranhos para pessoas de fora, a organização exclusiva da comunidade, o apoio social a membros em necessidade e a negação em participar da vida social e política provavelmente tiveram como consequência muitas suspeitas e acusações. Os cristãos eram percebidos culturalmente como esotéricos e politicamente como perigosos. Desde o reinado de Nero, a confissão pública *"christianus sum"* ("sou cristão") era aparentemente considerada um crime passível da pena de morte. O motivo deve ser "que o cristianismo, devido à pessoa de seu 'fundador' que era um revoltoso político executado, e os *christiani* como seus adeptos e portadores de seu nome eram desde o início sumariamente criminalizados"[23].

As perseguições ganharam uma nova dimensão no reinado de Domiciano (nascido em 41 d.C., imperador em 81-96 d.C.)[24] que mandou em 85 d.C. ser chamado de *"dominus et deus noster"* ("nosso senhor e deus"; Suetônio, Dom 13,2)[25]. Não há consenso sobre a pergunta se Domiciano iniciou uma perseguição mais ampla aos cristãos[26].

---

[22] Todos os textos relevantes são facilmente acessíveis em: P. GUYOT, R. KLEIN (org.), Das frühe Christentum bis zum Ende der Verfolgungen (cf. acima, 9.1).
[23] F. VITTINGHOFF, "Christianus sum", p. 336.
[24] Um retrato de Domiciano é oferecido em L. THOMPSON, Book of Revelation (cf. abaixo, 13), pp. 96-115; CHR. URNER, *Kaiser Domitian im Urteil antiker literarischer Quellen und moderner Forschung* (Augsburg: 1993). Ambos os pesquisadores procuram oferecer uma nova avaliação da imagem de Domiciano.
[25] Além disso, cf. os textos em Neuer Wettstein I/2 (cf. acima, 4.3), pp. 854s.
[26] Cf. R. FREUDENBERGER, Verbete "Christenverfolgungen", in TRE 8 (Berlim: 1981), p. 25; K. ALAND, *Das Verhältnis von Kirche und Staat in der Frühzeit*. ANRW II 23,1 (Berlim: 1979), pp. 60-246, aqui: p. 224; A. Y. COLLINS, Crisis and Catharsis. The Power of the Apocalypse (Philadelphia: 1984), pp. 69ss. A clássica posição contrária é representada por E. STAUFFER, *Christus und die Caesaren* (Munique: 1966), p. 172: "Nós lemos o Apocalipse com olhos totalmente novos quando o

Provavelmente, a intensificação do culto ao imperador levou principalmente nas comunidades da Ásia Menor a represálias que eram mais do que meros incidentes locais. A não participação no culto ao imperador e o papel marginal cultural dos cristãos podiam suscitar medidas da espécie que Plínio o Jovem pressupõe também parcialmente para o tempo de Domiciano[27]. No âmbito do Novo Testamento alude-se provavelmente na Primeira Carta de Pedro (cf. abaixo, 11.1) e no Apocalipse de João (cf. abaixo, 13) às perseguições dos cristãos por Domiciano. 1Pd pressupõe uma situação de conflito entre a comunidade e seu ambiente, que vai além de repressões locais. Segundo 1Pd 4,15s, cristãos são condenados nos tribunais como se fossem assassinos, ladrões ou malfeitores, meramente por serem cristãos (ὡς Χριστιανός)[28]. Um fogo purificador abate-se sobre os cristãos (cf. 1Pd 4,12), que devem resistir ao diabo que perpassa o cosmos inteiro e causa os mesmos sofrimentos a todos os cristãos (1Pd 5,8s). As comunidades do Apocalipse veem-se expostas à pretensão sacralmente sublimada do Império Romano, que é apresentada pelo vidente João numa linguagem metafórica e simbólica altamente elaborada. Em linguagem mitológica, o vidente descreve a devastação causada pela

---

compreendemos como contradeclaração apostólica à declaração de guerra da parte do imperador divinizado em Roma".

[27] Ao lado de Ep X 96,6 (vinte anos antes, pessoas denunciadas renegaram sua fé) devemos mencionar Ep X 96,5. Aqui, Plínio menciona suas exigências aos cristãos "para cuja realização, como dizem, cristãos convictos jamais poderiam ser forçados". Isto pressupõe que uma prática dessa espécie já era costume há tempo na Ásia Menor! Segundo TÁCITO, Ann 15,44 e PLÍNIO, Ep X 96, as acusações levantadas contra os cristãos eram: misantropia, hostilidade ao Estado, ateísmo, superstição, prostituição cúltica e causação de danos econômicos.

[28] Cf. PLÍNIO, Ep X 96,2-3: "Vacilei muito acerca da pergunta se a idade faz alguma diferença, ou se não deve ser feita nenhuma distinção entre pessoas jovens e adultas; se o arrependimento merece clemência, ou se não adianta a alguém que uma vez foi cristão quando deixa de sê-lo; se devemos punir já o nome, sem presença de crimes, ou somente crimes vinculados ao nome. Por enquanto apliquei o seguinte critério às pessoas que me foram denunciadas como cristãos: perguntei se eram cristãos. A quem afirmava isso, perguntei uma segunda e terceira vez, ameaçando com a pena de morte; a quem manteve a resposta, mandei levar preso. Pois não tive dúvida de que, não obstante suas alegações, a obstinação e a teimosia inflexível precisassem ser punidas".

Besta (Ap 13; 17), e as cartas às comunidades fornecem o pano de fundo histórico: cristãos são acossados (Ap 2,9), presos (Ap 2,10), e uma testemunha já foi morta (Antipas em Ap 2,13; cf. Ap 6,9-11). A hora da tentação abate-se sobre toda a *ecumene* (Ap 3,10)[29].

A correspondência entre Plínio e Trajano entre 111 e 113 d.C. mostra finalmente[30] que há certo tempo já estavam acontecendo investidas contra os cristãos, sendo que o *nomen ipsum* (o próprio nome, o nome em si) era o motivo decisivo de acusação. Plínio e Trajano pleiteiam a punição daqueles cristãos que são denunciados e se mostram obstinados no processo. Ao mesmo tempo, sua posição sinaliza certo relaxamento, pois Plínio expressa dúvidas nos processos que ele mesmo conduz, e Trajano não aceita denúncias anônimas. Além disso, reduz possivelmente a exigência mínima em relação à lealdade ao Estado romano. Ao mesmo tempo, porém, devemos registrar que ambos adotam aparentemente um juízo já formado acerca do novo movimento e o praticam: cristãos, por serem cristãos, merecem a morte.

Estratégias de resolução

Naturalmente, nos distintos escritos variam as estratégias para resolver os problemas complexos do fim do primeiro século, mas, não obstante, podemos perceber mecanismos fundamentais de resolução:

---

[29] Uma referência às perseguições aos cristãos sob Domiciano encontra-se provavelmente em DIO CÁSSIO, LXVIII 1,2, que diz num relato sobre as inovações ordenadas pelo imperador Nerva: "Além disso, Nerva soltou todas as pessoas que estavam sendo processadas por crimes de lesa-majestade e chamou de volta os exilados, enquanto executou todos os escravos e libertados que tinham agido contra seus senhores, e além disso proibiu a todos os membros desse grupo levantar quaisquer queixas contra seus senhores. E ninguém mais podia registrar denúncias de lesa-majestade ou de adoção de modo de vida judaica (Ἰουδαϊκοῦ βίου). Também muitos dos denunciadores foram condenados à morte, entre eles o filósofo Seras".

[30] Para a análise da correspondência, cf. R. FREUDENBERGER, *Das Verhalten der römischen Behörden gegen die Christen im 2. Jahrhundert*, 2ª ed. (Munique: 1969).

1) As comunidades não exigiam uma mudança exterior do *status* de seus membros. Ao contrário, a consciência e a prática de ser igual na comunidade, portanto, em Cristo, comprovaram-se como socialmente integrativas.
2) Buscava-se um equilíbrio entre pobres e ricos por meio da obrigação a cuidados sociais e do mandamento da justiça e do amor.
3) As comunidades não buscavam transformações sociais, mas procuravam garantir sua existência através de uma conduta exemplar e uma atuação missionária.

9.2 Pseudepigrafia/deuteronímia como fenômeno histórico, literário e teológico

BALZ, H. R. "Anonymität und Pseudepigraphie im Urchristentum". In *ZThK* 66 (1969): 403-436; BROX, N. *Falsche Verfasserangaben*. SBS 79. Stuttgart, 1975; BROX, N. (org.). *Pseudepigraphie in der heidnischen und jüdisch-christlichen Antike*. Darmstadt, 1977; SPEYER, W. *Die literarische Fälschung im heidnischen und christlichen Altertum*. HAW 1.2. Munique, 1971; HENGEL, M. "Anonymität, Pseudepigraphie und 'literarische Fälschung' in der jüdisch-hellenistischen Literatur". In *Judaica et Hellenistica*. WUNT 90, editado por IDEM, pp. 196-251. Tübingen, 1996; FISCHER, K. M. "Anmerkungen zur Pseudepigraphie im Neuen Testament". In *NTS* 23 (1977): 76-81; POKORNY, P. "Das theologische Problem der neutestamentlichen Pseudepigraphie". In *EvTh* 44 (1984): 486-496; MEADE, D. G. *Pseudonymity and Canon*. WUNT 39. Tübingen, 1986; WOLTER, M. "Die anonymen Schriften des Neuen Testaments". In *ZNW* 79 (1988): 1-16; BAUM, A. D. *Pseudepigraphie und literarische Fälschung im frühen Christentum*. WUNT 2.138. Tübingen, 2001; FRENSCHKOWSKI, M. "Pseudepigraphie und Paulusschule". In *Das Ende des Paulus*, editado por F. W. HORN (org.). BZNW 106, pp. 239-272. Berlim, 2001; ZIMMERMANN, R. "Unecht – und doch wahr? Pseudepigraphie im Neuen Testament als theologisches Problem". In *ZNT* 12 (2003): 27-38; SCHMIDT, K. M. Mahnung und Erinnerung im Maskenspiel (cf. abaixo, 11.1), pp. 9-156.

A pseudepigrafia neotestamentária, isto é, a publicação de escritos com dados autorais que não correspondem à realidade histórica, não é um caso isolado no âmbito da literatura da Antiguidade. Tanto na literatura greco-romana³¹ como na judaica³² encontram-se numerosas obras pseudoepígrafes.

Aspectos terminológicos

Não raramente vinculam-se às palavras *pseudepigrafia* (grego: ψευδεπίγραφος = dotado de título errado, rótulo falso) e *pseudonímia* (grego: ψσευδώνυμος = denominado falsa ou incorretamente) juízos valorativos provocados pelo rótulo de "falso" e de "mentira" (grego: ψσευδής = mentiroso). No entanto, ainda se discute se os escritos em questão são falsificações e/ou utilizações falsas de nomes, assim procuramos por denominações mais neutras para o fenômeno. Útil parece ser a proposta de referir-se à deuteronímia³³, isto é, um autor utiliza um segundo (grego: δεύτερος) nome para autorizar seu interesse. Para os discípulos de Paulo, mas não para os outros escritos pseudepígrafos, este é um procedimento legítimo (cf. abaixo, 10). Por isso, parece-me adequado usar, por enquanto, os termos pseudepigrafia e deuteronímia lado a lado em pé de igualdade e perguntar em cada escrito individualmente pela classificação mais adequada.

A situação histórica

A pseudepigrafia/deuteronímia neotestamentária é claramente delimitável em termos de tempo; a maioria dos escritos pseudepígrafos/deuteronímios surgiu entre os anos 60 e 100 d.C., sendo que o dois pontos extremos são marcados pelas protopaulinas e pelas cartas de Inácio. Dentro da história do cristianismo primitivo, o período mencionado representa uma época de transformação e de nova

---

[31] Para a pseudepigrafia entre gregos e romanos, cf. especialmente W. SPEYER, Die literarische Fälschung, pp. 111-149.
[32] Cf. a respeito D. G. MEADE, Pseudonymity, pp. 17-85.
[33] Assim J. GNILKA, Kol (cf. abaixo, 10.1), p. 231; adotado por F. HAHN, Theologie I, pp. 333s. R. ZIMMERMANN, Unecht – und doch wahr?, p. 30, fala de "pseudepigrafia imitativa"; H. MARSHALL, Past (cf. abaixo, 10.4), p. 84, refere-se em relação às Cartas Pastorais à "allonymity" ou "allepigraphy" (alonímia ou alepigrafia).

orientação. A geração das primeiras testemunhas estava morta, uma organização paneclesiástica era ainda inexistente, ministérios nas comunidades estavam apenas em formação, a problemática do atraso da parusia tornou-se plenamente consciente, havia as primeiras perseguições abrangentes e, finalmente, tanto a separação dolorosa do judaísmo como o confronto intenso com heresias nas próprias fileiras determinavam aquele tempo. Além disso, 2Ts 2,2 leva a supor que adversários também utilizaram a autoridade de Paulo por meio de escritos pseudepígrafos/deuteronímios. Nessa situação de nova orientação e da consequente nova interpretação de tradições antigas, a pseudepigrafia/deuteronímia era aparentemente para muitos grupos no cristianismo primitivo o meio mais eficaz de influenciar o desenvolvimento[34].

Em termos sócio-históricos, a prática missionária coletiva de Paulo[35] e a existência de uma escola paulina[36] são de grande importância para o surgimento da pseudepigrafia/deuteronímia epistolar. Nas cartas protopaulinas, com exceção da Carta aos Romanos, aparecem sempre coautores ao lado de Paulo (1Ts 1,1; 1Cor 1,1; 2Cor 1,1; Gl 1,2; Fl 1,1; Fm 1); essas cartas foram escritas por secretários (Rm 16,22) ou outras pessoas às quais Paulo ditava (1Cor 16,21; Gl 6,11; Fm 19). Isto é, não obstante a clara posição singular de Paulo, elas têm *também* um caráter de obras coletivas. Por isso, os discípulos podiam legitimamente recorrer à autoridade de Paulo, ao adotar os pensamentos dele, dar-lhes um maior desenvolvimento, integrar nas cartas tradições orais de ou sobre Paulo[37] e inserir, segundo a situação atual das comunidades, argumentações próprias. Para as comunidades cristão-primitivas deve ter sido efetivamente plausível que Paulo também tivesse escrito cartas a seus colaboradores mais íntimos, como Timóteo (cf. 1Ts 3,2; Rm 16,21; Fl 2,19-23) e Tito (cf. 2Cor 8,16). Igualmente se podia esperar cartas às comunidades importantes de Éfeso (cf. 1Cor 15,32;

---

[34] Cf. K. M. FISCHER, Anmerkungen zur Pseudepigraphie, pp. 79ss.
[35] Cf. aqui W.-H. OLLROG, Paulus und seine Mitarbeiter (cf. acima, 6.7), pp. 109ss.
[36] Cf. U. SCHNELLE, Paulus (cf. acima, 6), pp. 146-160.
[37] Cf. a respeito A. STANDHARTINGER, Studien zur Entstehungsgeschichte und Intention des Kolosserbriefes (cf. abaixo, 10.1), pp. 91-152.

16,8; At 18,19.21.24; 19,1.17.26; 20,16s) e Colossos e também uma segunda carta a uma comunidade fundada por Paulo (2Ts). Essas cartas poderiam ser "encontradas" nas comunidades e/ou publicadas como coletâneas, juntamente com cartas autênticas[38]. Finalmente, cartas de personagens tão importantes como Pedro ou Tiago não devem ter sido percebidas como algo incomum. Ambos tinham uma história movimentada que podia ser aproveitada.

Todos os pseudepígrafos/deuteronímios neotestamentários estavam inseridos em uma situação histórica muito determinada e devem ser compreendidos como a tentativa de resolver problemas centrais da terceira geração cristão-primitiva. O objetivo da pseudepigrafia/deuteronímia neotestamentária era não só garantir a continuidade da tradição apostólica no tempo após a morte dos apóstolos. Antes, desejava-se principalmente reavivar a autoridade dos apóstolos no tempo presente no modo da memória interpretativa. Ao recorrer às origens de uma tradição, os autores justificavam a pretensão de normatividade de sua nova interpretação diante de novos problemas surgidos no seu tempo. Dessa maneira, as indicações secundárias sempre testemunham sobre a importância das indicações primárias!

A construção literária

A pseudepigrafia/deuteronímia é um procedimento literário, organizado de maneira construtiva e intertextual[39], que serve de instrução para a leitura de uma pessoa (por exemplo, Pedro ou Tiago) ou

---

[38] Cf. a suposição plausível de P. TRUMMER, Corpus Paulinum – Corpus Pastorale (cf. abaixo, 10.4), p. 133: "As Cartas Pastorais como pseudepigrafia paulina só podiam ser escritas e divulgadas na esteira de uma nova edição do corpo até então existente. Não obstante toda a credulidade existente e a conduta parcialmente acrítica de círculos cristão-primitivos, uma origem diferente deveria ter esbarrado numa forte crítica e rejeição".

[39] Para a intertextualidade, cf. ST. ALKIER, "Intertextualität – Annäherungen an ein texttheoretisches Paradigma", in D. SÄNGER (org.). *Heiligkeit und Herrscher*. BThSt 55 (Neukirchen: 2003), pp. 1-26. Pressuponho o seguinte conceito de intertextualidade: intertextualidade refere-se a todas as formas comprováveis nos textos de citações, alusões e referências de um texto a um outro, dentro de uma enciclopédia linguística e cultural.

um escrito (por exemplo, as cartas de Paulo). O objetivo disso é, por via de regra, ampliar a esfera de importância de uma pessoa e/ou um escrito e/ou precisá-los em vista de determinadas questões. Colocar pessoas e/ou textos, por meio de um texto novo, num quadro interpretativo modificado faz surgir novas leituras e significados[40]. Tanto em relação a pessoas ou ao texto de referência como em relação ao novo texto produz-se uma polivalência, isto é, busca-se uma ampliação da compreensão. Textos pseudepígrafos/deuteronímios referem-se desde o início a um contexto geral pessoal e/ou literário, em vista do qual foram concebidos e a partir do qual devem ser recebidos de uma determinada maneira.

> Nos casos concretos, os autores de pseudepígrafos/deuteronímios servem-se de meios muito diversificados. Por exemplo, enquanto a Carta aos Hebreus insinua em 13,23 apenas numa leve alusão que seria escrita por Paulo, as Cartas Pastorais oferecem uma completa ficção paulina. Por exemplo, nos inícios e conclusões das cartas imita-se o estilo paulino com seus dados de destinatários, saudações, nomes mencionados e notícias pessoais (cf. 1Tm 1,1s; 6,21; 2Tm 1,1-5; 4,19-22; Tt 1,1-4; 3,12-15). Além disso, o autor descreve nos pormenores mais ínfimos a suposta situação da vida de Paulo (cf. 1Tm 1,20; 2Tm 4,13) e reproduz até mesmo pensamentos do apóstolo diante de sua morte iminente (cf. 2Tm 4,6-8.17s). Nesse contexto, a pessoa do apóstolo tem um significado legitimador e normativo. Nas deutero-paulinas, a *mimesis* por ele exigida (cf. 1Cor 4,16) ganhou forma também no nível literário. Os elementos da imitação estilística, da descrição fictícia de situações por meio de dados cronológicos ou condições históricas, e a apresentação da respectiva situação pessoal da autoridade utilizada fazem, em intensidade variada, parte dos meios da pseudepigrafia/deuteronímia neotestamentária. São meios estilísticos para conferir à referência ao personagem de autoridade (por exemplo, Paulo ou Pedro) o peso considerado necessário. Nesse contexto há um condicionamento mútuo entre os meios estilísticos selecionados pelo respectivo autor e a situação dentro da qual o escrito pseudepígrafo/deuteronímio deve ter seus efeitos. Por exemplo, quando "Paulo" em 1Tm 5,23 aconselha Timóteo a tomar um pouco de vinho, por causa de sua saúde, passa-se uma mensagem que se dirige também

---

[40] Cf. aqui A. MERZ, Die fiktive Selbstauslegung des Paulus (cf. abaixo, 10.4), pp. 35-71.

contra as tendências ascéticas rigorosas (cf. também Cl 2,16!) combatidas pelo autor em 1Tm 4,3-9.

Escritos pseudepígrafos/deuteronímios são colocados em uma situação comunicativa fictício para tematizar assim, de um modo sutil e de alto nível literário, a própria situação por meio da referência a uma pessoa e/ou um escrito.

A problemática teológica

Uma avaliação teológica não deve partir de categorias morais (modernas) de falsificação ou fraude[41], pois a pseudepigrafia/deuteronímia neotestamentária está inserida, como fenômeno comum, no ambiente contemporâneo[42], e o engano justamente não é seu objetivo. A forma literária da pseudepigrafia/deuteronímia era nas três últimas décadas do primeiro século cristão o meio mais eficaz para resolver os novos problemas que surgiram desde a perspectiva dos autores da pseudepigrafia/deuteronímia no respectivo sentido das autoridades às quais recorreram, isto é, no primeiro plano está uma determinada intenção de recepção. Por isso, a categoria moral da falsificação é inadequada para captar os objetivos da pseudepigrafia/deuteronímia[43], pois a verdade das coisas afirmadas não depende de uma indicação correta ou não de um autor, que, de qualquer forma, nunca pode ser verificada totalmente. Por isso, é mais adequado referir-se a "dados autorais emprestados", nos quais a autoridade apostólica atua como garante da normatividade do afirmado[44]. A pseudepigrafia/deuteronímia deve ser considerada a tentativa de refletir e preservar tradições apostólicas num ato de anamnese

---

[41] Cf. a respeito N. BROX, Falsche Verfasserangaben, pp. 81ss.
[42] Cf. como paralelos especialmente as cartas cínicas; os textos são acessíveis em: L. KÖHLER, *Die Briefe des Sokrates und der Sokratiker*. Philologus XXIII (Leipzig: 1928); E. MÜSELER, *Die Kynikerbriefe. Kritische Ausgabe mit deutscher Übersetzung* (Paderborn: 1994).
[43] Cf. R. ZIMMERMANN, Unecht – und doch wahr?, p. 341.
[44] Cf. N. BROX, Falsche Verlasserangaben, p. 105, que ressalta para a pseudepigrafia "o motivo da participação no passado superior".

interpretativa dentro de situações em mudança, mas, ao mesmo tempo, de dar respostas necessárias a novas situações e perguntas. Nesse sentido, a perspectiva eclesiástico-universal é característica para os escritos pseudepígrafos/deuteronímios, pois eles surgiram devido à responsabilidade ecumênica.

Capítulo 10

AS CARTAS DEUTEROPAULINAS: RELER E REPENSAR PAULO

MÜLLER, U. B. Zur frühchristlichen Theologiegeschichte (cf. acima, 9.1); SCHILLE, G. *Das älteste Paulusbild*. Berlim, 1979; LINDEMANN, A. *Paulus im ältesten Christentum*. BHTh 58. Tübingen, 1979; DASSMANN, E. *Der Stachel im Fleisch. Paulus in der frühchristlichen Literatur bis Irenäus*. Münster 1979; KERTELGE, K. (org.). *Paulus in den ntl. Spätschriften*. QD 89. Freiburg, 1981; MÜLLER, P. *Anfänge der Paulusschule*. AThANT 74. Zürich, 1988; SCHOLTISSEK, K. (org.). *Christologie in der Paulus-Schule*. SBS 181. Stuttgart, 2000; SCHMELLER, TH. *Schulen im Neuen Testament?* HBS 30. Würzburg, 2001; DETTWILER, A. "L'école paulinienne: évaluation d'une hypothese". In *Paul, une théologie en construction*, editado por A. DETTWILER, J.-D. KAESTLI, D. MARGUERAT (cf. acima 6), pp. 419-440.

As cartas deuteropaulinas formam o maior grupo de escritos pseudepígrafos/deuteronímios. Isso não é um mero acaso, porque Paulo, graças a seu empenho intelectual, à obra impressionante de sua vida e finalmente sua morte de mártir, tornou-se uma das figuras centrais de identificação do cristianismo primitivo. Além disso, a teologia paulina nunca foi um bloco rígido e imutavelmente monolítico, mas um sistema baseado em convicções fundamentais, aberto para mudanças históricas e desafios teológicos. Discípulos do apóstolo acolheram essa tendência e escreveram sob o nome de Paulo cartas que releram e repensaram a teologia paulina num tempo que tinha mudado e procuraram assim levá-la aos cristãos de seu tempo. As cartas deuteropaulinas retomaram interesses básicos do apóstolo e os desenvolveram em relação a sua situação histórica e teológica específica. Entre si, são muito diferenciadas: enquanto as Cartas aos Colossenses e aos Efésios adotam, desenvolvem e modificam o pensamento paulino abrangentemente, as Cartas Pastorais concentram-se em aspectos individuais, e a Segunda Carta aos Tessalonicenses tematiza quase exclusivamente a temática da parusia.

10.1 A Carta aos Colossenses: Paulo num tempo que mudou

E. KÄSEMANN, *Leib und Leib Christi*. BHTh 9. Tübingen, 1933; PERCY, E. *Die Probleme der Kolosser- und Epheserbriefe*. Lund, 1946; BORNKAMM, G. "Die Häresie des Kolosserbriefes". In *Das Ende des Gesetzes*, editado por IDEM, 3ª ed., pp. 139-156. Munique, 1961; LOHSE, E. *Die Briefe an die Kolosser und an Philemon*. KEK IX/2. Göttingen, 1968, ²1977; STEINMETZ, F. J. *Protologische Heils-Zuversicht*. FTS 2. Frankfurt, 1969; LAHNEMANN, J. *Der Kolosserbrief. Komposition, Situation und Argumentation*. StNT 3. Gütersloh, 1971; BUJARD, W. *Stilanalytische Untersuchungen zum Kolosserbrief als Beitrag zur Methodik von Sprachvergleichen*. SUNT 11. Göttingen, 1973; ZEILINGER, F. *Der Erstgeborene der Schöpfung*. Viena, 1974; LUDWIG, H. "Der Verfasser des Kolosserbriefes. Ein Schüler des Paulus" (tese de doutorado). Göttingen, 1974; BURGER, CHR. *Schöpfung und Versöhnung*. WMANT 46. Neukirchen, 1975; SCHWEIZER, E. *Der Brief an die Kolosser*. EKK XII. Neukirchen 1976, ²1980; GNILKA, J. *Der Kolosserbrief*. HThK X. Freiburg, 1980; LINDEMANN, A. *Der Kolosserbrief*. ZBK 10. Zurique, 1983; LONA, H. E. *Die Eschatologie im Kolosser- und Epheserbrief*. fzb 48. Würzburg, 1984; MÜLLER, P. Anfänge der Paulusschule (cf. acima, 10); SAPPINGTON, T. J. *Revelation and Redemption at Colossae*. JSNT.S 53. Sheffield, 1991; WOLTER, M. *Der Brief an die Kolosser*. OTK 12. Gütersloh, 1993; HOPPE, R. *Der Triumph des Kreuzes. Studien zum Verhältnis des Kolosserbriefes zur paulinischen Kreuzestheologie*. SBB 28. Stuttgart, 1994; DUNN, J. D. G. *The Epistles to the Colossians and to Philemon*. Grand Rapids, 1996; HÜBNER, H. *An die Kolosser*. HNT 12. Tübingen, 1997; STANDHARTINGER, A. *Studien zur Entstehungsgeschichte und Intention des Kolosserbriefes*, NT.S 94. Leiden, 1999; STETTLER, CHR. *Der Kolosserhymnus*. WUNT 2.131. Tübingen, 2000; MAISCH, I. *Der Brief an die Gemeinde in Kolossä*. ThKNT 12. Stuttgart, 2003; VAN KOOTEN, G. H. Cosmic Christology in Paul and the Pauline School. WUNT 2.171. Tübingen, 2003; DÜBBERS, M. *Christologie und Existenz im Kolosserbrief*. WUNT 2.191. Tübingen, 2005; LEPPA, O. *The Making of Colossians*. SFEG 86. Göttingen, 2005; WILSON, R. McL. *Colossians and Philemon*. ICC. Londres, 2005.

A Carta aos Colossenses é o primeiro escrito redigido após a morte de Paulo sob seu nome (e o de Timóteo). Escrita por um colaborador e discípulo de Paulo por volta de 70 d.C., Colossenses está como nenhuma outra carta pós-paulina em continuidade histórica e teológica com Paulo[1]. Essa proximidade permite designar a Carta aos Colossenses como um escrito deuteronímio que visa estabilizar a identidade ameaçada da comunidade através de uma cuidadosa releitura de pensamentos paulinos. Aparentemente, a comunidade em Colossos estava a ponto de reativar elementos centrais de sua antiga religiosidade e combiná-los com sua fé em Cristo, como, por exemplo, o culto a astros e seres mediadores / anjos, o medo de demônios, a crença no destino e práticas ascéticas. A Carta aos Colossenses viu nisso uma relativização da eficácia salvífica do evento Cristo e procurou superá-la através de uma ênfase nos aspectos universais da atuação divina em Jesus Cristo. A esse objetivo pragmático serve toda a argumentação da Carta aos Colossenses, com seu entrelaçamento característico de cristologia, soteriologia, escatologia e eclesiologia numa base teológica.

10.1.1 *Teologia*

A "teo-logia" é o pré-requisito material para a argumentação da Carta aos Colossenses, embora não seja predominante na superfície de seu texto. Deus aparece com o Pai de Jesus Cristo (Cl 1,3), que, em sua graça, é o autor da palavra da verdade, do evangelho (Cl 1,5s). Paulo tornou-se o servo dessa palavra que Deus ocultava desde tempos eternos (Cl 1,25), mas que agora revelava às nações: "Cristo em vós, a esperança da glória" (Cl 1,27). Cristo é o μυστήριον τοῦ θεοῦ ("mistério de Deus"), "nele estão escondidos todos os tesouros da sabedoria e do conhecimento" (Cl 2,3; cf. 1,27). Deve-se agradecer a Deus por sua ação em Jesus Cristo (Cl 3,16s), e a comunidade deve pedir a Deus que o apóstolo possa divulgar também na prisão o mistério de Cristo (Cl 4,3).

---

[1] Para as questões introdutórias, cf. U. SCHNELLE, Einleitung (cf. acima, 2.2), pp. 326-343.

A base "teo-lógica" da cristologia mostra-se claramente e sobretudo na definição da relação entre Cl 1,12-14 e 1,15-20 e em Cl 2,14s². O "Hino Cristológico" de Cl 1,15-20 (cf. abaixo, 10.1.2) é "teo-logicamente" justificado com Cl 1,12-14: o sujeito do acontecimento é Deus como Pai, que salvou os crentes das trevas e os transportou para o Reino de seu Filho. Deus é superior a todos os poderes, porque unicamente ele concede em Cristo a salvação e o perdão dos pecados (Cl 1,14). *Deus é a plenitude da totalidade*, e o hino afirma que ela se torna agora visível. Um segundo texto-chave é Cl 2,14s³. Na confrontação com a filosofia "colossense" (Cl 2,8; φιλοσοφία), o autor argumenta de novo "teo-logicamente": Deus "apagou, em detrimento das ordens legais, o título de dívida que existia contra nós; e o suprimiu, pregando-o na cruz, na qual despojou os Principados e as Autoridades, expondo-os em espetáculo em face do mundo, levando-os em cortejo triunfal". A imagem militar do cortejo triunfal (cf. 1Cor 2,16) sublinha o caráter definitivo do acontecimento: assim como um general manifesta sua vitória por meio do cortejo triunfal (cf. Plutarco, Pompeius 83,3), Deus manifesta a subjugação dos principados e potentados na cruz.

O objetivo pragmático da Carta aos Colossenses é demonstrar o domínio abrangente de Deus em Jesus Cristo, que preenche tudo e determina tudo. Por isso, a Carta aos Colossenses adota os conceitos centrais da religiosidade comum da Antiguidade⁴, justifica-os "teologicamente" e preenche-os cristologicamente, para privar assim a

---

² Cf. aqui R. HOPPE, "Theo-Iogie in den Deuteropaulinen (Kolosser- und Epheserbrief)", in H.-J. KLAUCK (org.), *Monotheismus und Christologie*. QD 138 (Freiburg: 1992), 163-185.

³ Para a análise detalhada, cf. R. HOPPE, Der Triumph des Kreuzes (cf. acima, 10.1), pp. 252-259.

⁴ Cf., por exemplo, verdade (1,5.6: ἀλήθεια); filosofia (2,8: φιλοσοφία, somente aqui no NT); visível / invisível (1,16: ὁρατός; 1,15.16: ἀόρατος); conhecimento (1,9.10; 2,2; 3,10: ἐπίγνωσις); poder (1,11.29: δύναμις; 1,13.16; 2,10.15: ἐξουσία); luz (1,12: φῶς); mistério (1,26.27; 2,2; 4,3: μυστήριον); plenitude (1,19; 2,9: πλήρωμα; 1,25; 2.10; 4.17: πληρόω); imagem (1,15; 3,10: εἰκών); humildade (2,18.23; 3,12: ταπεινοφροσύνη); elementos do mundo (2,8.20: στοιχεῖα τοῦ κόσμου). Como comparação à Carta aos Colossenses podemos aduzir o escrito pseudoaristotélico De mundo (περὶ κόσμου), que pode ter sido escrito no séc. I d.C. e que é um testemunho impressionante da antiga visão de mundo que predominava naquele tempo.

"filosofia" colossense, que era uma interpretação da vida e do mundo concorrente no âmbito da comunidade, de sua fascinação que se baseava aparentemente em sua ampla combinação de padrões interpretativos antigos e novos e na correspondente totalidade de sua visão de mundo. A Carta aos Colossenses combate isso com uma criação de sentido que é universal em todos os sentidos e na qual a atuação de Deus é a base para a predominância da cristologia[5].

10.1.2 *Cristologia*

A importância que a obra salvífica de Jesus Cristo tem para todo o cosmos está no centro da cristologia da Carta aos Colossenses[6]. Ela abrange quase todos os temas cristológicos centrais: preexistência, mediação da criação, cruz, reconciliação, morte e ressurreição, domínio junto a Deus, a segunda vinda.

Cristologia cósmica

Cristo é o primogênito antes de toda criatura, o universo foi criado nele, e por ele e para ele o universo subsiste (cf. Cl 1, 15-17). Como Senhor e mediador da criação, ele governa sobre tudo que foi criado, o visível e o invisível. Cristo é a cabeça de todos os poderes/potentados (Cl 2,10) e triunfa sobre os poderes cósmicos (Cl 2,15). Nele, o cosmos tem sua subsistência, e ele atribui a todos os poderes seu significado. A comunidade participa desse domínio de Cristo já no tempo presente. Por meio de sua morte, ele reconciliou os crentes com Deus (Cl 1,22) e apagou o título de dívida que os acusava (Cl 2,14). Agora, Cristo pode ser proclamado também aos gentios como o Senhor do

---

[5] Cf. a respeito R. GEBAUER, "Der Kolosserbrief als Antwort auf die Herausforderung des Synkretismus", in R. GEBAUER, M. MEISER, *Die bleibende Gegenwart des Evangeliums*. FS O. Merk. MThSt 76 (Marburg: 2003), pp. 153-169.
[6] Uma visão geral da cristologia da Carta aos Colossenses é oferecida em: A. DE OLIVEIRA, "Christozentrik im Kolosserbrief", in K. SCHOLTISSEK (org.), *Christologie in der Paulusschule* (cf. acima, 10), p. 72-103; L. W. HURTADO, Lord Jesus Christ (cf. acima, 4), pp. 504-510; análises aprofundadas há em G. H. VAN KOOTEN, Cosmic Christology (cf. acima, 10.1), pp. 59-146.

cosmos (Cl 1,27). Cl 3,11d expressa a cristologia da carta concisamente: "Cristo é tudo em todos" (τὰ πάντα καὶ ἐν πᾶσιν Χριστός)[7].

Esse conceito de uma cristologia cósmica, que se caracteriza por um pensamento em esferas e espaços de domínio, podia retomar afirmações das cartas protopaulinas que também anunciaram o domínio cósmico de Cristo (cf. 1Cor 8,6; Fl 2,9-11; 3,20s). No entanto, o autor da Carta aos Colossenses vai muito além dessas afirmativas tradicionais, ao tornar as dimensões cosmológicas o fundamento e o centro da cristologia. Um motivo essencial para a ampliação das perspectivas cristológicas deve ter sido a "filosofia" concorrente em Colossos[8]. Na "filosofia" colossense confluíram elementos do judaísmo helenista, da contemporânea filosofia estoica, neopitagórica e medioplatônica, bem como dos cultos de mistérios, de modo que uma derivação histórico-religiosa monocausal parece impossível. Aparentemente, os adversários da Carta aos Colossenses praticavam seus ensinamentos e seu culto dentro da comunidade. Eles não se consideravam hereges, mas percebiam em sua filosofia uma forma legítima da expressão da fé cristã. A justaposição de τὰ στοιχεῖα τοῦ κόσμου ("poderes do mundo") e Cristo em Cl 2,8 permite deduzir que a "filosofia" imaginava as στοιχεῖα como poderes pessoais. Elas aparecem como potentados que querem exercer seu domínio sobre o ser humano (cf. Cl 2,10.15ss.). Os colossenses provavelmente cultuavam e temiam também os elementos, e nesse contexto aparecem, ao lado da ascese, a circuncisão, engodo de humildade e o culto aos anjos, como meios para cumprir as supostas exigências dos elementos. É evidente em cada caso a

---

[7] Em 1Cor 15,28, Deus é "tudo em todos" (ὁ θεὸς τὰ πάντα καὶ ἐν πᾶσιν)!
[8] Visões gerais da pesquisa e interpretações encontram-se em G. BORNKAMM, Die Häresie des Kolosserbriefes, in IDEM, Das Ende des Gesetzes, 3ª ed. (Munique: 1961), pp. 139-156 (discussão mais antiga); E. SCHWEIZER, Kol (cf. acima, 10.1), pp. 100-104; M. WOLTER, Kol (cf. acima, 10.1), pp. 155-163; I. MAISCH, Kol (cf. acima, 10.1), pp. 30-40. Para o termo-chave τὰ στοιχεῖα τοῦ κόσμου, cf. G. DELLING, Verbete "στοιχεῖον", in ThWNT VII (Stuttgart: 1966), pp. 666-687; J. BLINZLER, Lexikalisches zu dem Terminus τὰ στοιχεῖα τοῦ κόσμου bei Paulus. AB 18 (Roma: 1963), pp. 429-443; E. LOHSE, Kol (cf. acima, 10.1), pp. 146-149; E. SCHWEIZER, "Altes und Neues zu den 'Elementen der Welt' in Kol 2,20; Gal 4,3.9", in K. ALAND, S. MEURER, Wissenschaft und Kirche. FS E. Lohse (Bielefeld: 1989), pp. 111-118; D. RUSAM, "Neue Belege zu den τὰ στοιχεῖα τοῦ κόσμου (Gal 4,3.9; Kol 2,8.20)", in ZNW 83 (1992): 119-125; M. WOLTER, Kol (cf. acima, 10.1), pp. 122-124.

tendência de prestar, ao lado de Cristo, a devida homenagem aos poderes e elementos, por meio da integração na ordem cósmica.

O hino

A base para o confronto com o ensinamento concorrente é o hino em Cl 1,15-20, como texto fundamental no plano da composição e do conteúdo[9]:

(15) ὅς ἐστιν εἰκὼν τοῦ θεοῦ τοῦ ἀοράτου, Ele é a imagem do Deus invisível,
πρωτότοκος πάσης κτίσεως, primogênito de toda criação,
(16) ὅτι ἐν αὐτῷ ἐκτίσθη τὰ πάντα porque nele tudo foi criado,
ἐν τοῖς οὐρανοῖς καὶ ἐπὶ τῆς γῆς, nos céus e na terra,
τὰ ὁρατὰ καὶ τὰ ἀόρατα, o visível e o invisível,
εἴτε θρόνοι εἴτε κυριότητες quer tronos ou soberanias,
εἴτε ἀρχαὶ εἴτε ἐξουσίαι· quer principados ou potentados,
τὰ πάντα δι' αὐτοῦ καὶ εἰς αὐτὸν ἔκτισται· tudo (o universo) foi criado por ele e para ele.
(17) καὶ αὐτός ἐστιν πρὸ πάντων E ele é antes de tudo,
καὶ τὰ πάντα ἐν αὐτῷ συνέστηκεν, e tudo nele subsiste.
(18) καὶ αὐτός ἐστιν ἡ κεφαλὴ τοῦ σώματος Ele é a cabeça do corpo,
τῆς ἐκκλησίας·· da Igreja.
ὅς ἐστιν ἀρχή, Ele é o princípio,
πρωτότοκος ἐκ τῶν νεκρῶν, o primogênito dos mortos,
ἵνα γένηται ἐν πᾶσιν αὐτὸς πρωτεύων, para ser em tudo o primeiro.
(19) ὅτι ἐν αὐτῷ εὐδόκησεν πᾶν τὸ πλήρωμα Pois agradou à plenitude habitar
κατοικῆσαι nele
(20) καὶ δι' αὐτοῦ ἀποκαταλλάξαι τὰ πάντα e reconciliar tudo por ele e para
εἰς αὐτόν, ele,
εἰρηνοποιήσας διὰ τοῦ αἵματος τοῦ *realizando a paz pelo sangue de sua*
σταυροῦ αὐτοῦ, *cruz*
εἴτε τὰ ἐπὶ τῆς γῆς εἴτε τὰ ἐν τοῖς οὐρανοῖς. tanto na terra como nos céus.

---

[9] Para Cl 1,15-20, cf. além dos comentários especialmente H. HEGERMANN, *Die Vorstellung vom Schöpfungsmittler im hellenistischen Judentum und Urchristentum*. TU 82 (Berlim: 1961), pp. 89-93; CHR. BURGER, Schöpfung (cf. acima, 10.1), pp. 3-53; R. DEICHGRÄBER, *Gotteshymnus und Christushymnus* (cf. acima, 4), pp. 143-155; K. WENGST, Christologische Formeln und Lieder (cf. acima, 4), 170-179; F. ZEILINGER, Der Erstgeborene der Schöpfung (cf. acima, 10.1), pp. 179-205; J. HABERMANN, Präexistenzaussagen (cf. abaixo, 12.2.1), pp. 225-266; CHR. STETTLER, Der Kolosserhymnus (cf. acima, 10.1), pp. 75ss.

O hino tradicional começa no v. 15, onde há uma mudança repentina de estilo[10]. Enquanto Cl 1,3-14 apresenta os elementos típicos da carta (construções com particípios, infinitivos acrescentados sem conexão formal, acúmulo de sinônimos, acúmulo de genitivos, repetições), eles faltam nos v. 15-20[11]. Além disso há particularidades linguísticas: ὁρατός (Cl 1,16), πρωτεύειν (v. 18) e εἰρηνοποιεῖν (v. 20) são *hapax legomena* no Novo Testamento. Nas cartas protopaulinas não se encontra nem θρόνος nem ἀρχή (v. 16). Em Paulo, só há referência ao sangue de Cristo há no contexto com tradições recebidas (cf. Rm 3,25; 1Cor 10,16; 11,25.27), e a expressão αἷμα τοῦ σταυροῦ αὐτοῦ (v. 20) não tem paralelos nele.

Para definir a estrutura do hino devemos partir do paralelo entre ὅς ἐστιν nos v. 15 e v. 18, que sugere uma estrutura de duas partes. Além disso, πρωτότοκος πάσης κτίσεως no v. 15 corresponde ao πρωτότοκος ἐκ τῶν νεκρῶν no v. 18b. Depois de cada frase relativa segue-se um ὅτι causal (v. 16.19). Os v. 17 e 18a são acrescentados por καὶ αὐτός, o v. 20 por καὶ δι᾽ αὐτοῦ. Tanto em termos formais como de conteúdo, o hino está estruturado em duas estrofes. Enquanto a primeira estrofe (v. 15-18a) tematiza a importância cosmológica do evento Cristo, a segunda estrofe (v. 18b-20) coloca no centro sua dimensão soteriológica. O *genitivus epexegeticus* τῆς ἐκκλησίας, acrescentado ao ἡ κεφαλὴ τοῦ σώματος no v. 18a, perturba essa estrutura, porque introduz a dimensão soteriológico-eclesiológica já na primeira estrofe. Além disso, esse elemento interpretativo corresponde à compreensão da Igreja como corpo de Cristo, assim como o autor da Carta aos Colossenses a desenvolve, por exemplo, em Cl 1,24. Outro elemento interpretativo mostra-se na dupla expressão preposicional διὰ τοῦ αἵματος τοῦ σταυροῦ αὐτοῦ (v. 20). A referência ao evento da cruz deve ser entendida como uma inserção do autor da Carta aos Colossenses, que vincula as dimensões cósmicas do evento Cristo com a cruz e, assim, com a história[12]. Não podemos deixar de perceber paralelos com o hino da Carta aos Filipenses. Aqui como lá se vincula o elemento proveniente da tradição com o contexto por meio de elementos interpretativos . Em termos histórico-religiosos, o hino adota ideias do judaísmo helenista que atribuem à Sabedoria aqueles predicados que o hino atribui a Cristo[13]. O autor faz desse hino cristão, criado provavelmente na Ásia Menor, o ponto

---

[10] Para as diferentes classificações histórico-críticas de Cl 1,15-20 (hino / cântico de Cristo / salmo de Cristo / poema pedagógico / *encomion* de Cristo), cf. I. MAISCH, Kol (cf. acima, 10.1), pp. 77s.
[11] Cf. H. LUDWIG, Der Verfasser des Kolosserbriefes (cf. acima, 10.1), pp. 32ss.
[12] Cf. op. cit., p. 79.
[13] Cf. a respeito a argumentação em E. LOHSE, Kol (cf. acima, 10.1), pp. 85-103.

de partida da argumentação em uma comunidade na qual tradições hínicas eram de grande importância (cf. Cl 3,16b).

Em termos de conteúdo, o hino defende uma *cristologia cosmológico-universal*: como imagem e semelhança do Deus invisível, Jesus Cristo é o criador, preservador e reconciliador do cosmos. Ele existia antes de todas as coisas, tudo chegou a ser através dele, e nele estão a reconciliação e a paz. Os conceitos dominantes do hino, a preexistência e mediação da criação, bem como a onipresença, onipotência e exclusividade de Jesus Cristo, são complementados pela Carta aos Colossenses de maneira tripla:

1) A Carta aos Colossenses define o conteúdo do conceito do corpo cosmológico no v. 18 eclesiologicamente, por meio do acréscimo τῆς ἐκκλησίας. Isso retoma, por um lado, o conceito paulino da Igreja como corpo de Cristo (σῶμα Χριστοῦ, 1Cor 12). Por outro lado, a distinção não paulina entre a "cabeça" e o "corpo" é fundamental para a Carta aos Colossenses (Cl 2,19: "ignorando a cabeça, pela qual todo o corpo, alimentado e coeso pelas juntas e ligamentos, realiza seu crescimento em Deus."), porque destaca a função dominadora de Cristo (Cl 2,10: "[...] "e nele fostes levados à plenitude. Ele é a cabeça de todo principado e de toda autoridade").
2) No v. 20b, a Carta aos Colossenses usa o elemento interpretativo διὰ τοῦ αἵματος τοῦ σταυροῦ αὐτοῦ ("pelo sangue da sua cruz") para inscrever a teologia paulina da cruz (cf. 1Cor 1,18ss): reconciliação e criação de paz no evento da cruz.
3) Por meio desses meios interpretativos, a Carta aos Colossenses uniu a dimensão cosmológica do hino tradicional e pensamentos genuinamente paulinos: a plenitude, a reconciliação e a paz ocorrem no evento da cruz e estão presentes na Igreja que é o corpo de Cristo.

Os pensamentos básicos do hino determinam também as demais afirmações cristológicas da Carta aos Colossenses, o que é indicado linguisticamente e sobretudo pela retomada de πᾶν/πάντα (1,16.17.18.19.20: "tudo/todas as coisas") em Cl 2,2.9.13.19; 3,11.17.20.22 e pelo ἐν αὐτῷ (1,16.17.19: "nele") em Cl 2,6.7.9.10.11.12.15. O hino fundamenta o cristocentrismo da Carta e já está a serviço da polêmica contra os adversários (cf. a retomada de Cl 1,19 em Cl 12,9; além disso, compara-se 2,10 com 1,16b.17)[14]. Os adversários proclamam um vínculo entre a fé cristã e o serviço aos poderes e potentados, mas o autor da Carta aos Colossenses contrapõe a esse ensinamento o *solus Christus*.[15] Para os hereges, Cristo ainda não é suficiente para participar da plenitude da salvação. Diante do medo do mundo e da insegurança da comunidade, porém, o autor da Carta aos Colossenses ressalta a presença plena da salvação em Jesus Cristo: "Pois nele habita corporalmente toda a plenitude da divindade" (Cl 2,9).

Para além da confrontação com a "filosofia" colossense, a cristologia da Carta aos Colossenses representa um *desenvolvimento da cristologia paulina que é independente e teve grande influência na história da recepção*. A Carta aos Colossenses não adota a doutrina da justificação das Carta aos Gálatas e aos Romanos (faltam: νόμος e todas as formas do tronco de δικ), mas ela se orienta pelos elementos espaciais (89 vezes a preposição ἐν; 8 vezes σῶμα) e pelos elementos participatórios (cf. as expressões com σύν- em Cl 2,12.13.20; 3,3.4) do pensamento paulino. Com isso, o autor situa-se também no contexto da filosofia contemporânea[16], para a qual a natureza da divindade / das divindades e sua

---

[14] A. STANDHARTINGER, Entstehungsgeschichte und Intention (cf. acima, 10.1), p. 284, minimiza a importância do ensinamento dos adversários para o pensamento da Carta aos Colossenses: "A meu ver, os autores não se voltam contra uma determinada 'heresia' ou 'filosofia' que estaria ameaçando a comunidade". Em vez disso, ela enfatiza a influência de tradições sapienciais judaico-dualistas e considera os problemas provocados pela morte do apóstolo Paulo o tema da Carta aos Colossenses.

[15] Bem acertado H. LÖWE, "Bekenntnis, Apostelamt und Kirche im Kolosserbrief", in D. LÜHRMANN, G. STRECKER (org.), *Kirche*. FS G. Bornkamm (Tübingen: 1980), pp. 299-314, aqui: p. 310: "O autor da Carta justapõe às *traditiones humanae* proclamadas como divinas (2,8) a *traditio divina* de Jesus Cristo (2,6), contida na confissão batismal".

[16] Para o hino Cl 1,15-20, cf. as ocorrências em J. GNILKA, Kol (cf. acima, 10.1), pp. 59ss; E. SCHWEIZER, Kol (cf. acima, 10.1), pp. 56ss; M. WOLTER, Kol (cf. acima, 10.1),

relação com o universo, o tempo e a plenitude da existência eram um tema central[17]. Para a Carta aos Colossenses, Jesus Cristo liberta dos poderes escravizantes, ele é a verdadeira plenitude de toda existência (Cl 1,19; 2,9) e coloca a comunidade no espaço da liberdade da fé e da nova existência (Cl 3,11).

10.1.3 *Pneumatologia*

A Carta aos Colossenses não oferece uma pneumatologia elaborada (2 vezes πνεῦμα; 2 vezes πνευματικός). No contexto da ação de graças de Cl 1,3-14 ocorre em Cl 1,8 a expressão convencional "e é quem nos deu a conhecer vosso amor no espírito", e em Cl 2,5a, o autor da carta faz Paulo dizer: "pois, embora esteja ausente no corpo, no espírito estou convosco". É possível que esse caráter claramente secundário da pneumatologia se deva ao pensamento orientado espacialmente que constatamos na Carta aos Colossenses, com o qual elementos dinâmicos como a atuação do espírito não podem ser facilmente conciliados. Também a integração do apóstolo Paulo no pensamento tradicional

---

pp. 76ss. Para a fórmula estoica "tudo", cf. E. NORDEN, *Agnostos Theos*, 6ª ed. (Darmstadt: 1974 [= 1923]), pp. 240-250; ocorrências de teorias da criação e fórmulas de "tudo" estoicas e medioplatônicas encontram-se em: Neuer Wettstein II/1, pp. 313-316.

[17] Uma visão geral da física contemporânea do estoicismo e medioplatonismo é oferecida em G. H. VAN KOOTEN, Cosmic Christology (cf. acima, 10.1), pp. 17-58. Entre as muitas ocorrências, cf. CÍCERO, *De Nat Deor* II 115, que admira a disposição dos astros e diz, por exemplo: "Caracterizam-se por uma durabilidade especial, porém, aqueles corpos que estão ligados entre si, porque são mantidos unidos como por uma espécie de laço. O responsável disso é aquele ser que, causando tudo com inteligência e razão, penetra o universo inteiro e arranca e devolve os elementos de sua extrema margem em direção ao centro". Além disso, cf. PLUTARCO, Mor 393A, onde a existência de Deus é definida como preenchimento do tempo e da existência: "Mas o deus tem a existência, devemos dizer, e ele não está num tempo qualquer, mas na eternidade que é imóvel, atemporal, imutável, diante da qual não há nada de anterior nem de posterior, nada de futuro nem de passado, nada de mais antigo nem de mais novo, mas que é apenas Uma, e ele preencheu isso sempre com seu Agora que é Um (ἀλλ' εἰς ὢν ἑνὶ τῷ νῦν τὸ ἀεὶ πεπλήρωκε); e somente o que está nele existe verdadeiramente, é algo que não chegou a ser, que não será, que não teve início e não terá fim".

(cf. abaixo, 10.1.7) já não permite experiências elementares do espírito (cf. 1Ts 5,19; 1Cor 14,1).

10.1.4 *Soteriologia*

O ponto de partida da soteriologia da Carta aos Colossenses é a *transferência do crente para um novo espaço salvífico*, uma transferência realizada por Deus que "nos arrancou do poder das trevas e nos transportou para o Reino do seu Filho amado" (Cl 1,13). A comunidade tem no Filho "a redenção, a remissão dos pecados" (Cl 1,14: τὴν ἀπολύτρωσιν, τὴν ἄφεσιν τῶν ἁμαρτιῶν). A cruz torna-se na Carta aos Colossenses o lugar do despojamento dos poderes (Cl 2,14s) que agora já não têm mais acesso às pessoas que creem[18]. Na cruz acontece a reconciliação e se realiza a verdadeira paz, pelo sangue do Filho (Cl 1,20). Com a expressão διὰ τοῦ αἵματος τοῦ σταυροῦ αὐτοῦ ("pelo sangue da sua cruz"), a Carta aos Colossenses inscreve um dado histórico no conceito da reconciliação universal[19] do hino e preserva assim a singularidade e inconfundibilidade do evento[20]. A adoção da teologia da cruz e do conceito da reconciliação em Cl 1,22 ("Mas agora, pela morte, ele vos reconciliou no seu corpo de carne, entregando-o à morte para diante dele vos apresentar santos, imaculados e irrepreensíveis")[21] indica a posição central que o tema tem para o autor da carta: o corpo crucificado do Jesus terreno é o lugar do evento da reconciliação

---

[18] Cf. M. KARRER, Jesus Christus (cf. acima, 4), p. 110: "O centro da soteriologia transfere-se para uma derrota dos poderes e potentados que poderiam ter acesso ao ser humano culpado". Para o pano de fundo de Cl 2,14 na prática antiga acerca de dívidas e devedores, cf. J. LUTTENBERGER, "Der gekreuzigte Schuldschein: Ein Aspekt der Deutung des Todes Jesu im Kolosserbrief", in *NTS* 51 (2005): 80-95.

[19] Para o pano de fundo helenista do conceito da "reconciliação do universo", cf. E. SCHWEIZER, "Versöhnung des Alls. Kol 1,20"; in IDEM, *Neues Testament und Christologie im Werden* (Göttingen: 1982), pp. 164-178 (ele remete especialmente a Fílon); M. WOLTER, Kol (cf. acima, 10.1), pp. 87s (antigas teorias de domínio).

[20] Cf. I. MAISCH, Kol (cf. acima, 10.1), pp. 119s.

[21] A. DE OLIVEIRA, Christozentrik (cf. acima, 10.1), pp. 87s, e A. DETTWILER, "Das Verständnis des Kreuzes Jesu im Kolosserbrief", in J. ZUMSTEIN, A. DETTWILER (org.), *Kreuzestheologie im Neuen Testament*. WUNT 151 (Tübingen: 2002), pp. 81-105, aqui: p. 103, percebem em Cl 1,20.22 etc. conceitos de sacrifícios de expiação.

universal, em cuja esfera de influência se encontram agora as pessoas que creem e foram batizadas[22]. Nesse ponto, a Carta aos Colossenses está muito próxima de Paulo (cf. 2Cor 5,18-20; Rm 5,10), mas coloca simultaneamente um acento característico: o sujeito do evento da reconciliação não é Deus, mas Cristo (cf. Ef 2,16)[23].

O batismo

Assim como para Paulo (Rm 6,1-11), também para a Carta aos Colossenses, o *batismo* é o lugar onde o evento universal da salvação é dedicado ao cristão individual, onde se realiza de modo real-histórico o translado para o novo espaço salvífico (Cl 2,12: "Fostes sepultados com ele no batismo, também com ele ressuscitastes, pela fé no poder de Deus, que o ressuscitou dos mortos")[24]. Como em Rm 6,3-5 há também aqui a ideia de uma participação abrangente dos crentes no destino de seu Senhor, embora com uma diferença fundamental: enquanto Paulo nunca fala de uma ressurreição já acontecida dos crentes e evita explicitamente esse pensamento que está presente na lógica da tradição pré-paulina de Rm 6,3b-4[25], a Carta aos Colossenses transfere a forma temporal do passado também para a ressurreição dos crentes. No entanto, com isso, o autor não defende um entusiasmo irrefletido acerca da salvação, porque a determinação "pela fé" (διὰ τῆς πίστεως)

---

[22] Bem acertado M. WOLTER, Kol (cf. acima, 10.1), p. 94: "Os reconciliados foram colocados no espaço salvífico do filho exaltado".
[23] Cf. M. WOLTER, Kol (cf. acima, 10.1), p. 93; diferente, por exemplo, A. DETTWILER, Verständnis, p. 95, que considera também aqui Deus o sujeito da reconciliação.
[24] Segundo P. POKORNY, *Der Brief des Paulus an die Kolosser*. ThHK 1011 (Berlim: 1987), p. 22, a teologia da Carta aos Colossenses concentra-se na tese de 2,12s: "Esta tese diferencia as Cartas aos Colossenses e aos Efésios das outras cartas de Paulo e forma aqui, ao mesmo tempo, a espinha dorsal da argumentação teológica".
[25] Cf. a respeito U. SCHNELLE, Gerechtigkeit und Christusgegenwart (cf. acima, 4.6), p. 80s. Como a tradição pré-paulina de Rm 6,3bs também se referiu a uma ressurreição já acontecida dos crentes, devemos supor que a Carta aos Colossenses representa uma teologia batismal pré-paulina ou existente ao lado da paulina que, assim como 2Tm 2,18, transferia a salvação perfeita abrangentemente para o *escaton*; diferente, por exemplo, M. WOLTER, Kol (cf. acima, 10.1), pp. 131s, que supõe uma referência direta a Rm 6,4.

precisa e delimita o evento da ressurreição como intelecção na fé. A retomada de Cl 2,12 em 2,20 ("Se morrestes com Cristo para os elementos do mundo, por que vos sujeitais, como se ainda estivésseis no mundo a proibições? ") mostra que a ênfase está também aqui na certeza da salvação. Outro ponto comum com Paulo (cf. Rm 6,1-3.12-23) é o vínculo entre o batismo e o perdão dos pecados, por um lado, e a nova existência que isto possibilita, por outro (Cl 2,13: " Vós estáveis mortos pelas vossas faltas e pela incircuncisão da vossa carne e ele vos vivificou juntamente com Cristo. Ele nos perdoou todas as nossas faltas"). Como batizados, os colossenses ressuscitaram na fé com Cristo que governa sobre todos os poderes, e eles devem orientar sua existência por esse fato. À insegurança e às autodúvidas dos colossenses, o autor contrapõe um conceito soteriológico coeso: assim como Deus preenche Cristo inteiramente (πᾶν τὸ πλήρωμα) e habita nele (Cl 2,9s), também os colossenses estão preenchidos em Cristo (καὶ ἐστὲ ἐν αὐτῷ πεπληρωμένοι), portanto, afastados de quaisquer reivindicações alheias. *A soteriologia da Carta aos Colossenses está marcada em todos os sentidos por uma mudança de domínio em todas as dimensões da existência e do tempo.*

10.1.5 *Antropologia*

Na Carta aos Colossenses encontram-se apenas algumas afirmações antropológicas dispersas. O termo σάρξ ("carne") é usado em Cl 2,11.13 como descrição da existência "carnal" superada da comunidade e em Cl 2,18.23, para caracterizar a natureza ainda "carnal" dos adversários. O termo σῶμα possui na Carta aos Colossenses um caráter principalmente cristológico-eclesiológico (cf. abaixo, 10.1.7); Cl 2,11.23 designa com ele, de modo neutro, o corpo humano. Somente em Cl 1,14 ocorre ἁμαρτία e em Cl 2,13, παράπτωμα; em ambos os versículos descreve-se a revirada da salvação e do domínio como superação do pecado / das faltas. A fé é de importância antropológica central, mas é característico que se encontre na Carta aos Colossenses apenas o substantivo πίστις (Cl 1,4.23; 2,5.7.12), enquanto falte o verbo πιστεύειν. Isso se deve principalmente à elaboração do conceito da fé. As exortações a permanecer "alicerçados e firmes e não se afastar" em

Cl 1,23; 2,5.7, no contexto imediato da "filosofia" colossense (Cl 2,8), mostram que o centro da fé na Carta aos Colossenses é aquilo no que se crê[26]. Trata-se indubitavelmente de conteúdos de ensinamento, sem que o ato de fé e a vida de fé como um acontecimento vivo sejam excluídos. Os conteúdos de ensinamento abrangem as dimensões cósmicas do evento Cristo, tal como são elaborados no hino de Cl 1,15-20, e as consequências soteriológicas que devem ser tiradas disso, tal como são formuladas em Cl 2,12: a realidade presente da ressurreição realiza-se na fé, isto é, visa o poder salvífico de Deus que se comprovou em Jesus Cristo. Uma estreita relação com o conceito da fé mostra-se na esperança (ἐλπίς em Cl 1,5.23.27; e o verbo ἐλπίζειν não aparece), que se refere em sentido espacial (Cl 1,5: no céu) e estático (Cl 1,23: não se afastar) ao evangelho de Jesus Cristo. A esperança é um bem salvífico que existe objetivamente no além; ela já não se dirige ao futuro (cf. Rm 8,24), mas já está preparada no céu para os crentes. Fundamental para a antropologia da Carta aos Colossenses é a adoção do conceito paulino do "novo ser humano" (2Cor 5,17; Gl 3,27.28; 4,19; 6,15; Rm 6,6; 13,14), formulado em Cl 3,9s da seguinte maneira: "Vós vos desvestistes do velho homem (παλαιὸν ἄνθρωπον) com as suas práticas e vos revestistes do novo (καὶ ἐνδυσάμενοι τὸν νέον)". A adoção da tradição de Gl 3,28 em Cl 3,11, levemente modificada segundo a perspectiva grega, demarca a posição do autor: a condição do novo ser humano já não é definida por atribuições histórico-salvíficas ou culturais, mas unicamente pela pertença a Jesus Cristo. A aplicação ética da tradição em Cl 3,12 mostra que, assim como em Paulo, também na Carta aos Colossenses vincula-se ao fundamento da nova existência uma nova atuação. Já que a atuação divina através de Jesus Cristo no batismo fez com que houvesse uma mudança real na existência humana, pode-se apelar à comunidade nesse sentido.

10.1.6 *Ética*

A fundamentação teológico-cristológica da ética mostra-se já no proêmio, onde o autor da carta elogia a comunidade e ora por ela:

---
[26] Cf. I. MAISCH, Kol (cf. acima, 10.1), pp. 129.

"Não cessamos de orar por vós e de pedir que sejais levados ao pleno conhecimento da vontade de Deus, com toda a sabedoria e discernimento espiritual. Assim andareis de maneira digna do Senhor, fazendo tudo o que é de seu agrado, dando frutos em boas obras e crescendo no conhecimento de Deus" (Cl 1,9b.10)[27]. Em grande proximidade a Paulo (cf. Gl 5,25) exige-se em Cl 2,6 a correspondência entre a nova existência e a nova atuação: "Portanto, assim como recebestes o Senhor Jesus, assim nele andai"; igualmente Cl 3,13: "Assim como o Senhor vos perdoou, assim também fazei vós". A posição específica da Carta aos Colossenses na relação entre a *fundamentação da salvação e a correspondência à salvação* mostra-se em Cl 3,1-4, onde os verbos que documentam uma mudança já acontecida de domínio e de realidade (cf. abaixo, 10.1.8) são ligados com dois imperativos: "Procurai as coisas do alto" (3,1) e "Pensai nas coisas do alto" (3,2). A mudança de vida acontecida não dispensa da responsabilidade, mas a preserva. Diferentemente dos entusiastas em Corinto, o autor da carta não convida a queimar fases da realidade, não obstante sua forte ênfase na salvação já realizada. Isso é reforçado pelas subsequentes admoestações éticas em Cl 3,5-17[28]. Elas contrapõem explicitamente o "antigamente" e o "agora" da existência (Cl 3,7.8), e apresentam primeiro catálogos de vícios (3,5.8) e uma descrição do novo ser humano em Cristo (3,9-11), para depois passar para um cântico de louvor do amor que ultrapassa tudo: "Mas sobre tudo isto, revesti-vos do amor que é o vínculo da perfeição" (Cl 3,14). *O amor é o critério fundamental da ética e aquilo que distingue o ser humano novo.*

Finalmente, a *tábua doméstica* que encerra o corpo da carta[29] em Cl 3,18-4,1 atesta a inserção da comunidade nas realidades terrestres.

---

[27] Para a ética da Carta aos Colossenses, cf. E. LOHSE, "Christologie und Ethik im Kolosserbrief", in IDEM, *Die Einheit des Neuen Testaments* (Göttingen: 1973), pp. 249-261; R. SCHNACKENBURG, Die sittliche Botschaft des Neuen Testaments II (cf. acima, 6.6), pp. 74-84; W. SCHRAGE, Ethik (cf. acima, 3.5), pp. 222-231.

[28] Para análise, cf. E. SCHWEIZER, "Gottesgerechtigkeit und Lasterkataloge bei Paulus (inkl. Cl und Eph)", in J. FRIEDRICH etc., *Rechtfertigung*. FS E. Käsemann (Tübingen: 1976), pp. 453-477.

[29] Para a história da pesquisa e para a interpretação, cf. M. GIELEN, *Tradition und Theologie neutestamentlicher Haustafelethik*. BBB 75 (Frankfurt: 1990), pp. 24-67.105-203;

A família romana era o modelo básico social e ordenador daquele tempo³⁰, formava o centro de todos os laços sociais e de toda vida religiosa, de modo que a influência decisiva desse modelo sobre as comunidades cristãs é apenas natural. No topo está o *pater familias* que é a autoridade fundamental, mas que, ao mesmo tempo, está também inserido em relacionamentos diversificados. Já Paulo aparece em analogia com o *pater familias* como o gerador, portanto, também como o pai da comunidade (1Cor 4,15). No contexto do antigo pensamento em ordenamentos³¹, as tábuas domésticas como *textos cristãos* formulam as respectivas obrigações de homem e mulher, filhos/filhas e pai/mãe / pais, escravos e senhores. Os membros das casas cristãs são mencionados em três pares, e podemos perceber uma linha decrescente, a partir do relacionamento mais íntimo (mulher e homem) até a relação de escravo/senhor. Sempre se menciona em primeiro lugar o membro mais fraco, ambos os membros são relacionados entre si em admoestações mútuas, e sempre seguem tratamento, admoestação e justificativa. As admoestações, amplas e que rompem a estrutura recíproca, dirigidas aos escravos em 3,22-25 mostram que aqui havia problemas e que era necessário apresentar uma motivação especial. As obrigações mútuas devem ser realizadas na consciência de que todas

---

M. WOLTER, Kol (cf. acima, 10.1), pp. 194-198; U. WAGENER, Die Ordnung des "Hauses Gottes" (cf. abaixo, 10.4), pp. 15-65; A. STANDHARTINGER, Entstehungsgeschichte und Intention (cf. acima, 10.1), pp. 247-275; J. WOYKE, *Die neutestamentlichen Haustafeln*. SBS 184 (Stuttgart: 2000); R. W. GEHRING, Hausgemeinde und Mission (cf. acima, 6.7), pp. 385-413.

³⁰ Cf. a respeito A. D. CLARKE, Serve the Community of the Church (cf. acima, 6.7), pp. 79-101.

³¹ O modelo social por trás das tábuas domésticas é desenvolvido em ARISTÓTELES, Pol 1252ss; cf., além disso, como um texto que atesta a correspondente visão de mundo, CÍCERO, Off I 17; determinações da lei civil encontram-se em GAIUS, Instit 152-107 (editado por U. MANTHE, [Darmstadt: 2004]). O principal paralelo direto é SÊNECA, Ep 94,1: "Uma área parcial da filosofia indica prescrições para cada pessoa e não forma o ser humano como tal, mas aconselha ao marido como se comportar em relação a sua mulher, como educar seus filhos e filhas, e o senhor, como instruir seus escravos"; além disso, cf. EPITETO, Diss II 14,8; 17,31. Para a economia (= administração doméstica) antiga, cf. G. SCHÖLLGEN, Verbete "Haus II", in *RAC* 13 (Stuttgart: 1986), pp. 815-830.

as pessoas têm um só Senhor e que receberão dele sua recompensa, sem acepção da pessoa (Cl 3,24; 4,1).

Toda a ética da Carta aos Colossenses é determinada pelo pensamento do domínio de Jesus Cristo, que abrange a realização concreta da vida. Diferentemente de seus adversários, a comunidade não se orienta por ensinamentos humanos (Cl 2,22), mas pela vontade de Deus e pela realidade do amor.

10.1.7 *Eclesiologia*

Dois conceitos determinam a eclesiologia da Carta aos Colossenses: 1) Jesus Cristo como o governante do universo, e 2) o apóstolo Paulo e a fundamentação da Igreja[32].

Jesus como governante do universo

O centro da eclesiologia da Carta aos Colossenses é o conceito de σῶμα, que é vinculado ao conceito da criação do mundo e do governo sobre o mundo por Cristo (Cl 1,16s)[33]. Enquanto Paulo utiliza o conceito do corpo no contexto parenético (cf. especialmente 1Cor 12,12-27; Rm 12.4-8)[34], cabe-lhe na Carta aos Colossenses um significado cosmológico. A precisão τῆς ἐκκλησίας em Cl 1,18a mostra a ponta eclesiológica da ideia: a Igreja é o espaço salvífico universal, possibilitado e governado por Jesus Cristo (cf. Cl 1,18.24; 2,17.19; 3,15). Não é

---

[32] Cf. a respeito E. SCHWEIZER, "Die Kirche als Leib Christi in den paulinischen Antilegomena", in IDEM, *Neotestamentica* (Zurique: 1963), pp. 293-316; E. LOHSE, "Christusherrschalt und Kirche", in IDEM, *Die Einheit des Neuen Testaments* (Göttingen: 1973), pp. 262-275; J. ROLOFF, Kirche (cf. acima, 6.7), pp. 223-231; I. MAISCH, Kol (cf. acima, 10.1), pp. 40-47.

[33] O material histórico-religioso é oferecido em E. SCHWEIZER, Verbete "σῶμα", in *ThWNT* VII (Stuttgart: 1966), pp. 1024-1091; para a Carta aos Colossenses cf. op. cit., pp. 1073-1075.

[34] Para Paulo, cf. aqui E. KÄSEMANN, "Das theologische Problem des Motivs vom Leibe Christi", in IDEM, *Paulinische Perspektiven*, 2ª ed. (Tübingen: 1972), pp. 178-210; U. SCHNELLE, Gerechtigkeit und Christusgegenwart (cf. acima, 4.6), pp. 139-143.243-245.

primeiramente uma Igreja local (como em Paulo), mas a Igreja universal. Enquanto Paulo designa o próprio Cristo como o corpo da Igreja (cf. 1Cor 12,12s; Rm 12,4s), Cristo aparece em Cl 1,18 como a cabeça do corpo (cf., porém, 1Cor 12,21). Com essa definição, o autor abandona a imagem paulina orientada pela situação concreta da comunidade e adota a ideia cosmológica do corpo universal da Igreja, cuja cabeça é Cristo. No centro já não está o entrelaçamento dos carismas, mas a relação entre a cabeça e o corpo que pertence a ela. O Jesus Cristo entronizado no céu junto a Deus (Cl 3,1) é a cabeça de seu corpo terrestre, a Igreja, mas esta já participa plenamente de seu poder (Cl 2,10a). No entanto, a caracterização eclesiológica do conceito de *soma* não exclui sua dimensão cosmológica, pois, segundo Cl 2,10b, Jesus Cristo é também a "cabeça de todo principado e de todos potentados", isto é, não só a Igreja, mas toda existência está sob seu domínio. Cristo criou o universo e o reconciliou, e como cabeça exerce seu domínio no tempo presente[35]. Nesse contexto, a Igreja aparece como o lugar pré-determinado e destacado (Cl 1,24-27) onde esse domínio se realiza de uma maneira particular e visível.

Para a imagem da cabeça e do corpo encontram-se paralelos histórico-religiosos[36], mas de importância particular é a *dimensão política* dessa imagem. O Império Romano compreende a si mesmo como um império exemplar, destinado pelos deuses a governar sobre todos os outros reinos[37]. Vergílio vê nos romanos a raça de Heitor, gerado por Marte e edificado por Rômulo: "Para eles não determino nenhum limite de poder e nenhum prazo temporal: domínio sem fim, eu lhes conferi" (Aen 1,278s). Por isso, a *Roma aeterna* compreende-se como a cabeça da *ecumene* (Ovid, Metam 15,434s: "será a cabeça da *ecumene* incomensurável"; Gratt, Cyn 324: "impôs à *ecumene* Roma como sua

---

[35] Esse aspecto é negligenciado por J. ROLOFF, Kirche (cf. acima, 6.7), pp. 227, quando ele formula: "O corpo de Cristo é, na atual situação do mundo, unicamente a Igreja".
[36] Cf. principalmente o conceito de uma divindade que governa o universo, mediado pelo judaísmo helenista (por exemplo, FÍLON, Migr Abr 220; Fug 108-113).
[37] Textos relevantes encontram-se em: *Roma aeterna. Lateinische und griechische Romdichtung*, editado por B. KYTZLER (Zurique / Munique: 1972); E. FAUST, Pax Christi (cf. abaixo, 10.2), pp. 280-314.

cabeça"). Segundo Sêneca, Clem III 2,1.3, o imperador Nero é "o laço que mantém unidas as pessoas de seu Estado, o sopro vivificador respirado por muitos milhares [...]. Pois, antigamente, o imperador confundiu-se de tal maneira com seu Estado que um não podia ser separado do outro sem prejuízo para ambos, pois o primeiro precisava de forças e o último, de uma cabeça". Ao adotar a imagem da cabeça e do corpo com seus atributos universais e colocá-la no centro de seus pensamentos, a Carta aos Colossenses relativiza também a ideologia do Estado romano. O quanto a imagem do corpo se tornou para a Carta aos Colossenses um tema autônomo mostra o pensamento de um "crescimento" do corpo, não atestado em Paulo.

A comunidade é convidada a se orientar na cabeça "a partir da qual todo o corpo, alimentado e coeso pelas juntas e ligamentos, realiza seu crescimento em Deus" (Cl 2,19). Dessa maneira, o corpo (a Igreja) associado à cabeça celestial (Cristo) cresce e compenetra o cosmos inteiro. Isto se realiza no anúncio do apóstolo Paulo, na aceitação do evangelho, no batismo e na ação de graças e confissão litúrgicas da comunidade (Cl 3,16: "A palavra de Cristo habite em vós ricamente: com toda a sabedoria ensinai e admoestai-vos uns aos outros e, em ação de graças a Deus, entoem vossos corações salmos, hinos e cânticos espirituais"). *Acima de tudo, porém, está a conexão inseparável da Igreja com Cristo, porque o corpo não pode existir sem a cabeça.*

O apóstolo Paulo e a fundamentação da Igreja

Paulo atribuiu sempre a sua pessoa e sua mensagem uma extrema importância no processo do anúncio do evangelho e da formação da Igreja (basta conferir 2Cor 3 e 5)[38]. A Carta aos Colossenses dá um passo a mais, ao tematizar explicitamente a pessoa do apóstolo na sua dimensão histórico-salvífica[39]. Ela mesma pertence agora ao evangelho de Paulo que deve ser anunciado; o apóstolo como portador do anúncio

---

[38] Cf. a respeito J. SCHRÖTER, Der versöhnte Versöhner (cf. acima, 6.2), *passim*.
[39] Para a recepção de Paulo na Carta aos Colossenses, cf. especialmente H. MERKLEIN, "Paulinische Theologie in der Rezeption des Kolosser- und Epheserbriefes", in IDEM, *Studien zu Jesus und Paulus*. WUNT 43 (Tübingen: 1987), pp. 409-447.

é um elemento do plano universal e todo-abrangente de Deus, voltada para sua Igreja, "cujo servo eu me tornei, segundo o ministério divino a mim confiado, para levar a bom termo entre vós a palavra de Deus. O mistério, escondido desde os séculos e desde as gerações, foi agora manifestado a seus santos" (Cl 1,25s). Enquanto Paulo anuncia o evangelho de Cristo, o μυστήριον θεοῦ ou Χριστοῦ aparece como a mensagem central da Carta aos Colossenses (cf. 1,26.27; 2,2; 4,3)[40]. Por trás desse mistério, decidido antes dos tempos eternos e agora revelado (por assim dizer, ao largo de Israel), está a Igreja em formação que se deve, por sua vez, ao anúncio do apóstolo. Por isso, a pessoa e o sofrimento do apóstolo são também conteúdo do mistério (cf. Cl 1,24-29). Como servo do corpo de Cristo, Paulo revela o mistério da vontade de Deus à comunidade; sua pessoa já não poder ser separada do conteúdo do evangelho; seus sofrimentos (como apóstolo e como mártir) completam/plenificam até mesmo as tribulações de Jesus Cristo por sua Igreja (Cl 1,24). Embora fisicamente ausente, Paulo está no espírito presente na comunidade (Cl 2,5) que agora deve proclamar Cristo da mesma maneira como o apóstolo o proclamou (Cl 2,6). Qualquer outro anúncio é considerado uma doutrina humana (Cl 2,8), mas não uma tradição apostólica. O evangelho já não é definido somente por seu conteúdo, Jesus Cristo, mas essencialmente pelo anúncio do apóstolo. Paulo não é só o apóstolo das nações (Cl 1,27), mas o apóstolo da Igreja universal (Cl 1,23b), que anuncia o evangelho a todas as pessoas (Cl 1,28). Com isso, a carta reivindica ser orientada da mesma forma pela pessoa, pela teologia e pela importância do apóstolo mártir. Essa "paulinização" da teologia visa garantir a identidade do evangelho cristocêntrico no tempo pós-paulino.

10.1.8 *Escatologia*

A escatologia da Carta aos Colossenses[41] é esboçada a partir da cristologia, e já suas linhas básicas possuem uma orientação cosmoló-

---

[40] Cf. a respeito H. MERKLEIN, op. cit., pp. 412ss.
[41] Uma discussão abrangente de todas as questões encontra-se em H. E. LONA, Eschatologie (cf. acima, 10.1), pp. 83-240 (a Carta aos Colossenses situa-se na linha de Paulo, mas segue um conceito diferente).

gica⁴². Por meio do batismo, os crentes morreram com Cristo e ressuscitaram com ele (Cl 2,12s; 3,1), de modo que outros poderes já não podem dominar sobre eles. Os poderes pertencem ao espaço de "baixo", enquanto os cristãos devem se orientar pelo "alto" onde está Cristo (cf. Cl 3,1.2)⁴³. A participação plena das pessoas batizadas na morte e ressurreição de Jesus Cristo e a consequente conceituação escatológica mostram-se principalmente nas expressões com σύν em Cl 2,12,12.13; 3,1. Diferente de Rm 6,3s, transfere-se aqui a forma temporal do passado também para os *escata* (cf. 2,12; 3,1: συνηγέρθητε = "fostes ressuscitados com ele")⁴⁴. Para Paulo, porém, é característico que a nova realidade está presente no espírito (cf. 2Cor 1,22; 5,5; Rm 8,23), mas que *é revelada* abrangente e completamente apenas na parusia (cf. ao lado de Rm 6,3-5 especialmente 1Cor 13,12; 2Cor 4,7; 5,7; 1Cor 15,20-23.46). Por isso, *Paulo nunca se refere a uma ressurreição já acontecida, e sob seus próprios pressupostos teológicos nem pode falar disso, de modo que devemos identificar aqui uma diferença crucial entre a escatologia da Carta aos Colossenses e a escatologia de Paulo*. Os dois determinam o grau de participação na realidade da ressurreição de forma radicalmente diferente!⁴⁵ Em Paulo, o espírito é o sinal (Rm 8,23) e o penhor (2Cor 1,22; 5,5) do evento escatológico *futuro*; a Carta aos Colossenses refere-se ao futuro já na forma do passado. A segunda grande diferença: *enquanto a Carta aos Colossenses postula a estabilidade presente e duradoura do cosmos em Cristo, Paulo espera a submissão escatológica do cosmos só na parusia (1Cor 15,23-28)*. No entanto, também a

---

⁴² Cf. N. WALTER, "'Hellenistische Eschatologie' im Neuen Testament", in E. GRÄSSER, O. MERK, *Glaube und Eschatologie*. FS W.G. Kümmel (Tübingen: 1985), pp. 335-356, aqui: pp. 344ss.
⁴³ Uma análise penetrante de Cl 3,1-4 é oferecida por E. GRÄSSER, "Kolosser 3,1-4 als Beispiel einer Interpretation secundum homines recipientes", in IDEM, *Text und Situation* (Gütersloh: 1973), pp. 123-151.
⁴⁴ A continuidade e descontinuidade entre Rm 6 e Cl 3,1-4 são nitidamente elaboradas por E. GRÄSSER, Kolosser 3,1-4, pp. 129ss; P. MÜLLER, Anfänge der Paulusschule (cf. acima, 10), pp. 87-134.
⁴⁵ M. DÜBBERS, Christologie und Existenz (cf. acima, 10.1), pp. 238-242, tenta minimizar essa diferença fundamental, ao classificar o "ter ressuscitado junto com" como "discurso metafórico pelo qual o autor deixa claro que a existência atual dos destinatários está vinculada com o Ressuscitado e unicamente por ele é determinada salvificamente" (op. cit., p. 242).

Carta aos Colossenses insere medidas de precaução contra uma atitude entusiasta que ignora a fase do tempo presente[46]. É verdade que os colossenses já possuem seu quinhão imperdível da salvação, mas apenas na fé (Cl 2,12). Sua vida de ressurreição é uma realidade objetiva, mas ainda não revelada, porque está escondida com Cristo em Deus (cf. Cl 3,3) e, com isso, subtraído de demonstrações humanas. As afirmações futúricas passam na Carta aos Colossenses claramente ao segundo plano, em favor de um imaginário espacial, mas, ao mesmo tempo, estão integradas no pensamento espacial e devem ser compreendidas a partir dele[47]. Sua importância fundamental para a escatologia da Carta aos Colossenses mostra-se na preservação da atuação salvífica futura de Deus na parusia de Cristo (cf. Cl 3,4.24s). O juízo acontecerá segundo as obras, "pois não há acepção de pessoas" (Cl 3,25). As expressões futúricas são constitutivas também para a parênese, porque os cristãos participam da salvação, mas ainda não vivem no espaço celestial do "alto". Pelo contrário, devem se orientar pela revelação futura da salvação e moldar sua vida de acordo com ela.

As dimensões espaciais permitem à Carta aos Colossenses uma transformação do pensamento temporal-linear paulino para uma conceituação que, por um lado, constata a realização definitiva da salvação, mas que, por outra lado, coloca-a sob uma precisão espacial-temporal (a vida está escondida no "alto" em Cristo e será revelada com Cristo) e uma ético-temporal (a correspondência com a nova existência é um critério na parusia e no juízo)[48].

10.1.9 *Posição na história da teologia*

A Carta aos Colossenses é o primeiro testemunho de uma cristologia cósmica abrangente no Novo Testamento. No centro de seu

---

[46] Cf. H. MERKLEIN, Rezeption (cf. acima, 10.1.7), pp. 426ss; contra G. KLEIN, Verbete "Eschatologie", in *TRE* 10 (Berlim: 1982), p. 286s.
[47] Cf. H. E. LONA, Eschatologie (cf. acima, 10.1), p. 234: "O aspecto do tempo não é eliminado na Carta aos Colossenses, mas integrado a um conceito cristológico".
[48] Cf. a respeito também TH. WITULSKI, "Gegenwart und Zukunft in den eschatologischen Konzeptionen des Kolosser- und Epheserbriefes", in *ZNW* 96 (2005): 211-242.

pensamento está a realidade e o domínio de Jesus Cristo sobre todos os poderes e autoridades, que supera tudo e perpassa tudo, e no qual as pessoas que creem e foram batizadas participam plenamente já no tempo presente. Esse esboço, com sua cristologia, cosmologia e escatologia preséntica, é também uma resposta ao desafio da "filosofia" dos adversários, mas, ao mesmo tempo, representa também um novo tipo autônomo de pensamento cristão-primitivo: o pensamento dominante caracterizado pela a criação, pelo domínio e pelo espaço demarca uma posição cristã na filosofia do governante e da natureza, que era na Antiguidade inteiramente religiosa. A observação, a integração e a submissão aos poderes que determinavam o destino era uma parte natural do pensamento antigo; pagar o devido tributo aos poderes do destino era evidente e sábio[49]. Além disso, era uma característica de poderosos esboços filosóficos explicar também o cosmos com seus fenômenos e aduzi-lo para a interpretação da existência humana. Às ofertas naturais e ao mesmo tempo altamente atrativas do ensinamento adversário, a Carta aos Colossenses contrapõe a realidade do evento Cristo que torna supérflua qualquer outra garantia da salvação. A nova identidade não pode ser intensificada e garantida por práticas antigas adicionais, mas consiste exclusivamente na atuação pacificadora e reconciliadora de Deus em Jesus Cristo, que determina tudo. A Carta aos Colossenses consegue esboçar um contramodelo à doutrina concorrente, que, graças a seu pensamento de domínio e espaço, permitia simultaneamente uma recepção dessa forma do pensamento cristão no ambiente greco-romano.

Diante da recepção de elementos cosmológicos e eclesiológicos do pensamento paulino é notável a que a Carta aos Colossenses *não* recorre: ela não tematiza a lei como a relação com Israel ou a temática da justificação[50]; a ideia da expiação e do sacrifício passa claramente

---

[49] Cf. SÊNECA, Ep 107,11: "Conduz, ó pai do mais alto céu, para onde quiseres; não hesito em obedecer. [...] Tu és guiado pelo destino quando concordas com ele; quando te negas, ele te arrasta consigo".

[50] H. MERKLEIN, Rezeption (cf. acima, 10.1.7), pp. 432-435, enfatiza com razão que, na Carta aos Colossenses (e na Carta aos Efésios), a eclesiologia assume o lugar da doutrina paulina da justificação: "Quando a salvação significa ser transportado

ao segundo plano, e o predominante não são dimensões histórico-salvíficas, mas espaciais. Como primeiro escrito "paulino" depois de Paulo, a Carta aos Colossenses documenta finalmente a passagem para uma compreensão ampliada de Paulo. A pessoa, a importância, a obra e a influência do apóstolo são utilizados para combater desenvolvimentos que, desde a perspectiva do autor da carta, ameaçam a obra do apóstolo e toda a Igreja.

10.2 A Carta aos Efésios: espaço e tempo

SCHLIER, H. *Christus und die Kirche im Epheserbrief*. BHTh 6. Tübingen, 1930; PERCY, E. *Die Probleme der Kolosser- und Epheserbriefe*. Lund, 1946; SCHLIER, H. *Der Brief an die Epheser*, 7ª ed. Düsseldorf, 1971 (= 1957); COLPE, C. "Zur Leib-Christi-Vorstellung im Epheserbrief". In *Judentum – Christentum – Kirche*. FS J. Jeremias, editado por W. ELTESTER. BZNW 26, pp. 172-187. Berlim, 1960; MUSSNER, F. *Christus, das All und die Kirche*, 2ª ed. TThSt 5. Trier, 1968; STEINMETZ, F. J. Protologische Heils-Zuversicht (cf. acima, 10.1); ERNST, J. Pleroma und Pleroma Christi. BU 5. Regensburg, 1970; GNILKA, J. *Der Epheserbrief*, 3ª ed. HThK X/2. Freiburg, 1982 (= 1971); FISCHER, K. M. *Tendenz und Absicht des Epheserbriefes*. Berlim / Göttingen, 1973; MERKLEIN, H. *Das kirchliche Amt nach dem Epheserbrief*. StANT 33. Munique, 1973; LINDEMANN, A. *Die Aufhebung der Zeit*. StNT 12. Gütersloh, 1975; SCHNACKENBURG, R. *Der Brief an die Epheser*. EKK X. Neukirchen, 1982; MUSSNER, F. *Der Brief an die Epheser*. ÖTK 10. Gütersloh, 1982; LINDEMANN, A. *Der Epheserbrief*. ZBK 8. Zurique, 1985; LONA, H. E. Die Eschatologie im Kolosser- und Epheserbrief (cf. acima, 10.1); ARNOLD, C. E. *Ephesians: power and Magic*. SNTSMS 63. Cambridge, 1989; LINCOLN, A. T. *Ephesians*. WBC 42. Dallas, 1990; FAUST, E. *Pax Christi et Pax Caesaris*. NTOA 24. Freiburg / Göttingen, 1993; HÜBNER, H. *An die Epheser*. HNT 12. Tübingen, 1997; GESE, M. *Das Vermächtnis des Apostels*. WUNT 2.99. Tübingen, 1997; LUZ, U. *Der Brief an die Epheser*. NTD 8/1. Göttingen, 1998; SELLIN, G. Verbete "Epheserbrief". In *RGG*⁴ III (1999), pp. 1344-1347; SCHWINDT, R. *Das Weltbild des Epheserbriefes*. WUNT 148. Tübingen, 2002; WOLTER, M. (org.). *Ethik als angewandte Ekklesiologie*. SMBen 19. Roma, 2005.

---

para dentro do espaço salvífico da Igreja, então a soteriologia que Paulo interpretara com a ajuda da doutrina da justificação se torna idêntica com a eclesiologia, ou, melhor: a soteriologia é desenvolvida como eclesiologia".

O autor da Carta aos Efésios pertencia à escola paulina e redigiu seu escrito entre 80 e 90 d.C. na Ásia Menor[51]. Embora a Carta aos Colossenses lhe servisse como modelo literário, a Carta aos Efésios segue objetivos teológicos próprios. Como carta circular às comunidades paulinas da Ásia Menor, procura salvar a união ameaçada da Igreja de judeu-cristãos e cristãos provenientes da religiosidade greco-romana, pela visão do "novo" ser humano reconciliado e unido em Cristo. Para isso, serve-se de uma linguagem e um imaginário cuja densidade é sem par no Novo Testamento.

10.2.1 Teologia

O fundamento "teo-lógico" do escrito é formado pela *eulogia* de Ef 1,3-14, que, *como história da salvação*, marca concisamente o ponto de partida de qualquer pensamento teológico: louvor e agradecimento a Deus (Ef 1,3)[52]. Deus escolheu os crentes em Cristo já "antes da fundação do mundo" (Ef 1,4: πρὸ καταβολῆς κόσμου), ele os "predestinou" "antes" para a filiação (Ef 1,5: προορίσας) e lhes revelou "o mistério de sua vontade" (Ef 1,9: τὸ μυστήριον τοῦ θελήματος αὐτοῦ). A graça de Deus foi dada aos crentes em Cristo (Ef 1,6). É a vontade de Deus que tudo nos céus e na terra seja reunido em Cristo (Ef 1,10), a quem ele, em seu poder, ressuscitou de entre os mortos e fez sentar a sua direita nos céus (Ef 1,20). Segundo o "propósito" divino (πρόθεσις), os crentes foram instituídos em Cristo como herdeiros (Ef 1,11; cf. 3,11). A atuação divina antecipada e constante em Cristo é a base da argumentação de toda a Carta aos Efésios, pois tanto a graça, a fé e as boas obras (Ef 2,8-10) são dons de Deus como a paz e a misericórdia (Ef 2,4; 4,32-5,2). Finalmente, é Deus quem realiza o ser-ressuscitado-junto com Cristo (Ef 2,4-6), quem cria o ser humano "novo" (Ef 4,24) e quem atua como "Pai de todos, que é sobre todos, por meio de todos e em todos" (Ef 4,6). O autor da Carta aos Efésios louva enfaticamente a riqueza da

---

[51] Para as questões introdutórias, cf. U. SCHNELLE, Einleitung (cf. acima, 2.2), pp. 343-357.
[52] Para a análise de Ef 1,3-14, cf. R. SCHNACKENBURG, "Die grosse Eulogie Eph 1,3-14", in *BZ* 21 (1977): 67-87.

graça de Deus (Ef 3,14-17) que, em seu poder que ultrapassa tudo, reina sobre todos os principados e soberanias (Ef 1,19-21; 3,10). Com sua notável ênfase na atuação divina precedente em prol dos crentes, e com o consequente fortalecimento da consciência da eleição, a Carta aos Efésios parece querer combater uma insegurança nas comunidades[53]. A eleição eterna por Deus não diz respeito apenas a Jesus Cristo, mas igualmente à comunidade dos crentes e batizados. A eleição retira-os das casualidades da existência e determina sua existência ameaçada abrangentemente a partir de Deus[54]. O próprio Deus faz com que as pessoas que creem fiquem cheias de toda sua plenitude (Ef 3,19: ἵνα πληρωθῆτε εἰς πᾶν τὸ πλήρωμα τοῦ θεοῦ). Expressar a vontade e presença salvíficas de Deus de modo mais abrangente é impossível! *O eterno plano salvífico de Deus e sua realização por Jesus Cristo na Igreja são os grandes temas da Carta aos Efésios.*

10.2.2 Cristologia

A cristologia da Carta aos Efésios caracteriza-se por uma visão de mundo espacial[55]. Deus, o criador do universo, e Jesus Cristo estão em seus tronos acima de tudo, na esfera celestial. Num âmbito intermediário reinam éones, anjos e poderes demoníacos (Ef 2,2; 6,12), e no âmbito inferior encontram-se os mundos dos seres humanos e dos mortos. Ao mesmo tempo, Jesus Cristo preenche toda a realidade, algo que a Carta aos Efésios expressa concisamente com τὰ πάντα (cf. Ef 1,10.11.23; 3,9; 4,10.15).

---

[53] Essa intenção da Carta aos Efésios deveria alertar contra sua interpretação no âmbito de uma ontologia estática, como o faz H. SCHLIER em amplas partes; cf. IDEM, Eph (cf. acima, 10.2), p. 49: "À medida que somos eleitos e, como eleitos, preexistentes, preexistimos já em Cristo".
[54] Cf. a respeito as considerações em H. HÜBNER, Eph (cf. acima, 10.2), pp. 141-143.
[55] Para visões de mundo na Antiguidade, cf. abrangentemente R. SCHWINDT, Weltbild (cf. acima, 10.2), pp. 135-350; para a visão de mundo da Carta aos Efésios, cf. F. MUSSNER, Eph (cf. acima, 10.2), pp. 21s; A. LINDEMANN, Eph (cf. acima, 10.2), pp. 121-123; R. SCHWINDT, op. cit., pp. 351-399.

Exaltação e domínio

No contexto dessa visão de mundo, o autor da Carta aos Efésios desenvolve sua cristologia de exaltação e de domínio, orientando-se em Cl 1,18-20 e adotando os Sl 110,1 (Ef 1,20), Sl 8,7 (Ef 1,22) e Sl 68,19 (Ef 4,7ss). O Cristo ressuscitado está sentado à direita de Deus (Ef 1,20; cf. 4,8.10a); Deus, segundo seu desígnio eterno, pôs tudo debaixo de seus pés (Ef 1,22a) e preenche o universo com sua plenitude de vida (Ef 1,23; 4,10b). Cristo é a cabeça da Igreja, uma cabeça que sobressai a tudo (cf. Ef 1,22b; 5,23), e a Carta aos Efésios é muito mais enfatica do que a Carta aos Colossenses quando afirma que a Igreja é o lugar exclusivo onde o domínio de Cristo já se realizou plenamente[56]. Como cabeça, Cristo determina e concede a harmonia dos membros (Ef 4,15s) e se revela como o ponto onde coincidem e para onde se dirigem todos os aspectos da existência, pois Deus "nos deu a conhecer o mistério de sua vontade, conforme livre decisão prévia nele, para a realização da plenitude dos tempos: unir tudo em Cristo, aquilo dos céus e aquilo da terra" (Ef 1,9.10). Em Cristo, a criação inteira alcança sua meta; como reconciliador e criador de paz, ele é a cabeça da Igreja e, como tal, também a cabeça do cosmos. Esse evento não deve ser pensado estaticamente, mas seu processo de revelação se dá, não obstante as dimensões protológicas, como processo histórico[57]: na cruz e na ressurreição (Ef 2,14-16), no anúncio do apóstolo Paulo (Ef 3,1-11) e no presente crescimento da Igreja (Ef 4,15: "Mas, seguindo a verdade em amor, cresceremos em tudo em direção àquele que é a cabeça, Cristo".

Chama a atenção a ênfase no poder de Deus ou de Cristo, respectivamente, em Ef 1,15-23; 3,14.20-21; 6,10-20, que se deve provavelmente ao ambiente religioso da comunidade em Éfeso. A situação religioso-cultural em Éfeso era determinada por cultos locais, religiões de mistérios e pelo poderoso culto a Ártemis com suas numerosas práticas (também mágicas) que sobressaía a tudo[58]. Provavelmente

---

[56] Cf. G. H. VAN KOOTEN, Cosmic Christology (cf. acima, 10,1), pp. 147-213.
[57] Cf. H. MERKLEIN, Verbete "ἀνακεφαλαιόω", in *EWNT* I (Stuttgart: 1980), pp. 197s.
[58] Para o culto a Ártemis, cf. W. ELLIGER, *Ephesos* (Stuttgart: 1985), pp. 113-136; C. E. ARNOLD, Power and Magic (cf. acima, 10.2), pp. 20ss. Para o confronto entre

havia em muitos membros novos da comunidade uma insegurança religiosa em relação a sua posição diante desses cultos. A Carta aos Efésios anuncia-lhes: o poder de Deus em Jesus Cristo está acima das forças e poderes diabólicos, dos potentados das trevas e dos seres espirituais do mal nas regiões celestiais (cf. Ef 6,12)[59].

Cristo como mediador da salvação

A *eulogia* de Ef 1,3-14 deixa claro que, para a Carta aos Efésios, a dedicação da salvação se realiza exclusivamente em/por Jesus Cristo. Nele, que é o *preexistente*, os crentes foram eleitos (Ef 1,4.9), e "nele" (ἐν ᾧ) receberam seus dons da graça (Ef 1,7s.11s.13). Em nenhuma carta protopaulina ou deuteropaulina encontram-se tão frequentemente as expressões ἐν αὐτῷ (6 vezes), ἐν ᾧ (7 vezes), ἐν κυρίῳ (7 vezes) e ἐν Χριστῷ (14 vezes)[60]. Os crentes foram criados em Jesus Cristo (Ef 2,10.15), nele foram redimidos (Ef 1,7) e reconciliados (Ef 2,16). Nele, eles têm a paz (Ef 2,14.17) e acesso ao Pai (Ef 2,18). Cristo "nos amou e se entregou por nós a Deus, como oferta e sacrifício de odor suave" (Ef 5,2); ele é o noivo que se entregou pela Igreja, a fim de santificá-la (Ef 5,25s).

Como em nenhum outro escrito neotestamentário, a mediação salvífica de Cristo visa na Carta aos Efésios a união e unidade[61]; a unidade da comunidade como corpo de Cristo (Ef 1,22s; 4,15s), a união do novo ser humano/da nova humanidade em Cristo (Ef 2,15s) e a união de homem e mulher (Ef 5,31). A unidade fundamenta-se em um

---

o cristianismo e o culto a Ártemis, cf. especialmente R. OSTER, "The Ephesian Artemis as an Opponent of Early Christianity", in *JAC* 19 (1976): 4-44. Além disso, cf. P. LAMPE, "Acta 19 im Spiegel der ephesischen Inschriften", in *BZ* 36 (1992): 59-76; G. H. R. HORSLEY, "The Inscriptions of Ephesos and the New Testament", in *NT* 34 (1992): 105-168.

[59] Para os poderes demoníacos na argumentação da Carta aos Efésios, cf. R. SCHWINDT, Weltbild (cf. acima, 10.2), pp. 363-393.

[60] Cf. a respeito J. GNILKA, Eph (cf. acima, 10.2), pp. 66-69.

[61] Cf. a respeito E. FAUST, Pax Christi (cf. acima, 10.2), pp. 471ss; R. P. MARTIN, "The Christology of the Prison Epistles", in R. N. LONGENECKER (org), *Contours of Christology* (cf. acima, 4), pp. 193-218, aqui: pp. 214s.

só Deus (Ef 4,6), um só Senhor, uma só fé, um só batismo (Ef 4,5) e "na unidade do espírito pelo vínculo da paz" (Ef 4,3). A Carta aos Efésios apresenta a sua comunidade a visão do corpo de Cristo que é um só e universal, que, na perspectiva de Deus, foi decidido antes de todos os tempos, que se manifestou em Jesus Cristo na cruz e se torna agora, na atuação do Espírito, cada vez mais realidade.

10.2.3 *Pneumatologia*

A pneumatologia pertence aos temas centrais da Carta aos Efésios[62]. O dom do Espírito no batismo (Ef 4,4) é interpretado em Ef 1,13 como selamento (cf. 2Cor 1,21s); sua importância fundamental expressa-se em Ef 4,30: "Não entristeçais o Espírito Santo de Deus, pelo qual fostes selados para o dia da redenção". O Espírito Santo é o espírito de Deus, que, como penhor da salvação futura (cf. 2Cor 1,22; 5,5) e como "um espírito de sabedoria e de revelação" (Ef 1,17), determina já agora a vida dos crentes e cujas normas não devem ser violadas. De importância crucial para o conceito geral é Ef 2,18: por Jesus Cristo, "ambos de nós [isto é, judeus e gentios], em/por meio de um só espírito, temos acesso ao Pai" (ἐν ἑνὶ πνεύματι). Como em Rm 5,1-5, o espírito abre o acesso a Deus e realiza o "novo ser humano" adquirido por Jesus Cristo entre o judaísmo e as nações. A menção do Pai, do Filho e do Espírito que é um só já preludia um pensamento trinitário[63] que se manifesta claramente em Ef 4,3-6: "[...] unidade do espírito (...) um só corpo e um só espírito (...) um só Senhor, uma só fé, um só batismo, um só Deus". A união da Igreja existe graças à atuação do espírito do Deus uno, que opera união e unidade! A edificação da Igreja fundamenta-se em Cristo e se realiza no Espírito (Ef 2,22) que anuncia agora por meio dos apóstolos e profetas, na palavra como "a espada do espírito" (Ef 6,17), o mistério de Cristo a todas as pessoas (Ef 3,5). Finalmente, a observação em Ef 5,18 é uma advertência um

---

[62] F. MUSSNER, Eph (cf. acima, 10.2), p. 27, observa acertadamente que a pesquisa mais antiga negligenciou a pneumatologia fortemente.

[63] Cf. H. HÜBNER, Eph (cf. acima, 10.2), p. 179.

pouco irônica: "Não vos embriagueis com vinho [...], mas enchei-vos do espírito".

Na pneumatologia, a Carta aos Efésios está próxima a Paulo ao descrever o acesso a Deus, o batismo e o tema central da unidade da Igreja como um evento do Espírito. Dessa maneira, o autor preserva dentro de seu conceito parcialmente estático de espaço e tempo (cf. abaixo, 10.2.7/10.2.8) um elemento dinâmico que é de importância crucial para a compreensão: é no *pneuma* e pelo *pneuma* que se abrem o espaço e o tempo de Deus[64].

10.2.4 *Soteriologia*

A soteriologia da Carta aos Efésios é determinada pela *protologia*, predominante particularmente na *eulogia*: a eleição dos crentes aconteceu "antes da fundação do mundo" (Ef 1,4); eles foram predestinados a serem filhos e filhas de Deus (Ef 4,5), de acordo com a decisão que ele tomou *previamente* em Jesus Cristo (Ef 1,9). Em Ef 1,11 encontra-se até duas vezes a o prefixo πρό- ("prévio/antes"), para fundamentar a salvação exclusivamente na vontade precedente de Deus: "Nele fomos feitos herdeiros, nós que fomos *pre*destinados pelo *pro*pósito daquele que tudo opera, segundo o desígnio de sua vontade". A vontade pré-temporal de Deus realiza-se concretamente na participação da obra salvífica de Cristo com o selamento pelo Espírito no batismo (Ef 1,13s; 4,30). Os crentes ouviram em Jesus Cristo "o evangelho de vossa salvação" (Ef 1,13) e sabem da "redenção por seu sangue, a remissão das transgressões, segundo a riqueza de sua graça" (Ef 1,7; cf. 1,14; 2,13s). Cristo "é pessoalmente o salvador do corpo" (Ef 5,23: αὐτὸς σωτὴρ τοῦ σώματος), sua Igreja[65]. O verdadeiro *portador da paz e reconciliador* (Ef 2,14-17; 4,3; 6,23) é ele, e não o imperador. A *doutrina da graça e justificação* desenvolvida pela Carta aos Efésios está muito próxima a Paulo: "Pois pela graça fostes salvos por meio da fé (τῇ γὰρ χάριτί ἐστε σεσῳσμένοι διὰ πίστεως), e isso não de vós; é uma dádiva

---

[64] Cf. F. MUSSNER, Eph (cf. acima, 10.2), p. 27.
[65] Para a relação entre soteriologia e eclesiologia, cf. abaixo, 10.2.7.

de Deus. Não das obras (οὐκ ἐξ ἔργων), para que ninguém se vanglorie" (Ef 2,8). A *graça de Deus* como o único fundamento da salvação e redenção é louvada enfaticamente em Ef 1,6s; 2,5s, de modo que o autor pode até mesmo chegar a dizer que a ressurreição e a instalação no céu já aconteceram (cf. abaixo, 10.2.8). A graça deu ao apóstolo seu ministério (Ef 3,2.7s), para anunciar o "mistério" de Deus (μυστήριον Ef 1,9; 3,3.4.9; 6.19) às nações: o evangelho sobre a graça e o amor salvíficos de Deus em Jesus Cristo, decididos antes de todos os tempos.

Qual é a função das fortes afirmações soteriológicas da Carta aos Efésios? Muito obviamente, a Carta aos Efésios visa em seu texto pragmaticamente um refortalecimento de sua comunidade, cuja certeza de eleição, portanto, de seu *status* religioso, estava aparentemente muito ameaçada, devido aos problemas da convivência entre cristãos provenientes da religiosidade judaica e da religiosidade greco-romana. Para além dessa função, a densidade e o acúmulo dos motivos soteriológicos não deixam nenhuma dúvida de que o autor deseja nomear a nova existência real das pessoas que creem e foram batizadas. Nesse contexto, a predestinação não só tem uma dimensão temporal, mas sobretudo material: a vontade de Deus não está sujeita à casualidade, à influências de fora ou à aleatoriedade[66]. Sua decisão tem prioridade e, em todos os aspectos, também uma vantagem em relação a todas as considerações humanas; sua escolha deve e pode estar justificada somente nele mesmo. O destino aleatório e os deuses prestativos do panteão local são confrontados pela Carta aos Efésios com o Deus que elege por livre amor. Mas quem, concretamente, é eleito por ele, fica oculto ao conhecimento humano, de modo que também na Carta aos Efésios as afirmativas sobre a predestinação são afirmações limites que não podem ser instrumentalizadas.

---

[66] Cf. H. SCHLIER, Eph (cf. acima, 10.2), pp. 9s: "'Nós', os crentes e santos, não estávamos jamais fora de Cristo, segundo a vontade e a ciência de Deus. À medida que estamos nele, o fomos desde sempre".

10.2.5 Antropologia

A nova situação e a existência modificada dos crentes e batizados são descritas na Carta aos Efésios de várias maneiras. Como pessoas nascidas nas nações, estavam antigamente tão distantes de Deus como quem é circuncidado apenas exteriormente (Ef 2,11s), "mas agora, em Cristo Jesus, vós, que outrora estáveis longe, fostes trazidos para perto, pelo sangue de Cristo" (Ef 2,13; cf. 2,17s). O fundamento cristológico da antropologia manifesta-se na Carta aos Efésios impressionantemente no discurso do "novo ser humano".

O novo ser humano

O próprio Jesus Cristo, como pessoa, é a paz que fez de dois um e assim superou a divisão entre cristãos provenientes das tradições judaica e greco-romana (Ef 2,14)[67]. Aquilo que precisava ser superado, a parede divisória (v. 14: μεσότοιχον), é a Torá (cf. v. 15a; além disso, Aristeias 139!), cujos efeitos divisórios são superados na Igreja única de judeus e membros das nações[68]. A Carta aos Efésios ultrapassa aqui claramente a crítica paulina à Torá (cf. Rm 3,31; 7,6s), ao usar expressões como "aniquilar" e "abolir" (καταργέω) em relação à Torá e seus mandamentos/prescrições (Ef 2,15a). O objetivo e simultaneamente resultado desse acontecimento é que Cristo "crie os dois em si mesmo como um só ser humano novo, estabelecendo a paz" (Ef 2,15b). O "novo único ser humano" (εἷς καινὸς ἄνθρωπος) é uma nova existência criada em Cristo e por Cristo (cf. Gal 3,28; 1Cor 5,17), no além do judeu-cristianismo e do gentio-cristianismo, uma existência reconciliada com Deus "em um só corpo, por meio da cruz"

---

[67] Para a análise de Ef 2,14-16, cf. E. FAUST, Pax Christi (cf. acima, 10.2), pp. 221ss; M. GESE, Vermächtnis (cf. acima, 10.2), pp. 125-146.
[68] F. MUSSNER, Eph (cf. acima, 10.2), pp. 75ss.; R. SCHNACKENBURG, Eph (cf. acima, 10.2), pp. 113-116. À diferença deles, porém, A. LINDEMANN, Eph (cf. acima, 10.2), pp. 47ss, supõe que o autor da Carta aos Efésios "recorreu a um texto gnóstico (não cristão)" em Ef 2,14-16 (op. cit., p. 49).

(Ef 2,16), ou seja, no espaço da comunidade[69]. Na Igreja realiza-se a nova humanidade que é uma só, sem que a eclesiologia triunfasse sobre a antropologia e a cristologia[70]. Cristo criou "em si mesmo" (Ef 2,15) o novo ser humano que é um só; os crentes conheceram Cristo (Ef 4,20), despiram-se de sua conduta de vida do "velho ser humano" (cf. Rm 6,6) e "se revestiram do ser humano novo, criado segundo Deus em justiça e santidade, fundado na verdade" (Ef 4,24; cf. Gn 1,27). Também na Carta aos Efésios, a teo-logia e a cristologia permanecem os níveis que determinam a antropologia, embora seu vínculo com a eclesiologia seja mais forte do que em Paulo (cf. abaixo, 10.2.7).

O "novo ser humano" superou os pecados (Ef 2,1.5) e já não segue os desejos da carne (Ef 2,3), porque foi vivificado juntamente com Cristo (Ef 2,5; cf. Rm 6,8). Pelo espírito de Deus, o "ser humano interior", nova criatura no batismo (Ef 3,16; cf. 2Cor 4,16), deve se fortalecer para viver e agir segundo o amor (Ef 3,17).

10.2.6 *Ética*

Na Carta aos Efésios articula-se um forte interesse ético[71] que se manifesta já na fundamentação de temas éticos na protologia. Os crentes são "criados em Cristo Jesus para as boas obras que Deus já antes

---

[69] Cf. E. FAUST, Pax Christi (cf. acima, 10.2), p. 472: "À destruição daquilo que outrora dividia corresponde positivamente a nova realidade para ambos os grupos, 'em Cristo': aqui são criados para *um só* novo *anthropos* que se refere, como tipo qualitativo, a cada pessoa individualmente, mas não ao suposto *macro-anthropos* coletivo-eclesial".

[70] No entanto, nessa direção vai a interpretação de M. GESE, Vermächtnis (cf. acima, 10.2), p. 137.

[71] Cf. a respeito K. M. FISCHER, Tendenz und Absicht (cf. acima, 10.2), pp. 147-172; W. SCHRAGE, Ethik (cf. acima, 3.5), pp. 248-262; U. LUZ, "Überlegungen zum Epheserbrief und seiner Paranese", in H. FRANKEMÖLLE, K. KERTELGE, *Vom Urchristentum zu Jesus*. FS J. Gnilka (Freiburg: 1989), pp. 376-396; G. SELLIN, "Die Paränese des Epheserbriefes", in E. BRANDT etc., *Gemeinschaft am Evangelium*. FS W. Popkes (Leipzig: 1996), pp. 281-300; R. HOPPE, "Ekklesiologie und Paranese im Epheserbrief", in M. WOLTER (org.), *Ethik als angewandte Ekklesiologie* (cf. acima, 10.2), pp. 139-162.

tinha preparado para que nelas andássemos" (Ef 2,10; cf. 1,4s.10)⁷².
A forte ênfase na atuação precedente de Deus é transferida para a ética⁷³; exclusivamente Deus é a causa das boas obras, ao capacitar os crentes para elas pelos dons do espírito concedidos no batismo⁷⁴. Com essa ênfase no caráter gratuito exclusivo da nova existência, o autor vincula sobretudo em Ef 4,1 (παρακαλῶ) amplas motivações e exortações, cujo pressuposto é a nova realidade da participação abrangente no evento da salvação. O ponto de partida é o *pensamento da unidade*, predominante já em Ef 2,14-18, que forma com suas implicações teológicas e políticas (cf. abaixo, 10.2.7) o fundamento ético em Ef 4,1-16.⁷⁵ O princípio básico da ética é uma vida segundo a unidade: "Procurai conservar a unidade do espírito pelo vínculo da paz" (Ef 4,3; cf. 4,13: "unidade da fé e do conhecimento do Filho"). O conceito da unidade é sublinhado em Ef 4,4-6 com fórmulas de unidade ("um só corpo e um só espírito [...], uma só esperança [...], um só Senhor, uma só fé, um só batismo, um só Deus [...]") e, através do conceito de cabeça e corpo, orientado para o pensamento do amor: "Mas, como pessoas verdadeiras no amor, cresceremos em tudo em direção a ele que é a cabeça, Cristo" (Ef 4,15). As parêneses subsequentes começam com a antitética do ser humano "velho" e "novo" (Ef 4,17-24), para somente depois apresentar exigências concretas: nada de mentira e de ira; não roubar, mas trabalhar; pensar e falar bem (Ef 4,25-32).

A *posição central do pensamento de amor* na ética da Carta aos Efésios mostra-se em 5,1-2: "Tornai-vos, pois, imitadores de Deus, como filhos amados, e andai no amor, assim como Cristo também nos amou e se entregou por nós a Deus, como oferta e sacrifício de odor suave". Estes versículos têm a função de dobradiça⁷⁶ entre 4,25-32 e

---

⁷² Cf. E. FAUST, Pax Christi (cf. acima, 10.2), segundo o qual os crentes participam do desapoderamento dos poderes cósmicos por Cristo: "Dessa maneira, são capacitados para uma nova ética das boas obras preparadas por Deus (2,10)".
⁷³ O pensamento de uma "pré-existência" das boas obras é temerosamente rejeitado nos comentários (cf., por exemplo, F. MUSSNER, Eph [cf. acima, 10.2], p. 66), mas está efetivamente na linha da argumentação de Ef 2,8-10.
⁷⁴ Cf. R. SCHNACKENBURG, Eph (cf. acima, 10.2), p. 100.
⁷⁵ Cf. G. SELLIN, Paränese, pp. 294ss.
⁷⁶ Cf. op. cit., p. 296.

5,2-14.15-20 e formulam o conteúdo do princípio básico de todas as admoestações individuais: Deus e Cristo nos amaram (Ef 2,4; 3,17), de modo que um deve suportar (sustentar) o outro em amor (Ef 4,2). Nas cartas protopaulinas e deuteropaulinas não há outro escrito onde se encontrem tantas ocorrências de ἀγάπη (10 vezes) e de ἀγαπᾶν (10 vezes), tanto de modo absoluto[77] como em relação ao tamanho da carta, como na Carta aos Efésios! As admoestações individuais convencionais (Ef 4,25-32: antitética em forma de catálogo / Ef 6,10-20: as "armas espirituais") não devem nos enganar acerca do fato de que o pensamento do amor é o laço interior da Carta aos Efésios[78]: por amor "para conosco", Deus revivificou Cristo (Ef 2,4s), e Cristo vive agora em nossos corações (Ef 3,17.19), de modo que a Igreja como corpo de Cristo "se edifica no amor" (Ef 4,16).

O pensamento do amor domina também na releitura da tábua doméstica (cf. Cl 3,18-4,1) em Ef 5,21-6,9 (6 vezes ἀγαπᾶν). Por um lado preserva-se o esquema básico (três vezes dois grupos / mesma sequência / o membro mais fraco primeiro); por outro, há uma ampliação característica ao transferir a relação básica antropológica de homem e mulher para a relação entre Cristo e a Igreja (Ef 5,23s.25-33)[79]. Assim como o homem é a cabeça da mulher, assim "Cristo é cabeça da Igreja" (Ef 5,23b: ὁ Χριστὸς κεφαλὴ τῆς ἐκκλησίας); como Cristo amou a Igreja, assim os homens devem amar suas esposas (Ef 5,25-30). Finalmente, o motivo do amor e do matrimônio como possibilitação cristológica e realização eclesiológica destaca-se claramente em Ef 5,31s, pois, em entrega e dedicação amorosa, Cristo é a cabeça da Igreja. Ef 5,21-6,9 transfere ainda mais fortemente que a Carta aos Colossenses o pensamento do amor para a casa como a unidade sócio-política básica da Antiguidade e exige, exatamente pela transferência para a relação entre Cristo e a Igreja, que a casa se torne para cristãos em todos os sentidos o espaço da *agape*.[80]

---

[77] A Primeira Carta aos Coríntios é apenas uma exceção aparente, pois das 14 ocorrências de ἀγάπη, 9 se encontram em 1Cor 13.
[78] O pano de fundo de Ef 4,1–5,20 deve ser Rm 12,1-8; 13,8-14; cf. a respeito U. LUZ, Überlegungen, pp. 392ss.
[79] Para a análise, cf. M. GIELEN, Haustafelethik (cf. acima, 10.1.6), pp. 204-315.
[80] Cf. W. SCHRAGE, Ethik (cf. acima, 3.5), p. 260.

10.2.7 Eclesiologia

A eclesiologia é o tema determinante da Carta aos Efésios, a partir do qual toda a argumentação recebe sua característica[81].

A Igreja como o corpo de Cristo

Desde sua ressurreição, Jesus Cristo é como o Exaltado ao céu o governante do mundo e a cabeça de seu corpo, a Igreja (Ef 1,22s: "e tudo ele submeteu debaixo de seus pés, e o estabeleceu como a cabeça, que sobressai a tudo, da Igreja que é seu corpo, a plenitude daquele que plenifica tudo em tudo"). Dessa maneira, a Igreja aparece abrangentemente como o espaço da salvação presente, assim como o autor da carta o esclarece principalmente no contexto da paráclese matrimonial em Ef 5,32, onde ele diz, recorrendo a Gn 2,24 LXX: "É grande este mistério: eu, porém, interpreto-o em relação a Cristo e a Igreja". A comunhão entre Cristo e a Igreja é tão grande e imediata que pode haver uma distinção, mas não uma separação, "porque somos membros de seu corpo" (Ef 5,30). A Igreja é a parceira de Cristo; por ela, ele se entregou na cruz (Ef 2,16)[82]; ele cuida dela e a alimenta (Ef 5,29b). Como o corpo de Cristo (cf. também Ef 4,3.4.12.15), a Igreja é um edifício/templo celestial (Ef 2,20-22; cf. 1Cor 3,9-17) e a "plenitude" de Cristo (πλήρωμα; cf. Ef 1,23; 3,19; 4,10.13). Dessa maneira, a Igreja é num sentido exclusivo o espaço em que a plenitude todo-abrangente de Cristo se mostra eficaz e poderosa. Ao mesmo tempo, ela se encontra num processo dinâmico de crescimento (Ef 2,21s; 4,12.15; cf. Cl 2,19), conduzido pela "pedra angular" Jesus Cristo.

À metáfora da Igreja como corpo de Cristo vincula-se não apenas a promessa da salvação presente, mas também uma reivindicação de poder, porque a eclesiologia de cabeça e corpo deve ser lida no contexto

---

[81] Para a eclesiologia, cf. H. MERKLEIN, *Christus und die Kirche*. SBS 66 (Stuttgart: 1973); J. ROLOFF, Kirche (cf. acima, 6.7), pp. 231-249; M. GESE, Vermächtnis (cf. acima, 10.2), pp. 171ss.

[82] Enquanto Cl 1,22 se refere com σῶμα ao corpo de cruz, ἐν σῶμα em Ef 2,16 se refere à Igreja.

da filosofia política daquele tempo. Quando se trata nela (por exemplo, na fábula de Menénio Agripa) do domínio indiviso do imperador (= cabeça) sobre o Império Romano (= corpo), a cristologia do corpo da Carta aos Efésios

oferece um contraesboço. A pretensão do domínio cósmico de Jesus Cristo está aqui em deliberado contraste com o culto ao imperador[83]. Com a imagem da cabeça e do corpo, o autor da Carta aos Efésios recorre a um imaginário que tem notáveis paralelos religioso-históricos na tradição greco-romana[84] e no judaísmo helenista (Fílon)[85], que está em continuidade com Paulo e a Carta aos Colossenses[86], mas

---

[83] Cf. F. MUSSNER, Verbete "Epheserbrief", in *TRE* 9 (Berlim: 1982): pp. 743-753, aqui: p. 747: "Parece que especialmente o cristianismo da Ásia Menor possuía uma predileção pela presença da salvação, especialmente em relação à cristologia, mais concretamente ao Cristo *Pantokrator*, provavelmente também em consciente confronto com o culto ao imperador, muito difundido especialmente na Ásia Menor". Além disso, cf. E. FAUST, Pax Christi (cf. acima, 10.2), p. 475, segundo o qual o imperador romano representa o deus supremo na terra como criador de paz: "Contra esse pano de fundo era fácil entender o trecho sobre Cristo como criador da paz em Ef 2,14-18, que alude às tradições de *enkomios*, como um esboço alternativo estruturalmente homólogo ao criador de paz imperial para τὰ ἀμφότερα: Cristo integra judeus e gentios na paz comum de seu corpo que é, ao mesmo tempo, uma *politeia* comum (2,19b), de tal forma que os antigos judeus não sofrem por isso nenhuma perda de respeito; muito ao contrário, eles possuem até mesmo uma vantagem de honra e prestígio (2,19ss)". Cf. G. SELLIN, Verbete "Epheserbrief", (cf. acima, 10.2), p. 1346: "Com isso, porém, a Carta aos Efésios entra em concorrência com o Império Romano. Que o autor está ciente disso, mostra a *peroratio* de 6,10-20, que insere as 'cadeias' de Paulo na luta contra os 'governantes terrestres destas trevas' (6,19-20)".

[84] Cf. SÊNECA, Clem I 3,5; I 4,1-2 (o imperador conduz o Estado como princípio mental e garante unidade e paz): "A mansidão de tua atitude será transmitida, e aos poucos se difundirá por todo este enorme organismo do Império, e tudo será moldado segundo tua semelhança. Da cabeça passa a boa saúde para todas as partes do corpo; tudo está vivo e atento ou abatido em sonolência, segundo o estado de seu espírito que pode estar vivaz ou sem forças"; II 2,1; PLUTARCO, Numa 20,8; para a análise desses e de outros textos, cf. E. FAUST, Pax Christi (cf. acima, 10.2), pp. 290ss.

[85] Para Fílon, cf. H. HEGERMANN, Die Vorstellung vom Schöpfungsmittler im hellenistischen Judentum und im Urchristentum, (cf. acima, 10.1.2), pp. 58ss.106ss; IDEM, "Zur Ableitung der Leib-Christi-Vorstellung im Epheserbrief", in *ThLZ* 85 (1960): 839-842; C. COLPE, Leib-Christi-Vorstellung im Epheserbrief (cf. acima, 10.2), pp. 178ss.

[86] Cf. M. GESE, Vermächtnis (cf. acima, 10.2), pp. 175-184.

que está simultaneamente a serviço de sua teologia político-eclesiológica da unidade.

A unidade da Igreja

Com o conceito da Igreja como corpo de Cristo, a Carta aos Efésios trata de um problema atual. Aparentemente, a situação da(s) comunidade(s) endereçada(s) está marcada por tensões entre cristãos de origem judaica e cristãos provenientes da tradição greco-romana. Os leitores da carta são chamados em Ef 2,11; 3,1; 4,17 diretamente de cristãos vindos das nações, e sua relação com os judeu-cristãos é o conteúdo exclusivo da instrução de Ef 2,11-22 e também um dos temas predominantes da carta. A Carta aos Efésios esboça o conceito de uma Igreja composta por judeu-cristãos e cristãos provenientes da tradição greco-romana, que formam juntos o corpo de Cristo. Com isso, o autor reage a um desenvolvimento contrário nas comunidades da Ásia Menor: os judeu-cristãos já são uma minoria, e os cristãos da nações já não veem neles parceiros de direitos iguais[87]. A unidade da Igreja é o exemplo desejado da paz cósmica criada por Cristo[88]. Por isso (diferentemente da Carta aos Colossenses), a eleição de Israel é fortemente destacada: "que naquele tempo estáveis sem Cristo, excluídos da cidadania em Israel e estranhos aos testamentos da promessa, sem esperança e sem Deus no cosmos" (Ef 2,12). As pessoas que estavam "longe", porém, foram agora trazidas para "perto" (Ef 2,13), sendo que o predominante não é o pensamento de uma integração no povo eleito de Deus, mas da reconciliação como superação da inimizade (Ef 2,14-18)[89]. Agora vale: "Portanto, já não sois estrangeiros nem forasteiros, mas concidadãos (συμπολῖται) dos santos e membros da casa (οἰκεῖοι) de Deus"

---

[87] Cf. K. M. FISCHER, Tendenz und Absicht (cf. acima, 10.2), pp. 79-94.
[88] Cf. G. SELLIN, "Adresse und Intention des Epheserbriefes", in M. TROWITZSCH (org.), *Paulus, Apostel Jesu Christi*. FS G. Klein (Tübingen: 1998), pp. 171-186, p. 186: "O tema principal da Carta aos Efésios é o 'ser um'. Essa unidade existe na Igreja que removeu, pela atuação de Paulo, o muro entre judeus e gentios".
[89] Cf. J. ROLOFF, Kirche (cf. acima, 6.7), pp. 241s.

(Ef 2,19)[90]. Com esses conceitos políticos constata-se, por assim dizer oficialmente, a superação das tensões entre judeus e gregos/romanos que continuam a existir na sociedade. Contra o pano de fundo de um antijudaísmo que se agrava dentro da comunidade (e dentro da sociedade como tal), a Carta aos Efésios defende a herança que os judeu-cristãos possuem, em direitos iguais, no corpo de Cristo. Com isso, ela está em oposição às tendências que vigoraram na Igreja da Ásia Menor. No entanto, a temática de Israel é agora percebida como um problema intracomunitário e não (como em Paulo) como uma problema histórico-salvífico universal[91].

Ministérios

A Carta aos Efésios entende os ministérios como *dons do Cristo exaltado que criam unidade*, portanto, cabe-lhes um significado constitutivo: "E ele concedeu os apóstolos, os profetas, os evangelistas, os pastores e os mestres para aperfeiçoar os santos em vista do ministério da edificação do corpo de Cristo, até que alcancemos todos nós a unidade da fé e do pleno conhecimento do Filho de Deus, para o Homem Perfeito, à medida da estatura da plenitude de Cristo" (Ef 4,11-13). Em comparação com Paulo, essa lista de ministérios aponta para uma estrutura fortemente modificada da comunidade[92]. Enquanto apóstolos e profetas ocorrem também em 1Cor 12,28, falta em Paulo o título do evangelista. Enquanto os mestres ocupam em 1Cor 12,28 a terceira posição, eles aparecem em Ef 4,11 depois dos apóstolos, profetas, evangelistas e pastores. Como os apóstolos e profetas aparecem em Ef 2,20; 3,5 já como grupos fixos, devem ser considerados também

---

[90] Cf. K. M. FISCHER, Tendenz und Absicht (cf. acima, 10,2), p. 80: "A tese da Carta aos Efésios é clara e inequívoca: Israel é o Povo de Deus e tem suas promessas de aliança; os gentios não têm nada. Agora, porém, acontece o milagre inédito de que Cristo derruba o muro entre gentios e judeus, a lei com seus mandamentos, e assim abre para os gentios o acesso a Deus na Igreja que é uma só (2,11ss)".

[91] Cf. a respeito TH. K. HECKEL, "Kirche und Gottesvolk im Epheserbrief", in M. KARRER, W. KRAUS, O. MERK (org). *Kirche und Gottesvolk*. FS J. Roloff (Neukirchen: 2000), pp. 163-175.

[92] Para a análise, cf. H. MERKLEIN, Das kirchliche Amt (cf. acima, 10.2), pp. 57-117.

aqui uma unidade separada. Eles representam os ministérios do início[93], enquanto a tríade evangelista, pastor e mestre representa a estrutura atual da comunidade[94]. No caso dos evangelistas trata-se provavelmente de pregadores itinerantes, enquanto os pastores e mestres eram os responsáveis pela pregação, a instrução e o ensinamento nas comunidades locais. O ministério dos apóstolos já não é considerado de modo funcional, mas em seu significado teológico: os apóstolos são o fundamento da Igreja (Ef 2,20), a eles foi revelado o mistério de Cristo (cf. Ef 3,5). Aos profetas provavelmente já não cabe nenhuma função atual; correspondentemente faltam na Carta aos Efésios ministérios carismáticos como, por exemplo, taumaturgos, pessoas dotadas de forças de cura e a fala em línguas. Embora a Carta aos Efésios preserve basicamente a conceituação paulina dos carismas como dons dados à comunidade (Ef 4,7s), ela não desenvolve esse princípio.

Paulo como apóstolo da Igreja

Também em Ef 3,1-13, Paulo se torna o portador decisivo da revelação para a Igreja (cf. Cl 1,24-29), ao revelar a todas as pessoas e poderes (Ef 3,10) o mistério da concessão da salvação também às nações (Ef 3,6.8). Na anamnese de sua pessoa e sua obra, o apostolado paulino entre as nações aparece depois de sua morte em dimensões histórico-salvíficas (cf. Ef 3,1; 4,1). Paulo é o receptor decisivo da revelação de Deus, que fez surgir a Igreja universal composta por judeus e gentios. A graça recebida por Paulo derrubou o muro entre esses dois grupos (cf. Ef 3,3.6) e possibilitou uma Igreja universal, cujas dimensões são

---

[93] Diferente K. M. FISCHER, Tendenz und Absicht (cf. acima, 10.2), p. 33: a Carta aos Efésios refuta a introdução de uma ordem comunitária episcopal, "para ela, os apóstolos e profetas permanecem, agora como antes, o único fundamento da Igreja". Como argumento em favor dessa tese serve Ef 4,11, que não distingue entre ministérios do presente (evangelistas, pastores e mestres) e ministérios do passado (apóstolos e profetas). "Portanto, há apenas uma única possibilidade exegética: para a Carta aos Efésios, os apóstolos e profetas são, tanto no passado como no presente, os ministérios eclesiásticos decisivos que ela preserva enfaticamente" (op. cit., p. 38).
[94] Cf. J. ROLOFF, Kirche (cf. acima, 6.7), p. 247.

refletidas e desenvolvidas na Carta aos Efésios. Cristo é a pedra angular da Igreja que foi construída sobre o fundamento dos apóstolos e profetas (Ef 2,20). Dessa maneira, o apostolado, cujo garante é Paulo, aparece como norma para o compromisso com Cristo. Aqui já não há mais traços das controvérsias acerca do apostolado paulino (cf. 1Cor 9,11ss) e dos graves conflitos entre os cristãos provenientes do judaísmo e das nações. Paulo não tem de lutar por sua posição, ela já é apreciada em suas dimensões histórico-eclesiásticas[95].

Isso tem a ver com função normativa de Paulo para a compreensão tradicional da carta. Os apóstolos e profetas (e, dessa maneira, especialmente Paulo) formam o fundamento e a norma daquilo que é cristão, que agora já não depende de artimanhas humanas enganosas (Ef 4,14). Já que o apóstolo é o mensageiro do mistério do evangelho (Ef 6,20), esse mistério pode ser adequadamente proclamado apenas por ele. Portanto, o recurso a Paulo e o consequente caráter pseudepígrafo da Carta aos Efésios é um resultado lógico da imagem de Paulo transmitida pela carta [96].

Eclesiologia e cristologia/soteriologia

Decisivo para a avaliação do conceito geral da Carta aos Efésios é a relação entre a eclesiologia e a cristologia/soteriologia. Devemos entender a eclesiologia no sentido de uma *"ecclesia triumphans"*, na qual a cristologia/soteriologia se tornam uma função da eclesiologia[97]? Por um lado, a predominância da eclesiologia é absolutamente nítida, mas, por outro, há também claros indícios para uma fundamentação cristológico da eclesiologia[98]:

---

[95] Cf. H. MERKLEIN, Rezeption (cf. acima, 10.1.7), p. 321.
[96] M. GESE, Vermächtnis (cf. acima, 10.2), p. 275, enfatiza: "Entre as cartas pós-paulinas, a Carta aos Efésios é a única que oferece uma interpretação completa e concisa da teologia paulina e, ao mesmo tempo, reivindica sua validade e normatividade atemporais. Justamente isso legitima a caracterizar a Carta aos Efésios como o legado teológico da escola paulina".
[97] Assim a tendência de H. MERKLEIN, Christus und die Kirche (cf. acima 10.2), p. 63, que fala de uma "primazia da eclesiologia sobre a soteriologia"; J. ROLOFF, Kirche (cf. acima 6.7), pp. 237: "A eclesiologia tornou-se o pressuposto da soteriologia".
[98] Cf. F. MUSSNER, Eph (cf. acima, 10.2), p. 25.

1) Também na Carta aos Efésios, o evento salvífico é fundamentado exclusivamente na cruz (Ef 2,13.14.16).
2) Em Ef 5,23, Cristo é o salvador/redentor da Igreja.
3) Na parte central de Ef 2,11-22, Cristo é o sujeito decisivo que opera a paz e a reconciliação.
4) A expressão eclesiológica central ἐν Χριστῷ designa na Carta aos Efésios o espaço salvífico possibilitado e determinado por Cristo, no qual as pessoas reconciliadas vivem em comunhão com Deus/Cristo e entre si. Portanto, a Igreja tem seu espaço em Cristo e não vice-versa[99].
5) As metáforas de crescimento na Carta aos Efésios mostram claramente que a Igreja está submetida a um processo de formação.

A Igreja é o espaço de salvação aberto e governado por Cristo (cf. Ef 1,22s; 2,16; 4,15s). Não há Igreja sem Cristo nem Cristo sem a Igreja. Deus revela sua sabedoria aos poderes através da Igreja (Ef 3,10). Em Ef 3,21, a Igreja é até mesmo o objeto de uma doxologia. Não obstante se aplica também à Carta aos Efésios que a Igreja é pensada coerentemente a partir de Cristo e que ela está sempre relacionada a ele, de modo que ninguém fora do próprio Cristo pode reinar sobre a Igreja. Como nenhum outro escrito neotestamentário, a Carta aos Efésios acentua a *relevância eclesiológica do evangelho*, mas sem descuidar do fundamento cristológico.

10.2.8 *Escatologia*

A presença da salvação, predominante na eclesiologia, determina também a escatologia. A Carta aos Efésios não só transfere (como a Carta aos Colossenses) a forma temporal do passado consequentemente para os *eschata*, mas até mesmo se refere a um "ter sido transportado" para o céu. Assim como Cristo já conquistou a vitória (cf. Ef 1,20-23), a comunidade eleita (cf. Ef 1,5.9.11.19; 2,10; 3,11) já se encontra num espaço salvífico presente: a Igreja como corpo de Cristo.

---

[99] Cf. M. GESE, Vermächtnis (cf. acima, 10.2), pp. 171-175.

No batismo, os crentes foram salvos pela graça (Ef 2,5.6.8), foram "vivificados juntamente com" Cristo (cf. Ef 1,20; aoristo συνεζωοποίησεν), "ressuscitados com" ele (aoristo συνήγειρεν) e "assentados com" ele (aoristo συνεκάθισεν) nos céus (Ef 2,5.6). Em contraste com Rm 6,3s e Cl 2,12, a Carta aos Efésios enfatiza o *status* de glória exclusivamente às pessoas que creem e foram batizadas (falta o "ser sepultado junto com"). Como concidadãos dos santos e membros da casa de Deus (Ef 2,19), têm sua participação plena na redenção pelo sangue de Cristo (cf. Ef 1,7). As claras modificações em relação à escatologia paulina surgem devido ao caráter secundário de categorias temporais e ao destaque de categorias espaciais; a tensão entre presente e futuro perde sua importância. A forte ênfase na presença da salvação em Paulo (cf., por exemplo, 2Cor 3,18; Rm 8,29s), a teologia espacialmente orientada da Carta aos Colossenses, as tradições hínicas (orações: Ef 1,3-23; 6,18-20, doxologias: Ef 3,14-19) e a experiência da presença da salvação nos sacramentos levaram na Carta aos Efésios a uma teologia na qual o futuro não determina o presente, mas o presente, o futuro. Mas, acima de tudo, a imagem de cabeça e corpo com suas dimensões espaciais e a correspondente teologia da unidade requerem uma forte ênfase no tempo presente, pois o desafio é a superação atual de divisões e (diante do governo do imperador romano) a comprovação do domínio presente de Jesus Cristo. Nesse conceito, a problemática do atraso da parusia já perdeu sua importância.

No entanto, a escatologia preséntica da Carta aos Efésios não abole o tempo e a história de modo geral[100]. A Carta aos Efésios não defende uma ontologia atemporal da Igreja nem uma mistura de realidades celestiais e terrenas. Às pessoas que creem e foram batizadas prometem-se realidades celestiais, mas não condições terrenas: como Cristo já está sentado à direita de Deus, também a comunidade se sabe na posse presente da salvação transcendente, ou seja, o estrito vínculo

---

[100] Cf. aqui H. HÜBNER, Eph (cf. acima, 10.2), pp. 165-168. A. LINDEMANN, Aufhebung der Zeit, p. 248, pressupõe uma ausência de história e tempo na Carta aos Efésios: "Para a Carta aos Efésios, o tempo e a história estão abolidas e abrigadas 'em Cristo' – isso significa para sua teologia: na Igreja. A partir de tal presença, qualquer futuro se torna obsoleto".

com Cristo é o fundamento material de todas as afirmações[101]. Também o tempo não é dissolvido na Carta aos Efésios em uma ontologia sem contornos[102]. Por isso, os batizados são exortados a enfrentar os poderes que os acuam "no dia mau" (Ef 6,13). O juízo que vem motiva a parênese (Ef 6,8), os idólatras não herdarão o Reino de Deus (Ef 5,5), porque a ira de Deus vem sobre os desobedientes (Ef 5,6). Também o éon vindouro está sob o domínio de Jesus Cristo (Ef 1,21b). A Cartas aos Efésios lembra os cristãos de sua esperança (Ef 1,18; 2,12; 4,4) e do dia da salvação (Ef 4,30), em direção ao qual foram selados. Os crentes devem desfrutar do tempo presente (Ef 5,16), porque é o tempo escatológico. Assim como para Paulo (2Cor 1,21s; 5,5; Rm 8,23), também para a Carta aos Efésios, o espírito é o penhor da salvação futura (Ef 1,13s; 4,30), a redenção ocorreu por graça e pela fé (Ef 2,8a). A Igreja como o corpo de Cristo está sujeita a um processo de crescimento e maturação (cf. Ef 2,21s; 3,19; 4,13.16) que inclui também o olhar para o futuro.

A Carta aos Efésios contém uma "reserva", embora de uma espécie totalmente diferente da de Paulo. As dimensões espaciais predominantes estão comprometidas com a estática da existência atual e não com as coisas vindouras.

---

[101] Esse aspecto é enfatizado por F. MUSSNER, Christus, das All und die Kirche (cf. acima 10.2), p. 93; segue-o M. GESE, Vermächtnis (cf. acima 10.2), p. 156: "Embora a vida celestial dos crentes já esteja presente, ela permanece fundamentalmente separada das realizações da vida terrena, devido a seu vínculo com Cristo. *Uma identificação das duas áreas é claramente evitada, graças à diferenciação espacial; não é possível afirmar uma abolição da reserva escatológica*". No entanto, nessa definição da relação permanece o problema de como pensar a presença do celestial no terrestre que *também* é pressuposta pela Carta aos Efésios. A referência ao batismo, ao espírito e à fé não é suficiente, pois esses elementos representam também em Paulo a salvação presente.

[102] Cf. F. MUSSNER, Eph (cf. acima, 10.2), pp. 28-30; H. E. LONA, Eschatologie (cf. acima, 10.1), pp. 241ss. Lona fala de uma "escatologia eclesiológica" da Carta aos Efésios: "A presença e o futuro da salvação são abordados somente em relação com a realidade da Igreja" (op. cit., p. 442). Ef 1,13s; 4,30 mostram, além disso, "que a ênfase na presença da salvação não está em contradição com sua plenificação futura" (op. cit., p. 427).

10.2.9 Posição na história da teologia

Em nenhum outro escrito neotestamentário, a eclesiologia destaca-se tanto como na Carta aos Efésios[103]. A Igreja não é uma grandeza casual, mas equipada com uma dignidade especial; é eleita e predestinada. No entanto, ela faz jus à sua missão apenas sob a perspectiva da unidade: só na unidade, a ἐκκλησία é a Igreja de Jesus Cristo. *A Carta aos Efésios é o grande escrito da unidade do Novo Testamento!* Tanto a protologia (Ef 1,3-14) como a escatologia preséntica servem para comprovar que é a vontade primordial e presente de Deus em Jesus Cristo que a Igreja como o corpo de Cristo e sob a cabeça de Jesus Cristo realmente viva a desejada unidade entre os crentes provenientes da tradição judaica e da tradição greco-romana. Também a compreensão dos ministérios está imediatamente relacionada com a questão da unidade, já que, de acordo com Ef 4,13, o estabelecimento da unidade dos crentes é a tarefa central dos portadores de ministérios. O que Paulo não conseguiu fazer e o que ele deixou como um legado para o cristianismo primitivo, é realizado pela Carta aos Efésios: a proclamação da unidade na *politeia pneumática* do corpo de Cristo, para além de todos os muros que antigamente separavam (Ef 2,19-22).

Embora a Carta aos Efésios com sua eclesiologia cósmica e escatologia preséntica se distinga significativamente de Paulo, ela reproduz elementos centrais da doutrina da justificação exclusiva de um modo extremamente exato: "por graça [...] por meio da fé [...] não das obras" (Ef 2,8s). Com isso, a Carta aos Efésios é – a partir da perspectiva de hoje – um documento profundamente ecumênico que, por assim dizer, combina em si elementos "católicos" e "evangélicos"[104].

Um potencial útil para o futuro encontra-se também na cristologia, porque o domínio cósmico de Jesus Cristo e sua posição sentado à direita de Deus (Ef 1,20) visam a paz e a reconciliação (Ef 2,14-16).

---

[103] J. ROLOFF, Kirche (cf. acima, 6.7), pp. 231s, fala de uma revolução copernicana: "Enquanto no centro das cartas paulinas autênticas estava sempre o evento Cristo e a Igreja era vista em sua relação com ele, este escrito deuteropaulino toma a Igreja como ponto de partida para interpretar o evento Cristo a partir dela".

[104] Cf. F. MUSSNER, Eph (cf. acima, 10.2), pp. 175-178.

Cristo governa e preenche o universo com seu poder de vida (Ef 1,23), para que seu evangelho da paz traga para perto as pessoas que estão longe (Ef 2,13.17). O "vínculo da paz" (Ef 4,3) deve unir os crentes na unidade do espírito e assim representar a nova realidade de Deus.

10.3 A Segunda Carta aos Tessalonicenses: um problema de prazo

WREDE, W. *Die Echtheit des zweiten Thessalonicherbriefes*. Leipzig, 1903; DOB-SCHÜTZ, E. V. *Die Thessalonicher-Briefe*. KEK 10. Göttingen, 1909 (= 1974); BRAUN, H. "Zur nachpaulinischen Herkunft des zweiten Thessalonicherbriefes". In *Gesammelte Studien zum NT und seiner Umwelt*, editado por IDEM, pp. 205-209. Tübingen, 1962; TRILLING, W. *Untersuchungen zum zweiten Thessalonicherbrief*. EThSt 27. Leipzig, 1972; LINDEMANN, A. "Zum Abfassungszweck des zweiten Thessalonicherbriefes". In *ZNW* 68 (1977): 35-47; TRILLING, W. *Der zweite Brief an die Thessalonicher*. EKK 14. Neukirchen, 1980; TRILLING, W. "Literarische Paulusimitation im 2. Thessalonicherbrief". In *Paulus in den ntl. Spätschriften*, editado por K. KERTELGE. QD 89, pp. 146-156. Freiburg: 1981; MARXSEN, W. *Der zweite Brief an die Thessalonicher*. ZBK 11.2. Zurique, 1982; JEWETT, R. *The Thessalonian Correspondence*. Philadelphia, 1986; HOLLAND, G. S. *The Tradition that you have received from us: 2 Thessalonians in the Pauline Tradition*. HUTh 24. Tübingen, 1988; MÜLLER, P. Anfänge der Paulusschule (cf. acima, 10); HUGHES, F. W. *Early Christian Rhetoric and 2 Thessalonians*. JSNT.S 30. Sheffield, 1989; COLLINS, R. F. (org.). *The Thessalonian Correspondence*. BETL 87. Lovânia, 1990; DONFRIED, K. P. "The Theology of 2 Thessalonians". In *The Theology of the shorter Pauline Letters*, editado por IDEM, pp. 81-113. Cambridge, 1993; MENKEN, M. J. J. *2 Thessalonians*. Londres / Nova Iorque, 1994; REINMUTH, E. *Der zweite Brief an die Thessalonicher*. NTD 8/2. Göttingen, 1998; MALHERBE, A. J. *The Letters to the Thessalonians*. AncB 32B. Nova Iorque, 2000; HOTZE, G. "Die Christologie des 2. Thessalonicherbriefes", in *Christologie in der Paulusschule*. SBS 181, editado por K. SCHOLTISSEK, pp. 124-148. Stuttgart, 2000; ROOSE, H. "Polyvalenz durch Intertextualität im Spiegel der aktuellen Forschung zu den Thessalonicherbriefen". In *NTS* 51 (2005): 250-269; POPKES, E. E. "Die Bedeutung des zweiten Thessalonicherbriefes für das Verständnis paulinischer und deuteropaulinischer Eschatologie". In *BZ* 48 (2004): 39-64; METZGER, P. *Katechon. II Thess 2,1-12 im Horizont apokalyptischen Denkens*. BZNW 135. Berlim, 2005.

A Segunda Carta aos Tessalonicenses é um escrito pseudepígrafo de admoestação e instrução, redigido pelo fim do séc. I na Macedônia ou na Ásia Menor[105] e destinado a orientar a leitura da Primeira Carta aos Tessalonicenses.

Teologia

No centro da teologia da Segunda Carta aos Tessalonicenses está o Deus *que julga*. Diante da falsa doutrina escatológica que ameaça a comunidade, o autor alerta e motiva ao mesmo tempo: a comunidade será recompensada por sua perseverança e seu sofrimento, pois "justo é que Deus pague com tribulação aos que vos oprimem, e que a vós, os oprimidos, vos dê o repouso juntamente conosco" (2Ts 1,6.7a; cf. 1,8). A vocação da comunidade é contrastada com aqueles que foram levados à mentira pelo poder de sedução enviado por Deus (2Ts 2,11s). O drama final escatológico com sua atuação do adversário (2Ts 2,4) corresponde ao projeto salvífico de Deus. Dessa maneira, Deus é, ao mesmo tempo, o autor e o agente parcial do acontecimento! Essa argumentação cheia de tensões serve aparentemente para fortalecer a identidade ameaçada da comunidade. Ela pode ter certeza do amor de Deus (2Ts 2,16; 3,5), enquanto os adversários sucumbem ao juízo.

Cristologia / Escatologia

Na Segunda Carta aos Tessalonicenses, a cristologia é uma parte integral da escatologia[106]. O conceito básico é definido em 2Ts 1,7b, que afirma que o *Kyrios* escatológico da parusia se revelará junto com os anjos, desde o céu, "quando ele vier, naquele Dia, para ser glorificado na pessoa de seus santos e para ser admirado na pessoa de todos os que creram" (2Ts 1,10). Ora, quando é "aquele dia"? 2Ts 2,2 permite perceber que houve acirradas disputas sobre essa pergunta.

---

[105] Para as questões introdutórias, cf. U. SCHNELLE, Einleitung (cf. acima, 2.2), pp. 357-367.
[106] Cf. P. MÜLLER, Anfänge der Paulusschule (cf. acima, 10), pp. 275s; G. HOTZE, Christologie, pp. 147s.

Parece que um anúncio profético da presença do dia da parusia (2Ts 2,2c: ὡς ὅτι ἐνέστηκεν ἡ ἡμέρα τοῦ κυρίου = "como se o Dia do Senhor já estivesse presente") provocou nas comunidades confusão e incerteza. Os defensores dessa escatologia preséntica recorreram a intelecções operadas pelo espírito, a uma palavra do apóstolo e a uma carta (suposta ou real) de Paulo (cf. 2Ts 2,2.15). No entanto, a afirmação do "já agora" dos eventos escatológicos e a realidade da comunidade cristã num tempo que se estende cada vez mais não podem ser conciliadas sem contradições, sem ignorar a fase do tempo presente num entusiasmo escatológico. Para o autor da carta, o velho éon ainda continua. O dia da volta do Senhor ainda não chegou, nem sequer pode ter raiado, porque ainda reina no velho éon o adversário de Deus. A problemática do atraso da parusia deve ser mitigada por um conceito escatológico que define o caráter do tempo presente como um tempo ainda determinado pelo Anticristo e o futuro, como o momento da manifestação definitiva do domínio de Cristo.

As diferenças fundamentais entre os ensinamentos escatológicos em 1Ts 4,13-18; 5,1-11 e 2Ts 2,1-12; 1,5-10 são óbvias[107]. A escatologia da Primeira Carta aos Tessalonicenses está marcada pela expectativa da parusia iminente, que formou até a Carta aos Filipenses o centro material de todas as afirmações escatológicas (cf. Fl 4,5b). Em 2Ts 2,2, o autor volta-se contra o lema ὡς ὅτι ἐνέστηκεν ἡ ἡμέρα τοῦ κυρίου e esboça a seguir uma sequência dos eventos escatológicos que não é compatível com a descrição na Primeira Carta aos Tessalonicenses. O tema central em 1Ts 4,13-18 é a vinda do *Kyrios* e o arrebatamento de todos os cristãos. Como meta dos eventos escatológicos aparece o "estar para sempre com o Senhor" (1Ts 4,17). 2Ts 2,1-12 oferece um decurso totalmente diferente. Antes da parusia de Cristo deve aparecer primeiro o "homem ímpio" (2Ts 2,3) que, como adversário de Deus, coloca-se no lugar dele (2Ts 2,4). A epifania completa desse adversário ainda está por vir (2Ts 2,6s); no entanto, ele já atua no tempo presente e seduz os não crentes. Por enquanto, o adversário é apenas

---

[107] Cf. para a apresentação detalhada P. MÜLLER, Anfänge der Paulusschule (cf. acima, 10), pp. 20-67.

retido, mas, na parusia, Cristo o aniquilará, e o juízo se abaterá sobre as pessoas que permanecem na incredulidade. Tanto a problemática do atraso (2Ts 2,6s) como o aparecimento de um adversário escatológico distinguem 2Ts 2,1-12 fundamentalmente do ponto de vista da Primeira Carta aos Tessalonicenses. Enquanto 1Ts 5,1 rejeita explicitamente cálculos em relação à parusia, encontra-se em 2Ts 2,1-12 uma agenda escatológica que não apenas permite observações e cálculos, mas até mesmo os exige (cf. v. 5!). Enquanto, em Paulo, o centro da atenção é sempre a aparição do Ressuscitado (cf. 1Ts 4,16; 1Cor 15,23), o evento da parusia em 2Ts 2,8 tem seu ápice na destruição do anticristo.

Sob adoção de motivos profético-apocalípticos (cf. Dn 11,36ss; Is 11,4) nomeiam-se como etapas dos eventos escatológicos a futura renegação, a aparição do homem da iniquidade e sua atuação. Essas etapas precedem a parusia de Cristo, de modo que a própria comunidade pode agora examinar e avaliar se o esboço escatológico concorrente corresponde à realidade. A manifestação do adversário escatológico ainda está por vir, portanto, a parusia de Cristo ainda não pode ter ocorrido nem ser iminente. Ao mesmo tempo, porém, a comunidade sabe que o Mau (ímpio) já atua no tempo presente e que somente Deus ainda retém a manifestação aberta do Mau. A atuação do Mau qualifica, ao mesmo tempo, o presente como um tempo de decisão em vista do futuro.

> O pano de fundo do ensinamento combatido em 2Ts 2,1-12 deve ser um profetismo entusiasta (cf. Mc 13,22; Mt 7,15; 24,23s) na tradição veterotestamentário-apocalíptica (cf. Is 13,10; Ez 32,7s; Jl 2,1-10; 4,15s; HenEt 93,9; 102,2; Jub 23,16ss; Mc 13,7.25)[108]. Em seu anúncio da presença do dia da parusia, os profetas cristão-primitivos recorreram provavelmente à revelações pelo espírito e a uma carta de Paulo (2Ts 2,2) que só pode ser a Primeira Carta aos

---

[108] E. E. POPKES, Die Bedeutung des zweiten Thessalonicherbriefes, pp. 45ss, opina que a Segunda Carta aos Tessalonicenses ataca a escatologia (fortemente) preséntica das Cartas aos Colossenses e aos Efésios e documenta com sua preservação da escatologia futúrica a desintegração da escola paulina. Argumentos contra essa tese são sobretudo 2Ts 2,2b (a carta ali mencionada por ser somente a Primeira Carta aos Tessalonicenses), 2Ts 2,2c (a palavra de ordem escatológica aqui atacada não condiz com a escatologia das Cartas aos Colossenses e aos Efésios) e todo o pano de fundo histórico-traditivo de 2Ts 2,1-12.

Tessalonicenses[109]. Em 1Ts 4,15.17, Paulo conta com a possibilidade de ainda estar vivo na parusia iminente do Senhor. Os profetas cristão-primitivos adotam provavelmente essa afirmação; para eles, o Dia do Senhor, considerado por Paulo iminente, já tinha chegado depois da morte do apóstolo. Os profetas compreendem seu conceito escatológico como uma releitura consequente de pensamentos paulinos, mas, ao mesmo tempo, aboliram as reservas que são características para Paulo. Por isso, o autor da Segunda Carta aos Tessalonicenses combate esse ensinamento efetivamente no sentido do apóstolo, não obstante seu recurso a ideias não paulinas.

O autor da carta refere-se em 2Ts 2,6.7 a um poder que retém a manifestação do anticristo. Esse *katechon* ("aquilo que retém") tem a função de reter o aparecimento do Anti-Deus até um determinado momento. A Segunda Carta aos Tessalonicenses recorre aqui a uma tradição, cujo ponto de partida é provavelmente Hab 2,3[110]: "Porque é ainda visão para tempo determinado: ela aspira por seu tempo e não engana; se ela tarde, espera-a, porque certamente virá, não falhará!" Com o motivo apocalíptico do *katechon*, o autor da carta sublinha que Deus trará o fim anunciado, mesmo se ele atrasar. Os eventos escatológicos estão sujeitos à vontade de Deus e acontecem segundo seu plano. O poder que retém não precisa ser interpretado como pessoal nem de modo histórico-universal (Império Romano)[111], mas, em última análise, é o próprio Deus que impede o aparecimento do anticristo até o momento estabelecido. Embora uma identificação direta do κατέχον com Deus não seja possível (cf. 2Ts 2,7b), ela aparece como a consequência lógica da argumentação. O atraso da parusia corresponde à vontade de Deus; esse próprio atraso é o poder que retém[112].

Qual é a *verdadeira* intenção da Segunda Carta aos Tessalonicenses? Somente a refutação de uma falsa interpretação de 1Ts 4,13-5,11 ou a substituição da primeira carta? Quando se opta pela primeira tese[113], é preciso entender a Segunda Carta aos Tessalonicenses como

---

[109] Cf. W. TRILLING, 2Thess, pp. 76s; W. MARXSEN, 2Thess, p. 80.
[110] Cf. aqui A. STROBEL, *Untersuchungen zum eschatologischen Verzögerungsproblem.* NT.S 2 (Leiden: 1961), pp. 98-116.
[111] Para as questões específicas e para a história da interpretação, cf. W. TRILLING, 2Thess, pp. 94-105; P. METZGER, Katechon, pp. 15ss.
[112] Cf. W. TRILLING, 2Thess, p. 92; diferente P. METZGER, Katechon, pp. 283-295, que relaciona o *katechon* novamente com Roma.
[113] Essa tese foi estabelecida por A. HILGENFELD, "Die beiden Briefe an die Thessalonicher", in *ZWTh* 5 (1862): 225-264; H. J. HOLTZMANN, "Zum zweiten

uma contra-falsificação. O autor teria tentado com meios da pseudepigrafia substituir a suposta "Primeira" Carta aos Tessalonicenses por seu escrito.

No entanto, há argumentos de peso contra essa hipótese: teria sido possível declarar a Primeira Carta aos Tessalonicenses como falsa, 40 anos depois de sua redação? A forte orientação pela Primeira Carta aos Tessalonicenses faz concluir que o autor da Segunda Carta aos Tessalonicenses estava convencido da autenticidade da primeira carta, que estava a sua disposição. A autoridade do apóstolo, a qual recorre toda a Segunda Carta aos Tessalonicenses, não serve para corrigir Paulo por meio de "Paulo", mas para combater uma interpretação equivocada das afirmações escatológicas da Primeira Carta aos Tessalonicenses. Também o próprio apóstolo não teria compartilhado os lemas escatológicos dos adversários, de modo que a Segunda Carta aos Tessalonicenses, sob seus pressupostos, recorre legitimamente a Paulo, mas sem reproduzir uma escatologia genuinamente paulina.

Ética

Imediatamente relacionada à polêmica contra os adversários é também o único tema ético tratado na carta: a lida com as pessoas "de vida desordenada". O autor menciona em 2Ts 3,6-15 membros da comunidade que levam uma vida desordenada, não trabalham e se ocupam com inutilidades. Por um lado, o caráter genérico da afirmação e os paralelos em 1Ts 5,13.14 / 2Ts 3,6.10 poderiam levar a supor não haver verdadeiros desvios (provocados por meio da palavra de ordem de 2Ts 2,2). Por outro lado, a suposição de que alguns membros da comunidade, na expectativa do fim do mundo e da história, deixassem sua vida antiga e abandonassem a τάξις ("ordem"), é bastante plausível[114].

Thessalonicherbrief", in ZNW 2 (1901): 97-108; na exegese moderna é novamente defendida, por exemplo, por: A. LINDEMANN, Abfassungszweck, p. 39; W. MARXSEN, 2Thess, pp. 33ss; F. LAUB, "Paulinische Autorität in nachpaulinischer Zeit", in R. F. COLLINS (org.). The Thessalonian Correspondence (cf. acima, 10.3), pp. 403-417.

[114] Cf. E. REINMUTH, 2Thess, p. 164.

A imagem de Paulo

A pessoa do apóstolo Paulo é a base de toda a argumentação da Segunda Carta aos Tessalonicenses. A vocação da comunidade está indissoluvelmente relacionada com o evangelho paulino (2Ts 2,14). A comunidade resiste aos falsos mestres ao preservar os ensinamentos do apóstolo (2Ts 2,5.6; cf. 1,10b) e – assim como ele – ao não ceder espaço a pessoas más (cf. 2Ts 3,6). Ao lado da palavra autoritativa, a conduta de vida do apóstolo (cf. 2Ts 3,8) também visa ajudar a comunidade a se orientar nas confusões do tempo presente e a preservar o anúncio apostólico. Também a parênese na Segunda Carta aos Tessalonicenses caracteriza-se pelo recurso abrangente ao apóstolo Paulo. Como norma ética serve o ensinamento que o apóstolo transmitiu à comunidade (cf. 2Ts 2,15; 3,6.14). Além disso, Paulo aparece como um modelo que a comunidade deve seguir (2Ts 3,7-9). O apóstolo exorta a comunidade (2Ts 3,4.6.10.12) para viver em santidade, de acordo com a eleição por Deus (2Ts 2,13). Porém, a orientação por Paulo não pode enganar acerca do problema de que a Segunda Carta aos Tessalonicenses, ao contrário das Cartas aos Colossenses aos Efésios, não releu e desenvolveu a teologia paulina produtivamente numa situação modificada[115]. Há uma predominância de uma linguagem e argumentação estereotipadas; é óbvio que a carta teve unicamente o objetivo de corrigir uma interpretação equivocada da escatologia da Primeira Carta aos Tessalonicenses.

10.4 As Cartas Pastorais: a bondade de Deus para com os seres humanos

DIBELIUS, M. *Die Pastoralbriefe*, revisado por V. H. Conzelmann. HNT 13, 4ª ed. Tübingen. 1966 (= 1955); CAMPENHAUSEN, H. von. *Kirchliches Amt und geistliche Vollmacht in den ersten drei Jahrhunderten*. BHTh 14, 2ª ed. Tübingen, 1963; BROX, N. *Die Pastoralbriefe*. RNT, 2ª ed. Regensburg, 1989 (=1968);

---

[115] Cf. A. LINDEMANN, Paulus im ältesten Christentum (cf. acima, 10), pp. 132s.

HEGERMANN, H. *Der geschichtliche Ort der Pastoralbriefe*. TheolVers II, pp. 47-64. Berlim, 1970; HAUFE, G. "Gnostische Irrlehre und ihre Abwehr in den Pastoralbriefen". In *Gnosis und Neues Testament*, editado por K. W. TRÖGER, pp. 325-339. Berlim, 1973; STENGER, W. "Timotheus und Titus als literarische Gestalten". In *Kairos* 16 (1974): 252-267; MERK, O. "Glaube und Tat in den Pastoralbriefen". In *Wissenschaftsgeschichte und Exegese*. BZNW 95, editado por IDEM, pp. 260-271. Berlim: 1998 (= 1975); HASLER, V. "Epiphanie und Christologie in den Pastoralbriefen". In *ThZ* 33 (1977): 193-209; ROLOFF, J. Verbete "Amt / Ämter / Amtsverständnis". In *TRE* 2, pp. 509-533. Berlim, 1978; TRUMMER, P. *Die Paulustradition der Pastoralbriefe*. BET 8. Frankfurt, 1978; LIPS, H. von. *Glaube – Gemeinde – Amt. Zum Verständnis der Ordination in den Pastoralbriefen*. FRLANT 122. Göttingen, 1979; LOHFINK, G. "Paulinische Theologie in den Pastoralbriefen". *In Paulus in den ntl. Spätschriften*, QD 89, editado por K. KERTELGE, pp. 70-121. Freiburg, 1981; TRUMMER, P. "Corpus Paulinum – Corpus Pastorale". In *Paulus in den ntl. Spätschriften*, op. cit., editado por K. KERTELGE, pp. 122-145; KRETSCHMAR, G. "Der paulinische Glaube in den Pastoralbriefen". In *Der Glaube im Neuen Testament*. FS H. Binder, editado por F. HAHN, H. KLEIN. BThSt 7, pp. 115-140. Neukirchen, 1982; ROLOFF, J. "Pfeiler und Fundament der Wahrheit. Erwägungen zum Kirchenverständnis der Pastoralbriefe". In *Glaube und Eschatologie*. FS W.G. Kümmel, editado por E. GRÄSSER, O. MERK, pp. 229-247. Tübingen, 1985; DONELSON, L. R. *Pseudepigraphy and Ethical Argument in the Pastoral Epistles*. HUTh 22. Tübingen, 1986; ROLOFF, J. *Der erste Brief an Timotheus*. EKK XV. Neukirchen, 1988; WOLTER, M. *Die Pastoralbriefe als Paulustradition*. FRLANT 146. Göttingen, 1988; SCHLARB, E. *Die gesunde Lehre. Häresie und Wahrheit im Spiegel der Pastoralbriefe*. MThSt 28. Marburgo, 1990; WAGENER, U. *Die Ordnung des "Hauses Gottes". Der Ort von Frauen in der Ekklesiologie und Ethik der Pastoralbriefe*. WUNT 2.65. Tübingen, 1994; OBERLINNER, L. *Die Pastoralbriefe*. HThK XI 2/I-3. Freiburg, 1994.1995.1996; ROLOFF, J. Verbete "Pastoralbriefe". In *TRE* 26, pp. 50-68. Berlim, 1996; LÄGER, K. *Die Christologie der Pastoralbriefe*. HTS 2. Münster 1996; MARSHALL, I. H. *The Pastoral Epistles*. ICC. Londres, 1999; HAFNER, G. *Nützlich zur Belehrung (2 Tim 3,16). Die Rolle der Schrift in den Pastoralbriefen im Rahmen der Paulusrezeption*. HBS 25. Freiburg, 2000; JOHNSON, L. T. *The First and Second Letters to Timothy*. AncB 35A. Nova Iorque, 2001; OBERLINNER, L. "Öffnung zur Welt oder Verrat am Glauben? Hellenismus in den Pastoralbriefen". In *Der neue Mensch in Christus*, editado por J. BEUTLER, QD 190, pp. 135-163. Freiburg, 2001; WEISER, A. *Der zweite Brief an Timotheus*. EKK XV/1. Neukirchen, 2003; MERZ, A. *Die fiktive Selbstauslegung des Paulus*. NTOA 52. Göttingen / Freiburg, 2004.

As Cartas Pastorais manifestam já por seus aspectos formais sua perspectiva modificada em comparação com as cartas protopaulinas (e também com as Cartas aos Colossenses e aos Efésios e com a Segunda Carta aos Tessalonicenses): não são mais cartas a comunidades, mas destinadas a colaboradores pessoais de Paulo numa responsabilidade eclesiástico-universal. Tanto em termos de forma como de conteúdo, entendem-se aparentemente como um complemento às cartas até então publicadas sob o nome de Paulo. Foram escritas provavelmente por volta do ano 100 d.C. em Éfeso[116], no contexto de uma edição do Corpo Paulino[117].

A denominação "Cartas Pastorais" para a Primeira e Segunda Cartas a Timóteo e a Carta a Tito foi cunhada provavelmente no século XVIII por P. ANTON, exegeta em Halle[118], que indicou assim muito adequadamente a intenção de todas as três cartas: sua preocupação com a fundamentação e formação do ministério pastoral da Igreja. As instruções para o reto exercício do ministério pastoral têm um caráter de validade geral. Além disso, as Cartas Pastorais concordam amplamente acerca da situação pressuposta das comunidades e seu mundo da terminologia teológica. O elemento comum é a constante exortação para o distanciamento e a rejeição de falsos mestres, e positivamente corresponde a isso um recurso à pessoa do apóstolo Paulo e à tradição por ele garantida.

A ameaça à identidade paulina das comunidades endereçadas é combatida pelo autor com o conceito de uma continuidade pessoal e material que se orienta no exemplo de Paulo e que ganha sua forma concreta nas instruções.

10.4.1 *Teologia*

A predicação central de Deus nas Cartas Pastorais é σωτήρ ("salvador"). Já a frequência de σωτήρ indica a importância; de um total

---

[116] Para as questões introdutórias, cf. U. SCHNELLE, Einleitung (cf. acima, 2.2), pp. 367-388.

[117] Cf. P. TRUMMER, Corpus Paulinum – Corpus Pastorale, p. 133, segundo o qual o autor das Cartas Pastorais era um membro desconhecido da escola paulina; ele escreveu e divulgou as cartas "na esteira de uma nova edição do corpo até então existente".

[118] P. ANTON, *Exegetische Abhandlung der Paulinischen Pastoral-Briefe* (Halle: I 1753; II 1755); cf. a respeito H. von LIPS, "Von den 'Pastoralbriefen' zum 'Corpus Pastorale'", in U. SCHNELLE (org.), *Reformation und Neuzeit* (Berlim: 1994), pp. 49-71.

de 24 ocorrências no Novo Testamento, 10 encontram-se nas Cartas Pastorais (6 vezes em relação a Deus, 4 vezes em relação a Jesus). Paulo foi chamado "por ordem de Deus nosso salvador" (1Tm 1,1; cf. Tt 1,3). No contexto de uma exortação a orar por reis e autoridades, 1Tm 2,2b-4 diz: "[...] a fim de que levemos uma vida calma e serena, com toda piedade e dignidade. Eis o que é bom e aceitável diante de Deus, nosso Salvador, que quer que todos os homens sejam salvos e cheguem ao conhecimento da verdade". A perspectiva universal vinculada com o título de σωτήρ mostra-se também em 1Tm 4,10b ("porque pomos a nossa esperança no Deus vivo, Salvador de todos os homens, sobretudo dos que têm fé") e em Tt 3,4 ("mas quando a bondade e o amor de Deus, nosso Salvador"). Como virtudes sobressalentes do Deus que salva aparecem sua misericórdia, sua bondade para com os seres humanos (Tt 3,4s; 1Tm 1,16) e sua vontade salvífica universal (Tt 2,11: "Manifestou-se a graça de Deus que traz a salvação para todas as pessoas"; além disso, cf. 1Tm 2,4.6; 4,10). O Pai (1Tm 1,2; Tt 1,4), o Deus que é um só (1Tm 2,5: εἷς θεός) salva as pessoas que creem "não em virtude de nossas obras", mas segundo "seu pré-desígnio e sua graça" que se deram antes de todos os tempos (2Tm 1,9). No esquema de revelação de 2Tm 1,9s manifesta-se o conceito histórico-teológico fundamental das Cartas Pastorais: a vontade e o desígnio salvíficos pré-temporais de Deus revelam-se agora "pela epifania de nosso salvador, o Cristo Jesus" (2Tm 1,10a; cf. Tt 1,1-4; além disso, Cl 1,24-29; Ef 3,1-7)[119].

Com seu uso de σωτήρ como palavra-chave "teo-lógica" e "cristológica", as Cartas Pastorais estão numa clara proximidade a ideias helenistas[120]. O campo semântico de σωτήρ/σωτηρία/σῴζειν tem também um pano de fundo veterotestamentário/judaico-helenista (LXX; Fílon; Josefo)[121], mas no tempo neotestamentário apresenta, sobretudo,

---

[119] Cf. a respeito K. LÖNING, "Epiphanie der Menschenfreundlichkeit. Zur Rede von Gott im Kontext städtischer Öffentlichkeit", in M. LUTZ-BACHMANN (org.), *Und dennoch ist von Gott zu reden*. FS H. Vorgrimler (Freiburg: 1994), pp. 107-124.

[120] Cf. F. JUNG, *ΣΩΤΗΡ. Studien zur Rezeption eines hellenistischen Ehrentitels im Neuen Testament*. NTA 39 (Münster: 2002), pp. 324-332.

[121] Cf. a respeito F. JUNG, op. cit., pp. 177-261.

uma conotação político-religiosa. O imperador romano é o benfeitor e salvador do mundo; ele garante não só a unidade política do império, mas concede a seus cidadãos prosperidade, salvação e sentido[122]. Essa mensagem deve ser ouvida junto, quando Deus e/ou Jesus Cristo são intitulados "salvador". Para as Cartas Pastorais, o título de σωτήρ ofereceu-se principalmente em um âmbito helenista para sublinhar a perspectiva universal e o caráter intranscendível da nova religião e para permitir uma integração de atributos divinos greco-romanos. Pertence ao contexto do culto ao imperador também a ideia de que a divindade se torna visível (ἐπιφάνεια = "tomar forma"/"aparição"), que desempenha um papel importante principalmente na cristologia (cf. abaixo, 10.4.2), mas também na teologia das Cartas Pastorais: "Aguardando nossa bendita esperança e a aparição da glória do grande Deus e de nosso salvador, Cristo Jesus" (Tt 2,13)[123]. Predicações divinas provenientes do âmbito judaico-helenista e greco-romano encontram-se em 1Tm 1,17 ("Ao rei dos éones, porém, ao Deus incorruptível, invisível e único, honra e glória pelos éones dos éones")[124] e em 1Tm 6,16 ("o único que possui a imortalidade, que habita uma luz inacessível, que nenhum ser humano viu nem pode ver")[125].

---

[122] Cf. os textos em: Neuer Wettstein I/2 (cf. acima, 4.3), pp. 239-257; além disso, textos e análises em F. JUNG, ΣΩΤΗΡ, pp. 45-176. Do imenso número de documentos, aqui apenas dois exemplos: 1) DÍO CRISÓSTOMO, Or 1,84, que diz depois da narração das façanhas de Hércules: "E é por isso que ele é o salvador do mundo e da humanidade" (καὶ διὰ τοῦτο τῆς γῆς καὶ τῶν ἀνθρώπων σωτῆρα εἶναι). 2) Muito instrutivo é o discurso de Nero no ano 67 em Corinto, registrado epigraficamente (cf. Neuer Wettstein 1/2 [cf. acima, 4.3], pp. 249s). Nele se dedica o altar do Zeus Soter (τῷ Διὶ Τῷ Σωτῆρι) a Nero, e o imperador aparece como o senhor do mundo e como o único salvador; cf. a respeito CHR. AUFFARTH, "Herrscherkult und Christuskult", in H. CANCIK, K. HITZL, Die Praxis der Herrscherverehrung in Rom und seinen Provinzen (Tübingen: 2003), pp. 283-317. Para a temática, cf. ao lado da obra de F. Jung a introdução ainda muito informativa de A. DEISSMANN, Licht vom Osten, 4ª ed. (Tübingen: 1923), pp. 287-324.

[123] Para a análise, cf. L. OBERLINNER, Tt (cf. acima, 10.4), p. 137, que elabora bem acertadamente que a Carta a Tito distingue aqui entre Deus e Jesus; para a expressão grega "grande Deus", cf. as ocorrências em: Neuer Wettstein II/2 (cf. acima, 4.5), pp. 1038s.

[124] Cf. Neuer Wettstein II/2 (cf. acima, 4.5), pp. 835-837.

[125] Cf. op. cit., pp. 963-966.

As Cartas Pastorais esboçam uma imagem extremamente *positiva* de Deus, que está claramente próxima àquilo que filósofos contemporâneos como Dio Crisóstomo ou Plutarco dizem sobre o príncipe/rei ideal[126]. Não é por coincidência que 1Tm 1,71 e 6,15 chamem Deus de rei e que as Cartas Pastorais, em termos da história das formas, apresentem uma proximidade a cartas helenistas de reis[127]. As virtudes de Deus são também as qualidades do verdadeiro rei e vice versa[128]. Ele é o Deus benigno (2Tm 1,9s; Tt 2,11), misericordioso (Tt 3,5; 1Tm 1,13.16) e bondoso para com os seres humanos (Tt 3,3-7), cujo plano de salvação (οἰκονομία em 1Tm 1,4) inclui levar os seres humanos pela orientação à intelecção (2Tm 2,25; 3,16; Tt 2,12)[129]. Quem precisa de correção, não é visto como pecador perdido, mas como ignorante que pode ser conduzido ao caminho certo. A repetida exortação a uma vida calma, exemplar, devota e, dessa maneira, virtuosa (1Tm 2,2s.8-15; 3,2s; 4,12; 5,3ss; Tt 2,1ss) encaixa-se bem nessa imagem, porque corresponde à vida dos homens sábios e filósofos[130]. Semelhante vida não exige ascese, porque "tudo o que Deus criou, se for recebido com ação de graças, é bom, e nada é desprezível" (1Tm 4,4; cf. 6,17). Deus como criador quer que as pessoas vivam de acordo com as ordens naturais.

---

[126] Cf. DÍO CRISÓSTOMO, Or 32; PLUTARCO, Ad principem ineruditum ("A um príncipe inculto"); IDEM, Praecepta gerendae reipublicae ("Conselhos políticos").

[127] Cf. a respeito abrangentemente M. WOLTER, Pastoralbriefe ais Paulustradition (cf. acima, 10.4), pp. 156-196. No caso de 1Tm e Tt trata-se de instruções epistolares oficiais a pessoas individuais que, por sua vez, dispõem de autoridade oficial e têm o direito de dar ordens e instruções.

[128] Cf. PLUTARCO, Mor 781a, onde se diz no contexto de um "espelho para príncipes" sobre o comportamento de deus em relação a reis: "aqueles, porém, que se esforçam para imitar sua (isto é, de deus) virtude e procuram formar em si mesmos o Belo e a bondade para com os seres humanos, ele exalta com prazer e os faz participar de sua própria lei, justiça, verdade e mansidão" (= Neuer Wettstein II/2 [cf. acima, 4.5], p. 1051).

[129] Cf. DÍO CRISÓSTOMO, Or 32.16, segundo o qual os deuses criaram um único meio eficaz contra a estupidez dos seres humanos: "educação e razão" (παιδαίαν καὶ λόγον); além disso, cf. Or 4,29; 32,3; 33,22. Hércules é tido como modelo da educação divina, porque possuía uma alma boa e porque suas lutas são interpretadas alegoricamente como purificação da alma (cf. Or 1,61; 4,31; 5,21; 60,8).

[130] Cf. os textos em: Neuer Wettstein II/1 (cf. acima, 4.5), pp. 842-847.

As Cartas Pastorais defendem uma imagem universal de Deus que retoma conscientemente ideias greco-romanas e apresenta Deus como o governante ideal que não governa com violência, mas com/por intelecção e educação. É um governante manso e benevolente que cura e salva, que instituiu com Jesus Cristo uma nova ordem da salvação e da vida, a qual foi anunciada pelo apóstolo Paulo e preservada por seus discípulos contra ensinamentos falsos.

10.4.2 Cristologia

No centro da cristologia das Cartas Pastorais está a aparição de Jesus Cristo como salvador dos seres humanos. Termos orientadores são σωτήρ ("salvador") e ἐπιφάνεια ("aparição/processo de adquirir forma") que são relacionados tanto com Deus como com Jesus Cristo. Nisso manifesta-se o conceito fundamental das Cartas Pastorais que se orienta a partir de Deus pela dignidade singular de Jesus Cristo.

O salvador

A posição de Jesus como "salvador" (2Tm 1,10; Tt 1,4; 2,13; 3,6) está ligada ao predicado divino σωτήρ, porque 6 de 10 ocorrências de σωτήρ estão relacionadas a Deus (cf. acima, 10.4.1). Portanto, a cristologia é apurada através do conhecimento e da confissão de Deus; ao mesmo tempo, a "teo-logia" recebe seu conteúdo pela e na cristologia[131]. O elemento decisivo é aqui a vontade salvífica universal de Deus que agora adquiriu forma em Jesus Cristo; na epifania de Jesus Cristo manifesta-se Deus (Tt 1,4; 2,13). O σωτήρ Jesus Cristo "destruiu a morte, fez brilhar a vida e a incorruptibilidade pelo evangelho" (2Tm 1,10). No batismo, a misericórdia de Deus foi derramada sobre todas as pessoas que creem através do salvador Jesus Cristo (Tt 3,6) "o qual se deu a si mesmo em resgate por todas" (1Tm 2,6a). A conotação

---

[131] Cf. a respeito K. LÄGER, Christologie (cf. acima, 10.4), pp. 119-126; L. OBERLINNER, Tit (cf. acima, 10.4), pp. 155s; TH. SÖDING, "Das Erscheinen des Retters. Zur Christologie der Pastoralbriefe", in K. SCHOLTISSEK (org.), *Christologie in der Paulus-Schule* (cf. acima, 10), pp. 149-192, aqui: pp. 153ss.

universal e soteriológica do título σωτήρ marca a cristologia das Cartas Pastorais.

A aparição / aquisição de forma de Jesus Cristo

Com ἐπιφάνεια, as Cartas Pastorais recorrem a outro termo-chave da religiosidade helenista[132] que se refere à "intervenção historicamente perceptível do deus em favor de seus adeptos"[133]. O cumprimento cristológico do termo nas Cartas Pastorais já se manifesta no fato de aparecer como sujeito explícito não Deus, mas Jesus Cristo (1Tm 6,14; 2Tm 1,10; 4,1.8). Em 2Tm 1,10, ἐπιφάνεια refere-se à encarnação e à totalidade da obra salvífica de Jesus Cristo, que predomina também em 2Tm 4,8. No centro de 1Tm 6,14 está a volta de Jesus Cristo (cf. 2Ts 2,8), em 2Tm 4,1 vinculada a sua atuação como juiz. Embora Tt 2,13 vise também a parusia de Cristo, ἐπιφάνεια refere-se aqui em primeiro lugar a Deus, portanto, à atuação salvífica dele. Finalmente, também o uso simultâneo de ἐπιφάνεια e σωτήρ em 2Tm 1,10; Tt 2,13, a menção do anúncio do evangelho em 2Tm 1,10s e as afirmações universal-soteriológicas em Tt 2,14 indicam que a ἐπιφάνεια não designa um evento específico (por exemplo, a encarnação ou a segunda vinda), *mas o conjunto da história da salvação* na qual Deus intervém para socorrer por Jesus Cristo[134]. Ἐπιφάνεια refere-se ao evento Cristo como evento integral em seu presente e futuro que socorre e supera a morte[135]. O uso do verbo ἐπιφαίνω ("aparecer") em Tt 2,11; 3,4

---

[132] Cf. a respeito E. PAX, *ΕΠΙΦΑΝΕΙΑ. Ein religionsgeschichtlicher Beitrag zur biblischen Theologie*. MThS 1.10 (Munique: 1955); D. LÜHRMANN, "Epiphaneia", in G. JEREMIAS, H.-W. KUHN, H. STEGEMANN (org.), *Tradition und Glaube*. FS K. G. Kuhn (Göttingen: 1971), pp. 185-199; L. OBERLINNER, "Die 'Epiphaneia' des Heilswillens Gottes in Christus Jesus. Zur Grundstruktur der Christologie der Pastoralbriefe", in *ZNW* 71 (1980): 192-213.

[133] D. LÜHRMANN, Epiphaneia, pp. 195s.

[134] K. LÄGER, Christologie (cf. acima, 10.4), p. 119: ἐπιφάνεια designa "o leque inteiro da volta divina para os seres humanos: não um dado singular, concreto, mas a intervenção de Cristo para socorrer, em sua encarnação, em sua atuação presente e na que ainda está por vir"; cf. também L. OBERLINNER, Tit (cf. acima, 10.4), p. 157.

[135] Por isso também não é possível falar de uma "primeira" e uma "segunda" epifania, como o fazem, por exemplo, J. ROLOFF, 1Tim (cf. acima, 10.4), pp. 364s;

confirma essa análise, pois a epifania do amor de Deus para com os seres humanos abarca todo o evento Cristo.

Tradições cristológicas

As Cartas Pastorais apuram conceitos cristológicos centrais de uma tradição abundante, cujo pano de fundo são principalmente as Cartas Paulinas, mas também tradições sinóticas[136]. Uma afirmação tradicionalmente formulada acerca da encarnação encontra-se em 1Tm 1,15b: "Cristo Jesus veio ao mundo para salvar os pecadores" (cf. Mc 2,17; Lc 19,10). Em 1Tm 2,5s há uma afirmação confissória que recorre a vários motivos da tradição[137]: "Pois um só é Deus, e um só o mediador (εἷς καὶ μεσίτης) entre Deus e os seres humanos, o ser humano Cristo Jesus, que se deu em resgate por muitos (ἀντίλυτρον ὑπὲρ πάντων)". A confissão fundamental de "um só Deus (judaico)" (cf. 1Cor 8,6) é combinada com o conceito do mediador, também presente na Carta aos Hebreus (Hb 8,6; 9,15; 12,24). O mediador é expressamente o *ser humano* Jesus Cristo, um claro acento contra o falso ensinamento protognóstico, influente nas comunidades[138] (cf. abaixo, 10.4.7). Também a entrega vicária de Jesus (cf. Mc 10,45) "por todos" deve ser lida contra esse pano de fundo, porque é o meio para realçar inequivocamente o significado salvífico da morte de Jesus. Numa clara proximidade a Fl 2,6-11; Rm 1,3s; Jo 1,14, a confissão hínica de Cristo em 1Tm 3,16b descreve em três membros o evento salvífico: "que foi manifestado na carne, justificado no espírito,/contemplado pelos anjos, proclamado entre as nações,/crido no mundo, exaltado

---

E. SCHLARB, Gesunde Lehre (cf. acima, 10.4), pp. 166-171; H. STETTLER, Christologie (cf. acima, 10.4), p. 331; para a crítica, cf. K. LÄGER, Christologie (cf. acima, 10.4), pp. 116-118.

[136] As Cartas Pastorais pressupõem aparentemente já uma pequena coleção de cartas paulinas; cf. aqui A. LINDEMANN, Paulus im ältesten Christentum (cf. acima, p. 149). Uma visão geral sobre todas as relações possíveis encontra-se em H. STETTLER, Christologie (cf. acima, pp. 314-325.

[137] Para a análise detalhada, cf. K. LÄGER, Christologie (cf. acima, 10.4), pp. 38-43.

[138] Cf. L. OBERLINNER, 1Tim (cf. acima, 10.4), p. 74.

na glória"¹³⁹. Percebemos claramente a justaposição quiástica das realidades terrena e celestial, segundo o padrão a-b/b-a/a-b (carne-espírito/anjos-nações/mundo-glória). A atuação de Deus, no passivo, é colocada em primeiro lugar (exceção: linha 3), uma opção que corresponde ao princípio da cristologia teo-lógica das Cartas Pastorais. A primeira linha nomeia a *encarnação* e pressupõe, assim como 2Tm 1,9s ("... em Cristo Jesus antes de todos os tempos, mas manifestada agora [...]"), o conceito da preexistência, embora o título de Filho falte nas Cartas Pastorais. A segunda linha descreve as dimensões universais do evento Cristo entre o céu e a terra, a terceira linha, a *exaltação* para o mundo celestial. 2Tm 2,8 ("Jesus Cristo, ressuscitado dentre os mortos, da descendência de Davi") combina, como em Rm 1,3, a *ressuscitação* de Jesus com sua procedência davídica, de modo que o Terreno está sempre presente na confissão do Ressuscitado.

Tt 3,5 entende a autorrevelação salvífica de Deus em Jesus Cristo como a expressão radical de sua misericórdia: a bondade de Deus para com os seres humanos apareceu "não por causa de obras em justiça que houvéssemos praticado, mas, segundo sua misericórdia, ele nos salvou pelo banho do renascimento e da renovação no espírito santo". Tt 3,3-7; 2Tm 1,8-10 reproduzem de forma aguçada o conteúdo da doutrina *paulina da justificação*: Deus justifica o ser humano unicamente pela graça e sem as obras da lei (cf. Gl 12,16; Rm 3,21ss). Até mesmo atos "em justiça" não podem ter função alguma na atuação salvífica de Deus! O vínculo entre o batismo e a justiça em Tt 3,5 encontra-se também em 1Cor 6,11 e Rm 6. Com o termo filosófico παλιγγενεσία ("renascimento")¹⁴⁰ denomina-se em Tt 3,5 a renovação do ser humano pelo dom do espírito: no batismo, Deus dá nova vida "a fim de que fôssemos justificados por sua graça (δικαιωθέντες τῇ ἐκείνου χάριτι) e nos tornássemos herdeiros segundo a esperança pela vida eterna" (Tt 3,7).

---

¹³⁹ Cf. aqui as análises de J. ROLOFF, 1Tim (cf. acima, 10.4), pp. 192-197; H. STETTLER, Christologie (cf. acima, 10.4), pp. 80-109; K. LÄGER, Christologie (cf. acima, 10.4), pp. 43-54; L. OBERLINNER, 1Tim (cf. acima, 10.4), pp. 162-169.

¹⁴⁰ Para o conceito do renascimento no pensamento antigo (sobretudo em religiões de mistério), cf. F. BACK, "Wiedergeburt in der hellenistisch-römischen Zeit", in R. FELDMEIER (org.), *Wiedergeburt* (Göttingen: 2005), pp. 45-73.

A bondade de Deus para com a humanidade em Jesus Cristo

As Cartas Pastorais apresentam uma cristologia surpreendentemente atual: a benigna atuação salvífica de Deus em Jesus Cristo dirige-se a todas as pessoas[141]. No contexto da antiga cidade (cf. Tt 1,5b; 2Tm 4,10.12.20) desenvolve-se o conceito da bondade de Deus para com os seres humanos (Tt 3,4: φιλανθρωπία). A todas as pessoas manifestou-se a graça salvífica de Deus (Tt 2,11), que nos orienta e instrui para "viver neste éon com autodomínio, justiça e piedade" (Tt 2,12). Esse cânon de deveres, comum à toda Antiguidade, mostra que também a cristologia das Cartas Pastorais está ligada a um conceito de humanidade e de instrução, a saber, "praticar a amabilidade para com todas as pessoas" (Tt 3,2). A universalidade do evento salvífico de Cristo é uma expressão da bondade de Deus para com os seres humanos, que deve ser levada a todas as pessoas e, dessa maneira, relaciona-se com a verdadeira humanidade. A universalidade e a linguagem da cristologia são, portanto, elementos conscientes de uma conceituação que se preocupa visivelmente com uma conectividade religioso-cultural. Contra esse pano de fundo, a omissão da teologia da cruz nas Cartas Pastorais não é um acaso, pois, a partir da visão do autor, ela era de difícil transmissão para amplas camadas de pessoas de educação grega (cf. 1Cor 1,23).

10.4.3 *Pneumatologia*

As Cartas Pastorais não oferecem uma pneumatologia elaborada. A menção de πνεῦμα ocorre em 2Tm 1,14 ("por meio do Espírito Santo que habita em nós") e em Tt 3,5 ("pelo banho de renascimento e de renovação no Espírito Santo") no contexto do batismo. Em 1Tm 3,16, πνεῦμα refere-se à atuação de Deus em Jesus ("justificado no/pelo espírito"); em 1Tm 4,1 o espírito aparece como portador da revelação

---

[141] J. ROLOFF, 1Tm (cf. acima, 10.4), pp. 358-365, elabora nitidamente as diferenças na cristologia das Cartas Pastorais e as Cartas de Paulo, mas, devido a sua suposição de um esvaziamento qualitativo (cf. op. cit., p. 361), também se fecha contra novas possibilidades de interpretação.

divina ("o espírito diz expressamente")¹⁴². Essa minimização é consequente no âmbito do sistema teológico das Cartas Pastorais. 2Tm 1,6s mostra que o dom do espírito está estreitamente ligado ao ministério, de modo que o espírito já não pode ser entendido como um dom escatológico abrangente. Embora o πνεῦμα não se limite a portadores de ministérios (cf. Tt 3,5), essas pessoas são claramente destacadas como portadoras do espírito (cf. também 2Tm 1,14; 1Tm 4,14).

É interessante notar que 2Tm 3,16 se refere a uma inspiração da "Escritura", ou seja, do Antigo Testamento: "Toda Escritura é inspirada por Deus (πᾶσα γραφὴ θεόπνευστος) e útil para a instrução, para a correção, para o melhoramento e para a instrução na justiça". Dessa maneira, a Escritura é qualificada como inspirada por Deus e destacada em sua função básica dentro do conceito de instrução das Cartas Pastorais¹⁴³.

10.4.4 *Soteriologia*

A cristologia (cf. acima, 10.4.2) e também a "teo-logia" (cf. acima, 10.4.1) já evidenciaram a *orientação soteriológica fundamental* das Cartas Pastorais: o plano eterno de Deus realizou-se em Jesus Cristo, cuja aparição salvífica superou a morte e assim possibilitou a vida eterna¹⁴⁴. Esse pensamento já é predominante nos textos introdutórios das cartas (1Tm 1,12-17; 2Tm 1,3-14; Tt 1,1-4). O uso frequente de σωτήρ como título de Deus (cf. acima, 10.4.1) e de Jesus Cristo (cf. acima, 10.4.2), mas também de σωτηρία ("salvação") e σῴζειν ("salvar") sublinha a importância central da soteriologia no conceito teológico geral das Cartas Pastorais. Timóteo foi instruído "para a salvação pela fé em Cristo Jesus" por Paulo, que foi o primeiro a experimentar a graça salvífica de Deus (cf. 1Tm 1,15; 2Tm 4,18). Paulo suporta tudo por

---

[142] Em 2Tm 1,7 ("pois Deus não nos deu o espírito de medo") e 4,22 ("O Senhor esteja com teu espírito"), πνεῦμα é usado num sentido antropológico.
[143] Cf. a respeito A. WEISER, 2Tm (cf. acima, 10.4), pp. 286-297
[144] Cf. a respeito A. J. MALHERBE, "'Christ Jesus came into the World to save Sinners'. Soteriology in the Pastoral Epistles", in J. G. VAN DER WATT, *Salvation in the New Testament* (cf. acima, 6.4), pp. 331-358.

causa dos eleitos, "a fim de que também eles experimentem a salvação" (2Tm 2,10). Dentro desse conceito universal cabe à figura de Paulo uma qualidade soteriológica[145]. Tt 1,3 formula isso concisamente: "Nos tempos por ele determinados, porém, ele manifestou sua palavra na proclamação de que eu fui encarregado por ordem de Deus, nosso Salvador"; cf. 2Tm 1,10s). Como a revelação da vontade salvífica de Deus acontece no anúncio do evangelho, Paulo aparece como o "arauto/anunciador" (κῆρυξ) do evangelho e assim também como apóstolo e mestre das comunidades (cf. 1Tm 2,7; 2Tm 1,11). Ele foi instituído como mestre da fé e da verdade pelo próprio Deus (1Tm 2,7), de modo que ele, como o protótipo de um antigo pecador e atual anunciador, corporifica e garante a verdade do evangelho. A participação nesta verdade salvífica realiza-se no batismo (Tt 3,5: "ele nos salvou pelo banho do renascimento") e na preservação do ensinamento (1Tm 4,16: "Vigia a ti mesmo e a doutrina; permanece nisso! Se o fizeres, salvarás a ti mesmo e as pessoas que te ouvem"). Ela está associada a um processo de intelecção, porque Deus quer "que todos os seres humanos sejam salvos e cheguem ao conhecimento da verdade" (1Tm 2,4). Na superação da ignorância (1Tm 1,13; Tt 3,3) e no conhecimento (ἐπίγνωσις) da verdade (1Tm 2,4; Tt 1,1; 2Tm 3,7) realiza-se a atuação salvífica de Deus. De acordo com a orientação fundamental das Cartas Pastorais, as pessoas que anunciam o evangelho devem "instruir com mansidão os que resistem, para que Deus porventura lhes dê o arrependimento para o conhecimento da verdade" (2Tm 2,25).

10.4.5 *Antropologia*

Diferenças consideráveis entra as Cartas Pastorais e Paulo encontram-se na antropologia. Embora o pecado (ἡ ἁμαρτία no singular) represente em Paulo um poder supraindividual (cf. acima, 6.5.2), ἁμαρτία ocorre nas Cartas Pastorais exclusivamente no plural e é um

---

[145] Cf. K. LÖNING, "'Gerechtfertigt durch seine Gnade' (Tt 3,7). Zum Problem der Paulusrezeption in der Soteriologie der Pastoralbriefe", in TH. SÖDING, *Der lebendige Gott*. FS W. Thüsing. NTA 31 (Münster: 1996), pp. 241-257.

termo ativo que caracteriza uma conduta ética (1Tm 5,22) ou doutrinal (1Tm 5,24; 2Tm 3,6s) divergente. Também ἁμαρτάνειν (1Tm 5,20; Tt 3,11) e ἁμαρτωλός (1Tm 1,9.15) são usados nesse sentido. Também as afirmações acerca da *lei* diferem fundamentalmente de Paulo (cf. acima, 6.5.3). O termo νόμος aparece apenas duas vezes nas Cartas Pastorais: "Sabemos, com efeito, que a lei é boa, conquanto seja usada segundo as regras, sabendo que ela não é destinada às pessoas justas, mas aos iníquos e rebeldes, ímpios e pecadores, sacrílegos e profanadores, parricidas e matricidas, homicidas, impudicos, pederastas, mercadores de escravos, mentirosos, perjuros – e para todo o resto que se oponha à sã doutrina" (1Tm 1,8-10). A lei aparece exclusivamente como uma grandeza ética, da qual os "justos" não precisam[146]. Tanto a lei como o pecado são categorias éticas/morais, cujo paradigma é a "sã doutrina", ou seja, o anúncio do evangelho das Cartas Pastorais, apurado no confronto com falsos ensinamentos (cf. abaixo, 10.4.6).

A fé

Também em relação ao conceito da fé observa-se uma grande distância a Paulo[147]. Enquanto a fé em Paulo nomeia a dádiva divina imediata da relação viva com Deus (cf. acima, 6.5.4), predomina no substantivo πίστις (32 vezes) o significado de "fé verdadeira" em oposição à heresia (cf. 1Tm 1,2.4.19; 2,7; 3,9.13; 4,1.6.16; 5,8; 6,10.12.21; 2Tm 2,18; 3,8; 4,7; Tt 1,1.4.13; 2,2.10) e marca, como atitude, a existência cristã. Não é por acaso que πίστις e ἀγάπη ("amor") são sinônimos nas Cartas Pastorais (1Tm 1,14; 2,15; 4,12; 6,11; 2Tm 1,13; 2,22; 3,10; Tt 2,2). A fé pode ser mencionada juntamente com outras virtudes, como "boa consciência" (1Tm 1,5.19; 3,9), "modéstia, amor e santidade" (1Tm 2,15), "pureza" (1Tm 4,12), "justiça, piedade, perseverança, mansidão" (1Tm 6,11) (além disso, cf. 2Tm 1,13; 2,22; 3,10s; Tt 2,2)[148].

---

[146] Cf. J. ROLOFF, 1Tim (cf. acima, 10.4), p. 74.
[147] Para a análise, cf. G. KRETSCHMAR, Der paulinische Glaube in den Pastoralbriefen (cf. acima, 10,4), pp. 117-137.
[148] Bem acertado O. MERK, Glaube und Tat (cf. acima, 10.4), p. 262: "Equipada com atributos da boa conduta, ela mesma é uma virtude".

Corresponde a essa formalização do conceito da fé a proximidade de "fé" e (sã) "doutrina" (διδασκαλία): "Expondo estas coisas aos irmãos, serás um bom servidor de Cristo Jesus, que vive das palavras da fé e da boa doutrina" (1Tm 4,6; cf. 2Tm 3,10). O conteúdo da fé passa a ser o anúncio da doutrina; por isso, renegar a fé significa separar-se da sã doutrina (cf. 1Tm 4,1).

Finalmente, para Paulo seria inconcebível que a *fé cristã fosse um elemento da tradição familiar*, do modo como é formulada em 2Tm 1,5 para Timóteo ("Pois evoco a lembrança de tua fé sem hipocrisia, que já habitou em tua avó Lóide e em tua mãe Eunice; estou convencido que ela esteja também em ti"; cf. 2Tm 3,14s) e em 2Tm 1,3a para o próprio Paulo ("Dou graças a Deus, a quem sirvo em continuidade com meus antepassados, com consciência pura")[149]. No entanto, o motivo da educação para a fé insere-se organicamente no conceito da instrução e do *oikos* que já observamos várias vezes nas Cartas Pastorais: a casa torna-se o lugar da transmissão e do instruir na fé.

O conceito da consciência possui uma estreita relação com a fé nas Cartas Pastorais[150]. Por exemplo, para Timóteo constata-se em 1Tm 1,19 explicitamente: "na posse da fé e da boa consciência"; dos diáconos é dito em 1Tm 3,9: "Devem guardar o mistério da fé com uma consciência limpa". A "boa" consciência nas Cartas Pastorais

---

[149] Para a interpretação, cf. P. TRUMMER, Paulustraditionen (cf. acima, 10.4), pp. 125-127.129. 2Tm 1,5 mostra claramente o lugar histórico das Cartas Pastorais: em torno da virada do primeiro século, quando já se podia falar de tradições cristãs familiares da fé; cf. A. MERZ, Fiktive Selbstauslegung (cf. acima, 10.4), p. 83. Já 2Tm 1,5 torna impossível, a meu ver, atribuir essa carta (ou Tt) a Paulo, como deseja aparentemente J. HERZER, "Abschied vom Konsens? Die Pseudepigraphie der Pastoralbriefe als Herausforderung an die neutestamentliche Wissenschaft", in *ThLZ* 129 (2004): 1267-1282. Também L. T. JOHNSON, 2Tm (cf. acima, 10.4), p. 342, passa por cima dos problemas, porque não consegue aduzir nenhuma evidência dessa compreensão da fé em Paulo e mesmo assim constata: "*And our analysis of 1 Timothy has shown some of the richness and complexity of pistis in that letter*" (E nossa análise da Primeira Carta a Timóteo mostrou algo da riqueza e da complexidade de *pistis*"). Uma clara *petitio principii*, pois a Primeira Carta a Timóteo é tão pouco de Paulo como a Segunda Carta a Timóteo!

[150] Cf. aqui H.-J. ECKSTEIN, Syneidesis bei Paulus (cf. acima, 6.5), pp. 303-306; J. ROLOFF, 1Tim (cf. acima, 10.4), pp. 68-70.

não é, como em Paulo, uma instância neutra que julga os seres humanos, mas a consciência de estar em conformidade com a doutrina exigida e a atuação esperada: "A finalidade da admoestação, porém, é o amor de coração puro, de boa consciência e de uma fé sem hipocrisia" (1Tm 1,5). A definição da doutrina como conteúdo do conceito da consciência manifesta-se também no discurso da consciência "pura" ou "impura" no contexto da polêmica contra a doutrina falsa (Tt 1,15; 1Tm 4,2).

As grandes diferenças antropológicas em comparação com Paulo não são acidentais, mas resultam da situação histórica e da argumentação teológica modificadas: há muito, as discussões do apóstolo acerca da Torá pertencem ao passado, e na atual ameaça pelo falso ensinamento (cf. abaixo, 10.4.7), a fé como sã doutrina ganha necessariamente cada vez mais importância. A temporalização do evento Cristo vincula-se a um fortalecimento de formas organizatórias internas da comunidade e a uma eticização daquilo que é considerado cristão.

10.4.6 *Ética*

A ética das Cartas Pastorais coloca acentos próprios ao interpretar o evento Cristo para o *etos contemporâneo*[151]. O termo-chave passa a ser εὐσέβεια ("temor/piedade"; latim: *pietas*)[152], e de suas 15 ocorrências no Novo Testamento, 10 encontram-se nas Cartas Pastorais. Sendo um termo central da religiosidade e ética greco-romanas[153], o termo/conceito de εὐσέβεια já havia sido adotado no judaísmo helenista (4Mc;

---

[151] Para a abordagem, cf. W. SCHRAGE, Ethik (cf. acima, 3.5), pp. 263-274; R. SCHNACKENBURG, Die sittliche Botschaft des Neuen Testaments II (cf. acima, 6.6), pp. 95-109.

[152] Cf. a respeito W. FOERSTER, Verbete "εὐσεβής", in *ThWNT* 7 (Stuttgart: 1964), pp. 175-184; D. KAUFMANN-BÜHLER, Verbete "Eusebeia", in RAC 6 (Stuttgart: 1966), pp. 985-1052, aqui: 986-999; A. STANDHARTINGER, "Eusebeia in den Pastoralbriefen. Ein Beitrag zum Einfluss römischen Denkens auf das entstehende Christentum", in *NT* 48 (2006): 51-82.

[153] Cf. XENOFONTES, Mem IV 8,11, onde Sócrates é descrito como justo e piedoso (temente a Deus), mas, ao mesmo tempo, como destemido e justo em relação aos seres humanos.

Fílon; Josefo)[154] e indica o comportamento segundo a vontade de Deus/dos deuses, a observância da ordem dos valores e do mundo. Nesse sentido ocorre εὐσέβεια em 1Tm 2,2, que convoca para orações de intercessão "por reis e todas as pessoas que estão em iminência, a fim de que levemos uma vida calma e serena, em toda piedade e dignidade (ἐν πάσῃ εὐσεβείᾳ καὶ σεμνότητι)". 1Tm 5,4 determina que, segundo as ordens da vida, filhos e filhas e netos devem viver piedosamente em sua casa e apoiar seus pais/avós enviuvados. Em 1Tm 6,11, a εὐσέβεια é elencada como virtude: "Busca a justiça, a piedade, a fé, o amor, a perseverança e a mansidão" (cf. 1Tm 6,6; Tt 2,12)[155]. Ela indica a conduta que é agradável a Deus e que, por isso, também promove o ser humano. No sentido de "fé" e "ensinamento", εὐσέβεια ocorre em 1Tm 3,16; 4,7s; 6,3.5; 2Tm 3,5.12; Tt 1,1. Não é por acaso que se encontre dentro desse *conceito ético das virtudes da fé e da vida* também a maioria das ocorrências registradas nas Cartas Pastorais (10 de 16) de σωφροσύνη ("prudência/moralidade") e de seus derivados. Por exemplo, o bispo deve ser "sóbrio, ajuizado, comedido" (1Tm 3,2; cf. Tt 1,8), igualmente os homens idosos, as mulheres e os jovens (Tt 2,2.4.5.6). Para todas as pessoas que creem vale segundo 2Tm 1,7 que "Deus não nos deu o espírito de temor, mas de força, de amor e sobriedade (δυνάμεως καὶ ἀγάπης σωφρονισμοῦ)". É natural que os conceitos de virtude e de instrução nas Cartas Pastorais estejam entrelaçados, pois a graça divina nos move/instrui a "viver neste éon presente de modo ajuizado, justo e piedoso" (Tt 2,12)[156]. De modo especial recomenda-se

---

[154] Cf. R. WEBER, Das Gesetz im hellenistischen Judentum (cf. acima, 3.8.1), pp. 226s; IDEM, Das "Gesetz" bei Philon von Alexandrien und Flavius Josephus (cf. acima, 3.8.1), pp. 159-164.213-219.
[155] Cf. a respeito EPÍTETO, Ench 31: "Portanto, quem dirige seu desejo e sua rejeição para as coisas certas é também piedoso".
[156] Ideias semelhantes encontram-se, por exemplo, em DIO CRISÓSTOMO, Or 33,28, segundo o qual a divindade não procura tesouros: "Unicamente a prudência e a razão trazem a salvação (ἀλλὰ σωφροσύνη καὶ νοῦς ἐστι τὰ σῴζοντα). Elas tornam cada pessoa que as observa feliz e agradável a deus". Para o ensinamento estoico sobre as virtudes, cf. SVF 3, 264: "Há quatro gêneros superiores: intelecção, prudência, valentia e justiça (φρόνησιν, σωφροσύνην, ἀνδρεία, δικαιοσύνην). A intelecção refere-se à atuação adequada; a prudência, aos instintos do ser humano; a valentia, à firmeza e a justiça, às distribuições".

a σωφροσύνη às mulheres: "elas devem se enfeitar com prudência" e não com pérolas (1Tm 2,9). Os catálogos de virtudes em 1Tm 2,15; 4,12; 6,11; 2Tm 1,7; 2,22; 3,10 mostram claramente que as Cartas Pastorais contam também a ἀγάπη ("amor") entre as virtudes. No entanto, o amor vindo "de um coração puro" é, segundo 1Tm 1,5, "a soma/finalidade da instrução", de modo que o amor ocupa no âmbito da ética uma posição não exclusiva, mas ainda assim destacada.

A doutrina das virtudes das Cartas Pastorais é integrada ao *pensamento ordenador da Antiguidade*, que determina as estruturas das casas cristãs (cf. 1Tm 3,15: "para que saibas como se deve proceder na casa de Deus"). Ao lado dos catálogos de virtudes (1Tm 3,2-4.8-10.11s; 4,12; 6,11; Tt 3,2) e de vícios (1Tm 1,9s; 6,4; 2Tm 3,2-4; Tt 3,3) devemos mencionar aqui, especialmente, as instruções para as distintas posições na "casa". Ao contrário das Cartas Paulinas, a imagem das mulheres esboçada pelas Cartas Pastorais não se caracteriza pelo modelo da evidente colaboração e participação, mas pela exigência da submissão[157]. Por exemplo, 1Tm 2,11s formula: "Uma mulher, porém, deve aprender calada e com toda submissão. Contudo, eu não permito que uma mulher ensine e que fale quando falam os homens; ela deve ficar em silêncio". Segue-se uma argumentação baseada na teologia da criação, que vê como destino da mulher dar luz a filhos (1Tm 2,15; cf. 5,14). Essa argumentação restritiva está certamente relacionada com o papel de mulheres no contexto do ensinamento falso, combatido pelas Cartas Pastorais (cf. 2Tm 3,6; 1Tm 2,9s; 3,11; Tt 2,3), já que a ascese ali defendida (em relação ao matrimônio e aos alimentos) é refutada sob explícito recurso à teologia da criação (1Tm 4,3s). No entanto, importantes são também os paralelos na economia contemporânea, que mostram que as Cartas Pastorais se inserem num desenvolvimento amplo[158]. Notáveis são as instruções para

---

[157] Cf. abrangentemente U. WAGENER, Die Ordnung des "Hauses Gottes" (cf. acima, 10.4), pp. 62ss (a autora ressalta as tendências restritivas das Cartas Pastorais).
[158] As cartas pseudepígrafas de Pitágoras, quase contemporâneas, afirmam: "Pois que tu desejas zelosamente escutar o que enfeita uma mulher suscita a esperança justificada de que estejas no melhor caminho de envelhecer honrosamente. Portanto, a mulher decente e nascida livre deve conviver com seu homem legítimo,

viúvas em 1Tm 5,3-16. Na comunidade, elas constituíam aparentemente um grupo numeroso[159], e havia um fundo comunitário para seu sustento (cf. 1Tm 5,16). Contudo, devem recorrer a esse fundo somente mulheres que correspondem às exigências de uma vida exemplar. O abuso dessa instituição (cf. 1Tm 5,4-15) atesta não só a eficiência do sistema assistencial, mas também conflitos em torno da pergunta sobre quem pode ser considerada "viúva" na comunidade. Possivelmente existia o "*status* de viúva": mulheres eram sustentadas pela comunidade e assumiram em troca tarefas pastorais e sociais na comunidade. Esse modelo era tão atrativo que levou a abusos e disputas. Também a exortação aos escravos em 1Tm 6,1.2 permite vislumbrar problemas, pois através do apelo de honrar seus senhores apela-se especialmente a escravos de senhores cristãos: "Os que têm senhores fiéis, porém, não os desprezem, porque são irmãos; ao contrário, que façam seu serviço de escravos ainda melhor, porque são crentes e amados que se dedicam como tais à beneficência" (1Tm 6,2). Aqui, a mudança de *status* teológico não está vinculada (como desejado por Paulo na Carta a Filêmon) a uma mudança do *status* social, mas, de modo inverso, entende-se o "ser irmão" como uma especial obrigação à submissão[160].

De modo geral, as Cartas Pastorais propagam um estilo de vida e de piedade que se caracteriza por uma vida sóbria e virtuosa na fé, por obras de amor (Tt 3,8.14), perseverança, humildade, hospitalidade e abrangente beneficência (cf. 1Tm 2,2; 4,7.12; 6,6-11.17-19; 2Tm 1,7; 2,22; 3,10; Tt 1,8; 2,1s.6.11-13; 3,47). Com isso, o autor das Cartas Pastorais

---

enfeitada pela modéstia; ela deve usar um vestido branco, singelo, simples, não um precioso e ostensivo [...]. Pois a mulher que busca a moralidade não deve se preocupar com uma vestimenta luxuosa, mas com a gerência de sua casa. [...] Pois, para a mulher honrosa, os desejos do homem devem ser leis não escritas, segundo as quais ela tem que viver" (citação segundo: A. STÄDELE, *Die Briefe des Pythagoras und der Pythagoreer* (Meisenheim: 1980), p. 161.

[159] Cf. aqui E. DASSMANN, "Witwen und Diakonissen", in IDEM, *Ämter und Dienste in den frühchristlichen Gemeinden* (Bonn: 1994), pp. 142-156; U. WAGENER, Die Ordnung des "Hauses Gottes" (cf. acima, 10.4), pp. 115-233.

[160] Cf. L. OBERLINNER, 1Tim (cf. acima, 10.4), p. 265.

orienta-se por normas convencionais de seu tempo[161]. Seu objetivo é a integração social das comunidades (cf. 1Tm 2,2). O bispo deve ter também uma boa reputação entre pessoas não cristãs (1Tm 3,7); mulheres não podem ensinar (1Tm 2,12); escravos devem permanecer em sua condição (1Tm 6,1; Tt 2,9), e os cristãos devem estar sujeitos às autoridades (Tt 3,1). Para as comunidades das Cartas Pastorais não havia aparentemente nenhuma contradição entre o recurso fundamental ao apóstolo Paulo (cf. abaixo, 10.4.7) e a simultânea adaptação/integração da ética pagã; ambas eram pressupostos para a identidade e estabilidade das comunidades. Afinal, os falsos mestres (cf. abaixo, 10.4.7) procuravam conferir às comunidade uma nova identidade que, por um lado, questionava o recurso fundamental a Paulo e, ao mesmo tempo, propagava a alienação ao mundo. Dessa maneira, o isolamento social e a ruptura com a tradição teriam ameaçado a existência das comunidades. Contra isso, as Cartas Pastorais colocam a fé segundo a criação no centro (1Tm 4,4s) e entrelaçam a ética estreitamente com a ordem eclesiástica.

10.4.7 *Eclesiologia*

A eclesiologia em sua forma concretamente marcante como "ordem" e "doutrina" é sem dúvida um centro das Cartas Pastorais. Do total das 21 ocorrências de διδασκαλία ("ensinamento/doutrina") no Novo Testamento, 15 se encontram nas Cartas Pastorais! O termo serve para designar o ensinamento cristão em sua totalidade (sobretudo no confronto com o ensinamento falso): a "sã" (1Tm 1,10; 2Tm 4,3; Tt 1,9; 2,1) e "boa" (1Tm 4,6) doutrina que corresponde à verdadeira piedade (1Tm 6,3). Do outro lado estão aquelas pessoas que "ensinam coisas falsas" (1Tm 1,3) e que já "se desviaram da verdade" (2Tm 2,17s; cf. 1Tm 1,19s; 6,5; Tt 1,10s; 2Tm 3,8). Portanto, no uso de διδασκαλία como termo técnico (1Tm 1,10; 4,6.16; 6,1.3; 2Tm 3,10; 4,3; Tt 1,9; 2,1.10) refletem-se profundas mudanças sociológicas e teológicas.

---

[161] Esse desenvolvimento (necessário e inevitável) não justifica rotular a ética das Cartas Pastorais genérica e depreciativamente como "burguesa"; cf. a respeito M. REISER, "Bürgerliches Christentum in den Pastoralbriefen?", in *Bib* 74 (1993): 27-44.

A estrutura social das comunidades

As comunidades das Cartas Pastorais caracterizam-se por uma grande complexidade social. Várias vezes mencionam-se cristãos com propriedades (cf. 1Tm 3,4s.12; 5,4.8; 2Tm 1,16; 4,19; além disso, cf. 1Tm 5,13; 2Tm 3,6; Tt 1,11); grandes casas com decoração luxuosa não eram nada de extraordinário (cf. 2Tm 2,20). Também as jóias femininas (cf. 1Tm 2,9), os escravos de senhores cristãos (cf. 1Tm 6,2), a advertência contra a cobiça e avareza por dinheiro (cf. 1Tm 6,6-10; 2Tm 3,2; Tt 1,7) e as instruções específicas para os ricos em 1Tm 6,17-19 mostram que membros da classe alta pertenciam às comunidades das Cartas Pastorais[162].

As comunidades dispunham de consideráveis recursos financeiros, porque os anciãos (como certamente também os bispos)[163] recebiam uma remuneração (cf. 1Tm 5,17s; 3,1). Ao lado das pessoas ricas que eram aparentemente predominantes na vida da comunidade, as Cartas Pastorais mencionam escravos (cf. 1Tm 6,1; Tt 2,9s) e viúvas (cf. 1Tm 5,3-16), artesãos (cf. 2Tm 4,14) e juristas (cf. Tt 3,13) e convocam para a assistência aos pobres (cf. 1Tm 5,10). Nas comunidades atuavam mestres cristão-primitivos (cf. 1Tm 1,3.7; 4,1; 6,3; 2Tm 4,3; Tt 1,11) que causaram uma crise devido a sua agitação parcialmente bem-sucedida. Externamente, os membros da comunidade tentam evitar calúnias por meio de uma conduta civicamente correta, oram pelas autoridades e levam uma vida irrepreensível (cf. 1Tm 2,2; Tt 3,1). O autor das Cartas Pastorais preocupa-se tanto com a boa reputação pública dos dirigentes das comunidades (cf. 1Tm 3,1-13) como com a convivência das distintas classes e categorias na comunidade (cf. Tt 2,1-10).

A falsa doutrina

Nas Cartas Pastorais há uma ligação direta entre a percentagem relativamente elevada de membros ricos, os sucessos da falsa doutrina

---

[162] Cf. a respeito P. DSCHULNIGG, "Warnung vor Reichtum und Ermahnung der Reichen", in *BZ* 37 (1993): 60-77.
[163] Cf. J. ROLOFF, 1 Tim (cf. acima, 10.4), p. 308s.

nas comunidades e a formação de uma "doutrina" fixa e de ministérios constitutivos. Provavelmente, a doutrina adversária não penetrou as comunidades pelo lado de fora, pois as pessoas que defendiam esse ensinamento atuavam publicamente nas reuniões das comunidades (cf. 2Tm 2,16.25; 3,8; Tt 1,9; 3,9). Tiveram êxito considerável nas comunidades; casas inteiras aderiram à nova doutrina, e ela encontrou também muitas adeptas entre as mulheres abastadas (cf. 2Tm 3,6). Também as menções de nomes em 1Tm 1,20; 2Tm 2,17 e 4,14 mostram que a heresia era sustentada por partes das comunidades. O autor das Cartas Pastorais proíbe as comunidades de dar atenção à falsa doutrina; exige não discussão, mas distanciamento (cf. 1Tm 6,20; 2Tm 2,14.16.23; 3,5; Tt 3,9-11). Em amplas partes, as Cartas Pastorais causam a mesma impressão que decretos oficiais (cf., por exemplo, 1Tm 2,1.8.12; 3,2.7; Tt 2,1.15; 2Tm 1,13s; 2,1s.14.22s; Tt 3,10), cuja observação visa principalmente combater a falsa doutrina.

Essa falsa doutrina dentro das comunidades reunia aparentemente elementos muito diferentes. Por exemplo, os mestres adversários afirmam dispor de "*gnose*" (γνῶσις = "conhecimento"; 1Tm 6,20s; cf. também 1Tm 4,3; 2Tm 3,7; Tt 1,16). Em direção de uma forma primitiva do gnosticismo cristão apontam também as exigências ascéticas da abstinência em relação ao matrimônio e a determinados alimentos (1Tm 4,3; cf. a respeito Irineu, Haer I 24,2; 28,1). Paralelos gnósticos encontram-se também na alegação dos adversários de que a ressurreição já teria acontecido (2Tm 2,18; cf. NHC I/4 49,15s). Segundo 1Tm 1,4; 4,7; 2Tm 4,4; Tt 1,14; 3,9 pertencem à heresia mitos e infinitas genealogias. Também em textos gnósticos encontram-se muitas especulações mitológicas.

Elementos judaicos também caracterizam a heresia. Por exemplo, os adversários reivindicam o reconhecimento como doutores da lei (1Tm 1,7; cf. Tt 1,9). Segundo Tt 1,10, os sedutores provêm da circuncisão; Tt 1,14 caracteriza as especulações mitológicas como μῦθοι. Em termos histórico-religiosos classifica-se a doutrina adversária[164]

---

[164] Para a história da pesquisa, cf. E. SCHLARB, Gesunde Lehre (cf. acima, 10.4), pp. 73-82; uma reflexão sóbria do estado atual da discussão encontra-se em L. OBERLINNER, Tit (cf. acima, 10.4), pp. 52-73.

geralmente como um forma do gnosticismo judaico-cristão[165]. Nessa tese, os elementos judaicos são componentes constitutivos da heresia, e muitas vezes pressupõe-se também uma origem judaica do gnosticismo. No entanto, essa suposição é altamente controversa, porque elementos centrais da fé judaica (monoteísmo radical, Deus criador, valoração positiva da criação) são de difícil conciliação com a posição fundamental dos sistemas gnósticos, que são hostis à criação. Quando, além disso, os elementos judaicos são classificados somente como um fenômeno marginal dessa heresia, recomenda-se entendê-la como uma *forma primitiva da gnose cristã*[166], para a qual confluíram elementos judaicos sem defini-la em seu conteúdo. É óbvio que os adversários defendiam, com sua afirmação de uma ressurreição já acontecida, uma compreensão maciçamente preséntica da salvação[167], que derivava provavelmente de sua interpretação do batismo e da consequente posse do espírito.

As tendências ascéticas da doutrina adversária sugerem que o mundo atual era compreendido como um lugar de cativeiro, do qual o gnóstico procurava libertar-se por meio do conhecimento redentor de Deus. A criação e o Deus criador sofrem uma avaliação negativa, pois a superação do mundo material hostil era o objetivo do ensinamento adversário. Contra isso, 1Tm 4,4s acentua a boa obra do Deus criador, na qual não há nada de abominável. A missão dos falsos mestres dava-se principalmente em pequenas comunidades domésticas (2Tm 3,6-9), algo que combina com o caráter esotérico do ensinamento gnóstico[168]. Contra esse pano de fundo não surpreende que o autor

---

[165] Cf., por exemplo, M. DIBELIUS, Pastoralbriefe (cf. acima, 10.4), p. 53; W. SCHMITHALS, *Gnosis und Neues Testament* (Darmstadt: 1984), p. 931; N. BROX, Pastoralbriefe (cf. acima, 10.4), pp. 33ss.

[166] Cf. J. ROLOFF, 1Tim (cf. acima, 10.4), pp. 228-239; M. WOLTER, Pastoralbriefe als Paulustradition (cf. acima, 10.4), pp. 265s; H. MERKEL, Pastoralbriefe (cf. acima, 10.4), pp. 10.13; L. OBERLINNER, Tit (cf. acima, 10.4), pp. 63ss; A. WEISER, 2Tim (cf. acima, 10.4), pp. 217s.

[167] Cf. E. SCHLARB, Gesunde Lehre (cf. acima, 10.4), p. 93; L. OBERLINNER, Tit (cf. acima, 10.4), p. 54, que também identificam 2Tm 2,18 como o centro da falsa doutrina.

[168] Para a pergunta se 1Tm 6,20 contém uma alusão às "antíteses" de Marcião, cf. E. SCHLARB, "Miszelle zu 1Tm 6,20", in *ZNW* 77 (1986): pp. 276-281.

das Cartas Pastorais faça da "casa" o centro de sua eclesiologia, embora de uma forma diferente dos falsos mestres[169].

A comunidade como casa de Deus e seus ministérios

A estrutura organizacional desejada pelas Cartas Pastorais já não é a comunidade doméstica individual, mas a comunidade local estruturada segundo o modelo da casa na Antiguidade[170]. Por meio de uma nova estrutura de ministérios, as comunidades domésticas, isoladas e ameaçadas pelo ensinamento falso, devem ser reunidas para formar a comunidade local como a casa única de Deus, governada por um ἐπίσκοπος ("epíscopo/dirigente/bispo")[171]. Esse conceito está vinculado ao recurso fundamental relativo a Paulo, como mostra exemplarmente 1Tm 3,15: "Todavia, se eu tardar, saberás como se deve proceder na casa de Deus (ἐν οἴκῳ θεοῦ), que é a Igreja do Deus vivo (ἐκκλησία θεοῦ ζῶντος), coluna e sustentáculo da verdade" (cf. 2Tm 2,20s; Tt 1,7).

A ligação autoritativa a Paulo confere ao ministério de direção da comunidade sua autoridade[172]. O serviço ao evangelho confiado a Paulo (cf. 1Tm 1,12) é realizado agora, na ausência do apóstolo, por Timóteo e Tito como protótipos do dirigente da comunidade. Assim como Paulo estava em tudo comprometido com a verdade do evangelho, compete também aos dirigentes das comunidades a tarefa de preservar a tradição legitimada pelo anúncio paulino (cf. 1Tm 6,20; 2Tm 1,14). Nesse contexto, o autor das Cartas Pastorais estava confrontado com a tarefa de combinar duas formas constitucionais (provavelmente já existentes nas comunidades)[173] e de interpretá-las de modo

---

[169] Para o pensamento de οἶκος nas Cartas Pastorais, cf. especialmente E. SCHLARB, Gesunde Lehre (cf. acima, 10.4), pp. 314-356; D. C. VERNER, *The Household of God: the Social World of the Pastoral Epistles*, SBL.S 71 (Chico: 1983).

[170] Cf. J. ROLOFF, Kirche (cf. acima, 6.7), p. 255.

[171] Cf. a respeito E. DASSMANN, "Hausgemeinde und Bischofsamt", in IDEM, *Ämter und Dienste in den frühchristlichen Gemeinden* (Bonn: 1994), pp. 74-95.

[172] Cf. a respeito J. ROLOFF, 1Tim (cf. acima, 10.4), pp. 169-189; H. MERKEL, Pastoralbriefe (cf. acima, 10.4), pp. 90-93.

[173] Segundo J. ROLOFF, 1Tim (cf. acima, 10.4), p. 170, o autor não introduz nenhum ministério novo, mas seu interesse é "integrar, no máximo possível, os ministérios

qualitativamente novo. Nas Cartas Pastorais encontram se tanto afirmações acerca de uma constituição que prevê anciãos (1Tm 5,17s.19; Tt 1,5s) como também "determinações" que mostram as obrigações de bispos e diáconos (1Tm 3,2-13; Tt 1,7-9). A confluência do ministério de anciãos e do ministério de epíscopos e diáconos é frequentemente testemunhada no final do séc. I (cf. At 14,23; 20,17; 1Pd 5,1-5; 1Clem 40-44). O ministério dos anciãos, proveniente da tradição judaica,[174] vê na idade avançada e maturidade de um homem uma característica decisiva de qualificação. Em Paulo não se encontra esse ministério, pois, para ele, a idade avançada não é um carisma, e todas as funções e serviços existem graças à autoridade do Espírito (cf. 1Cor 12,28-31)[175]. A Carta aos Filipenses, proveniente da fase tardia da atuação paulina, comprova os serviços de ἐπίσκοπος e διάκονος (Fl 1,1). Os epíscopos – inicialmente pessoas que dirigiam comunidades domésticas – tinham aparentemente amplas responsabilidades nas distintas comunidades locais. As pessoas que eram διάκονοι também tinham funções dentro das comunidades, como, por exemplo, no contexto da eucaristia e da assistência aos pobres (cf. Mc 10,43s;

---

e serviços já existentes numa visão geral e de remodulá-los por meio de uma nova interpretação aprofundada de tal maneira que podem corresponder às tarefas e exigências de sua situação eclesiástica". Ao contrário disso, segundo H. MERKEL, Pastoralbriefe (cf. acima, 10.4), p. 13, nas Cartas Pastorais, as declarações contraditórias sobre os ministérios eclesiásticos explicam-se "da maneira mais fácil com a suposição de que a comunidade teria conhecido o ministério do presbítero, enquanto o autor da Carta desejava introduzir o modelo de epíscopos / diáconos. Crítico em relação a esses modelos é D.-A. KOCH, "Die Einmaligkeit des Anfangs und die Fortdauer der Institution", in M. BÖTTCHER, A. SCHILBERG, A.-CHR. TÜBLER (org.), Die kleine Prophetin Kirche leiten. FS G. Noltensmeier (Wuppertal: 2005), pp. 157-168, aqui: p. 167, que rejeita a tese de uma "fusão": "Não existia uma constituição paulina com epíscopos nem é certo que o ministério dos presbíteros é característico para as comunidades sinagogais judaicas dos séc. I e II d.C. Portanto, a estrutura organizatória e ministerial das Cartas Pastorais é um esboço novo da terceira geração".

[174] Cf. aqui a inscrição reproduzida em A. DEISSMANN, Licht vom Osten (cf. acima, 10.4.1), pp. 378-380, proveniente de Jerusalém da época antes do ano 70 d.C.; além disso, cf. At 1,30; 14,23; 15,2.4.22s; Tg 5,14; além disso, cf. M. KARRER, "Das urchristliche Ältestenamt", in NT 32 (1990): 152-188.

[175] Para a passagem das afirmações sobre o espírito para o segundo plano nas Cartas Pastorais, cf. M. WOLTER, Pastoralbriefe als Paulustradition (cf. acima, 10.4), pp. 41ss.

2Cor 3,6; 4,1; 5,18). A existência lado a lado dessas duas formas constitucionais nas Cartas Pastorais levanta a pergunta pela ordem desejada pelo autor das cartas. Aparentemente, uma fusão das duas estruturas constitucionais não era o objetivo, porque somente em Tt 1,5-9, as duas ordens encontram-se lado a lado sem serem efetivamente conectadas. Pelo contrário, o autor das Cartas Pastorais favorece a ordem de epíscopos, ligada com o ministério de diáconos[176]. Segundo 1Tm 3,1, o ministério de epíscopos é uma coisa boa que deveria ser procurada. *O epíscopo já não dirige somente uma comunidade doméstica, mas é responsável pela direção de uma comunidade local* e está cercado por diáconos e anciãos que assumem responsabilidades. O novo ordenamento desejado para o ministério de epíscopos e a superação gradual do presbiteriado manifesta-se na ordenação de Timóteo em 1Tm 4,14. Embora sejam pessoas identificadas como *presbyteros* que realizam a imposição das mãos (segundo 2Tm 1,6, Timóteo foi ordenado por Paulo), ele é ordenado ἐπίσκοπος da comunidade inteira. A ordenação como ato espiritual e jurídico-institucional visa tanto a autoridade do portador do ministério como a preservação da tradição[177].

Um fator importante para acelerar o estabelecimento de um ministério eficaz de liderança foi a atuação do falsa doutrina e seu êxito nas comunidades domésticas, pois o ἐπίσκοπος seria responsável pela comunidade inteira (cf. 1Tm 5,1-21). A Igreja como um edifício sagrado e uma instituição fundada em Deus, na qual está presente a verdade manifestada em Jesus Cristo e unicamente salvífica (cf. 1Tm 3,15s; 2Tm 2,19-21), precisa delimitar-se contra o ensinamento falso. Mesmo assim, as categorias jurídicas não captam a essência do ministério do epíscopo, que é prioritariamente um ministério espiritual, pois a qualificação das pessoas que dirigem comunidades é a capacidade de ensinar (1Tm 3,2; Tt 1,9). O bispo é tratado como um

---

[176] Cf. J. ROLOFF, 1Tim (cf. acima, 10.4), p. 175; L. OBERLINNER, Tit (cf. acima, 10.4), p. 91.

[177] Cf. H. v. LIPS, Glaube – Gemeinde – Amt (cf. acima, 10.4), p. 279: "A importância da ordenação como autorização e habilitação do portador do ministério visa, por um lado, sua função e autoridade na comunidade inteira e, por outro, a preservação da tradição pela inserção na continuidade ministerial".

mordomo (gerente, administrador) de Deus (Tt 1,7-9), que preserva a sã doutrina e resiste aos adversários. *O bispo não governa, ele é a garantia da unidade da comunidade!*

Assim como o apóstolo dirigiu e conduziu sua comunidade pelo evangelho, agora são os discípulos do apóstolo, equipados com as instruções de Paulo, que assumem essa tarefa (cf. 1Tm 4,11-13.16; 2Tm 1,13; 2,24; 3,10.14-17; Tt 2,1). Mesmo na ausência do apóstolo, o evangelho por ele anunciado e seu serviço incansável em prol da comunidade continuam sendo a norma para o serviço dos discípulos do apóstolo, pelos quais devem se orientar, por sua vez, os dirigentes das comunidades. Como escritos inspirados pelo Espírito de Deus (cf. 2Tm 3,16), as Cartas Pastorais reivindicam formular de maneira abrangente e conclusiva a vontade do apóstolo Paulo que é normativa para as comunidades.

Paulo como modelo

O que vale em geral para as Cartas Pastorais aplica-se de modo especial para a eclesiologia: o recurso a Paulo como apóstolo e mestre é fundamental. Paulo é o apóstolo de Jesus Cristo, encarregado pela vontade de Deus, o servidor por excelência do evangelho, cujo apostolado é uma parte integral da ordem divina da salvação (cf. 1Tm 1,1; 2,7; Tt 1,1; 2Tm 1,1.11). O apostolado paulino dirige-se a todas as nações (cf. 1Tm 2,7; 2Tm 4,17); a elas, Paulo anuncia o evangelho que Deus lhe confiou (1Tm 1,11; 2,6s; 2Tm 1,10s.12; Tt 1,3). Esse evangelho é o tesouro mais precioso da Igreja (cf. 1Tm 6,20s; 2Tm 1,12.14), que deve ser preservado como παραθήκη ("o bem confiado"). Como o único anunciador legítimo, o próprio Paulo passa a ser um conteúdo do anúncio, de modo que cabe a *sua atuação uma dimensão soteriológica*[178] (cf. acima, 10.4.4). O destino do apóstolo torna-se mensagem, com ele e nele cumpre-se exemplarmente a vontade salvífica de Deus (basta conferir 1Tm 1,16: "Se me foi feita misericórdia, foi para que em mim

---

[178] Cf. M. WOLTER, Pastoralbriefe als Paulustradition (cf. acima, 10.4), p. 82; K. LÄGER, Christologie (cf. acima, 10.4), p. 128.

primeiro, Cristo Jesus demonstrasse toda a sua longanimidade, como exemplo para quantos nele hão de crer para a vida eterna"). Paulo encarna a mensagem salvífica, de modo que podemos falar de uma querigmatização (cf. 2Tm 4,17) de sua pessoa nas Cartas Pastorais[179].

Como anunciador autorizado e conteúdo do evangelho, Paulo torna-se nas Cartas Pastorais o *garante da tradição e o mestre legitimado*. Ele instrui as comunidades na sã doutrina, sendo que διδασκαλία e παραθήκη designam a totalidade daquilo que as Cartas Pastorais ordenam às comunidades como anúncio e instrução ética[180]. Enquanto os hereges dividem as comunidades com sua falsa doutrina, Timóteo e Tito – e com eles as comunidades endereçadas – devem preservar o ensinamento original e as Escrituras (cf. 1Tm 1,3-7; 6,3-5; 2Tm 3,10-12.15s; Tt 1,10-2,15). Como protótipo da fé, Paulo é simultaneamente *exemplo e modelo* para as comunidades (cf. 1Tm 1,15s). A comunidade deve seguir o apóstolo no ensinamento, na conduta de vida, na fé e nos sofrimentos (cf. 2Tm 3,10s; 1,13). Do mesmo modo como Paulo aparece, no nível do texto, como modelo de Timóteo, Timóteo torna-se um modelo para as comunidades (cf. 1Tm 4,12; 2Tm 3,10s; além disso, cf. Tt 2,7). Timóteo e Tito são filhos do apóstolo na fé (cf. 1Tm 1,2.18; 2Tm 1,2; 2,1; Tt 1,4) e representam o tipo ideal do portador pós-apostólico de ministérios. Dessa maneira, nos portadores legitimados de ministérios, o exemplo de Paulo está presente nas comunidades e nas Cartas Pastorais, embora, segundo 1Tm 3,15, sua vinda corporal possa atrasar.

De modo geral, as Cartas Pastorais esboçam uma imagem muito poderosa de Paulo, como alguém que defende e luta por suas comunidades como anunciador, mestre, pastor e organizador eclesiástico. Paulo é da mesma forma apóstolo, autoridade eclesiástica, criador de identidade e o ideal/modelo de um cristão[181]. Sua posição sobressalente nas comunidades não precisava ser justificada pelo autor das Cartas Pastorais; ao contrário, ele escreveu no contexto de uma viva tradição paulina. As Cartas Pastorais procuram resolver um problema

---

[179] Cf. M. WOLTER, Pastoralbriefe als Paulustradition (cf. acima, 10.4), p. 52.
[180] Cf. G. LOHFINK, Paulinische Theologie (cf. acima, 10.4), pp. 99.
[181] Cf. a respeito também B. FIORE, *The Function of Personal Example in the Socratic and Pastoral Epistles*. AB 105 (Roma: 1986).

que se apresenta a cada comunidade cristã, "a saber, o da orientação permanente por um início considerado normativo, diante de uma situação objetiva historicamente modificada da comunidade e diante da ameaça de uma perda de identidade que é, além do mais, aguçada por ofertas alheias de identidade, vindas do lado de fora".[182]

10.4.8 *Escatologia*

A escatologia é apenas um tema periféricos das Cartas Pastorais[183]. A parusia de Cristo passa a ser a epifania que ocorrerá no momento predeterminado, mas desconhecido (1Tm 6,14b-15: "até a aparição de nosso Senhor Jesus Cristo, que mostrará nos tempos estabelecidos O Bendito e único Soberano, o Rei dos reis e Senhor dos senhores"). Com a aparição vincula-se principalmente o juízo (2Tm 4,1: "Eu te conjuro diante de Deus e de Cristo Jesus, que julgará os vivos e os mortos diante de sua aparição e de seu Reino") que se dará segundo as obras (cf. 1Tm 5,24s; além disso, 2Tm 4,8; Tt 2,13). Nas Cartas Pastorais predomina claramente uma *indefinição escatológica*; a parusia do Senhor ocorrerá "no tempo certo" (1Tm 6,15) e passa assim simultaneamente para um futuro distante indefinido. Isso se deve ao lugar histórico-teológico do autor: por um lado, ele manteve a expectativa da parusia, para combater assim também a palavra de ordem dos falsos mestres de que a ressurreição já teria acontecido (cf. 2Tm 2,18); por outro lado, ele precisava levar em conta um tempo que estava se estendendo cada vez mais. O autor acolhe ambas as preocupações, ao inserir a parusia no conceito teológico-revelatório geral da ἐπιφάνεια (cf. acima, 10.4.2) e assim deixá-la deliberadamente indefinida. Além disso, define como conceito verdadeiramente sustentador e duradouro da Igreja a "sã doutrina", como mostra a interpretação dos motivos apocalípticos em 2Tm 4,1 pelo pensamento doutrinal em 2Tm 4,2s. Dessa maneira é, em última análise, não o indeterminado, mas unicamente o duradouro que determina a escatologia das Cartas Pastorais.

---

[182] M. WOLTER, Pastoralbriefe als Paulustradition (cf. acima, 10.4), p. 270.
[183] Cf. J. ROLOFF, 1Tim (cf. acima, 10.4), p. 213.

10.4.9 Posição na história da teologia

Na história da teologia mais recente, as Cartas Pastorais foram geralmente interpretadas no contexto de uma teoria de decadência na história eclesiástica: no início está Paulo, e seguem-se as Cartas aos Colossenses e Efésios (e a Segunda Carta aos Tessalonicenses), até que as Cartas Pastorais dissolvam finalmente a teologia paulina totalmente em uma moral contemporânea e atitude burguesa[184]. Essa perspectiva representa em vários aspectos uma redução do alcance histórico e teológico das Cartas Pastorais:

1) As Cartas Pastorais desenvolvem um abrangente *conceito de instrução* (cf. 1Tm 1,20; 2Tm 2,25; 3,16; Tt 2,12) que é, ao mesmo tempo, um *conceito de humanidade*. Em seu centro está a bondade de Deus para com os seres humanos (cf. 1Tm 2,4; Tt 3,4.11), que se dirige a todas as pessoas e visa ajudar a todas as pessoas. O objetivo da atuação divina é uma vida sóbria em justiça e piedade (2Tm 3,16; Tt 2,4).
2) Imediatamente vinculada a esse conceito está uma sustentável integração de virtudes helenistas na *ética*. Dessa maneira, as Cartas Pastorais realizam não só uma abertura historicamente inevitável para a ética pagã, mas proclamam a evidente integração do *humanum* no novo movimento e assim uma reivindicação universal: a aparição de Deus em Jesus Cristo é também

---

[184] Dessa maneira, M. DIBELIUS, Pastoralbriefe (cf. acima, 10.4), p. 32, refere-se a um "ideal de civilidade cristã"; além disso, cf. S. SCHULZ, *Die Mitte der Schrift* (Stuttgart: 1976), p. 109: "Quando olhamos finalmente para a história da recepção dessas teses de uma compreensão católico-primitiva dos ministérios, da sucessão apostólica e da tradição, do ideal da fraternidade cristã e de uma vida piedosa [...], não poderemos, justamente por reconhecimento a Paulo, acompanhar esse desenvolvimento católico-primitivo, mas precisaremos revertê-lo". Contudo, também J. ROLOFF, 1Tim (cf. acima, 10.4), p. 380, constata nas Cartas Pastorais uma redução substancial da doutrina paulina da justificação, "elas já não percebem o campo de tensão entre o pecado, a lei e as obras da lei, por um lado, e Cristo, a graça e a fé, por outro, no qual se encontra a justificação em Paulo".

a manifestação visível do humano! Finalmente, o conceito das virtudes cristãs é de grande atratividade ética.

3) A *doutrina dos ministérios* das Cartas Pastorais, frequentemente criticada, também merece uma nova interpretação. O ministério episcopal em formação é um instrumento essencial de uma preservação historicamente necessária e teologicamente legítima da identidade. Todas as teorias de organização recomendam uma mudança e um enxugamento da organização, quando o crescimento e as condições internas/externas o tornam necessário.

4) Também o *princípio da tradição* predominante nas Cartas Pastorais aparece sob uma luz diferente quando considerado na perspectiva de uma teoria da identidade e do sentido. A criação e a determinação de tradição/tradições faz parte dos fatores fundamentais da consolidação e da criação de sentido, que combatem uma mudança precipitada e um esvaziamento precipitado de conteúdos e modos de conduta. Ensaio e repetição foram e são os elementos básicos de cada aprendizagem bem-sucedida e de cada educação que tenha êxito.

As Cartas Pastorais devem ser levadas a sério em sua preocupação de estabilizar o cristianismo nas comunidades majoritariamente urbanas da Ásia Menor diante de fortes ameaças internas (e provavelmente também externas). Elas representam um passo importante em direção a uma Igreja estruturada por ministérios e à formação do cânon.

CAPÍTULO 11

AS CARTAS ECLESIÁSTICAS: VOZES NUM TEMPO AMEAÇADO

11.1 A Primeira Carta de Pedro: comprovação por meio do sofrimento

BULTMANN, R. *Bekenntnis- und Liedfragmente im ersten Petrusbrief*. In *Exegetica*, editado por IDEM (organizado por E. DINKLER), pp. 285-297. Tübingen, 1967 (= 1947); HUNZINGER, C. H. "Babylon als Deckname für Rom und die Datierung des 1Petrusbriefes". In *Gottes Wort und Gottes Land*. FS H. Hertzberg, editado por H. REVENTLOW, pp. 67-77. Göttingen, 1965; GOPPELT, L. "Prinzipien neutestamentlicher Sozialethik nach dem 1. Petrusbrief". In *Neues Testament und Geschichte*. FS O. Cullmann, editado por B. REICKE etc., pp. 285-296. Zurique / Tübingen, 1972; DELLING, G. "Der Bezug der christlichen Existenz auf das Heilshandeln Gottes nach dem ersten Petrusbrief". In *Neues Testament und christliche Existenz*. FS H. Braun, editado por H. D. BETZ etc., pp. 95-113. Tübingen, 1973; LOHSE, E. "Paranese und Kerygma im 1. Petrusbrief". In *Die Einheit des NT*, editado por IDEM, pp. 307-328. Göttingen, 1973; BAUER, J. B. "Der erste Petrusbrief und die Verfolgung unter Domitian". In *Die Kirche des Anfangs*. FS H. Schürmann, editado por R. SCHNACKENBURG etc., pp. 513-527. Leipzig, 1977; WOLFF, CHR. "Christ und Welt im 1. Petrusbrief". In *ThLZ* 100 (1975): 333-342; GOPPELT, L. *Der erste Petrusbrief*. KEK XIII. Göttingen, 1977; MARXSEN, W. "Der Mitälteste und Zeuge der Leiden Christi", in *Theologia Crucis – Signum Crucis*. FS E. Dinkler, editado por C. ANDRESEN, G. KLEIN, pp. 377-393. Tübingen, 1979; BROX, N. *Der erste Petrusbrief*, 2ª ed. EKK 21. Neukirchen, 1986; NEUGEBAUER, F. "Zur Deutung und Bedeutung des 1. Petrusbriefes", in *NTS* 26 (1980): 61-86; SCHRÖGER, F. *Gemeinde im 1. Petrusbrief*. Passau, 1981; ELLIOTT, J. H. *A Home for the Homeless. A Sociological Exegesis of 1Peter, its Situation and Strategy*. Philadephia, 1981; SCHUTTER, W. L. *Hermeneutic and Composition in*

1Peter. WUNT 2.30, Tübingen, 1989; REICHERT, A. *Eine urchristliche praeparatio ad martyrium*. BET 22. Frankfurt, 1989; KARRER, M. "Petrus im paulinischen Gemeindekreis". In *ZNW* 80 (1989): 210-231; PROSTMEIER, F. R. *Handlungsmodelle im ersten Petrusbrief*. In *fzb* 63. Würzburg, 1990; SCHWEIZER, E. "Zur Christologie des ersten Petrusbriefes". In *Anfänge der Christologie*. FS F. Hahn, editado por C. BREYTENBACH, H. PAULSEN, pp. 369-381. Göttingen, 1991; FELDMEIER, R. *Die Christen als Fremde*. WUNT 64. Tübingen, 1992; HERZER, J. *Petrus oder Paulus?* WUNT 103. Tübingen 1998; ELLIOTT, J. H. *1 Peter*. AncB 37B. Nova Iorque, 2000; SCHMIDT, K. M. *Mahnung und Erinnerung im Maskenspiel. Epistolographie, Rhetorik und Narrativik der pseudepigraphischen Petrusbriefe*. HBS 38. Friburgo, 2003; FELDMEIER, R. *Der 1. Petrusbrief*. ThHK 15/1. Leipzig, 2005; J. DE WAAL DRYDEN. *Theology and Ethics in 1 Peter*. WUNT 2.209. Tübingen, 2006.

A Primeira Carta de Pedro ocupa uma posição particular no Novo Testamento, por ser o primeiro testemunho do conflito fundamental entre o monoteísmo cristão do cristianismo em formação e da antiga sociedade romana que se justificava sacralmente[1]. Ela aborda, em seu tempo, uma temática teológica que será também central para o cristianismo do século XXI: ser uma minoria cristã num ambiente que mostra, em sua maioria, uma atitude de rejeição.

11.1.1 *Teologia*

O prescrito de 1Pd 1,1.2 possui uma função básica hermenêutica e permite reconhecer claramente a dimensão *teológica* do escrito inteiro (39 vezes θεός), ao dirigir-se aos destinatários como "forasteiros eleitos". Essa posição de forasteiros é uma definição sociológica e simultaneamente teológica[2]: caracteriza a situação da comunidade como marginal e como um corpo estranho na sociedade; ao mesmo tempo, o ser estrangeiro corresponde teologicamente à eleição por Deus e

---

[1] A Primeira Carta de Pedro foi escrita provavelmente em torno do ano 90 d.C. na Ásia Menor; cf. U. SCHNELLE, Einleitung (cf. acima, 2.2), pp. 437-452.

[2] Cf. R. FELDMEIER, Christen als Fremde (cf. acima, 11.1), p. 124, segundo o qual o escândalo social e, como resultado dele, o político, têm o mesmo motivo: "Ele se baseia no compromisso religioso exclusivo dos cristãos que cria ao mesmo tempo um sistema próprio de referências sociais e éticas que entra em concorrência com a anterior *koine* religiosa, social e política".

ganha assim um conteúdo positivo. Já que as pessoas que creem foram constituídas novas por um ato de nova criação divina, estão retiradas da futilidade da vida anterior, possuem uma nova origem e são, por isso, teologicamente "estrangeiras" neste mundo. A existência cristã realiza-se entre a eleição divina e a exclusão social. As duas coisas condicionam-se mutuamente, pois os conflitos com o mundo em torno são uma consequência da separação por Deus e da pertença a seu povo. Os predicados "incorruptível, imaculado, imarcescível" em 1Pd 1,4 definem, sob adoção da teologia negativa contemporânea (medioplatônica), o divino e a herança por ele concedida, por meio do ser diferente e da independência da existência humana e o localizam no "céu". A eleição fundamenta-se na "presciência de Deus, o Pai" (1Pd 1,2), cuja vontade salvífica se realizou na ressuscitação de Jesus Cristo dentre os mortos e que continua agora na existência da comunidade das pessoas eleitas segundo sua vontade[3].

A argumentação teológica continua com uma *eulogia*[4]: "Bendito seja o Deus e Pai de nosso Senhor Jesus Cristo, que, em sua grande misericórdia, nos gerou de novo para uma esperança viva, pela ressurreição de Jesus Cristo dentre os mortos" (1Pd 1,3). Com isto se conduz novamente o olhar da comunidade para Deus e para a salvação possibilitada por ele. Deus mudou sua vida radicalmente, pois ela foi criada novamente e vive agora na esperança verdadeira. A tribulação presente torna-se compreensível devido à promessa da salvação de Deus; dessa maneira há uma interação entre o louvor, a promessa da salvação, a disposição para o sofrimento e o reconhecimento das verdadeiras condições da situação. A metáfora do renascimento, predominante em 1Pd 1,3-2,3 (cf. abaixo, 11.1.4) tem em primeiro lugar uma dimensão teológica: caracteriza a nova existência escatológica dos cristãos que, como pessoas transformadas, realizam agora

---

[3] A questão da predestinação/providência de Deus e de sua atuação onipotente é amplamente discutida também na filosofia antiga contemporânea; cf. como apologias da *providentia dei* os escritos de SÊNECA, De providentia, e de PLUTARCO, De sera numinis vindieta ("Sobre os castigos da divindade que se manifestam tarde").

[4] Cf. aqui R. DEICHGRÄBER, Gotteshymnus und Christushymnus (cf. acima, 4), pp. 77s.

num ambiente hostil a vontade de Deus (cf. 1Pd 2,12.15.16.17; 4,2) e se distinguem dessa maneira radicalmente de seu ambiente, de modo que o sofrimento é uma consequência inevitável e necessária da fé (cf. 1Pd 2,19s; 3,17; 4,14.16.17.19). Assim como Deus elegeu Jesus (1Pd 2,4), destinou-o para o sofrimento inocente (1Pd 2,21-25) e o ressuscitou dentre os mortos (1Pd 1,3.21), assim também os crentes são eleitos para ser o Povo de Deus (1Pd 2,9s; 5,2) e podem saber justamente no sofrimento que foram agraciados pela graça de Deus (1Pd 4,10s; 5,5s.10.12). A Paixão e morte de Jesus servem "para ele vos levar a Deus" (1Pd 3,18b).

A eleição por Deus no sofrimento é o tema teológico central da Primeira Carta de Pedro. Embora os cristãos sejam convocados para uma conduta correta dentro das instituições sociais, devido a seu compromisso com Deus, têm que sofrer como forasteiros neste mundo. Esse sofrimento é uma graça diante de Deus, mas não o sofrimento por causa de pecados cometidos (1Pd 2,19; 2,20; 3,14).

11.1.2 *Cristologia*

O ponto de partida e base da cristologia é a ressurreição de Jesus Cristo dentre os mortos (1Pd 1,3.21). Na ressurreição de Jesus Cristo, Deus venceu o pecado e a morte e possibilitou aquela existência na qual vivem os crentes. Como em Rm 1,3s, a ressurreição dá-se segundo 1Pd 3,18 através do espírito de Deus: "Com efeito, também Jesus Cristo sofreu uma vez pelos pecados, um justo pelos injustos, a fim de vos conduzir a Deus, morto na carne, mas vivificado no espírito". Segundo essa afirmação, devido a sua pertença à "carne", Cristo foi entregue à morte, mas esta foi vencida devido a sua pertença ao espírito de Deus.

Vinculada ao conceito da ressurreição está uma tradição cristológica particular em 1Pd 3,19-21; 4,6: *a pregação de Jesus aos espíritos na prisão e seu anúncio do evangelho aos mortos*, sendo que a "descida ao inferno" de Cristo vincula-se em 1Pd 3,22 com sua ascensão ao céu (cf. Ef 4,9s). A *descida* até os espíritos na prisão mostra que também os âmbitos da culpa, da morte e do passado não estão excluídos do âmbito de poder de Cristo. Os πνεύματα em 1Pd 3,19 são provavelmente não os anjos caídos[5], mas as "almas dos contemporâneos de Noé que não estavam dispostos a converter-se"[6]. No Novo Testamento, κηρύσσειν significa sempre a pregação da salvação; πνεύματα como designação da existência pós-morte está frequentemente atestado[7], e 1Pd 4,6 ressalta explicitamente a universalidade da oferta da salvação, partindo da realidade da salvação dedicada no batismo e chegando por meio do motivo da água à geração de Noé que não se converteu.

A *exaltação* de Jesus levou à entronização à direita de Deus, à participação plena do poder e domínio divino que se manifesta na submissão dos poderes e potentados sob Cristo. O motivo da exaltação à direita de Deus tem seu paralelo mais próximo em Ef 1,20 (cf., além disso, Fl 2,9-11; Mt 28,28; Jo 3,14; 12,32ss; Lc 24,49-51; At 1,8ss). Em termos histórico-traditivos, o pano de fundo é o Sl 110,1 LXX. Embora sejam dois extremos espaciais opostos, a descida ao inferno e a subida ao céu são um elemento integrante de um grande movimento de Jesus Cristo em direção a Deus. Sobre a Paixão e a morte de Jesus Cristo brilha sua consagração como Senhor do mundo inteiro.

Um parentesco com o motivo de Paixão e exaltação manifesta-se no discurso metafórico de Cristo como a "pedra viva" (1Pd 2,4). Sob adoção de Is 28,16 e Sl 118,22 designa-se em 1Pd 2,4-8 o Jesus Cristo rejeitado como a pedra angular que sustenta a comunidade[8]. Seu destino serve para a comunidade perceber sua situação atual: ela foi adquirida pelo sangue de Cristo (cf. 1Pd 1,19; 2,21-24; 3,18-22) que, sendo sem pecado (1Pd 2,22), levou os pecados humanos junto para a cruz e os superou (1Pd 2,24). Nisso se tornou o modelo permanente

---

[5] Para a análise abrangente, cf. A. REICHERT, Eine urchristliche praeparatio ad martyrium (cf. acima, 11.1), 213-247; além disso, cf. F. SPITTA, *Christi Predigt an die Geister* (Göttingen: 1890); H. J. VOGELS, *Christi Abstieg ins Totenreich und das Läuterungsgericht an den Toten*. FThSt 102 (Freiburg: 1976).

[6] L. GOPPELT, 1Petr (cf. acima, 11.1), p. 249; para uma interpretação antropológica, cf. também H. J. VOGELS, Christi Abstieg ins Totenreich, p. 86; A. REICHERT, Eine urchristliche praeparatio ad martyrium (cf. acima, 11.1), p. 247.

[7] Cf. Hb 12,23; para ocorrências judaicas e pagãs, cf. A. REICHERT, op. cit., pp. 239-243.

[8] Para a análise, cf. L. GOPPELT, 1 Petr (cf. acima, 11.1), pp. 142ss; J. HERZER, Petrus oder Paulus? (cf. acima, 11.1), pp. 143-157.

no sofrimento (1Pd 2,21-24; 4,1.13), pelo qual a comunidade deve se orientar em sua situação. Deus acolheu Jesus Cristo em sua glória, fazendo passá-lo pelo sofrimento, e também à comunidade fiel no sofrimento promete-se que terá parte na glória de Deus. Essa certeza leva à intelecção de que Deus determinou já antes de todos os tempos o derramamento do sangue de Jesus Cristo, para salvar a comunidade (1Pd 1,19-21). O conceito da *predestinação* encontra-se, ao lado de 1Pd 1,20, também em 1Pd 1,10 que se refere ao espírito de Cristo que atuou já nos profetas.

> Os temas cristológico-soteriológicos centrais do sofrimento, morte e ressurreição vicárias de Jesus Cristo são desenvolvidos em 1Pd 1,18-21; 2,21-25 e 3,18-22 numa linguagem litúrgica. Sua delimitação pela crítica literária e sua categorização pela história das formas difere consideravelmente. Estilisticamente, 1Pd 1,18-21 não é uniforme (v. 18.19.21: prosa alta; v. 20: paralelismo rítmico), mas os elementos desse texto comprovam-se como tradicionais em função de seus múltiplos relacionamentos (v. 18: referência a Is 52,3; v. 19: Cristo como cordeiro pascal [cf. 1Cor 5,7; Jo 1,29; 19,36]; v. 20: esquema de "antes *versus* agora" [cf. Rm 16,25s; Cl 1,26; Ef 3,5.9; 2Tm 1,9s]; v. 21: fórmula de ressurreição [cf. 2Cor 4,14; Gl 1,1; Rm 8,11]). Um elemento fechado da tradição encontra-se em 1Pd 2,21-25[9]. O v. 21b distingue-se da tradição tanto segundo seu conteúdo como segundo sua forma (somente aqui estilo de particípios). Seguem no texto recebido quatro frases relativas que iniciam três vezes com ὅς e uma vez com οὗ. O v. 25 é uma interpretação simbólica do texto em estilo de prosa e deve ser atribuído ao autor da carta. Possivelmente, também os v. 23c[10] e 24b[11] são, ao lado dos v. 21b.25, inserções do autor da carta. O texto recebido reconstruído tem uma estrutura clara, orienta-se em termos histórico-traditivos em Is 53 LXX e pode ser designado, em termos da história das formas, como hino a Cristo. As afirmações puramente soteriológicas do texto recebido são interpretadas pelo autor da Primeira Carta de Pedro pareneticamente no sentido da ideia do modelo. Em 1Pd 3,18-22 mostra-se novamente uma

---

[9] Cf. ao lado dos comentários especialmente R. DEICHGRÄBER, Gotteshymnus und Christushymnus (cf. acima, 4), pp. 140-143; K. WENGST, Christologische Formeln (cf. acima, 4), pp. 83-85.
[10] Cf. R. BULTMANN, Bekenntnis- und Liedfragmente (cf. acima, 11.1), p. 296.
[11] Assim R. DEICHGRÄBER, Gotteshymnus und Christushymnus (cf. acima, 4), p. 141.

releitura de vários materiais traditivos, sem que fosse possível reconstruir um texto recebido coeso[12].

De modo geral, a cristologia da Primeira Carta de Pedro ressalta fortemente as dimensões soteriológicas e éticas do evento Cristo[13], que se torna assim o exemplo e modelo da existência cristã (1Pd 2,21). A comunidade deve se orientar pelo cumprimento exemplar da vontade de Deus por Jesus Cristo no sofrimento inocente e assim registrar sua participação na glória de Deus.

11.1.3 *Pneumatologia*

O ponto de partida da pneumatologia da Primeira Carta de Pedro é o espírito de Deus que operou já entre os profetas como "espírito de Cristo" (1Pd 1,10s), que ressuscitou Jesus Cristo dentre os mortos (1Pd 3,18) e que repousa agora sobre a comunidade: "Bem-aventurados sois se sofreis injúrias por causa do nome de Cristo, porque o espírito da glória e de Deus repousa sobre vós" (1Pd 4,14). Dessa maneira, o espírito de Deus comprova-se como a força preservadora nas tribulações presentes. Singular dentro do Novo Testamento são os aspectos pneumatológicos da pregação de Cristo aos mortos (1Pd 3,19s; 4,6). O plural πνεύματα em 1Pd 3,19 refere-se provavelmente às almas dos mortos, às quais se possibilita a vida no caso da aceitação do evangelho, através do espírito de Deus. 1Pd 4,6 retoma essa ideia: "Eis porque o evangelho foi pregado também aos mortos, a fim de que sejam julgados na carne assim como os seres humanos, mas vivam assim como Deus através do espírito". Assim como Cristo vive pelo espírito de Deus (1Pd 3,18), também as pessoas já falecidas podem se deslocar para o círculo de atuação do poder do espírito divino que vivifica. Assim como os sofrimentos de Cristo já foram anunciados aos profetas, através do espírito, a comunidade atual deve suportar os sofrimentos do tempo presente "na santificação pelo espírito"

---

[12] Cf. L. GOPPELT, 1Petr (cf. acima, 11.1), pp. 239-264.
[13] Cf. M. DE JONGE, Christologie (cf. acima, 4), pp. 120-124.

(1Pd 1,2), em obediência à vontade de Deus e em correspondência ao destino de Jesus Cristo.

11.1.4 *Soteriologia*

A base da soteriologia são as afirmações sobre a paixão e morte *vicárias* de Jesus e sobre sua ressurreição (1Pd 2,21: "pois Cristo sofreu por vós"; 1Pd 3,18a: "Cristo sofreu uma vez por todas pelos pecados [isto é, pelo perdão dos pecados]"). Deus ressuscitou Jesus dentre os mortos (1Pd 1,21), de modo que ele, que era sem pecado (1Pd 2,22) e justo (1Pd 3,18b), conseguiu abrir para os seres humanos um novo acesso a Deus (1Pd 3,18c; cf. Rm 5,1ss). As pessoas que creem não foram resgatadas de sua antiga e fútil conduta de vida por coisas corruptíveis (1Pd 1,18s), "mas pelo precioso sangue de Cristo como um cordeiro sem defeito e sem mácula". A terminologia do resgate (λουτρόομαι) e a imagem do cordeiro sacrifical apontam para Is 52,3 LXX e são uma expressão abrangente da obra vicária de Jesus Cristo[14]. 1Pd 2,24 formula concisamente o evento soteriológico fundamental: "que em seu próprio corpo levou nossos pecados para o madeiro, a fim de que, mortos para o pecado, vivêssemos para a justiça, por cujas feridas fostes curados".

Um motivo central da soteriologia da Primeira Carta de Pedro é o conceito helenista de *nascer novo/de novo* como superação da corruptibilidade, futilidade e condenação à morte da existência humana[15]. O verbo ἀναγεννάω ("dar à luz de novo") falta na LXX e ocorre no NT somente em 1Pd 1,3.23; isto é, ele indica de maneira particular o conceito soteriológico da Primeira Carta de Pedro. A regeneração pelo espírito e pela palavra abre para a comunidade a participação na plenitude de vida de Deus: "Como pessoas nascidas de novo, não de semente corruptível, mas de incorruptível, isto é, pela palavra viva e eterna de Deus" (1Pd 1,23). No uso linguístico pagão, a incorruptibilidade é um predicado exclusivo de Deus, que delimita,

---

[14] Para a análise, cf. J. HERZER, Petrus oder Paulus? (cf. acima, 11.1), pp. 70-134.
[15] Cf. a respeito R. FELDMEIER, 1Petr (cf. acima, 11.1), pp. 85-87.

por exemplo, em Epicúrio[16] ou Plutarco[17] a verdadeira existência de deus contra a existência corruptível dos seres humanos. Os predicados "imaculado" e "imarcescível" em 1Pd 1,4 apontam na mesma direção: por meio da nova geração divina concede-se às pessoas eleitas a participação no poder divino de vida que é indestrutível e incorruptível. O renascimento é um evento que provém da misericórdia de Deus (1Pd 1,3) e que está unicamente fundado na natureza de Deus que se voltou livremente para os seres humanos e elegeu os crentes como seu povo (1Pd 2,9). Já que a palavra de Deus tem o efeito de uma semente e concede permanentemente uma nova relação com Deus e uma nova existência (cf. 1Pd 1,23), o novo nascimento é sempre também um novo começo. No quadro da imagem predominante da família e da casa, os membros da comunidade são tratados como "crianças recém-nascidas" que provaram a bondade de Deus (1Pd 2,2s). O conceito do renascimento/novo nascimento vincula-se na Primeira Carta de Pedro explicitamente ao *batismo*: a água "que agora vos salva na contraimagem do batismo, não como remoção da imundícia da carne, mas como pedido dirigido a Deus por uma boa consciência" (1Pd 3,21). O batismo é muito mais do que um banho que tira a imundícia exterior; é uma purificação interior do ser humano que toca seu íntimo mais profundo e que se manifesta na realização do Bem (1Pd 2,20) e na boa conduta (1Pd 3,16) como testemunho de uma boa consciência. O renascimento/novo nascimento não é simplesmente idêntico com o

---

[16] Cf. CÍCERO, *Nat Deor* I 51, segundo o qual Epicúrio ensina: "Pois um deus não faz nada, não está envolvidos em negócios, não se fadiga com nenhum trabalho, mas se alegra com sua sabedoria e virtude e confia que vai viver sempre nos prazeres mais altos e sobretudo eternos"; Nat Deor I 45: "Algo que é beato e eterno não sente nenhum incômodo e também não o causa a ninguém; por isso não conhece nem ira nem simpatia, porque tal coisa seria um sinal de fraqueza [...]. Pois entendemos que a ira e a simpatia são incompatíveis com um ser beato e imortal".

[17] Plutarco como representante principal de uma teologia negativa define o divino principalmente por meio do oposto dela, de modo que ela está fundamentalmente isento da corruptibilidade. Cf., por exemplo, Delphi 20.21, onde a existência de deus está alheia a tudo que se forma e chega a ser, que se mistura e é corruptível, e onde se aplica: "Por isso compete ao indestrutível e puro ser um, e não misturado" (Delphi 20).

batismo, mas os dois também não podem ser separados[18]. O renascimento/novo nascimento designa a mudança fundamental na vida dos cristãos, que se deu no ritual do batismo de um modo visível e que implica obrigações[19]. O renascimento tem seu lugar ritual no batismo!

De modo geral, duas palavras sustentam a soteriologia da Primeira Carta de Pedro: (δι' ὑμᾶς = "por vós"). Na redenção pelo sangue do cordeiro realizou-se a virada do tempo, determinada por Deus já antes de todos os tempos em favor e por causa dos crentes (1Pd 1,20: "designada antes da fundação do mundo, mas revelada no fim dos tempos *por causa de vós*"). A universalidade do evento é enfaticamente ressaltada por 1Pd 4,6, através do anúncio aos mortos e para os mortos, a quem se concede, assim como às gerações presentes e futuras, a possibilidade da fé para a salvação (1Pd 1,5.9s).

11.1.5 *Antropologia*

A antropologia está incorporada na orientação geral da Primeira Carta de Pedro: o ser humano que crê tem plena participação da obra salvífica de Deus em Jesus Cristo, mas, mesmo assim, não foi retirado da tribulação e das tentações. A *fé* é um evento que salva (1Pd 1,5a: "vós que, mediante a fé, sois guardados pelo poder de Deus para a salvação"), mas, ao mesmo tempo, precisa comprovar-se no sofrimento (1Pd 1,7a: "a fim de que a autenticidade de vossa fé se comprove"). Portanto, a fé é mais do que uma atitude de considerar algo verdade, é a orientação do ser humano inteiro para Deus (1Pd 1,21). Na fé, o poder de Deus pode operar nas pessoas, de modo que podem resistir às tentações e suportar o sofrimento inevitável. A tentação (cf. 1Pd 1,6; 4,12) ocorre principalmente como tentação pelo mundo em torno e oferece a oportunidade de comprovar a fé. A fé é, portanto, uma fé provada que se comprova na tribulação e assim recebe a salvação.

---

[18] Uma distinção exagerada entre a palavra/fé, por um lado, e o batismo, por outro, e elaborada por J. HERZER, Petrus oder Paulus? (cf. acima, 11.1), pp. 215-226; R. FELDMEIER, 1Petr (cf. acima, 11.1), pp. 85s, pois a nova realidade ganha sua forma no rito.

[19] Para o batismo na Primeira Carta de Pedro, cf. especialmente F. SCHRÖGER, Gemeinde im 1. Petrusbrief (cf. acima, 11.1), pp. 31-54.

Essa salvação dirige-se à *alma*. Não há nenhum outro escrito neotestamentário que desenvolva uma doutrina comparável acerca da alma na tradição helenista como a Primeira Carta de Pedro. A soteriologia e a antropologia estão articuladas em 1Pd 1,9, que menciona "como meta a salvação das almas" (τὸ τέλος τῆς πίστεως σωτηρίαν ψυχῶν). Essa expressão, que ocorre aqui pela primeira vez na Antiguidade, atesta a grande importância que o conceito da alma possui para a Primeira Carta de Pedro. A ψυχή ("alma") aparece como a destinatária da atuação salvífica de Deus (1Pd 1,9; 2,25: "mas agora fostes conduzidos ao pastor e guardião de vossas almas"; 4,19: "por isso, também as pessoas que sofrem segundo a vontade de Deus devem confiar suas almas ao fiel criador, através da prática do bem"). A alma purifica-se na obediência à verdade (1Pd 1,22) e se comprova na luta contra "os desejos carnais que promovem a guerra contra a alma" (1Pd 2,11). Conceitos rudimentares de uma antropologia dualística são evidentes, pois a Primeira Carta de Pedro designa com ψυχή o *self* da pessoa, enquanto a "carne" (σάρξ) pertence à esfera do corruptível (1Pd 1,24), do sofrimento (1Pd 4,1) e da morte (1Pd 3,18; 4,6). Aqui se manifesta uma antropologia helenizada que não pensa em categorias dicotômicas ou tricotômicas, mas que designa, sob adoção da terminologia helenista, com ψυχή o *self* do ser humano diante de Deus e assim acolhe a alta estima da alma, certamente presente entre os destinatários[20]. A partir disso se desenvolveu no cristianismo primitivo uma doutrina da alma que possuía uma grande conectividade em relação a conceitos da Antiguidade.

A Primeira Carta de Pedro relaciona também afirmações sobre o *pecado* com a temática do sofrimento e da tentação (1Pd 4,1: "Já que Cristo sofreu na carne, deveis também vós vos munir desta mesma convicção, pois quem sofreu na carne rompeu com o pecado"). Enquanto ἁμαρτία ("pecado") aparece aqui no singular e se percebe certa proximidade à compreensão paulina do pecado, tematizam-se em 1Pd 2,20.24; 3,18; 4,8 falhas concretas. A lógica da doutrina do pecado da Primeira Carta de Pedro manifesta-se em 1Pd 2,22.24: Cristo não

---

[20] Cf. a respeito especialmente R. FELDMEIER, 1Petr (cf. acima, 11.1), pp. 58-60.

cometeu nenhum pecado e levou nossos pecados para a cruz, para que morrêssemos para o pecado e vivêssemos em justiça, por meio de seu sofrimento (1Pd 3,18; cf. Rm 6,8.11.18).

A *consciência* aparece em 1Pd 2,19; 3,16 – segundo a melhor tradição helenista – como instância de autoavaliação; sendo uma consciência cristã, ela sabe que sofrer injustiças faz parte da existência cristã (1Pd 2,19; 3,16). A purificação e o renascimento realizados no batismo não dizem apenas respeito às camadas externas, mas às mais íntimas do ser humano: sua consciência (1Pd 3,21). Por isso, o "ser humano oculto do coração" é precioso diante de Deus (1Pd 3,4).

11.1.6 *Ética*

O conceito ético da Primeira Carta de Pedro pode ser compreendido somente no contexto da situação sócio-política das comunidades[21]. Crucial para a avaliação da situação dos destinatários é a interpretação da *situação de conflito* pressuposta nas *parêneses* da Primeira Carta de Pedro que tematizam *o sofrimento*. A importância do tema já é indicada pela análise linguística: de 42 ocorrências de πάσχειν no Novo Testamento, 12 encontram-se na Primeira Carta de Pedro! Os sofrimentos dos cristãos na Ásia Menor incluem tanto repressões locais como ações mais abrangentes contra os cristãos. 1Pd 2,21.25; 3,18; 4,1 relaciona o sofrimento de Cristo com o sofrimento dos cristãos: o *caráter exemplar* do sofrimento de Cristo marca a disposição dos cristãos para o sofrimento. O sofrimento aparece como elemento constitutivo da existência cristã (1Pd 2,21) e é a consequência natural do estado de forasteiros[22] que os crentes têm no mundo (cf. 1Pd 1,6s; 5,10). Textos como 1Pd 2,19s.23; 3,14.17; 4,15.19 apontam para o âmbito da *discriminação social*. Parece que os cristãos dão testemunho de sua fé; eles se distinguem de seu ambiente por seu etos (cf. 1Pd 2,11-18; 3,1-4.7.15s) e provocam com isso sanções injustas. No entanto, há alguns trechos

---

[21] Para a ética da Primeira Carta de Pedro, cf. W. SCHRAGE, Ethik (cf. acima, 3.5), pp. 274-285; F. R. PROSTMEIER, Handlungsmodelle (cf. acima, 11.1), *passim*.
[22] Cf. R. FELDMEIER, Christen als Fremde (cf. acima, 11.1), p. 192: "Justamente em sua condição de forasteiros exige-se dos cristãos uma existência exemplar e de sinal".

em 1Pd que não podem ser explicados suficientemente como um reflexo de tensões sociais. Segundo 1Pd 4,15s, cristãos são condenados como se fossem assassinos, ladrões ou malfeitores, pelo simples fato de serem cristãos (ὡς Χριστιανός). Um fogo purificador abate-se sobre os cristãos (cf. 1Pd 4, 12), eles devem resistir ao diabo que anda pelo cosmos inteiro e inflige a todos os cristãos os mesmos sofrimentos (1Pd 5,8s). Aqui, a perseguição tem claramente uma perspectiva e qualidade diferentes, pois se trata de mais do que apenas repressões locais[23]. Isto aponta para o reinado tardio de Domiciano, que ampliou o culto ao imperador, sobretudo, nas províncias gregas e da Ásia Menor[24]. Não medidas estatais diretas, mas uma ativação – da parte das autoridades locais – do culto ao imperador e ações relacionadas levaram à discriminação e perseguição dos cristãos, na qual acusações já vislumbradas nos Atos dos Apóstolos e confirmadas por Tácito, Ann 15,44, e Plínio, Ep X 96, desempenharam um papel importante: segregação cultural e social, misantropia, hostilidade ao Estado, ateísmo, superstição, prostituição cultual e prejuízo econômico.

A *novidade da existência cristã* adquire sua forma no testemunho ativo da fé diante do mundo. Os cristãos caminham em santidade (1Pd 1,14s; 2,1s) e no amor ao próximo (1Pd 1,22). Abstêm-se de desejos carnais

---

[23] Cf. A. REICHERT, Eine urchristliche praeparatio ad martyrium (cf. acima, 11.1), pp. 74s; contra N. BROX, 1Petr (cf. acima, 11.1), p. 30: "A carta explica-se suficientemente pela 'situação cotidiana' da Igreja primitiva".

[24] A situação pressuposta na Primeira Carta de Pedro apresenta em dois pontos centrais paralelos com as questões tratadas na correspondência entre Plínio o Jovem (c. 111-113 d.C. legado imperial da Bitínia e de Ponto) e o imperador Trajano (98-117 d.C.) (cf. acima, 9.1):
1) Cristãos são perseguidos unicamente por serem cristãos (*nomen ipsum*) (1Pd 4,16; PLÍNIO, Ep X 96,2).
2) O Estado não procura cristãos (PLÍNIO, Ep X 97,2); aparentemente, eles são denunciados (anonimamente) (Ep X 96,2.5.6). Isso corresponde à situação pressuposta na Primeira Carta de Pedro que documenta a situação de difamação das comunidades cristãs (1Pd 2,12; 3,14; 4,4c.12s.16 etc.). Em sua pergunta a Trajano, Plínio já pressupõe uma prática processual contra cristãos (em parte arbitrária e por isso digna de reforma), e ele ressalta explicitamente que alguns apóstatas já tinham renegado o cristianismo 20 anos atrás, no tempo de Domiciano (Ep X 96,6). Além disso, 1Clem 1,1; Ap 2,12s; 13,11-18 documentam perseguições aos cristãos no fim do reinado de Domiciano (cf. abaixo, 13.1).

(1Pd 2,11s), evitam os vícios do mundo em seu entorno (1Pd 4,3) e levam uma vida em justiça (1Pd 4,1s). Já que corresponde ao novo ser claramente um novo agir, os crentes estão expostos às zombarias do mundo em torno deles (cf. 1Pd 3,17). Os gentios estranham o "ser diferente" dos cristãos (1Pd 4,4) e reagem com agressão. Nesse contexto, as *instruções social-éticas* da Primeira Carta de Pedro visam integrar as comunidades na sociedade, mas preservar ao mesmo tempo sua nova identidade. Especialmente o *catálogo dos deveres social-éticos* em 1Pd 2,13-17.18.25; 3,1-6.7 mostra que a Primeira Carta de Pedro pressupõe as condições sociais, mas, ao mesmo tempo, quer impor dentro das comunidades o novo etos cristão do amor e da humildade nas estruturas de poder existentes. As exortações em 1Pd 2,13-3,7 permanecem na tradição das tábuas domésticas (ou "tábuas das posições") da Antiguidade ou do cristianismo primitivo[25], respectivamente. Em comparação com as características típicas do esquema da tábua doméstica cristão-primitiva (cf. acima, 10.1.6), a Primeira Carta de Pedro apresenta algumas particularidades[26]:

1) as instruções para a conduta dos cristãos frente às ordens do Estado são novas.
2) Inclui-se a situação do οἶκος ("casa") não cristão.
3) Não há polaridade nas exortações, salvo uma exceção (homens *versus* mulheres).
4) Nas instruções para os distintos grupos da casa, um particípio substitui o imperativo.

Dois aspectos são fundamentais para a interpretação do catálogo dos deveres:

---

[25] Para uma análise abrangente, cf. por último F. R. PROSTMEIER, Handlungsmodelle (cf. acima, 11.1), pp. 141-448.
[26] A designação de 1Pd 2,13–3,7 como "tábua doméstica ou tábua de posições, respectivamente" é inadequada devido à estrutura particular desse trecho, já que ele se dirige não só a pessoas em determinadas posições (cf. 1Pd 2, 13-17), e dentro do esquema de tábuas domésticas falta o apelo aos senhores, pais e crianças. Por isso parece mais adequado designar o trecho como "catálogo de deveres social-éticos"; G. STRECKER, Literaturgeschichte (cf. acima, 4), p. 11, fala de uma "instrução sobre deveres social-éticos".

1) A orientação ética fundamental de tratar-se mutuamente com amor e humildade (cf. 1Pd 1,22; 2,17; 3,8s; 4,8ss; 5,5s) determina por meio do verbo ἀγαθοποιεῖν ("fazer o bem") em 1Pd 2,15.20; 3,6 também a instrução sobre os deveres social-éticos. As molduras em 1Pd 2,12 e 3,11 acentuam essa orientação geral; ao assumir a forma da renúncia à retaliação (1Pd 2,23; 3,9) e de seguir no sofrimento (1Pd 2,21), esse comportamento torna-se um testemunho não verbal diante dos não crentes (1Pd 2,12; 3,1s). Ao suportar sofrimentos injustos comprova-se a proximidade dos crentes a Cristo. Isto se torna especialmente nítido na parênese dirigida aos escravos em 1Pd 2; a submissão visa a superação do Mal pelo Bem.

2) O tratamento dos cristãos por "forasteiros" e "visitas" (1Pd 2,11) coloca toda a vida e atuação cristãs no cotidiano sob essa interpretação. A posição dos cristãos nas instituições não pode ser entendida sem essa nova definição da existência cristã. A comunidade é exortada a se orientar pelo caminho e pelo exemplo de seu Senhor que também é um modelo ético[27]: "Pois também Cristo sofreu por vós, deixando-vos um exemplo, a fim de que sigais seus passos" (1Pd 2,21). Isso significa justamente não se retirar das instituições da sociedade; ao contrário, por meio de sua conduta e suas boas obras, os cristãos silenciam as acusações do mundo em seu entorno (1Pd 2,12.15).

11.1.7 *Eclesiologia*

O conceito eclesiológico está inserido na orientação teológica geral da Primeira Carta de Pedro[28]. Já o prescrito da carta em 1Pd 1,1

---

[27] A particularidade compositória da Primeira Carta de Pedro consiste segundo F. R. PROSTMEIER, Handlungsmodelle (cf. acima, 11.1), p. 480, "em sua curiosa combinação de estruturas e competências mundanas com o modelo/padrão de Cristo na forma das exortações que têm caráter de 'tábuas'". A pragmática dessas exortações visa a disposição para o testemunho no cotidiano do mundo. "O modelo/padrão de Cristo é tanto uma norma obrigatória como a condição da possibilidade e a medida da moralidade daqueles conteúdos éticos que simplesmente existem devido às estruturas do mundo" (op. cit., p. 512).

[28] Cf. aqui especialmente J. ROLOFF, Kirche (cf. acima, 6.7), pp. 268-277; J. HERZER, Petrus oder Paulus? (cf. acima, 11.1), pp. 158-195.

tem uma função hermenêutica básica, porque já com o tratamento das comunidades como "forasteiros eleitos na diáspora", o autor esclarece sua compreensão da existência cristã e da comunidade cristã: o mundo não é a pátria dos cristãos, eles não podem encontrar nele aconchego e tranquilidade[29]. Os cristãos vivem dispersos numa terra estrangeira, mesmo quando permanecem nos lugares onde nasceram e se criaram. Como pessoas renascidas no batismo, estão no mundo retiradas do mundo. Essa autocompreensão expressa-se eclesiologicamente, sobretudo, pela ideia do Povo de Deus e pela imagem da casa.

Com a *imagem da casa*, a Primeira Carta de Pedro retoma um tema importante da eclesiologia neotestamentária que se encontra, por exemplo, em 1Cor 3,9-11. A imagem da casa é introduzida em 1Pd 2,5 de maneira muito característica: "Também vós, como pedras vivas, permiti serem edificados como uma casa espiritual, para ser um sacerdócio santo e oferecer sacrifícios espirituais agradáveis a Deus por Jesus Cristo". A comunidade não se fundamenta a si mesma, como o faz uma associação religiosa, mas o imperativo do passivo (οἰκοδομεῖσθαι = "deixar se edificar") mostra que ela é constituída pela atuação de Deus no Espírito Santo. Como justificativa serve uma combinação de citações em 1Pd 2,6-8 (Is 28,16; Sl 118,22; Is 8,14) que se encontra também em outras partes do Novo Testamento[30]. A comunidade como "casa" aparece como um espaço criado e santificado por Deus, no qual as pessoas que creem são sacerdotes que levam uma vida conforme a vontade de Deus e oferece assim "sacrifícios espirituais". O conceito luterano do sacerdócio comum de todos os fiéis tem aqui uma comprovação exegética central. Imediatamente vinculada à imagem da casa está o catálogo dos deveres social-éticos em 1Pd 2,13-3,7, tratado já em 11.1.6 (Ética).

O *conceito do Povo de Deus* segue em 1Pd 2,9: "Mas vós sois a raça eleita, a casa real, o sacerdócio, a tribo santa, o povo da propriedade particular (de Deus), a fim de que proclameis as grandes obras daquele

---

[29] Cf. F. SCHRÖGER, Gemeinde im 1. Petrusbrief (cf. acima, 11.1), p. 234: "A comunidade é apresentada como o povo que é um forasteiro no mundo e que tem sua pátria no céu".

[30] Cf. J. ROLOFF, Kirche (cf. acima, 6.7), pp. 272ss.

que vos chamou das trevas para sua luz maravilhosa". O pano de fundo são os títulos honoríficos de Israel que são transferidos para a comunidade (cf. Ex 19,6; Is 43,20s). No entanto, não se vincula nenhuma reflexão histórico-salvífica a esse imaginário, porque nem a promessa a Abraão nem a temática de Israel ou da lei (falta νόμος!) desempenham um papel nas comunidades predominantemente gentio-cristãs (cf. 1Pd 1,14.18; 2,25; 4,3)[31]. A relação da comunidade com o mundo das nações é o tema que é radicalizado em 1Pd 2,10 sob adoção de Os 1,6.9s; 2,1.25): "vós que outrora éreis um não povo, mas agora sois o Povo de Deus, que outrora não tínheis misericórdia, mas agora experimentastes misericórdia".

Unicamente a eleição por Deus estabelece o novo *status* dos crentes que, como forasteiros no mundo, encontram agora sua nova sociedade e pátria na comunidade. 1Pd 4,7-11 é o único escrito não paulino que contém uma ordem de carismas, na qual o serviço e o testemunho da palavra (1Pd 4,10.11), mas também a hospitalidade (1Pd 4,9) e o amor constante (1Pd 4,8) são de importância decisiva. Assim como nas Cartas Pastorais e nos Atos dos Apóstolos pressupõe-se uma constituição presbiterial (1Pd 5,1-4). A tarefa principal dos presbíteros é apascentar o rebanho de Deus, ou seja, também aqui, o desenvolvimento constitucional vai em direção ao ministério do epíscopo[32]. Nas mãos dos presbíteros estava aparentemente a direção das comunidades locais, nas quais se realizavam simultaneamente serviços carismáticos[33].

11.1.8 *Escatologia*

O tema escatológico central da Primeira Carta de Pedro é a *esperança no sofrimento*. A esperança fundamenta-se na ressurreição de Jesus Cristo dentre os mortos, porque os cristãos nasceram de novo "pela ressurreição de Jesus Cristo dentre os mortos, para uma esperança viva" (1Pd 1,3; cf. 1,13.21). A ressurreição de Jesus Cristo dentre

---

[31] Cf. J. ROLOFF, Kirche (cf. acima, 6.7), p. 275, o qual ressalta que Sara e Abraão são tematizados em 1Pd 3,6 somente como exemplos éticos.
[32] Cf. J. ROLOFF, op. cit., p. 277.
[33] Cf. aqui F. SCHRÖGER, Gemeinde im 1. Petrusbrief (cf. acima, 11.1), pp. 110-124.

os mortos tirou os crentes da futilidade e transitoriedade da existência humana. Jesus os resgatou por meio do sofrimento de sua morte (1Pd 1,18s), os curou (1Pd 2,24) e salvou (1Pd 4,18). A esperança assim fundamentada aparece como o princípio vital do ser humano renovado, de modo que a comunidade deve às pessoas não crentes uma explicação acerca da esperança que está presente nela (1Pd 3,15: ἐν ὑμῖν ἐηλπίς). Como a herança incorruptível já está reservada nos céus (1Pd 1,4), os crentes estão em condições de suportar as angustiantes experiências do sofrimento graças à alegria da esperança. Eles assumem suas responsabilidades no âmbito das obrigações sociais e familiares, estabelecem novos paradigmas dentro da comunidade e, ao mesmo tempo, sabem que sua pátria verdadeira não está neste mundo e que caminham ao encontro do Jesus Cristo que está vindo (cf. os motivos escatológicos na metáfora do juízo e da recompensa em 1Pd 1,17; 3,7.9-12; 4,5.17; 5,1.4).

O sofrimento não aparece só como uma consequência do novo comportamento dos cristãos na sociedade, mas é um elemento constitutivo da existência cristã. O sofrimento ocorre para a comprovação da fé (1Pd 1,6; 4,12); quem sofre agora inocentemente, antecipa o *juízo futuro de Deus*. As pessoas que se mostram desobedientes ao evangelho de Deus, porém, serão em breve atingidas pelo juízo (1Pd 4,16-19). Como para Cristo, também para os cristãos, o sofrimento é a passagem para a glória (1Pd 1,11; 4,13; 5,1). Apenas por um tempo breve terão que esperar pela salvação escatológica (cf. 1Pd 1,5.9.10; 2,2) que os libertará das aflições temporais[34]. A alegre esperança pela parusia (1Pd 4,7.17s; 5,6) determina agora a vida dos crentes. Colocados no tempo entre a Páscoa e a parusia, não estão fora do mundo e de suas tribulações, mas capacitados a lidar com elas.

A escatologia é de importância fundamental para a Primeira Carta de Pedro, porque ela interpreta o presente a partir do futuro de Deus que já começou como *a alegria no sofrimento*.

---

[34] E. SCHWEIZER, Christologie (cf. acima, 11.1), p. 372, afirma que há a Primeira Carta de Pedro coloca um "acento definitivo no futuro".

11.1.9 *Posição na história da teologia*

A importância da Primeira Carta de Pedro para a história da teologia reside na compenetração teológica da dimensão individual e social da temática do sofrimento.

O autor deseja exortar e fortalecer os cristãos acuados da Ásia Menor (cf. 1Pd 5,12b) e desenvolve uma estratégia dupla para estabilizar a nova identidade cristã e para garantir às comunidades da Ásia Menor sua sobrevivência num mundo hostil:

1) Fundamental é primeiramente o recurso a autoridades cristãs primitivas para garantir a própria legitimidade[35], pois a Primeira Carta de Pedro insere-se explicitamente na corrente da tradição petrina e implicitamente na corrente da tradição paulina. Ambos os apóstolos já são modelos para a firmeza da fé no sofrimento e atuaram como missionários na Ásia Menor. O pseudônimo de Pedro foi escolhido porque o apóstolo é descrito em At 10 como o fundador da missão entre os gentios e era cultuado como um dos primeiros mártires do cristianismo primitivo[36]. Sua disposição para o sofrimento predestinou-o como suposto autor desse escrito. Paulo é deliberadamente acrescentado como autor indireto da carta, porque as comunidades destinatárias da carta se situam no território de sua missão, e ele é, ao lado de Pedro, o mártir por excelência do cristianismo primitivo. Também a autorreivindicação de ser escrita em Roma, que a Primeira Carta de Pedro levanta com a menção da Babilônia[37] em 1Pd 5,13[38], sublinha essas relações. As tradições

---

[35] Para o Pedro histórico, cf. CHR. BÖTTRICH (cf. acima, 7); M. HENGEL, Der unterschätzte Petrus (cf. acima, 7).
[36] Cf. K. M. SCHMIDT, Mahnung und Erinnerung (cf. acima, 11.1), p. 295.
[37] Depois do ano 70 d.C., a Babilônia aparece como codinome de Roma (cf. Ap 14,8; 16,19; 17,5; 18,2.10.21); além disso, cf. Sib 5,143; 5,159; BarSir 11,1; 67,7; 4Esd 3,1.28.31.
[38] N. BROX, 1Petr (cf. acima, 11.1), p. 42, ressalta com razão "que 'Babilônia' em 1Pd 5,13 significa apenas que a Primeira Carta de Pedro quer ser considerada como escrita em Roma, mas não que efetivamente foi redigida ali".

de Pedro e Paulo, originárias em Roma (cf. 1Clem 5,4; IgnRom 4,3), e a proximidade da Primeira Carta de Pedro à Primeira Carta de Clemente reforçam os interesses biográfico-teológicos: as comunidades devem se orientar por Pedro e Paulo e adotar como modelo a disposição para o sofrimento que esses dois apóstolos mostraram.

O paulinismo da Primeira Carta de Pedro deve ser entendido como um elemento da estratégia pseudepígrafa do escrito; é uma forma de interpersonalidade e ao mesmo tempo de intertextualidade[39]. Os dados geográficos in 1Pd 1,1s, a forte orientação pelo formulário epistolar paulino e a afirmação da participação dos colaboradores paulinos Silvano (cf. 1Ts 1,1; 2Cor 1,19; 2Ts 1,1; At 15,22.27.32.40; 16,19-25.29; 17,4.10.14s; 18,5) e Marcos (cf. Fm 24; Cl 4,10; 2Tm 4,11; At 12,12.25; 13,5.13; 15,37.39) fazem com que os ouvintes/leitores da carta pensem automaticamente em Paulo. Termos e conceitos centrais da teologia paulina determinam também a teologia da Primeira Carta de Pedro: χάρις (1Pd 1,2.10.13; 2,19s; 4,10; 5,10.12), δικαιοσύνη (1Pd 2,24; 3,14), ἀποκάλυψις (1Pd 1,7.13; 4,13), ἐλευθερία (1Pd 2,16; cf. Gl 5,13), καλεῖν para a vocação para a salvação (1Pd 1,15; 2,9.21; 3,9; 5,10), eleição (1Pd 1,1; 2,9). O conceito de ἐν Χριστῷ, central para Paulo, ocorre fora das cartas paulinas autênticas somente em 1Pd 3,16; 5,10.1! Finalmente é possível identificar numerosos contatos entre o acervo parenético da Primeira Carta de Pedro e da parênese paulina, entre os quais se destacam as grandes concordâncias entre 1Pd 2,13-17 e Rm 13,1-7.

2) O tema teológico constante e central da Primeira Carta de Pedro está vinculado às figuras dos mártires Pedro e Paulo[40]:

---

[39] Até agora, essas questões foram abordadas principalmente sob o aspecto histórico-traditivo; cf. o elenco e a avaliação (crítica) dos paralelos em F. SCHRÖGER, Gemeinde im 1. Petrusbrief (cf. acima, 11.1), pp. 212-216.223-228; L. GOPPELT, 1Petr (cf. acima, 11.1), pp. 48-51; N. BROX, 1Petr (cf. acima, 11.1), pp. 47-51; A. LINDEMANN, Paulus im ältesten Christentum (cf. acima, 10), pp. 252-261; J. HERZER, Petrus oder Paulus? (cf. acima, 11.1), pp. 22ss.

[40] Cf. A. REICHERT, Eine urchristliche praeparatio ad martyrium (cf. acima, 11.1), pp. 37-39, a qual lembra que há uma conexão material entre as exortações usuais, predominantes na primeira parte da carta, e as exortações atuais, predominantes na segunda parte: a) o sofrimento como uma comprovação (compare-se 1Pd 1,6s com 4,12); b) o sofrimento de Jesus e o sofrimento dos cristãos (compare-se 1Pd 2,18ss; 2,21; 4,1 com 4,13); c) o sofrimento deve-se à vontade de Deus (compare-se 1Pd 1.6; 3,17 com 4,19); d) o sofrimento e a glória futura (compare-se 1Pd 1,7 com 4,13; 5,4).

o sofrimento injusto dos crentes num ambiente hostil. Os sofrimentos são angustiantes, mas não alheios à identidade cristã, pois, desde sua vocação, os crentes são forasteiros no mundo, ou seja, o sofrimento não aparece somente como uma consequência da nova conduta dos cristãos na sociedade, mas é uma parte constitutiva da existência cristã. O justo sofreu pelos injustos (1Pd 3,18), de modo que os cristãos podem entender seu sofrimento como uma comprovação da fé e como uma conexão espiritual com o Cristo sofredor.

11.2 A Carta de Tiago: agir e ser

DIBELIUS, M. *Der Brief des Jakobus*, 6ª ed. KEK 15. Göttingen, 1984 (= 1921); MEYER, A. *Das Rätsel des Jakobusbriefes*. BZNW 10. Giessen, 1930; MUSSNER, F. *Der Jakobusbrief*, 4ª ed. HThK XIII 1. Freiburg, 1981; HOPPE, R. *Der theologische Hintergrund des Jakobusbriefes*. fzb 28. Würzburg 1977; WUELLNER, W. H. "Der Jakobusbrief im Licht der Rhetorik und Textpragmatik". In *LingBibl* 43 (1978): 5-66; BURCHARD, CHR. "Gemeinde in der strohernen Epistel". In *Kirche*. FS G. Bornkamm, editado por D. LÜHRMANN, G. STRECKER, pp. 315-328. Tübingen, 1980; LUCK, U. "Die Theologie des Jakobusbriefes" in *ZThK* 81 (1984): 1-30; POPKES, W. *Adressaten, Situation und Form des Jakobusbriefes*. SBS 125/126. Stuttgart, 1986; PRATSCHER, W. *Der Herrenbruder Jakobus und die Jakobustradition*. FRLANT 139. Göttingen, 1987; SCHNIDER, F. *Der Jakobusbrief*. RNT. Regensburg, 1987; PAULSEN, H. Verbete "Jakobusbrief". In *TRE* 17, pp. 488-495. Berlim, 1987; KARRER, M. "Christus der Herr und die Welt als Stätte der Prüfung". In *KuD* 35 (1989): 166-188; LAUTENSCHLAGER, M. "Der Gegenstand des Glaubens im Jakobusbrief". In *ZThK* 87 (1990): 163-184; FRANKEMÖLLE, H. *Der Brief des Jakobus*. ÖTK 17/1.2. Gütersloh, 1994; TSUJI, M. *Glaube zwischen Vollkommenheit und Verweltlichung*. WUNT 2.93. Tübingen, 1997; KONRADT, M. *Christliche Existenz nach dem Jakobusbrief*. SUNT 22. Göttingen, 1998; BAUCKHAM, R. *Wisdom of James? Disciple of Jesus the Sage*. Londres / Nova Iorque, 1999; BURCHARD, CHR. *Der Jakobusbrief*. HNT 1511. Tübingen, 2000; POPKES, W. *Der Brief des Jakobus*. ThHK 14. Leipzig, 2001; AVEMARIE, F. "Die Werke des Gesetzes im Spiegel des Jakobusbriefes". In *ZThK* 98 (2001): 282-309; HENGEL, M. "Jakobus der Herrenbruder – der erste 'Papst'?". In *Paulus und Jakobus*. WUNT 141, editado por IDEM, pp. 549-582. Tübingen, 2002; IDEM. "Der Jakobusbrief als antipaulinische Polemik". In *Paulus und Jakobus*, editado por IDEM, pp. 510-548; GEMÜNDEN,

P. von; KONRADT, M.; THEISSEN, G. *Der Jakobusbrief*. BVB 3. Münster, 2003; GARLEFF, G. *Urchristliche Identität in Matthäusevangelium, Didache und Jakobusbrief*. BVB 9, pp. 222-321. Münster, 2004.

A Carta de Tiago é um escrito sapiencial pseudepígrafo cristão-primitivo que alega ser da autoria de Tiago, o irmão do Senhor[41]. Seu objetivo é definir, no tempo pós-paulino entre os anos 80-100 d.C., a identidade judeu-cristã ameaçada de um modo qualitativamente novo.

11.2.1 *Teologia*

A Carta de Tiago está marcada por um conceito básico teocêntrico-sapiencial[42]. O ponto de partida e o centro do pensamento da Carta de Tiago é o conceito da sabedoria "do alto", proveniente da teologia da criação (cf. Tg 1,5.17; 3,15.17)[43]. Essa sabedoria é dada ao cristão no batismo, que é a nova criação na palavra salvífica da verdade (Tg 1,18.21)[44] e que o capacita a realizar a vontade de Deus manifestada na lei[45]. Como dádiva de Deus, a sabedoria que vem "do alto" renova o ser humano e é a condição que lhe permite transformar sua fé em ação e tornar-se assim justo diante de Deus. A partir de sua base teocêntrica, a Carta de Tiago procura dar a sua comunidade instruções para uma

---

[41] Para as questões introdutórias, cf. U. SCHNELLE, Einleitung (cf. acima, 2.2), pp. 421-436; uma visão geral da pesquisa é oferecida em M. KONRADT, "Theologie in der 'strohernen Epistel'", in *VuF* 44 (1999): 54-78; K.-W. NIEBUHR, "'A New Perspective on James'? Neuere Forschungen zum Jakobusbrief", in *ThLZ* 129 (2004): 1019-1044.

[42] Cf. H. FRANKEMÖLLE, Jak 1 (cf. acima, 11.2), p. 16; IDEM, "Das semantische Netz des Jakobusbriefes", in *BZ* 34 (1990): 161-197.

[43] Cf. aqui R. HOPPE, "Der Jakobusbrief als briefliches Zeugnis hellenistisch und hellenistisch-jüdisch geprägter Religiosität", in J. BEUTLER (org.), *Der neue Mensch in Christus*. QD 190 (Freiburg, 2001), pp. 164-189.

[44] Uma relação com o batismo em Tg 1,18.21 é indicada, sobretudo, pelo tema da nova criação; cf. F. MUSSNER, Jak (cf. acima, 11.2), pp. 95s.

[45] R. HOPPE, Hintergrund (cf. acima, 11.2),147, descreve o conceito teológico da Carta de Tiago como segue: "Na fé comunica-se a sabedoria oculta de Deus, que dá ao ser humano uma promessa escatológica; na fé, o ser humano deve assumir a sabedoria que recebeu e realizá-la sempre conforme sua situação atual".

vida bem sucedida e para uma existência integral que supera tensões e contradições no pensamento e na atuação.

Vinculados a esse conceito fundamental estão numerosos predicados divinos tradicionais judaicos e helenísticos. Deus aparece como o Deus uno (Tg 2,19: "Tu crês que Deus é um só"; cf. Tg 4,12) que, como criador (Tg 3,9), é imutável e o "pai das luzes"; "no qual não há mudança nem sombra de variação" (Tg 1,17). O conceito helenista da imutabilidade de Deus é combinado com o ensinamento, igualmente proveniente da tradição grega, da não afetividade divina[46]: "pois Deus não é tentado pelo mal e, por sua vez, não tenta a ninguém" (Tg 1,13b). Deus aparece como o Senhor da vida, a quem os crentes podem se submeter com seus projetos (Tg 4,7.13-15). No mesmo contexto exige-se a renúncia a qualquer forma de apego ao mundo (Tg 4,4: "Ó desleais, não sabeis que a amizade do mundo é inimizade com Deus?"). Da tradicional imagem veterotestamentário-judaica de Deus provêm as menções a Deus como legislador e juiz (Tg 4,12: "Um só é legislador e juiz, a saber, aquele que pode salvar e destruir"). A temática do juízo ocorre também em Tg 2,13 e vincula-se em Tg 2,5; 5,1-6 à opção de Deus pelos pobres e a sua crítica à riqueza.

De modo geral dominam a Carta de Tiago as afirmações sobre a vontade salvífica de Deus: ele se mostra como o Deus que dá sua sabedoria a todas as pessoas e que não se ira (Tg 1,5); com sua palavra da verdade, cria uma nova realidade (Tg 1,18) e ama a justiça social (Tg 1,27); ele deixa seu espírito habitar em nós (Tg 4,5) e dá sua graça aos humildes (Tg 4,6.10); as pessoas podem se dirigir a Deus com suas súplicas (Tg 1,6); ele ouve o lamento dos necessitados (Tg 5,4) e dá a coroa da vida a todos que o amam, que respeitam sua palavra e que foram provados (Tg 1,12). De modo geral podemos dizer que a Carta de Tiago promove "uma teologia centrada na palavra"[47], pois com a

---

[46] Cf. PLATÃO, Resp 380b; Epicúrio segundo DIÓGENES LAÉRCIO 10,139; PLUTARCO, Mor 1102d.
[47] M. KONRADT, "'Geboren durch das Wort der Wahrheit' – 'gerichtet durch das Gesetz der Freiheit'. Das Wort als Zentrum der theologischen Konzeption des Jakobusbriefes", in P. von GEMÜNDEN, M. KONRADT, G. THEISSEN, Der Jakobusbrief (cf. acima, 11.2), pp. 1-15, aqui: p. 1.

"palavra da verdade" (Tg 1,18) concede-se às pessoas que creem uma força que as capacita a conservar a fé na ação.

11.2.2 Cristologia

Antes de tudo chama a atenção que a Carta de Tiago mencione o nome de Jesus Cristo apenas duas vezes (Tg 1,1; 2,1). De modo geral, temas ou predicações cristológicas são escassas, mas a posição e o conteúdo desses textos confere à cristologia uma importância particular. A expressão "Tiago, servo de Deus e do Senhor Jesus Cristo" em Tg 1,1 funciona como instrução para a leitura de toda a carta, apresenta uma cristologia alta e fundamenta uma constante articulação entre a cristologia e a teologia. Justamente na preservação de sua diferença, Deus e Jesus Cristo estão unidos [48]! Também Tg 2,1 atribui muitos predicados a Jesus; ele aparece como "Senhor" e como "Ungido da glória". Segundo a Carta de Tiago, Jesus foi incluído na glória de Deus, "ele é o Senhor que, na glória de Deus, determina a fé dos cristãos e a atuação deles"[49]. As predicações extraordinárias em Tg 1,1; 2,1 e as menções do κύριος ("Senhor") Jesus em Tg 5,7.8.15 ressaltam a importância fundamental da cristologia para a teologia da Carta de Tiago[50]. O termo κύριος pode se referir tanto a Deus (Tg 1,7; 3,9; 4,10.15; 5,4.10.11) como a Jesus (Tg 1,1; 2,1; 5,7.8.14.15), um fato que indica uma *deliberada conexão interna entre a teologia e a cristologia*. Além disso, há as relações internas entre a cristologia e os conceitos/termos da fé e da parusia. O conceito de fé tem um conteúdo cristológico, devido a Tg 2,1 ("fé em nosso Senhor Jesus Cristo") e 5,15 ("e a oração da fé salvará a pessoa

---

[48] Se o θεοῦ em Tg 1,1 se referisse a Jesus, estaríamos diante de um notável reconhecimento *"teo-lógico"* (assim, por exemplo, M. KARRER, Christus der Herr [cf. acima, 11.2], p. 169); no entanto, essa interpretação não combinaria com o estrito monoteísmo da Carta de Tiago (cf. 2,19; 4,12!); para a interpretação, cf. H. FRANKEMÖLLE, Jak 1 (cf. acima, 11.2), pp. 121-132.
[49] H. FRANKEMÖLLE, op. cit., p. 173.
[50] Enquanto a pesquisa antiga (M. Dibelius) negava ou minimizava a importância da cristologia, o desenvolvimento mais recente percebe uma cristologia autônoma na Carta de Tiago e reconhece sua importância; cf., nesse sentido, CHR. BURCHARD, M. KARRER e H. FRANKEMÖLLE.

doente e o Senhor a porá de pé")⁵¹. No centro das afirmações acerca da parusia em Tg 5,7-11 está a expectativa da vinda do Senhor Jesus Cristo. Finalmente, também a recepção de tradições sobre Jesus documenta um interesse eminentemente cristológico, porque o presente contexto da carta faz com que as tradições orientadas principalmente no Jesus terreno sejam transferidas para o horizonte interpretativo do Senhor que foi exaltado (Tg 1,1; 2,1) e que voltará (Tg 5,7s).

> Devemos mencionar no âmbito das semelhanças entre a Carta de Tiago e as tradições sinóticas sobre/de Jesus⁵², especialmente no Sermão da Montanha: Tg 1,2-4/Mt 5,48par (perfeição); Tg 1,5/Mt 7,7par (pedido por sabedoria); Tg 1,22s/Mt 7,24-26par (praticar e não apenas ouvir a palavra); Tg 2,5/Mt 5,3par (o Reino de Deus para os pobres [em espírito]), Tg 2,13/Mt 5,7 (a recompensa da misericórdia); Tg 3,18/Mt 5,9 (a promessa às pessoas que promovem a paz); Tg 4,13-15/Mt 6,34 (renunciar ao fazer planos); Tg 5,1/Lc 6,24 (os ais sobre os ricos); Tg 5,2/Mt 6,20par (as traças roem a riqueza); Tg 5,10/Mt 5,12par (os profetas como modelos no sofrimento); Tg 5,12/Mt 5,33-37 (a proibição de jurar). As concordâncias entre a Carta de Tiago e o Sermão da Montanha encontram-se nas áreas da problemática da riqueza, da reta piedade, da misericórdia, da reta compreensão da lei e da observância da vontade de Deus. Provavelmente não podem ser explicadas como dependência literária nem pela afirmação de que Tiago, o Irmão do Senhor, teria conhecido e transmitido tradições sobre/de Jesus⁵³. Pelo contrário, a Carta de Tiago e o Sermão da Montanha pertencem a uma corrente comum da tradição que se deve a um judeu-cristianismo de forte caráter sapiencial. Ao mesmo tempo, a inclusão dessas tradições na Carta de Tiago está vinculada a dois objetivos⁵⁴: a Carta insere sua teologia numa ampla corrente da tradição cristão-primitiva e lhe confere uma autoridade adicional por meio de alusões intencionais a Jesus. Diferentemente de Mateus, porém, não identifica suas tradições como tradições de Jesus (até mesmo no caso da

---

[51] Tg 5,7s.14 sugere que κύριος se refere também em Tg 5,15 a Jesus Cristo; cf. F. MUSSNER, Jak (cf. acima, 11.2), p. 221.
[52] Para a análise do texto, cf. R. HOPPE, Hintergrund (cf. acima, 11.2), 123-145; W. POPKES, Adressaten, Situation und Form (cf. acima, 11.2), pp. 156-176.
[53] Assim M. HENGEL, Jakobusbrief (cf. acima, 11.2), p. 547, que atribui as tradições sobre Jesus contidas na Carta de Tiago a uma fase inicial da tradição.
[54] Cf. W. POPKES, "Traditionen und Traditionsbrüche im Jakobusbrief", in J. SCHLOSSER (org.), *The Catholic Epistles and the Tradition*. BEThL 176 (Lovânia: 2004), pp. 143-170, aqui: p. 167.

proibição do juramento!); isto é uma clara indicação do caráter pseudepígrafo da Carta de Tiago, pois o autor é um mestre cristão-primitivo (Tg 3,1) e, como tal, não dispõe de uma relação pessoal com Jesus[55].

A fé no Jesus Cristo que foi exaltado e que voltará determina a cristologia da Carta de Tiago e não é absolutamente um mero tema secundário. Ao mesmo tempo, porém, é inegável que a Carta de Tiago minimiza a autonomia da pessoa de Jesus Cristo e a dissolve na glória de Deus (Tg 2,1), para evitar assim na soteriologia possíveis tensões com a lei. Além disso, a Carta de Tiago omite possibilidades de realização cristológicas muito óbvias ao deixar de identificar tradições de Jesus como tais e ao apresentar Jó (e não seu "irmão") como modelo de sofrimento (Tg 5,11)[56]. Por isso é adequado falar de uma cristologia *na* Carta de Tiago, mas não de uma cristologia *da* Carta de Tiago.

11.2.3 *Pneumatologia*

Na Carta de Tiago não há uma pneumatologia elaborada[57]. Tg 4,5 ressalta, sob adoção de Gn 2,7, o controle ciumento que Deus exerce sobre o espírito "que ele fez habitar em nós". Por isso, os cristãos não devem e não podem se abrir para o mundo[58]. Uma dimensão antropológica manifesta-se no uso de πνεῦμα em Tg 2,26: "Com efeito, como o corpo sem o espírito é morto, assim também é morta a fé sem obras." A Carta de Tiago adota com essa comparação um tema comum à Antiguidade[59] e o aplica ao propósito de sua argumentação: a fé e as obras se complementam de modo natural e necessário.

---

[55] K-W. NIEBUHR, "A New Perspective on James?" (cf. acima, 11.2), pp. 1039s, que quer entender, sob o título "Tiago e seu 'irmão maior'", a Carta de Tiago como um testemunho sobre Jesus que "provém de um de seus 'parentes mais próximos".
[56] Em Tg 5,11, κύριος se refere sempre a Deus; cf. W. POPKES, Jak (cf. acima, 11.2), pp. 330s.
[57] Cf. CHR. BURCHARD, Jak (cf. acima, 11.2), p. 133: "A Carta de Tiago silencia-se acerca do espírito como dádiva salvífica escatológica".
[58] Cf. F. HAHN, Theologie I, p. 402.
[59] Cf., por exemplo, PLUTARCO, Mor 137: "Platão exige com razão de não mover o corpo sem a alma nem a alma sem o corpo, mas de manter ambos, como uma parelha, num bom equilíbrio"; outros paralelos em CHR. BURCHARD, Jak (cf. acima, 11.2), pp. 132s.

11.2.4 *Soteriologia*

Na Carta de Tiago, a soteriologia, a antropologia e a ética estão intimamente interligadas. O conceito básico soteriológico não é cristológico, mas tem um caráter teocêntrico-sapiencial: a "sabedoria do alto", concedida por Deus (Tg 3,15.17), faz com que os crentes possam observar a "lei perfeita da liberdade" (Tg 1,25; 2,12) como uma unidade de fé e obras/atos[60]. Para Tiago, a lei é num sentido amplo uma dádiva divina, mas não é a lei que salva[61], e sim atuação de Deus: "Por vontade, ele nos gerou pela palavra da verdade, para que fossemos da mesma maneira as primícias dentre suas criaturas" (Tg 1,18; cf. 1,21: "Aceitai com docilidade a palavra plantada que é capaz de salvar vossas almas"). Essa "palavra da verdade" é idêntica com a "lei da liberdade" (Tg 1,25)[62] que está sempre ligada com o aspecto do fazer ou do não fazer, respectivamente (Tg 2,8-12; 4,11s)[63]. Dessa maneira, a Carta de Tiago compreende a atuação de Deus como um evento normativo que compromete o ser humano em sua integralidade. Por isso, diferentemente de Paulo (cf. Rm 3,21), cabe no evento soteriológico à atuação vinculada à lei, ou seja, à obra/ao ato (ἔργον em Tg 1,4.25) ou às obras/aos atos (ἔργα in Tg 2,14.17s.20s.24-26; 3,3) já na fundamentação positiva um significado vital e permanente. As pessoas divididas (cf. δίψυχος em Tg 1,8; 4,8), as que duvidam (Tg 1,6.8), as inconstantes (Tg 4,8) e soberbas (Tg 2,1ss; 4,6), as impelidas pelos desejos (Tg 1,14) e as ricas (Tg 1,11; 5,1-6) são exortadas e motivadas a restaurar a unidade de sua existência cristã. No juízo, os próprios atos recaem sobre o ser humano, de modo que ele deve estar sempre consciente das consequências deles. Segundo Tg 2,8-13,

---

[60] A tradução dupla de ἔργα por obras/atos procura captar a possível polissemia do termo em Tg 2,14-26; os comentários mais recentes usam traduções diferentes (Frankemölle: obras; Burchard e Popkes: atos).
[61] Cf. CHR. BURCHARD, Jak (cf. acima, 11.2), p. 90.
[62] Cf. CHR. BURCHARD, op. cit., p. 88.
[63] Bem acertado M. KONRADT, "Geboren durch das Wort der Wahrheit" – "gerichtet durch das Gesetz der Freiheit" (cf. acima, 11.2.1), p. 12: "A fé sem obras, porém, é soteriologicamente inútil".

o *juízo* ocorre explicitamente segundo o critério da observância da lei (Tg 2,12s: "Falai, pois, e agi como pessoas que hão de ser julgadas pela lei da liberdade, porque um julgamento inclemente se abaterá sobre cada qual que não pratica a misericórdia. A misericórdia triunfa sobre o julgamento"). Com "lei da liberdade", Tiago se refere sobretudo à "lei régia", a saber, ao mandamento do amor ao próximo (Lv 19,18 em Tg 2,8)[64], mas que é inequívoca em obrigar os crentes a observar "toda a lei" (ὅλον τὸν νόμον)[65]: "Com efeito, quem observa toda a lei, mas desobedece a um só ponto, torna-se culpado da transgressão de todas" (Tg 2,10). A principal equivalência e relevância soteriológica de todos os mandamentos não é abolida pela orientação pelo mandamento do amor. Exatamente porque a lei inteira, concentrada no mandamento do amor, representa o paradigma da atuação cristã, também o juízo se dará segundo o paradigma de toda a lei (cf. Tg 2,12s; 3,1b; 4,12; 5,1.9). Contudo, o que salva no juízo não é a lei, mas unicamente Deus como juiz e legislador (Tg 4,12a).

Esse conceito soteriológico é a expressão de uma identidade judeu-cristã consciente, que relaciona a misericórdia divina e a misericórdia humana para com o próximo imediatamente e que julga segundo o critério da atuação de acordo com a lei[66]. A diferença fundamental em relação a Paulo reside no conceito do pecado (cf. abaixo, 11.2.5), já que pecado é na Carta de Tiago um conceito ativo e não um poder preestabelecido de desgraça: "Mas se preferis (uma pessoa), opereis pecado (ἁμαρτίαν ἐργάζεσθε!) e sois identificados pela lei como

---

[64] Cf. W. POPKES, Jak (cf. acima, 11.2), pp. 180s.
[65] Para combater a acusação – não justificada – do nomismo rigoroso, os comentários mais recentes minimizam o significado positivo que 2,10 tem para a argumentação; CHR. BURCHARD, Jak (cf. acima, 11.2), p. 106, formula: "Portanto, não: essa pessoa viola todos os mandamentos, mas: ela nega a dignidade de todos os mandamentos, mesmo quando, de resto, as observa"; W. POPKES, Jak (cf. acima, 11.2), p. 177, inverte a responsabilidade: "Não é a Carta de Tiago que o defende (isto é, um nomismo rigoroso), mas os destinatários foram vítimas de uma conclusão falsa".
[66] A ideia da total orientação pela vontade de Deus é também muito difundida no helenismo: "Por isso, o homem de moral elevada lembra-se constantemente do que ele é, de onde provém e por quem foi criado, e ele pensa somente em ocupar seu lugar em total submissão e obediência a deus" (EPÍTETO, Diss III 24,95).

transgressores" (Tg 2,9; cf. 4,17). A lei não está impotentemente entregue ao pecado, mas nela habita uma permanente energia positiva e vencedora, de modo que pode ser também ancorada na fundamentação da salvação. Para Tiago, a liberdade não existe como liberdade da lei, mas apenas como liberdade na lei.

11.2.5 *Antropologia*

A Carta de Tiago desenvolve seu pensamento principalmente como antropologia e ética, para fortalecer assim a identidade judeucristã ameaçada[67]. Tiago volta-se para o ser humano que está ameaçado a partir de si mesmo, a partir de dentro; correspondentemente desenvolve uma antropologia que visa a integralidade do ser humano, sua perfeição (cf. Tg 1,24; 3,2.13-18)[68]. A divisão do ser humano (cf. Tg 1,8; 4,8) deve ser superada. Tiago quer o ser humano integral saudável e que em suas palavras e em seus atos esteja em sintonia consigo mesmo. O estado de dilaceração do ser humano manifesta-se em suas dúvidas (Tg 1,6), no abismo entre suas palavras e seus atos (Tg 1,22-27), no abuso da língua (Tg 3,3-12), no amor ao mundo (Tg 4,4ss), no desrespeito à vontade de Deus (Tg 2,1-13; 5,1ss), em permanentes discórdias (Tg 4,1-3) e na mistura do sim e do não (Tg 5,12). Essa desarmonia interior do ser humano tem suas raízes no desejo (cf. Tg 1,14s; 4,1s) que gera o pecado e conduz o ser humano à morte (Tg 1,15; cf. Rm 7,5.7-10). Portanto, os conflitos exteriores são o resultado de um conflito interior[69].

---

[67] Cf. H. FRANKEMÖLLE, Jak I (cf. acima, 11.2), p. 16: "A Carta de Tiago é um escrito teocêntrico com uma conceituação muito coesa e refletida que é singular no Novo Testamento. Na base da teocêntrica, o único interesse de Tiago, como também dos mestres da sabedoria judaica, é oferecer aos leitores instruções para uma vida bem sucedida – em e apesar de todas as ambivalências e conflitos consigo mesmo e com os concristãos".

[68] Cf. H. FRANKEMÖLLE, "Gespalten oder ganz. Zur Pragmatik der theologischen Anthropologie des Jakobusbriefes", in H. U. von BRACHEL, N. METTE (org.), *Kommunikation und Solidarität* (Freiburg / Münster: 1985, 160-178); IDEM, Jak I (cf. acima, 11.2), 305-320; W. POPKES, Adressaten, Situation und Form (cf. acima, 11.2), pp. 191ss.

[69] Cf. P. von GEMÜNDEN, "Einsicht, Affekt und Verhalten. Überlegungen zur Anthropologie des Jakobusbriefes", in P. von GEMÜNDEN, M. KONRADT, G. THEISSEN, Der Jakobusbrief (cf. acima, 11.2), pp. 83-96.

Muitos membros da comunidade buscam o prestígio social e passam a viver sem consideração para com as irmãs e os irmãos. Não a sabedoria "do alto", mas a sabedoria terrena determina o ser humano dividido (cf. Tg 3,15). A Carta de Tiago critica severamente uma autonomia que se orienta pelo mundo e que se manifesta especialmente nos planos egoístas dos grandes comerciantes internacionais (Tg 4,13-17) e no comportamento antissocial dos latifundiários (Tg 5,1-6). Em vez de ignorar o governo que Deus exerce sobre o mundo por causa de uma falsa autoconfiança, eles deveriam dizer: "Se o Senhor quiser, estaremos vivos e faremos isto ou aquilo" (Tg 4,15). O cristão não se pode orientar ao mesmo tempo por Deus e pelo mundo; o egoísmo e o amor ao mundo são contrários à vontade de Deus. Segundo Tiago, o ser humano supera essa divisão não a partir de si mesmo, mas somente pelos dons heteronômicos de Deus. A fé nasce através de um ato criador de Deus[70] (Tg 1,6.17s; 2,5; 5,15) e ganha forma por meio de uma atitude piedosa e estável que luta firmemente contra os desejos e que se realiza e se plenifica na atuação. Tanto a fé como a sabedoria podem ser demonstradas nas obras, e estas, por sua vez, orientam-se pela "lei régia" (Tg 2,8) e pela "lei perfeita da liberdade" (Tg 1,25; 2,12). Já que o mandamento do amor é a meta e o centro da lei (cf. Tg 2,8), há uma unidade orgânica entre a sabedoria dada, a fé e as obras/os atos[71]. Somente a sabedoria do alto, e com ela a fé, permite a perfeição por meio do cumprimento da lei no mandamento do amor e, dessa maneira, a unidade de fé e obras/atos numa existência teônoma[72].

Fé e obras/atos

Na Carta de Tiago, a fé e a lei não chegam a ser uma oposição como a fé e as obras/os atos; antes, elas aparecem como dois lados da

---

[70] Cf. CHR. BURCHARD, Jak (cf. acima, 11.2), p. 56.
[71] Bem acertado CHR. BURCHARD, op. cit.: "A fé tem de estar acompanhada por obras, como a lei da liberdade as exige e promove. Elas não nascem da fé como tal, embora ela colabore com elas; mas, mesmo assim, a fé e as obras juntas caracterizam o ser humano cristão integral e vivo".
[72] Cf. U. LUCK, Theologie des Jakobusbriefes (cf. acima, 11.2), pp. 10-15.

mesma moeda. O amor a Deus, o amor ao próximo e a observância da lei formam uma unidade perfeita. A vontade integral de Deus, revelada na lei, supera a atuação imperfeita, parcial e dividida dos cristãos[73]. *As diferenças entre Tiago e Paulo são evidentes*: enquanto o pecado representa para Paulo um poder supraindividual que se serve da lei e engana as pessoas (cf. Rm 7,7ss), em Tiago, o pecado pode ser superado pela observância de toda a lei (Tg 2,9; 4,17; 5,15b.16.20); ou seja, na Carta de Tiago, o pecado é um conceito ativo, uma atuação contra a lei de Deus[74]. Consequentemente, também não há para ele uma oposição entre a fé e as obras/os atos, mas ele pressupõe que essa oposição exista para seu interlocutor.

Este interlocutor é Paulo? Já que a oposição de πίστις *versus* ἔργα (νόμου) não pode ser comprovada em nenhum texto antes de Paulo[75], recomenda-se supor na Carta de Tiago uma referência a Paulo[76]. Além disso, Tg 2,10 parece se referir a Gl 5,3 (ὅλον τὸν νόμον ocorre somente aqui no acusativo; além disso, em Mt 22,40), e a alusão a Rm 3,28 em Tg 2,24 é evidente, o que se manifesta nas concordâncias linguísticas e materiais e no νόμον polêmico-retórico[77]. Finalmente há contatos na temática de Abraão (cf. Rm 4,2 / Tg 2,21), e a citação de Gn 15,6 em Rm 4,31 / Tg 2,23 difere cada vez em dois pontos do texto da LXX: Ἀβραάμ em vez de Ἀβράμ e o acréscimo de δέ depois de ἐπίστευσεν[78]. No entanto, Paulo não é atingido pela polêmica em Tg 2,14-26, porque para ele

---

[73] Para a lei na Carta de Tiago, cf. especialmente H. FRANKEMÖLLE, "Gesetz im Jakobusbrief", in *Das Gesetz im Neuen Testament*, editado por K. KERTELGE. QD 108 (Freiburg: 1986), pp. 175-221.

[74] Cf. CHR. BURCHARD, Jak (cf. acima, 11.2), p. 74.

[75] Cf. M. HENGEL, Jakobusbrief (cf. acima, 11.2), p. 526; F. AVEMARIE, Werke des Gesetzes (cf. acima, 11.2), p. 291.

[76] Cf. W. POPKES. Traditionen und Traditionsbrüche (cf. acima, 11.2.2), p. 161: "O fator decisivo a favor da hipótese de que Tiago adota tradições provenientes de Paulo (mas não necessariamente genuinamente paulinas) é, a meu ver, o fato de Tiago responder de modo antitético a posições que, nessa forma, nos escritos cristão-primitivos estão comprovadas somente em Paulo".

[77] Cf. M. HENGEL, Jakobusbrief (cf. acima, 11.2), p. 527 A 46: "Já não deveríamos negar que Tg 2,24 se volta contra um grito de guerra paulino como Rm 3,28".

[78] Cf. A. LINDEMANN, Paulus im ältesten Christentum (cf. acima, 10), pp. 244-251; G. LÜDEMANN, Paulus II (cf. acima, 6), pp. 197-201.

não há fé sem obras (basta conferir Rm 1,5; 13,8-10; Gl 5,6). É possível que haja na Carta de Tiago uma distorção consciente da posição paulina ou um mal-entendido acerca dela. Talvez ela não tenha conhecido a Carta aos Gálatas e/ou a Carta aos Romanos, mas apenas versões intermédias orais e/ou literárias, desconhecidas por nós. A Carta de Tiago argumenta possivelmente contra cristãos que praticavam uma fé sem obras/atos e recorriam para isso a Paulo. 2Ts 2,2 e 2Tm 2,18 testemunham uma euforia escatológica nas comunidades de missão pós-paulinas da Ásia Menor e da Grécia, e essa euforia levou possivelmente à negligenciação das obras/dos atos e corresponde à posição combatida por Tiago. Além disso, essa suposição permite também não imputar a Tiago uma total falta de compreensão da teologia paulina ou uma distorção maliciosa do pensamento paulino.

> Uma possível referência a Paulo ou à teologia paulina continua a ser discutida na pesquisa de modo muito controverso. Segundo um relatório sobre o estado da pesquisa, a teologia de Tiago tem seus próprios pressupostos e não se desenvolveu em oposição a Paulo. Nesse sentido interpretam a Carta de Tiago, por exemplo, H. WINDISCH, E. LOHSE, U. LUCK, H. FRANKEMÖLLE, R. HEILIGENTHAL, CHR. BURCHARD[79] e M. KONRADT[80]. H. FRANKEMÖLLE opina até mesmo: "Na carta inteira, Tiago não desenvolveu nenhuma doutrina sobre a lei; em momento algum, a lei é verdadeiramente tematizada, e onde aparece, não é o pensamento principal, mas possui uma função em relação a ele"[81]. Ao contrário disso defende-se muitas vezes a opinião de que a Carta de Tiago mostraria uma posição abertamente antipaulina. De acordo com

---

[79] Cf. H. WINDISCH, *Der Jakobusbrief*. HNT 15, 3ª ed (Tübingen: 1951), p. 201; E. LOHSE, "Glaube und Werke", in IDEM, *Die Einheit des Neuen Testaments* (Göttingen: 1973), pp. 285-306, aqui: pp. 290s; U. LUCK, Theologie des Jakobusbriefes (cf. acima, 11.2), p. 271; H. FRANKEMÖLLE, Gesetz, pp. 196ss; R. HEILIGENTHAL, *Werke als Zeichen*. WUNT 2.9 (Tübingen: 1983), pp. 49-52; CHR. BURCHARD, Jak (cf. acima, 11.2), pp. 125s.

[80] Cf. M. KONRADT, "Der Jakobusbrief im frühehristlichen Kontext", in J. SCHLOSSER (org.), *The Catholic Epistles and the Tradition*. BEThL 176 (Lovânia: 2004), pp. 171-212, aqui: p. 189: "A gênese da problemática trabalhada em 2,14(ss) pode ser compreendida facilmente com base no discurso cristão-primitivo geral acerca da fé salvífica e, portanto, longe de um aguçamento especificamente paulino por meio da antítese de 'fé *versus* obras da lei'."

[81] H. FRANKEMÖLLE, Gesetz, p. 202.

A. LINDEMANN, o autor da Carta de Tiago desejava "criticar e refutar a teologia paulina, a saber, com seus próprios meios"[82]. M. HENGEL chama a Carta de Tiago "uma obra-prima da polêmica cristão-primitiva"[83], uma polêmica contra Paulo. Segundo F. AVEMARIE, a Carta de Tiago é um intensivo debate com a doutrina paulina da justificação e ataca justamente a compreensão genuinamente paulina de ἔργα (νόμου)[84]. De acordo com M. DIBELIUS, W. G. KÜMMEL, PH. VIELHAUER, W. SCHRAGE, F. SCHNIDER e M. TSUJI, a Carta de Tiago não se volta diretamente contra Paulo, mas contra os hiperpaulinos[85].

Na pergunta pela relação entre Tiago e Paulo devemos evitar dois extremos: a carta não pode ser entendida em sua totalidade como uma polêmica antipaulina nem pode ser entendida sem referência a Paulo. Numerosos temas da Carta de Tiago não têm ligação com Paulo e devem ser entendidos a partir do interesse fundamental da Carta, de salvaguardar ou refundar a identidade judeu-cristã ameaçada: a importância da lei, a natureza da fé, a relação entre ouvir e fazer, a natureza da sabedoria, pobres *versus* ricos, a conduta ética na comunidade. Ao mesmo tempo não podemos negar em relação a Tg 2,20-26 uma referência a Paulo e/ou a discípulos de Paulo, porque as referências linguísticas e materiais acima mencionadas são demasiadamente óbvias. Nesse trecho limitado estamos diante de uma intertextualidade e interpersonalidade[86]! Em termos hermenêuticos não é impossível eclipsar Paulo simplesmente na interpretação da Carta de Tiago, mas, ao mesmo tempo, ele também não pode determinar a relação.

A Carta de Tiago acentua a *unidade natural e indissolúvel* entre fé e ação; ela defende um conceito integrativo de fé, porque a fé inclui naturalmente o ouvir e o fazer da palavra. Tg 2,22 mostra a posição do autor: fé e obras/atos operam naturalmente juntas, de modo que

---

[82] A. LINDEMANN, Paulus im ältesten Christentum (cf. acima, 10), p. 249; cf. também G. LÜDEMANN, Paulus II (cf. acima, 6), p. 199: "Por isso, o autor da Carta de Tiago ataca em Tg 2,24 a doutrina paulina da justificação".
[83] M. HENGEL, Jakobusbrief (cf. acima, 11.2), p. 525 (o Tiago histórico contra Paulo); cf., por exemplo, B. H. LIETZMANN, *Geschichte der Alten Kirche I*, 2ª ed. (Berlim: 1937), p. 213, segundo o qual a Carta de Tiago é "uma polêmica clara e deliberada contra o ensinamento de Paulo".
[84] Cf. F. AVEMARIE, Die Werke des Gesetzes (cf. acima, 11.2), pp. 296ss.
[85] Cf. M. DIBELIUS, Jak (cf. acima, 11.2), pp. 220s; W. SCHRAGE, *Der Jakobusbrief*. NTD 10, 2ª ed. (Göttingen: 1980), p. 35; F. SCHNIDER, Jak (cf. acima, 11.2), p. 77; M. TSUJI, Glaube zwischen Vollkommenheit und Verweltlichung (cf. acima, 11.2), pp. 154-171.
[86] Isso é ressaltado com razão por F. AVEMARIE, Die Werke des Gesetzes (cf. acima, 11.2), p. 289.

a fé alcança a perfeição. Essa fé perfeita recebe a justificação diante de Deus. A cooperação de fé e obras/atos em Tiago não deve ser compreendida como sinergismo no sentido histórico-dogmático posterior, pois a fé permanece o sujeito em Tg 2,22, como constantemente em Tg 2,14-26. Não se "completa" a fé, mas se define a natureza da fé como consciente atitude ativa. O interesse de Tiago é a fé que justifica e que produz obras/atos, que se comprova nas obras/nos atos e que é plenificada a partir das obras/dos atos. A perfeição é a meta da fé, e as obras/os atos servem a esse objetivo. No batismo, o próprio Deus plantou nas pessoas a palavra da verdade (cf. Tg 1,18.21), que é absolutamente idêntica com a lei perfeita da liberdade (Tg 1,25). A justiça realiza-se como unidade indissolúvel entre a dádiva divina e a aceitação humana (Tg 3,18: "O fruto da justiça, porém, é semeado [passivo: σπείρεται] em paz para aqueles que promovem a paz")[87]. Portanto, a união entre ouvir e fazer nasce da vontade divina e corresponde à perfeição que foi aberta aos cristãos.

11.2.6 *Ética*

O conceito ético fundamental da Carta de Tiago já ficou claramente visível na soteriologia (cf. acima, 11.2.4) e na antropologia (cf. acima, 11.2.5): *a atuação segundo o paradigma do mandamento do amor como princípio orientador da lei é a expressão visível da unidade da existência cristã.* Por um lado, a ética da Carta de Tiago está imediatamente vinculada à exortação ao fazer da lei, (Tg 1,22.25; 4,11s), por outro, porém, aplica-se que os cristãos são pessoas que recebem (Tg 1,17). Por isso, termos como "ética de obras/desempenho" ou "justiça pelas obras" são inapropriadas para o conceito da Carta de Tiago. O decisivo é, antes, mostrar como Tiago argumenta eticamente[88]. Característica é primeiro

---

[87] H. FRANKEMÖLLE, Jak II (cf. acima, 11.2), p. 559, fala nesse contexto apropriadamente de uma "antropologia do chegar a ser".
[88] Uma visão geral e antes ceticamente distanciada é oferecida por W. SCHRAGE, Ethik (cf. acima, 3.5), pp. 286-300; cf., além disso, F. MUSSNER, "Die ethische Motivation im Jakobusbrief", in H. MERKLEIN, *Neues Testament und Ethik*. FS R. Schnackenburg (Freiburg: 1989), pp. 416-423.

uma alternância de seções imperativas e indicativas. Por exemplo, Tg 1,2-18 é determinado pelo motivo da tentação; a passagem para Tg 1,19-27 dá-se por meio do tratamento direto ἀδελφοί μου ἀγαπητοί, e, em termos de conteúdo, Tg 1,19-27 desenvolve as afirmações indicativas sobre "a dádiva perfeita que vem do alto" e "a palavra da verdade" em Tg 1,17.18. De modo geral, Tg 1 caracteriza-se pela forma da sabedoria proverbial tradicional; ditos individuais são reunidos com base em palavras-chave comuns e interpretados pelo autor. Em Tg 2 e 3 encontram-se unidades fechadas e mais amplas. Característica é o tratamento ἀδελφοί em Tg 2,1; 2,14; 3,1; em termos de conteúdo trata-se sempre de tratados parenéticos que se assemelham a diatribes e se caracterizam por coesão interna. Quando identificamos como objetivo da parênese em Tg 2,1-3,12 a boa conduta em humildade, concedida pela sabedoria (sem acepção de pessoas, unidade de fé e obras, lida com a palavra), resulta disso materialmente a pergunta pela origem da sabedoria em Tg 3,13-18. No contexto imediato, Tg 4,1-12 é um novo início (amizade com Deus ou com o mundo); no contexto macro, porém, esse trecho retoma o tema das tentações de Tg 1,2-18. Tanto as advertências em Tg 4,13-17 (falsa autossegurança) como a acusação profética contra os ricos em Tg 5,1-6 destacam-se dentro do contexto e representam as tradições independentes. Com o típico tratamento ἀδελφοί, o autor introduz as exortações acerca da paciência e a convocação para a oração auxiliadora em Tg 5,7-20, que podem ser atribuídas à tradicional parênese em ditos.

De modo geral, a Carta de Tiago mostra uma clara estrutura argumentativa, mas sem apresentar em cada caso justificativas individuais para as instruções éticas. Tanto argumentações prolíferas (Tg 3,1-12) como breves expressões apodícticas (Tg 1,20: "Pois a cólera de um homem não opera justiça de Deus"; Tg 5,12: proibição de jurar; cf. Mt 5,37) podem servir para formar um juízo ético.

Para uma maior promoção dessa formação de juízo, Tiago escolhe um ponto de partida original: no início está o ouvir (Tg 1,19) que se cumpre plenamente na unidade de falar e agir e assim subsistirá no juízo (Tg 2,12: "Falai, pois, e procedei como quem há de ser julgado pela lei da liberdade"). Boas palavras ou pensamentos não são suficientes; ao contrário, exige-se uma atuação concreta orientada pela lei. A partir disso, a Carta de Tiago – como um entre poucos outros escritos neotestamentários – desenvolve inícios de *uma ética social e econômica*, porque a exigência do mandamento do amor vale irrestritamente para todos os âmbitos da vida e exclui a ira definitivamente (Tg 1,20)[89]. A situação das comunidades endereçadas está marcada por tensões sociais. O cuidado das pessoas necessitadas não funciona (Tg 1,27; 2,15s), e ricos e pobres são tratados de forma diferente (Tg 2,1ss). Há inveja, conflito, discórdia (Tg 3,13ss; 4,1ss.11s; 5,9). Os ricos têm preferência nos cultos (Tg 2,1ss), e os pobres são tranquilizados com flósculos religiosos vazios (Tg 2,16). Os ricos confiam em si mesmos e não em Deus (Tg 4,13-17), e os latifundiários continuam a explorar seus trabalhadores (Tg 5,1-6). Finalmente, as comunidades estão expostas a discriminações legais locais (cf. Tg 2,6)[90]. As numerosas afirmações acerca dos ricos e dos pobres na Carta de Tiago não nasceram absolutamente de uma piedade espiritualizada voltada para os pobres[91], mas essa temática deve ter um pano de fundo nas experiências das comunidades endereçadas, já que a Carta de Tiago visa uma mudança no comportamento dos cristãos[92]. A opção pelos pobres (Tg 1,27) contra os ricos (Tg 2,1-13; 4,13-5,6) corresponde à vontade de Deus, pois "Não escolheu Deus os pobres deste mundo para serem ricos na fé e herdeiros do Reino que prometeu aos que o amam?" (Tg 2,5). Tiago não busca um equilíbrio entre pobres e ricos dentro da comunidade, também não adota o conceito de οἶκος, mas defende uma solidariedade dentro da comunidade (Tg 2,14-16) e *propaga a igualdade entre os membros da comunidade* (Tg 2,1-7)[93].

---

[89] Cf. a respeito P. von GEMÜNDEN, "Die Wertung des Zorns im Jakobusbrief auf dem Hintergrund des antiken Kontexts und seine Einordnung", in P. von GEMÜNDEN, M. KONRADT, G. THEISSEN, *Der Jakobusbrief* (cf. acima, 11.2), pp. 97-119.
[90] Cf. a respeito F. SCHNIDER, Jak (cf. acima, 11.2), p. 61.
[91] Contra M. DIBELIUS, Jak (cf. acima, 11.2), pp. 161-163.
[92] Cf. F. SCHNIDER, Jak (cf. acima, 11.2), pp. 57s; H. FRANKEMÖLLE, Jak 1 (cf. acima, 11.2), pp. 57-62.251-259.
[93] Cf. G. GARLEFF, Urchristliche Identität (cf. acima, 11.2), p. 269; G. THEISSEN, "Nächstenliebe und Egalität", in P. von GEMÜNDEN, M. KONRADT, G. THEISSEN, *Der*

As tensões reconhecíveis na Carta de Tiago podem ser entendidas no âmbito da história social do cristianismo pós-paulino[94]. Aqui continua um desenvolvimento que já começou em Paulo: a integração de diferentes camadas com posições sociais e econômicas diferentes. Já as comunidades missionárias paulinas não eram, um grupo homogêneo em termos sociológicos; ao contrário, aderiram a elas pessoas de todas as camadas. No período pós-paulino agravaram-se aparentemente os conflitos, já que cada vez mais pessoas ricas aderiram às comunidades e que aumentava o abismo entre os distintos grupos sociais. Por isso, as Cartas Pastorais chamam para a autorrestrição (cf. 1Tm 6,6-8) e advertem explicitamente sobre as consequências da avareza por dinheiro (cf. 1Tm 6,9.10). Dificilmente é uma coincidência que 1Tm termine com uma exortação aos ricos (1Tm 6,17-19). Também o autor da obra lucana mostra com suas advertências acerca da riqueza claramente que, em suas comunidades, a riqueza e as posses se tornaram um problema. A Carta aos Hebreus adverte contra a avidez (Hb 13,5) e o enfraquecimento da fé (Hb 2,1-4). A inércia deve ser superada por obras de amor (Hb 6,10-12). Finalmente, o Apocalipse de João é um testemunho impressionante da crítica aguda com a qual círculos judeu-cristãos avaliaram a riqueza (cf. Ap 3,17-19; 18,10ss.15ss.23s). Dessa maneira, a imagem sociológica das comunidades da Carta de Tiago pode ser facilmente integrada num desenvolvimento geral do cristianismo helenista pós-paulino que se caracteriza por uma profunda mudança na estratificação social dos membros da comunidade e, consequentemente, por um abismo entre fé e atuação.

Esses desenvolvimentos são combatidos por Tiago com uma ética principalmente sapiencial[95], em cujo centro está o conceito da perfeição

---

Jakobusbrief (cf. acima, 11.2), pp. 120-142, que ressalta em relação a Tiago: "Nenhum outro autor neotestamentário compreendeu tão claramente o mandamento do amor como obrigação de tratar as pessoas como iguais e o formulou simultaneamente com uma relativa abertura para pessoas de fora" (op. cit., pp. 120s)

[94] Cf. a respeito P. LAMPE, U. LUZ, Nachpaulinisches Christentum und pagane Gesellschaft (cf. acima, 9.1).

[95] Para a orientação sapiencial da Carta de Tiago, cf. especialmente R. HOPPE, Hintergrund (cf. acima, 11.2), *passim*; U. LUCK, "Weisheit und Leiden", in *ThLZ* 92

ética em humildade e simplicidade pelo cumprimento da lei, possibilitada pela dádiva divina da sabedoria.

11.2.7 *Eclesiologia*

A Carta de Tiago não oferece uma eclesiologia elaborada. Apenas Tg 3,1 e 5,14 mencionam ministérios. Já que nas comunidades da Carta de Tiago a lida responsável com a palavra é de grande importância, parece ter havido uma grande procura pelo ministério de mestre: "Não sejam muitos (demais) que se tornam mestres, meus irmãos, sabendo que receberemos um julgamento maior" (Tg 3,1). A tarefa dos mestres consistia no cultivo, transmissão e interpretação de tradições de/sobre Jesus, na interpretação do Antigo Testamento e na formulação de instruções éticas concretas[96]. Provavelmente, o próprio Tiago era um desses mestres (cf. o plural em 3,1b), porque sua carta cumpre todos os pressupostos de um escrito de ensinamento. A grande procura do ministério de mestre pressupõe um acesso aberto, de modo que se tornava necessário destacar mais a questão da qualificação e da responsabilidade (em função do juízo iminente)[97]. Tg 5,14 atesta o ministério de anciãos: "Quando alguém dentre vós está doente, que mande chamar os anciãos da comunidade [τοὺς πρεσβυτέρους τῆς ἐκκλησίας], para que orem sobre ele, ungindo-o com óleo em nome do Senhor". O ministério de anciãos era exercido em colégio (cf. 1Pd 5,1ss) e aparentemente vinculado também a uma dimensão carismática: a unção dos enfermos com óleo (cf. Mc 6,13b; Lc 10,34). Aqui se trata de um ato tanto terapêutico como espiritual, como mostram a determinação "em nome do Senhor" normalmente ligado com o batismo (cf. 1Cor 6,13b; Rm 6,3) e a interpretação do batismo como "unção" em 2Cor 1,21s. Somente aqui ocorre na Carta de Tiago o termo ἐκκλησία, que não indica "a Igreja", mas as assembleias locais. Segundo Tg 1,5s

---

(1967): 253-258. Para H. FRANKEMÖLLE, Jak I (cf. acima, 11.2), p. 85, aplica-se: "A Carta de Tiago apresenta-se como uma releitura do Eclesiástico".

[96] Para a interpretação de Tg 3,1, cf. A. ZIMMERMANN, Die urchristlichen Lehrer (cf. acima, 6.7.2), pp. 194-208.

[97] Cf. W. POPKES, Jak (cf. acima, 11.2), p. 220s.

e, sobretudo, 5,15a, a força da oração tinha uma grande importância nas comunidades de Tiago: "E a oração da fé salvará a pessoa doente, e o Senhor o levantará". Tanto a ajuda corporal e como a salvação escatológica estão no poder do Senhor que opera através da oração e do ministério dos presbíteros.

As afirmações eclesiológicas, bastante casuais e conceitualmente não desenvolvidas, correspondem a um conceito de ética que se orienta pela autonomia[98] em relação ao mundo e pela igualdade e pela fé ativa dentro da comunidade[99].

11.2.8 *Escatologia*

Afirmações escatológicas encontram-se na Carta de Tiago em três contextos:

1) A escatologia serve para motivar a *ética*; as afirmações éticas em Tg 1,12.26s; 2,13.26; 3,18; 4,12.17; 5,20 sempre concluem deliberadamente com uma perspectiva preséntica ou futúrica.
2) Estreitamente vinculadas são as afirmações sobre o *juízo* (cf. acima, 11.2.4): Deus é juiz e pode salvar ou condenar a quem quiser (Tg 4,12).
3) Também a *parusia*, que parece ser um tema atual na comunidade, está vinculada à temática do juízo; cf. sobretudo Tg 5,7s: "Praticai, pois, a paciência, irmãos, até a parusia do Senhor. Vede, o lavrador espera o precioso fruto da terra, em paciência a seu respeito, até que receba as chuvas temporãs e as serôdias. Praticai a paciência também vós, pois a parusia do Senhor está próxima

---

[98] G. THEISSEN, "Ethos und Gemeinde im Jakobusbrief", in P. von GEMÜNDEN, M. KONRADT, G. THEISSEN, *Der Jakobusbrief* (cf. acima, 11.2), pp. 143-165, ressalta a autonomia como conceito básico da eclesiologia da Carta de Tiago: "É uma comunidade que se orienta autonomamente em seu *próprio* fundamento: na lei da liberdade. É uma comunidade que opta por ser instruída acerca de sua conduta por seus *próprios* mestres. É uma comunidade que deseja traduzir sua fé em conduta" (op. cit., p. 165).
[99] Cf. G. GARLEFF, Urchristliche Identität (cf. acima, 11.2), p. 315; possivelmente, Tiago polemiza em 2,1-7 contra estruturas de patrocínio (cf. op. cit., pp. pp. 251ss).

(ἡ παρουσιά τοῦ κυρίου ἤγγικεν)". A consciência de um atraso da parusia manifesta-se na convocação para a paciência, na imagem da agricultura que transmite segurança e confiança e na admoestação de não queixarem-se uns contra os outros[100], "para que não sejais julgados. Eis que o juiz já está nas portas". (Tg 5,9b). O Senhor que está chegando é ao mesmo tempo o juiz que decidirá de acordo com os atos dos seres humanos (Tg 5,12; cf. 2,4.6.12s; 3,1; 4,11s).

11.2.9 *Posição na história da teologia*

Entre os escritos incluídos no cânon é, ao lado do Evangelho de Mateus, sobretudo a Carta de Tiago que defende uma posição decididamente judeu-cristã[101]. Já o prescrito tem uma função de sinal, porque a menção da eleição das doze tribos e a escolha do pseudônimo de Tiago visa construir uma consciência de continuidade com Israel. No âmbito do cristianismo primitivo, Tiago representava uma orientação permanente pela Torá, também da parte dos crentes em Cristo (cf. Gl 2,12s; At 15,13-21). Por isso era natural recorrer a sua autoridade pós-pascal para preservar e/ou fundar novamente a identidade judaico-cristã, ameaçada no âmbito do cristianismo helenista pós-paulino, e numa fase de transição marcada por conflitos sociais e teológicos. A Carta de Tiago procura fazer isto a partir de uma posição fundamental teocêntrica, para preservar a unidade de fé e obras/atos, através de uma forte ênfase na antropologia e na ética. Tiago deseja superar a divisão da existência cristã; sua preocupação é a integralidade e perfeição do cristão. No entanto, o ponto de referência não é a existência individual, mas a comunidade. A ética e a antropologia formam o centro dessa construção de identidade que está marcada pela pergunta pela fé que corresponde à sabedoria e que se orienta pela lei, na unidade de ser e praticar, sendo que a lei aparece como a ordem da liberdade no amor.

---

[100] Diferente W. POPKES, Jak (cf. acima, 11.2), p. 322, segundo o qual o texto não indica nenhum problema de atraso da parusia.
[101] Cf. G. GARLEFF, Urchristliche Identität (cf. acima, 11.2), p. 324.

No contexto do cristianismo primitivo, a Carta de Tiago insiste em dar voz a uma exigência fundamental: a continuidade com Israel deve ser pensada teologicamente, com a pergunta pelo significado da lei e pelo consequente testemunho da atuação na fé. Diferente dos adversários de Paulo (cf. Gl 5,3; Fl 3,3), porém, a Carta de Tiago visa um equilíbrio e não exige a circuncisão de cristãos provenientes da religiosidade greco-romana. Ao relacionar a teologia e a realidade social diretamente entre si, Tiago defende um cristianismo ético e se vê, dessa maneira, em continuidade com Israel.

11.3 A Carta aos Hebreus: assim fala Deus

WINDISCH, H. *Der Hebräerbrief*, 2ª ed. HNT 14. Tübingen, 1931; KÄSEMANN, E. Das wandernde Gottesvolk, 2ª ed. FRLANT 55. Göttingen, 1957; SCHIERSE, F. J. *Verheissung und Heilsvollendung. Zur theologischen Grundfrage des Hebräerbriefes*. MThS 9. Munique, 1955; GRÄSSER, E. *Der Glaube im Hebräerbrief*. MThSt 2. Marburg, 1965; THEISSEN, G. *Untersuchungen zum Hebräerbrief*. StNT 2. Gütersloh, 1969; HOFIUS, O. *Katapausis*. WUNT 11. Tübingen, 1970; ZIMMERMANN, H. *Das Bekenntnis der Hoffnung*. BBB 47. Bonn, 1977; LAUB, F., *Bekenntnis und Auslegung*. BU 15. Regensburg, 1980; LOADER, W. R. G. *Sohn und Hoherpriester*. WMANT 53. Neukirchen, 1981; BRAUN, H. *Der Hebräerbrief*. HNT 14. Tübingen, 1984; VANHOYE, A. Verbete "Hebräerbrief". In *TRE* 14, Berlim (1985), pp. 494-505; RISSI, M. *Die Theologie des Hebräerbriefes*. WUNT 41. Tübingen, 1987; HEGERMANN, H. *Der Brief an die Hebräer*. Berlim, 1988; ATIRIDGE, H. W. *Hebrews*. Hermeneia. Philadelphia, 1989; VANHOYE, A. *Structure and Message of the Epistle to the Hebrews*. Roma, 1989; LAUB, F. "'Schaut auf Jesus' (Hebr. 3,1). Die Bedeutung des irdischen Jesus für den Glauben nach dem Hebräerbrief". In *Vom Urchristentum zu Jesus*. FS J. Gnilka, editado por H. FRANKEMÖLLE, K. KERTELGE, pp. 417-432. Friburgo, 1989; HURST, L. D. *The Epistle to the Hebrews. Its Background of Thought*. MSSNTS 65. Cambridge, 1990; HEGERMANN, H. "Christologie im Hebräerbrief". In *Anfänge der Christologie*. FS F. Hahn, editado por C. BREYTENBACH, H. PAULSEN, pp. 337-351. Göttingen, 1991; STROBEL, A. *Der Brief an die Hebräer*, 4ª ed. NTD 9. Göttingen, 1991; LAUB, F. "'Ein für allemal hineingegangen in das Allerheiligste' (Hebr 9,12). Zum Verständnis des Kreuzestodes im Hebräerbrief". In *BZ* 35 (1991): 65-85; SÖDING, TH. "Zuversicht und Geduld im Schauen auf Jesus. Zum Glaubensbegriff des Hebräerbriefes". In *ZNW* 82

(1991): 214-241; LINDARS, B. *The Theology of the Epistle to the Hebrews*. Cambridge, 1991; WEISS, H.-F. *Der Brief an die Hebräer*. KEK 13. Göttingen, 1991; GRÄSSER, E. *An die Hebräer*. EKK XVII/1-3. Neukirchen, 1990.1993.1997; GRÄSSER, E. *Aufbruch und Verheissung. Ges. Aufsätze zum Hebräerbrief*, editado por M. EVANG, O. MERK. BZNW 65. Berlim, 1992; LÖHR, H. *Umkehr und Sünde im Hebräerbrief*. BZNW 73. Berlim, 1994; BACKHAUS, K. *Der neue Bund und das Werden der Kirche*. NTA 31. Münster, 1996; BACKHAUS, K. "Per Christum in Deum. Zur theozentrischen Funktion der Christologie im Hebräerbrief". In *Der lebendige Gott*. FS W. Thüsing, editado por TH. SÖDING. NTA 31, pp. 258-284. Münster, 1996; LÖHR, H. "Anthropologie und Eschatologie im Hebräerbrief". In *Eschatologie und Schöpfung*. FS E. Grässer, editado por M. EVANG, H. MERKLEIN, M. WOLTER. BZNW 89, pp. 169-199. Berlim, 1997; KOESTER, C. R. *Hebrews*. AncB 36. Nova Iorque, 2001; KARRER, M. Der Brief an die Hebräer. ÖTK 20/1. Gütersloh, 2002; EISELE, W. *Ein unerschütterliches Reich. Die mittelplatonische Umformung des Parusiegedankens im Hebräerbrief*. BZNW 116. Berlim, 2003; ÜBELACKER, W. "Paraenesis or Paraclesis – Hebrews as a Test Case". In *Early Christian Paraenesis in Context*, editado por J. STARR, T. ENGBERG-PEDERSEN. BZNW 125, pp. 319-352. Berlim, 2004; KAMPLING, R. (org.). *Ausharren in der VerheiBung. Studien zum Hebräerbrief*. SBS 204. Stuttgart 2005; GABEL, G. *Die Kulttheologie des Hebräerbriefes*. WUNT 2.212. Tübingen, 2006.

A Carta aos Hebreus é um dos grandes enigmas do Novo Testamento. Sua situação histórica é totalmente desconhecida, já que se encontram na Carta apenas vagas referências à situação da comunidade e nenhuma referência ao autor. Hb 13,23s procura sugerir uma autoria paulina e uma redação em Roma. No entanto, a autenticidade dessa conclusão é duvidosa, e também a forma da Carta aos Hebreus e suas referências histórico-religiosas são discutidas de modo muito controverso[102]. Portanto, para a Carta aos Hebreus vale, como para nenhum outro escrito neotestamentário, a regra de que o texto deve ser compreendido a partir de si mesmo.

---

[102] Hoje em dia considera-se geralmente, e com razão, o título Πρὸς Ἑβραίους como secundário; cf. E. GRÄSSER, Hebr I, pp. 41-45; para as questões introdutórias, cf. U. SCHNELLE, Einleitung (cf. acima, 2.2), pp. 405-420 (redação por um judeu-cristão desconhecido entre 80 e 90 d.C.).

11.3.1 *Teologia*

A base do pensamento *teo*lógico da Carta aos Hebreus é o falar de Deus: "Depois de falar, outrora, muitas vezes e de modos diversos aos pais pelos profetas, agora, nestes dias que são os últimos, Deus falou-nos por meio do Filho" (Hb 1,1-2a). A palavra de Deus constitui o acesso à Carta aos Hebreus, como mostra a moldura da primeira parte principal pela teologia da palavra em Hb 1,1s e 4,12 ("Pois a palavra de Deus é viva, eficaz e mais penetrante do que qualquer espada de dois gumes; penetra até dividir alma e espírito"). A teologia da palavra perpassa o escrito inteiro, desde o prólogo[103]; além da abertura devemos mencionar, sobretudo, Hb 1,5.13; 2,1-4; 4,2.12; 5,5.12; 11,3; 12,25; 13,7.

A palavra de Deus como um evento ativo e poderoso é na Carta aos Hebreus uma palavra eterna e criadora que julga e salva. Ela acontece no céu e na terra (Hb 12,22-29) e abrange a criação (4,3; 11,3), a história (3,7-4,11; 11) e o juízo (4,13). Deus revela-se em seu falar como um Deus justo (Hb 6,10) e misericordioso (12,15), fiel a sua promessa (6,17) e à aliança (7,22-25; 8,10; 9,20; 10,16; 12,24). Deus previu a plenificação dos crentes (Hb 11,39s) e ressuscita os mortos (11,19); ao mesmo tempo, é um fogo consumidor (12,29); ele ajuda e castiga ao mesmo tempo (12,7).

O falar de Deus como a dimensão fundamental de seu agir é literariamente enfatizada, sobretudo, pelas numerosas *citações da LXX*, nas quais fala na maioria das vezes o próprio Deus (aproximadamente 22 vezes)[104] e cuja abundância e densidade é singular no Novo Testamento. Além das 35 citações textuais literais há aproximadamente 80 alusões a textos veterotestamentários. A Carta aos Hebreus cita exclusivamente a

---

[103] Cf. a respeito E. GRÄSSER, "Das Wort als Heil", in IDEM, *Aufbruch und Verheissung* (cf. acima, 11.3), pp. 129-142; H. HEGERMANN, "Das Wort Gottes als aufdeckende Macht", in H. SEIDEL, *Das lebendige Wort*. FS G. Voigt (Berlim: 1982), pp. 83-98; D. WIDER, *Theozentrik und Bekenntnis*. BZNW 87. 1997.

[104] Cf. M. THEOBALD, "Vom Text zum 'lebendigen Wort' (Hebr 4,12)", in CHR. LANDMESSER, *Jesus Christus als die Mitte der Schrift*. FS O. Hofius. BZNW 86 (Berlim: 1997), pp. 751-790.

LXX; divergências podem ser explicadas pela hipótese de que o autor dispunha de outros códices da LXX ou que ele citava da memória[105]. Chama a atenção a preferência pelos salmos e o comprimento de algumas citações. Por exemplo, no Novo Testamento, Jr 31,31-34 é citado somente em Hb 8,8-12 completamente e depois retomado novamente em Hb 10,15-18 numa forma abreviada. Em razão da ampla renúncia a fórmulas introdutórias, as citações tornam-se *atos de fala* que não só ilustram e testemunham a permanente fala poderosa de Deus em sua história com Israel e de forma definitiva e intranscendível em Jesus Cristo, mas a continuam.

À serviço da teologia da palavra está também uma eficaz técnica literário-retórica que faz com que o autor passe ao segundo plano e somente sua mensagem se destaque, a saber, a renúncia a um prescrito[106]. O anonimato serve à possibilitação da escuta imediata da mensagem de Deus, sem instâncias ou sons intermediários. Em Hb 1,1s, Deus é o sujeito exclusivo do discurso, enquanto o autor se junta aos ouvintes em 1,2. Essa figura estilística está vinculada a um imediato interesse *textual-pragmático*, porque a comunidade já não ouve a mensagem da salvação. Por isso, o autor adverte a comunidade: "Prestai atenção para não rejeitar aquele que fala. Porque se não escaparam aqueles que rejeitaram quem na terra os advertia, quanto mais nós, se nos afastarmos daquele que fala dos céus" (Hb 12,25). No entanto, quando eles ficam inabalavelmente firmes na fé e na obediência à promessa, podem confiar na promessa de entrar, ao contrário da geração do deserto, no local do repouso escatológico.

A comunidade não deve jogar fora a confiança da fé (Hb 10,35), e as mãos cansadas e os joelhos trôpegos têm que ser fortalecidos (Hb 12,12), para que a morte na cruz de Jesus Cristo não se torne um motivo de zombaria devido a conduta dela (Hb 6,6). Portanto, o falar de Deus visa o ouvir imediato da comunidade, visa superar as dúvidas

---

[105] Cf. para a análise F. SCHRÖGER, *Der Verfasser des Hebräerbriefes als Schriftausleger*. BU 4 (Regensburg: 1968), pp. 35-197.247-256. Nas formas da interpretação da Escritura mostram-se paralelos a métodos interpretativos do judaísmo antigo; cf. o elenco exaustivo em F. SCHRÖGER, op. cit., pp. 256-299.
[106] Cf. M. KARRER, Hebr I (cf. acima, 11.3), pp. 42-44.

e a inércia, para que a confiança da fé volte a dominar (Hb 11,1) e a realidade de Deus seja reconhecida em sua abundância surpreendente[107]. É isto que a Carta aos Hebreus deve oferecer, de modo que ela mesma se torna, tanto em sua forma (Hb 13,22: λόγος τῆς παρακλήσεως = "palavra da exortação") como em seu conteúdo, um componente da fala de Deus.

A resposta adequada da comunidade à fala de Deus é a *confissão*. Os termos ὁμολογία ("confissão": Hb 3,1; 4,14; 10,23) e ὁμολογεῖν ("confessar": Hb 11,13; 13,15), documentados também em Paulo e sua tradição (2Cor 9,13; Rm 10,9; 1Tm 6,12s; Tt 1,16), remetem menos a textos preestabelecidos e elaborados ou a aspectos individuais[108] do que buscam *sintonizar com a fala de Deus*. A profissão de fé visa sempre a totalidade da história da salvação, como mostra Hb 4,14: "Já que temos, portanto, um grande sumo sacerdote que atravessou os céus, Jesus, o Filho de Deus, tenhamos firmemente a nossa confissão". A comunidade deve reencontrar *seu ritmo na sintonia com a palavra de Deus*. Para possibilitar isso, a Carta aos Hebreus traça um arco em todas as direções, a partir da palavra de Deus como a base e o centro de sua "teo-logia", um arco que começa com a cristologia.

11.3.2 *Cristologia*

O falar de Deus é o fundamento da cristologia da Carta aos Hebreus; a teologia sustenta a cristologia. O falar de Deus "no Filho" (Hb 1,2) acontece na fala que o Pai dirige ao Filho e na apresentação

---

[107] M. KARRER interpreta a teologia da palavra da Carta aos Hebreus no contexto de um pensamento liminar: "A Carta aos Hebreus conduz suas leitoras e leitores através da palavra sobre o limiar da realidade de Deus e confia que a palavra enquanto palavra é capaz de continuar a marcá-los em sua caminhada para as alturas de Deus e a preservá-los do outro lado do limiar da distância a Deus" (IDEM, Hebr I [cf. acima, 11.3], p. 57).

[108] Hb 1,3 cita possivelmente um hino cristão-primitivo; além dos comentários, cf. J. HABERMANN, Präexistenzaussagen (cf. abaixo, 12.2.1), pp. 267-299; para Hb 5,7-10; 7,1-3.26 podemos considerar um caráter hínico (cf. H. ZIMMERMANN, Das Bekenntnis der Hoffnung [cf. acima, 11.3], pp. 44ss; cético, porém, E. GRÄSSER, Hebr I [cf. acima, 11.3], pp. 312ss).

do Filho pelo Pai: "De fato, a quem ele (isto é, Deus) disse jamais: 'Tu és meu Filho, eu hoje te gerei!' e novamente: 'Eu lhe serei pai, e ele me será filho'?" (Hb 1,5). O Pai concedeu ao Filho seu *status* singular, porque ele é o mediador (preexistente) da criação (Hb 1,2b.10); o resplendor da glória e a expressão ("impressão") da realidade de Deus (Hb 1,3a); unicamente ele é eterno (Hb 1,11s), distinto de todas as coisas terrestres e corruptíveis, e "sustenta tudo pela palavra de seu poder" (Hb 1,3b).

Essa participação ampla do Filho na existência de Deus alcança um ápice em Hb 1,8 e 1,10, onde o Filho é tratado pelo Pai numa palavra escriturística como "Deus" (ὁ θεός) e "Senhor" (κύριος). "O Filho não está entre os muitos deuses das nações e também não está abaixo do Senhor, por assim dizer, como um segundo deus, um deus inferior. Ao contrário, Deus lhe concede o que ele mesmo é e faz"[109]. O ato da palavra e o meio da escrita preservam a distinção entre Pai e Filho, mas, não obstante, nenhum outro escrito neotestamentário identifica o Filho tão estreitamente com o Pai! Com esse conceito, a Carta aos Hebreus visa, por um lado, refutar uma cristologia angelológica deficitária[110] (cf. Cl 2,18), que incluiu Jesus Cristo (certamente em primeiro lugar) entre os anjos.

Por isso, o autor ressalta com tanta insistência a superioridade categorial de Jesus em relação aos anjos (Hb 1,4-8.13s; 2,5.16), e o título de Filho (15 ocorrências) como conceito-chave cristológico prestava-se de modo especial para esse fim. Ao mesmo tempo, porém, a Carta aos Hebreus atribui aos anjos positivamente a função de servir e de defender as pessoas justas (Hb 1,14). Há ainda um segundo aspecto na forte ênfase na divindade de Jesus Cristo: o autor da Carta aos Hebreus tenta superar a inércia da comunidade, repetidamente lamentada, com a demonstração da certeza superior da salvação. Hb 5,5c retoma conscientemente a predicação de Filho, proveniente do Sl 2,7 LXX e já usada em Hb 1,5, e vincula-a à obra salvífica de Jesus Cristo

---

[109] M. KARRER, Hebr I (cf. acima, 11.3), p. 144.
[110] Cf. a respeito L. T. STUCKENBROCK, Angel Veneration and Christology (cf. acima, 4.5), pp. 128-135.

de uma maneira que transcende a menção anterior. Cada sumo sacerdote terreno tem de expiar seus próprios pecados (Hb 5,3), de modo que unicamente o Filho, sem pecado e igual a Deus, é capacitado de operar para os crentes a expiação e salvação. Isso se relaciona com um terceiro aspecto: a característica teocêntria fundamental da cristologia da Carta aos Hebreus remete a um meio intelectual influenciado pelo pensamento do medioplatonismo (cf. abaixo, 11.3.8)[111]. Plutarco, Máximo de Tiro e Apuleio testemunham no fim do séc. I e no séc. II d.C. a forte influência do medioplatonismo, que defendia principalmente uma teologia negativa. A forte ênfase na transcendência e alteridade absolutas de Deus e sua separação categorial de tudo que é humano precisava provocar a pergunta sobre como uma comunicação entre Deus e o ser humano era sequer possível. A Carta aos Hebreus dedica-se constantemente à resposta a essa pergunta!

A partir do falar de Deus, a Carta aos Hebreus desenvolve uma cristologia singular de alteza, pois o *próprio Deus concede ao Filho a predicação divina e nome divino*[112], de modo que o Filho deve ser atribuído plenamente e sem restrições não só ao âmbito celestial, mas imediatamente a Deus.

Também o conceito teológico-cúltico da Carta aos Hebreus desenvolve-se a partir da linha da teologia da palavra. A abertura, concentrada no falar de Deus, desemboca e culmina na tese-chave do sumo sacerdote expiatório em Hb 2,17s: "Por isso, ele precisava ser feito em tudo semelhante a seus irmãos, para que se tornasse misericordioso e um sumo sacerdote para o serviço diante de Deus, para expiar os pecados do povo. Pois, tendo ele mesmo sofrido quando foi tentado, é capaz de socorrer os que são tentados". A partir de Hb 5,1, toda a

---

[111] Cf. J. W. THOMPSON, *The Beginnings of Christian Philosophy: The Epistle to the Hebrews*. CBQ.MS 13 (Washington: 1982); K. BACKHAUS, Per Christum in Deum (cf. acima, 11. 3), pp. 261ss.

[112] Sob essas condições dificilmente será possível situar a Carta aos Hebreus no âmbito de um discurso intrajudaico; esta, porém, é a proposta de M. KARRER, Hebr I (cf. acima, 11.3), p. 90: "Dito de modo conciso, a Carta aos Hebreus vê seu cristianismo dentro do judaísmo". K. BACKHAUS, Der neue Bund (cf. acima, 11.31), pp. 278ss, indica convincentemente os argumentos contra a localização da Carta aos Hebreus dentro de um discurso judaico ou judeu-cristão.

argumentação é dominada pela cristologia do sumo sacerdote[113], sendo que o decisivo é o tema da suplantação da história da revelação, que já dominou em Hb 1,1s: o sumo sacerdote Jesus Cristo não age num templo terrestre, mas no santuário celestial e, dessa maneira, é superior a todos os outros cultos. A moldura da parte principal da Carta aos Hebreus, Hb 4,14-16 e 10,19-23, permite reconhecer claramente a tese básica da cristologia do sumo sacerdote: *sendo o Filho de Deus, o Jesus que sofreu sem pecado foi instaurado como sumo sacerdote; ele perpassou os céus e possibilita à comunidade que crê o livre acesso a Deus*. No cristianismo primitivo não existem verdadeiramente formas prévias desse conceito[114]; a Carta aos Hebreus é o primeiro escrito que aplica o conceito do sumo sacerdote a Jesus Cristo. Em termos da história contemporânea, a destruição do Templo de Jerusalém é um pressuposto, pois fez com que o culto veterotestamentário-judaico chegasse a seu fim terrestre. Em termos da história da religião, as afirmações sobre o sumo sacerdote em Fílon de Alexandria oferecem o material para uma total suplantação e universalização do sumo sacerdote (cf. Fug 108: "Pois podemos afirmar que se entende por sumo sacerdote não um ser humano, mas o Logos divino"; Spec Leg I 230, que afirma contra Lv 16,6 "que o verdadeiro sumo sacerdote, que não porta esse nome falsamente, está livre de pecados, e se é que ele tropeçasse, seria algo que não lhe ocorre por culpa própria, mas devido à transgressão do povo inteiro"; além disso, cf. Spec Leg I 82-97.228; II 164; Som I 214-216; Fug 106-118; Vit Mos II 109-135)[115]. O caráter particular e singular

---

[113] Cf. a respeito, além dos comentários, sobretudo H. ZIMMERMANN, *Die Hohepriester-Christologie des Hebräerbriefes* (Paderborn: 1964); W. R. G. LOADER, Sohn und Hohepriester (cf. acima, 11.3), *passim*; J. KURIANAL, *Jesus Our High Priest*. EHS.T 693 (Frankfurt: 1999).

[114] Frequentemente se remete à tradição de Estêvão (At 6,8ss) e a Rm 3,25; no entanto, esses textos não designam Jesus como sumo sacerdote; para a discussão, cf. M. KARRER, Hebr I (cf. acima, 11.3), pp. 85-91. Apenas em 1Clem 36; 40 encontram-se as primeiras ideias paralelas.

[115] Também fora das especulações sobre o sumo sacerdote podemos mostrar numerosos paralelos entre a Carta aos Hebreus e Fílon; cf. a respeito, além dos comentários de H. HEGERMANN e H.-F. WEISS, especialmente de R. WILLIAMSON, *Philo and the Epistle to the Hebrews*. ALGHJ IV (Leiden: 1970), que analisa todos os paralelos relevantes.

do sumo sacerdócio de Jesus é desenvolvido, com referência a Sl 110,4 ("Tu és sacerdote para sempre, segundo a ordem de Melquisedec"; cf. Hb 5,6.10; 6,20), como absoluta superioridade (cf. Hb 7,11) do sacerdócio eterno de Melquisedec (cf. Gn 14,18-20) sobre o sacerdócio aronita-levítico.

Enquanto o sumo sacerdote levítico precisa oferecer no grande Dia da Reconciliação (Expiação, cf. Lv 16) um sacrifício também por seus próprios pecados (Hb 5,3; 7,27; 9,7.25; 13,11), Jesus é sem pecado (Hb 4,15) e, portanto, aquele que realmente pode obter a expiação. Portanto, Jesus como o Filho de Deus (Hb 5,5s) é o sumo sacerdote segundo a ordem de Melquisedec (Hb 7,1-10), que, assim como Jesus (cf. Hb 7,14), não era de procedência levítica e que recebeu o dízimo de Abraão[116].

A Carta aos Hebreus desenvolve nesse contexto *uma conceituação própria*:

1) Sob as condições da existência humana (Hb 2,17s; 4,15; 10,19s) e em perfeita obediência a Deus (Hb 2,17; 3,1s; 5,51), o Jesus terreno é mediador entre Deus e os seres humanos, como alguém sem pecado que sofre junto (Hb 4,15; 7,26-28) e, por isso, é instituído por Deus para ser o único e verdadeiro sumo sacerdote (Hb 2,17; 5,5: "Desse modo, também Cristo não atribuiu a si mesmo a glória de tornar-se sumo sacerdote"; 6,20; 7,16.21s; 10,21).

2) Por meio do sacrifício de sua vida (Hb 7,27; 10,10) e de seu sangue (Hb 9,11ss; 10,19) na Sexta-feira Santa como Dia da Reconciliação no santíssimo celestial (Hb 6,20; 8,1-3; 10,19s), Jesus como um sacrifício expiatório adquire a purificação dos pecados e a salvação para todas as pessoas (Hb 9,11-15; 10,19s.22).

3) O Jesus que ascende desbrava para os seus o caminho para Deus (Hb 4,14-16; 5,9; 7,19; 10,19-21; 12,2).

4) Como sumo sacerdote celestial, o Exaltado intercede como advogado junto a Deus pela comunidade (Hb 7,22-25; 8,1.6; 9,24; 10,21).

---

[116] Para a tradição de Melquisedec no judaísmo antigo, cf. H.-F. WEISS, Hebr (cf. acima, 11.3), pp. 373-392.

De importância crucial para a avaliação da cristologia da Carta aos Hebreus é a maneira como se integra nesse conceito teológico-cúltico *a existência terrena e o sofrimento de Jesus*[117]. Será que a imagem da vitória celestial domina tão fortemente que a existência terrestre de Jesus se torna apenas uma fase transitória necessária, mas não decisiva? A exegese (mais antiga) respondeu essa pergunta em parte positivamente e considerou a Carta aos Hebreus uma forma prévia ou um testemunho do gnosticismo cristão[118]. No entanto, há observações importantes que são argumentos contra essa teoria:

1) Em Hb 2,14a ("Uma vez que os filhos e filhas participam da carne e do sangue, também ele participou dos mesmos [...]") encontra-se, ao lado de Jo 1,14, a afirmação mais clara da encarnação no Novo Testamento.
2) Característica para toda a argumentação da carta é uma interligação indissolúvel dos eventos celestial e terrestre (Hb 2,10/2,11-18; 4,14/4,15; 5,1-7/5,7-10; 9,11/9,12-15; 10,12). Na terra, Jesus exerce o ministério do sumo sacerdote com o sacrifício único oferecido por ele com sua morte na cruz, que é o evento expiatório escatológico (Hb 9,11-28; 10,10). Na morte na cruz, ocorrida uma vez por todas (cf. Hb 7,27; 9,28; 10,10.12.14), o Filho atravessou o véu celestial, τοῦτ' ἔστιν τῆς σαρκὸς αὐτου = "que é sua carne/corpo" (Hb 10,20), para interceder agora pelos crentes (cf. Hb 7,25; 9,24; 4,16). A Carta aos Hebreus não entende a exaltação em suplantação da cruz como o evento decisivo da salvação nem se refere a um autossacrifício eterno do Filho, mas consegue "transmitir o evento Cristo na cruz e na

---

[117] Cf. aqui especialmente J. ROLOFF, "Der mitleidende Hohepriester", in IDEM, *Exegetische Verantwortung in der Kirche* (Göttingen: 1990), pp. 144-167.
[118] Cf. E. KÄSEMANN, Das wandernde Gottesvolk (cf. acima, 11.3), pp. 90; E. GRÄSSER, "Hebräer, 1,1-4. Ein exegelischer Versuch", in IDEM, *Text und Situation* (Gütersloh: 1973), pp. 182-228, aqui: p. 224: "A vida de Jesus e a cruz preservam seu caráter de episódio: a meta é a exaltação"; IDEM, Hebr I (cf. acima, 11.3), pp. 135S; para a crítica a modelos de explicação como gnose, cf. H.-F. WEISS, Hebr (cf. acima, 11.3), p. 385.

exaltação de modo teológico-cultual como o evento salvífico singular que abraça a terra e o céu, o tempo e a eternidade"[119] (Hb 2,9: "Vemos, todavia, a Jesus, que foi feito por um pouco menor que os anjos, por causa dos sofrimentos da morte coroado de honra e de glória, para que ele, pela graça de Deus, provasse a morte em favor de cada um"). Na Carta aos Hebreus coincidem a cruz e a exaltação, o âmbito terrestre e o celeste, de modo que o ἐφάπαξ ("uma vez [por todas]") caracteriza o espaço e o tempo de modo qualitativamente novo.

3) O motivo central da *solidariedade compassiva do portador da salvação*, central para toda a cristologia e soteriologia (cf. abaixo, 11.3.4), remete à cruz como o lugar da salvação (Hb 2,17s; 5,7-10); a encarnação de Jesus é um ato de solidariedade redentor. Jesus é o "iniciador da salvação" (ἀρχηγὸς τῆς σωτηρίας) que é plenificado por meio de seu sofrimento e que assim conduz os filhos para a glória (Hb 2,10).

A cristologia do sumo sacerdote fundamenta-se na convicção de que, na morte de Jesus, que era sem pecado, deu-se o desapoderamento da morte e do diabo (Hb 2,14b: "[...] a fim de destruir pela morte aquele que tem o poder da morte, isto é, o diabo"), de modo que unicamente ele e não o sumo sacerdote (judaico) pode obter a remoção dos pecados. Como outras formas da cristologia, também o conceito do sumo sacerdote descreve o *serviço de mediação* entre Deus e o ser humano, realizado por Jesus, que é ao mesmo tempo um serviço terreno e celeste.

11.3.3 *Pneumatologia*

Na Carta aos Hebreus não se encontra uma pneumatologia elaborada, mas o espírito (de Deus) é inserido em argumentações centrais.

---

[119] F. LAUB, Zum Verständnis des Kreuzestodes (cf. acima, 11.3), p. 80; outros acentos em H. LÖHR, "Wahrnehmung und Bedeutung des Todes Jesu nach dem Hebräerbrief", in J. FREY, J. SCHRÖTER, *Deutungen des Todes Jesu im Neuen Testament*. WUNT 181 (Tübingen: 2005), pp. 455-476.

Fundamental é a origem do espírito, ou seja, o fato de que ele vem de Deus que o distribui segundo sua vontade (Hb 2,4). O Espírito Santo aparece no contexto do falar de Deus (Hb 3,7) e testemunha a atuação de Deus que cria salvação (Hb 10,15). O serviço reconciliador de Cristo na cruz realiza-se segundo Hb 9,14 pelo "espírito eterno", isto é, pelo espírito de Deus (cf. Rm 1,3s; 1Tm 3,16).[120] No autossacrifício de Jesus atua o próprio Deus, ele o conduz do mundo dos mortos (Hb 13,20) para o alto, estabelece-o o como sumo sacerdote eterno e opera assim a salvação dos crentes. Por isso, quem "pisoteia" o sacrifício singular de Jesus por meio de sua renegação da fé, insulta Deus e o Espírito Santo (Hb 10,29; cf. Hb 6,4.6).

11.3.4 *Soteriologia*

Toda a cristologia do sumo sacerdote está a serviço da soteriologia. O sumo sacerdócio levítico e a lei não têm a força para levar o ser humano a seu destino: a participação na santidade e glória da natureza de Deus e receber livre acesso a Deus. Unicamente o Filho foi capaz de conseguir isto, e ele se tornou igual a seus irmãos, "para se tornar misericordioso e um sumo sacerdote fiel para os serviços diante de Deus, para expiar os pecados do povo" (Hb 2,17). A compaixão de Jesus para com as pessoas (Hb 4,15; 2,17) fundamenta-se na experiência da própria tentação no sofrimento (Hb 5,7-10). Já que o próprio Jesus sofreu e foi entregue às tentações do pecado, mas não foi derrotado pelo poder do pecado, somente ele pode realmente purificar dos pecados: "Pois, tendo ele mesmo sofrido quando foi tentado, é capaz de socorrer os que são tentados" (cf. Hb 2,18; além disso, cf. 1,3; 2,17; 4,15; 5,7.8). A salvação soteriológica é para a Carta aos Hebreus em primeiro lugar o perdão dos pecados; todo o conceito soteriológico depende das duas palavras χωρὶς ἁμαρτίας ("sem pecado") em Hb 4,15! Como Jesus era sem pecado, somente ele pode remover os pecados. No entanto, a condição de ser sem pecado decorre não só da "natureza" divina de Jesus, mas é também o resultado de uma batalha

---

[120] Cf. H. HEGERMANN, Hebr (cf. acima, 11.3), p. 180.

e de uma decisão consciente (cf. Hb 12,2-3). *Por isso, a condição de ser sem pecado marca a diferença encarnatória e epifânica de Jesus em relação a todos os seres humanos.* O ser humano perdido, cuja distância culposa a Deus não pode ser superada pela lei, é somente pelo sangue de Jesus resgatado do pecado e levado à perfeição (Hb 7,11-19; 9,11s). Dessa maneira, a Carta aos Hebreus desenvolve uma soteriologia de mediador[121]; no e pelo evento da cruz, Jesus é o mediador entre a esfera terrestre e a celeste da realidade e permite o livre e pleno acesso direto a Deus: "Sendo então, irmãos, que temos o pleno direito de entrar no santuário pelo sangue de Jesus, que ele nos inaugurou como um caminho novo e vivo através do véu, quer dizer: através de sua carne" (Hb 10,19s). A plenificação do caminho de Jesus tem uma qualidade soteriológica, pois "com sua oblação, ele aperfeiçoou para sempre aqueles que são santificados" (Hb 10,14).

Essa mensagem deve ser ouvida, pois ao conceito básico da teológica da palavra da Carta aos Hebreus corresponde do lado do ser humano o ouvir (Hb 2,1: "Por isso devemos observar tanto mais aquilo que ouvimos, para que não nos transviemos"; cf. Hb 4,1-2.12s; 6,4s).

11.3.5 *Antropologia*

A antropologia é um tema central da Carta aos Hebreus, pois a cristologia da soberania do Filho em Hb 1 recebe um maior desenvolvimento na antropologia da soberania em 2,5-18, sob recurso a Sl 8 e Gn 1. O ser humano é apenas pouco inferior aos anjos, e Deus colocou tudo debaixo de seus pés (Hb 2,7s). Sendo criaturas, os filhos têm sua origem em Deus; assim como o Filho, os seres humanos têm um parentesco direto com Jesus (Hb 2,11) que não se distancia da miséria humana pela santidade do celestial, mas que assume deliberadamente o sofrimento para reconstituir assim o ser humano em sua glória original. Aqui fica claro que a antropologia surge na Carta aos Hebreus da cristologia[122]; a preocupação da Carta aos Hebreus é a salvação do

---

[121] Cf. K. BACKHAUS, Per Christum in Deum (cf. acima, 11.3), pp. 269s.
[122] Cf. M. KARRER, Hebr I (cf. acima, 11.3), p. 164.

ser humano ameaçado. Já que Jesus no seu autossacrifício se igualou totalmente aos seres humanos (Hb 2,14s), abre-se para o ser humano agora a liberdade e a confiança de superar o sucumbimento à morte e de aproximar-se de Deus (cf. παρρησία em Hb 4,16; 10,19.35).

O pecado

Na Carta aos Hebreus, o perigo fundamental para o ser humano é relacionado com o conceito do pecado. A atuação do diabo e da morte condensa-se no pecado, porque no pecado a morte passa para a vida, e o pecado recebe seu salário na morte. O conteúdo desse conceito apresenta grandes variações[123]: central é a ideia de que Jesus, por meio de sua morte na cruz, tirou o pecado e purificou os crentes (Hb 1,3: "e ele realizou a purificação dos pecados"; 2,17: "para que ele se tornasse um sumo sacerdote misericordioso e fiel diante de Deus, para expiar os pecados do povo"; 10,12: "este, ao contrário, ofereceu um sacrifício único pelos pecados"; cf. Hb 10,10.14.18). O pecado aparece aqui como um poder que não pode ser removido por nenhuma instância terrena, inclusive o sumo sacerdote (cf. Hb 5,1.3; 7,27; 10,6.8; 13,11). Hb 10,4 formula isso programaticamente: "É impossível que o sangue de touros e bodes tire os pecados". A Carta aos Hebreus refere-se ao mesmo tempo ao engano do pecado (Hb 3,13) e exorta enfaticamente a resistir ao pecado (Hb 12,1: "Vamos nos desfazer de todo fardo, sobretudo do pecado que nos envolve e seduz constantemente"; 12,4: "Vós ainda não resististes até o sangue em vosso combate contra o pecado"). Em Hb 10,26, o pecado aparece como um ato evitável: "Pois se pecamos voluntariamente, depois de ter recebido o conhecimento da verdade, já não resta sacrifício pelos pecados". Corresponde a isso positivamente a referência a Jesus como modelo na luta contra o pecado (Hb 12,3). A Carta aos Hebreus tenta aparentemente combinar dois pensamentos (necessariamente) não completamente livres de contradições, para assim fortalecer a comunidade novamente na certeza da salvação e motivá-la na realização da salvação: Jesus venceu na cruz

---
[123] Para a análise detalhada, cf. H. LÖHR, Umkehr und Sünde (cf. acima, 11.3), pp. 11-135.

o pecado, porque unicamente ele é sem pecado (Hb 4,15; 7,26). Ao mesmo tempo, porém, é preciso resistir ao pecado e romper a relação negativa entre a fraqueza, a tentação e o pecado. As linhas cristológica e antropológico-ética tematizam o pecado a partir de perspectivas diferentes, para captar assim sua superação fundamental no evento Cristo e sua realidade que continua a ser um perigo. Ele se manifesta sobretudo, na possibilidade de se afastar da salvação, considera pela Carta aos Hebreus o pecado por excelência e contra a qual ela argumenta enfaticamente.

Com a substituição da velha ordem cúltica, também a *lei* perdeu qualquer importância. A Carta aos Hebreus não defende uma visão independente da lei que aparece somente sob o aspecto teológico-cúltico. Ela foi definitivamente substituída, pois o poder do pecado que separa da salvação não pode ser abolido pela lei. A lei deve ser atribuída ao espaço externo e não à vida (Hb 7,16); não é capaz de levar à perfeição (Hb 7,18.19a), porque é fraca e incapaz de tirar os pecados (Hb 10,1s.11).

A fé

A Carta aos Hebreus é o único escrito do Novo Testamento que oferece uma definição da fé[124]: "A fé, porém, é um estar firme naquilo que se espera e uma certeza das coisas que não se vêem" (Hb 11,1). O substantivo πίστις encontra-se 32 vezes na Carta aos Hebreus, o que é um nítido sinal da importância da temática da fé. Diante da fé provada dos destinatários, a Carta aos Hebreus acentua a constância e a firmeza da fé. A fé é em sua essência uma certeza baseada na atuação de Deus por meio do Filho e porta por isso dentro de si mesma sua certeza em Deus e a partir de Deus. À semelhança de Fílon, também a Carta aos Hebreus acentua a orientação da fé pelo invisível e, dessa maneira, pelo próprio Deus. A fé é uma abertura para o invisível que,

---

[124] Para o conceito de fé na Carta aos Hebreus, cf. E. GRÄSSER, Der Glaube im Hebräerbrief (cf. acima, 11.3), passim; G. DAUTZENBERG, "Der Glaube im Hebräerbrief", in BZ 17 (1973): 161-177; D. LÜHRMANN, Glaube im frühen Christentum (cf. acima, 6.5), pp. 70-77; H.-F. WEISS, Hebr (cf. acima, 11.3), pp. 564-571.

como mundo celestial em oposição ao mundo terrenamente visível, é imutável e incorruptível. Nas inconstâncias do mundo visível unicamente a orientação pela fé no mundo celestial e imutável oferece uma verdadeira segurança. A conceituação bastante teórica do termo de fé na Carta aos Hebreus manifesta-se também no fato de que ela quase não indica algum objeto da fé. Apenas Hb 6,1 fala da "fé em Deus" e Hb 11,6, da crença de que "é realmente Deus". A série acerca da fé em Hb 11 orienta-se por uma história pré-cristã da fé, em cujo ponto final está Jesus como aquele que se sentou à direita de Deus como o fundador e consumador da fé.

Diferentemente de João e Paulo, a Carta aos Hebreus não define a fé de modo estritamente cristológico; ao contrário, ela designa em primeiro lugar uma atitude do ser humano que resiste nas provações, que se destaca por paciência e que vive a partir de uma certeza incondicional. Dessa maneira, a fé passa a situar-se na proximidade de uma virtude ou atitude ética fundamental, mas sem se esgotar nela[125]. O livre acesso a Deus, permitido na fé, foi possibilitado unicamente por Jesus que, como verdadeiro sumo sacerdote, superou o pecado por meio de seu sacrifício. Por isso, Hb 10,22s pode convocar: "Aproximemo-nos, então, de coração reto e cheios de fé [...] e manteremos a profissão de nossa esperança como uma imutável, porque fiel é aquele que fez a promessa". Os bens esperados pela fé são o "mundo futuro" (Hb 2,5), "a cidade futura" (Hb 13,14), "o repouso escatológico em Deus" (Hb 4,1ss) e "a herança eterna" (Hb 9,15). O conceito de fé da Carta aos Hebreus está em clara continuidade com a tradição bíblico-judaica, mas, ao mesmo tempo, cada fidelidade humana na fé tem seu fundamento na atuação salvífica de Cristo, o sumo sacerdote. Unicamente o destino sofredor de Jesus fundamenta e justifica a fé (Hb 2,17s), porque a confiança da fé se baseia na certeza de que Jesus superou realmente o poder do pecado e, com isso, da morte.

---

[125] Diferente E. GRÄSSER, Hebr III (cf. acima, 11.3), p. 841, o qual interpreta a *pistis* como a virtude cristã da perseverança no contexto de "uma conservação do patrimônio espiritual" (op. cit., p. 84).

A consciência e a alma

A Carta aos Hebreus tem um forte interesse psicológico, porque tematiza as camadas mais íntimas e profundas do ser humano. De um total de 30 ocorrências de συνείδησις ("consciência") no Novo Testamento, 5 encontram-se na Carta aos Hebreus. *A consciência é o lugar onde o ser humano tem conhecimento de si mesmo diante da vontade de Deus*. Por isso é um déficit decisivo da antiga ordem cúltica que seus sacrifícios não podem acalmar a consciência verdadeiramente (Hb 9,9), enquanto o sangue de Cristo "purifica nossas consciências das obras mortas" (Hb 9,14). Como a consciência é o lugar onde o ser humano se torna ciente de seus pecados, aquelas pessoas que, ano após ano, tentam apagar o pecado por meio de sacrifícios não alcançam o repouso e a certeza (Hb 10,2). Ao contrário delas, todas as pessoas que vivem na certeza da fé podem se aproximar com boa consciência (Hb 10,22). Os pecados do ser humano estão presentes na consciência; ao separar-se deles, limpa-se simultaneamente a consciência. A consciência como o órgão e o lugar da autoavaliação realista leva o autor da Carta aos Hebreus em 13,18 à observação final: "Orai por nós, porque estamos convictos de possuir uma boa consciência". Aqui aparece συνείδησις no sentido comum à Antiguidade como instância de autoavaliação que apura seus critérios de uma conduta de vida exemplar.

O centro vital do ser humano, seu *self* interior, é designado na Carta aos Hebreus com ψυχή (6 ocorrências)[126]. Segundo Hb 4,12, a Palavra de Deus penetra o mais íntimo do ser humano e separa alma e espírito, juntas e medulas. Como uma palavra de promessa, é uma "âncora para a alma" (Hb 6,19), e quem se mantém na fé "ganhará a vida" (Hb 10,39: εἰς περιποίησιν ψυχῆς). É a tarefa dos mestres vigiar sobre as almas da comunidade (Hb 13,17), isto é, atuar em prol da preservação da salvação. Portanto, a Carta aos Hebreus designa com ψυχή

---

[126] Cf. também H. LÖHR, Anthropologie und Eschatologie (cf. acima, 11.3), p. 185: "A alma é aquela parte do ser humano que está de modo particular relacionada com a salvação e com as últimas coisas. No estado da alma decide-se a salvação ou a ruína dos seres humanos em geral".

o mais íntimo do ser humano que se encontra diante de Deus, aquele órgão que é tanto sensível como vulnerável em relação à palavra de Deus.

11.3.6 Ética

Na "palavra de Cristo" (Hb 6,1) fala o próprio Deus com a maior imediatez possível, de modo que tudo se decide na pergunta se e como ela chega a ser ouvida (Hb 2,1-4). Um desrespeito a esta palavra teria como consequência uma perda irreversível da graça singular: "Prestai atenção para não rejeitar aquele que fala" (Hb 12,25a). Para impedir isso, a Carta aos Hebreus não fala polemicamente para os de fora, mas *paracleticamente para os de dentro*. Sua preocupação é a autoverificação de sua comunidade, para a qual os pilares fundamentais da fé começaram a balançar. A comunidade tinha se tornado "surda" e inerte diante da mensagem da salvação (cf. Hb 5,11; 6,11.12). A participação nos cultos diminuiu (cf. Hb 10,25), e a comunidade tem de recomeçar do início, dos próprios fundamentos da fé (cf. Hb 5,12-6,2). Assim como a geração do deserto, também a comunidade da Carta aos Hebreus corre o perigo de desprezar a graça de Deus (cf. Hb 3,7-4,13; 12,15). Por isso, a apostasia da fé e o consequente problema da segunda expiação é um assunto atual na comunidade (cf. Hb 6,4-6; 10,26-29; 12,16s; além disso, 3,12; 12,25)[127]. Aqui se condensa a argumentação soteriológica, antropológica e ética da Carta aos Hebreus: quem rejeita a fé, pisoteia o Filho de Deus e torna o sangue da aliança impuro (Hb 10,29). Da singularidade e grandeza do sacrifício de Jesus Cristo surge consequentemente a exortação de não menosprezar a obra salvífica de Jesus por meio da apostasia. Para apóstatas não pode haver uma volta para trás, porque isso esvaziaria a morte de Jesus na cruz (cf. Hb 6,4-6; 10,26-29; 12,16s). À singularidade do sacrifício de Cristo corresponde um batismo que é um só, mas não uma segunda expiação. O ἐφάπαξ ("uma vez") do evento salvífico, que é a base da cristologia e da soteriologia, não permite uma repetição da μετάνοια ("conversão").

---

[127] Para a análise dos textos, cf., além dos comentários, especialmente I. GOLDHAHN-MÜLLER, Die Grenze der Gemeinde (cf. acima, 6.7.3), pp. 75-114.

As exortações e advertências nesse contexto têm em primeiríssimo lugar uma função paraclética positiva[128], porque lembram o fundamento da salvação que Deus colocou uma vez por todas, e visam fortalecer a intelecção de que não se deve voltar ao estado anterior. Hb 6,4s com suas formulações na voz passiva ("[...] os que uma vez foram iluminados [...] provaram [...] receberam o Espírito Santo") mostram que a conversão é muito mais do que uma mudança de mentalidade do ser humano, que é sempre e em primeiríssimo lugar uma graça concedida que pode ser perdida[129]. Contudo, se a comunidade estiver inabalavelmente firme na fé e na obediência à promessa, ela tem a promessa de entrar, diferentemente da geração do deserto, no lugar de repouso escatológico. A comunidade não deve jogar fora a confiança da fé (cf. Hb 10,35); as mãos enfraquecidas e os joelhos trêmulos devem ser fortalecidos (cf. Hb 12,12), para que a morte na cruz de Jesus Cristo não se torne uma zombaria devido ao comportamento deles (cf. Hb 6,6). As posteriores diferenciações na teologia penitencial são ainda alheias à Carta aos Hebreus[130]. Sua preocupação volta-se para os crentes que já provaram a salvação escatológica e, não obstante, correm o risco de abandonar o caminho uma vez assumido.

As afirmações sobre a segunda expiação encaixam-se no *conceito ético geral* da Carta aos Hebreus: predominantes são afirmações fundamentais (por exemplo, Hb 2,1-4; 4,14-16; 10,19-21) que geram conclusões éticas com caráter de convocação e intelecção (cf. Hb 3,1; 4,1.11; 10,22-24; 12,1s.12)[131]. O autor apela à intelecção e ao discernimento, mas também às emoções e convicções fundamentais dos destinatários. Ele aduz exemplos (negativos: a incredulidade e a desobediência da geração do deserto 3,7-19; 4.1-11; Esaú 12.16; positivos: a fé e a obediência de Jesus 3,1-6; 5,1-10; a "nuvem de testemunhas" 11; um exemplo da natureza: 6,7s), formula perguntas retóricas (Hb 1,5.10;

---

[128] Cf. H.-F. WEISS, Hebr (cf. acima, 11.3), pp. 347-351.
[129] Cf. H. LÖHR, Umkehr und Sünde (cf. acima, 11.3), pp. 286ss.
[130] Cf. a respeito I. GOLDHAHN-MÜLLER, Die Grenze der Gemeinde (cf. acima, 6.7.3), pp. 225-278.
[131] Cf. para a comprovação W. ÜBELACKER, Paraenesis or Paraclesis (cf. acima, 11.3), pp. 327-346.

3,16-18; 7,11; 12,7.9) e fortalece com seu conselho a disposição dos crentes (Hb 6,9s: "Mesmo assim, amados, estamos em relação a vós convencidos daquilo que é o melhor e que serve à salvação [σωτηρία] – mesmo se falamos com dureza. Pois Deus não é injusto, de modo que esquecesse vossa atuação e vosso amor"). Por isso podemos designar as afirmações éticas da Carta aos Hebreus como *paréclese*, no sentido de que *"paraclesis also includes 'new' or deepening and clarifying explanations, which allow for reasoning, argumentation and the establishment of a theoretical foundation for a specific exhortation in a specific situation"* (a paráclese inclui também explicações "novas" ou aprofundadoras e esclarecedoras que permitem o raciocínio, a argumentação e o estabelecimento de um fundamento teórico para uma exortação específica numa situação específica)[132]. *Enquanto a parênese abrange instruções breves e de orientação prática, a paraclése visa, numa forma justificada, tocar abrangentemente a razão, o coração e a intelecção teológica.* Somente o conhecimento, o saber, ou seja, a aceitação teológica aprofundada, leva à ativação de intelecções que se perderam e/ou a novas orientações[133]. Também a análise semântica é um argumento em favor da classificação como *paráclese*, porque παράκλησις ocorre em Hb 6,18; 12,5; 13,22, παρακαλεῖν em 3,13; 10,25; 13,19.22 e porque o autor caracteriza seu escrito em Hb 13,22 como λόγος τῆς παρακλήσεως ("palavra da intelecção que ajuda"). Finalmente se encontram apenas em Hb 13,1-5.7.17-19 breves exortações.

11.3.7 *Eclesiologia*

A teologia paraclética da Carta aos Hebreus tem em sua totalidade uma dimensão eclesiológica, porque visa um pensamento e uma atuação transformada e renovada da comunidade. Como a comunidade deixou de estar compenetrada em suas profundezas pela profissão uma vez aceita, surge o perigo da apostasia (cf. Hb 2,1-4; 3,12-19; 4,1-13;

---

[132] W. ÜBELACKER, op. cit., p. 348.
[133] Cf. aqui também SÊNECA, Epistulae 94, onde Sêneca comenta abrangentemente formas e justificativas da instrução ética.

10,26-31; 12,14-17). Trata-se de superar a incerteza da comunidade que é o resultado de sua fraqueza de fé e atuação. Ela pertence à terceira geração do cristianismo (cf. Hb 2,3; 3,14; 5,12; 6,10-12; 10,32-34) e suportou as perseguições (Hb 10,32-34; além disso, 6,10; 13,7) mas, ao mesmo tempo, desgastou as energias do tempo inicial. Por isso, o autor da Carta aos Hebreus exorta particularmente para a preservação da profissão recebida (cf. Hb 1,2; 2.3s; 3,14; 4,14; 10,23; 13,7-9) e tenta insistentemente conduzir a atenção da comunidade de volta para a penetração teológica do evento Cristo.

A nova aliança

O conceito da aliança serve para o autor como uma metáfora eclesiológica básica; 17 das 33 ocorrências de διαθήκη encontram-se na Carta aos Hebreus, e nela estão concentradas na seção central de Hb 7,1-10,18[134]. Jesus conclui na cruz a aliança melhor (Hb 7,20-22) e ele é o mediador de uma nova aliança, a única capaz de trazer a salvação (Hb 9,15; além disso, cf. Hb 7,22; 8,6.10; 10,16-18.29; 12,24). A nova aliança (καινὴ διαθήκη em Hb 8,8; 9,15) supera a primeira aliança, porque Jesus, como o líder (Hb 2,10) e precursor (Hb 6,20) da salvação, entrou no santuário celestial e realizou o verdadeiro sacrifício (cf. Hb 7,26; 8,1s; 9,11.24). Os crentes podem seguir Jesus na consciência de chegar, pelo sofrimento do Filho, justamente em seu próprio sofrimento à plenificação e de participar da salvação. O autor conclui seu escrito em Hb 13,20 deliberadamente com a promessa de que Jesus, por meio de seu sangue, realizou a "eterna aliança".

A teologia da aliança adota convenções linguísticas veterotestamentárias e do judaísmo primitivo (cf. a recepção de Jr 31,31-34 e Ex 24,8 em Hb 8,8-12; 9,20; 10,16), mas, ao mesmo tempo, transforma seu centro

---

[134] Cf. ao lado da obra fundamental de K. BACKHAUS, Der neue Bund (cf. acima, 11.3) especialmente D. LUZ, "Der alte und der neue Bund bei Paulus und im Hebräerbrief", in *EvTh* 27 (1967): 318-336; E. GRÄSSER, "Der Alte Bund im Neuen", in IDEM, *Der Alte Bund im Neuen* (Tübingen: 1985), pp. 1-134 (abordagem detalhada de todas as ocorrências no Novo Testamento); H.-F. WEISS, Hebr (cf. acima, 11.3), pp. 411-415.

e lhe confere uma característica nova. A Carta aos Hebreus não considera a diversidade das tradições veterotestamentárias da aliança, mas se concentra nos temas do rompimento da aliança e da cegueira do povo da antiga aliança. Também a relação central entre a aliança e a lei não é tematizada[135]. Na Carta aos Hebreus, o verdadeiro vínculo entre conceituações veterotestamentárias da aliança e a teologia da aliança reside na teocêntrica: Deus é a origem, o meio e o fim da aliança[136]. Ao mesmo tempo, porém, essa teocêntrica é recheada cristologicamente e recebe assim um novo perfil, pois a homologia de Cristo é o centro do conceito da aliança na Carta aos Hebreus. No plano da pragmática textual, o termo/conceito é um elemento importante para a autoverificação e autodefinição de uma comunidade que, em seu caminho, tem de elaborar uma nova determinação de sua identidade.

O Povo de Deus a caminho

Outra metáfora central da eclesiologia é o conceito do Povo de Deus que está a caminho (cf. especialmente Hb 3,7-4,11)[137]. Já que se negou ao povo que caminhava no deserto o acesso ao lugar de repouso preparado por Deus, por causa de sua desobediência, é mister tirar disso as consequências para o tempo presente e ouvir a voz de Deus "hoje" e não fechar o coração (Hb 3,7s). Ao Povo de Deus da Carta aos Hebreus pertencem igualmente antigos judeus e gentios que ouvem a mesma mensagem que a geração do deserto (Hb 4,2). Dessa maneira relaciona-se o lugar de repouso prometido a Israel com o lugar da salvação escatológica, aberto por Cristo.

Dentro do conceito do Povo de Deus há uma clara potencialização e superação, pois a situação do Povo de Deus no tempo da antiga aliança é diferente da situação do tempo da nova aliança. Isso se expressa na imagem da casa em Hb 3,4-6: "Toda casa é construída por

---

[135] Cf. K. BACKHAUS, Der neue Bund (cf. acima, 11.3), p. 333.
[136] Cf. K. BACKHAUS, op. cit., p. 350.
[137] Cf. aqui E. GRÄSSER, "Das wandernde Gottesvolk. Zum Basismotiv des Hebräerbriefes", in IDEM, *Aufbruch und Verheissung* (cf. acima, 2,3), pp. 231-250; J. ROLOFF, Kirche (cf. acima, 6,7), pp. 282-287.

alguém; mas quem construiu tudo é Deus. Ora, Moisés era fiel em toda sua casa como servo do testemunho das palavras que deveriam ser transmitidas, mas Cristo, como Filho sobre sua casa; essa casa, porém, somos nós, se mantivermos a liberdade e a glorificação da esperança". Na Carta aos Hebreus não se encontram reflexões sobre a relação histórico-salvífica entre a Igreja e Israel, mas o conceito de um único Povo de Deus se vincula à teologia da palavra de Deus, já que em todos os tempos foi unicamente o falar de Deus que constituiu, na palavra, o Povo de Deus. Cada geração está diante do desafio de confrontar-se com essa palavra e de aceitar ser movido em direção ao lugar do repouso escatológico e, dessa maneira, fazer o caminho que Cristo desbravou definitivamente. Ao Povo de Deus a caminho da nova aliança dirige-se unicamente a promessa (cf. Hb 11,1-12,3), e é crucial que "corramos com perseverança a carreira que nos é proposta" (Hb 12,1). A comunidade da Carta aos Hebreus está determinada pelo fato de estar a caminho para uma meta que fica no além da história e do mundo; aplica-se: "Não temos aqui uma cidade permanente, mas estamos à procura da futura" (Hb 13,14). No tempo presente, a cidade celestial de Deus ainda está fechada, mas ela possui sua realidade na promessa incondicional da palavra (Hb 12,22).

A Carta aos Hebreus não menciona explicitamente ministérios, mas, dentro da comunidade, especialmente pessoas em posição de liderança (Hb 13,7.17.24) têm a tarefa de dar voz à palavra de Deus em todas as situações da vida da comunidade e de preservá-la pelo anúncio dessa palavra e sua compenetração mais profunda da apostasia que a ameaça. A autoridade dos mestres deriva exclusivamente da palavra de Deus, que eles tornam compreensível para os membros da comunidade numa pastoral que vai ao encontro das pessoas. Segundo Hb 13,17 pode se cobrar dos mestres uma justificação sobre sua missão, e eles precisam prestar contas diante de Deus. Alusões terminológicas ao batismo (Hb 3,14; explicitamente em 6,2) e à santa ceia (Hb 6,4s; 9,20; 10,29; 13,9s)[138] existem, mas não são teologicamente elaboradas. A Igreja da Carta aos Hebreus (ἐκκλησία em Hb 2,12; 12,23)

---

[138] H.-F. WEISS, Hebr (cf. acima, 11.3), pp. 726-729.

é exclusivamente uma Igreja da palavra, que vive da graça de receber essa palavra cada vez de novo e de estar em condições de aprofundá-la em suas releituras. Jesus possibilitou essa comunhão por meio de sua encarnação e lhe abriu o futuro de Deus, através de sua instalação como sumo sacerdote celestial. A comunidade pode ter certeza disso, porque ela é a "assembleia dos primogênitos que estão inscritos nos céus" (Hb 12,23).

11.3.8 *Escatologia*

Também as afirmações escatológicas devem ser entendidas no contexto da orientação paraclética geral da Carta aos Hebreus. O autor adota várias tradições e lhes confere parcialmente uma releitura, para inculcar à comunidade a grande responsabilidade pela salvação já alcançada e ainda esperada, e para animá-la a preservar firmemente a salvação. Nesse contexto entrelaçam-se o pensamento espacial e o temporal, embora sem chegar a uma sintonia perfeita.

Ressurreição e parusia

Segundo Hb 6,2, a esperança da ressurreição faz parte dos conteúdos fundamentais da fé, porque a comunidade foi instruída na doutrina sobre "os batismos e a imposição das mãos, a ressurreição dos mortos e o juízo eterno". Essa esperança baseia-se na ressurreição de Jesus dentre os mortos como o evento salvífico escatológico por excelência: "O Deus da paz, que fez subir dentre os mortos nosso Senhor Jesus, o grande pastor das ovelhas, na força do sangue da ordem salvífica eterna" (Hb 13,20). Por meio de sua morte, Jesus venceu o diabo, portanto, o poder da morte, de modo que as pessoas que creem já não estão submetidas à escravidão da morte (Hb 2,14-16). Embora o ser humano tenha de morrer e ser entregue ao julgamento (Hb 9,27; 10,27; 12,29), a singularidade da vida e da morte aplicaram-se também a Jesus. Deus ressuscitou-o dentre os mortos, e os crentes podem ter a esperança de que ele agirá neles do mesmo modo. Em Hb 11,5.19.35, o autor refere-se a um tipo diferente de ressurreição: para as testemunhas da antiga aliança já existia uma ressurreição intramundana e metafórica, embora ela seja distinguida da ressurreição escatológica que é chamada em Hb 11,35 de uma "ressurreição melhor"[139]. Hb 10,25 ("isso à medida que vedes o dia se aproximar") e 10,37 ("Porque ainda um pouco, muito pouco tempo, aquele que vem virá e não tardará") tematizam a parusia.

Também em Hb 1,6 ("pois quando ele introduzir o Primogênito de novo no mundo") deve haver uma referência à parusia, como indicam πάλιν ("de novo") e a relação com Hb 2,5 ("o mundo que vem"/anjos)[140]. O conceito da parusia, porém, na Carta aos Hebreus pensado prioritariamente de modo temporal, é relacionado também com categorias espaciais, como mostra Hb 9,24-28. Jesus entrou no céu "a fim de comparecer ali diante da face de Deus a nosso favor" (Hb 9,24b). Na cruz, ele carregou os pecados de muitos e agora "aparecerá uma segunda vez sem relação com o pecado, para a salvação daqueles que o esperam" (Hb 9,28).

Realidades celestiais

A visão de mundo da Carta aos Hebreus caracteriza-se essencialmente por uma ordem dualista de tudo que existe e segundo a qual todo visível/mutável passa, enquanto o invisível/imutável é o que realmente perdura e existe. Por trás do mundo visível está o mundo celestial invisível como protótipo; a fé reconhece que os éones foram preparados pela palavra de Deus, de modo que o visível se formou daquilo que não é perceptível (Hb 11,3; cf. também 4,3c). Deus criou ambos os mundos, mas realmente estável é somente o mundo celestial. *O mundo inabalável do céu, no qual Cristo entrou com sua exaltação, que lhe é submetido e do qual participam também os crentes, é para a Carta aos Hebreus o bem escatológico central* (Hb 8,1: "Temos um sumo sacerdote que se assentou à direita do trono da majestade nos céus"). Enquanto o culto terrestre em Jerusalém é apenas uma imagem e uma sombra

---

[139] Cf. H. LÖHR, Anthropologie und Eschatologie (cf. acima, 11.3), pp. 187-189.
[140] Cf. W. EISELE, Ein unerschütterliches Reich (cf. acima, 11.3), pp. 127s.

do celeste (Hb 8,5), a promessa da nova aliança é que os crentes, pelo verdadeiro sumo sacerdote, têm acesso a Deus no santíssimo do céu (Hb 10,19-23). Enquanto a geração do deserto fracassou no visível (Hb 12,18s: montanha, fogo, tempestade), a morte de Jesus permite aos crentes após sua morte a participação da assembleia festiva celestial (Hb 12,22-23). Na fé (Hb 3,1: "a vocação celestial") e em seus cultos (Hb 6,4: saborear o "dom celestial"), a comunidade já participa dessa realidade. Por isso, tudo depende da atitude de não rejeitar aquele que abre a realidade celestial: "Sejamos gratos, visto que recebemos um reino inabalável" (Hb 12,28a). Dimensões espaciais servem como metáforas para qualificar esferas existenciais, sendo que a Carta aos Hebreus se caracteriza por uma combinação de ideias apocalípticas e medioplatônicas. Enquanto muitos motivos específicos provêm da apocalíptica judaica[141], a diástase de terra e céu, de visível e invisível, de passageiro e permanente, abalável e inabalável, mutável e imutável, estrangeiro e pátria, tempo e eternidade[142] indica uma influência medioplatônica (cf., por exemplo, Hb 8,5; 9,23; 11,3.10.13; 12,22-24.25-29; 13,14)[143].

O lugar de repouso escatológico

Sob adoção de Sl 95,7s.11 designa-se em Hb 3,7-4,11 a participação dos crentes no evento escatológico como "entrada no repouso (κατάπαυσις) de Deus"[144]. essa expressão significa o lugar de destino definitivo das promessas de Deus; quem o alcançou, tem parte no repouso

---

[141] Cf., por exemplo, para Hb 12,18-24 a interpretação de H.-F. WEISS, Hebr (cf. acima, 11.3), pp. 668-683.
[142] Cf., por exemplo, PLUTARCO, Delphi 19: "Ora, o que é realmente existente? O eterno e o que não chegou a ser, no qual também o tempo não provoca uma mudança".
[143] Cf. para a justificativa abrangentemente W. EISELE, Ein unerschütterliches Reich (cf. acima, 11.3), pp. 375-414. Devemos considerar também o conceito estoico da verdadeira *polis*: "Pois dizem os estoicos que o céu é uma *polis* no sentido verdadeiro, enquanto as aqui na terra não o são absolutamente" (SVF 111 327).
[144] Cf. aqui O. HOFIUS, Katapausis (cf. acima, 11.3); H. F. WEISS, Hebr (cf. acima, 11.3), pp. 268-273.

sabático divino (Hb 4,4) e descansa como o próprio Deus (Hb 4,10). O conceito do repouso escatológico como existência abrangente junto a Deus pertence, assim como a "cidade celestial" (Hb 11,10; 12,22; 13,14) ou a "pátria celestial" (Hb 11,14,16) àquelas imagens da Carta aos Hebreus que visam designar o lugar da salvação definitiva. O κατάπαυσις é uma determinação espacial teológica, a meta da peregrinação do Povo de Deus. Esse lugar não deve ser simplesmente identificado com o santíssimo, no qual o sumo sacerdote Jesus já entrou (Hb 6,20; 9,12; 10,19), mas, ao mesmo tempo, Hb 4,16 deixa claro que "a entrada no repouso" está vinculada ao "aproximar-se do trono de Deus". A entrada no repouso é a promessa escatológica de Deus que permaneceu a mesma em todos os tempos, que não foi alcançada pela geração do deserto e que se realiza agora para os crentes sob a liderança do sumo sacerdote Jesus.

A grande variedade de motivos e afirmativas escatológicas mostra o esforço da Carta aos Hebreus de lidar autonomamente com a problemática do atraso da parusia[145]. Ela mantém uma perspectiva de expectativa do fim iminente, mas prefere ao mesmo tempo (sob influência medioplatônica) afirmações espaciais, para conseguir assim uma maior acentuação do *status* ontológico da nova existência, um *status* que transcende o tempo[146]. Isso se recomendava já devido a uma cristologia de conceito cúltico e, assim, também espacial. A herança prometida (Hb 1,14; 6,12; 9,15b), a "esperança melhor" (Hb 7,19), a "confissão da esperança" (Hb 10,23) e a "terra prometida" (Hb 11,9) têm seu fundamento na singularidade do sacrifício de Jesus, que se tornou agora o líder da salvação e abriu o caminho para o santuário celestial. Aquilo que ainda está por vir (cf. Hb 13,14) é relacionado pela Carta aos Hebreus não com conteúdos da fé e com o estado presente da salvação, mas com a preservação da salvação nas lutas pela fé

---

[145] Cf. H.-F. WEISS, Hebr (cf. acima, 11.3), pp. 72-74.
[146] Cf. W. EISELE, Ein unerschütterliches Reich (cf. acima, 11.3), p. 132: "Nela, o esquema tradicionalmente temporal da apocalíptica passa ao segundo plano, em destaque estão conceitos ontológico-espaciais. O lugar da tensão entre o 'já agora' e 'ainda não' é assumido pela diástase entre o mundo abalável e o inabalável, que existem ambas já lado a lado".

que atribulam as pessoas imediatamente. Os crentes são participantes de Cristo (Hb 3,14a) quando "mantêm a confiança do início até o fim" (Hb 3,14b).

11.3.9 *A posição da história da teologia*

No âmbito do Novo Testamento, a Carta aos Hebreus ocupa em vários aspectos uma posição particular[147]:

1) Ela é a testemunha mais importante de uma *teologia da palavra de Deus* no Novo Testamento. O falar de Deus ao longo dos tempos é o fundamento e a meta de tudo que existe; em Jesus Cristo, o autor e o consumador da salvação (Hb 12,2) tornou-se no fim dos tempos o evento salvífico.
2) A Carta aos Hebreus é a testemunha mais importante da *teologia paraclética* no Novo Testamento, pois seu autor procura superar a fadiga e o afrouxamento da comunidade, a perda de conhecimento, a fraqueza de fé e a sensação de não estar salva por meio de uma interpretação mais profunda da confissão, e isso quer dizer, por meio da teologia. As pessoas que creem podem seguir Jesus na consciência de chegar em seu próprio sofrimento à plenificação, pelo sofrimento do Filho, e alcançar a participação na salvação. A certeza e a presença da salvação visam superar a estagnação da fé da comunidade, porque a comunidade pode se orientar na confiabilidade do Deus que fala no Filho. Da singularidade e da grandeza do sacrifício de Jesus Cristo decorre consequentemente a exortação de não desprezar a obra salvífica de Jesus pela apostasia. Na Carta aos Hebreus, a instrução e a exortação estão sempre numa relação mútua e se penetram constantemente uma à outra. Portanto, a orientação consequente da doutrina pela paráclese é o perfil particular da Carta aos Hebreus.

---

[147] Para os alcances e limites da teologia da Carta aos Hebreus, cf. H.-F. WEISS, Hebr (cf. acima, 12.3), pp. 767-786.

3) A Carta aos Hebreus é o documento mais importante de uma *"comparatívica teológica"* no Novo Testamento: a atuação salvífica do Filho é amplamente desenvolvida em oposição ao culto antigo. A Carta aos Hebreus apresenta antiteticamente a superioridade da nova ordem da salvação, sendo que a suplantação histórico-revelatória se manifesta, sobretudo, na posição de Jesus em relação aos anjos e ao sumo sacerdote terreno. A releitura dualista do Antigo Testamento, sob a influência de tradições judaico-helenistas e medioplatônicas, é a expressão de um abrangente processo de nova valoração e revaloração, marcado pelo pensamento da suplantação qualitativa.

No âmbito da história da teologia cristão-primitiva podemos evidenciar linhas de ligação entre a Carta aos Hebreus e outras correntes traditivas. Por exemplo, Hb 1,1-4 apresenta concordâncias com Jo 1,1-18; Fl 2,6-11; Rm 1,3-4; 1Cor 8,6; Cl 1,15ss. Assim como Paulo (cf. Gl 3; Rm 4), também a Carta aos Hebreus adota em 6,13-20 e 11,8-19 a promessa a Abraão. Conceitos acerca do sacrifício da expiação encontram-se tanto em Rm 3,25 como em Hb 2,17s; e assim como Paulo (cf. 2Cor 3), também a Carta aos Hebreus conhece a antítese de Primeira Aliança *versus* Nova Aliança. Ao mesmo tempo, há diferenças significativas entre a teologia paulina e a Carta aos Hebreus (lei, justiça, conceito da fé)[148], de modo que, não obstante Hb 13,23s, seu autor não pode ser considerado um discípulo de Paulo. Ao contrário, a Carta aos Hebreus representa uma teologia independente que, pelo final do séc. I d.C., procura resolver o problema da estagnação na fé tanto por meio de insistentes afirmações como por exortações.

---

[148] Cf. A. LINDEMANN, Paulus im ältesten Christentum (cf. acima, 1.00), pp. 233-240; K. BACKHAUS, "Der Hebräerbrief und die Paulus-Schule", in *BZ* 37 (1993): 183-208.

11.4 A Carta de Judas e a Segunda Carta de Pedro: identidade por meio da tradição e da polêmica contra os adversários

SPITTA, F. *Der zweite Brief des Petrus und der Brief des Judas. Eine geschichtliche Untersuchung*. Halle, 1885; MAIER, F. *Der Judasbrief*. BSt X/1-2. Friburgo, 1906; WERDERMANN, H. *Die Irrlehrer des Judas- und des 2. Petrusbriefes*. BFChTh XVII 6. Gütersloh, 1913; FORNBERG, T. *An Early Church in a Pluralistic Society. A Study of 2Peter*. CB.NT 9. Lund, 1977; HAHN, F. "Randbemerkungen zum Judasbrief". In *ThZ* 37 (1981): 209-218; BAUCKHAM, R. *Jude, 2 Peter*. WBC 50. Waco, 1983; SELLIN, G. "Die Häretiker des Judasbriefes". In *ZNW* 77 (1986): 206-225; PAULSEN, H. Verbete "Judasbrief". In *TRE* 17 (1988): 307-310; WATSON, D. F. *Invention, Arrangement and Style. Rhetorical Criticism of Jude and 2Peter*. SBLDS 104. Atlanta, 1988; VÖGTLE, A. "Christologie und Theo-logie im zweiten Petrusbrief". In *Anfänge der Christologie*. FS F. Hahn, editado por C. BREYTENBACH, H. PAULSEN, pp. 383-398. Göttingen, 1991; HEILIGENTHAL, R. *Zwischen Henoch und Paulus. Studien zum theologiegeschichtlichen Ort des Judasbriefes*. TANZ 6. Heidelberg, 1992; PAULSEN, H. *Der Zweite Petrusbrief und der Judasbrief*. KEK XII/2. Göttingen, 1992; GERDMAR, A. *Rethinking the Judaism-Hellenism Dichotomy. A Historiographical Case Study of Second Peter and Jude*. CB.NT 36. Estocolmo, 2001; FREY, J. "Der Judasbrief zwischen Judentum und Hellenismus". In *Frühjudentum und Neues Testament im Horizont Biblischer Theologie*, editado por W. KRAUS, K.-W. NIEBUHR. WUNT 162. Tübingen, 2003, pp. 180-210; HECKEL, TH. K. "Die Traditionsverknüpfungen des Zweiten Petrusbriefes und die Anfänge einer neutestamentlichen biblischen Theologie". In *Die bleibende Gegenwart des Evangeliums*. FS O. Merk, editado por R. GEBAUER, M. MEISER. MThSt 76, pp. 189-204. Marburg, 2003.

Como escritos pseudoepígrafos, a Carta de Judas e a Segunda Carta de Pedro estão intimamente relacionadas, já que a Segunda Carta de Pedro adota a Carta de Judas quase inteiramente[149]. Ambas as cartas têm de maneiras diferentes o objetivo de rebater um ensinamento adversário e proteger assim suas comunidades.

O conceito teológico da Carta de Judas

O ponto de partida da Carta de Judas é uma ameaça atual contra a fé da(s) comunidade(s) destinatária(s) (Jd 3). Pessoas sem Deus

---

[149] Para as questões introdutórias, cf. U. SCHNELLE, Einleitung (cf. acima, 2.2), pp. 452-460.460-469.

infiltraram-se (segundo a visão do autor) na comunidade e "negam Jesus Cristo, nosso único mestre e Senhor" (Jd 4). A polêmica que a Carta de Judas desenvolve contra os adversários trabalha constantemente com motivos tradicionais, de modo que quase não é possível decidir se os adversários são pregadores itinerantes que passam pelas comunidades ou membros sedentários das comunidades locais[150]. No entanto, sua participação nas celebrações comunitárias da *ágape* (Jd 12) é antes um argumento em favor da segunda possibilidade (além disso, cf. Jd 19.22.23). A Carta de Judas procura em vários níveis fortalecer a identidade de sua comunidade. Por meio do recurso a Judas, um dos irmãos do Senhor, e da referência a Tiago, o irmão do Senhor (e, dessa maneira, o recurso à Carta de Tiago), constrói-se em Jd 1 uma rede intertextual que sinaliza claramente uma posição crítica a Paulo.

Isso pode se dever ao fato de que os adversários da Carta de Judas defenderam seu ensinamento (e prática) entusiasta (possivelmente com referência a Paulo e/ou a seus discípulos). Eles desprezavam os poderes angelicais (Jd 8), consideravam-se pneumáticos (Jd 19) e finalmente se sentiram isentos de limitações tradicionais (Jd 7ss). As numerosas linhas de conexão com a teologia paulina/deuteropaulina (especialmente da Carta aos Colossenses) mostram também claramente que a Carta de Judas (assim como a Segunda Carta de Pedro) pertence ao contexto das disputas em torno da herança da teologia paulina[151].

Também o tratamento da comunidade como "chamados" (Jd 1) e "santos" (Jd) serve para a delimitação contra os falsos mestres, cuja doutrina e atuação imoral levará à ruína (cf. Jd 4,7-11). Finalmente, o conceito da tradição é na Carta de Judas de importância fundamental

---

[150] Cf. H. PAULSEN, Jud, p. 55.
[151] Cf. a respeito com (consideráveis) diferenças nos detalhes da argumentação, por exemplo, U. B. MÜLLER, Zur frühchristlichen Theologiegeschichte (cf. acima, 9), pp. 23-26; R. BAUCKHAM, Jud, p. 12; G. SELLIN, Häretiker, pp. 224s; R. HEILIGENTHAL, Zwischen Henoch und Paulus, pp. 128ff; J. FREY, Judasbrief, pp. 206-209 (A Carta de Judas defende tradicionalmente uma posição combatida na Carta aos Colossenses).

para uma garantia da identidade. A comunidade luta pela fé que foi "uma vez por todas confiada aos santos" (Jd 3). Ela é idêntica às palavras ditas "anteriormente" pelos apóstolos (Jd 17) e forma o fundamento da comunidade (Jd 20). A ameaça da falsa doutrina exige uma formulação e imposição da tradição que está enraizada principalmente no pensamento judaico. Elementos essenciais são especulações apocalípticas e a tradição de Henoc[152], mas há também uma integração de conceitos helenistas (Jd 19b: "eles são psíquicos que não têm o espírito"). No entanto, o conceito da tradição não é empregado como princípio formal, mas a comunidade se sabe comprometida com sua herança. Um peso especial cabe à doxologia no final do escrito (v. 25), onde se acentua a unicidade de Deus (μόνος θεός), o salvador. No centro da cristologia da Carta de Judas está a expectativa do *Kyrios* que vem e que aparece com seus anjos para o juízo (Jd 14.15). Em relação à comunidade, Cristo mostrará misericórdia (Jd 21), mas os adversários serão punidos por suas obras ímpias. O culto aos anjos era um elemento evidente na comunidade de Judas (Jd 6.9.14), enquanto os adversários aparentemente o rejeitavam, de modo que podemos perceber aqui um centro da controvérsia. No âmbito da ética parece ter havido certa importância das ideias judaicas da pureza (cf. Jd 8.12.23). A comunidade destaca-se por estar imaculada e vive numa tensa expectativa escatológica: a rejeição escatológica dos hereges (cf. Jd 4.11.13.15) é contrastada como sua salvação para a vida eterna (Jd 21). Jd 22,23 dá à comunidade instruções para lidar com grupos dissidentes: à misericórdia do *Kyrios* para com a comunidade (Jd 21) corresponde à misericórdia com pessoas que erraram, mas que estão dispostas a se converter e que devem ser regatadas do fogo do juízo que vem[153]. Dessa maneira, apesar de toda sua polêmica, a Carta de Judas caracteriza-se por um traço pastoral fundamental.

---

[152] Cf. R. HEILIGENTHAL, Zwischen Henoch und Paulus, pp. 89-94, o qual supõe, para além dessa definição genérica, que os círculos portadores da Carta de Judas são fariseus cristãos.
[153] Para Jd 23b, cf. H. PAULSEN, Jud, p. 85.

O conceito teológico da Segunda Carta de Pedro

O autor da Segunda Carta de Pedro era um (judeu-)cristão helenista culto[154] que, na disputa sobre (o atraso d)a parusia, ofereceu com o seu escrito a sua comunidade um modelo de solução. O recurso deliberado à Primeira Carta de Pedro (2Pd 3,1) leva a supor que também a Segunda Carta de Pedro se dirija às comunidades da Ásia Menor, mencionadas em 1Pd 1,1[155]. Também a terminologia helenista[156] e o tipo da ameaça indicam comunidades gentio-cristãs com um componente judaico-cristão decisivo. A indefinição ética (cf. 2Pd 1,5.10; 2,2; 3,14 etc.), controvérsias em torno da interpretação da Escritura (cf. 2Pd 1,20s) e sobretudo, as dúvidas acerca do atraso da parusia anunciada marcam as comunidades.

Essa situação agravou-se devido a falsos mestres, cujo perfil teológico – se desconsideramos a polêmica contra adversários que é usual e intercambiável[157] – pode ser definido como segue:

1) Os adversários divulgam uma interpretação particular e estranha das Escrituras (2Pd 1,20.21), e é por isso que são explicitamente denominados como "falsos profetas" (2Pd 2,1). Entre as interpretações "falsas" estão também cartas de Paulo (2Pd 3,15s).
2) Os mestres adversários rejeitam aparentemente elementos essenciais da tradicional doutrina escatológica (anjos, parusia, Juízo Final, fim do mundo), e há ceticismo e zombaria em relação a esses imaginários (cf. 2Pd 1,16; 3,3-5.9).

---

[154] Chama a atenção o uso natural de termos religioso-filosóficos do helenismo; para a análise do catálogo fundamental de virtudes em 2Pd 1,3-7, cf. T. FORNBERG, Early Church, pp. 97-101.
[155] Cf. O. KNOCH, 2 Petr. RNT 8 (Regensburg: 1990), p. 199.
[156] Devido ao grego culto da Segunda Parta de Pedro, T. FORNBERG, Early Church, pp. 112ss, conclui que o contexto histórico das comunidades era uma cultura urbana.
[157] Cf. elenco dos temas típicos em K. BERGER, "Streit um Gottes Vorsehung. Zur Position der Gegner im 2. Petrusbrief", in *Tradition and Re-Interpretation in Jewish and Early Christian Literature*. FS J. C. H. Lebram. StPB 36 (Leiden: 1986), pp. 121-135, aqui: p. 122.

3) Os adversários "negam" o Senhor (2Pd 2,1), "insultam" e "desprezam" a verdade e os poderes celestiais (2Pd 2,2.10). São orgulhosos, arrogantes e proclamam uma falsa doutrina de liberdade (2Pd 2,18a.19).
4) Os adversários realizam "banquetes" de dia (2Pd 2,13); a partir da perspectiva da Segunda Carta de Pedro, levam uma vida impura (cf. 2Pd 2,10.18b.20). As mortes dos pais e o atraso da parusia forneciam aparentemente a justificativa para um ceticismo muito divulgado do início do séc. II (cf. 1Clem 23,3-4; 2Clem 11,2-4)[158], que considerou conceitos judaicos ou judaico-cristãos acerca da salvação e do tempo escatológico superados (cf. 2Pd 2,1: cristologia da expiação; 2Pd 1,16: ideias tradicionais da parusia como μῦθος ["mito"]). Os adversários recorriam para sua posição a cartas paulinas[159] e proclamavam um *conhecimento* de Deus orientado pela razão (cf. o uso acentuado de γνῶσις em 2Pd 1,5.6; 3,18; de ἐπίγνωσις em 2Pd 1,2.3.8; 2,20) e uma prática de fé orientada pela liberdade.

A Segunda Carta de Pedro confronta-se com a crítica fundamental dos adversários em vários níveis. Já a escolha do pseudônimo "Simão Pedro" indica a posição e a intenção do autor: ele se considera um porta-voz da Grande Igreja e reivindica para si a interpretação correta das Escrituras. Também a recepção de elementos do gênero literário de testamento serve à discussão atual, já que as palavras de um moribundo possuem uma autoridade inquestionável e não podem ser retiradas nem modificadas.

---

[158] Para o âmbito pagão, cf. as ocorrências (especialmente PLUTARCO, SerNumVind) em K. BERGER, Streit um Gottes Vorsehung, pp. 124s. T. FORNBERG, Early Church, pp. 119s; J. H. NEYREY, "The Form and Background of the Polemic in 2 Peter", in *JBL* 99 (1980): 407-431; R. BAUCKHAM, 2Petr, pp. 154-157; K. BERGER, Streit um Gottes Vorsehung, *passim*, explicam a posição dos adversários principalmente a partir do ambiente gentio. Na literatura mais antiga, os adversários são frequentemente classificados como gnósticos; para a crítica a essa posição da pesquisa, cf. H. PAULSEN, 2Petr, pp. 95s.
[159] Elenco dos possíveis textos de referência em O. KNOCH, 2Petr, p. 210s.

No nível fictício da carta, Pedro afirma estar na posse "da palavra profética" (2Pd 1,19) e assim poder garantir a certeza do "Dia do Senhor". A fim de comprovar a confiabilidade das promessas de Deus, a Segunda Carta de Pedro recorre ao conceito da correspondência tipológica entre o juízo do dilúvio e o Juízo Final (2Pd 3,5-7), a Sl 90,4 (2Pd 3,8: "diante do Senhor, um dia é como mil anos e mil anos, como um dia") e ao motivo do ladrão (2Pd 3,10; cf. 1Ts 5,2; Mt 24,29ss.43; Ap 3,3; 16,15). A imprevisibilidade e a esperança inabalável na parusia do Senhor são para a Segunda Carta de Pedro um conjunto. 2Pd 3,9 explica o motivo do atraso da parusia: a longanimidade de Deus concede ainda a possibilidade da conversão. Deus como o Senhor da criação e da história não tem apenas uma perspectiva de tempo diferente, mas, na verdade, é sua bondade da qual zombam seus adversários! Com isso, eles revelam sua verdadeira natureza, vivem em autoengano e pecado (cf. 2Pd 1,9; 2,10-12.14.18) e não percebem que o julgamento justo de Deus virá sobre eles (cf. 2Pd 2,3b.12s).

A Segunda Carta de Pedro busca o verdadeiro "conhecimento de Jesus Cristo, o Senhor e Salvador" (cf. 2Pd 1,1s). Nele se revelou Deus (2Pd 1,17), e ele é agora o Senhor da história (cf. 2Pd 3,8-10.15a.18). A natureza divina de Jesus é enfaticamente destacada pelo autor (cf. 2Pd 1,3s; 3,18; além disso, 1,1.11,), pois a participação da "natureza divina" de Jesus Cristo é a meta da vida cristã (2Pd 1,4). A forte orientação cristológica da Segunda Carta de Pedro manifesta-se também no duplo título cristológico "nosso Senhor e Salvador Jesus Cristo" (2Pd 1,11; 2,20; 3,18) e na correspondência entre o início e o fim da carta: o louvor do κύριος ("Senhor") e σωτὴρ Ἰησοῦς Χριστός ("salvador Jesus Cristo") é a moldura do escrito (cf. 2Pd 1,1s; 3,18).

A Segunda Carta de Pedro não pode ser simplesmente desacreditada com o veredicto de ser "catolicismo primitivo"[160], mas ensina a levar a sério a paciência que Deus manifesta para salvar tantas pessoas quanto possível. Ela dirige a atenção para "o reconhecimento do desenvolvimento da Igreja de 'apostólica' para 'católica', no sentido

---

[160] Sobretudo E. KÄSEMANN, "Eine Apologie der urchristlichen Eschatologie", in IDEM, *Exegetische Versuche und Besinnungen* I, 6ª ed. (Göttingen, 1970), pp. 135-157.

pleno da palavra, e para a tentativa séria de preservar e fazer valer na Igreja todas as tradições cristãs legítimas"[161]. Na interpretação não podemos desconsiderar a situação histórica factual da Segunda Carta de Pedro. A hermenêutica do passado e o amplo discurso ético são meios eficientes para garantir a identidade num ambiente helenista. Com a escolha do pseudônimo "Pedro", a referência à tradição sinótica (especialmente de Mateus)[162], o recurso à Primeira Carta de Pedro (2Pd 3,1) e sobretudo, com o recurso a Paulo (e a suas cartas) em 2Pd 3,15s, a Segunda Carta de Pedro expressa sua pretensão de ter para sua interpretação do atraso da parusia todas as testemunhas de seu lado. Agora se apresentam na Segunda Carta de Pedro os apóstolos Pedro e Paulo como testemunhas da unidade e da verdade[163]. Principalmente num âmbito helenista, a ética ocupa uma posição-chave. A Segunda Carta de Pedro é factualmente em grandes partes nada mais que uma parênese, em cujo centro estão virtudes da fé cristã-helenista como a abstinência/o autocontrole (ἐγκράατεια), a paciência/perseverança (ὑπομονή), a piedade/o temor de Deus (εὐσέβεια) e o amor (ἀγάπη). Também na Segunda Carta de Pedro e no início do séc. II, a confiabilidade do testemunho e a fidelidade em relação aos inícios não tinham perdido nada de sua atualidade.

---

[161] O. KNOCH, 2 Petr, p. 231.
[162] Cf. o elenco em P. DSCHULNIGG, "Der theologische Ort des Zweiten Petrusbriefes", in *BZ* 33 (1989): 161-177, aqui: 168-176. Segundo Dschulnigg, o autor da Segunda Carta de Pedro tem suas raízes no judeu-cristianismo do Evangelho de Mateus, "cuja teologia ele defende abrangentemente em toda sua carta".
[163] Cf. TH. K. HECKEL, Traditionsverknüpfungen, pp. 193-195.

Capítulo 12
A TEOLOGIA JOANINA: INTRODUÇÃO AO CRISTIANISMO

BULTMANN, R. *Das Evangelium des Johannes*, 10ª ed. KEK 11. Göttingen, 1968 (= 1941); IDEM, Theologie, pp. 354-445; DODD, C. H. *The Interpretation of the Fourth Gospel.* Cambridge, 1978 (= 1951); SCHNACKENBURG, R. *Das Johannesevangelium I-IV*. HThK IV 1-4. Freiburg, 1984 (^{5}1981; ^{3}1980; ^{3}1979); MUSSNER, F. *Die johannische Sehweise*. QD 28. Freiburg, 1965; KÄSEMANN, E. *Jesu letzter Wille nach Johannes 17*, 3ª ed. Tübingen, 1971; RICHTER, G. *Studien zum Johannesevangelium*. BU 13. Regensburg, 1977; MARTYN, J. L. *History and Theology in the Fourth Gospel*, 2ª ed. Nashville, 1979; RUCKSTUHL, E. *Die literarische Einheit des Johannesevangeliums*, 2ª ed. NTOA 5. Freiburg/Göttingen, 1987; CULPEPPER, A. *Anatomy of the Fourth Gospel*. Philadelphia, 1983; WENGST, K. *Bedrängte Gemeinde und verherrlichter Christus*, 4ª ed. Munique, 1992; FORTNA, R. T. *The Fourth Gospel and Its Predecessor*. Edimburgo, 1989; ASHTON, J. *Understanding the Forth Gospel*. Oxford, 1991; BECKER, J. *Das Evangelium nach Johannes I.II*, 3ª ed. ÖTK 4/1-2. Gütersloh, 1991; STIBBE, M. W. G. *John as Storyteller*. Cambridge, 1992; SCHENKE, L. *Das Johannesevangelium*. Stuttgart, 1992; PAINTER, J. *The Quest for the Messiah*, 2ª ed. Edimburgo, 1993; HENGEL, M. *Die johannische Frage*. WUNT 67. Tübingen, 1993; KOESTER, C. R. *Symbolism in the Forth Gospel*. Minneapolis, 1995; HOFIUS, O.; KAMMLER, H. CHR. *Johannesstudien*. WUNT 88. Tübingen, 1996; FREY, J. *Die johannische Eschatologie* I.II.III. WUNT 96.110.117. Tübingen, 1997.1998.2000; MOLONEY, F. J. *John*. SP 4. Collegeville, 1998; WILCKENS, U. *Das Evangelium nach Johannes*. NTD 4. Göttingen, 1998; WENGST, K. *Das Johannesevangelium*. ThKNT 4/1-2. Stuttgart, 2000.2001; THEOBALD, M. *Herrenworte im Johannesevangelium*. HBS 34. Freiburg, 2002; SÖDING, TH. (org.), *Johannesevangelium – Mitte oder Rand des Kanons?*. QD 203. Freiburg, 2003; SCHNELLE, U. *Das Evangelium nach Johannes*. ThHK 4, 3ª ed. Leipzig, 2004; BECKER, J. *Johanneisches Christentum*. Tübingen, 2004; ZUMSTEIN, J. *Kreative Erinnerung*. AThANT 84. Zurique, 2004; FREY, J.; SCHNELlE, U. (org.). *Kontexte des Johannesevangeliums*.

WUNT 175. Tübingen, 2004; VAN BELLE, G.; VAN DER WATT, J. G.; MARITZ, P. (org.). *Theology and Christology in the Fourth Gospel*. BETL 184. Lovânia, 2005; THYEN, H. *Das Johannesevangelium*. HNT 6. Tübingen, 2005; POPKES, E. E. *Die Theologie der Liebe Gottes in den johanneischen Schriften*, WUNT 2.197. Tübingen, 2005.

Como em nenhum outro autor neotestamentário podemos captar no quarto evangelista o processo da construção de teologia como uma formação criativa de sentido por meio da narração[1]. João encontra-se num ponto de virada; ele vê claramente que seu tempo (por volta de 100 d.C. na Ásia Menor)[2] pode permanecer fiel a Jesus e às origens do cristianismo somente se assumir o risco de uma nova formulação linguística e conceitual do evento Cristo. Nesse contexto, a referência a Jesus de Nazaré é tão importante para o quarto evangelista como a nova formulação da mensagem de Jesus para seu tempo.

Para João não há cristianismo sem o Jesus histórico, cuja localização histórico-geográfica é uma de suas preocupações principais (cf. por exemplo, Jo 1,28.44; 2,1.13; 3,22; 4,4; 5,2; 6,1; 7,1; 11,1). Ao mesmo tempo, porém, aplica-se: sem uma transmissão linguística e conceitual qualitativamente nova, a mensagem de Jesus permanece inútil e infrutífera (cf. Jo 15,1-8). A linguagem do Quarto Evangelho descreve uma realidade que não pode ser concebida num plano superficial. Ela é enigmática e misteriosa, porque expressa de modo simbólico e metafórico o mistério do ser e agir de Deus. Aproxima-se ao inefável de tal maneira que ele é preservado, mas que pode simultaneamente ser entendido de maneira nova. Com a redação de seu Evangelho, João realiza essa nova interpretação como uma apropriação produtiva e progressiva da revelação de Jesus. Segundo a autocompreensão do evangelista, não se trata de um processo independente, mas, por assim dizer, no Evangelho de João, Jesus interpreta-se a si mesmo pelo

---

[1] Cf. U. SCHNELLE, "Das Johannesevangelium als neue Sinnbildung", in: G. VAN BELLE, J. G. VAN DER WATT, P. MARITZ (org.), *Theology and Christology in the Fourth Gospel*, pp. 291-313.

[2] Para as questões introdutórias, cf. U. SCHNELLE, Einleitung (cf. acima, 2.2), pp. 503-544 (Jo 1–20 como unidade literária e teológica); acentos diferentes em R. E. BROWN, *An Introduction to the Gospel of John* (Nova Iorque: 2003).

paráclito. A retrospectiva pós-pascal é para João tanto um programa teológico como uma perspectiva narrativa, e ela permite ao quarto evangelista transformar intelecções teológicas em história narrada. Nessa situação, João reflete com mais firmeza do que qualquer outro autor neotestamentário sobre a atuação e o significado de Jesus Cristo como uma unidade indivisível e transforma intelecções teológicas fundamentais em uma narrativa, de modo que seu evangelho pode ser lido como a primeira introdução à fé cristã (cf. abaixo, 12.9).

12.1 Teologia

DODD, C. H. Interpretation of the Fourth Gospel (cf. acima, 12), pp. 151-168; APPOLD, M. L. *The Oneness Motif in the Fourth Gospel*. WUNT 2.1. Tübingen, 1976; BARRETT, C. K. "Christocentric or Theocentric?". In *Essays on John, 1–18*, editado por IDEM. Philadelphia, 1982; IDEM, The Father is greater than I, op. cit., pp. 19-36; REINHARTZ, A. (org.). "God the Father in the Fourth Gospel". In *Semeia* 85 (1999); LARSSON, T. God in the Fourth Gospel. CB.NT 35. Estocolmo, 2001; THOMPSON, M. M. *The God of the Gospel of John*. Grand Rapids, 2001; HAHN, F. Theologie I, pp. 600-611; SADANANDA, D. R. *The Johannine Exegesis of God*. BZNW 121. Berlim, 2004; ZINGG, E. *Das Reden von Gott als „Vater" im Johannesevangelium*. HBS 48. Freiburg, 2006.

No Quarto Evangelho, θεός ocorre 82 vezes, geralmente em construções de genitivo determinadas pela cristologia. Esse fato já basta para mostrar o programa teológico do evangelho: *teologia como cristologia*, sem que isso diminuísse a teologia em sua importância fundamental[3]. Já o prólogo Jo 1,1-18 sinaliza uma *protologia teológica*[4]. O fundamento da imagem joanina de Deus é o Antigo Testamento, como mostram, por exemplo, a referência a Gn 1,1 LXX em Jo 1,1s, o conceito da "glória" de Deus (Jo 1,14; 5,44; 17,1.24), as citações em Jo 2,17; 6,31.45; 12,13.38.40,

---

[3] Cf. R. E. BROWN, Introduction to the Gospel of John (cf. acima, 12),249: *"Thus Johannine christology never replaces theology"* (Assim, a cristologia joanina não substitui jamais a teologia).

[4] Para a leitura do prólogo a partir da visão "teo-lógica", cf. D.R. SADANANDA, Johannine Exegesis of God, pp. 151-217.

a expressão "o único Deus verdadeiro" em Jo 17,3 (cf. Jo 3,33) e as ocorrências das palavras de "Eu Sou" (cf. abaixo, 12.2.4). *O Evangelho de João não anuncia um Deus novo, mas sim Deus de um modo novo.* Trata-se do Deus único, vivo e verdadeiro (Jo 6,57), que enviou seu filho por amor ao mundo para salvar as pessoas que creem (Jo 3,16s). Ninguém viu esse Deus invisível e transcendente, exceto o Filho que traz agora as boas novas do Pai (1Jo 4,12a; Jo 1,18; 5,37; 6,46).

12.1.1 *Deus como Pai*

O tratamento e predicação proeminentes de Deus no Quarto Evangelho é πατήρ ("pai") que ocorre 121 vezes em João. Em nenhum outro autor neotestamentário encontram-se mais ocorrências. No Antigo Testamento, "pai" é um tratamento raro, mas, nos escritos do judaísmo antigo, é uma denominação e/ou tratamento familiar de Deus[5]. É atestado também frequentemente como nome de Zeus[6]. Dessa maneira, os cristãos joaninos provenientes de diferentes origens culturais podiam se sintonizar na profissão básica de Deus como πατήρ.

Em primeiríssimo lugar, Deus é Pai *na relação com seu Filho*[7]; Jesus, por sua vez, fala de "seu Pai" (Jo 6,32.57; 8,19.54; 10,18.25 etc.). O Pai ama o Filho (Jo 3,35; 14,21.23; 15,9) e o envia (Jo 3,16; 5,37; 6,29 etc.). Ele opera (Jo 5,17.19.20.36.8,18; 14,10) e confirma a atuação do Filho (Jo 5,43), e dá testemunho em favor de seu Filho (Jo 5,37; 10,25). O Filho realiza a vontade do Pai (Jo 4,34; 5,30; 6,38.39.40). O Pai é o portador da vida e concede ao Filho poder sobre a vida (Jo 5,25.26; 6.57)[8]. O Pai coloca os crentes na mão do Filho (Jo 6,37.44.65; 13,3), pois tudo que o Pai tem pertence ao Filho (Jo 16,15). O Pai ensina o Filho (Jo 8,28), que fala apenas aquilo que ouve do Pai (Jo 8,38; 12,49.50; 14,24). O Filho realiza as obras de seu Pai (Jo 10,37; 14,31) que é honrado pelo

---

[5] Cf. M. M. THOMPSON, God (cf. acima, 12.1), pp. 58-68; E. ZINGG, Gott als "Vater" (cf. acima, 12.1), pp. 304-308.
[6] Cf. acima, 3.3.1; cf. outras ocorrências em: Neuer Wettstein I/1,2 para Mt 6,9.
[7] Cf. aqui D. R. SADANANDA, Johannine Exegesis of God (cf. acima, 12.1), pp. 59-80.
[8] Cf. M. M. THOMPSON, "The Living Father", in A. REINHARTZ (org.), *God the Father in the Fourth Gospel* (cf. acima, 12.1), pp. 19-31.

Filho (Jo 8,49). O Pai julga (Jo 8,16) e entregou ao Filho a autoridade de julgar também (Jo 5,22b). Finalmente, o Pai glorifica o Filho, assim como o Filho glorifica o Pai (Jo 8,54; 12,28; 17,1).

No âmbito da imagética joanina da família, os crentes aparecem como "crianças de Deus"; para τεκνία, cf. 1Jo 2,1.12.28; 3,7.18; 4,4; 5,21; Jo 13,33; para τέκνα θεοῦ, cf. 2Jo 1,4.13; 3Jo 4; 1Jo 3,1.2.10; 5,2; Jo 1,12; 11,52[9]. Eles são "gerados por Deus" (1Jo 2,29; 3,9; 4,7; Jo 1,13; 3,3ss) e pertencem a uma outra esfera de realidade do que os seres humanos que provêm do Terrestre. João desvincula a existência dos crentes de todas as condições históricas de sangue e propaga uma *familia dei* universal. A nova criação do ser humano realiza-se na fé pela força do espírito no batismo (Jo 3,3.5). O *status* particular dos crentes em sua orientação pelo Pai e pelo Filho expressa-se também nas designações honoríficas ἀδελφός ("irmão"; 3Jo 3.5.10; Jo 20,17; 21,23) e φίλοι ("amigos"; 3Jo 15; Jo 11,11; 15,14s). Os discípulos não são estranhos ou servos, mas irmãos e amigos de Jesus, porque cumprem a vontade do Pai.

O conflito em torno do verdadeiro Pai

No mundo antigo, a procedência fundamentava a dignidade de uma pessoa e legitimava seus direitos e pretensões. A referência exclusiva do Pai ao Filho e a pretensão singular no âmbito da teologia joanina não podiam ficar sem contestações. O evangelista enfrenta-as na disputa sobre a verdadeira filiação de Abraão em Jo 8,37-47[10].

---

[9] Cf. a respeito D. RUSAM, Die Gemeinschaft der Kinder Gottes (cf. abaixo, 12.7); E. ZINGG, Gott als "Vater" (cf. acima, 12.1), p. 314-317.

[10] Cf. aqui sobretudo E. GRÄSSER, "Die antijüdische Polemik im Johannesevangelium", in IDEM, *Der Alte Bund im Neuen* (Tübingen: 1985), pp. 135-153; U. SCHNELLE, "Die Juden im Johannesevangelium", in CHR. KÄHLER, M. BÖHM, CHR. BÖTTRICH, *Gedenkt an das Wort*. FS W. Vogler (Leipzig: 1999), pp. 217-230; R. BIERINGER, D. POLLEFEYT, F. VANDECASTEELE-VANNEUVILLE (org.), *Anti-Judaism and the Fourth Gospel* (Assen: 2001); M. DIEFENBACH, *Der Konflikt Jesu mit den Juden*. NTA 41 (Münster: 2002); E. ZINGG, Gott als "Vater" (cf. acima, 12.1), pp. 107-131; L. KIERSPEL, *The Jews and the World in the Fourth Gospel*. WUNT 200 (Tübingen: 2006), pp. 13-110.

Jesus reconhece explicitamente o recurso dos Ἰουδαῖοι ("judeus") à filiação abraâmica (Jo 8,37: "Eu sei que sois descendência de Abraão; mas procurais matar-me, porque minha palavra não penetra em vós"). Ao mesmo tempo, porém, aplica-se: "Se Deus fosse vosso pai, vós me amaríeis. Porque eu saí e vim de Deus. Porque não vim por mim mesmo, mas foi ele que me enviou" (Jo 8,42). A verdadeira filiação de Deus e de Abraão decide-se pela fé ou pela falta de fé, respectivamente, em relação ao Filho de Deus. João procura uma explicação pela incredulidade e a consequente intenção de matar Jesus. Os Ἰουδαῖοι são promotores da incredulidade não por si mesmos, mas a falta de fé é explicada pelo poder sobre-humano do mal, do diabo: "Vós tendes por pai o diabo e quereis realizar os desejos de vosso pai" (Jo 8,44a). Com isso, João encontra-se na tradição do judaísmo antigo que atribuiu em medida crescente as experiências do mal, que ultrapassaram o entendimento humano, a um adversário de Deus. Embora Deus continue sendo o Senhor da criação e da história, eventos inexplicáveis ou incompatíveis com o plano salvífico de Deus encontram agora sua explicação pelo recurso a esse adversário. No Quarto Evangelho e na Primeira Carta de João encontram-se numerosas afirmações satanológicas: o diabo é o príncipe deste mundo (Jo 12,31; 14,30; 16,11; 1Jo 5,19) e ele faz com que as obras do mundo sejam más (Jo 3,19; 7,7). Ao entrar em Judas, é responsável não só pela traição de Jesus (cf. Jo 6,70; 13,2.27), mas todo tipo de pecado tem sua origem nele (cf. 1Jo 3,8). Não a verdade, mas a mentira é a marca distintiva do diabo. Se os adversários querem matar Jesus, eles comprovam com isso que procedem "do pai, do diabo".

Duas percepções são fundamentais para a compreensão do versículo difícil Jo 8,44:

1) Os judeus não são essencialmente e por natureza filhos do diabo; antes, chegaram a sê-lo sob a influência de um poder estranho e inescapável: o diabo.
2) Jesus não fala de modo genérico da filiação diabólica *dos judeus* (em sua totalidade), mas, com o tratamento direto ὑμῶν ("vosso"), ele se dirige exclusivamente àqueles Ἰουδαῖοι que buscam

matá-lo, isto é, sobretudo aos líderes do povo[11]. Além disso, encontram-se no Quarto Evangelho também afirmações muito positivas sobre os judeus (cf. abaixo, 12.4.1)!

Relacionado a isso está a observação de que o cosmos é o conceito-chave qualificador do Quarto Evangelho (cf. abaixo, 12.2.2), ao qual os Ἰουδαῖοι devem ser subordinados[12].

Os judeus não podem ser considerados simplesmente os representantes por excelência do cosmos incrédulo, mas são uma (e não a única) encarnação do cosmos que surge dentro da estrutura narrativa do evangelho devido à situação histórica concreta da atuação de Jesus e, além disso, em João devido às origens de sua comunidade (conflitos com judeus) e à estrutura dramática de seu evangelho[13]. Não só os judeus, mas também Pilatos e assim o mundo greco-romano comprovam-se como adversários de Jesus, quando permanecem na incredulidade. Já não é a pertença étnica que legitima o recurso ao único Deus verdadeiro, mas o posicionamento em relação a Jesus Cristo, que diz: "Eu sou o caminho, a verdade e a vida; ninguém vem ao Pai a não ser por mim" (Jo 14,6).

12.1.2 *A atuação de Deus no Filho*

O conceito *teo*lógico central do Evangelho de João é a atuação do Pai no Filho. Não é uma atuação do Pai por meio do Filho, porque o Filho é muito mais do que um mero instrumento, mensageiro ou agente do Pai: ele participa da natureza do Pai[14]. A unidade do Pai e

---

[11] Cf. também M. DIEFENBACH, Der Konflikt Jesu mit den "Juden", p. 280.
[12] Comprovação fundamental em L. KIERSPEL, The Jews and the World, pp. 111-213.
[13] A concentração nos caps. 5–11 e na narrativa da Paixão mostram claramente que o uso de Ἰουδαῖοι no Evangelho de João deve ser entendido como *elemento dramatúrgico*; cf. U. SCHNELLE, Joh (cf. acima, 12), pp. 180-183.
[14] Contra D. R. SADANANDA, Johannine Exegesis of God (*cf.* acima, 12.1), p. 641, que procura minimizar a unidade de natureza e atuação de Pai e Filho ao usar o conceito do Deus que é *"self-emptying"* (que se autoesvazia) e ao falar de uma *"divine Agent Christology"* (cristologia do agente divino; op. cit., 280) ou de uma *"sub-ordinate Christology"* (cristologia de subordinação; op. cit., p. 285). Com isso,

do Filho é a base da *teo*logia e da cristologia joaninas (Jo 10,30). O Pai revela-se abrangentemente no Filho que reivindica estar em unidade e trabalhar com o Pai/Deus.

A revelação do Pai no amor

A revelação do Pai no Filho baseia-se exclusivamente no amor de Deus: "Pois Deus amou tanto o mundo que entregou seu Filho único, para que todo o que nele crê não se perca, mas tenha a vida eterna" (Jo 3,16); cf. 1Jo 4,9: "Pois nisto se manifestou o amor de Deus entre nós, que Deus enviou seu Filho unigênito". Diferentemente de Epicúrio[15], por exemplo, o evangelista parte justamente não de um desinteresse de Deus pelo mundo ou de uma ausência de Deus no mundo. Em Jo 3,16, a primeira menção do campo semântico de ἀγάπη/ἀγαπᾶν ("amor/amar") no Quarto Evangelho refere-se ao amor de Deus pelo mundo; não há maneira mais clara para João sinalizar sua posição de que Deus se voltou para o mundo no envio de seu Filho![16]

O amor do Pai pelo Filho (cf. Jo 3,35; 10,17) é a expressão de sua unidade de natureza. Por isso, o Pai mostra ao Filho tudo que ele mesmo faz (Jo 5,20). O Pai amou-o com amor eterno (17,26; 15,9); Jesus permanece nesse amor (15,10) e recebe através dele sua autoridade (3,35; 5,20). O amor sustenta Jesus também quando ele completa sua atuação na entrega de sua vida (10,17). Portanto, a unidade entre Deus e Jesus é uma unidade no amor. *Do Pai parte um movimento abrangente de amor* que abrange tanto o Filho (Jo 3,35; 10,17; 15,9.10; 17,23.26) como o mundo (Jo 3,16) e os discípulos (Jo 14,21.23; 17,23.26). Esse movimento continua no amor de Jesus a Deus (Jo 14,31) e aos discípulos (Jo 11,5;

---

ele deixa de fazer jus tanto às "palavras do Eu Sou" (cf. abaixo, 12.2.3) como à explícita qualificação de Jesus como Deus (cf. abaixo, 12.2.4).

[15] Cf. CÍCERO, Nat Deor I 121: "Epicúrio, porém, arrancou a religiosidade radicalmente do coração dos seres humanos ao negar aos deuses imortais tanto a disposição de socorrer como a capacidade de amar".

[16] Para a análise detalhada, cf. E. E. POPKES, Die Theologie der Liebe Gottes (cf. acima, 12), pp. 239-248, que caracteriza, com razão, Jo 3,16 como "a afirmativa fundamental do Evangelho de João".

13,1.23.34; 14,21.23; 15,12.13; 19,26), bem como no amor dos discípulos a Jesus (Jo 14,15.21.23) e uns aos outros (Jo 13,34.35; 15,13.17). *O pensamento joanino está no seu mais íntimo marcado pelo pensamento de amor*; o amor que sai do Pai continua na atuação do Filho e dos discípulos, até que, não obstante a incredulidade de muitos, também o mundo reconhece "que tu me enviaste e o amaste como amaste a mim" (Jo 17,23). A apresentação narrativa da história-de-Jesus-Cristo no Quarto Evangelho é abrangentemente determinada por uma "cristologia dramatúrgica do amor de Deus"[17]. Corresponde à natureza do amor não permanecer consigo mesmo; já que o amor é movimento, ele continua, e o conceito do amor determina não só a teologia, mas ganha sua forma na cristologia, para preencher a partir dali todos os âmbitos do pensamento joanino[18].

Imanência mútua

A expressão direta da unidade na natureza e na atuação do Pai no Filho no amor é a imanência mútua[19]. Também aqui podemos falar de uma protologia teológica, porque já em Jo 1,1-3, a existência e a atuação do Logos referem-se estritamente à origem absoluta: Deus[20]. As afirmações recíprocas da imanência em Jo 10,38 ("a fim de reconhecerdes que o Pai está em mim e eu no Pai") e Jo 14,10 (Jesus diz a Felipe: "Não crês que eu estou no Pai e o Pai, em mim?") expressam concisamente o conceito joanino: já que Jesus vive a unidade desejada

---

[17] E. E. POPKES, op. cit., p. 173.
[18] Cf. E. E. POPKES, Die Theologie der Liebe Gottes (cf. acima, 12), p. 355: "Os motivos da semântica do amor têm uma função-chave para a compreensão do Quarto Evangelho. Estão num sistema de referências mútuas, pelo qual a argumentação do Quarto Evangelho se manifesta impressionantemente. Essa conceituação pode ser denominada de 'cristologia dramatúrgica do amor de Deus', porque as palavras e os atos de Jesus corporificam o amor encarnado de Deus".
[19] Fundamental é K. SCHOLTISSEK, *In Ihm sein und bleiben. Die Sprache der Immanenz in den johanneischen Schriften*. HBS 21 (Freiburg: 2000).
[20] Bem acertado K. SCHOLTISSEK, op. cit., p. 193: "Como metatexto e chave hermenêutica para o *corpus evangelii*, o prólogo de João é ao mesmo tempo o metatexto da linguagem joanina da imanência".

e concedida pelo Pai, revela-se em seu falar e agir o próprio Pai. A consequência da unidade é um reconhecimento mútuo (Jo 10,15) e uma participação perfeita de um no outro: tudo o que o Pai possui, Jesus também tem (Jo 16,15; 17,10). O Pai está plenamente presente no Filho, e o Filho, no Pai; ao mesmo tempo, ambos permanecem fundamentalmente distintos: o Filho não se torna Pai, e o Pai permanece fundamentalmente o Pai que se revela no Filho. Assim como Cristo está em Deus e Deus, em Cristo (Jo 14,10), assim o crente permanece em Cristo (Jo 6,56; 15,4-7; 1Jo 2,6.24; 3,6.24) e Cristo, no crente (Jo 15,4-7; 1Jo 3,24). Da mesma forma, Deus permanece no crente (1Jo 4,16; 3,24) e o crente, em Deus (1Jo 2,24; 3,24; 4,16). Nesse contexto, a união do cristão com Deus ou com Jesus Cristo aparece como uma extensão da comunhão entre o Pai e o Filho (Jo 17,21: "a fim de que todos eles sejam um, como tu, Pai, estás em mim e eu em ti, assim também eles devem estar em nós, para que o mundo creia que tu me enviaste"; além disso, cf. Jo 14,20; 17,11; 1Jo 2,24; 5,20). Assim como o ἐν Χριστῷ paulino, também o conceito joanino da imanência possui uma forte dimensão ética. Especialmente o verbo μένειν expressa a comprovação prática da comunhão ontológica com Deus e Cristo, pois ao permanecer em Deus ou em Cristo corresponde o permanecer no amor (cf. Jo 15,9.10; 1Jo 2,10.17; 3,15.17; 4,12.16).

Conhecer a Deus

Com o conceito da imanência vincula-se outro pensamento fundamental: se ninguém jamais viu a Deus (Jo 1,18; 3,13; 5,37; 6,46; 8,19), e se suas palavras e obras são experimentáveis unicamente através de Jesus, aplica-se: quem conhece Jesus conhece ao mesmo tempo o Pai (Jo 8,19; 14,7), e quem vê Jesus viu o Pai (Jo 14,7.9; 12,45). Deus não permanece transcendente e oculto, mas se dá a conhecer em Jesus; somente no Filho, o Pai torna-se visível na terra (cf. Jo 8,19; 14,8)[21]. Novamente, João responde com isso a uma questão religioso-filosófica

---

[21] Ainda hoje em dia vale consultar R. BULTMANN, Verbete "γινωσκω", in *ThWNT* I (Stuttgart: 1933), pp. 688-719, aqui: pp. 711-713.

básica: quem é Deus; como e onde entro em contato com ele; como reconheço Deus; como chego a conhecê-lo?

Na terra, a palavra de Deus pode ser ouvida somente em Jesus Cristo, a natureza do Pai pode ser vista somente no Filho. Isso não afirma uma identidade, mas um paradoxo: Jesus não é o próprio Pai e, não obstante, é unicamente nele que Deus apareceu e está presente entre os seres humanos no tempo e na história (8,24.29.58; 14,9; cf. 6,20). Por isso é lógico o que Tomé confessa: "Meu Senhor e meu Deus!" (20,28). O "(re)conhecer" de Deus (cf. 1Jo 2,3-5.13s; 3,1.6; 4,6-8; Jo 1,10; 8,55; 14,7; 16,3 etc.) é em João idêntico com a fé em Jesus Cristo enquanto Filho de Deus (cf. abaixo, 12.5.1), pois quem viu a ele e acredita nele conhece a Deus.

As obras do Pai no Filho

A teologia (e a cristologia) joanina caracteriza-se por um pensamento fundamental: *a vontade do Pai possibilita e legitima a(s) obra(s) do Filho*. Jesus não opera sozinho, mas o Pai está nele e com ele (Jo 8,16.29; 16,32). Duas vezes ocorre o singular ἔργον ("obra"), para designar abrangentemente a atuação de Jesus (Jo 4,34; 17,4)[22], sendo que a segunda ocorrência coloca toda a atuação de Jesus sob a perspectiva da Paixão: "Eu te glorifiquei na terra ao concluir a obra que me encarregaste de realizar". Ao concluir no mundo a obra confiada pelo Pai, ele é glorificado pelo Pai. Por isso, também a obra do Pai chega a sua meta na necessidade do sofrimento e da morte do Filho, isto é, a obra de Deus é concluída e plenamente realizada na cruz (cf. Jo 19,30). O plural ἔργα ("obras") encontra-se 27 vezes no evangelho; entre as diversas ἔργα estão em primeiro lugar os milagres de Jesus. Uma clara referência aos σημεῖα ("sinais/milagres") encontra-se em Jo 5,20.36; 6,29.30; 7,3.21; 9,3.4; 10,25.32ss; 14,10s; 15,24. Os milagres como obras de Jesus têm tanto uma qualidade revelatória como uma função legitimadora e são uma expressão da unidade do Filho com o Pai, que apela aos sentidos.

---

[22] Cf. a respeito U. SCHNELLE, Antidoketische Christologie (cf. abaixo, 12.2), pp. 161-167.

Os ἔργα aparecem como testemunhos da unidade entre o Pai e o Filho em Jo 4,34; 5,36 ("pois as obras que o Pai me entregou para que eu as consumasse [...] dão testemunho em meu favor, de que o Pai me enviou"); 6,28s; 9,4; 10,25.32.37; 14,10; 17,4. O Filho realiza os ἔργα τοῦ θεοῦ, ele faz a vontade daquele que o enviou, e justamente por isso, as obras testemunham em seu favor. Também as palavras de Jesus podem aparecer como ἔργα, cf. Jo 5,36-38; 8,28; 14,10; 15,22-24.

A unidade de natureza e atuação do Pai com o Filho é concisamente desenvolvida em Jo 5,17ss, pois é o Pai que autoriza o Filho a exercer poder sobre a vida e a morte, assim como ele mesmo. No encontro com Jesus realiza-se agora o passo da morte para a vida; em Jesus, o bem salvífico da vida eterna já está presente (cf. abaixo, 12.8). Unicamente na vontade do Pai que o envia (cf. abaixo, 12.2.2) fundamentam-se e se justificam a pretensão e a obra de Jesus, isto é, também em João é a teologia que fundamenta e justifica abrangentemente a cristologia.

12.1.3 *Deus como luz, amor e espírito*

Não é por acaso que as três únicas definições de Deus se encontrem na literatura joanina: Deus é luz (1Jo 1,5: ὁ θεὸς φῶς ἐστίν), Deus é amor (1Jo 4,16b: ὁ θεὸς ἀγάπη ἐστίν) e Deus é espírito (Jo 4,24: πνεῦμα ὁ θεὸς). Isso corresponde à tendência joanina de tanto fixar e esclarecer terminologicamente como adotar símbolos religiosos familiares para permitir assim uma compreensão. Na linguagem simbólica joanina, o sujeito e o predicado são irreversíveis; símbolos da religiosidade humana são vinculados com Deus, mas não devem ser confundidos com ele[23].

---

[23] Cf. C. R. KOESTER, Symbolism in the Fourth Gospel (cf. acima, 121,4: "*A symbol is an image, an action, or a person that is understood to have transcendent significance. In Johannine terms, symbols span the chasm between what is 'from above' and what is 'from below' without collapsing the distinction*" (Um símbolo é uma imagem, uma ação ou uma pessoa que é considerada dotada de um significado transcendente. Em termos joaninos, símbolos estendem-se sobre o abismo entre aquilo que é "de cima" e aquilo que é "de baixo", sem abolir a distinção).

A luz como símbolo de Deus já se encontra frequentemente no Antigo Testamento (cf. Is 2,3.5; 10,17; 45,7; Sl 27,1; 104,2) e está muito difundida em todo a Antiguidade[24]. A luz vem de "cima" (do "alto"), é brilhante e pura, portanto, apresenta características do divino. Da mesma maneira, as trevas estão profundamente arraigadas na experiência humana como um lugar de perigo. A conceituação joanina acolhe esses elementos e os processa de modo especifico: "luz" e "trevas" constituem-se perante a revelação em Jesus Cristo (Jo 8,12: "Eu sou a luz do mundo"; cf. 1,9; 9,5; 12,36.46); os seres humanos não são a luz, mas são afetados pela luz e se encontram no brilho da luz (cf. Sl 36,10). Assim como a luz é um sinal da revelação, a escuridão testemunha sua ausência. Dentro da linguagem simbólica joanina, a luz como o conceito revelatório por excelência designa a esfera da pertença a Deus e, com isso, a verdadeira vida, enquanto a escuridão simboliza a distância de Deus, o juízo e a morte.

Partindo dos fortes impulsos dados por Jesus (cf. acima, 3.5), a *ideia do amor* desempenha desde o início um papel central na linguagem simbólica do cristianismo primitivo. O Evangelho de João e a Primeira Carta de João definem o conceito dele concisamente[25]: já que a autocomunicação de Deus é entendida como um movimento abrangente de amor, a autodefinição de Deus como amor é consistente. O amor de Deus é o ponto de partida e o centro de um processo que abraça tanto Filho como os crentes (cf. acima, 12.1.2). Contudo, isso ainda não esgota a expressão ὁ θεὸς ἀγάπη ἐστίν (1Jo 4,16b), pois, em primeiríssimo lugar, ela diz algo sobre o próprio Deus: a existência, a natureza e a atuação de Deus são marcadas pelo amor. Para além das emoções humanas, o amor de Deus visa incluir tudo que foi criado na unidade de Pai e Filho, e dar-lhe assim a vida verdadeira.

---

[24] Cf. a respeito O. SCHWANKL, *Licht und Finsternis. Ein metaphorisches Paradigma in den johanneischen Schriften*. HHS 5 (Freiburg: 1995); C. R. KOESTER, Symbolism in the Fourth Gospel (cf. acima, 12), pp. 123-154; E. E. POPKES, Die Theologie der Liebe Gottes (cf. acima, 12), pp. 229-239.

[25] Para a dimensão ética do conceito jonanino do amor, cf. abaixo, 12.6; para a Primeira Carta de João, cf. G. STRECKER, *Die Johannesbriefe*. KEK 14 (Göttingen: 1989), pp. 224-230.

A expressão πνεῦμα ὁ θεός (Jo 4,24: "Deus é espírito") é uma sentença de ponta da história da religião helenista e da teologia joanina[26]. Como Deus é espírito e só pode ser adorado verdadeiramente no e a partir do espírito, a compreensão joanina do culto a Deus é universal e não permite diferenciações e discriminações nacional-religiosas nem sociais ou de sexo e gênero. Samaritanos, gregos e judeus podem participar desse culto a Deus tanto como mulheres. Com a atuação de Jesus dá-se a verdadeira adoração de Deus "no espírito e na verdade", sem sacrifícios cruentos, e nisso corresponde à natureza de Deus como amor. A pergunta pelo "onde" da adoração a Deus já não se põe, pois Jesus Cristo é o novo lugar da salvação (cf. Jo 2,14-22).

A teologia como a base do pensamento joanino

Para João há somente *um único Deus que revelou a si mesmo* de modo abrangente e singular em Jesus Cristo e que está com ele na unidade da natureza, da vontade e da atuação[27]. Na filiação divina do Filho não se trata da usurpação de uma dignidade igual à divina (assim a acusação dos judeus em Jo 5,18; 19,7) ou da abolição do monoteísmo, mas de uma determinação precisa *do querer do Pai*. O pensamento da unidade entre o Pai e o Filho permite a João preservar em sua história-de-Jesus-Cristo irrestritamente o monoteísmo, mas simultaneamente efetuar as relações que são típicas de seu pensamento (cf. abaixo, 12.3.3). João não pensa estaticamente, mas em relações dinâmicas e comunicativas: o amor do Pai pelo Filho é a base de sua unidade (cf. Jo 3,35; 10,17 etc.), na relação do Filho em direção ao Pai, ambos estão irrestritamente orientados um pelo outro, isto é, a cristologia é o desenvolvimento adequado da teologia[28].

---

[26] Basta conferir FÍLON, Det Pot Ins 21; SÊNECA, Ep 42,1s; outros textos em: Neuer Wettstein I/2 (cf. acima,4.3), pp. 226-234.
[27] Cf. U. WILCKENS, "Monotheismus und Christologie", in IDEM, *Der Sohn Gottes und seine Gemeinde. Studien zur Theologie der Johanneischen Schriften.* FRLANT 200 (Göttingen: 2003), pp. 126-135.
[28] Cf. C. K. BARRETT, Christocentric or Theocentric? (cf. acima,12.1), p. 16: *"The figure of Jesus does not (so John in effect declares) make sense when viewed as a national leader,*

12.2 Cristologia (cf. bibliografia no início cap. 12)

THÜSING, W. *Die Erhöhung und Verherrlichung Jesu im Johannesevangelium*, 3ª ed. NTA XXII 1.2, Münster, 1979; BLANK, J. *Krisis. Untersuchungen zur johanneischen Christologie und Eschatologie*. Freiburg, 1964; BORNKAMM, G. "Zur Interpretation des Johannes-Evangeliums". In *Geschichte und Glaube* I, editado por IDEM, BEvTh 48, pp. 104-121. Munique, 1968; SCHOTTROFF, L. *Der Glaubende und die feindliche Welt*. WMANT 37. Neukirchen, 1970; FISCHER, K. M. "Der johanneische Christus und der gnostische Erlöser". In *Gnosis und Neues Testament*, editado por K.-W. TRÖGER, pp. 245-266. Berlim, 1973; RIEDL, J. *Das Heilswerk Jesu nach Johannes*. FThSt 93. Freiburg, 1973; MÜLLER, U. B. *Die Geschichte der Christologie in der johanneischen Gemeinde*. SBS 77. Stuttgart, 1975; GNILKA, J. "Zur Christologie des Johannesevangeliums". In *Christologische Schwerpunkte*, editado por W. KASPER, pp. 92-107. Düsseldorf, 1980; GRUNDMANN, W. *Der Zeuge der Wahrheit*. Berlim, 1985; KLAIBER, W. "Die Aufgabe einer theologischen Interpretation des 4. Evangeliums". In *ZThK* 82 (1985): 300-324; SCHNELLE, U. *Antidoketische Christologie im Johannesevangelium*. FRLANT 137. Göttingen, 1987; LOADER, W. R. G. *The Christology of the Fourth Gospel*. BET 23, 2ª ed. Frankfurt, 1992; SCHNACKENBURG, R. "'Der Vater, der mich gesandt hat'. Zur johanneischen Christologie". In *Anfänge der Christologie*. FS F. Hahn, editado por C. BREYTENBACH, H. PAULSEN, pp. 275-291. Göttingen, 1991; IDEM, Die Person Jesu Christi (cf. acima, 8.2.2), pp. 246-326; ANDERSON, P. N. *The Christology of the Fourth Gospel*. WUNT 2.78. Tübingen, 1996; LABAHN, M. *Jesus als Lebensspender*. BZNW 98. Berlim, 1999; POPP, TH. *Grammatik des Geistes. Literarische Kunst und theologische Konzeption in Johannes 3 und 6*. ABG 3. Leipzig, 2001; McGRATH, J. F. *John's Apologetic Christology*. SNTS.MS 111. Cambridge, 2001; ZIMMERMANN, R. *Christologie der Bilder im Johannesevangelium*. WUNT 171. Tübingen, 2004; KINLAW, P. E. *The Christ is Jesus. Methamorphosis, Possession, and Johannine Christology*. SBL.AB 18. Atlanta, 2005; SCHWINDT, R. *Gesichte der Herrlichkeit. Eine exegetisch-traditionsgeschichtliche Studie zur paulinischen und johanneischen Christologie*. HBS 50. Freiburg, 2007.

A *base* do pensamento joanino é unidade de natureza, revelação e atuação entre o Pai e o Filho (cf. Jo 1,1; 17,20-22); e é proposital que

---

a rabbi, or a θεῖος ἀνήρ; *he makes sense when in hearing him you hear the Father, when in looking at him you see the Father, and worship him*" (A figura de Jesus não faz sentido [assim declara João efetivamente] quando vista como um líder nacional, um rabi ou um θεῖος ἀνήρ; ela faz sentido quando, ao ouvi-la, você ouve o Pai, ao olhá-la, você vê o Pai e o adora.")

Jo 10,30 ("Eu e o Pai somos um") se encontre exatamente no centro do Quarto Evangelho. O *centro* da teologia joanina é a encarnação de Jesus Cristo, o Filho preexistente de Deus[29]. Atrás de Jesus está o próprio Deus, nisso reside a razão mais profunda para a verdade da pretensão de Jesus. Sua atuação fundamenta-se abrangentemente na unidade com o Pai, e unicamente dessa unidade, ele adquire sua dignidade sigular. Da perfeita unidade com Deus surge a autoproclamação de Jesus como o elemento mais notável da cristologia joanina.

12.2.1 Preexistência e encarnação

THEOBALD, M. *Im Anfang war das Wort*. SBS 106. Stuttgart, 1983; IDEM. *Die Fleischwerdung des Logos*. NTA 20. Münster, 1988; HABERMANN, J. *Präexistenzaussagen im Neuen Testament*. EHS.T 362. Frankfurt, 1990; MÜLLER, U. B. Die Menschwerdung des Gottessohnes. SBS 140. Stuttgart, 1990; WEDER, H. "Die Menschwerdung Gottes". In *Einblicke in das Evangelium*, editado por IDEM, pp. 363-400. Göttingen, 1992; THOMPSON, M. M. *The Incarnate Word. Perspectives on Jesus in the Fourth Gospel*. Peabody, 1993; HAHN, F. Theologie I, pp. 612-624.

As afirmativas sobre a *preexistência*[30] referem-se à pré-história celestial de Jesus e tematizam sua existência temporalmente ilimitada e pré-criacional[31], bem como sua participação na eternidade do Pai (cf. Jo 1,1-3.30; 6,62; 17,5.24). Ninguém jamais viu a Deus, exceto o Logos/Filho (cf. Jo 1,18; 3,11.13.32; 5,37s, 6,46; 8,19); aplica-se: "Saí do Pai e vim ao mundo. Deixo o mundo e vou para o Pai" (16,28). Jesus vem de "cima" (do "alto", Jo 3,31; 8,14.23), do céu (Jo 3,13; 6,33.38.41s.46.50.62) e volta de novo para o Pai (13,33; 14,2.28; 16,5). João expressa esse movimento do descer e subir concisamente por meio de καταβαίνειν/ἀναβαίνειν ("descer/subir"; cf. Jo 1,51; 3,13; 6,33.62 etc.), e o movimento

---

[29] Cf. H. WEDER, Die Menschwerdung Gottes (cf. abaixo, 12.2.1), p. 391; além disso, M. M. THOMPSON, The Incarnate Word (cf. abaixo, 12.2.1), pp. 117ss.
[30] Como paralelos para todo o prólogo, cf. sobretudo Pr 8,22-31; Eclo 1,1-10.15; 24.3-31; CLEANTES, Fragm 537; CÍCERO, Tusc V 5; todos os textos relevantes estão elencados em: *Neuer Wettstein* I/2 (cf. acima, 4.3), pp. 1-15.
[31] J. HABERMANN, Präexistenzaussagen, p. 403, fala acertadamente de uma "preexistência pré-criacional".

do vir e ir embora por meio de ἔρχεσθαι/ὑπάγειν ("vir/ir embora"; cf. Jo 1,9.11; 3,2; 8,14.21; 13,3; 16,27ss.,28 etc.). Também Moisés (Jo 5,45s), Abraão (Jo 8,58) e Isaías (Jo 12,41) testemunham que Jesus, como o Filho de Deus preexistente, pertence desde sempre a Deus. Sua existência não está submetida a nenhum limite temporal ou material. Depois de cumprir na terra a vontade de Deus e concluir a obra dele (4,34), Jesus volta para o Pai (Jo 7,33; 13,1.3; 14,12; 12,28; 17,11). À preexistência corresponde a pós-existência, na qual Jesus entra para junto ao Pai (cf. Jo 17,5).

Já que a realidade de Deus pode ser percebida na terra unicamente através das palavras e obras de Jesus, as afirmativas sobre a preexistência apontam desde o início para Jesus de Nazaré e sua atuação. A preexistência visa a *encarnação*, pois, em Jesus, Deus vai ao encontro do mundo humano, à medida que ele quer se revelar e operar em prol da salvação do mundo[32]. A preexistência e a encarnação condicionam-se mutuamente, porque as afirmativas sobre a preexistência ressaltam a pretensão do ser humano Jesus e comprovam que suas palavras são simultaneamente palavras de Deus e suas obras, simultaneamente obras de Deus, que ele, sendo um ser humano, é simultaneamente do alto. Dessa maneira, a preexistência e a encarnação respondem também a antiga pergunta religioso-filosófica sobre como e onde aconteceu um encontro entre a transcendência e a imanência. A origem verdadeira de Jesus é o Deus de quem ele saiu; dessa maneira, ele é do céu, desceu para o mundo e traz notícias autênticas sobre Deus. Isso significa ao mesmo tempo que tudo o que ele diz, ensina e faz tem também sua origem em Deus e que são palavras, ensinamentos e obras de Deus.

O movimento decrescente da preexistência para a encarnação, portanto, o *traço fundamental* da teologia encarnatória joanina, manifesta-se

---

[32] Completamente diferente J. BECKER, Johanneisches Christentum (cf. acima, 12), p. 131: "O melhor seria abandonar o modelo interpretativo da 'encarnação' como matriz da cristologia joanina"; semelhantemente U. B. MÜLLER, Zur Eigentümlichkeit des Johannesevangeliums (cf. abaixo, 12.2.5), p. 54; E. STRAUB, Der Irdische als der Auferstandene (cf. abaixo, 12.2.5), p. 255. Ambos os autores vinculam o postulado da inefetividade da encarnação com o postulado da inefetividade do evento da cruz (cf. abaixo, 12.2.5).

já no prólogo (Jo 1,1-18) que predefine como texto programático de abertura e de modelo a compreensão do evangelho inteiro. Com o início de uma história-de-Jesus-Cristo toma-se a decisão sobre seu caráter. Como estabelecimento do narrador, o início da história é o caminho mostrado aos leitores e ouvintes. O prólogo apresenta os conhecimentos necessários e guia assim a compreensão[33].

O prólogo como a história de Deus dirigindo-se aos seres humanos

(1) ἐν ἀρχῇ ἦν ὁ λόγος,
καὶ ὁ λόγος ἦν πρὸς τὸν θεόν,
καὶ θεὸς ἦν ὁ λόγος.
(2) οὗτος ἦν ἐν ἀρχῇ πρὸς τὸν θεόν.
(3) πάντα δι' αὐτοῦ ἐγένετο,
καὶ χωρὶς αὐτοῦ ἐγένετο οὐδὲ ἕν,
ὃ γέγονεν.
(4) ἐν αὐτῷ ζωὴ ἦν,
καὶ ἡ ζωὴ ἦν τὸ φῶς τῶν ἀνθρώπων·
(5) καὶ τὸ φῶς ἐν τῇ σκοτίᾳ φαίνει,
καὶ ἡ σκοτία αὐτὸ οὐ κατέλαβεν.
(6) Ἐγένετο ἄνθρωπος, ἀπεσταλμένος παρὰ θεοῦ, ὄνομα αὐτῷ Ἰωάννης·
(7) οὗτος ἦλθεν εἰς μαρτυρίαν,
ἵνα μαρτυρήσῃ περὶ τοῦ φωτός,
ἵνα πάντες πιστεύσωσιν δι' αὐτοῦ.
(8) οὐκ ἦν ἐκεῖνος τὸ φῶς,
ἀλλ' ἵνα μαρτυρήσῃ περὶ τοῦ φωτός.
(9) Ἦν τὸ φῶς τὸ ἀληθινόν,
ὃ φωτίζει πάντα ἄνθρωπον,
ἐρχόμενον εἰς τὸν κόσμον.
(10) ἐν τῷ κόσμῳ ἦν,
καὶ ὁ κόσμος δι' αὐτοῦ ἐγένετο,
καὶ ὁ κόσμος αὐτὸν οὐκ ἔγνω.

No princípio era o Logos,
e o Logos estava com Deus
e o Logos era Deus.
Este estava no princípio com Deus.
Tudo foi feito por meio daquele,
e sem aquele não houve um único
que chegou a ser.
Nele estava a vida,
e a vida era a luz dos seres humanos.
E a luz brilha nas trevas,
e as trevas não a compreenderam.
Apresentou-se um homem, enviado por Deus, seu nome era João.
Este veio para o testemunho,
para que testemunhasse acerca da luz,
a fim de que todos cressem através dele.
Aquele não era a luz,
mas devia testemunhar acerca da luz.
Era que a luz verdadeira,
que ilumina todo ser humano,
viera ao mundo.
Ele estava no mundo
e o mundo foi feito por meio dele,
e o mundo não o reconheceu.

---

[33] Dessa maneira, o prólogo do Evangelho de João cumpre com maestria o que CÍCERO (Orat II 320) exige de cada início de discurso: "Cada início, porém, precisa abarcar em si o significado de todo o objeto abordado ou abrir uma aproximação acessível ao caso ou trazer uma certa medida de glória e dignidade".

(11) εἰς τὰ ἴδια ἦλθεν,
καὶ οἱ ἴδιοι αὐτὸν οὐ παρέλαβον.
(12) ὅσοι δὲ ἔλαβον αὐτόν,
ἔδωκεν αὐτοῖς ἐχουσίαν
τέκνα θεοῦ γενέσθαι,
τοῖς πιστεύουσιν εἰς τὸ ὄνομα αὐτοῦ,
(13) οἵ οὐκ ἐξ αἱμάτων
οὐδὲ ἐκ θελήματος σαρκὸς
οὐδὲ ἐκ θελήματος ἀνδρὸς
ἀλλ᾽ ἐκ θεοῦ ἐγεννήθησαν.
(14) Καὶ ὁ λόγος σὰρξ ἐγένετο
καὶ ἐσκήνωσεν ἐν ἡμῖν,
καὶ ἐθεασάμεθα τὴν δόξαν αὐτοῦ,
δόξαν ὡς μονογενοῦς παρὰ πατρός,
πλήρης χάριτος καὶ ἀληθείας.
(15) Ἰωάννης μαρτυρεῖ περὶ αὐτοῦ
καὶ κέκραγεν λέγων·
οὗτος ἦν ὃν εἶπον·
ὁ ὀπίσω μου ἐρχόμενος
ἔμπροσθέν μου γέγονεν,
ὅτι πρῶτός μου ἦν,
(16) ὅτι ἐκ τοῦ πληρώματος αὐτοῦ
ἡμεῖς πάντες ἐλάβομεν
καὶ χάριν ἀντὶ χάριτος·
(17) ὅτι ὁ νόμος διὰ Μωϋσέως ἐδόθη,
ἡ χάρις καὶ ἡ ἀλήθεια
διὰ Ἰησοῦ Χριστοῦ ἐγένετο.
(18) Θεὸν οὐδεὶς ἑώρακεν πώποτε·
μονογενὴς θεὸς
ὁ ὢν εἰς τὸν κόλπον τοῦ πατρὸς
ἐκεῖνος ἐξηγήσατο.

Ele veio para o seu,
e os seus não o receberam.
Aqueles, porém, que o receberam,
a eles ele deu o poder de se tornarem
filhos de Deus,
aos crentes em seu nome.
Que não foram gerados nem do sangue
nem da vontade da carne
nem da vontade de um homem,
mas de Deus.
E o Logos tornou-se carne
e habitou entre nós,
e nós contemplamos sua glória,
uma glória como a do unigênito do Pai,
cheio de graça e de verdade.
João testemunha em favor dele
e clama, dizendo:
Este foi de quem eu disse:
o que vem depois de mim
chegou a ser antes de mim,
porque era antes de mim.
Pois de sua plenitude
todos nós recebemos
graça por graça.
Porque a lei foi dada através de Moisés,
a graça e a verdade
chegaram a ser através de Jesus Cristo.
A Deus ninguém jamais viu;
o Deus unigênito,
que está no seio do Pai,
ele trouxe consigo a notícia.

O prólogo de João é uma história que narra como Deus se volta para os seres humanos, pois dirigir a palavra a alguém significa voltar-se para essa pessoa: no Logos Jesus Cristo, Deus volta-se para os seres humanos. O prólogo desenvolve os traços fundamentais da criação joanina de sentido[34], em cujo início se responde definitivamente a

---

[34] Para a interpretação do prólogo, cf. E. KÄSEMANN, "Aufbau und Anliegen des johanneischen Prologs", in IDEM, *Exegetische Versuche und Besinnungen II*, 3ª ed.

pergunta central de todas as culturas e religiões, a saber, a pergunta sobre da legitimação por meio da procedência: o Logos Jesus Cristo pertence desde o princípio a Deus. No pensamento da Antiguidade, o princípio é retirado da disposição humana; pertence a Deus ou aos deuses, respectivamente, e a seus agentes. Também em João, é Deus quem estabelece a existência, o tempo e a ordem. A maneira e natureza do princípio são apresentadas no mito que narra o que antecedeu a existência do mundo. Por meio da temporalização forma-se a realidade, e os protagonistas da subsequente narração entram num relacionamento mútuo. *À temporalização corresponde uma hierarquia teológica que determina todo o evangelho e que deve ser caracterizada como constante prioridade cristológica*: Deus e o Logos que estava com ele no princípio precedem toda a existência que é criada, sustentada e determinada segundo a vontade de Deus através do Logos. A relação realizada em Jo 1,1 visa uma participação original e plena do Logos no Deus único[35], que é a origem e o fundamento de toda a existência. Deus e o Logos não têm a mesma origem e razão, mas são do mesmo tempo (simultâneos), da mesma maneira (idênticos) e operam do mesmo modo (iguais). Deus sai de si mesmo como o que fala; sua palavra, porém, vai muito além da mera comunicação: é a palavra do Criador que cria vida. Deus não pode ser pensado sem sua palavra; na palavra, ele não só se comunica, mas revela sua natureza e permite que os seres humanos participem dela na fé no Logos Jesus Cristo, de modo que o Logos é igualmente formação, interpretação e comunicador do divino.

(Göttingen: 1970), pp. 155-180; G. RICHTER, "Die Fleischwerdung des Logos im Johannesevangelium", in IDEM, *Studien* (cf. acima, 12), pp. 149-198; O. HOFIUS, "Struktur und Gedankengang des Logos-Hymnus in Joh 1,1-18", in IDEM, H.-CHR. KAMMLER, Johannesstudien (cf. acima, 12), pp. 1-23; U. SCHNELLE, Joh (cf. acima, 12), pp. 34-55; W. PAROSCHI, *Incarnation and Covenant in the Prologue to the Fourth Gospel (Joh 1:1-18)*. EHS 23.820 (Frankfurt: 2006).

[35] Bem acertado TH. SÖDING, "'Ich und der Vater sind eins' (Joh 10,30). Die johanneische Christologie vor dem Anspruch des Hauptgebotes Dtn 6,1", in ZNW 93 (2002): 177-199, aqui: 192: "Embora o Logos não seja ὁ Θεός, o Deus e Pai de Jesus, o Logos participa de sua divindade".

O ser humano é uma criatura do Logos (Jo 1,3) e, dessa maneira, sua origem está determinada por ele[36]. Para João existe uma determinação original do ser humano pela palavra de Deus, porque a vida como a característica típica da existência humana é um atributo do Logos (Jo 1,4). O Logos aparece como a luz que "ilumina todo ser humano" (Jo 1,4b.9b). A vitalidade do ser humano é compreendida por João como reflexo daquela luz que era desde o princípio uma atribuição e propriedade do Logos. No Logos, a vida está presente; ele é o lugar da vida, e unicamente a luz do Logos ilumina a vida das pessoas.

O Logos deseja iluminar a vida dos seres humanos, ele se move em direção aos seres humanos. Esse movimento do Logos caracteriza todo o prólogo[37]. O Logos brilha nas trevas (Jo 1,5), vem ao mundo (Jo 1,9c), para sua propriedade (Jo 1,11), e capacita as pessoas a serem filhos e filhas de Deus (Jo 1,12s). A rejeição (v. 11) e a recepção (v. 12) do Logos estruturam todo o fluxo da narração que segue; já aqui fica claro que o conflito entre a fé e a incredulidade deve ser considerado aquela moldação da estrutura narrativa que tanto promove como diferencia os acontecimentos.

Em Jo 1,14a, o movimento da volta do Logos para o mundo alcança sua meta: καὶ ὁ λόγος σὰρξ ἐγένετο ("E a palavra tornou-se carne"). O Logos deseja estar tão próximo do ser humano que ele mesmo se torna um ser humano. O próprio Criador torna-se criatura; a luz para os seres humanos tornou-se ser humano. *Sarx* designa no Evangelho de João o ser humano criatural de carne (cf. Jo 1,13; 3,6; 6,51-56; 6,63; 8,15; 17,2), e sangue, a "pura humanidade". O Logos é agora o que não era antes: um ser humano real e verdadeiro[38]. O evento da encarnação do Logos preexistente inclui tanto uma afirmação sobre a identidade como sobre a natureza: aquele Logos, que no princípio primordial estava com Deus e que é o criador de toda existência, tornou-se real e verdadeiramente ser humano. Embora o tempo e a história se devam a Deus e ao

---

[36] Cf. J. BLANK, Der Mensch (cf. abaixo, 12.5), p. 151.
[37] Cf. H. WEDER, "Der Mythos vom Logos", in H. H. SCHMID (org.), *Mythos und Rationalität* (Gütersloh: 1988) pp. 44-80, aqui: p. 53.
[38] Contra E. KÄSEMANN, Jesu letzter Wille (cf. acima, 12), p. 28, que prefere ver em Jo 1,14a apenas o "contato com o terreno".

Logos, o Logos entrou de modo real no tempo e na história, sem se confundir com ela. A encarnação afirma a plena participação de Jesus Cristo na condição criatural e histórica de tudo que existe. Dessa maneira, o próprio Deus é o sujeito da existência humana real. Ao mesmo tempo, porém, aplica-se: *a encarnação não significa o abandono da divindade de Jesus*; ao contrário, no Quarto Evangelho, a humanidade de Jesus é um predicado de sua divindade. Jesus tornou-se um ser humano e, ao mesmo tempo, continuou a ser Deus: Deus no modo da encarnação. Ele se tornou ser humano sem distância e sem diferença, um ser humano entre seres humanos. Ao mesmo tempo, ele é o Filho de Deus, também em relação a ele sem distância e sem diferença[39]. Aqui se condensa o paradoxo fundamental da cristologia joanina: o Jesus de Nazaré histórico reivindica para si mesmo ser a presença ilimitada e permanente de Deus. Por isso, a encarnação do Evangelho de João não é a expressão de uma humilhação, de um rebaixamento, mas no ser humano Jesus apareceu Deus/o Logos. A encarnação é, por assim dizer, uma mudança do meio que permite uma nova atuação de Deus entre e em prol dos seres humanos.

Por meio das metarreflexões nos v. 12c.13.17.18, João amplia o leque das afirmações de seu texto recebido. O evento Cristo tem para ele traços universais, abole os limites de qualquer particularismo de salvação e deve ser entendido como uma interpretação singular de Deus. Também no v. 17 se mostra a interpretação cristocêntrica do evangelista, pois o tempo do *nomos* foi substituído pelo tempo da graça. João enfatiza essa ideia por meio do termo ἀλήθεια que descreve a exclusividade da pessoa de Jesus não só quanto a sua origem, mas principalmente quanto a sua função soteriológica. Somente no v. 17 ocorre no prólogo o nome Jesus Cristo, e o v. 18 ressalta que somente Jesus pode trazer notícias de Deus.

---

[39] Completamente diferente K. WENGST, Joh 1 (cf. acima, 12), p. 61: "A afirmação de que 'o Verbo fez-se carne' não justifica o discurso cristão predileto sobre a "encarnação de Deus". João fala mais precisamente da encarnação do Verbo [...] Deus comunica-se realmente na concretude do ser humano Jesus de Nazaré, mas essa comunicação permanece uma indireta [...]". Essa minimização deliberada da cristologia joanina fracassa já devido a Jo 1,1 e 1,18; além disso, cf. Jo 10,30; 20,28.

A revelação da glória e da verdade

No prólogo encontra-se outro conceito central da cristologia joanina: a encarnação do Preexistente visa a revelação da δόξα θεοῦ = "glória de Deus" (cf. Jo 1,14c: "[...] e nós vimos sua glória, uma glória como a do Filho único do Pai")[40]. O ver da *doxa* dirige-se ao σὰρξ γενόμενος ("àquele que se tornou carne"), isto é, o conteúdo da encarnação é a revelação da *doxa*. O estado da pertença a Deus desconhece limitações temporais e materiais; ao contrário, é abrangente e total, porque tem sua origem antes do tempo e do cosmos[41]. Δόξα designa tanto o modo existencial divino como a revelação experimentável de Jesus Cristo. Para João, Jesus encontra-se sempre e constantemente no espaço da glória única de Deus; ao mesmo tempo, ele pode distinguir entre uma *doxa de preexistência* (Jo 17,5.24c.d; 12,41), o aparecimento da *doxa na encarnação* (Jo 1,14), a manifestação da *doxa nos milagres* (Jo 2,11; 11,4.40) e uma *doxa de pós-existência* (Jo 17,1b.5.10b.22.24c), para a qual Jesus volta por meio da *glorificação de/por Deus na cruz* (Jo 7,39; 12,16). Toda a atuação revelatória de Jesus visa a glorificação do Pai pelo Filho e do Filho pelo Pai (cf. Jo 8,54; 12,28; 13,31s; 14,13), por isso, em sua despedida, Jesus diz em Jo 17,4s: "Eu te glorifiquei na terra ao concluir a obra que me deste para que eu a realize. E agora, Pai, que tu me glorifiques junto de ti mesmo com a glória que eu tinha junto de ti antes que o mundo existisse". Também a comunidade ganha sua participação da glória de Deus que Jesus já tinha antes da fundação do mundo, que ele manifestou em sua atuação terrena e na qual ele permanecerá agora para sempre[42] (Jo 17,22: "E eu lhes dei a glória que tu me deste, para que sejam um, como nós somos um").

---

[40] Cf. a respeito W. THÜSING, Erhöhung und Verherrlichung Jesu (cf. acima, 12.2), pp. 227-229.

[41] Δόξα como designação da epifania da divindade adota tradições teofânicas veterotestamentárias (cf. Ex 16,10; 24,16s.; 33,18s; 40,34s etc.); além disso, cf. Sb 7,25.

[42] Cf. a respeito W. THÜSING, Erhöhung und Verherrlichung Jesu (cf. acima, 12.2), pp. 214-219.

Ao usar o conceito da verdade[43], João adota já no prólogo e além do Logos outro termo central da filosofia antiga[44]. Em Jo 1,14.17, Jesus Cristo aparece como o lugar da graça e da verdade de Deus; isto é, a verdade tem um caráter de evento, e João pensa-a de modo pessoal. Dessa maneira, a verdade é muito mais e algo totalmente distinto do consenso acerca de suposições subjetivas. Sendo a verdade, Jesus interpreta aos crentes o sentido de sua missão, revela-lhes o Pai e os liberta assim do poder da morte, do pecado e das trevas. Jesus Cristo não é só a testemunha da verdade[45], mas a própria verdade. A liberdade é, portanto, o efeito imediato da experiência da verdade que os crentes fazem: "E conhecereis a verdade, e a verdade vos libertará" (Jo 8,32). A dimensão pessoal do conceito joanino da verdade manifesta-se claramente em Jo 14,6: "Eu sou o caminho, a verdade e a vida; ninguém chega ao Pai a não ser através de mim". Jesus é o caminho, porque ele mesmo é a verdade e proporciona a vida. O evangelista vincula a compreensão de Deus exclusivamente à pessoa de Jesus; somente em Jesus pode se verificar quem é Deus. Com isso, João formula uma pretensão de exclusividade que não pode ser transcendida[46] e apresenta uma *reivindicação interior de ser absoluto*: a possibilidade de reconhecer Deus e de chegar a Deus, como a meta de toda vida e busca religiosa, abre-se somente em Jesus Cristo. Cada religião/movimento vive de sua força interior de convencer – se essa força é questionada, a existência torna-se ao longo prazo impossível. "Reivindicação interior de ser absoluto" significa crer e confessar

---

[43] Cf. aqui Y. IBUKI, *Die Wahrheit im Johannesevangelium*. BBB 39. Bonn: 1972.
[44] Cf. textos a respeito em: Neuer Wettstein I/2 (cf. acima, 4.3), pp. 794s. Um exemplo: PLATÃO, Leg 11 663e: "A verdade é algo belo, ó forasteiro, e algo duradouro; não obstante, parece que não é fácil conseguir que haja fé nela".
[45] Para a ideia helenista de que a verdade é sempre um dom de deus/dos deuses, cf. PLUTARCO, Is et Os I: "Não há meta mais importante para os seres humanos, e não há uma dádiva divina que corresponda melhor a sua dignidade do que a verdade. Todo o resto que seres humanos necessitam é lhes 'dado' por deus, mas ele 'os faz participar' da razão e do pensamento, pois estes são sua propriedade mais própria, e ele mesmo faz uso deles".
[46] Essa pretensão tem suas raízes no conceito veterotestamentário acerca de Deus; basta conferir Ex 20,2s; Is 44,6; Dt 6,41.

Jesus como o caminho único e exclusivo para Deus. Significa levar realmente a sério e não relativizar de antemão a promessa de Jesus de que ele abre o único caminho verdadeiro a Deus. Uma reivindicação exterior seria impor essa pretensão de verdade sem qualquer consideração, possivelmente até mesmo fazendo uso da violência. O cristianismo joanino está longe disso, porque é uma religião do amor; para João, não são verdade e violência, mas verdade e amor que caminham juntos. A exclusividade da manifestação da realidade divina em Jesus Cristo volta-se criticamente contra todas as reivindicações concorrentes. A verdade e a vida no sentido pleno não estão à disposição dos seres humanos, elas existem somente em Jesus Cristo. Como João não entende a verdade de modo abstrato, mas a pensa de modo pessoal, é necessário precisar o conceito da verdade acerca de seu conteúdo. Segundo a visão joanina, a obra salvífica divina em Jesus Cristo pode ser compreendida unicamente como um ato de amor de Deus em relação aos seres humanos (cf. Jo 3,16; 1Jo 4,8.16), de modo que a verdade e o amor se interpretam mutuamente. O conceito joanino do absoluto nada mais é do que uma variação do caráter absoluto do amor divino pelos seres humanos em Jesus Cristo. No Filho, Deus volta-se para os seres humanos em amor absoluto.

Milagres como um evento em que Deus se volta para os seres humanos

Jesus volta-se para os seres humanos, sobretudo, em seus milagres; o conceito dos sinais reconhecíveis é um elemento central da cristologia da encarnação do quarto evangelista[47]. João integra no seu evangelho sete narrativas de milagres, sendo que o número sete é, segundo

---

[47] Para a análise da tradição joanina de milagres, cf. W. NICOL, *The Semeia in the Fourth Gospel*. NT.S 32 (Leiden: 1972); H. P. HEEKERENS, *Die Zeichen-Quelle der johanneischen Redaktion*. SBS 113 (Stuttgart: 1984); U. SCHNELLE, Antidoketische Christologie (cf. acima, 12.2), pp. 87-194; W. J. BITTNER, *Jesu Zeichen im Johannesevangelium*. WUNT 2.26 (Tübingen: 1987); CHR. WELCK, *Erzählte Zeichen*. WUNT 2.69. Tübingen: 1994; M. LABAHN, Jesus als Lebensspender (cf. acima, 12.2), *passim*; para a história da pesquisa, cf. G. VAN BELLE, *The Signs Source in the Fourth Gospel*. BEThL 116 (Lovânia: 1994).

Gn 2,2, o número da plenitude e perfeição. Cada tipo de milagre ocorre em João uma única vez; os distintos milagres estão sistematicamente distribuídos em toda a atuação pública de Jesus e clarificam um aspecto central da cristologia joanina: *a proximidade salvífica e sanadora do divino no Encarnado, que, como mediador da criação, criou a vida (Jo 1,3), é a vida (Jo 1,4) e dá a vida*[48]. Esse poder de criação e de vida manifesta-se na grandeza dos milagres; João eleva o comparativo dos sinóticos ao superlativo. Jesus não só transforma água em vinho, ele enche, além disso, seis talhas enormes com uma quantidade de quase 700 litros (Jo 2,1-11). A cura à distância do filho de um funcionário real em Cafarnaum já não acontece naquele lugar, mas Jesus está em Caná (Jo 4,46-54). O homem coxo no tanque de Betesda já está doente há 38 anos (Jo 5,1-9). Na alimentação milagrosa de cinco mil pessoas, todos podem pegar tanto quanto quiserem e, não obstante, sobram doze cestos cheios de pão (Jo 6,1-15). Jesus não só caminha sobre o mar e ajuda os discípulos em sua tribulação (Jo 6,16-20), mas realiza ainda outro milagre ao deslocar o barco para a margem desejada (Jo 6,21). A um cego de nascença, ele devolve a visão (Jo 9,1-41). Lázaro já está morto há quatro dias e já está no limiar da putrefação quando Jesus o ressuscita dentre os mortos; apesar de ter as mãos e os pés amarrados e seu rosto coberto por um pano, Lázaro achou a saída do túmulo (Jo 11,1-44).

O homem Jesus

Com suas dimensões extraordinárias e com a verificação explicitamente possível de sua realidade, os milagres testemunham a presença do divino no mundo (cf. Jo 2,9s; 4,51ss; 5,2.5; 6,13; 9,9.20.25.39; 11,18.39.44). Ao mesmo tempo, nos milagres e em outros contextos narrativos centrais destaca-se a humanidade de Jesus[49]. Ele participa de uma festa de casamento (Jo 2,1-11), ama seu amigo Lázaro

---

[48] Cf. M. LABAHN, Jesus als Lebensspender (cf. acima, 12.2), p. 501; no Encarnado, "o próprio Deus aproxima-se dos seres humanos para a vida".
[49] Cf. a respeito M. M. THOMPSON, The Incarnate Word (cf. acima, 12.2.1), pp. 53-86.

(Jo 11,3), perturbou-se por causa do sofrimento da multidão (Jo 11,33s) e chora por Lázaro (Jo 11,35). Jesus provém de Nazaré na Galileia (1,45s, 4,44; 7,41.52) e não de Belém (cf. Jo 7,42!); seus pais são conhecidos (1,45; 2,1.3.12; 6,42; 19,26), assim como seus irmãos (2,12; 7,1-10). Ele tem um corpo mortal (2,21) de carne (6,51) e sangue (19,34). Purifica o Templo impelido por um zelo ardente (Jo 2,14-22); em suas andanças, está exausto e tem sede (Jo 4,6s). Diante de seu destino iminente (Jo 12,27; cf. 13,21), Jesus está conturbado ou agitado, respectivamente ("ταράσσω"), e na cruz sente sede (Jo 19,28). Pilatos manda seus soldados torturá-lo com flagelação e espinhos (19,1s), para depois confirmar, por assim dizer, oficialmente: "Eis o homem!" (19,5: ἰδοὺ ὁ ἄνθρωπος). Um membro do pelotão da execução constata inequivocamente que Jesus está realmente morto (19,33) e, finalmente, o corpo de Jesus é liberado pelas autoridades (19,38). Em seu sepultamento, o esperado odor do cadáver é dissipado por fragrâncias (19,39s). Os discípulos e por último Tomé podem se convencer por seus próprios olhos que o corpo do Ressuscitado é idêntico com o corpo do Jesus terreno e crucificado (20,20.27).

O aguçamento teológico é evidente: Deus compromete-se em sua volta salvífica para o mundo inteiramente com esse homem Jesus de Nazaré e sua atuação. O próprio Deus fala e opera em Jesus, a saber, de forma exclusiva e insuplantável. Em nenhum outro lugar pode se ouvir sua palavra (5,39s), em nenhum outro lugar pode se experimentar sua atuação (3,35; 5,20-22), unicamente no ser humano Jesus.

A encarnação permanente

João compreende a encarnação do Preexistente em sua fundamentação como um processo concluído, mas em seus efeitos como um processo *contínuo*. O Filho de Deus, que provém "do alto", voltou para o Pai e, mesmo assim, está presente: no batismo e na eucaristia. Em João, os planos de tempo e de espaço não podem ser objetivados no sentido terreno, mas servem para descrever a atuação de Jesus que abraça o tempo e o espaço. O batismo e a eucaristia testemunham a permanente presença salvífica do revelador que vem do céu e se voltou para os seres humanos. Já que o Filho do Homem, que é "do alto" (Jo 3,31; 8,14.23) e que desceu e subiu novamente, está num contato constante com a realidade celestial (Jo 1,51), os crentes podem e devem nascer "do alto/de novo" (ἄνωθεν) para entrar no Reino de Deus (Jo 3,3.5)[50]. Jesus Cristo é o pão de vida que desceu do céu, que está presente na eucaristia e que dá vida (Jo 6,26ss). No trecho eucarístico articula-se aguçadamente o traço encarnatório fundamental da teologia joanina (Jo 6,51c-58). Ele foi escrito pelo evangelista e acrescentado ao discurso sobre o pão da vida, proveniente da tradição (Jo 6,30-35.41-51b), para formular uma afirmativa cristológica central[51]: a eucaristia é o lugar salvífico da presença do Encarnado, Crucificado, Exaltado e Glorificado, que concede aos crentes a dádiva da vida eterna e lhes oferece assim a participação na unidade do Pai e do Filho. A morte verdadeira de Jesus tem como pressuposto sua encarnação verdadeira, e ambos os elementos, por sua vez, são a possibilitação do significado salvífico da morte de Jesus que está constantemente presente no batismo e na eucaristia como o dom da vida (cf. Jo 19,34b-35).

O cisma cristológico

O pensamento da encarnação surge a partir do conceito teológico fundamental e da lógica do pensamento joanino; ao mesmo tempo, porém, é também a resposta a uma controvérsia cristológica na escola joanina[52]. No âmbito do fluxo narrativo do evangelho, a seção eucarística provocou com sua ênfase na unidade indissolúvel de humanidade e divindade na pessoa de Jesus Cristo um cisma entre os discípulos (Jo 6,60-71)[53]. Esse cisma é um reflexo da divisão dentro

---

[50] Para a posição de Jo 3 em seu contexto e para a unidade crítico-literária e teológica do texto, cf. TH. POPP, Grammatik des Geistes (cf. acima, 12.2), 81-107.206-220.233-255.
[51] Para a justificativa abrangente da unidade literária e teológica de Jo 6, cf. TH. POPP, op. cit., pp. 256-276.
[52] Cf. a respeito U. SCHNELLE, Einleitung (cf. acima, 2.2), pp. 498-500.
[53] Cf. aqui L. SCHENKE, "Das johanneische Schisma und die 'Zwölf' (Jo 6,60-71)", in NTS 38 (1992), pp. 105-121; TH. POPP, Grammatik des Geistes (cf. acima, 12.2), pp. 386-437.

da escola joanina, provocada pelo significado soteriológico da existência terrena de Jesus e documentado principalmente na Primeira Carta de João. Os adversários ali combatidos pertenciam originalmente à comunidade (cf. 1Jo 2,19) e, segundo a perspectiva do autor da carta, negavam a identidade soteriológica entre o Jesus terreno e o Cristo celeste (cf. 1Jo 2,22: Ἰησοῦς οὐκ ἔστιν ὁ Χριστός; além disso, cf. as afirmações sobre a identidade em 1Jo 4,15; 5,1.5). Parece que, para os adversários, somente o Pai e o Cristo celestial eram relevantes para a salvação, mas não a vida, o sofrimento e a morte do Jesus de Nazaré histórico. Para o autor da Primeira Carta de João, porém, não tem o Pai, aquele que ensina sobre a atuação do filho equivocadamente. Além disso, as afirmações sobre a encarnação em 1Jo 4,2 (cf. 1Jo 1,2; 3,8b) permitem concluir que os adversários negaram a encarnação do Cristo preexistente. Para eles, tanto a Paixão do Jesus de Nazaré histórico (cf. 1Jo 5,6b) como sua morte expiatória (cf. 1Jo 1,9; 2,2; 3,16; 4,10) não tinham um significado salvífico. Eles distinguiam estritamente entre o Cristo celeste, unicamente relevante para a salvação, e o Jesus terreno, que teve, segundo sua aparência terrestre, apenas um corpo aparente. Os adversários "eliminaram Jesus de sua doutrina e negavam o lado humano do Salvador"[54].

> Também Inácio de Antioquia volta-se em suas cartas (escritas no período de 110-117 d.C.) contra a cristologia docética[55]. Ele acusa seus adversários de negar a corporeidade de Jesus Cristo, porque não confessam que o Senhor porta um corpo (Sm 5,2). Inácio acentua contra isso que Jesus Cristo nasceu realmente da Virgem Maria, que foi batizado por João e que realmente foi pregado no madeiro por nós, na carne e sob Pôncio Pilatos (Sm 1,1; cf. Trall 9,1). Para os adversários, Jesus sofreu apenas aparentemente (cf. Trall 10; cf. Sm 2; Sm 4,2). Inácio, por sua vez, remete insistentemente ao sofrimento e à morte de Cristo

---

[54] P. WEIGANDT, "Der Doketismus im Urchristentum und in der theologischen Entwicklung des zweiten Jahrhunderts" (tese de doutorado, Heidelberg: 1961), p. 105; para o docetismo, cf. também P. E. KINLAW, The Christ is Jesus (cf. acima, 12.2), pp. 74-93.

[55] Análises abrangentes dos textos de Ignácio encontram-se em W. UEBELE, "Viele Verführer sind in die Welt ausgegangen". Die Gegner in den Briefen des Ignatius von Antiochien und in den Johannesbriefen. EWANT 151 (Stuttgart: 2001), pp. 37-92.

(cf. Ef 7,2; 20,1; Trall 9,1; 11.2; Rm 6,1; Sm 1,2; 6,2). Se Jesus Cristo tivesse aparecido na terra somente "τὸ δοκεῖν", se ele não tivesse sofrido verdadeiramente, então os adversários deveriam negar também a ressurreição. Somente assim se explica a veemência com que Inácio ressalta diante dos adversários a ressurreição de Jesus Cristo na carne (cf. Sm 1,2; 3,1; 7,1; Trall 9,2; Ef 20,1; Magn 11). Se os adversários negam a ressurreição, também a eucaristia é vazia e a graça de Cristo, prejudicada (Sm 6,2), de modo que é lógico que os adversários não se aproximem da celebração eucarística (cf. Sm 7,1; além disso, Sm 6,2).

Especialmente o paralelo entre os adversários combatidos por Inácio e por Policarpo (cf. Policarpo, Fl 7,1) confirma que também os adversários da Primeira Carta de João ensinavam uma cristologia docética[56]. O docetismo, sendo uma cristologia monofisita, nega o significado soteriológico da corporeidade do Filho de Deus; sua estada na terra, seu sofrimento e sua morte atingem-no apenas aparentemente (δοκεῖν = "parecer"). Enquanto os adversários dividem factualmente a figura do salvador, a Primeira Carta de João e, sobretudo o evangelista João (cf. Jo 1,14; 6,51-58; 19,34b-35)[57] ressaltam a unidade soteriológica contínua do Jesus terreno com o Cristo celestial.

---

[56] Cf., entre outros, R. BULTMANN, *Die Johannesbriefe*. KEK 14, 2ª ed. (Göttingen: 1969), p. 67; P. WEIGANDT, Doketismus, pp. 193ss; G. STRECKER, Johannesbriefe (cf. acima, 12.1.3), pp. 131-139; U. SCHNELLE, Antidoketische Christologie (cf. acima, 12.2), pp. 74-83; M. HENGEL, Die johanneische Frage (cf. acima, 12), pp. 185.192; W. UEBELE, "Viele Verführer sind in die Welt ausgegangen", pp. 147-163. Posições diferentes acerca da pergunta pelos adversários são defendidas, por exemplo, por J. RINKE, *Kerygma und Autopsie. Der christologische Disput als Spiegel johanneischer Gemeindegeschichte*. HES 12 (Freiburg: 1997); H. SCHMID, *Gegner im 1. Johannesbrief?* EWANT 159 (Stuttgart: 2002).

[57] Traços antidocéticos na cristologia do Quarto Evangelho são identificados por: W. WILKENS. *Die Entstehungsgeschichte des vierten Evangeliums* (Zurique: 1958), p. 171; F. NEUGEBAUER, *Die Entstehungsgeschichte des Johannesevangeliums*. AzTh 1/36 (Stuttgart: 1968), pp. 19s; U. SCHNELLE, Antidoketische Christologie (cf. acima, 12.2), *passim*; M. HENGEL, Die johanneische Frage (cf. acima, 12), pp. 183.247 etc.; J. FREY, Eschatologie III (cf. acima, 12), pp. 396f etc.; TH. POPP, Grammatik des Geistes (cf. acima, 12.2), p. 365; P. E. KINLAW, The Christ is Jesus (cf. acima, 12.2), p. 171; E. E. POPKES, Die Theologie der Liebe Gottes (cf. acima, 12), p. 261. Cético acerca de uma orientação antidocética do Evangelho de João é, por exemplo, H. THYEN, Joh (cf. acima, 12), p. 91.

12.2.2 O envio do Filho

SCHWEIZER, E. "Zum religionsgeschichtlichen Hintergrund der 'Sendungsformel' Gal 4,4f., Röm 8,3f., Joh 3,16f., 1Joh 4,9". In *Beiträge zur Theologie des Neuen Testaments*, editado por IDEM, pp. 83-95. Zurique, 1970; MIRANDA, J. P. *Der Vater, der mich gesandt hat*. EHS.T 7. Frankfurt, 1972; IDEM, *Die Sendung Jesu im vierten Evangelium*. SBS 87. Stuttgart, 1977; BÜHNER, J.-A. *Der Gesandte und sein Weg im 4. Evangelium*. WUNT 2.2. Tübingen, 1977; MEEKS, W. A. "Die Funktion des vom Himmel herabgestiegenen Offenbarers für das Selbstverständnis der johanneischen Gemeinde". In *Zur Soziologie des Urchristentums*, editado por IDEM. TB 62, pp. 245-283. Munique, 1979; BECKER, J. Johanneisches Christentum (cf. acima, 12), pp. 126-179.

Outro elemento central da cristologia joanina são as afirmações acerca do envio. De Jesus pode se crer que foi o Pai/Deus quem o enviou (Jo 5,36; 11,42; 17,8.21.23.25). Jesus remete sempre ao Pai que o enviou (cf. Jo 3,16; 5,23.24.30.37; 6,29.38.39.44.57; 7,16.18,28.29.33; 8,16.18.26.29.42; 10,36; 12,44.45.49; 13,16.20; 14,24; 15,21; 16,5; 17,3.8.18.21.23.25; 20,21). O próprio envio de Jesus é um conteúdo da fé, seu conhecimento é verdadeiramente a meta do processo de aprendizagem do evangelho ao ser ouvido/lido. Dessa maneira, ele tem um valor e uma importância incomparavelmente maiores do que o envio de João Batista (1,6.33), que foi legitimado por ele para sua atuação, mas, não obstante, não era nada mais que um homem (cf. 5,34). Seu envio não tinha uma validade em si mesmo, mas se referia a Jesus (3,28). Em contraste, o envio de Jesus é um evento salvífico em si mesmo (3,17; 17,3), já que, por meio dele, Deus dá seu Filho ao mundo como uma dádiva do amor (3,16; 6,32).

A missão do Filho tem seu fundamento e sua razão no amor de Deus e sua meta, na salvação do mundo: "Pois Deus não enviou seu Filho ao mundo para que ele julgasse o mundo, mas para que o mundo fosse salvo por ele" (Jo 3,17; cf. 1Jo 4,9s)[58]. *O enviado não só representa o*

---

[58] A concordância com Gl 4,4; Rm 8,3.32 e 1Jo 4,9.10.14 aponta para a literatura sapiencial judaico-helenista como o pano de fundo histórico-religioso e traditivo comum (cf., por exemplo, Sb 9,9s.17; Eclo 24,4.12ss.; FÍLON, Agric 51; Her 205; Conf 63; Fug. 12); outros textos em: Neuer Wettstein 1/2 (cf. acima, 4.3), pp. 156-163. Além disso devemos considerar EPITETO, Diss III 23-24, segundo o qual o

enviador, mas é como o próprio enviador; não só traz uma mensagem, mas é a própria mensagem. Ele atua em lugar do enviador, e sua atuação possui a mesma validade que a de quem o enviou: como o enviado, Jesus fala livre e abertamente as palavras de Deus (3,34; 12,49,50; 14,24; cf. 14,10)[59]; seu ensinamento não vem dele mesmo, mas daquele que o enviou (7,16), é de Deus (7,17). O mesmo se aplica a seu juízo (5,30; 8,16). Quando age, Jesus faz apenas as obras daquele que o enviou (9,4); ele age em nome dele (10,25) e não a partir de si mesmo (5,19.30). Ele nem sequer pode fazer algo diferente daquilo que faz o Pai (5,19); o Pai mostra-lhe tudo que deve fazer (5,20.36). Dessa maneira aplica-se: em Jesus atua o Pai (14,10). Como enviado, Jesus também não tem uma vontade própria, mas procura a vontade daquele que o enviou (5,30) e a impõe (4,34; 6,38ss), obedece ao mandamento dele (8,29; 10,18; 14,31) e completa a obra dele (4,34; 17,4). Portanto, as afirmações sobre a missão expressam que, no homem Jesus que fala, ensina e atua, simultaneamente está presente, fala, ensina e atua outro: o próprio Deus. Quem crê que Jesus foi enviado por Deus reconhece essa presença de Deus em Jesus.

Isso já deixa claro que a cristologia joanina do envio não pode ser isolada, mas que deve ser considerada uma parte orgânica do conjunto da cristologia joanina. Ela pressupõe tanto a preexistência e a encarnação do Filho como sua morte na cruz e sua exaltação, porque o envio não ocorre numa subida e descida atemporais, mas se cumpre na cruz[60]. A existência junto a Deus e a vinda da parte dele são a base comum das afirmativas sobre a preexistência, a encarnação e o envio.

---

verdadeiro cínico "foi enviado por Zeus como mensageiro aos seres humanos, para esclarecê-los acerca do Bem e do Mal".

[59] Para o motivo da παρρησία ("abertura, franqueza"), cf. M. LABAHN, "Die παρρησία des Gottessohnes", in J. FREY, U. SCHNELLE (org.). *Kontexte des Johannesevangeliums* (cf. acima, 12), pp. 321-363.

[60] Contra U. B. MÜLLER, Zur Eigentümlichkeit des Johannesevangeliums (cf. abaixo, 12.5.2), p. 391, que procura destacar a cristologia do envio em detrimento da teologia da cruz. Contra a opinião de que a morte de Jesus não tem um significado salvífico no contexto de uma cristologia dominante de envio, podemos remeter, ao lado de Jo 1,29.36; 2,14-22; 3,14-16; 10,15.17s; 11,51s.; 12,27-32, sobretudo a Jo 19,30: a cruz como lugar da exaltação e glorificação é também a meta do envio de Jesus (para a justificativa detalhada, cf. abaixo, 12.3.5).

As testemunhas do envio

A pretensão da revelação defendida por Jesus baseia-se no envio pelo Pai. Os fariseus, porém, entendem a autorrevelação de Jesus como um autotestemunho que é suspeito de ser um autofavorecimento e que, na perspectiva deles, deve ser questionado (cf. Jo 7,14ss). Jesus responde a essa objeção insistindo na veracidade de seu testemunho[61]: "Meu ensinamento não é meu próprio, mas daquele que me enviou" (Jo 7,16b).

O pano de fundo é o princípio jurídico judaico segundo o qual o testemunho concordante de duas pessoas (entende-se: de dois homens) é verdadeiro (cf. Nm 35,30; Dt 17,6; 19,15). Ninguém além de Jesus pode recorrer a esse princípio, pois a relação entre o Pai e o Filho não se caracteriza por uma concordância exterior, e sim por uma interior e plena. Não só o Pai, mas também outras testemunhas confirmam a reivindicação e pretensão de Jesus. Além do Batista (1,6-8.15.19ss) e das "obras" (Jo 14,11) é acima de tudo a Escritura que testemunha em favor da pretensão de revelação de Jesus, porque tanto Moisés (Jo 5,45-47) como Abraão (Jo 8,56) e Isaías (Jo 12,41) escreveram sobre ele. Também as citações do Antigo Testamento (Jo 1,23; 1,51; 2,17; 6,31; 6,45; 10,34; 12,13.15.27.38.40; 13,18; 15,25; 16,22; 19,24.28.36.37; 20,28; além disso, cf. Jo 3,13; 7,18.38.42; 17,12) visam o cumprimento da vontade divina em Jesus Cristo[62]. Essa compreensão da Escritura deve-se à hermenêutica joanina acerca de Cristo. A primeira revelação em Jesus Cristo, que é ao mesmo tempo a definitiva (cf. Jo 1,1-18), não pode estar em contradição à revelação na Escritura. A importância suprema e permanente da Escritura está no seu testemunho fundamental, de modo que, segundo a compreensão joanina, a Escritura só pode ser lida em relação a Jesus Cristo e compreendida só a partir dele. João

---

[61] Para o motivo do testemunho, cf. J. BEUTLER, *Martyria*. FTS 10 (Frankfurt: 1972).
[62] Para a compreensão joanina da Escritura, cf. M. J. J. MENKEN, *Old Testament Quotations in the Fourth Gospel*. BET 15 (Kampen: 1996); B. G. SCHUCHARD, Scripture within Scripture (cf. acima, 4.4); A. OBERMANN, Die christologische Erfüllung der Schrift im Johannesevangelium (cf. acima, 4.4); W. KRAUS, Johannes und das Alte Testament (cf. acima, 4.4).

não relativiza a posição da Escritura, mas lhe atribui no quadro da prioridade temporal e material do evento Cristo uma posição extraordinária: como testemunha de Cristo, a Escritura comenta e aprofunda o verdadeiro conhecimento do Filho de Deus.

Dualizações

O Evangelho de João nasceu da anamnese pós-pascal e operada pelo espírito – do evento Cristo (cf. Jo 2,17.22; 10,6; 12,16; 13,7; 14,26; 18,32; 20,9) e reflete nas categorias de rejeição e aceitação sobre a decisão dos seres humanos diante do Logos que se fez carne[63]. Se Jesus Cristo é o revelador enviado por Deus, a fé e a incredulidade, como respostas possíveis a esse evento, estão numa oposição antitética e determinam abrangentemente a vida da pessoa individual. *Na dualização manifesta-se não só um princípio antitético de valor igual, mas ela aparece como uma consequência necessária do pensamento da revelação.* Ela afeta várias questões materiais teológicas, de modo que não podemos falar de um dualismo joanino por excelência, mas que deveríamos falar de dualizações no âmbito do pensamento joanino[64].

João nomeia com ἐκ ("de") precisamente a respectiva origem e, com isso, também a natureza da existência humana. As pessoas que creem são ἐκ τοῦ θεοῦ ("de Deus"), ouvem a palavra de Deus (cf. Jo 8,47) e realizam a vontade de Deus (cf. 1Jo 3,10; 4,6; 5,19). São filhas e filhos da luz (Jo 12,36a), geradas a partir de Deus (Jo 1,13) e da verdade (1Jo 2,21; 3,19;

---

[63] Conciso é F. MUSSNER, "Die 'semantische Achse' des Johannesevangeliums. Ein Versuch", in H. FRANKEMÖLLE, K. KERTELGE (org.), *Vom Urchristemum zu Jesus*. FS J. Gnilka (Freiburg: 1989), pp. 246-255, aqui: p. 252, que diz sobre o autor do Evangelho de João: "Ele reflete sobre a história de Jesus como uma história de fé e de decisão, e define a conduta opositória que oponentes e adjuvantes manifestam diante do Cristo Logos por meio da oposição linguística fundamental de 'aceitar *versus* não aceitar' [...]".

[64] O termo/conceito "dualismo" já foi veementemente refutado por J. BLANK, Krisis (cf. abaixo, 12.8), pp. 342s; para a história da pesquisa, cf. E. E. POPKES, Die Theologie der Liebe Gottes (cf. acima, 121, 11-51; J. FREY, "Zu Hintergrund und Funktion des johanneischen Dualismus", in D. SÄNGER, U. MELL (org.), *Paulus und Johannes*. WUNT 198 (Tübingen: 2006), pp. 3-73, que se referem a "motivos dualistas/dualismos" em João.

Jo 18,37). Em contrapartida, a incredulidade está presa no mundo. As pessoas que não creem (Jo 8,23) e os hereges são ἐκ τοῦ κοσμοῦ ("do mundo", 1Jo 4,5), têm o diabo como pai (Jo 8,44; cf. 1Jo 3,8.10) e se orientam pelas coisas "de baixo" (Jo 8,23: εἶναι ἐκ τῶν κάτω). Essas distinções surgem em João a partir do próprio conceito da revelação, pois o revelador é "do alto" (Jo 8,23: ἐγὼ ἐκ τῶν ἄνω εἰμί; Jo 3,31: "Aquele que vem do alto está acima de tudo. Quem é da terra é terreno e fala sobre a terra. Mas quem vem do céu está acima de tudo"). Já que o próprio revelador não é ἐκ τοῦ κόσμου, também os Seus não são do mundo (cf. Jo 17,16).

O conceito joanino difere fundamentalmente dos sistemas gnósticos, nos quais os crentes pertencem desde o princípio à esfera superior e o dualismo tem uma função protológica[65]. Uma antítese ("luz *versus* trevas") aparece no Evangelho de João pela primeira vez em Jo 1,5. De grande importância para sua compreensão é a prioridade da criação (Jo 1,3s). Ela precede as "trevas", portanto, não é considerada, como nos sistemas gnósticos, uma obra das "trevas". "Luz" e "trevas" constituem-se perante a revelação, de modo que as dualizações joaninas, ao contrário dos escritos gnósticos, não têm um significado protológico, mas devem ser entendidas como uma função da cristologia[66]. *A volta de Deus para o mundo no Logos Jesus Cristo precede qualquer dualismo!*[67] No Quarto Evangelho não se manifesta um dualismo anticósmico superior em termos temporais ou materiais; ao contrário, com a revelação realiza-se uma divisão entre o cosmos que permanece na incredulidade e a comunidade que crê.

---

[65] Cf. a respeito H. KOHLER, Kreuz und Menschwerdung (cf. abaixo 12.2.5), pp. 137-139. Também paralelos frequentemente afirmados com afirmações dualistas nos escritos de Qumran não resistem a uma verificação mais exata; cf. J. FREY, "Licht aus den Höhlen. Der 'johanneische Dualismus' und die Texte von Qumran", in J. FREY, U. SCHNELLE (org.), *Kontexte des Johannesevangeliums* (cf. acima, 12), pp. 117-203. Uma abordagem dos possíveis contextos e relações histórico-religiosas que contínua ser útil é oferecida em O. BÖCHER, *Der johanneische Dualismus im Zusammenhang des nachbiblischen Judentums* (Gütersloh: 1965).

[66] Cf. T. ONUKI, Gemeinde und Welt (cf. abaixo 12.7), pp. 41ss.

[67] Completamente diferente J. BECKER, Johanneisches Christentum (cf. acima,12), p. 142: "Portanto, a compreensão da realidade pelo evangelista caracteriza-se por um corte horizontal que separa Deus e o ser humano por meio de uma barreira".

O cosmos não é de maneira alguma considerado totalmente negativo. Originalmente, o mundo de Deus e o mundo do ser humano são uma unidade. Já na criação se manifesta uma prioridade temporal do Bem, ela é uma obra do Logos que existe no princípio junto a Deus. Por amor, Deus enviou seu Filho ao mundo (Jo 3,16; cf. 10,36; 1Jo 4,9s.14); Jesus Cristo é o profeta ou o Filho de Deus que veio ao mundo (Jo 6,14; 11,27). Como o pão que desceu do céu, ele dá vida ao cosmos (Jo 6,33; cf. 6,51); ele é a luz do mundo (Jo 9,5). Jesus veio para salvar o cosmos (cf. Jo 3,17; 12,47), ele é ὁ σωτὴρ τοῦ κόσμου (Jo 4,42: "salvador do mundo"; cf. 1Jo 2,2). Muito conscientemente, o Cristo que está partindo pede que o Pai não tire a comunidade do mundo (Jo 17,15), mas que ele a guarde do Mal. A comunidade vive no cosmos, mas não é ἐκ τοῦ κόσμου ("do mundo", cf. Jo 15,19; 17,14). Jesus envia seus discípulos ao mundo (Jo 17,18), e ao cosmos prometem-se até mesmo as capacidades do (re)conhecimento e da fé em relação ao envio de Jesus (cf. Jo 17,21.23). Não o cosmos em si é avaliado negativamente, mas a incredulidade faz do cosmos um mundo antidivino (cf. Jo 16,9; 1,10; 7,7; 8,23; 9,39; 14,17)[68].

Já que a vinda da luz criou uma nova situação para os seres humanos e a questão da salvação se decide unicamente na fé em Jesus Cristo (cf. Jo 3,16s; 12,46 e nas palavras de ἐγώ εἰμι em Jo 6,35; 8,12; 10,7.11; 11,25; 14,6; 15,1), todas as pessoas que se negam à mensagem de Cristo permanecem, consequentemente, na escuridão. As dualizações joaninas visam uma decisão e são ao mesmo tempo a consequência dela, porque a decisão do ser humano diante da revelação de Cristo decide sobre sua origem e seu destino. Se a pessoa aceita na fé e também para si mesma a volta de Deus para os seres humanos em Jesus Cristo, sua existência – como um renascimento "do alto" e no poder do espírito (cf. Jo 3,5s) – recebe uma nova fundamentação e orientação. Ao contrário disso, a incredulidade permanece no âmbito das trevas e da morte. João expressa com as dualizações o significado e a importância do evento Cristo; elas nomeiam as dimensões escatológicas da decisão exigida, porque a fé e a não fé já decidem definitivamente sobre a vida e a morte (cf. Jo 3,18.36; 5,24 etc.).

---

[68] Cf. R. BULTMANN, Jo (cf. acima, 12), p. 34.

As dualizações joaninas não apresentam nenhuma dinâmica histórico-religiosa própria[69], mas estão integradas numa dinâmica argumentativa própria: *é o pensamento do amor que precede todas as formas das dualizações joaninas, que as flanqueia e interpreta*[70]. Enquanto a dualização descreve uma respectiva linha de delimitação, a dinâmica do amor de Deus ao mundo (Jo 3,16), ao Filho (Jo 3,35; 10,17; 15,9.10; 17,23.26) e aos discípulos (Jo 14,21.23; 17,23.26), o amor de Jesus a Deus (Jo 14,31) e aos discípulos (Jo 11,5; 13,1.23.34; 14,21.23; 15,12.13; 19,26), bem como o amor dos discípulos a Jesus (Jo 14,15.21.23) e uns aos outros (Jo 13,34.35; 15,13.17) determina o pensamento joanino positivamente: o movimento de amor que parte do Pai continua na atuação do Filho e dos discípulos, até que o mundo finalmente reconheça "que tu me enviaste e os amaste como amaste a mim" (Jo 17,23).

12.2.3 As "palavras de Eu Sou"

SCHWEIZER, E. *Ego Eimi*, 2ª ed. FRLANT 56. Göttingen, 1965; BÜHNER, J.-A. *Der Gesandte und sein Weg im 4. Evangelium* (cf. acima, 12.2.2), pp. 166-180; HINRICHS, B. *"Ich bin"*. *Die Konsistenz des Johannes-Evangeliums in der Konzentration auf das Wort Jesu*. SBS 133. Stuttgart, 1988; THYEN, H. "Ich bin das Licht der Welt. Das Ich- und Ich-Bin-Sagen Jesu im Johannesevangelium". In *JAC* 35 (1992): 19-46; IDEM. *Ich-Bin-Worte*. RAC XVII, pp. 147-213. Stuttgart, 1996; BALL, D. M. *"I Am" in John's Gospel*. JSNT.S 124. Sheffield, 1996; CEBULJ, CHR. *Ich bin es. Studien zur Identitätsbildung im Johannesevangelium*. SBB 44. Stuttgart, 2000; THEOBALD, M. *Herrenworte* (cf. acima, 12), pp. 245-333.

As "palavras de Eu Sou" são o centro do autoanúncio de Jesus e palavras-chave da teologia revelatória e da hermenêutica joaninas. Nelas, Jesus afirma que ele é, quem ele quer ser para os seres humanos e como eles devem entendê-lo. Nas "palavras de Eu Sou" condensam-se

---

[69] Cf. J. FREY, Zu Hintergrund und Funktion des johanneischen Dualismus, p. 70, o qual ressalta a relação com os destinatários, inerente aos motivos dualistas, e sua inserção na dramaturgia joanina: "Por isso, a vontade moldadora do autor joanino deve ser considerada mais importante do que a influência do ambiente histórico-religioso".
[70] Comprovação fundamental em E. E. POPKES, Die Theologie der Liebe Gottes (cf. acima, 12), *passim*.

de forma singular a cristologia e a soteriologia[71]. De forma condensada, as palavras do pão da vida (Jo 6,35a), da luz do mundo (Jo 8,12), da porta (Jo 10,7), do pastor (Jo 10,11), da ressurreição e da vida (Jo 11,25), do caminho, verdade e vida (Jo 14,6) e da videira (Jo 15,1) sinalizam a relação especial entre o Pai e o Filho. Sob adoção deliberada do discurso da fala revelatória do Pai (cf. Ex 3,14 LXX; além disso, cf. Ex 3,6.17; Is 43,10.11 LXX; 45,12 LXX), o Filho torna-se o portador da revelação[72]. Trata-se da vida aparecida em Cristo; as "palavras de Eu Sou" são *palavras de vida*, porque em cinco das sete "palavras de Eu Sou" clássicas encontra-se a palavra-chave "vida" (ζωή, ψυχή). As palavras de ἐγώ εἰμι têm uma dimensão metafórica e são componentes de um abrangente campo imagético e/ou discurso metafórico (Jo 6/8/10/11/14/15), com cujo material o autor trabalha e que é de suma importância para a interpretação. Segundo o uso linguístico cotidiano, ninguém pode reivindicar que é "o pão" ou "a luz". Ao mesmo tempo, o artigo definido indica que Jesus não somente traz "o pão", "a luz" etc., mas que ele o é. No ἐγώ εἰμι, o próprio falante entra na afirmação, ele se manifesta e anuncia, apresenta-se aos ouvintes/leitores do Quarto Evangelho como Deus. Com as palavras de ἐγώ εἰμι, Jesus responde em primeiríssimo lugar a pergunta sobre *quem* ele é, e disso segue *o que* ele é para os crentes. Ambos os aspectos se condicionam e se complementam mutuamente. Jesus pode ser o "pão", a "luz", a "ressurreição" etc. para os crentes somente porque ele *é* o Filho de Deus. Nas sete "palavras de Eu Sou", João esclarece a messianidade de Jesus sistematicamente com metáforas provenientes do mundo da experiência humana. As "palavras de Eu Sou" são sumários da teologia joanina da revelação[73], nos quais o Filho se revela no ἐγώ εἰμι assim como anteriormente o Pai.

---

[71] A estrutura básica das "palavras de Eu Sou" é claramente reconhecível: depois da apresentação (ἐγώ εἰμι) seguem a palavra metafórica com artigo, o convite e a promessa; cf. S. SCHULZ, *Komposition und Herkunft der Johanneischen Reden*. BWANT I (Stuttgart: 1960), pp. 85-90.

[72] "Palavras de Eu sou" existem nas tradições egípcia, grega e judaica; cf. Neuer Wettstein I/2 (cf. acima,4.3), pp. 357-373.

[73] J. ASHTON, Understanding (cf. acima,12), p. 186, caracteriza com razão as "palavras de Eu Sou" como "*miniature Gospels*" (evangelhos em miniatura).

Cristologia das imagens

As "palavras de Eu Sou" ilustram impressionantemente uma característica fundamental da cristologia joanina: a apresentação de afirmativas cristológicas na forma de imagens[74].

Especialmente no Quarto Evangelho, imagens são a categoria central por excelência da comunicação de sentido religioso[75]. A linguagem imagética usa símbolos enraizados na escola joanina[76], que têm um caráter de referência e que visam interpretar a natureza de Deus (cf. acima, 12.1.3) e/ou do Filho Jesus Cristo: luz (1Jo 1,5; Jo 1,4s; 3,19; 8,12; 12,46 etc.), amor (1Jo 4,16; Jo 3,35; 17,26), espírito (Jo 4,24); Jesus Cristo como "água viva" (Jo 4,14; 7,37-39). A linguagem imagética adota metáforas que, ao contrário do símbolo, exigem já no plano imediato do texto uma passagem para um novo plano de sentido: Jesus como o pão da vida (Jo 6), o pastor verdadeiro (Jo 10), a porta (Jo 10), o grão de trigo (Jo 12,24), a vinha (Jo 15). Além disso, a linguagem imagética joanina caracteriza-se por categorias espaciais (alto – baixo/vir – ir embora/envio), títulos/nomes (Pai/Filho/Logos/Cordeiro/

---

[74] Além dos trabalhos de C. R. KOESTER (cf. acima, 12) e R. ZIMMERMANN (cf. acima, 12.2), cf. sobretudo J. FREY, "Das Bild als Wirkungspotential", in R. ZIMMERMANN (org.), *Bildersprache verstehen* (Munique: 2000), pp. 331-361; J. G. VAN DER WATT, *Family of the King. Dynamies of Metaphor in the Gospel acording to John.* BIS 47 (Leiden: 2000).

[75] Para o conceito da imagem (na Antiguidade), cf. R. ZIMMERMANN, Christologie der Bilder (cf. acima, 12.2), 61-74. Constitutivos são três aspectos:
1) Uma imagem expressa uma realidade específica entre algo que existe verdadeiramente e algo que não existe.
2) Uma imagem está sempre inserida num contexto de referência, dentro do qual se qualifica como imagem "de algo".
3) Imagens têm um papel fundamental no processo cognitivo, ao serem percebidas e interpretadas; isto é, aos receptores de imagens cabe um papel fundamental. Zimmermann (op. cit., 102s) parte de cinco tipos básicos na imagética de João: imagética metafórica, simbólica, titular, narrativa e conceitual. Para a discussão atual, cf. J. FREY, J. G. VAN DER WATT, R. ZIMMERMANN (org.), *Imagery in the Gospel of John*. WUNT 200 (Tübingen: 2006).

[76] Para a definição de "símbolo" e "metáfora", cf. acima, 3.4; além disso, cf. a ampla discussão teórica em R. ZIMMERMANN, Christologie der Bilder (cf. acima, 12.2), pp. 137-165.

Messias/Cristo/Senhor) e por uma forte imagética narrativa (cf. sobretudo Jo 2,1-11; 3,1-11; 4,4-42; 6; 8,12-20; 9; 10; 11,1-45)[77].

A imagética visa a transmissão, o reconhecimento e a concordância; os leitores/ouvintes devem ser conduzidos, de modo cada vez mais profundo, por imagens, palavras imagéticas e discursos metafóricos adequados/ positivos[78] desde sua experiência imediata de vida e de seu pano de fundo cultural para um verdadeiro conhecimento de Jesus Cristo. A linguagem imagética joanina serve-se para esse fim de uma notável diversidade, de motivos individuais (por exemplo, Jesus como templo, Jo 2,19-22), sobre a construção de vínculos (por exemplo, Jo 2-4 como composição anelar de Caná) até redes de imagens (por exemplo, Jesus como "rei" em Jo 1,49; 12,13; 19,21). Termos imagéticos como, por exemplo, luz, vida e glória tornam-se (muitas vezes em conjunto com seus opostos) conceitos-chaves que têm a função de construir redes, tanto dentro de pequenas seções de texto como no âmbito de grandes sequências textuais. Por meio de retomada, amplificação, construção de arcos de tensão, referência retroativa ou substituição[79], o evangelista procura especialmente por meio de sua linguagem imagética uma densificação de sua mensagem. Na linguagem imagética joanina confluem constantemente realidades conhecidas para formar uma nova realidade que deve ser vista, reconhecida e crida; assim, a fé torna-se no ver um ato cognitivo (cf. Jo 20,31)[80].

---

[77] Cf. a respeito R. ZIMMERMANN, op. cit., pp. 197-217.
[78] Os atos de transferência e interpretação exigidos pelas palavras imagéticas/metáforas são apenas possíveis quando se observa a inserção na narração completa (isto é acentuado por J. G. VAN DER WATT, Family of the King, pp. 91s) e as expressões contextuais. No âmbito do mundo joanino acrescenta-se ainda o aspecto de que um ato de transferência é somente possível quando os ouvintes/leitores são capazes de ler a imagem no além de sua experiência cotidiana, isto é, de captar, na força do espírito, o verdadeiro significado, por exemplo, do "pastor" Jesus.
[79] Para esses procedimentos literários, cf. TH. POPP, Grammatik des Geistes (cf. acima, 12.2), pp. 237-241.444-446.
[80] Cf. R. ZIMMERMANN, Christologie der Bilder (cf. acima, 12.2), p. 444: "A cristologia comprova-se nesse respeito como um *processo visual*, no qual a diversidade das imagens não pode ser resumida na unidade do termo, mas sim na 'unidade da vista'".

12.2.4 Títulos cristológicos

SCHULZ, S. *Untersuchungen zur Menschensohn-Christologie im Johannesevangelium*. Göttingen, 1957; RHEA, R. *The Johannine Son of Man*. AThANT 76. Zurique, 1990; BURKETT, D. *The Son of the Man in the Gospel of John*. JSNT.S 56. Sheffield, 1991; BÖTTRICH, CHR. "'Gott und Retter'. Gottesprädikationen in christologischen Titeln". In *NZSTh* 42 (2000): 217-236; SASSE, M. *Der Menschensohn im Evangelium nach Johannes*. TANZ 35. Tübingen, 2000; MOLONEY, F. J. "The Johannine Son of Man Revisited". In *Theology and Christology in the Fourth Gospel*, editado por G. VAN BELLE, J. G. VAN DER WATT, P. MARITZ (cf. acima, 12), pp. 177-202.

Os títulos dignitários (de alteza) são um elemento central da cristologia joanina, porque qualificam Jesus de Nazaré de modo específico e nomeiam concisamente o conteúdo da fé cristã: "Estes (isto é, os sinais), porém, foram registrados para crerdes que Jesus é o Cristo, o Filho de Deus, e para que, como crentes, tenhais vida em seu nome" (Jo 20,31). A função pragmático-textual dos títulos cristológicos no Evangelho de João manifesta-se na correspondência entre o prólogo (Jo 1,1-18) e o epílogo (Jo 20,30s): os leitores são introduzidos à obra por meio de um título cristológico que é um lexema-chave e podem ter certeza de sua compreensão correta quando são capazes de se sintonizar com a afirmativa de fé em Jo 20,31, que está marcada por títulos cristológicos[81].

Logos

Dificilmente é uma coincidência que o ὁ λόγος ("palavra/discurso/pensamento/razão") absoluto se encontre como título cristológico unicamente no âmbito da tradição joanina (Jo 1,1.14; Ap 19,13; cf. 1Jo 1,1). Assim como na tradição grega, o Logos é em João o princípio divino de atuação e de vida, designa a volta de Deus para o ser humano

---

[81] S. VAN TILBORG, *Reading John in Ephesus*. NT.S 83 (Leiden: 1996), mostrou que, especialmente em Éfeso, a divindade de Jesus e todos os títulos cristológicos centrais do Quarto Evangelho podiam ser recebidos sem problema contra o pano de fundo do culto ao imperador.

e a unidade original do pensamento humano com Deus. O termo/conceito de λòγος abre deliberadamente um amplo espaço cultural: o mundo da filosofia/educação greco-romana[82] e do judaísmo helenista de caráter alexandrino[83]. Sendo uma palavra-chave da história grega de educação, o λòγος ativa um amplo potencial de alusões que conflui no processo compreensivo também na cooperação produtiva dos ouvintes/leitores. O respectivo conhecimento cultural está relacionado com a enciclopédia de uma língua, que pode ser ativada por um autor. Termos e a normatividade a eles relacionada desenvolvem sua força somente dentro de uma comunidade linguística já existente, que preestabelece e constantemente relê regras para a compreensão, a atuação e o julgamento[84]. Ao elevar o termo-chave da história a um termo/conceito orientador cristológico (cf. acima, 12.2.1), ele expressa uma pretensão universal: o Logos Jesus Cristo partiu da unidade original com Deus, é a força criadora de Deus, é a origem e a meta de toda existência; e a antiga história intelectual e da religião encontra sua meta no Logos Jesus Cristo.

Filho de Deus

O título ὁ υἱὸς (τοῦ θεοῦ) ocorre 38 vezes no evangelho e é um termo-chave da cristologia joanina (cf. acima, 12.1.1/12.1.2). É particularmente adequado para expressar a relação particular entre Deus e Jesus de Nazaré e deve ser entendido de modo relacional e funcional

---

[82] Para o termo/conceito de *logos* em geral, cf. B. JENDORFF, *Der Logosbegriff*. EHS 20.19. Frankfurt, 1976; A. SCHMIDT, *Die Geburt des Logos bei den frühen Griechen*. Berlim 2002. Clássico é DIÓGENES, L 6.3: "O primeiro a definir o logos foi Antístenes quando disse: um Logos é aquilo que esclarece o que algo foi ou é (Λόγος ἐστὶν ὁ τὸ τί ἦν ἢ ἔστι δηλῶν)". Quase contemporaneamente com o Evangelho de João formula, por exemplo, DIO CRISÓSTOMO, Or 36,31: "Dessa maneira, para dizê-lo em poucas palavras, o logos visa criar uma relação construtiva entre a geração humana e a divindade e sintetizar em um termo/conceito tudo que é dotado de razão; pois ela vê na razão a única base segura e indissolúvel da comunhão e da justiça"; outros textos em: Neuer Wettstein I/2 (cf. acima, 4.3), pp. 10-15.
[83] Cf. aqui B. L. MACK, *Logos und Sophia*. SUNT 10 (Göttingen: 1973).
[84] Por isso não é possível restringir o termo/conceito do *logos* a um pano de fundo judaico-helenista, como o faz, por exemplo, F. HAHN, Theologie I, pp. 616s.

com base na unidade ontológica de Pai e Filho (cf. Jo 10,30)[85]. O título aparece pela primeira vez no pleno sentido teológico-revelatório em Jo 1,34 (João Batista diz: "E eu o vi e dei testemunho de que este é o Filho de Deus"), para receber um desenvolvimento cada vez maior no curso da obra[86]. O uso do título nesse ponto mostra a composição cuidadosa do evangelista: com ὁ υἱὸς τοῦ θεοῦ, João refere-se ao versículo conclusivo do evangelho (Jo 20,31), de modo que o título "Filho de Deus" abarca a atuação de Jesus em sua totalidade, desde a vocação dos primeiros discípulos até o envio dos discípulos. Em termos de conteúdo, o título abrange a atuação reveladora do Filho, a quem tudo foi entregue pelo Pai (Jo 3,35; 17,2), que é o único que traz notícias do Pai (Jo 1,18; 6,46), que faz a vontade do Pai (Jo 5,19s) e cujo envio visa a salvação do mundo (cf. acima, 12.2.2). Quem vê o Filho e crê nele tem a vida eterna (Jo 3,36; 6,40), possui a verdadeira liberdade (Jo 8,32.36) e vê ao mesmo tempo o Pai (Jo 12,45; 14,9). Não é surpreendente que foi o título de Filho que provocou a acusação de diteismo (Jo 5,18; 10,33-39; 19,7). O título de Filho expressa concisamente a exclusiva autoridade de revelação e a exclusiva mediação da salvação por Jesus Cristo.

Cristo

O nome-título Ἰησοῦς Χριστός ("Jesus Cristo") ocorre somente em Jo 1,17 e 17,3 (cf., porém, 1Jo 1,3; 2,1; 3,23; 4,2; 5,5.20); no centro está o (ὁ) Χριστός absoluto, orientado pela expectativa messiânica veterotestamentária (17 vezes no evangelho; transcrição para o grego em Jo 1,41; 4,25). O Batista rejeita explicitamente o uso desse título para si (Jo 1,20.25; 3,28). De modo positivo são, sobretudo, as afirmações confessionais em Jo 4,29; 7,26.41; 10,24 ("Este é o Cristo"), Jo 11,27 ("Marta diz: Sim, Senhor, agora eu creio que tu és o Cristo, o Filho de Deus, que havia de vir ao mundo") e Jo 20,31 que expressam a correspondente

---

85 F. HAHN, Verbete "υἱός", in *EWNT III* (Stuttgart: 1983), pp. 922s, enfatiza com razão que o título de Filho está vinculado a diversas tradições, mas que a conceituação joanina deve ser considerada um modelo independente.
86 Cf. especialmente as confissões de Natanael (Jo 1,49) e de Marta (Jo 11,27).

pretensão: Jesus de Nazaré é o Messias prometido no Antigo Testamento. As questões relacionadas são tematizadas explicitamente: origem (Jo 4,25; 7,27.41s), atividade milagrosa (Jo 7,31) e existência eterna do Messias (Jo 12,41). A presença lado a lado em Jo 11,27 e 20,31 mostra claramente que, para João, a messianidade e a filiação divina são uma unidade.

Rei de Israel/dos judeus

O motivo da realeza emoldura o agir e falar de Jesus (cf. Jo 1,49; 12,13.15; 18,33.36.37.39; 19,3.12.14.15.19.21): no início está Natanael que confessa o rei de Israel (Jo 1,49), e essa confissão é retomada na aclamação da entrada em Jerusalém (Jo 12,13); no final do evangelho predomina o motivo da dignidade régia de Jesus. Relacionada está a expressão βασιλεία τοῦ θεοῦ ("Reino de Deus") em Jo 3,3.5, cujo vínculo com o interrogatório de Pilatos é óbvio (cf. abaixo, 12.2.5). Assim como a βασιλεία de Jesus não é deste mundo (Jo 18,36), também as pessoas precisam nascer "do alto/de novo" para participar da salvação. Ao contrário da multidão que julga superficialmente (cf. Jo 6,15), os leitores e as leitoras do evangelho sabem da verdadeira realeza de Jesus Cristo, que consiste unicamente em sua legitimação pelo Pai.

Kyrios

O título κύριος ("senhor") ocorre 43 vezes no Evangelho de João, mas seu perfil se condensa somente nas narrativas pascais. Enquanto se usa "Senhor" antes na maioria das vezes sem qualquer sentido de alteza (cf. Jo 4; 11 e 13 [13,13s: identificação de κύριος e διδάσκαλος; além disso, cf. 15,15.20), κύριος serve em Jo 20,2.18.20.25 como designação do Ressuscitado, até na confissão de Tomé: "Meu Senhor e meu Deus" (Jo 20,28: ὁ κύριος μου καὶ ὁ θεός μου). O "ver o Senhor" em Jo 20,18.20.25 remete a 1Cor 9,1 e mostra que, também no círculo traditivo joanino, κύριος foi usado como uma designação especial do Ressuscitado.

Filho do Homem

O conceito de Filho do Homem está inteiramente incorporado ao conceito geral da cristologia joanina. O vínculo com o motivo da preexistência e do envio manifesta-se claramente no discurso sobre o "subir e descer" do Filho do Homem (cf. Jo 1,51; 3,13s; além disso, 6,27.53 com 6,33.38.41s.50s.58), sendo que Jo 6,62 afirma explicitamente a preexistência do Filho do Homem ("E quando virdes então o Filho do Homem subir aonde estava antes..."). Como aquele que desceu do céu e que sobe novamente, o Filho do Homem realiza para João já no tempo presente sua função de juiz (Jo 5,27), doador de vida (Jo 6,27.52.62) e messias (Jo 8,28; 9,35; 12,23.34; 13,31s)[87]. Nesse contexto, o acréscimo destacado ὁ θεός a πατήρ em Jo 6,27 ("pois é aquele [o Filho do Homem] que Deus, o Pai, credenciou com seu selo") remete à constante prioridade material, cuja ação no Filho do Homem possibilita a salvação dos seres humanos.

Também após sua encarnação, o Logos que vem de Deus tem um acesso constante ao mundo celestial; como Filho do Homem que atua presentemente, abre aos crentes o acesso ao mundo celestial, portanto, a Deus (Jo 1,51: "Amém, amém, eu vos digo: Vereis o céu aberto e os anjos de Deus subindo e descendo sobre o Filho do Homem"). A interligação interna de vários complexos de motivos manifesta-se em Jo 3,13s, que vincula a preexistência e o envio com a exaltação e glorificação do Filho do Homem. A interpretação no contexto da teologia da cruz e da exaltação confere às palavras joaninas sobre o Filho do Homem seu caráter especial[88]. A *anabasis* do Filho do Homem é interpretada de modo especificamente joanino como "exaltação"; assim como em Jo 8,28; 12,32, ὑψοῦν significa também em Jo 3,13s a crucificação de Jesus[89]. Como a elevação da serpente no deserto, também a exaltação de Jesus tem uma função salvífica. Não só a exaltação de Jesus para o céu, mas já sua exaltação na cruz é o evento salvífico (cf. abaixo, 12.2.5).

---

[87] Cf. aqui R. SCHNACKENBURG. Joh I (cf. acima, 12), pp. 411-423.
[88] Cf. J. FREY, Die johanneische Eschatologie III (cf. acima,12), pp. 260-280.
[89] Cf. W. THÜSING, Erhöhung (cf. acima, 12.2), pp. 3s.

Além dos títulos cristológicos, todos distribuídos pelo evangelho em quantidade considerável, encontram-se em alguns pontos *predicações cristológicas* que ressaltam de modo especial a atuação de Jesus, que gera dignidade e salvação

Salvador do mundo

Na conversa com uma mulher samaritana anônima (Jo 4,4-42), Jesus é designado, numa linha ascendente, como judeu (v. 9), como maior que Jacó (v. 12), como profeta (v. 19) e como messias (v. 25s.29); depois disso, Jo 4,42 diz: οὗτός ἐστιν ἀληθῶς ὁ σωτὴρ τοῦ κόσμου ("Este é verdadeiramente o salvador do mundo"). O termo σωτήρ provém do culto helenista aos governantes (cf. acima, 10.4.1) e no cristianismo primitivo foi transferido para Jesus (cf. Lc 2,11; At 5,31; 13,23; Fl 3,20; 1Tm 4,10; 2Tm 1,10; Tt 1,4; 2,13; 3,6; Ef 5,23; 2Pd 1,1.11; 2,20; 3,2.18; 1Jo 4,14)[90]. O campo semântico de σωτήρ/σωτηρία/σῴζειν apresenta na época do Novo Testamento uma conotação político-religiosa: o imperador romano é o benfeitor e o salvador do mundo; ele garante não só a unidade política do Império, mas também concede a seus cidadãos prosperidade, salvação e sentido[91]. Também aqui, João estabelece um *elativo*, pois, para ele, quem salva é unicamente Jesus Cristo que dá já no tempo presente a vida eterna na fé[92]. Não se pode esperar a salvação universal do mundo da parte de governantes políticos, mas exclusivamente do Jesus Cristo crucificado e ressuscitado. Ao mesmo tempo expressa-se nessa predicação também a autocompreensão dos cristãos joaninos: com sua mensagem, eles se sabem enviados para o mundo inteiro, porque somente Jesus é o salvador do mundo (cf. Jo 3,16; 6,33; 12,47).

---

[90] Cf. a respeito C. R. KOESTER, "The Savior of the World", in *JBL* 109 (1990): 665-680; F. JUNG, *ΣΩΤΗΡ. Studien zur Rezeption eines hellenistischen Ehrentitels im Neuen Testament* (cf. acima, 10.4.1), pp. 45-176; M. KARRER, "Jesus der Retter (Sôtêr)", in *ZNW* 93 (2002): 153-176.
[91] Cf. os textos em Neuer Wettstein I/2 (cf. acima, 4.3), pp. 239-257.
[92] Cf. M. LABAHN, "'Heiland der Welt'. Der gesandte Gottessohn und der römische Kaiser – ein Thema johanneischer Christologie?", in M. LABAHN, J. ZANGENBERG (org.), *Zwischen den Reichen: Neues Testament und Römische Herrschaft*. TANZ 36 (Tübingen: 2002), pp. 147-173.

O santo de Deus

Em Jo 6,69, Pedro fala em nome dos discípulos que não renegaram Jesus: "E nós cremos e reconhecemos que tu es o santo de Deus (ἅγιος θεοῦ)". Essa predicação cristológica, única no Quarto Evangelho, expressa com uma densidade particular a unidade de Pai e Filho. Como ἅγιος θεοῦ, Jesus participa da natureza mais íntima de Deus (cf. Jo 10,30.36; 14,10; 17,17.19). Para João, a relação exclusiva entre o enviador e o enviado, sua atuação como verdade no mundo (cf. Jo 17,18.20), sua volta para o Pai e a atualização desse evento na palavra, na força do espírito e nos dons da eucaristia formam uma unidade interior. Em todas essas dimensões realiza-se a santificação de Jesus; por isso, ele é o "santo de Deus".

Cordeiro de Deus

Na abertura narrativa do Evangelho, Jesus é chamado duas vezes de ἀμνὸς θεοῦ ("cordeiro de Deus")[93]; a ele se dirige a palavra reveladora de João Batista, que tem um caráter programático porque é a primeira designação positiva de dignidade,: "Eis o cordeiro de Deus que tira o pecado do mundo" (Jo 1,29). A variação em Jo 1,36 (João Batista diz: "Eis o cordeiro de Deus") sublinha a importância dessa palavra sobre Jesus. O cordeiro como uma imagem de contraste em relação ao poder e à força superficial mostra que o amor de Deus vem até os seres humanos na fraqueza e de modo oculto. Paradoxalmente, o poder do amor revela-se na impotência da cruz (cf. abaixo, 12.2.5). Jesus aparece na forma da humildade e, não obstante, recebeu do Pai o poder de salvar o mundo.

---

[93] Análises histórico-traditivas abrangentes em M. HASITSCHKA, Befreiung von Sünde (cf. abaixo, 12.5.3), pp. 52-109 (argumentação em favor do conceito do servo de Deus); TH. KNÖPPLER, Theologia Crucis (cf. abaixo, 12.2.5), pp. 67-88; R. METZNER, Das Verständnis der Sünde (cf. abaixo, 12.5.3), pp. 143-156 (os dois últimos consideram como pano de fundo a tradição da páscoa judaica).

Jesus como Deus

Não é por acaso que as ocorrências mais claras da designação de Jesus como "Deus" se encontrem nos escritos joaninos: 1Jo 5,20; Jo 1,1.18; 20,28; acusação de diteísmo em Jo 5,18; 10,33 (além disso, cf. Hb 1,8-9; Tt 2,13; 2Pd 1,1; discutidos são Rm 9,5; Tg 1,1; At 20,28; 2Ts 1,2). No contexto do culto romano ao imperador e de perseguições locais (cf. 1Jo 5,21) diz 1Jo 5,20 sobre o Filho de Deus Jesus Cristo: "Este é o Deus verdadeiro (ὁ ἀληθινὸς θεός) e a vida eterna". O autor da carta põe com isso um claro acento contra a reivindicação do imperador romano de ser cultuado como Deus. Um contexto polêmico semelhante manifesta-se na confissão de Tomé em Jo 20,28: "Meu Senhor e meu Deus" (ὁ κύριος μου καὶ ὁ θεός μου). A combinação de ὁ κύριος e ὁ θεός remete a Sl 34,23 LXX e tem um paralelo notável no tratamento tardiamente exigido por Domiciano, "*Dominus et Deus noster*"[94], sendo que a crítica de autores antigos mostra[95] a grande medida em que essa pretensão de governantes podia influenciar a vida e conduta das pessoas. Quando João transfere, contra esse pano de fundo, os atributos reivindicados pelo imperador para o Jesus Cristo crucificado e ressuscitado, ele expressa também uma crítica clara ao culto ao imperador[96]. No entanto, Jo 1,1.18 mostra que a denominação de Jesus como "Deus" não se esgota em tais referências polêmicas, mas tem seu fundamento material na unidade ontológica entre Pai e Filho (Jo 10,30), descrita em Jo 1,1s como segue: "No princípio era a palavra, e a palavra estava com Deus, e a palavra era Deus. Ela estava no princípio com Deus". Desde o princípio, o Logos está com Deus; ambos têm o mesmo princípio e a mesma origem, e Deus não pode ser

---

[94] SUETÔNIO, Dom 13,2 (= Neuer Wettstein I/2 [cf. acima, 4.3], p. 855).
[95] Cf. DIO CRISÓSTOMO, Or 45.1; MARCIAL X 72. 1-3, onde Marcial descreve as mudanças na corte introduzidas pelo novo imperador Trajano: "Ó bajulações, vós vos aproximais de mim em vão, ó vós miseráveis, com vossos lábios inescrupulosos. Eu não quero usar o 'senhor e deus'" (= Neuer Wettstein I/2 [cf. acima, 4.3], p. 854); além disso, cf. MARCIAL V 8.1; VII 34,8; VIII 2,6; IX 66.3; DIO CRISÓSTOMO, Or 1,21.
[96] Nas inscrições de Éfeso encontra-se o predicado θεός para muitos imperadores; cf. S. VAN TILBORG, Reading John in Ephesus, pp. 41-47.

pensado sem sua palavra (cf. acima, 12.2.1). O v. 1c atribui ao Logos o predicado ὁ θεός. O Logos não é simplesmente idêntico a Deus nem existe ao lado do Deus supremo um segundo Deus; mas o Logos é da natureza de Deus[97]. Fílon mostra claramente o uso diferenciado de ὁ θεός e θεός; de acordo com ele, exclusivamente o Deus único merece o predicado ὁ θεός[98]. O v. 1c usa deliberadamente o predicatido θεός, para expressar assim tanto a natureza divina do Logos como sua diferenciação do Deus supremo. O v. 1c contém a máxima sobre a existência e a natureza do Logos[99]; ele é insuperável em sua dignidade, importância e significado. Deus é o lugar da palavra; na palavra, Deus fala abrangentemente a partir de si mesmo. Aqui, a autorrevelação e a autocomunicação são um, porque a palavra é já no princípio Jesus Cristo. Por isso é unicamente Jesus Cristo que pode fazer o anúncio de Deus, e somente ele merece o predicado μονογενὴς θεός (Jo 1,18: Deus unigênito).

12.2.5 *Teologia da cruz*

MÜLLER, U. B. "Die Bedeutung des Kreuzestodes Jesu im Johannesevangelium". In *KuD* 21 (1975): 49-71; KOHLER, H. *Kreuz und Menschwerdung im Johannesevangelium*. AThANT 72. Zurique, 1987; KNÖPPLER, TH. *Die theologia crucis des Johannesevangeliums*. WMANT 69. Neukirchen, 1994; MÜLLER, U. B. "Zur Eigentümlichkeit des Johannesevangeliums. Das Problem des Todes Jesu". In ZNW 88 (1997): 24-55; RAHNER, J. *"Er aber sprach vom Tempel seines Leibes". Jesus von Nazareth als Ort der Offenbarung Gottes im vierten Evangelium*. BBB 117. Bodenheim, 1998; ZUMSTEIN, J. "Die johanneische Interpretation des Todes Jesu". In *Kreative Erinnerung*, editado por IDEM (cf. acima, 12), pp. 219-239; FREY, J. "Die 'theologia crucifixi' des Johannesevangeliums". In *Kreuzestheologie im Neuen Testament*, editado por A. DETTWILER, J. ZUMSTEIN. WUNT 151, pp. 169-238. Tübingen, 2002; STRAUB, E. "Der Irdische als der Auferstandene. Kritische Theologie bei Johannes ohne ein Wort vom Kreuz". In *Kreuzestheologie im Neuen Testament*, op. cit., pp. 239-264; IDEM. *Kritische Theologie ohne ein Wort vom Kreuz*. FRLANT 203. Göttingen, 2003; SÖDING, TH. "Kreuzerhöhung. Zur Deutung

---

[97] Cf. E. HAENCHEN, *Das Johannesevangelium* (Tübingen: 1980), pp. 117.
[98] Cf. FÍLON, Somn I 229s.; além disso, Leg All II 86; Somn I 239-241.
[99] Cf. R. SCHNACKENBURG, Joh 1 (cf. acima,12), p. 211; E. HAENCHEN, Joh, p. 116.

des Todes Jesu nach Johannes". In *ZThK* 103 (2006): 2-25; SCHNELLE, U. "Markinische und johanneische Kreuzestheologie". In *The Death of Jesus in the Fourth Gospel*, editado por G. VAN BELLE. EThL 200, pp. 233-258. Lovânia, 2007, pp. 233-258.

Se podemos falar em João de uma teologia da cruz e em que medida ela é um elemento determinante do pensamento joanino está no centro da discussão mais recente em torno do Quarto Evangelho[100]. O problema material por trás desse debate é se o discurso joanino acerca da morte de Jesus é neutralizado por um esquema interpretativo superior (por exemplo, dualismo; cristologia do enviado; o caminho jesuânico de autorrevelação vindo do Pai e indo para o Pai) e assim se torna o acontecimento menos importante e real[101] ou se também em João a cruz é refletida de maneira teológica/cristológica e se lhe compete um significado fundamental e permanente[102]. Além disso: o que é "teologia da cruz"? No debate atual existem diferentes tentativas de determinação e diferenciação[103]; deveríamos falar de uma teologia da cruz somente quando quatro condições são cumpridas: é preciso:

---

[100] Um breve panorama da pesquisa mais recente é oferecido por J. RAHNER, "Er aber sprach vom Tempel seines Leibes", pp. 3-117; J. FREY, Die "theologia crucifixi" des Johannesevangeliums, pp. 169-191.

[101] Por exemplo, R. BULTMANN, Theologie, p. 405, constata: "Esta (isto é, a morte de Jesus) não tem significado salvífico destacado em João [...]". Segundo E. KÄSEMANN, Jesu letzter Wille (cf. acima, 12), p. 111, falta em João "o paradoxo profundo de que o poder da ressurreição é experimentado somente na sombra da cruz e de que a realidade da ressurreição significa, em termos terrestres, o lugar em baixo da cruz"; antes, "a morte é compreendida como caminho para a glória do Exaltado" (op. cit, p. 23 nota 7). Cf. nesse sentido também U. B. MÜLLER, Die Bedeutung des Kreuzestodes Jesu, p. 69; J. BECKER, Johanneisches Christentum, p. 151; E. STRAUB, Der Irdische als der Auferstandene, p. 264.

[102] Assim, por exemplo, SCHNELLE, Antidoketische Christologie (cf. acima, 12.2), pp. 189-192; H. KOHLER, Kreuz und Menschwerdung, *passim*; M. HENGEL, "Die Schriftauslegung des 4. Evangeliums auf dem Hintergrund der urchristlichen Exegese", in *JBTh* 4 (1989): 249-288, aqui: 271ss; TH. KNÖPPLER, theologia crucis, *passim*; J. FREY, Die johanneische Eschatologie II (cf. acima, 12), pp. 432ss etc.

[103] Cf. aqui K. HALDIMANN, "Kreuz – Wort vom Kreuz – Kreuzestheologie. Zu einer Begriffsdifferenzierung in der Paulusinterpretation", in A. DETTWILER, J. ZUMSTEIN (org.). *Kreuzestheologie im Neuen Testament*. WUNT 151 (Tübingen: 2002), pp. 1-25.

a) que ocorra a semântica de σταυρ-;
b) que haja uma referência à cruz não apenas como o lugar da morte, mas
c) que a cruz funcione dentro de um sistema teológico como a base narrativa e narrativamente estruturante; e finalmente
d) que se perceba uma relação teologicamente refletida entre a cruz e a ressurreição.

A perspectiva da cruz na composição do evangelho

A morte de Jesus é explicitamente tematizada pela primeira vez em Jo 1,29.36. Como ἀμνὸς θεοῦ ("cordeiro de Deus"), Jesus salva por meio de sua morte expiatória na cruz o cosmos antidivino de sua escravização pelo pecado. Exatamente no momento em que o Jesus joanino sobe pela primeira vez ao palco da narrativa, ele aparece como o Crucificado[104]. Dessa maneira, o fim já está presente no princípio, e os ouvintes/leitores sabem que o caminho do Logos preexistente e encarnado leva para a cruz. A retomada narrativa da imagem do "carregar" em Jo 19,17 esclarece as relações: o próprio Jesus carrega sua cruz até o lugar da execução; é a cruz que já entrou na perspectiva de Jo 1,5 ("E a luz brilha nas trevas, e as trevas não a compreenderam") e de Jo 1,11b ("e os seus não o receberam") e que, como o lugar da morte de Jesus que cria vida, confere uma perspectiva a toda a história-de-Jesus-Cristo em João[105]. Também a pergunta sobre por que João usa somente aqui ἀμνός (a ovelha masculina individual)[106] recebe uma resposta no quadro de uma interpretação no sentido da teologia da cruz: o evangelista usa o ἀμνος *singular* para o evento *singular* da cruz (cf. Is 53,7 LXX).

---

[104] Quem deseja minimizar a importância da cruz em João precisa declarar, sem argumentos suficientes, o v. 29b como secundário; assim J. BECKER, Johanneisches Christentum (cf. acima, 12), p. 152; U. B. MÜLLER, Zur Eigentümlichkeit des Johannesevangeliums, pp. 51s.
[105] Para a interpretação de Jo 1,29 no sentido da teologia da cruz, cf. também R. METZNER, Das Verständnis der Sünde (cf. abaixo, 12.5.3), 115-158; J. FREY, Die "theologia crucifixi" des Johannesevangeliums, pp. 197-207.
[106] Πρόβατα ocorre 17 vezes em Jo 1–20 no sentido de "rebanho de ovelhas".

O fluxo da narração de Jo 1,29.36 é retomado e reforçado no evento de Caná com Jo 2,1a ("no terceiro dia") e 2,4c ("Minha hora ainda não chegou"). Para os destinatários do evangelho, o "terceiro" dia pode ser tão somente o dia da ressurreição. A ὥρα de Jesus é a "hora" da Paixão (e glorificação) do Filho de Deus preexistente. A interpretação desse evento no sentido da teologia da cruz (que sempre deve ser pensado junto) é acentuada pela presença de Maria. Somente no milagre do vinho e na cena em baixo da cruz (Jo 19,25-27) aparece a mãe de Jesus, que é tratada ambas as vezes por γύναι ("mulher").

Com a antecipação da *purificação do Templo*,[107] o quarto evangelista segue uma cronologia teológica: como a purificação do Templo foi historicamente o fato que desencadeou a crucificação de Jesus, e como a cruz determina a dramaturgia do Quarto Evangelho em termos de conteúdo e de composição, a purificação do Templo *tem que* estar no início da atuação pública de Jesus. João tematiza em Jo 2,17.22 explicitamente a dimensão teológica da cruz inerente à purificação do Templo, por meio do conceito hermenêutico da "memória". O evangelista remete repetidamente com breves comentários à morte de Jesus (cf. Jo 11,13; 12.16,33; 13,7; 18.,32; 20,9), sendo que o tema do "lembrar-se" e do "ainda não compreender" em Jo 12,16; 13,7; 20,9 nomeia mais uma vez claramente o conceito do pensamento joanino: apenas na anamnese pós-pascal abre-se na presença do paráclito (Jo 14,26) a história pré-pascal de Jesus. A imagem da destruição e reconstrução do templo em três dias (Jo 2,19-22) pode ser relacionada pela comunidade pós-pascal somente com a cruz e a ressurreição. Quando João introduz seu conceito hermenêutico da memória pós-pascal justamente com a purificação do Templo, ele dá um claro sinal a sua comunidade de ouvintes/leitores: na purificação do Templo não se trata de um episódio qualquer da vida de Jesus; ao contrário, já aqui se trata da compreensão de toda a missão de Jesus. *A purificação do Templo adquire assim o caráter de uma declaração fundamental acerca da teologia da cruz!* A

---

[107] Cf. aqui U. SCHNELLE, "Die Tempelreinigung und die Christologie des Johannesevangeliums", in *NTS* 42 (1996): 359-373; J. RAHNER, "Er aber sprach vom Tempel seines Leibes", pp. 176-340.

cruz e a ressurreição não são apenas mencionadas, mas abrangentemente abordadas de forma teológica.

Depois de reflexões terminológicas em Jo 3,14-16; 10,15.17s; 11,51s; 12,27-32, da acentuação da morte real de Jesus como a base possibilitadora da eucaristia em Jo 6,51c-58 (cf. abaixo, 12.7.2) e de numerosas referências com conotações da teologia da Paixão em Jo 2,23; 5,1; 6,4; 7,2.10; 11,18.55ss; 12,1.12, João conduz o olhar explicitamente de volta para a cruz e a ressurreição, ao apresentar o lava-pés em Jo 13,1-20 (cf. abaixo, 12.6.1). Como prólogo à segunda parte principal e portal para a história da Paixão, o lava-pés retoma as referências anteriores à Paixão e conduz o olhar definitivamente para o destino iminente de Jesus[108]. O lava-pés é para João a antecipação do caminho de Jesus para cruz, pois tanto aqui como ali predomina o movimento para baixo, e Jesus serve aos seres humanos por amor. Paradoxalmente, o poder do Filho de Deus manifesta-se na forma do serviço, da mesma maneira como a verdadeira vida pode ser adquirida somente pela morte. O evento do lava-pés tem sua correspondência na cena da zombaria (cf. Jo 19,1-5), na qual o rei dos judeus é apresentado à multidão como uma figura ridícula com uma coroa de espinhos e um manto de púrpura[109]. Jesus introduz os seus na nova existência do amor fraterno, ao vivê-lo pessoalmente e ao possibilitá-lo pela morte na cruz. A encarnação, o lava-pés e a cruz são movimentos do amor que se dirigem para baixo, para as profundezas da existência humana. Dessa maneira, também os discursos de despedida aparecem à luz do amor de Deus que leva à cruz. O novo mandamento do amor encontra-se deliberadamente em seu início (Jo 13,34s), porque somente o amor é capaz de superar a dor da separação e de garantir um vínculo duradouro.

Finalmente, também as narrativas da Paixão e da Páscoa se orientam pela teologia da cruz[110]. Aqui se encontram várias linhas da narração

---

[108] As dimensões da teologia da cruz no lava-pés são acentuadas, por exemplo, em H. KOHLER, Kreuz und Menschwerdung, pp. 192-198: U. SCHNELLE, Die johanneische Schule (cf. abaixo, 12.6.1), pp. 215s: J. ZUMSTEIN, Die johanneische Auffassung der Macht, gezeigt am Beispiel der Fusswaschung (Jo 13,1-17) (cf. abaixo, 12.6.1), p. 174 (o lava-pés torna-se a "metáfora da cruz"); H. THYEN, Joh (cf. acima, 12), p. 586.

[109] Cf. H. KOHLER, Kreuz und Menschwerdung, p. 209.

[110] Cf. M. LANG, *Johannes und die Synoptiker*. FRLANT 182 (Göttingen: 1999), pp. 305-342.

e proporcionam o caráter do evangelho inteiro. Particularmente em João, a revelação alcança sua meta na cruz; ali, o Filho cumpre a vontade do Pai (cf. Jo 13,1.32; 14,31; 17,5; 18,11; 19,11.23s). No interrogatório de Pilatos discute-se a natureza da realeza de Jesus, e o discurso sobre Jesus como βασιλεύς ("rei"; cf. Jo 1,49; 12,13.15; 18,33.36.37.39; 19,3.12.14.15.19.21)[111] retoma e interpreta a expressão βασιλεία τοῦ θεοῦ ("Reino de Deus") de Jo 3,3.5. Há claras relações entre a conversa com Nicodemos e o interrogatório por Pilatos: o primeiro diálogo de Jesus com um judeu e o último com um gentio correspondem no sentido de que ambos os interlocutores não reconhecem a verdadeira natureza de Jesus e que param num plano terrestre-superficial. A *inscrição na cruz* (cf. Jo 19,19) manifesta nitidamente ao mundo que a morte de Jesus na cruz como βασιλεύς é o pressuposto e o fundamento possibilitador para que os crentes e batizados possam entrar na βασιλεία τοῦ θεου. Assim como a βασιλεία de Jesus não é deste mundo (cf. Jo 18,36), os seres humanos precisam ser paridos "do alto/de novo" para participar da salvação.

O Jesus de Nazaré torturado carrega pessoalmente sua cruz (Jo 19,17; cf. Jo 1,29) e, como rei dos judeus, senta-se nu em seu trono: na cruz. Desde a cruz, Jesus estabelece sua comunidade que, assim como Maria, pode se confiar aos cuidados do discípulo amado. A comunidade joanina é fundada a partir da cruz e sob a cruz (cf. abaixo, 12.7.1)! Na cruz cumpre-se a Escritura (Jo 19,28), e é na cruz que o Encarnado diz: τετέλεσται (Jo 19,30: "Está consumado"). O Jesus sedento e exausto fala sua última palavra na cruz, sendo que o τελεῖν ("consumar/cumprir") no v. 28.30 remete de volta para a atribuição preposicional εἰς τέλος em Jo 13,1, que ganha assim uma dimensão temporal ("até o fim") e uma qualitativa ("até a consumação"). A cruz é o lugar onde o amor de Jesus pelos seus chega a seu fim e sua plenificação; o caminho do Revelador completa-se na cruz. A compreensão desse evento pelos discípulos é elaborada por deliberadas analogias estruturais entre Jo 6,19s e Jo 20,19-23: aqui como ali, os discípulos encontram-se num perigo, e Jesus aparece cada vez de maneira maravilhosa para salvá-los.

---

[111] Cf. J. FREY, Die johanneische Eschatologie III (cf. acima, 12), pp. 271-276.

Enquanto não há um reconhecimento pré-pascal de Jesus da parte dos discípulos no lago, Jo 20,20 mostra que Jesus de Nazaré também em João (assim como em Marcos) pode ser plenamente compreendido somente como Crucificado e Ressuscitado. Jo 19,34b.35 acentua a realidade sensualmente perceptível da morte de Jesus com o fluxo de "água e sangue" do ferido no flanco de Jesus. Na perícope de Tomé em Jo 20,24-29, a identidade do Preexistente e Encarnado com o Crucificado e Exaltado adquire dimensões palpáveis. A narrativa termina aqui e, ao mesmo tempo, é elevada a um novo nível de compreensão: "Felizes os que não veem e mesmo assim creem" (Jo 20,29b).

Interpretações conceituais do evento da cruz

Entre as particularidades da técnica narrativa de João está a nova conotação de conceitos e termos, a fim de apresentar temas centrais de forma condensada e conseguir assim efeitos de surpresa e desfamiliarização. Em relação à cruz e a ressurreição trata-se sobretudo da "hora" de Jesus e de sua "exaltação e glorificação".

Com o termo da *"hora"* (ὥρα), João coloca toda a atuação pública de Jesus sob a perspectiva da teologia da cruz[112]. O evangelista fala da hora da glorificação de Jesus (Jo 12,23.27s; 17,1), da hora que testemunhou o envio de Jesus pelo Pai (Jo 13,1; 7,30; 8,20), da hora da aceitação da Paixão (Jo 12,27) e da hora que virá (Jo 4,21.23; 5,25; 16,2.4.25). Em sua primeira atuação pública, Jesus diz repentinamente a sua mãe: "Minha hora ainda não chegou" (Jo 2,4c). Isto se refere à hora da Paixão e da glorificação do Filho de Deus preexistente e encarnado[113]. Assim como em Jo 7,6.8.30; 8,20, οὔπω ("ainda não") separa o tempo antes da paixão do tempo da paixão. Com esse "ainda não", João constrói uma tensão narrativa que é dissolvida apenas pela

---

[112] João adotou esse motivo provavelmente de Mc 14,41 ("E, vindo pela terceira vez, disse-lhes: 'Continuais a dormir e a repousar. Basta, chegou a hora, eis que o Filho do Homem é entregue às mãos dos pecadores"); para a interpretação dos textos, cf. TH. KNÖPPLER, theologia crucis, pp. 102-115.

[113] Cf. TH. KNÖPPLER, theologia crucis, p. 103; J. FREY, Die johanneische Eschatologie II (cf. acima, 12), p. 182.

proclamação da hora em Jo 12,23 ("Jesus, porém, responde-lhes dizendo: 'É chegada a hora em que será glorificado o Filho do Homem'"). João designa com "glorificação" a elevação ao ambiente divino; ela é um ato de Deus que se realiza na cruz e na ressurreição (cf. Jo 12,27-33). O motivo da "hora" marca também a narrativa do lava-pés (Jo 13,1). Depois de completar sua atuação pública, Jesus sabe da hora de seu sofrimento que está vindo e que levará a sua glorificação (cf. Jo 12,23).

Uma peculiaridade da cristologia joanina é a determinação da morte como *exaltação e glorificação*[114]. Jo 3,13s interpreta a *anabasis* do Filho do Homem como "exaltação": "E ninguém subiu ao céu, a não ser aquele que desceu do céu, o Filho do Homem. E como Moisés levantou a serpente no deserto, assim é necessário que seja levantado o Filho do Homem". Aqui como em Jo 8,28; 12,32, a linguagem simbólica de João remete com ὑψοῦν ("levantar") à crucificação de Jesus[115]. Como o levantamento da serpente no deserto, também o erguimento de Jesus tem uma função salvífica. Não apenas a ascensão de Jesus ao céu, mas já sua exaltação na cruz é um evento salvífico. Também em outros escritos do Novo Testamento, o conceito da exaltação está firmemente relacionado com a ressurreição, como mostram Fl 2,9 e At 2,33; 5,31. João cria uma nova definição, ao *pensar a exaltação na cruz e a ressurreição consequentemente juntas*. Como Crucificado, Jesus é "exaltado" de duas formas: *ele está suspenso na cruz e está ao mesmo tempo junto ao Pai; estar sentado à direita de Deus é estar sentado na cruz*[116]!

Essa interpretação é sustentada, sobretudo, por Jo 12,27-33, onde a exaltação e a glorificação se interpretam mutuamente. Com a palavra comentadora do v. 33 ("Isto, porém, ele disse para deixar claro de que morte morreria"), o evangelista explica por meio de ποίῳ θανάτῳ (ποῖος = "de que maneira, forma") sua compreensão de cruz,

---

[114] Cf. aqui J. FREY, "'Wie Mose die Schlange in der Wüste erhöht hat...'", in M. HENGEL, H. LÖHR (org.), *Schriftauslegung im antiken Judentum und im Urchristentum*. WUNT 73 (Tübingen: 1994), pp. 153-205; TH. KNÖPPLER, theologia crucis, pp. 154-173.
[115] Cf. W. THÜSING, Erhöhung und Verherrlichung (cf. acima, 12.2), pp. 3ss.
[116] Para informações sobre a realidade da crucificação, cf. H.-W. KUHN, Der Gekreuzigte von Giv'at ha-Mivtar (cf. acima, 4.2).

exaltação e glorificação semanticamente de forma muito clara. *Não se trata da morte de Jesus em geral, mas do tipo de morte, isto é, da cruz!*[117] Na cruz, Jesus alcança a dignidade da exaltação e glorificação[118].

Particularmente em João, a cruz é o dado fundamental e o lugar permanente da salvação, e somente a partir da cruz podemos tematizar adequadamente a ida de Jesus para o Pai[119]. Em João, a exaltação na cruz e a exaltação para estar com o Pai coincidem (cf. Jo 13,31s). A perspectiva da oração sumo-sacerdotal sublinha esse pensamento: "Pai, chegou a hora, glorifica teu Filho, para que teu Filho glorifique a ti" (Jo 17,1; cf. v. 4.5.22.24). Como Filho e enviado do Pai, Jesus Cristo vai ao encontro da hora da cruz e da exaltação, uma hora em que brilha a *doxa* do Pai e em que o poder da morte é derrotado. Justamente em razão da forte ênfase no significado salvífico da cruz, o sofrimento de Jesus aparece em João já à luz da vitória pascal. Por isso, o quarto evangelista pode entender a crucificação como "exaltação" e "glorificação". Nesse sentido, a teologia da cruz é o pressuposto da teologia da glória.

Finalmente, as *afirmações sobre a entrega de Jesus em prol dos seus* tematizam insistentemente o significado da cruz para a cristologia joanina[120]. O evangelista desenvolve essa ideia especialmente no discurso do bom pastor (Jo 10). Jesus Cristo é o bom pastor, o Messias que dá sua vida pelos seus, por amor e de acordo com o Pai. No Quarto Evangelho, a expressão τιθέναι τὴν ψυχὴν ὑπέρ ("dar a vida por") é uma fórmula soteriológica central cf. Jo 10,11.15.17; 13,37s; 15,13; além disso,

---

[117] Quem deseja minimizar em João a importância da morte na cruz em favor de uma cristologia da glória, tem que reduzir a importância de Jo 12,33, ignorando esse versículo (assim J. BECKER, Johanneisches Christentum [cf. acima, 12], p. 151) ou explicando-o como "superficial" (assim U. B. MÜLLER, Zur Eigentümlichkeit des Johannesevangeliums, p. 44).

[118] O pano de fundo histórico-traditivo da cristologia joanina da exaltação e glorificação é Is 52,13 LXX, que diz do servo de Deus: ἰδοὺ συνήσει ὁ παῖς μου καὶ ὑψωθήσεται καὶ δοξασθήσεται σφόδρα; cf. a respeito TH. KNÖPPLER, *theologia crucis*, p. 162s. Do âmbito gentio, cf. ARTÉMIDES II 53; IV 49.

[119] Contra J. BECKER, Joh II (cf. acima, 12), p. 470: "Portanto, não é a cruz que é o fundamento real permanente da salvação, mas a exaltação que surge como conclusão do envio".

[120] Cf. a respeito TH. KNÖPPLER, *theologia crucis*, pp. 201-216.

1Jo 3,16)[121] que acentua, em sintonia com a narrativa joanina da Paixão, a ideia da autoentrega de sua vida que parte do próprio Jesus, para possibilitar a vida para os crentes. Notável é a adoção da ética helenística acerca da responsabilidade e da amizade[122] em Jo 15,13: "Ninguém tem maior amor do que aquele que dá sua vida por seus amigos". Dessa maneira, o amor de Jesus em sua entrega radical pelos seus é inserida em um âmbito cultural embebido de tradição e transformada em um conceito de grande conectividade.

A cruz como o madeiro da vergonha e o engajamento heróico por outras pessoas confundem-se na atuação amorosa do Pai no Filho e do Filho pelos seus. Assim como Jesus amou os crentes até a morte, em sua atuação exemplar, assim também os crentes devem amar uns aos outros. A morte de Jesus pelos amigos é uma morte que possibilita vida e que abre a nova existência no amor. Os quatro critérios da teologia da cruz, mencionados no início do parágrafo, são refletidos por João em todos os níveis[123]:

a) A semântica de σταυρ- concentra-se adequadamente na narrativa da Paixão (σταυρόω em Jo 19,6.10.15.16.18.20.23.32.41; σταυρός em Jo 19,17.19.25.31).

b) As referências dirigem-se não apenas à cruz, mas;

---

[121] Contra U. B. MÜLLER, Die Bedeutung des Kreuzestodes Jesu, p. 63, que alega que há em Jo 10,11.15 "apenas um discurso pré-formulado que ainda não abraça a ideia central da teologia joanina". J. BECKER, Joh I (cf. acima, 12), p. 388, livra-se desses textos com a observação: "Todos esses trechos não pertencem a E".

[122] Cf. os textos em: Neuer Wettstein I/2 (cf. acima,4.3), pp. 592-598.715-725; para o assunto, cf. K. SCHOLTISSEK, "'Eine grössere Liebe als diese hat niemand, als wenn einer sein Leben hingibt für seine Freunde' (Jo 15,13). Die hellenistische Freundschaftsethik und das Johannesevangelium", in J. FREY, U. SCHNELLE (org.), *Kontexte des Johannesevangeliums* (cf. acima, 12), pp. 413-439.

[123] Como se trata da morte de Jesus Cristo *na* cruz, considero a *theologia crucis* e a *theologia crucifixi* uma unidade: é Jesus Cristo que morre, mas ele morre num lugar absolutamente determinado e não intercambiável: na cruz. Diferente J. FREY, Die "theologia crucifixi" des Johannesevangeliums, p. 235: "Não é a cruz (como instrumento de execução e 'madeiro de vergonha'), mas o Crucificado glorificado *em pessoa* a quem cabe no pensamento joanino a importância central".

c) tanto nas linhas narrativas como nas teológico-conceituais, a cruz é a meta do evangelho, a partir da qual se abre uma compreensão do envio e do destino do Filho de Deus Jesus Cristo.

d) Finalmente, a interconexão muito particular de crucificação e exaltação/glorificação, bem como a perícope de Tomé indicam uma releitura independente e criativa da relação entre a cruz e a ressurreição: o amor de Deus revela-se na cruz simultaneamente como impotência e como poder.

Cruz e ressurreição

O vínculo estreito entre cruz e ressurreição no Evangelho de João já ficou evidente. Em termos narrativos, João dirige a atenção a esse tema principalmente pelas narrativas sobre a ressurreição de Lázaro (Jo 11,1-44), a decisão definitiva de matar Jesus, tomada pelos líderes dos judeus (Jo 11,53), a unção de Betânia (Jo 12,1-8.9-11) e a entrada em Jerusalém (Jo 12,12-19)[124]. A *ressurreição de Lázaro* é o ponto culminante da atuação pública de Jesus e simultaneamente a ocasião na qual os líderes dos judeus tomam a decisão definitiva de matar Jesus (Jo 11,53)[125]. João colocou o maior milagre do Novo Testamento conscientemente nesse ponto. Para Jesus, esse acontecimento inaugura definitivamente seu caminho para a cruz, mas os ouvintes/leitores do evangelho sabem ao mesmo tempo: assim como Jesus ressuscitou Lázaro da morte, Deus ressuscitará Jesus da morte, de modo que a história de Lázaro é sempre também uma história-modelo para o destino do próprio Jesus. No final da narrativa da ressurreição de Lázaro, João esboça a prefiguração da ressurreição de Jesus de duas maneiras:

---

[124] Para a função-chave de Jo 11 e 12 na estrutura e na dramática narrativa do evangelho, cf. M. LABAHN, "Bedeutung und Frucht des Todes Jesu im Spiegel des johanneischen Erzählaufbaus", in G. VAN BELLE (org.), *The Death of Jesus in the Fourth Gospel*. EThL 200 (Lovânia: 2007), pp. 431-456.

[125] Ao lado dos comentários, cf. para Jo 11,1-44 especialmente M. LABAHN, Jesus als Lebensspender (cf. acima, 12.2), pp. 378-465; W. E. SPROSTON NORTH, *The Lazarus Story within the Johannine tradition*, JSNT.S 212 (Sheffield: 2001); J. FREY, Die johanneische Eschatologie III (cf. acima,12), pp. 403-462.

1) Tanto no caso de Lázaro como no de Jesus, o lugar do repouso final é um túmulo na rocha (cf. Jo 11,38/20,1).
2) De ambos é dito que foram sepultados segundo o costume judaico (cf. Jo 11,44/19,40), e as cabeças de ambos foram cobertas com sudários (cf. Jo 11,44/19,40).

Ao mesmo tempo mostram-se em pequenos detalhes as grandes diferenças entre Jesus e Lázaro:

1) No caso de Lázaro, a gruta do túmulo ainda está fechada (11,38); no túmulo de Jesus, porém, a pedra já foi retirada (20,1).
2) Enquanto o primeiro, completamente envolto em ataduras, precisa ser libertado de maneira complicada (11,43s), o segundo liberta a si mesmo das amarras da morte (cf. Jo 20,6s), um fato que é atestado pelos sudários cuidadosamente dobrados.
3) Finalmente, o triplo ὃν ἤγειρεν ἐκ τῶν νεκρῶν ("a quem ele ressuscitou dos mortos") em Jo 12,1.9.17 para Lázaro e o ἠγέρθη ἐκ νεκρῶν em Jo 2,22 para Jesus constroem uma clara relação entre a ressurreição de Lázaro e a de Jesus, pois ἐγείρειν ocorre somente nesses três lugares no sentido de "ressuscitar/ressurgir" (cf. ainda Jo 21,14).

A *unção de Betânia* (Jo 12,1-8.9-11)[126] e a entrada em Jerusalém, por sua vez, reforçam como *prolepsis* as linhas que conectam sofrimento, morte e ressurreição, a perícope de Lázaro e os eventos da Paixão e da Páscoa. O evento da Paixão está presente através da conduta desonesta de Judas (12,4-6) e da decisão de matar Lázaro (12,10). A unção é uma alusão mal disfarçada à Páscoa:

1) 12,7 remete explicitamente ao sepultamento em Jo 19,38-42.

---

[126] Cf. M. GRUBER, "Die Zumutung der Gegenseitigkeit. Zur johanneischen Deutung des Todes Jesu anhand einer pragmatisch-intratextuellen Lektüre der Salbungsgeschichte Jo 12,1-8", in G. VAN BELLE (org.), *The Death of Jesus in the Fourth Gospel*. EThL 200 (Lovânia: 2007), pp. 647-660.

2) O óleo de nardo, em seu contraste com o fedor de Lázaro, é um sinal do perfume de vida[127], isto é, ele simboliza a realidade da ressurreição que é finalmente ressaltada pela menção do ressuscitamento de Lázaro, que tem o caráter de um refrão (12,1.9.17). *Maria unge uma pessoa viva que continua a ser um vivente, de modo que ela pode retirar o bálsamo.*
3) A menção explícita da partida Jesus para junto ao Pai em 12,8b antecipa os discursos de despedida e todo o evento pascal.
4) Finalmente, a sentença de Jo 12,24[128] tematiza explicitamente a morte e a ressurreição de Jesus: "Amém, amém, eu vos digo: se o grão de trigo não cair na terra e morrer, permanecerá só; mas se morrer, produzirá muito fruto". Jesus tem que morrer se ele quer dar "fruto", isto é, unicamente de sua morte vem o fruto, ou seja, a vida.

Por meio da sequência em Jo 11 e 12, o evangelho procura mostrar a seus ouvintes e leitores que o caminho de Jesus não leva ao vazio da morte, mas que justamente em seu destino triunfa a vida, enquanto Lázaro, no final, provavelmente tem que morrer, apesar de tudo. *Exatamente onde as referências à morte de Jesus se condensam com absoluta clareza, manifesta-se a realidade da ressurreição com a mesma clareza absoluta!* De modo inverso, as narrativas das aparições em Jo 20, marcadas pela glória da ressurreição, manifestam claramente o Crucificado. De maneira maravilhosa, Tomé pode verificar a identidade do Ressuscitado com o Terreno em espaço e tempo e chega assim à fé (Jo 20,24-29). Dessa maneira, ele confirma *que cruz e ressurreição coincidem na identidade da corporeidade do Crucificado e do Ressuscitado*.

12.2.6 *A unidade da cristologia joanina*

A pergunta pela estrutura da cristologia joanina procura determinar o perfil intelectual do quarto evangelista. Em João não podemos falar de uma existência simultânea ou até mesmo oposta de conceitos

---

[127] Cf. M. GRUBER, Die Zumutung der Gegenseitigkeit, p. 650.
[128] Cf. a respeito EPÍTETO, Diss IV 8,36-39.

cristológicos, mas a cristologia joanina se caracteriza por um *conceito geral: preexistência e encarnação, envio e exaltação/glorificação na cruz encontram-se no pensamento do amor*. O amor do Pai ao Filho antes da fundação do mundo e o envio do Filho coincidem segundo Jo 17,24.25 tanto como o envio do Filho e sua ida até a cruz (Jo 3,13s.16; 10,17; 13,1) por amor ao mundo. Não é por acaso que as primeiras ocorrências de κόσμος no evangelho estão vinculadas com a preexistência/a encarnação (Jo 1,9s), a cruz (Jo 1,29) e o envio (Jo 3,16). Como todos os autores relevantes neotestamentários, João adotou esboços cristológicos provenientes de diferentes histórias traditivas e os integrou num modelo geral impressionante: para ele, o Preexistente, Encarnado e Enviado é totalmente idêntico com o Crucificado e Exaltado (cf. Jo 20,24-29), porque na cruz coincidem o movimento do Filho em direção ao Pai e do Pai, em direção ao Filho[129]. Jesus Cristo como o Preexistente e o Encarnado, o Enviado e o glorificado na cruz é a resposta pessoal abrangente para a pergunta por uma existência no amor, determinada por Deus.

As dualizações joaninas não nivelam absolutamente o significado da cruz, porque estão integradas num processo argumentativo superior: é o pensamento do amor que faz da cruz o lugar da vida e que também flanqueia e interpreta as dualizações joaninas (cf. acima, 12.2.2). O caminho de Jesus até a cruz está na continuidade de toda sua existência e atuação, na continuidade do amor. Jesus define o amor como a disposição de dar sua vida por seus amigos. Ele morre exemplarmente nesse amor e possibilita assim a reunião e a salvação dos filhos e filhas de Deus.

12.3 Pneumatologia

PORSCH, F. *Pneuma und Wort*. FTS 16. Frankfurt, 1974; SCHNACKENBURG, R. "Die johanneische Gemeinde und ihre Geisterfahrung". In *Das Johannesevangelium*, editado por IDEM. HThK IV/4 (cf. acima, 12), pp. 33-58; BURGE, G. M. *The*

---

[129] Cf. H. KOHLER, Kreuz und Menschwerdung, pp. 201s.

Anointed Community. The Holy Spirit in the Johannine Tradition, Grand Rapids, 1987; DIETZFELBINGER, CHR. *Der Abschied des Kommenden*. WUNT 95. Tübingen, 1997; SCHNELLE, U. "Johannes als Geisttheologe". In *NT* 40 (1998): 17-31.

A pneumatologia é uma camada profunda da teologia joanina: "Deus é espírito" (Jo 4,24); sobre Jesus Cristo repousa permanentemente o espírito (Jo 1,32s); os crentes nasceram de novo "da água e do espírito" (Jo 3,3.5) e se sabem em sua vida atual sob a direção do paráclito. O espírito cria a comunidade, revela aos crentes a natureza de Jesus Cristo, separa-os da esfera da *sarx* que causa a morte e lhes possibilita uma vida cheia de sentido no amor fraternal. A unidade dos crentes com o Pai e o Filho é a unidade no amor e no espírito.

12.3.1 Jesus Cristo e os crentes como portadores do espírito

O Evangelho de João apresenta *Jesus Cristo como o portador do espírito por excelência*. O batismo de Jesus (Jo 1,29-34) caracteriza-se por três particularidades:

1) João Batista apenas testemunha o batismo que – segundo a lógica do texto – é realizado por Deus. Ninguém exceto Deus pode "batizar" o Logos preexistente e encarnado.
2) Trata-se exclusivamente de um batismo de espírito (cf. Is 61,1 LXX) que é qualitativamente superior ao batismo de água de João Batista.
3) A permanência do espírito sobre Jesus Cristo é explicitamente enfatizada (v. 32s), de modo que toda sua atuação, seus atos e discursos são compreendidos como um acontecimento no poder do espírito[130].

O dom do espírito no batismo

A comunidade joanina sabe-se incluída na continuidade desse evento do espírito, pois seu batismo se dá ἐξ ὕδατος καὶ πνεύματος (Jo 3,5: "da

---

[130] Cf. a respeito G. M. BURGE, Anointed Community (cf. acima, 12.3), pp. 50ss.

água e do espírito"), e somente ele enraíza sua própria prática batismal na vida de Jesus (cf. Jo 4,1)[131]. Para o evangelista, a geração/o nascimento da água e do espírito, portanto, o batismo, é a condição para a participação da salvação escatológica. Não há outro acesso ao Reino de Deus do que o batismo, porque só ele transmite o dom salvífico escatológico: "O que nasceu da carne é carne; o que nasceu do espírito é espírito" (Jo 3,6).

Para João, a origem determina a existência, de modo que a determinação de origem designada com ἐκ representa ao mesmo tempo uma afirmativa sobre a natureza. Já que a natureza de uma existência é determinada por sua origem, algo pode gerar somente algo igual. Quando alguém gerado da carne pertence por sua natureza à esfera da σάρξ, isso significa que está fundamentalmente separada da esfera do *pneuma*. Para o ser humano sárquico não há acesso ao Reino de Deus; ao contrário, somente por meio de uma nova origem concedida por Deus, o ser humano pode alcançar a admissão ao espaço do domínio de Deus[132] (Jo 6,63a: "O espírito é que vivifica, a carne para nada serve"). Dessa maneira, *pneuma* designa não apenas uma dádiva, mas precisa ser compreendido num sentido amplo como o princípio da atuação divina ou como poder criador, respectivamente.

Portanto, o novo nascimento designa em João uma abrangente criação nova que se realiza no batismo e que conduz a uma vida determinada pelo espírito. Essa geração pelo espírito foge do controle do ser humano, mas: "O vento sopra onde quer, e ouves seu ruído, mas não sabes de onde vem nem para onde vai. Assim acontece com toda pessoa que nasceu do espírito" (Jo 3,8). Isto realça o caráter imanipulável do novo nascimento que é exclusivamente uma possibilidade divina, mas não humana. João preserva o *extra nos* do evento salvífico e indica ao mesmo tempo o lugar onde o ser humano pode chegar a participar da salvação: no batismo da comunidade joanina.

---

[131] Para a análise dos textos joaninos sobre o batismo, cf. U. SCHNELLE, Antidoketische Christologie (cf. acima, 12.2), pp. 196-213.
[132] Cf. F. PORSCH, Pneuma und Wort (cf. acima, 12.3), pp. 124s.

Também a *Primeira Carta de João* mostra que a escola joanina entendeu o batismo e a santa ceia como eventos operados pelo espírito (1Jo 5,6-8). O espírito testemunha e traz presente o evento salvífico que se realiza nos sacramentos. A vida das pessoas batizadas realiza-se agora no espaço de atuação do espírito. O espírito dado por Deus permanece (μένειν) no crente e determina sua vida: "Nisto reconhecemos que permanecemos nele e ele em nós, que ele nos deu seu espírito" (1Jo 4,13; cf. 1Jo 3,24). Assim, as palavras de Jesus presentes no evangelho são espírito e vida (cf. Jo 6,63b). Como o espírito doador de vida está presente nas palavras de Jesus, elas são vida e dão vida. Todo o serviço divino da comunidade joanina realiza-se como adoração do Pai em espírito, pois: "Deus é espírito, e por isso, aqueles que o adoram, devem adorá-lo em espírito e verdade" (Jo 4,24).

Também a *missão* da escola joanina (cf. abaixo, 12.7.4) realiza-se no poder do espírito que o Ressuscitado deu a seus discípulos: "A paz esteja convosco! Como o Pai me enviou, também eu vos envio. Dizendo isso, soprou sobre eles e lhes disse: Recebei o Espírito Santo!" (Jo 20,21b-22). O que é prometido nos discursos de despedida cumpre-se no dom do espírito do exaltado no envio para a missão! Jo 7,39 menciona a exaltação de Jesus explicitamente como condição do dom do espírito: "Isso, porém, ele disse do espírito que deviam receber as pessoas que creram nele; pois não havia ainda espírito, porque Jesus ainda não fora glorificado". A comunidade joanina vive no tempo depois da exaltação de Jesus, de modo que, para ela, todas as afirmativas do evangelho sobre o espírito já são realidade.

12.3.2 *O Espírito Santo como paráclito*

WINDISCH, H. "Die fünf johanneischen Parakletsprüche". In *Festgabe für A. Jülicher*, editado por H. v. SODEN, R. BULTMANN, pp. 110-137. Tübingen, 1927; BORNKAMM, G. "Der Paraklet im Johannes-Evangelium". In *Geschichte und Glaube* I, editado por IDEM. BEvTh 48, pp. 68-89. Munique, 1968; MUSSNER, F. "Die johanneischen Parakletsprüche und die apostolische Tradition". In *BZ* 5 (1961): 56-70; BETZ, O. *Der Paraklet*. AGSU 2. Leiden, 1963; MÜLLER, U. B. *Die Parakletvorstellung im Johannesevangelium*. In *ZThK* 71 (1974): 31-77; IBUKI, Y. "Der andere Paraklet". In *BSU* 13 (1977): 19-43; DIETZFELBINGER, CHR. "Paraklet und theologischer Anspruch im Johannesevangelium". In *ZThK* 82 (1985): 389-408; FRANCK, E. *Revelation Taught. The Paraclete in the Gospel of John.* CB.NT 14. Lund, 1985; HOEGEN-ROHLS, CHR. *Der nachösterliche Johannes.* WUNT 2.84. Tübingen, 1996; KAMMLER, H.-CHR. "Jesus Christus und der Geistparaklet". In O. HOFIUS, H. CHR. KAMMLER. *Johannesstudien* (cf. acima, 12), pp. 87-190.

A consciência especial dos cristãos joaninos de serem portadores do Espírito Santo manifesta-se no conceito do paráclito. O uso do termo παράκλητος deve se explicar em João a partir do gênero literário dos discursos de despedida[133]. Sendo o adjetivo verbal usado de modo substantivado (com significado passivo) de παρακαλεῖν, παράκλητος é usado na grecidade profana no sentido de advogado, defensor ou intercessor[134]. Já que se percebeu na situação da despedida a preservação da continuidade como continuação da admoestação e do ensinamento, João adotou o termo παράκλητος nesse sentido e o ampliou: o paráclito adquire, sobretudo, uma função hermenêutica; como mestre, testemunha e intérprete, ele interpreta para a comunidade o significado da pessoa de Jesus Cristo e leva os crentes para o futuro.

Na situação pós-pascal da comunidade, o paráclito aparece como o *Christus praesens*, como a realização preséntica do Jesus Cristo glorificado em sua comunidade[135]. O paráclito, explicitamente identificado com o πνεῦμα ἅγιον ("Espírito Santo") ou o πνεῦμα τῆς ἀληθείας ("espírito da verdade", cf. Jo 14,17.26; 15,26; 16,13), habita e opera na comunidade

---

[133] Assim, U. B. MÜLLER, Parakletvorstellung, p. 61.
[134] Para os aspectos linguísticos, cf. J. BEHM, Verbete "παράκλητος", in *ThWNT 5* (Stuttgart 1954), pp. 799-801. As tentativas relevantes de derivação histórico-religiosa (gnosis, ideias de precursor–consumador, ideias de intercessor, Qumran, gênero literário de discursos de despedida) estão elencadas em R. SCHNACKENBURG, Joh III (cf. acima, 12), pp. 156-173; G. M. BURGE, Anointed Community (cf. acima,12.3), pp. 10-30.
[135] No entanto, o Cristo exaltado e o paráclito não são simplesmente idênticos, como mostram diferenciações em Jo 14,16 (ἄλλον παράκλητον ["outro paráclito"]); 14,26 (ἐν τῷ ὀνόματι μου ["em meu nome"]); Jo 15,26c ("aquele dará testemunho de mim") e o envio do paráclito por Jesus em Jo 15,26a; 16,7e. O Exaltado opera no paráclito e pelo paráclito, mas não é o paráclito! Contra R. BULTMANN, Joh (cf. acima, 12), p. 477: "Como a profecia do paráclito retoma a ideia cristão-primitiva acerca de Pentecostes, assim a segunda vinda de Jesus, a expectativa cristão-primitiva da parusia; ele mesmo vem na vinda do espírito [...]".

para toda a eternidade (cf. Jo 14,16s). Ele ensina e recorda a comunidade acerca daquilo que Jesus disse (cf. Jo 14,26) e é assim a *memória da comunidade*. O paráclito dá testemunho de Jesus (cf. Jo 16,13s). Ele tira da abundância da revelação de Jesus e transmite os ensinamentos à comunidade: "Tudo o que o Pai tem é meu. Por isso, eu vos disse que ele (isto é, o paráclito) receberá do que é meu e vos anunciará" (Jo 16,15). O paráclito é, portanto, o fundamento possibilitador da interpretação do evento Cristo, operado pelo espírito, assim como essa interpretação é desenvolvida no Evangelho de João como a atualização completa desse evento salvífico. Em última análise, o paráclito impossibilita uma separação entre o Jesus anunciador e o Cristo anunciado. Através do paráclito fala o próprio Cristo glorificado, de modo que a distância entre passado e presente é abolida no paráclito. Há uma fusão de horizontes, possibilitada pela ênfase na unidade do Cristo preexistente, presente, glorificado e que volta[136]. Todo o Evangelho de João nada mais é que uma interpretação do evento Cristo pelo paráclito, no qual o Cristo glorificado fala e legitima a tradição joanina. É impossível pensar a presença do espírito na comunidade cristã de uma maneira mais abrangente do que em João[137]. O espírito opera a passagem para o espaço de Deus; no espírito realizam-se a liturgia e a vida da comunidade joanina; no espírito, Jesus está presente entre os seus, ensina-os, recorda-os daquilo que disse, revela-lhes aquilo que vem e os protege do ódio do mundo.

Os discursos de despedida

Criações de sentido podem surgir, ter sucesso e subsistir somente quando dispõem de plausibilidade, conectividade e força renovadora.

---

[136] Fundamental é aqui F. MUSSNER, Die johanneische Sehweise (cf. acima, 12), pp. 56ss.
[137] Bem acertado J.-A. BÜHNER, "Denkstrukturen im Johannesevangelium", in *ThBeitr* 13 (1982): 224-231, aqui: 228, que caracteriza a pneumatologia como a camada mais profunda do pensamento de João: "O aguçamento cúltico do entrelaçamento de espaços e tempos na assembleia da comunidade é sustentado pelo acesso pneumático ao mundo celestial, assim como ele era concedido a Jesus e como este o transmitiu [...]" (229).

Em João, isto é o caso, porque ele consegue estabelecer continuidade e nomear os elementos permanentes do passado para o futuro. Isto é proporcionado pelos discursos de despedida que devem ser considerados um artifício teológico e literário especial do quarto evangelista[138]. O que aparece no nível dramático da narrativa como determinação prospectiva da relação é ao mesmo tempo uma retrospectiva cujo nível temporal decisivo é o presente.

Os discursos de despedida abordam um problema teológico fundamental do cristianismo primitivo: *a presença de Jesus Cristo em sua comunidade e junto a ela, apesar de sua ausência corporal.* Eles apresentam esse problema num gênero literário que é novo para os evangelhos e tematizam finalmente a questão central da comunidade joanina atribulada: por que Jesus foi embora e deixou a comunidade crente num mundo hostil? A resposta: se Jesus não tivesse voltado ao Pai, a comunidade não teria recebido o Espírito Santo, o paráclito, no qual o Pai e o Filho estão presentes e que advoga em favor dos crentes em sua tribulação. Os discursos de despedida explicam e consolam ao mesmo tempo; têm uma função consoladora[139] ao tornar a inevitabilidade do acontecido plausível, ao nomear seu valor acrescentado e ao dar simultaneamente instruções para o futuro: uma permanência destemida no amor (cf. Jo 13,34s; 14,1.27; 15,9-17).

---

[138] Para os problemas literários e as dimensões teológicas dos discursos de despedida, cf. U. SCHNELLE, "Die Abschiedsreden im Johannesevangelium", in *ZNW* 80 (1989): 64-79; M. WINTER, *Das Vermächtnis Jesu und die Abschiedsworte der Väter.* FRLANT 161 (Göttingen: 1994); A. DETTWILER, *Die Gegenwart des Erhöhten.* FRLANT 169 (Göttingen: 1995); CHR. HOEGEN-ROHLS, Der nachösterliche Johannes, pp. 82-229; J. FREY, Die johanneische Eschatologie III (cf. acima, 12), pp. 102-239; K. HALDIMANN, *Rekonstruktion und Entfaltung. Exegetische Unersuchungen zu Jo 15 und 16.* BZNW 104 (Berlim: 2000); J. RAHNER, "Vergegenwärtigende Erinnerung", in *ZNW* 91 (2000): 72-90; K. SCHOLTISSEK, "Abschied und neue Gegenwart", in *EThL* LXXV (1999): 332-358; L. SCOTT KELLUM, *The Unity of the Farewell Discourse. The Literary Integrity of John 13.31–16.33.* JSNTS 256 (Londres: 2004); G. L. PARSENIOS, *Departure and Consolation. The Johannine Farewell Discourses in Light of Greco-Roman Literature.* NT.S 117 (Leiden: 2005).

[139] Cf. M. LANG, "Johanneische Abschiedsreden und Senecas Konsolationsliteratur", in J. FREY, U. SCHNELLE (org.), *Kontexte des Johannesevangeliums* (cf. acima, 12), pp. 365-412.

Em seu conjunto, os discursos de despedida apresentam uma composição geral bem refletida, ao construir um arco de tensão desde a maior unidade interna (cf. Jo 13,31-38) para o maior perigo externo (cf. Jo 16,4b-15). Também não é uma coincidência que João fale do paráclito exclusivamente nos discursos de despedida, porque as funções do paráclito estão intimamente vinculadas ao gênero literário de "discurso de despedida/discurso de legado/testamento literário". O gênero do discurso de despedida tem também uma função legitimadora; diante de sua morte, o herói determina seu sucessor e o investe com o carisma necessário[140]. Com os discursos de despedida, o evangelista enraíza por meio do paráclito a presença explicitamente no passado, para salvaguardar a identidade ameaçada de sua comunidade por meio de uma perspectiva do futuro que oferece confiança e coragem: a comunhão dos crentes com Deus e Jesus de Nazaré não se desfará. Os discursos de despedida são, tanto em termos literários como em termos teológico-hermenêuticos, uma parte constitutiva da forma joanina do evangelho.

12.3.3 Pensamento trinitário no Evangelho de João

THEOBALD, M. "Gott, Logos und Pneuma. 'Trinitarische' Rede von Gott im Johannesevangelium". In *Monotheismus und Christologie*, editado por H.-J. KLAUCK. QD 138, pp. 41-87. Freiburg, 1992; WILCKENS, U. "Gott, der Drei-Eine. Zur Trinitätstheologie der johanneischen Schriften". In *Der Sohn Gottes und seine Gemeinde*, editado por IDEM. FRLANT 200, pp. 9-28. Göttingen, 2003; SCHNELLE, U. "Trinitarisches Denken im Johannesevangelium". In *Israel und seine Heilstraditionen im Johannesevangelium*. FS J. Beutler, editado por M. LABAHN, K. SCHOLTISSEK, A. STROTMANN, pp. 367-386. Paderborn, 2003.

No âmbito de sua releitura da história-de-Jesus-Cristo, João considera essencial esclarecer a relação entre Deus-Pai, o filho Jesus Cristo e o espírito-paráclito. Ele se viu obrigado a fazê-lo devido à lógica

---

[140] Cf. especialmente Dt 31-34; Js 23-24; 1Sm 12; 1Rs 2,1-10; para a análise, cf. M. WINTER, Vermächtnis Jesu, pp. 65-87. Outros exemplos de discursos de despedida do âmbito judaico-helenístico e greco-romano encontram-se em: Neuer Wettstein I/2 (cf. acima, 4.3), pp. 655-664.

teológica que exigiu com o passar do tempo a determinação do *status* das pessoas divinas e de seus campos de atuação. Além disso havia a acusação do diteísmo, levantado pelo judaísmo (cf. Jo 5,18; 10,33.36; 19,7)[141], que atingiu em seu cerne o anúncio cristão-primitivo, portanto, também a criação de sentido elaborada por João. João enfrenta esses perigos ao adotar uma função básica da narrativa e empregá-la em prol da precisão: *a relação* que estabelece vínculos e constrói conexões causais que permitem a compreensão. As relação em Jo 1,1 visam uma participação original e abrangente do Logos no Deus único que é a origem e o fundamento de toda existência. Jo 1,18 desenvolve o conceito da relação singular entre Jesus e o Pai em sua dimensão histórica. Jesus é o exegeta de Deus, somente ele pode realmente anunciar o Pai. Com a encarnação, também a experiência jesuânica de Deus, que é singular e imediata, entrou na história e pode agora ser percebida pelos seres humanos como a revelação do Filho de Deus. Em correspondência com Jo 1,18; Jo 20,28 acentua a divindade de Jesus que lhe competia desde o princípio, que permaneceu visível também em sua atuação terrena e que marca as aparições do Ressuscitado.

A unidade de Filho e Pai realiza-se em Jo 5,17-30 como uma unidade de vontade, atuação e revelação na concentração do encontro com Jesus Cristo, que atua em continuidade ininterrupta com o Pai e em dependência direta dele como doador da vida. Em continuidade material com Jo 5 está Jo 10,30: "Eu e o Pai somos um!". As afirmações recíprocas sobre a imanência em Jo 10,38 ("[...] para que conhecerdes que o Pai está em mim e eu no Pai") e Jo 14,10 ("Jesus disse a Felipe: Não crês que estou no Pai e o Pai está em mim?") expressam o conceito joanino concisamente. Como Jesus vive da unidade desejada e concedida pelo Pai, é o próprio Pai que se revela em seu falar e agir[142].

---

[141] Cf. a respeito também Mc 14,61-64par. Segundo Lv 24,15s, a pena por blasfêmia é a morte por apedrejamento; segundo Dt 21,22s, o cadáver deve ser suspenso numa cruz; cf. detalhadamente D. L. BOCK, *Blasphemy and Exaltation in Judaism and the Final Examination of Jesus*. WUNT 2.106. Tübingen, 1990.

[142] Muito acertada a observação de K. SCHOLTISSEK, In ihm sein und bleiben (cf. acima, 12.1.2), p. 371: "A teocentridade de Jesus permite ao Pai tornar-se totalmente presente no Filho. Não é Jesus que 'representa' o Pai, ele o 'apresenta'".

A condição jesuânica da pertença a Deus desconhece limitações temporais ou materiais, mas é plena e total, porque tem sua origem antes do tempo e do cosmos (cf. Jo 12,41; 17,5.24c.d). O vínculo ao Pai aparece novamente como o fundamento da obra salvífica de Jesus, que começou antes de todos os tempos e permanecerá para toda eternidade. Finalmente, as palavras de "Eu Sou" indicam de forma concentrada (cf. acima, 12.2.3) a relação particular entre o Pai e o Filho. Quem vê o Filho vê o Pai (Jo 12,45; 14,9); quem ouve o Filho ouve o Pai (Jo 14,24); quem crê no Filho crê no Pai (Jo 14,1), e quem não honra o Filho, também não honra o Pai (Jo 5,23).

Qual é a situação dos textos que apontam para uma *subordinação do Filho*? Imediatamente antes de Jo 10,30, o Jesus joanino ressalta: "Meu Pai, que me deu tudo, é maior que todos" (Jo 10,29). Jesus refere-se constantemente ao Pai que o enviou (cf. Jo 3,16; 5,23.24.30.37; 6,29.38.39.44.57; 7,16.18.28.29.33; 8,16.18.26.29.42; 10,36; 12,44.45.49; 13,16.20; 14,24; 15,21; 16,5; 17,3.8.18.21.23.25; 20,21). O Pai é o "único" Deus (Jo 5,44) e deu todo poder ao Filho, de modo que este não pode fazer nada por si mesmo (cf. Jo 5,19s; 6,37). O Filho glorifica o Pai (Jo 14,13b) e testemunha explicitamente em Jo 14,28c: "O Pai é maior do que eu". Em Jo 17,1, Jesus levanta os olhos para o céu e ora a seu Pai, o Deus único e verdadeiro. Finalmente, João destaca continuamente a verdadeira humanidade do Filho de Deus preexistente (cf. acima, 12.2.1)[143]. Ele se tornou "carne" (Jo 1,14), submeteu-se dessa maneira às condições da existência terrestre, viveu como judeu (Jo 4,9) e é frequentemente chamado no evangelho de (ὁ) ἄνθρωπος (" o homem"; Jo 5,12; 8,40; 9,11; 11,50; 18,17.29).

Como podemos articular essas afirmações, aparentemente contrárias ou pelo menos cheias de tensão? Podemos excluir dois extremos:

1) Para João há um só Deus que se revelou como o Pai de Jesus Cristo (cf. Jo 10,30). Somente o Pai é εἷς θεός ("o único Deus")! O Pai envia e autoriza o Filho, que atua exclusivamente a partir da autoridade que lhe foi conferido. Por isso, o Ressuscitado diz a Maria Madalena: "Eu subo a meu Pai e vosso Pai, a meu

---

[143] Cf. TH. SÖDING, "Ich und der Vater sind eins" (cf. acima, 12.2.1), pp. 193-196.

Deus e vosso Deus" (Jo 20,17). A acusação de uma construção diteísta em João é infundada.

2) Do mesmo modo, porém, devemos constatar que o termo da subordinação, emprestado do desenvolvimento dogmático posterior, não é adequado para captar o objetivo das relações joaninas. O Filho é muito mais do que um agente do Pai, ele não só participa da natureza dele, mas é da natureza do Pai. Por isso devemos falar em João de uma unidade da natureza de Pai e Filho que se realiza como unidade de vontade e atuação. João defende um *monoteísmo exclusivo em forma binária*: o culto ao Deus único é ampliado para seu Filho. Dentro desse conceito, o termo da *orientação do Filho em direção ao Pai* capta a meta das relações joaninas. Esse termo recomenda-se semanticamente por causa da preposição πρός ("para/em direção a"), que em Jo 1,1.2 não só serve para definir a relação entre o Pai e o Filho, mas que designa uma característica básica de todo sistema do pensamento joanino: assim como o Filho se orienta para o Pai, os seres humanos devem se orientar em direção a Jesus Cristo, para poderem se encontrar verdadeiramente uns aos outros (Jo 17,11: "Para que sejam um como nós"). A relação visa a participação, a unidade/união duradoura na diferença. O Filho volta para o Pai (cf. Jo 13,1) e busca os crentes para junto de si (cf. Jo 14,3), de modo que eles participam da relação particular entre o Pai e o Filho.

A partir da plenitude dessa unidade, o Pai e/ou o Filho enviam o espírito da verdade que, em sua origem, está inteiramente orientado pelo Pai e pelo Filho, sem que João afirmasse uma imanência recíproca. Em sua atuação, o espírito está inteiramente relacionado com o Filho, ao trazer o evento revelatório constantemente presente, de modo que nele estão sempre presentes o Filho e o Pai que o envia e credencia. Isso demonstra o último dito sobre o paráclito em Jo 16,13-15. Ao paráclito compete a tarefa de levar a comunidade joanina a uma compreensão mais profunda da pessoa de Jesus Cristo[144].

---

[144] A. DETTWILER, Gegenwart des Erhöhten (cf. acima, 12.3.2), p. 234.

Em sua atuação, o paráclito está constantemente relacionado com o Jesus Cristo exaltado, de cuja plenitude de revelação ele "tira". Há somente um paráclito que, como "espírito da verdade", representa o Pai e o Filho. Como a verdade da revelação histórica em Jesus Cristo e a verdade de Deus são uma unidade, a atuação do espírito pode se referir somente a essa unidade fundamental. Ao mesmo tempo, a revelação, que é única, tem ainda um futuro marcado pela atuação do paráclito. Aqui se manifesta o conceito fundamental trinitário do pensamento joanino: o Pai dá ao Filho a palavra que é corporificada e revelada pelo Filho; o espírito, por sua vez, como o Enviado pelo Pai e pelo Filho, confere à palavra sua atualidade e autoridade pós-pascal.

Apenas a pneumatologia transfere as relações joaninas dentro de um sistema geral estruturado; ela oferece a João a possibilidade de pensar junto o que é geralmente percebido de forma separada, tanto na visão de mundo antiga como moderna: céu e terra, espaço e tempo, história e escatón. De modo especial, a comunidade joanina sabe que o envio do paráclito a integrou na continuidade da atuação pneumática do Pai no Filho. Já Jo 14,16.17 comprova os ditos sobre o paráclito como o centro da relação joanina. A unidade da atuação de Pai e Filho no envio do paráclito expressa-se também em Jo 15,26: agora é o Filho quem envia o paráclito. Deus como espírito, Jesus dotado pneumaticamente o e a comunidade do paráclito estão unidos em sua comum origem "do alto". Dentro de um conceito trinitário fundamental, a unidade dos crentes com o Pai e o Filho aparece como uma unidade no espírito e no amor (cf. Jo 17,21-23), pois todo o evento da revelação visa a participação dos crentes na comunhão de amor entre Pai e Filho: "Se alguém me ama, guardará minha palavra, e o meu Pai o amará, e a ele viremos e nele estabeleceremos morada" (Jo 14,23). O pensamento joanino é um pensamento trinitário!

12.4 Soteriologia

O pensamento joanino é sempre também soteriologia, à medida que aborda sempre a atuação salvífica de Deus em Jesus Cristo; tudo no Quarto Evangelho desemboca em afirmações soteriológicas, pois quem crê em Jesus, *tem* a vida eterna (3,15.16.36; 5,24; 6,40 etc.)[145]. Também na salvação dos crentes, Jesus não trabalha sozinho, mas junto com o Pai: ele é a videira e o Pai é o vinhateiro (15,1s). O amor de Jesus pelos seus (13,1.3) é assumido pelo Pai (14,21) que responde dessa maneira ao amor que os discípulos demonstram por Jesus (14,23). Jesus e o Pai habitam juntos nos discípulos (14,23; cf. 14,20; 17,21-23), que experimentam na mão de Jesus a mesma segurança que na mão do próprio Deus (10,28s). Jesus Cristo morreu e ressuscitou "para congregar na unidade todos os filhos e filhas dispersas de Deus" (Jo 11,52). Não obstante o constante entrelaçamento de todos os temas joaninos com a soteriologia, faz sentido destacar complexos terminológicos e temáticos que tocam de maneira particular a soteriologia.

12.4.1 *Aspectos terminológicos*

O envio e a revelação divina no Filho não visam o juízo, mas a salvação do mundo (Jo 12,47: "Pois eu não vim para julgar o mundo, mas para salvar o mundo"). A vontade salvífica de Deus domina e supera a rejeição do mundo, pois é sustentada pelo amor ao mundo. Não um imperador romano, mas unicamente Jesus Cristo é "o salvador do mundo" (Jo 4,42: ὁ σωτὴρ τοῦ κόσμου), porque sua atuação traz o único Deus verdadeiro e, com isso, a salvação verdadeira e exclusiva (cf. acima, 12.2.4). Ao lado de σῴζειν ("salvar") e σωτήρ ("salvador") ocorre no Evangelho de João também σωτηρία ("salvamento/salvação"): "A salvação vem dos judeus" (Jo 4,22b: ἡ σωτηρία ἐκ τῶν Ἰουδαίων ἐστίν). A afirmação positiva, fundamental e irrestrita "A salvação vem dos judeus" surpreende diante das numerosas afirmações negativas sobre "os judeus" no Quarto Evangelho e é frequentemente excluída como glosa[146]. A suposição de uma glosa sem alguma base histórico-textual é sempre problemática, e devemos perguntar se Jo 4,22b é realmente

---

[145] Uma visão geral é oferecida em J. G. VAN DER WATT, "Salvation in the Gospel of John", in IDEM, *Salvation in the New Teslament* (cf. acima, 6.4), pp. 101-128.

[146] Basta conferir R. BULTMANN, Joh (cf. acima, 12), p. 139, nota 106; J. BECKER, Joh I (cf. acima, 12), pp. 207s.

incompatível com a teologia joanina. Na perspectiva joanina, a vinda do revelador Jesus Cristo abre uma nova época que se caracteriza por uma experiência de Deus e um culto a Deus que são imediatos e diretos (cf. Jo 4,23s). Onde pessoas adoram Deus realmente como Pai, onde o amam e confiam nele, acaba a disputa sobre o lugar certo ou errado do culto, pois, para João, unicamente Jesus Cristo é o novo lugar da salvação. Por isso, ele pode dizer: a salvação vem dos judeus, porque Jesus é judeu, algo que Jo 4,9 ressalta explicitamente. Não obstante, a afirmação não se esgota nessa definição cristológica, porque João relaciona o plural Ἰουδαίων com mais uma dimensão: os judeus são e permanecerão portadores do testemunho da promessa divina[147]. Deus comprometeu-se com sua promessa; com Jesus de Nazaré, a salvação vem do povo dos judeus. Portanto, Jo 4,22b não deve ser interpretado como uma glosa posterior, mas como uma *convicção fundamental e afirmativa de ponta* da soteriologia joanina. João não nega absolutamente a pretensão judaica de possuir a promessa; Deus mantém sua promessa no judeu Jesus de Nazaré[148].

12.4.2 *Predestinação*

BECKER, J. "Beobachtungen zum Dualismus im Johannesevangelium", in *ZNW* 6S (1974): 71-87; BERGMEIER, R. *Glaube als Gabe nach Johannes*. BWANT 112. Stuttgart, 1980; KÜHSCHELM, R. *Verstockung, Gericht und Heil*. BBB 76. Frankfurt, 1990; SCHNELLE, U. Neutestamentliche Anthropologie (cf. acima, 6.5), pp. 148-151; TRUMBOWER, J. *A Born from Above*. HUTh 29. Tübingen, 1992; RÖHSER, G. Prädestination und Verstockung (cf. acima, 6.1.3), pp. 179-243; KAMMLER, H.-CHR. Christologie und Eschatologie (cf. abaixo, 12.8), pp. 128-150; POPKES, E. E. Die Theologie der Liebe Gottes (cf. acima, 12), pp. 204-211.

O problema central da soteriologia joanina consiste na pergunta se a salvação e redenção são pré-determinadas independentemente da conduta humana ou se cabe à decisão da fé um papel fundamental.

---

[147] Cf. F. HAHN, "'Das Heil kommt von den Juden'. Erwägungen zu Jo 4.22b", in IDEM, *Die Verwurzelung des Christentums im Judentum* (Neukirchen 1996), pp. 99-118; U. SCHNELLE, Die Juden im Johannesevangelium (cf. acima, 12.1.1), pp. 224-230.

[148] Para a afirmação negativa em Jo 8,44, cf. acima, 12.1.1.

Qual é em João a relação entre a atividade humana e a atuação divina, entre a responsabilidade e a predestinação[149]?

Determinismo

Uma série de afirmações parece recomendar afirmar um determinismo joanino ou uma predestinação em João. Por exemplo, Jo 6,44a afirma: "Ninguém pode vir a mim se o Pai, que me enviou não o trouxer". Não só o envio do Filho, mas também a fé aparecem aqui como uma obra divinamente operada (Jo 6,65: "Por isso eu vos disse que ninguém pode vir a mim se isso não lhe for concedido pelo Pai"). Aplica-se: "Ninguém pode tomar algo para si, a não ser que lhe seja dado do céu" (Jo 3,27). O Pai "deu" ao Filho os seus, de modo que eles recebem agora a participação da vida eterna (cf. Jo 17,2.6.9). Ninguém é capaz de arrancar os crentes da mão do Filho, pois "Meu Pai, que me deu tudo, é maior que todos e ninguém pode arrancá-los da mão do Pai" (Jo 10,29). Ninguém deles vai se perder, exceto o traidor, predestinado desde o início (cf. Jo 6,64; 17,12). Todos eles verão a *doxa* do Filho (cf. Jo 17,24). No cap. 8,47, João formula sua posição fundamentalmente: "Quem é de Deus ouve as palavras de Deus" (ὁ ὢν ἐκ τοῦ θεοῦ τὰ ῥήματα τοῦ θεοῦ ἀκούει). Os judeus incrédulos estão presos junto ao diabo; por isso, não *podem* compreender as palavras de Jesus (Jo 8,43: "Por que não entendeis minha linguagem? Porque não podeis ouvir [οὐ δύνασθε] minha palavra"). Somente os seus ouvem a voz do pastor (Jo 10,3s), enquanto as pessoas que não creem não pertencem a suas ovelhas (Jo 10,26). Ao "não poder ouvir" corresponde o "não poder ver" em Jo 9,39-41; a quem Deus não dá a fé não pode crer. O ser humano natural julga pela aparência exterior (cf. Jo 7,24; 8,15) e reconhece em Jesus somente o filho de José (cf. Jo 6,42). Assim como a incredulidade como sucumbimento ao mundo é muito mais do que uma decisão individual (cf. a adoção da ideia da obstinação de Is 6,9s em Jo 12,40), também a fé remonta, em última análise, à iniciativa

---

[149] Uma visão geral da pesquisa é oferecida em G. RÖHSER, Prädestination und Verstockung, pp. 179-192.

de Deus¹⁵⁰. Somente quem é da verdade ouve a voz do Filho (cf. Jo 18,37c). Somente as pessoas que o Pai dá ao Filho virão até o Filho (cf. Jo 6,37.39; 10,29; 17,2.9.24). Jesus escolheu seus discípulos do mundo; não foram eles que o escolheram (cf. Jo 15,16.19). Segundo a compreensão joanina, a fé é uma obra de Deus: "A obra de Deus é esta: que creiais naquele que me enviou" (Jo 6,29). O crente tem que "nascer de novo/do alto (ἄνωθεν)" (Jo 3,3.5). Já que o ser humano natural pertence à esfera da carne (Jo 3,6) e de si mesmo não pode chegar a Deus, ele recebe de Deus uma nova origem.

A liberdade da decisão

Enquanto essas sentenças apontam na direção da predestinação e do determinismo, há no Evangelho de João, por outro lado, numerosas afirmações que têm um caráter de convocação e decisão. Jo 6,27a formula de modo imperativo: "Adquiri não alimento perecível, mas alimento que permanece para a vida eterna". Imediatamente após a ênfase na atuação divina em Jo 6,44 destaca-se em 6,45c o momento do ouvir e do responder. O Cristo joanino pode convocar para a fé: "Crede-me que eu estou no Pai e o Pai em mim. Se não, então crede ao menos por causa dessas próprias obras" (Jo 14,11; cf. 10,38; 14,1). Jo 8,12 é um chamado para a decisão: "Eu sou a luz do mundo. Quem me segue não caminha nas trevas, mas terá a luz da vida" (cf. também Jo 5,24; 6,35 etc.). O Revelador joanino convoca verdadeiramente a crer nele: "Eu vim ao mundo como luz, para que ninguém que crê em mim permaneça nas trevas" (Jo 12,46; cf. também Jo 3,36). O convite pertence tanto como a promessa ou a ameaça à forma básica das palavras de "Eu Sou" (cf. acima, 12.2.3) e predomina em Jo 12,44-50: aqui, exclusivamente o comportamento da pessoa diante da revelação decide sobre seu destino. Positivamente como salvação na fé, negativamente como autojuízo por incredulidade (Jo 3,36b; 12,48). O evangelho

---

[150] R. BULTMANN, Theologie, pp. 377s, não faz jus a esse texto quando afirma: "Na decisão da fé ou da não fé a existência do ser humano constitui-se definitivamente, e somente agora, sua procedência recebe seu caráter inequívoco".

inteiro pode ser entendido como um convite para a fé, porque foi escrito "para crerdes que Jesus é o Cristo, o Filho de Deus" (Jo 20,31a).

Uma tensão que subsiste

Qual é a relação entre as duas séries de afirmações? Para o quarto evangelista, nem a fé nem a falta de fé são simplesmente decisões individuais, mas sua origem está fora do ser humano[151]. Assim como Deus opera a fé, a falta de fé é o resultado do sucumbimento ao mundo, pela obra do diabo (cf. Jo 8,41-46; 13,2) ou devido ao ato divino da obstinação (cf. Jo 12,37-41). Segundo João, somente Deus decide sobre salvação e condenação, um conceito que salvaguarda a imanipulabilidade da atuação divina. Ao mesmo tempo, a atuação divina precedente afeta a existência humana, de modo que a decisão pela fé e a persistência na desobediência como as possíveis reações humanas subsequentes à oferta salvífica de Deus são igualmente uma realidade. O ser humano deve permitir ser motivado para a fé, porque a vontade salvífica de Deus não abole a liberdade da decisão humana. A tensão afirmada por essa construção é adequada, porque ambos os complexos afirmativos não podem ser articulados sem contradições[152].

A ideia da imanipulabilidade da salvação, constitutiva também para João, faz Deus aparecer como o único sujeito constante do evento da salvação em todas suas dimensões. Ao mesmo tempo, o pensamento de que a liberdade e a responsabilidade humanas são posteriores à atuação divina exige a ênfase na decisão perante o evento de salvação. Aquilo que se manifesta em João no nível da reflexão teológica como predestinação é no nível histórico a tentativa posterior de explicar a

---

[151] João acentua com isso também o "caráter precedente da graça" (J. GNILKA, *Neutestamentliche Theologie im Überblick*. NEB. Würzburg 1989, p. 136).
[152] Bem acertado R. BERGMEIER, *Glaube*, p. 231: "O evangelista pensa de modo 'predestinacional', mas não desenvolve uma doutrina de predestinação que fosse suficiente segundo as leis da lógica"; além disso, cf. F. HAHN, Theologie I, p. 676: "Nesse sentido, tanto a fé como a falta de fé são condicionadas pela atuação divina, mas, não obstante, são uma reação humana ao fato de ser afetado pelo evento da revelação".

experiência de que existe tanto a fé como a falta de fé. Uma tentativa explicativa dessa espécie precisa necessariamente chegar a seus limites[153], porque nela, o ser humano se coloca, por assim dizer, no lugar de Deus e procura entender os mistérios de Deus. Afirmações sobre a predestinação são sempre afirmações limites da teologia que servem para preservar a imanipulabilidade de Deus e para não fixar pessoas de antemão em sua relação à salvação ou à condenação.

Decisivo para o programa soteriológico do quarto evangelista é, em última análise, não a origem da fé, mas a promessa do Crucificado e Ressuscitado: "Daqueles que me deste não perdi nenhum" (Jo 18,9; Cf. 10,28; 17,12).

12.5 Antropologia

MUSSNER, F. ZΩH. *Die Anschauung vom Leben im vierten Evangelium*. MThS I/5. Munique, 1952; BLANK, J. "Der Mensch vor der radikalen Alternative". In *Kairos* 22 (1980): 146-156; LIPS, H. V. "Anthropologie und Wunder im Johannesevangelium". In *EvTh* 50 (1990): 296-311; SCHNELLE, U. Neutestamentliche Anthropologie (cf. acima, 6.5), pp. 134-170; URBAN, CHR. *Das Menschenbild nach dem Johannesevangelium*. WUNT 2.137 (Tübingen: 2001); E. REINMUTH, Anthropologie (cf. acima, 6.5), pp. 137-184.

Fundamental para a antropologia joanina é o conceito da criação; o mundo e a existência humana são atribuídos à vontade divina e consideradas a partir dela. O Logos Jesus Cristo criou tudo que existe (Jo 1,3s) e se inseriu naquilo que foi criado. A encarnação de Deus em Jesus Cristo como revelação da glória da vida, da verdade e da graça

---

[153] Não surpreende que, justamente na predestinação, as posições da pesquisa divergem amplamente; enquanto G. RÖHSER, Prädestination und Verstockung, pp. 253s, nega a existência de uma doutrina de predestinação no Quarto Evangelho, H.-CHR. KAMMLER, Christologie und Eschatologie (cf. abaixo, 12.8), p. 148, interpreta insistentemente em favor de uma predestinação rígida, segundo a qual "o evangelista defende um predestinacionismo que deve ser compreendido no sentido de uma *praedestinatio gemina*". Ambas as posições são incompatíveis com a análise exegética.

na palavra é para João a possibilitação da autorrealização do ser humano no caminho do amor. Dessa maneira, a teologia e a cristologia são o fundamento da antropologia. Quando os crentes permanecem na palavra de Jesus Cristo, então participam da plenitude da vida dele e superam o poder do pecado; eles mesmos se tornam verdadeiramente seres humanos, ao adotar o amor do Filho de Deus, de modo que um se torna "ser humano" para o outro. Essa determinação antropológica positiva desemboca em João no conceito da "filiação divina" (Jo 1,12: τέκνα θεοῦ); como filhos e filhas de Deus, os crentes entram nas relações interpessoais entre Pai, Filho e Espírito.

12.5.1 A fé

SCHLIER, H. "Glauben, Erkennen, Lieben nach dem Johannesevangelium". In *Aufsätze zur Biblischen Theologie*, editado por IDEM, pp. 290-302. Leipzig, 1968; HAHN, F. "Sehen und Glauben im Johannesevangelium". In *Neues Testament und Geschichte*. FS O. Cullmann, editado por H. BALTENSWEILER, B. REICKE, pp. 125-141. Zurique/Tübingen, 1972; IDEM, "Das Glaubensverständnis im Johannesevangelium". In *Glaube und Eschatologie*. FS W.G. Kümmel, editado por E. GRÄSSER, O. MERK, pp. 51-69. Tübingen, 1985; BERGMEIER, R. Glaube als Gabe nach Johannes (cf. acima, 12.4.2); HERGENRÖDER, C. *Wir schauten seine Herrlichkeit*. FzB 80. Würzburg, 1996.

Nenhum outro autor neotestamentário refletiu tão intensamente sobre a natureza da fé como o evangelista João. Já a análise linguística é significativa: o verbo πιστεύειν ("crer") ocorre em João 98 vezes, em Mateus, porém, somente 11 vezes, em Marcos 14 vezes e em Lucas 8 vezes[154]. Na maioria dos casos, πιστεύειν é acompanhado de εἰς ("em"), algo que revela um traço fundamental da compreensão joanina da fé: o vínculo da fé (do "crer") com a pessoa de Jesus Cristo[155]. Crer em Jesus Cristo significa para João: "crer em sua palavra" (Jo 4,41.50; 5,24), "crer em Moisés e na Escritura" que testemunham Jesus (Jo 5,46s) e

---

[154] Em 1Jo há 9 ocorrências de πιστεύειν; o substantivo πίστις encontra-se somente em 1Jo 5,4.
[155] Cf. F. HAHN, Glaubensverständnis, pp. 56s.

sobretudo: crer naquele que o enviou (cf. Jo 5,24; 6,29; 11,42; 12,44; 17,8). Jesus aparece como o representante de Deus: "Quem me vê, vê aquele que me enviou" (Jo 12,45) e: "Quem me vê, vê o Pai" (Jo 14,9). Por isso, Jesus pode também dizer: "Crede em Deus e crede em mim" (Jo 14,1b). *A fé em Deus e a fé em Jesus Cristo são idênticas, porque Jesus Cristo é o Filho de Deus*. Todo o Evangelho de João foi escrito "para crerdes que Jesus é o Cristo, o Filho de Deus, e para que, crendo, tenhais vida em seu nome" (Jo 20,31)[156].

Fé e milagres

Se toda a atuação reveladora de Jesus serve à glorificação do Pai pelo Filho e do Filho pelo Pai (cf. Jo 8,54; 12,28; 13,31s; 14,13), o milagre é o lugar especial desse acontecimento. Não é somente um sinal da *doxa*, mas a expressão da própria *doxa*[157]. Essa revelação da *doxa* de Jesus no milagre gera a fé, porque a fé está em João diretamente vinculada à atuação de Jesus. Nas bodas de Caná, o evangelista desenvolve no exemplo dos discípulos sua compreensão de milagres e fé (Jo 2, 11: "Jesus fez isto como primeiro sinal em Caná da Galileia; e ele manifestou sua glória, e seus discípulos creram nele"). Não é a fé que vê o milagre, mas a fé é gerada pela revelação da *doxa* no milagre. Já que o milagre tem o caráter de revelação e testemunha poderosamente a unidade do Filho com o Pai, é capaz de despertar a fé. A grande medida em que o milagre e a fé são uma unidade imediata para o evangelista manifesta-se em Jo 10,40-42, um texto segundo o qual a diferença essencial entre Jesus e João Batista reside no fato de que somente Jesus opera milagres. Por isso, os "muitos" podem também crer somente em Jesus. Também Jo 11,15 deixa claro que a fé nasce de milagres. Por causa dos discípulos, Jesus alegra-se de não ter estado presente na morte de Lázaro. Agora, ele pode ressuscitar seu amigo dentre os mortos, para que os discípulos cheguem à fé. Aqui, o milagre não é

---

[156] Jo 20,31 é (assim como Jo 1,1-18) uma instrução para a leitura, que visa instruir o ouvinte ou leitor do evangelho na compreensão correta da obra inteira; para a interpretação de Jo 20,31, cf. F. NEUGEBAUER, Entstehung (cf. acima, 12.2.1), pp. 10-20.
[157] Cf. aqui U. SCHNELLE, Antidoketische Christologie (cf. acima, 12.2), pp. 182-185.

um motivo casual da fé; ao contrário, é empregado propositalmente para suscitar a fé[158].

Para o evangelista João, o milagre produz a fé, ou seja, a visão do σημεῖον ("sinal/milagre") é seguida por um πιστεύειν εἰς Χριστόν ("crer em Jesus Cristo"). Essa ligação absolutamente não dualista entre ver e crer é explicitamente expressa em Jo 2,11.23; 4,53; 6,14; 7,31; 9,35-38; 10,40-42; 11,15.40.45; 12,11; 20,8.25.27.29a, de modo que lhe cabe uma importância central para a compreensão da fé no quarto evangelista. A fé é o resultado do milagre que aconteceu primeiro, não é sua possibilitação. Dessa maneira, João não vê absolutamente na fé em milagres só uma "fé provisória"; através do milagre não nasce uma fé que é apenas indicadora, inferior ou incompleta[159], mas uma fé no sentido pleno da palavra: conhecer e reconhecer a filiação divina de Jesus Cristo.

Se a fé nasce no encontro com Jesus que revela no milagre sua *doxa*, então ela abrange tanto a existência sárquica como celestial de Jesus. Portanto, seu conteúdo também não é meramente o "fato" da revelação[160]; ao contrário, os milagres descrevem com uma concretude e um realismo quase insuperáveis a atuação do Revelador na história. Dessa maneira, o ver do milagre não é uma visão espiritual, mas um ver segundo os sentidos[161]. Em João, o "(re)conhecer" e o "ver" são elementos estruturais da fé.

---

[158] Jo 2,24s; 4,48; 6,30; 20,29b não expressam uma crítica fundamental a milagres, porque Jesus rejeita apenas a mera exigência de um milagre (4,48; 6,30) ou uma fé duvidosa da parte da multidão (2,24s); cf. W. J. BITTNER, Jesu Zeichen (cf. acima, 12.2.1), pp. 122-134.

[159] Contra R. BULTMANN, Theologie, p. 425, que afirma: "A fé legítima não deve ser confundida com uma aparente, despertada, por exemplo, pelos σημεῖα de Jesus [...]". Aderem a essa avaliação, por exemplo, F. HAHN, Glaubensverständnis, p. 54 (refutação de uma fé errada, "orientada pela visibilidade e comprobabilidade"); J. GNILKA, Neutestamentliche Theologie im Überblick (cf. acima, 12.4.2), p. 132 ("fé superficial em milagres").

[160] Assim a tese clássica de R. BULTMANN, Theologie, p. 419: "Portanto, João apresenta em seu evangelho somente o 'fato' da revelação, sem ilustrar seu conteúdo".

[161] R. BULTMANN, Joh (cf. acima, 12), p. 43, porém, chama a concretude do Revelador um "mal-entendido pietista" e afirma: "Consequentemente, a abordagem joanina do Revelador encarnado carece de qualquer concretude sensual; o encontro com ele é somente pergunta, e não persuasão".

Crer e conhecer/ver

Crer em Jesus é para João o mesmo que "(re)conhecer" (γινώσκειν) Jesus[162]. Por exemplo, Jo 14,7 afirma: "Se me conheceis, também conhecereis a meu Pai. Desde agora o conheceis e o vistes". Jesus diz de si mesmo: "Eu sou o bom pastor; (re)conheço minhas ovelhas, e minhas ovelhas me (re)conhecem" (Jo 10,14). Os crentes reconheceram Jesus (1Jo 4,16; Jo 6,69), eles o reconhecem e sabem quem ele é: o enviado de Deus, o Filho do Homem, a verdade (cf. Jo 7,17,8,28; 14,6.17.20; 17,7s.25; 1Jo 2,4; 3,19; 5,20). Às pessoas que permanecem na palavra de Jesus dirige-se a promessa: "Conhecereis a verdade, e a verdade vos libertará" (Jo 8,32). O (re)conhecer joanino não se orienta por aspectos que podem ser encontrados superficialmente, mas penetra até a essência e natureza daquilo que foi reconhecido. Em Jesus de Nazaré revela-se a glória de Deus; ele é o salvador do mundo enviado por Deus (Jo 4,42). Por isso, "conhecer" inclui em João reconhecer Jesus como o Senhor e, consequentemente, entrar numa relação pessoal com ele. Reconhecer Jesus significa segui-lo (Jo 10,27: "Minhas ovelhas escutam minha voz; eu as conheço, e elas me seguem"). Por isso, o reconhecimento de Jesus e a aceitação da mensagem de Cristo levam para a observância da vontade de Deus. 1Jo 2,3: "E nisso percebemos que o conhecemos, se guardamos seus mandamentos" (cf. também 1Jo 2,4s; 3,19.24; 4,13). O amor fraterno é o sinal distintivo de quem conhece Deus ou o amor de Deus, respectivamente (cf. 1Jo 3,16; 4,7s). Ao contrário disso, quem peca não conhece Deus (1Jo 3,6). O τηρεῖν τὸν λόγον ("guardar a palavra", Jo 8,51; 14,23; 15,20; 17,6) e o μένειν ἐν τῷ λόγῳ ("permanecer na palavra", Jo 8,31) pertencem à essência da fé, porque conhecer o Revelador inclui a confissão de sua palavra e de sua vontade[163]. O (re)conhecer não se separa da fé, mas a fé é uma fé que re(conhece). No relacionamento entre o Pai e o Filho, porém, o (re)conhecimento imediato substitui a fé: "Como o Pai me conhece, assim eu conheço o Pai" (Jo 10,15a; cf. 17,25).

---

[162] Para γινώσκειν, cf. G. STRECKER, Johannesbriefe (cf. acima, 12.1.3), pp. 319-325.
[163] Cf. aqui J. HEISE, Bleiben (cf. abaixo, 12.7), pp. 44ss.

Outra característica central da fé em João é o "ver" (ὁρᾶν, βλέπειν, θεωρεῖν)[164]. Já em Jo 1,14 está no centro o "ver" da *doxa* do Encarnado; é um motivo que perpassa todo o evangelho (cf. Jo 11,40; 17,24). As primeiras palavras do Jesus joanino são uma pergunta (Jo 1,38b: "Que estais procurando?") e um convite (v. 39a: "Vinde e vede!"); com isso, os ouvintes e leitores do Quarto Evangelho são convidados a entrar no mundo do texto, a procurar por sentido e a enxergar, assim como os discípulos, em Jesus Cristo o Messias (Jo 1,41). Além dos textos sobre as vocações de discípulos, também textos sobre encontros como Jo 4,1-42; 5,1-15; 7,25-28; 9,35-38 e 20,1-10.11-18 estão marcados pelo motivo do "procurar" e "encontrar" e pela passagem do "não conhecer/não ver" para a fé. Com esses textos, o evangelista constrói uma linha de sentido marcada por um pensamento fundamental: Jesus Cristo revela-se e interpreta a si mesmo aos seus[165]. O "ver" joanino é desenvolvido exemplarmente em Jo 9; enquanto o cego de nascença recebeu sua visão por Jesus e se tornou por meio da fé uma pessoa que vê verdadeiramente, os fariseus entraram numa crise, porque permanecem em sua incredulidade e se tornam assim os realmente cegos (Jo 9,39-41). Com isso, João convoca sua comunidade a reagir, assim como o cego de nascença, com fé à atuação sanadora de Jesus. Se isso acontece, Jesus abre os olhos não só do cego de nascença, mas também da comunidade e lhe dá a verdadeira visão. Assim como os discípulos e Maria Madalena (Jo 20,18.25), ela pode confessar: "Eu vi/nós vimos o Senhor". Jo 12,44s paraleliza programaticamente missão e visão: "Quem crê em mim crê, não em mim, mas naquele que me enviou". Com o macarismo de Jo 20,29 ("Felizes os que não veem e ainda assim creem"), o evangelista precisa o "ver" pré-pascal e o pós-pascal[166]: o macarismo dirige-se às gerações que já não podem chegar à fé através do "ver" imediato do

---

[164] Análises detalhadas dos textos relevantes em C. HERGENRÖDER, Wir schauten seine Herrlichkeit, pp. 56ss; além disso, cf. O. SCHWANKL, Licht und Finsternis (cf. acima, 12.1.3), pp. 330-347; R. ZIMMERMANN, Christologie der Bilder (cf. acima, 12.2), pp. 45-59.
[165] Cf. a respeito P. DSCHULNIGG, *Jesus begegnen. Personen und ihre Bedeutung im Johannesevangelium* (Münster: 2000).
[166] Para a interpretação, cf. U. SCHNELLE, Johannes (cf. acima, 12), pp. 332-334.

Ressuscitado. No exemplo de Tomé mostra-se o que vale já na época do Evangelho de João: crer sem a visão milagrosa direta do Ressuscitado, concedida a Tomé, é depender da tradição das testemunhas oculares. As perspectivas temporais diferentes são decisivas para a interpretação da perícope de Tomé. Enquanto Jo 20,24-29a narra um evento que foi possível somente no tempo das epifanias do Ressuscitado e da primeira geração de discípulos, o v. 29b dirige a vista para o futuro.

Portanto, o v. 29 não critica ou relativiza o ver anterior de Tomé, mas formula apenas o que já se aplica para as gerações posteriores, à diferença das testemunhas oculares. A visão imediata está limitada à geração das testemunhas oculares. Contudo, já que esse ver fundamenta a tradição joanina, ele tem no querigma da comunidade joanina um sentido presente. A ausência do corpo de Jesus não deve ser mal-entendida como ausência de sua pessoa. Pelo contrário, as narrativas do túmulo vazio e das aparições a Maria Madalena, aos Doze e a Tomé esclarecem que há, justamente depois da Páscoa, um ver e crer modificados. Nesse sentido, a relação entre ver e crer não se limita de forma alguma à vida de Jesus, mas tem um significado presente no anúncio da comunidade, isto é, o Evangelho de João deve ser lido e entendido como uma escola do ver[167].

A falta de fé

O envio de Jesus ao mundo gera a fé, mas também a falta de fé (a incredulidade). A fé e a falta de fé são as possibilidades fundamentais da existência humana em face à revelação. O evangelista formula essa situação de modo verdadeiramente programático em Jo 12,37: "Apesar de realizar tais sinais diante de seus olhos, não creram nele". Até mesmo os irmãos de Jesus não creram nele (Jo 7,5), apesar de ver suas obras (Jo 7,3). Do lado dos judeus, a cura do cego de nascença gera fé e falta de fé (cf. Jo 9,16). Também a ressurreição de Lázaro levou muitos judeus à fé (Jo 11,45), mas, ao mesmo tempo, o maior milagre de Jesus torna-se a

---

[167] Muito acertado O. SCHWANKL, Licht und Finsternis (cf. acima, 12.1.3), p. 397: "João tem uma predileção pelo visual; ele é o 'ótico' entre os evangelistas".

ocasião de trair Jesus (Jo 11,46). João demonstra especialmente nos milagres a natureza da falta de fé, pois diante dos σημεῖα, a incredulidade nega um fato óbvio: Jesus Cristo é o Filho de Deus. Não a ignorância ou a incapacidade são as características da falta de fé, mas a rejeição consciente de um fato óbvio. Jo 6,36: "Vós me vedes e mesmo assim não crerdes". Justamente porque Jesus é a verdade e diz a verdade, muitos não creem nele (Jo 8,45: "Mas porque digo a verdade não credes em mim"). João sabe da prisão do ser humano pelos poderes do mundo, ele conhece o fechamento dos seres humanos diante da verdade (cf. Jo 5,47; 6,64; 8,46; 10,26; 16,9). As palavras e milagres de Jesus não funcionam de modo automático ou mágico, mas exigem, não obstante seu caráter revelatório, uma decisão da parte dos seres humanos (cf. acima, 12.4.2).

A fé como evento salvífico

Para João, a fé é um evento salvífico. Ela não fica sem consequências, pois a vontade do Pai é "que, quem vê o Filho e nele crê, tenha a vida eterna; e eu o ressuscitarei no último dia" (Jo 6,40). A fé abre o bem salvífico da vida eterna, porque se dirige àquele que é a vida (cf. Jo 3,15s; 5,24; 6,47; 11,25s; 20,31). Para o crente, o juízo já pertence ao passado, porque a fé salva da ira vindoura do juiz (Jo 3,18: "Quem nele crê não é julgado; mas quem não crê, já está julgado"). Portanto, a fé não aparece como um processo qualquer, mas decide sobre vida e morte. Por isso é preciso que a mensagem acerca da fé salvífica em Jesus Cristo seja transmitida aos seres humanos.

12.5.2 *A vida eterna*

A nova existência dos cristãos é qualificada por João abrangentemente como ζωή ("vida") ou ζωή αἰώνιος ("vida eterna"). Portanto, somente na fé percebe-se a verdadeira natureza da existência humana: a vida possibilitada por Deus. Vida é em João em primeiríssimo lugar um atributo do Pai[168] que dá a vida ao Filho: "Pois assim como

---

[168] Cf. a respeito F. MUSSNER, ΖΩΗ (cf. acima, 12.5), pp. 70ss.

o Pai tem vida em si mesmo, também concedeu ao Filho ter vida em si mesmo" (Jo 5,26; cf. Jo 6,57). O Filho, por sua vez, recebeu do Pai o poder sobre todas as pessoas, "para que ele dê a vida eterna a todas que tu lhe deste" (Jo 17,2b). Já o Logos preexistente tinha vida em si mesmo, uma vida que se tornou a luz dos seres humanos (Jo 1,4; 1Jo 1,2). Aqui se manifesta a fusão dos níveis temporal e material que é característica para João: não é apenas a ressurreição que possibilita a afirmação de que Jesus é a vida e dá vida. Pelo contrário, Jesus vem de Deus como a vida por excelência; justamente como o Preexistente, ele é simultaneamente o Encarnado, Crucificado e Ressuscitado. A vida divina está presente no cosmos numa pessoa histórica concreta [169]. Justamente por que ele é a condição para a salvação do ser humano de seu sucumbimento à morte, toda a encarnação visa o dom da vida eterna para os crentes (cf. Jo 3,16.36a).

O (re)conhecimento de Deus e de seu Enviado abrem a vida eterna (Jo 17,3) e são simultaneamente seu conteúdo. A vida verdadeira abre-se unicamente no encontro com Jesus Cristo que desperta a fé, porque nele a força vital de Deus invadiu o mundo da morte. Nem o caminho do (re)conhecimento do verdadeiro *self*, que deve ser tomado na filosofia nem a fé gnóstica numa identidade de caráter substancial com um salvador celestial libertam o ser humano do âmbito da morte[170]. Para João é unicamente Jesus que proporciona a água que se torna uma fonte que jorra para a vida eterna (Jo 4,14). Do corpo de Jesus jorrarão rios de água viva (Jo 7,38), a saber, o espírito (cf. Jo 7,39) que, sendo o princípio divino da vida, dá a vida eterna. Como a luz do mundo, Jesus é também a luz da vida (Jo 8,12). Ele pode dizer de si mesmo que é a ressurreição e a vida (Jo 11,25), e: "Eu sou o caminho, a verdade e a vida" (Jo 14,6).

A cura do filho de um oficial real em Jo 4,46-54 e sobretudo, a ressurreição de Lázaro, morto há quatro dias (Jo 11,1-44), mostram

---

[169] Cf. op. cit., pp. 82ss.
[170] K.-W. TRÖGER, *Ja oder Nein zur Welt. War der Evangelist Johannes Christ oder Gnostiker?* ThV VII (Berlim: 1976), pp. 61-80, aqui: p. 75, nomeia essa diferença fundamental entre o Evangelho de João e o gnosticismo: "O pensamento da identidade é abolido, e quem é redimido não se torna redentor".

Jesus como o Senhor sobre a morte e a vida[171]. Jesus possibilita vida ao trazer pessoas de volta para a vida ou ao superar possibilidades limitadas de vida (cura do coxo e do cego em Jo 5,1-9a.b; 9,1-41). Jesus combate a fome (Jo 6,1-15) ou o perigo no mar (Jo 6,16-25), porque são ameaças à vida. O mediador da criação Jesus Cristo concede vida e mostra a dependência contínua das criaturas do criador. O dom da vida concedida pelo criador estende-se para além do temporal, portanto, do corruptível e limitado. Quem tem a vida eterna já não se perde e já não sucumbe ao juízo (cf. Jo 10,28; 3,36; 5,24). A promessa de Jesus tem um só conteúdo: a vida eterna (cf. 1Jo 2,25). Jesus é o pão da vida (Jo 6,35a). Quem come dele não morrerá jamais (Jo 6,50), mas viverá para a eternidade (Jo 6,58).

Enquanto os pais no deserto morreram (Jo 6,49), o pão que desceu do céu concede a vida eterna. As alusões à ceia do Senhor no discurso sobre o pão da vida (Jo 6,30-51a.b) e a seção eucarística em Jo 6,51c-58 ilustram a dimensão sacramental do conceito joanino da vida: na refeição da comunidade manifesta-se o Ressuscitado aos crentes como a essência da vida e lhes concede a participação de sua própria plenitude e abundância de vida (cf. abaixo, 12.7.2). Da mesma maneira aparece especialmente em João o batismo como um evento vivificador por excelência (Jo 3,3-5). O novo nascimento na força do espírito dá-se como uma irrupção vertical na vida antiga do ser humano. O espírito como poder vivo de Deus coloca o crente numa nova realidade. A realidade da morte física, que não deixa de existir, já não limita a vida, e pode-se dizer à comunidade: "Nós sabemos que passamos da morte para a vida" (1Jo 3,14; cf. Jo 5,24). Quem aceita a palavra de Jesus, "jamais verá a morte" (Jo 8,51; cf. Jo 11.26). No Filho, o Pai concede uma vida que não é destruída pela morte biológica. Como comunhão dos crentes com Deus que começa no tempo presente, a vida eterna abre um futuro que jamais terá fim. O que João promete aos crentes não é a imortalidade, mas uma vida verdadeira e permanente junto a Deus.

---

[171] Essa dimensão fundamental das narrativas joaninas de milagres foi elaborada abrangentemente por M. LABAHN, Jesus als Lebensspender (cf. acima, 12.2), *passim*.

12.5.3 O pecado

HASITSCHKA, M. *Befreiung von Sünde nach dem Johannesevangelium*. ITS 28. Innsbruck 1989; KNÖPPLER, TH. Die theologia crucis des Johannesevangeliums (cf. acima, 12.2.5), pp. 67-101; STIMPFLE, A. "'Ihr seid schon rein durch das Wort' (Jo 15,3a). Hermeneutische und methodische Überlegungen zur Frage nach 'Sünde' und 'Vergebung' im Johannesevangelium". In H. FRANKEMÖLLE (org.). *Sünde und Erlösung im Neuen Testament*. QD 161, pp. 108-122. Freiburg, 1996; METZNER, R. *Das Verständnis der Sünde im Johannesevangelium*. WUNT 122. Tübingen, 2000.

A importância do conceito de pecado já é sinalizada pela análise linguística: o substantivo ἁμαρτία ("pecado") ocorre 17 vezes no Evangelho de João, e no Novo Testamento são somente a Carta aos Romanos e a Carta aos Hebreus que oferecem um número maior de ocorrências. Claramente inferiores são, por exemplo, as ocorrências nos Evangelhos Sinóticos (Mc: 6 vezes; Mt: 7 vezes; Lc: 12 vezes). Além disso, também na Primeira Carta de João ocorre ἁμαρτία 17 vezes.

Primeiro se debate o conceito de pecado nas conversas das tradições de milagres em Jo 5 e 9. Elas mostram que Jesus não tem nenhum interesse de verificar quem é ou foi pecador, mas que sua vinda revela a natureza do pecado e supera o pecado. Esse perfil do conceito joanino de pecado recebe um maior desenvolvimento nas disputas de Jesus com os Ἰουδαῖοι ("judeus") e com o cosmos, nos discursos revelatórios de Jo 15 e de Jo 16. Em Jo 8 ocorre o termo ἁμαρτία 6 vezes, uma clara indicação do caráter polêmico do tema. O pecado é aqui precisado como a incompreensão dos Ἰουδαῖοι diante do enviado divino Jesus Cristo e de seu caminho. Essa incompreensão revela-se como a própria incredulidade; *o pecado é a falta de fé em relação ao Enviado de Deus*. Além disso, o pecado aparece como apego ao mundo, sendo que o estar no pecado e o fazer do pecado se condicionam mutuamente. O pecado consiste na rejeição consciente de um fato que é óbvio diante dos discursos e milagres: Jesus Cristo é o Filho de Deus e é sem pecado (cf. Jo 8,46). Segundo João, a verdadeira razão dessa rejeição é o amor próprio do mundo. O mundo corre atrás de sua própria honra e falha na demonstração do amor a Deus (cf. Jo 15,19). Enquanto Deus se volta para o mundo, amando-o e cortejando-o (cf. Jo 3,16), este reage unicamente com rejeição e ódio. Dessa maneira, o pecado aparece em João como vanglória, amor egoísta e como um esquivamento em relação ao amor de Deus.

João constrói um arco compositório e teológico deliberado por meio da primeira e da última afirmação sobre o pecado: Jo 1,29 e 20,23. Para que o mundo possa se beneficiar da vida, o pecado precisa ser superado. O lugar onde se encontram o pecado do mundo e a ζωή de Deus é a cruz. Torna-se visível uma sutil ironia de João: na cruz, o Cordeiro de Deus remove o pecado do mundo, e ao mesmo tempo, o mundo remove o Cordeiro de Deus na cruz. Jo 20,23 relaciona a atuação de Jesus e a atuação dos discípulos sob a perspectiva da atuação do espírito e da libertação do pecado: assim como a remoção do pecado é essencial para a missão de Jesus, o perdão dos pecados, a mando do Filho, pertence à missão dos discípulos.

> A Primeira Carta de João mostra que surgiram na escola joanina conflitos sobre pecados perdoáveis e imperdoáveis[172]. Enquanto 1Jo 1,8-10 afirma explicitamente que a alegação de que os cristãos não têm pecado é contra a verdade, 1Jo 3,9 ressalta: "Todo aquele que foi gerado por Deus não peca, porque a semente de Deus permanece nele, e ele não pode pecar porque foi gerado por Deus". Ser gerado por/de Deus e estar vinculado com Cristo exclui o pecado. Há uma clara separação entre os filhos e filhas de Deus e os filhos e filhas do diabo (1Jo 3,10). 1Jo 5,16s aponta numa direção diferente: "Se alguém vê seu irmão cometer um pecado, um pecado que não é para a morte, deve interceder, e Deus lhe dará vida, àqueles que cometem um pecado que não é para a morte. Existe um pecado que é para a morte; não é a respeito deste que eu digo que ele deve interceder. Toda iniquidade é pecado, mas há um pecado que não é para a morte."
> Quem peca não está na esfera do espírito e da vida, mas pertence à esfera da morte. Por outro lado, o autor da Primeira Carta de João leva em conta a realidade da comunidade quando fala de pecados que não levam à morte. Por esses pecados, o irmão pode pedir o perdão de Deus. Dificilmente é uma coincidência que, tanto na Primeira Carta de João como no Evangelho de João, falte uma definição dos dois tipos de pecado. Dessa maneira, a

---

[172] Para a análise do texto, cf. I. GOLDHAHN-MÜLLER, Die Grenze der Gemeinde (cf. acima, 6.7), pp. 27-72.

comunidade reserva-se a liberdade de decidir em cada caso qual falha deve ser considerada um pecado perdoável e onde se trata de um pecado para a morte. Por meio dessa conceituação mantém-se a oposição essencial entre o pecado e a existência cristã e se aguça, ao mesmo tempo, o imperativo: há pecados que destroem a relação com Deus, de modo que também pessoas batizadas podem cair fora da esfera da vida de Deus[173].

A compreensão joanina do pecado demonstra um claro perfil teológico: pecado não é uma categoria nomista nem moral. Em vez disso, o uso predominante do singular mostra que João compreende o pecado num sentido genérico: *pecado é a incredulidade*. O caráter genérico do conceito de pecado não permite delimitá-lo e aplicá-lo de modo historizante aos Ἰουδαῖοι[174]. Pelo contrário, segundo a perspectiva joanina, qualquer pessoa, seja judia ou não, que não acredita em Jesus Cristo, o Revelador, está na esfera do pecado. O conceito joanino de fé permite outra conclusão: assim como a fé concede a vida, a vida eterna, a falta da fé, ou seja, o pecado, separa da vida. O verdadeiro contraconceito do pecado no Evangelho de João é a vida, a vida eterna.

Por que o mundo permanece na incredulidade, diante da mensagem salvífica da atuação de Deus em Jesus Cristo? Na visão joanina, ele sucumbe ao pecado, sendo que o pecado tem tanto um caráter de ato como de fatalidade. João expressa a autorresponsabilidade do ser humano ao entender a rejeição da revelação de Deus como uma rejeição intencional. Ao mesmo tempo, o ato pecador constrói-se em relação ao pecado do mundo e gera uma relação de destino que leva à escravização pelo mundo e por seus poderes diabólicos, mas também à obstinação por Deus (Jo 12,39), e que tem sua meta na morte escatológica (Jo 8,21.24). Trata-se, no sentido mais próprio da palavra, de um círculo diabólico (vicioso) que constrói a si mesmo. Para João, essa realidade da falta de fé é tão deprimente porque Deus disse na cruz

---

[173] Para as semelhanças e diferenças nos conceitos de pecado da Primeira Carta de João e do Evangelho de João, cf. R. METZNER, Verständnis der Sünde, pp. 325-327.
[174] Assim R. BULTMANN, Theologie, p. 380: "O pecado dos 'judeus' é [...] seu fechamento contra a revelação que questiona sua segurança".

um Não ao pecado e um Sim à vida. Na cruz, o pecado é revelado e ao mesmo tempo superado. Também no âmbito da temática do pecado podemos dizer que há em João uma prevalência da salvação.

12.6 Ética

LATIKE, M. *Einheit im Wort*. StANT 41. Munique, 1975; THYEN, H. "'... denn wir lieben die Brüder' (1Jo 3,14)". In *Rechtfertigung*. FS E. Käsemann, editado por V. J. Friedrich etc., pp. 527-542. Tübingen, 1976; SCHRAGE, W. Ethik des Neuen Testaments (cf. acima, 3.5), pp. 301-324; RESE, M. "Das Gebot der Bruderliebe in den Johannesbriefen". In *ThZ* 41 (1985): 44-58; SCHULZ, S. Ethik (cf. acima, 3.5), pp. 486-527; SCHNACKENBURG, R. Die sittliche Botschaft des Neuen Testaments II (cf. acima, 6.6), pp. 148-192; AUGENSTEIN, J. *Das Liebesgebot im Johannesevangelium und in den Johannesbriefen*. BWANT 134. Stuttgart, 1993; SÖDING, TH. "'Gott ist Liebe'. 1Jo 4,8.16 als Spitzensatz Biblischer Theologie". In *Der lebendige Gott*. FS W.Thüsing, editado por TH. SÖDING. NTA 31, pp. 306-357. Münster, 1996; PFEIFFER, M. Einweisung in das neue Sein (cf. acima, 6.6), pp. 95-136; POPKES, E. E. Die Theologie der Liebe Gottes in den johanneischen Schriften (cf. acima, 12), *passim*; SCHNELLE, U. "Johanneische Ethik". In *Eschatologie und Ethik im frühen Christentum*. FS G. Haufe, editado por Chr. BÖTTRICH, pp. 309-327. Frankfurt, 2006; VAN DER WATT, J. G. "Ethics and Ethos in the Gospel according to John". In *ZNW* 97 (2006): 147-176.

Podemos falar em João de uma ética no sentido tradicional? E. KÄSEMANN nega essa pergunta muito enfaticamente e ressalta: "O objeto do amor cristão é para João unicamente aquilo que pertence à comunidade sob a palavra ou aquilo que foi eleito para isso, portanto, a fraternidade de Jesus".[175] Segundo essa visão, o amor é um evento verbal, exclusivamente voltado para dentro, uma atitude de consciência restrita para a comunidade das pessoas eleitas e sem relação com o mundo ou as pessoas fora da comunidade. Correto nessa descrição é que, em comparação com os Sinóticos ou com Paulo, o Evangelho de João não contém quaisquer instruções ético-materiais concretas. Faltam

---

[175] E. KÄSEMANN, Jesu letzter Wille (cf. acima, 12), p. 136; cf. antes R. BULTMANN, Joh (cf. acima, 12), p. 206.

todas as afirmações na área da ética individual e social; o Estado é tão pouco considerado como os problemas da riqueza e da pobreza, do matrimônio e do comportamento sexual ou instruções concretas acerca do comportamento dentro e fora da comunidade. Tudo gira em torno de uma única palavra: amor. Ora, o que João entende por ἀγάπη ("amor") e ἀγαπᾶν ("amar")? A resposta a esta pergunta depende essencialmente da maneira como se define o pensamento joanino em sua formulação literária de evangelho. Uma concentração do problema em dois versículos (Jo 13,34.35) é inadequada, porque deixa de considerar *dois pressupostos e ao mesmo tempo elementos* da ética joanina:

1) a relevância ética do gênero literário "evangelho" e
2) a importância da estrutura básica da teologia joanina como um pensamento em princípios.

A relevância ética do gênero literário "evangelho"

Entre as funções básicas de narrativas está a formação de orientação (cf. acima, 1.3). Por isso, narrativas apresentam sempre também dimensões normativas que visam oferecer atos de orientação ética, criar atitudes e modos de comportamento, mudar ou estabilizar. Narrativas bem-sucedidas como os evangelhos têm sempre também uma função orientadora. Sua estrutura abre espaços para a recepção e a interpretação, possibilita atos de transformação e determina os temas que marcam o curso da narração. Esses fios condutores determinam os atos de orientação que as distintas narrativas e o evangelho como tal devem oferecer. *Portanto, já devido a seu gênero literário temos que esperar do Evangelho de João orientações éticas.* Não é possível captar seu caráter particular fora do modo específico do pensamento joanino.

Pensamento em princípios

João reflete sobre a revelação de Deus em Jesus Cristo constantemente nas dimensões que se devem a seus princípios. Trata-se de justificativas abrangentes da existência humana e de orientações fundamentais da atuação humana. Devemos interpretar o mandamento joanino do amor dentro desse contexto. Ele é o centro da ética do quarto evangelista que se *orienta por princípios*. João adota assim um impulso central do anúncio de Jesus (cf. Mt 5.44; Mc 12,28-34) e o leva a sua perfeição: quem vive a partir do amor não precisa de mandamentos individuais, mas se sabe comprometido com o princípio fundamental de toda existência. No amor, o ser humano é um consigo mesmo e com as pessoas em seu entorno, e também com o fundamento que sustenta toda a existência: Deus (cf. 1Jo 4,8: ὁ θεὸς ἀγάπη ἐστιν).

O pensamento do amor não é um fenômeno marginal no Quarto Evangelho; ao contrário, todo o pensamento joanino está abrangentemente marcado pelo pensamento do amor[176]. O evangelista relaciona desde o início o conceito da encarnação com o conceito do amor, ao adotar o campo semântico de ἀγάπη/ἀγαπᾶν ("amor/amar") pela primeira vez em Jo 3,16: o amor de Deus no envio do Filho. O evangelho foi escrito para demonstrar que o amor antecipado de Deus permite e sustenta a vida inteira, para chegar a sua meta na fé das pessoas (cf. Jo 15,16: "Não fostes vós que me escolhestes, mas fui eu que vos escolhi e vos designei para irdes e produzirdes fruto e para que vosso fruto permaneça").

12.6.1 *O mandamento do amor*

João situa o mandamento do amor no contexto da partida de Jesus: "Dou-vos um mandamento novo, que vos ameis uns aos outros, assim como eu vos amei, para que também vós vos ameis uns aos outros. Nisto reconhecerão todos que sois meus discípulos, se tiverdes amor uns pelos outros" (Jo 13,34s)[177]. Na situação da despedida

---

[176] Cf. E. E. POPKES, Die Theologie der Liebe Gottes (cf. acima, 12), p. 361, segundo o qual "a 'cristologia dramatúrgica do amor de Deus no Evangelho de João' representa um ápice da teologia cristão-primitiva. Ela reflete e verbaliza de maneira sem par por que a vida e a morte de Jesus podem ser entendidas como um evento do amor de Deus".

[177] Uma análise detalhada em E. E. POPKES, Die Theologie der Liebe Gottes (cf. acima, 12), pp. 257-271.

de Jesus, o mandamento de amor nomeia a maneira pela qual os discípulos, portanto, a comunidade externa ao texto, pode permanecer ligados com Jesus[178]. Quando o ato amoroso de Jesus toma corpo da comunidade como amor fraterno, o serviço singular de Jesus está presente na atuação dos crentes[179]. Os discípulos podem e devem permitir sua inserção no movimento de amor originado por Deus e corresponder nisso a Jesus e a seu próprio discipulado. O mandamento do amor fraterno como a instrução ética central da escola joanina (ao lado de Jo 13,34s, cf. 2Jo 4-7; 1Jo 2,7-11; 4,10.19) mostra claramente que a correspondência é a categoria ética central: assim como Jesus amou os seus em sua atuação paradigmática e exemplar até a entrega à morte, assim também eles devem se amar. Enquanto a tradição sinótica deriva o mandamento do amor em sua forma de mandamento duplo da Escritura (cf. a adoção de Dt 6,4.5 e Lv 19,18 em Mc 12,30.31), aqui é o próprio Jesus que o justifica. Isso corresponde à lógica joanina, porque já a Escritura dá testemunho de Jesus (cf. Jo 5,46), e ele é também o Senhor das Escrituras. Também o predicado *"novo"*, conferido ao mandamento do amor, deve-se a esse conceito intelectual, porque a novidade não reside na instrução como tal, mas unicamente naquele que a profere. Quando é o Jesus Cristo preexistente, encarnado, crucificado e exaltado que formula o mandamento do amor, ele recebe uma nova qualidade.

O lava-pés como lugar do amor

João escolhe o lava-pés conscientemente, para demonstrar o *conteúdo concreto* do pensamento do amor[180]. Lavar os pés de outras pessoas

---

[178] Cf. U. WILCKENS, Der Paraklet und die Kirche (cf. abaixo, 12.7), p. 187; U. SCHNELLE, Abschiedsreden (cf. acima, 12.3.2), p. 66; J. FREY, Die johanneische Eschatologie II (cf. acima, 12), pp. 312ss.
[179] Cf. R. BULTMANN, Joh (cf. acima, 12), p. 404.
[180] Para o lava-pés, cf. J. BEUTLER, "Die Heilsbedeutung des Todes Jesu im Johannesevangelium nach Joh. 13,1-20", in K. KERTELGE (org.), *Der Tod Jesu.* QD 74 (Freiburg: 1976), pp. 188-204; H. KOHLER, Kreuz und Menschwerdung (cf. acima, 12.2.5), pp. 192-229; CHR. NIEMAND, *Die Fusswaschungserzählung des Johannesevangeliums.* StAns 114 (Roma: 1993); U. SCHNELLE, "Die johanneische Schule", in

era um serviço humilde que fazia parte das tarefas dos escravos, um ato concreto e também sujo[181] e de modo algum apenas um ato simbólico ou litúrgico. O próprio Jesus dá a seus discípulos um paradigma da existência e conduta de vida cristã, ele os inclui na atuação do amor divino que lhes abre uma nova existência no amor fraterno. Aqui não se trata absolutamente apenas de um ato intelectual, de uma proclamação ou exigência ética, *mas de um ato de Jesus*! Também para João, o amor é um evento que não pode permanecer fechado sobre si mesmo e que se cumpre na atuação. Jo 13,4s narra o lado paradoxal desse amor: o lava-pés realizado nos servos pelo Senhor. O amor caracteriza não só a existência e a natureza de Jesus; mas no lava-pés, o amor ganha sua forma concreta e se torna o evento decisivo. Enquanto uma tradição afirma que Calígula humilhou deliberadamente os senadores romanos ao ordenar-lhes que lavassem seus pés[182], Jesus revela seu amor na liberdade de realizar pessoalmente esse serviço extremamente humilde nos discípulos. Jesus revela e realiza sua existência que vem de Deus no lava-pés como um ato em que o amor toma corpo (Jo 13,6-10a).

A surpreendente inversão dos papéis provoca nas pessoas agraciadas incompreensão e até mesmo uma espécie de escândalo (Jo 13,6-10a). Pedro defende-se energicamente do ato de Jesus; ele não quer entender que o senhorio de Jesus se realiza e se aperfeiçoa justamente no servir. No lava-pés, Jesus aproxima-se do ser humano e opera sua pureza (Jo 13,10). Acontece uma inversão: tanto no judaísmo antigo como nos cultos gentios é o ser humano que opera, por meio de seu próprio comportamento, a pureza e assim a condição para o encontro

---

F. W. HORN, *Bilanz und Perspektiven der gegenwärtigen Auslegung des Neuen Testamems*. FS G. Strecker, BZNW 75 (Berlim: 1995), pp. 198-217, aqui: pp. 210-216; J. C. THOMAS, *Footwashing in John 13 and the Johannine Community*. JSNT.S 61 (Sheffield: 1991); J. ZUMSTEIN, "Die johannische Auffassung der Macht, gezeigt am Beispiel der Fusswaschung (Jo 13.1-17)", in IDEM, *Kreative Erinnerung* (cf. acima, 12), pp. 161-176.

[181] Cf. as ocorrências em: Neuer Wettstein I/2 (cf. acima, 4.3), pp. 635-645.
[182] Cf. SUETÔNIO, Cal 26; além disso, cf. DIO CÁSSIO, LIX 27, I, que afirma sobre Calígula: "Ele costumava beijar muito poucas pessoas; até mesmo à maioria dos senadores, ele estendia somente a mão ou o pé para a veneração".

com Deus. Aqui, porém, é o próprio Deus que se aproxima do ser humano e o purifica. O ser humano não precisa e não pode contribuir com nada. Dessa maneira, a existência do ser humano é transferida por Deus para uma nova qualidade que se realiza, em correspondência com a atuação de Jesus, no lava-pés: "Se, portanto, eu, o Mestre e Senhor, lavei-vos os pés, então também vós deveis lavar-vos os pés uns aos outros" (Jo 13,14). O ato de Jesus contém em si a obrigação dos discípulos de fazerem o mesmo (Jo 13,15: "Pois eu vos dei um exemplo para que, como eu vos fiz, também vós o façais")[183]. O ato de Jesus é aqui simultaneamente um protótipo e um modelo para a atuação humana. Se Jesus fosse exclusivamente modelo, o ser humano seria novamente remetido a suas próprias capacidades, à necessidade de imitar seu modelo da melhor forma possível. Isto seria contrário ao amor de Deus que se antecipa. O ser humano não pode imitar Jesus, porque somente a atuação de Jesus fundamenta a existência humana e gera atuação humana. Não obstante, o ser humano pode se deixar incluir no movimento de amor, desencadeado por Deus e corresponder nisso a Jesus (Jo 13,34s). O lava-pés mostra que, para os crentes, não pode haver uma correspondência a Jesus sem uma atuação; ou seja, *uma definição meramente verbal do pensamento do amor ficaria no aquém da atuação do próprio Jesus*! O agir é um componente fundamental do pensamento joanino do amor, que é altamente concreto, justamente em sua estrutura marcado por princípios!

Dar fruto

O discurso metafórico do "produzir fruto" no discurso sobre a videira é outro centro da ética joanina[184]: "Eu sou a verdadeira videira, e meu Pai é o vinhateiro. Todo ramo em mim que não produz fruto, ele o corta, e todo o que produz fruto, ele o poda, para que produza mais fruto ainda" (Jo 15,1s). O "dar fruto" é explicitamente concentrado

---

[183] Sêneca diz sobre a filosofia: "A filosofia ensina agir, não falar" (Ep 20,2: *facere docet Philosophia, non dicere*).
[184] Para a interpretação, cf. ao lado dos comentários M. PFEIFFER, Einweisung in das neue Sein (cf. acima, 6.6), pp. 265-303.

no permanecer na palavra; no encontro com a palavra de Jesus, os crentes são puros e capacitados a dar frutos (Jo 15,3). A eleição dos discípulos por Jesus (Jo 15,16) é a condição para poder produzir fruto e ao mesmo tempo seu objetivo. Todo ser, poder e fazer dos crentes pode se realizar unicamente no vínculo com Jesus; Jesus como a vida e o amor por excelência possibilita aos seus uma vida em fé e amor. Ao contrário disso, a separação de Jesus ou a indiferença em relação a ele produz a radical falta de fruto. Quem é discípulo e não dá fruto, já caiu fora da relação viva com Jesus e sucumbe ao juízo (Jo 15,6). O Pai é glorificado não só pela morte do Filho (cf. Jo 13,31s), mas também pela produção de frutos da parte dos discípulos.

Fazem parte do verdadeiro discipulado o permanecer na palavra de Jesus, a vida a partir da oração e a atuação no amor. Também no discurso sobre a videira, esse traço fundamental do pensamento joanino é desenvolvido sob o aspecto do amor, com uma clara referência ao lava-pés. A produção de frutos, exigida no discurso sobre a videira, nada mais é do que o amor. Por isso, a exigência do "permanecer em mim" pode ser variada na convocação: "Permanecei em meu amor" (cf. Jo 15,9s). O amor realiza-se e se concretiza na observância dos mandamentos (cf. Jo 14,15.11.23). Tanto o plural ἐντολαί ("mandamentos") como a entrega da vida pelos amigos (Jo 15,13) e a referência ao lava-pés indicam que, para João, o "produzir fruto" inclui sempre também a dimensão da atuação. No fazer do amor, os mandamentos comprovam sua normatividade.

A concentração notável das ocorrências de ἀγάπη/ἀγαπᾶν nos discursos de despedida e em seu contexto imediato (ἀγάπη 7 vezes no Evangelho de João/6 vezes nos discursos de despedida/contexto; ἀγαπᾶν 37 vezes no Evangelho de João/25 vezes nos discursos de despedido/contexto)[185] destaca, em termos textual-pragmáticos, a dimensão ativa do mandamento do amor. Diante das hostilidades concretas do mundo, os cristãos joaninos são convocados para a unidade e união no amor e, assim, para uma atuação. A estrutura global do

---

[185] Além disso, cf.: φίλοι 6 vezes no Evangelho de João/3 vezes nos discursos de despedida; φιλέω 8 vezes em Jo 1–20/3 vezes nos discursos de despedida.

evangelho, que se caracteriza por uma constante intensificação dos elementos dramáticos, não deixa dúvida alguma de que se espera da comunidade uma atuação em amor e por amor, que irradia para o mundo.

12.6.2 Ética narrativa

Crescer cada vez mais na prática do amor a Deus e a Jesus e no amor fraternal mútuo precisa de instrução e comprovação. O quarto evangelista desenvolve em seu evangelho no exemplo de pessoas narrativas concretas as ameaças a esse processo e seu sucesso. Ele molda uma narração e, com ela, caracteres com potencial de identificação[186] que oferecem modelos de comportamento ético. Uma primeira figura de identificação no caminho para a fé professante é Nicodemos[187]. Primeiro, o evangelista o introduz como alguém que pergunta verdadeiramente (Jo 3,1-12) e que depois defendeu Jesus indiretamente (Jo 7,50s), até que Nicodemos se torna uma pessoa que confessa publicamente (Jo 19,39s). Através do serviço amoroso do sepultamento, José de Arimateia e Nicodemos saem do anonimato e confessam publicamente sua pertença a Jesus. Também na cura do cego de nascença (Jo 9)[188] narra-se o processo do desenvolvimento da fé, desde seu surgimento até uma fé que confessa e que se comprova publicamente. Essa narrativa de milagre é uma ilustração e demonstração da afirmação cristológica de Jo 8,12, legitima a origem divina de Jesus e o mostra como um homem que realiza milagres, enviado

---

[186] Para as estratégias narrativas do Quarto Evangelista, cf. ao lado das obras fundamentais de A. CULPEPPER e M. W. G. STIBBE (cf. acima, 12) especialmente S. VAN TILBORG, *Imaginative Love in John*. BIS 2 (Leiden: 1993); BECK, D. R. *The Discipleship Paradigm. Readers and Anonymous Characters in the Fourth Gospel*. BIS 27 (Leiden: 1997); J. L. RESSEGUIE, *The Strange Gospel. Narrative Designs and Point of View in John*. BIS 56 (Leiden: 2001).

[187] Cf. aqui P. DSCHULNIGG, Jesus begegnen (cf. acima, 12.5.1), pp. 106-121.

[188] Cf. M. LABAHN, "Der Weg eines Namenlosen – vom Hilflosen zum Vorbild (Joh 9)", in R. GEBAUER, M. MEISER, *Die bleibende Gegenwart des Evangeliums*. FS O. Merk. MThSt 76 (Marburgo: 2003), pp. 63-80; além disso, cf. M. REIN, *Die Heilung des Blindgeborenen*. WUNT 2.73 (Tübingen: 1995).

por Deus (cf. Jo 9,7c.16.33). Enquanto os judeus persistem na falta da fé, interpretam a lida de Jesus com a tradição como pecado (v. 14.16a) e até negam a facticidade do milagre, o cego de nascença chega, num processo gradual, ao reconhecimento e à confissão da origem divina de Jesus, um processo que alcança seu ápice no πιστεύω ("eu creio") do v. 38. A função modelar do cego de nascença é evidente; ele recebe a luz de seus olhos de Jesus, resiste às ameaças exteriores e se torna pela fé uma pessoa que vê verdadeiramente. Em contraste, os judeus sucumbem à "crise" (no sentido de "julgamento") porque permanecem na incredulidade (v. 39-41). O cego de nascença tornou-se num duplo sentido alguém que vê: ele não só recebeu sua vista, mas, além disso, reconheceu que Jesus é de Deus e creu nele. Em contraste, os fariseus são pessoas que veem apenas aparentemente, pois não reconhecem em Jesus o revelador; portanto, eles são cegos, embora possuam a luz de seus olhos (cf. Jo 9,40s). Com o cego de nascença, João oferece a sua comunidade um padrão de atuação e comprovação, e a convoca a reagir com fé à atuação curadora de Jesus, assim como o fez o cego de nascença. Se isso acontece, Jesus não só abre os olhos do cego de nascença, mas também os olhos da comunidade. Dessa maneira, ver significa crer, mas incredulidade, ser cego.

Outra constelação de figuras é oferecida na perícope de Lázaro, que se caracteriza por uma grande variedade de movimentos e perspectivas[189]. Apesar de Lázaro ser mencionado já no primeiro versículo, ele aparece, até mesmo como vivo, apenas no último versículo da narrativa. Nesse arco de tensão, João insere retratos breves, cujo conteúdo são possíveis maneiras de comportamento em relação a Jesus[190]. Enquanto Marta ouve que Jesus está vindo e se apressa para ir ao encontro dele, Maria permanece dentro da casa, como convém para uma mulher enlutada (cf. Ez 8,14). Esse comportamento expressa diferentes expectativas: aparentemente, Marta espera muito de Jesus, até mesmo na presença da morte, enquanto Maria considera a situação

---

[189] Para a análise narrativa, cf. E. REINMUTH, "Lazarus und seine Schwestern – was wollte Johannes erzählen?", in *ThLZ* 124 (1999): 127-137.

[190] Cf. P. DSCHULNIGG, Jesus begegnen (cf. acima, 12.5.1), pp. 195-219.

sem esperança (Jo 11,20). Segundo a palavra revelatória de Jo 11,25s, que comprova Jesus como o Senhor sobre a vida e a morte, como a verdadeira fonte de vida, não é somente Marta que confessa sua fé. Também em Maria realiza-se uma mudança; ela sente que Jesus se dirige imediatamente a ela, afasta-se rapidamente de seus afazeres e se lança ao encontro de Jesus (Jo 11,29). Ambas encontram seu caminho para Jesus, não obstante seus caracteres diferentes, e permanecem assim em seu amor (Jo 1 1,5). Também o retrato de Jesus contém traços surpreendentes, já que ele é descrito como o Senhor sobre vida e morte justamente em sua verdadeira humanidade. Ele ama essa família de irmão e irmãs (Jo 11,5), chora pela morte de Lázaro (Jo 11,35) e se indigna com a incredulidade (Jo 11,33). A comunidade de ouvintes e leitores externa ao texto entende a ressurreição de Lázaro, que permanece no amor de Jesus, não só como a prefiguração do destino de Jesus; ela pode ter a esperança de que Jesus agirá nos crentes da mesma maneira que em Lázaro.

O discípulo modelo, portanto, a figura modelar/de identificação por excelência é no Quarto Evangelho o discípulo "que Jesus amava" (Jo 13,23: ὃν ἐγάπα ὁ Ἰησοῦς). No âmbito do simpósio (isto é, da ceia), o discípulo predileto está reclinado no peito de Jesus, da mesma maneira como Jesus, segundo Jo 1,18, estava deitado no peito do Pai. Assim, o discípulo amado torna-se um exegeta singular de Jesus que, por sua vez, é o exegeta exclusivo de Deus! Os verbos ἀγαπᾶν (Jo 13,23; 19,26) e φιλεῖν (Jo 20,2) atribuem o discípulo amado de forma destacada à comunhão de amor entre o Pai e o Filho (cf. Jo 3,35; 10,17; 15,9; 17,23s etc.). João chama o discípulo-mestre muito deliberadamente de "discípulo que Jesus amava", pois em seu (re)conhecimento, sua fidelidade, sua comprovação e sua fé, ele corporifica como nenhuma outra pessoa o verdadeiro discípulo na unidade de amor com o Filho e o Pai (cf. abaixo, 12.7.1).

12.6.3 *A ética da Primeira Carta de João*

Em nenhum outro escrito neotestamentários encontram-se, tanto de modo absoluto como em relação a seu tamanho, tantas ocorrências de "amor" (ἀγάπη 18 vezes) e "amar" (ἀγαπᾶν 28 vezes) como na Primeira Carta de João[191]. Em sua orientação básica, a Carta assemelha-se ao evangelho; o amor de Deus possibilita e exige o amor mútuo dos membros da comunidade (1Jo 4,10: "Nisto consiste o amor, não que fomos nós que amamos a Deus, mas que ele nos amou e enviou seu Filho para a expiação por nossos pecados"; 1Jo 4,19: "Amamos, porque ele nos amou primeiro!"; cf. 1Jo 2,4ss; 5,1-5 etc.). Ao mesmo tempo, porém, a Primeira Carta de João apresenta um perfil notavelmente independente:

1) Característico da carta é uma estreita interligação da imagem do amor com a imagem da luz, algo que não se encontra dessa maneira no evangelho (1Jo 2,10s: "Quem ama seu irmão permanece na luz, e nele não há escândalo. Mas quem odeia seu irmão está nas trevas"). Enquanto o evangelho confere a "luz" um conteúdo cristocêntrico (cf. Jo 1,4s; 3,19; 9,5; 12,36.46), predomina na Primeira Carta de João claramente um conceito teocêntrico: Deus é luz e amor (cf. 1Jo 1,5; 4,7-12.19-21). A luz como símbolo da abundância divina de vida relaciona-se com o amor como sua forma visível.

2) A Primeira Carta de João insere o amor num evento comunicativo abrangente: quem conhece a Deus e é de Deus guarda o mandamentos dele e não vive nas trevas, mas na luz, de modo que caminha no amor e na verdade e está subtraído tanto do pecado como da heresia do anticristo.

3) O nível ativo dessa atuação genérica é tematizado explicitamente na Primeira Carta de João: "Nisto reconhecemos o amor, que aquele sacrificou sua vida por nós; também nós somos obrigados a sacrificar a vida pelos irmãos. Cada pessoa que possui bens terrestres, vê seu irmão sofrer necessidade e (mesmo assim) lhe fecha seu íntimo, como pode permanecer nela o amor de Deus? Filhinhos, não amemos com palavras nem com

---

[191] Para o mandamento do amor mútuo nas Cartas de João, cf. E. E. POPKES, Die Theologie der Liebe Gottes (cf. acima, 12), pp. 75-165.

a língua, mas com ações e em verdade" (1Jo 3,16-18). Amor, vida, luz e verdade estão aqui intimamente vinculados: o ponto de partida é o amor de Cristo, que aconteceu na entrega de sua vida pelos irmãos. Essa conduta exemplar de Jesus é aplicada à comunidade joanina. O amor de Deus demonstra-se na atitude de membros ricos da comunidade, se eles se fecham contra irmãos na fé necessitados ou se ajudam ativamente. Portanto, exige-se dos membros da escola joanina uma conduta social exemplar concreta que se realiza no sustento de membros necessitados da comunidade. Essas convocações estão longe de uma ética das intenções; trata-se explicitamente de um determinado comportamento social, de um amor que se realiza na atuação.

Unidade em palavra e ação

As afirmações éticas nos escritos joaninos devem ser entendidas dentro de um pensamento baseado em princípios, que visa a orientação básica da vida sem fixar modos de comportamento concretos. A ética aponta em João para um nível além do simples nível da ação; ela envolve uma atitude e um modo de vida[192]. Não é uma fraqueza, mas uma força de um conceito ético que entende o amar e o amor como a essência/natureza de Deus e como a característica normativa da existência humana, e que espera, a partir desse princípio fundamental, um pensamento e comportamento que corresponda ao amor. O conteúdo ético de ἀγάπη/ἀγαπᾶν em João manifesta-se na atuação de Jesus que é no lava-pés ao mesmo tempo condição, possibilitação e paradigma material do serviço amoroso dos discípulos. O permanecer em Jesus, a unidade na palavra, é sempre também uma unidade na ação, porque no início está o serviço amoroso de Jesus na cruz, ao qual se pode corresponder somente numa atuação por amor e em amor. Não há nada mais concreto do que o amor!

---

[192] Cf. também J. G. VAN DER WATT, Ethics and Ethos (cf. acima, 12.6), pp. 166-175, que vê, com razão, o pensamento do amor realizado em relações interpessoais, {as quais ele atribui sobretudo as refeições comunais, o lava-pés e a missão da escola joanina.

12.7 Eclesiologia

SCHWEIZER, E. "Der Kirchenbegriff im Evangelium und den Briefen des Johannes". In *Neotestamentica*, editado por IDEM, pp. 254-271. Zurique, 1963; HEISE, J. *Bleiben*. HUTh 8. Tübingen, 1967; RICHTER, G. "Zum gemeindebildenden Element in den johanneischen Schriften". In *Studien* (cf. acima, 12), pp. 383-414; MEEKS, W. A. Die Funktion des vom Himmel herabgestiegenen Offenbarers für das Selbstverständnis der johanneischen Gemeinde (cf. acima, 12.2.2); WILCKENS, U. *Der Paraklet und die Kirche und die Kirche*. FS G. Bornkamm, editado por V. D. LÜHRMANN, G. Strecker, pp. 185-203. Tübingen, 1980; LINDEMANN, A. "Gemeinde und Welt im Johannesevangelium". In *Kirche*. FS G. Bornkamm, op. cit., pp. 133-161. BROWN, R. E. *Ringen um die Gemeinde*. Salisburgo, 1982. ONUKI, T. *Gemeinde und Welt im Johannesevangelium*. WMANT 56. Neukirchen, 1984; RUIZ, M. R. *Der Missionsgedanke des Johannesevangeliums*. FzB 55. Würzburg 1987; SCHNELLE, U. "Johanneische Ekklesiologie". In *NTS* 37 (1991): 37-50; ROLOFF, J. Kirche (cf. acima, 6.7), pp. 290-309; RUSAM, D. *Die Gemeinschaft der Kinder Gottes*. BWANT 133. Stuttgart, 1993; FERREIRA, J. Johannine Eclesiology. JSNT.S, 160. Sheffield, 1998; WILCKENS, U. "Zum Kirchenverständnis in den johannischen Schriften". In *Der Sohn Gottes und seine Gemeinde*, editado por IDEM. FRLANT 200, pp. 56-88. Göttingen, 2003; PAMPLANIYL, J. TH. "Crossing the Abysses. An Exegetical Study of John 20: 19-29 in the Light of the Johannine Notion of Discipleship". Lovânia, 2006 (tese).

Na exegese de João, a eclesiologia foi por muito tempo apenas uma questão marginal. Onde as referências ao batismo e à eucaristia em Jo 3,5; 6,51c-58; 19,34b-35 são declaradas secundárias e somente uma cristologia terminologicamente orientada é declarada digna de interpretação, a questão teológica pela forma da eclesiologia joanina, em última análise, já não abrangentemente levantada[193]. A percepção muda quando se leva a sério a perspectiva hermenêutica e o conceito fundamental da teologia joanina[194]: na anamnese pós-pascal João

---

[193] R. BULTMANN, Theologie, p. 443: "Também falta qualquer interesse especificamente eclesiológico, qualquer interesse em culto e organização"; E. KÄSEMANN, Jesu letzer Wille (cf. acima, 12), p. 65, que contava entre as características notáveis do Quarto Evangelho "que ele não parece desenvolver uma eclesiologia explícita".

[194] A ausência de ἐκκλησία ("Igreja") no evangelho de João não diz absolutamente nada em termos materiais, pois também em Marcos falta esse termo, sem que pudéssemos lhe negar uma conceituação eclesiológica!

reflete sob a condução do paráclito sobre a encarnação do Divino. Segundo a convicção joanina, o espaço da comunidade também pertence à maneira pela qual o Divino toma corpo.

12.7.1 *Pontos de referência: o paráclito e o discípulo amado*

O pensamento fundamental para cada eclesiologia, isto é, a continuidade histórica, é desenvolvida por João de uma maneira especial: o paráclito e o discípulo amado conectam o tempo presente da comunidade joanina com o evento originário e garantem assim a singularidade da teologia joanina.

O paráclito

A dimensão eclesiológica da teologia joanina mostra-se claramente no conceito do paráclito (cf. acima, 12.3.2). A vinda do paráclito pressupõe a volta permanente de Jesus para o Pai (cf. Jo 16,7, além disso, 7,39; 20,22) e a vida consciente da comunidade joanina no tempo (cf. Jo 17,15), e revela ao mesmo tempo de maneira singular a autocompreensão da escola joanina: o paráclito está presente junto à comunidade até a eternidade (Jo 14,16), ele lembra à comunidade o que Jesus disse (Jo 14,26), dá testemunho de Jesus (Jo 15,26), condena o cosmos (Jo 16,8), anuncia aos discípulos as coisas futuras (Jo 16,13) e glorifica Jesus na comunidade (Jo 16,14). Com tudo isso, a escola joanina sabe-se no tempo presente abrangentemente determinada pelo Pai e pelo Filho que enviam o paráclito (cf. Jo 14,16.25; 15,26; 16,7). Se o paráclito não só recorda as palavras de Jesus, mas também ensina a comunidade de modo abrangente (Jo 14,26), então a escola joanina anuncia sua pretensão de estar, também no período entre a Páscoa e a parusia, vinculada de alguma forma particular com o Pai e o Filho[195].

---

[195] Cf. F. MUSSNER, Sehweise (cf. acima, 12), pp. 56-63.

O discípulo amado

Assim como a presença do paráclito determina a comunidade e interpreta seu futuro, o discípulo amado[196] vincula a comunidade de modo singular com o passado da atuação terrena de Jesus. João relaciona com o discípulo amado estratégias literárias, teológicas e históricas. Literariamente, o discípulo amado aparece como um discípulo-modelo que realiza no texto movimentos dentro dos quais os ouvintes/leitores podem constituir a si mesmos. Em Jo 1,37-40 e 18,15-18 precisamos inserir o discípulo amado no texto; ele funciona como um "espaço em branco" que precisa ser preenchido para que o texto funcione[197]. Teologicamente, o discípulo amado é, sobretudo, o fiador da tradição e uma testemunha ideal do evento Cristo. O discípulo amado foi chamado antes de Pedro (Jo 1,37-40), é o hermeneuta de Jesus e o porta-voz do círculo dos discípulos (Jo 13,23-26a). Na hora da tentação, permanece fiel a seu Senhor (Jo 18,15-18) e se torna assim a verdadeira testemunha e, sob a cruz, o seguidor/sucessor exemplar de Jesus (Jo 19,25-27). A cena sob a cruz é uma lenda fundacional da comunidade joanina: Maria representa os crentes de todos os tempos que, assim como ela mesma, são remetidos ao discípulo amado. Jesus institui desde a cruz sua comunidade que pode se confiar, assim como Maria, aos cuidados do discípulo amado.

Dessa maneira, a hora da crucificação torna-se em João a hora do nascimento da Igreja! O discípulo amado confirma a morte real de Jesus na

---

[196] Para o discípulo amado, cf. A. KRAGERUD, *Der Lieblingsjünger im Johannesevangelium* (Oslo: 1959); J. ROLOFF, "Der johanneische 'Lieblingsjünger' und der Lehrer der Gerechtigkeit", in *NTS* 15 (1968/69): 129-151; T. LORENZEN, *Der Lieblingsjünger im Johannesevangelium*. SBS 55 (Stuttgart: 1971); J. KÜGLER, *Der Jünger, den Jesus liebte*. SBB 16 (Stuttgart: 1988); R. BAUCKHAM, "The Beloved Disciple as Ideal Author", in *JSNT* 49 (1993): 21-44; L. SIMON, *Petrus und der Lieblingsjünger im Johannesevangelium*. EHS 23.498 (Frankfurt: 1994); R. A. CULPEPPER, *John. The Son of Zebedee. The Life of a Legend* (Columbia: 1994); J. H. CHARLESWORTH, *The Beloved Disciple* (Valley Forge: 1995); M. THEOBALD, "Der Jünger, den Jesus liebte", in H. LICHTENBERGER etc. (org.), *Geschichte – Tradition – Reflexion* III. FS M. Hengel (Tübingen: 1996), pp. 219-255.

[197] Cf. U. ECO, *Lector in fabula*, 3ª ed. (Munique: 1998), pp. 63s.

cruz (Jo 19,34b.35) e é o primeiro a reconhecer a dimensão escatológica do evento da Páscoa (Jo 20,2-10). Na figura do discípulo amado, introduzido concisamente pelo evangelista João[198], condensam-se traços tipológicos e individuais[199]. Como pessoa histórica, o discípulo amado não é absolutamente "uma total ficção histórica"[200], já que Jo 21,22.23 pressupõe sua morte inesperada, um fato que motivou o autor do Evangelho de João a uma correção das tradições pessoais acerca do discípulo amado e de sua relação com Pedro. Se o discípulo amado representasse somente como ficção literária, um tipo ou um princípio teológico, tanto sua constante concorrência com Pedro como sua função de fiador reconhecido da tradição não seriam convincentes[201]. Tanto histórica como teologicamente, a hipótese mais plausível é ver no discípulo amado o presbítero da Segunda e Terceira Carta de João, que, por sua vez, é idêntico ao presbítero mencionado por Pápias (cf. Eusébio, HE III 39,4). Sendo o fundador da escola joanina, o presbítero aparece já na Segunda e Terceira Carta de João como um portador especial da tradição, uma função que o evangelista adotou e ampliou. Ao tornar o fundador da escola joanina no tempo pós-pascal uma testemunha ocular e o fiador da tradição verdadeira pré-pascal, o discípulo amado representa os discípulos joaninos pós-pascais no espaço dos discípulos pré-pascais! Assim se fecha o círculo: com o discípulo amado e o paráclito, o evangelista realiza uma dupla interligação dos níveis temporais para frente e para trás, na qual a Páscoa é sempre o centro e também o ponto de partida. Dessa maneira, a escola joanina sabe-se ligada de forma particular ao Jesus Cristo tereno e exaltado.

---

[198] Cf. T. LORENZEN, Der Lieblingsjünger, p. 73.
[199] Cf. W. GRUNDMANN, *Zeugnis und Gestalt des Johannesevangeliums*, AzTh 7 (Stuttgart: 1961), p. 18: "O discípulo amado é tanto indivíduo como tipo; quando ele morre como indivíduo, ele persiste como tipo".
[200] A. KRAGERUD, Lieblingsjünger, p. 149.
[201] Para as propostas mais importantes de solução (João o filho de Zebedeu, João evangelista, João presbítero, Lázaro, João Marcos, Paulo, representante do cristianismo gentio, mestre anônimo de uma comunidade), cf. os panoramas em J. KÜGLER, Der Jünger, den Jesus liebte, pp. 439-448; R. A. CULPEPPER, John. The Son of Zebedee, pp. 72-88.

12.7.2 Os sacramentos

A importância do batismo e da eucaristia no Evangelho de João surge adequadamente da confissão fundamental da fé joanina: em Jesus Cristo, Deus tornou-se ser humano e está presente. O batismo e a eucaristia expressam esse pensamento diretamente. No batismo realiza-se a transição da esfera da *sarx* para o âmbito vital de Deus por meio da dádiva do *pneuma* (Jo 3,5) que, por sua vez, nasce da encarnação, morte e glorificação de Jesus Cristo. Com sua prática de batismo, a escola joanina apresenta-se em dois aspectos como a sucessora legítima da atuação de Jesus:

1) Com o batismo, continua a obra do Jesus histórico (Jo 3,22.26; 4,1).
2) Ao mesmo tempo, concede com o batismo a participação da obra salvífica de Jesus Cristo exaltado[202].

Na *seção eucarística* de Jo 6,51c-58, a característica encarnatória fundamental da teologia joanina é expressa de modo aguçado. Esse trecho foi escrito pelo evangelista e acrescentado ao discurso tradicional sobre o pão de vida em Jo 6,30-35.41-51b[203],

para formular uma afirmativa cristológica central: a escola joanina reconhece na eucaristia a identidade do Filho do Homem exaltado com o Encarnado e Crucificado. O Preexistente e Exaltado não é ninguém outro que o Jesus de Nazaré que, verdadeiramente, tornou-se ser humano e morreu na cruz. Especialmente na ceia do Senhor condensam-se momentos cristológicos, soteriológicos e eclesiológicos, pois como o lugar da presença salvífica do Encarnado, Crucificado e Glorificado, a ceia do Senhor concede ao crente o dom da vida eterna. A menção de αἷμα καὶ ὕδωρ ("sangue e água"), inserida pelo evangelista João em Jo 19,34b, e o testemunho do discípulo amado em 19,35 ressaltam essa interpretação. A morte verdadeira de Jesus tem

---

[202] Para a compreensão joanina do batismo, cf. U. SCHNELLE, Antidoketische Christologie (cf. acima, 12.2), pp. 196-213; TH. POPP, Grammatik des Geistes (cf. acima, 12.2), pp. 233ss.
[203] Cf. aqui TH. POPP, op. cit., pp. 360ss.

como pressuposto sua encarnação verdadeira, e ambos os elementos são, por sua vez, a possibilitação do significado salvífico da morte de Jesus, que se realiza no batismo e na eucaristia. Especialmente nos sacramentos se manifesta a dimensão eclesiológica da imagem joanina de Cristo, pois eles se baseiam na vida e na morte do Jesus de Nazaré histórico e concedem ao mesmo tempo no espaço da comunidade os dons da nova criação (Jo 3,5) e da vida eterna (Jo 6,51c-58).

Também desde o *ponto de vista da teoria do ritual* é insustentável negar ao quarto evangelista qualquer interesse nos sacramentos. Rituais como o batismo e a eucaristia são condensações de realidade que podem estabilizar e preservar identidades coletivas. Sua função no mundo da vida consiste em construir uma ponte "de um âmbito da realidade para o outro"[204]. Rituais são, assim como símbolos, uma categoria central da comunicação de sentido religioso[205], e João os utiliza (cf. Jo 3,5; 13,1-20) para dar um perfil inconfundível às ideias centrais de sua criação de sentido: o Jesus Cristo encarnado, crucificado e ressuscitado, presente no batismo e na eucaristia, é o verdadeiro doador da vida.

12.7.3 *Os discípulos*

Os discípulos em sua totalidade são protótipos e assim também figuras de identificação da fé em Jesus[206]. Não precisam ser chamados, mas seguem Jesus por iniciativa própria (Jo 1,37.40-42); apenas a Felipe, Jesus dirige o chamado de segui-lo (Jo 1,43). Em Jo 1,35-51, a comunidade joanina externa ao texto reconhece no chamado dos primeiros discípulos o início de sua própria história, estreitamente ligada à atuação

---

[204] A. SCHÜTZ, TH. LUCKMANN, Strukturen der Lebenswelt II (cf. acima, 1.2), p. 95.
[205] Cf. a respeito C. GEERTZ, Dichte Beschreibung (cf. acima, 6.2.7), pp. 44ss.
[206] Cf. a respeito R. SCHNACKENBURG, Das Johannesevangelium (cf. acima, 12), pp. 233-237; K. SCHOLTISSEK, "Kinder und Freunde Jesu. Beobachtungen zur johannischen Ekklesiologie", in R. KAMPLING, TH. SÖDING, *Ekklesiologie des Testaments*. FS K. Kertelge (Freiburg: 1996), pp. 184-211; T. NICKLAS, *Ablösung und Verstrickung. "Juden" und Jüngergestalten als Charaktere der erzählten Welt des Johanesevangeliums und ihre Wirkung auf den impliziten Leser*. RSTh 60 (Frankfurt: 2001).

de João Batista. De modo muito claro vemos como pessoas procuram e encontram a Jesus, para depois chamar, por sua vez, outras pessoas para o seguimento através de sua confissão do messias. Predominam verbos de movimento e de percepção; o encontro com Jesus não pode ficar sem consequências! Já os chamados dos discípulos, sendo as primeiras narrativas joaninas de encontros, mostram que procurar e encontrar, como elementos básicos da existência religiosa, encontram seu pleno cumprimento em Jesus. Nesse contexto, o modelo do chamado indireto de discípulos visa diretamente a comunidade do evangelista, que se encontra na situação do seguimento mediado. Os chamados dos discípulos desenvolvem uma dinâmica que determina todo o Evangelho de João: no seu caminho de revelação, Jesus encontra cada vez de novo pessoas e abre a essas pessoas, portanto, à comunidade externa do texto, acessos ao mistério de sua pessoa[207].

A atuação pública de Jesus realiza-se desde o início diante "dos discípulos" (Jo 2,1-10) e leva à fé (Jo 2,11b: "e seus discípulos creram nele"). Também em Jo 2,22; 3,22; 4,27-38; 6,1-15.16-25, os discípulos aparecem em posição destacada como companheiros de seu Senhor e testemunhas dos milagres e discursos de Jesus. Logo depois da seção eucarística (Jo 6,51c-58) ocorre um cisma entre os discípulos (Jo 6,60-66) e a confissão de Pedro (Jo 6,66-71). Aqui, os textos são claramente voltados para a situação da comunidade joanina, pois o pano de fundo de Jo 6,60-66 é uma divisão dentro da escola joanina (cf. 1Jo 2,19), provocada pelo significado soteriológico da existência terrena de Jesus e na qual a eucaristia desempenhou aparentemente um papel importante[208]. Programática é a designação dos discípulos como οἱ ἴδιοι ("os seus") em Jo 13,1, pela qual as comunidades joaninas expressam também sua relação particular com seu Senhor: elas pertencem a

---

[207] Cf. aqui K. SCHOLTISSEK, "'Mitten unter euch steht der, den ihr nicht kennt' (Jo 1,26)", in *MThZ* 48 (1997): 103-121; P. DSCHULNIGG, Jesus begegnen (cf. acima, 12.5.1), pp. 36-54.82-89.

[208] Cf. a respeito TH. POPP, "Die Kunst der Wiederholung. Repetition, Variation und Amplifikation im vierten Evangelium am Beispiel von Johannes 6,60-71", in J. FREY, U. SCHNELLE (org.), *Kontexte des Johannesevangeliums* (cf. acima, 12), pp. 559-592.

Jesus; ele é o pastor delas (Jo 10,11.15), e elas pertencem ao seu rebanho (Jo 10,3.4). Os cristãos joaninos não seguem invasores alheios, mas preservam fiel e firmemente seu compromisso com seu pastor. Aplica-se: "Eu conheço os meus, e os meus conhecem a mim" (Jo 10,14b). Também as outras autodenominações eclesiológicas οἱ φίλοι ("os amigos" em Jo 15,14), τέκνα θεοῦ ("filhos de Deus" em Jo 1,12; 11,52; 13,33) e ἀδελφοί ("irmãos" em Jo 20,17) sublinham a estreita comunhão dos cristãos com o Exaltado.

No espaço protegido da ceia (Jo 13,1-20), Jesus dirige-se a seus discípulos nos discursos de despedida[209], sobretudo, como "amigo" (Jo 15,13.14.15). A verdade pode ser dita com toda franqueza, e nisso se cultiva a amizade, de modo que os discursos de despedida são uma espécie de cultivo de amizade. O mandamento de amor (Jo 13,34.35), o discurso da videira (Jo 15,1-8) com o motivo do "permanecer", as palavras sobre o paráclito (Jo 14,16.17.26; 15,26; 16,7-11.13-15) e as afirmações do envio (Jo 17,18-23) acentuam todas as dimensões eclesiológicas dos discursos de despedida, porque aqui se expressa a fé da escola joanina na época da redação do evangelho: ela considera as promessas aos discípulos internos do texto cumpridas, sabe-se conduzida pelo paráclito e testemunha e anuncia o ato salvífico de Deus em Jesus Cristo para o mundo.

12.7.4 *Envio e missão*

O Evangelho de João e sua apresentação dos discípulos encontram no mandamento do envio (Jo 20,21-23) e na perícope de Tomé (Jo 20,24-29) uma conclusão adequada, pois aqui se entrelaça a presença do Exaltado com a situação presente da comunidade no mundo. Ela sabe que o próprio Exaltado a chamou para a missão e para a lida com os pecadores na autoridade dele. Em Jo 20,21, o envio do Filho ao mundo justifica e exige o envio dos discípulos dentro do mundo[210].

---

[209] Para a análise de Jo 15-17 sob aspectos eclesiológicos, cf. T. ONUKI, Gemeinde und Welt (cf. acima 12.7), pp. 117-182.

[210] Para a análise, cf. M. R. RUIZ, Der Missionsgedanke des Johannesevangeliums (cf. acima 12.7), pp. 257-276.

Não é por acaso que o Ressuscitado encarregue seus discípulos, porque o envio dos discípulos acontece com a conclusão da atuação terrena do Filho. Pelo dom do Espírito, eles são capacitados para sua tarefa e autorizados a perdoar pecados, ou seja, a levar pessoas do âmbito da morte para o âmbito da vida de Deus. O Ressuscitado inclui os discípulos naquela vida com a qual ele mesmo foi investido pelo Pai. Assim como o Filho recebeu do Pai o dom do Espírito (Jo 1,33; 3,34), assim a comunidade o recebe do Filho (Jo 20,22).

Já que a morte e exaltação de Jesus são a condição e a justificativa para a missão da escola joanina, encontram-se sobretudo na "oração sumo-sacerdotal de Jesus" em Jo 17 afirmações sobre o envio que têm uma perspectiva missiológica[211]. Em Jo 17,15, Jesus pede o Pai explicitamente para não tirar os discípulos (portanto, a comunidade) do mundo, mas: "Como tu me enviaste ao mundo, também eu os enviei ao mundo" (Jo 17,18). Aqui, o mandamento do envio que Jesus emite aos discípulos é uma continuação que possui a mesma natureza que o envio de Jesus pelo Pai.

Assim como Jesus veio ao mundo para suscitar a fé e trazer a salvação, assim também os discípulos são enviados ἵνα ὁ κόσμος πιστεύῃ ὅτι σύ με ἀπέστειλας (Jo 17,21c: "para que o mundo creia que tu me enviaste"; cf. v. 23c). Em Jo 17,20, Jesus pede até mesmo por aqueles que chegaram à fé através do anúncio dos discípulos, algo que indica claramente que a escola joanina realizava uma atividade missionária.

Em Jo 4,5-42, Jesus aparece programaticamente como missionário[212]. Toda a iniciativa parte dele; ele se dirige no poço de Jacó à mulher anônima da Samaria (4,7b) e se revela a ela como a água da vida (4,14b) e como o messias (4,26). Há um reconhecimento mútuo entre Jesus e a mulher. Assim como Jesus reconhece a mulher em seu cerne e desvela seu passado, ela reconhece o significado messiânico da

---

[211] Para a interpretação, cf. R. SCHNACKENBURG, "Strukturanalyse von Joh 17", in *BZ* 16 (1973): 67-78; 17 (1974): 196-202; H. RITT, *Das Gebet zum Vater*. fzb 36 (Würzburg: 1979); M. R. RUIZ, Der Missionsgedanke des Johannesevangeliums (cf. acima 12.7), pp. 222-255; M. TH. SPRECHER, *Einheitsdenken aus der Perspektive von Joh 17*. EHS 23.495 (Frankfurt: 1993).
[212] Cf. aqui T. OKURE, *The Johannine Approach to Mission*. WUNT 2.31 (Tübingen: 1989).

pessoa de Jesus. Isso levou os samaritanos a Jesus (4,27-30), e através da palavra de Jesus, eles chegam ao reconhecimento decisivo: "Este é verdadeiramente o salvador do mundo" (4,42). A imagem da colheita em Jo 4,38 aponta para a atuação missionária pós-pascal dos discípulos, que está numa relação contínua com a missão e atuação de Jesus. No comportamento de Jesus em relação à samaritana torna-se exemplarmente claro que o missionário e a/o evangelizada/o são convocadas/os a uma transposição de fronteiras cultural e teológica. A mulher da Samaria que chegou à fé torna-se missionária, por sua vez, ao anunciar Jesus aos compatriotas dela (4,29) e ao dar testemunho em favor dele (4,39). Pessoas são chamadas, reunidas e levadas à fé por Jesus, para depois atuar por sua vez evangelisticamente.

A atividade missionária pós-pascal mostra-se também na estranha menção dos Ἕλληνες ("gregos") em Jo 7,35s; 12,20-22[213]. Segundo Jo 12,20-22, alguns gregos querem ver Jesus na ocasião da Páscoa. No entanto, não podem chegar diretamente até ele, mas precisam da mediação dos discípulos. Parece que, no tempo da redação do Quarto Evangelho, pertenciam à escola joanina pessoas de proveniência grega. Isso é indicado também por Jo 10,16, onde Jesus fala de ovelhas que não são deste curral e que ele deseja reunir (cf. Jo 11,52 com o tema de congregar "os filhos dispersos de Deus"). Também o "dar fruto" em Jo 15,2ss; 17,3.9 é um motivo missionário, pois, assim como Jesus cumpriu a vontade salvífica do Pai, também os discípulos o fazem na missão. Eles farão até mesmo "obras maiores" do que o Filho (Jo 14,12). A vontade salvífica de Deus para o mundo prevalece tanto no envio do Filho como no anúncio da escola joanina. Por isso, quem recebe as pessoas enviadas por Jesus recebe o próprio Senhor (Jo 13,20). Finalmente, dentro da conceituação joanina da missão é apenas consequência que o próprio Jesus batizasse (Jo 4,1), já que sua

---

[213] Cf. a respeito J. FREY, "Heiden – Griechen – Gotteskinder", in R. FELDMEIER, U. HECKEL, *Die Heiden*. WUNT 70 (Tübingen: 1994), pp. 228-268. Para o significado da missão entre gentios em João, cf., além disso, M. R. RUIZ, Der Missionsgedanke des Johannesevangeliums (cf. acima 12.7), pp. 73-162. As Cartas de João pressupõem tanto uma animada atividade de missionários itinerantes (cf. 2Jo 7a; 3Jo 3. 6, 8. 12; 1Jo 4.1b) como uma missão sistemática entre gentios (3Jo 5-8).

atividade salvífica é o paradigma, a justificativa e a norma da missão. A importância do conceito da missão surge da convicção fundamental da teologia joanina de que Deus se fez ser humano em Jesus Cristo, para abrir aos seres humanos a salvação.

12.8 Escatologia

BULTMANN, R. "Die Eschatologie des Johannes-Evangeliums". In *Glauben und Verstehen I*, editado por IDEM, 8ª ed., pp. 134-152. Tübingen, 1980; STÄHLIN, G. "Zum Problem der johanneischen Eschatologie". In *ZNW* 33 (1934): 225-259; VAN HARTINGSVELD, L. *Die Eschatologie des Johannesevangeliums*. Assen, 1962; BLANK, J. Krisis. *Untersuchungen zur johanneischen Christologie und Eschatologie*. Freiburg, 1964; RICHTER, G. "Präsentische und futurische Eschatologie im 4. Evangelium". In *Studien*, editado por IDEM (cf. acima 12), pp. 346-382; BECKER, J. *Die Auferstehung der Toten*. SBS 82, pp. 117-148. Stuttgart, 1976; NEUGEBAUER, J. *Die eschatologischen Aussagen in den johanneischen Abschiedsreden*. BWANT 140. Stuttgart, 1995; HAMMES, A. *Der Ruf ins Leben. Eine theologisch-hermeneutische Untersuchung zur Eschatologie des Johannesevangeliums mit einem Ausblick auf ihre Wirkungsgeschichte*. BBB 112. Bodenstein, 1997; FREY, J. Die johanneische Eschatologie I.II.III (cf. acima 12); KAMMLER, H.-CHR. *Christologie und Eschatologie*. WUNT 126. Tübingen, 2000; ECKSTEIN, H.-J. "Die Gegenwart im Licht der erinnerten Zukunft. Zur modalisierten Zeit im Johannesevangelium". In *Der aus Glauben Gerechte wird leben*, editado por IDEM, pp. 187-206. Münster, 2003.

A avaliação teológica das noções joaninas acerca do tempo é controversa. Enquanto a pesquisa mais antiga via frequentemente uma contradição entre uma escatologia preséntica e uma futúrica, e atribuía textos como Jo 5,28.29; 6,39.40.44.54; 11,25s; 12,48 a uma camada redacional secundária, aumentam ultimamente as vozes que consideram tanto as afirmações presénticas como as futúricas elementos genuínos da conceituação joanina[214]. Em termos metodológicos deve

---

[214] Uma apresentação detalhada da discussão e das diferentes posições encontra-se em J. FREY, Die johanneische Eschatologie I (cf. acima 12), *passim*; além disso, cf. IDEM, "Eschatology in the Johannine Circle", in G. VAN BELLE, J. G. VAN DER WATT, P. MARITZ (org.), *Theology and Christology in the Fourth Gospel*

ser também aqui a perspectiva hermenêutica do quarto evangelista que fornece o ponto de partida: a anamnese pós-pascal. As afirmações presênticas que predominam no evangelho não cobrem todo o leque da escatologia joanina; ao contrário, justamente o conceito noético de João exige também afirmações futúrico-escatológicas. *A anamnese pós-pascal realiza-se já numa distância temporal; vistos no nível textual interno do evangelho, os cristãos joaninos já se encontram no futuro, de modo que podem relacionar consigo justamente as afirmações futúrico-escatológicas.* A fé não abole o tempo, mas lhe confere uma nova qualidade e orientação.

12.8.1 O tempo presente

A forte ênfase no tempo presente surge a partir da experiência elementar e da convicção de que o evento salvífico em Jesus Cristo não pertence ao passado, mas está imediatamente presente em suas dimensões soteriológicas: nos sacramentos e na atuação do paráclito. Por isso entrelaçam-se em João os planos de tempo e de espaço[215]. Os espaços do "alto" divino e do "baixo" terrestre, separados na visão de mundo da Antiguidade, estão unidos em Jesus Cristo. O Revelador proveniente "do alto" insere-se verdadeiramente no âmbito do terreno. A comunidade crente é levada para dentro desse entrelaçamento dos espaços. No batismo como renascimento "do alto/de novo" (Jo 3,3.7), a existência dos crentes experimenta uma nova orientação. Na eucaristia, a comunidade joanina recebe o pão da vida que desceu do céu. Jo 6,51a.b: "Eu sou o pão vivo que desceu do céu. Quem comer deste pão viverá em eternidade" (cf. Jo 6,33.50.58). Também após sua exaltação, o revelador celestial está presente em sua comunidade, através do paráclito; a diferença fundamental entre o céu e a terra é abolida justamente no paráclito.

(cf. acima 12), pp. 47-82. F. HAHN, Theologie I, p. 597, mantém a classificação de Jo 5,28s; 6,39.40.44 como "acréscimos deuterojoaninos".

[215] Cf. J.-A. BÜHNER, Denkstrukturen im Johannesevangelium (cf. acima 12.3.2), pp. 224ss.

Escatologia preséntica

O entrelaçamento dos espaços corresponde em João a um entrelaçamento dos planos temporais; eventos tradicionalmente futuros já se inserem no tempo presente. Não podemos deixar de perceber a predominação das afirmações *preséntico-escatológicas* no quarto evangelho. O dom salvífico da vida eterna está presente na fé; o passo da morte para a vida realiza-se consequentemente não no futuro, mas, para os crentes, ele aconteceu já no passado (Jo 5,24: "Amém, amém, eu vos digo: quem escuta minha palavra e crê naquele que me enviou tem a vida eterna; e ele não passa pelo juízo, mas já passou da morte para a vida"). Aplica-se: "Quem crê no Filho tem a vida eterna; mas quem não obedece ao Filho não verá a vida, mas a ira de Deus permanece sobre ele" (Jo 3,36; além disso, cf. 6,47; 8,51; 11,25s). Como a decisão sobre o futuro já foi realizada no presente, os crentes já passaram pelo juízo (Jo 3,18; 12,48)[216]. A fé proporciona agora a participação plena da vida; mas quem não obedece ao Filho não verá a vida, mas a ira de Deus permanece sobre ele (cf. Jo 5,14.26). O presente estende-se também para dentro do passado: "Antes que Abraão existisse, Eu Sou" (Jo 8,58). Moisés escreveu sobre Jesus (Jo 5,46), e Jesus já era antes de João Batista (Jo 1,15.30).

A escatologia preséntica corresponde à característica encarnatória fundamental da cristologia joanina: a decisão sobre vida e morte é tomada no encontro presente com Jesus Cristo. Por isso, os crentes sabem-se já no presente retirados do âmbito da morte, porque sua existência como uma nova criação pela água e espírito é "de Deus" e já não está presa ao cosmos.

12.8.2 *O futuro*

As afirmações presénticas não cobrem todo o leque da escatologia joanina[217]. Isso se mostra já em Jo 5,25, onde, não obstante a predominância

---

[216] Para o pensamento joanino acerca do juízo, cf. O. GROLL, *Finsternis, Tod und Blindheit als Strafe*. EHS 23.781 (Frankfurt: 2004).
[217] Contra R. BULTMANN e outros, que consideram somente as afirmações presénticas "genuinamente" joaninas. Para a argumentação de Bultmann, cf. à guisa de exemplo a interpretação de Jo 5,24-30; IDEM, Joh (cf. acima 12), pp. 183-197.

da escatologia preséntica, o futuro não é eclipsado: "Amém, amém, eu vos digo: vem a hora – e ela é agora (ἔρχεται ὥρα καὶ νῦν ἐστιν) – que os mortos ouvirão a voz do Filho de Deus, e os que a ouvirem viverão". A presença lado a lado e aparentemente paradoxal da expressão ἔρχεται ὥρα καὶ νῦν ἐστιν e das formas de futuro no v. 25bc (ἀκούσουσιν, ζήσουσιν) mostra claramente o pensamento bitemporal do evangelista: o tempo preséntico de uma palavra de Jesus no nível textual interno e a possibilidade de uma realização dessa palavra *não podem se situar* num mesmo plano temporal, mas exigem contínuo temporal.

Escatologia futúrica

Nas Cartas de João (cf. 2Jo 7; 1Jo 2,18.25.28; 3,2s; 4,17) e no evangelho encontram-se outras afirmações futúrico-escatológicas que não podem ser eliminadas pela crítica literária. Nos discursos de despedida, cujo destinatário verdadeiro é a comunidade dos ouvintes e leitores do nível externo ao textual[218], João abre para a comunidade joanina justamente na base da salvação presente um futuro marcado pela atuação do Espírito e pela expectativa da parusia. Segundo a vontade do Pai e do Filho, ela deve viver deliberadamente no mundo (cf. Jo 17,15a: "Eu não peço que os tires do mundo"), onde está exposta às tribulações do tempo (cf., por exemplo, Jo 15,18: "Se o mundo vos odeia, sabei que primeiro odiou a mim"). Nesse contexto, ela pode explicitamente esperar pela atuação futura do Filho e do Pai, como mostra Jo 14,2s: "Na casa de meu Pai há muitas moradas; se não fosse assim, porventura eu vos teria dito: vou para vos preparar lugar? Quando eu tiver ido e vos preparado um lugar, virei novamente e vos levarei para junto de mim, para que estareis onde estou eu". Duas afirmações chamam a atenção:

1) Depois de ir embora, Jesus prepara para os crentes moradas no céu.
2) Jesus virá do céu para levar os seus para estarem junto com ele. Isto pode se referir somente à *parusia do Exaltado*, uma

---

[218] Cf. a respeito U. SCHNELLE, Abschiedsreden (cf. acima 12.3.2), pp. 66ss.

interpretação confirmada pelo pano de fundo da tradição apocalíptica (cf. HenEt 14,15-23; 39,4-8; 41,2; 48,1; 71,5-10,16; HenEsl 61,2; ApAbr 17,16; 29,15) e pelos paralelos neotestamentários (especialmente 1Ts 4,16.17). Decisivo para a compreensão da tradição são as afirmações sobre o tempo e o espaço. A casa é uma metáfora da salvação religiosa; os moradores da casa celestial estão retirados das inseguranças da existência terrena e estarão no aconchego permanente de Pai e Filho[219]. A orientação estritamente futúrica do dito busca lidar com experiências negativas no tempo presente da comunidade joanina. É óbvio que a escatologia preséntica já não é uma resposta suficiente às aflições do presente e ao medo do futuro. Tanto as tribulações do presente como a problemática da morte mostram que é adequado não situar a salvação exclusivamente no tempo presente, mas relacionar o presente e o futuro de uma maneira que faça sentido.

Os comentários sobre a futura volta de Cristo servem para a interpretação e a lida com a situação da comunidade que se caracteriza por "tristeza/luto" (λύπη) em Jo 16,6.20-22. Somente a volta do Filho possibilita aos crentes uma existência junto ao Pai, liberta das aflições do presente e do futuro. Isto não relativiza as afirmações presénticas sobre a salvação, mas as precisa sob a perspectiva da realidade da comunidade: a vida do crente no presente e no futuro está abraçada pela vontade e atuação salvíficas do Pai. Sob essa perspectiva devemos entender também as previsões a respeito da parusia de Cristo em Jo 14,18-21.28; 16,13e.16, porque a promessa de rever o Filho visa transformar a tristeza que reprime a comunidade em uma alegria escatológica (cf. Jo 16,20-22)[220].

Também o anúncio de uma ressurreição escatológica em Jo 5,28s; 6,39s.44.54 dirige-se à comunidade dos leitores no nível textual externo.

---

[219] Ocorrências em: Neuer Wettstein I/2 (cf. acima, 4.3), p. 667; além disso, cf. EURÍPIDES, Ale 364s; SÊNECA, Nat Quaest VI 32.6.
[220] Cf. a respeito U. SCHNELLE, Abschiedsreden (cf. acima 12.3.2), pp. 68s.75s; J. FREY, Eschatologie III (cf. acima 12), pp. 166.207-215.

Na fé, os cristãos joaninos já passaram da morte para a vida; a decisão sobre o futuro já foi tomada no tempo presente. No entanto, a fé não opera a ressurreição dos mortos. Em parte alguma dos escritos joaninos afirma-se que os crentes já ressuscitaram. *O conceito joanino de vida não exclui a morte física!*[221] Antes, a ressurreição realiza-se como o ressurgimento ou a recriação do corpo no encontro com Jesus, a quem o Pai concedeu o poder de ressuscitar pessoas da morte (cf. Jo 5,21). No nível textual interno da narração do evangelho, isso é ilustrado pela perícope de Lázaro (Jo 11,1-44), onde Jesus aparece como Senhor sobre a vida e a morte. Em contraste com as esperanças judaicas acerca do futuro (cf. Jo 11,24), Jesus ressalta: "Eu sou a ressurreição e a vida. Quem crê em mim viverá, ainda que morra; e toda pessoa que vive e crê em mim nunca morrerá" (Jo 11,25s). Como é o próprio Jesus que encontra Lázaro no espaço e no tempo e o traz de volta para a vida, esse caso não necessita de um ressuscitamento futuro dentre os mortos. A comunidade joanina, porém, encontra-se numa situação fundamentalmente diferente: Jesus está no Pai, e os crentes o encontrarão apenas em sua parusia. Em sua volta, Jesus realizará o que, no tempo dos crentes, já é decidido, mas ainda não é realidade: o ressuscitamento dos mortos.

A unidade da escatologia joanina

Em João, a escatologia preséntica e a escatologia futúrica não são opostos, mas complementam-se uma à outra: o que foi definido no presente, valerá também no futuro[222]. Como a cristologia é o verdadeiro

---

[221] A recodificação do conceito de vida e de morte como fé ou falta de fé, respectivamente, não é abolida nem em Jo 5,28s, porque as pessoas que "repousam nos sepulcros" estão mortas fisicamente, mas não escatologicamente. Elas vão ao encontro de uma ressurreição para a vida, isto é, não obstante sua morte física permanecem no poder de vida de Deus/Jesus; cf. U. SCHNELLE, Joh (cf. acima, 12), pp. 122s.

[222] Em favor da necessidade material das afirmações futúricas dentro da teologia joanina argumentam, entre outros: L. VAN HARTINGSVELD, Die Eschatologie des Johannesevangeliums, pp. 48-50; L. GOPPELT, Theologie, pp. 640-643; C. K. BARRETT, *Das Evangelium nach Johannes* (Göttingen: 1990), pp. 83-86; U. SCHNELLE, Neutestamentliche Anthropologie (cf. acima, 6.5), pp. 154-158; J. GNILKA, Theologie, pp. 298s;

nível material da escatologia (cf. Jo 5,19-30)[223], afirmações preséntico-escatológicas e afirmações futúrico-escatológicas não se contradizem, pois Jesus Cristo é o verdadeiro doador da vida no presente e no futuro. Como o Filho de Deus, ele quer a vida verdadeira para os seres humanos, luta por ela e abre já no tempo presente a plena participação da vida eterna, que também não termina com a morte biológica. Esse pensamento fundamental não abole o futuro, porque no futuro se revelará pela ressurreição dos mortos o que foi decidido no presente. Uma escatologia exclusivamente preséntica com a eliminação do futuro sublimaria, por assim dizer, o presente ideologicamente e não seria absolutamente adequada para a situação da comunidade. O conceito escatológico particular está inserido em todo o pensamento joanino: a relação de Pai e Filho faz com que ambos sejam senhores do tempo cronológico e *kairológico*. Da encarnação do Filho de Deus resulta a forte ênfase na presença universal da salvação. Da atuação constante do paráclito segue que também o futuro da comunidade está abraçada pela atuação do Pai e do Filho.

12.9 Posição na história da teologia

O Evangelho de João representa o ponto alto da criação cristão-primitiva de teologia e pertence às narrativas "obras-primas" que

---

G. STRECKER, Theologie, pp. 521-523; U. WILCKENS, Joh (cf. acima, 12) p. 121; J. FREY, Johanneische Eschatologie III (cf. acima 12), pp. 85-87 etc.; L. SCHENKE, *Johannes* (Düsseldorf: 1998), pp. 108s; K. WENGST, Johannesevangelium I (cf. acima 12), pp. 202s; E. E. POPKES, Die Theologie der Liebe Gottes (cf. acima 12), pp. 101s; H. THYEN, Joh (cf. acima, 12), pp. 313-318.528. A posição contrária é defendida, por exemplo, por J. BECKER, "Die Hoffnung auf ewiges Leben im Johannesevangelium", in ZNW 91 (2000): 192-211.

[223] Para a interpretação desse texto-chave, cf. J. FREY, Eschatologie III (cf. acima, 12), pp. 322-400, que elabora convincentemente a unidade da escatologia preséntica e futúrica. Outros acentos encontram-se em H.-CHR. KAMMLER, Christologie und Eschatologie (cf. acima, 12.8), *passim*, segundo o qual João defende coesamente uma escatologia estritamente preséntica. Uma posição média é assumida por H.-J. ECKSTEIN, Die Gegenwart im Licht der erinnerten Zukunft (cf. acima 12.8), p. 204, que considera, por um lado, a escatologia preséntica o modelo fundamental em João, mas que realiza simultaneamente modificações na teoria do tempo.

transmitem às pessoas "uma ideia de sua pertença, de sua identidade coletiva: histórias nacionais de fundação e sucesso, histórias religiosas de salvação"[224]. Essa espécie de criação de novo sentido ganha sua força não fora de seus conteúdos, mas somente a partir da interdependência de conteúdo e forma.

Conteúdos fascinantes são apresentados de forma magistral. João estava muito consciente dos problemas básicos da representação do passado pela historiografia, ele os trabalhou e os processou literária e teologicamente em sua história-de-Jesus-Cristo.

Ele estava ciente de que acontecimentos do passado alcançam o *status* de história somente quando são apropriados por meio de processos de criação de sentido histórico. O Quarto Evangelho é o resultado de tal processo de apropriação.

Introdução ao cristianismo

Nesse processo, o Evangelho de João alcança a qualidade de uma primeira introdução ao cristianismo. João combina duas linhas principais da formação cristão-primitiva de teologia[225]: Enquanto Paulo apresenta uma história-de-Jesus-Cristo com orientação querigmática, Marcos desenvolve uma história-de-Jesus-Cristo narrativa. *João combina ambas as tendências, ao moldar as memórias sobre o Terrestre consequentemente a partir da perspectiva do Exaltado.* Ele adota o gênero literário de evangelho, amplia-o em continuidade a Paulo[226] por uma

---

[224] J. RÜSEN, "Kann gestern besser werden? Über die Verwandlung der Vergangenheit in Geschichte", in IDEM, *Kann gestem besser werden?* (Berlim: 2003), pp. 29s.

[225] Cf. G. THEISSEN, Die Religion der ersten Christen, p. 255: "Ele (isto é, o Evangelho de João) elabora uma síntese de dois desenvolvimentos convergentes. Por um lado encontramos em Paulo a fé no Preexistente e Exaltado com um *status* parecido ou igual ao divino [...]. Por outro lado, a tradição do Terreno é formada na tradição sinótica e nos primeiros evangelhos em medida crescente penetrada pela soberania do Exaltado, sem que os Evangelhos Sinóticos chegassem a anunciar uma fé na preexistência de Jesus. No Evangelho de João fusionam-se as duas correntes do desenvolvimento".

[226] Para a relação entre João e Paulo, cf. R. SCHNACKENBURG, "Paulinische und johannische Christologie", in IDEM, *Joh IV* (cf. acima 12), pp. 102-118; D. ZELLER, "Paulus und Johannes", in *BZ* 27 (1983): 167-182; U. SCHNELLE, "Paulus und

cristologia da preexistência e intensifica (diferentemente de Mateus e Lucas) a orientação teológica da cruz, predominante em Marcos e sobretudo em Paulo. O ponto de partida é aqui (como já em Paulo e Marcos) o *caráter de ruptura inerente à cruz*. *Teologicamente*, a cruz rompe com todos os conceitos que a Antiguidade cultivava acerca de Deus, pois ela é incompatível tanto com YHWH, o Deus poderoso da história, como com qualquer forma de teologia greco-romana. *Narrativamente*, a cruz rompe a estrutura costumeira de todos os eventos do começo até o fim e abre na ressurreição novas dimensões. *Portanto, a cruz experimenta uma extensão semântica e uma condensação literário-retórica, ao tornar-se a abreviação de um evento complexo*. Marcos e João (como antes deles Paulo) adotaram essa possibilidade e traduziram compositória e terminologicamente em suas respectivas narrações-modelo o significado histórico e teológico da cruz.

No quarto evangelista, a alteza do Exaltado penetra a imagem do Terrestre mais fortemente do que em Marcos; e diferentemente de Paulo, João não para numa cristologia alta de estruturação predominantemente terminológica, mas a transfere para uma narração dramática[227]. Ele tematiza a perspectividade do conhecimento histórico, sabe do entrelaçamento indissolúvel de eventos e sua apropriação criativa (pelo paráclito) na narração e por meio dela, e amplia a apresentação linguística e teológica do evento Cristo, para consolidar a identidade ameaçada de sua comunidade através da nova visão que é assim possibilitada.

A apresentação da história-de-Jesus-Cristo no gênero literário do evangelho tem o objetivo de tornar, por meio da narração, o acontecido naquilo que ele era desde o início e que ele pode ser agora para

---

Johannes", in *EvTh* 47 (1987): 212-228; R. SCHNACKENBURG, "Ephesus: Entwicklung einer Gemeinde von Paulus zu Johannes", in *BZ* 35 (1991): 41-64; CHR. HOEGEN-ROHLS, "Johanneische Theologie im Kontext paulinischen Denkens?", in J. FREY, U. SCHNELLE (org.), *Kontexte des Johannesevangeliums* (cf. acima 12), pp. 593-612.

[227] Cf. U. SCHNELLE, "Theologie als kreative Sinnbildung: Johannes als Weiterbildung von Paulus und Markus", in TH. SÖDING (org.), *Johannesevangelium – Mitte oder Rand des Kanons?* (cf. acima 12), pp. 119-145.

sempre. Nesse sentido, o Quarto Evangelho deixa claro que devemos ver no conflito entre a fé e a falta da fé aquela moldação da estrutura narrativa que tanto promove como diferencia os eventos. O Evangelho de João foi escrito para demonstrar que o amor incondicional de Deus possibilita e preserva toda a vida, para chegar a sua meta na fé das pessoas. Essa intelecção fundamental é formulada no prólogo (Jo 1,1-18) e no epílogo (Jo 20,30s) que moldam a obra como sinais delimitadores e mostram como se entra no mundo da narração e com que ganho de intelecção esse mundo pode ser deixado após a leitura adequada. João encena sua história-de-Jesus-Cristo por meio de uma sequência magistral de cenas de diálogos e monólogos, sistematicamente entrelaçadas com partes narrativas por meio das pessoas que atuam nelas e/ou de palavras-chave. João capta para seus leitores e ouvintes a história-de-Jesus-Cristo em novos termos, imagens e narrativas (cf. Jo 2,1-11; 3,1-11; 4,4-42; 10,1-18; 13,1-20; 15,1-8; 20,11-18) e introduz novos personagens, nomes e grupos em sua história-de-Jesus-Cristo (Natanael: Jo 1,45-49; Nicodemos: Jo 3,1.4.9; 7,50; 19,39; os "gregos": Jo 7,35; 12,20ss; Malco: Jo 18,10.26; Anás: Jo 18,13.24).

Por recursos da arte literária, como repetição, variação e ampliação, por citações, simbolismo numérico e expressões polissêmicas, palavras e discursos metafóricos, trocadilhos e ironia, por conceitos-chave e palavras-chave, João abre para os ouvintes/leitores em seu caminho pelo evangelho um mundo de sentido, orientado pela teologia da encarnação, do *pneuma* e da cruz[228]. De modo reflexivo e ao mesmo tempo meditativo, o evangelista gira em torno do mistério primordial da encarnação de Deus em Jesus Cristo e esboça uma nova linguagem simbólica de metáforas, em cujo centro estão *símbolos e metáforas simples e simultaneamente concisas*, que têm um impacto imediato sobre os ouvintes/leitores, ao possibilitar uma compreensão tanto num nível emocional como intelectual. João adota fenômenos religiosos primordiais que são transculturais – por exemplo, Deus e o mundo, alto e baixo, luz e trevas, vida e morte, verdade e mentira, nascimento e renascimento, água, pão, fome e sede, comer e beber

---

[228] Cf. TH. POPP, Grammatik des Geistes (cf. acima 12.2), pp. 457-491.

– para recheá-los positivamente em Jesus Cristo. A cristologia metafórica encontra seu ápice nas palavras de "Eu Sou" (cf. acima, 12.2.3) e tem uma orientação que ilumina o mistério de Jesus Cristo, sem se comprometer com alguma realização linguística específica. Assim, ela possibilita e direciona aqueles processos de pensamento que a leitura do evangelho, como introdução às questões fundamentais da fé cristã, deseja desencadear.

Também por meio de sua releitura e resposta a *todas as questões centrais* da nova criação de sentido, o Evangelho de João comprova-se como *introdução ao cristianismo e primeira doutrina do cristianismo primitivo* (Jo 20,30s). Já o Prólogo combina o tempo e a eternidade com o Logos e determina o relacionamento singular entre Deus e o Logos Jesus Cristo que é, como Criador, a origem de toda vida; unicamente nele manifestam-se a verdade e a glória de Deus. Os crentes ficam sabendo da boca de Jesus o que é nascimento e renascimento (Jo 3), quem sacia verdadeiramente a sede de vida e dá a vida eterna (Jo 4,6), e quem é já no tempo presente o Senhor sobre a vida e a morte (Jo 5/11). Servem de orientação para a comunidade atribulada tanto o caminho do cego de nascença (Jo 9) como o discurso do pastor (Jo 10) e os discursos de despedida (Jo 13,31-16,33) que formulam o resultado teológico da partida de Jesus e que, assim como a oração sumo-sacerdotal (Jo 17), conferem à Paixão uma nova perspectiva. Jesus assume consciente e soberanamente o caminho para a cruz, sabendo que é um caminho dotado de sentido, e faz os discípulos participar da realidade de sua morte e sua vida (Jo 20,24-29). Já que a vinda do Paráclito está vinculada à partida de Jesus, pode haver somente após a Páscoa uma compreensão da Páscoa e dos acontecimentos precedentes (cf. Jo 20,29b: "Felizes os que não veem e mesmo assim creem"). Unicamente a partir dessa perspectiva, o passado torna-se compreensível e acessível em seu significado. A condição para essa argumentação coesa é a definição da relação entre Pai, Filho e Espírito, e João é o primeiro teólogo do cristianismo primitivo que a desenvolve abrangentemente. De modo geral, João se comprova como um mestre da integração interpretativa, ao reunir em seu evangelho correntes muito diferentes da tradição, sob a intelecção orientadora do amor de Deus pelos seres humanos em Jesus Cristo.

Capacidade de conclusão e conexão

A qualidade sistêmica da teologia joanina mostra claramente que nem a inserção do evangelho nos confrontos com o judaísmo contemporâneo[229] ou com correntes gnósticas nem modelos crítico-literários de camadas são adequados para captar e apreciar o valor literário e o empenho intelectual do Quarto Evangelho. Não a (suposta) codificação histórico-religiosa de ideias (por exemplo, dualismos) nem a (postulada) releitura redacional de textos (por exemplo, nos discursos de despedida) podem ser o ponto de partida metodológico da compreensão, mas unicamente o funcionamento que o texto presente tem em termos de teologia e de conteúdo! Aqui se mostra que as numerosas acentuações e entrelaçamentos no evangelho são componentes/variações de seu programa teológico fundamental: a revelação do amor de Deus em Jesus Cristo como amor de Deus pelo mundo e pelos crentes, para os quais o permanecer em Deus e em Jesus se realiza como permanecer no amor. Pré-julgamentos histórico-religiosos e reduções crítico-literárias não fazem jus a esse conteúdo central de sentido. Em sua totalidade, o Evangelho de João ocupa de duas maneiras uma posição-chave no cristianismo primitivo: ele não só conclui no nível mais alto possível a formação da teologia neotestamentária, mas sobretudo abre, por meio dos conceito do Logos, da verdade e da liberdade, o cristianismo para a história intelectual greco-romana e prepara assim simultaneamente a passagem para a Igreja Antiga[230]. Quando o prólogo identifica Jesus Cristo com o conceito-chave da história da cultura e educação

---

[229] Cf. a respeito J. FREY, "Das Bild 'der Juden' im Johannesevangelium und die Geschichte der johanneischen Gemeinde", in M. LABAHN, K. SCHOLTISSEK, A. STROTHMANN (org.), *Israel und seine Heilstraditionen im Johannesevangelium*. FS J. Beutler (Paderbom: 2004), pp. 33-53. Frey acentua (assim como Schnelle e Hengel) que o conflito com o judaísmo não é a chave para o mundo histórico e teológico do Quarto Evangelho; diferente, por exemplo, J. L. MARTYN, History and Theology in the Fourth Gospel (cf. acima, 12); K. WENGST, Bedrängte Gemeinde und verherrlichter Christus (cf. acima, 12).

[230] Cf. a respeito T. NAGEL, *Die Rezeption des Johannesevangeliums im 2. Jahrhundert*. ABG 2 (Leipzig: 2000).

greco-romanas, insinua-se uma pretensão singular: no Logos Jesus Cristo culmina a história religiosa e intelectual da Antiguidade, ele é a origem e a meta de toda existência. Essa pretensão foi retomada e ampliada pelos apologistas, para desembocar finalmente nos debates cristológicos do terceiro e quarto séculos.

Capítulo 13

O APOCALIPSE DE JOÃO: VER E ENTENDER

BOUSSET, W. *Die Johannesoffenbarung*. KEK 16, 6ª ed. Göttingen, 1906; SCHÜTZ, R. *Die Offenbarung des Johannes und Kaiser Domitian*. FRLANT 50, Göttingen, 1933; M. RISSI, *Was ist und was geschehen soll danach. Die Zeit- und Geschichtsauffassung der Offenbarung des Johannes*. AThANT 46. Zurique, 1965; SCHÜSSLER-FIORENZA, E. *Priester für Gott. Studien zum Herrschafts- und Priestermotiv in der Apokalypse*. NTA 7. Münster, 1972; BÖCHER, O. *Kirche in Zeit und Endzeit. Aufsätze zur Offenbarung des Johannes*. Neukirchen, 1983; ROLOFF, J. *Die Offenbarung des Johannes*. ZBK.NT 18. Zurique, 1984; KARRER, M. *Die Johannesoffenbarung als Brief*. FRLANT 140. Göttingen, 1986; HEMER, C. J. *The Letters to the Seven Churches of Asia in their Local Setting*. JSNT.S 11. Sheffield, 1986; BÖHER, O. *Die Johannesapokalypse*. 3ª ed. Darmstadt, 1988; TAEGER, J.-W. *Johannesapokalypse und johanneischer Kreis*. BZNW 51. Berlim, 1988; SCHÜSSLER-FIORENZA, E. *The Book of Revelation*, 2ª ed. Philadelphia, 1989; THOMPSON, L. *The Book of Revelation*. Oxford 1990; FREY, J. "Erwägungen zum Verhältnis der Johannesapokalypse zu den übrigen Schriften des Corpus Johanneum". In *Die johanneische Frage*, editado por M. HENGEL (cf. acima, 12), pp. 326-429; BAUCKHAM, R. *The Theology of the Book of Revelation*. Cambridge, 1995; MÜLLER, U. B. *Die Offenbarung des Johannes*. ÖTK 19, 2ª ed. Gütersloh, 1995; ULLAND, H. *Die Vision als Radikalisierung der Wirklichkeit in der Apokalypse des Johannes. Das Verhältnis der sieben Sendschreiben zu Apokalypse 12-13*. TANZ 21. Tübingen, 1997; AUNE, D. E. *Revelation*. WBC 52A.B.C. Waco, 1997.1998; BÖCHER, O. Verbete "Johannes-Apokalypse". In *RAC* 18, pp. 595-646. Stuttgart, 1998; FREY, J. "Die Bildersprache der Johannesapokalypse". In *ZThK* 98 (2001): 161-185; GLONNER, G. *Zur Bildersprache des Johannes von Patmos*. NTA 34. Münster, 1999; MALINA, B. J., PILCH, J. J. *Social-science Commentary on the Book of Revelation*. Philadelphia, 2000; GIESEN, H. *Studien zur Johannesapokalypse*. SBAB 29. Stuttgart, 2000; KALMS, J. U. *Der Sturz des Gottesfeindes*. WMANT 93. Neukirchen, 2001; PRIGENT, P. *Commentary on the Apokalypse of St. John*. Tübingen, 2001; BACKHAUS, K. (org.). *Theologie als*

Vision. Studien zur Johannes-Offenbarung. SBS 191. Stuttgart, 2001; BACKHAUS, K. "Apokalyptische Bilder? Die Vernunft der Vision in der Johannes-Offenbarung". In *EvTh* 64 (2004): 421-437; HORN, F. W.; WOLTER, M. (org.). *Studien zur Johannesoffenbarung und ihrer Auslegung* (FS O. Böcher). Neukirchen, 2005; SMALLEY, S. S. The Revelation to John. Downers Grove/Ill, 2005; TÓTH, F. *Der himmlische Kult. Wirklichkeitskonstruktion und Sinnbildung in der Johannesoffenbarung*. ABG 22. Leipzig, 2006.

Para as pessoas da Antiguidade, a realização ritualmente ordenada do culto era uma característica fundamental de sua religiosidade, portanto, também um elemento central de sua construção da vida e do mundo. Nessa base, o Apocalipse de João desenvolve uma impressionante arquitetura sacra que, como realidade do culto celestial, reinterpreta a história dos acontecimentos e vicissitudes terrestres e as torna compreensíveis no quadro de uma visão apocalipticamente estilizada[1]. No contexto das perseguições aos cristãos na Ásia Menor sob Domiciano (em torno de 95 d.C.)[2], o autor esboça uma teologia em imagens visionárias, uma realidade cúltica no céu e na terra, para fortalecer com essa criação de sentido a identidade ameaçada de suas comunidades e lhes oferecer orientação. O pensamento cúltico concede ao mesmo tempo a participação deste acontecimento, porque a revelação é lida na liturgia (Ap 1,3: "Bem-aventurado aquele que ler publicamente essas palavras proféticas e aqueles que ouvirem e preservarem o que nelas está escrito, pois o tempo está próximo"; cf. Ap 22,18), de modo que as comunidades destinatárias compreendem os perigos e ameaças presentes e podem vivenciar a vitória final de Deus sobre o Mal[3]. Também a estrutura do Apocalipse de João serve

---

[1] As diferentes referências de imagem, espaço e tempo no Apocalipse de João estão marcadas tanto pelo âmbito da tradição helenista com da judaica; cf. a respeito abrangentemente F. TÓTH, Der himmlische Kult, pp. 48-156. Para o contexto da tradição helenista, por muito tempo subestimado, cf. também O. BÖCHER, "Hellenistisches in der Apokalypse des Johannes", in H. LICHTENBERGER, *Geschichte –Tradition – Reflexion III*. FS M. Hengel (Tübingen: 1996), pp. 473-492.
[2] Para as questões introdutórias, cf. U. SCHNELLE, Einleitung (cf. acima, 2.2), pp. 545-566.
[3] Em correspondência ao duto litúrgico do Apocalipse, o pedido pela vinda do Senhor (22,21) e a resposta na forma da promessa de graça concluem a obra (cf. 1Cor 16,22.23), cf. J. ROLOFF, Offb, p. 213.

ao entrelaçamento dos tempos, porque o presente é tematizado nas cartas às sete igrejas (Ap 2-3) e o futuro, nas visões que seguem (Ap 4-22), sendo que Ap 1,9-20 introduz ambas as partes principais[4]. "Dessa maneira, as cartas precedentes às igrejas conduzem os leitores e se tornam assim uma escola do ver: o leitor não faz assim uma visitação ao reinado dos fatos materiais, mas justificativas de sentido, das quais ele pode viver, tornam-se transparentes"[5]. O Apocalipse de João não quer codificar e fechar, mas abrir[6], quer tornar as coisas visíveis e compreensíveis, quer transmitir não perspectivas especulativas, mas intelecções.

13.1 Teologia

VÖGTLE, A. "Der Gott der Apokalypse". In *La notion biblique de Dieu*, editado por J. COPPENS. BEThL 41, pp. 377-398. Lovânia, 1976; BAUCKHAM, R. "God in the Book of Revelation". In *Proceedings of the Irish Biblical Association* 18 (1995): 40-53; BORING, M. E. "The Theology of Revelation". In *Interpr* 40 (1986): 257-269; HOLTZ, T. "Gott in der Apokalypse". In *Geschichte und Theologie des Urchristentums*, editado por IDEM. WUNT 57, pp. 329-346. Tübingen, 1991; SÖDING, TH. "Heilig, heilig, heilig. Zur politischen Theologie der Johannes-Apokalypse". In *ZThK* 96 (1999): 49-76; MÜLLER, CHR. G. "Gott wird alle Tränen abwischen - Offb 21,4. Anmerkungen zum Gottesbild der Apokalypse". In *ThGl* 95 (2005): 275-297.

A afirmação fundamental do Apocalipse de João reside na intelecção de que *Deus como Senhor da história* sustenta e determina todas

---

[4] Cf. F. HAHN, "Zum Aufbau der Johannesoffenbarung", in *Kirche und Bibel*. FS E. Schick (Paderborn 1979), pp. 145-154. Para as possíveis estruturações do Apocalipse de João, cf. também O. BÖCHER, Verbete "Johannes-Apokalypse", pp. 605-608 (p. 605: "uma estrutura lógica do Ap pode ser percebida apenas com dificuldade").
[5] K. BACKHAUS, Apokalyptische Bilder?, p. 424.
[6] Não é por acaso que o verbo ἀνοίγειν ("abrir") se encontre em nenhum outro escrito neotestamentário tantas vezes que no Apocalipse (27 vezes). Versículos-chave são: 4,1 (abertura da porta do céu); 11,19 (abertura do santuário celestial); 19,11 (abertura do céu para o acorde final vitorioso); cf. K. BACKHAUS, Apokalyptische Bilder?, pp. 426s.

as coisas[7]: o emolduramento da obra por Ap 1,8 ("Eu sou o Alfa e o Ômega, diz Deus, o Senhor, Aquele-que-é, Aquele-que-era e Aquele-que-vem, o Todo-poderoso") e Ap 21,6 ("Eu sou o Alfa e o Ômega, o Princípio e o Fim") ressalta claramente a estrutura teocêntrica do sentido: a partir de Deus, os crentes podem perscrutar tanto sua própria história e situação como o futuro no céu e na terra. Nesse contexto, João, o profeta judeu-cristão (Ap 1,3; 10,11; 19,10; 22,7.9.10.18.19) adota sistematicamente predicações veterotestamentárias de Deus, pois as fórmulas triádicas em Ap 1,4.8.17; 2,8; 4,8; 11,17; 16,5; 21,6; 22,13 variam de Ex 3,14 e Is 44,6 e têm ao mesmo tempo paralelos consideráveis nas fórmulas gentias construídas com "todo/tudo"[8]. Diante dos governantes terrestres que divinizam a si mesmos, Deus aparece como παντοκράτωρ = "todo-poderoso" ("*pantokrator*"; Ap 1,8; 4,8; 11,17; 15,3; 16,7.14; 19,6.15; 21,22), isto é, como aquele que é e que governa verdadeiramente[9].De acordo com a imagem dinâmica de Deus esboçado pelo Apocalipse, as formulações triádicas não descrevem aspectos individuais da atuação de Deus, mas penetram e se sobrepõem mutuamente, pois a presença de Deus abraça e transcende todas as dimensões temporais. A tomada do poder já realizada por Deus (Ap 11,17: "Nós te damos graças, Deus, governante do universo, que é e que era, porque assumiste teu grande poder e inauguraste teu domínio") e as afirmações sobre sua vinda (Ap 1,4.7s; 4,8) são elementos de uma visão da história que entende o domínio de Deus no céu e o seu domínio na terra como uma unidade. Deus está sentado em seu trono (Ap 7,10s.15s; 11,16; 12,5; 21,5; 22,1.3); seu céu estende-se sobre toda a terra; seu domínio ofusca tudo, e tanto os seres terrestres como os

---

[7] Bem acertado K. BACKHAUS, "Die Vision vom ganz Anderen", in IDEM (org.), *Theologie als Vision* (cf. acima 13), p. 26: "O vidente pleiteia um esboço teocêntrico da identidade do cristianismo, que inclui para ele uma negação de integração ao mundo (do Império Romano e da Ásia Menor)".

[8] Cf. a respeito G. DELLING, "Zum gottesdienstlichen Stil der Johannes-Apokalypse", in IDEM, *Studien zum Neuen Testament und zum hellenistischen Judentum* (Berlim: 1970), pp. 425-450, aqui: pp. 439-442; além disso, cf. os textos in: Neuer Wettstein II/2 (cf. acima 4.5), pp. 1455s.1649-1651.1668.

[9] Para o pano de fundo veterostamentário, cf. G. DELLING, Zum gottesdienstlichen Stil der Johannes-Apokalypse, pp. 442-448.

celestes devem adorá-lo. O pensamento do vidente João é determinado pelas funções divinas de governar e julgar; a história universal é interpretada como história escatológica. A atuação criadora de Deus antes de todos os tempos (cf. Ap 4,11; 10,6; 14,7) encontra agora uma correspondência em sua atuação escatológica, e se aplica: "Eis que eu faço novas todas as coisas" (Ap 21,5)[10]. O diabo em sua forma terrestre de dragão (Ap 12,12s) consegue perseguir a comunidade apenas por um curto período de tempo (cf. Ap 1,4.8; 4,8; 22,6s). Logo mais, Deus, por meio de seus "julgamentos justos" (Ap 15,3s; 16,5-7; 19,1s), aniquilará a figura satânica do Império Romano e todos os ímpios. No fim, Deus permanecerá fiel à aliança com seu povo: "E ele habitará no meio deles; e eles serão seu povo, e ele, Deus, estará com eles" (Ap 21,3). A tensão entre as tribulações presentes, o domínio de Deus que está se realizando e a plenificação definitiva é sustentada pelo "estar-com" de Deus. Nisso se manifesta também uma *teologia política*, pois João rejeita claramente a religião política do culto ao imperador e uma possível cooperação das comunidades com ela (cf. Ap 2,14)[11]. Há somente um único Senhor e Deus, que governa e deve ser adorado. Dessa maneira, a expressão ὁ κύριος καὶ ὁ θεὸς ἡμῶν ("Nosso Senhor e Deus") em Ap 4,11 é formulada em antítese direta ao tratamento exigido por Domiciano, segundo Suetônio, Dom 13,2: "*dominus et deus noster*" (cf. também Ap 15,4; 19,10; 20,4; 22,9)[12]. A característica teocêntrica fundamental do Apocalipse de João decorre consequentemente do conceito de Deus, marcado pelo aspecto de poder, domínio

---

[10] Cf. T. HOLTZ, Gott in der Apokalypse, p. 332: "Assim Deus, justamente por ser o criador, é também o Deus presente"; CHR. G. MÜLLER, Gott wird alle Tränen abwischen, p. 292: "A promessa 'Eis que eu faço novas todas as coisas' é dada no Apocalipse de João principalmente e em primeiríssimo lugar para o tempo presente, marcado por tribulações".

[11] Cf. TH. SÖDING, Heilig, heilig, heilig, p. 53: "João contrapõe a isto a teologia política *dele*, que inclui a pretensão absoluta, o poder superior, o direito verdadeiro e o objetivo último de Deus".

[12] Outras referências críticas em relação ao culto ao imperador encontram-se em M. KARRER, Stärken des Randes (cf. abaixo, 13.2), pp. 411-416; F. TÓTH, Der himmlische Kult (cf. acima 13), pp. 302-305; para a infraestrutura do culto ao imperador em Roma e na Ásia Menor, cf. F. TÓTH, op. cit., pp. 82-120.

e juízo (Ap 11,17; 15,3.8; 19,1.5s.15; 20,4; 22,5)[13]. O vidente João escreve sua obra no horizonte do domínio de Deus que já começou e que está em processo de prevalecer. Tudo corre em direção à revelação definitiva da glória de Deus (Ap 21,11.22s). *O tema teológico principal do Apocalipse de João é a vinda de Deus.* Esse tema determina todas as realizações cúlticas e é a realidade transcendente que sustenta tudo. Deus é aquele que vem para o juízo e para a salvação escatológica no aparecimento de Jesus Cristo. A realização cúltica da liturgia antecipa essa realidade da vinda e da presença de Deus e define assim de modo qualitativamente novo a presença de Deus no além do templo e do culto ao imperador.

O interesse geral do Apocalipse de João é "a comprovação da validade e segurança do domínio de Deus e de Jesus como seu Ungido, do Cordeiro, que concede e garante salvação às pessoas que pertencem a eles"[14]. Também a linguagem e a imagética mitológica servem a esse interesse; aplica-se: *"The Dass not the Was or Wie, is the focus of John's concern"* (O foco da preocupação de João é o *Dass* [alemão: "que"; i. e., o fato], não o *Was* [alemão: "o que"; i. e., o conteúdo] ou o *Wie* [alemão: "como"; i. e. o modo])[15]. A interpretação adequada dessa perspectiva básica não é uma linear-escatológica, mas uma concêntrica que entende a tomada de poder já acontecida de Deus e Jesus como o fundamento e o centro do pensamento do vidente.

13.2 Cristologia

HOLTZ, T. *Die Christologie der Apokalypse des Johannes*, 2ª ed. TU 85. Berlim, 1971; BAUCKHAM, R. "The Worship of Jesus in Apocalyptic Christianity". In *NTS* 27 (1981): 322-341; ROWLAND, CHR. *The Open Heaven. A Study of Apocalyptic in Judaism and Early Christianity.* Londres, 1982; BORING, M. E. "The Voice of Jesus in the Apocalypse of John". In *NT* 34 (1992): 334-359; IDEM. "Narrative Christology in the Apocalypse". In *CBQ* 54 (1992): 702-723; HENGEL, M. "Die Throngemeinschaft des Lammes

---

[13] Para conceito do juízo, cf. T. HOLTZ, Gott in der Apokalypse, pp. 340-342.
[14] M. KARRER, Johannesoffenbarung als Brief (cf. acima 13), p. 247.
[15] M. E. BORING, Christology in the Apocalypse (cf. abaixo, 13.2), p. 718.

mit Gott in der Johannesoffenbarung". In *ThB* 27 (1996): 159-175; HOFIUS, O. "Das Zeugnis der Johannesoffenbarung von der Gottheit Jesu Christi". In *Neutestamentliche Studien*, editado por IDEM. WUNT 132, pp. 223-240. Tübingen, 2000; HERGHELEGIU, M.-E. *Sieh, er kommt mit den Wolken. Studien zur Christologie der Jahannesoffenbarung*. EHS 23.785. Frankfurt, 2004; D. E. AUNE. "Stories of Jesus in the Apocalypse of John". In *Contours of Christology in the New Testament*, editado por R. N. LONGENECKER (cf. acima, 4), pp. 292-319; SÄNGER, D. "'Amen, komm, Herr Jesus!' (Apk 22,20). Anmerkungen zur Christologie der Johannes-Apokalypse". In *Studien zur Johannesoffenbarung und ihrer Auslegung*, editado por F. W. HORN, M. WOLTER (cf. acima, 13), pp. 71-92; KNÖPPLER, TH. Das Blut des Lammes". In *Deutungen des Todes Jesu im neuen Testament*, editado por J. FREY, J. SCHRÖTER. WUNT 181, pp. 477-511. Tübingen, 2005.

Também no Apocalipse de João, a "teo-logia" e a cristologia estão numa relação de tensão produtiva[16]. A base da cristologia é o ato salvífico de Deus em Jesus Cristo, porque ele origina a salvação escatológica e salva do espaço de poder do mundo antidivino (cf., por exemplo, Ap 1,5b.6; 5,9s; 7,15; 12,11). No Apocalipse de João, Cristo ou o Cordeiro, respectivamente, está, por um lado, claramente subordinado a Deus. No princípio está a palavra de Deus, somente depois se seguem o testemunho de Cristo e da comunidade (Ap 1,2); Cristo é a "testemunha fiel" (1,5; 3,14), mas não o autor dos eventos; a visão de Deus em Ap 4,1-11 precede a visão de Cristo em Ap 5 e a fundamenta; da mesma maneira, todas as afirmações definitivas sobre Deus são apresentadas em primeiro lugar e só depois vem sua transferência para Jesus Cristo (cf. o predicado de Alfa-Ômega em Ap 1.8 e 22,13; o motivo da "vinda" em Ap 1,4 e 1,7)[17]; unicamente Deus é "Pai" (1,6; 2,28; 3,5.21; 14,1)[18]. O *trishagion* ("santo, santo, santo"; Ap 4,8) dirige-se exclusivamente a Deus; Deus é o Criador do céu e da terra (4,11; 10,6); Cristo, ao contrário, é o primeiro/o princípio da criação (3,14); somente Deus como *"pantokrator"* é o Senhor da história e está acima

---

[16] Cf. a respeito TH. SÖDING, "Gott und das Lamm. Theozentrik und Christologie in der Johannesapokalypse", in K. BACKHAUS (org.). *Theologie als Vision* (cf. acima 13), pp. 77-120.

[17] Cf. TH. SÖDING, Gott und das Lamm, p. 109.

[18] Cf. também a expressão "o ungido dele" em Ap 11,15; 12,10; 20,4.6.

de tudo (11,17; 15,3; 16,7 etc.). Deus está sentado no trono, enquanto o Cordeiro se aproxima (Ap 1,4s; 3,21; 4,2; 5,6s.13; 6,16; 7,10.17; 21,3; 22,1.3); o Cordeiro recebe o livro dos "sete selos" daquele que está sentado no trono (5,7); é Deus quem inaugura a realização plena da salvação (20,1-8), e unicamente ele realiza o juízo definitivo (20,11-15).

À primazia óbvia da teo-logia no Apocalipse de João corresponde, por outro lado, uma participação plena de Jesus na atuação de Deus, portanto, uma cristologia com perfil teocêntrico. Já a primeira sentença do Apocalipse de João oferece uma determinação das relações: "Revelação de Jesus Cristo que Deus lhe concedeu" (Ap 1,1a). O *genitivus auctoris* Ἰησοῦ Χριστοῦ fundamenta uma teologia revelatória *cristológica* que desemboca no testemunho do vidente e da comunidade (Ap 1,3). As doxologias são relacionadas não somente com Deus, mas também com Jesus (Ap 1,5b.6); assim como Deus (4,9s; 10,6), também Jesus é "o Vivente" (1,18a); Jesus diz a Deus exclusivamente "meu Pai" (2,28; 3,5.21); "Aquele-que-vem" é um epíteto de Deus (1,4.8; 4,8), mas também Jesus é "Aquele-que-vem" (1,7; 2,5.16.25; 3,11; 16,15; 22,7.12.17.20). A entrega do poder histórico, julgador e salvífico (Ap 5ss) por Deus é sempre também uma transferência, pois Jesus Cristo age agora no lugar de Deus (6,15-17); como Deus, também Jesus é "santo" (3,7); segundo Ap 5,13, a adoração e o louvor pertencem "àquele que está sentado no trono e ao Cordeiro"; o atributo de Alfa e Ômega aplica-se tanto a Deus como a Jesus (22,13). Da mesma maneira como Deus (15,3), Jesus Cristo é "o rei das nações" (Ap 1,5; 17,14 19,15s); Deus e Cristo se fundem na atuação deles (11,15; 22,3s), e Deus e o Cordeiro trarão finalmente a Nova Jerusalém (21,22; 22,3bs).

Essa tensão não pode ser dissolvida numa direção ou outra, mas corresponde à dinâmica geral da obra e é sustentada por ela. Por isso, Ap 1,17; 2,28; 3,14b podem ser reclamados em favor da cristologia da preexistência[19], mas, ao mesmo tempo, a criança nasce de uma mulher,

---

[19] T. HOLTZ, Christologie, pp. 143-154, deriva a preexistência da ideia da exaltação; O. HOFIUS, Zeugnis der Johannesoffenbarung von der Gottheit Jesu Christi, pp. 228s, porém, da unidade de natureza com Deus. M. HENGEL, Throngemeinschaft, p. 174, refere-se a uma cristologia de preexistência em *statu nascendi*, que pressupõe o conceito da encarnação. No entanto, devemos registrar que o

"e sua criança foi arrebatada para junto de Deus e de seu trono" (Ap 12,5). Nem a tese de uma "unidade de natureza e existência"[20] nem a exaltação como uma mera relação funcional[21] captam a dinâmica da cristologia do Apocalipse de João que pode ser descrita adequadamente como *uma participação abrangente de Jesus nas funções do domínio de Deus*: os atributos divinos de Jesus Cristo e o primado do Pai valem simultaneamente, sem que as diferenciações das pessoas fossem dissolvidas[22].

Títulos cristológicos

O título *"cordeiro"* expressa a dignidade particular de Jesus (no Apocalipse de João há 28 ocorrências de ἀρνίον como título)[23] e abrange tanto a entrega de Jesus pelos seus como sua posição de governante (Ap 5,6)[24]. A dignidade do cordeiro baseia-se em sua humildade (Ap 5,6.9.12; 13,8: o cordeiro imolado); o primogênito dos mortos (1,5) é ao mesmo tempo o cordeiro imolado. O aspecto de domínio expressa-se especialmente na comunhão de trono entre o Cordeiro e

---

Apocalipse de João não se refere em momento algum a uma preexistência ou encarnação de Cristo!

[20] Assim O. HOFIUS, Das Zeugnis der Johannesoffenbarung von der Gottheit Jesu Christi, p. 235.

[21] Para T. HOLTZ, Christologie, pp. 213 etc., domina no Apocalipse de João uma cristologia da exaltação que se manifesta sobretudo na entronização e na entrega do livro em Ap 5; U. B. MÜLLER, Offb (cf. acima 13), p. 551, refere-se a uma "unidade de funções", "sem que devêssemos pensar numa natureza de igualdade a Deus".

[22] Cf. D. SÄNGER, "Amen, komm, Herr Jesus!", p. 91.

[23] Cf. a respeito T. HOLTZ, Christologie, pp. 78-80; U. B. MÜLLER, Offb (cf. acima, 13), pp. 160-162; P. STUHLMACHER, "Das Lamm Gottes – eine Skizze", in H. LICHTENBERGER (org.), *Geschichte – Tradition – Reflexion III*. FS M. Hengel (Tübingen: 1996), pp. 530-541.

[24] A tradução é controversa; cf. O. BÖCHER, Johannesapokalypse (cf. acima 13), p. 47; M. KARRER, "Stärken des Randes: Die Johannesoffenbarung", in U. MELL, U. B. MÜLLER (org.), *Das Urchristentum in seiner literarischen Geschichte* (FS J. Becker), BZNW 100 (Berlim: 1999), pp. 391-417, aqui: pp. 406-408, que traduzem ἀρνίον por "bode", para expressar assim tanto a impotência como o poder do messias celestial. Ao contrário disso, O. HOFIUS, "'Ἀρνίον – Widder oder Lamm?", in IDEM, *Neutestamentliche Studien*. WUNT 132 (Tübingen: 2000), pp. 241-250, pleiteia insistentemente pela tradução de ἀρνίον por "cordeiro".

Deus (Ap 7,9s; 21,22; 22,1.3); o Cordeiro executa a ira de Deus e tem funções de guerreiro (6,16; 17,14), está de pé sobre o Monte Sião como governante (14,1), redime por seu sangue (7,14.17; 12,11; 13,8; 14,4) e adquire a vida para a comunidade (19,7.9; 21,9.27). A morte de Jesus é também no Apocalipse de João a condição para sua posição de domínio (5,12: "Digno é o Cordeiro que foi morto de tomar o poder e a riqueza e a sabedoria e a força e a honra e a glória e o louvor").

Outra figura cristológica central é o *"que é semelhante a um filho de homem"* (Ap 1,13; 14,14: ὅμοιον υἱὸν ἀνθρώπου)[25]. Ela é introduzida em Ap 1,7 e descrita com mais pormenores na visão da vocação em 1,11s e na *prolepse* do Juízo Final em 14,14. A descrição orienta-se por Dn 7,9.13; 10,5s e visa a função de domínio e julgamento de Cristo na figura daquele que é "semelhante a um filho de homem"[26]. Em Ap 19,11-21, Cristo aparece como *cavaleiro e guerreiro divino* que derrota o animal antidivino.

Surpreendente é a escassa ocorrência de títulos cristológicos clássicos no Apocalipse de João. Somente em Ap 2,18 ocorre υἱὸς θεοῦ ("Filho de Deus"), e 21,7 relaciona, sob adoção de 2Sm 7,14, o predicado de filho à comunidade inteira. Jesus aparece como κύριος ("Senhor") em suas funções de domínio em Ap 11,8; 14,13; 17,14; 19,16; 22,20s; em todos os outros trechos, κύριος refere-se sempre a Deus (11,4.15.17; 15,3s; 16,7; 18,8; 19,6; 21,22; 22,5). Também o título Χριστός ("ungido/ messias") destaca a posição soberana de Jesus (Ap 1,1.2: a "revelação" de Jesus Cristo; 1,5: o primogênito dos mortos e Senhor sobre os reis da terra; 11,15; 12,10: Cristo tem autoridade sobre os reinos do mundo e sobre o Satanás; 20,4.6: reinado milenar). Segundo Ap 19,13, Cristo porta o nome "Verbo de Deus" (ὁ λόγος τοῦ θεοῦ). No entanto, não se

---

[25] Para a análise, cf. M.-E. HERGHELEGIU, Sieh, er kommt mit den Wolken, pp. 111-174.
[26] A apresentação daquele que é "semelhante a um filho de homem" no contexto de anjos (cf. Ap 14), mas também as analogias entre a angelologia e a cristologia em Ap 1,12-20; 10,1; 15,6 provocaram a pergunta sobre a medida em que podemos falar no Apocalipse de João de uma angelo-cristologia; cf. a respeito L. T. STUCKENBRUCK, *Angel Veneration and Christology. A Study in Early Judaism and in the Christology of the Apocalypse of John*. WUNT 2.70 (Tübingen: 1995), que mostra que o Apocalipse de João adota o culto aos anjos do judaísmo antigo, mas ao mesmo tempo o critica (Ap 19,10; 22,8-9) e o transcende na figura do cordeiro imolado.

trata de uma afirmação ontológica, mas, como palavra de Deus, Cristo é "a corporificação da atuação divina"[27].

Cristologia na narração

Assim como o Apocalipse de João em sua totalidade, também a cristologia se baseia num movimento: ela começa com a apresentação (Ap 1,4-8) e a missão (1,9-20) que já tematizam a obra redentora de Jesus Cristo abrangentemente (1,5s.18). Esse prólogo corresponde ao epílogo em Ap 19,11-22,5, que descreve a conclusão do plano que Deus tem para a história por Jesus. A transferência do motivo de Alfa e Ômega, de Deus (1,8) para Cristo (22,13), e o motivo da "vinda" (1,7s; 22,17.20) esclarecem a situação. Abraçadas por essa realidade celestial são as situações das comunidades destinatárias das sete cartas (Ap 2,1-3,22), situações que não perdem nada de sua realidade deprimente, mas que, ao mesmo tempo, aparecem a partir da realidade celestial a uma luz diferente. Com a abertura do céu em Ap 4,1 abre-se uma nova perspectiva que determina toda a parte principal, até que o céu se abra novamente em Ap 19,1 para o acorde final vitorioso[28]. Uma função-chave compete à visão da sala do trono em Ap 4,1-5,14[29], na qual se tematiza a realidade do domínio de Deus e de Cristo, que já começou. A sala do trono celestial é aberta, de modo que pode haver (assim como no culto) um encontro entre os crentes e a realidade de Deus / do Cordeiro. Em termos cristológicos, o centro é aqui o evento da cruz, sendo que Ap 1,5 é retomado em Ap 5,9b-10: "Digno és tu de receber o livro e de abrir seus selos! Pois foste imolado e, por teu sangue, resgataste para Deus [pessoas] de toda tribo e toda língua e todo

---

[27] H. KRAFT, Offb (cf. acima, 13), p. 249.
[28] Cf. K. BACKHAUS, Himmlische Bilder? (cf. acima 13), pp. 426s.
[29] Cf. J. ROLOFF, Offb (cf. acima 13), p. 66, que considera esse texto o centro teológico do Apocalipse de João; para Ap 5, cf. também T. HOLTZ, Christologie, pp. 27-54; H. GIESEN, Johannes-Apokalypse (cf. acima 13), pp. 52s. Uma lista exaustiva das possíveis referências à tradição em Ap 4–5 e uma interpretação detalhada oferecem G. SCHIMANOWSKI, *Die himmlische Liturgie in der Apokalypse des Johannes*. WUNT 154 (Tübingen: 2002); F. TÓTH, Der himmlische Kult (cf. acima, 13), pp. 197-318.

povo e toda nação e as fizeste para nosso Deus uma realeza e sacerdotes, e elas reinarão na terra". O "cordeiro imolado" (Ap 5,6.12; 13,8) está no centro da *teologia da cruz* do Apocalipse de João[30]; com seu sangue, ele resgatou na morte e ressurreição (Ap 1,17s) o povo de Deus (cf. abaixo, 13.4). O cordeiro sacrificado e o Exaltado são idênticos (Ap 1,5), pois a morte de Jesus na cruz fundamenta sua posição como governante e juiz celestial; como tal, ele é e continua a ser o cordeiro imolado (Ap 19,13). A partir desse indicativo da salvação, a comunidade pode contemplar, consolada, a revelação das coisas futuras. A abertura dos sete selos em Ap 6,1-8,1 inaugura a apresentação do poder do Cordeiro que está se impondo. Também as sete trombetas e as sete pragas (Ap 15,1-19,10) são visões reunidas em ciclos (Ap 8,2-14,20). No centro estão as funções de Jesus como governante, juiz e guerreiro. A partir do cap. 12,1ss aparecem com a Mulher (12,1) e com o Dragão (12,3) novos protagonistas que determinam insistentemente o que se segue. A visão da Besta em Ap 13 é concebida como a contraimagem à figura salvífica do Cordeiro. A visão da salvação no cap. 14 e a subsequente série de pragas em Ap 15,1-6 correspondem à sequência em Ap 7 e 8-9. O complexo da Babilônia em Ap 17-18 conclui com o júbilo sobre a referência ao domínio de Deus em 19,1-10. Em Ap 19,11 há outra vez um novo começo, até o cap. 22,5 domina definitivamente o olhar para o acontecimento final e escatológico: o juízo do mundo inteiro, a reunião dos eleitos e a atuação criadora escatológica Deus. A conclusão do livro em Ap 22,6-21 retoma explicitamente o início, remete mais uma vez a Jesus como o verdadeiro autor do livro e faz a liturgia eucarística aparecer como o espaço onde se entrelaçam as visões e a realidade da vida das comunidades[31]. A estrutura e também a cristologia do Apocalipse de João são determinadas em sua totalidade por um movimento orientado por uma meta: *o domínio de Cristo prevalece apesar das pragas e dos adversários escatológicos.*

A cristologia do Apocalipse de João é determinada pelo conceito da instauração – na cruz – de Cristo como plenificador da salvação em

---

[30] Cf. TH. KNÖPPLER, Das Blut des Lammes, pp. 478ss.
[31] Cf. J. ROLOFF, Offb (cf. acima 13), p. 209.

seu papel de Senhor sobre vida e morte, mundo e história[32]. Na participação indivisa no poder de Deus, Cristo realiza sua atuação salvífica e julgadora na luta contra os poderes antidivinos. Nesse contexto, a metáfora do cordeiro como *leitmotiv* cristológico simboliza tanto sua humildade como sua nobreza. O percurso pelo mundo das visões do Apocalipse de João leva os crentes à intelecção de que Jesus Cristo é ao mesmo tempo aquele que governa no presente e aquele que vem no futuro. O poder das potestades antidivinas já está rompido, mas apenas em sua parusia, o Cristo exaltado imporá definitiva e visivelmente o poder de Deus como renovação do céu e da terra.

13.3 Pneumatologia

As afirmações sobre o espírito no Apocalipse de João devem ser lidas dentro da orientação profética que caracteriza a obra em sua totalidade (Ap 1,3; 22,7: "as palavras da profecia")[33], sendo que 19,10c deve ser considerado o texto-chave: "Com efeito, o espírito da profecia é o testemunho de Jesus" (ἡ γὰρ μαρτυρία Ἰησοῦ ἐστιν τὸ πνεῦμα τῆς προφητείας). O Jesus Cristo exaltado é a testemunha da revelação que lhe foi entregue por Deus (Ap 1,5; 3,14b; 22,20) e que ele, por sua vez, transfere para o vidente João (1,1s.9). Dessa maneira, João coloca-se ao lado das testemunhas celestiais como uma das testemunhas terrestres da atuação escatológica de Deus[34]. Sua profecia operada pelo espírito nasce a partir do testemunho de Jesus, adotado no Apocalipse de João e transmitido aos crentes. As "verdadeiras palavras de Deus" (Ap 19,9) existem para o vidente somente na autoridade do espírito que procede do testemunho de Jesus e que se refere sempre a ele. Essa unidade interna gera todas as outras afirmações sobre o espírito no

---

[32] Cf. J. ROLOFF, op. cit., p. 20.
[33] Cf. aqui F. HAHN, "Das Geistverständnis in der Johannesoffenbarung", in F. W. HORN, M. WOLTER (org.), *Studien zur Johannesoffenbarung und ihrer Auslegung* (cf. acima 13), pp. 3-9.
[34] Para outras testemunhas, cf. Ap 2,18; 6,9; 12,11.17; 17,6; 19,10b; 20,4.

Apocalipse de João[35]: pelo espírito e no poder do espírito (ἐν πνεύματι), João é arrebatado e tem suas visões (Ap 1,10; 4,2; 17,3; 21,10; 22,6); isto é, a atuação do espírito possibilita o conteúdo do Apocalipse de João. A expressão estereotipada "o que o espírito diz às comunidades (igrejas)" em Ap 2,7.11.17.29; 3,6.13.22 refere-se às audições de João, operadas pelo espírito. O profeta fala em nome do Cristo exaltado que conhece e desvela a realidade das comunidades. A atuação imediata do Exaltado pelo espírito mostra-se também em Ap 14,13, onde o espírito profere um macarismo sobre as pessoas que no Senhor; igualmente em 22,17, onde o espírito e a noiva (como símbolo da Igreja) pedem a vinda de Jesus. Ap 1,4; 3,1; 4,5 e 5,6 mencionam os "sete espíritos de Deus". Como também em outras partes do Apocalipse de João, o número "sete" indica como número da plenitude a totalidade da atuação de Deus (cf. Gn 2,2). Pertencem ao trono de Deus os sete espíritos que, segundo Ap 5,6, estão numa ligação direta com Cristo e que são enviados para a terra.

De modo geral, as afirmações do Apocalipse de João sobre o espírito caracterizam-se por uma conceituação fundamental: o Cristo exaltado participa da realidade do espírito que sai de Deus e possibilita assim o poderoso testemunho do profeta João que é operado pelo espírito.

Soteriologia

(Para a bibliografia, cf. acima, 13.2: Cristologia)

No centro da soteriologia do Apocalipse de João está o conceito da *força salvífica do sangue do Cordeiro*. Isto é formulado programaticamente já em Ap 1,5s: "[...] e da parte de Jesus Cristo, a Testemunha fiel, o Primogênito dos mortos, o Príncipe dos reis da terra. Àquele que nos ama e que nos redimiu de nossos pecados por seu sangue e que fez de nós uma realeza e sacerdotes diante de Deus, seu Pai, a ele seja a

---

[35] Ap 13,15 (o espírito da imagem da Besta); 16,13.14 (o espírito do Dragão/Diabo) e 18,2 (espíritos impuros) mencionam espíritos negativos que funcionam como contraimagem da realidade do espírito divino.

glória e o poder desde a eternidade até a eternidade. Amém". Essa doxologia estabelece as bases do que segue de três maneiras[36]:

1) O amor de Cristo aparece como o motivo abrangente de sua atuação (cf. Ap 3,9.19; 20,9) que
2) se realiza na salvação dos seus pelo seus sangue e que
3) leva à constituição de um povo régio-sacerdotal de Deus. Ap 5,9 retoma 1,5s e amplia-o pelo *motivo do resgate*: "Digno és tu de receber o livro e de abrir seus selos! Pois foste morto e, por teu sangue, resgataste para Deus [pessoas] de toda tribo e toda língua e todo povo e toda nação". O sangue demonstra a entrega concreta e singular da vida de Jesus na cruz; sua vida foi o preço de resgate pela salvação do poder do pecado e do espaço dos poderes antidivinos. Por isso, as 144.000 pessoas "foram resgatadas dentre os seres humanos, como primícias para Deus e para o Cordeiro" (Ap 14,4b). Além disso, o motivo do sangue vincula esse evento com sistemas de referências veterotestamentárias; estabelecem-se relações com Is 53[37], com a tradição da Páscoa[38] ou com o sacrifício *tamid* (holocausto cotidiano; Nm 28,3-8; Ex 29,38-42)[39]. O mais provável é uma referência à tradição da Páscoa, já que os vínculos com Is 53 são muito fracos e que o Novo Testamento não se refere em lugar algum aos textos veterotestamentários sobre o sacrifício *tamid*. *O imaginário do sangue expressa a dimensão expiatória do evento da cruz*[40].

---

[36] Cf. a respeito J. ROLOFF, Offb (cf. acima 13), pp. 33-35; M.-E. HERGHELEGIU, Sieh, er kommt mit den Wolken (cf. acima 13.2), pp. 39-72; TH. KNÖPPLER, Das Blut des Lammes (cf. acima 13.2), pp. 486s; uma apresentação detalhada é oferecida em J. A. DU RAND, "Soteriology in the Apokalypse of John", in J. G. VAN DER WATT (org.), *Salvation in the New Testament* (cf. acima, 6.4), pp. 465-504.
[37] Cf. H. KRAFT, Offb (cf. acima, 13), pp. 108-110.
[38] Cf., por exemplo, T. HOLTZ, Christologie (cf. acima, 13.2),39-47; J. ROLOFF, Offb (cf. acima, 13), p. 751; U. B. MÜLLER, Offb (cf. acima, 13), p. 162; TH. KNÖPPLER, Das Blut des Lammes (cf. acima, 13.2), pp. 483s.
[39] Cf. P. STUHLMACHER, Lamm (cf. acima 13.2), p. 532; F. TÓTH, Der himmlische Kult (cf. acima 13), pp. 218-224.
[40] TH. KNÖPPLER, Das Blut des Lammes (cf. acima 13.2), p. 503.

O sangue separa do poder do pecado (Ap 1,5b), alveja as vestes das testemunhas (7,14), e "pelo sangue do Cordeiro", as testemunhas fiéis já "superaram" (= venceram, ou seja, as tentações / o mundo) (12,11).

Naturalmente, no Apocalipse de João, uma qualidade soteriológica é inerente também aos eventos finais/escatológicos, especialmente a vitória sobre o Dragão (Ap 12,7-12)[41], o estabelecimento do domínio perpétuo de Deus como nova criação (cf. abaixo, 13.8) e a instituição das pessoas crentes como sacerdotes para Deus (cf. abaixo, 13.7). Os crentes entrarão na realidade salvífica escatológica de Deus, ou seja, passarão pelas portas da Jerusalém celestial (Ap 22,14). A comunidade tem certeza: "O salvamento/a salvação (ἡ σωτηρία) vem de nosso Deus que está sentado no trono, e do Cordeiro!" (Ap 7,10; cf. 12,10; 19,1).

13.5 Antropologia

No ponto de intersecção entre a antropologia, soteriologia e escatologia está o *conceito de vida* do Apocalipse de João[42]. Ser resgatado do poder do pecado pelo Cordeiro (Ap 1,5) concede a entrada na vida verdadeira, real e plena em Deus e com Cristo. O "livro da vida" (Ap 3,5; 17,8; 20,12.15) é o "livro da vida do Cordeiro imolado" (13,8; cf. 21,27). Nesse livro estão inscritos desde o início todas as pessoas (cf. Dn 12,1) que não apostatam e não adoram a Besta. Quando "superam" e, dessa maneira, ficam firmes na fé, os cristãos recebem "a coroa da vida" (Ap 2,10) e podem comer da "árvore da vida" no paraíso que volta de forma escatológica (2,7; 22,2.14.19). Vinculada à metáfora do paraíso está também o conceito da "água viva" (Ap 7,17; 21,6;

---

[41] Cf. a respeito P. BUSCH, *Der gefallene Drache. Mythenexegese am Beispiel von Apokalypse 12*. TANZ 19 (Tübingen, 1996).

[42] Não podemos falar de uma antropologia desenvolvida no Apocalipse de João; termos centrais estão ausentes (νόμος, πιστεύειν, συνείδησις), ocorrem apenas isoladamente (3 vezes ἁμαρτία, 4 vezes πίστις) ou sem um conteúdo conciso (σάρξ, σῶμα, καρδία).

22,1.17). Vida plena sem a ameaça da "segunda" morte, isto é, a morte escatológica (Ap 2,11), abre-se somente para aquelas pessoas que não negam a fé e que vivem no testemunho fiel (Ap 2,13.19; 13,10; 14,12).

13.6 Ética

SCHRAGE, W. *Ethik des Neuen Testaments* (cf. acima, 3.5), pp. 330-347; SCHNACKENBURG, R. Die sittliche Botschaft des Neuen Testaments II (cf. acima 6.6), pp. 257-270; SCHULZ, S. Neutestamentliche Ethik (cf. acima 3.5), pp. 527-553; HOLTZ, T. "Die 'Werke' in der Johannesoffenbarung". In *Geschichte und des Urchristentums*, editado por IDEM. WUNT 57, pp. 347-361. Tübingen, 1991; RÄISÄNEN, H. "The Clash between Christian Styles of Life in the Book of Revelation". In *StTh* 49 (1995): 151-166; KERNER, J. *Die der Johannes-Apokalypse im Vergleich mit der des 4. Esra*. BZNW 94. Berlin: 1998; SCHOLTISSEK, K. "'Mitteilhaber an der Bedrängnis, der Königsherrschaft und der Ausdauer in Jesus'· (Offb 1,9). Partizipatorische Ethik in der Offenbarung des Johannes". In *Theologie als Vision* (cf. acima 13), editado por K. BACKHAUS (org.), pp. 172-207; WOLTER, M. "Christliches Ethos nach der Offenbarung des Johannes". In: *Studien zur Johannesoffenbarung und ihrer Auslegung* (cf. acima 13), editado por F. W. HORN, M. WOLTER, pp.189-209.

O apocalipse de João é um escrito de constante orientação ética. Isso se mostra já em sua forma, pois o emolduramento epistolar em Ap 1,1-8 e 22,21 deve ser entendida como a expressão imediata de uma relação com os destinatários que caracteriza a obra inteira[43]. A orientação epistolar como tratamento direto e exercício de influência imediata mostra-se claramente nas *cartas às igrejas* (Ap 2,1-3,22)[44]. As comunidades veem-se expostas a ameaças e perigos externos e internos que, além disso, recebem avaliações distintas dentro da comunidade.

---

[43] Cf. M. KARRER, Johannesoffenbarung als Brief (cf. acima, 13), p. 160; D. B. MÜLLER, Offb (cf. acima 13), pp. 91s.
[44] Para as cartas às sete igrejas, cf. F. HAHN, "Die Sendschreiben der Johannesapokalypse". In G. JEREMIAS, H. W. KUHN, H. STEGEMANN (org.), *Tradition und Glaube*. FS K. G. Kuhn (Göttingen: 1971), pp. 357-394; H.-J. KLAUCK, "Das Sendschreiben nach Pergamon und der Kaiserkult in der Johannesoffenbarung", in *Bib* 72 (1991): 183-207.

Do lado de fora pesam sobre as comunidades não só o perigo de guerra (Ap 6,2-4)[45], a inflação (6,5s) e as pressões por parte dos judeus (2,9s; 3,9), mas na Ásia Menor impera a Besta horripilante (Ap 13; 17; 18), ou seja, o imperador romano, e com ele a segunda Besta, o sacerdócio imperial (13,11-17; 16,13s; 19,20). Esse sacerdócio propaga o culto ao imperador como uma declaração de lealdade religioso-política, obrigatória a todos os cidadãos. Os cristãos são acuados (Ap 2,9), lançados na prisão (2,10), e uma testemunha já foi morta (Antipas em Ap 2,13; cf. 6,9-11). A hora da tentação está se abatendo sobre toda a *oikumene* (a terra inteira, Ap 3,10). Do lado de dentro, hereges ameaçam a identidade das comunidades (cf. Ap 2,2; 2,6.15; 2,14; 2,20ss). Mas também há referência à qualidade "morna" da fé (Ap 2,4s; 3,15s); algumas comunidades já estão sem forças (3,8) e "mortas" (3,1). Para o vidente há uma ligação interna entre os dois perigos, porque, a seu ver, o distanciamento do culto a deuses e imperadores era tão problemático como a assimilação silenciosa de formas de expressão da religiosidade gentia que pôs a pureza da comunidade escatológica em perigo; portanto, a assimilação apareceu como uma forma sublime da renegação[46]. Especialmente a polêmica contra Pérgamo (Ap 2,12-17) e Tiatira (2,18-29), com sua acusação de comer carne sacrificada aos ídolos (2,14.20), permite perceber que nas comunidades havia correntes que votavam em favor de uma cooperação moderada com o culto ao imperador. Sem dúvida, esse culto tinha também uma grande força de atração, como mostra sua constante apresentação como mulher sedutora (Ap 17,1.5;

---

[45] Ap 6,2 pode estar relacionado com as invasões partas (cf. Ap 9,13ss; 16,12) e Ap 6,3s, com conflitos internos do Império Romano; cf. U. B. MÜLLER, Offb (cf. acima 13), p. 167; J. ROLOFF, Offb (cf. acima 13), p. 81.

[46] Cf. U. B. MÜLLER, Offb (cf. acima 13), p. 113 etc.; H.-J. KLAUCK, Sendschreiben nach Pergamon, p. 181: "O autor apocalíptico considera muito mais perigoso o culto '*light*' ao imperador, ou seja, a atitude de alguém, por exemplo, simplesmente se juntar a uma multidão em festa ou participar de uma refeição social numa associação, porque acreditava não poder se fechar contra isso por considerações profissionais e porque nem sequer via a questão da confissão atingida". Por motivos textual-pragmáticos, Klauck considera a convocação "Saí dela (isto é, da grande cidade da Babilônia), meu povo" (Ap 18,4) a preocupação principal do autor (cf. op. cit., pp. 176-180).

19,2; 21,8; 22,15). Contra isso, João enfatiza que comerão o maná escondido do céu somente aquelas pessoas que se mantêm longe das refeições sagradas terrestres (cf. Ap 2,17).

O conceito ético do vidente é a tentativa de preservar a identidade das comunidades diante desses perigos. Servem a esse objetivo os *ditos acerca do vencedor* e a *imagem da vitória*. Nos ditos sobre o vencedor (cf. Ap 2,7.11.17.26; 3,5.12.21: "à pessoa que vence/supera darei [...]")⁴⁷ mostra-se claramente o conceito ético do Apocalipse de João: a promessa do futuro prevalecimento do domínio de Deus motiva para a perseverança diante das seduções no tempo presente. A paciência e o sofrimento dos cristãos são vistos em correspondência com o sofrimento de Cristo (cf. Ap 2,3; 6.9), e a essa situação corresponde positivamente a instauração dos cristãos no espaço do domínio de Deus no fim dos tempos (cf. Ap 3,21; 20,4; 21,7: "Quem supera [vence] herdará isto, e eu serei seu Deus, e ele será filho para mim"). O motivo do superar/vencer (νικάω) vincula os crentes ao caminho de Cristo (Ap 5,5; 17,14); os acontecimentos universais, assim como o próprio caminho de vida, são percebidos como um combate incessante entre Deus e os poderes antidivinos. No final estará a vitória de Deus/do Cordeiro e, com eles, também dos crentes, sobre o antidivino (Ap 5,5; 12,11; 15,2; 17,14; 21,7)⁴⁸. Ambas as coisas são intimamente vinculadas em Ap 12,11: "Eles o (isto é, o Satanás) venceram pelo sangue do Cordeiro e pela palavra de seu testemunho e não amaram sua vida até a morte". Também o *motivo do testemunho* mostra a fundamentação cristológica da ética, pois a primeira e permanente testemunha é o próprio Jesus Cristo (Ap 1,5; 3,14; 22,20). João se considera no seguimento como testemunha (Ap 1,2.9; 19,10), e os cristãos em sua totalidade são testemunhas que sofrem por causa do testemunho (2,13;

---

⁴⁷ O paralelo religioso-histórico mais evidente da temática do vencedor encontra-se em EPÍTETO, Diss I 18,21-24; para a análise do discurso acerca do vencedor, cf. M. KARRER, Johannesoffenbarung als Brief (cf. acima 13), pp. 212-217.

⁴⁸ Para o motivo da vitória, cf. J.-W. TAEGER. "'Gesiegt! O himmlische Musik des Wortes!'. Zur Entfaltung des Siegesmotivs in den johanneischen Schriften", in *ZNW* 85 (1994): 23-46; J. KERNER, Ethik, pp. 47-52.

6,9; 11,7; 12,11; 17,6; 19,10; 20,4)[49], já que o Dragão/Diabo luta contra aquelas pessoas "que observam os mandamentos de Deus e mantêm o testemunho de Jesus" (Ap 12,17). Não é por acaso que Antipas como primeiro mártir (testemunha de sangue) porte o título usado pelo próprio Jesus: "a testemunha fiel" (Ap 1,5; 2,13). Perseverança e fidelidade até a morte como atitudes éticas fundamentais são consideradas por João explicitamente de modo positivo como *obras* (ἔργα) dos cristãos (Ap 14,13: "Bem-aventurados os mortos que desde agora morrem no Senhor. Sim, diz o espírito, para que descansem de suas obras, pois suas obras as acompanham")[50]. O claro distanciamento exigido precisa se manifestar na vida das comunidades (cf. Ap 2,23; 18,6; 20,12s; 22,12), pois o juízo ocorrerá segundo as obras (cf. Ap 2,23; 18,6; 20,12s; 22,12). É preciso "converter-se" (μετανοέω em Ap 2,5.16.21s; 3,3.19; 9,20s; 16,9.11) para as "primeiras obras" (2,5). Ap 2,19 e 13,10 descrevem positivamente as obras dos cristãos: *amor, fidelidade, justiça, paciência, serviço e perseverança*. O notável desse fato é que, em nenhum momento, as obras são vinculadas à lei judaica (νόμος falta no Apocalipse de João!). Em contraste negativo com essas obras está o catálogo dos vícios em Ap 9,21; 21,8; 22,15, no qual a polêmica contra o culto a ídolos, a feitiçaria e o adultério caracteriza os cristãos que participam do culto ao imperador como covardes, traidores e mentirosos que não entrarão na salvação eterna[51].

O vidente desenvolve uma ética poderosa, *uma ética de resistência e perseverança*, que exclui qualquer assimilação oportunista. Entre o comportamento ético da maioria e o das comunidades traça-se uma

---

[49] Cf. aqui H. E. LONA, "Treu bis zum Tod", in H. MERKLEIN, *Neues Testament und Ethik*. FS R. Schnackenburg (Freiburg: 1989), pp. 442-46; H. ROOSE, *"Das Zeugnis Jesu". Seine Bedeutung für die Christologie, Eschatologie und Prophetie in der Offenbarung des Johannes*. TANZ 32 (Tübingen: 2000).
[50] Cf. T. HOLTZ, "Die Werke" in der Johannesapokalypse", in H. MERKLEIN, *Neues Testament und Ethik*. FS R. Schnackenburg (Freiburg: 1989), pp. 426-441.
[51] Cf. a respeito O. BÖCHER, "Lasterkataloge in der Apokalypse des Johannes", in B. BUSCHBECK etc. (org.), *Leben lernen im Horizont des Glaubens*. FS S. Wibbing (Landau: 1986), pp. 75-84; H. GIESEN, "Lasterkataloge und Kaiserkult in der Offenbarung des Johannes", in F. W. HORN, M. WOLTER (org.). *Studien zur Johannesoffenbarung und ihrer Auslegung* (cf. acima 13), pp. 210-231.

clara linha divisória (Ap 18,4), orientada pelo "culto aos ídolos", isto é, pelo culto ao imperador[52]. Uma posição ética clara não deveria ser confundida com rigor ético[53], pois João defende uma ética que ressalta a identidade e que precisa ter necessariamente uma orientação antitética e dualista, se uma comunidade quer sobreviver na tribulação. O vidente é coparticipador da tribulação (Ap 1,9)[54] e compartilha com as comunidades o destino de uma minoria estigmatizada que vive ao mesmo tempo na certeza da vitória já ocorrida e da participação do domínio celestial de Cristo (Ap 2,26-28; 3,21; 22,7.14).

13.7 Eclesiologia

SATAKE, A. *Die Gemeindeordnung in der Johannesapokalypse*. WMANT 21. Neukirchen, 1966; SCHÜSSLER FIORENZA, E. Priester für Gott. Studien zum Herrschafts- und Priestermotiv in der Apokalypse (cf. acima 13); SATAKE, A. "Kirche und feindliche Welt". In *Kirche*. FS G.Bornkamm, editado por D. LÜHRMANN, G. STRECKER. Tübingen 1980, pp. 329-349; WOLFF, CHR. "Die Gemeinde des Christus in der Apokalypse des Johannes". In *NTS* 27 (1981): 186-197; ROLOFF, J. Kirche (cf. acima 6.7), pp. 169-189; HIRSCHBERG, P. *Das eschatologische Israel. Untersuchungen zum Gottesvolkverstandnis der Johannesoffenbarung*. WMANT 84. Neukirchen, 1999; JOCHUM-BORTFELD, C. *Die zwölf Stämme in der Offenbarung des Johannes. Zum Verhältnis von Ekklesiologie und Ethik*. Munique, 2000; KAMPLING, R. "Vision der Kirche oder Gemeinde eines Visionärs?". In *Theologie als Vision* (cf. acima 13), editado por K. BACKHAUS, pp. 121-150.

No Apocalipse de João, a eclesiologia, a ética e a escatologia estão intimamente ligadas. O ponto de partida da eclesiologia é a cristologia (cf. acima, 13.2), claramente visível na abertura epistolar (Ap 1,1-8) e na visão da missão em Ap 1,9-20, onde o Crucificado e Exaltado aparece no meio de suas comunidades. O número sete expressa a plenitude e

---

[52] Cf. M. WOLTER, Christliches Ethos, p. 206.
[53] João é classificado como rigorista ético por S. SCHULZ, Ethik (cf. acima 3.5), pp. 550-553; J. ROLOFF, Kirche (cf. acima 6.7), pp. 16-91.
[54] K. SCHOLTISSEK, Mitteilhaber, pp. 191ss, fala acertadamente de uma "ética participativa" em João.

perfeição das obras divinas da criação e representa em termos eclesiológicos a Igreja em sua totalidade, desejada por Deus e possibilitada por Cristo (Ap 1,20)[55].

A Igreja como lugar da autoridade de Cristo

Cristo reina em sua Igreja através de sua palavra na forma em que ela é recebida pelo vidente nas sete cartas às comunidades (Ap 2,1-3,22). Ao mesmo tempo tematiza-se o motivo do domínio no horizonte da história universal, de modo que a eclesiologia assume características universais. Isto se mostra principalmente no grupo de palavras βασιλεύς ("rei": 21 vezes no Apocalipse de João), βασιλεία ("domínio/reino": 9 vezes no Apocalipse de João) e βασιλεύειν ("reinar": 7 vezes no Apocalipse de João). Já em Ap 1,5, o Crucificado aparece como "o Senhor sobre os reis da terra"; o domínio sobre o mundo pertence a Deus "e seu Ungido, e eles reinarão por toda a eternidade" (Ap 11,15; além disso, cf. 11,17; 15,3; 19,6.16). Na batalha escatológica contra os reis e reinos deste mundo (Ap 6,15; 9,11; 10,11; 16,10.12; 17,2.9.12.18; 18,3.9 etc.), o Cordeiro será vitorioso "[...] porque ele é o Senhor dos senhores e o Rei do reis, e os seus são vocacionados, escolhidos e fiéis" (Ap 17,14b). Os crentes e batizados participam já no presente desse domínio do Cordeiro; desde já, Cristo, por meio do sacrifício de sua morte, instalou-os para o domínio e como sacerdotes (Ap 1,6.9; 2,6-28; 5,10). No entanto, isto será manifesto somente no futuro (cf. Ap 5,10b: "eles reinarão sobre a terra"; 20,6; 22,5), pois embora o combate entre Deus e Satanás esteja decidido definitivamente no céu (e, em princípio, também na terra), João mostra com o motivo da queda de Satanás (Ap 12,1-17) que o poder antidivino na terra ainda está poderosamente presente e atribula a Igreja[56]. Ao domínio de Deus contrapõe-se na terra a pretensão de domínio da Besta e ameaça a comunidade. Embora os cristãos como batizados portem o selo do Deus vivo (cf. Ap 7,1-8; 3,12), estão de

---

[55] J. ROLOFF, Kirche (cf. acima 6.7), pp. 171-174.
[56] J. ROLOFF, op. cit., pp. 176s.

modo muito real expostos ao poder e à sedução da Besta, até à morte como mártires (Ap 2,13; 6,9-11; 13,9s).

A Igreja como lugar de santidade

Diante dessa ameaça existencial, o vidente propaga a "santidade" da comunidade (25 vezes ἅγιος no Apocalipse de João)[57]. Assim como Deus (Ap 4,8) e Jesus (3,7; 6,10) são santos, também os crentes e batizados devem ser santos, isto é, comprovar-se no confronto com o poder antidivino. Há uma guerra contra os santos (Ap 13,7), e o sangue dos santos foi derramado (16,6; 17,6; 18,24). Por isso exige-se dos santos paciência, fidelidade e fé (Ap 13,10; 14,12), para que, depois da vitória (Ap 18,20; 20,9), recebam sua recompensa em justiça (11,18; 22,11s) e participem das bodas do Cordeiro (19,8). A santidade aparece como predicado de uma fé consequente, de modo que não são todas as pessoas batizadas que estarão incluídas naquelas 144.000 inscritas no livro da vida, que vestirão vestes brancas e comerão da árvore da vida (Ap 3,5). O número 144.000 como soma dos cristãos no fim dos tempos é um número simbólico redondo, mas ao mesmo tempo também incalculável (Ap 7,4-8; 14,1-5), que inclui, através das 12 tribos de Israel com 12.000 membros, todas as pessoas que são "imaculadas" (14,4s), que não estão "mornas" (3,15s) ou que não apostatam e adoram a Besta ou sua imagem (20,4). Não obstante, o número 144.000 não se limita absolutamente a Israel, portanto, a judeu-cristãos, como mostram claramente Ap 5,9 e 7,9-17[58]. Pelo contrário, representa a Igreja universal do vidente, composta por todas as nações, e inclui todas aquelas pessoas eleitas que suportam e prevalecem em comprovação e lealdade, porque dessa maneira, elas lutam do lado do Cordeiro e participarão da vitória (Ap 17,14). De forma particular são os mártires que representam a comunidade dos santos (Ap 2,13; 6,9.11; 13,10; 16,6; 17,6; 18,24; 20,4), pois neles pode ser entendido o que significa "perseverança e fé" (13,10), e a eles se promete a participação do reino milenar (Ap 20,4).

---

57 Cf. a respeito TH. SÖDING, Heilig, heilig, heilig (cf. acima 13.1), pp. 63ss.
58 Cf. J. ROLOFF, Offb (cf. acima, 13), p. 901.

O lugar particular da santidade é a *liturgia*. A orientação litúrgica da obra manifesta-se abertamente em Ap 1,10 e 22,20: o vidente recebe sua visão no dia do Senhor e remete à ceia do Senhor, para levar a comunidade que escuta suas palavras na liturgia imediatamente ao interior dos acontecimentos (cf. Ap 3,20). Em lugares de destaque do Apocalipse de João encontram-se trechos hínicos (cf. 4,8ss; 5,9ss; 11,15ss; 15,3s; 16,5s; 19,1ss) que louvam a Deus pelos eventos precedentes ou subsequentes, e que desviam assim a vista das tribulações terrenas para a glória de Deus[59]. Muito significante é também outro aspecto: no culto realiza-se para a comunidade já sua nova identidade sob o domínio do Cordeiro e sob deliberada rejeição das pretensões de domínio pela Babilônia (ou seja, Roma)[60]. Por ser um lugar de repetido ensaio e prática da nova existência, a liturgia é também um lugar de resistência aos poderes antidivinos e, já que o Apocalipse de João é lido durante a liturgia, um lugar de ouvir, ver, aprender e (re)conhecer[61]. Esse modelo de uma Igreja solidária no louvor, na adoração e no (re)conhecimento explica o surpreendente silêncio acerca de estruturas ministeriais que devem ser pressupostas para a Ásia Menor no fim do século primeiro (Cartas Pastorais e Cartas de Inácio)[62]. João menciona somente o ministério profético, mas sem caracterizá-lo como instituição. Sua eclesiologia está marcada pela ideia de uma Igreja como fraternidade. O vidente denomina-se coirmão (Ap 1,9; 19,10; 22,9) e participa das presentes tribulações das comunidades. Todos os membros da comunidade são servos (cf. Ap 2,20; 6,11; 7,3; 19,2.5; 22,3), e também os anjos aparecem apenas como conservos (cf. 22,9). Até mesmo Cristo compartilhará seu trono fraternalmente com os cristãos (cf. Ap 3,21; 20,6; 21,7).

---

59 Cf. a respeito G. DELLING, Zum gottesdienstlichen Stil (cf. acima, 13.1), passim; K. P. JÖRNS, *Das hymnische Evangelium*. StNT 5 (Gütersloh: 1971); R. DEICHGRÄBER, Gotteshymnus und Christushymnus (cf. acima, 4), pp. 44-59.
60 As "sete colinas" em Ap 17,9 são uma clara referência a Roma.
61 Cf. K. WENGST, Pax Romana (cf. acima, 6.6.2), p. 166; M. WOLTER, Christliches Ethos (cf. acima 13.6), pp. 207s.
62 U. B. MÜLLER, Zur frühchristlichen Theologiegeschichte (cf. acima, 9.1), p. 331, sugere que João ignorou essas estruturas conscientemente e que foi por isso que escreveu aos anjos das comunidades como representantes celestiais das comunidades.

A Igreja como cidade ideal

A imagem eclesiológica central do Apocalipse de João é a nova Jerusalém que está descendo do céu (Ap 21,1-22,5; cf. 3,12)[63]. Após a destruição da cidade da desgraça, Roma/Babilônia (Ap 18,1-24), a nova Jerusalém aparece como a contraimagem escatológica: como nova criação de Deus. A imagem de Jerusalém foi preestabelecida a João pelo judaísmo antigo[64] e pela tradição neotestamentária (Gl 4,21-31) e se insere na continuidade histórico-salvífica com Israel que ele considera importante[65]. No final do tempo, a ideia da cidade de Deus como realização do domínio ideal de Deus e como comunidade ideal dos crentes assume o lugar de sua imagem corruptível. Na elaboração da imagem, o vidente coloca acentos notáveis: a descrição da cidade (cf. Ap 21,12ss) orienta-se principalmente pela visão que Ezequiel esboçou do Templo pós-exílico (Ez 40-48)[66], de modo que a cidade ideal aparece agora como o lugar da habitação permanente de Deus[67]. Nela

---

[63] Para a análise, cf. D. GEORGI, "Die Visionen vom himmlischen Jerusalem in Apk 21 und 22", in D. LÜHRMANN, G. STRECKER (org.), *Kirche*. FS G. Bornkamm (Tübingen: 1980), pp. 351-372; J. ROLOFF, "Neuschöpfung in der Offenbarung des Johannes", in *JBTh* 5 (1990): 119-138; P. SÖLLNER, *Jerusalem, du hochgebaute Stadt. Eschatologisches und himmlisches Jerusalem im Frühjudentum und im frühen Christentum*. TANZ 25 (Tübingen: 1998); F. HAHN. "Das neue Jerusalem", in M. KARRER, W. KRAUS, O. MERK, *Kirche und Volk Gottes*. FS J. Roloff (Neukirchen: 2000), pp. 284-294.

[64] Cf. Tb 13,16-18; 14,5; HenEt 90,28s; 4Esd 7,26.44; 8,52; 9,26 etc.

[65] Cf. J. ROLOFF, Kirche (cf. acima, 6.7), pp. 178-181, que descreve acertadamente a análise complexa: por um lado faltam provas escriturísticas veterotestamentárias explícitas, por outro, adota-se o simbolismo de Israel (por exemplo, o número doze, Sião, Templo, Jerusalém).

[66] O Livro de Ezequiel é para o vidente o escrito veterotestamentário preferido de referências; cf. a respeito B. KOWALSKI, *Die Rezeption des Propheten Ezechiel in der Offenbarung des Johannes*. SBS 52 (Stuttgart: 2004); D. SÄNGER (org.), *Das Ezechielbuch in der Johannesoffenbarung*. BThSt 76 (Neukirchen: 2006).

[67] D. GEORGI, Die Visionen vom himmlischen Jerusalem in Apk 21 und 22, pp. 354ss, supõe provavelmente com razão que no pano de fundo estão também conceitos da *polis* ideal helenista. Um esboço da nova Jerusalém é oferecido em O. BÖCHER, "Mythos und Rationalität", in H. H. SCHMID (org.), *Mythos und Rationalität* (Gütersloh: 1988), pp. 163-171, aqui: p. 169, que classifica acertadamente o simbolismo numérico, os enigmas numéricos, a mineralogia, a astronomia/astrologia e os anjos/demônios como elementos racionais da interpretação do mundo.

não há mais templo, porque "seu templo é o Senhor, o Deus todo-poderoso, e o Cordeiro" (Ap 21,22). Portanto, na nova Jerusalém como cidade ideal inaugura-se na presença de Deus a vida comunitária dos irmãos. Esse evento futuro desdobra já agora na comunidade sua realidade salvífica que ajuda a sobreviver às ameaças abertas e ocultas, para depois, no fim dos tempos, manifestar-se abertamente.

13.8 Escatologia

GÜNTHER, H. W. *Der Nah- und Enderwartungshorizont in der Apokalypse des heiligen Johannes*. fzb 41. Würzburg, 1980; ROLOFF, J. "Weltgericht und Weltvollendung in der Offenbarung des Johannes". In *Weltgericht und Weltvollendung*, editado por H.-J. KLAUCK. QD 150, pp. 106-127. Freiburg, 1994; ZAGER, W. "Gericht Gottes in der Johannesapokalypse". In *Studien zur Johannesoffenbarung und ihrer Auslegung*, editado por F. W. HORN, M. WOLTER (cf. acima 13), pp. 310-327; MALINA, B. J. *On the Genre and Message of Revelation. Star Visions and Sky Journeys*. Peabody, 1995.

De acordo com seu gênero literário, a escatologia no Apocalipse de João é de elaboração particularmente rica. Dentro do movimento mítico fundamental desde a tribulação atual para a vitória definitiva no céu e na terra, a determinação da relação entre a escatologia preséntica e a futúrica tem uma importância especial.

Escatologia preséntica e futúrica

A base da escatologia são as afirmações sobre a presença da salvação em Ap 1,5b.6; 5,9s; 14,3s; por meio da morte sacrifical do Cordeiro, os cristãos já são participantes do domínio régio (Ap 1,9)[68]. Os eventos futuros não trazem a reviravolta fundamental da história, mas são a revelação definitiva e a comprovação do poder de Deus[69]. Ao mesmo

---

[68] Cf. T. HOLTZ, Christologie (cf. acima 13.2), p. 70: "A salvação da comunidade é uma realidade presente; a comunidade tem como propriedade o que foi prometido no passado à comunidade da antiga aliança como dom escatológico".
[69] Cf. M. KARRER, Johannesoffenbarung als Brief (cf. acima 13), p. 136.

tempo, a comunidade aguarda ansiosamente a parusia de Cristo (Ap 1,7; 19,11) que acontecerá "em breve" (2,16; 3,11). Como o Cordeiro na verdade já derrotou o Dragão, Cristo pode responder ao suplicante "Vem!" (Ap 22,17) das comunidades: "Sim, venho em breve" (22,20; cf. 2,16; 3,11.20; 4,8; 22,7.12.17.20). O vidente vê a si mesmo e suas comunidades no ponto da reviravolta imediata do éon presente para o éon que vem, imediatamente antes do advento do *reinado milenar de Cristo* (Ap 20,4: as testemunhas fiéis "chegaram à vida e reinaram com Cristo durante mil anos")[70].

Com o número simbólico 1000 e o conceito de um *reinado messiânico intermédio*, João não defende um *quiliasmo* especulativo (χίλιοι = "mil"), mas acentua que antes do final definitivo também o mundo presente será penetrado por Cristo[71]. Ao reinado intermédio de mil anos segue-se após algumas últimas batalhas a Jerusalém eterna (Ap 21s), na qual as pessoas redimidas se reunirão. No tempo presente impera ainda a Besta/a cidade de Roma, mas somente por "pouco tempo" (Ap 17,10). Em apenas "uma hora" (Ap 18,10), o julgamento se abaterá sobre a grande cidade, e ela será queimada (18,9).

Os acontecimentos futuros já determinam claramente o presente, isto é, o futuro de salvação, fundamentado já agora na morte do Cordeiro, marca decisivamente a escatologia do Apocalipse de João. *No tempo presente começa a se impor na terra, contra a oposição do mundo, o que João pode ver na esfera celestial como já consumado*[72]. Já agora, os cristãos são

---

[70] O conceito de um reinado milenar tem raízes helenistas e judaicas; cf. O. BÖCHER, Verbete "Johannes-Apokalypse" (cf. acima 13), pp. 625s; para a interpretação do conceito, cf. J. ROLOFF, Offb (cf. acima 13), pp. 189-192.

[71] U. B. MÜLLER, Offb (cf. acima 13), p. 341, rejeita uma compreensão puramente simbólica do reinado intermédio de mil anos e opina: "É pensado como um reino terrestre que está em oposição ao domínio superado do Império Romano"; para a questão, cf., além disso, J. FREY, "Das apokalyptische Millennium", in C. BOCHINGER etc (org.), *Deutungen zum christlichen Mythos der Jahrtausendwende* (Gütersloh: 1999), pp. 10-72; M. KARRER, "Himmel, Millennium und neuer Himmel in der Apokalypse", in *JBTh* 10 (2005): 225-259.

[72] Diante dessa articulação deliberada de futuro e presente, é absurda a tese de B. J. MALINA, On the Genre and Message of Revelation, p. 266, de que João como *"astral prophet"* (profeta astral) defenderia exclusivamente uma escatologia preséntica: *"It seems quite certain that ancient Mediterraneans were not future-oriented at*

cidadãos da nova Jerusalém (Ap 7,4.8; 21,12s), estão selados (7,1-8); seus nomes já estão inscritos no livro da vida (13,8; 17,8), e a comunidade já é a noiva do messias (21,2b.9b). Por isso, os acontecimentos que irrompem no presente não podem vencer as comunidades se elas perseverarem e reconhecerem que a atuação de Deus se realizou na história e que se cumprirá agora plenamente.

O juízo

No Apocalipse de João podemos falar de um constante *movimento de julgamento*: já na apresentação do "alguém semelhante a um filho de homem" domina o pensamento do juízo, claramente visível aos olhos que perscrutam tudo (Ap 1,14) e na espada de dois gumes que sai de sua boca (1,16). A adoção do motivo da espada em Ap 2,26 e 19,15.21 mostra que Cristo age como juiz por meio de sua palavra (Ap 19,13), tanto em relação às comunidades como ao mundo[73]. Às comunidades não se anuncia um juízo geral de ira e aniquilação, mas os anúncios de castigos visam levá-las ao arrependimento (Ap 2,5.16; 3,3.18)[74]. A abertura do juízo generalizado da ira pelo Cordeiro inicia-se em Ap 4-5 com a imagem do Todo-Poderoso entronizado e com a transferência do domínio sobre o mundo para o Cordeiro[75]. Ao receber o livro com os sete selos (Ap 5,7) da mão daquele que está sentado no trono, o Cordeiro é instaurado como juiz do universo, a quem saúdam agora todos os seres (5,8-14). A realização do julgamento desenvolve-se em *três ciclos de visões*, sendo que sempre a última visão abre a partir de seu interior o novo ciclo. Primeiro são abertos os sete selos (Ap 6,1-8,5), seguem-se as sete trombetas (8,6-11,19), e após uma pausa no movimento

---

all. In other words, there is nothing in the book of Revelation that refers to the future. Even the new Jerusalem is descending right now" (Parece bastante certo que os antigos mediterrâneos não tinham nenhuma orientação pelo futuro. Em outras palavras, não há nada no livro do Apocalipse de João que se refira ao futuro. Até mesmo a nova Jerusalém está descendo neste exato momento).

[73] Para o pano de fundo histórico-traditivo (Is 11,4; 49,2; SlSal 17,35; 18,151), cf. T. HOLTZ, Christologie (cf. acima 13.2), p. 127.

[74] Cf. W. ZAGER, Gericht Gottes, pp. 312s.

[75] Para a análise, cf. F. TÓTH, Der himmlische Kult (cf. acima 13), pp. 288-294.

(Ap 12-13: luta contra os poderes antidivinos; Ap 14: preservação dos cristãos nos eventos escatológicos), as sete taças (15,1-16,21). As sete taças são designadas em Ap 15,1 explicitamente como conclusão, "pois com estas o furor de Deus estará consumado". Em correspondência a essa cesura, a última taça (Ap 16,17-21; cf. 14,28) dirige-se a Babilônia/Roma, cuja queda é descrita pormenorizadamente em Ap 17-18 e jubilosamente aclamada em 19,1-10[76].

Para a realização plena e definitiva do juízo sobre os poderes hostis pelo Filho do Homem (Ap 19,12-16) é necessário, antes de tudo, a destruição do Dragão/Satanás que, segundo Ap 20,1-3, é atirado no abismo por mil anos[77]. O aprisionamento de Satanás inaugura o início do reinado messiânico intermédio de mil anos, no qual reinarão os mártires: "Os outros mortos não chegaram à vida até o término dos mil anos. Esta é a primeira ressurreição. Bem-aventurado e santo quem participa da primeira ressurreição. Sobre estas pessoas, a segunda morte não tem poder; ao contrário, serão sacerdotes de Deus e de Cristo, e com ele reinarão durante mil anos" (Ap 20,5-6). Para as pessoas eleitas, a "primeira ressurreição" é aparentemente a *ressurreição* definitiva[78], enquanto haverá após a queda final de Satanás (Ap 20,7-10) um juízo geral do universo (20,11-15) segundo as obras (20,12-13), do qual ressuscitarão aquelas pessoas cujas obras estão escritas no livro da vida[79]. A diferenciação entre a "primeira" ressurreição e a posterior visa motivar os leitores/ouvintes do Apocalipse de João a perseverar e participar da "primeira" ressurreição. Com a Jerusalém celeste em Ap 21-22 realiza-se plenamente o domínio de Deus e do Cordeiro que já marca o presente da comunidade oprimida.

---

[76] Quanto à questão sobre se e como Ap 13 e 17 devem ser interpretados no sentido de um imperador concreto e estão vinculados à ideia do *Nero redivivus*, cf. U. B. MÜLLER, Offb (cf. acima, 13), pp. 297-300; H.-J. KLAUCK, "Do they never come back? Nero redivivus and the Apocalypse of John", in IDEM, *Religion und Gesellschaft im frühen Christentum. Neutestamentliche Studien*. WUNT 152 (Tübingen: 2002), pp. 268-289.
[77] Cf. PLATÃO, *Phaid* 249a.b.
[78] Cf. J. ROLOFF, Offb (cf. acima 13), pp. 11s.
[79] Para o conceito judaico da ressurreição somente dos justos, cf. SlSal 3,12; HenEt 91,10; 92,3.

O conceito escatológico fundamental do vidente é claramente reconhecível: ele escreve sua obra na perspectiva do domínio de Deus/ do Cordeiro, que já começou e que está em processo de prevalecer. Defende uma visão linear da história que vai das pragas presentes para a salvação escatológica. Para ele, a história tem um início e um fim, e o pensamento acerca da nova criação divina está relacionado à luta escatológica: o mundo celestial de Deus assumirá o lugar das realidades terrestres e transformará tudo.

13.9 Posição na história da teologia

O Apocalipse de João retrata apenas aparentemente um acontecimento em mundos distantes; ao contrário, está totalmente dentro da realidade e muito próximo de suas comunidades[80]. É aqui que reside sua força singular e se explica sua história de recepção sustentável[81]. A realidade tanto das comunidades como da sociedade em geral estava culticamente estruturada. Todas as cidades das sete cartas são influenciadas pelo culto ao imperador[82], de modo que esta realidade de vida se reflete naturalmente na construção da realidade pelo Apocalipse de João. Igualmente evidente é o profundo enraizamento do Apocalipse de João em conceitos judaicos, pois o escrito inteiro está perpassado por alusões abertas a motivos cúlticos do Antigo Testamento. Ao contrário do mito, que pretende ser, no sentido mais amplo, narração, o culto é epifania, revelação e irrupção esperada, suplicada e aguardada do divino no mundo do ser humano delimitado por tempo e espaço. Ao entender a realização litúrgica do culto como um

---

[80] Cf. K. BACKHAUS, Apokalyptische Bilder? (cf. acima 13), p. 423: "O Apocalipse de João move-se agilmente nas esferas do céu. Mas, não obstante, pode ser conectado muito concretamente com a terra".
[81] Para a história da recepção, cf. G. MAIER, *Die Johanesoffenbarung und die Kirche*. WUNT 25 (Tübingen: 1981); G. KRETSCHMAR, *Die Offenbarung des Johannes. Die Geschichte ihrer Auslegung im 1. Jahrtausend*. CThM.B 9 (Stuttgart: 1985).
[82] Para a introdução do culto ao governante/imperador nas cidades da Ásia Menor ocidental por Augusto, cf. DIO CÁSSIO 51,20.

fenômeno existencial fundamental que possibilita a criação de sentido e a garantia de orientação, abre-se a participação da comunidade salvífica contemporânea neste evento. Ao mesmo tempo, o Apocalipse de João é um livro sapiencial[83] que recolhe abrangentemente o patrimônio da educação antiga e o integra em sua orientação fundamental cúltico-profética.

O vidente desenvolve no e com o Apocalipse de João um acontecimento cúltico que transcende as tribulações terrestres e o conecta a uma visão apocalíptica da história, a partir de cuja perspectiva se tornam compreensíveis tanto os eventos universais como a existência individual atribulada. O Apocalipse de João tematiza elementos fundamentais da fé (tribulação/perseverança/fidelidade à confissão/luta) e os conduz a uma perspectiva encorajadora. A participação na vitória de Deus e do Cordeiro, bem como a antecipação do evento salvífico celestial criado por Deus desembocam em uma imagem da história que, não obstante a diversidade de seu imaginário, é determinado por um único pensamento: conferir às pessoas atribuladas na terra a certeza da vitória celestial[84].

---

[83] Cf. O. BÖCHER, "Aspekte einer Hermeneutik der Johannesoffenbarung", in W. PRATSCHER, M. ÖHLER (org.). *Theologie in der Spätzeit des Neuen Testaments* (Viena: 2005), pp. 23-33.

[84] A qualidade teológica desse ato criativo não é captada nem sequer aproximadamente quando se constata, como R. BULTMANN, *Theologie*, p. 525: "Devemos chamar o cristianismo do Apocalipse de João um judaísmo fracamente cristianizado".

ÍNDICE DE AUTORES

Ådna, J., 195
Agamben, G., 257
Aland, K., 691, 706
Albani, M., 96, 260
Albertz, M., 538
Alexander, L., 602, 617
Alkier, St., 280, 315, 697
Allison, D. C., 488, 555
Althaus, P., 210, 371
Anderson, P. N., 874
Andresen, C., 211, 784
Anton, P., 755
Appold, M. L., 862
Arnal, W. E., 488
Arnold, C. E., 725, 728
Arnold, G., 515
Asgeirsson, J. M., 488
Asher, J. R., 292
Ashton, J., 860, 897
Assmann, A., 35, 38, 60
Assmann, J., 53
Atiridge, H. W., 824
Auffarth, Chr., 757
Aune, D. E., 362, 436, 555, 986, 992
Avemarie, F., 210, 664, 804, 814, 816
Ayuch, D. A., 653

Baarlink, H., 672
Babler, B., 276
Bachmann, M., 384, 611
Backhaus, K., 84, 85, 93, 411, 412, 414, 415, 539, 542, 544, 598, 601, 680, 825, 830, 836, 844, 845, 852, 986-989, 992, 996, 1002, 1006, 1015
Badiou, A., 257, 337
Baer, H. V., 607, 639
Balch, D. L., 682, 683
Ball, D. M., 896
Balla, P., 56
Balz, H. R., 694
Barnett, P., 150, 243
Barrett, C. K., 243, 601, 862, 873, 978
Bartchy, S. C., 129
Barth, G., 205, 316, 320-322, 362, 396, 397, 555, 587, 643, 645
Barth, K., 298
Barthes, R., 38, 228
Bauckham, R., 480, 804, 853, 854, 857, 965, 986, 988, 991
Bauer, J. B., 784
Bauer, K.-A., 362-365
Bauer, W., 23
Bauernfeind, O., 600

Baum, A. D., 694
Baumbach, G., 165, 261
Baumgarten, J., 261, 441, 445, 446
Baumotte, M., 69, 70
Baur, F. Chr., 255
Beck, D. R., 958
Becker, E.-M., 87, 148-150, 479, 514
Becker, J., 68, 84, 91, 92, 95, 101, 103, 105, 111, 148, 153, 158, 164, 176, 185, 196, 243, 248, 255, 261, 338, 441, 442, 446, 671, 682, 685, 860, 876, 890, 894, 909, 910, 916, 917, 933, 934, 973, 979
Behrends, O., 376
Beker, J. C., 255
Belle, G. van, 884
Bellen, H., 477, 479
Bendemann, R. V., 50, 372, 600, 617, 622, 628, 642
Berger, K., 23, 69, 145, 164, 856, 857
Berger, P. L., 36, 37
Bergmeier, R., 934, 937, 939
Berner, U., 689
Betl, I., 489
Betz, H. D., 400, 408, 456, 457, 558, 784
Betz, O., 148, 194, 252, 330, 924
Beutler, J., 362, 754, 892, 954
Bickermann, E., 630
Bieberstein, S., 635
Bieringer, R., 317, 864
Birt, Th., 482
Bittner, J., 884
Black, C. C., 550
Blank, J., 874, 880, 893, 938, 973
Blass, F., 235, 308

Blinzler, J., 194, 706
Blum, E., 195
Blumenberg, H., 47
Böcher, O., 84, 148, 894, 986, 987, 988, 994, 1005, 1010, 1012, 1016
Bock, D. L., 929
Boers, H., 280
Böher, O., 986
Böhm, M., 628
Borg, M. J., 68, 73, 132
Boring, M. E., 436, 497, 514, 536, 988, 991
Bormann, L., 600, 660, 661
Bornkamm, G., 68, 72, 145, 164, 239, 255, 349, 408, 555, 563, 582, 589, 702, 706, 874, 924
Böttcher, M., 777
Böttrich, Chr., 468, 802, 900
Bousset, W., 205, 248, 986
Bovon, F., 112, 141, 146, 599, 603, 643, 649, 664
Brandenburger, E., 88, 158, 362
Brandt, E., 734
Braumann, G., 599
Braun, H., 68, 72, 399, 747, 824
Breytenbach, C., 44, 48, 61, 259, 280, 317, 318, 320-322, 324-327, 513, 514, 523, 551, 553, 601, 785
Broadhead, E. K., 523
Brockhaus, U., 349, 422, 433
Brodersen, K., 436
Broer, I., 79, 164, 577
Broer, R., 555
Brown, R. E., 861, 862
Brox, N., 694, 699, 753, 775, 784, 796, 802, 803

Brucker, R., 33, 206, 230, 237, 238
Büchele, A., 638, 643
Büchsel, F., 355
Bühner, J.-A., 890, 896, 926, 974
Bujard, W., 702
Bultmann, R., 23, 45-48, 55, 56, 64, 65, 68, 70-72, 77, 81, 164, 188, 193, 207, 210, 222, 229, 255, 269, 289, 296-298, 327, 337, 338, 346, 357, 359, 360, 362, 364-366, 372, 384, 385, 393, 394, 411, 412, 445, 446, 479, 489, 789, 860, 869, 889, 895, 909, 925, 933, 936, 941, 950, 951, 954, 963, 973, 975, 1016
Burchard, Chr., 68, 145, 174, 600, 614, 804, 807, 809, 810, 811, 813-815
Burfeind, C., 609
Burge, G. M., 922, 925
Burger, Chr., 562, 702, 707
Burkert, W., 222, 224, 462
Burkett, D., 900
Busch, P., 1001
Buschke, F., 411, 412, 416, 417, 418
Busse, U., 599, 627
Bussmann, C., 236

Campenhausen, H. von, 60, 287, 753
Camponovo, O., 103, 110
Cancik-Lindemaier, H., 403, 688, 757
Capes, D. B., 232
Carlson, St. C., 73
Cassirer, E., 32
Catchpole, D., 488
Cebulj, Chr., 896
Childs, B. S., 23
Chilton, B., 68

Clarke, A. D., 422, 423, 434, 717
Clauss, M., 478, 526, 536, 687, 688
Collins, A. Y., 524, 691
Collins, J. J., 185, 186
Collins, R. F., 747, 752
Colpe, C., 184, 185, 738
Conrad, Chr., 27
Conzelmann, H., 23, 46, 68, 187, 230, 234, 255, 300, 337, 338, 357, 359, 360, 424, 439, 537, 599, 600, 606-608, 624-626, 627, 643, 659, 660, 676, 678, 682
Coppens, J., 988
Crossan, J. D., 68, 69, 73, 74, 108, 192, 285
Crüsemann, F., 165, 329
Cullmann, O., 205
Culpepper, A., 860, 958, 965, 966

Dalferth, I. U., 49, 55, 206, 211, 287, 294, 301, 304, 323
Dassmann, E., 701, 771, 776
Dauer, A., 602
Dautzenberg, G., 400, 436
De Jonge, M., 103, 523, 558, 624
De Troyer, K., 488
Debrunner, A., 235, 308
Dechow, J., 515, 516, 520
Degenhard, H. J., 653
Deichgräber, R., 205, 707, 786, 789, 1009
Deines, R., 166, 555, 559, 574, 575, 576, 577, 578, 579, 588, 592, 597
Deissmann, A., 255, 355, 757, 777
Delling, B. G., 317, 333, 461, 689, 706, 784, 989, 1009
Delobel, J., 487

Deming, W., 417
Demke, Chr., 259
Dettwiler, A., 256, 701, 712, 713, 927, 931
Dibelius, M., 479, 600, 607, 610, 619, 753, 775, 782, 804, 807, 816, 819
Diefenbach, M., 602, 864, 866
Dietrich, W., 209
Dietzfelbinger, Chr., 922, 924
Dihle, A., 331, 506
Dinkler, E., 784
Dobbeler, A. V., 362, 588
Dobbeler, St. von., 84
Doble, P., 645
Dobschütz, E. V., 747
Dodd, C. H., 860, 862
Doering, L., 175, 176
Dohmen, Chr., 58
Domer, M., 643
Donelson, l. R., 754
Donfried, K. P., 747
Dormeyer, D., 194, 487, 514, 535, 536
Downing, F. G., 75, 376, 463, 637
Droysen, J. G., 27, 29
Dschulnigg, P., 513, 773, 943, 958, 959, 969
Du Rand, J. A., 1000
Du Toit, D. S., 73, 523, 525, 540
Dübbers, M., 702, 722
Dunn, J. D. G., 68, 76, 84, 103, 165, 184, 190, 194, 205, 225, 255, 261, 271, 280, 344, 345, 357, 360, 384, 385, 386, 442, 495, 702
Dux, G., 34

Ebel, E., 426
Ebeling, G., 72, 77

Ebersohn, M., 145
Ebner, M., 69, 136, 523, 526, 540
Eckert, J., 144
Eckstein, H.-J., 362, 376, 402-404, 767, 973, 979
Eddelbüttel, A., 31
Egger, P., 194, 198
Ego, B., 474
Eisele, W., 825, 848, 849, 850
Eisen, U. E., 601
Elliger, W., 620, 728
Elliott, J. H., 784, 785
Elliott, N., 267, 286
Ellis, E. E., 672
Eltester, F.-W., 404, 725
Ephraim Lessing, G., 70
Erlemann, K., 119, 461, 472, 662
Ernst, J., 84, 86, 91, 205, 672, 725
Esler, Ph. F., 24, 146, 382
Estel, B., 35
Evans, C. A., 68, 69, 73

Fantham, E., 482
Fassbeck, G., 169
Faust, E., 719, 725, 729, 733, 734, 735, 738
Fee, G. D., 343, 350
Feldmeier, R., 206, 259, 543, 558, 762, 785, 791, 793, 794, 795
Feldt-Keller, A., 50
Fendler, F., 513
Feneberg, M., 516
Fenske, W., 411
Ferreira, J., 963
Fiedler, P., 164, 555, 558, 578, 582, 591
Fiore, B., 780

Fischer, J., 206
Fischer, K. M., 243, 287, 682, 694, 725, 734, 739, 740, 741, 874
Fitzmyer, J. A., 232, 233, 599
Fleddermann, H. T., 488, 489, 490, 494, 495, 496, 500, 502, 505, 512
Flender, H., 599, 663
Flusser, D., 68, 115
Foerster, W., 768
Fornberg, T., 244, 853, 856, 857
Forschner, M., 412, 422
Fortna, R. T., 860
Fortner, S., 108
Fossum, J. E., 220
Foster, P., 555, 590
Franck, E., 925
Frankemölle, H., 555, 559, 562, 566, 582, 734, 804, 805, 807, 812, 814, 815, 817, 819, 821, 824, 948
Frenschkowski, M., 496, 530, 694
Freudenberger, R., 691, 693
Frey, J., 44, 48, 61, 78, 191, 193, 206, 317, 362, 384, 853, 854, 860, 889, 894, 896, 898, 904, 908-910, 913-915, 918, 927, 954, 972, 973, 977, 979, 984, 986, 1012
Freyne, S., 109, 170, 184, 199
Frickenschmidt, D., 487
Friedrich, G., 205, 273, 308, 316, 320, 324, 328, 393, 394, 574
Friedrich, J., 56, 420, 716
Friese, H., 35
Frohnhofen, H., 689
Fuchs, E., 69, 72
Funke, H., 224

Gabel, G., 825
Ganser-Kerperin, H., 611
Garleff, G., 805, 819, 822, 823
Gaukes, M., 321
Gaukesbrink, M., 321
Gebauer, R., 705
Geertz, C., 335, 968
Gehring, R. W., 422, 437, 683, 717
Geist, H., 570
Gemünden, P. von, 805, 812, 819
Genette, G., 484, 485
George, M., 209
Georgi, D., 1010
Gerdmar, A., 853
Gergen, K. J., 39
Gese, M., 725, 733, 734, 737, 738, 742, 743, 745
Geyer, H.-G., 298
Gielen, M., 234, 362, 555, 589, 716, 736
Giesen, H., 577, 578, 986, 996, 1005
Glonner, G., 986
Gnilka, J., 23, 68, 135, 141, 175, 176, 255, 355, 513, 518, 520, 529-531, 541, 555, 557, 565, 588, 603, 695, 702, 710, 725, 729, 874, 937, 941, 978
Goertz, H.-J., 27, 28, 29, 32, 33
Goldhahn-Müller, I., 438, 585, 841, 949
González, J. L., 639
Goppelt, L., 23, 44, 48, 49, 65, 164, 184, 207, 682, 784, 788, 790, 803
Grabner-Haider, A., 421
Grass, H., 287, 296
Grässer, E., 101, 259, 428, 472, 599, 672, 678, 722, 754, 824-826, 828, 833, 839, 844, 845, 864

Grimm, W., 148
Groghans, H.-P., 206
Groll, O., 975
Gruber, M., 919, 920
Grundmann, W., 645, 874, 966
Grütter, H. Th., 25
Gubler, M.-L., 205, 543
Gunkel, H., 343
Günther, H. W., 1011
Gutbrod, W., 362, 409
Guttenberger, G., 515, 521, 523, 529
Güttgemanns, E., 311
Guyot, P., 682, 691

Haacker, K., 322, 376, 419, 617
Habermann, J., 266, 707, 828, 875
Haenchen, E., 600, 616, 643, 675, 908
Hafemann, J., 428
Hafner, G., 561, 754
Hagene, S., 646
Hahn, F., 23, 44, 48, 49, 55-59, 64, 65, 79, 83, 91, 182, 184, 191, 205, 207, 208, 226, 232, 256, 274, 334, 375, 458, 459, 478, 489, 514, 528, 638, 651, 695, 809, 853, 862, 875, 901, 934, 937, 939, 941, 974, 988, 998, 1002, 1010
Haldimann, K., 909, 927
Hammes, A., 973
Hampel, V., 175, 185
Hanson, J. S., 108
Harnack, A. von, 132, 133, 163, 206, 248, 487, 491, 682
Harnisch, W., 119, 146, 441
Harrill, J. A., 399
Harrrison, J. R., 357, 358, 359

Hartingsveld, L. van, 978
Hartmann, L., 571
Hasitschka, M., 948
Hasler, V., 754
Hatina, Th. R., 518
Haubeck, G., 352
Haufe, G., 455, 754
Hayes, H., 256
Hays, R. B., 411
Heckel, Th. K., 408, 740, 853, 859
Hedinger, H.-W., 26
Heekerens, H. P., 884
Hegermann, H., 707, 738, 754, 824, 826, 831
Heidegger, M., 62
Heil, Chr., 86, 128, 488, 489, 490, 492, 495, 496, 498, 504, 600, 620
Heiligenthal, R., 74, 815, 853-855
Heininger, B., 103, 161, 634
Heise, J., 942
Held, G., 555
Hellholm, D., 244
Hemer, C. J., 601, 986
Hengel, M., 104, 138, 142, 145, 146, 164, 166, 171, 174, 184, 191, 193, 198, 199, 205, 210, 222, 227, 233, 243, 244, 245, 247, 248, 250, 266, 289, 468, 471, 513, 521, 574, 596, 682, 694, 802, 804, 808, 814, 816, 860, 889, 909, 986, 991, 993
Henten, J. W. van, 322
Hergenröder, C., 939, 943
Herghelegiu, M.-E., 992, 995, 1000
Hermann, I., 343
Hermann, R., 345
Herzer, J., 767, 785, 788, 791, 793, 798, 803

Higgins, A. J. B., 184
Hilgenfeld, A., 751
Hinrichs, B., 896
Hintermaier, J., 621
Hirschberg, P., 1006
Hirsch-Luipold, R., 225
Hitzl, K., 688, 757
Hoegen-Rohls, Chr., 927, 981
Hoffmann, H., 169, 378, 379
Hoffmann, P., 86, 188, 287, 441, 446, 487-489, 492-494, 500, 502, 505, 510, 583
Hofius, O., 97, 126, 264, 265, 267, 283, 324, 370, 371, 385, 544, 824, 849, 879, 992-994
Hogan, l. E., 148
Höhn, H.-J., 34
Hölkeskamp, K.-J., 25
Holland, G. S., 747
Holmén, T., 73, 181
Holm-Nielsen, S., 330
Hölscher, L., 30
Holtz, T., 68, 621, 637, 990, 991, 993, 994, 996, 998, 991, 1000, 1002, 1005, 1011, 1013
Holtzmann, H. J., 23, 751
Hommel, H., 372
Hoppe, R., 170, 702, 704, 734, 804, 805, 808, 820
Horbury, W., 192
Horn, F. W., 23, 244, 291, 292, 310, 343, 344, 345, 347, 350, 351, 367, 469, 511, 599, 653, 654, 656, 657, 658, 659, 661, 663, 987, 992, 998
Horsley, G. H. R., 729

Horsley, R. A., 103, 108, 109, 285, 292
Hossenfelder, M., 25
Hotze, G., 311, 747, 748
Hübner, H., 23, 44, 164, 175, 176, 228, 255, 269, 280, 305, 340, 355, 375, 376, 457, 702, 725, 727, 730, 744
Hughes, F. W., 747
Hummel, R., 555, 589
Hüneburg, M., 488, 494, 498, 499
Hunzinger, C. H., 441, 450, 784
Hurst, L. D., 824
Hurtado, L. W., 206, 225, 231, 233, 280, 496, 500, 558, 705

Ibuki, Y., 883
Iser, W., 33

Jackson, F. J. F., 600
Jacobson, A. D., 488
Jaeger, W., 275
Janowski, B., 158, 317, 322
Janowski, J. Chr., 317
Järvinen, A., 492
Jaspers, K., 229
Jendorff, B., 901
Jeremias, G., 760, 1002
Jeremias, J., 23, 48, 68, 95, 99, 104, 119, 123, 125, 179, 201, 203, 207, 238, 599
Jervell, J., 404, 601, 616, 619, 621, 653, 663
Jewett, R., 286, 363, 408, 747
Jochum-Bortfeld, C., 1006
Johnson, L. T., 754, 767
Jones, S., 362, 399
Jonge, M. de, 233, 280, 638, 790
Jülicher, A., 23

Jung, F., 756, 757, 905
Jüngel, E., 119

Kaestli, J.-D., 701
Kaestu, J.-D., 256
Kahl, W., 148
Kähler, Chr., 45, 46, 71, 119, 120, 121, 171
Kähler, M., 45, 71
Kalms, J. U., 986
Kammler, H.-Chr., 263, 280, 860, 925, 934, 938, 973, 979
Kampling, R., 522, 545, 555, 598, 825, 1006
Karrer, M., 182, 285, 191, 205, 231, 235, 295, 319, 468, 491, 511, 641, 712, 740, 777, 785, 804, 807, 825, 827-831, 836, 905, 986, 990, 991, 994, 1002, 1004, 1011, 1012
Käsemann, E., 57, 69, 72, 73, 164, 255, 280, 327, 330, 334, 337, 338, 343, 347, 362, 371, 394, 419, 424, 459, 702, 718, 824, 833, 858, 860, 878, 880, 909, 951, 963
Kaufmann-Bühler, D., 768
Kee, H. C., 682
Kerner, J., 1002
Kertelge, K., 79, 148, 194, 205, 255, 280, 333, 523, 543, 548, 550, 701, 734, 747, 754
Kessel, M., 27
Kierspel, L., 864, 866
Killgallen, J. J., 637
Killunen, J., 538
Kim, P., 344, 374, 375
Kingsbury, J. D., 523, 555, 570, 571
Kinlaw, P. E., 874, 888, 889
Kirk, A., 488

Klaiber, W., 422, 874
Klappert, B., 298
Klauck, H. J., 73, 158, 244, 276, 403, 515, 550, 653, 655, 683, 681, 686, 704, 1002, 1003, 1014
Klehn, L., 355, 356
Klein, G., 211, 375, 602, 667, 723, 784
Klein, H., 600, 635, 651, 754
Klein, R., 682, 691
Klinghardt, M., 599, 651
Kloppenborg, J. S., 488, 489, 494, 499, 500, 502
Klumbies, P.-G., 259, 266, 267, 514
Kmiecik, U., 526, 552
Knoch, O., 856, 857, 859
Knöppler, Th., 280, 318, 322, 638, 906, 908, 909, 914, 915, 916, 948, 992, 997, 1000
Knorr-Cetina, K., 33
Koch, D.-A., 271, 318, 523, 534, 536, 777
Koch, T., 69
Kocka, J., 29
Koester, C. R., 825, 860, 871, 872, 898, 905
Kohler, H., 63, 894, 908, 909, 912, 921, 954
Köhler, L., 699
Köhler, W.-D., 597
Kolakowski, L., 228
Kolb, F., 684, 688, 689
Kollmann, B., 128, 130, 148, 149, 152-157, 201, 203, 250, 396, 529
Konradt, M., 452, 453, 555, 588, 589, 592, 804-806, 810, 812, 815, 819, 822
Kooten, G. H. van, 705, 711, 728
Korn, M., 600, 608, 624, 627, 638
Kosch, D., 164, 488, 505, 512

Koselleck, R., 53
Koskenniemi, E., 151
Köster, R., 74
Kowalski, B., 639, 1010
Kraft, H., 996, 1000
Kragerud, A., 965, 966
Kramer, W., 205, 226, 232, 234
Kratz, R., 148
Kraus, W., 180, 243, 246, 252, 253, 280, 321, 326, 422, 423, 427, 428, 429, 740, 892
Kremer, J., 600, 631, 639, 640, 665
Kreplin, M., 185
Kretschmar, G., 754, 766, 1015
Krieger, K. St., 198
Kristen, P., 507, 549
Krückemeier, N., 626
Kügler, J., 965, 966
Kuhn, H. W., 173, 175, 199, 211, 308, 513, 538, 760, 915, 1002
Kuhn, K. G., 374
Kuhn, P., 517
Kühschelm, R., 934
Kümmel, W. G., 23, 70, 79, 172, 173, 185, 307, 362, 370, 472, 606, 679, 816
Kunghardt, M., 452
Kurianal, J., 831
Kurth, Chr., 600
Kurz, G., 103
Kytzler, B., 719

Laato, T., 362, 371
Labahn, M., 69, 148, 233, 234, 280, 285, 376, 494, 499, 502, 874, 884, 885, 891, 918, 947, 958
Läger, K., 754, 759, 760, 761, 762, 779

Lahnemann, J., 702
Lake, K., 600
Lampe, G. W. H., 639
Lampe, P., 584, 668, 683, 684, 729, 820
Landmesser, Chr., 343, 573, 574
Lang, F., 408
Lang, M., 619, 912, 927
Lange, A., 474
Lange, J., 555, 599
Larsson, T., 862
Latike, M., 951
Laub, F., 752, 824, 834
Lautenschlager, M., 804
Leipoldt, J., 60
Leppa, O., 702
Lessing, G. E., 293
Leyh, P., 27
Lichtenberger, H., 165, 182, 210, 317, 370, 374
Lietzmann, B. H., 816
Lietzmann, H., 322
Limbeck, M., 194, 329
Lincoln, A. T., 725
Lindars, B., 825
Lindemann, A., 23, 50, 416, 417, 443, 447, 450, 488, 701, 702, 725, 727, 733, 744, 747, 752, 753, 761, 803, 814, 816, 852, 963
Linnemann, E., 119, 121, 123
Lips, H. V., 266, 431, 495, 502, 754, 755, 778, 938
List, E., 24
Loader, W. R. G., 824, 831
Lohfink, G., 579, 599, 611, 613, 615, 617, 623, 630, 641, 663, 754, 780

Lohmeyer, E., 237
Löhr, H., 825, 834, 837, 840, 842, 848
Lohse, E., 175, 176, 239, 255, 322, 333, 607, 653, 702, 706, 708, 716, 718, 784, 815
Loisy, A., 206
Lona, H. E., 702, 721, 723, 725, 745, 1005
Longenecker, R. N., 206, 729, 992
Löning, K., 548, 600, 604, 608, 628, 653, 664, 668, 756, 765
Lorenz, Chr., 32
Lorenzen, T., 965, 966
Löser, Ph., 103
Löwe, H., 710
Luck, G., 151
Luck, U., 804, 813, 815, 820
Luckmann, Th., 34, 35, 36, 37, 38, 60, 304, 305, 968
Lüdemann, G., 68, 211, 243, 248, 252, 255, 287, 294-296, 457, 475, 601, 814, 816
Lüdemann, H., 362
Ludwig, H., 702, 708
Lührmann, D., 79, 362, 396, 487, 494, 495, 510, 514, 516, 531, 541, 543, 710, 760, 1006, 1010
Luttenberger, J., 712
Lutz-Bachmann, M., 259, 756
Luz, U., 55, 113, 171, 209, 243, 255, 270, 558, 577, 683, 725, 734, 736

Maas, W., 277
Mack, B. L., 74, 132, 901
Maddox, R., 600
Maier, F., 853
Maier, G., 268, 269, 1015

Maier, J., 197, 329
Maisch, I., 702, 706, 708, 712, 718
Malherbe, A. J., 747, 764
Malina, B. J., 68, 74, 103, 986, 1011, 1012
Mansfeld, J., 224
Manson, St., 85, 478
Manthe, U., 717
Marcus, J., 514, 518
Marguerat, D., 69, 256, 595, 601, 604, 617, 701
Maritz, P., 861
Markschies, Chr., 408, 686
Marshall, I. H., 23, 695, 754
Martin, R. P., 729
Martyn, J. L., 860, 984
Marxsen, W., 287, 293, 513, 747, 751, 752, 784
März, C.-P., 600, 612, 671
Matera, F. J., 206, 523, 524, 558, 624, 636
Matthiae, K., 68
Mayer, B., 268
Mayer, G., 127
Mayordomo, M., 465, 560
Mcgrath, J. F., 874
Meade, D. G., 694, 695
Meeks, W. A., 682, 890, 963
Meier, J. P., 68, 78, 79, 84, 93, 103, 148
Meiser, M., 659, 705
Mell, U., 362, 994
Menken, M. J. J., 747
Merk, O., 23, 672, 677, 722, 740, 754, 766
Merkel, H., 103, 617, 651, 775, 776, 777
Merklein, H., 89, 96-98, 103, 111, 113, 118, 122, 126, 131, 134, 135, 139, 153, 161, 174, 184, 187, 201, 203, 234, 255,

271, 272, 274, 419, 459, 720, 721, 723-725, 728, 737, 740, 742, 1005
Merz, A., 68, 72, 84, 103, 134, 148, 177, 185, 187, 189, 194, 287, 698, 754, 767
Metzger, B. M., 60
Metzger, P., 747, 751
Metzner, R., 906, 910, 948, 950
Meurer, S., 706
Meyer, A., 804
Meyer, M. W., 488
Meyers, E. M., 170
Michel, H.-J., 669
Michel, O., 563
Michie, D., 514
Mikat, P., 662
Mineshige, K., 654, 657
Miranda, J. P., 890
Mittmann-Richert, U., 625
Moessner, d. P., 600
Moloney, F. J., 514, 860, 900
Mommsen, W. J., 29, 53
Mönning, B. H., 656
Morgenthaler, R., 600
Moxnes, H., 132, 169, 683
Moxter, M., 33
Müller, Chr. G., 611, 988, 990
Müller, D. B., 182
Müller, K. E., 34, 167, 186, 197
Müller, M., 185
Müller, P., 69, 519, 523, 549, 701, 702, 722, 747, 748, 749
Müller, U. B., 86-91, 283, 682, 685, 701, 854, 874, 875, 876, 891, 908, 909, 910, 916, 917, 924, 925, 986, 994, 1000, 1003, 1009, 1012, 1014

Müseler, E., 699
Mussner, F., 725, 727, 730, 731, 733, 735, 738, 742, 745, 746, 804, 805, 817, 860, 893, 924, 926, 938, 945, 964

Nagel, T., 984
Nauck, W., 652
Nebe, G., 445, 599, 633
Neirynck, F., 488, 637
Nepper-Christensen, P., 574
Nestle, D., 400
Neugebauer, F., 784, 889, 940
Neugebauer, J., 973
Neusner, J., 128, 173, 176
Neyrey, J. H., 857
Nicol, W., 884
Niebuhr, K.-W., 148, 171, 391, 805, 809
Niederwimmer, K., 23
Niemand, Chr., 69
Nilsson, M. P., 462
Nissen, A., 145, 168, 329
Nolland, J., 555, 597
Nolte, G., 343
Norden, E., 711

Oberlinner, L., 582, 754, 757, 759, 760, 761, 762, 771, 774, 775, 778
Obermann, A., 892
Oegema, G., 192
Oepke, A., 356
Ohler, M., 182, 250, 1016
Oliveira, A. de, 705, 712
Ollrog, W.-H., 440, 696
Omerzu, H., 469, 659
Onuki, T., 69, 110, 153, 894, 963, 970

Osiek, C., 683
Osten-Sacken, P. Van den, 289, 343, 348, 352
Oster, R., 729
Overman, A., 589

Paesler, K., 195
Painter, J., 860
Pamplaniyl, J. Th., 963
Pannenberg, W., 296, 298-301
Panzram, S., 478
Paroschi, W., 879
Parsenios, G. L., 927
Passow, F., 285, 318
Patsch, H., 203
Paulsen, H., 785, 804, 853-855, 857
Pax, E., 760
Peerbolte, B. J., 148
Percy, E., 702, 725
Peres, I., 279, 452
Perrin, N., 68, 103
Pesch, R., 148, 513, 530, 531, 532
Petersen, N. R., 514
Petracca, V., 654, 658
Petzke, G., 148
Petzoldt, M., 123
Pfeiffer, M., 349, 350, 411, 951, 956
Pfitzner, V. C., 431
Philonenko, M., 107, 113
Pilch, J. J., 986
Pilhofer, P., 284, 474, 630, 672
Piper, R. A., 488
Plümacher, E., 600, 603, 615, 616, 679, 682
Pohlenz, M., 466
Pohlmann, W., 122, 420

Pokorny, P., 25, 205, 376, 600, 624, 694, 713
Polag, A., 487, 489, 500, 512
Pollefeyt, D., 864
Popkes, E. E., 747, 750, 861, 867, 868, 872, 889, 893, 896, 934, 951, 953, 961, 979
Popkes, W., 205, 206, 236, 241, 804, 808, 809, 811, 812, 814, 821, 823
Poplutz, U., 431
Popp, Th., 874, 887, 899, 967, 969
Porsch, F., 921, 923
Porter, St., 79, 170
Powell, N. A., 486
Powers, D. G., 258, 334, 352, 360, 443
Prast, F., 669
Pratscher, W., 471, 804
Prigent, P., 986
Prostmeier, F. R., 785, 795, 797, 798
Przybylski, B., 577

Radl, W., 600, 625, 627, 643, 658
Rahner, J., 908
Räisänen, H., 49-51, 174, 255, 376, 388, 389, 392, 457, 460, 465, 513, 531, 532, 616, 1002
Ranke, L. V., 27
Rau, E., 379
Reed, J. L., 69, 74, 108, 285
Rehkopf, F., 235, 308
Reichert, A., 457, 785, 788, 796, 803
Reicke, B., 784
Rein, M., 958
Reinbold, W., 194, 195, 396, 682
Reinhartz, A., 862

Reinmuth, E., 41, 256, 300, 362, 576, 646, 647, 664, 747, 752, 938, 959
Reiser, M., 158, 160, 163, 772
Rengstorf, K. H., 255
Rese, M., 259, 621, 638
Reventlow, H., 784
Rhea, R., 900
Rhoads, D., 514
Richter, G., 860, 879, 963, 973
Ricoeur, P., 28, 37
Riedl, J., 874
Riedo-Emmenegger, Chr., 108, 109, 420
Riesner, R., 199, 243, 250
Rigaux, B., 178
Riniker, Chr., 158, 160, 162, 163, 189
Rinke, J., 889
Rissi, M., 986
Ristow, H., 68
Ritschl, A., 132, 133
Ritt. H., 196, 971
Ritter, W. H., 206
Robinson, J. M., 69, 74, 75, 487, 489, 495, 500, 502, 511, 513, 528
Robinson, W. C., 599
Rohde, E., 462
Röhser, G., 268, 269, 367, 369, 371, 934, 935, 938
Rollmann, H., 48
Roloff, J., 23, 68, 175, 176, 187, 203, 355, 422-424, 428, 429, 430, 433-435, 437, 582, 583, 590, 595, 600, 607, 608, 615, 638, 653, 663, 665, 667, 668, 672, 718, 719, 737, 739, 741, 742, 746, 754, 761-763, 766, 767, 773, 775, 776, 778, 781, 782, 798, 799, 800, 833, 845, 965, 986, 987, 996, 997, 998, 1000, 1003, 1006-1008, 1010-1012, 1014
Rondez, P., 488
Roose, H., 747, 1005
Rothfuchs, W., 593
Rowland, Chr., 56, 220, 991
Ruckstuhl, E., 860
Ruiz, M. R., 963, 970, 971, 972
Rüpke, J., 688
Rusam, D., 621, 623, 706, 864, 963
Rüsen, J., 24, 25, 27, 28-31, 34, 53, 300, 302, 980

Sabbe, M., 195
Sadananda, D. R., 862, 863, 866
Saldarini, A. J., 589, 597
Samuel Reimarus, H., 70
Sánchez, H., 612
Sand, A., 362, 555
Sanders, E. P., 68, 73, 78, 142, 165, 174, 184, 196, 255, 314, 340, 375, 384, 388, 465
Sänger, D., 102, 171, 176, 457, 697, 992, 994, 1010
Sappington, T. J., 702
Sariola, H., 545
Sasse, M., 900
Satake, A., 1006
Sato, M., 488, 489, 502, 508
Sauer, J., 79, 134, 136, 142, 195, 196
Schade, H. H., 280, 290, 292, 441, 446
Schäfer, P., 103, 107
Scharbert, J., 328
Schelbert, G., 99
Schenk, W., 646

Schenke, L., 69, 84, 103, 148, 514, 523, 525, 540, 548, 549, 860, 887, 979
Schiefer-Ferrari, M., 311
Schierse, F. J., 824
Schilberg, A., 777
Schille, G., 701
Schillebeeckx, E., 68, 79, 205
Schimanowski, G., 205, 996
Schlarb, E., 754, 761, 774, 775, 776
Schlatter, A., 52, 395
Schlier, H., 55, 57, 255, 261, 344, 351, 725, 727, 732, 939
Schlosser, J., 499
Schluep, Chr., 319, 352
Schmeller, Th., 412, 422, 507, 509, 701
Schmid, H., 329, 889
Schmidt, A., 69, 901
Schmidt, K. L., 479
Schmidt, K. M., 694, 785, 802
Schmidt, W. H., 104
Schmithals, W., 148, 362, 661, 775
Schnabel, E. J., 243, 682
Schnackenburg, R., 134, 411, 523, 547, 558, 624, 630, 653, 716, 725, 726, 733, 768, 784, 860, 874, 904, 908, 921, 925, 951, 968, 971, 980, 1002
Schneemelcher, W., 243, 682
Schneider, G., 599, 600, 603, 608, 621, 627, 631, 632, 643, 658, 672, 675, 677
Schnelle, U., 27, 54, 74, 119, 223, 234, 241, 243, 249, 254, 255, 259, 280, 281, 284, 291, 306, 321, 322, 323, 330, 333, 334, 338, 346, 352, 355, 356, 362, 376, 380, 381, 383, 384, 388, 392, 411, 415, 441, 447, 450, 455, 469, 489, 512, 514, 541, 696, 703, 713, 718, 726, 748, 755, 785, 805, 825, 853, 860, 861, 864, 866, 870, 874, 879, 884, 887, 889, 909, 911, 912, 923, 922, 927, 928, 934, 938, 940, 943, 951, 954, 963, 967, 976, 977, 978, 980, 981, 987
Schnider, F., 182, 804, 816, 819
Schniewind, J., 561
Schoeps, H. J., 255
Schöllgen, G., 717
Scholtissek, K., 513, 515, 550, 552, 701, 705, 747, 759, 868, 917, 927, 929, 968, 969, 1002, 1006
Schottroff, L., 68, 127, 599, 618, 634, 653, 657, 874
Schrage, W., 56, 206, 227, 234, 240, 250, 260, 262, 277, 349, 411, 547, 577, 578, 653, 716, 734, 736, 768, 795, 816, 817, 951, 1002
Schreiber, H.-l., 343
Schreiber, St., 104, 137, 192, 637
Schreiner, Th. R., 376
Schröger, F., 784, 793, 799, 800, 803, 827
Schröter, J., 49, 61, 69, 77, 103, 170, 187, 188, 189, 193, 203, 206, 280, 317, 326, 352, 488, 492-494, 499, 500, 602, 681, 720, 992
Schrüter, J., 48
Schuchard, B. G., 892
Schulz, S., 134, 487, 577, 581, 609, 653, 782, 897, 900, 951, 1002, 1006
Schumacher, L., 683
Schunack, G., 396
Schüpphaus, J., 330

Schürmann, H., 68, 101, 112, 202, 203, 204, 413, 487, 490, 625, 664
Schüssler Fiorenza, E., 986, 1006
Schutter, W. L., 784
Schütz, A., 34, 36, 304, 305, 968
Schütz, F., 638
Schütz, R., 986
Schwankl, O., 167, 221, 872, 943, 944
Schweitzer, A., 69-72, 133, 143, 165, 255, 259, 281, 314, 335
Schweizer, E., 68, 205, 236, 426, 531, 532, 555, 587, 624, 702, 706, 710, 712, 716, 718, 785, 801, 890, 896, 963
Schwemer, A. M., 104, 106, 243, 247, 248
Schwier, H., 474
Schwindt, R., 280, 725, 727, 729, 874
Schwobel, Chr., 303
Scott Kellum, L., 927
Scriba, A., 79, 83
Scroggs, R., 362
Seeley, D., 502
Seelig, G., 223
Seifrid, M. A., 280, 330, 337, 338, 355
Sellert, W., 376
Sellin, G., 228, 229, 234, 280, 290, 291, 292, 725, 734, 735, 738, 739, 853, 854
Sevenich-Bax, E., 488, 505, 511
Sherwin-White, A. N., 194
Siber, P., 353, 441, 446
Sienczka, R., 69
Sim, D. C., 589
Slenczka, R., 296
Smalley, S. S., 987
Smith, M., 73, 148
Soards, M. L., 601

Söding, Th., 55, 58, 195, 206, 233, 255, 266, 280, 310, 333, 336, 349, 360, 367, 397, 411, 421, 513, 514, 519-521, 544, 546, 547, 552, 639, 759, 824, 860, 879, 908, 930, 951, 988, 990, 992, 1008
Sohm, R., 434
Söllner, P., 1010
Sonntag, H., 329, 331, 376, 377
Speyer, W., 694, 695
Spieckermann, H., 104, 328
Spitta, F., 788, 853
Sprecher, M. Th., 971
Sproston North, W. E., 918
Städele, A., 771
Stählin, G., 973
Stambaugh, J. E., 682
Standhartinger, A., 696, 702, 710, 717, 768
Stanton, G., 555
Stark, R., 276, 682
Stauffer, E., 691
Stegemann, E., 86, 87, 91, 92, 135, 153, 177, 195, 243, 561, 598, 682, 760, 1002
Stegemann, H., 84, 558
Stegemann, W., 68, 74, 127, 134, 243, 599, 618, 653, 657, 658, 661, 682, 683
Stein-Hölkeskamp, E., 25
Steinmetz, F. J., 702, 725
Stemberger, G., 165, 463, 689
Stendahl, K., 555, 593, 596
Stenger, W., 754
Stenschke, Chr., 650
Stettler, Chr., 702, 707
Stettler, H., 761, 762
Steudel, A., 396
Steyn, G. J., 643

Stibbe, M. W. G., 860, 958
Stolle, V., 600
Storck, G., 449
Straub, E., 876, 909
Straub, J., 28, 35, 37, 38, 39
Strauss, D. F., 71, 294-296
Strecker, Chr., 154, 256, 312, 334, 355, 356, 444
Strecker, G., 23, 44, 46, 49, 55, 115, 135, 136, 138, 140, 142, 205, 223, 241, 255, 271, 274, 314, 355, 382, 414, 446, 472, 476, 480, 489, 520, 555, 558, 567, 575, 578-580, 588, 589, 593, 596, 599, 710, 797, 872, 889, 942, 979, 1006, 1010
Strobel, A., 194, 419, 751, 824
Stuckenbruck, L. T., 220, 829, 995
Stuhlmacher, P., 23, 44, 48, 49, 55, 57, 65, 185, 189, 255, 271-273, 320, 321, 325, 326, 330, 334, 337, 338, 340, 375, 420, 489, 994, 1000
Suhl, A., 148, 518
Sundermeier, Th., 689
Synofzik, E., 452, 455

Taeger, J.-W., 172, 599, 646, 647, 648, 650, 986, 1004
Tannehill, R. C., 550, 601, 617
Taubes, J., 257
Teichmann, F., 474
Telford, W. R., 514
Theissen, G., 51, 68, 72, 74, 79, 80, 81, 84, 91, 103, 108, 116, 131, 134, 145, 148, 153, 155, 156, 173, 177, 179, 185, 187, 189, 194, 244, 245, 287, 352, 362, 370, 460, 479, 480, 506,
507, 509, 514, 532, 569, 594, 656, 805, 819, 822, 824, 980
Theobald, M., 153, 271, 457, 826, 860, 875, 896, 928, 965
Thomas, J. C., 955
Thompson, J. W., 830
Thompson, L., 691
Thompson, M. M., 862, 863, 875, 885
Thornton, C. J., 601
Thüsing, W., 23, 44, 48, 65, 83, 207, 240, 259, 262, 263, 264, 265, 280, 314, 345, 874, 882, 915
Thyen, H., 861, 889, 896, 912, 951, 979
Tilborg, S. van, 900, 958
Tillich, P., 104, 304
Tilly, M., 88
Tiwald, M., 488, 508
Tödt, H. E., 184, 187, 487, 503
Tóth, F., 987, 990, 996, 1000, 1013
Trautmann, M., 182
Trilling, W., 555, 588, 747, 751
Trobisch, D., 482
Troeltsch, E., 302
Tröger, K. W., 686, 754, 946
Trowitzsch, M., 739
Trumbower, J., 934
Trummer, P., 697, 754, 755, 767
Trunk, D., 148, 152
Tsuji, M., 804, 816
Tübler, A.-Chr., 777
Tuckett, C. M., 56, 185, 188, 488, 491, 492, 494, 509, 600, 624
Twelftree, G. H., 148

Übelacker, W., 825, 842, 843

Uebele, W., 888, 889
Ulland, H., 986
Umbach, H., 334, 355, 367, 368, 369, 422, 438, 439
Untergassmair, F. G., 643
Urban, Chr., 938
Urner, Chr., 691

Vahrenhorst, M., 589
Valantasis, R., 488
Van Belle, G., 861
Van Der Watt, J. G., 352, 861, 951
Van Hartingsveld, L., 973
Van Kooten, G. H., 702
Van Zyl, H. C., 643
Vanhoye, A., 824
Vanoni, G., 103
Vegge, T., 257
Veijola, T., 389
Verheyden, J., 488, 600
Vermes, G., 68, 73, 150, 182, 184, 185, 191, 194, 199, 232
Verner, D. C., 776
Vielhauer, Ph., 54, 184, 187, 205, 523, 600, 638, 816
Viering, F., 287
Vischer, L., 243
Vittinghoff, F., 690, 691
Vogels, H. J., 788
Vögtle, A., 185, 187, 188, 853, 988
Völkel, M., 672
Vollenweider, S., 152, 206, 220, 238, 256, 280, 284, 286, 343, 346, 362, 399, 400
Vorster, W. S., 537

Vos, F., 349
Voss, F., 280
Vouga, F., 23, 243, 515, 523, 682

Waal Dryden, J. de, 785
Wagener, U., 717, 754, 770, 771
Walaskay, W., 658
Walker, R., 555, 565
Walter, N., 238, 447, 448, 449, 452, 722
Wander, B., 666, 689
Wanke, J., 629, 664
Waschke, E.-J., 191
Wasserberg, G., 600, 601, 612, 613, 641
Watson, D. F., 853
Watt, J. G. van der, 764, 898, 899, 933, 962
Webb, R. L., 84
Weber, R., 168, 333, 370, 371, 378, 390, 523, 525, 527, 530, 769
Wechsler, A., 249
Wedderburn, A. J. M., 243, 384
Weder, H., 55, 103, 115, 117-121, 129, 139, 143, 148, 152, 156, 280, 309, 342, 349, 368, 402, 412, 415, 516, 558, 567, 875, 880
Wehnert, J., 475, 601, 652
Weigandt, P., 888, 889
Weischedel, W., 256
Weiser, A., 23, 247, 600, 608, 677, 754, 764, 775
Weiss, H.-F., 538, 825, 831, 832, 833, 842, 844, 846, 849, 850, 851
Weiss, J., 72, 133, 248
Welck, Chr., 884
Wellhausen, J., 247

Welzer, H., 63
Wengst, K., 205, 236, 321, 420, 707, 789, 860, 881, 979, 984, 1009
Wenschkewitz, H., 419
Werdermann, H., 853
Westerholm, S., 384
Wetter, P. G., 359
Wibbing, S., 418
Wiefel, W., 441, 448, 450, 501
Wilckens, U., 23, 44, 48, 57, 65, 185, 263, 296, 320, 321, 333, 334, 336, 339, 362, 375, 382, 418, 453, 454, 460, 489, 600, 637, 643, 860, 873, 928, 954, 963, 979
Wilken, R. L., 682
Wilkens, W., 889
Williamson, R., 831
Wilson, R., 702
Windisch, H., 338, 368, 412, 440, 815, 824, 924
Winter, D., 79, 80, 81
Winter, M., 927, 928
Wischmeyer, O., 145, 256, 349, 362
Witulski, Th., 687, 723
Wölfel, K., 293
Wolff, Chr., 234, 235, 289, 291, 292, 309, 349, 366, 405, 784, 1006
Wolff, H.-W., 406
Wolter, M., 89, 103, 148, 158, 163, 280, 326, 411, 412, 416, 421, 431, 609, 612,
658, 661, 672, 675-677, 694, 702, 706, 710, 712, 713, 717, 725, 734, 754, 758, 775, 777, 779-781, 987, 998, 1002, 1006, 1009
Wong, K. Ch., 598
Wördeman, D., 487
Wrede, W., 48-51, 72, 255, 314, 382, 513, 531, 532, 747
Wright, N. T., 68, 103, 158, 182, 184, 194, 200, 225, 256, 280, 285, 384
Wuellner, W. H., 804

Yueh-Han Yieh, J., 559, 566

Zager, W., 48, 158, 163, 1013
Zahn, Th., 60
Zahrnt, H., 70
Zeilinger, F., 702, 707
Zeller, D., 136, 191, 222, 233, 240, 243, 291, 338, 339, 357, 359, 487, 504, 510, 511, 980
Zimmermann, A. E., 437, 821
Zimmermann, H., 824, 828, 831
Zimmermann, J., 155, 183, 192, 222, 233
Zimmermann, R., 412, 694, 695, 699, 874, 898, 899, 943
Zingg, E., 862-864
Zmijewski, J., 672
Zumstein, J., 712, 860, 908, 912, 955

ÍNDICE DAS PASSAGENS BÍBLICAS

ANTIGO TESTAMENTO

Gênesis

1,1 LXX	862
1,1	229
1,27	734
2,2	885, 999
2,22	405
2,24 LXX	416, 737
2,2s	175
2,7	809
7,2	172
14,18-20	832
15,6	218, 814
17,11	252
19,24	88

Êxodo

3,6.17	897
3,14 LXX	897
3,14	989
8,6	518
9,24	88
19,6	800
20,2s	883
20,14	139
20,15	139
23,20	516, 518
24,8	844
29,38-42	1000
30,11-16	195
32,6	427
34,13	96
34,29-35	455

Levítico

5,6-10 LXX	320
10,2	88
10,10	128
11-15	173
16,6	831
16,21s	323
17,11	322
18,5	385
19,15	328
19,18	97, 145, 146, 811, 954
19,18b	417
27,30	176

Números

11,1	88
25	166
28,3-8	1000
35,30	892

Deuteronômio

4,35	518
5,17	139
5,18	139
6,4 LXX	518
6,4	96
6,4.5	954
6,5	97, 145
6,41	883
17,6	892
17,7b LXX	416
18,15 LXX	545
18,15	184
18,15.18	183
19,15	892
21,22s	308
24,1	416
24,1.3	576
24,1-4	136
30,15.16	387
32,6	98
32,43	427
33,21	338
33,29	115

Josué

3	150

1 Samuel

2,4a	191
5,3	191

2 Samuel

7	191
7,11s.14	219
7,14	995

1 Reis

1,32-40	191
17	534
18	534
19,9s	166
19,13.19	87

2 Reis

1,8 LXX	87
2,8	150
2,8.13s	87
2,42-44	155
5,15	260
19,19	260

1 Crônicas

7,21-24	683

2 Crônicas

36,23	564

Neemias

9	89

Salmos

2,7 LXX	829
2,7	219, 233, 632
19,13	387
22	543
22,7s	370
24,4s	328
27,1	872
32	387
33,4-6	329
34,23 LXX	907
36,10	872
46	105
47	105
47,9	105
48	105
51	387
56,14	235
68,19	728
72,4	328
8,7	728
82,3	328
84	105
85,10-14	329
87	105
89	191
90,4	858
93	105
93,14 LXX	427
95,7s.11	849
96-99	105
97,1-2.6	328
98,2	329
99,1s	105
103,6	328
104,2	872
11,7	328
110,1 LXX	219, 232, 528, 569, 788
110,1	728
110,4	832
115,1 LXX	395
116,8	235
118,22	788, 799
118,22s LXX	522
119	387
127,2	115
132	191

Provérbios

2,1-6	220
5,3	416
6,20-7,27	416
8,22-31	220
31,8s	328

Isaías

2,2ss	113
2,3.5	872
6,1ss	105
6,9s	641, 935
6,11	88
8,14	799
10,17	872
11,4	750
13,10	750
13,3.6.9.13	88
22,14	88
23,1-4.12	160
24,21-23	106

25,6	129	53 LXX	789
25,6-12	201	53	202, 1000
26	221	53,10-12	235
26,19	221	53,11-12 LXX	321
27,12s	90	53,12 LXX	318, 623
28,16	788, 799	53,7 LXX	910
32,15-18	214	53,7	643
32,20	115	53,7s LXX	639
40,3	518	58,6 LXX	622
40,3s	105	61,1 LXX	627
40,5 LXX	622	61,1	183
40,5	612	61,1s	192
41,21	105	61,6s	622
41,21-29	96	63,16	98
41,2s	105	64,7	98
41,4	105	65,2	427
42,1-4	565	66,15s	88
42,7	155		
43,10	96	**Jeremias**	
43,10.11 LXX	897		
43,11-13	97	1,14	88
43,14s	105	3,4	98
43,15	105	10,10	260
43,1ss	113	13,24	90
43,20s	800	15,7	90
43,3	105	22,3	328
44,6	105, 260, 883, 989	25,22	160
45,1	105	31,31-34	827, 844
45,12 LXX	897	47,4	160
45,21 LXX	518		
45,5-7	96	**Ezequiel**	
45,7	872		
45,8.21	329	7,3.7.8.19	88
46,12s	329	8,14	959
51,5-8	329	27,8	160
52,3 LXX	791	28,21s	160
52,7 LXX	272	30,3	88
52,7	97	32,7s	750

36,25-29	214	4,15s	750
37,1-14	221	**Amós**	
40-48	1010		
		5,18-20	88
Daniel		5,20	88
2,24-45	106	7,8	88
2,44	106	8,2	88
7,9.13	995		
7,9-25	106	**Miquéias**	
7,13s	91, 185		
10,13-21	220	4,1ss	113
10,5s	995		
11,36ss	750	**Habacuque**	
12,1	1001		
12,2s	221	2,4b LXX	218
		2,4b	218
Oséias		3,12	88
1,6.9	88	**Sofonias**	
1,6.9s	800		
2,1.25	800	1,15.18	88
2,25	427	3,15	106
6,2	235		
6,6	577	**Zacarias**	
13,4	96		
		14,9	97, 106
Joel			
		Malaquias	
2,1-10	750		
2,2	88	3,1 LXX	516
3	106	3,1	518
3,3	88	3,2	88
3,5LXX	219	3,19	88, 90
3,15 LXX	214	3,23	183
4,4	160		

NOVO TESTAMENTO

Mateus

1,1	560, 569, 596	3,9	560, 565
1,1-17	61, 569	3,13-17	571
1,2	560	3,15	561, 578, 582, 586
1,2-4,22	559	3,15-17	570
1-2	561, 565, 599	3,17	570
1,3-6	560	4,8-10	570
1,17	569	4,12.15	565
1,18-25	560	4,14s	560
1,21	562, 563, 572, 585	4,15	593
1,21s	572, 573, 560	4,15s	217, 593
1,22s	570	4,16	562
1,23	217, 559, 564, 593	4,17	561, 568, 594, 595
1,25	560, 570	4,18-22	582
2,1	560	4,23	561, 590
2,1ss	561	4,23-25	562
2,1-12	560	4,24	556
2,4	569	5,1	579
2,6	562	5,1-2	567
2,6.15.18.23	217, 593	5,3	115
2,13-15	560	5,3-12	567, 576
2,15.17s.23	560	5,3-15	561
2,15.18.23	593	5,3-16	573
2,19-23	560	5,3-9	567
2,23	560	5,3 par	808
3,10	586	5,4	115
3,1-12	565	5,6	115
3,2	561, 571, 594, 595	5,6.10	578
3,2.13.15.23.25.27.29	590	5,6.10.20	578, 586
3,3	593	5b.6	588
3-4	561	5,7	808
3,7-10	180	5-7	556, 561, 566
3,7-12	595	5,8s	556
3,8-10	596	5,9	808
		5,12	585
		5,12.19	580

5,12 par	808	5,48 par	808
5,13	583	5,44	953
5,13-16	567	6,1	579
5,13a	567	6,1-4	581
5,13b.14b-16	567	6,1-7,12	567
5,14-16	583	6,1-8	567
5,14a	567	6,1.19-21	580
5,16.45.48	557	6,1.33	578, 586
5,17-19	586	6,1.4.6.8.15.18.26.32	557
5,17-20	574, 575, 587	6,1-18; 23,1-36	590
5,20	575, 577, 578, 579, 590	6,2.5	590
5,20-48	567	6,2.5.16	170
5,21-22a	139	6,4.6.18	557
5,21-26	575, 581	6,4b	573
5,21-28	573	6,7a.8b.19-21.24.26.28b-30.31-32b	136
5,21-48	575, 590	6.7	574
5,21s.27s.33-37	567	6,8	101, 182, 574
5,22	580	6,8.32	557
5,27-28a.b	138	6,9	557
5,27-30	576	6,9.10b	590
5,27s	139	6,9-13	573
5,29	586	6,9s	557
5,31s.38ss.43ss	567	6,10	580, 594
5,32	136	6,13b	116, 153
5,33-34a	140	6,14	100
5,33-37	82, 808	6,14s	557
5,33-37.39b-40.44s	136	6,19-34	567
5,37	818	6,20 par	808
5,38-42	576	6,24	556
5,39b.40	139, 140	6,25-33	100, 135, 142
5,17-20	567	6,25-34	575
5,43	144	6,26	557
5,43-48 par	102	6,26.28-30	100
5,43-48	576	6,26s	556
5,44	144, 581	6,30	586
5,44a	139, 140	6,33	135, 594
5,45	135, 139, 141, 556, 557, 575, 587	6,34	808
5,48	557, 572, 574, 575, 577, 578, 586	7,1	142

7,1b	142	8,20	570
7,1s	161	8,21	557
7,1.21	580	8,23	582
7,7.9-11	136	8,23-27	583
7,7-11	575	8,23ss	582
7,7 par	808	8,26	583, 586
7,11	557	9,1-8	563
7,12	102, 577, 581	9,5	572
7,12-27	587	9,6	570
7,13-27	567, 595	9,8	585
7,15	587, 750	9,8.33s	562
7,15-20	596	9,9	572
7,16-20	586, 587	9,9-13	572
7,16ss	586	9,13	102, 564, 577
7,21	557, 571, 572, 581, 586, 587, 594	9,13b	572
7,21.24-27	561	9,19.23.37s	582
7,21ss	586	9,27	569
7,22s	561, 580	9,28	571
7,23	587	9,34	152
7,24-26 par	808	9,35	561, 590
7,24-27	584	9,36-11,1	568
7,28	566	10	566, 583
7,28s	562, 567, 579	10,2	583
8,1-4	565	10,5b.6	588, 591
8,1-9,34	567, 572	10,7	564, 568
8,2.6.8	571	10,7.23	595
8,5-10.13	154, 246	10,8	435, 585
8,5-13	565	10,15	586
8,8	565	10,17	560, 590
8-9	561, 562, 565	10,17.18	565
8,10	565	10,17s	589
8,10b	170	10,17ss.25	582
8,11	594	10,18	589
8,11s	565, 591, 595	10,20	585
8,14-15	565	10,20.29	557
8,16	571	10,20.29.32s	557
8,17	217, 593	10,23	114, 472, 570
8,19	585	10,23b	190

10,24	571	12,38s	183
10,29.31b	136	12,40	570
10,29-31	100, 135, 556	12,49s	582
10,32	188	12,50	557, 586, 590
10,32s.39-42	595	13	566
10,41	585	13,1-52	567
10,41s	580	13,1-53	568
11,1	566	13,2.10	566
11,2	569	13,3	564
11,5s	102	13,8	586
11,6.20-24	595	13,8.22s.26	596
11,7-19	566	13,13-23.51	583
11,7ss	562	13,14s	217, 593
11,12	91	13,15	562
11,12s	587	13,24.31.34.44.45.47	594
11,16-19 par.	91	13,24-30.36-43	120
11,18s par	84	13,24-30.47-50	587
11,18s	174	13,30.41	580
11,19	570	13,35	217, 593
11,20-24	589	13,36-43.47-50	581
11,25-27	557	13,36ss	586
11,25-39	570	13,37	570
11,27	557, 564, 570	13,37-43.47-50	595
11,28-30	571	13,38	565
12,1-16,2	562	13,38a	591
12,7	102, 577	13,39.49	564
12,8	570	13,40-43	568
12,9	590	13,41	570, 595
12,14	562	13,44	121
12,18-21	217, 565, 593	13,45s	121
12,21	565, 591	13,47-50	121
12,22-27	566	13,49s	580
12,22-45	562	13,52	564, 596, 599
12,23	562, 569	13,53	566
12,28	590	13,54	590
12,28ss	571	14,4	183
12,33	586	14,27	564
12,33-37	595	14,28-31	583

14,30s	583	18,8s	595
14,31	583, 586	18,10.19.35	557
15,1	590	18,12	564
15,1-20	562, 567	18,14	557, 585, 590
15,4	557, 590	18,15-17	585
15,8	562	18,15s	599
15,15	583	18,17	582
15,22.27	571	18,18	584, 585
15,24	588	18b.19a.20a.b	564
15,31	556	18,20	564, 568, 583
16,1	562	18,21	583
16,1-12	562	18,21-35	586
16,8	583, 586	18,23-27	102
16,12	583	18,23-30.31.32-34.35	124
16,13-28	571	18,23-35	572, 595
16,16	231, 556	18,35	182, 557
16,17	557	19,1	566
16,17-19	583	19,1-12	562
16,17s	599	19,2	562
16,18	582	19,3-9	590
16,18s	468	19,4	556
16,19	585, 594	19,9	136
16,20	569	19,16-26.27s	582
16,21–20,34	562	19,17.28s	580
16,25-27	595	19,19	577
16,27	580, 581, 596	19,21	586
16,27s	570, 595	19,27-30	595
16,28	570, 595	19,28	190, 570
17,4	571	19,30	586
17,5	571	20,1ss	594
17,9	570	20,1-15	573
17,12.22	570	20,1-16	123
17,13	583	20,11-16	595
17,20	586	20,15	573
18	562, 566	20,16.23	580
18,1ss	582, 594	20,17-19	562
18,1-5	580	20,18.28	570
18,1-35	568, 583	20,20ss	583

20,21	595	23,6	590
20,23	557	23,8-12	585
20,28	563	23,9	97, 182
20,30s	569	23,13	584, 590
21,1-24,2	562	23,15	585
21,5	200, 217, 593	23,23	102, 166, 177, 577
21,6	564	23,23a-c	176
21,8.9	562	23,23c	577
21,12-17.23-46	562	23,25	174
21,14-16	569	23,33.35s	586
21,16	593	23,34	560, 585, 585, 589, 590, 599
21,18-20	595	23,34-24,2	595, 563
21,18-22.33-46	586	23,37-39	589
21,23	562	24,3	564
21,28-32	592	24,3-25,46	568
21,31	586, 590	24,9.14	590, 591
21,31c	114	24,10-13	587
21,32	578, 586	24,11	587
21,33-46	556, 592	24,12	587
21,39ss.43	591	24,13	587
21,43	591, 594	24,14	563, 565, 590, 594
22,1-4	581	24,22	595
22,1-10	128, 129, 160, 594	24,23s	750
22,1-14	556, 592	24,27.30.39.44	570
22,1-14.15-22.23-33.34-40	562	24,29-31	580
22,8-10	563	24,29ss.43	858
22,9	591	24,30	190
22,10	587	24,30a	570
22,11-14	595	24,30s	595
22,13	580	24,32-25,30	568, 596
22,14	587	24,32-36	595
22,32	556	24,42	586, 587
22,34-40	577, 581	24,42-51	581
22,40	814	24,45.49	596
22,41-46	569	24,51	580
22,44	219	24-25	566, 595
23,1	562, 564	25,5	595
23,1-36	567	25,11-13.30	580

25,13	587	28,18-20	569, 591
25,14ss	580	28,19	563, 571, 582, 590, 591, 598, 599
25,20-23	596	28,20	559, 564, 567, 583
25,31	570, 580, 595	28,20a	568
25,31-46	556, 565, 581, 583, 587, 596	28,28	788
25,31ss	586		
25,32	590	**Marcos**	
25,34	594		
26,1	566	1,1	60, 229, 231, 515, 516, 517, 520, 524, 527, 554
26,2.24.44	570		
26,3.47	562	1,1.11	479
26,3-5.14-16.47-58.59-68	562	1,1.14s	520
26,13	565, 591	1,1-15	515
26,21s.31.34	583	1,2bc	516
26,28	563, 572, 585	1,2s par	94
26,29	557	1,2s	216, 518, 521, 538
26,42	580	1,4	89, 571
26,52	138	1,4-8	516, 540
26,54.56	217, 593	1,6	87
26,59-66	571	1,7b	91
26,63	556	1,7s	85
26,64	219, 570	1,8 par	95
27,1	562	1,8	516, 541, 542
27,9	593	1,9	540
27,9s	217, 593	1,9-11	215, 517, 521, 525, 538, 541
27,11-26.38-44	562	1,9-11 par	92
27,20	562	1,11	182, 219, 522, 524, 525, 526, 539
27,25	562, 591	1,12.13	541
27,40.43	571	1,12s	517
27,57	564	1,13	544
28,9.10	211	1,14	516, 520
28,15	589, 591	1,14s	516, 517, 520
28,15b	563	1,15	118, 132, 519, 546, 675
28,16-18	570	1,15s	550
28,16-20	235, 560, 563-566, 572, 573, 588, 591	1,16-20	468, 533, 547, 550
		1,21-28	533, 534
28,17b	583	1,22.27	533
28,18.20	574	1,23.26.27	542

1,23-28	154	2,18b.19a	174
1,24	109, 529, 539	2,18s	112
1,25	528, 529	2,18ss	128
1,27	524, 533, 542	2,19	200
1,28-32	595	2,21s	177
1,29-31	154, 534	2,23-28	175, 522, 546
1,31	128	2,23s	166
1,32-34	529, 534	2,25	518
1,34	528	2,27	137, 175, 545
1,35.45	531	2,27s	533
1,40-45	154, 534	2,28 par	187
1,41	172	2,28	526
1,44	529	3,1-6	155, 478, 522, 534, 546
1,45	529	3,2	534
1,45	529	3,4	137, 176, 533, 544
2,1-12	97, 126, 127, 155, 534, 546	3,4s	155
2,1-3,6	177, 479, 533, 538, 545	3,6	538, 545
2,5	535	3,7.9	531
2,5b	97	3,7-12	529, 534
2,5b.10	126	3,9	531
2,5s	544	3,11	524, 526, 529, 542
2,6	538	3,12	528
2,7	97, 518	3,13	531
2,8	534	3,13-16	468
2,10 par	187	3,13-18	550
2,10	189, 526, 533	3,13-19	533, 551
2,10s.27	155	3,14s	551
2,15-17	122	3,15	533, 542
2,15s	546	3,20	128
2,15ss	128	3,22-27	109
2,16	129	3,22b	152
2,17	172, 189, 761	3,27	116, 148, 152, 156
2,17a	545	3,28s	553
2,17c	122, 130	3,29	542
2,18 par	84, 94	3,29.30	542
2,18	84, 87, 538	3,31-35	521
2,18-20	143	3,35	548
2,18-22	117	4	479

4,3-8	120	5,34.40	546
4,3-8.26-29.30-32	120	5,37	531
4,10-12	531	5,37.40	531
4,11	519, 550, 552	5,40	534
4,11.26.30	519	5,42	136
4,11s	518	5,43a	529
4,11s.25b	553	6,4	183
4,11s.34	538	6,13b	821
4,12	216, 671	6,14-16 par	93
4,13	530	6,14-29	108
4,13-20	552	6,15s	183
4,13b	531	6,17-29	86, 87
4,15	544	6,25b	136
4,24s	553	6,2s.14-16	524
4,26-29	117, 120, 132, 552	6,6b-13	533, 547, 550
4,26-29.30-32	519	6,6b-13.30	551
4,28	120	6,7	533, 542, 542
4,29.32	552	6,7ss	551
4,30-32	552	6,30-44 par	155
4,35-41	155, 534, 552	6,30-44	130, 534, 536, 546
4,39s	534	6,31s	531
4,40	534, 535, 546	6,31s.46	531
4,40s	530	6,32.54	531
4,41	524, 534	6,32ss	534
5,1-20	109, 154, 526, 534, 536	6,37	534
5,6	534	6,41	535
5,7	526, 534, 539, 542	6,45-52 par	155
5,9	526	6,45-52	534
5,9-11	526	6,46	531
5,15.17.33.42	534	6,48-50	534
5,2.8.13	542	6,49s	534
5,21-43	534, 546	6,52	530
5,22-24.35-43	156	6,53-56	534
5,23.28.34	544	6,56	544
5,25-34	154, 172	7,1	545
5,26	157	7,1ss	128
5,30	534	7,1-23	545, 546
5,34.36	534, 535	7,10-13	549

7,13	522	8,18	518
7,15	101, 172, 173, 174	8,22-26	154, 478, 534, 539
7,15.19.21	545	8,23	531
7,17.24	531	8,27	527, 530
7,18	530	8,27–10,52	539
7,1-8.14-23	166	8,27-30	192, 468, 539, 547
7,4	166	8,27-33	530
7,6	170	8,27s	183
7,6.13	535	8,27ss	524
7,6s	518	8,28	93
7,8	522	8,29	192, 231, 527, 530, 551, 569
7,9-13	166	8,30	528, 530
7,18b.20	173	8,31 par	189
7,19c	545	8,31	527, 528, 539, 543
7,24	530, 531	8,32b.33	539
7,24-30	154, 172, 179, 246, 534, 545, 547	8,32s	528
		8,34-38	521, 547
7,24ss	546	8,34-9,1	539, 549, 553
7,25	542	8,35	520, 521, 553
7,27	177	8,35.36s	136
7,31-34	246	8,35s	545
7,31-37	154, 534, 545, 547	8,38	188, 190, 472, 527, 552
7,33	531	9,1	114, 519, 527, 552, 675
7,33s	534	9,1.47	519
7,36	529	9,2-8	517, 531, 541
7,36a	529	9,2,9	531
7,36b	529	9,2-9	525
7,37	546	9,5s	530
8,1-9	534, 536	9,7	182, 184, 219, 479, 517, 524, 525, 526, 539, 545
8,1-10 par	155		
8,1-10	130, 545	9,9	530, 531, 532
8,4s	534	9,9.12.31	527
8,6	535	9,14-27	534
8,11	183	9,14-29	154, 542, 547
8,11s par	157	9,17.20.25	542
8,13ss	531	9,19.23.42	546
8,17	545	9,23s	156, 535
8,17.21	530	9,24	546

9,28.33	531	10,29	142, 520, 521
9,28.38ss	535	10,29s.40	553
9,30-32	530	10,31	114
9,31 par	189	10,32-34	530, 539
9,31	189, 527, 538, 539	10,33	527
9,32-34	539	10,33.45	527
9,33-37	548	10,33s	189
9,33-50	551	10,35-40	539
9,35-37	539, 549	10,35-45	526, 548, 551
9,35-45	551	10,38s	543
9,41	527, 553	10,41-45	539
9,42-48	114, 519	10,42-44	141
9,47	519, 552	10,42-45	479
10	479	10,42b-44	141
10,1-12	548	10,42s	548
10,2-9	136	10,43s	777
10,9	136	10,45	187, 189, 543, 544, 552, 643, 761
10,10	531	10,45a	189
10,13-15	519	10,45b	203
10,13-16	519, 547, 548	10,46-52	154, 478, 534, 539, 547, 569
10,14s	127	10,47s	524
10,14s.23-25	519	10,52	535, 546, 547
10,15	114, 519	10,52a	156
10,17-22	547	11,1-11 par	194
10,17-23	127	11,8-10	192
10,17-27	97, 519	11,9	216
10,17-31	548	11,9s par	195
10,17-34	549	11,12-14.20s	157
10,18	97, 518, 522	11,15-18 par	101, 195
10,18s	546	11,15-18	539
10,19	518, 522	11,15-19	143, 474
10,21	136, 549	11,22	522
10,23	114, 552	11,22-25	546, 547
10,23-25	519	11,22s	156
10,23-31.35-40	553	11,23	545
10,25	114, 127, 142	11,25 par	182
10,26	544	11,25	100
10,27	523, 544, 549	11,27	533

11,27-33	533	13,9-13	548
11,28	533	13,10	473, 520, 521, 551, 552, 553, 674
11,28.29.33	533	13,11	542
11,32	183	13,11-13	553
12,1	522	13,13	553, 674
12,1-12	522, 525, 533, 543, 591	13,14	674
12,2-5	522	13,14.17.18.30	473
12,6	522, 524, 525, 526	13,14-20	553
12,9	522	13,19s	553
12,10.36	216	13,20	473
12,10s	522	13,21	527, 46
12,10s.26.35ss	518	13,22	750
12,13-17	137, 177, 522, 548	13,24-27	472, 473, 541
12,14	522	13,26	527
12,17	109, 138, 548	13,27	473, 553
12,18-27	167, 541, 543	13,30	114, 552
12,26	518	13,32	182, 553
12,27	523	13,33-37	552
12,28-34 par	102, 146	13,34	533
12,28-34	97, 144, 518, 546, 547, 548, 953	14,1.43.53.60	196
		14,3ss	128
12,30	545	14,3-9	547
12,30.31	954	14,7	200
12,34	519	14,9	520, 521
12,35	527	14,10.43 par	178
12,35-37	528	14,21 par	189
12,36	219, 518	14,21.41	527
12,41-44	547	14,22.24	203
13	479, 568	14,22-25	130
13,1-32	674	14,24	544, 552
13,2	195	14,25	113, 201, 202, 519, 544, 552
13,2ss	473, 474	14,27	216, 518
13,3	531	14,28	539, 541, 547
13,4	553	14,36	99, 227, 522, 533, 543
13,5-13.24-27	553	14,38b	647
13,6	674	14,41	189
13,6.21-23	553	14,49	217
13,7.25	750	14,50.66-72	547

14,54.66-72	468	1,3	635
14,58	102, 195, 474, 231	1,4	603
14,61	524, 527	1-4	640
14,61s	192, 524, 526, 527, 539, 543	1,5ss	84, 635
14,62	189, 219, 472, 527	1,5-2,52	601, 610, 620, 624
14,65	183	1,6	649
14,15	517	1,8-20.26-38	621
15,1-40	539	1,11	621
15,11	196	1,14-17.32s.46-55.68-79	626
15,16-20	660	1,15	626
15,24.29.34	543	1,15.41.67.80	639
15,26 par	198	1,15-17.67-79	625
15,29-32	543	1,15s	91
15,2s par	198	1,16	610, 611
15,31	543	1,16.54.68.80	617
15,32	527, 546	1,17.43.76	625
15,34	203	1,17.66	647
15,39	182, 479, 524, 525, 526, 539	1,26-38	671
15,40-16,8	547	1,32	606, 632, 633
15,42-46	551	1,32.35	625, 632
15,42-47	295	1,35	612, 625, 632, 640
15,43	212, 519, 552	1,39s	634
15,47	550	1,41	626
16,1-8 par	210	1,41-45.76-79	610
16,1-8	540, 541, 550	1,42	635
16,6	540, 541, 552	1,43	232, 631
16,6s	517	1,45	647, 672
16,7	211, 212, 235, 468, 539, 541, 547, 551	1,46	647
		1,46-55	655
30.31	144	1,46-55.68-79	635
		1,50-54	618
Lucas		1,51s	663
		1,53	657
1,1	479, 554, 602, 604, 623	1,67	626
1,1-4	61, 601, 602, 607, 620, 623, 667, 680	1,68	610
		1,69.71.77	680
1,2	602, 671	1,70	217
1-2	626, 650	1,72.74s	662

1,76	183, 606	3,1s	606, 624
1,77	644, 650	3,1.2	603
1,77s	649	3,1-18	625
2,1.2	603	3,3	649, 650
2,1.5	660	3,6	612, 616
2,1-21	609	3,8	654
2,2.32	633	3,9.17	679
2,7.24	618	3,10	654
2,8-12	621	3,10.12.14	654
2,10	630	3,10-12	663
2,10s.25s.29-32.38	626	3,10-14	654, 660
2,11	232, 625, 631, 644, 905	3,10b	649
2,11.26	631	3,10s	657
2,14.29-32	635	3,11	654
2,19	635	3,11-14	649
2,19.35	647	3,12-14	663
2,22-24.27.39	650	3,15	631, 647
2,23.24	622	3,16 par	85
2,25	649	3,16	640
2,25.32.34	617	3,16s	606
2,25.38	626	3,18	606
2,25-27	626	3,19	662
2,25s	639	3,19.20	606
2,26	631	3,19-20	108
2,29-32	611, 626	3,21	626
2,29-32.36-38	610	3,21.22	606
2,29-35	611	3,21-9,17	608
2,30	616, 675	3,22	618, 632, 640
2,30s	676	3,22.23b.38	632
2,32	610	3,23-38	612
2,34	611, 617	3,38	625
2,34s	626	4,1	640
2,40	604	4,3.9	632
2,40.52	626	4,3.9.41	632
2,41-52	626	4,4.9	632
2,49	609, 618, 625, 632	4,6	618, 662
2,51s	634	4,13	626
3,1	86	4,14	640

4,14-22,2	607	6,24.31.36-37	136
4,16-30	612, 627, 633	6,27a	139, 140
4,18	628, 664	6,29	139, 140
4,18a	627, 640	6,30	663
4,18b.19	627	6,32-34	655
4,18s	622, 633, 657	6,33-38	657
4,19	650	6,35	139, 655
4,21	217, 604, 622, 627, 675	6,36 par	182
4,23-30	627	6,36	618, 662
4,31-37.38-39.40-41.42-44	628	6,37	663
4,41	631	6,37b	663
4,43	609, 610, 627, 676, 677	6,45	647
5,1	671	6,45a	647
5,1-11.12-16.17-26	628	6,46	663
5,11.28	655, 657	7,1-10	618
5,13	634	7,1-10.11-17.21	628
5,16	635	7,3	614
5,20	648	7,9	648
5,22	633, 647	7,9b	170
5,26	634	7,11-17	156
5,27-32	628	7,13.19	232, 631
5,32	189, 649	7,16	633
5,33	94	7,18-35	627
5,33-39	628	7,21	676
6,8	633	7,22	657
6,9	647	7,22s	102
6,12-16	667	7,33s	174
6,13	667	7,34.36	634
6,17-49	628	7,35-50	644
6,20.24	678	7,36-49	649
6,20-26	618, 655, 678	7,36-50	126, 146, 177, 619, 628, 635, 650, 672
6,20-49	655	7,37.38.47	126
6,20b	115	7,39	183, 633
6,20s	114, 657	7,39-47	633
6,21a	115	7,47	662
6,21b	115	7,50	635, 651
6,22s	686	8,1	610, 677
6,24	657, 808		

8,1-3	128, 628, 635, 657	9,51-19,27	628
8,3	635, 655	9,51-56	179
8,4-15.16-18.19-21	628	10,1.39.41	232, 631
8,4-21	671	10,4	655
8,9-14	177	10,4.9 par	435
8,11	671	10,8.38ss	128
8,12	647	10,9.11	675
8,12.25	648	10,18	95, 116, 152, 156, 626
8,14	654, 657	10,21	618
8,15	675	10,22 par	182
8,21	671	10,22	618, 632
8,22-25.26-39.40-56	628	10,25	654
8,28	632	10,25-28	679
8,40-56	672	10,25-37	127, 618, 628, 662
8,44-48	634	10,26s	663
8,48	648, 651	10,27	647
9,2	677	10,28	651
9,3	655	10,30-35	179
9,7-9	659	10,30-37	146
9,7s.19	633	10,30ss	179
9,10-12.37-43	628	10,33	634
9,16	664	10,34	821
9,18.28s	626, 636	10,38-42	635, 672
9,18-19,27	608	11,1	94
9,18-22.43-45	628	11,1-13	636
9,20	631	11,2 par	100
9,22.44	633	11,2	84, 98, 132
9,23	663	11,2.13	618
9,24	647, 679	11,3 par	100
9,25	654	11,3.4	100
9,26	618, 621	11,4	649
9,27	675	11,4b	100
9,28-36	628	11,5-13	619
9,31	609	11,5-8	634
9,35	618, 632	11,9	636
9,46-48	655, 663	11,13	636
9,50	648	11,16.30	183
9,51	604, 628	11,20	132, 180, 202, 676

11,21s	116	13,1-5	93, 159
11,27	635	13,6-9	113
11,28	635, 671	13,10-17	175, 634
11,39	631	13,11-13	153
11,39-41	174	13,15	170, 631
11,41	655	13,16	153
12,1-12	661	13,16.28	619
12,4s	647	13,17	634
12,4s.16-21.33s	678	13,22	629
12,5	679	13,26	128
12,6s	100	13,28s	679
12,8	188	13,29.28	113
12,11s	642	13,3.5	180
12,13-15	654	13,31	199
12,13-21	657	13,31-32	108
12,13-34	655, 678	13,31-33	628
12,15	647, 655	13,31s	200
12,16-20	161	13,32b	154
12,16-21	647, 662	13,32s	662
12,21.25	647	13,33	609, 633
12,21.33s	655	14,1	634
12,22b-31	100	14,1-6	634
12,24.27s	100	14,1.7-14	128
12,30 par	182	14,7-11	663
12,30.32	618	14,7-24	655
12,30b par	100, 101	14,11	114
12,31 par	100	14,15	114
12,32	182	14,15-24	128, 129, 160, 618, 657, 678, 679
12,33a	655		
12,33s	657	14,16-24	179, 612
12,34	647	14,23	129
12,35-38	679, 670	14,23b	612
12,35ss	675	14,24	612
12,40	675	14,33	655, 657
12,42	631	15,1	130
12,49.50	200	15,1-10	649
12,49s	628	15,1-10.11-32	102
13,1	662	15,1s.11-32	128

15,7	122, 649	17,25	189, 628, 629
15,11-32	122, 649	17,26s.33-35	679
15,18.21	649	17,33	679
15,20	634	18,1-6	634
16,1b-7	82	18,1-8	618, 619, 636
16,1-8	634	18,2-5	136
16,1-8a	161	18,9-13	122
16,1-9.19-31	678	18,12	176
16,1-31	655	18,13	619
16,3	654	18,14	633
16,9	657, 679	18,14b	645
16,9.27-31	655	18,18	654
16,14	655	18,1-8	672
16,14s	654	18,6	631
16,14s.19-31	657	18,8	472, 632, 633
16,15	619, 647	18,8b	190
16,16	91, 184, 217, 605-608, 610, 627, 671, 677	18,9	654
		18,9-14	618, 634, 636, 663
16,16-31	628	18,9ss	663
16,19-26	655	18,18.30	679
16,19-31	127, 618, 663	18,18-23	655
16,22	621	18,18-30	657, 678
16,23	679	18,21	123
16,25	136	18,22	635
16,29.31	663	18,25	655
17,3b-4	136	18,28	655
17,5.6	631	18,31	217
17,5s	648	18,31-34	628
17,7-10	670	19,1-10	128, 634, 644, 649, 650, 657
17,11	629	19,3s	619
17,1-10	634	19,8	635
17,11-19	179	19,8.31.34	631
17,11-19	618	19,8s	662
17,19	648	19,9	179, 619, 644, 680
17,20s	117, 674, 676	19,10	187, 189, 200, 629, 632, 644, 761
17,21	132	19,11	674, 676
17,22.25	632	19,11ss	170
17,24.26-30	675	19,12.15	676

19,28-23,56	608	22,69	219, 630, 632, 633, 637
19,31.34	631	22,70	632
20,13	632	23,2	631
20,36	621	23,2.5.14	659
20,37	619	23,3.37s.51	614
20,41	631	23,4s	644
20,42	219	23,4.14.22	644
21,1-4	634, 657, 672	23,4.14s.22	659
22,1-23,56	629, 659	23,5.39	631
21,5-33	674	23,15	644, 659
21,8	674	23,16.20.22	659
21,12.17	663	23,18s	659
21,19	674, 678	23,28-31.39-43	645
21,20	674	23,34	645
21,24	605	23,34.46	632
21,28	679	23,39-43	650, 678
21,34.36	675	23,41	659
21,36	632, 633, 636	23,42	676
22,15	202	23,42s	629
22,16	664	23,43	679
22,16.18.30	679	23,46	618, 632
22,19s	638	23,47	629, 644, 659, 660
22,21	633	23,48	644
22,24-27	655	23,50s	649
22,24ss	663	23,56	650
22,26s	670	24	612
22,27	629, 644, 662	24,1-53	629
22,29	618, 676	24,7	189, 629, 632
22,29.42.70	632	24,7.25-27.44-46	622
22,30	667	24,10	672
22,32s	648	24,13-35	612
22,37	623, 626, 629, 633, 643, 645	24,13ss	211
22,41.44	636	24,17	606
22,42	618, 628	24,19	607, 633
22,45	633	24,25	648
22,48	632	24,26	629, 630, 645
22,51	645	24,26.44	609
22,67	631	24,26.46	631

24,3.34	232	1,4	880, 946
24,3.34	631	1,4b.9b	880
24,30	664	1,4s	898
24,34	211, 212, 235, 468, 631	1,4s	961
24,36-53	235	1,5	880, 894, 910
24,39	647	1,6.33	890
24,44	217, 605, 622, 651	1,6-8.15.19ss	85, 892
24,44-47	604	1,9	872
24,45	629	1,9.11	876
24,45-49	623	1,9c	880
24,46	629	1,9s	921
24,47	610, 613, 646, 649, 667, 668	1,10	870, 895
24,4-7.23	621	1,11	880
24,47-49	664	1,11b	910
24,47s	612	1,12	864, 939, 970
24,48	667	1,12s	880
24,49	214, 618, 632, 640, 667	1,13	864, 880, 893
24,49-51	788	1,14	761, 833, 862, 882, 889, 930, 943
24,50-53	620, 630	1,14.17	883
24,51	607	1,14a	880
24,52	630	1,14c	882
24,53	635	1,15.30	975
		1,17	902
		1,18	863, 869, 875, 902, 908, 929, 960
		1,20.25	902

João

1,1	230, 874, 879, 929	1,23	218, 892
1,1s	862, 907	1,23.27-34.36	94
1,1.2	931	1,28	86
1,1-3	868	1,28.44	861
1,1-3.30	875	1,29	789, 906, 913, 921, 949
1,1-5	632	1,29.36	910, 911
1,1s.9	998	1,29-34	922
1,1.14	900	1,32s	922
1,1.18	907	1,33	90, 971
1,1-18	61, 852, 862, 877, 892, 900, 982	1,34	902
1,3	880	1,35-51	84, 94, 968
1.3	952	1,36	906
1,3s	894, 938	1,37.40-42	968

1,37-40	965	3,5	922, 963, 967, 968
1,38b	943	3,5s	895
1,41	902, 943	3,6	880, 923, 936
1,41s	468	3,8	923
1,43	968	3,11.13.32	875
1,45	886	3,13	218, 869, 875, 892
1,45s	886	3,13s	904, 915
1,45-49	982	3,13s.16	921
1,49	899, 903, 913	3,14	788
1,51	218, 875, 887, 892, 904	3,14-16	912
2,1a	911	3,15.16.36	933
2,1-10	969	3,15s	945
2,1-11	130, 885, 899, 982	3,16	632, 863, 867, 884, 890, 895, 896, 905, 921, 930, 949, 953
2,1-14	130		
2,1.13	861	3,16.36a	946
2,1.3.12	886	3,16s	319, 863, 895
2-4	899	3,17	890, 895
2,4c	911, 914	3,18	945, 975
2,9s	885	3,18.36	895
2,11	882, 940	3,19	865, 898, 961
2,11b	969	3,22	94, 861, 969
2,11.23	941	3,22.26	967
2,12	886	3,22ss	84
2,14-22	873, 886	3,23	86
2,17	218, 862, 892	3,27	935
2,17.22	893, 911	3,27-30	94
2,19-22	899, 911	3,28	890, 902
2,21	886	3,31	875, 887, 894
2,22	919, 969	3,33	863
2,23	912	3,34	891, 971
3,1.4.9	982	3,35	494, 863, 867, 873, 886, 896, 898, 902, 960
3,1-11	899, 982		
3,1-12	958	3,36	902, 936, 947, 975
3,2	876	3,36b	936
3,3ss	864	4	179
3,3.5	864, 887, 903, 913, 922, 936	4,1	94, 923, 967, 972
3,3-5	947	4,1-3	84
3,3.7	974	4,1-42	943

4,4	861	5,18	873, 902
4,4-42	899, 905, 982	5,18	929
4,5-42	971	5,19	891
4,6	983	5,19.30	891
4,6s	886	5,19-30	979
4,7b	971	5,19s	902, 930
4,9	930, 934	5,20	867
4,14	898, 946	5,20.36	870, 891
4,14b	971	5,20-22	886
4,21.23	914	5,21	978
4,22b	933, 934	5,22.26s	494
4,23s	934	5,22b	864
4,24	873, 898, 922, 924	5,23	930
4,25	902, 903	5,23.24.30.37	890, 930
4,26	971	5,24	895, 933, 936, 939, 940,
4,27-30	972		945, 947, 975, 914, 975
4,27-38	969	5,25.26	863
4,29	902, 972	5,26	946
4,34	863, 870, 871, 876, 891	5,27	904
4,38	972	5,28.29	973
4,39	972	5,28s	977
4,41.50	939	5,30	863, 891
4,42	285, 895, 905, 933, 942, 972	5,34	890
4,44	886	5,36	871, 890
4,46-54	885, 946	5,36-38	871
4,51ss	885	5,37	863, 869
4,53	941	5,37s	875
5,1	912	5,39s	886
5,1-9	885	5,43	863
5,1-9a.b	947	5,44	862, 930
5,1-15	943	5,45-47	892
5,2	861	5,45s	876
5,2.5	885	5,46	217, 954, 975
5,12	930	5,46s	939
5,14.26	975	5,47	945
5,17.19.20.36.8,18	863	6	898, 899
5,17-30	929	6,1	861
5,17ss	871	6,1-15	885, 947

6,1-15.16-25	969	6,40	902, 933, 945
6,4	912	6,42	886, 935
6,13	885	6,44	936
6,14	895, 941	6,44a	935
6,15	903	6,45	218, 892
6,16-20	885	6,46	863, 869, 875, 902
6,16-25	947	6,47	945, 975
6,19s	913	6,49	947
6,20	870	6,50	947
6,26ss	887	6,51	886, 895
6,27	904	6,51-56	880
6,27.52.62	904	6,51-58	889
6,27.53	904	6,51a.b	974
6,28s	871	6,51c-58	887, 912, 947, 963, 967,
6,29	863, 936, 940		968, 969
6,29.30	870	6,56	869
6,29.38.39.44.57	890, 930	6,57	863, 946
6,30-35.41-51b	887, 967	6,58	947
6,30-51a.b	947	6,60-66	969
6,31	218, 892	6,60-71	887
6,31.45	862	6,62	875, 904
6,32	890	6,63	880
6,32.57	863	6,63a	923
6,33	895, 905	6,63b	924
6,33.38.41s.46.50.62	875	6,64	935, 945
6,33.38.41s.50s.58	904	6,65	935
6,33.50.58	974	6,66-71	969
6,33.62	875	6,69	906, 942
6,35	895, 936	6,70	865
6,35a	897, 947	6.57	863
6,36	945	7,1	861
6,37	930	7,1-10	886
6,37.39	936	7,2.10	912
6,37.44.65	863	7,3	944
6,38.39.40	863	7,3.21	870
6,38ss	891	7,6.8.30	914
6,39.40.44.54	973	7,7	865, 895
6,39s.44.54	977	7,14ss	892

7,16	891	8,31	942
7,16.18,28.29.33	890, 930	8,32	883, 942
7,16b	892	8,37	865
7,17	891	8,37-47	864
7,17,8,28	942	8,38	863
7,18.38.42	218, 892	8,40	930
7,24	935	8,41-46	937
7,25-28	943	8,42	865
7,26.41	902	8,43	935
7,27.41s	903	8,44	865, 894
7,30	914	8,44a	865
7,31	903, 941	8,45	945
7,33	876	8,46	945, 948
7,35	982	8,47	893
7,35s	972	8,49	864
7,37-39	898	8,51	942, 947, 975
7,38	946	8,54	864, 882, 940
7,39	882, 924, 946, 964	8,55	870
7,41.52	886	8,56	892
7,42	886	8,58	876, 975
7,50	982	9	899
7,50s	958	9,1-41	885, 947
8,12	872, 895, 897, 898, 936, 946, 958	9,3.4	870
8,12-20	899	9,4	871, 891
8,14.21	876	9,5	872, 895, 961
8,14.23	875, 887	9,7c.16.33	959
8,15	880, 935	9,9.20.25.39	885
8,16	864, 891	9,11	930
8,16.18.26.29.42	890, 930	9,16	944
8,16.29	870	9,35	904
8,19	869, 875	9,35-38	941, 943
8,19.54	863	9,39	895
8,20	914	9,39-41	935, 943
8,21.24	950	9,40s	959
8,23	894, 895	10	898, 899
8,24.29.58	870	10,1-18	982
8,28	863, 871, 904, 915	10,3s	935
8,29	891	10,3.4	970

10,6	893	11,5	867, 896, 960
10,7	897	11,11	864
10,7.11	895	11,15	940
10,11	897	11,15.40.45	941
10,11.15	970	11,18.39.44	885
10,11.15.17	916	11,18.55ss	912
10,14	942	11,20	960
10,14b	970	11,24	978
10,15	494, 869	11,25	895, 897, 946
10,15.17s	912	11,25s	945, 960, 973, 975, 978
10,15a	942	11,27	895, 902, 903
10,16	972	11,29	960
10,17	867, 873, 896, 921, 960	11,33	960
10,18	891	11,33s	886
10,18.25	863	11,35	886, 960
10,24	902	11,38	919
10,25	863, 891	11,40	943
10,25.32.37	871	11,42	890, 940
10,25.32ss	870	11,43s	919
10,26	935, 945	11,44	919
10,27	942	11,45	944
10,28	938, 947	11,46	945
10,28s	933	11,50	930
10,29	930, 935, 936	11,51s	912
10,30	867, 875, 902, 907, 929, 930	11,52	864, 933, 970, 972
10,30.36	906, 929	11,53	918
10,33-39	902	11.26	947
10,34	218, 892	12	920
10,36	890, 895, 930	12,1-8.9-11	918, 919
10,37	863	12,1.9.17	919, 920
10,38	868, 929, 936	12,1.12	912
10,40-42	85, 940, 941	12.2.1	930
11	920	12,4-6	919
11,1	861	12.7.1	960
11,1-44	885, 918, 946, 978	12.9	862
11,1-45	899	12,10	919
11,3	886	12,11	941
11,4.40	882	12,12-19	918

12,13	899, 903	12,48	936, 973, 975
12,13.15	903, 913	12,49,50	891, 863
12,13.15.27.38.40	218	13,1	913, 914, 915, 921, 931, 969
12,13.15.27.38.40	892	13,1.3	876, 933
12,13.38.40	862	13,1-20	912, 968, 970, 982
12,14	218	13,1.32	913
12,15	200	13,1.23.34	868, 896
12,16	882, 893, 911	13,2	937
12,20-22	972	13,2.27	865
12,20ss	982	13,3	494, 863, 876
12,23	915	13,4s	955
12,23.27s	914	13,6-10a	955
12,23.34	904	13,7	893, 911
12,24	898, 920	13,10	955
12,27	886, 914	13,13s	903
12,27-32	912	13,14	956
12,27-33	915	13,15	956
12,28	864, 876, 882, 940	13,16.20	890, 930
12,31	865	13,18	218, 892
12,32	904, 915	13,20	972
12,32ss	788	13,21	886
12,34	185	13,23	960
12,36.46	872, 961	13,23-26a	965
12,36a	893	13,31-16,33	983
12,37	944	13,31-38	928
12,37-41	937	13,31s	882, 904, 916, 940, 957
12,38	218	13,33	864, 875, 970
12,39	950	13,34.35	868, 896, 952, 970
12,40	935	13,34s	146, 912, 927, 953, 954, 956
12,41	876, 882, 892, 903, 930	13,37s	916
12,44	940	14,1	930, 936
12,44.45.49	890, 930	14,1b	940
12,44-50	936	14,1.27	927
12,44s	943	14,2s	976
12,45	869, 902, 930, 940	14,2.28	875
12,46	895, 898	14,3	931
12,46	936	14,6	866, 883, 895, 897, 946
12,47	895, 905, 933	14,6.17.20	942

14,7	869, 870, 942	15,9.10	867, 869, 896
14,7.9	869	15,9-17	927
14,8	869	15,10	867
14,9	870, 902, 930, 940	15,12.13	868, 896
14,10	863, 868, 869, 871, 891, 906, 929	15,13	916, 917, 957
14,10s	870	15,13.14.15	970
14,11	892, 936	15,13.17	868, 896
14,12	876, 972	15,14	970
14,13	882, 940	15,14s	864
14,13b	930	15,15.20	903
14,15.11.23	957	15,16	953, 957
14,15.21.23	868, 896	15,16.19	936
14,16	964	15,18	976
14,16.17	932	15,19	895, 948
14,16.17.26	970	15,1s	933, 956
14,16.25	964	15,20	942
14,16s	926	15,21	890, 930
14,17	895	15,22-24	871
14,17.26	925	15,24	870
14,18-21.28	977	15,25	218, 892
14,20	869, 933	15,26	925, 932, 964, 970
14,21	933	16,2.4.25	914
14,21.23	863, 867, 868, 896	16,3	870
14,23	932, 933, 942	16,4b-15	928
14,24	863, 890, 891, 930	16,5	875, 890, 930
14,26	893, 911, 926, 964	16,6.20-22	977
14,28c	930	16,7	964
14,30	865	16,7-11.13-15	970
14,31	863, 867, 891, 896, 913	16,8	964
15	898	16,9	895, 945
15,1	895, 897	16,11	865
15,1-8	861, 970, 982	16,13	925, 964
15,2ss	972	16,13s	926
15,3	957	16,13-15	931
15,4-7	869	16,13e.16	977
15,6	957	16,14	964
15,9	863, 867, 960	16,15	863, 869, 926
15,9s	957	16,20-22	977

16,22	218, 892	17,22	882
16,27ss.,28	876	17,23	868, 896
16,32	870	17,23.26	867, 896
17	971	17,23s	960
17,1	864, 914, 916, 930	17,24	935, 943
17,1.24	862	17,24.25	921
17,2	494, 880, 902	17,25	942
17,2.6.9	935	17,26	867, 898
17,2.9.24	936	18,9	938
17,2b	946	18,10.26	982
17,3	863, 890, 902	18,11	913
17,3.8.18.21.23.25	890, 930	18,13.24	982
17,3.9	972	18,15-18	965
17,4	870, 871, 891	18,17.29	930
17,4s	882	18,28	202
17,5	876, 913	18,32	893
17,5.24	875	18,33.36.37.39	903, 913
17,5.24c.d	882, 930	18,36	903, 913
17,6	942	18,37	894
17,7s.25	942	18,37c	936
17,8	940	19,1s	886
17,8.21.23.25	890	19,1-5	912
17,10	869	19,3.12.14.15.19.21	903, 913
17,11	869, 876, 931	19,5	886
17,12	218, 892, 935, 938	19,6.10.15.16.18.20.23.32.41	917
17,14	895	19,7	873, 902, 929
17,15	895, 964, 971	19,11.23s	913
17,15a	976	19,14	202
17,16	894	19,17	910
17,17.19	906	19,17.19.25.31	917
17,18	895, 971	19,19	913
17,18-23	970	19,21	899
17,1b.5.10b.22.24c	882	19,24.28.36.37	218, 892
17,20	971	19,25-27	911, 965
17,20-22	874	19,26	868, 886, 896, 960
17,21	869	19,28	886, 913
17,21.23	895, 932, 933	19,30	870, 913
17,21c	971	19,33	886

19,34	886	20,30s	900, 982, 983
19,34b	967	20,31	899, 900, 902, 903, 940, 945
19,34b.35	887, 889, 914, 963, 966	20,31a	937
19,35	967	21,14	919
19,36	789	21,22.23	966
19,38	212, 886	21,23	864
19,38-42	919		
19,39	982	**Atos**	
19,39s	886, 958		
19,40	919	1,1	602, 635, 671
20	212	1,1b	636
20,1	919	1,1-11	630
20,1-10.11-15	210	1,3	484, 607, 668, 673, 677
20,1-10.11-18	943	1,4s.8	607
20,2	960	1,5	640
20,2-10	966	1-5	613, 650, 666
20,2.18.20.25	903	1,5.8	214
20,6s	919	1,6	617, 631
20,8.25.27.29a	941	1,6s	613, 674, 676
20,9	893, 911	1,6-8	640, 675, 677
20,11-18	211, 982	1,7	675
20,17	864, 931, 970	1,8	607, 613, 640, 664, 667, 668, 670, 673
20,18.20.25	903		
20,18.25	943	1,8b	613
20,19-23	211, 913	1,8ss	788
20,19-29	235	1,9-11	607
20,20	914	1,1-8	620
20,20.27	886	1,10s	621
20,21	890, 930, 970	1,14	636, 672
20,21-23	970	1,15	468
20,21b-22	924	1,16	605, 609, 629
20,22	964, 971	1,16.20	623
20,23	584, 949	1,21	631
20,24-29	914, 920, 921, 970, 983	1,21s	606, 667
20,24-29a	944	1,22	627, 630
20,28	218, 870, 892, 903, 907, 929	1,24	636
20,29	943	1,25	678
20,29b	914, 983	1,64	642

2	665	2,43	637
2,1	605	2,44	635, 648, 656
2,1ss	607	2,45	654, 656
2,1-13	640	2,46	474, 647
2,4	214, 640	3,1	636
2,4.11	214	3,1ss	468
2,9-11	246	3,1.8	474
2,12	639	3,1-10	636
2,14ss.38ss	468	3,6	639
2,16-21.25-28.30s.34s	623	3,13	619
2,17s	436	3,13.15	619
2,21	646	3,13-15	639
2,21-35	637	3,13-15.17ss	637
2,22	639	3,13b-15a	638
2,22-24	648	3,14	629
2,22-36	631	3,15	236, 645, 670
2,22s	637, 638, 668	3,15.26	638
2,23	609, 640	3,16	650
2,23a	629	3,17	646
2,24.36	619	3,18	605, 622, 629, 631
2,25.31	609	3,18.20	609
2,25-28	639	3,18-21	605
2,31	630, 647	3,19	638, 649
2,32	670	3,19ss	646
2,33	640, 915	3,20	631
2,33-36	630	3,21	217, 674
2,34	219	3,22	633
2,34.44	244	3,22s.25	623
2,36	617, 631, 637, 638	3,24s	633
2,37	654	3,26	639
2,37s	638	3,26a	644
2,38	215, 640, 646, 649, 664	4,1-22	615
2,40	646	4,2.33	638
2,41	611	4,4	611, 641, 648
2,41.47	641	4,8	642
2,42	636, 664, 668	4,8.10s	637
2,42-46	244, 666	4,10	236, 617, 619, 637, 638, 639
2,42-47	130, 615, 620	4,10ss	668

4,11	638	6,4	636, 668, 669
4,11.25s	623	6,5	247
4,12	645, 680	6,7	671
4,19	642	6,8-7,60	613
4,24	605	6,8.10	642
4,25-28	637	6,8-15	245, 615
4,25s	642	6,13s	245, 650
4,27	639	6,14	639
4,28	609, 640	7,2-53	605, 637
4,30.33	637	7.5	484
4,31	214	7,23,37	617
4,32	647, 656	7,25	680
4,32-35	244, 615, 666	7,30	609
4,32-37	620, 635	7,42s	623
4,33	631	7,52	609, 629, 633
4,34	656	7,53	650
4,34-37	654	7,54-60	245, 615
4,36s	250, 656, 657	7,55	630, 642
5,1-11	635, 656	7,55-59	678
5,4	655	7,55s	637
5,12	637	7,56	633
5,12-16	611, 636	7,58	614
5,14	631, 641, 648	7,59.60	631
5,19	620, 621	7,60	648
5,20.25	474	8,1	615, 670
5,29	642, 662	8,1ss	470
5,29-32	610	8,1-3	245
5,30	637	8,3	668
5,30a.31b	638	8,4	469
5,31	617, 619, 630, 633, 645, 646, 905, 915	8,4-10	627
		8,4-25	681
5,31a	638	8,4-40	245
5,32	642, 670	8,12	610, 648, 677
5,36	151	8,12s	648
5,38	609	8,14-17	670
6,1ss	245	8,15	636, 641
6,1-6	244	8,16	631
6,1.7	641	8,17.39	246

8,18	214	10,36	617
8,21	647	10,36.38	627
8,26	621	10,37	215, 627
8,26-39	650	10,38	633, 634
8,29	641, 642	10,39	637
8,32-35	629, 633, 637	10,40	619, 638
8,32s	623, 639, 644	10,41	609, 630
8,39	641	10,42	609
9,10ss	245	10,42s	638
9,11.40	636	10,42-48	648
9,1-19	668	10,43	648, 649
9,3-19a	306, 610, 638	10,44-48	379
9,15	610, 615, 617	10,45	641
9,16	629	11,1	671
9,17	642	11,1.18	610
9,17.18	230	11,3	128, 380, 381
9,27	631	11,5	636
9,28	631	11,9	651
9,31	631, 648	11,9.17s	614
9,32-45	636	11,13	621
9,35.42	631	11,14	646
9,42	648	11,15	379
10	214, 246, 619, 660	11,16	627, 640
10,1-11,18	247, 468, 613	11,17.21.24	631
10,2.4.22.31.35	649	11,18	648, 670
10,2.22.35	666	11,19s	246
10,3.7.22	621	11,20	380, 631
10,4.13ss.28b	613	11,20s	379
10,4.31	658	11,21.24	648
10,9	636	11,22.25	247
10,14-16	609	11,23	647
10,14s.28	380	11,23s	642
10,28	651	11,24	649
10,34	609	11,25s	379
10,34-43	610	11,26	191, 247, 248
10,34-48	252	11,27-30	610
10,34s	217, 641	11,28	250, 436, 603
10,35	613	11,29	655

12,1a	250	13,27	646
12,1-5	666	13,27s	637
12,1b-17	250	13,30	619
12,2	252	13,30s	638
12,3	614	13,32s	630
12,4-11	621	13,33	632
12,5.12	636	13,33-35.40s	623
12,7-11	621	13,34.37	630
12,12.25	803	13,38	649
12,17	252, 468	13,38-41	638
12,17b	252	13,38s	646, 651
12,17s	471	13,44	671
12,23	621	13,45	666
12,24	671	13,45.50	661
13,1	250, 436, 437	13,46	616
13,1-3	435	13,46-48	617
13,2	641	13,47	646
13,3	636	13,48	648
13,4		13,50	642, 659, 660
247		14,1	648
13,4-11	637	14,1.4	614
13,5.13	803	14,3	631, 637
13,5.43.45	614	14,4.14	435
13,6-12	610	14,4.19	666
13,7-12	650	14,5s.19	642
13,8-12	681	14,8-10	610
13,12	648	14,8-14	637
13,16.26.43,50	666	14,9	646, 648
13,16-41	610	14,11b-12	223
13,17.23s	617	14,15-17	619
13,22.36	609	14,2.5.19	661
13,23	616, 633, 905	14,22	629, 647, 678, 686
13,23-25	606	14,23	631, 636, 777
13,24	609	14,28	249
13,24s	627	15	619
13,25-41	639	15,1s	251, 614
13,26	619, 646, 671	15,2.4.6.22s	669
13,26.47	680	15,7	640

15,10	651	16,37ss	659
15,11	631, 646, 651	17,1.5.10.17	614
15,13	252	17,3	629, 631, 637
15,13-21	823	17,4	654, 690
15,14	613, 617	17,4.10.14s	803
15,14-17	616	17,4.12	684
15,15-17	623	17,4.17	666
15,16s	666	17,5.13	666
15,20.29	652	17,5-7.13	659, 660
15,22.27.32.40	803	17,5-9	689
15,22-29	614	17,5s.13	661
15,24	647	17,12.34	648
15,28	641	17,13	642, 671
15,29	380	17,16	275
15,30-35	648	17,16-34	681
15,32	436	17,18	277, 620
15,36	671	17,18.32	638
15,37.39	803	17,19-34	619, 620
15,39	247	17,22-31	601, 610
16,3	614, 650	17,23.30	646
16,6	671	17,27	652
16,6s	641	17,27-29	647
16,13-15	650	17,28	620, 652
16,14	650, 666	17,30s	646
16,14-15	635	17,30ss	653
16,14s	672, 690	17,32	287
16,16.25	636	18,4	249
16,16-22	681	18,5	803
16,16-40	610	18,5.12.14.19.28	614
16,17	603, 645, 646, 680	18,6	616, 666
16,19-25.29	803	18,7.13	666
16,19ss	661	18,8	437, 648, 654
16,20s	689	18,8.27	648
16,23-40	642	18,10	613
16,27	631	18,11	671
16,30	654	18,12	603, 642
16,30s.33	646	18,12.17	661
16,31	631, 648, 651	18,12-17	660

18,12ss	660	20,27	640
18,15	660	20,28	423, 638, 641, 644, 669, 907
18,18b	614	20,28c	637
18,19.21.24	697	20,29s	669
18,24-19,7	95	20,32	671
18,24-28	246, 627	20,35	620, 631, 658, 684
18,25	631	20,36	636
19	214	21,3	631
19,1s	637	21,4	436
19,1-7	90, 95	21,4.10	436
19,1.17.26	697	21,5	636
19,2-6	648	21,8	244
19,2-6.18	648	21,10s	610
19,5.13.17	631	21,11	469
19,8	677	21,14	609
19,27	666	21,15-28,31	469, 659
19,9.23-40	661	21,17ss	660
19,10	249, 671	21,18	252
19,11	610	21,20ss	650
19,13.33	614	21,23ss	614
19,17	85, 627	21,25	652
19,21	469, 605, 609, 629, 666	21,26	474
19,21-28,31	614	21,27	666
19,23	631, 652	21,27-22,21	615
19,23-40	601, 642, 660, 680	21,27-36	666
19,32.39	423	21,27-40	642
20,7-12	610, 637	21,27ss	659
20,10.24	647	21,38	151
20,13-38	641	22,3.12	650
20,16s	697	22,6-16	306, 610
20,17	669, 777	22,8	639
20,17-38	669	22,12	649
20,18-35	610	22,14	609
20,21	631	22,15	668
20,23	436	22,16	649
20,23-25	469	22,25ss	659
20,24.25	469	23,1-11.12-22	615
20,25	677	23,6	617

23,6-8	167	28,15	469
23,6-9	638	28,16	469, 615
23,10.27	659	28,16-31	470
23,11	609, 666, 667	28,17-31	615
23,12-15	660	28,17ss	469, 616
23,29	660	28,19	613
24,1ss	660	28,20	616, 617
24,14	650	28,20b	617
24,15.21	638	28,23	652
24,17	469, 613	28,23.31	676, 677, 678
24,26s	660	28,25	642
25,3	660	28,25-28	617
25,5	660	28,26-28	626
25,7s	649	28,26s	623, 641
25,8	651, 659	28,27	647
25,9	660	28,28	604, 610, 616, 617, 622, 675
25,10	629	28,28.31	610
25,11	609	28,30s	659
25,13-26,32	601, 680	28,31	605, 627, 631, 676, 677
25,18.25	660		
25,25	660	**Romanos**	
25,26	233, 631		
26,6s	617	1,1	271, 425
26,8.23	638	1,1-5	271
26,9	639	1,3	351, 358, 429, 762
26,12-18	306, 610, 638	1,3s	272, 632, 761, 787, 835
26,14	620	1,3-4	852
26,16	609, 668	1,3b-4a	214, 215, 219, 233, 236,
26,18	648, 649		272, 344, 345
26,23	629, 637	1,4	226
26,31	660	1,4a	236
26,31s	660	1,5	358, 396, 815
27,1-28,10	667	1,5ss.11s	315
27,23s	621	1,6	425
27,24	609	1,7	262, 424, 425
27,34	680	1,8.12	395
28,1-10	637	1,13	395
28,3-6.7-9	610	1,14	425

1,16	314, 361, 429, 457, 459	3,20.28	384
1,16.17	273, 459	3,21	356, 386, 810
1,16-3,20	341	3,21.22	339, 340
1,16s	271	3,21.28	336
1,16ss	361	3,21s.28	395
1,17	218, 338, 340	3,21ss	326, 762
1,18	315	3,22	340
1,18-3,20	368, 453	3,23	336, 369
1,20.25	261	3,24	262, 355, 358
1,21	261, 407	3,25	241, 322, 327, 337, 339, 413, 708, 852
1,24	407		
1,24-32	369	3,25.26a	321, 322, 323, 333
1,29-31	241, 418	3,27	388, 392
2,5	407	3,28	387, 454, 814
2,5c-8	454	3,30	242, 260
2,5ss	261	3,31	386, 733
2,6	454	4	266, 852
2,7	449	4,1	366
2,9s	429, 457	4,2	814
2,12	369	4,7	367
2,13	385, 387	4,13	387
2,14s	387, 402, 418	4,13.14	354
2,15	403, 406	4,15	388
2,16	273, 454	4,15a	387
2,17-29	369	4,15b	387
2,17ss	429	4,16	357, 387, 393
2,29	406	4,17	261
3	56	4,17b	282
3,1-8	457	4,17.24	397, 443
3,5	339, 340	4,17b	293
3,5.19	261	4,19	363
3,5.21.25	340	4,24	235
3,8	453	4,24b	235
3,9	368, 369	4,24s	301
3,9.20	336, 341	4,25	236, 241, 262, 282, 317, 321, 333, 337
3,9.29	429		
3,19b	369	4,31	814
3,20.21a	387	5	430

5,1	326	6,3s	241, 337, 432, 722
5,1ss	791	6,3s	333
5,2	326	6,3ss	440
5,2.4	445	6,4	215, 235, 345, 347, 413
5,5	214, 215, 327, 344, 346, 351, 406	6,4.5.6.8	353
		6,4s	443, 444
5,5a	348	6,5	432
5,5b	348	6,6	715, 734
5,6	319	6,8	282, 293, 353, 734
5,6.8	231, 236, 317, 321, 327	6,8.11.18	795
5,7	336	6,9	231, 286, 301
5,8	319, 351, 359, 396	6,9-11	413
5,9	314, 327, 356, 361	6,10	309
5,9.10	327, 459	6,11	262, 440
5,9s	455	6,11.23	355
5,10	324, 713	6,12	364, 367
5,11	324, 356	6,12ss	415
5,1-11	262, 326, 357	6,14	359
5,12	357, 368, 369	6,14a	440
5,12-21	316, 440, 443	6,14b	340, 386, 387
5,13	368, 388	6,16	413
5,13.20	387	6,17	406
5,15	357	6,18	440
5,16	359	6,19	366
5,19	262, 413	6,22	356
5,20	368	6,22.23	449
5,20a	387	7,1-3	387
5,21	357, 367, 449	7,4	235, 426
6	762	7,5	366, 367, 387
6,1	359, 889	7,5.7-10	812
6,1ss	364	7,5.8.9	388
6,1-3.12-23	714	7,6	347, 356, 413
6,1-11	713	7,6a	387
6,2.12	347	7,6s	733
6,3	821	7,7	380, 388
6,3-5	405, 713	7,7.12	386
6,3-5	722	7,7-13	369
6,3b-4	713	7,7-8.14	440

7,7ss	371, 441, 814	8,15s	263
7,8b	368	8,16	354
7,11	367	8,16.27	351
7,12	387, 429	8,17	348, 354
7,13	387	8,18ss	262, 268, 348, 351, 399
7,14	370	8,20	400
7,14-25a	370	8,21	316, 400
7,14b	366	8,23	347, 449, 722, 745
7,14ss	387	8,24	226, 316, 444, 445, 715
7,15	370	8,26s	347, 400
7,16	370	8,27	407
7,16b.22	387	8,28-30	400
7,17.20	370	8,29	265, 354, 405
7,18-20	371	8,29-39	425
7,21	371	8,29s	744
7,22	408, 409	8,30	269
7,23	371, 408	8,31-39	352
7,24	363	8,32	236, 262, 317, 319, 321, 413
8,1	355	8,34	219, 235
8,1ss	370	8,35.37	413
8,1-11	344	8,38s	262
8,2	348, 371, 388, 392	9,1s	403
8,3	226, 233, 236, 266, 277, 319, 366	9,2s	459
		9,3	366
8,3s	262	9,5	231, 261, 263, 457, 907
8,3.7	387	9,6	457, 458
8,5-11	346	9,6-8	458
8,9	344, 351, 364	9,6ss	429
8,9b	345	9-11	266, 268, 269, 270, 429, 457, 458, 460
8,9s	370		
8,9.11	346	9,16.18	269
8,10	346	9,24	429
8,10s.13	364	9,25s	427
8,11	215, 231, 262, 281, 293, 301, 348, 371, 397, 443, 444, 449, 789	9,27	459
		9,30	341
8,11b.	235	9,32	395
8,14	346	10,1	314, 361, 459
8,15	99, 227, 346, 348, 351	10,1-4	386

10,3	340	11,34	407
10,4	388	11,36a	261
10,5	385	12,1	261
10,7	231	12,1b	364
10,8	394	12,1s	418
10,9	301, 443, 828	12,1.2	418
10,9.13	361	12,2	408, 430, 440
10,9-13	459	12,3	358, 396
10,9b	235	12,4s	719
10,9s	316, 395, 406	12.4-8	718
10,12	459	12,5	355, 426, 427
10,12s	219	12,6	350, 358
10,13	226	12,6-8	434
10,13s	395	12,7b	437
10,15s	272	12,7s	433
10,17	394	12,9s	413
10,21	427	12,9ss	418
11,1s	427	12,10	430
11,1ss	359	12,13	431
11,5ss	458	12,16	430
11,8	214	12,19s	453
11,13-15	461	13,1-7	261, 286, 419, 803
11,14	361, 366	13,5	403
11,14b	459	13,8-10	146, 386, 387, 390, 392, 421, 815
11,15	324, 327		
11,17-24	269	13,9	380
11,20	396	13,9s	413
11,20-22	415	13,10	390
11,25	395	13,11	314, 316, 472
11,25.31s	429	13,11-14	440
11,25-27	459	13,11b	356
11,25-36	429	13,11c	449
11,25b.26a	459	13,11s	449
11,25s	460	13,13	241, 418
11,26	361	13,14	354, 715
11,26a	458, 459	14,1	396
11,27	367	14,1-15,13	460
11,32	459	14,5	408

14,8	232	**1 Coríntios**	
14,8b	449		
14,9	235, 282, 293, 443	1,1	696
14,13ss	415	1,2	423, 424, 425
14,14	166, 173, 174	1,3	47, 358
14,15	231, 236, 317, 319, 321, 398, 413	1,4	350, 357
		1,7	472
14,17	326	1,7b-9	453
14,23	369	1,8	453
14,25-28	357	1,8.9	315
15,2ss	430	1,10	407
15,3	231	1,10-17	427
15,6	227	1,12	252, 468, 585
15,8	216, 272, 413	1,12.14	214, 344
15,10	427	1,13	236, 317, 319, 321, 426
15,14	430	1,13a	309
15,14s	315	1,14	437, 683
15,15	358	1,16	683
15,15ss	435	1,17	272, 301
15,16	271, 351	1,17.18	311
15,19	231, 272	1,18	310, 316
15,22-33	468	1,18.21	361
15,23	461	1,18ss	268, 310, 709
15,24ss	461	1,19	311
15,26	424	1,21	231, 394
15,27	358	1,23	58, 225, 288, 308, 313, 763
15,30ss	263	1,25	308
15,31	461	1,25ss	268
16	469	1,26	683
16,1s	683	1,26-29	310
16,5.23	437	1,26ss	424
16,7	435	1,30	241, 333, 355
16,20	358, 449, 453	1,31	219, 226
16,21	696	2	56
16,22	683	2,2	308, 310, 313
16,23	683	2,4s	351, 394
16,25	272	2,5	395
16,25s	789	2,6ss	310

2,7	272, 425	5,3ss	467
2,8	309	5,5	291, 361, 366
2,10	351	5,5.12s	453
2,12	346, 347, 357	5,7	202, 347, 789
2,16	219, 226, 407, 704	5-7	416
3,1	366	5,7a	414
3,2	435	5,7b	414
3,3	366	5,10s	241, 418
3,4ss	246	5,17	733
3,5ss	435	6,1-11	416, 438
3,9-11	799	6,1-11.15s.19	395
3,9-17	737	6,2s	453
3,10	358	6,9.10	354
3,11	430	6,9s	241, 415, 418
3,12-15	453	6,11	241, 333, 346, 351, 571, 762
3,15	361	6,12	398
3,15s	291	6,12-20	291, 416
3,16	346, 395, 424	6,13a	364
3,17	415, 453	6,13b	364, 821
3,17b	424	6,14a	301
3,22-25	717	6,15	427
3,22s	314	6,15s	426
3,23	263	6,17	345
4,4s	453	6,18	438, 440, 453
4,5	406	6,19	215, 344, 346, 364, 424
4,6	435	6,20	316
4,8	310, 444	6,20b	364
4,10	311, 432	7	261, 291, 416
4,11-13	311	7,1.8	399
4,11ss	311	7,2-7	399
4,12	431	7,4	363
4,15	272, 717	7,5	441
4,16	414, 431, 698	7,7	350
4,16.11,1	435	7,10	136
4,20	271	7,10s	241, 416
5,1b	416	7,11	324
5,1-13	453	7,16	361
5,3	363	7,17	416

7,17-24	416	9,24-26	431
7,19	380, 417, 456	9,25	431
7,19a	417	9,27	363
7,21b	399	10,1	395
7,23	316, 441	10,1ss	415, 444, 455
7,28	365	10,1-13	428, 439
7,28.36	438	10,1-22.23-11,1	417
7,29	448	10,4	231, 266, 345, 346, 428
7,29-31	286, 398, 445	10,7	427
7,34	363, 453	10,7.26	417
7,37	406	10,9.13	441
7,39	448	10,11	448
8,1	413, 430	10,11b	428
8,5	260	10,11c	356
8,6	226, 240, 261, 264, 266, 706, 761, 852	10,12s	453
		10,16	291, 426, 708
8,6a	260	10,17	426
8,8	453	10,18	457
8,9-13	415	10,20	260
8,11	231, 236, 317, 319, 321, 398	10,23	398
8,11s	453	10,24.33-11,1	430
8,12	402, 438, 441	10,26	219, 261
8,13	402	10,32	423, 424
9	398	10,33	361
9,1	306, 307, 903	11,1	414, 431
9,2	435	11,2	230
9,5	252, 468, 585	11,2-16	417
9,6	250	11,3	263
9,11ss	742	11,3a.b	231
9,12	231, 272	11,3.8.9	417
9,12.15s	398	11,7s	405
9,14	241	11,16	405
9,15-18.23	251	11,16.22	423, 424
9,16	271	11,17-34	130
9,19	398, 413	11,20-23.26ss.32	232
9,20-22	464, 690	11,23a	230
9,22	361	11,23b-25	241
9,23	272, 432	11,23b-26	230

11,23c	201	13,12	722
11,23ss	241	14	214
11,24b	321	14,1	712
11,25	428	14,3.5.26	350
11,25.27	708	14,5	436
11,27	291, 426	14,12	433
11,27	426	14,14s	407
11,27ss	439	14,15	407
11,29.30	354	14,18	215
11,29-32	453	14,19	407
11,30	232, 448	14,26	350, 436
12	214, 709	14,31	436
12,1	350, 395, 433	14,33	424
12,1-3	349	15	288, 452
12,3	227, 232, 240, 351	15,1-3a	230, 288
12,3b	393	15,2	316
12,4	350	15,3b.4a	47
12,4-6.13	571	15,3b-5	231
12,6b	350	15,3	317
12,7ss	215	15,3b	318, 321, 367
12,9	393	15,3s	215
12,9.28.30	214	15,3ss	351
12,11	351, 1001	15,3.4	272
12,12-27	426, 718	15,3-5	229, 272
12,12-31	433	15,3-11	434
12,12s	719	15,3b-5	191, 230, 234, 235, 275, 288, 521
12,12ss	427		
12,13	215, 346	15,3.17	367
12,13	356, 399, 425, 426	15,4	210
12,21	719	15,4a	443
12,27	426	15,4.15	301
12,28	424, 433, 434, 437, 740	15,5	178, 235, 252, 468, 585
12,28-30	350	15,5a	210, 211
12,28-31	777	15,5b-7	210
12,31	416	15,5-8	541
13	348, 349, 413, 433	15,6	212, 435
13,5	430	15,6-9	289
13,12	444, 446	15,6.18.29.51	448

15,7	252, 435, 470	15,45	215, 344, 345
15,7.8	212	15,45-50	443
15,8	286, 306, 306, 307	15,46	293
15,9	286, 423, 424	15,49	405
15,10	262, 359, 431	15,50	354, 366
15,11b	394	15,50-54	448
15,12	444	15,51	472
15,12.15	235	15,51ss	448, 450
15,12-17.20.23	231	15,52	448
15,12-19	262	15,55	315
15,14	288, 395	15,56	367, 382, 387
15,17	367, 439	16,1	424
15,17.19b	288	16,3	357, 358, 461
15,18.22	355	16,8	697
15,20	292, 356, 365	16,12	435
15,20-22	443	16,13	396
15,20-23.46	722	16,15.17	683
15,20-29	262	16,15s.19	437
15,20a	443	16,21	696
15,21	443	16,22	226, 227, 232, 240, 241,
15,22	443		448, 472
15,23	472, 750	16,23	358
15,23-28	263, 292, 443		
15,25	219	**2 Coríntios**	
15,26	316		
15,27	226	1,1	423, 424, 696
15,28	261, 263, 282	1,2	358
15,29	291	1,5	315
15,32	696	1,7	432
15,34	439	1,9	282, 293, 349, 443
15,35b	292	1,12	358
15,35ss	292	1,13s	453
15,39	366	1,14	251, 315
15,42-44	292	1,19	233, 803
15,42ss	365	1,20	216, 272
15,44	448	1,21	344
15,44.45	347	1,21s	241, 333, 346, 730, 745, 821
15,44s	345, 351	1,22	214, 346, 406, 722, 730

1,23	403	4,14	235, 235, 281, 286, 354, 443, 445, 789
1,24	395, 396		
2,5-11	439	4,14s	357
2,6	439	4,15	432
2,11	439	4,15.17	409
2,12	231, 272	4,16	409, 413, 734
2,14	315	5	720
2,15	269, 316	5,1	395
2,15s	268	5,1-10	448, 472
2,17	403	5,2	449
3	720	5,5	214, 344, 346, 449, 722, 730, 745
3,1-18	428	5,6.8	448
3,2	407	5,7	444, 449, 722
3,6	428, 455, 778	5,10	226, 454
3,12	445	5,14	236, 413
3,14	455	5,14.15.21	317
3,14-16	406	5,14b.15	319
3,14s	407	5,14s	321
3,16-18	428	5,15	191, 231, 282, 293, 351, 430
3,17	215, 344, 345	5,16	231
3,17b	348	5,17	66, 355, 399, 411, 413, 425, 456, 715
3,18	405, 744		
4,1	778	5,17a	325
4,1-6	271	5,18	324, 778
4,3s	272	5,18.19	324
4,4	226, 265, 272, 277, 306, 315, 404	5,18-20	713
		5,18-21	325, 430
4,4-6	271	5,18-6,2	357
4,5	407	5,18s	262
4,6	226, 261, 306, 307, 406	5,19	327
4,7	444, 722	5,20	271, 272
4,7-12	311	5,21	282, 319, 338, 340, 367
4,7-18	435	6,1	415
4,8s	409	6,2	316, 356
4,10	431	6,2b	353
4,10b-12	311	6,4-10	311
4,10s	354	6,4s	431
4,11	366, 431, 432	6,9s	354

6,11	407	12,12	215
7,1	453	12,15	432
7,2	407	12,19	403
7,3	407	12,19-13,10	439
7,10	316	12,20s	241, 418
8,1.4.6.7.19	357, 358	12,21	439
8,4	424	13,2	439
8,9	230, 281, 357	13,4	307, 345
8,13-14	431	13,5	346
8,15	417	13,11	430
8,16	696	13,13	350, 356, 358, 425, 571
8,18	272		
9,7	406	**Gálatas**	
9,8.14.15	357		
9,9	417	1,1	235, 301, 435, 443, 789
9,13	231, 272, 828	1,1ss	271
10,3	366	1,2	424, 696
10,10	60, 363	1,3	358
10,14	231, 272	1,3.4	315
10,15	395, 396	1,4	236, 317, 318, 321, 367, 368, 413, 439
10,16	272		
10,17	219	1,6	269, 359, 425
11,4	346	1,6-9	453
11,5.13	435	1,6ss	272
11,7	271, 368	1,7	231, 272
11,10	346	1,8	456
11,13	231	1,8s	60
11,13-15	415, 441	1,12-16	306
11,14.15	453	1,13	423, 424
11,23	431	1,13.14	378
11,23-29	311	1,15	307, 358, 425
11,24s	363	1,15s	268
11,32	249	1,16	226, 233, 306, 307, 357, 366
11,38	403	1,17	230
12,7	365	1,17.19	434
12,8	227, 263	1,17b	249
12,9	357, 359	1,18	468, 470
12,11	435	1,18-21	250

1,18s	252	3,12	387, 395
1,21	250	3,12.23	387
1,23	394	3,12b	385
2,1.9	250	3,13	308, 316, 317, 319
2,2a	251	3,15	414
2,2c	251	3,15-18	266, 429
2,4s	251	3,16-18	387
2,9	252, 358, 470	3,17	383, 387
2,11	249	3,18	354
2,11s	468	3,19.23.24	387
2,11ss	585	3,19s	383
2,11.12	252	3,20	260
2,11-14	250	3,22	231, 336, 341, 367, 368,
2,12-15	128		384, 387
2,12a	252	3,23.25	394
2,12s	823	3,24	383, 387
2,14	439	3,26	354
2,16	231, 336, 384, 387, 395	3,26.28	425
2,17	355, 368	3,26-28	241, 313, 319, 337, 355,
2,19	312, 337		380, 399, 425, 445, 456, 464, 690
2,19.21	231	3,27	354, 356, 413
2,20	236, 317, 319, 321, 346, 366	3,27.28	715
2,20a	413	3,28	356, 683, 715, 733
2,21	321	3,29	354, 383
3	852	4,1.7	354
3,1	308, 313	4,4	236, 261, 266, 351
3,1-4	387	4,4.6	233
3,1.13	231	4,4-6	319
3,2	214, 347	4,4s	226, 262, 272, 277, 319
3,2.3	413	4,4ss	351
3,2-5	215	4,5	387
3,2.5.10	384	4,6	98, 227, 344, 346, 406
3,2.14	346	4,6s	348, 354
3,8	272	4,8	261
3,10.12	385	4,10ss	431
3,10b	385	4,11	431
3,11	218	4,13	365
3,11.21	387	4,17	431

4,19	346, 354, 413, 715	6,16	429, 456
4,21-31	348, 429, 1010	6,17	363
4,23.29	366	6,18	350, 358
4,25	457	12,16	762
4,26	429		
4,30s	457	**Efésios**	
5,1	383, 397		
5,2-4.21	415	1,3	726
5,3	814, 824	1,3-23	744
5,3.23	387	1,3-14	726, 729, 746
5,4	359, 387	1,4	726, 731
5,5	394, 445	1,4.9	729
5,6	355, 380, 396, 399, 417, 815	1,4s.10	735
5,6.22	413	1,5	726
5,8	269	1,5.9.11.19	743
5,10	453	1,6	726
5,11	308, 309	1,6s	732
5,13	398, 803	1,7	729, 731, 744
5,14	146, 387, 390, 417	1,7s.11s.13	729
5,16s.24	364	1,9	726, 731, 732
5,18	385, 387, 413, 417	1,9.10	728
5,19-23	241, 418	1,10	726
5,19ss	440	1,10.11.23	727
5,21	354	1,11	726, 731
5,22	348, 393, 445	1,13	730, 731
5,22.23a	417	1,13s	731, 745
5,23b	417	1,14	731
5,25	347, 414, 716	1,15-23	728
6,1	396, 439, 441	1,17	730
6,1s	430	1,18	745
6,2	388, 392, 413, 430	1,19-21	727
6,6	431, 437	1,20	219, 728, 744, 746, 788
6,8	347, 449	1,20-23	743
6,10	430	1,21b	745
6,11	696	1,22	728
6,12	309, 689	1,22a	728
6,12-14	456	1,22b	728
6,15	380, 399, 413, 715	1,22s	729, 737, 743

1,23	728, 737, 747	2,19-22	746
2,1.5	734	2,20	740, 741, 742
2,2	727	2,20-22	737
2,3	734	2,21s	737, 745
2,4	726, 736	2,22	730
2,4s	736	3,1	739, 741
2,4-6	726	3,1-7	756
2,5	734	3,1-11	728
2,5.6	744	3,1-13	741
2,5.6.8	744	3,2.7s	732
2,5s	732	3,3.4.9	732
2,6	444, 686	3,3.6	741
2,8	732	3,5	436, 730, 740, 741
2,8a	745, 746	3,5.9	789
2,8-10	726	3,6.8	741
2,10	735, 743	3,9	727
2,10.15	729	3,10	727, 741, 743
2,11	685, 739	3,11	726, 743
2,11-22	739, 743	3,14.20-21	728
2,11s	733	3,14-17	727
2,12	739, 745	3,14-19	744
2,13	733, 739	3,16	734
2,13.14.16	743	3,17	734, 736
2,13.17	747	3,17.19	736
2,13s	731	3,19	727, 737, 745
2,14	733	3,21	743
2,14.17	729	4,1	735, 741
2,14-16	728, 746	4,1-16	735
2,14-17	731	4,2	736
2,14-18	735, 739	4,3	730, 731, 735, 747
2,15	66, 685, 734	4,3.4.12.15	737
2,15a	733	4,3-6	730
2,15b	733	4,4	730, 745
2,15s	729	4,4-6	735
2,16	713, 729, 734, 737, 743	4,5	730, 731
2,17s	733	4,6	726, 730
2,18	729, 730	4,7s	741
2,19	740, 744	4,7ss	728

4,8.10a	728	5,29b	737
4,9s	787	5,30	737
4,10.13	737	5,31	729
4,10.15	727	5,31s	736
4,10b	728	5,32	737
4,11	436, 437, 740	6,5-8	684
4,11-13	740	6,5-9	684
4,12.15	737	6,8	745
4,13	735, 746	6,10-20	728, 736
4,13.16	745	6,12	727, 729
4,14	742	6,13	745
4,15	728, 735	6,17	730
4,15s	728, 729, 743	6,18-20	744
4,16	736	6.19	732
4,17	739	6,20	742
4,17-24	735	6,23	731
4,20	734	7,2	889
4,24	726, 734	10.2.7	731, 734, 735
4,25-32	735, 736	10.2.8	731, 732
4,28	684	20,1	889
4,28s	686		
4,30	730, 731, 745	**Filipenses**	
4,32-5,2	726		
5,1-2	735	1,1	424, 437, 669, 696, 777
5,1ss	686	1,2	358
5,2	729	1,6	315, 414
5,2-14.15-20	736	1,6.10	450
5,5	745	1,6.10s	453
5,6	745	1,7	272, 358
5,16	745	1,7.13	432
5,18	730	1,9-11	453
5,21-6,9	736	1,9s	430
5,22-6,9	686	1,17	440
5,23	728, 731, 743, 905	1,19	345
5,23b	736	1,20	364, 432, 450
5,23s.25-33	736	1,21-23	472
5,25-30	736	1,21-24	450
5,25s	729	1,22.24	366

1,23	354, 450, 451	3,5.6.9	386
1,25	396	3,5-9	378
1,27	231, 272, 285	3,6	423, 424
1,28	453	3,8	314
1,29	231, 357, 393	3,9	337, 340, 384
1,29s	432	3,10	432
1,30	431	3,10s	282, 354, 445
2,1	350, 425	3,11	450
2,1-5	283	3,12ss	283
2,1-5.6-11	430	3,14	431
2,1-5.12-13	237	3,16	414
2,2	430	3,17	435
2,3	430	3,18	309
2,4	430	3,19	453
2,6	226, 263, 266	3,20	226, 284, 905
2,6ss	413	3,20b	450
2,6-11	232, 237, 238, 239, 281, 282,	3,20s	282, 285, 316, 706
	286, 324, 413, 761, 852	3,21	226, 291, 354, 365
2,8	262, 413	3,2ss	440
2,8c	309	4,3	272
2,8s	263	4,5	442, 472
2,9	915	4,5b	450, 749
2,9s	226	4,7	406
2,9-11	264, 706, 788	4,8	420, 430
2,10	226	4,19s	453
2,11	261, 284	4,22	683
2,12s	347	4,23	358
2,13	283, 395, 414	7,1	889
2,14s	440	14,7	407
2,15-18	453		
2,16	251, 431	**Colossenses**	
2,16	450		
2,17	395, 432	1,3	703
2,19	431	1,3-14	708, 711
2,19-23	696	1,4.23	714
2,22	272	1,5	715
3,3	429, 824	1,5s	703
3,4b-11	306	1,5.23.27	715

1,8	711	2,12.13.20	710
1,9b.10	716	2,12s	722
1,12-14	704	2,13	714
1,13	712	2,14	705
1,14	704, 712, 714	2,14s	704, 712
1,15-17	705	2,15	705
1,15-20	239, 704, 707, 708, 715	2,16	685, 699
1,15ss	852	2,17.19	718
1,16	708	2,18	685
1,16.17.19	710	2,18	829
1,16b.17	710	2,18.23	714
1,16s	718	2,19	709, 720, 737
1,18	719	2,2	721
1,18.24	718	2,2.9.13.19	710
1,18-20	728	2,20	714
1,18a	718	2,22	718
1,19	710, 711	2,3	703
1,20	712	2,5	721
1,22	705, 712	2,5.7	715
1,23	715	2,5.7.12	714
1,23b	721	2,5a	711
1,24	708, 721	2,6	716, 721
1,24-27	719	2,6.7.9.10.11.12.15	710
1,24-29	721, 741, 756	2,8	685, 704, 706, 715, 721
1,25	703	2,8-3,1	686
1,25s	721	2,9	710, 711
1,26	789	2,9s	714
1,26.27	721	3,1	219, 716, 719, 722
1,27	703, 706, 721	3,1.2	722
1,28	721	3,1-4	444, 686, 716
2,10	705, 709, 710	3,2	716
2,10.15	706	3,3	723
2,10b	719	3,3.4	710
2,11	685	3,4.24s	723
2,11.13	714	3,5-17	716
2,12	235, 444, 713, 714, 715, 722, 723, 744	3,7.8	716
		3,9s	715
2,12,12.13	722	3,9-11	716

3,11	685, 711, 715	2,2.8.9	271
3,11.17.20.22	710	2,4	407
3,11.22-25	684	2,7	231
3,11d	706	2,9	431
3,12	715	2,12	268, 269, 428
3,13	716	2,13	60, 271
3,14	716	2,14	423, 424, 432
3,15	718	2,14-16	455, 456, 460, 461, 689
3,16	238, 720	2,16	316, 367, 428
3,16b	709	2,16c	453
3,16s	703	2,19	251, 431, 435, 453
3,18-4,1	686, 716, 736	3,2	231, 272, 696
3,24	718	3,2.5-7.10	395
3,25	723	3,5	431
4,1	718	3,12	430
4,3	703, 721	3,13	406, 415, 453
4,5	686	4,1s	415
4,10	803	4,3	261
4,15	684	4.3.4.7	415
10-11b	239	4,3-8	415, 438
12,9	710	4,6	430
15-18a	239	4,7	428, 438
		4,8	214, 344, 346
1 Tessalonicenses		4,9	430
		4,11	415
1,1	358, 423, 696, 803	4,12	415
1,2s	263	4,13	395
1,3	445	4,13-18	442, 447, 448, 450, 452,
1,4	268, 315, 424, 428		472, 749
1,5	215, 271	4,13-5,11	751
1,6	414, 431, 432, 435	4,14	235, 262, 286, 301, 314, 395
1,8	395	4,14a	442
1,9	268	4,15.17	751
1,9s	219, 233, 236, 260, 272, 274, 472	4,15ss	241
		4,16	226, 355, 750
1,10	226, 235, 262, 281, 314, 315, 442, 458	4,16.17	977
		4,17	354, 442, 448, 451, 472, 749
2,2	431, 432	5,1	750

5,1ss	440	2,7b	751
5,1-11	749	2,8	750, 760
5,2	858	2,11s	748
5,5	442	2,13	753
5,8s	316	2,14	753
5,9	268, 314, 361, 430, 455	2,15	753
5,9s	236	2,16	748
5,10	314, 317, 318, 321, 442	3,4.6.10.12	753
5,13.14	752	3,5	748
5,14	430	3,6	753
5,19	215, 712	3,6.10	752
5,20	435	3,6.14	753
5,23	415, 472	3,6-15	752
5,23s	453	3,7-9	753
5,24	268, 269, 428	3,8	753
5,28	358	2Ts3,6.11s	686

2 Tessalonicenses

1 Timóteo

1,1	803	1,1	756, 779
1,1.4	423	1,1s	698
1,2	907	1,2	756
1,5-10	749	1,2.18	780
1,6.7a	748	1,2.4.19	766
1,7b	748	1,3	772
1,8	748	1,3.7	773
1,10	748	1,3-11	685
1,10b	753	1,3-7	780
2,1-12	685, 749, 750	1,4	758, 774, 768
2,2	696, 748, 749, 750, 752, 815	1,5	770
2,2.15	749	1,5.19	766
2,2b	750	1,7	774
2,2c	749, 750	1,8-10	766
2,3	749	1,9.15	766
2,4	748, 749	1,9s	770
2,5.6	753	1,10	772
2,6.7	751	1,11	779
2,6s	749, 750	1,12	776

1,12-17	764	3,2s	758
1,13	765	3,4s.12	773
1,13.16	758	3,5.15	423
1,14	766	3,7	772
1,15	764	3,9	766, 767
1,15b	761	3,9.13	766
1,15s	780	3,11	770
1,16	756, 779	3,15	770, 776, 780
1,17	757	3,15s	778
1,18	436	3,16	215, 763, 769, 835
1,19	767	3,16b	761
1,19s	772	4,1	763, 767, 773
1,20	698, 774, 782	4,1.6.16	766
1,71	758	4,2	768
2,1.8.12	774	4,3	774
2,2	769, 771, 772, 773	4,3s	770
2,2b-4	756	4,3-9	699
2,2s.8-15	758	4,4	758
2,4	765, 782	4,4s	772, 775
2,4.6	756	4,6	767, 772
2,5	756	4,6.16	772
2,5s	236, 761	4,7	774
2,6a	759	4,7.12	771
2,6s	779	4,7s	769
2,7	765, 766, 779	4,10	756, 905
2,8-15	686	4,10b	756
2,9	684, 770, 773	4,11-13.16	779
2,9s	770	4,12	758, 766, 770, 780
2,11s	770	4,14	436, 764, 778
2,12	772	4,16	765
2,15	766, 770	5,10	684, 773
3,1	773, 778	5,1-16.17-19	686
3,1-7.8-13	686	5,1-21	778
3,1-13	773	5,3ss	758
3,2	769, 778	5,3-16	771, 773
3,2.7	774	5,4	769
3,2-13	777	5,4.8	773
3,2-4.8-10.11s	770	5,4-15	771

5,8	766	**2 Timóteo**	
5,13	773		
5,14	770	1,1.11	779
5,16	771	1,1-5	698
5,17s	773	1,2	780
5,17s.19	777	1,3a	767
5,20	766	1,3-14	764
5,22	766	1,5	684, 767
5,23	698	1,6	778
5,24	766	1,6s	764
5,24s	781	1,7	769, 770, 771
6,1	772, 773	1,8-10	762
6,1s	684	1,9	756
6,1.2	771	1,9s	756, 758, 762, 789
6,1.3	772	1,10	759, 760, 905
6,2	771, 773	1,10a	756
6,3	772, 773	1,10s	760, 765
6,3.5	769, 780	1,10s.12	779
6,4	770	1,11	765
6,5	772	1,12.14	779
6,6	769	1,13	766, 779, 780
6,6-10	684, 773	1,13s	774
6,6-8	820	1,14	763, 764, 776
6,9.10	820	1,16	684, 773
6,10.12.21	766	2,1	780
6,11	766, 769, 770	2,1s.14.22s	774
6,6-11.17-19	771	2,8	762
6,12s	828	2,10	765
6,14	760	2,14.16.23	774
6,14b-15	781	2,14-26	686
6,15	758, 781	2,16.25	774
6,16	757	2,17	774
6,17	684, 758	2,17s	772
6,17-19	686, 773, 820	2,18	444, 686, 766, 774, 781, 815
6,18s	684	2,19-21	778
6,20	686, 774, 776	2,20	773
6,20s	774, 779	2,20s	776
6,21	698	2,22	766, 770, 771

2,24	779	1,1-4	698, 756, 764
2,25	758, 765, 782	1,1.4.13	766
3,2	684, 773	1,3	756, 765, 779
3,2-4	770	1,4	756, 759, 780, 905
3,5	774	1,5b	763
3,5.12	769	1,5s	777
3,6	770, 773, 774	1,5-7	686
3,6s	766	1,5-9	778
3,6-9	775	1,7	684, 773, 776
3,7	765, 774	1,7-9	777, 779
3,8	766, 772, 774	1,8	769, 771
3,10	766, 767, 770, 771, 772	1,9	772, 774, 778
3,10.14-17	779	1,10	774
3,10-12.15s	780	1,10-16	686
3,10s	766, 780	1,10-2,15	780
3,14s	767	1,10s	685, 772
3,16	758, 764, 779, 782	1,11	773
4,1	760, 781	1,14	774
4,1.8	760	1,15	768
4,2s	781	1,16	774, 828
4,3	772, 773	2,1	772, 779
4,4	774	2,1ss	758
4,6-8.17s	698	2,1s.6.11-13	771
4,7	766	2,1.10	772
4,8	760, 781	2,1-10	773
4,10.12.20	763	2,1.15	774
4,10-16	470	2,2	766
4,11	803	2,2.10	766
4,13	698	2,2.4.5.6	769
4,14	773, 774	2,2-10	686
4,17	779, 780	2,3	770
4,18	764	2,4	782
4,19	684, 773	2,7	780
4,19-22	698	2,9	772
10.4.1	759	2,9s	773
		2,11	756, 758, 760, 763
Tito		2,12	758, 763, 769, 782
		2,13	757, 759, 760, 781, 905, 907
1,1	765, 769, 779	2,14	236, 760

3,1	772, 773	1,3a	829
3,2	763, 770	1,3b	829
3,3	765, 770	1,4-8.13s	829
3,3-7	758, 762	1,5	829
3,4	756, 760, 763	1,5.10	842
3,4s	756	1,5.13	826
3,4.11	782	1,6	848
3,5	758, 762, 763, 764, 765	1,8	829
3,6	759, 905	1,8-9	907
3,7	762	1,10	829
3,8.14	771	1,11s	829
3,9	686, 774	10,1s.11	838
3,9-11	774	10,2	840
3,10	774	10,4	837
3,11	766	10,6.8	837
3,12-15	698	10,10	832, 833
3,14	684	10,10.12.14	833
3,47	771	10,10.14.18	837
		10,12	219, 833, 837
Filemom		10,14	836
		10,15	835
1	696	10,15-18	827
1.9.13	432	10,16	826, 844
13	272, 432	10,16-18.29	844
16	366	10,19	832, 850
19	696	10,19.35	837
24	803	10,19-21	832, 842
25	350	10,19-23	831, 849
		10,19s	832, 836
Hebreus		10,19s.22	832
		10,20	833
1,1-2a	826	10,21	832
1,14	829, 850	10,22	840
1,1-4	852	10,22-24	842
1,1s	826, 827, 831	10,22s	839
1,2	827, 828, 844	10,23	828, 844, 850
1,2b.10	829	10,25	841, 843, 848
1,3	835, 837	10,26	837
1,3.13	219	10,26-29	841

10,26-31	844	12,22	846, 850
10,27	847	12,22-23	849
10,29	835, 841, 846	12,22-24.25-29	849
10,32-34	844	12,22-29	826
10,35	827, 842, 848	12,23	846, 847
10,39	840	12,24	761, 826, 844
11	839	12,25	826, 827, 841
11,1	828, 838	12,25a	841
11,1-12,3	846	12,28a	849
11,3	826, 848	12,29	826, 847
11.3.4	834	13,1-5.7.17-19	843
11.3.8	830	13,5	820
11,3.10.13	849	13,7	826, 844
11,5.19.35	847	13,7.17.24	846
11,6	839	13,7-9	844
11,8-19	852	13,9s	846
11,9	850	13,11	832, 837
11,10	850	13,14	839, 846, 849, 850
11,13	828	13,15	828
11,14,16	850	13,17	840, 846
11,19	826	13,18	840
11,35	848	13,19.22	843
11,39s	826	13,20	835, 844, 847
12,1	837, 846	13,22	828, 843
12,1s.12	842	13,23s	825, 852
12,2	832, 851	2,1	836
12,2-3	836	2,1-4	820, 826, 841, 842, 843
12,3	837	2,3	844
12,4	837	2.3s	844
12,5	843	2,4	835
12,7	826	2,5	839, 848
12,7.9	843	2,5.16	829
12,12	827, 842	2,5-18	836
12,14-17	844	2,7s	836
12,15	826, 841	2,9	834
12,16s	841	2,10	833, 834, 844
12.16	842	2,11	836
12,18s	849	2,11-18	833

2,12	846	4,15	833
2,14-16	847	4,14-16	831, 832, 842
2,14a	833	4,15	832, 835, 838
2,14b	834	4,16	833, 837, 850
2,14s	837	5,1	830
2,17	832, 835, 837	5,1.3	837
2,17s	830, 832, 834, 839, 852	5,1-7	833
2,18	835	5,1-10	842
3,1	828, 842, 849	5,3	830, 832
3,1s	832	5,5	832
3,1-6	842	5,5c	829
3,4-6	845	5,5s	832
3,7	835	5,5.12	826
3,7-19	842	5,6.10	832
3,7-4,11	826, 845, 849	5,7.8	835
3,7-4,13	841	5,7-10	833, 834, 835
3,7s	845	5,9	832
3,12	841	5,11	841
3,12-19	843	5,12	844
3,13	837, 843	5,12-6,2	841
3,14	844, 846	5,51	832
3,14a	851	6,1	839, 841
3,14b	851	6,2	846, 847
3,16-18	843	6,4	849
4,1ss	839	6,4.6	835
4,1-2.12s	836	6,4-6	841
4,1.11	842	6,4s	836, 842, 846
4.1-11	842	6,6	827, 842
4,1-13	843	6,7s	842
4,2	845	6,9s	843
4,2.12	826	6,10	826, 844
4,3	826	6,10-12	820, 844
4,3c	848	6,11.12	841
4,4	850	6,12	850
4,10	850	6,13-20	852
4,12	826, 840	6,17	826
4,13	826	6,18	843
4,14	828, 833, 844	6,19	840

6,20	832, 844, 850	9,15	761, 839, 844
7,1-10	832	9,15b	850
7,1-10,18	844	9,20	826, 844, 846
7,11	832, 843	9,23	849
7,11-19	836	9,24	832, 833
7,14	832	9,24-28	848
7,16	838	9,24b	848
7,16.21s	832	9,27	847
7,18.19a	838	9,28	833, 848
7,19	832, 850		
7,20-22	844	**Tiago**	
7,22	844		
7,22-25	826, 832	1,1	807, 808, 907
7,25	833	1,2-4	808
7,26	838, 844	1,2-18	818
7,26-28	832	1,4.25	810
7,27	832, 833, 837	1,5	806, 808
8,1	219, 848	1,5s	821
8,1s	844	1,5.17	805
8,1-3	832	1,6	806, 812
8,1.6	832	1,6.17s	813
8,5	849	1,6.8	810
8,6	761	1,7	807
8,6.10	844	1,8	810, 812
8,8	844	1,11	810
8,8-12	827, 844	1,12	806
8,10	826	1,12.26s	822
9,7.25	832	1,13-15	270
9,9	840	1,13b	806
9,11	833	1,14	810
9,11s	836	1,14s	812
9,11ss	832	1,15	812
9,11.24	844	1,17	806, 817
9,11-15	832	1,17.18	818
9,11-28	833	1,18	806, 807, 810
9,12	850	1,18.21	805, 817
9,12-15	833	1,19	818
9,14	835, 840	1,19-27	818

1,20	818, 819	3,1	437, 809, 818, 821, 823
1,21	810	3,1b	811, 821
1,22.25	817	3,1-12	818
1,22-27	812	3,2.13-18	812
1,22s	808	3,3	810
1,24	812	3,3-12	812
1,25	810, 813, 817	3,9	806, 807
1,27	684, 806, 819	3,13-18	818
2,1	807, 808, 809, 818	3,13ss	819
2,1-3,12	818	3,15	813
2,1-13	686, 812, 819	3,15.17	805, 810
2,10	811, 814	3,18	808, 817, 822
2,12	810, 813, 818	4,1s	812
2,12s	811	4,1-3	812
2,13	806, 808	4,1ss.11s	819
2,13.26	822	4,1-12	818
2,14	818	4,4	806
2,14.17s.20s.24-26	810	4,4ss	812
2,14-16	819	4,5	806, 809
2,14-26	814, 817	4,6	810
2,15s	684, 819	4,6.10	806
2,16	819	4,7.13-15	806
2,19	806	4,8	810, 812
2,1ss	810, 819	4,10.15	807
2,1-7	819	4,11	685
2,4.6.12s	823	4,11s	810, 817, 823
2,5	806, 808, 813, 819	4,12	806, 811, 822
2,6	819	4,12.17	822
2,8	811, 813	4,12a	811
2,8-12	685, 810	4,13	684
2,8-13	810	4,13-15	808
2,9	812, 814	4,13-17	813, 819
2,21	814	4,13-5,6	686, 819
2,22	816, 817	4,15	813
2,23	814	4,16	684
2,2-4	684	4,17	812, 814
2,24	814	5,1	808
2,26	809	5,1ss	812

5,1-6	806, 810, 813, 818, 819	1,6s	795
5,1.9	811	1,7.13	803
5,2	808	1,7a	793
5,4	806	1,9	794
5,4.10.11	807	1,10	789
5,7s	808, 822	1,10s	790
5,7.8.14.15	807	1,11	801
5,7.8.15	807	1,13.21	800
5,7-11	808	1,14.18	800
5,7-20	818	1,14s	796
5,9	819	1,15	803
5,9b	823	1,17	801
5,10	808	1,18-21	789
5,11	809	1,18s	791, 801
5,12	808, 812, 818, 823	1,19	788
5,14	821	1,19-21	789
5,15	807, 813	1,20	789, 793
5,15a	822	1,21	236, 791, 793
5,15b.16.20	814	1,22	794, 796, 798
5,20	822	1,23	791, 792
11.2.4	817, 822	1,24	794
11.2.5	811, 817	2,1s	796
		2,2	801
1 Pedro		2,2s	792
		2,4	787, 788
1,1	798, 803, 856	2,4-8	788
1,1.2	785	2,5	799
1,2	571, 786, 791	2,6-8	799
1,2.10.13	803	2,9	792, 799, 803
1,3	786, 792, 800	2,9s	787
1,3.21	787	2,9.21	803
1,3.23	791	2,10	800
1,3-2,3	786	2,11	794, 798
1,4	786, 792, 801	2,11-18	795
1,5.9.10	801	2,11s	797
1,5.9s	793	2,12	798
1,5a	793	2,12.15	798
1,6	793, 801	2,12.15.16.17	787

2,13-17	803	3,18-22	788
2,13-17.18.25	797	3,18-22	789
2,13-3,7	797, 799	3,18a	791
2,15.20	798	3,18b	787, 791
2,16	803	3,18c	791
2,17	798	3,19	788, 790
2,18-23	684	3,19-21	787
2,18-3,7	686	3,19s	790
2,19	787, 795	3,21	792, 795
2,19s	787, 803	3,22	787
2,19s.23	795	4,1	794, 795
2,20	787, 792, 857	4,1.13	789
2,20.24	794	4,1s	797
2,21	236, 790, 791, 795, 798	4,2	787
2,21.25	795	4,3	797, 800
2,21-24	788, 789	4,4	797
2,21-25	787, 789	4,5.17	801
2,22	788, 791	4,6	787, 788, 790, 793, 794
2,22.24	794	4,7-11	800
2,23	798	4,7.17s	801
2,24	788, 791, 801, 803	4,8	794, 800
2,25	794, 800	4,8ss	798
3,1s	684, 798	4,9	800
3,1-4.7.15s	795	4,10	803
3,1-6.7	797	4,10.11	800
3,3	684	4,10s	787
3,4	795	4,12	692, 793, 796, 801
3,6	798	4,13	801, 803
3,7.9-12	801	4,14	790
3,8s	798	4,14.16.17.19	787
3,9	798, 803	4,15.19	795
3,11	798	4,15s	692, 796
3,14	787, 803	4,18	801
3,14.17	795	4,19	794
3,15	801	5,1	801
3,16	792, 795, 803	5,1.4	801
3,17	787	5,1-4	800
3,18	215, 236, 787, 790, 794, 795, 804	5,1-5	777

5,1ss	821	2,3b.12s	858
5,2	787	2,10.18b.20	857
5,5s	798	2,10-12.14.18	858
5,5s.10.12	787	2,13	857
5,6	801	2,18a.19	857
5,8s	692	3,1	856, 859
5,8s	796	3,2.18	905
5,10	795, 803	3,3-5.9	856
5,10.1	803	3,5-7	858
5,10.12	803	3,8	685, 858
5,12b	802	3,8-10.15a.18	858
5,13	802	3,10	858
10.1.6	797	3,14	856
11.1	692	3,15s	856, 859
11.1.4	786	3,18	857, 858
11.1.6	799		

2 Pedro

1 João

		1,1	900
1,1	907	1,2	888, 946
1,1s	858	1,3	902
1,1.11	858, 905	1,5	871, 898, 961
1,2.3.8	857	1,9	888
1,3s	858	2,1	902
1,4	858	2,1.12.28	864
1,5.10	856	2,2	888, 895
1,5.6	857	2,3	942
1,9	858	2,3-5.13s	870
1,11	858	2,4	942
1,16	856, 857	2,4s	942
1,17	858	2,4ss	961
1,19	858	2,6.24	869
1,20.21	856	2,7-11	954
1,20s	856	2,10s	961
2,1	856, 857	2,10.17	869
2,2	856	2,18.25.28	976
2,2.10	857	2,19	888, 969
2,20	858, 905	2,21	893

2,22	888	4,12.16	869
2,24	869	4,12a	863
2,25	947	4,13	924, 942
2,29	864	4,14	905
3,1.2.10	864	4,15	888
3,1.6	870	4,16	869, 898, 942
3,2s	976	4,16b	871
3,6	942	4,17	976
3,6.24	869	4,19	961
3,7.18	864	5,1.5	888
3,8	865	5,1-5	961
3,8b	888	5,2	864
3,8.10	894	5,5.20	902
3,9	864, 949	5,6-8	924
3,10	893, 949	5,6b	888
3,14	947	5,16s	949
3,15.17	869	5,19	865, 893
3,16	236, 888, 917, 942	5,20	869, 907, 942
3,16-18	962	5,21	864, 907
3,19	893, 942		
3,19.24	942	**2 João**	
3,23	902		
3,24	869, 924	1,4.13	864
4,2	888, 902	4-7	954
4,4	864	7	976
4,5	894		
4,6	893	**3 João**	
4,6-8	870		
4,7	864	3.5.10	864
4,7s	942	4	864
4,7-12.19-21	961	15	864
4,8	953		
4,8.16	884	**Judas**	
4,9	319, 867		
4,9s	890	1	854
4,9s.14	895	3	855
4,10	888, 961	4,7-11	854
4,10.19	954	4.11.13.15	855

6.9.14	855	1,9	1009, 1011
8	854	1,9-20	988, 996, 1006
8.12.23	855	1.8	992
12	854	1,10	999, 1009
14.15	855	1,11s	995
17	855	1,13	995
19	854	1,14	1013
19.22.23	854	1,16	1013
19b	855	1,17	993
20	855	1,17s	997
21	855	1,18a	993
22,23	855	2,1-3,22	996, 1002, 1007
		2,2	1003
Apocalipse		2,3	1004
		2-3	988
1,1a	993	2,4s	1003
1,1.2	995	2,5	1005
1,1-8	1002, 1006	2,5.16	1013
1,2	992	2,5.16.21s	1005
1,2.9	1004	2,5.16.25	993
1,20	1007	2,6.15	1003
1,3	987, 989, 993, 998	2,6-28	1007
1,4	992, 999	2,7	1001
1,4s	993	2,7.11.17.26	1004
1,4.7s	989	2,7.11.17.29	999
1,4.8	990, 993	2,8	989
1,4.8.17	989	2,9	693, 1003
1,4-8	996	2,9s	1003
1,5	992-998, 1001, 1004, 1005, 1007	2,10	693, 1001, 1003
1,5b	1001	2,11	1002
1,5b.6	992, 993, 1011	2,12-17	1003
1,5s.18	996	2,13	693, 1003, 1004, 1005, 1008
1,5s	999	2,13.19	1002
1,6	992	2,14	990, 1003
1,6.9	1007	2,14.20	1003
1,7	992, 993, 995, 1012	2,16	1012
1,7s	996	2,17	1004
1,8	989, 996	2,18	995

2,18-29	1003	4,9s	993
2,19	1005	4,11	990, 992
2,20	1009	4-22	988
2,20ss	1003	5ss	993
2,23	1005	5,5	1004
2,26	1013	5,6	994, 999
2,26-28	1006	5,6.12	997
2,28	992, 993	5,6.9.12	994
3,1	999, 1003	5,6s.13	993
3,3	858	5,7	993, 1013
3,3.18	1013	5,8-14	1013
3,3.19	1005	5,9	1000, 1008
3,5	1001, 1008	5,9b-10	996
3,5.12.21	1004	5,9s	992, 1011
3,5.21	992, 993	5,9ss	1009
3,6.13.22	999	5,10	1007
3,7	993, 1008	5,10b	1007
3,8	1003	5,12	995
3,9	1003	5,13	993
3,10	1003	6,1-8,1	997
3,11	993, 1012	6,1-8,5	1013
3,11.20	1012	6,2-4	1003
3,12	1007, 1010	6,5s	1003
3,14	992, 1004	6,9	1005
3,14b	993, 998	6,9.11	1008
3,15s	1003, 1008	6,9-11	693, 1003, 1008
3,17-19	820	6.9	1004
3,17s	684	6,10	1008
3,20	1009	6,11	1009
3,21	993, 1004, 1006, 1009	6,15	1007
3,9.19	1000	6,15-17	993
4,1-11	992	6,16	993, 995
4,1-5,14	996	7,1-8	1007, 1013
4,2	993, 999	7,3	1009
4,5	999	7,4.8	1013
4-5	1013	7,4-8	1008
4,8	989, 990, 992, 993, 1008, 1012	7,9-17	1008
4,8ss	1009	7,9s	995

7,10	1001	14	1014
7,10.17	993	14,1	992
7,10s.15s	989	14,1-5	1008
7,14	1001	14,3s	1011
7,14.17	995	14,4	995
7,15	992	14,4b	1000
7,17	1001	14,4s	1008
8,2-14,20	997	14,7	990
8,6-11,19	1013	14,12	1002, 1008
9,11	1007	14,13	995, 999, 1005
9,20s	1005	14,14	995
9,21	1005	14,28	1014
10,6	990, 992, 993	15,1	1014
10,11	989, 1007	15,1-16,21	1014
11,4.15.17	995	15,1-19,10	997
11,7	1005	15,1-6	997
11,8	995	15,2	1004
11,15	993, 995, 1007	15,3	989, 993, 1007
11,15ss	1009	15,3.8	991
11,16	989	15,3s	990, 995, 1009
11,17	989, 991, 993, 1007	15,4	990
11,18	436, 1008	16,5	989
12,1	997	16,5-7	990
12,1-17	1007	16,5s	1009
12,3	997	16,6	436, 1008
12,5	989	16,7	993, 995
12,7-12	1001	16,7.14	989
12,10	995, 1001	16,9.11	1005
12,11	992, 995, 1004, 1005	16,10.12	1007
12,12s	990	16,13s	1003
12-13	1014	16,15	858, 993
12,17	1005	16,17-21	1014
13	693, 1003	17	693, 1003
13,7	1008	17,1.5	1003
13,8	994, 995, 997, 1001, 1013	17,3	999
13,9s	1008	17,6	1005, 1008
13,10	1002, 1005, 1008	17,8	1001, 1013
13,11-17	1003	17,10	1012

17,14	993, 995, 1004, 1008	20,1-3	1014
17,14b	1007	20,1-8	993
17,2.9.12.18	1007	20,4	990, 991, 1004, 1005, 1008, 1012
17-18	997, 1014	20,4.6	995
18	1003	20,5-6	1014
18,1-24	1010	20,6	1007, 1009
18,3.9	1007	20,7-10	1014
18,4	1006	20,9	1000, 1008
18,6	995, 1005	20,11-15	993, 1014
18,9	1012	20,12.15	1001
18,10	1012	20,12-13	1014
18,10ss.15ss.23s	820	20,12s	1005
18,20	1008	21s	1012
18,24	436, 1008	21,1-22,5	1010
19,1	996, 1001	21,2b.9b	1013
19,1.5s.15	991	21,3	990, 993
19,1s	990	21,5	989, 990
19,1ss	1009	21,6	989, 1001
19,1-10	997, 1014	21,7	1004, 1009
19,2	1004	21,8	1004, 1005
19,2.5	1009	21,9.27	995
19,6	995	21,10	999
19,6.15	989	21,11.22s	991
19,6.16	1007	21,12s	1013
19,7.9	995	21,12ss	1010
19,8	1008	21,22	989, 993, 995, 1011
19,9	998	21-22	1014
19,10	436, 989, 990, 1004, 1005, 1009	21,27	1001
19,10c	998	22,1.17	1002
19,11	997, 1012	22,1.3	989, 993, 995
19,11-21	995	22,2.14.19	1001
19,11-22,5	996	22,3	1009
19,12-16	1014	22,3bs	993
19,13	900, 995, 997, 1013	22,3s	993
19,15.21	1013	22,5	991, 995, 1007
19,15s	993	22,6	999
19,16	995	22,6-21	997
19,20	1003	22,6s	990

22,7	998	22,14	1001
22,7.12.17.20	993, 1012	22,15	1004, 1005
22,7.14	1006	22,17	999, 1012
22,7.9.10.18.19	989	22,17.20	996
22,9	436, 990, 1009	22,18	987
22,11s	1008	22,20	472, 998, 1004, 1009, 1012
22,12	1005	22,20s	995
22,13	989, 992, 993, 996	22,21	1002